Les araignées ont leur beauté.

Gustave Flaubert
L'Éducation sentimentale (1845)

NICANDRE

ŒUVRES

LES THÉRIAQUES

FRAGMENTS IOLOGIQUES
ANTÉRIEURS À NICANDRE

COLLECTION DES UNIVERSITÉS DE FRANCE

publiée sous le patronage de l'ASSOCIATION GUILLAUME BUDÉ

NICANDRE

ŒUVRES

TOME II

LES THÉRIAQUES

FRAGMENTS IOLOGIQUES ANTÉRIEURS À NICANDRE

TEXTE ÉTABLI ET TRADUIT

PAR

JEAN-MARIE JACQUES

Professeur émérite de l'Université Michel de Montaigne, Bordeaux III

PARIS

LES BELLES LETTRES

2002

Conformément aux statuts de l'Association Guillaume Budé, ce volume a été soumis à l'approbation de la commission technique, qui a chargé M. Raoul Baladié d'en faire la révision et d'en surveiller la correction en collaboration avec M. Jean-Marie Jacques.

© 2002. Société d'édition Les Belles Lettres
95 boulevard Raspail, 75006 Paris
www.lesbelleslettres.com

ISBN : 2-251-00503-X
ISSN : 0184-7155

AVANT-PROPOS

Avant 1950, Nicandre n'était pour moi qu'un nom, comme il l'est, j'imagine, pour la plupart des gens, si toutefois ce nom leur est connu ; comme il l'est aussi, je le crains, pour plus d'un helléniste de profession. Cette année-là, Fernand Chapouthier, qui s'intéressait aux intailles crétoises à représentations d'araignées, m'avait proposé comme sujet de thèse principale : Les Arachnides dans la littérature et l'art de la Grèce. *La politique doctorale de l'Université française de cette époque était plus exigeante qu'elle ne l'est aujourd'hui. Pour obtenir le titre de docteur d'État, le candidat devait soutenir deux thèses, dont l'une, dite secondaire, consistait souvent dans l'édition, la traduction et le commentaire d'un texte. Consulté, Alphonse Dain, directeur scientifique de la Collection des Universités de France (série grecque), suggéra les* Thériaques *de Nicandre, un heureux complément.*

Trois ans plus tard, Fernand Chapouthier disparaissait brusquement. J'avais alors parcouru l'ensemble des littératures grecque et latine à la recherche des araignées et des scorpions. De plus, j'avais rédigé une traduction provisoire des Thériaques. *Et, comme l'un des deux poèmes conservés de Nicandre ne va pas sans l'autre, j'avais également préparé une traduction des* Alexipharmaques, *laquelle parut en 1955 dans la* Revue des Études Anciennes. *Au vu de ce dossier, mon nouveau directeur de thèse, Fernand Robert, qui avait d'autres motivations que Chapouthier, me conseilla de recentrer ma recherche autour de ma thèse secondaire et de prendre comme sujet principal :* Nicandre de Colophon et la poésie de vulgarisation scientifique à l'époque hellénistique. *J'acceptai, sans trop savoir à quoi je m'engageais. Peut-être n'en était-il pas lui-même tout à fait conscient.*

Il m'apparut bientôt en effet qu'une étude sur Nicandre faillirait à sa tâche si elle se contentait d'aborder les deux poèmes iologiques *sous un angle purement littéraire ; que, pour être vraiment satisfaisante, elle devait considérer aussi leur aspect scientifique, sinon pour les juger en regard de la science moderne, du moins pour les apprécier à la lumière de la littérature spécialisée des anciens. Ce qui supposait une bonne familiarité avec tous les textes parallèles. Ils sont abondants, et certains, parmi les plus importants, restaient encore inédits. Hugh Lloyd-Jones,* Regius Professor of Greek *de l'Université d'Oxford, à qui je m'étais ouvert de mon projet, estimait à plus de vingt ans le laps de temps qui me serait nécessaire pour le mener à bien. Son pronostic était juste. Ce n'est qu'en 1980 que j'étais en mesure de soutenir mes thèses en Sorbonne sous le titre :* Nicandre de Colophon, contribution à l'étude des rapports entre la poésie et la science à l'époque hellénistique. *Les résultats en sont passés dans la présente édition.*

Nicandre est un auteur difficile. Très nombreux, les vers où le lecteur moderne bute sur des problèmes posés notamment par une langue émaillée de termes rares de toute provenance. Trop nombreux, les passages dont le sens, malgré tous les secours dont on peut s'entourer, ne se laisse pas déterminer avec une absolue certitude. Comme exemple de poète ou de texte ouvrant « un champ d'exercices à l'interprétation des grammairiens », Clément d'Alexandrie (Stromates 5. 8. 50) aurait pu citer Nicandre aussi bien qu'Euphorion, les Thériaques *aussi bien que l'*Alexandra *de Lycophron ou les* Aitia *de Callimaque, encore que les difficultés y soient d'un autre ordre. Pour tenter de les résoudre, j'ai adopté une méthode peut-être efficace mais prodigue de temps et de patience, celle qu'employa naguère W.H.S. Jones lorsqu'il affrontait le texte épineux de l'*Anonymus Londinensis, *la méthode des approches successives sépa-*

rées par de longs intervalles. Fasse Apollon que, lors de ma dernière approche, j'aie, dans les divers cas où il est légitime de balancer entre plusieurs solutions, choisi chaque fois la bonne !

Le Nicandre Budé comprendra trois volumes. Le tome II (Les Thériaques), *que nous présentons aujourd'hui au public, et le tome III* (Les Alexipharmaques), *qui suivra dès que possible, sont consacrés au poète médecin Nicandre II. C'est dans l'introduction générale du tome I que sera exposée la question des deux Nicandre. La* Notice *du présent volume concerne essentiellement les* Thériaques, *mais non exclusivement. Sont en effet rassemblés en annexe les fragments antérieurs à Nicandre traitant des venins et des poisons. A l'exception de Théophraste, ils appartiennent tous, même les fragments poétiques, depuis Dioclès de Carystos jusqu'à Pétrichos et Nouménios d'Héraclée, à des médecins que présente la première partie de cette* Notice, *consacrée au contexte scientifique du poème. La plupart de ces fragments recouvrent la matière des* Thériaques, *quelques-uns seulement celle des* Alexipharmaques. *La connaissance de ces textes est indispensable à qui veut apprécier à sa juste valeur la place qu'occupe Nicandre dans l'enseignement iologique. Comme le commentaire et les notes s'y réfèrent très souvent, il m'a semblé qu'il était préférable de les réunir à la fin du volume plutôt que de renvoyer le lecteur à des éditions parfois rarissimes, et cela d'autant plus qu'ils comportent parfois des éléments inédits. Outre les* Alexipharmaques, *le tome III contiendra les index, notamment l'index des réalités zoologiques, botaniques et médico-pharmacologiques. Le tome I contiendra, à la suite de l'introduction générale, les témoignages et fragments relatifs au seul Nicandre que connaît la tradition, dont les œuvres, compte tenu des données biographiques contradictoires, sont peut-être à répartir entre les deux personnalités homonymes qu'elles imposent, toutes deux poètes « épiques », probablement le grand-père et le petit-fils : Nicandre I, l'Ancien, fils d'Anaxagore,* ἐπέων ποιητής *honoré de la proxénie à Delphes vers le milieu du IIIe s. avant J.-C., et Nicandre II, le Jeune, fils de Damaios, iologue contemporain d'Attale III de Pergame.*

C'est pour moi un agréable devoir que de rendre hommage à tous ceux qui m'ont soutenu dans ma tâche. En premier lieu, à Hugh Lloyd-Jones et François Chamoux : l'un, pour m'avoir encouragé tout au long de mon effort ; le second, qui présida mon jury de thèse, pour avoir donné à cet effort, dans un moment crucial, l'impulsion décisive. A Roger Cambar, Président honoraire de l'Université de Bordeaux I, collaborateur du grand Traité de Zoologie *de Pierre-Paul Grassé, qui a répondu à mes questions et m'a prêté des livres de sa spécialité. A Christian Förstel, Conservateur du Département des manuscrits grecs à la Bibliothèque Nationale de France, qui a accepté de me communiquer le texte français de son étude codicologique du* Parisinus suppl. grec 247 *; à Joël Guérin et Gilbert Labbé, respectivement Directeur de la Bibliothèque Universitaire de Bordeaux III et Conservateur en chef, chargé de l'Histoire Ancienne et des Lettres classiques, qui m'ont facilité l'utilisation des trésors de leur bibliothèque. Colin Austin, de Cambridge, et Antonio Garzya, de Naples, ont eu l'obligeance de faire exécuter pour moi des photocopies d'articles anciens que je n'aurais pu me procurer sans leur intervention. Liliane Bodson, David Bain, Michael Reeve, Demetrios Beroutsos m'ont envoyé des tirés à part de leurs articles ou d'utiles renseignements. Jean Irigoin, du Collège de France, et Nigel Wilson, d'Oxford, n'ont pas hésité à me donner leur avis sur des problèmes de leur compétence. Qu'ils veuillent bien agréer tous les deux l'expression de ma vive reconnaissance. Elle va également à ceux qui ont accepté de lire mon manuscrit et m'ont fait part de leurs précieuses observations. A mon réviseur, mon collègue et ami Raoul Baladié, qui a veillé à ce que mon texte respecte les normes de présentation les plus strictes, et qui, de plus, a mis à mon service sa connaissance exceptionnelle de la géographie de la Grèce et de l'Asie Mineure. A Francis*

Vian, qui m'a fait profiter de sa parfaite familiarité avec la poésie épique d'époque hellénistique et tardive, et à qui je dois mainte suggestion. Jacques Menaut a contribué à rendre ma traduction plus claire et précise. Alain Segonds, directeur général des Belles Lettres, s'est fait mon réviseur bénévole : d'un œil infaillible, il a échenillé mon manuscrit de ses fautes matérielles et m'a aidé à améliorer sa présentation. Dans ces remerciements, je n'aurais garde d'oublier ni l'actuel directeur scientifique de la C.U.F *(série grecque), Jacques Jouanna, qui s'est plié de bonne grâce à toutes mes exigences et qui a fait tout ce qui était en son pouvoir pour que ce livre paraisse dans les meilleurs délais, ni son prédécesseur, Jean Irigoin, qui, pour m'avoir confié la charge du Nicandre Budé, peut être considéré à bon droit comme le* πατὴρ τοῦ λόγου. *Aux uns et aux autres je renouvelle ici l'expression de ma profonde et amicale gratitude. Si, en dépit de la qualité et de l'importance des aides dont j'ai eu la chance de bénéficier, il reste des imperfections dans mon travail, la faute en incombe à moi seul.*

Qu'il me soit permis enfin de formuler un vœu. Puisse la curiosité des amateurs de poésie grecque s'ouvrir davantage : sortant des sentiers battus, puissent-ils, plus nombreux, s'aventurer à la découverte des poètes oubliés ! Comme le monde grouillant des serpents, des araignées et des scorpions qu'il a chanté, Nicandre mérite plus d'attention et de sympathie qu'il n'en a obtenu au cours du siècle dernier. A l'instar de ces créatures injustement méprisées et haïes, il a été la victime de préventions gratuites et d'injustes préjugés. Sa réputation de poète illisible n'a certes pas arrangé les choses, écartant de lui jusqu'aux hellénistes patentés. Si cette édition réussissait à faire tomber les préjugés et les préventions dont il a souffert, si elle réussissait à lui gagner des lecteurs, je serais payé de ma peine et je me tiendrais pour satisfait.

Chêne Vert, le 9 juin 2002.

NOTICE*

Les poèmes Les deux poèmes en vers épiques, intitu-
iologiques de lés *Theriaca* et *Alexipharmaca*, qui nous
Nicandre ont été conservés sous le nom de
Nicandre, sont, en dépit de leurs diffé-
rences, le bien d'un seul et même poète, Nicandre II, que je
nommerai par commodité Nicandre tout court[1]. Galien définit ainsi les mots qui leur servent de titres : " Sont appelés
ἀλεξιφάρμακα tous les médicaments qui combattent les
poisons, θηριακά tous ceux qui guérissent les morsures des
animaux venimeux "[2]. On nomme plus largement λόγος

* Pour les références abrégées voir le *Conspectus librorum* p. CLXXXIII.
1. Cf. l'Introduction du tome I et, en attendant, Jacques[1]. L'idée de
Wilamowitz[2] 2. 226, reprise jadis par Wellmann[13] 326 (pour qui N. est
un représentant de la poésie didactique du IIIᵉ s. a.C., alors qu'il le
considérait *in* Susemihl 2. 416 comme un contemporain du dernier
Attale) et naguère par A. Cameron (*Callimachus and his Critics*, Princeton 1995, 199-202), selon laquelle l'auteur des poèmes iologiques
serait à identifier avec Nicandre I, s'appuie sur des arguments bien peu
convaincants. Sur Nicandre cf. Susemihl 1 p. 302-307 ; W. Schmid-O.
Stählin, *Geschichte der griechischen Literatur*[6] 2. Teil, Bd. 1, Munich
1920, p. 167-169 ; W. Kroll, « Nikandros Nr. 11 », *RE* 17 (1936) 250-
265 ; R. Keydell, *Der kleine Pauly* 4 (1972) 96 s. ; M. Fantuzzi, « N.
aus Kolophon [4] », *Der neue Pauly* 8 (2000) 898-900. Voir aussi A.
Olivieri, « Osservazioni sui Theriaka e sugli Alexipharmaka di Nicandro », *Atti della Reale Accademia di Archeologia, Lettere e Belle Arti
di Napoli* 24 (1906) 283-300 ; G. Pasquali, « I due Nicandri », *Studi
italiani di Filologia classica* 20 (1913) 55-111.
2. Gal. *In Hippocratis librum vi Epidemiarum commentarius*, 5.
17B 337.1-3 Kühn : καλεῖται δὲ ἀλεξιφάρμακα μὲν ὅσα τοῖς δηλ-
ητηρίοις ἀνθίσταται, θηριακὰ δὲ ὅσα τὰς τῶν θηρίων ἰᾶται
δήξεις. Cf. la définition des compositions thériaques chez Scribonius

θηριακός un ouvrage en prose relatif aux " bêtes qui pro-
jettent leur venin " ('ιοβόλα ζῷα), λόγος ἀλεξιφάρμακος
celui qui concerne les substances vénéneuses (θανάσιμα ou
δηλητήρια φάρμακα)[3]. Les *Thériaques* et les *Alexipharmaques* de Nicandre de Colophon, qui traitent respectivement des bêtes venimeuses et des substances vénéneuses –
caractères signalétiques, symptômes d'envenimation et
d'empoisonnement, remèdes aux maux qu'entraînent la
morsure des uns et l'ingestion des autres –, sont donc des
λόγοι versifiés de même définition. Ils relèvent d'une spécialité médicale qui connaît en Grèce, après les campagnes
d'Alexandre[4], un remarquable essor, – celle qui a précisément pour objet les venins et les poisons, deux chapitres
d'une seule et même science pour laquelle la philologie allemande a créé le terme de " iologie "[5]. Lorsque Manilius
énumère les thèmes variés des poètes didactiques grecs qui
ont utilisé l'hexamètre, c'est elle que désigne sa claire allusion à Nicandre, en qui l'on doit reconnaître celui qui
" raconte les serpents venimeux et l'aconit, et les herbes aux
racines fatales et porteuses de vie "[6].

Largus, c. 163 (p. 79.12 Sconocchia) *ponam theriacarum compositiones, id est ad serpentum morsus atque ictus medicamenta.*
    3. Pseudo-Dioscoride, Περὶ ἰοβόλων, *préface*, p. 43.5 s. Sprengel
καὶ ὁ μὲν περὶ τῶν ἰοβόλων (*sc.* λόγος) προσαγορεύεται
θηριακός, ὁ δὲ περὶ τῶν θανασίμων ἀλεξιφάρμακος.
    4. Elle semble lui être venue, ou en tout cas avoir reçu une forte
impulsion de l'Égypte ou de l'Inde. Arrien rapporte un fait significatif : au cours de l'expédition d'Alexandre en Inde, les médecins grecs
ne trouvaient pas de remède contre les morsures des Serpents ; c'était
les habitants du pays qui soignaient leurs victimes : *Ind.* 15. 11.1-4
ὅσοι δὲ ἰητροὶ Ἕλληνες, τούτοισιν οὐδὲν ἄκος ἐξεύρητο ὅστις
ὑπὸ ὄφεως δηχθείη Ἰνδικοῦ· ἀλλ' αὐτοὶ γὰρ οἱ Ἰνδοὶ ἰῶντο τοὺς
πληγέντας. Cf. Th. *HP* 9. 15. 2, les deux plantes utilisées par les Hindous " contre les morsures de Serpents mortelles ", à cause de leurs
effets sur le sang.
    5. O. Schneider, *Nicandrea*, Leipzig 1856, 181 ss. semble avoir été
le premier à employer les termes de *iologus* et *iologia* à propos
d'Apollodore (voir p. XXIX).
    6. Manil. *Astronomica* 2. 44 s. *ille* (i.e. Nicander) *uenenatos
angues aconitaque et herbas / fata refert uitamque sua radice ferentis.*

D'où est venue à Nicandre (après d'autres, comme on le verra) l'idée de choisir un pareil sujet de poésie ? Si, parmi les œuvres perdues que la tradition assigne au seul Nicandre qu'elle connaisse, le poème élégiaque intitulé *Ophiaca* est l'œuvre de Nicandre I, comme il n'est pas interdit de le croire[7], les Serpents ont été pour les Nicandre, chez qui l'on est prêtre d'Apollon Clarien de père en fils, une affaire de famille. L'un[8] des deux uniques fragments subsistants de ce poème évoque la tribu libyenne des Psylles, inconnus des *Thériaques*, leurs pouvoirs antivenimeux innés, leurs méthodes pour soigner les victimes du venin. L'autre[9] aborde un thème cher à Théophraste et aux Paradoxographes, la présence ou l'absence de certains animaux en certains lieux : il y est dit que les vallons de Claros ignorent les Venimeux dont les trois principales variétés terrestres sont citées – Serpents, Araignées-Phalanges et Scorpions –, une absence que le prêtre d'Apollon Clarien attribue à son dieu, qui, comme sa sœur Artémis d'Éphèse, s'est soucié de protéger ses fidèles, lui, en tenant ces bêtes à l'écart de son sanctuaire, elle, en suscitant la découverte d'une plante capable de guérir leurs morsures[10].

leur contexte Le choix de Nicandre peut avoir eu une raison moins personnelle dans la faveur *historique* dont jouissait la spécialité médicale qui vient d'être définie au sommet de la société hellénistique, où l'on fait du poison un usage fréquent. Citons à titre d'exemples Ptolémée V Épiphane (203-181), qui, en 193, contraint son conseiller disgrâcié, Aristo-

---

7. C'était l'idée de Pasquali approuvé par Wilamowitz[2] 1. 35.

8. Nic. fr. 32 O. Schneider, cité par Élien, *NA* 16.28.

9. Fr. 31 *ap.* Élien, *NA* 10. 49. Selon Adler (*RE* 11. 550.63), ce caractère d'Apollon, guérisseur de la peste et protecteur contre la vermine, serait un trait typique des anciens cultes du dieu en Asie Mineure.

10. L'Aristoloche : cf. Schol. *Ther.* 937 et voir comm. n. 54a. Pour la tripartition des Venimeux cf. *Th.* 8 s., 13 s., 652-654, fr. 31.1, la thériaque d'Antiochos (*Annexe* §9c 13-15) et voir comm. n. 77 §3 et 4.

ménès, à boire la cigüe ; Antiochos VIII Épiphane Philomètor Callinicos (121-96), qui administre à sa mère Cléopatra le
poison qu'elle lui destinait, et qui, à la veille de la " guerre
des deux frères " (117/6), avait tenté d'empoisonner son
rival Antiochos IX Philopator. Contre de telles entreprises,
on sait que Mithridate VI Eupator, roi du Pont (environ 111-
63), s'était parfaitement immunisé. Galien voyait dans les
poisons et les venins les plus grands dangers menaçant les
humains. Avant lui déjà, Pline l'Ancien avait reconnu dans
les morsures de Serpents " le pire de tous les maux ", et les
poisons étaient, selon lui, " tout proches de ces fléaux ".
Aussi bien est-ce les plantes susceptibles de combattre les
uns et les autres qui ouvrent sa botanique médicale (*NH* xx-
xxvii)[11]. C'est une croyance générale que les médicaments
efficaces contre eux sont capables également de vaincre
toutes sortes de maladies internes[12]. Les pharmacologues

---

11. Galien, *Thériaque à Pison* 5 (230 s. Kühn) οὐδὲν γὰρ ἐμοὶ
τῶν ἐν τῷ βίῳ χαλεπώτερον εἶναι δοκεῖ τῶν δηλητηρίων
φαρμάκων καὶ τῶν δακετῶν θηρίων. Pline, *NH* 25. 99 *ordien-
dumque a malorum omnium pessimo est, serpentium ictu* ; 25. 127
*proxima ab his malis uenena sunt quae sibimet ipsi homines excogi-
tant*. De fait, après des généralités sur les plantes, le lixre xxv traite de
l'usage des herbes contre les morsures de Serpents (§99-119), puis
contre celles des Scorpions (§119-122), des Grenouilles et des Chiens
enragés ou non (§123-126), contre les poisons et la magie (§127-131).
En ce qui concerne les Serpents, on a une confirmation de ces
remarques chez Vettius Valens, *Anthologiarum Libri*, ed. D. Pingree,
B.T., Leipzig 1986. Dans son chapitre 41 du livre ii sur les morts violentes (περὶ βιαιοθανάτων· μεθ' ὑποδειγμάτων), les Serpents jouent
un rôle non négligeable (ponctuation modifiée) : cf. p. 120.15 s.
(Bélier) ὑπὸ θηρίων ... ἀπολλυμένους, 120.25 (Gémeaux) θηρίων
ἑρπετῶν κακώσει, 120.30 s. (Cancer) ἑρπετῶν θηρίων ἐπιφοραῖς,
121.7 (Vierge) θηρίων ἐπιφοραῖς, 121.17 (Scorpion) et 121.30 s.
(Poissons) ἑρπετῶν θηρίων αἰτίας, 121.20 (Archer) θηρίων
δακετῶν αἰτίαις, 121.24 (Capricorne) θηρίων κακώσεως.
12. Cf. par exemple, l'*indication* d'un antidote antivenimeux
d'Apollodore (*Annexe*, fr. 9), et celle de l'« ambroisie » citée *infra*
p. xviii. Une telle ambition est celle que le Pseudo-Dioscoride, dans sa
préface du Περὶ ἰοβόλων (p. 42-97 Sprengel), assigne aux λόγοι
θηριακός et ἀλεξιφάρμακος : selon lui, ils sont une partie de la
médecine non moins nécessaire que les autres, " car elle offre aux
hommes le moyen de se libérer des périls, tortures, douleurs et de tous

compétents en matière iologique, notamment les spécialistes des venins –, on les appelle θηριακοί –, forment une espèce d'aristocratie. Les souverains hellénistiques sont en correspondance avec eux, ils vont même jusqu'à les recruter comme médecins privés. Zopyros (vers 100 a.C.) a composé pour un Ptolémée (sans doute Aulète) un antidote appelé " ambroisie ", comme l'antidote de Philippe de Macédoine (voir p. XVIII) ; il envoie par lettre à Mithridate la recette d'un autre[13]. Andréas auprès de Ptolémée IV Philopator (221-204), Apollophane de Séleucie auprès d'Antiochos III le Grand (223-187)[14], et, avant eux, Aristogénès de Cnide[15] auprès d'Antigone Gonatas (276-240) ont occupé la même place qu'occupèrent après eux, sous l'empire romain, Andromachos l'Ancien (ὁ Νέρωνος ἀρχιατρός), l'inventeur et le poète de la *Galénè*, aux côtés de Néron[16], Galien aux côtés de Marc-Aurèle, puis de Septime Sévère.

L'époque hellénistique a vu les premiers essais de mise au point d'un médicament propre à prévenir et guérir tous les maux. Ils culminent avec la *Galénè*, la thériaque par excellence, que Galien a minutieusement analysée et commentée au livre I de son Περὶ ἀντιδότων et dans sa *Thériaque à Pison*[17], – une composition qui était destinée à rester inscrite au Codex jusqu'à la fin du XIXᵉ siècle. Parmi les remèdes annonçant la *Galénè* il faut compter, entre autres

les maux de cette sorte " (42 s.). Wellmann[8] 404 voyait dans cette préface l'introduction de Philouménos à son traité homonyme, mais les remarques ci-dessus dépassent la portée de ce traité.

13. Cf. Wellmann *in* Suscmihl 2 p. 427[61]. Nous connaissons sa lettre à Mithridate par Apollonios Mys *ap.* Gal. *ant.* 150.3 ss.

14. Voir J.-M. Jacques, « Callimaque (fr. 659 Pfeiffer), Andréas, Nicandre (*Alexipharmaques* 611-615) et l'if de l'Oeta », *Cahiers du Centre Georges Radet*, n° 2 (Univ. Bordeaux III, 1981/2) ; « Un médecin de cour hellénistique », *CCGR* n° 4 (1984).

15. Voir *infra* n. 53.

16. Galien, *De antidotis*, 1. 1 (14. 2.14 Kühn).

17. Gal. *ant.* 1. 1-17 (14. 1-105 K.) ; *Pis.* ibid. 210-294. Voir aussi, du Pseudo-Galien, la *Thériaque à Pamphilianos*, ibid. 295-310. La *Galénè* disparaît de la pharmacopée anglaise en 1788, mais elle figure encore dans la pharmacopée allemande de 1872 et la française de 1884 (cf. Watson [*infra* n. 126] p. 150).

σύνθετα φάρμακα, l'antidote de Mithridate et la thériaque
d'Antiochos VIII[18], sans oublier la panacée qui clôt l'exposé
des *Thériaques* (934-956). Mithridate et Antiochos nous
montrent que les souverains n'ont pas répugné à mettre la
main à la pâte, dans cette recherche dont ils devaient être les
premiers à bénéficier[19]. Et leur exemple n'est pas isolé. " Le
roi Nicomède ", obsédé par l'idée du poison, – il pourrait
bien être le troisième du nom (120-92), contemporain de
Mithridate – s'est rendu célèbre pour avoir pris un antidote
prophylactique chaque fois qu'il dînait avec des hôtes qui ne
lui inspiraient pas confiance[20]. L'" ambroisie " qui porte le
nom de Philippe de Macédoine est excellente à la fois
" contre les poisons mortels et le coup de toute espèce de
venimeux, efficace aussi contre les maladies internes "[21]. Le
dernier roi de Pergame, Attale III Philomètor (138-133),
contemporain de Nicandre, était féru de botanique et d'hor-
ticulture, expert à l'égal de Mithridate en ce qui regarde tous
les médicaments simples combattant les substances létales[22].

18. Dans le livre ii des *Antidotes*, qui comprend les remèdes autres
que la *Galénè*, on ne trouve pas moins de huit formules (compte tenu
des variantes) de l'ἀντίδοτος Μιθριδάτειος, extraites par Galien chez
les pharmacologues antérieurs (cf. 14. 107 ss., 148 ss., 152, 165,
206 s.) – on les comparera à celles de Celse (5. 23. 3), de Scribonius
Largus (c. 170) et de Pline (29. 24) –, ainsi qu'une thériaque de Mithridate (Gal. 14. 154 s.) contaminée avec la *Galénè*. Pour la thériaque
d'Antiochos voir *infra* p. XLVI.
19. Mithridate avait, nous dit Galien (*ant*. 1. 1 [14. 2.3-13]), com-
biné tous les ἁπλᾶ φάρμακα qu'il avait reconnus, après expérimenta-
tion sur des condamnés à mort, pour être efficaces individuellement
contre les Phalanges, les Scorpions ou les Vipères, l'Aconit, le Lièvre
marin ou tout autre poison, " espérant avoir ainsi un secours contre
tout ce qui peut causer la mort ". Cf. Justin 37. 2. 4 ss.
20. Asclépiade Pharmakion (d'après Apollonios Mys) *ap*. Gal. *ant*.
2. 8 (147.7 K.) ; Wellmann (*in* Susemihl 2. 416[4]) hésitait entre Nicomède II et Nicomède III.
21. *Ibid*. 149.10.
22. Gal. *ant*. ibid. 3-6 ὁ γάρ τοι Μιθριδάτης οὗτος, ὥσπερ καὶ ὁ
καθ' ἡμᾶς Ἄτταλος, ἔσπευσεν ἐμπειρίαν ἔχειν ἁπάντων σχεδὸν
τῶν ἁπλῶν φαρμάκων ὅσα τοῖς ὀλεθρίοις ἀντιτέτακται ... Cf. Id.,
gen. 1. 13 (13. 416.9-12, à propos de l'emplâtre au Poivre blanc)

Il figure comme autorité étrangère à l'index de l'*Histoire Naturelle* de Pline, seul, pour les livres xiv, xv, xvii, xviii, avec Nicandre pour les livres viii, xi, xxxi[23]. Nous savons grâce à Plutarque qu'il cultivait des simples dans son jardin, et, parmi eux, des plantes vénéneuses[24] citées comme telles dans les *Alexipharmaques*, " non seulement la Jusquiame " (*Al.* 415) " et l'Ellébore, mais encore la Cigüe " (186), " l'Aconit " (12) " et le Dorycnion " (376), " les semant et plantant de ses propres mains dans son palais, prenant à tâche de connaître leurs sucs et leurs fruits, et de leur donner les soins appropriés à la saison ". De même que Théocrite a composé un Ἐγκώμιον εἰς Πτομελαῖον (*Idylle* xvii) à la gloire de Ptolémée II Philadelphe, de même le poète médecin Nicandre a écrit un *Éloge* des Attalides, dans lequel il s'adresse à Attale III[25]. A-t-il fait partie de son entourage ? On se plaît à l'imaginer dans le rôle de conseiller pharmacologue, qui fut celui du médecin royal Crateuas auprès de Mithridate. En tout cas, si l'on tient compte du contexte historique, on ne sera peut-être pas tenté de condamner, comme on l'a fait, le choix du sujet des poèmes conservés comme

τοῦτο τὸ φάρμακον οὐ τῶν ὑπ' ἐμοῦ πρώτου συντεθέντων ἐστίν, ἀλλ' ἤδη πρὸ πολλῶν ἐτῶν ὑπὸ τοῦ βασιλεύσαντος ἡμῶν τῶν Περγαμηνῶν Ἀττάλου σπουδάσαντος ἀνδρὸς περὶ φάρμακα παντοῖα. Autre exemple de l'intérêt des souverains pour la pharmacologie, mais dans un autre domaine, les recettes cosmétiques de Cléopâtre, nées peut-être dans son entourage (cf. C. Fabricius, *Galens Exzerpte aus älteren Pharmakologen* [Ars Medica II 2], Berlin/New York 1972, 201 s.).

23. Il est désigné par son nom et son titre (*Attalo rege*), sauf à l'index du livre xxxi où il l'est seulement par son nom.

24. Susemihl 1 p. 5, 302, 831, 845 ; 2 p. 415. Plut. *Demetrius* 20. 3 Ἄτταλος δ' ὁ Φιλομήτωρ ἐκήπευε τὰς φαρμακώδεις βοτάνας, οὐ μόνον ὑοσκύαμον καὶ ἐλλέβορον, ἀλλὰ καὶ κώνειον καὶ ἀκόνιτον καὶ δορύκνιον, αὐτὸς ἐν τοῖς βασιλείοις σπείρων καὶ φυτεύων, ὁπούς τε καὶ καρπὸν αὐτῶν ἔργον πεποιημένος εἰδέναι καὶ κομίζεσθαι καθ' ὥραν.

25. Fr. 104 = *Nicandri genus* (Schol. *Ther.* p. 33.16 Crugnola). Voir E.V. Hansen, *The Attalids of Pergamon*[2] (Cornell Studies in Classical Philology, vol. 36), Ithaca/London 1971, en particulier, dans le chap. ix « Attalid patronage of learning », les p. 432-431 sur N.

une perversion de goût d'un versificateur en mal d'originalité, désireux de réaliser un tour de force poétique en traitant la matière la plus aride. Au lieu de les stigmatiser comme des aberrations littéraires, il conviendra plutôt de les prendre pour ce qu'ils sont, à savoir des constructions versifiées visant à enfermer, sous une forme aisée à retenir, l'essentiel de la science iologique contemporaine.

I. — LES *THÉRIAQUES*, TÉMOIGNAGE SCIENTIFIQUE.

A. LES ANTÉCÉDENTS.

Dans la présente section, consacrée aux prédécesseurs de Nicandre, je considère la matière iologique dans son ensemble, poisons aussi bien que venins.

Sources principales Sur la littérature technique du sujet, indépendamment des compilations médicales ou autres, nos deux sources essentielles sont, malgré leurs erreurs fréquentes, l'*Histoire Naturelle de* Pline l'Ancien[26] et les Scholies de Nicandre, qui se signalent toutes les deux par leur érudition. Elles allèguent un grand nombre de naturalistes ou de médecins iologues, sans compter les botanistes et, d'une façon générale, divers auteurs apportant des renseignements utiles[27].

26. Kroll, « Petrichos », *RE* 19 (1937) 1189.63 ss., met en garde contre l'usage de l'index aux livres XX-XXVII pour la critique des sources, parce que N. n'est expressément cité que dans les livres XX et XXII ; il pense que la liste des médecins grecs utilisés a été reproduite mécaniquement par Pline ou par son scribe. Mais, comme ces livres traitent du même sujet (botanique médicale), le procédé paraît naturel.

27. Les Σ *Th.* 816 (= FGrHist 122 F 8) allèguent Amyntas, un *bèmatiste* d'Alexandre, à propos de la Musaraigne (cf. comm. n. 94). Si toutefois le texte est sain : comme le témoignage porte en partie sur l'étymologie du nom, on a pensé qu'il convenait mieux à un grammairien et on a conjecturé Ἀμερίας, dont le recueil de gloses est cité par Σ Ap.Rh. et Thcr. (voir Hülsen, *RE* s.v. « Amerias » 1827). L'objection contre Amyntas ne vaut rien, cf. l'étymologie de la Musaraigne *ap.* Straton (*Annexe* §5b, fr. 6), et, entre autres, celles du Chersydre, du Dryinas et du Cenchrinès ap. Philouménos (24. 1, 25. 1, 26. 1).

Leurs données se recoupent et se corrigent mutuellement. Jusqu'ici, on n'a pas accordé à l'exégèse antique dont les Scholies anciennes sont le reflet[28] toute l'attention qu'elle mérite. Il y a en effet beaucoup à tirer de leur confrontation avec la *Naturalis Historia* et la littérature technique médicale[29]. Ci-dessous, la liste de nos principales sources d'information, avec l'indication des manuscrits que j'ai utilisés quand cela m'a paru nécessaire. A côté des traités iologiques de stricte définition, la littérature médicale comporte des œuvres plus compréhensives pour lesquelles j'ai précisé les livres et les chapitres concernant venins et poisons. J'appellerai " Iologues récents " ou " Iologues tardifs " les auteurs de ces deux catégories, par opposition aux fragments et témoignages iologiques antérieurs à Nicandre, lesquels figurent dans l'*Annexe* au commentaire (*infra*, p. 269 ss.).

Pour les indications bibliographiques touchant les œuvres mentionnées voir ci-après le *Conspectus librorum* (p. CLXXXIII ss.).

Scholies (Σ). Faute d'avoir exploité à fond les parallèles, les éditions, même les plus récentes, sont insuffisantes dans l'*emendatio*. Mes références sont données d'après M. Geymonat (Σ *Al.*) et A. Crugnola (Σ *Th.*), mais mes citations des Σ reposent sur des collations personnelles. – Mss : GL, KBROW, P, EFICD (= *recc.*), V. Les mss KP n'ont pas les *Alexipharmaques*, O seulement des gloses ou des Σ abrégées. Le texte des *recentiores* EFICD (~*Ald.*), issus d'un ms proche de P, est librement remanié. V offre lui aussi un remaniement, mais différent.

Celse, *De medicina* (*De la Médecine*) 5. 27. 1-10 (venins), 11-12 (poisons) = éd. Spencer, vol. 2 (1938), p. 110-124.

---

28. Voir ci-dessous, p. CXXIX ss.

29. Wilamowitz[1] 1 p. 190[137], a eu raison de critiquer O. Schneider pour avoir montré à cet égard une " négligence irresponsable ", un reproche qui vaut aussi bien pour ses prédécesseurs et ses successeurs ; cf. *ibid.* n. 139 : " Die Techniker (*cités dans les Scholies*) sind in Verbindung mit der medizinischen Literatur und besonders Plinius Nat. Hist. zu setzen : dann dürfte sich vieles ergeben ".

Scribonius Largus, *Conpositiones* (*Les Compositions*), c. 163-177 (venins), 178-200 (poisons), éd. Sconocchia, p. 79-92.

Pline l'Ancien, *Histoire Naturelle* (*NH*), en particulier VIII-XI (animaux), XX-XXVII (les plantes et leurs remèdes), XXVIII-XXX (remèdes tirés des animaux).

Dioscoride, Περὶ ὕλης ἰατρικῆς (*Matière Médicale*), éd. Wellmann, vol. 1-3 ; Περὶ ἁπλῶν φαρμάκων (*Euporista*) 2. 120-138 (venins ; le c. 138 [sangsues, cf. *Al.* 495-520] occupe une place intermédiaire), 139-168 (poisons) = vol. 3, p. 299.25-317.8.

Galien, Περὶ ἀντιδότων (*Des Antidotes*), livre I (la *Galénè* d'Andromachos l'Ancien, i.e. ἡ θηριακή) = vol. 14, p. 1-105 Kühn ; livre II (extraits de pharmacologues[30] antérieurs à Galien : Andromachos le Jeune, Damocratès, Asclépiade Pharmakion, Héras de Cappadoce) = *ibid*. p. 106-209. Chaque fois que je l'ai jugé nécessaire, la référence mentionne l'auteur dont Galien cite un extrait. Les poisons sont considérés (c. 7-9) avant les morsures des bêtes venimeuses et des chiens enragés (c. 11-17), mais voir *infra*.

Θηριακὴ πρὸς Πίσωνα (*Thériaque à Pison*)[31], ibid. p. 210-294 ;

[Θηριακὴ πρὸς Παμφιλιανόν] (*Thériaque à Pamphilianos*), ib. p. 295-310. – J'ai collationné sur le Laur. gr. 74.5A les citations de Galien.

Philouménos, Περὶ ἰοβόλων ζῴων καὶ τῶν ἐν αὐτοῖς βοηθημάτων. ἐκ τῶν Φιλουμένου (*Les animaux venimeux et leurs remèdes*), éd. Wellmann. Extrait limité aux venins. Cette partie se fonde sur le livre V du Περὶ τῶν κατὰ

---

30. Cf. Fabricius (*supra* n. 22).

31. J. Ilberg, *RhM* 51 (1896) = *Über die Schriftstellerei des Klaudios Galenos*, Darmstadt 1974, p. 89, avait laissé planer un doute sur la paternité de Galien. L. Richter-Bernbug n'a pas hésité à intituler sa dissertation de Göttingen (1969), dans laquelle il donne l'édition de la version arabe : *Eine arabische Version der pseudo-galenischen Schrift De Theriaca ad Pisonem*. Il n'y a pas de raison sérieuse de mettre en doute l'authenticité de ce traité ; cf. V. Nutton, « Galen on Theriac : Problems of Authenticity », in : *Galen on Pharmacology, Philosophy, History and Medicine*, Leiden 1997, p. 133-151.

γένος φαρμάκων d'Archigénès[32] mais elle ne se confond pas avec lui. Cf. E.D. Mavroudis, Ἀρχιγένης Φιλίππου Ἀπαμεύς, Athènes 2000, Index locorum, p. 426, s.v. Φιλούμενος et voir sous " Ael. Prom. ". – Ms : Vaticanus gr. 284, source unique.

" **Aelius Promotus** ", Περὶ τῶν ἰοβόλων θηρίων καὶ περὶ τῶν δηλητηρίων καὶ θανασίμων φαρμάκων (*Bêtes venimeuses et Poisons*). E. Rohde (*RhM* 28, 1873, 264-290 = *Kleine Schriften* 1, p. 380-410) voyait dans ces extraits un reflet d'Archigénès (cf. sous Philouménos), si bien qu'on les trouve parfois cités à tort sous ce nom (cf. E.D. Mavroudis, p. 387-390). En fait, ils remontent partiellement à la même source que Philouménos, sans doute interpolée à l'aide d'une paraphrase de Nicandre. – Mss : V =Vaticanus gr. 299 (s. XV) ; A = Ambrosianus gr. S 3 sup. (s. XVI).

Oribase, Ἐκλογαὶ βοηθημάτων (*Choix de Médicaments*) 117-126 (venins ; c. 126 : remède convenant aussi aux poisons), 127-135 (poisons) = vol. 4, p. 291.1-299.3.

Σύνοψις πρὸς Εὐστάθιον (*Synopsis à Eustathe*) 3. 186 (Chiens enragés)-187 (Champignons) = vol. 5, p. 113.5-27.

Πρὸς Εὐνάπιον (*Livres à Eunape*) 3. 63-67 (poisons), 68-73 (venins) = *ib.* p. 430.16-433.

Aétius d'Amida, Livre XIII, Περὶ δακνόντων ζῴων καὶ ἰοβύλων ὄφεων, ἤτοι λόγος Τ̄γ̄ (*Sur les animaux qui mordent et les Serpents venimeux*), éd. Zervos. La partie relative aux poisons est restée inédite. – Mss : Laurentianus gr. 75.18 (s. XIV), Laur. gr. 75.21 (s. XIII).

Paul d'Égine, Περὶ τῶν θηριακῶν τε καὶ ἀλεξιφαρμάκων = *Épitomé médical*, livre V, c. 1-26 (venins), 27-66 (poisons) = éd. Heiberg, vol. 2, p. 5-41.

---

32. Sur ce médecin célèbre, né à Apamée en Syrie, qui vécut à Rome sous Trajan et qui a eu un rôle important dans la transmission du savoir iologique voir Wellmann, *RE* 2 (1895) 484 ss., en particulier 486.18 ss., Id., *Die pneumatische Schule bis auf Archigenes* (Philol. Untersuch. 14), Berlin 1895. Beaucoup de fragments d'A. *ap.* Galien, Oribase, Aétius et Paul d'Égine. Philouménos le mentionne six fois (5. 1, 6. 1, 14. 1, 33. 7, 35. 2, 37. 4), trois fois en citant le titre de son grand ouvrage pharmacologique (5. 1, 33. 7, 35. 2), une en se référant au livre concerné (5. 1 ἐν τῷ ε̄ βιβλίῳ τῶν κατὰ γένος φαρμάκων).

Pseudo-Dioscoride, Περὶ δηλητηρίων (*Sur les poisons, la façon de prévenir leurs effets et de les guérir*) = Dioscoride, éd. Sprengel, vol. 2, p. 1-41 ; Περὶ ἰοβόλων (*Sur les venimeux*), *ibid.* p. 42-91. – Mss : Vaticanus gr. 284 (s. XI), Ambrosianus gr. L 119 sup. (s. XV).

Théophane Nonnos, Ἐπιτομὴ τῶν ἰατρικῶν θεωρημάτων, c. 261-278 (venins), 279-283 (poisons) = vol. 2, p. 291-357.2 ; voir aussi p. 368-372.2 (addition aux venins).

Au cours des siècles, les auteurs d'encyclopédies médicales se sont copiés sans scrupule, d'où l'étroite parenté que présentent Oribase (IVe s.), Aétius (VIe), Paul d'Égine (VIIe), le Ps.Dioscoride (compilation de date inccertaine) et Théophane Nonnos (dont l'*Épitomé* fut rédigé au Xe s., à l'instigation de Constantin Porphyrogénète), parenté plus ou moins accusée de l'un à l'autre, et qui peut aller jusqu'à l'identité. C'est souvent le cas, d'une part, pour Oribase et Paul d'Égine, de l'autre, pour Paul et le Pseudo-Dioscoride. Leurs similitudes ne s'expliquent pas toutes par le fait qu'ils dérivent de la même source, Philouménos, à qui Wellmann[8] 375 faisait remonter Aétius et Paul par l'intermédiaire d'Oribase. Il convient aussi de tenir compte des possibles interactions, voire des interpolations, plus ou moins apparentes selon les manuscrits, et notamment dans le ms d'Aétius Laur. 75.21. C'est ainsi qu'Aétius a des suppléments qui le rapprochent d'Aelius Promotus et que l'on retrouve chez Théophane, bien que ce dernier résume à grands traits. Les quatre autres compilations donnent souvent l'impression d'être des recensions différentes d'un même texte (cf. comm. n. 42b).

Élien, *Nature des Animaux* (*NA*), *passim*. – Compilation extra-médicale ouverte à l'enseignement iologique. Élien a pu puiser celui-ci à des sources intermédiaires, entre autres, Sostratos (cf. Wellmann[9]) et Pamphilos (Wellmann[9] ; cf. comm. n. 33 §2, 46 §3). Mais, de même qu'il connaît directement les *Halieutiques* d'Oppien (cf. Keydell[2]), il a sûrement lu Nicandre dans une édition scholiée, même s'il commet des erreurs à son sujet : cf. *NA* 6. 51, 15. 13, 18 (comm. n. 31 §2 ; 27 §1a ; 28 §1 ; 30 §2) et surtout 16. 40 (rapproché de 9. 4), où la bévue d'Élien a pour seule explication la disposition de la matière dans les *Thériaques* (cf. comm. n. 19 §3).

On aura noté ci-dessus que, exception faite du Pseudo-Dioscoride[33] et d'Oribase, *A Eunape* (le livre II des *Antidotes* de Galien est un cas particulier : les remèdes contre les poisons et ceux contre les venins n'y forment pas un ensemble distinct, ils sont précédés et suivis par des antidotes pouvant avoir d'autres *indications*), tous les auteurs qui offrent les deux volets de la science iologique suivent dans leur exposé le même ordre que Nicandre en traitant d'abord des *theriaca*, puis des *alexipharmaca*.

Naturellement, des remèdes de ce type ont été connus, et nous sont attestés, avant que la spécialité iologique ait acquis ses lettres de noblesse. A cet égard, deux grandes personnalités médicales du IVᵉ siècle avant J.-C. font figure de précurseurs, Dioclès de Carystos et Praxagoras de Cos[34].

1. *Dioclès de Carystos* Dioclès, le " second Hippocrate "[35], qui fut actif à Athènes vers 360/350 av. J.-C. (son *acmè*) et qui put donc connaître Aristote et Platon vieillissant, a touché à peu près tous les aspects de la médecine. Parmi ses nombreux traités médicaux, nous avons à considérer surtout ceux qui ont des implications iologiques. Pline l'Ancien le loue, comme il loue avant lui Hippocrate, après lui Praxagoras et Érasistrate, d'avoir parsemé ses livres de renseignements sur les plantes[36]. Le plus remarquable à cet égard était

---

33. Exception seulement apparente, car sa préface présente les deux traités dans l'ordre attendu.

34. Sauf indication contraire, les numéros des fragments des auteurs évoqués ci-dessous sont ceux de l'édition qu'on trouvera dans l'*Annexe* (*infra*, p. 269 ss.).

35. Vindicianus c. 2 : *Diocles, sectator Hippocratis, quem Athenienses iuniorem Hippocratem uocauerunt*, cité par Wellmann, « Diokles Nr. 53 », *RE* 5. 802.31 ; cf. Pline cité n. 36. La datation proposée tient le milieu entre les thèses extrêmes de Wellmann (premier tiers du IVᵉ) et de W. Jaeger, *Diokles von Karystos*², Berlin 1963, qui en fait un disciple d'Aristote.

36. *NH* 26. 10 : *Hippocratis… referta herbarum mentione inueni-*

certainement le Ῥιζοτομικόν (*La Cueillette des Racines*),
titre cité par les Scholies aux *Thériaques* (*Annexe* §1, fr. 1).
C'était, selon le mot de Wellman, " le plus ancien traité de
botanique des Grecs "[37] : il y décrivait les plantes et indi-
quait leurs vertus, comme on le voit par ce fragment relatif
à l'*Érinos* (*Th.* 647, cf. comm. n. 70 §3), ouvrant ainsi la
voie à la botanique médicale. Théophraste (*HP* ix), Crateuas, Sextius Niger, source commune à Dioscoride et à
Pline l'Ancien (d'où leurs fréquents parallèles), l'ont largement exploité, comme aussi les Iologues, Apollodore le premier. Le traité de Dioclès sur les plantes cultivées (Περὶ
λαχάνων, *Sur les Légumes*[38]) a dû lui aussi être mis largement à contribution (cf. n. 64c). Le Ῥιζοτομικόν (fr. 2, sur
une variété d'Origan : cf. *Th.* 626 et n. 67c) témoigne de
l'attention qu'il portait à la nomenclature botanique :
regrouper les synonymes est évidemment un devoir primor-
dial, commun aux Rhizotomes et aux Pharmacologues[39],
notamment aux Iologues (cf. Apollodore, *Annexe* §4, fr. 10).
L'unique fragment certifié de son traité plus proprement
iologique Περὶ θανασίμων φαρμάκων (*Sur les Drogues
létales*) manifeste le même souci (fr. 3, sur deux noms de la
Marjolaine, ἀμάρακος et σάμψουχος, cf. *Th.* 575, 617 et n.
61 §1c)[40]. Ce λόγος ἀλεξιφάρμακος se complétait-il d'un

*mus uolumina, nec minus Diocli Carysti, qui secundus aetate famaque
extitit, item Praxagorae et Chrysippi ac deinde Erasistrati Cei ...*

37. C'est le titre qu'il a donné à l'article qu'il lui a consacré : *Das
älteste Kräuterbuch der Griechen* = Wellmann[7] (voir le *Conspectus
librorum*, p. CC).

38. Même si les λάχανα peuvent avoir des variétés *sauvages*, on
ne peut traduire le mot par " plantes sauvages ", comme le fait Scarborough[2] 5 (et sa n. 37).

39. Cf. Wellmann, « Die Pflanzennamen des Dioskorides »,
Hermes 33 (1898) 360.

40. Il n'y a donc pas de raison d'attribuer, avec Ph. van der Eijk,
les deux fragments sur des synonymes de l'Ellébore (fr. 5 : E. noire ;
fr. 6 : E. d'Anticyre) au περὶ θανασίμων plutôt qu'au ριζοτομικόν.
L'Ellébore noire figure au catalogue des poisons *ap.* Oribase *ecl.* 125
(296.3) ~ Paul d'Égine 5. 30 (27.7 E. sans qualification), et Paul a un
chapitre sur l'E. Blanche et autres poisons végétaux 5. 65 (~ Aétius

λόγος θηριακός ? Le fr. 4, extrait des *Préceptes de Santé à Pleistarchos*, ne nous oblige pas à le croire. La citation de Dioclès s'insère au milieu d'un train de réflexions sur les causes des maladies, dans lequel le médecin philosophe a quelque chose à voir. Certains maux, et c'est le cas de l'empoisonnement dû à l'absorption de substances vénéneuses ou aux piqûres venimeuses, sont caractérisés par des effets " dépourvus d'explication causale " (ἀναιτιολόγητα). Bien sûr, il y en a une, mais il faut savoir la découvrir au-delà des apparences en tenant compte du fait que la piqûre des bêtes à venin, si insignifiant que soit leur aspect, peut avoir des effets considérables. De telles réflexions n'ont pas nécessairement pour cadre un λόγος θηριακός. Elles ont leur application dans le cas d'autres maladies, et même en dehors de la sphère médicale. Les Venimeux et leur redoutable " pouvoir destructeur " (δύναμις φθοροποιός), qui est sans rapport avec leur taille, n'interviennent ici qu'en tant qu'exemples. Et il s'agit d'un exemple que Socrate et ses disciples se plaisent à alléguer quand ils veulent décrire des effets sans cause apparente dans le domaine affectif [41]. C'est

13. 83, E. Blanche *et noire*). Nicandre connaît seulement l'E. comme remède (noire . *Th.* 941 , de Plocide, *i.e.* d'Anticyre : *Al.* 483). — L'attribution du fr. 7, de contenu quasi-paradoxographique, à Dioclès (Περὶ θανασίμων) est beaucoup plus douteuse. Selon Wellmann[4] 328 s., les chapitres voisins d'Élien (*NA* 17. 15 : sur les deux foies du Crapaud, dont l'un sert d'antidote à l'autre, cf. Pline *NH* 32. 50 ; *NA* 17. 12 : sur le breuvage empoisonné qu'on prépare avec leur sang) remonteraient à cette source ultime par l'intermédiaire de Sostratos, hypothèse invérifiable reposant sur une conjecture gratuite, la substitution de Dioclès au médecin Néoclès. Cette qualité de médecin ne s'étendait pas obligatoirement, comme le voulait Wellmann, à Timaios (médecin homonyme *ap.* Celse ?) et à Héraclide (de Tarente ?). Si Deichgräber (*RE* 16. 2422.43) a raison d'identifier Néoclès au Crotoniate d'Athénée (57f) qui approuvait une opinion d'Hérodore (FGrHist 31 F21) sur la taille des Sélénites, il peut s'agir aussi bien de Timée de Tauroménion ([Antig. Car.] *hist. mir.*, [Ar.] *Mir.* pass.) et d'Héraclide le Pontique ([Antig.] *ibid.* 152 = Call. fr. 407 xxiv).

41. Voir, entre autres, Xénophon, *Mémorables* 1. 3. 12 : l'amour instillé par les baisers des jeunes gens comparé à la piqûre des Arai-

moins le médecin iologue qui se révèle ici que l'homme de culture philosophique, familier des comparaisons socratiques. Nous retrouverons chez Érasistrate (*Annexe* §5a, fr. 3) une réflexion semblable sur les causes, illustrée pareillement d'un exemple emprunté au domaine iologique.

2. *Praxagoras de Cos* L'Asclépiade Praxagoras (vers 340 av. J.-C.), contemporain de Dioclès, plus jeune que lui mais non point son suiveur[42], n'a pas à son actif, pour sa part, d'écrit iologique attesté, mais, dans le cadre plus large de l'un de ses ouvrages thérapeutiques intitulé Περὶ θεραπειῶν ou Θεραπεῖαι, lequel comptait au moins quatre livres[43] riches d'enseignements sur l'utilisation des médicaments, il considérait différents cas d'empoisonnement. Notre unique source, les Scholies aux *Alexipharmaques*, nous en fait connaître trois. Dans le fr. 1 (*Annexe* §2), il exposait, en termes voisins de ceux qu'emploiera Nicandre (*Al.* 314 s.), le mode d'action du sang de Taureau[44]. Le fr. 2, sur une drogue mortelle de nature controversée, plante ou

gnées-Phalanges, " à peine de la grosseur d'une demi-obole " mais qui causent de graves désordres et même la folie (texte cité comm. n. 83) ; *Banquet* 4. 28 : le baiser à une piqûre de Scorpion ; Platon, *Banquet* 217e-218a : l'effet des paroles de Socrate à une morsure de Vipère. Cf. Sénèque, *Ep. mor.* 15. 94. 41. Pour l'origine de cette comparaison voir K. von Fritz, *RhM* 84 (1935) 32. C'était devenu un lieu commun (cf. Thcr. 19. 5 s.).

42. Le mot (*Nachtreter*) de Wellmann (*Die Fragmente der sikelischen Ärzte* 11) a été repris par Jäger (*Diokles* 225). En fait, Praxagoras, qui était considéré comme le représentant le plus célèbre de l'école de Cos après Hippocrate, est un penseur original très influent au IIIᵉ s. Le fait qu'il a été le maître d'Hérophile, né dans le dernier tiers du IVᵉ s., empêche de le faire remonter beaucoup plus haut. Pour une meilleure appréciation cf. F. Steckerl, *The Fragments of Praxagoras of Cos and his School*, Leiden 1958, 34 ss. ; voir aussi K. Bardong, *RE* 22. 1735-43.

43. Caelius Aurelianus, *A.M.* 3. 4, 32 (= fr. 111 Steckerl) *quarto libro curationum*.

44. Le bien de Praxagoras se réduit sans doute à la première phrase de la scholie, sinon à la première proposition.

poison composé, le Pharikon (*Al.* 398), explique ce nom par
celui de son inventeur, le Crétois Pharikos[45]. Enfin, dans
l'empoisonnement par le breuvage au Crapaud (*Al.* 567),
pour lequel les roseaux de l'étang où il vit servent d'antidote
(cf. comm. n. 52), il précisait que c'est " la partie verte des
roseaux " qui devait être consommée (fr. 3)[46]. Les fragments de Dioclès, pas plus que ceux de Praxagoras, ne permettent de dire que, pour la toxicologie, le second était tributaire du premier. On ne peut en tout cas s'appuyer sur
[Dioclès] fr. 7, où il est question du crapaud, pour le pré-
tendre. Ils ne permettent pas non plus de voir comment ils se
situaient tous les deux par rapport à Apollodore, *iologorum
dux*, selon le mot d'Otto Schneider. Mais, pour ce qui est de
Praxagoras, et compte tenu de l'ensemble de ses fragments,
on retiendra la place qu'occupent chez lui les médicaments
(Hérophile avait de qui tenir), et aussi le caractère souvent
bizarre de sa pharmacopée, où abondent les substances telles
que castoréum, pénis de Phoque, testicule d'Hippopotame,
sang de Tortue marine, etc., dont la plupart se retrouvent
chez Nicandre[47]. C'est peut-être Praxagoras, et non Apollodore, qui était la cible d'Érasistrate (*Annexe* §5a, fr. 5) dans
la critique que celui-ci dirige contre ce genre de remèdes, au
nom d'une médecine plus rationnelle. Si l'antidote que
Nicolaos Myrepsos a placé sous l'invocation de Praxagoras

45. On se posait la même question à propos de l'*Ephéméron* (voir
Straton, *Annexe* §5b, fr. 8). Même type d'explication, qui laisse le problème entier, chez " Aelius Promotus " (p. 70.10), mais au profit d'un
général d'Alexandre du nom de Pharis, qui l'aurait découvert au pays
des Sauromates, où Alexandre aurait fait l'objet d'une tentative d'empoisonnement (!).

46. Connaissait-il la distinction nicandréenne des deux crapauds
venimeux, et savait-il que l'antidote des roseaux concernait le " Crapaud muet " (568), qui vit dans les roseaux (578) ? On l'ignore.

47. Cette liste de remèdes se lisait au livre II des Θεραπεῖαι, dans
le traitement de l'épilepsie (Cael. Aur. *M. chr.* 1. 4, 133 = fr. 104).
Pour le sang de tortue marine cf. comm. n. 75 §1 ; son emplâtre à
poser sur la tête une fois rasée prête à la même remarque (cf. *Al.* 410-
414).

appartient vraiment à Praxagoras[48], on est en droit de voir en ce dernier l'ancêtre des auteurs de thériaques. Par la quasi-totalité de ses ingrédients, en effet, le σύνθετον en question anticipe des compositions comme le *Mithridatium*, la *Galénè*, le *Philonium*, et cette coïncidence précisément n'est pas sans éveiller les soupçons.

A la fin du IVe siècle et dans la première moitié du IIIe, la connaissance des animaux venimeux accomplit des progrès considérables dus à deux hommes de science, le philosophe Théophraste et Apollodore déjà nommé, qui ont traité le sujet, le premier surtout en naturaliste, le second surtout en médecin.

3. Théophraste On a une vue assez claire du contenu de l'ouvrage de Théophraste sur les bêtes à venin grâce aux *Solutiones eorum de quibus dubitauit Chosroes Persarum rex*, dont il nous reste une traduction latine d'époque carolingienne[49]. Dans ce livre, Priscien (VIe s.), réfugié en Perse à la suite de l'expulsion des philosophes d'Athènes par Justinien, s'applique à satisfaire les curiosités scientifiques du roi Chosroès : il y répond à diverses questions, notamment sur l'his-

____

48. Nic. Myr. 1. 356 L. Fuchs (= fr. 117) : *antidotus Praxagoros*.
49. Voir la préface de Bywater dans son édition du *Supplementum Aristotelicum* ; W. Ensslin, « Priscianus Nr. 9 », *RE* 22. 2348, et, pour la reconstruction du traité de Th. : Rose, *Aristoteles Pseudepigraphus* 338-352, la dissertation de Joachim, et surtout les analyses de Regenbogen, « Theophrastos Nr. 3 », *RE* 7.1354, en particulier, 1406 ss. : sur [Ar.] *Mir.* et [Antig. Car.] *hist. mir.* ; 1423-1434 : les écrits zoologiques de Th. ; 1427.22-39 : le π. δακετῶν. Quelques retouches sont à leur apporter en ce qui regarde le Ps.Aristote : *Mir.* 147, dont R. fait le bien exclusif du Περὶ ὀσμῶν (c. 4), est à restituer au π. δακετῶν (mais p.ê. a-t-il été utilisé dans les deux traités, cf. *infra* n. 52), cet exemple étant garanti par les parallèles de Priscien et d'Élien (voir l'*Annexe* §3, fr. 13) ; *Mir.* 27 (au milieu d'un extrait du π. τῶν ἀθρόως φαινομένων), 164-165, qui viennent de Nicandre (cf. comm. n. 16, 19), sont à exclure. Voir en dernier lieu R.W. Sharples 67-71 (n° 360-1).

toire naturelle, avec l'aide des auteurs anciens. C'est le Περὶ τῶν δακετῶν καὶ βλητικῶν, troisième livre de l'enquête de Théophraste sur les animaux (Περὶ ζῴων), et non le Περὶ θηρίων d'Apollodore, qui constitue, du propre aveu de Priscien, la source de son chapitre IX sur les Venimeux[50]. Nous n'avons pas la preuve que l'ordre dans lequel sont présentées les questions afférentes au sujet était bien l'ordre dans lequel Théophraste les avait traitées, mais, tel qu'il s'offre à nous, ce chapitre des *Solutiones ad Chosroem*, notre source fondamentale, permet de regrouper les fragments dispersés transmis par les autres sources, – Pline, Élien, etc., et aussi le chapitre 29 du livre VIII de l'*Histoire des animaux* et le livre *De mirabilibus auscultationibus* attribués à Aristote, mais dont beaucoup d'éléments reviennent à Théophraste, le bien du disciple ayant été souvent confondu avec celui du maître. La plupart de ces fragments ont un parallèle dans l'exposé de Priscien : ainsi se vérifie réciproquement l'authenticité théophrastéenne de l'exposé et des fragments, en même temps que ces derniers prennent place, comme exemples particuliers, dans le cadre d'une réflexion générale. L'image du traité que l'on voit se dessiner correspond à ce que l'on attendait de Théophraste, avec ses deux thèmes principaux et connexes, d'une part, le thème des *causes* et modalités de l'envenimation, de l'autre, celui des *différences* entre les Venimeux. On sait que le Περὶ τῶν κατὰ τόπους διαφορῶν, qui formait le livre I du Περὶ ζῴων, extrait par Priscien dans son c. VIII, considérait le règne animal du point de vue des différences selon les lieux. La première différence que Théophraste observe chez les Venimeux, couramment désignés du nom vague de

---

50. Cf. Prisc. p. 42.3 ss. *Theophrastus… ex his quae dicit … de … Morsibusque simul nociuis.* Le titre est mentionné une seule fois dans les fragments (*Annexe* §3, fr. 7) ; des expressions comme *ictus morsusque* (Pline *NH* 22. 18) le reflètent. Dans l'exemplaire du traducteur latin, βλητικῶν était altéré en βλαπτικῶν, cf. Prisc. IX p. 96.5 s. *mordentium et* nocentium (= *Annexe* §3, fr. 3) ~ VIII p. 93.2 (ex Th. π. τῶν κατὰ τόπους διαφορῶν) *mordacium et* nociuorum *reptilium*.

θηρία, *bêtes*[51], apparaît dans le titre de son traité, qui distingue parmi eux deux catégories, les δακετά " qui mordent " et les βλητικά " qui frappent " ou impriment leur aiguillon ou leurs chélicères (τὰ ἐγχρίμπτοντα, cf. comm. n. 77 §3). Outre les agents de l'envenimation tels que morsure, piqûre ou autres procédés (*Annexe* §3, fr. 15), Théophraste envisage également les différences selon les *lieux* (fr. 10b, cf. n. 11a, 50 §4), les *saisons* (fr10a, cf. n. 15b), les *sexes* (fr. 16, cf. n. 14 ; fr. 10c, cf. n. 16). Du point de vue de la différence, il étudie non seulement le comportement et la morphologie des Venimeux (le caractère dangereux d'un Serpent ne dépend pas de sa taille : fr. 16, 9b ; cf., déjà, Dioclès fr. 4, et, entre autres, Lucain 9. 766 s.), mais aussi les phénomènes liés à l'envenimation, une question inséparable de ses causes : le pouvoir de corruption (φθοροποιὸς δύναμις) repose-t-il sur une substance matérielle, venin assimilé à la sanie (fr. 1 et 15, cf. fr. 2, et n. 24 §2), ou bien s'agit-il d'un pouvoir sans support matériel, tel qu'une exhalaison, un souffle, ou simplement l'aspect, bref, une " vertu " assimilable au pouvoir du mauvais œil ? Théophraste rend compte ainsi du fait que l'envenimation, qui peut procéder sans morsure, par l'effet d'un simple contact (fr. 5, 9, cf. n. 35 c 1), est également capable d'opérer à distance, à travers des corps étrangers (fr. 7). Ainsi s'expliquerait l'action sur les Vipères de l'haleine des Cerfs (fr. 6, cf. n. 18), dont la corne en fumigation met les Serpents en fuite (fr. 13, cf. n. 7 §1). Le caractère venimeux est transmissible, il peut être inné ou acquis (fr. 16). Un animal venimeux peut le devenir davantage s'il en mange un autre, par exemple les Guêpes si elles consomment la chair des Vipères (fr. 3). Il peut même devenir venimeux à la suite d'une métamorphose, comme l'Hydre qui se transforme en Vipère (fr. 18*, cf. n. 35c2α). Il y a pour les Venimeux, comme pour

51. On les appelait aussi ἑρπετὰ θηρία (Vettius Valens [voir n. 11], Philouménos 10.1 p. 14.3), θηρία ἑρπετά ou encore θηρία δακετά (Vett. Val.).

d'autres animaux[52] (sujet traité dans le Περὶ τῶν αὐτομάτων [= π. τῶν ἀθρόως φαινομένων], livre II du Περὶ
ζῴων), une naissance par génération spontanée (fr. 19*, cf.
n. 90 §3). Le venin peut avoir un effet sur les plantes (fr. 4,
9a, cf. n. 100 §4), il peut en revanche, comme les poisons
(fr. 14), être sans effet sur certains animaux (fr. 12). Naturaliste théoricien du monde des ἰοβόλα, Théophraste n'en a
pas pour autant négligé totalement la symptomatologie (fr.
5, rage ; 17*, symptômes de la morsure de l'Hydre = Chersydre, cf. n. 35 c 2 β), ni même, mais de façon exceptionnelle, la thérapie (fr. 1*, 20*). Un des fragments contient une
description de θηρίον (fr. 9). Deux autres concernent les
morsures de Chiens enragés et les morsures humaines (fr. 5
et 14), ignorées de Nicandre, mais non des Iologues récents.
Après Théophraste, la distinction des δακετά et des βλητικά – elle fournit encore à Sostratos, actif à Alexandrie
sous Auguste, le titre de son livre, Περὶ βλητῶν ἢ
δακετῶν[53] – déterminera la présentation de la matière. La
comparaison avec Nicandre suffit à montrer que beaucoup
des observations de Théophraste ont été intégrées de bonne
heure à la littérature iologique proprement dite. Il appartien-
dra aux Iologues de poursuivre la tâche, en affinant la distinction et la description des espèces venimeuses, d'une
part, et, de l'autre, en développant les aspects médicaux du
sujet.

4. Apollodore   Importante, à coup sûr, même si l'on ne
peut faire de lui le chef de file de tous les
Iologues postérieurs, ni de Nicandre son
reflet pur et simple, comme on le verra plus loin (p. XLIX), la

---

52. Rose (p. 337) a assigné le fr. 19*, qui ne se recoupe pas avec
Priscien, au π. τῶν αὐτομάτων, mais il arrive souvent à Th. de se répéter d'un livre à l'autre, ce qui a peut-être été le cas ici.

53. Aristogénès de Cnide, médecin privé d'Antigonos Gonatas
(voir *supra* p. XVII) avait écrit, comme Andréas (*Annexe* §6), un Περὶ
δακετῶν (Suidas α 3910) dont on ne sait rien. Les deux notices de Suidas (α 3910 et 3911) se rapportent en fait au même auteur : cf. Wellmann, « Aristogenes Nr. 5 », *RE* 2. 932 s.

contribution d'Apollodore[54], médecin aussi bien, voire mieux, que naturaliste, sans doute actif à Alexandrie dans la première moitié du IIIe siècle av. J.-C. Aussi bien est-ce dans

54. Sur Apollodore cf. O. Schneider 181-201 (avec une édition des fragments) ; Wellmann *in* Susemihl 1 p. 784 s. ; Id., « Apollodoros Nr. 69 », *RE* 1. 2895. O. Schneider voyait dans Apollodore non seulement la source unique de N. mais encore la source ultime à laquelle remontent tous les médecins qui ont travaillé après lui dans le domaine iologique ; et il n'hésitait pas à lui attribuer tous les *iologica* anonymes de Pline *NH* xxiv-xxvii, xxix s. (liste des passages concernés, p. 185 s. ; il laisse de côté xxxv 34, 177, 180, malgré la présence d'un Apollodore médecin à l'index des autorités étrangères de ce livre). Conformément à cette thèse, Wellmann (*in* Susemihl 1. 784[45]) admettait que l'on peut retrouver le bien d'Apollodore dans tout ce que Nicandre, Pline et Dioscoride (*m.m.* et *eup.*) ont en commun. Quinze ans plus tard, après la découverte de Philouménos, il allait plus loin, ajoutant aux auteurs cités les fragments iologiques antérieurs à N. – Philinos, Nouménios, Andréas – et ceux qui lui sont postérieurs – Héraclide de Tarente, Sostratos –, les chapitres iologiques des compilations médicales ou autres – Celse 5. 27, Scribonius Largus c. 179 ss., Élien, Aelius Promotus, Aétius (livre XIII) et le Ps.Dioscoride (Wellmann[8] 379[1]). C'est d'après ces principes que, en dehors des fragments que nous en avons, il mentionne Apollodore dans les *loca similia* de son édition de Dioscoride. Ces idées, devenues vérités d'évangile, ont été reprises par la plupart de ceux qui ont parlé de N. après O. Schneider et M. Wellmann ; voir, par exemple, J.L. Heiberg, *Gesch. d. Math. u. Naturwiss. im Altertum* (HA V.2.1), Munich 1924, p. 104 : " In Alexandrien wurde auch die Lehre von Giften und giftigen Tieren systematisch ausgebildet, besonders von Apollodoros, dessen Werke Περὶ θηρίων und Περὶ θανασίμων φαρμάκων dem Nikandros das Material lieferten für seine abstrusen Gedichte Θηριακά und ᾽Αλεξιφάρμακα und für alle späteren Iologen eine Hauptquelle blieben ". Bref, nous sommes invités à considérer comme le bien présumé d'Apollodore tout ce qui, dans l'antiquité, touche à la science iologique ! En fait, si l'on s'en tient aux fragments subsistants, dépouillés des conjectures abusives (Apollodore corrigé par Wellmann à partir d'Aristote *i.e.* Théophraste [comm. n. 35(c)2β], à partir d'Apollonios par O. Schneider [n. 29]), on s'aperçoit qu'Apollodore domine moins qu'on ne l'a cru jusqu'à présent, la discipline iologique (cf. *Annexe* §4, fr. 3 : il n'est pas la seule référence). Compte tenu des différences ou des contradictions que l'on constate chez les Iologues énumérés, une reconstruction d'Apollodore fondée sur les bases indiquées par Wellmann ne peut mener qu'à des résultats décevants, d'autant que l'identité de N. et d'Apollodore admise en postulat reste problématique. Sur les rapports de N. et d'Apollodore voir *infra* p. XLIX ss.

la capitale égyptienne que l'enseignement iologique semble
avoir eu son développement le plus systématique. On aurait
la preuve formelle des liens d'Apollodore avec l'Égypte (cf.
Annexe §4, fr. 15) s'il fallait l'identifier avec le médecin
Apollodore qui avait écrit un ouvrage pour conseiller un
Ptolémée sur les vins étrangers à boire de préférence. Mais,
en dehors des *iologica*, les références de Pline à un Apollodore indifférencié sont problématiques[55]. Son œuvre iologique en revanche est mieux connue. Il est l'auteur d'un
θηριακὸς λόγος (fr. 1), appellation impliquant le titre
Περὶ θηρίων, que nous lisons non seulement chez Athénée
(fr. 11) et dans les *Scholies aux Thériaques* (fr. 4 et 8), mais
aussi chez Pline, sous sa forme latine[56]. Ce livre comportait
sans doute des notices tripartites (cf. Straton, *Annexe* §5b, fr.
6) : la matière des fragments d'Apollodore en effet se partage entre des remarques descriptives sur les θηρία (fr. 2 et
5), des symptômes d'envenimation (fr. 1) et des éléments
thérapeutiques (fr. 6-12). Les θηρία représentés sont le
Chersydre (fr. 1 : cf. comm. n. 35c 1), le Paréias/Parouas
(fr. 2 : n. 46 §3), les Typhlopes (fr. 3 : n. 51 §6), les Araignées (fr. 4) et les Scorpions (fr. 5 : n. 85). La thérapie
concerne des espèces particulières comme les Scorpions (fr.
7, 16), des catégories plus vastes comme les Serpents ou les
Venimeux autres que les Serpents (7, 8, 16), ou même l'ensemble des ἰοβόλα (fr. 9). Apollodore se soucie des nomen-
clatures zoologique (fr. 2 et 3) et botanique (fr. 10, cf. fr.
17). Iologue complet, il est également l'auteur d'un ἀλεξιφάρμακος λόγος : les témoignages relatifs à son traitement des empoisonnements ne nous laissent aucun doute à
ce sujet. Son livre des poisons était probablement disposé
comme son livre des venins, mais la rareté et la pauvreté des
fragments ne nous permet pas de le vérifier. Ils concernent
le Toxikon (fr. 11), les Champignons (fr. 12), le breuvage au

55. Pour O. Schneider 185 s., elles concernent toutes le thériaque,
à l'exception des livres IV et VI, dans lesquels il s'agit d'Apollodore
d'Athènes.
56. Index du livre XI : *Apollodoro qui de bestiis uenenatis*.

Crapaud (fr. 13), la Litharge (fr. 14). Douteuse, la paternité
du fr. 18, dans lequel, au témoignage de Pline, un Apollodore indéterminé recommande le *cypirus*, avec diverses
indications non iologiques[57]. Quelles tendances les fragments incontestables nous révèlent-ils ? Il en est qui reflètent simplement les idées du Péripatos – celles d'Aristote
(cf. fr. 4, sur la génération des Araignées) et celles de Théophraste (cf. fr. 1, sur la communication de la φθοροποιὸς
δύναμις par simple contact : comparer Théophraste,
Annexe §3, fr. 5, *al.*). Si le fr. 19 (Élien ~ Σ) remonte en
définitive à Apollodore, comme on peut le conjecturer, il
dénote un observateur attentif. Mais, ici et ailleurs, en l'absence d'une référence précise, il est possible que son bien
ait été mélangé à celui de Théophraste par le fait d'une
source secondaire telle que Sostratos[58]. Le fr. 15 nous
amène à nuancer notre jugement sur son œuvre, car la
manière dont Pline le caractérise[59], *Apollodorus adsectator*
(*Democriti*), signifie qu'elle n'était pas exempte de toute
superstition.

57. Cette variété d'*indications* (cf. fr. 9), et le caractère paradoxal
de certaines (cf. fr. 15), n'excluraient pas notre Apollodore, mais le
cypirus de Pline 21. 116 (glaïeul) est différent de son *cyperos* (21. 115,
117, souchet), seul connu de la littérature iologique (cf. notamment *Al.*
591, contre l'empoisonnement au Crapaud).

58. Cf. p. XXIV (s.v. Élien). Pline offre un exemple d'un semblable
mélange au livre XI de son *Histoire Naturelle*, où les §89 s. (= Th. fr.
11b) sont cousus aux §87 s. (= Apollod. fr. 5).

59. Tout dépend de l'interprétation à donner de ce témoignage.
Selon Wellmann, « Apollodoros Nr. 69 », *RE* 2 (1894) 2895.47 s.,
c'est le Ps.Démocrite qui, dans ses Χειρόκμητα, aurait utilisé Apollodore ; voir aussi Wellmann[3] 562 (contre O. Schneider), et le même
auteur *in* Susemihl 1 p. 784[44] (avec la correction de Susemihl 906). Le
Démocrite en question est, comme le dit Susemihl, Bolos de Mendès,
qui a écrit, sous ce pseudonyme, divers ouvrages dont le plus répandu
traitait de la sympathie et de l'antipathie (Schol. *Ther.* 764a Βῶλος δὲ
ὁ Δημοκρίτειος ἐν τῷ Περὶ συμπαθειῶν καὶ ἀντιπαθειῶν). Sur
Bolos cf. en outre Wellmann, *RE* 3. 676 s. et voir J. Letrouit in : *Dictionnaire des Philosophes antiques* (R. Goulet éd.), tome II (1994)
p. 133 s.

De même que la médecine avait été dominée, au IVe siècle av. J.-C., par les deux grands noms de Dioclès et de Praxagoras, de même est-elle, au IIIe siècle, sous la domination de deux figures hors du commun, Érasistrate et Hérophile[60], qui ont porté la science médicale dans tous ses domaines, mais plus particulièrement l'anatomie et la physiologie, à un niveau inégalé avant et après eux. Ils se sont également intéressés, eux et/ou leurs disciples, à la spécialité iologique.

5. *Érasistrate* A la différence de Théophraste et d'Apollodore, Érasistrate n'a pas écrit de λόγος θηριακός. C'est dans le cadre d'une étude pharmacologique générale intitulée Περὶ δυνάμεων καὶ θανασίμων (*Annexe* §5a, fr. 3) qu'il a exprimé ses opinions sur ce sujet. Ce traité est parfois cité sous un titre partiel (fr. 1 : Περὶ δυνάμεων, fr. 4 : Περὶ θανασίμων) qui pourrait faire illusion lorsqu'il se réduit au deuxième élément du titre complet, Περὶ θανασίμων (cf. Dioclès, *Annexe* §1, fr. 3). Il y considérait évidemment des poisons[61], mais les venins n'étaient pas oubliés. Le hasard a même fait que les fragments les plus nombreux sont ceux qui les concernent – Vipère (fr. 1), Ammodyte ou Cenchrias (fr. 2), Basilic (fr. 3). Leur contenu se rapporte exclusivement à la thérapie (fr. 1 et 3 ; cf. fr. 5 et 6) et à la symptomatologie (fr. 2 et 3). Le fr. 2, où Érasistrate fait état des résultats d'autopsies opérées sur des victimes de l'Ammodyte, est probablement extrait non des *Anatomicorum libri* (Διαιρέσεις), où il s'est occupé d'anatomie pathologique, mais du Περὶ δυνάμεων, où il s'intéressait aux Venimeux. A moins que cette observation n'ait figuré dans les deux traités, ce qui est une possibilité. Il y a un cas où des

---

60. Voir Susemihl 1 p. 785-811 ; P.M. Fraser, *Ptolemaic Alexandria,* 1 (Oxford 1972) p. 346-359 ; I. Garofalo (*Conspectus,* s.v. Erasistr.) ; H. von Staden, *Herophilus* (The Art of Medicine in early Alexandria), Cambridge 1989.

61. Le lait de femme, dont il est question dans le fr. 4, était utilisé contre eux (*Al.* 65), non contre les venins.

remarques concernant les ἰοβόλα apparaissent ailleurs que dans la somme pharmacologique. Érasistrate allègue (fr. 6), à des fins de comparaison, les phénomènes d'envenimation qui semblent échapper à la chaîne logique des causes (ἀναιτιολόγητα). Cette réflexion sur les causes en pathologie et leur utilisation en thérapie (cf. Dioclès, *Annexe* §1, fr. 4, cité par la même source) a pu avoir pour cadre le *De febribus* ou bien d'autres traités[62]. En revanche, le fr. 5, transmis sans titre, appartient certainement au Περὶ δυνάμεων : sur la cible d'Érasistrate dans sa critique des remèdes rares, Praxagoras ou Apollodore, cf. *supra* p. XXIX.

6. Straton   Son disciple Straton[63] n'est pas, lui non plus, un θηριακός à proprement parler,
Philouménos le distingue de ceux qui méritent ce qualificatif[64] (*Annexe* §5b, fr. 4). Straton leur a emprunté des recettes, comme celle de la fumigation prophylactique qui a été transmise sous son nom (fr. 1). C'est lui qui a écrit, sur la Musaraigne, la plus ancienne notice tripartite attestée (fr. 6). Autres ἰοβόλα dont il avait traité : l'*Hémorrhous* (fr. 3), le Seps (fr. 5), la Pastenague (fr. 7). Philouménos déclare qu'il ne disait rien de la Dipsade (fr. 4). Mais il s'intéressait aux morsures humaines (fr. 2) et aux poisons (fr. 8, *Ephéméron*). Nos fragments privilégient presque exclusivement la thérapie. Ils laissent entrevoir une pharmacopée conforme aux principes du maître, étant com-

---

62. On attribuait jadis à Érasistrate, sur la foi d'un texte mal établi de ce fragment, un Περὶ αἰτιῶν qui n'a sans doute jamais existé : cf. Garofalo p. 29[203] et sa note sur ce fragment (p. 71 s.).

63. Sur Straton voir Wellmann[8] ; Id., « Zur Geschichte der Medicin im Altertum », *Jahrbücher für klassische Philologie*, 145 (38), 1892, 675 s., et dans Susemihl 1 p. 816 ; F.E. Kind, « Straton Nr. 19 », *RE* 4A. 316 s. Wellmann[8] a attribué à Straton de Beyrouth (1er s. ap. J.-C.) les fragments cités par Philouménos, alors qu'il assignait à l'Érasistratéen le fr. 8, cité par Aelius Promotus (Susemihl 816[218]). En fait, le Straton de Philouménos ne se distingue pas du Straton d'Aelius : tous les fragments cités par Philouménos conviennent à l'élève d'Érasistrate.

64. Sur sa définition voir *infra* p. XLIII.

posée de remèdes ordinaires, surtout botaniques, du genre des *euporista*, telle la graine du Chou (fr. 3), une plante en honneur dans l'école d'Érasistrate[65]. Philouménos introduit les extraits de Straton par les mots ἐκ τῶν Στράτωνος (fr. 2, 3, 5 ; cf. fr. 4 ἐν τοῖς Στράτωνος), sans nous dire d'où ils étaient tirés. Sans doute d'un ouvrage général consacré aux βοηθήματα. Comme ceux d'Érasistrate, Philouménos les tient sûrement d'une source secondaire. Ils ont voyagé avec des extraits d'Apollonios Mys (fr. 4, 5), et surtout avec ceux d'Archigénès (ἐν τῷ ε΄ βιβλίῳ τῶν κατὰ γένος φαρμάκων) qui les précèdent immédiatement (fr. 1, 2). Archigénès est peut-être la source commune.

7. *Apollonios de Memphis*   L'élève de Straton, Apollonios de Memphis[66], dont Soranos et Galien ont vanté les mérites[67], avait-il écrit des Θηριακά ?

Wellmann[68] le conjecturait à partir des fr. 1 et 2 (*Annexe* §5c). Ses compétences iologiques, qu'il partage avec les Érasistratéens, ne suffisent pas à le prouver. Les Scholies aux *Thériaques* le citent pour l'identification de l'*Acnèstis* (fr. 1 ; cf. comm. n. 7 §5). Plus important, le témoignage de Galien sur un remède composé d'Apollonios, efficace contre tous les venins. C'est un jalon remarquable sur le chemin des grandes compositions de l'avenir (*Mithridatium* et *Galénè*). On retrouve cinq de ses ingrédients[69] dans la panacée de même *indication* qui termine les *Thériaques*. C'est, plus probablement qu'Apollonios de Rhodes, Apollonios de Memphis avec lequel il convient d'identifier

---

65. Pline *NH* 20. 85 : *Erasistrati schola clamat nihil esse utilius stomacho neruisque…*

66. Wellmann *in* Susemihl 1 p. 816 s. ; Id., « Apollonios Nr. 100 », *RE* 2. 149 ; M. Michler, *Die Alexandrinischen Chirurgen*, Wiesbaden 1968, p. 43, 96 ; Jacques³, où les fragments sont discutés.

67. Cael. Aurel. *M. chr.* 3. 8, 101 s. (p. 776 Drabkin) ; Gal. 8. 759.9 Ἀπολλώνιος ὁ ἀπὸ Στράτωνος ~ 14. 699 s. Ἀπολλώνιος ὁ Μεμφίτης.

68. Cf. Wellmann *in* Susemihl 1 p. 817²²⁶ et *RE* 149.23.

69. L'Aristoloche (937), l'Agnus castus (946), le Nard (937), le Cinnamome (947) et l'Iris (937).

l'Apollonios sans ethnique allégué par les Scholies aux *Thériaques* à propos du signe le plus spectaculaire de l'envenimation par l'*Hémorrhous*, un Serpent égyptien (fr. 3).

8. Apollophane de Séleucie

Avec Apollophane de Séleucie[70], médecin privé d'Antiochos III le Grand, un Érasistratéen lui aussi, nous abordons l'aristocratie de ces médecins pharmacologues, savants en matière iologique, qui ont vécu dans l'entourage des souverains. Il n'a sans doute pas lui non plus écrit de λόγος θηριακός[71], mais plutôt exposé ses vues sur les venins dans un ouvrage plus général de pharmacologie. Un de ses remèdes a connu une grande fortune, son malagme contre les douleurs de côté et les maux de foie[72], resté populaire jusqu'aux confins de l'antiquité. Les deux seuls témoignages concernant ses études iologiques nous ont été conservés par les Scholies aux *Thériaques* (*Annexe* §5d, fr. 1 = Apollodore fr. 3, sur le nom du Typhlope ; cf. comm. n. 51 §6) et par Pline l'Ancien (fr. 2 = Apollodore fr. 7, sur la vertu du grand Héliotrope ; cf. n. 73 §3). On voit que, au moins sur ces points-là, les vues d'Apollophane étaient identiques à celles d'Apollodore.

9. Andréas

Aucun des témoignages relatifs à Hérophile de Chalcédoine ne le met en rapport avec la spécialité iologique, mais le médecin privé de Ptolémée IV Philopator, Andréas[73] (mort en 217 av.

---

70. Voir Wellmann[2] 561[1] ; Id., *in* Susemihl 1 p. 822 et « Apollophanes Nr. 15 », *RE* 2. 165 s. ; Jacques[2].

71. Wellmann conjecturait pour lui des Θηριακά, mais sans plus de raison (Susemihl *l.c.*, *RE* 166.4 ss.).

72. Celse 5. 18. 6 (d'après Héraclide de Tarente) ; Andromachos le Jeune *ap.* Galien, *loc.* 8. 9 (13. 220.8-10) = *gen.* 7. 7 (13. 979.13-16 Kühn) ; *al.* On cite de lui également un σύνθετον contre les crevasses et les excroissances calleuses, cf. Asclépiade Pharmakion *ap.* Gal. *gen.* 5. 11 (13. 831.1-5 K.). La quasi-totalité des références se rapporte au premier remède.

73. Voir Wellmann[2] 561-563 ; Id., *in* Susemihl 1 p. 817 s. et « Andreas Nr. 11 », *RE* 1. 2136 s. ; J.-M. Jacques, « Nicandre (*Alexipharmaques*, 611 sq.), Callimaque (fr. 659 Pfeiffer) et le témoignage

J.-C.)[74], qui se rattache à son école, est un θηριακός de plein droit. En bon Hérophilien, c'était un pharmacologue distingué que Celse et Dioscoride ont jugé digne de mention[75]. Les Scholies de Nicandre nous ont conservé le titre de ce qui fut, dans cette spécialité, son œuvre principale, le Νάρθηξ ou « coffret à médicaments »[76] (*Annexe* §6, fr. 4). La matière médicale lui donnait l'occasion d'aborder des questions iologiques, comme on a vu ses devanciers le faire dans leurs sommes pharmacologiques : le passage auquel se réfère le Scholiaste a trait à la Scolopendre officinale, dont Andréas ne manquait pas de signaler la vertu thériaque (fr. 4 ; cf. comm. n. 73 §6). Mais il est allé plus loin qu'eux en écrivant un θηριακὸς λόγος intitulé, dans la ligne de Théophraste, Περὶ δακετῶν. Il y parle, après le paradoxographe Archélaos, de l'accouplement de la Murène avec la Vipère mâle, et il décrit même ses produits (fr. 1 ; cf. n. 98 §4 et 5). Athénée, dont le témoignage est confirmé par les Scholies aux *Thériaques*, cite de lui également un écrit polémique visant Archélaos (Περὶ τῶν ψευδῶς πεπιστευμένων), dans lequel il réfutait cette opinion. Il n'est pas nécessaire d'expliquer la contradiction par le fait qu'il aurait été confondu, dans le second cas, avec Andréas de Carystos. Après avoir adopté pour son propre compte ce *paradoxon* zoologique, il a fort bien pu le combattre dans un second temps, et à juste raison. Parmi les autres fragments, qui sont

d'Andréas sur l'if de l'Oeta », *Cahiers du Centre Georges Radet*, Université de Bordeaux III, n° 2 (1982) 1-14.

74. Il avait été assassiné par erreur à la place du roi, peu avant la bataille de Raphia (Polybe 5. 81).

75. Celse, *De medicina*, livre v, praef. 1 : *multaque etiam de facultatibus medicamentorum memoriae prodiderunt, qualia sunt uel Zenonis uel Andriae uel Apollonii qui Mys cognominatus est* ; Dioscoride, *De materia medica*, livre 1, praef. 2 : Κρατεύας δὲ ὁ ῥιζοτόμος καὶ Ἀνδρέας ὁ ἰατρός – οὗτοι γὰρ δοκοῦσιν ἀκριβέστερον τῶν λοιπῶν περὶ τοῦτο τὸ μέρος (sc. τὴν βοτανικήν) ἀνεστράφθαι ...

76. Andréas partage ce titre avec d'autres pharmacologues, Kratippos (Gal. 12. 946.8 = 959.10 s.) et Héras de Cappadoce (*ibid.* 12. 398.9, *al.*).

transmis sans titre, sont assignables au Περὶ δακετῶν le fr. 2, proche de la paradoxographie, sur le sang de la Salamandre capable de protéger du feu (cf. n. 96 §3), et le fr. 3 sur le nom κυνόλυσσος (ou κυνόλυσσον) donné à l'hydrophobie. La morsure des Chiens enragés, en effet, est un sujet inhérent aux traités intitulés Περὶ δακετῶν. Si c'est d'après Andréas que Caelius Aurelianus (il vient de le nommer) a cité l'exemple de la couturière contractant la rage pour avoir tenu entre ses dents une étoffe souillée par un Chien enragé (cf. Théophraste, *Annexe* §3, fr. 5), l'influence de Théophraste sur Andréas ne se faisait pas seulement sentir dans le titre de son ouvrage. Pour le fr. 5, dans lequel il décrit un médicament composé contre les Araignées-Phalanges, dont les ingrédients se retrouvent dans la panacée des *Thériaques*, 934 ss., cf. *infra* p. LII), on a le droit d'hésiter entre le Περὶ δακετῶν et le *Narthex*, la thérapie étant moins bien attestée dans le premier genre de traités. Andréas avait-il complété son enseignement iologique par un Περὶ δηλητηρίων ? Le fr. 6, sur l'If de l'Oeta (cf. *Al.* 611-615, notice injustement condamnée par O. Schneider) n'impose pas cette hypothèse ; mais, en l'absence de toute propriété curative de l'If connue des anciens[77], elle mérite d'être prise au sérieux.

10. Philinos Comme l'auteur de l'Εἰσαγωγή attribuée à Galien[78] nous l'apprend, Philinos (vers 250 avant J.-C.) fut, de même qu'Andréas, le disciple d'Hérophile avant de suivre une autre voie. Selon le Pseudo-Galien, c'est lui qui, dans l'Alexandrie du IIIᵉ siècle, aurait fondé l'école empirique, en rejetant la *rationa-*

---

77. Dioscoride (4. 79. 1 p. 241.8) n'a écrit sur lui que pour mettre en garde contre ses méfaits.

78. Εἰσαγωγὴ ἢ Ἰατρός, [Gal.] 14. 683.11 ss. = fr. 6 Deichgräber. Sur Philinos voir K. Deichgräber, *Die griechische Empirikerschule*², Berlin/Zürich 1965 (fragments réunis p. 163 s., jugés p. 254 s.) ; Wellmann, *in* Susemihl 1 p. 818 s. ; H. Diller, « Philinos Nr. 9 », *RE* 19 (1938) 2193 s. ; M. Michler, *Die alexandrinischen Chirurgen*, p. 43, 96.

lis disciplina des λογικοί ou δογματικοί au profit de la seule expérience. Son activité en pharmacologie, spécialité privilégiée des Empiriques, n'a fait l'objet d'aucune référence précise, mais les témoignages nous permettent de lui assigner, en plus d'un traité de portée générale, un ouvrage particulier consacré aux Venimeux. Qu'il ait écrit un livre intitulé Περὶ θηρίων ou Θηριακά, c'est ce qu'on peut déduire de la désignation θηριακός attachée à son nom par Aelius Promotus (*Annexe* §7, fr. 1 ; cf. fr. 2). Dire οἱ θηριακοί ou οἱ τὰ θηριακὰ γράψαντες revient au même[79]. Or, qui mérite mieux une telle appellation sinon l'auteur d'un ouvrage portant de tels titres ? Ceci se vérifie à propos du θηριακός Nouménios pour qui le titre Θηριακά est attesté par des témoignages indépendants. Dans le cas de Philinos, ce qualificatif, qui n'a cours que dans la littérature iologique, ne vise pas, comme l'a cru K. Deichgräber, à distinguer un Philinos thériaque du Philinos empirique : elle signifie que le médecin empirique Philinos avait écrit des Θηριακά ou un Περὶ θηρίων. Bien loin d'avoir affaire à des " fragments douteux ", nous avons là les seuls fragments de Philinos que l'on puisse citer sous un titre[80]. Le

---

79. Cf. Philouménos 15, 1 (p. 18,24) = Aétius 13, 20 (p. 277,20) : dans le chapitre sur la Vipère, qu'il a emprunté à Philouménos, Aétius a τοῖς τὰ θηριακὰ γράψασιν là où Philouménos écrit τοῖς θηριακοῖς. Chez Servius (Philinos, *Annexe* §7, fr. 2), les mots *qui de his rebus scripserunt*, rapportés à Nicandre et à Philinos, équivalent à οἳ περὶ θηρίων ἔγραψαν. Philouménos emploie le distinctif ὁ θηριακός à propos de Nouménios (p. 22.25 = *Annexe* §9a, fr. 5), Polyeidès (p. 24.17 = §8), Hermas (p. 13.23) et d'une personnalité au nom altéré (p. 10.19 = Straton §5b, fr. 1) ; neuf fois, il mentionne οἱ θηριακοί de manière anonyme.

80. L'idée de Deichgräber (voir sa note au fr. 140) a été reprise sans commentaire par Diller *RE* 2194.17 ss. Deichgräber a présenté les fragments iologiques (140-142) sous la mention " Zweifelhaftes ". Mais il a oublié cette idée malheureuse dans son " appréciation ", p. 255 : *Allem Anschein nach waren es zwei Werke, die die Früchte seiner Forschungen auf dem letzten Gebiet* (i. e. en pharmacologie) *enthielten, ein pharmazeutisches Lehrbuch (fr. 134-139) und ein Spezialwerk, das vielleicht* Θηριακά *betitelt war (fr. 140-142).*

plus intéressant nous fait connaître un onguent prophylactique à base de chair de Serpents, qui a un parallèle chez
Nicandre (fr. 1 ; cf. comm. n. 12 §2). Par ailleurs, Philinos
partage avec les pharmacologues le souci de la nomenclature botanique (fr. 4-6). L'attribution à Philinos du fr. 7,
qu'Aétius donne à Straton (fr.1), repose sur une conjecture
des plus incertaines[81].

Les deux personnalités médicales qu'il nous reste à voir,
Pétrichos et Nouménios, forment un groupe à part. La littérature iologique tardive les allègue au même titre que les
autres, mais ils se distinguent d'eux par une particularité fort
remarquable : ils ont choisi le langage des vers pour diffu-
ser leur enseignement, et ils ont ainsi ouvert la voie à
Nicandre, inaugurant la catégorie des θηριακοί poètes.

11. Nouménios d'Héraclée   Nous savons, par les Scholies aux
Thériaques, que Nicandre a imité Nou-
ménios[82], pour la forme, semble-t-il,
plus que pour le fond. Élève du
médecin Dieuchès[83], qui florissait vers le début du IIIe s.
avant J.-C., Nouménios, auquel se réfèrent les Scholies
(*Annexe* §9a, fr. 1-2, 4, 6) ainsi que la littérature iologique
tardive (fr. 3 et 5), et dont la qualité de θηριακός se fonde
clairement sur le poème intitulé Θηριακά (fr. 6)[84], ne fait

---

81. Straton est exclu par l'épithète θηριακοῦ, mais Φιλίνου
(Wellmann) n'est pas la seule correction possible du nom corrompu
chez Philouménos.

82. Voir Wellmann *in* Susemihl 1 p. 812 s. ; Wilamowitz[2] 1
p. 105[3] ; H. Diller, « Numenios Nr. 7a », *RE* Suppl. 7 (1940) 663 s. ;
J. Bertier, *Mnésithée et Dieuchès*, Leiden 1972, p. 1-10. Le v. 643
marque l'indépendance de N. sur le fond par rapport à lui (cf. *infra*
n. 102).

83. Athénée, *Deipnosoph.* 1. 8, p. 5a Νουμήνιος <ὁ> Ἡρακλεώτης, ὁ Διεύχους τοῦ ἰατροῦ μαθητής ...

84. Le singulier du Scholiaste (ἐν τῷ Θηριακῷ) – le pluriel du ms
G est aberrant par rapport à la tradition des Scholies – doit être corrigé.
Il en est de même, à propos de Nicandre, pour le singulier d'Athénée
312d (cf. Test. ad 823-827).

qu'un avec Nouménios d'Héraclée, auteur d'*Halieutiques*, autre poème didactique fréquemment cité par Athénée, et d'un Δεῖπνον, ouvrage qui ne saurait surprendre de la part d'un disciple de Dieuchès[85]. C'est peut-être par patriotisme local, si l'on peut se fier au texte de Philouménos, que Nouménios préfère " Origan d'Héraclée " à " Origan d'Héraclès ". Il le recommande contre le Cobra (fr. 5), *indication* sans parallèle ; d'autres le prescrivent contre les Vipères (cf. comm. n. 67cd). Les fragments des Θηριακά se partagent entre la thérapie (fr. 3-6) – contrairement à Nicandre, il vise des Venimeux individuels (fr. 3, Gecko, n. 50b 2 ; fr. 5, Cobra, cf. n. 67d) – et la symptomatologie (fr. 1-2). Les Iologues récents, ou leur source, quand ils allèguent les Θηριακά de Nouménios, les citent dépouillées de leur forme poétique (fr. 3, 5)[86]. C'est le seul ouvrage pharmacologique de Nouménios qui soit attesté[87].

12. Pétrichos On aimerait pouvoir dater avec plus de certitude l'œuvre de Pétrichos, dont le nom apparaît souvent défiguré dans les manuscrits[88]. Sans doute est-elle antérieure à celle de Nicandre. On ne saurait en tout cas la faire descendre au-dessous du IIᵉ siècle avant J.-C., mais une datation plus

---

85. C'est au sujet du Δεῖπνον qu'Athénée nous donne ce renseignement (voir *supra* n. 83) ; pour l'ethnique Ἡρακλεώτης cf. de plus, en relation avec les *Halieutiques*, Athénée 13a, 282a, 306d.

86. Ont fait de même : Andromachos le Jeune pour la *Galénè* de son père Andromachos l'Ancien (*ap.* Gal. 14. 42.13-43.17 Kühn) et Pline pour la thériaque d'Antiochos (*Annexe* §9c).

87. Les deux médicaments composés de Nouménios que mentionne Celse, l'un contre la goutte (5. 18. 35), l'autre contre les inflammations de la matrice (5. 21. 4), peuvent venir de Θεραπεῖαι.

88. Voir Wellmann[7] 25, n. 2, qui reprend les conclusions de son article « Analecta medica », *Jahrbücher für klass. Philologie* 137 (1888) 153 s. ; cf. Wellmann[13] 323[2] ; W. Kroll, « Petrichos », *RE* 19 (1937) 1189 s. Le nom se présente sous la forme Πετρίοχος dans les Σ *Th.* 557a (*Annexe* §9b, fr. 1), où Πέτριχος est une conjecture des *recentiores*. Ibid. 626b (fr. 3), la leçon Πετρίων est sans doute une mésinterprétation de la forme abrégée Πέτριχ. Elle ne recommande pas la conjecture de Wellmann Πετρώνας (médecin dogmatique, contemporain d'Hippocrate) : cf. la réfutation de Kroll *l.c.* 1189.40 ss.

haute n'est pas exclue[89]. Les témoignages concordants de
Pline l'Ancien et des Scholies aux *Thériaques* (cf. fr. 1-2)
nous informent qu'il avait écrit des *Ophiaca*[90]. Pline (cf. fr.
4) précise qu'il s'agissait d'un poème. Exemple supplémentaire d'un auteur en qui s'incarne l'alliance de la médecine
et de la poésie. L'index des sources de l'*Histoire Naturelle*
pour les livres XX-XXVII le mentionne constamment parmi
les autorités médicales étrangères, bien que Pline ne le cite
nommément que deux fois (fr. 2, 4). Contrairement à
l'image que semble imposer le poème homonyme attribué à
Nicandre, dont les fragments touchent au folklore, à la
mythologie et à la religion, les *Ophiaca* de Pétrichos ne se
distinguent pas par leur contenu d'un λόγος θηριακός ordinaire. Les fragments concernent tous des substances animales (fr.1, cervelle de Poule ; cf. *Th.* 557 et comm. n. 59
§1) ou végétales (fr. 2, *hippomarathon*, cf. *Th.* 596 et n.
64c ; fr. 3, *conilè*, cf. *Th.* 626 et n. 67c ; fr. 4, *caucalis*, cf.
Th. 843 et n. 102 §11) réputées efficaces contre les Serpents
(fr. 1-3) ou les venins marins (fr. 4). Le fr. 3, sur Conilos
inventeur de la *conilè*, manifeste l'intérêt des Iologues pour
les phytonymes[91].

**13. La thériaque
d'Antiochos**

En dépit des incertitudes qui pèsent
sur sa date, il m'a semblé utile de
terminer cette revue des *iologica*
anciens par la célèbre thériaque
d'Antiochos VIII Philomètor (*Annexe* §9c)[92], composée

---

89. Pétrichos est cité avec Micion par Pline (Pétrichos fr. 2 *Petri-
chus/Micion*), avec Krateuas par les Σ *Th.* 617a (Μικίων/Κρατεύας).
Sur Micion voir *infra* n. 108.

90. Σ *Th.* 626b (fr. 3) emploient le singulier ἐν τῷ Ὀφιακῷ ; cf.
ibid. 377 Νίκανδρος ἐν τῷ Ὀφιακῷ (-κοῖς G). Pour cette variation
plur./sing. cf. n.84.

91. Cf., chez Nicandre, le Panacès de Chiron (*Th.* 500-502), la
Vipérine d'Alkibios (545-9), l'autre Alkibiadeion (666-675) ; etc.

92. Wellmann, « Antiochos Nr. 31 » ; Id., *RE* 1. 2483.7 ss.,
« Eudemos Nr. 18 » et *ibid.* 6. 904 s. ; R. Herzog, *Koische Forschungen und Funde*, Leipzig 1899, p. 203[1] ; G. Kaibel, compte rendu de
l'ouvrage précédent, *GGA* 1900, p. 64 s. ; Fabricius (*supra* n. 22)

essentiellement à partir de plantes de jardin, et cela en raison de l'enseignement qu'elle nous livre. Il est triple. Tout d'abord, elle représente l'un des efforts les plus notables de la recherche iologique, en ce qu'elle est *indiquée* (13-16) contre " l'âcre venin de la Vipère femelle ", " contre les terribles Araignées-Phalanges " et contre " l'aiguillon porteur de souffrances du tortueux Scorpion ", autrement dit contre l'ensemble des θηρία, qu'ils soient δακετά ou βλητικά (cf. *supra* p. XXXII). En second lieu, la place que Pline lui a assignée à la fin de son livre XX comme à " l'une des plus illustres compositions contre les animaux venimeux ", en fait un sommet vers lequel tendent les notices de ce livre consacrées aux plantes de jardin[93]. Par cette place culmi-

---

245 s. La *prographè* d'Héras (Gal. 14. 201.15 K.) ne nous apprend rien. Celle d'Asclépiade Pharmakion (Gal. *ibid.* 185.1 s.) précise : ἄλλη τῶν παρ' Εὐδήμου ἐμμέτρως ἀναγεγραμμένων (Kaibel : -νη Kühn) θηριακὴ 'Αντιόχου τοῦ Φιλομήτορος. Cela ne signifie pas qu'Eudémos (lequel ? cf. Fabricius, *l.c.*) était l'auteur des vers (*sic* Kaibel 64 et Wellmann « Eudemos » 904.67), mais seulement qu'Asclépiade avait trouvé chez Eudémos, parmi d'autres compositions métriques que celui-ci avait recueillies, cette thériaque qu'Antiochos Philomètor avait " expérimentée de manière décisive " (v. 2). Elle n'a pas dû attendre Eudémos pour être versifiée avant d'être gravée " auprès des portes du temple d'Asclépios " (Gal. *ib.* 183.6-8 K. ~ Pline 20. 264 *incisam in lapide uersibus Coi in aede Aesculapi*). Pline s'est contenté de citer une formule en prose analogue aux résolutions prosaïques qui suivent les vers chez Asclépiade et Héras. Antiochos VIII (Wellmann « Antiochos Nr. 31 », 2483.9 ss., dans un premier temps, et Herzog lui attribuaient ces vers) est sans doute le dédicant de la formule versifiée ; elle a la forme d'une épigramme réelle. Pline nous dit qu'Antiochos III avait utilisé la thériaque contre tous les Venimeux sauf les Cobras (information que nous ne connaissons que par lui). Remontait-elle au médecin privé d'Antiochos III, Apollophane, pour le contenu, sinon pour la forme ? La célébrité de ce σύνθετον est attestée par sa postérité : voir en particulier la thériaque de Dorothéos d'Héliopolis, Gal. *ib.* 187.14.

93. Cf., dans l'ordre des ingrédients, 20. 253 (Baudremoine), 245 s. (Serpolet), 185-195 (Anis), 254-257 (Fenouil), 163 s. (Ajouan), 112-115 (Ache). Selon Wellmann et Kaibel (p. 64[1]), la place du c. 264 s'expliquerait par le fait que Pline aurait retrouvé *in extremis* sa note sur la thériaque.

nante, elle offre un parallèle à la panacée finale des *Thériaques*. Enfin, elle nous montre un prince hellénistique
associé à la recherche sur les venins et les poisons. R. Herzog comparait les études iologiques des souverains hellénistiques aux recherches alchimiques des princes allemands du
XVIIe siècle, répondant les unes comme les autres aux
besoins du moment. Mais, si les princes allemands n'ont pas
réussi à remplir leurs caisses en fabriquant de l'or, les souverains hellénistiques, eux, trouvaient à leurs connaissances
théoriques des applications pratiques immédiates. On a vu
que la vie d'Antiochos VIII en fournit elle-même des
exemples[94].

Voilà à peu près tout ce que l'on sait de la littérature iologique antérieure à Nicandre. Bien sûr, à côté de l'enseignement écrit touchant la thérapie de l'envenimation, il existait
un savoir et des recettes que les médecins se transmettaient
de père en fils, comme le font encore aujourd'hui les chasseurs de Serpents marocains. L'existence d'une tradition
orale, qui, d'ailleurs, ne se limite pas aux médecins, nous est
attestée à l'occasion par les compilations iologiques, et surtout par le livre II du traité de Galien *Sur les antidotes*. Le
nouveau Posidippe vient d'ajouter un exemple à ceux que
nous connaissions déjà. L'épigramme en l'honneur de
Mèdéios nous apprend que ce médecin d'Olynthe tenait de
son père Lampon " toute la science des Asclépiades propre
à guérir tous les maux ", et qu'il était même capable de
" soigner les terribles morsures du cobra de Libye "[95].

94. Voir *supra* p. 6.
95. Pourtant réputées incurables (cf. Ar. HA 607a 23) : Posid. XIV
32-35 ὁ τὰ δεινὰ Λιβύσσης | δήγματα φαρμάσσειν ἀσπίδος εὑρό-
μενος | Μήδειος Λάμπωνος Ὀλύνθιος, ᾧ πανάκειαν | τὴν Ἀσκλ-
ηπιαδῶν πᾶσαν ἔδωκε πατήρ. Ce Mèdéios était-il le père du Simmias dont nous connaissons une préparation contre les morsures de
Phalanges (Gal. *ant*. 180.10, cf. comm. n. 105 §5) ? L'hypothèse est
peu probable s'il s'agit du Simmias désigné (*ib*. 182.15) du terme de
" charlatan " (ὀχλαγωγός).

B. PLACE DES *THÉRIAQUES* DANS LA LITTÉRATURE IOLOGIQUE.

Le poème de Nicandre est le plus ancien θηριακὸς λόγος que nous puissions lire au complet. Ce fait en soi lui confère déjà une importance indéniable sur le plan de l'histoire des sciences. Mais, depuis Otto Schneider, se pose la question de savoir si Nicandre a fait œuvre originale ou s'il s'est contenté de vulgariser sans le dire une science qui lui était étrangère. Selon la thèse du philologue allemand, qui, bien qu'elle se fonde sur une légende biographique, est devenue l'opinion reçue, érigée par Wilhelm Kroll en loi de la poésie didactique d'époque hellénistique et romaine (cf. *infra* p. LXVII n. 149), il n'aurait pas eu plus de connaissances sur le sujet des *Thériaques* et des *Alexipharmaques* qu'Aratos n'en avait sur celui des *Phénomènes* : ils se seraient bornés l'un et l'autre à versifier des traités en prose dus à des spécialistes compétents, l'un les Φαινόμενα et l' Ἔνοπτρον d'Eudoxe de Cnide, l'autre les deux traités du iologue Apollodore[96]. Je dirai dans l'introduction générale du tome I toutes les raisons qui m'ont amené à penser qu'il fut à la fois poète et médecin. Il me suffira maintenant de confronter son enseignement avec ce que l'on sait de manière certaine de celui d'Apollodore, sans suppléer à nos ignorances par des conjectures, en ce qui concerne ce dernier.

Nicandre et Apollodore — Non seulement Nicandre a connu l'œuvre d'Apollodore mais il est indubitable qu'il s'en est inspiré. Cela dit, que Nicandre ait fait d'Apollodore sa source unique, comme on l'admet généralement depuis O. Schneider, divers indices permettent d'en douter. A partir de l'idée selon laquelle Nicandre serait en tout point identique à Apollodore, O. Schneider et, à sa suite, Max Wellmann ne se sont pas fait faute de manipuler les textes, par exemple en substituant le nom d'Apollodore à celui d'un autre garant, ou encore en remplaçant un mot par un autre afin que le témoignage ainsi

96. Cf. *supra* p. XXXIV n. 54.

obtenu corresponde mieux au postulat[97]. Si l'on accepte
telles quelles les données de la tradition, on ne peut que
constater, entre Apollodore et Nicandre, de nombreuses différences, grandes ou petites. Le commentaire les examine en
détail. On ne trouvera ici que quelques exemples parmi les
plus significatifs. Notons tout d'abord que Nicandre pèche
par défaut : son exposé est loin d'offrir tous les renseignements que contiennent les fragments d'Apollodore, pourtant
réduits en nombre, qu'il s'agisse des Venimeux et des
symptômes d'envenimation, ou des remèdes et de leurs *indications*. Bien que Nicandre se soucie de la nomenclature
botanique (cf. *Th.* 522, 537, 554, 632, et les fr. 76.2 et 87),
qu'il ne négligeait pas dans ses *Glôssai* (fr. 126), il semble
ignorer le phytonyme ἀλθαία (Apollodore, *Annexe* §4, fr.
17), autre nom de la Mauve sauvage (89 ἀγριάδος
μολόχης, cf. comm. n. 11 §3). Du Pin nain il ne connaît
que le nom χαμαίπιτυς (*Th.* 841 s. χαμηλήν | … πίτυν, cf.
Al. 56, 548 χαμαιπίτυος), alors qu'Apollodore (fr. 10) mentionne, outre le synonyme ὀλόκυρον, les noms ἰωνιά
(attique) et σιδηρῖτις (eubéen). Il ignore la plante *crocis*
dont le contact tue les Phalanges (Apollodore fr. 15). Les
Serpents qu'Apollodore nomme παρούας (fr. 2) et κωφίας
(fr. 3) ne figurent pas dans les *Thériaques*, à moins qu'ils ne
se cachent sous les noms de Dragon (cf. n. 46 §3) et de
Typhlope (n. 51 §6). Dans l'enseignement relatif aux Venimeux, en plus des silences, on relève des divergences
importantes, notamment pour les Arachnides. Nicandre est
muet sur la reproduction des Araignées-Phalanges (cf. Apollodore fr. 4). Il ne dit rien du venin des Scorpions (cf. Apol-

97. Voir *supra* n. 54 (fin) pour la substitution d'Apollodore à
d'autres garants ; pour celles de χέλυδρος à χέρσυδρος *ap.* Élien 8.7,
de ὕπο à ἔπι *in* Th. 709, opérées par O. Schneider, et pour leurs raisons, cf. n. 35c1, 75 §3. Plus grave : pour reconstruire le fragment
d'Apollodore sur l'antidote au sang de Tortue, S. préfère les témoignages indirects de Dioscoride et d'Oribase au témoignage direct
d'Asclépiade Pharmakion (*ap.* Galien) parce que celui-ci ressemble
moins à N. (cf. n. 75 §2) !

lodore fr. 5a 1), de leur sexe, ni du fait que les mâles sont
plus redoutables que les femelles (Apollodore fr. 5d), une
remarque en contradiction avec celle des *Thériaques* sur les
Serpents (118-120). Si Nicandre classe les Scorpions,
comme Apollodore (fr. 5b), en neuf espèces d'après les couleurs (à noter toutefois pour deux d'entre eux les critères de
distinction morphologiques, 786 s., 788 ss.), il échappe au
reproche de Pline qui accuse Apollodore d'avoir fait un
classement superficiel pour la raison qu'" il est impossible
de savoir ceux qu'il juge les moins mortels ". Nicandre
signale en effet le premier de sa liste (le *blanc*) comme inoffensif (771), le dernier (le *rouge-feu*) comme le plus dangereux (799 s.), et, pour la plupart des autres, il donne les
symptômes de leur piqûre. Qu'Apollodore ait parlé du Chersydre ou du Chélydre (fr. 1), son observation sur l'envenimation qu'il est capable de causer par simple contact n'a
d'équivalent chez Nicandre pour aucun de ces deux Serpents[98]. Mêmes divergences en ce qui regarde la thérapie.
Leur enseignement coïncide, sinon pour le nom de l'Athamante (δαῦκος : cf. comm. n.11 §5), du moins pour son
usage contre les Venimeux autres que les Serpents (858 ~
Apollodore fr. 8). Mais, pour le grand Héliotrope, l'*indication* des *Thériaques* est plus limitée : Apollodore (fr. 7 =
Apollophane, *Annexe* §5d, fr. 2) le recommande, comme
l'Athamante, contre les Serpents et les Scorpions, alors que
Nicandre (678) restreint son *indication* aux Serpents. Des
deux antidotes composés d'Apollodore transmis par Galien
d'après Asclépiade Pharmakion (fr. 6 et 9), le second,
qu'Asclépiade tient peut-être d'Héraclide de Tarente, Πρὸς
'Αστυδάμαντα (fr. 209 Deichgräber = F 6 Guardasole), et
qu'il *indique*, entre autres, " contre les coups de toute
espèce de venimeux, les douleurs les plus violentes... ", est
un remède composé surtout à base de calmants que l'on
retrouve dans le *Philonium*[99] ; il n'y a rien qui lui corres-

98. Pour une raison possible de cette discrétion dans ce cas précis
cf. comm. n. 43 §5.
99. Cf. *infra* p. XCIII.

ponde dans les *Thériaques*. En revanche, c'est à Apollodore
que Nicandre a emprunté le premier, le célèbre antidote au
sang de Tortue, auquel il a accordé une place éminente (cf.
comm. n. 75 et *infra* p. LXXVI). Mais il en a présenté une
version modifiée, supprimant un ingrédient, changeant le
dosage ou la priorité de choix pour certains autres ; et surtout, ajoutant une note sur la préparation du sang reproduite
dans les traités iologiques récents (cf. *infra* p. LXIII). La
confrontation des fragments du Περὶ δηλητηρίων (fr. 11-
14) et des passages parallèles des *Alexipharmaques* condui-
rait à des observations analogues. Au total, pour les parties
relatives à la thérapie comme pour les notices zoologiques et
médicales, Nicandre ne prend chez Apollodore que ce qui
lui convient.

                J'ai noté plus haut les points de concor-
Nicandre et les dance des *Thériaques* avec le Περὶ
autres iologues τῶν δακετῶν καὶ βλητικῶν de Théo-
                phraste (cf. I A §3), dont Nicandre a pu
subir l'influence, soit par l'intermédiaire du Περὶ δακετῶν
d'Andréas (I A §9), soit même directement. Qu'en est-il
pour les autres Iologues proprement dits qui sont antérieurs
à Nicandre ? Naturellement, ils se rencontrent avec lui sur
des points particuliers. Mettons à part un symptôme d'envenimation par la Vipère (Nouménios, *Annexe* §9a, fr. 1 ~ *Th.*
237), car il s'agit d'un emprunt manifeste, signalé comme
tel par les Scholies. Trois des quatre remèdes qu'Érasistrate[100] préconise contre le venin de Vipère (*Annexe* §5a, fr.
1) sont mentionnés dans la thérapie des Serpents : cervelle
de Poule (*Th.* 557 s., cf. comm. n. 59 §1) – ici, l'accord
s'étend à Pétrichos (*Annexe* §9b, fr. 1) –, racine de Panacès
(500 s., 685, cf. n. 53b 2, 73 §7), Poix (594, cf. n. 64a). Tous
les ingrédients de l'antidote d'Andréas contre les Phalanges
(*Annexe* §6, fr. 5), à l'exception d'un seul, la myrrhe, se
retrouvent dans la panacée finale : Staphisaigre (943), Pyrè-

---

100. Cf. également Érasistrate fr. 4 (lait de femme contre l'Aconit)
~ *Al.* 64 s.

thre (938), suc de Pavot (946), Bryone (939), Galbanum (cf.
938). Contre les Serpents, Andréas (*Annexe* §6, fr. 4) recommandait comme Nicandre la Scolopendre officinale (684, cf.
n. 73 §6), Pétrichos (fr. 2) le Fenouil-des-Chevaux (596, cf.
n. 64c), et, contre les venins marins (fr. 4), la *Caucalis* en
application (892 [les graines en boisson], cf. n. 112 §1). Il y
a plus. Le *paradoxon* de l'accouplement des Murènes avec
les Vipères mâles (823-827, cf. n. 98 §2, et 4-5) peut être
une allusion à Andréas première manière (fr. 1, cf. *supra*
p. XLI), et celui de la résistance de la Salamandre au feu
(819-821, cf. n. 98 §3) une allusion à son fr. 2. Surtout, l'onguent thériaque de Nicandre (98-114) a un parallèle chez
Philinos (*Annexe* §7, fr. 1), et l'on note un accord analogue
entre Nicandre (916-920, cf. n. 117) et le " thériaque " Polyeidès[101] (*Annexe* §8), de date malheureusement inconnue.
Toutes ces rencontres sont autant sinon plus remarquables
que celles qui existent entre Nicandre et Apollodore. Dira-t-
on que, dans des cas semblables, ces Iologues ne font que
reproduire l'enseignement d'Apollodore, comme Apollophane l'a fait dans les deux seuls fragments qui nous restent
de lui ? Hypothèse invérifiable. En tout cas, il ne viendra à
l'esprit de personne de substituer l'un d'entre eux à Apollodore dans le rôle de source unique de Nicandre. Leur accord
avec lui n'est pas si complet qu'il ne laisse subsister aucune
divergence[102]. De plus, il y a, dans les *Thériaques*, des traces
d'utilisation de deux sources impossibles à identifier – ainsi,
lorsque l'on voit une même plante désignée, dans le même
passage, sous deux noms différents (cf. n. 10 §15b, sur le
Gattilier), ou, dans des passages différents, par deux person-

---

101. Connu seulement de Philouménos. La désignation ὁ θηριακός, que Philouménos ajoute à son nom a pour effet de le distinguer du mythique Polyidos, lequel exerçait la médecine avant Asclépios (H. Diller, *RE* 21. 1661 s., qui ignore notre Polyeidès).
102. Outre la divergence que je viens de signaler entre Pétrichos et
N., comparer par exemple Nouménios (fr. 6) et *Th.* 637 ss., sur les
deux Vipérines : Nicandre conseille leurs deux racines, alors que Nouménios prescrit l'une à l'exclusion de l'autre.

nages distincts mais de nom identique (n. 72, sur la Vipérine
d'Alkibios). Ce sont les Scholies aux *Thériaques*, qui, la
plupart du temps, nous apportent les informations nécessaires pour apprécier ces rapports. Elles nous permettent
également de situer vis-à-vis de Nicandre des Iologues postérieurs, tels Alexandre de Myndos[103] et Sostratos[104],
contemporains d'Auguste.

Nicandre et les
botanistes

Il en va de même pour des botanistes ou
des herboristes, illustres ou moins connus,
représentant la botanique médicale, qui
occupe chez lui une place si impor-
tante. Très souvent allégués, Théophraste, tout particulièrement le livre IX de l'*Histoire des Plantes*, dont l'authenticité

---

103. C'est en effet avec le Myndien qu'il faut identifier, semble-t-
il, l'Alexandre qui recommandait les crottes de Chèvre (*Th.* 932), dans
un Περὶ θηρίων (Σ *ad loc.* = Wellmann⁵ 554, *sub* §IV). Voir E. Oder
in Susemihl 1 p. 851-856, en particulier 852⁹⁹ ; Wellmann⁵ (avec une
édition des fragments p. 546-555) ; Id., *RE* 1. 1459 ss. (1460.27). Il
faut évidemment corriger θηριακῶν en θηρίων *in* Σ *l.c.*

104. Sur le médecin Sostratos voir Wellmann *in* Susemihl 2 p. 444
s., Wellmann⁴ (fragments, p. 346-349), Gossen *RE* 3A 1203 s. Pour sa
date : Wellmann⁴ 338 s. (voir comm. n. 20f). Il avait écrit, entre autres,
un Περὶ βλητῶν καὶ δακετῶν et un Περὶ ζῴων en quatre livres (l'indication d'Athénée 312e [= Apollod. fr. 1] est à corriger d'après Σ Ap.
Rh. 1. 1265-72a = fr. 10 W.). Nous savons par la *prographè* de l'antidote au sang de Tortue (= Apollod. fr. 6) que Sostratos avait approuvé
ce remède dans son Περὶ βλητῶν. Il y propose contre la piqûre du
kranokolaptès (*Th.* 766 s.), dont il dit qu'il vit dans le *perséa* (Σ *Th.*
764a = fr. 3 Wellmann, cf. *Th.* 764 et comm. n. 84 §1), un remède
pareil à celui que Nicandre suggère contre les Serpents (Σ *Th.* 760b =
fr. 2 Wellmann, cf. n. 66b). La légende qu'il racontait au sujet du Castor (Σ *Th.* 565d = fr. 6 W.) dans son Περὶ ζῴων est à mettre en relation avec ce vers (cf. n. *ad loc.*), et, malgré la palinodie d'Andréas (cf.
supra p. XLI), Sostratos adoptait le *paradoxon* relatif aux Murènes (fr.
7 W., voir Andréas fr. 1). C'est sans doute dans le π. βλ. qu'il décrivait la Dipsade (cf. comm. n. 31 §1) et qu'il parlait de la Phalange
μυρμήκειον (Σ *Th.* 747 = fr. 4 W., cf. comm. n. 82 §1). – Nous
connaissons le Περὶ θηρίων de Pamménès, d'époque et de tendance
inconnues, que l'on a identifié avec un astrologue contemporain de
Néron (cf. Susemihl 1 p. 856, *RE* 18. 303.40), par une référence unique
d'Élien 16. 42 ; voir comm. n. 88 §3, n. 91 §2.

a été contestée[105], qui est une sorte de Ῥιζοτομικόν, et Crateuas ; exceptionnellement Dioscoride[106]. Il arrive que les témoignages de Théophraste et de Crateuas soient invoqués conjointement, ainsi (Σ 656b) *HP* 9. 12. 1 et Crateuas, test. 32 W., sur les Chaméléons blanc et noir (cf. comm. n. 71). Plus remarquables les cas où, à côté de Crateuas, sont appelés en renfort des autorités beaucoup moins célèbres, botanistes ou autres. Au sujet de la *pyritis* (*Th*. 683, cf. n. 73 §5), les Scholies complètent le témoignage de Crateuas, test. 27, par celui de Iollas de Bithynie[107]. Le témoignage d'Amphilochos (Περὶ κυτίσου) sur la Luzerne-en-arbre voisine avec ceux de Crateuas, test. 30, et de Micion (Ῥιζοτομικά) sur l'Euphorbe[108]. Pour l'emploi de μινυανθές, synonyme de τρίσφυλλον (520, Psoralée bitumineuse) attesté par Dioscoride, les Scholies (*ad loc*.) mentionnent un ouvrage d'herboristerie, les Ῥιζοτομικά de Cassius Dionysius (cf. comm. n. 57a)[109]. Voyez encore le Περὶ βοτανῶν du médecin

105. Sur cette question voir Regenbogen 1450 ss.

106. Pour Th. *HP* ix cf. les Scholies aux v. 52 (Galbanum), 500 (racine de Chiron), 565 (Panacès), 656 (Chaméléon), 940 (Pivoine, *in* Σ 938a) ; autres références à *HP* : Σ 329c (confusion avec Thcr. 1. 55 ?), 413a, 597c, 615b, 645ab, 856b (confusion avec D. ? cf. comm. n. 105 §2), 887a. Crateuas : Σ 617a, 656b, 681a, 683a (conj.), 856b, 858-59, 860a. Dioscoride : Σ 52a.

107. Sur ce médecin, antérieur à Héraclide de Tarente, cité avec lui par Dioscoride dans la préface de sa *Matière Médicale* (p. 1.6) voir Wellmann *in* Susemihl 1 p. 826 et n. 306 ; Gossen *RE* 9. 1855.58. Nos Scholies écrivent ici et 523c (Περὶ Πελοποννησιακῶν πόλεων) : Ἰόλαος. Cette note est tirée de son ouvrage pharmacologique, dont nous ignorons le titre.

108. Sur Amphilochos d'Athènes, qui est à placer entre Th. et Crateuas, voir Oder *in* Susemihl 1. 836 ; Wellmann, *RE* 1. 1940 s. Pline 18. 144 (cf. 13. 130) dit qu'il a écrit un livre à la fois *de ea* (sc. *medica*) *et cytiso*, d'où le titre π. κυτίσου καὶ μηδικῆς tel qu'il est complété par Oder. Σ *l.c.* semble indiquer que Micion (Μικίων ou Μικκίων) a été utilisé par Crateuas ; on le place vers 100 av. J.-C. : Kroll, *RE* 15. 1555.42 ; voir aussi Wellmann *in* Susemihl 2. 446[193]. Titre de son ouvrage : περὶ ῥιζοτομικῶν (Σ *Th*.), ῥιζοτομούμενα (Pl. 20. 258, cf. Pétrichos *Annexe* §9b, fr. 2).

109. Cf. Oder *in* Susemihl 1 p. 830 ; Wellmann *RE* 3. 1722 (en particulier l. 40 s.).

Apollas[110] cité pour le *Polycnémon* (Σ *Th.* 559a, cf. n. *ad loc.* et comm. n. 59 §2), Épainétos[111] (Περὶ λαχάνων) pour le Buplèvre (Σ 585a), Chrysippe[112] (Περὶ λαχάνων) pour la *Caucalis* (843, cf. Σ 845 et n. 102 §11). Sans oublier les ouvrages pharmacologiques plus généraux, où la botanique médicale pouvait avoir une place, comme les Δυνάμεις du médecin Nicon[113], cité pour la présure (Σ *Th.* 577a). Toutes ces références d'une haute technicité donnent aux *Thériaques* l'éclairage qui convient.

Les recettes   Nous avons vu que Nicandre a adopté l'antidote d'Apollodore au sang de Tortue (700-714) en le modifiant[114]. C'est avec la même liberté que les pharmacologues de profession procèdent à l'égard de leurs devanciers : sauf dans le cas où ils les citent expressément, ils ne recopient pas leurs recettes servilement lorsqu'ils les utilisent, ils les adaptent à leur gré. Ce célèbre remède composé, tel qu'il se présente dans les *Thériaques*, avec son ἐπαγγελία ou *indication* (700-702), sa συμμετρία ou dosage de chaque ingrédient (710-712), sa σκευασία c'est-à-dire la façon de le préparer (703-712), sa χρῆσις ou mode d'emploi (713), offre l'image des recettes pharmacologiques du type long, si ce n'est qu'il manque la προγραφή (nom du remède, son auteur et ses utilisateurs,

110. ᾿Απολλᾶς est distinct d'Apollas le Pontique (Schwartz *RE* 1. 2841.49). Wellmann (*RE* 1. 2688.55) l'identifiait à Apelles (Gal. 14. 148), garant étranger de Pline, qui vivait vers le début du Ier s. av. J.-C. ; sa conjecture *ad* Diosc. 3. 94 (᾿Ιόλας) est gratuite.

111. ᾿Επαίνετος (Σ) ou ᾿Επαινέτης (Promotus). Cf. Wellmann *in* Susemihl 2. 425 ; Cohn *RE* 5. 2672 s. ; début Ier s. av. J.-C. Identique à l'᾿Επαινέτης ὁ ῥιζοτόμος (p. 68.19 s.) cité onze fois par Aelius Promotus dans les chapitres relatifs aux poisons.

112. Il faut probablement identifier l'auteur du Περὶ λαχάνων avec Chrysippe de Cnide (IVe s. a.C.), cf. Wellmann, *RE* 3. 2509.65 ss.

113. J'adopte la conjecture de Wellmann[2] 563 n. 3, au lieu de Νικόων (Σ 577a), nom inconnu par ailleurs. La *f.l.* du ms R (Νικίων) n'impose nullement d'identifier l'auteur des Δυνάμεις avec le ῥιζοτό- μος Micion (cf. *supra* n. 108). Pour Nicon (vers 30 a.C.), élève d'Asclépiade de Bithynie, cf. H. Diller, *RE* 17. 506 s.

114. Voir *supra* p. LII.

etc.), qui n'a rien à faire ici[115]. Du même type relève l'onguent " thériaque " des v.101-114 (voir *infra* p. LXXVI), dont
la description est assez précise et complète pour qu'on puisse
vraiment le préparer. Voyez encore l'antidote universel des
v. 934-956, où Nicandre s'est contenté d'énumérer les
ingrédients sans donner de dosage. Une telle précision est
exceptionnelle dans la thérapie des Venimeux de la seconde
catégorie (907 s.), qui, pour l'essentiel, consiste en une liste
de substances à prendre mélangées ou séparément, dans du
vinaigre, du vin, de l'eau ou du lait (912-914, cf. comm.
n. 116). Dans la thérapie des Serpents et dans les onguents
prophylactiques – il s'agit là presque toujours de recettes
courtes –, parfois l'excipient est dosé mais il manque le
dosage d'un ou plusieurs ingrédients (506 s., 599-603), ou
même de tous (539 s.). Parfois, en l'absence de leur dosage,
le poids du mélange peut être précisé, ainsi que la quantité
de l'excipient (580-582). D'autres fois, l'excipient n'est pas
dosé (519) ni même mentionné (527). A la limite, il peut
manquer à la fois la mention de l'excipient et celle des doses
des ingrédients (625-629, 630-635). Aussi bien certains
ingrédients se passent-ils de dosage (81, 87-89). Il arrive
que Nicandre donne seulement un poids relatif pour certains
d'entre eux (égal : 41 s., 42, 44 ; double : 650) ou qu'il se
contente d'une simple approximation (87 ὀλίγῳ ἐν βάμματι ; une poignée : 94, 667, cf. 945). D'ailleurs, selon ses
propres déclarations, la pesée n'est pas toujours nécessaire
(602 στήσας ἠὲ χύδην τε καὶ ἄστατον). Une chose est
sûre en tout cas : si Nicandre se dispense de préciser un
poids, ce n'est pas, comme l'a écrit un critique, parce que
" le plus souvent la forme versifiée l'a empêché de donner
l'exacte indication de mesure "[116]. C'est négliger le fait que

---

115. Pour les recettes pharmacologiques " longues " voir Fabricius
(*supra* n. 22) et comparer la rédaction de l'antidote au sang de Tortue
chez Apollodore (*Annexe* §4, fr. 6) ou la thériaque d'Antiochos (§9c ;
ci-dessus p. XLVI et n. 92).

116. Kroll (*supra* n. 1) 256 s. : *meist aber hat die metrische Form
die genaue Angabe der Masse verhindert.*

la dose peut être laissée à la libre appréciation du médecin qui utilisera la recette. C'est oublier de plus l'habileté de versificateur de Nicandre. Ce qui était possible à un Andromachos l'Ancien ou à un Servilius Damocratès n'était certainement pas hors de sa portée.

Nicandre et la superstition Le même critique n'est guère plus heureux quand il accuse Nicandre de n'avoir su éviter ni la superstition ni la pseudo-science[117]. Par le mot " pseudo-science " est visée la paradoxographie, à laquelle, on le verra, Nicandre a fait la part assez belle. Mais, pour ne citer que deux savants incontestables, elle est représentée aussi dans l'œuvre d'Aristote et de Théophraste, chez lesquels les Paradoxographes ont trouvé beaucoup de faits curieux à emprunter[118]. Qu'en est-il de la superstition ? Pour ma part, je serais plutôt surpris quand je constate qu'elle tient si peu de place chez le prêtre d'Apollon. C'est à peine si l'on en découvre quelques traces, par exemple au v. 861, à propos du caractère apotropaïque du Nerprun (ἀλεξιάρης … ῥάμνου), ou dans la mention d'une plante prophétique comme le Tamaris (612-614), si toutefois il convient d'établir un lien entre le pouvoir surnaturel de ces deux arbustes et leur vertu thériaque (cf. comm. n. 106 §2 et 65e). Ou encore au v. 816, dans la remarque sur la Musaraigne qui meurt dans les " ornières faites par les roues de charrette " (cf. n. 94). Parmi les moyens d'écarter la menace des Venimeux ou de guérir les effets du venin, si l'on peut élever des doutes sur leur efficacité, on n'en trouve cependant aucun qui ne soit rationnel : Nicandre ne recommande jamais les amulettes qui font l'objet de si fréquentes mentions chez Dioscoride et Galien, Pline et Scribonius Largus[119]. Hormis la pierre de Gagai (et sa sœur jumelle la

117. Id., *ibid*. 257.3 (cité *infra* n. 185).
118. Voir *infra* p. LXXXVIII.
119. Voir comm. n. 7, 39 §3, 50 §5, 54b, 57b, 68, 73 §3 et 5, 102 §12, 106 §2.

pierre de Thrace), dont l'usage en fumigation était un moyen prophylactique reconnu, pas une seule mention chez lui des pierres réputées capables d'écarter toute espèce de maladie et de malheur, et de protéger contre les Serpents et les Scorpions[120]. Il est muet sur le traitement incantatoire des morsures[121]. Tel détail pourrait avoir une connotation magique, comme le fait de prendre dans un carrefour deux Serpents enlacés pour en préparer l'onguent thériaque (mais cf. n. au v. 98), ou de se servir d'une seule main pour mélanger les substances entrant dans l'antidote universel[122]. Si Nicandre parle de " charme contre tous les maux " à propos de l'ocre de Lemnos (864 s.), ce n'est là qu'une façon poétique de célébrer les mérites d'un produit aux vertus éprouvées (n. 107 §4). Quant au principe de la magie sympathique établissant un rapport entre la thérapie et la cause du

120. Cf. [Orphée] *Lithica* 338-761 ; Keydell, « Orphische Dichtung », *RE* 18 (1942) 1339.45 ; R. Halleux-J. Schamp, *Les Lapidaires grecs*, C.U.F., Paris 1985, p. 3-123.

121. Les Psylles (voir n. 11 §7) avaient recours aux ἐπῳδαί, mais aussi les Hindous (Néarque *ap.* Strab. 15. 1. 45 = FGrHist 133 F 10b ἐπῳδοὺς δὲ περιφοιτᾶν ἰᾶσθαι πεπιστευμένους) et les Babyloniens (Lucien, *Philops.* 11). L'incantation était censée " chasser le venin du corps " (Lucien, *l.c.* ; Lucain 9. 923 à propos de la *magica gens* des Psylles ; cf. *RE* Suppl. 4 (1924) 333.39 ss., 65 ss. Voir les références données par Pfister, « Epode », *RE* Suppl. 4 (1924) 333.39 ss., 65 ss.

122. V. 936 μιῇ ὑπὸ χειρί : la précision ne figure pas 108 s. ni dans les autres passages où il est question de la même opération. Doiton prendre ὑπὸ χειρί au sens de ὑπὸ χεῖρα dans les recettes des Alchimistes n'exigeant pas l'usage d'un outil ? Cf. *Pap. Leid.* 552 (p. 107.552 Halleux[1]) ὑ. χ. τρίβων ; *Pap. Holm.* 761 (p. 138.761 s.) ὑ. χ. καθείς. L'emploi d'*une seule main* a-t-il une connotation magique ? Cf. celui de la main gauche par les ῥιζοτόμοι : Pline 21. 143, 176, *al.* ; Scrib. L. 163 (79.28) ; cf. *Géop.* 12. 13. 6, 12. 26. 3, *al.* et voir Delatte 142 s., Hubert « Magia » *DA* 1516a ; Hopfner, *RE* 14. 323. On comprend généralement qu'il s'agit de bien mélanger ensemble tous les ingrédients et l'on se contente de traduire ainsi. Les traductions qui veulent rendre en outre μιῇ ὑπὸ χειρί sont peu convaincantes : *his pariter tunsis herbis, manibusque subactis* (Steve) ; *mets ces medicamens dessous une main même* (Grévin) ; *mit eigener Hand* (Br.).

mal, si Nicandre l'a fait sien (622 s.), il n'y a là rien à lui
objecter. Dans sa *Thériaque à Pison*, Galien en a exposé la
théorie en ce qui concerne les Venimeux[123] ; aussi bien voit-
on ce principe appliqué dans la médecine populaire. Or on
sait que la médecine populaire est prise en considération par
la médecine savante, loin d'être méprisée par elle[124]. Les
remèdes sympathiques, inconnus d'Hippocrate, sont utilisés
à partir de l'époque hellénistique. On les trouve chez Dioscoride aussi bien que chez Galien. La médecine grecque les
accepte au nom de l'expérience ; ils ne relèvent pas de la
magie[125].

Originalité de Nicandre

Je viens de faire allusion au Nerprun et à
sa vertu thériaque. Le seul endroit de la
littérature iologique à le mentionner en
dehors de Nicandre concerne un antidote
prophylactique efficace contre les Venimeux ou les poisons
selon la boisson avec laquelle on le prend. La *prographè* de
cette recette en attribue la paternité à un certain Codius
Tucus, dont le nom fait problème, et elle signale que ce
remède a été utilisé par le médecin Cratéros, contemporain
de Cicéron[126]. Il existe d'autres cas où un détail des *Thériaques* a peu ou n'a pas de parallèles. Certains phytonymes
comme κίκαμα (841) et κουλυβάτεια (589) figurent seule-

123. Gal. *Pis*. 10 (244 ss.) Voir comm. n. 66b.
124. Cf. Kind, « Marcellus Nr. 58 », *RE* 14 (1930)1499.15 ss., qui
renvoie à Celse (4. 13. 3 *rusticos nostros epota ex aqua herba trixago-
satis adiuuet* ; *al.*), Scrib. L. (16 *scio Romae quandam honestam
matronam aliquot comitiali morbo liberasse hoc medicamento*, 146,
163) et Gal. 14. 184 (remède d'un paysan mordu par une Vipère).
125. Cf. L. Edelstein, « Greek medicine in its relation to Religion
and Magic », *Bulletin of the Institute of the History of Medicine* 5
(1937) 201 ss. = *Ancient Medicine* (Selected Papers of Ludwig Edelstein), Baltimore 1967, p. 232.
126. Gal. *antid*. 2. 8 (147.13), dans un extrait d'Apollonios Mys
offert par Asclépiade Pharmakion. G. Watson, *Theriac and Mithridatium*, London 1966, p. 24, accepte le nom sans se poser de question.
Clodius Tuscus (*RE* 4. 104.30), ni par son époque (celle d'Auguste) ni
par son profil (auteur d'un calendrier agricole) n'est un candidat adé-
quat.

ment chez Hésychius. Davantage : il n'est pas rare que, pour un fait iologique relevant de l'onomastique zoologique ou botanique, de la thérapie, etc., Nicandre soit notre unique témoin. Le commentaire s'applique à signaler toutes ces raretés. En voici quelques-unes. Nulle part, si ce n'est dans les *Thériaques*, on ne trouve le nom ἀγρώστης pour désigner une Araignée-Phalange (734), ni le synonyme λέων pour le *Cenchrinès*. L'usage thériaque de l'ἐλξίνη (537), du κύτισον et des τιθύμαλλοι (617), du Ricin (676) et de la Bugrane (872), n'est attesté que chez Nicandre. Le Buplèvre (585), le *Lykapsos* (840), l'Égilope et la Chélidoine (857), le Parthénion (863) et le *Psilothron* (902) sont ignorés de la littérature iologique. Si leur absence n'est pas due aux lacunes de cette littérature, elle met en valeur du même coup l'originalité de Nicandre et l'importance de son témoignage.

La thèse de O. Schneider, qui a dénié à

Son influence Nicandre toute influence sur la littérature technique, est démentie par les faits. Dès lors que l'on constatait que la paraphrase de ses poèmes iologiques par Eutecnius a été choisie de préférence aux traités du Pseudo-Dioscoride sur le même sujet pour compléter les cinq livres de la *Matière Médicale* du Dioscoride authentique dans certains manuscrits, on pouvait *a priori* s'attendre à des interférences entre Nicandre et les Iologues récents, comme il a pu en exister entre Aratos et la littérature relative aux signes du temps[127]. A une époque où l'œuvre d'Apollodore avait sans doute disparu depuis longtemps, Nicandre est devenu la référence en matière d'animaux venimeux, comme on le voit déjà par les témoignages de Tertullien (IIe/IIIe s.) et d'Épiphane (IVe s.), qui, lorsqu'ils veulent symboliser les hérésies à l'aide des θηρία, puisent dans son vivier ; et on le voit mieux encore par celui de

127. G. Kaibel, « Aratea », *Hermes* 29 (1894) 121 ss., a supposé après d'autres qu'un lecteur d'Aratos avait interpolé le Περὶ σημείων de Théophraste fr. vi Wimmer. D'autres ont supposé une source commune à Aratos et au Περὶ σημείων. Ces deux hypothèses ne sont pas exclusives l'une de l'autre. Voir Regenbogen 1413 ss.

Michel Glycas (XIIIe s.) lorsqu'il précise nettement le statut de Nicandre[128]. Pas étonnant qu'il subsiste des traces du bestiaire venimeux de Nicandre chez Avicenne et Albert le Grand, chez Dante et Rabelais[129]. Si l'on adopte le principe posé par Schneider et Wellmann (*supra* n. 54), selon lequel les concordances entre les *Thériaques* et les traités des Iologues récents s'expliqueraient par l'utilisation directe ou indirecte d'Apollodore, leur source commune, et si l'on prétend à partir de là surprendre les secrets d'un versificateur au travail, on court le risque de comparer Nicandre à sa paraphrase[130]. Je reviendrai sur l'influence littéraire de Nicandre, qui est loin d'être négligeable (II C), mais, avant de préciser son influence scientifique telle qu'on la perçoit dans les *Thériaques*, je voudrais attirer l'attention sur un moment de l'histoire où ces deux influences convergent, à Rome, au Ier siècle avant et après J.-C., c'est-à-dire à l'époque où florissaient les commentaires du poème (*infra* p. CXXIX). On observe alors un véritable engouement pour l'étude des Venimeux. Y a-t-il un lien à établir entre la vogue du θηριακὸς λόγος et le fait que l'héritage de Pergame est tombé entre les mains du peuple romain vers la fin

---

128. Épiph. *Panarion* 1 p. 171.6-11 Καὶ Νίκανδρος μὲν ὁ συγγραφεὺς θηρῶν τε καὶ ἑρπετῶν ἐποιήσατο τῶν φύσεων τὴν γνῶσιν, ἄλλοι δὲ συγγραφεῖς ῥιζῶν τε καὶ βοτανῶν τὰς ὕλας, ὡς Διοσκουρίδης μὲν ὁ ὑλοτόμος, κτλ. (cf. *Test.* ad v. 490 s., 811 s.) ; Tertullien : cf. *Test.* ad 769-804 ; M. Glycas, *Annales*, p. 108.7 Bekker εἰ δὲ καὶ περὶ φύσεως ὄφεων βούλει μαθεῖν τινων, ὁ Νίκανδρος πρὸ τῶν ἄλλων διδάξει σε. Pour les témoignages scripturaires cf. *infra* p. CLXV.

129. Pour les deux premiers voir Steier 1792.16 ss., pour Avicenne Taschenberg 256 ; Dante a pu subir l'influence de N. à travers Lucain (cf. les noms des Serpents qui tourmentent les voleurs au ch. 24 de l'*Enfer*, trad. André Pézard, Bibl. de la Pléiade, p. 1033, v. 86 ss.) ; Rabelais directement (comm. n. 93 §1) et à travers Avicenne (cf. la liste de Reptiles, *Quart Livre*, c. 64).

130. C'est un risque que n'a pas évité H. Schneider, *Vergleichende Untersuchungen zur sprachlichen Struktur der beiden erhaltenen Lehrgedichte des Nikander von Kolophon* (Klassisch-Philologische Studien, Heft 24), Wiesbaden 1962.

du siècle précédent[131] ? En tout cas, on sera plus enclin à imputer cette vogue au succès de Nicandre qu'à l'œuvre d'Apollodore, connue seulement des spécialistes. C'est ce que montrent à l'évidence, sur le plan médical, Andromachos l'Ancien qui a peut-être emprunté l'idée d'utiliser des Serpents comme remède à Nicandre, qu'il connaît parfaitement, sinon à Philinos (cf. *supra* p. XLIV), et aussi, sur le plan littéraire, non seulement le même Andromachos, mais encore les *Theriaca* d'Aemilius Macer, ainsi que Virgile et Lucain, dont les excursus iologiques se comprendraient moins bien s'ils n'étaient motivés par le goût des lecteurs pour le sujet. Strabon connaît Nicandre de première main (*Test.* ad 120, 169, 192-208, cf. comm. n. 21c1) : il le cite et, à l'occasion, il l'utilise tacitement. Le commentaire indique tous les cas où, en l'absence de référence explicite, une influence directe de Nicandre est décelable dans la littérature technique. En dépit des doutes parfois exprimés, elle est certaine chez Pline l'Ancien qui ne le cite pas moins de douze fois[132], et qui le mentionne parmi les sources étrangères dans son *Index* pour les livres VIII, X s., XX-XXVII, XXIX-XXXII, XXXVI s. De même, elle est possible dans des compilations qui abordent des questions iologiques, comme les *Geoponica*[133]. Elle ne l'est pas moins, à mes yeux, dans les écrits iologiques eux-mêmes. Très probable, chez Oribase (ou son modèle), dans le passage relatif à la préparation du sang de Tortue (*Th.* 705-709, cf. n. 75 §2 et 3), je la crois assurée chez le modèle de Philouménos (c. 15. 15 s. [p. 21.1] = Aelius Promotus c. 16 [p. 54.19]), dans un antidote contre les Phalanges et les venins marins, simple reflet de l'antidote universel qui termine les *Thériaques* (934-956, cf. comm. n. 119). Entre autres concordances très notables

131. Cf. Hansen (*supra* n. 25) p. 147 ss.
132. Voir les *Test.* des *Thériaques* aux v. 73, 377-382, 534-536, 585, 596, 626, 784, 845, auxquels il faut sans doute ajouter 607 (cf. comm. n. 65c) et 705-707. Pour des emprunts tacites probables cf. n. 76 §5, 78, 82, 89 §1.
133. Cf., par exemple, comm. n. 10 §13.

entre Philouménos et Nicandre, j'ai signalé celle des v. 275 s. et de Philouménos, c. 18. 2 (25.16 s.) : ils sont les seuls à préciser l'échéance de la mort à neuf jours pour les victimes du Céraste (cf. n. 26 §2). Si le nombre " neuf " n'est ici qu'un moyen de suggérer un grand nombre, comme il l'est dans ἐννεάδεσμοι (781, cf. la n. *ad loc.*), comment échapperait-on à la conclusion que Philouménos a emprunté cette indication à Nicandre[134] ? Selon Otto Schneider, les traités spécialisés citeraient Nicandre seulement à titre d'ornement. Cela peut être vrai des deux seules références explicites aux *Thériaques* que l'on relève chez les Iologues récents[135]. Cela ne l'est déjà plus pour Galien. Lorsqu'il cite Nicandre en son nom personnel, il le fait toujours en relation avec le vif du sujet, et, par là, il le hausse à la dignité de spécialiste en matière iologique[136]. Philouménos, ou son modèle, a pu utiliser Nicandre tacitement. Il n'est pas jusqu'aux *falsae lectiones* de son texte qui n'aient pu avoir leur influence, à preuve l'absurde légende de l'accouplement des Vipères par la bouche (cf. n. au v. 130).

Comparées à la science moderne, les *Thériaques*, comme d'autres monuments de la science antique, pourraient avec quelque raison passer pour un ramassis de connaissances désuètes ou imaginaires réduites aux règles du rythme ; et l'impossibilité dans laquelle nous sommes souvent d'identifier les animaux ou les plantes dont parle Nicandre est certes une circonstance aggravante. Comparées à la littérature spécialisée des anciens, qui partage avec elles ce défaut, on ne sera pas tenté d'y voir les divagations d'un poète iologue

134. Entre autres parallèles étroits de N. et de Promotus ou Philouménos cf. comm. n. 7 §3 et 5, n. 12 §2, n. 58c 3, n. 84 §1, n. 85 §3, n. 86 §1 et 3, n. 87 §1, 89 §2.

135. V. 188 (καμάτου –) : Philouménos ~ Paul d'Égine = Pseudo-Dioscoride (*Test.* ad loc.) καλῶς ὁ Νίκανδρος ἔλεγεν ; 748 s. (πυρόειν –) Philouménos (*Test.*).

136. Cf. J.-M. Jacques, « Galien et Athénée, lecteurs des *Thériaques* de Nicandre de Colophon », *Actes du Colloque international de la Tradition et de l'Ecdotique des Textes médicaux grecs* (tenu à Paris, les 17, 18 et 19 Mai 2001), à paraître.

d'autrefois. A l'exemple d'Alessandro Olivieri[137] – sans toutefois le suivre quand il veut combler les lacunes de l'enseignement des *Thériaques* en supposant gratuitement que c'est leur texte qui est lacuneux –, on admettra plutôt que, loin de puiser à une source unique, il a su profiter d'apports divers. Son œuvre n'est pas la somme inachevée que le savant italien voulait y voir : c'est une mise au point personnelle des connaissances de son temps en matière iologique[138], avec leurs faiblesses et leurs défaillances. Et l'on est fondé à penser que, si Nicandre a jugé bon de revenir dans un poème sur le sujet, c'est que, longtemps après Nouménios, et peut-être Pétrichos, il avait plus à en dire, et autrement.

II. — LES *THÉRIAQUES,* ŒUVRE POÉTIQUE.

Jugements anciens et modernes   Pour lui rendre aujourd'hui la place qu'il mérite parmi les poètes du second rang, il faut remonter un lourd handicap. Sur la réussite poétique de Nicandre, même si l'on est aujourd'hui, semble-t-il, sur la voie d'une appréciation plus positive[139], les jugements des modernes sont beaucoup moins favorables que ne l'étaient ceux des anciens. Si, peut-être sous l'influence de la légende biographique, Cicéron refusait à l'auteur des *Géorgiques* toute compétence technique, il lui reconnaissait du moins les grâces du langage et l'agrément de la poésie. Lorsque Quintilien passe en revue les œuvres susceptibles de former le style de l'orateur, il ne conteste pas la place de Nicandre dans le canon des poètes épiques[140]. Galien, qui le cite pour

137. *Osservazioni* p. 292, il admet l'utilisation par N. de traités de botanique et de zoologie, mais pour noter qu'elle l'a éloigné de son thème principal. Je crois plus utile de relever les convergences et les divergences des *Thériaques* par rapport à l'enseignement de ses prédécesseurs.
138. Pour l'utilisation de plusieurs sources voir par exemple *supra* p. LIII.
139. Voir en particulier G. Zanker, *Realism in Alexandrian Poetry*, London 1986, et l'article de Hollis[2].
140. Cic. *De oratore* 1. 69 ; Quint. *Inst. orat.* 10. 1. 16 ss. Voir les *testimonia* du tome I.

le fond, ne lui marchande pas la qualité de poète, il le loue même expressément pour sa beauté d'expression[141]. Et cette faveur se maintient à la Renaissance, où le poète reste admiré et imité[142]. Mais, depuis que O. Schneider a ravalé les poèmes iologiques au rang d'un simple exercice de versification, la gloire de Nicandre a subi un brutal déclin. Une génération plus tard, Wilamowitz l'englobait dans le mépris qu'il vouait à l'école poétique de Colophon[143] : il jugeait Nicandre " le phénomène le plus désagréable qui ait paru dans les lettres helléniques avant la poésie chrétienne "[144]. Depuis lors, la critique officielle s'est bornée le plus souvent à répéter cette condamnation sans nuances : témoin, Ph.-E. Legrand exécutant en deux mots ses " élucubrations versifiées "[145]. C'est à peine si quelques voix se sont élevées, surtout chez les médecins, pour défendre de confiance, et en termes généraux, sa réputation littéraire[146]. Le grand spécia-

141. *Simpl. med. fac.* 10. 2. 16 (12. 289.12 Kühn) Νίκανδρος ὁ ποιητής ; *Pis.* 9 (14. 239.1 s. K.) ὥσπερ ἡμῖν ὁ καλὸς Νίκανδρος ἐν τοῖς ἔπεσιν αὐτοῦ οὐκ ἀφυῶς γράφει.

142. Cf. Rabelais (comm. n. 93 §1), Ronsard (*ibid.* n. 2, 29 et *infra* n. 179), Belleau (comm. n. 8, 25d). Sur la réception de Nicandre au XVIe s. voir l'introduction générale du tome I.

143. Cf. *Hellenistische Dichtung* 1 p. 105 ss.

144. *Antigonos von Karystos* (Philologische Untersuchungen, Heft 4), Berlin 1881, p. 167 : (parlant de la poésie qui se développe dans le cercle culturel de Pergame sous Eumène) *ihr grosser name aber ist die unerquicklichste erscheinung der vorchristlichen poesie : Nikandros.*

145. *La Poésie Alexandrine*, Paris 1924, p. 139 (dans sa revue des " œuvres alexandrines " subsistantes) : " les *Thériaca* et les *Alexipharmaca* de Nicandre, élucubrations versifiées de 958 et 630 hexamètres, l'une indiquant les remèdes contre les morsures venimeuses, l'autre traitant des poisons et des contrepoisons ". Cf. A. Croiset, *in* : A. et M. Croiset, *Histoire de la Littérature Grecque*, tome V, Paris 1928, 246 s. : " Ce sont de plates compilations, dont la conservation n'est nullement due à leur mérite littéraire ".

146. Selon J. Berendes, *Paulos' von Aegina des besten Arztes sieben Bücher, übersetzt*, Leiden 1914, p. 849, s.v. Nikandros (N. aussi grand comme médecin et naturaliste que comme poète) ; H. Haeser, *Lehrbuch der Geschichte der Medicin*, I[3], Iena 1875, p. 250 (fidèle à la nature, non dénué de valeur poétique).

liste des littératures botanique, zoologique et médicale des anciens, Max Wellmann prononçait contre lui un verdict sans appel : " Nicandre, sans avoir la moindre idée de la médecine, a composé des Θηριακά et des Ἀλεξιφάρμακα où il a mis en vers, d'une façon on ne peut plus incompréhensible, venins et poisons, antidotes et recettes médicales "[147]. L'éditeur de Paul d'Égine, J.L. Heiberg, qui fut aussi un grand historien des sciences, inféodé à la même thèse, l'a condamné aussi sévèrement[148]. Nous voilà très loin du ton des épigrammes anonymes de l'*Anthologie Palatine* en l'honneur de Nicandre, le médecin, parfait connaisseur des drogues bénéfiques et funestes, qui est de la race de Paièôn et a rang aussitôt après lui, Chiron, Asclépios et Hippocrate (*AP* 9. 211 s.), mais aussi le poète, dont la naissance est un sujet de gloire pour Colophon à l'égal de celle d'Homère (*ibid.* 213). Dans la première partie de cette *Notice*, j'espère avoir montré que les *Thériaques* sont autre chose qu'une " élucubration ". Qu'en est-il de leurs qualités proprement poétiques ?

Un poème didactique   Remarquons tout d'abord que le poème appartient à un genre qui, depuis longtemps, n'est plus en odeur de sainteté, le genre didactique[149]. A côté des *Thériaques*, les

147. Wellmann *in* Susemihl 2 p. 416 : " Nikandros... ohne von Medicin eine Ahnung zu haben, Θηριακά et Ἀλεξιφάρμακα dichtete, in denen er in möglichst unverständlicher Weise die Gifte, Gegengifte und ärztlichen Recepte in Verse brachte ". Le mot " Gift " a en allemand les deux sens de " venin " et de " poison ".

148. Cf. *supra* n. 54. Plus récemment, J. Scarborough, sur la foi de telles imputations, s'est efforcé de prendre N. en défaut chaque fois qu'il a cru pouvoir le faire. Mais la charge qu'il a menée contre lui, sans nuance et sans critique, atteint aussi bien, sans qu'il s'en aperçoive, l'ensemble des Iologues de l'antiquité, y compris Apollodore, envers lequel il manifeste une admiration exagérée.

149. Voir Susemihl 1. 284-309 (284-299 ; Aratos ; 302-307 : Nicandre) ; W. Kroll, « Lehrgedicht », *RE* 12 (1925) 1842-1857 (1847 ss. Aratos ; 1851 : N.). Pour la conception de la poésie didactique hellénistique simple exercice de versification cf. aussi Wellmann[13] 326 et voir *supra* p. XLIX. Plus récemment, B. Effe (*Dichtung*

Phénomènes d'Aratos, qui se rattachent au même genre, peuvent faire figure de poésie scientifique[150]. Aratos diffuse bien, lui aussi, un enseignement particulier, mais, dans son prélude, il expose une conception stoïcienne de l'univers, dont le poème peut passer pour l'illustration. Ce que nous savons de l'*Hermès* d'Ératosthène nous fait entrevoir un poème scientifique de plein droit[151]. Rien de tel chez Nicandre. Par sa façon nette et précise d'annoncer son projet, par le soin qu'il met à le développer point par point, les *Thériaques* font figure de poésie didactique radicale[152]. J'emploie le mot " didactique " sans aucune nuance péjorative. L'éloge des *Géorgiques* de Virgile ou du *De rerum natura* de Lucrèce n'est plus à faire. Aussi bien, n'est-il pas vrai que, avant la révolution poétique qui marque en France la deuxième moitié du XIXe siècle, " les plus grandes œuvres versifiées, les plus admirables, peut-être, qui nous aient été transmises, appartiennent à l'ordre didactique ou historique "[153] ? Mais, dans l'œuvre de Nicandre, on n'a voulu considérer comme poésie que les enjolivements traditionnels par quoi les poètes didactiques, depuis l'antiquité, ont embelli leur sujet. Une matière des plus rebutantes, agrémentée ici et là de rares comparaisons et de quelques développements ou allusions mythologiques – tel était le stéréotype plaqué généralement sur Nicandre. Il y avait là un

und Lehre : Untersuchungen zur Typologie des antiken Lehrgedicht, Munich 1977, 56 ss.) a poussé cette thèse à l'extrême en faisant de N., au mépris des intentions affirmées par le poète, le type d'une poésie didactique purement formelle. Avant de soutenir ce paradoxe, il aurait fallu étudier sérieusement son contenu, ce qui, une fois de plus (cf. *infra* p. CXXVIII), n'a manifestement pas été le cas.

150. Sur la distinction de la poésie didactique et de la poésie scientifique voir l'étude fondamentale de Albert-Marie Schmidt, *La poésie scientifique en France au XVIe siècle*, Paris 1938.

151. Cf. l'argument restitué par Hiller (*Eratosthenis carminum reliquiae*, p. 64) et reproduit chez Powell 58 s.

152. P.-M. Schmidt, in : *Poètes du XVIe* (Bibl. de la Pléiade) p. 1087, qualifie pourtant les *Theriaca* et les *Alexipharmaca* de " poèmes scientifiques ".

153. P. Valéry, « Avant-Propos », *Variété*, Paris 1924, p. 92.

schéma réducteur incapable de rendre compte des richesses que recèlent les *Thériaques* et dans leur conception d'ensemble et dans le détail de leur exécution. Des richesses qu'il serait vain de chercher dans un traité iologique ordinaire.

A. STUCTURE DU POÈME.

Selon la tradition initiée par *Les Travaux et les Jours*, l'archétype du genre didactique, Nicandre formule ses prescriptions à la seconde personne du singulier[154]. Hésiode s'adressait à son frère Persès, et son poème contient des éléments autobiographiques. Les *Thériaques*, comme les *Alexipharmaques*, s'ouvrent par une dédicace qui révèle l'identité de cette seconde personne, même si, par la suite, il arrive à Nicandre de l'oublier. Les deux œuvres s'achèvent par une *sphragis*, dans laquelle le poète découvre sa propre identité. Et, tout au moins dans les *Thériaques*, les *personalia* ne se limitent pas à ce début et à cette fin. La personnalité du poète perce, ici et là, à travers quelques traits.

On ne sait rien d'Hermésianax[155], sinon ce **La dédicace** que Nicandre en dit dans le *prooimion* en forme de dédicace, et ce que nous en découvre la façon dont il s'adresse à son " parent " (3). Les v. 4-7, dans lesquels il définit l'utilité pratique de son poème – et surtout le v. 7, où il promet à Hermésianax l'estime que lui vaudra, de la part des θηριόδηκτοι, l'efficacité des remèdes qu'il contient – nous incitent à deviner un médecin dans la personne du dédicataire[156]. Et c'est bien à l'adresse

---

154. Sauf une exception, au v. 629 ψώχεσθε, si le texte de T est sain.

155. Tout ce que savent les Scholies, c'est qu'il doit être distingué du poète de la *Léontion*, plus ancien que Nicandre (*ad* v. 3, p.35 s. Crugnola). Était-il de la même famille ? Cela n'est pas sûr, car " il a pu y avoir plusieurs Hermésianax à Colophon " (Pasquali 74).

156. La même indication se tire du v. 496. Scholfield traduit comme si ἀληθήσῃ (suj. s.e. : τις) était le subj. aor. actif à la 3ᵉ sing. et ἀνδράσιν (494) le compl. d'attribution de διείσομαι. Pour une fois,

d'un médecin que sont formulées les prescriptions des v. 573 et 877 concernant l'administration de remèdes[157], conformément à l'usage constant des pharmacologues. Presque toutes celles des *Alexipharmaques* sont dans ce cas : Protagoras, à qui il a dédié son œuvre, était sans doute médecin lui aussi. Mais, dans les *Thériaques*, Nicandre a pris la liberté de les adresser le plus souvent au malade, non au médecin, comme s'il se substituait à celui-ci[158]. Il lui arrive même de passer du médecin au malade à l'intérieur d'un même vers (877).

La sphragis   Les deux poèmes se terminent par des *sphragis* qui sont l'exacte réplique l'une de l'autre[159], mais celle des *Thériaques* est plus riche de substance. La prière de Nicandre à Protagoras (*Al.* 630) d'observer " le décret de Zeus Hospitalier " (rappel de la dédicace) cède ici la place à l'évocation de sa petite patrie à lui, Nicandre, " Claros à la blancheur de neige " (*Th.* 958 ~ *Al.* 11) ; et il ne se présente pas simplement en " poète " (*Al.* 629 ὑμνοπόλοιο)[160] mais en " poète

N. oublierait son dédicataire pour s'adresser aux hommes en général. Ἀλθήσῃ est plus probablement la 2ᵉ sing. du fut. moyen et ἀνδράσιν un dat. d'intérêt. Le fut. moy. n'est pas attesté ailleurs, mais l'un des imitateurs de Nicandre, le poète anonyme du *carmen de herbis* est seul à employer l'aor. moy. (44 ἀλθήσαιο).

157. Ἐμπίσαιο " donne à boire ", " administre ". C'est peut-être aussi le cas de χαδεῖν, dont le sens est incertain, au v. 956 (voir la note *ad loc.*).

158. Cf. n. *ad* 619, et les préceptes généraux du début et de la fin, où celui qui reçoit les conseils n'est autre que celui qui les mettra en pratique pour son propre compte.

159. Cf. *Al.* 629 s. καί κ' ἔνθ' ὑμνοπόλοιο καὶ εἰσέτι Νικάνδροιο ǀ μνῆστιν ἔχοις, θεσμὸν δὲ Διὸς ξενίοιο φυλάσσοις. Virgile semble avoir imité la *sphragis* des *Th.* ou des Γεωργικά (si ce n'est celle des Μελισσουργικά), à laquelle pourrait appartenir le fr. 110 (αἰνήσεις υἷα πολυμνήστοιο Δαμαίου), à la fin des *Géorgiques* 4. 563 s. *illo Vergilium me tempore dulcis alebat ǀ Parthenope studiis florentem ignobilis oti ...*

160. L'idée de Klauser 3³, selon qui ὑμνοπόλοιο ferait allusion à l'« hymne » de N. à Attale III est à repousser : pour le sens du mot cf. Empéd. fr. 146, où ὑμνοπόλοι désigne les *poètes*, à côté des *médecins*, des *devins* et des *princes*.

homérique ”, c'est-à-dire en “ zélateur d'Homère ” (*Th.* 957 Ὁμηρείοιο). Il y a ici, en effet, plus qu'une allusion à la naissance colophonienne d'Homère (fr. 14). La mention du maître de la poésie épique, dont il se reconnaît le disciple pour le style, donne à la *sphragis* des *Thériaques* un accent de revendication littéraire qui rappelle le nome récent[161]. Lorsque, à la fin de ses deux poèmes, il décline son nom, Nicandre sacrifie assurément à un usage qui se manifeste, bien avant le nome, dans la *Théogonie* d'Hésiode, dès le *prooimion* (*Théog.* 22). Si vif est son sens de la propriété littéraire que cet usage ne lui a pas suffi. Il les a signés de surcroît à l'aide d'une *sphragis* secrète. Les deux acrostiches des *Thériaques* et des *Alexipharmaques* sont, à ma connaissance, les deux plus anciens exemples authentiques d'acrostiche-signature dans la littérature grecque[162].

L'art de la composition   Le poème forme un ensemble harmonieux de composition annulaire[163]. Après le *prooimion*, Nicandre développe une série de *généralités* :

a) origine mythique des Venimeux (8-20), Phalanges et Serpents, d'une part (8-12), Scorpions de l'autre (13-20) ;

b) moyens *prophylactiques* permettant de les chasser des lieux où ils peuvent sévir (21-34), tels que fumigations (35-56), litières (57-79) et onguents (80-114) ;

---

161. Sur le sens de l'adj. ὁμήρειος voir la n. au v. 957. Cf. Timothée de Milet, *Perses*, PMG 791.229 ss. (après l'hommage à Orphée et Terpandre) νῦν δὲ Τιμόθεος μέτροις | ῥυθμοῖς τ' ἐνδεκακρουμά-τοις | κίθαριν ἐξανατέλλει, | θησαυρὸν πολύυμνον οἴξας Μουσᾶν θαλαμευτόν· | Μίλητος δὲ πόλις νιν ἁ | θρέψασ' (~ *Th.* 958) ἁ δυωδεκατειχέος | λαοῦ πρωτέος ἐξ 'Αχαιῶν. Sur la *sphragis* voir Aly, *RE* 3A (1929) 1757 s.

162. *Th.* 345-353 ; cf. *Al.* 266-274. L'acrostiche des *Alexipharmaques* n'est nullement une tentative avortée de Nicandre : le texte des manuscrits est gâté en deux endroits, mais il se laisse aisément corriger. Cf. J.-M. Jacques, *REA* 57, 1955, 20 (les n. aux v. 266, 269 ss.) ; *ib.* 62 (1960) 60[2] et voir *infra* n. 179.

163. Sur la composition des *Th.* cf. B. Effe, « Der Aufbau von Nikanders Theriaka und Alexipharmaka », *RhM* 117 (1974) 53-66.

c) *conseils* pratiques (115-156)[164], pour le cas où l'on aurait négligé l'utilisation des onguents.

Puis, c'est le grand développement central avec ses deux masses dont la distinction correspond à la division théophrastéenne des Venimeux en δακετά et βλητικά.

A. SERPENTS : 1/ *notices* individuelles bipartites décrivant d'abord leurs signes distinctifs, puis les symptômes d'envenimation (157-492) ;

2/ *thérapie commune* à tous les Serpents (493-714) ;

B. ARACHNIDES et autres Venimeux : 1/ *notices* individuelles, plus brèves, construites sur le même plan, consacrées aux Phalanges (715-768), aux Scorpions (769-804), aux autres Venimeux (805-836) ;

2/ thérapie commune à tous les Venimeux autres que les Serpents (837-914).

Après quoi, Nicandre revient aux *généralités* (915-956) :

a) εὐπόριστα (916-920) ;

b) procédés divers pour évacuer le venin (921-933) ;

c) antidote universel (934-956) ;

avant de conclure son œuvre par la *sphragis* ou signature (957 s.).

Les parties de cet ensemble sont dans un ordre de longueur décroissante. Cela est vrai des deux grandes parties qui constituent la masse centrale – Serpents (556 vers), autres Venimeux (200 vers) : elles sont dans le rapport de 2,8 à 1. Un rapport qui reste le même si l'on considère sépa-

---

164. Le développement sur le *Seps* de l'Othrys, par ses indications morphologiques et symptomatologiques, annonce la section relative aux Serpents, mais, contrairement à ce que l'on pourrait croire, la description des espèces ne commence pas avec lui, ni, à plus forte raison, avec le v. 118, comme le prétend Eutecnius (10. 17 ἔρχομαι δὲ λέξων ὁπόσα ἐστὶν τῶν βλαβερῶν τέως κατ' εἶδος θηρίων). Il fait toujours partie des prescriptions générales, ce qui n'a pas échappé au Scholiaste (cf. Σ 156a et le comm. n. 19 §1) ; à preuve, l'emploi des particules ναὶ μὴν (145) que N. n'emploie pas au début mais à la fin d'un développement (cf. n. *ad* 51). Les espèces citées avant le Cobra, comme le Seps, la Dipsade (125) ou la Vipère (129) n'interviennent qu'à titre d'exemples.

rément les deux parties constitutives de chacune : Serpents
(334 vers) ~ autres Venimeux (122 vers), thérapie des Serpents (222 vers) ~ thérapie des autres Venimeux (78 vers).
Cela est vrai aussi des parties qui se correspondent autour de
la masse centrale – *prooimion* (7 vers) ~ *sphragis* (2 vers),
généralités I (149 vers) ~ généralités II (42 vers) : rapport
3,5/1.

Cette analyse nous aide à comprendre pourquoi Nicandre a
scindé les généralités en deux parties et placé l'une au début,
l'autre à la fin de son poème. Les v. 915-956 envisagent un
certain nombre de thérapeutiques externes ou internes convenant pour *tous* les Venimeux. Les traités parallèles les présentent d'habitude après les moyens prophylactiques (présentés aux v. 35-114), en les groupant sous le titre de κοινὴ
θεραπεία[165] ou κοινὰ βοηθήματα[166], avant d'étudier les différentes espèces de Venimeux et la thérapie appropriée à chacune d'elles. C'est manifestement en vue d'obtenir une composition annulaire que Nicandre a scindé en deux les
généralités[167]. En même temps, cette disposition a pour effet
d'assurer à la panacée finale une place culminante, avant la
sphragis. Anticipée de longue main par la racine de Chiron,
le premier de la série des remèdes simples contre les Serpents, dont le caractère de panacée, fortement affirmé (508),
en est comme une annonce (cf. comm. n. 53c), elle apparaît
vraiment comme le point d'aboutissement vers lequel tendent
tous les développements du poème. Considérées d'ensemble,
la thérapie des Serpents et celle des Venimeux de la seconde
catégorie ressemblent donc à une ascension vers la panacée.

On retrouve, à l'occasion, le même procédé de composition en κύκλος à l'intérieur des parties distinguées. C'est lui

165. Paul d'Égine 5. 2 (p. 6 s.) ; Pseudo-Dioscoride 19 (p. 74 ss.).
166. Philouménos 7. 3-14 (p. 11.10-13.20) ; Aétius 13. 12 (p. 268
s.), cf. Aelius Promotus 7-11 (p. 45 ss.). Il est probable qu'Apollodore
avait adopté la même disposition de la matière, cf. n. 172.
167. La reprise de ἀνυδρήεντα (26, voir n. *ad loc.*) par ἀνύδροις
(915) est un indice soulignant ce procédé de composition (cf. Théocrite
7. 8 ~ 136).

qui semble avoir déterminé en particulier l'ordre de succession des notices de Serpents. Elles se divisent en deux groupes de sept, du Cobra au Chersydre (157-371), d'une part, et, d'autre part, de l'Amphisbène au Gecko (372-487). Le premier groupe présente, entre le Cobra et le Chersydre qui se correspondent (cf. 359 s. χερσύδροιο καὶ ἀσπίδος εἶρεο μορφάς | ἰσαίας), la Vipère, puis quatre Serpents qui sont autant de Vipéridés, et dont la ressemblance, pour les trois premiers, est notée chaque fois par rapport au Serpent précédent (Céraste ~ Vipère : 258 s. κεράστην | ἠΰτ' ἔχιν ; Hémorrhous ~ Céraste : 294 οἷα κεράστης ; Sépédon ~ Hémorrhous : 321 αἱμορόῳ σύμμορφον) ; pour le quatrième, avec la Vipère (Dipsade ~ Vipère : 334 s. διψάδος εἶδος ὁμώσεται αἰὲν ἐχίδνῃ | παυροτέρῃ). Le second groupe fait alterner Serpents inoffensifs et dangereux : il s'ouvre avec l'Amphisbène et le Scytale, deux Serpents jumeaux sans malice (372-395 = 12 v. + 12 v.), dont les notices sont parfaitement symétriques (cf. comm. n. 41). Puis, de part et d'autre de l'inoffensif Dragon (438-457), se correspondent deux paires de Venimeux redoutables, le Basilic et le Dryinas (396-437), le *Cenchrinès* et le Gecko qui l'est moins (458-487). En appendice, une note collective groupant des Serpents inoffensifs (488-492) ferme la boucle. Plus subtilement encore, la manière dont s'ordonnent certains enseignements relatifs aux Venimeux semble répondre à cette volonté annulaire, en particulier l'importante question des temps et des lieux. Posée dans les généralités initiales, elle apparaît en pleine lumière, pour ce qui est des lieux, dans la notice charnière sur le Seps de l'Othrys, qui sert de préface à la section des Ophidiens. Ce n'est sans doute pas un hasard si, sous son double aspect, elle reçoit une attention particulière dans la dernière grande notice de cette section, celle qui est consacrée au *Cenchrinès* (voir comm. n. 48).

Les parties relatives à la thérapie offrent une composition moins nette. Du moins, celle qui se rapporte aux Venimeux autres que les Serpents, dans laquelle Nicandre se borne à

énumérer des remèdes groupés en des péricopes de trois à
dix vers. La thérapie des Serpents, en revanche, nous fait
entrevoir un arrangement fondé sur le principe de variété :

1) D'abord, un morceau consacré à des remèdes simples
de nature végétale (47 v.)[168] :

    a. trois vers fixent les circonstances idéales de la
       cueillette (497-499) ;

    b. puis ce sont cinq remèdes consistant :
       α/ deux en racines (Panacès de Chiron, 500-508 ;
          racine d'Alkibios, 541-549),
       β/ un en pousses (Marrube, 550-556),
       γ/ un en racine (Aristoloche, 509-519),
       δ/ un en graines (Psoralée, 520-527).

2) Suit un ensemble de 92 vers (528-635)[169], qui comprennent surtout des remèdes composés, conformément à
l'annonce du v. 528 :

    a. huit remèdes (529-619) combinant des ingrédients
       végétaux et animaux, à l'exception du premier
       (529-540), du sixième (588-593) et du septième
       (594-603), exclusivement composés d'éléments
       végétaux ;

    b. les trois dernières péricopes (620-635) de cet
       ensemble sont, en alternance, des remèdes simples
       ou composés :
       α/ la première (620-624) comprend deux remèdes
          simples animaux,
       β/ la seconde (625-629) un remède composé exclu-
          sivement végétal,
       γ/ la troisième (630-635) un remède simple végétal.

3) A partir du v. 636, Nicandre revient aux racines salutaires (636-665). Ce retour (cf. 500, 541, 517) montre le
caractère privilégié de la racine en tant que remède, comme
le laissait présager le v. 494 (ῥιζοτόμον ... ὥρην). L'importance du développement qui leur est consacré est souli-

---

168. Y compris les v. 541-556 (voir la n. à ces vers).
169. Déduction faite des v. 541-556.

gnée par le vers annonce 636, qui sera repris en écho à la fin
de l'ensemble de la thérapie des Serpents (714). Cette fois,
elles ne sont plus considérées isolément mais par paires :

α/ celles des deux Vipérines (637-644),

β/ celles du Panicaut et de l'Acanthe (645-655),
recommandées en bloc les unes et les autres,

γ/ celles du Chaméléon blanc et du Chaméléon noir
(656-665), dont une seule espèce, la noire, est
retenue, comme il en était pour l'Aristoloche
(517), dans la première partie.

4) Une quatrième et dernière partie (666-714), d'étendue
égale à la première (48 vers), avec ses quatre remèdes
(10+13+11+14), est comme un pot-pourri des trois parties
précédentes :

a. herbe (et non plus racine) d'un autre Alkibios, formant un lien avec la première partie (666-675) ;

b. remède composé exclusivement végétal, rappel des
deux derniers remèdes (végétaux) de la seconde
partie (676-688) ; il est à noter que le septième et
dernier ingrédient de cet ἐπίμικτον, précédant les
remèdes animaux (689-713) qui complètent la thérapie des Serpents, correspond à un autre Panacès
(500-508), le premier des remèdes simples ouvrant
cette section ;

c. belette, remède simple animal (689-699) ;

d. sang de Tortue, antidote composé à base de l'ingrédient animal le plus célèbre, terminant sur une note
très forte la thérapie des Serpents (700-714). Le v.
714, rappel en écho du v. 636, clôt la thérapie des
Serpents commencée en 493 (cf. *supra* §3).

L'étude du détail révèle des raffinements analogues.
Trois exemples :

1) L'onguent *thériaque* (98-114) a la forme caractéristique des recettes pharmaceutiques du type long[170]. Dans ce

170. Voir *supra* p. LVII.

cadre conventionnel, il offre pourtant, sur le plan artistique, avec son ἐπαγγελία (98-100), sa συμμετρία (101-106a), sa σκευασία (106b-111) et sa χρῆσις (112-114), une composition qui est un modèle de rotondité parfaite (3 + 5,5 + 5,5 + 3).

2) La panacée finale (934-956) est de composition moins rigoureuse, mais ses quatre parties offrent, en longueur, une variation harmonieuse[171], et un effet d'écho (936 ταράξῃς ~ 956 ταράξας) accuse la rotondité de l'ensemble.

3) Le procédé rhétorique redoublé de l'anaphore rythme le développement des v. 805-836, découpé en cinq morceaux (6+6)+5(+6+9). Ils sont introduits par la particule μὴν, employée avec γε dans les trois premiers (805, 811, 817), avec ναὶ dans le quatrième (822), seule dans le cinquième (828). C'est οἶδα, avant γε μὴν, qui ouvre les deux premiers morceaux (805, 811), alors qu'il suit ναὶ μὴν, à l'ouverture du quatrième (822), et que, dans le cinquième, il n'apparaît qu'au second vers, où οἶδ' ἀπαλέξασθαι (829) reprend le οἶδά γε μὴν φράσσασθαι initial. Dans le morceau central, οἶδα cède la place à l'optatif de souhait ἀλύξαις (817), l'ensemble du développement suggérant que Nicandre, par sa science, aidera son dédicataire à réaliser ce vœu.

C'est également pour des raisons qui tiennent à l'art et non à la science, cette fois dans un désir de variété, qu'il a disposé la masse centrale du poème. Des trois parties annoncées dans le *prooimion* (1 s.), morphologie des Venimeux, symptômes d'envenimation, thérapie, seules les deux premières sont traitées dans les notices particulières relatives aux deux grandes catégories qu'il distingue après Théophraste, les Serpents et les Arachnides, auxquels il joint les autres Venimeux. Et ce n'est qu'à la suite de chacune de ces deux séries qu'il considère les remèdes appropriés dans une

171. V. 934-936 : ἐπαγγελία (3 v.), 937-950 : συμμετρία (14 v. = 5+4+5), 951-955 : σκευασία (5 v.), 956 : χρῆσις (1 v.).

notice collective. Pour ce qui est des Serpents, on peut défendre le groupement par référence à la remarque de Philouménos (p. 33.4-6), selon laquelle les remèdes appropriés pour les Vipères le sont aussi pour tous les autres. Leur répartition entre Serpents et Arachnides est plus contestable, car ils conviennent souvent pour les deux catégories, comme on le voit par comparaison avec la littérature parallèle. Comme Nicandre lui-même est le premier à le reconnaître, implicitement ou explicitement[172].

Au total, loin d'être l'assemblage confus de pièces et de morceaux que voulait y voir Olivieri, les *Thériaques* se présentent comme un ensemble achevé et cohérent, qui, pour le détail de sa composition et l'arrangement de ses subtiles ῥήσεις, mériterait plutôt le compliment de Callimaque à l'adresse des *Phénomènes* d'Aratos[173].

B. POÉSIE ET TECHNIQUE :
LES ÉLÉMENTS ÉTRANGERS A LA MATIÈRE IOLOGIQUE.

On vient de voir que la structure des *Thériaques* ne correspondait pas toujours strictement aux exigences du sujet. Indépendamment de la forme versifiée, qu'elles partagent avec les poèmes similaires de Nouménios et de Pétrichos[174], en quoi leur contenu les différencie-t-il d'un traité iologique ordinaire ? Avant de considérer la langue et le style de Nicandre dans ce poème (*infra*, C), il vaut la peine de poser la question, car, selon l'opinion courante, les *Thériaques* ne seraient que le reflet pur et simple de leur source. Y répondre, cela revient, dans une certaine mesure, à illustrer quelques-uns des procédés littéraires en usage dans la poésie didactique de tous les temps et de tous les pays. Mais la

172. Cf. 653 s. Voir comm. n. 101 et la n. 53c sur le Panacès de Chiron. A de tels indices, on peut être assuré que, contrairement à la thèse officielle, les *Thériaques* ne reflètent pas dans le détail la disposition du Περὶ θηρίων d'Apollodore, cf. n. 166.

173. Callimaque, *Épigrammes*, 27.3 s. χαίρετε λεπταί | ῥήσιες ...

174. Voir *supra* p. XLIV-XLVI et *Annexe* §9ab.

façon dont Nicandre les utilise a peut-être quelque chose à nous apprendre sur lui-même.

Le mythe est, par excellence, l'aide littéraire du *Mythica* genre ; il forme l'essentiel des digressions des *Thériaques*[175]. Qu'il s'agisse de l'origine des Venimeux (8-20), de l'*aition* justifiant la progression caractéristique des Cérastes et des *Hémorrhous* (309-319), ou encore de celui qui explique la mue des Serpents et, subsidiairement, les effets de la morsure de Dipsade (343-358), l'emploi que Nicandre a fait du mythe reste discret et pertinent, comme il l'était chez Aratos, en dépit de certaines différences (cf. *infra* p. CVI) : rien de comparable à la place qu'occupe le mythe dans le *Lapidaire* du Pseudo-Orphée, où il fournit le cadre et fonde certains enseignements. Dans les exemples mentionnés à l'instant, il s'épanouit en un développement particulier. D'autres fois, il constitue une simple allusion, parenthèse plus ou moins longue, qui s'accroche à un nom, la plupart du temps sous la forme d'une relative : ainsi, Paièôn et le Dragon (439 s.), la métamorphose d'Ascalabos en Gecko (484-487), Cadmos et Harmonie serpents d'Illyrie (608 s.), le combat d'Héraclès et de l'Hydre (685-688), le triste destin de Hyakinthos, frappé par le disque d'Apollon, meurtrier involontaire (903-906). Ou bien il fait l'objet d'une courte note : Ulysse et la Pastenague (835 s.). Il peut même, à l'occasion, se réduire à une épithète sibylline (703 βροτολοιγόν : cf. la n. *ad loc.*). Certains de ces mythes offrent des variantes rares : ainsi, celui qui relate l'origine des Serpents et des Araignées-Phalanges, et qui fait l'objet d'une référence problématique à Hésiode[176] (8-12). Voire inconnues : ainsi, la pré-

175. Il semble totalement absent de la littérature iologique. A moins que l'on identifie l'Apollophane d'Élien (6. 51) avec Apollophane de Séleucie. Mais les autres témoins cités par Élien pour le mythe de la mue, des poètes exclusivement, ne sont pas en faveur d'une telle conjecture. Si l'on ajoute aux passages indiqués les deux vers sur les Pléiades (122 s.) et les notices sur les deux Alkibios (545-549, 668-675), on arrive à un total d'environ soixante-dix vers pour ce genre de digressions (comparable aux 48 vers des *Al.*).

176. Cf. comm. n. 2.

sence d'Iphiclès auprès d'Héraclès (687) ; on se gardera
bien d'en frustrer le collectionneur hellénistique de
légendes rares qu'a été Nicandre, au prix d'une correction
intempestive[177]. Il est des mythes pour lesquels il est notre
source unique, tel le mythe aitiologique de la Dipsade et de
l'Âne qu'Élien a emprunté aux *Thériaques* (343-358, cf.
comm. n. 33). La mue du Serpent, sur laquelle Nicandre
revient à plaisir (31 ss., 137 s., 389-392)[178], a exercé sur lui
une sorte de fascination. Il n'est donc pas étonnant qu'il ait
consacré à ce mythe le développement le plus long, dont il
semble avoir souligné l'importance en le choisissant pour y
placer sa signature en acrostiche[179]. Un nom mythologique
peut désigner une plante chez Nicandre : ainsi, la " racine
de Chiron ", d'une part, et, de l'autre, l'épithète Φλεγυήϊον pour désigner deux des Panacès (500 : cf. n. 53a ;
688 : n. 73 §7), l'arbre " de Persée " pour le perséa (764 :
n. 84 §1), l'" herbe de Télèphe " pour l'Orpin (873 :
n. 108 §6). Ici, Nicandre ne fait que suivre la tradition. De
même, lorsqu'il met un site en relation avec une divinité :
Lemnos avec le " boiteux Héphaistos " ou Samothrace
avec " Héra Rhescynthienne ", sur le continent (458 ss. :
n. 48). La référence à " Apollon de Koropè " (613 s. : cf.
n. *ad* 614) est moins banale à propos du Tamaris. La men-

---

177. Voir comm. n. 73 §7b.
178. Voir comm. n. 6, 17, 41.
179. Cf. *supra* n. 162. A la différence de l'acrostiche des *Alexipharmaques*, celui des *Thériaques* signale une beauté : cf. *REA* 62
(1960) 59[3]. Rappelons que Ronsard a imité ce passage, à la fin de son
Ode sur les miseres des hommes, 57 ss. (éd. P. Laumonier, V 195, cf.
la n. de Ronsard, *ib.* 199) : *Ah, que maudite soit l'Anesse / Qui, las !
pour sa soif étancher / Au serpent donna la jeunesse / Que garder on
devoit tant cher. / Jeunesse, que le populaire / De Juppiter avoit receu
/ Pour loier de n'avoir sceu taire / Le secret larrecin du feu …* (c'est
le même passage de Nicandre qui semble à l'origine de l'*Hymne de la
Mort* 259-268, où Zeus récompense les humains alors immortels en
leur octroyant la mort, VIII 175 Laumonier). Cf. Malcolm Davies, *MH*
44 (1987) 69 ss., et, pour une étude approfondie du mythe considéré en
lui-même, à la lumière des civilisations comparées, voir le brillant
essai de M.D. Reeve, « A rejuvenated Snake », *Acta Ant. Hung.* 37
(1996/97) 245-258.

tion de ce site prophétique n'a pas de justification sur le
plan des réalités : le Tamaris ne lui est pas particulier, il
n'y possède pas de vertus spéciales. L'allusion à cet oracle
apollinien s'explique plutôt par la personnalité de Nicandre,
prêtre d'Apollon Clarien, que l'on devine par ailleurs dans
la précision anatomique des v. 559-561, digne d'un harus-
pice (Σ 561a, cf. n. 58c3).

Geographica   Quand il ajoute au nom d'une substance
végétale ou minérale une détermination
géographique pour préciser son origine,
il ne se distingue pas d'un Iologue ordinaire. Ainsi, quand il
parle de la " pierre de Gagai " (37) ou de la " pierre de
Thrace " (45, cf. comm. n. 8), de l'ocre de Lemnos (864 s. :
n. 107 §4), du Cyprès de l'Ida (585) ou des racines de Libye
(911 : n. 115 §7). En pareil cas, Nicandre peut aller au-delà
du nécessaire. Si l'Iris d'Illyrie, recommandé par les
Iologues, devient chez lui " l'iris qu'ont nourri le Drilon et
les berges du Naron " (607, cf. n. 65c), la précision géographique n'est peut-être pas inutile, car elle nous aiguille vers
les districts intérieurs de l'Illyrie, qui donnent la meilleure
variété. Mais quand il parle de l'Ache " de Némée " (649),
cette épithète qui lui est propre, pour qualifier l'Ache, risque
de n'être ici qu'un simple ornement. Il y a chez lui, concernant l'habitat des Venimeux, et les lieux où l'on trouve les
plantes ou substances capables de guérir leurs morsures, de
pareils détails géographiques que l'on chercherait en vain
dans la littérature parallèle : la croupe du Parthénion de
Lydie où pousse la *rhamnos* que les gens de la région appellent *Philétairis* i.e. *Philetairion* (634, cf. n. 68 §2), le val
Péléthronien, dans le Pélion, où Asclépios éleva le Dragon
(440), la gorge du Pélion dans laquelle Chiron découvrit le
Panacès qui porte son nom, les lacs Côpaïs et Tréphia, où le
Schoineus et le Cnôpos portent leurs eaux, et où pousse la
sidè-nymphaia (n. 111 §2), le fleuve Pont d'où l'on tire la
pierre de Thrace (48 s.), le fleuve Noir de Béotie, près
duquel on trouve le Panacès d'Asclépios (685, voir n. 73
§7), le Nil aux flots tourbillonnants (310), avec ses Cobras,
ses Mangoustes (190) et ses Hippopotames (566), le cours

tumultueux du Choaspe (890), au pays des Pistachiers. A propos du *Cenchrinès*, il est le seul à dire qu'il hante les îles de Thrace (482) ; et il ne se contente pas de nommer Lemnos et Samothrace, il les localise par rapport au continent, ce qui l'amène à citer l'Hèbre, les monts neigeux de Zônè, les chênes d'Orphée et l'antre Zérynthien (458-462 : n. 48 §1) ; de plus, à l'intérieur de ces îles, il mentionne les montagnes du Saos et du Mosychlos comme ses terrains de chasse privilégiés (472 : n. 48 §2). De même, pour les Scorpions ailés, il fait mention du Pédases et du Kissos (804 : n. 91 §3). Quant à la Vipère femelle, il ne dit pas seulement qu'elle a un aspect différent en Europe et en Asie, il énumère les montagnes qu'elle hante en Europe – " les collines de Sciron et les hauteurs Pamboniennes, le mont Rhypè, le rocher du Corbeau et le gris Asélènos " (214 s. : n. 22 §3a) –, et en Asie – " l'âpre Boukartéros, le fort éperon de l'Aisagéè et le Kerkaphos " (217 s. : n. 22 §3b). Entre, pour une part, dans ces énumérations, le goût des Grecs pour les noms propres (voir *infra* p. xc), mais il est à noter que, ici comme dans l'évocation des sites de Troade – " hauteurs du Mont Chauve, plaines de Krymnè et de Grasos, prairies du Cheval " (668 s. : voir la n. *ad loc.*) –, à laquelle donne lieu la Vipérine du chasseur Alkibios, ou dans celle de la Lydie suscitée par la mention du synonyme *Philétairis* – croupe du Parthénion, pâturages du Kilbis, sources du Caÿstre (633-635 : comm. n. *ad* 68 §2) –, beaucoup de ces toponymes ne sont pas attestés en dehors de Nicandre. Pour ces lieux-dits d'Europe (en Étolie ou proches de l'Étolie), pour ceux d'Asie Mineure, dont certains sont voisins de Colophon ou de Pergame, et qui sont inconnus de la littérature iologique, il est légitime de penser que Nicandre se fonde sur son expérience personnelle.

Pour ce qui est des lieux[180] où l'on
Nature sauvage   court le danger de faire de mauvaises
et cultivée   rencontres et des endroits qui offrent
des moyens de salut, mentionnés les uns et les autres sans précision toponymique – il s'agit par-

180. Cf., à ce propos, comm. n. 5.

fois des mêmes (499) –, Nicandre est notablement plus riche d'informations que les traités iologiques ordinaires, ce qui donne à son exposé un pittoresque dont ils sont à peu près totalement dépourvus[181]. Vers le début des *Thériaques* (21-34), il plante pour ainsi dire le décor de l'action, passant brièvement en revue les endroits à risque, quitte à les préciser et à les compléter en chemin. C'est un sommet abrupt (22), la bordure d'une colline aride (26), les degrés rocheux où l'*Hémorrhous* établit son gîte (283), les ravins et les fissures de rochers d'où sortent les Reptiles au printemps (389), les montagnes anonymes qui livrent tant d'herbes bénéfiques comme l'Aurone (66) ou l'Aunée (82 s.), l'*Eucnèmon* (648) ou la Coriandre (874), les combes de la forêt qui nourrit les Serpents en grand nombre (26) mais où l'on trouve aussi les meilleures plantes médicinales (499) ; car, entre les espèces cultivées et les espèces sauvages, c'est aux secondes, plus efficaces, que doit aller la préférence (cf. n. *ad* 711). Ce sont aussi les prés humides ou marécageux que les Alexandrins ont appelés du nom de ἴαμνοι (30) – marécages du Nil " couverts de joncs ", servant de champ clos au duel de la Mangouste et du Cobra (200, voir la n. *ad loc.*), prés humides où se plaisent l'*Helxinè* (538) et la Renouée (901). C'est encore l'étang où le Chersydre donne la chasse aux Grenouilles (566), la mare où vit le Chélydre avant de se réfugier au creux d'un Vélani (415 ss.), les rivières sur les rives desquelles croît le Calament (59 s.), et " la mer aux mille galets " (792), qui roule des espèces venimeuses " dans le bruissement de ses flots salés ". Mais, comme c'est à la campagne que le danger est le plus grand, surtout lorsqu'on y dort l'été à la belle étoile, dans les champs (23 ss., 78) et les bois (55), ce sont les bâtiments de

---

181. Paul d'Égine (5. 1 p. 5.4 ss.) parle en termes vagues des " lieux infestés de bêtes venimeuses " (θηριούμενοι τόποι) ; il conseille à ceux qui doivent y dormir de boucher aux alentours les trous suspects avec les plantes ou les produits appropriés. Aelius Promotus (p. 43.5 ss.) se contente d'inviter à ne pas faire du feu sous des arbres tels que les Pins, les Chênes, les Cyprès, les Lierres et, en Égypte, les Perséas (cf. *Th.* 764).

la ferme (21) que Nicandre mentionne en tout premier lieu,
ainsi que les abords de l'aire (29), où le vanneur Alkibios
faillit périr un jour, piqué par une Vipère (545 ss.).

Le peuple des Aussi bien est-ce les travailleurs des
campagnes champs et des bois, comme aussi les
voyageurs amenés à les traverser (112,
180, 915), qui doivent être, selon
Nicandre, les principaux bénéficiaires de son enseignement,
et cela, grâce aux soins éclairés de son dédicataire Hermésianax. C'est en effet le laboureur, le bouvier et le bûcheron
(4 s., cf. comm. n. 1), qui sont les victimes désignées du
drame qui va se jouer entre l'homme et les Serpents. Le
cadre de vie et les activités des paysans donnent lieu à de
brèves esquisses, dans le goût d'Hésiode : étable et maison
de ferme (21), poulailler où la Martre attaque, sur leur per-
choir, les poules et leur couvée (196 ss.), aire où les paysans
procèdent, ceinture nouée (114), au battage et au vannage du
blé, armés des fourchons à trois dents, bordures de jardin où
fleurit la Marjolaine (576), plates-bandes où verdoie le Poireau, champs à-demi verts où les cueilleurs de Légumineuses font leur récolte à main nue, menacés par les petites
Phalanges semblables aux Cantharides (750 ss.), prés fleuris
où l'on s'affaire autour des ruches (808). Au nombre de ces
aperçus sur le monde rural se détachent de petits croquis
bucoliques, nets et rapides : bergers de Thrace suivant leurs
brebis indolentes (49 s.), pâtres pilant " les fleurs blanches
de la molle Spirée " (898), pasteurs prenant le frais, à la
canicule, " sous les hauts pins du Saos et du Mosychlos ".
Nicandre compatit aux ennuis que le millepertuis peut causer aux vachers, " quand leurs bêtes sont affolées pour avoir
mangé ses tiges " (74 s.). Il est même capable de sympathie
à l'égard du Chien du chasseur Alkibios, mordu par une
Vipère et qu'il décore d'une épithète héroïque (671 θυμολέοντος) : il est vrai qu'il appartient à la catégorie des animaux *inventeurs* de remèdes (cf. Pline *NH* 8. 97-101, 25.
89-94). De même qu'il fait des emprunts à la langue des
voyageurs (230 : cf. n. crit.) et des parfumeurs (104), il s'in-

téresse à celle des pâtres, qui appellent le Marrube " feuille au miel " (554) et qui ont forgé le nom de " Bupreste " (*gonfle-vache*) d'après les effets de l'absorption de cet insecte sur leurs bêtes (*Al.* 346). Une même attention pour les petites gens se marque dans l'évocation du fabricant de lances (170), du boucher (*Al.* 258), du saunier (*ib.* 519), du pressureur d'olives (*ib.* 494). Le Péripatos, dans ses enquêtes, avait coutume d'interroger les gens de métier et de faire fond sur leur expérience. Des chasseurs, des bergers, des pêcheurs, des éleveurs de porcs, des apiculteurs, des vétérinaires et jusqu'à des magiciennes figuraient au nombre des informateurs d'Aristote naturaliste[182]. Théophraste fait entendre la voix des bûcherons (ὑλοτόμοι) dans ses deux grands traités de botanique (*HP* 3. 9. 3 ; *CP* 1. 5. 5), et, de la même façon, Plutarque, lorsqu'il discute des propriétés de la Rue, allègue les jardiniers (*Quaest. Conv.*, Mor. 684d ὅ λέγουσιν οἱ κηπουροί). Ce sont sans doute des bûcherons (377 ὀροιτύποι, cf. 5) qui sont la source de l'information relative à l'usage de la peau d'Amphisbène contre les enge-lures ; des pêcheurs, de qui il tient l'accident que la Murène est toujours capable de leur causer (823 ss., cf. comm. n. 98 §1). L'intérêt qu'il porte à la campagne laborieuse, bour-donnante d'abeilles (555, 611), où les travaux agricoles et pastoraux, comme l'activité des Serpents elle-même, sont rythmés par les saisons – la fin de l'hiver, quand l'Amphis-bène fait sa première apparition " avant le cri du coucou printanier " (379 s.), le printemps qui voit les Reptiles sortir de leurs trous pour muer aux rayons du soleil, l'été signalé

---

182. Références *ap*. I. Düring, « Aristoteles », *RE* Suppl. 11 (1968) 264.56 ss. ; de même Théophraste, *HP* IX (s'il est bien l'auteur de ce livre) a bénéficié d'informations orales émanant de pharmaciens, médecins, rhizotomes : cf. Regenbogen 1459.1 ss., et Strömberg[1] 72 à propos de 3. 6. 5 (où il fait parler les habitants de l'Ida). Pancratès (fr. 1-3 Bussemaker = *SH* 598, 600), d'époque indéterminée, dans son poème sur la mer et ses travaux, fait connaître de même des syno-nymes de poissons tirés de la langue des pêcheurs. Voir aussi Scrib. L. 163 renvoyant aux chasseurs de Sicile.

par le lever des Pléiades (121 s.), saison des " travaux de l'aire " (113), où les Serpents sont le plus dangereux et où se déchaîne le *Cenchrinès* en folie (469) –, cet intérêt manifeste n'est nullement inhérent à son sujet : il constitue une valeur ajoutée, et c'est un argument parmi d'autres en faveur de l'attribution au poète iologue d'œuvres comme les *Géorgiques*, de style si semblable à celui des *Thériaques*, ou comme les Μελισσουργικά (fr. 92-94), pour lesquelles nous ne possédons que des témoignages[183].

Les descriptions   Les descriptions sont également pour Nicandre un moyen d'égayer formellement sa matière. Là où les traités iologiques se contentent d'une sèche énumération de symptômes, Nicandre suit les progrès du mal avec la vérité de la vie, ou bien il fixe l'attention du lecteur sur des images saisissantes. Entre les différentes symptomatologies nous avons l'embarras du choix : je renverrai pour illustration à celle, si remarquable de la Vipère, non seulement parce qu'elle est vraie scientifiquement, mais aussi parce que de la description naît une certaine poésie de la réalité (235-257, cf. comm. n. 24 §1). Voyez encore la victime de la Dipsade, penchée comme un taureau au-dessus d'une rivière pour boire à ses eaux (340 ss.). Étrangères à la littérature iologique de stricte définition, les descriptions de Venimeux sont faites, pourrait-on dire, pour elles-mêmes. Certes, il en existe dans les notices des traités iologiques, mais, pour me borner à quelques exemples, la littérature spécialisée n'offre rien de pareil à ces tableaux qui semblent pris sur le vif, et dont certains constituent de véritables digressions : Cobra dans sa posture de défense (164-166), son duel avec la Mangouste (200-208), *Cenchrinès* à l'attaque (474-481), combat

---

183. Les différences (rareté relative des adj. en -ήεις et -όεις, fréquence plus grande des vers spondaïques) relevées entre les fr. des *Géorgiques* et les poèmes iologiques par A. Hollis (*ZPE* 112, 1996, 70[9], cf. Hollis[2] 177 n. 23) ne sont pas suffisantes pour les faire attribuer à des poètes différents. Les points communs prouvant l'identité d'auteur sont beaucoup plus importants.

de l'Aigle et du Dragon (448-457), progression *sidewinding*
particulière au Céraste et à l'*Hémorrhous* comparée, dans
une superbe image, à celle d'un vaisseau contrarié par le
vent (266-270, cf. comm. n. 25d). Voyez également les descriptions fouillées de plantes, qui dépassent les besoins de la
simple identification, et qui ne détoneraient pas dans un
traité de botanique : Panacès de Chiron (500-505), racine
d'Alkibios (541-544), Aristoloche (509-516), Psoralée bitumineuse (520-525), les deux Vipérines (637-642), les Chaméléons blanc et noir (656-663). Nicandre avait des
modèles poétiques dans le μῶλυ, la plus ancienne description de plante de la littérature grecque (*Odyssée* 10. 302-
306), et dans l'herbe de Prométhée, dont Apollonios donne
une description plus élaborée encore (*Arg.* 3. 851-857). A
côté de ces vignettes, la description peut consister simplement dans un détail donné en passant, souvent à la faveur
d'une relative, pour caractériser une plante ou un animal :
" le Serpolet champêtre, qui, vivace, plonge ses racines
dans un sol détrempé, recouvert en tout temps de feuilles
touffues " (65-67), " la scolopendre à deux têtes… sous
laquelle, lorsqu'elle marche, on croirait voir se hâter les
ailes d'un navire " (814-816). Ou bien elle se résume dans
une simple épithète : " la chevelure de la fougère multifide " (39), la " corne de cerf aux multiples chevilles "
(36), " la pousse nouvelle, si vigoureuse, de l'Asphodèle "
(73), " les fruits globuleux du platane qui offre une couche
en été " (584), etc. On peut relever ainsi maints exemples de
justesse descriptive révélant une observation attentive de la
nature, quel que soit, parmi les sens, celui qui est impliqué –
la vue : fréquentes notations de couleurs pour les Venimeux
et les plantes ; l'ouïe : le Céraste, " de ses écailles, fait
entendre en chemin un léger crépitement, comme s'il rampait à travers une jonchée de paille " (296 s.) ; l'odorat :
senteur lourde et désagréable des substances destinées à
chasser les Serpents (43 βαρυάης, 51, 64 βαρύοδμος, 76
βαρύπνοος, 41 ἔνοδμος, 71 ἐμπρίων) ; puanteur qui s'exhale du Chélydre, " tout comme sur les flasques dépouilles

et les cuirs des chevaux, quand pourrissent les déchets que raclent les tranchets " (421-423) ; etc.

Paradoxa   Autre moyen d'embellir une matière ingrate, fort apprécié à l'époquehellénistique, certaines de ces descriptions se rapportent à des faits curieux, étranges, inattendus (παράδοξα), appartenant au domaine de l'histoire naturelle, qu'ils soient d'ailleurs réels ou imaginaires. Le fait, par exemple, que l'Adiante ne retient sur ses feuilles aucune goutte de pluie (846 s., cf. comm. n. 102 §15) ; que la Musaraigne meurt dans les ornières creusées par les roues de charrette (816, n. 94) ; que la pierre de Thrace s'enflamme aspergée d'eau, mais s'éteint au contact de l'huile (46 s., n. 8). Des faits de cette sorte, glanés, pour bon nombre d'entre eux, dans le champ des écrits zoologiques et botaniques d'Aristote et de Théophraste, se lisent chez les Paradoxographes[184] – *mirabilia* d'[Antigonos de Carystos], d'Apollonios, du Pseudo-Aristote, entre autres. Ils ont fait les délices de Pline l'Ancien, d'Élien, de Solin, d'Isidore de Séville et du Φυσιολόγος. Le genre avait été initié par le *Recueil des Merveilles* de Callimaque (fr. 407, I-XLIV), dont le Pseudo-Antigonos nous a conservé des fragments, et Philétas, l'aîné admiré de Callimaque, appréciait déjà les curiosités de l'histoire naturelle (fr. 16, 22 P.). Les exemples des *Thériaques* cités ci-dessus, dont le premier se lit chez Théophraste, les deux autres chez Pline et Élien, auraient fort bien pu figurer chez les Para-

---

184. Cf. K. Ziegler, « Paradoxographoi », *RE* 18[3] (1949) 1137-1166, en particulier : 1145-1149 [Antig. Car.], 1152-1155 Apollonios, 1149-1152 Ps.Aristote. Sur l' " Égyptien " Archélaos, qui vécut sans doute sous Philadelphe ou Évergète I, et qui, aux dires d'[Antig.] 19, était " l'un de ceux qui racontaient au Ptolémée les παράδοξα dans des épigrammes " intitulées Περὶ θαυμασίων ([Antig. 89]) ou Ἰδιοφυῆ (Σ *Th.* 823a ~ D.L. 2. 17), – elles ne figurent ni chez Westermann ni chez Giannini – cf. Ziegler, *ibid.* 1141 s. et voir Susemihl 1 p. 465-467 ; R. Reitzenstein, *RE* 2 (1895) 453 s., avec le supplément de W. Kroll, *RE* Suppl. 6 (1935) 11s. ; Baumann 59-62 ; P.M. Fraser, *Ptolemaic Alexandria*, Oxford 1972, 1 p. 778-780, 2 p. 1086-1090 (n. 441-459), la meilleure mise au point.

doxographes. Davantage : on ne s'est pas fait faute d'enrichir des écrits paradoxographiques à l'aide de matériaux
tirés des *Thériaques*. L'interpolateur de la collection de
θαυμάσια ἀκούσματα attribuée à Aristote ne semble pas
avoir tiré d'une autre source ce qu'il sait du Seps de
l'Othrys (*Mir.* 164, 846b 10-17, cf. n. 19 §2) ou de la reproduction de la Vipère (*Mir.* 165, 846b 18-21, cf. n. 16).
D'éminents Iologues n'ont pas hésité à prendre à leur
compte de pareils faits, tel Andréas, qui, dans un premier
temps, a parlé de l'accouplement de la Murène et de la
Vipère mâle (*Annexe* §6, fr. 1 ~ *Th.* 826 s., cf. n. 98 §2-5 et
supra p. XLI). Si Nicandre n'a pas emprunté ce *paradoxon* à
Andréas, ce qui reste possible, il pourrait le tenir d'Archélaos d'Égypte : ce fragment (F 9) est le seul témoignage des
Scholies de Nicandre (Σ *Ther.* 823a) sur les Ἰδιοφυῆ d'Archélaos, recueil de *paradoxa* essentiellement zoologiques,
en même temps qu'il est l'un des rares fragments que le
Pseudo-Antigonos ne nous ait pas transmis. D'autres
" curiosités naturelles " des *Thériaques* ont pu dériver
d'Archélaos : origine des Guêpes et des Abeilles, nées à
partir de cadavres de Chevaux et de Bovins (Archélaos F 10
s. ~ 741 s., cf. n. 81 §2) ; Basilic mettant en fuite les Serpents qui vont à la pâture (Archélaos F 6 ~ *Th.* 400, cf. n.
42c). Les *Thériaques* offrent encore bien d'autres " curiosités " : naissance de Scorpions à partir de Crabes morts
(791-796 : voir n. 90 §3 et cf. Archélaos F 4) ; Hippopotame fauchant les champs à reculons (570 s., cf. n. 60d) ;
effet de l'aiguillon de la Pastenague sur un arbre en pleine
vigueur (831-834 ~ Théophraste, π. δακετῶν fr. 4, 9a, cf.
n. 100 §4), etc. La croyance que la Salamandre résiste au
feu (819-821) est représentée, entre autres, par Andréas
(*Annexe* §6, fr. 2). On le voit par ce dernier exemple : si,
parmi tous ces *paradoxa*, il est des faits controuvés, il ne
convient pas d'en faire grief à Nicandre[185] ; ce n'est pas lui

185. Kroll (*supra* n. 1) 257.3-6 : " Es lauft viel Aberglaube und
Pseudowissenschaft mit unter (v. 128ff. über die διψάς beruht auf dem

qui les a mis en circulation. Et après tout, ils font partie à leur manière de la science contemporaine. En les adoptant, il n'a fait que suivre la mode.

Catalogues et énumérations J'irai un peu plus loin encore dans l'apologie. La poésie grecque depuis les origines, avec la *Théogonie* d'Hésiode, a été, en grande partie, une poésie de catalogues et d'énumérations. Cette tendance s'affirme à l'époque hellénistique, avec Hermésianax et la liste des amours de poètes et de philosophes dans sa *Léontion* (fr. 7). Les *Thériaques* ne sont rien d'autre qu'une succession de catalogues – Serpents, Araignées, Scorpions, moyens prophylactiques ou thérapeutiques. Avant Nicandre, les *Halieutiques* de Nouménios, à en juger par les fragments, s'ouvraient largement à des listes d'animaux marins ; après Nicandre, et suivant l'exemple qu'il a donné dans ses thérapies, le long fragment des Ἰατρικά de Marcellus de Sidé déroule en une centaine de vers un catalogue hésiodique de Poissons capables de fournir des remèdes. L'auditeur d'Hésiode ou d'Homère, le lecteur de Callimaque ou d'Apollonios de Rhodes avaient plaisir à entendre des noms propres aux riches sonorités se coulant harmonieusement dans le moule de l'hexamètre, plaisir accru lorsque ces noms étaient multipliés. A ce goût répond, chez Callimaque, dans l'évocation de l'Arcadie sèche et de ses fleuves devenus souterrains[186], l'accumulation des noms propres, trait d'*alexandrinisme* que Virgile a souvent imité dans ses *Bucoliques* et ses *Géorgiques*. Lorsque Nicandre énumère les montagnes d'Europe et d'Asie, quand il cite les fleuves d'Illyrie ou de Béotie, et qu'il mentionne des sites de Troade, de Carie ou de Lydie, de Thrace et des îles voisines[187], satisfait-il moins

---

wohl schon von Apollodor eingesehenen Herodot)… ". Nous avons vu (p. LVIII-LX) ce qu'il fallait penser des rapports de N. avec la superstition et la magie. Kroll confond la Vipère avec la Dipsade. La référence à Apollodore n'a de sens que si l'on assimile N. à Apollodore à la suite de O. Schneider.

186. Callimaque, *Hymne à Zeus* 22-26.
187. Voir *supra* p. LXXXI s.

ce goût ? Les phytonymes ne sont pas autre chose que les noms propres des plantes. D'autre poètes, tel Théocrite[188], en ont empli certains de leurs vers. Nicandre est-il moins habile à le faire ? Il ne s'est pas contenté d'adjoindre de loin en loin aux phytonymes qu'il dévide, et qui désignent des réalités modestes, de belles épithètes afin de rehausser la dignité du style, comme le fera Marcellus de Sidé (v. 8 ss.) dans sa longue énumération de Poissons (cf. *infra* p. CXVIII). Le plus souvent, il dépeint ses plantes brièvement (voir *supra* p. LXXXVII). Et en lisant telle de ces longues séries de phytonymes accompagnés de quelque détail caractéristique, que A.F. Scholfield a qualifiée de *portentous list of simples*[189], je ne puis m'empêcher de songer aux superbes bouquets composés par Félix de Vandenesse pour Mme de Mortsauf : " (…) de cette assise sortent les spirales des lise-rons à cloches blanches, les brindilles de la bugrane rose, mêlées de quelques fougères, de quelques jeunes pousses de chêne aux feuilles magnifiquement colorées et lustrées… Au-dessus, voyez les fibrilles déliées, fleuries, sans cesse agitées de l'amourette purpurine qui verse à flots ses anthères presque jaunes, les pyramides neigeuses du paturin des champs et des eaux, la verte chevelure des bromes sté-riles, les panaches effilés de ces agrostis nommés les épis du vent… Mais déjà plus haut, quelques roses du Bengale clair-semées parmi les folles dentelles du daucus, les plumes de la linaigrette, les marabouts de la reine des prés, les ombellules du cerfeuil sauvage, les blonds cheveux de la clématite en fruits, les mignons sautoirs de la croisette au blanc de lait, les corymbes des millefeuilles, les tiges diffuses de la fume-terre aux fleurs roses et noires, les vrilles de la vigne, les brins tortueux des chèvrefeuilles… "[190]. D'autres pourront voir dans ces longues séries de plantes recommandées par

---

188. Cf. *Idylles* 4. 28, 13. 35, 41 s.

189. Il emploie cette expression à propos des v. 838-914 (G.-S. p. 188).

190. Balzac, *Le Lys dans la vallée,* Bibl. de la Pléiade, tome IX p. 1056 s.

Nicandre de simples litanies médicales, où l'élan poétique est artificiellement soutenu par des injonctions à la deuxième personne du singulier. Je ne puis quant à moi me défendre de trouver quelque charme poétique dans certaines des énumérations balzaciennes de Nicandre.

C. LANGUE ET STYLE. MODÈLES ET IMITATEURS.

Conflit du poétique et du didactique   Il existe une contradiction bizarre, quasi paradoxale, entre le but de Nicandre, tel que le *prooimion* le pose avec netteté, qui est d'instruire, et la forme particulière de son poème, dans lequel il multiplie comme à plaisir les obstacles à la compréhension, seul aspect de l'œuvre que, trop souvent, on ait voulu voir[191]. Pour prendre la mesure de ce paradoxe, il suffit de comparer Nicandre à Empédocle, qu'Aristote a choisi comme échantillon de l'anti-poétique. De même que Nicandre, Empédocle s'est occupé de notions pour lesquelles la prose eût été un véhicule suffisant. Aussi bien son poème *Sur la Nature*, écrit dans le style conventionnel de l'hexamètre, n'est-il que de la prose versifiée. Plutarque, un peu moins sévère, concède que la majesté du style s'ajoute au mètre pour le sauver du prosaïsme, comme il en va pour Parménide, pour les *gnomologiai* de Théognis et les *Theriaca* de Nicandre[192]. Il y a chez Nicandre quelque chose de plus que chez Empédocle. Il ne s'est pas contenté de la κοινή épique en usage dans les poèmes hexamétriques, il s'est forgé un langage singulier. Et, lorsque son sujet le contraint d'accueillir des mots prosaïques, il les déforme souvent, soit par nécessité métrique, soit pour s'écarter de la prose. Grand chasseur de mots rares, peut-être le plus grand pourvoyeur d'*hapax* de la littérature

---

191. Voir *supra* p. LXVII.
192. Plutarque, *De audiendis poetis*, Mor. 16c-d : τὰ δ' Ἐμπε-δοκλέους ἔπη καὶ Παρμενίδου καὶ Θηριακὰ Νικάνδρου καὶ γνω-μολογίαι Θεόγνιδος λόγοι εἰσὶ κιχράμενοι παρὰ ποιητικῆς ὥσπερ ὄχημα τὸ μέτρον καὶ τὸν ὄγκον ἵνα τὸ πεζὸν διαφύγωσιν.

grecque, Nicandre n'aurait pu servir d'exemple à Aristote dans son antithèse du versificateur et du poète[193]. Noter ce fait, c'est mettre en évidence le conflit, chez Nicandre, entre le didactique et le poétique, car il n'est pas un adepte de la simplicité, du λιτόν, que recherche en général la poésie didactique. Cela dit, il convient de faire deux observations. D'abord, en suivant le programme poétique qu'il s'est assigné, il n'a fait qu'appliquer des principes définis par le Péripatos et mis en pratique par les poètes hellénistiques. Aristote avait remarqué comme un caractère propre au style épique la présence de mots tombés en désuétude, qu'il appelle des γλῶσσαι (*Poét.* 1459a 9), *noms insignes* conférant au style de la noblesse. A cette fin, il recommandait aussi l'emploi discret de vocables étrangers au lieu des noms courants (*ibid.* 1458a 21 s.). Théophraste, dans le même sens, fixait pour tâche à l'orateur comme au poète de " choisir les mots plus nobles au lieu des termes communs et vulgaires " et de les " lier en un tout harmonieux "[194]. En second lieu, si l'on est en droit de juger que l'application de telles recettes a trop souvent poussé Nicandre à l'obscurité, et si l'on s'étonne qu'il ait cédé à ce penchant au risque de nuire à son enseignement, on se rappellera que d'autres poètes médecins, loin de chercher à éviter l'obscurité, l'ont même érigée en maxime, proclamant hautement leur volonté de n'écrire que pour un public capable de les comprendre. Philon de Tarse exposant en distiques élégiaques la préparation de son célèbre calmant, le Φιλώνειον, est franchement

---

193. Aristote, *Poétique*, 1. 1447b 16-19 : " Ceux qui exposent en vers un sujet de médecine ou relatif à la nature, on a coutume de les appeler *poètes* ; pourtant, Homère et Empédocle n'ont rien en commun si ce n'est le mètre ", διὸ τὸν μὲν ποιητὴν δίκαιον καλεῖν, τὸν δὲ φυσιολόγον μᾶλλον ἢ ποιητήν. Plus loin (1458a 22), il met en relief le rôle, dans la poésie, de la γλῶττα, mot rare ou dialectal, étranger à l'usage courant.

194. Ammon. *Comm. in librum de interpretatione*, (CAG IV 5) p. 66.1 Busse : ἐκλέγεσθαί τε τὰ σεμνότερα τῶν ὀνομάτων, ἀλλὰ μὴ τὰ κοινὰ καὶ δεδημευμένα, καὶ ταῦτα ἐναρμονίως συμπλέκειν ἀλλήλοις.

sibyllin ; aussi bien, selon ses propres termes, ne veut-il être compris que des συνετοί. Et la *Galénè* d'Andromachos, dont je dirai la dette à l'égard de Nicandre, a parfois l'allure d'une énigme lycophronienne.

La richesse *verbale :* Le lecteur qui découvre Nicandre est immédiatement frappé par la richesse de son vocabulaire. Il a une foule de mots pour désigner les Serpents quand il n'utilise pas leurs appellations spécifiques[195]. Non seulement ὄφιες et le mot θῆρες/θηρία, spécialisé, comme on l'a vu[196], au sens de " bêtes venimeuses ", mais aussi le terme poétique δάκη, qui renouvelle le banal δακετά (cf. *Ophiaca*, fr. 31.4), ou encore les doublets ἑρπετά/ἑρπησταί, κινώπετα/κινωπησταί, κνῶπες/κνώδαλα. Et, pour évoquer leurs repaires, on constate le même foisonnement, qui semble multiplier les périls : γωλεά/γωλειοί/φωλε(ι)οί, θαλάμαι, ἰλυοί/εἰλυθμοί, χηραμά, χέειαι, ὀχεαί, sans compter les termes désignant les accidents de terrain et les anfractuosités naturelles où ils s'abritent, χαράδραι, χαράδρεια, ῥωγάδες πέτραι, etc. Davantage : pour accroître son trésor de mots, il se sert de deux moyens qui lui sont habituels, les *néologismes*, considérés par Aristote dans son chapitre sur l'élocution (*ib.* 1457b 33 πεποιημένον ὄνομα), et les γλῶσσαι, les « noms insignes », où l'on peut distinguer les vocables obsolètes, consacrés par l'usage poétique des générations antérieures (*ib.* 1459a 9 s.), et les ξενικὰ ὀνόματα (*ib.* 1458a 22), *gloses* proprement dialectales. Lorsqu'il a recours à ces procédés, il se tient dans la droite ligne des poètes hellénistiques, qui sont de fins lettrés. A chacun d'eux convient la définition que Strabon (14. 2.

---

195. Pour les noms de Serpents chez N. et dans la littérature parallèle, je renvoie une fois pour toutes à L. Bodson, « Observations sur le vocabulaire de la zoologie antique. Les noms de serpents en grec et en latin », *Documents pour l'histoire du vocabulaire scientifique*, Publ. de l'Institut national de la Langue française, 8 (1986) 65-119.

196. Voir *supra* p. XXXI s.

19) a donnée de Philétas[197], auteur d'un recueil de Γλῶσσαι, riche en " gloses " homériques : ποιητὴς ἅμα καὶ κριτικός. On dira au même sens γραμματικός, et c'est par ce titre, que Nicandre partage avec bien d'autres, qu'il est caractérisé dans la notice de Suidas (v 374) : ἅμα γραμματικός τε καὶ ποιητὴς καὶ ἰατρός. Il n'est pas nécessaire d'insister sur cet aspect bien connu de la poésie hellénistique : les poètes, pour la plupart, recherchent le mot rare, la forme dialectale, non seulement dans l'intention de restituer des dialectes littéraires, comme Callimaque le dorien, Théocrite le dorien et l'éolien, Hérondas l'ionien, mais parfois dans le seul désir de faire étalage de leur érudition. Ce sont des auteurs qui exigent de leur lecteur une participation active : le lecteur, lui aussi, pour les savourer, doit être " grammairien ". Ce que l'on pourrait reprocher à Nicandre c'est d'avoir porté cette tendance à son paroxysme, ce qui est le fait d'un épigone, sans tomber toutefois dans les excès d'un ultra-alexandrinisme (Pétrone *Satiricon* 118.4)[198].

Gloses dialectales et poétiques

La langue des poètes hellénistiques emprunte à tous les dialectes. Ainsi, l'on trouve chez Lycophron, tragique par sa forme mais épique par sa matière, des ionismes, des dorismes, des éolismes, et même des mots macédoniens, égyptiens, voire

---

197. Cf. R. Pfeiffer, *History of Classical Scholarship* (from the beginnings to the end of the hellenistic age), Oxford 1968, p. 88 ss., 157 ss.

198. Cette tendance de la poésie " alexandrine " a souvent été mise en relief, non sans quelque exagération. Voir par exemple Gottfried Bernhardy, *Grundriss der griechischen Litteratur*, 1. 554 : « Nothwendig wandten die alexandrinischen Dichter sich an die Gelehrten und halten nur sie vor Augen, die den Reichtum einer mühsamen Belesenheit, den Schweiss der Blütenlese der seltensten Wörter, die saubere Technik einer musivischen Arbeit zu würdigen wussten ; sie wurden auch allein nur von gelehrten Lesern verstanden und fanden in dem Mitgefühle derselben, welche die fast uneigennützige Anstrengung bewunderten, ihren Lohn ».

italiens[199]. D'une façon générale, les poètes hexamétriques, quel que soit leur genre, ont recours à la κοινή épique, avec sa bigarrure dialectale typique.

Les *gloses* que présentent les *Thériaques* ne sont pas toutes dues à l'initiative de Nicandre. Certaines peuvent remonter fort haut. Si Plutarque a raison, il en est ainsi de ῥόθος : on rencontre déjà ce mot chez Hésiode (*Trav.* 220), et Plutarque, dans son commentaire des *Travaux*, y voyait une *glose* béotienne signifiant " chemin escarpé " (voir n. au v. 672). Ὄθμα pour ὄμμα, *glose* éolienne selon Hésychius (o 151), apparaît assez souvent chez Callimaque, à qui Nicandre a pu l'emprunter (cf. n. *ad* 178). Le mot homérique μάσταξ, au sens de " sauterelle ", serait, d'après Clitarque, une *glose* propre à Ambracie (n. au v. 802) ; Sophocle l'a employé le premier dans cette acception. De même, φιν (725), glose laconienne, apparaît avant Nicandre chez Empédocle et Callimaque (cf. n. *ad loc.*). En revanche, pour d'autres gloses, c'est Nicandre qui peut être à l'origine de leur introduction dans l'hexamètre. Ce pourrait être le cas du terme de mesure ὀδελός (= ὀβολός), attesté chez Épicharme, *glose* dorienne ou éolienne d'après une scholie (cf. n. *ad* 93), si toutefois Nouménios ne l'a pas introduit avant lui. On relève dans les *Thériaques* le premier emploi de φαλλαίνη au sens de " papillon ", *glose* rhodienne selon nos Scholies (760b) ; le premier emploi du phytonyme ῥυτή, *glose* péloponnésienne pour πήγανον " Rue " d'après Iollas (Σ 523c), laconienne selon Eutecnius (30.12) ; les uniques occurrences connues des mots τρέμιθος, qui serait une *glose* chypriote pour τερέβινθος, à en croire Étienne de Byzance (voir comm. n. 102 §13), et καχίλα (808, conj.), une *glose* chypriote également, au témoignage d'Hésychius (voir la n. française et les *Testimonia ad loc.*). Σίδη (72, *al.*), au sens de ῥόα, est un mot béotien (cf. Athénée 650f). D'un poète appartenant à une famille qui avait des liens privilégiés avec l'Étolie, et auquel le Νικάνδρου γένος attribue des Αἰτωλικά, on devait attendre la présence de *gloses* étoliennes dans son vocabulaire[200]. On expli-

---

199. G. Hermann, *Op.* v 235 : « Lyc. non constanter unam dialectum sequitur, sed ubique rara, obsoleta, inusitata, certorum locorum propria ex abditissimis atque ignotissimis fontibus comportat ». Cf. Konze 39 s., 56, 60 pour les gloses dialectales.

200. Le Νικάνδρου γένος (Σ *Th.* p. 34.4-6 Crugnola), source biographique attribuant les *Aitolica* à notre N., insiste sur ses séjours en

quera ainsi, en s'appuyant sur le témoignage de Clitarque rapporté
par les Scholies de Théocrite (Σ *Idyll.* 2. 59-62b), le substantif
θρόνα, synonyme de φάρμακα, que Nicandre a en commun avec
d'autres poètes hellénistiques (cf. la n. au v. 99), et, en se référant
aux Scholies des *Thériaques* (Σ 625b), l'adjectif πολυδευκέος
qu'il est seul à employer dans ce vers au sens de " très doux " (n.
ad loc.). Les Scholies (284ab) citent encore comme telle l'adjectif
ὑπάρπεζον, mais le sens qu'elles lui attribuent est douteux (cf. n.
au v. 393). Κνημός, qui a été interprété comme un synonyme de
" Origan " dans πολύκνημον (559) et εὐκνήμοιο (648), serait
une *glose* argienne (cf. comm. n. 70 §4). Enfin, il y a chez
Nicandre des atticismes. Deux des atticismes des *Thériaques* ont
été occultés par les éditeurs précédents. Le manuscrit T nous les a
conservés l'un et l'autre. L'un au v. 883, où il écrit ἀσφαράγους :
Phrynichos[201] nous garantit en effet que, en face de la forme hellé-
nique ἀσπάραγος, à occlusive sourde, celle à occlusive aspirée,
ἀσφάραγος, est attique (cf. Ath. 62e-63a). L'autre se lit au v.
877 : exception faite de la littérature grammaticale, le nominatif
γληχώ, banalisé en γλήχων dans la recension ω, et l'accusatif
homonyme (*Al.* 128, 237), sont les seules attestations littéraires de
cette forme en dehors d'Aristophane (*Ach.* 874), chez qui elle
apparaît avec une coloration dorienne (γλαχώ, acc.)[202]. Enfin, 632
Φιλέταιρις, synonyme de la ῥάμνος, serait une glose mysienne et
lydienne (Σ 632a).

Étolie, sur sa connaissance des sites (cf. comm. n. 22 §3a) et des particularités étoliennes en ce qui regarde la flore. Même si Nicandre II a
été confondu avec Nicandre I, on peut dire que notre poète a des liens
de famille avec le pays. Il y a doute également sur l'auteur des *Boiô-
tica*, Nicandre I ou II.
   201. *Ecl.* 81, *praep. soph.* 41.8, 68.2. Le mot signifie « asperge »
mais aussi « jeune pousse » (cf. Ath. 62e-63a). Voir Chantraine *DELG*
s.v. 2 ἀσφάραγος.
   202. On devrait p.-ê. corriger en βληχώ : cf. Σ *Ach.* 874 γλαχώ· ἡ
γληχώ ...'Αττικοὶ δὲ βληχώ φασιν ~ Suid. γ 287 γληχώ · θηλυκῶς
'Αττικοὶ τὴν ὀρίγανον [= Zon. 440.8]. οἱ δὲ βληχώ φασι, cf. Suid. β
338. Autres atticismes : τάπις/δάπις en face de hom. τάπης, χεδροπά
(selon Érotien, n. *ad* 752). Le double -νν- serait attique dans ἄννησον
(Σ 650a, cf. comm. n. 70 §6). Certains atticismes peuvent être le fait des
mss : ainsi μαλάχης (ω), également *Al.* 92, 487 (*deest* T), en face de
μολόχης (T), cf. Ath. 58d. Je laisse de côté 143 αἱμασιά que Moeris
donne pour un mot att., car il figure dans l'*Odyssée* (cf. n. *ad* 143).

Quand il s'agit de noms de plantes, l'usage de formes locales est parfaitement légitime. Théophraste ne procède pas autrement lorsqu'il reproduit le langage populaire de ses informateurs, comme on le voit par le nombre des termes locaux qui émaillent sa langue, arcadiens, thessaliens, béotiens, ioniens[203]. Mais nul ne contestera, je pense, que Nicandre, de son propre chef, a largement développé l'usage des ξενικὰ ὀνόματα dans le but de les substituer, comme le conseillait Aristote, à des mots du langage commun. Voilà pour les *gloses* dialectales dont l'origine est expressément attestée par la littérature grammaticale[204].

Les références ci-dessus n'épuisent pas la liste des mots rares dont fourmille la langue de Nicandre. Indépendamment des termes techniques[205], qui sont une exigence du sujet et comportent leur lot d'*unica*, et à ne considérer que l'aspect littéraire de l'œuvre, les *Thériaques* se distinguent par un bon nombre de raretés empruntées aux poètes du passé, véritables γλῶσσαι poétiques au sens d'Aristote, – *hapax* homériques, hésiodiques, antimachéens, ou créations verbales appartenant à des poètes hellénistiques. Compte tenu de la masse des textes perdus, comme il en va pour les gloses dialectales, les *hapax* nicandréens peuvent en recéler également. Φιλάρχαιος καὶ πολυμαθής, selon la définition d'Athénée (126b), Nicandre, par son goût des antiquités littéraires, s'est résolument rangé aux côtés des Euphorion et des Lycophron, dans le camp des poètes κατάγλωττα γράφοντες[206]. Mais, avant d'aborder sa dette poétique, je vou-

---

203. Cf. Strömberg[1] 72.

204. Naturellement, il peut s'en cacher d'autres dans la masse des *hapax* dont Nicandre a doté la langue grecque : θυωροί " parfumeurs " (103), qui n'est pas attesté ailleurs au sens de μυρεψοί, en est peut-être un exemple.

205. Je laisse ici de côté ses emprunts à la prose médicale, notamment à Hippocrate (ἄραδος, etc.), pour ne m'occuper que du langage poétique.

206. L'expression est de Lucien, *Lexiphane* 25 : (après la critique de la *glose* ἵπτατο [cf. n. *ad* 803]) ἡμεῖς οὐδὲ ποιητὰς ἐπαινοῦμεν τοὺς κατάγλωττα γράφοντας ποιήματα. τὰ δὲ σά, ὡς πεζὰ μέτροις

drais mettre en lumière quelques éléments de sa langue et de sa syntaxe, en commençant par le vocabulaire, puisque aussi bien cette question est étroitement liée à celle des γλῶσσαι²⁰⁷.

Néologismes   Chez Nicandre, la quantité de πεποιη-μένα ὀνόματα, dont beaucoup sont des *hapax* (*) absolus, est considérable, comme on peut le constater en jetant un coup d'œil aux notes de la traduction, pour ne rien dire des vocables qui n'ont pas d'existence en dehors de la littérature grammaticale (285 εἰλυθμός, 380 ἑάρτερος, 393, *al.* ἄρπεζα, etc.), ou de ceux qui apparaissent chez lui en un sens non encore attesté²⁰⁸.

Certains néologismes sont des licences métriques : 509, 937 *ἀριστολόχεια, 894 *εἰρύσιμον, 901 *πουλύγονον, etc., dans lesquels ει et ου allongent une brève, ou, à l'inverse, 857 *αἰγίλωπος pour -λωπ-, phytonymes qui n'auraient pu autrement entrer dans l'hexamètre. Il a développé, sans nécessité absolue, ce genre de facilités : πηγάνιον (531), *σφήκειον (738), *δαύκειον (858, *al.*), etc., et, plus audacieusement, *καυλεῖον (535, *al.*), *σπερμεῖον (900, *al.*). Souvent même, il sacrifie à son goût de la nouveauté en créant nombre de formes inédites dans les catégories des substantifs, des adjectifs et des adverbes²⁰⁹, où ne manquent pas les

παραβάλλειν, καθάπερ ὁ Δωσιάδα Βωμὸς ἂν εἴη καὶ ἡ τοῦ Λυκόφρονος Ἀλεξάνδρα, καὶ εἴ τις ἔτι τούτων τὴν φωνὴν κακοδαιμονέστερος. Cf. Cratès, *AP* 11. 218.3 s. = 1373 s. G.-P. (contre Euphorion) καὶ κατάγλωσσ᾽ ἐπόει τὰ ποήματα καὶ τὰ φιλιτᾶ | ἀτρεκέως ἤδει· καὶ γὰρ Ὁμηρικὸς ἦν.

207. Outre l'étude introductive de O. Schneider, comprenant les fr. et leur commentaire, en particulier le chap. intitulé " Nicander grammaticus " (p. 201-212) et les notes de son édition des *Th.* et des *Al.*, voir les dissertations de Lingenberg, de Ritter et de Klauser, ainsi que l'article de Gow¹.

208. Cf. n. *ad* 416 βατραχῖδας, 465 πολύστροφον, 524 πτίλα, 525 ἀπερεύγεται, 549 πέσκος, etc.

209. Lingenberg a étudié les mots propres à N. dans ces trois catégories du langage ; voici les formations attestées pour les *Th.* : substantifs en -ειον/-εῖον : p. 15-18 ; subst. et adj. en -ας 18-20 ; en -ίς 20-22 ; en -εις -ήεις -όεις 22-25 ; en -ήρης -αῖος -ώδης -ειδής 25-

bizarreries, notamment dans les formations adverbiales en -δόν ou
-δην (cf. Hollis² 182, qui rapproche les adv. en -δην des adv. en
-*im* de Lucrèce). Parmi les verbes aussi, on compte beaucoup d'*hapax*²¹⁰. A noter l'aphérèse des verbes ou des substantifs : 74
*σκύρα = ἄσκυρα, 263, 283 *αὔει = ἰαύει, 402 *μείρονται =
ἰμείρονται ; des formes syncopées : 687 *θέρων = θεραπεύων ;
ou au contraire élargies : 401 ἀρδηθμοῖο, telles que les aiment
Aratos et Lycophron²¹¹. En modifiant le paysage morphologique,
où il fait entrer des formations tentaculaires comme les subst. en
-ειον, les adj. en -ής, -ήεις et surtout -όεις, cette dernière formation étant la mieux représentée, la plus riche en *hapax* absolus²¹²,
Nicandre, sans doute, osa trop. Ce prurit d'innovation devait lui
attirer sarcasmes et condamnations, qui n'ont pas été épargnées
non plus à Lycophron et Aratos²¹³ : « Chez Nicandre, écrivait G.
Bernhardy²¹⁴, c'est l'homme de métier qui l'emporte, le poète est

29 ; en -αλέος -ηλός 30-31 ; adv. en -δην -δόν 31-34. Cf. A. Barta-
lucci, « Gli aggettivi in -εις », *Studi Classici e Orientali* 12 (1963)
118-144.
210. Cf., entre autres, 33 ἀμβλώσσει (Hsch.), 36 καπνείων, 38
περικαίνυται, 47 ἐπιχρανθέντος, 72 τρήχοντα, 147 ἐμβατέει
(Lyc.), 193 διεσκήνιψε (cf. n. *ad loc*.), 204 ἀλινδηθείς, 269 (cf. 431)
κακοσταθέοντος, 404 ἀπορρείουσι (*metri causa*), 470 μαιμώσσων
(déverbatif de μαιμάω, cf. μαιμάσσων Bianor *AP* 9. 272.6 = 1706 G.-
P²), 514, *al.* ἐπιστρογγύλλεται, 660 ἐντελέθει, 687 θέρων, 695
κατεμπάζῃ, 790 ἐποκριόωσιν, 797 προμελαίνεται, 825 φυζηθέντας, 855 ἀνοιδείοντες (*metri causa*), 860 κατασμώξαιο, 864 ἀπαμέργεο, etc. ; l'hapax absolu ἐξέμμορον (791) dérive de l'*hapax*
absolu homérique ἐξέμμορε (*Od.* 5. 335).
211. Cf. δίκτον, διχόμην, πέλωρ, πηδόν, πολύφων chez Aratos.
Ἀρδηθμός, forgé sur hom. ἀρδμός, est emprunté à Lycophron (cf. n.
ad 401).
212. On en compte 44 seulement pour les *Thériaques*, dont 15
hapax absolus, et la proportion est encore plus forte dans les *Alexipharmaques*. A.W. James, *Studies in the Language of Oppian of Cili-
cia*, An analysis of the new Formations in the *Halieutica*, Amsterdam
1970, 220 écrit, à propos des adj. en -όεις : « With some of these (*i.e.*
les poètes qui suivaient le modèle homérique) the use of the type was
something of a mannerism, outstandingly with Nicander, who uses no
less than 110 -όεις adjectives, 58 of them found nowhere else ». Si
l'on ne tient pas compte des répétitions, on trouve seulement 89 adj. de
ce type, ce qui reste considérable.
213. Sur la violence qu'Aratos a faite à la langue cf. W. Kroll,
« Lehrgedicht », *RE* 12. 1849 s.
214. *Grundriss der gr. Litt.* 2. 644, 645.

subordonné. Il ne fait preuve d'aucun talent poétique, pas même d'un sentiment de la langue assuré. (…) ses innovations verbales gâtent la prosodie et la morphologie ». On ne saurait pourtant l'accuser d'avoir créé des γλῶσσαι incompréhensibles. Il est aisé de reconnaître à travers elles les formes connues qui sont à leur origine : outre les mots cités au début, c'est le cas des adjectifs en -ής ou -ήεις tirés d'adjectifs en -ος[215]. Il lui arrive d'ailleurs d'utiliser le terme usuel concurremment avec le néologisme : aux exemples de la n. 215 s'ajoutent 915 ἄνυδρος à côté de 26 *ἀνυδρήεις, 196 κατοικίδιος à côté de 558 *κατοικάς, 373 ἀμφικάρηνος à côté de 812 ἀμφικαρής ; etc. Dans les adj. en -ήρης (racine de ἀραρίσκω), le deuxième élément ne conserve quelque chose du sens originel qu'une seule fois : 81 εὐήρεα (γυῖα), inspiré de l'*Odyssée* 11. 125 = 23. 272 εὐήρε' (ἐρετμά), avec un sens différent. Mais si, ailleurs, -ήρης n'est plus qu'un suffixe sans valeur particulière (183 *δολιχήρης = δολιχός, 284 *ὀλιγήρης = ὀλίγος, 351, 356 ὀλκήρης = ὀλκαῖος), ou le substitut d'un suffixe d'adjectif (371 *διψήρης = διψηρός, 406 ὀμβρήρης = ὀμβρηρός), la faute ne lui en incombe pas ; le vocabulaire des Tragiques est déjà un témoin de cette évolution (cf. Chantraine, *DELG* s.v. -ήρης).

En règle générale, la création des πεποιημένα ὀνόματα est analogique de types existants, en particulier certaines formations verbales qui ont des précédents même chez Homère. Mais Nicandre a étendu ces types bien au-delà de ce qui se faisait précédemment[216]. Le néologisme ne tient parfois qu'à l'addition d'un préfixe ou à la substitution d'un premier élément de composé à un autre[217]. D'autres fois, il constitue seulement une particularité grammaticale.

215. Cf. 885 ἀβληχρής, 78 *ἀγραυλής (mais 473 ἄγραυλος), fr. 72.4 *ἀεργής (mais 381 ἀεργός), 921 *λοιγής, *Al.* 207 *λοιγήεις (mais *Th.* 6 λοιγός), 402 παλιντροπής, 137 * ῥικνήεις, etc.

216. Hollis[2] 182 remarque fort bien que les créations de N., si elles ont des précédents, sont « extended far beyond previous practice ».

217. Addition d'un préfixe : 96 *ὑποσκιόεις, 337 *ὑποζοφόεσσα, 514, *al.* *ἐπιστρογγύλλεται, 660 *ἐντελέθει, 797 *προμελαίνεται, etc. Substitution d'un élément de composé : 866 *ἐμπευκής, cf. *Al.* 202, en face de hom. ἐχεπευκής, qui apparaît chez lui mais avec un sens nouveau, *Th.* 600 ἐχεπευκέος (cf. n. *ad loc.*).

Particularités
de grammaire

La langue de Nicandre offre un grand nombre de ces particularités, qu'elles aient ou non des précédents. Je ne puis, ci-dessous, en citer que quelques-unes parmi celles qui m'ont paru le plus notables.

I. PHONÉTIQUE. — Contraction de εο en ευ dans la déclinaison et la conjugaison : cf. 2 κήδευς, 17 ἴχνευς, 592 λίπευς, 725 τεῦ (*v.l.*), 933 ὄξευς ; 396 τεκμαίρευ, 529 ἔλευ, 808 πονεύμενον.

II. MORPHOLOGIE. — 1) **Substantif et Adjectif** : (1ʳᵉ déclinaison) 79 *χεείαις, forme à *diectasis* injustifiée (cf. Rebmann 13), 658 τρηχέην (conj.) cf. [Orph.] *Arg.* 180 τρηχείην ; gén. masc. en -αο (592, 715) ou -εω (269) ; (2ᵉ décl.) 923 σίδηρος fém. ; adj. en -ος élargi en -ιος : 104 μεσσάτιος (Arat. Call.), 746 ἐσχάτιος (Empéd.) ; (3ᵉ décl.) 856 ἀργέος, gén. hétéroclite de ἀργής, -ῆτος ? cf. n. *ad loc.* ; 877 πολυάνθεα, forme de fém. sans parallèle[218]. **Métaplasmes** : 531 *νῆριν pour νήριον, 620 καναχοί, 632 *φιλέταιριν pour φιλεταίριον, 646 ἰσορρεπές (cf. ἰσόρροπος), 676 ἔγχλοα. **Adjectif employé comme substantif** (cf. n. *ad* 23, 346, 473, 831), usage dont Homère fournissait déjà le modèle (n. *ad* 950), ou **substantif comme adjectif** (n. *ad* 438), **adverbe comme adjectif** (n. *ad* 518) ou **adjectif comme adverbe** (n. *ad* 180), **subst. tiré d'un adv.** (n. *ad* 227, 643). — 2) **Verbe** : 694 ἐνισκήλῃ, seul exemple du sens actif ; **emplois non attestés ailleurs du Moyen** : 60 ὀπάζεο, 666 ἄγρεο, 646 λειήναιο, 918 ἀμελγόμενος ; du **Passif** : 509 ἐνδατέοιτο, 723 προϊάπτεται. **Ind. présent** χεύω refait sur l'aoriste homérique ἔχευα : 255 (cf. *Al.* 381) περιχεύεται, et τρήχω sur le parf. (cf. n. *ad* 72) ; **aor.** τέρσαι (96, 693, cf. 709

---

218. Au v. 764, au lieu de Περσῆος, N. a-t-il employé le gén. Περσεῖος (ion. récent et éolien, cf. Choer. Th. 213.23), comme deux de ses modèles (cf. Κυχρεῖος : Lyc. 451 et Euph. fr. 30 P. (Antim. fr. 74 W. = 129 M. Εὐλεῖος n'est qu'une conjecture) ? C'est possible mais non assuré : Call., un autre de ses modèles, a la première forme de gén., laquelle a un support ms plus solide (voir n. crit.). Notons toutefois que les mss G²L ont Μεγαρεῖος au lieu de Μεγαρῆος dans le fr. 19 cité par les Scholies.

τέρσαιο) refait sur le prés. hom. τέρσομαι. Glissement de certains verbes **du sens actif au sens passif** (824 ἐμπρήσασα ?), **de la valeur intransitive à la valeur transitive** (572 ἰσοφαρίζειν, 908 ἰσοζυγέων) et vice-versa (177 ὑπερφαίνουσι, 781 ὑπερτείνουσι) ; pour Aratos cf. Lœbe 34 ss. Emploi du **simple au lieu du composé** pour les verbes (482 πολάζει au lieu de ἐπιπολάζει, 508, *al.* ἔπουσι au lieu de ἐνέπουσι) aussi bien que pour les noms (177, 443 σκυνίοισιν, 933 πάτῳ). **Verbes surcomposés** : 382 ἐπιπροθέωσιν, 809 περικάλλιπεν. — 3) **Pronom** de la 3ᵉ personne du pluriel φιν (725 " parmi elles ").

III. Syntaxe. — (cas, modes et temps, ordre des mots) 1) Valeur particulière du **génitif partitif** (" dans le ") aux v. 563, 606, 693. **Datif pour le génitif** (85 κνηστῆρι, cf. Σ). **Datif absolu** (742). **Datif de lieu** sans préposition (78, 79 [T], 177, 827). — 2) **Subjonctif** 1ʳᵉ sg. à valeur d'éventualité (Chantraine Gr. II §306) : 282 ἐνίσπω. Optatif **potentiel sans particule** modale : 522, 702. Opt. + ἄν pour un **ordre atténué** : 209, 258, 320. **Ind. imparfait** sans valeur temporelle : 168, 285. **Ind. futur** au sens d'un présent (484 ἐρέει). **Ellipse** de la 3ᵉ pers. sg. de εἰμί au prés. de l'ind. (420, 461 s., 741, *al.*) ou du subj. (368). **Infinitif** (34 fois), **optatif** (35 fois), **à valeur d'impératif**. Inversion du **rapport** du **verbe principal** et du **participe** : 297, 582, 709, 935. — 3) Confusion des éléments de la phrase ou **synchysis** lycophronienne (Konze 88) : 98 s. (mais voir n. crit.), 400-402, 701 s., *al.* **Changements de construction** : 238, 257, 321, 631, 748. **Asymétrie** des compléments ou des régimes de prép. : 458 s., 808.

IV. Mots invariables et particules. — 1) **Adv. démonstratif** τόθι (49, 147) employé comme subordonnant (462, 634 ; cf. Antim. 35 W. = 33.2 M.), adv. ἀμμίγδην (93) et ἄμμιγα (850) comme prépositions. — 2) Prép. ἐν exprimée devant le second de ses régimes étroitement liés : 393, 640 (cf. Posid. II 34, VI 36). — 3) **Particule** δέ souvent renforcée par αὖ : 153, 253, 260, 515, 772 (conj.). Δέ **apodotique** : 705. **Locutions adverbiales** ἐν δὲ, σὺν δὲ (605, *al.*) en fonction de liaison renforcée (cf. les n. *ad* 8, 605 et voir Vian, Arg. Orph. p. 62). Place aberrante de τε : 812, 944. **Asyndète** non justifiée (au v. 420 μὲν peut servir d'excuse) : 106, 742 (vers suspecté), 892 (sans doute après lacune, cf. n. crit.). — 4) Emploi elliptique de ἐπεί (cf. n. *ad* 639).

En ce qui est du style, je n'insisterai
... *et de style*   pas sur des figures que Nicandre n'a
pas inventées, telles que la *syllepse* ou
l'*hypallage*. Il se distingue seulement par la fréquence de
leur emploi[219], parfois motivé, comme celui de l'adj. masc.
au lieu du fém. (129 ψολόεντος ἐχίδνης, cf. n. *ad loc.*),
par des raisons métriques (552 ἥ, *sc.* βοτάνη, au lieu de ὅ
sc. πράσιον). La *périphrase*, ou un détail significatif, lui
sert à désigner des réalités zoologiques et botaniques (396
s. : Basilic ; 620 : Grenouilles ; 766 s. : *Kranokolaptès* ;
678 : Héliotrope ; 764 : Perséa ; 882 : Serpentaire). En
pareil cas, l'illustration pouvait aider le lecteur, l'image
complétant le mot écrit ou y suppléant (voir *infra* p. CXL et
cf. comm. n. 84 §1). Les *comparaisons*, enjolivement tradi-
tionnel de la poésie didactique, si courant dans les *Halieutiques* d'Oppien, sont rares et courtes (268-270, 340), moins
développées qu'elles ne le sont dans les *Alexipharmaques*. Il
y a des *reprises de mots* en écho comme les aime la poésie
hellénistique (809 s. κέντρον), des *paronomases* (879
πρασιῆς/πράσον), des *jeux étymologiques* comme les
aiment Euphorion et Lycophron[220] (74 s. σκύρα/σκυ-
ρόωσι ; 203 τάρταρον εἰλυόεσσαν, cf. n. *ad loc.* ; 752
*χειροδρόποι/753 χέδροπα). Nicandre dispose volontiers
le substantif et l'épithète qui s'y rapporte aux deux extrémités du vers (349)[221], ou l'un à la fin d'un vers et l'autre au

219. Pour la syllepse, qui explique le passage d'un nombre ou d'un
genre à un autre cf. 120, 168 (ὅ : cf. Klauser 64[10]), 207, 401, 552, 569,
725, 801, 819 et les n. *ad loc.* Pour l'*hypallage* : 86, 649, 849, 880.
L'hypallage des adj. est fréquent chez N., surtout dans les *Al.* (voir les
exemples rassemblés par Ritter 18[1]). Le tour deviendra un tic chez
Oppien (*Hal.*) et Nonnos (Giangrande, *Eranos* 68, 1970, 80 s.) ; cf.
[Orph.] *Arg.* 421 et la n. de Vian (p. 179).

220. Cf. *Alexandra* 51 (νέκυς, i.e. Νέσσος), 183 (οὐλαμώ-
νυμος/Νεοπτόλεμος), 401 (ὄρτυξ/ Ὀρτυγία), 570 (ὁ Ῥοιοῦς ἶνις =
Ἄνιος), 1003 (ἄτρομος/Ὀτρήρα), etc. Pour Euphorion voir Skutsch,
« Euphorion Nr. 4 », *RE* 6 (1907) 1183. 58 ss.

221. Plus souvent que les poètes hellénistiques précédents : voir
Wifstrand 134 ss.

début du vers suivant (359 s.)[222]. Il peut rattacher à un même substantif deux, ou même trois épithètes sans liaison (397 s. ὀξυκάρηνος | ξανθός, cf. 662, 844 ; 284 τρηχὺν ὑπάρπεζον θαλάμην ὀλιγήρεα, cf. 376, 818, *al.*). Ce qui pourrait donner l'impression d'une surabondance verbale, mais il n'en est rien, car chacune des épithètes est signifiante, chacune ajoute une touche à la description. Et c'est même le contraire qui est vrai : dans ses développements, Nicandre frappe par sa *brièveté de style*, laissant dans l'ombre ce qui est facile à imaginer[223] (cf. n. *ad* 825 s. et 928, comm. n. 39 §2e). De même, lorsqu'il a donné sur un Venimeux un détail qui convient à d'autres, il ne se croit pas tenu de le répéter[224] (cf. par exemple comm. n. 24 §2, 43 §5, 78b). Il y aurait encore beaucoup à dire. Je me contenterai d'une remarque sur la phrase de Nicandre. Parfois, elle ne manque pas d'ampleur, sans avoir rien de rhétorique. Voyez les v. 21-34 à propos des endroits dangereux à l'époque de la mue, les v. 264-270 sur la progression du Céraste comparée à celle de la Vipère, ou encore les v. 469-481 décrivant le biotope du *Cenchrinès* au fort de l'été, la manière dont il attaque et celle dont il convient d'éviter sa poursuite. Ici et ailleurs, la phrase de Nicandre déploie ses propositions coordonnées ou subordonnées, d'un rythme souple et régulier : on dirait un Serpent déroulant ses anneaux.

Dans l'élaboration de cette langue, quelle part, au juste, revient à l'imitation des poètes antérieurs, des poètes épiques en particulier ? J'entends ici " imitation " en un sens limité, des emprunts de mots ou d'expressions qu'un poète peut faire à ses devanciers. Parfois, l'emprunt n'est pas brutal mais tempéré par une *variatio*, ne serait-ce que

222. Cf. Wifstrand 101 ss.
223. Et même ce qui l'est moins : 794, les Crabes se sont-ils échappés ? Les pêcheurs les ont-ils rejetés ? N. ne le dit pas.
224. L'interpolation des v. 159 s. vient du désir d'apporter pour le Cobra la précision qui est donnée pour la Vipère et le Céraste (264 s.).

dans l'ordre des mots (cf. n. *ad* 821). Il faut compter aussi avec l'*imitatio per aures*[225] (cf. n. *ad* 183, 325, 546, 815).

Modèles archaïques : Au début de son poème, aussitôt
Hésiode… après le prélude, la référence problématique de Nicandre à Hésiode a au moins une signification assez claire : elle sonne comme un hommage à l'archégète de la poésie didactique. A la fin de son poème, la signature de la *sphragis* (Ὁμηρείοιο […] Νικάνδροιο, cf. n. *ad* 957) est un signe d'allégeance à Homère, le maître suprême de l'*épos*. La revendication de cette double filiation, qui conviendrait aussi bien à Aratos, dont Callimaque a loué l'inspiration hésiodique[226], montre que chez les ἐποποιοί hellénistiques, le ζῆλος Ὁμήρειος et le ζῆλος Ἡσιόδειος sont allés de pair[227]. Les *mythica* des *Phénomènes* sont davantage dans le ton et la manière d'Hésiode : le mythe de la Vierge fille d'Astrée (*Phén.* 98-136) sollicite la comparaison avec le mythe de Dikè et le mythe des Âges des *Travaux* (256 ss., 109 ss.). Rien de tel chez Nicandre, dont les mythes les plus longs, Hélène et l'*Hémorrhous* (309-319), la Dipsade et l'Âne (343-358), sont loin d'avoir la même ampleur, pour ne rien dire du sujet. Mais, considéré dans son ensemble, le poème des *Thériaques*, avec ses 958 vers, se rapproche, mieux que ne le font les *Phénomènes* (1154 vers), des normes hésiodiques, puisque, compte non tenu des athétèses dont Hésiode a fait l'objet de la part des modernes, il se situe entre la *Théogonie* (1020 vers) et les *Travaux* (830 vers). Un certain nombre de mots ou d'expressions hésiodiques se retrouvent chez Nicandre sans que l'on puisse toujours être absolument sûr qu'il s'agisse d'em-

225. Pour sa définition cf. les *Quaestiones Epicae* de K. Lehrs, cité n. *ad* 546.

226. *Ép.* 27.1 Ἡσιόδου τό τ᾿ ἄεισμα καὶ ὁ τρόπος.

227. Sur la réponse à la question controversée de savoir si Aratos était un ζηλωτὴς Ἡσιόδου ou Ὁμήρου voir Σ Arat. Vita I p. 9.10, Vita II p. 12.15 s., Vita IV p. 21.7 s. Il l'était des deux comme Nicandre : cf. *REA* 62 (1962) 61 n. 1.

prunts[228]. Mais l'imprégnation hésiodique (celle des *Travaux* est plus forte que celle de la *Théogonie*) se manifeste par d'autres signes. S'il n'est pas établi, malgré la référence de Nicandre à Hésiode, que celui-ci a traité de l'origine des Serpents (cf. comm. n. 2a), quand Nicandre évoque le partage entre Zeus et ses frères de leurs apanages (344 s.), c'est la version hésiodique qu'il adopte tacitement (voir n. *ad* 345). Quand il mentionne le " cri du coucou printanier " (380, cf. n. *ad loc.*), comment ne pas songer, avec le commentateur ancien (*POxy* 2221), aux v. 486 s. des *Travaux*, dans lesquels Hésiode signale de façon identique le début du printemps ? Les emprunts de mots ou d'expressions repris sous la même forme, à la même place du vers, laquelle est aussi une place éminente (césure principale et/ou clausule), impriment au poème la marque d'Hésiode (cf. 117, 121, 678, 779 et n. *ad loc.*). Et pour le style, il cultive la même brièveté (cf. comm. n. 39 §2e).

... *et Homère*   La dette de Nicandre à l'égard d'Homère est immense, comme on pouvait l'attendre d'un poète qui se proclame lui-même Ὁμήρειος (957). J'ai donné dans les notes de la traduction un aperçu de la façon dont Nicandre emprunte à Homère des mots (souvent des *hapax*[229]) auxquels il garde leur sens[230], ou qui diffèrent par le sens qu'il leur donne ou

228. Voir les n. aux v. 211, 285, 382, 452, 495, 583, 661, 672, 722, 771, 793, 803, 838, 958. Il semble bien que les néologismes nicandréens κηριτρόφου (193), ὀμβρήρεα (406) aient été forgés sur les *hapax* hésiodiques κηριτρεφέων (*Trav.* 418) et ὀμβρηροῦ (*ib.* 453). Ὀκταπόδην (605) est un emprunt à *Trav.* 425, mais dans un sens différent. Pour l'emprunt à Hés. au v. 678 cf. Note orthographique, p. CLXXVII (*ad* -αις).

229. Cf. 176 ἄσιν, 199 τιθαιβώσσουσιν, 130 ἡνίκα, 487 δείδεκτο, 539 κοτυλήρυτον, 546 ἄντλῳ, 570 ὁσσάτιον, 572 ἀποπροταμών, 609 δασπλῆτε, 691 καρχαλέης, 696 κνήστι, etc., et les n. *ad loc.*

230. En plus des *hapax* cités (sauf κοτυλήρυτον et ἄντλῳ) voir par ex. 117 ἐρωήσειας (Alexandrins), 133 ἀραιήν, 219 βρεχμοί, 373 γλήνησιν, 487 περίφρων, 570 ὁσσάτιον, 572 ἀποπροταμών, 616 ἠνεμόεντας, etc., et les n. *ad loc.*

l'usage qu'il en fait[231]. C'est ainsi qu'il applique à la médication qui triomphe du mal l'épithète ἑτεραλκής (2) qualifiant, chez Homère, la *victoire* " qui donne l'ἀλκή (*valeur guerrière*) à l'un des deux camps ", c'est-à-dire " décisive ", ou le *peuple* de guerriers " capable de retourner la situation " (cf. LfgrE 756). Quel Homère Nicandre utilisait-il ? La leçon ὄρρα du v. 685 fournit un élément de réponse (voir n. *ad loc.*) : il suivait peut-être, comme Apollonios de Rhodes, l'édition de Zénodote. Il semble avoir connu des variantes attestées par les Scholies et quelques manuscrits : celle de l'*Odyssée* 17. 231 ἀμφικαρῆ (qualifiant des *escabeaux à deux têtes*), pour laquelle les Scholies citent comme garant Ptolémée d'Ascalon, pourrait bien être la source de l'*hapax* nicandréen ἀμφικαρής (*Th.* 812). Aux exemples d'*interpretatio homerica*[232] que signalent les notes (278 ἀσκελές, 385 πάχετον, 748 ἄζῃ, 783 ἄητος) j'ajouterai celui-ci. Κρήγυον (935) est un *hapax* homérique, pour lequel les anciens hésitaient entre deux sens, " bon " et " vrai "[233]. Le sens de " vrai ", repoussé par les Scholies mais adopté, entre autres, par Léonidas de Tarente[234], n'est

---

231. Cf. 7 περιφρασθέντος, 58 αὖλιν, 201 ἀθέσφατον, 246 ἐπασσύτεροι (Alexandrins), 269 ἀήτεω, 300 διέσσυτο, 341 ἀμέτρητον, 385 et 483 οὐτιδανός, 420 αἰθαλόεις, 424 κώληπι, 453 ἠνεμόεντα, 470 ὀκριόεντα, 534, *al.* ἄγρει, 539 κοτυλήρυτον, 546 ἄντλῳ, τέλσον, 571 ὄγμον, 611 οὐλαμός, 644 σφέλα, κεάσας, 656 αἰγλήεντα, 671 θυμολέοντος, etc., et les n. *ad loc.*

232. Konze 12 : « quam Antimachus viam muniverat, eam ingressi sunt posteri poetae Alexandrini, qui, quum et ipsi grammatici essent, in Homero interpretando eximiam operam et diligentiam collocantes intimam cum ejus dicendi genere familiaritatem contraxerunt ». Cf. Bodenheimer, *De homericae interpretationis vestigiis nonnullis*, Strasbourg 1890.

233. Σ *Il.* 1. 106c : ὅτι ἅπαξ εἴρηται τὸ κρήγυον, καὶ οὐκ ἔστιν ἀληθές, ἀλλ᾽ ἀγαθόν (A) ; cf. Hsch. κ 4053 ἀγαθόν, ὠφέλιμον, ὑγιές.

234. *AP* 7. 648.9 = 2012 G.-P. (voir Gow *ad loc.*), cf. [Thcr.] 20. 19, Archias *AP* 5. 58.1 = 3588 G.-P². Pour le sens de « bon » cf. Call. fr. 193.30, Thcr. *Ep.* 19.3, Asclépiade *AP* 7. 284.4 = 953 G.-P., Léon. Tar. *AP* 9. 335.2 = 2124, Hérondas 4. 46, *al.*

pas incompatible avec le *locus homericus* : il peut en dériver par fausse interprétation. Le choix de Nicandre en faveur de " bon " est notable, même si Callimaque et d'autres poètes hellénistiques l'ont fait avant lui. Sa parfaite connaissance du vocabulaire d'Homère, Nicandre la prouve par l'emploi de l'*hapax* δείδεκτο au v. 487 (voir comm. n. 50a). D'autre part, il n'ignore aucun détail de sa syntaxe. La conjonction de subordination temporelle ἡνίκα est un *hapax* homérique (*Od.* 22.198). Apollonios de Rhodes l'a utilisée une seule fois (2. 906), Aratos l'a proscrite, mais son usage est fréquent chez Callimaque (12 fois dans les poèmes épiques et élégiaques). Ce n'est sans doute pas un hasard si Nicandre, comme Apollonios, a strictement limité son emploi (*Th.* 130, *Al.* 614, [*Géorg.*] fr. 91). La syntaxe du v. 342 surprend, quelle que soit la leçon qu'on adopte. Avec εἰσόκε, l'indicatif aoriste ἐξέρρηξε n'est appuyé ni par l'hymne homérique *à Athéna* (v. 14), ni par Callimaque (4. 150), ni par Apollonios de Rhodes (1. 820, 1001), car, dans tous ces exemples, le verbe principal est à un temps secondaire. On attendrait le subjonctif, qui est le mode le plus fréquent chez Homère (Chantraine, *Gr.* II §390). Mais, en relation avec l'indicatif présent de la principale, Homère emploie *une fois* l'optatif, *Od.* 5. 378 (ἀλόω) εἰς ὅ κεν … μιγείης, qu'il n'est pas nécessaire de corriger (μιγήῃς Bekker) contre la tradition manuscrite unanime[235]. L'emploi que fait Nicandre de l'optatif au lieu du subjonctif confirme la vulgate homérique : il est d'un Ὁμήρειος averti, qui connaît son modèle dans les moindres détails. Et l'on en vient à se demander si les répétitions[236], elles peuvent s'étendre à un vers entier (28) ou presque entier (120 ~ 335), ne seraient pas des homérismes plutôt que le fait de la maladresse ou de l'interpolation (cf. n. crit. *ad* 28).

---

235. Cf. Opp. *Hal.* 2. 210 ss., 3. 130 s., [*Cyn.*] 3. 325, Nonn. 21. 52, 236 ; 27. 316 ; 35. 297, et voir Fajen *Noten* 250 (ad *Hal.* 2. 635).
   236. Cf. 24 ~ 113, 76 ~ 82, 100 ~ 934, 112 ~ 126, 129 ~ 673, 263 ~ 283, 396 ~ 498 ~ 698, 498 ~707.

Tous les poètes grecs qui ont écrit en hexamètres ont pratiqué conjointement, dans une plus ou moins large mesure,

Modèles récents :
Antimaque

l'imitation d'Homère et celle d'Hésiode. Mais, à côté du fonds homérico-hésiodique, on décèle l'imitation de modèles épiques plus récents[237]. Ainsi, les poètes hexamétriques d'époque romaine suivent les traces de tel ou tel d'entre les poètes hellénistiques. Denys le Périégète (voir *infra* p. CXX) et l'auteur des *Argonautiques* orphiques ont marqué leur préférence pour l'épopée d'Apollonios de Rhodes. Avant eux, Nicandre avait pris un parti analogue en choisissant comme modèle de prédilection un précurseur des poètes hellénistiques, son compatriote Antimaque de Colophon (v^e/ive s.). Dès les premiers vers des *Thériaques* (cf. n. au v. 3), les Scholies soulignent quelle a été, pour Nicandre, l'importance de ce poète à la fois épique et élégiaque. Malgré le naufrage presque complet de son œuvre, il est possible, grâce aux fragments, de découvrir des vestiges du ζῆλος Ἀντιμάχειος de Nicandre en ce qui touche au vocabulaire et à la morphologie[238]. Mis à part quelque mots ou expressions, leur seule rencontre qui nous ait été conservée sur le terrain des réalités concerne le mont Mosychlos de Lemnos (cf. comm. n. 48 §2b). Une chose est sûre, l'influence d'Antimaque sur Nicandre est plus grande que celle d'Empédocle, les parallèles entre les *Thériaques* et les Φυσικά moins significatifs (cf. n. *ad* 27, 51, 407, 433, 700, 742).

237. Cf. Boesch p. 1.
238. Nicandre lui doit le dorisme παῶν, des mots comme κάρηαρ, forgé par Antim. fr. 120 W. = 155 M. à partir du plur. καρήατα, p.-ê. ἀνδήροισι (576), s'il faut lui attribuer Call. fr. incert. 814 = Antim. fr. 191 (= *SH* 79 = 93 Matthews). Cf. n. *ad* 16 (θεῆς), 199 (τιθαιβώσσουσιν), 295 (πλόον), 705 (ἀνακυπώσας), 925 (ἐνίπλειον) ; ajouter p.-ê. Antim. fr. 90 W. = 63 M. μυδαλέω ~ *Th.* 723. Voir aussi l'apparat aux v. 26 (ὑλήεντα), 29 (παρὲξ), 420 (ἀρπεδές). La prédilection d'Antimaque pour les noms en -τύς (cf. Wyss p. XXXII) m'a induit à suggérer la conjecture δειπνηστύς au v. 761.

Quand on cherche à déterminer les rapports de dépendance qui peuvent exister entre deux poètes hellénistiques particuliers, il convient d'être très prudent, car on risque d'interpréter dans ce sens des similitudes de vocabulaire et d'expression là où ils sont tribu-
Philétas et les poètes taires l'un et l'autre d'une source
hellénistiques commune, laquelle peut être souvent, sinon leur devancier Antimaque, du moins leur aîné Philétas, largement imités l'un et l'autre. Nicandre doit-il πολίχνη à Callimaque, ou Callimaque et Nicandre empruntent-ils ce mot à [Hésiode], seule occurrence poétique antérieure (cf. n. *ad* 958) ? Ἀνακυπώσας lui vient-il de Lycophron, ou Antimaque est-il leur source commune (n. *ad* 705) ? De νήχυτος est-il redevable à Callimaque ou à Apollonios, ou bien sont-ils tous les trois tributaires de Philétas (n. *ad* 33) ? Pour βαρύθω, verbe affectionné de Nicandre (5 occurrences) et d'Apollonios (4 occurrences), βαρύθουσα à la même place du vers semblerait plaider en faveur de Philétas (n. *ad* 248), mais la réponse à ce genre de question est rien moins qu'assurée.

En dépit de ces réserves qu'il fallait faire, la dette lexicale de Nicandre envers Callimaque, cité quatre fois dans les Scholies, à propos des v. 35 (θιβρή), 349 (ἀμορβεύοντο), 520 (τρίσφυλλον), 909 (κρῆθμον), semble avoir été importante. Knaack, Wilamowitz, etc., ont reconnu depuis longtemps des emprunts dans les v. 109 (εὐεργῆ λάκτιν), 457 (cf. n. *ad loc.*), 707 (καμινόθεν), 792 (πολυστίου), 919 (λύματα δαιτός). Il n'est pas jusqu'à des mots prosaïques – tels ὀρόδαμνος (863, cf. n. *ad loc.*), κρῆθμον (909, cf. comm. n. 115 §4) – que Nicandre n'ait accueillis à l'instar de Callimaque[239]. Outre Apollonios (2 fois), les Scholies citent Aratos (2 fois), Ératosthène (3 fois), Eupho-

239. Parmi les nombreux parallèles callimachéens que j'ai cités dans les notes voir en particulier n. aux v. 27, 35, 130, 131, 137, 343, 350, 357, 360, 486, 522, 565, 703, 742 ; cf. aussi comm. n. 50a. Les Scholies ont cité l'*Hymne à Artémis* (45 [Σ 349b], 165 [Σ 520a]) ; c'est à elles que l'on doit les fr. 54 (Σ 35a) et 249 (Σ 909a).

rion (6 fois), Lycophron (2 fois), Théocrite (4 fois), tous
poètes auxquels Nicandre a sans doute fait des emprunts[240].
Il peut avoir aussi imité des poètes de la *Couronne* de
Méléagre (notamment Léonidas de Tarente[241]) que les Scholies ne citent pas. Aratos, si l'on en juge par les titres de
poèmes perdus[242], avait ouvert la voie à la poésie de vulga-

240. Pour Ap. Rh. voir ci-après. – Aratos (Σ 123a : *Phén.* 517, cf.
comm. n. 15 ; 406c : *Phén.* 963 s., cf. n. *ad loc.*) : voir de plus, entre
autres, n. aux v. 19 (et comm. n. 4), 51, 127, 139, 157, 158, 282, 325,
329, 372, 388, 410, 469 (et comm. n. 49a), 484 (et la n. crit.), 492, 571,
620, 683, 696, 781, 832. – Ératosthène (Σ 400a : fr. 19, cf. n. *ad loc.* ;
465c : fr. 18, cf. n. *ad* 238, 466 ; 472a : fr. 17, cf. comm. n. 48 §2b) :
voir de plus n. aux v. 73, 172, 238, 254 s., 565. – Euphorion (Σ 20b :
fr. 132, cf. n. *ad loc.* ; 35a : fr. 81, cf. n. *ad loc.* ; 180c : fr. 135 ;
288c : fr. 51 (v.11), 139 ; 406c : fr. 89, cf. n. *ad loc.* ; 860a : fr. 137,
cf. comm. n. 105 §2) : voir de plus n. aux v. 10, 20, 98, 130, 172, 576,
700, 703, 750, 787. Pour d'autres emprunts possibles de N., dans le
reste de son œuvre, à Euph. voir F. Scheidweiler, *Euphorionis fragmenta*, diss. Bonn 1908, p. 7. Les fr. d'Euph. cités par les Scholies ressemblent plus à des modèles qu'à des imitations de N. De la contradiction entre *Al.* 604-606 et Euph. fr. 89 P. sur la nature de la couronne
récompensant dès l'origine les vainqueurs des Jeux Isthmiques il n'y a
rien à tirer quant à la chronologie relative des deux poètes (*pace* Hollis [*ZPE* 112, 1996, 70 ; cf. Hollis[2] 181 n. 31, qui admet pourtant dans
son texte l'antériorité d'Euph. : *Neither poet lacks stylistic antecedents
– in Lucretius' case Ennius, in Nicander's, learned poets such as Antimachus of Colophon, Callimachus and Euphorion*]). – Lycophron est
cité par Σ 268-270a : *Alexandra* 97 (cf. n. *ad* 268) ; 462a (*Alex.* 77) ;
de plus, voir, entre autres, n. aux v. 74, 131, 401, 402, 463, 556, 586,
666, 687, 763, 822. Les rencontres entre N. et Lyc. peuvent s'expliquer
en partie par l'imitation commune d'Euphorion. – Théocrite (Σ 93b :
Id. 5.27 ; 577a : *Id.* 7.16, cf. n. 949 [Thcr. semble avoir introduit τάμισον en poésie] ; 625a : *Id.* 2.78 [mais cf. Alcm. PMG 60.2, Ibyc.
PMG 315.1] ; 803b : *Id.* 1.52) : de plus, voir, entre autres, n. aux v. 4,
94, 127, 138, 197, 228, 239, 344, 627, 951.
241. Cf., entre autres, n. *ad* 127, 236, 675, 740, 794, 824, 935.
242. Réunis sous le titre de Ἰατρικά (Poll. 2. 38), cf. Vita I (Σ
Arat. p. 9.18 ss.) : Ὀστολογίαν, Ἰατρικὰς δυνάμεις (Vita II
p. 11.10 Ἰατρικῶν δυνάμεων), Ἀνατομήν ; Suid. α 3745 (p. 338.8
ss.) : Σύνθεσιν φαρμάκων, Θηριακῶν ἐπιτήδεια, Ἀνατομήν.
Wellmann[13] pensait que la Σύνθεσις φαρμάκων, à laquelle Gal. *ant.*

risation médicale, à laquelle Nicandre lui-même (s'il ne s'agit pas de Nicandre I) s'est essayé avec sa paraphrase des *Pronostics* d'Hippocrate, également perdue. Nos Scholies ne mentionnent Apollonios de Rhodes que deux fois, une seule pour les *Argonautiques* (Σ 460d : *Arg.* 1. 29 ; Σ 12a [fr. 4], cf. comm. n. 2), bien que les *Thériaques* aient en commun avec ce poème, où Apollonios s'est intéressé à divers aspects de la science contemporaine, y compris iologique (4. 1398 ss., 1505 ss., 1513 ss., 1541 ss.), bien des mots et des expressions, qui peuvent être chez Nicandre des emprunts. Beaucoup de ces parallèles mettent en cause deux passages contigus du chant IV. Le premier, véritable excursus iologique (1505-1531), décrit les symptômes de la piqûre du Serpent libyen qui causa la mort du devin Mopsos. Le second (1541-1545) est une comparaison d'Argô, en quête d'une passe pour sortir du lac Triton, avec un Serpent cherchant un trou pour échapper aux rayons du soleil. Des éléments de ces deux passages se retrouvent en divers endroits des *Thériaques*, dans les notices de Serpents en particulier[243].

144.17 fait allusion, était identique aux Ἰατρικὰς δυνάμεις, et il conjecturait : Θηριακόν, Ἐπικήδεια (*alii alia*) ; ce Θηριακός (le titre ne convient pas pour un poème) pouvait être, selon lui, la transposition en vers du Περὶ δακετῶν d'Aristogénès (cf. *supra* p. XVII, XXXIII[53]). Cf. E. Maass, *Aratea* p. 223 s. ; J. Martin, *Histoire du Texte d'Aratos*, Paris 1956, p. 177 ss. ; W. Ludwig, *RE* Suppl. 10 (1965) 28.

243. Le Serpent libyen d'Apollonios ressemble au Cobra de Nicandre par son comportement (*Arg.* 4. 1506 νωθής ~ *Th.* 165 νωθρή) et par les effets de sa piqûre (1523 s. ~ 187 s., cf. comm. n. 20f). Cf. également 1525 ~ 430 s. (Dryinas), 1530 s. ~ 361 s. (Chersydre) et 429 s. (Dryinas), 1531 ~ 328-331 (Sépédon). Pour le vocabulaire de la piqûre cf. 1512 ἐνιχρίμψῃσιν ~ 445 ἐγχρίμψας (voir n. *ad loc.*), 1521 ἐχάραξεν ~ 545, 807 (voir n. *ad loc.*) ; pour celui de l'envenimation cf. 1531 μυδόωσα ~ 423 μυδόωσιν (voir n. *ad* 308). La comparaison de la progression d'Argô avec celle d'un Serpent est à rapprocher du passage où N. compare la marche du Céraste à celle d'un vaisseau de charge ; de plus, cf. 1541 ~ 267 (voir n. *ad loc.*), 1542 ~ 469, 1543 ἔνθα καὶ ἔνθα ~ 222. Selon Morel[1] 363, l'accord

Il faut faire une place à part à deux modèles de Nicandre
signalés par ses Scholies, le grammairien Ménécrate d'É-
phèse[244], maître d'Aratos et auteur d'un poème didactique
en deux ou plusieurs chants, les Ἔργα, dans le goût d'Hésiode, et le poète médecin Nouménios d'Héraclée, auteur de
Θηριακά (voir *supra* I A §11). Les v. 237 et 256 s. des *Thériaques* (voir les n. *ad loc.*) portent l'empreinte des fragments de Nouménios cités dans les Scholies de notre poème
(*Annexe* §9a, fr. 1-2), lesquelles notent que Nicandre les a
remodelés (Σ 237a μεταπεποίηκε) ; mais sa dette ne se
limite pas à ces fragments[245]. Sur Ménécrate, que n'ignorent
pas les Scholies des *Alexipharmaques* (172a, p. 85), nos
Scholies aux *Thériaques* sont muettes ; mais, si l'*Etymologicum Genuinum* nous informe que ἀπηθῆσαι, au v. 708,
est un emprunt à Ménécrate (voir *Test.* et n. *ad loc.*), c'est
sans doute dans un *corpus* plus complet qu'il l'avait lu.

Enfin, Nicandre ne s'est pas seulement inspiré des poètes
" épiques ". Comme chez les autres poètes hellénistiques, à
commencer par Callimaque, des échos lyriques et tragiques[246] sont perceptibles dans les *Thériaques*.

entre N. et Ap. Rh. s'expliquerait par l'utilisation commune de Nouménios : même si l'utilisation de Nouménios par Ap. était possible
chronologiquement, ce qui n'est pas certain, cette hypothèse est indé-
montrable. En tout cas, l'idée d'une imitation de N. par Ap. (Hollis[2]
181 n. 32) me paraît à exclure. Pour le reste des *Arg.* cf., entre autres,
les n. aux v. 89, 123, 127, 140, 146, 157, 169, 266, 305, 340 s., 348,
459, 504 s., 543, 685, 718, 739, 785, 830, et la n. crit *ad* 263.

244. Cf. Susemihl 1 p. 283 ; pour les fragments voir *SH* p. 269-
271.

245. Dans la ligne de sa thèse, O. Schneider (p. 201, cf. 199)
explique ces ressemblances par l'imitation d'Apollodore, mais cf.
Klauser 7[1]. Voir, outre les rapprochements indiqués dans les n. *ad* 183,
388, 467, 784, la façon dont Nouménios lie les éléments de ses très
nombreuses énumérations à l'aide de ἤ (ἠὲ), ἄλλοτε (δὲ, δ' αὖ), ὁτὲ
(δὲ) répétés.

246. Pour Pindare voir n. *ad* 10, 203, 530, 564, 573, 678 et comm.
n. 25d ; Bacchylide : n. *ad* 10, 11 s., 145, 288, 810 ; vocabulaire tragique : n. *ad* 28, 33, 90, 146, 147, 486, 564, 571, 592, 613, 756, 788,
942, 958.

Quand on veut faire sentir le caractère particulier de la langue de Nicandre, on a l'habitude d'en citer quelque échantillon privilégié. Par exemple, *Al.* 215 s. βοάᾳ ἅ τις ἐμπελάδην φώς | ἀμφιβρότην κώδειαν ἀπὸ ξιφέεσσιν ἀμηθείς « (la victime du Toxicon) a les cris que jette sur le coup un homme dont la tête, clef de voûte du corps, est tranchée par le glaive », en faisant observer que κώδεια en ce sens est un *hapax* homérique (*Il.* 14. 499), que le transfert de l'épithète homérique ἀμφιβρότη du *bouclier* à l'homme, est un *hapax* absolu, et que ἐμπελάδην, connu seulement de la littérature grammaticale, a un sens obscur. Ou bien encore *Al.* 330 καὶ σπέραδος κραμβῆεν ἅδην μεμορυχμένον ὄξει « de la semence de chou abondamment imprégnée de vinaigre », où μεμορυχμένον est encore un *hapax* homérique (*Od.* 13. 435 μεμορυγμένα), σπέραδος un mot particulier à Nicandre (cf. *Th.* 649, *al.*), κραμβήεις un *hapax* absolu[247]. En fait, comme on l'a dit (*supra* p. CI), les néologismes de Nicandre sont souvent transparents et le goût des " mots insignes " ne se combine pas chez lui avec l'abus de la métaphore au point de transformer son texte en énigme[248]. Sa langue est de nature à surprendre surtout les modernes confinés dans des lectures plus « classiques ». Elle ne devait pas poser de problèmes insolubles à un lecteur antique cultivé[249]. En tout cas, les grands anciens qui ont parlé de lui, Cicéron ou Quintilien (voir *supra* p. LXV), ne lui ont pas reproché d'être illisible. Bien au contraire, ils ont fait l'éloge de son style, et ils l'ont recommandé comme un poète digne d'être imité.

---

247. W. Kroll, *Studien zum Verständnis der römischen Literatur*, Stuttgart 1924, 248[3] a cité le premier exemple ; Hollis[2] 183, le second.

248. Cf. Aristote, *Poét.* 1458a 29 et *Th.* 921 s.

249. La critique a toujours eu tendance à exagérer les difficultés de Nicandre pour les lecteurs anciens, en jugeant d'eux d'après nous-mêmes ; cf. p.ex. Richard Bentley, *Museum Criticum* 1 (1814) 371 : *Quare habe Tibi Poetam tuum, Antiquarium sane illum, obsoleta et casca verba studiose venantem, et vel sui saeculi lectoribus difficilem et obscurum.*

Nicandre (j'entends ici exclusivement
Les imitateurs   l'auteur des *Thériaques*) a eu assez tôt
de Nicandre :   des imitateurs, non seulement chez les
à Rome   Grecs mais aussi chez les Latins. A.S.
Hollis attirait récemment l'attention sur
la dette de Lucrèce à son égard. D'autres poètes romains
comme Horace ou Ovide, qui s'est inspiré des Ἑτεροιούμενα dans ses *Métamorphoses*, ont pu lui emprunter tel ou
tel détail ; nul plus que Virgile. Les Γεωργικά de Nicandre
sont une des sources des *Géorgiques* latines, même s'il ne
s'agit pas de leur source principale[250]. Dans sa mise en
garde contre les Serpents, vers la fin du chant III (414-439),
le *poeta doctus* semble avoir recouru directement aux *Thériaques* du Colophonien[251], sans avoir besoin de l'adaptation
qu'en avait faite son ami Aemilius Macer, lequel vécut
assez longtemps pour avoir pu lire à Ovide les vers où il
chantait ses oiseaux, les méfaits des serpents, les bienfaits
des herbes[252]. En revanche, le poème de Macer est probablement la source intermédiaire de Lucain pour l'épisode
des Serpents de Libye au chant IX de la *Pharsale* (700-937),
et c'est sans doute ainsi qu'il convient d'expliquer les rencontres entre Lucain et Nicandre, plutôt que par l'utilisation

250. Pour les imitations de N. par les Romains cf. Hollis[2] *pass.* et,
du même, « Hellenistic colouring in Virgil's Aeneid », *HSCP* 94
(1992) 269-285. Pour Lucrèce voir comm. n. 7 (début) ; les parallèles
discutés par Hollis ne sont pas tous convaincants. Pour Horace voir n.
ad 406 et comm. n. 47 ; pour Ovide n. *ad* 442.

251. Cf., outre les n. *ad* 26, 124 s., le comm. n. 5, 7 §7, 17, 20d, 37
§1, 49a. Pour d'autres rencontres entre Virgile et Nicandre voir comm.
n. 44, 47 et les n. aux v. 186, 327. A quel point Virgile s'est imprégné
des *Thériaques*, on le voit en particulier dans ses prescriptions des v.
435 ss., y compris pour la forme : *Ne mihi tum mollis sub diuo carpere
somnos / neu dorso nemoris libeat iacuisse per herbas, / cum positis
nouus exuuiis nitidusque iuuenta / uoluitur aut catulos tectis aut oua
relinquens / arduus ad solem et linguis micat ore trisulcis* ; cf. *G.* 435
s. ~ *Th.* 25 s., *G.* 437 ~ *Th.* 137 s., *G.* 438 s. ~ *Th.* 124 s.

252. *Trist.* 4. 10. 43 s. *saepe suas uolucres legit mihi grandior
aeuo, / quaeque nocet serpens, quae iuuat herba, Macer.*

directe du poète grec[253]. Que Virgile et Macer aient imité Nicandre, Quintilien, lorsqu'il cite notre poète entre Pisandre et Euphorion, non seulement l'atteste expressément mais il les félicite d'une imitation qui leur a été bénéfique[254].

Poésie médicale... J'ai dit (*supra* p. LXIII) comment de tels passages témoignent de la faveur dont les études iologiques ont joui à Rome au Ier s. avant et après J.-C., en même temps qu'ils attestent la vogue des *Thériaques* de Nicandre. A l'époque de Lucain, la *Galénè* du médecin privé de Néron, Andromachos l'Ancien, en qui se conjuguent les influences scientifique et littéraire de Nicandre, est un témoignage du

253. Sur Macer, auteur de poèmes didactiques, *Ornithogonia* et *De herbis*, outre des *Theriaca* en deux livres (cf. *infra*), voir Wellmann, *RE* 1 (1893) 567.35, à corriger par Morel[1] 346 ss. ; fragments *in* : J. Blänsdorf, *Fragmenta Poetarum Latinorum* (B.T.), p. 275 s., bibliographie, *ib.* 271 s. L'idée de Wellmann, selon qui Sostratos serait la source principale des *Theriaca*, est erronée. Selon toute vraisemblance, il a adapté les Θηριακά de N. (quitte à le compléter à l'aide de sources secondaires), comme il l'a fait pour l'Ὀρνιθογονία de Boios dans son poème homonyme. Qu'il ait écrit également des *Alexipharmaca* ne me semble pas prouvé, *pace* Hollis[2] (*et alii*) 172 n. 8 (cf. *Class. Rev.* 1973, 11) ; on ne peut le déduire en tout cas d'Ovide *Trist.* 4. 10. 44 (où *herba* se rapporte aux remèdes aux venins ou à son poème *De herbis*, comme au v. précédent *uolucres* à son *Ornithogonia*. Sur l'utilisation de Macer par Lucain voir Fritzsche 9 ss. et Morel[1] *ibid.*, qui attribue à Macer les passages que Lucain et N. ont en commun (cf. Comm. Bern. ad Luc. 9. 701 [p. 308.25 Usener] : *serpentum nomina aut a Macro sumpsit de libris* Theriacon – *nam duos edidit...* ; *ibid.* ad 716 : *Macri facile deprehendas uestigia, Nicandrum si contuleris* Th. *v. 309 sqq.*). Les fragments conservés de ses *Theriaca* n'ont pas d'équivalent chez N. (voir comm. n. 44), ce qui, étant donné leur insignifiance, ne prouve rien contre son utilisation. Pour les différences entre Lucain et N. cf. Fritzsche 10. Voir n. aux v. 157, comm. n. 2b, 4 fin, 11 §7, 19 §3, 20df, 21e, 25d, 28 §1 s., 31 §5, 32, 35a, 38 §2, 41, 42a, 42b1, 42c, 43 §2-5, 44, 46 §1, 2c, 49bc, 60c.

254. Cf. *Inst. or.* 10. 1. 56 *Nicandrum frustra secuti Macer atque Vergilius ?* Sur N. source de la légende rare évoquée par Virg. *Géorg.* 3. 391-3 cf. Macrob. *Sat.* 5. 22. 10 (*Nicander huius est auctor historiae*) ~ Serv. (voir Kroll [*supra* n. 1] 264. 24 ss.).

même intérêt. Si Andromachos a choisi le mètre élégiaque
des Ὀφιακά, il convient de noter que, sur les cent-soixante-
quatorze vers de son poème, il en est peu qui, pour le fond
et la forme, ne laissent apparaître quelque trace de l'influence des Θηριακά[255].

Dans les siècles qui ont suivi, cette faveur ne s'est pas
démentie. Marcellus de Sidé (*AP* 7. 158 περικλειτὸς ἰη-
τήρ), médecin privé et ami d'Hérode Atticus, qui vécut sous
les Antonins et fut honoré des empereurs à cause de son
talent poétique, a écrit un vaste poème didactique médical
en quarante-deux chants, les Ἰατρικά, consacrés aux
remèdes fournis par les animaux, les plantes, les pierres,
etc., dont il nous reste un fragment de cent-un vers contenant un catalogue de quatre-vingt-sept Poissons et dix-sept
des remèdes qui en sont tirés[256]. Le fond de la langue est
emprunté à l'ancien *épos*, mais Marcellus n'est pas sans
connaître et utiliser les poètes hellénistiques, Aratos notamment, comme R. Keydell l'a signalé contre Wilamowitz[257].
Il n'ignore pas non plus Nicandre ni même Andromachos, à
qui il a fait des emprunts (cf. *supra* n. 256), quoique son
style soit différent du leur, car il cultive pour sa part le
λιτόν, comme le fera beaucoup plus tard Michel Psellos
dans son poème iambique médical (πόνημα ἰατρικὸν
ἄριστον δι' ἰάμβων). L'épithète ἀνθήεις, un *hapax* des

255. Voir O. Schneider « De Andromachi archiatri elegia », *Philologus* 13 (1858) 25-58 ; E. Heitsch, *Nachr. Akad. Göttingen* 1963, n. 2,
26-39 et son édition (Heitsch 2 p. 7-15), avec une bibliographie ; cf.,
entre autres, les n. *ad* 43, 57 s., 70, 90, 99, 110 s., 115, 129 (et comm.
n. 16), 328, 483 (n. crit.), 565, 583, 864 s. (et comm. n. 107 §4) ;
comm. n. 5, 32, 35a, 44, 58a, 60c, 62 §1aef, 64g, 65bc, 102 §2, 9, 109
§1 s., 112 §4, 113 §5, 119 §§d 1-3 et e 1.

256. Cf. Heitsch 2 p. 16-22 (avec bibliographie) et son art. (cité
n. 255) 39-44. Voir W. Kroll, *RE* 14 (1930) 1496-1498. Wilamowitz,
« Marcellus von Side », *Sitzungsber. Preuss. Ak. d. Wiss.* Berlin 1928,
3-30 = *Kleine Schriften* 2. 192-228, a jugé les Ἰατρικά du point de vue
stylistique (p. 20 s.), Wellmann[14] sous l'angle médical. Marc. Sid. 60
ἐν χύτρῃ κεραμηΐδι vient d'Androm. 93, Marc. 90 d'Arat. 34.

257. Cf. R. Keydell, *Bursians Jahresber.* 230 (1931) 44 = *Kl. Schr.*
76.

Thériaques, il la doit sans doute à Nicandre, comme aussi Rufus d'Éphèse dans son Περὶ βοτανῶν (cf. n. au v. 645)²⁵⁸. L'exemple de Marcellus et d'Andromachos nous enseigne que les poètes médecins d'une génération imitent ceux de la génération précédente, mais qu'ils communient tous dans l'imitation de Nicandre. Cette remarque vaut non seulement pour les poètes qui ont un nom mais aussi pour les poésies médicales anonymes. Nous aurons l'occasion de le constater encore à propos du *carmen de herbis*, c'est déjà vrai de la *Thériaque* anonyme transmise par Galien (*ant.* 1. 16, p. 100), sans doute antérieure à Andromachos et largement tributaire de Nicandre pour la forme²⁵⁹.

Les rencontres entre Nicandre et l'auteur du **... et autre** *Lapidaire* prétendument orphique, écrit sans doute peu après 372²⁶⁰, qui imite Homère mais connaît Théocrite, ne sont pas négligeables sans être aussi fréquentes et significatives qu'on aurait pu l'attendre, une grande section du poème étant consacrée au pouvoir qu'ont certaines pierres de guérir les piqûres des Serpents et des Scorpions ou de protéger contre eux (338-761), un pouvoir, comme on l'a vu (*supra* p. LIX), inconnu des *Thériaques*. En revanche, les échos de Nicandre sont nombreux là où on ne les attendait pas, dans le poème astrologique de Maximos²⁶¹ (Περὶ καταρχῶν), plein de réminiscences de la

258. Pour d'autres rencontres de Marc. avec N. voir les n. aux v. 307, 617, 698, 823, et comm. n. 66b, 99.

259. Même si l'on ne peut croire, avec Wilamowitz, que la forme à métathèse βλάσαμον (v. 27 et 36 Bussemaker) a été empruntée à N. Sur la provenance de ce texte cf. Gal. *ib.* p. 52 s. Wilamowitz (art. cité n. 256) p. 21¹ a corrigé les éditions très fautives de Kühn et de Bussemaker.

260. Voir R. Keydell, *RE* 18² (1942) 1338.64, mais cf. Halleux² 51 ss. Cf., entre autres, n. aux v. 55, 141, 174, 401, 420, 445, 464, 700, et comm. n. 8, 20c.

261. A placer entre le IIᵉ s. (Wilamowitz, « Marcellus von Side » 24) et Nonnos. Cf. W. Kroll, *RE* 14. 2573-2576, et, sur l'imitation de Nicandre, A. Köchly (*Poetae bucolici et didactici*, Bibl. Didot, Paris 1851, dernière partie, p. LXIII-LXVII) ; voir les n. *ad* 1, 2, 8 s., 11, 51, 58, 70, 128, 138, 180, 322, 359, 373, 605, 670, 679, 701, 915, 919,

poésie hellénistique (Aratos, Apollonios, Lycophron), et qui a fait beaucoup d'emprunts aux *Thériaques* (fins de vers, notamment).

Avec les deux-cent-seize vers d'un poème anonyme sur la vertu des plantes médicinales, amputé de son début et de sa fin, nous sommes désormais proches de la fin de l'antiquité[262]. A partir de l'*épos* ancien, hellénistique et récent, l'auteur de ce *carmen de herbis* a fait un centon où Nicandre figure en bonne place. Dans ses glanes nicandréennes, qui s'étendent aux *Alexipharmaques* et aux *Géorgiques* (fr. 74), les *Thériaques* sont représentées, ici et là, par un mot isolé, la quasi-totalité d'un vers et même un vers entier[263].

Mais les échos de Nicandre ne se limitent pas à la poésie didactique de tendance médicale[263a], comme on vient de le voir avec Maximos. Ils sont perceptibles également chez Denys d'Alexandrie, qui nous ramène environ une génération avant Marcellus de Sidé, au début du règne d'Hadrien, en l'honneur de qui il a écrit sa *Périégèse,* où il imite non seulement Homère et Hésiode, bien sûr, mais encore les poètes hellénistiques devenus des classiques, en première ligne Apollonios de Rhodes et Callimaque, et aussi, par endroits, Aratos et Nicandre, lequel lui a peut-être donné l'idée de signer son œuvre d'un acrostiche[264]. Pareillement,

946, et en particulier 81, 186, 319, 346 (clausules identiques ou très voisines). Les autres représentants de la poésie astrologique du Bas Empire semblent ignorer Nicandre ; toutefois, pour Manéthon ('Αποτελέσματα), chant iv (le plus littéraire) cf. n. *ad* 458 et surtout 717, pour les ἀποτελεσματικά de Dorothéos de Sidon, 828.

262. Voir l'édition de Heitsch 2 p. 23-38 (avec la bibliographie), M. Wellmann, « Anonymi Nr. 6 », *RE* 1 (1894) 2327.7, R. Keydell, *Bursians Jahresber.* 230 (1931) 52 s. = *Kl. Schr.* p. 84 s.

263. Cf. *carm.* 8 ~ *Th.* 638 ; 98 ~ *Th.* 582+646 ; 114 ~ *Th.* 359 ; 115 ~ *Th.* 501 ; 117 = *Th.* 502 ; 167 (φρίκεσσι) ~ *Th.* 778 (cf. n. *ad loc.*) ; 201 (ἀλεξητήριον) ~ *Th.* 7.

263a. Le fragment d'un poème sur les Serpents (P. Köln 244, 3ᵉ p.C.), qui se recoupe avec *Th.* 209-34, 128-31, n'est qu'une pâle imitation de N., non exempte de bévues (cf. n. *ad* 223) ; voir M. Gronewald, *in* : *Papyrologica Coloniensia*, vol. VII p. 61-68, et cette édition, t. I, *Ophiaca.*

264. V. 109-134 ; il en a ajouté un second (513-532), qui permet de la dater. Cf. Knaack, *RE* 5 (1903) 917.15 ss. Les Scholies des *Thé-*

chez les deux Oppien, qui ont les mêmes modèles poétiques, notamment les *Thériaques*. Le poème d'Oppien de Cilicie *Sur la Pêche*, dédié à Marc-Aurèle, en offre des traces nombreuses, ainsi que le poème *Sur la Chasse*, transmis sous son nom, mais qui est dû à un imitateur, un Syrien d'Apamée contemporain de Caracalla. Certaines imitations de Nicandre leur sont communes[265].

Avant d'aborder l'*épos* narratif il convient d'ouvrir une parenthèse pour accueillir dans la suite de Nicandre un poète grammairien contemporain d'[Oppien] d'Apamée, Nestor de Laranda, qui a eu son importance. Il a été imité par Nonnos et il a imité Nicandre, comme le montrent le choix de ses sujets et certains de ses titres, entre autres les Μετα-μορφώσεις (si les Ἑτεροιούμενα sont bien l'œuvre de Nicandre II), l'Ἀλεξίκηπος (*Le Jardin salutaire*), en hexamètres, la Πανάκεια en distiques élégiaques. Si nous ne pouvons plus en juger par ces poèmes perdus, nous le pouvons du moins grâce à deux épigrammes (*AP* 9. 128 s.) sur un Serpent torturé par la soif, peut-être une Dipsade : il a beau avaler des sources et une rivière entière, il est toujours aussi assoiffé[266].

L'épos narratif récent Les auteurs d'épopées narratives ne sont pas en reste. Pour ce qui est de l'expression, la dépendance des Βασ-σαρικά (un des modèles de Nonnos) par rapport à la poésie hellénistique, Apollonios de Rhodes, Euphorion, et notamment Nicandre, est un fait éta-

---

riaques se réfèrent aux v. 226 (Σ *Th.* 175b, cf. n. *ad loc.*) et 392 (Σ *Th.* 607, cf. n. *ad* 609 et comm. n. 65c) ; voir aussi n. *ad* 1, 157 (*Test.*), 223, 387, 442, 522, 698, 707, 741 s.

265. Cf. n. *ad* 79, 157, 342, 359, 385, 453, 704. Pour les *Halieutiques* voir les n. *ad* 1, 8 s., 9, 30, 51, 70, 123, 133, 168, 174, 175, 176, 225, 228, 243, 255, 282, 304, 324, 336, 389, 396, 400 ; 445, 492, 571, 588, 701 s., 715, 723, 780 s., 807, 839, 830, 924 (n. crit.). Pour les *Cynégétiques* : 85, 129, 183, 184, 194, 269, 438, 652, 769, 793, 831, en particulier 374 et 495.

266. *AP* 9. 128.2 διψαλέος θήρ ~ *Th.* 357 ; *ibid.* 129.2 ~ 340, pour νωθρόν cf. 165. Pour l'idée voir comm. n. 32. Sur Nestor de Laranda cf. R. Keydell, « Nestor Nr. 11 », *RE* 17 (1936) 125 s.

bli[267]. Il y a des souvenirs possibles des *Thériaques* chez Quintus de Smyrne, il y en a de tout à fait certains chez Nonnos de Panopolis, qui ne s'est pas fait faute d'enchâsser dans ses poèmes quelques bribes de vers de Nicandre[268]. Enfin, bien que les échos des *Thériaques* soient moins nets chez lui, le Pseudo-Orphée, tout nourri d'Apollonios, leur a peut-être, lui aussi, payé tribut dans ses *Argonautiques*[269].

Toutes les rencontres relevées ci-dessus entre les *Thériaques* et la poésie épique d'époque romaine comprenant des poèmes narratifs comme la *Suite d'Homère*, les *Dionysiaques* ou les *Bassariques*, aussi bien que des poèmes didactiques de toutes les tendances – poèmes géographiques, halieutiques, cynégétiques, astrologiques, et non pas seulement iologiques, botaniques et médicaux –, ces rencontres (elles peuvent aller jusqu'à l'emprunt d'une portion de vers, voire d'un vers entier), ne sont nullement fortuites. Elles montrent que Nicandre a été un modèle pour les poètes qui se sont exercés après lui dans l'Épos. Quoi

267. Cf. R. Keydell, *Bursians Jahresb.* 230. 84 = *Kl. Schr.* 116, et, avant lui, en ce qui concerne Nicandre, G. Knaack, *RE* 5. 924.60. Voir n. *ad* 168 s. 261, 398 : des morceaux de ces vers cousus ensemble dans Dion. fr. 4. 4 s.

268. Voir, entre autres, pour Quintus, les n. aux v. 55, 269, 487, 518, 546, 719, 815. Pour Nonnos cf. les n. *ad* 13, 24, 119, 171, 183, 194, 203, 208, 209, 229, 232, 260, 262, 266, 372 ss., 376, 389, 394, 424, 453, 510, 528, 545, 601, 691, 719, 774, 789, 824, et surtout les n. *ad* 16, 36, 44, 487 (où l'on voit que, au v. 44, il suivait sûrement un texte de la recension ω ; au v. 37, p.ê. un ancêtre des groupes *bc*) ; cf. aussi comm. n. 96 §1.

269. Presque aucun écho nicandréen, pour l'expression (cf. cependant n. *ad* 8, 51, 217 s.), dans ce bousillage tardif. La description du bois où un " terrible serpent " (928 δεινὸς ὄφις ~ Ap. Rh. 4. 1506) garde la toison d'or amène le poète à énumérer, outre trois arbres, une trentaine d'herbes. Keydell, *RE* 18. 1335.1 s., pense que ce catalogue (914-923) vient d'un herbier, mais il est à noter qu'une bonne moitié de ces plantes figure dans les *Thériaques*, que le v. 499 de ce poème pourrait expliquer : cf. notamment [*Arg.*] 9I7 ~ *Th.* 893 s. (la Sauge hormin et l'*érysimon*).

qu'il en soit de son influence scientifique, qui a été contestée[270], injustement je crois, elles prouvent indubitablement,
contre les dégoûts modernes, son influence sur l'*épos* de l'antiquité tardive. Sa place dans le canon des poètes épiques,
attestée par Quintilien, le laissait déjà présager. Dès lors, on
ne s'étonnera pas que, parmi les œuvres des poètes θηριακοί,
ce soit celle de Nicandre qui ait triomphé de l'oubli, et non
pas celles de Nouménios et de Pétrichos[271]. C'est ce qu'avait
compris le faussaire qui, pour s'assurer des lecteurs, avait
imaginé d'intituler son poème Νικάνδρου Θηριακά[272].

D. LA VERSIFICATION.

Les jugements sur Nicandre n'ont pas accordé à son art
de faire des vers l'attention qu'il méritait. Les remarques
suivantes considèrent essentiellement le poète des *Thériaques* ; les *Alexipharmaques* et les fragments n'interviennent qu'à titre secondaire. Pour la versification, le modèle
n'est plus à chercher du côté d'Homère ou d'Antimaque,
mais chez les poètes hellénistiques, et principalement chez
Callimaque.

Prosodie　　Deux mots de la *prosodie*. Bien que
Nicandre suive les règles ordinaires de
l'hexamètre, son usage n'a pas toujours
été bien compris, d'où parfois des corrections intempestives
dans les manuscrits et chez les critiques modernes. Depuis
Homère, une syllabe finale brève terminée par -ς ou -ν peut

---

270. Voir *supra* p. XXXIV n. 54, p. XLIX.

271. Au jugement des gens cultivés, les poètes qui ne figurent pas
dans les *canons*, les *ignoti* et les *improbati* n'ont pas leur place dans les
bibliothèques (cf. Sénèque, *De tranquillitate animi* 9. 6) ; sur les
canons voir O. Regenbogen, « πίναξ », *RE* 20 (1950) 1455 ss., et
1458.27 sur Hésychius Illustrius, dont les biographies, source des Vies
dans Suidas, ont la valeur d'un choix.

272. Bekker, *Anecd. gr.*, p. 1165 (à propos du Pseudo-Aspis d'Hésiode et de Pseudo-Theriaca) : ἐχρήσαντο δὲ οἱ συγγραφεῖς τῇ
ὁμωνυμίᾳ Ἡσιόδου καὶ Νικάνδρου ἵνα ἄξια κριθῶσιν ἀναγνώ-
σεως.

être allongée à l'*arsis* devant une voyelle initiale : *Th.* 591
παλαισταγέōς, 918 ἀμελγόμενōς (conj.), 240 πομφό-
λυγēς, 748 πυρόēν[273]. Il en va de même pour une voyelle
brève finale, à l'*arsis*, devant consonne initiale liquide (536
τē λοβὸς, 888 τē λιμναῖον, 468 κατᾱ μέσον, 254 δὲ νοτέων, 681 δὲ ῥίζαν)[274] ou occlusive (*Th.* 944 σπερμεῖᾱ
κύτισον). Le groupe occlusive + nasale n'allonge pas une
brève en *thesis* : 498 νεοκμῆτας (cf., à l'*arsis*, 499 ἵνᾱ
κνῶπες). Un exemple de correption tel que celui de la syllabe αι dans χαμαιευνάδος a des modèles homériques (cf.
n. *ad* 532). Pour une voyelle finale maintenue brève devant
ζ initial il n'y a qu'un seul exemple sûr (Théocrite 29. 20 κε
ζόης) avant Nicandre (cf. n. au v. 51). On doit noter la propension de Nicandre à changer librement, par seule commodité métrique, la quantité d'une voyelle dans un même mot,
sur le modèle de ἴσος/ ῑσος[275]. Mais je ne m'occuperai pas
ici des licences poétiques qui peuvent aussi bien affecter la

273. Cf. de plus *Th.* 101, 282, 565, 708 (avec la *v.l.* εὐεργέϊ) ; *Al.*
236, 298, 362. L'allongement peut être favorisé par la pause en *Th.*
565, 748 et *Al.* 362. Rzach[2] 382 pense qu'en *Th.* 591 παλαισταγέōς
οἴνοιο, N. a pu imiter la formule hom. μέλανōς οἴνοιο (*Od.* 5. 265 =
9. 196, 346), où l'allongement est dû au digamma ; 101 νεοσφαγέōς
ἐλάφοιο est analogique.

274. Une forme telle que 685 ὄρρα (voir n. *ad loc.*) est p.-ê. une
correction métrique. Étude exhaustive de ce type d'allongement avec
référence aux modèles antérieurs, principalement homériques, *ap.*
Rzach[1] 707 ss. ; les exemples des v. 536, 888 (p.-ê. imité par QS 11.
68) et 533 (cf. *Al.* 331) n'ont pas de modèles. Pour le redoublement des
liquides à l'intérieur d'un mot, notant l'allongement de la brève précédente (*Th.* 352 ἐλλιτάνευε, 518 ἀπορρώξ, *al.*), avec ou sans modèle
hom., *ibid.* 777 ss. ; N. a développé ce genre de forme (*Th.* 194
συνερραθάγησεν, 868 ἐüρρήχου, *Al.* 81 ἐπιλλύζων). Les mss se
partagent parfois entre consonne double et simple : cf. 897 μελιλ(λ)ώ-
τοιο.

275. Cf. La Roche 36 : dans ἴσος et les mots de la même famille
(ἰσοελκής, ἰσάζομαι, etc.), ι est scandé long chez Homère, dans
l'épopée et l'élégie anciennes, bref en attique, selon ce qui convient au
vers dans l'épopée récente et notamment chez Nicandre. Pour de semblables variations de quantité voir les relevés de O. Schneider, n. *ad*
Th. 243, 287, 789.

forme des mots[276] ; je concentrerai mes remarques sur la structure du vers.

Métrique   A cet égard, pour ce qui est de la place des pauses de sens susceptibles d'être marquées par la ponctuation, l'usage de Nicandre est conforme, dans l'ensemble, au modèle callimachéen. Les vers à *césure* principale *féminine* l'emportent[277]. La *penthémimère* est en général accompagnée par une césure secondaire, *hephthémimère* ou *bucolique*, parfois par les deux[278]. La césure *principale hephthémimère*, dont Callimaque n'offre aucun exemple, est exceptionnelle : *Th.* 894 et fr. 5.4 (où le nom propre peut servir d'excuse). Pour la proportion des vers à césure *bucolique*, Nicandre est plus proche d'Apollonios que de Callimaque[279]. Alors que les vers *spondaïques*, pour autant qu'on puisse en juger d'après les fragments subsistants, étaient affectionnés d'Antimaque et recherchés par certains poètes hellénistiques, leur proportion tombe à 2,9% chez Nicandre[280]. Ils sont invariablement pré-

---

276. Voir *supra* p. XCIX, à propos de la langue (néologismes).

277. *Thériaques* : 53 % (mais 72% dans les cent premiers vers), *Alexipharmaques* : 70%, fragments : 72%. Comparer Callimaque (74%) ; Apollonios (67%). Pour les poètes autres que N., j'ai adopté les statistiques de M.L. West, *Greek Metre*, Oxford 1982, 153. Cette prédominance marquée souffre des exceptions, par exemple *Th.* 313, où la variante ψαμάθοισιν, recommandée par La Roche 37, est moins bien attestée ; cf. également 678 τροπαῖς ἰσώνυμον, où la tradition est unanime, alors qu'il aurait pu écrire avec un ι bref, τροπαῖσιν ἰσώνυμον.

278. Cf. P. Maas, *Greek Metre*, transl. by H. Lloyd-Jones, Oxford 1962, §93 : c'est une règle callimachéenne. Font exception : 79 (dans le texte de T), 318, 387, 597, où la penthémimère n'est adoucie par aucune césure secondaire. D'autre part, Nicandre ne suit pas l'usage callimachéen de la *thesis* 3 disyllabique dans les vers présentant à la fois une penthémimère et une hephthémimère mais n'ayant pas de césure bucolique (cf. Wifstrand 39).

279. *Thériaques* : 58%, *Alexipharmaques* : 44,6%, fragments : 37% ; cf. Apollonios : 57% ; Callimaque : 63%.

280. Plus précisément, *Thériaques* : 2%, *Alexipharmaques* : 3%, fragments : 7%. Cf. Antimaque : 22% (sur les 5 vers des fr. 21/22 W. = 22/24 M., on compte 4 spondaïques) ; Ératosthène : 24% ; Aratos

cédés d'une quatrième *thesis* dissyllabique, comme chez Callimaque et Euphorion[281]. On rencontre dans les *Thériaques* douze exemples de *monosyllabe* en fin de vers, une seule fois en l'absence de la césure bucolique (*Th.* 719)[282]. Exception faite des particules, prépositions, adverbes, conjonctions, relatifs, l'*élision*, dans les *Thériaques*, affecte des adjectifs (5 exemples), des noms en plus grand nombre (13 exemples), des verbes moins souvent (2 exemples). Comme Callimaque, Nicandre évite l'élision à la césure[283]. L'*hiatus* suit les règles ordinaires[284] ; à signaler l'hiatus après brève, à la césure féminine (47, voir n. *ad loc.*)[285], bucolique (280, cf. *Al.* 7, 358), après le deuxième trochée (*Th.* 837) et après la *thesis* 5 (326).

(voir Loebe 6) et Euphorion : 17% ; Apollonios : 8% ; Callimaque (cf. Pfeiffer *ad* Call. fr. 1.31) : 7%. Théocrite, dans ses *Idylles* bucoliques est encore plus réservé que N. (1,3%, mais 3% dans les *Idylles* mimiques et 7% dans les épiques).

281. Pour le nombre et la répartition des spondées dans l'hexamètre nicandréen cf. La Roche 39-42. Voir aussi les statistiques de A. Ludwich, *Aristarchs homerische Textkritik*, Leipzig 1884, 2 p. 302 ss. Le pourcentage des spondées (*Th.* : 23% ; *Al.* : 24%) est identique à celui d'Apollonios ; nettement supérieur chez Aratos (27%), il est légèrement inférieur chez Callimaque (dans les *Hymnes*, il oscille de 20 à 23%). Pour le nombre des spondées par vers chez les poètes hexamétriques, y compris Nicandre, voir Ludwich, *ibid.* 310 s. (N., comme Call., ignore les vers à 4 spondées, catégorie représentée chez Antimaque, Aratos, Apollonios et Euphorion) ; pour leur fréquence selon les pieds, p. 327-329 ; pour la répartition des dactyles et des spondées dans le vers, p. 317 ss. (sur les 32 formes d'hexamètre homérique, les *Th.* n'en ont que 19).

282. Compte non tenu des particules δὲ τε περ που ; cinq exemples dans les *Al.*, tous avec césure bucolique, six dans les fragments, dont trois sans césure bucolique.

283. Quatre exceptions dans les *Th.*, trois à la césure masculine (84, 305, 407), une à la féminine (654).

284. Après la quatrième longue, l'hiatus du v. 78 παράθου ἀγραυλέϊ (T) est parfaitement régulier ; il semble pourtant avoir été corrigé dans la recension ω par l'insertion de καί.

285. Ici encore (cf. n. 284), ω semble avoir corrigé l'hiatus et normalisé la syntaxe.

Enfin, si l'on étudie le vers nicandréen en relation avec les raffinements que Callimaque a apportés à l'hexamètre par rapport à l'usage homérique, on constate que les règles qu'ils supposent sont appliquées la plupart du temps :

1) Nicandre évite de terminer un mot avec la deuxième *thesis* constituée par une longue (*loi de Hilberg*). Les exceptions consistent, comme chez Callimaque et Aratos[286], en des mots de deux syllabes (97, 618, 890, *Al.* 365 [T]), dont la deuxième est rarement une brève (*Th.* 890, *Al.* 365 [T]), une seule fois en un mot trissyllabique[287].

2) Il évite également de terminer un mot avec une *thesis* 4 constituée par une longue (*loi de Naeke*). Une seule exception : *Th.* 457.

3) Il n'y a dérogation au *Pont de Hermann*[288] (contre la coupe trochaïque quatrième) que si une fin de mot coïncide avec la quatrième longue, ou si la *thesis* 4 est complétée par une particule telle que δέ ou τε.

4) Pour la rareté des violations de la *première loi de Meyer* (contre les mots commençant au premier pied et se terminant avec un des éléments de la *thesis* 2), Nicandre se range aux côtés de Callimaque[289].

5) La *deuxième loi de Meyer* (un mot iambique est évité avant la césure principale) est " loin d'être une règle absolue " (West). Cependant, elle est observée par Nicandre, qui partage avec Callimaque et Apollonios une préférence marquée à placer les mots iambiques après la césure[290].

286. Cf. West, *Greek Metre* p. 155[50].
287. *Al.* 209 ἔνερθε. Il y a de plus violation de la première loi de Meyer (voir *infra* n. 289). *Th.* 530 ἐν δὲ a l'excuse de la particule.
288. Respecté par Apollonios. Pour Aratos cf. West, *Greek Metre* p. 155.
289. West, *Greek Metre* p. 155[51]. Deux exceptions chez Call. : 2. 41 (πρῶκες ἔραζε), 6. 91 (ὡς δὲ Μίμαντι) ; trois chez N. : 285 (ἔνθ' εἰλυθμὸν), 758 (γλῶσσα δ' ἄτακτα), cf. *Al.* 209 (*supra* n. 287).
290. West, *Greek Metre* p. 155. Chez Callimaque (cf. Call. fr. 75.23 et la n. de Pfeiffer), le nombre des exceptions dépasse la douzaine. Dans les *Th.*, il n'y en a que six sur 278 vers à césure masculine : 152 πέλοι, 206 κάρην, 459 Σάμον, 600 δύω, 701 ἔμεν, 887

Conclusion A ne les considérer que du point de vue de la versification, les *Thériaques* seraient déjà une assez belle réussite. Seul poète θηριακός à avoir survécu, Nicandre reste pour nous celui par qui la discipline iologique aura reçu l'éminente dignité de l'expression " épique ". Au lieu de l'accabler sous un schéma didactique réducteur, on aurait dû se demander si les poètes médecins, à la lignée desquels il appartient, thériaques ou autres, qu'ils emploient le vers épique, le trimètre iambique ou le distique élégiaque, les Nouménios d'Héraclée, Pétrichos, Héliodore d'Athènes, Servilius Damocratès, Philon de Tarse et Andromachos l'Ancien, ne formaient pas, dans la catégorie des poètes didactiques, un groupe particulier au même titre que les poètes philosophes, les Empédocle et les Parménide, puisque enfin, si l'on accepte les analyses précédentes, la langue des vers, chez lui comme chez eux, est non pas uniquement le véhicule d'un enseignement quelconque mais l'outil qui permet de faire connaître une synthèse personnelle de connaissances. Lorsque Wilamowitz et Legrand procédaient à leur éreintage de Nicandre, ils ne s'étaient pas attardés à considérer le contenu scientifique de son œuvre, fort incapables d'ailleurs de le juger. Quant à Wellmann, qui le condamnait d'une manière non moins sommaire, il avait fréquenté la littérature technique trop exclusivement pour apprécier correctement un poète hellénistique[291]. On comprend dès lors pourquoi la réputation de Nicandre a gravement souffert dans les dernières décennies. Parmi les critiques, ceux qui avaient une bonne connaissance des choses de la littérature étaient incompétents pour apprécier, sur le

σίδας (600 est le seul qui, à la différence de ce que l'on constate chez Callimaque [Wifstrand 65], n'offre pas de césure après la *thesis* 1). La proportion des mots iambiques avant penthémimère est la même chez Oppien, *Hal.*, chants 2-4, cf. Wifstrand 66. Il convient de noter que les *Th.* ont, à la place normale, πέλοι/πέλει six fois, κάρη(ν) six fois, δύω cinq fois.

291. Cf. *supra* p. LXVI s.

fond, la façon dont il a traité son sujet ; en revanche, ceux qui avaient les compétences requises dans le domaine de l'histoire des sciences naturelles et de la médecine dans l'antiquité n'étaient nullement qualifiés pour porter sur lui une appréciation littéraire motivée. Or, on ne peut rendre justice à Nicandre, poète et médecin, sans considérer à la fois les deux aspects de son œuvre. C'est à quoi se sont appliqués jadis les commentateurs dont notre *corpus* de Scholies a résumé le riche apport.

III. — HISTOIRE DU TEXTE DES *THÉRIAQUES*.

Les commentaires anciens...   Les *Thériaques* ont attiré l'attention des érudits[292] peu de temps après la mort de Nicandre. L'activité grammaticale dont il fut l'objet commence dès le Ier s. avant J.-C. et se poursuit au Ier siècle de notre ère. Le plus ancien de ses exégètes, Démétrios, est cité neuf fois dans les Scholies des *Thériaques* : trois fois avec le sobriquet ὁ Χλωρός (Σ *Th.* 377-378, 541a, 585a), une fois avec le patronyme ὁ Μενεκλέους (869a), le reste du temps sans marque distinctive (158b, 382a, 622c, 748, 781b). Souvent, l'explication de Démétrios est fantaisiste ; dans la note au v. 377, elle repose sur une *falsa lectio*, qui peut être une conjecture (cf. comm. n. 39 §2b). On comprend que, dans ce dernier passage, Antigonos ait polémiqué contre lui, de même que dans les Σ 585a (cf. comm. n. 62 §1e) et 748 (cf. n. *ad loc.*), chaque fois avec juste raison. Grammairien d'Alexandrie antérieur à Didyme, cet Antigonos, qui vivait vers le début du Ier s. av. J.-C., contemporain de Démétrios peut-être un peu plus récent, est à identifier avec l'auteur d'un lexique d'Hippocrate mentionné dans la préface d'Érotien[293]. Les

---

292. Voir Wilamowitz[1] 190 s. ; Kroll (*supra* n. 1) 261.47.
293. *Voc. Hippocr. coll.* praef. p. 5.19 Nachmanson : καὶ μετὰ πάντας Ἀντίγονος καὶ Δίδυμος οἱ Ἀλεξανδρεῖς. Sur Antigonos voir Susemihl 2 p. 194 s. ; L. Cohn, *RE* 1. 2422.30.

autres passages où il est allégué par les Scholies concernent des réalités, surtout botaniques[294]. Il peut avoir été utilisé même en des endroits où son nom n'est pas cité, comme le suggèrent les rencontres entre Érotien et les Scholies (voir par exemple comm. n. 26 §2)[295]. Le continuateur de Didyme, Théon, fils d'Artémidore, qui a enseigné à Alexandrie sous Auguste, et dont on connaît l'activité de commentateur des poètes hellénistiques (Callimaque, Apollonios de Rhodes, Théocrite, Lycophron et sans doute Aratos), ne figure dans nos Scholies (237a) que pour une glose, mais Étienne de Byzance (s.v. Κορόπη), à propos des v. 613 s., se réfère, d'après une version des Scholies plus complète que la nôtre, au commentaire de Théon ainsi qu'à ceux de Démétrios et de Plutarque[296]. Théon est peut-être responsable de certaines notes mythologiques (cf. comm. n. 33 §2) et des parallèles poétiques (n. 39 §2a), d'une grande érudition, tandis que ses deux prédécesseurs sont plutôt la source des témoignages tant médicaux (θηριακοί, ῥιζοτόμοι) que grammaticaux. Quelques-uns des auteurs ou des ouvrages allégués par le Scholiaste en ces domaines sont par ailleurs

294. Σ 94a (comm. n. 11 §5), 574b (n. 61 §1b), 849 (n. 103 §2) ; zoologique : 781b (n. 88 §3) ; géographique : 215a (n. 22 §3ad). Le Scholiaste (Théon ?) contre Antigonos : 849 ; renvoie dos à dos Antigonos et Démétrios : 781b (cf. n. 88 §3).

295. Érotien cite une fois une glose d'Antigonos (π 58 s.v. πηρῖνα) et, à l'appui, *Th.* 586 (cf. *Test.* et comm. n. 62 §2). Les Scholies n'ont pas cette glose mais elles se réfèrent à Antigonos au v. 585. C'est p.-ê. à lui qu'Érotien doit les citations des *Th.* (voir aussi *Test.* 55, 70, 71, 85, 273, 577, 752). Cf. K. Strecker, « Zu Erotian », *Hermes* 26 (1891) 295 ss.

296. Σ *Th.* 237a (Θέων δὲ ἐν ὑπομνήματι κλώθουσα· οἰδοῦσα). St. Byz. p. 375.10 οἱ δὲ ὑπομνηματίσαντες αὐτὸν (*sc.* Νίκανδρον) Θέων καὶ Πλούταρχος καὶ Δημήτριος ..., texte cité *Test.* 613 s., cf. n. *ad* 614. Sur Théon cf. Susemihl 2 p. 215-217, C. Wendel, *RE* 5A 2054-2059, qui souligne (2058.25 ss.) son intérêt pour la mythographie. L'accord entre les Σ Nic., d'une part, et, de l'autre, les Σ Arat., Ap. Rh., et Lyc. peut, au moins en partie, s'expliquer ainsi ; mais les concordances entre les différents *corpus* de Scholies peuvent également en certains cas être dus à l'utilisation de sources communes plus récentes.

totalement inconnus : le livre d'Iollas (*supra* n. 107) sur les villes du Péloponnèse et son ouvrage pharmacologique (Σ 683a), le θηριακὸς λόγος du roi Juba (715a), Théophile ὁ Ζηνοδότειος (12a)[297]. Plutarque s'intéressait aux questions de sciences naturelles et de médecine, comme le montrent ses *Propos de table* et ses *Préceptes de santé*. Son commentaire des *Thériaques*, qui figure dans le catalogue " de Lamprias " sous le titre Εἰς τὰ Νικάνδρου Θηριακά (fr. 113-115 Sandbach)[298], semble avoir été axé sur les réalités[299], comme ceux de Démétrios et d'Antigonos. C'était sans doute aussi le cas du commentaire de Diphile de Laodicée, cité par Athénée (7. 95, 314d) au sujet de la Torpille. Il pourrait lui aussi être à l'origine de références techniques. Nos Scholies aux *Thériaques* ne mentionnent jamais son ouvrage Περὶ τῶν Νικάνδρου Θηριακῶν, ce qui ne veut pas dire qu'elles ne l'ont pas utilisé, mais son bien n'y est pas identifiable. En revanche, les Scholies à Théocrite (*Id.* 10. 1-3b, cf. 38-40a) le citent pour βουκαῖος (*Th.* 5) employé comme nom propre, un emploi qui convient à Théocrite mais non à Nicandre[300]. L'effort des commentateurs n'avait

297. L'écrit iologique de Juba a été négligé par Susemihl 2. 402-414 et par Jacoby dans son survol des œuvres de Juba (*RE* 9. 2389-2395), classé arbitrairement " Zweifelhaftes " dans ses FGrHist 275 F 102. Sur Théophile, qui n'est pas forcément un élève direct de Zénodote, et dont l'époque est impossible à déterminer, voir Susemihl 1.346.

298. Cf. Plut. *Moralia* VII : Fragmenta, p. 5, n° 120. Le fr. 114 est des plus douteux. Sandbach rapporte le témoignage de Plut., qu'on lit dans deux mss récents des Scholies (Σ 333a [*codd.* OI] p. 146.11-13 = *Quaest. conv.*, Mor. 624d) au commentaire des *Th.*, alors qu'il concerne les amandes amères et non la racine de Bryone. Comme il l'a fait pour Galien (cf. *infra* n. 308), le ms V ajoute aussi, *de suo*, aux Scholies anciennes des références à Plutarque (Σ 173b, 645b). Dans le reste de son œuvre, Plutarque montre, à l'occasion, qu'il connaissait bien les *Thériaques*. Sur sa citation tacite du v. 64 (*Test.* ad loc.) cf. *infra* p. CLXX. Voir aussi n. *ad* 363 φλιδόωσα. Sur son commentaire d'Hés. *Trav.* (*supra* p. XCVI) cf. West, *Op.* p. 67 s.

299. Il s'est intéressé à la botanique médicale, voir comm. n. 11 §5 (cf. *Test.* ad 64 et la note précédente), et naturellement à l'épiclèse d'Apollon (*Th.* 614, cf. n. *ad loc.*).

300. Wellmann (*RE* 5. 1155 s.) assigne Diphile au Haut Empire

pas suffi à résoudre tous les problèmes soulevés par Nicandre touchant la langue et les réalités. C'est ce que nous pouvons déduire du titre d'un ouvrage perdu du grammairien alexandrin Pamphilos (Ier s. après J.-C.), Εἰς τὰ Νικάνδρου ἀνεξήγητα[301]. En dehors des grammairiens cités reste-t-il encore d'autres traces de l'exégèse ancienne de Nicandre et des *Thériaques* ? J.-G. Schneider[302] interprétait ainsi les références des Scholies à Tyrannion (Σ *Th.* 52c), à Diogénien (*ib.* 237a) et à un obscur Théodose (Σ *Al.* 99a). A la vérité, elles ne supposent pas des écrits particuliers. Tyrannion, contemporain de Cicéron, a pu s'expliquer sur le sens d'ἄκνηστις (*Th.* 52, voir comm. n. 7 §5) dans l'ouvrage où il comparait l'usage des νεώτεροι à celui d'Homère (cf. *Od.* 10. 161 κατὰ κνῆστιν *c.v.l.* κατ' ἄκνηστιν)[303]. L'explication de κλώθειν par Diogénien ne veut pas

pour la simple raison que c'est la grande époque des commentaires de N. ; rien n'empêche de le faire descendre jusqu'au IIe s. Selon Wellmann, c'est à lui qu'Athénée devrait la discussion savante sur les Murènes (312b-e) avec la citation de N. (cf. *Test.* 823-827), et son commentaire aurait été l'intermédiaire de Sostratos pour les Scholies. Quel était l'à-propos de sa remarque sur la Torpille qui transmet son pouvoir à travers des corps étrangers (cf. Théophraste, *Annexe* §3, fr. 7) ? L'hypothèse d'une lacune des *Thériaques* est arbitraire. Peut-être s'agissait-il d'une digression suscitée par le ναρκᾶν provoqué par le froid (cf. n. au v. 382). Le garant de la note de π₁ au v. 382, sur un effet du même genre, fait lui aussi appel à son expérience personnelle : Diphile est un candidat possible. Dans la référence des Σ Thcr., on lit : Δίφιλος δὲ ἐν τῷ πρώτῳ τῶν Νικάνδρου Θηριακῶν. Wendel, *AGGW* 1920, 150 n. 1, suggère ἐν τοῖς πρώτοις (*sc.* στίχοις). La correction de πρώτῳ en περὶ semble plus vraisemblable.

301. Cf. Suidas π 142, s.v. Πάμφιλος : il cite cet opuscule parmi d'autres γραμματικά. Aucune raison d'y voir un écrit polémique dirigé contre les Ἐξηγητικὰ τῆς ἀττικῆς διαλέκτου de Nicandre de Thyatire (O. Schneider 161 s., après Ranke). Si tel était le cas, l'ouvrage aurait été désigné par un titre plus clair : voir C. Wendel, « Pamphilos Nr. 25 », *RE* 18. 342.49, et, avant lui, Wellmann[9] 59 qui ne met pas en doute le sens du titre transmis.

302. Dans son avant-propos, p. VII s.

303. Ὅτι διαφωνοῦσιν οἱ νεώτεροι ποιηταὶ πρὸς Ὅμηρον : cf. H. Planer, *De Tyrannione grammatico*, Progr. des Joach. Gymn., Berlin 1852, p. 28. Sur Tyrannion voir Susemihl 2 p. 179-183 ; C. Wendel, *RE* 7A 1811-1819.

dire qu'il lisait ce verbe au v. 237, ou au v. 647 (cf. n. crit. *ad loc.*). Elle n'implique pas non plus un travail d'édition et de commentaire des *Thériaques*. Les mots pour lesquels Hésychius et Nicandre sont nos seuls témoins peuvent venir à Hésychius de Diogénien, au moins certains d'entre eux, mais la forme des lemmes montre souvent que Diogénien les a empruntés à d'autres que Nicandre[304]. Quant à Théodose, de personnalité et d'époque indéterminées, la référence du Scholiaste des *Alexipharmaques* qui parle de " l'exemplaire ancien transcrit du Nicandre de Théodose " pourrait aussi bien, selon O. Schneider[305], s'appliquer à un manuscrit du Moyen-Âge.

Ce qui est vrai des commentaires
... et les Scholies intégraux des poèmes, auxquels
Pamphilos était en mesure de se reporter, et qui devaient donc laisser beaucoup de questions sans réponse, l'est encore plus des Scholies qui, malgré toutes les richesses qu'elles nous offrent encore (cf. p. LIV s.), ne présentent des commentaires anciens qu'un résumé des plus maigres. Circonstance aggravante : au fil du temps, leur rédaction est allée en s'appauvrissant. Nous venons de le voir grâce à Étienne de Byzance (*supra* p. CXXX), et l'*Etymologicum Genuinum* nous donne parfois l'occasion de le vérifier (cf. p. CXIV)[306]. Selon toute vraisemblance, le *corpus* de Scholies qu'Étienne (Vᵉ s.) connaît sous le nom de trois des plus anciens commentateurs, Démétrios, Théon et Plutarque, a pris naissance, pour l'essentiel, quelque cent ans après Plutarque[307]. Les références qui lui sont postérieures, en effet, appartiennent pour la plupart au IIᵉ siècle : Denys le Périégète (*Orbis descriptio* 226) à l'appui de la conjecture πολύστομος (Σ 175b, cf. n. *ad loc.*) et en illustration du mythe de Cadmos et d'Harmonie (*ibid.* 392 ~ Σ 607), Dio-

---

304. Cf. les *Test.* et Wellmann⁹ 58-63 sur l'origine des gloses zoologiques, botaniques, médicales d'Hésychius.

305. *Nicandrea* p. 162.

306. Voir la n. au v. 708. Je signale des exemples probables du même fait chez Élien, comm. n. 31 §2 et 33 §2.

307. Cf. Wilamowitz¹ 1. 190 ; Kroll (*supra* n.1) 261 s.

génien d'Alexandrie cf. *supra* p. CXXXIII pour une glose de
κλώθουσα en accord avec Hésychius (κ 3064) mais en
opposition à Théon (Σ 237a), les deux Oppien (*Hal.* 1. 17,
al. : Σ 98b ; *Cyn.* 1. 346 : Σ 586c), Galien[308]. Le *corpus*
s'ouvre par un Νικάνδρου γένος (Théon ?) contenant deux
informations capitales : le fait que Damaios était le père de
notre Nicandre (fr. 110) et le fait que celui-ci était contemporain d'Attale III de Pergame, auquel il adressa un hymne
(fr. 104) ; les contradictions des autres notices biographiques par rapport à ces données sont aisées à expliquer
(voir l'Introduction du tome I). Au-delà des IIᵉ/IIIᵉ siècles,
nos Scholies ont reçu quelques suppléments. Les *Homélies
sur l'Hexaéméron* de Basile de Césarée sont citées à deux
reprises : 42D, p. 290 Giet (= P.G. 100D) sur les χέδροπα
(Σ 753b), *ibid.* 42E (= P.G. 101A) sur les ἀνθέρικες qui
protègent les épis (Σ 803b). Et surtout, au terme de l'évolution des Scholies, il est possible que Jean Tzetzès (milieu du
XIIᵉ s.), " cet aimable bouffon "[309] dont on connaît des Scholies aux *Thériaques* et aux *Alexipharmaques*[310], ait eu
quelque influence sur leur ultime rédaction. C'est ce que
font supposer deux notes pour lesquelles il est cité. Contre le
Scholiaste qui entend τέκνα κακοφθόρα de la progéniture
des Souris, il rapporte justement ces mots aux Scorpions (Σ

---

308. Comme la moitié de celles de Plutarque (173b, 645b), les citations de Galien, sont exclusivement le fait de la réfection V qui se
réfère à Galien le plus souvent à tort. Σ 642d (11. 880.3-5 Kühn) : Nic.
parle d'ἔχιον et non d'ἐχῖνος ; Σ 678b résume 11. 812.3-813.7 K. sur
les trois espèces d'ἄγχουσα (sans rapport avec l'ἡλιοτρόπιον) ; Σ
685b résume 12. 94.15-95 K. (seule la remarque sur πάνακες Ἀσκληπίειον est utile).

309. Le mot est de Martin West. Sur la " méthode " de son commentaire des *Travaux* d'Hésiode voir West, *Op.* p. 69 s.

310. Cf. G. Wentzel, « Die Göttinger Scholien zu Nikanders
Alexipharmaka », *Abhandlungen d. königl. Gesellschaft d. Wissen-
schaften zu Göttingen* 38 (1892) 1-95 ; C. Wendel, *RE* 7A 1982.5. Que
Tzetzès soit intervenu dans les Scholies de Nicandre, une note comme
Σ *Al.* 568b le prouve, qui l'oppose aux commentateurs précédents :
λαχειδέος· δασέος, ὡς οἱ πρὶν ἐξηγησάμενοί φασι· ἤ, ὡς οἴεται ὁ
Τζέτζης, πρασίζοντος, λαχανοειδέος, καὶ ἐν συγκοπῇ λαχειδέος.

795a). Les mots Τζέτζης λέγει σπέρμα μαλάχης (= Σ 94d) qu'on lit dans le ms G au-dessus de (καρπὸν) νεοθή-λεα (δαύκου) sont incompréhensibles à cette place : ils visent sans doute le v. 89, où la classe commune ω porte μαλάχης ἐγκύμονα καρπόν, ce qui a pu faciliter la confu-sion[311]. Mais je ne serais pas surpris qu'il fût à l'origine de conjectures audacieuses qu'il est difficile d'attribuer aux Scholies anciennes[312]. En tout cas, on ne sera pas tenté de lui attribuer la responsabilité du plus-proche-commun-ancêtre des manuscrits de la classe commune ω : en effet, le texte des *Thériaques* qu'il a utilisé prend des libertés avec la tradition[313].

A. LA TRADITION DIRECTE.

Il ne nous est que très rarement possible d'atteindre le texte qu'ont commenté les exégètes du Ier s. avant et du Ier s. après J.-C. Les papyrus (Ier/IIe s. après J.-C.) se réduisent pour l'essentiel à des bribes de lemmes accompagnant des fragments de commentaires : ils ne nous ont conservé d'une façon extrêmement fragmentaire (12 vers plus ou moins incomplets) qu'une seule édition antique. D'autre part, les citations anciennes, au demeurant peu abondantes, souffrent des défauts inhérents à la tradition indirecte. Nous connais-sons mieux l'édition des IVe/Ve s., car c'est à elle, en défini-tive, que remonte l'ensemble de nos manuscrits de Nicandre. Dans les cas les plus favorables, la paraphrase

311. Les Scholies aux *Alexipharmaques* citent Tzetzès quatre fois : 2e = 2f, 394c, 568b. Comme dans les *Thériaques*, les Tzetziana sont la propriété quasi exclusive du ms G ; il s'agit le plus souvent de gloses interlinéaires dues à G[1]. Toutefois, en Σ *Al.* 2f, la glose est commune à G et à *l*. Et dans K, au-dessus de 52 ἄκνηστις, une main récente a écrit : τζε(τζης) κνὶς ἄγαν κνήθεσθαι, où l'on est tenté de voir une étymologie de ἄκνηστις.

312. Un exemple : la glose ὀδόντες· οἱ δοίδυκες καὶ τριβεῖς (85e) suppose la conjecture κρητῆρι, cf. n. crit. *ad* 85.

313. Cf. 902 φιλοθρήνου (*pro* πολυθρήνου), 958 κολώνη (*pro* πολίχνη), où ω est notre seul témoin. Tzetzès semble avoir utilisé un exemplaire interpolé (cf. *Test.* ad 380-382).

d'Eutecnius, établie probablement elle-même sur une édition de cette époque, et la tradition indirecte (cf. *infra* §§2 et B) nous donnent, dans une certaine mesure, le moyen de contrôler leur témoignage.

§1. Les Manuscrits du Moyen Âge et de la Renaissance.

Vingt-huit manuscrits du Moyen Âge et de la Renaissance nous ont transmis, en totalité ou en partie[314], le texte des *Thériaques*. Ils se divisent en deux classes, représentées :

- la première par un seul témoin (T) – ce qui n'a en soi rien de surprenant, mais il n'en a pas toujours été ainsi (voir *infra* p. CLXVI) –, le célèbre Nicandre de Paris (Xe s.) issu de la tradition illustrée, qui est attestée par Tertullien (voir *Test.* ad 769-804), enrichi de miniatures mais presque entièrement dépourvu de scholies et de gloses ;
- la deuxième par le reste des témoins (ω), dont les plus anciens datent du XIIIe s., et dans la masse desquels l'étude des variantes et l'examen des scholies nous aident à reconnaître des affinités permettant de distinguer des groupes offrant des différences mais dérivant tous d'un modèle scholié dépourvu d'illustrations.

Avec Nicandre, nous avons affaire à une tradition bifide, situation fréquente dans l'histoire des textes grecs. Des deux classes de manuscrits, la première, quel que soit le nombre des fautes individuelles de son unique témoin, est souvent supérieure à la seconde. Aujourd'hui, pour faire progresser le texte de Nicandre, le seul moyen, en dehors d'heureuses conjectures, serait de retrouver un manuscrit de la même classe. Cela ne signifie nullement que les divergences de la deuxième classe soient toutes des *falsae lectiones* : il ne manque pas de cas où elle l'emporte sur la première. Parmi leurs variantes, si l'on met à part les erreurs par rapport à l'archétype Ω, certaines s'avèrent irréductibles l'une à l'autre, comme il en va pour les variantes que présente la vulgate des *Argonautiques* d'Apollonios de Rhodes compa-

---

314. Pour l'indication des lacunes voir *Sigla* p. CCIII-CCV.

rée à la *proecdosis*. Nous n'avons, certes, aucun témoignage relatif à l'existence de deux éditions de Nicandre, mais il est tentant de voir dans de telles variantes des variantes d'auteur (cf. n. *ad* 37, 44, 47, 51, 79, 140, 243, 824). Le processus conjecturé par Hermann Fränkel[315] pour Apollonios est valable pour Nicandre. Au lieu de publier son œuvre lui-même, il a pu la garder sur le métier et la corriger à diverses reprises, des amis en tirer des copies privées comportant de ce fait des variantes, puis des érudits en donner des éditions véritables à partir d'exemplaires différents.

a) Première Classe : le *Parisinus* Supplément grec 247 (**T**)

Dès 1849, Ulco Cats Bussemaker avait reconnu la valeur du Nicandre illustré de Paris, ce qui le décida à en extraire un choix de variantes[316], quelques années avant que Heinrich Keil n'en fît une collation complète à l'intention d'Otto Schneider pour ses *Nicandrea*[317] (1856). Ce manuscrit, entré à la Bibliothèque Nationale[318] en 1795, faisait partie aupara-vant des collections de l'ancienne abbaye de Saint-Germain-des-Prés (cote nº 885,2). Une note (de la main de Louis Lemerault qui fut bibliothécaire de l'abbaye entre 1735 et 1756) précise la date de son acquisition (nov. 1748) mais sans indiquer son origine. De toute évidence, il fut apporté d'Orient en Italie au début de la Renaissance : à preuve, les inscriptions latines tracées par une main italienne du XVe s.[319].

315. Dans son édition des *Argonautiques*, Oxford Classical Texts, 1961, p. VI.
316. In : *Scholia in Theocritum, Nicandrum et Oppianum*, Paris, Bibl. Didot, praef. p. V s. = p. 380 s.
317. Cf. O. Schneider, *Nicandrea*, p. 212.
318. Cf. Omont, *Fac-similés des Miniatures* ..., p. 34.
319. L'une de ces notes se lit au haut du fol. 2ʳ, avant le titre grec : *Liber Nicandri de naturis animalium* ; une autre, explicative, très effa-cée, au-dessous de la miniature représentant la διψάς au fol. 14ʳ : *Iste est talis coluber, quod qui mordetur ab isto sitit ultra modum, et quanto plus bibit, plus inflammatur et sitit, et sic tantum moritur et uocatur dypsas* (*significans sitim*, les derniers mots quasi illisibles) ; une troisième, qui expliquait les illustrations du fol. 46ʳ a presque com-plètement disparu à la suite d'un grattage.

Je l'ai désigné du sigle T en mémoire d'Alphonse Dain, qui, par une conjecture invérifiable, l'attribuait à un *scriptorium* de Trébizonde.

Il se présente sous la forme d'un *codex* de parchemin, dont la matière est d'inégale qualité, composé de quarante-huit feuillets de format petit in-4° mesurant cm 14.8 x 11.8, ornés de cinquante-quatre miniatures[320]. Il était, à l'origine, formé de quaternions et d'un binion final. Le nombre de lignes à la page varie de vingt-deux lignes en page pleine (f. 5^v, 8, 9^r, 10^r, 11^r, 13^v, 20^v, 26^v) à une seulement (11^v, 21^r), en fonction de la place accordée aux illustrations, qui peuvent même occuper toute la page (f. 28, 44, 47, 48^r). Des traits à la pointe sèche, un trait vertical pour la marge de gauche, et des traits horizontaux pour indiquer les lignes, ont guidé le travail du scribe. O. Schneider rapprochait l'écriture, une élégante minuscule sans trop d'abréviations, de celle du *Laurentianus gr.* 32.9 d'Apollonios de Rhodes. Nigel Wilson lui trouve " une certaine affinité avec l'écriture du *Ravennas gr.* 137, 4A d'Aristophane ". L'ennui, c'est que ces manuscrits ne sont pas datés. Keil assignait le Nicandre au Xe s., Omont et Van Groningen au XIe, comme Bussemaker avant eux. Gow et, après lui, Hartmut Erbse[321] donnaient le choix entre le Xe et le XIe. En fait, l'hésitation n'est plus de mise. Le consensus des paléographes penche aujourd'hui en faveur de la seconde moitié du Xe s. Un bon juge va plus loin dans la précision. Jean Irigoin[322] propose " sans hésiter :

---

320. L'éditeur barcelonais M. Moleiro en a publié récemment, une reproduction à l'identique dans sa somptueuse collection « *casi original* » (voir *Conspectus* p. CXCIII, s.v. Nicandro). Dans le volume de commentaires qui l'accompagne, C. Förstel (p. 47-58) a donné une reconstruction de son état primitif. Il nous manque aujourd'hui 29 feuillets sur les 77 qu'il comportait à l'origine.

321. Cf. B.A. van Groningen, *Short Manual of greek Palaeography*, Leiden 1940, p. 39 ; Gow 26 ; H. Erbse *in* : *Geschichte der Textüberlieferung der antiken und mittelalterlichen Literatur*, Bd. I p. 252.

322. Dans une lettre qu'il m'adressait le 9/6/01. C'est également par lettre que N.G. Wilson m'a communiqué son avis, le 18/6/01.

avant 950 ", voire " aux alentours de 930 ", soit le
" deuxième quart du Xᵉ siècle ". Je rappelle que l'un des
manuscrits allégués ci-dessus, le *Laur*. 32.9, " peut se dater
des années 960 à 980 "[323].

Malheureusement, ce témoin privilégié du texte, qui, loin
d'être un ravaudage byzantin[324], représente une branche
authentique de la tradition, est gravement lacuneux. Sur un
total de 1588 vers que comptent les deux poèmes, il n'en
contient plus que 987, soit à peine les deux tiers. La proportion est plus défavorable encore pour les *Thériaques*, dont il
n'a plus que 554 vers, soit un peu moins des trois cin-
quièmes. Si l'on examine la teneur des passages manquants,
on est amené à conclure que ces lacunes sont accidentelles
et non l'effet d'un choix délibéré opéré à travers les poèmes.
La seule façon d'en rendre compte, c'est de supposer que ce
manuscrit, peut-être déjà son modèle, a été victime de
voleurs de miniatures. On en a la preuve dans le fait que
deux folios ont été amputés de moitié (f. 30 et 34). D'autre
part, le f. 29ᵛ s'arrête avec le v. 73 des *Alexipharmaques* : le
début de la notice sur le breuvage à la Cantharide (74-106)
occupait un feuillet perdu et contenait sans doute, en plus du
texte, les miniatures correspondantes. De même, des illustrations occupaient sûrement le haut du f. 34 et le haut du
f. 30, lequel garde au verso une trace de miniature entre le

---

323. A. Dain, dans le Sophocle de la C.U.F., tome I (1955),
p. XXVI.

324. A. Touwaide, « Nouvelles perspectives pour l'édition et la
lexicologie des poèmes de Nicandre », *Emerita* 66 (1998) 151-178,
s'est efforcé de démontrer que T ne serait qu'un « métatexte » reflé-
tant un état de la critique nicandréenne à l'époque paléobyzantine.
Tout dément une semblable hypothèse. L'auteur de ce malheureux
essai, truffé d'erreurs grossières, ne réussit qu'à montrer son ignorance
de l'histoire des textes grecs, les lacunes de son information quant aux
testimonia et aux parallèles scientifiques et poétiques de Nicandre, la
méconnaissance de sa langue et de son style. Pour nous en tenir aux
Thériaques, la quasi-totalité des exemples qu'il allègue en faveur de ω
prouvent en fait l'éclatante supériorité de T, qui gardera son statut de
témoin éminent du texte de Nicandre.

texte et l'illustration disparue. Au total, l'état de T s'explique seulement par la disparition de peintures ayant entraîné la perte d'un certain nombre de feuillets, conclusion philologique confirmée par l'étude codicologique de Christian Förstel (cf. *supra* n. 320). Si les deux vers qui ont été effacés au bas du fol. 22^v n'étaient autres que les v. 767-768 qu'on lit au haut du fol. 23, comme l'espace qu'ils occupaient autorise à le supposer, nous aurions la preuve que le scribe de T copiait un modèle déjà lacuneux.

Les lacunes de T sont donc la rançon d'une richesse dont je dirai quelques mots. Sur les cinquante-quatre miniatures de T, la plupart se rapportent aux *Thériaques* (ceci explique les lacunes plus importantes de leur texte), sept seulement aux *Alexipharmaques*, où les espaces ménagés dans le texte pour les recevoir sont souvent restés blancs. Celles qui représentent des animaux venimeux et des plantes servant à la préparation des antidotes seraient à étudier dans la perspective de l'illustration scientifique et à confronter systématiquement avec les représentations de même nature auxquelles ont donné lieu Dioscoride et Eutecnius. Pour un tel examen, qui ne pouvait entrer dans le cadre de cette *Notice*, je renvoie à l'étude comparative d'Aslanoff (cf. *infra* n. 325), relativement aux peintures zoologiques et botaniques. Je reviendrai sur la question dans le tome III. Les miniatures de ce type, dans le Nicandre, ne brillent pas par l'exactitude de la reproduction, et les légendes qui les complètent accumulent les bourdes les plus grossières. Beaucoup plus intéressantes les scènes à personnages. On en compte seize, onze pour les *Thériaques*. Elles portent toutes la marque de compositions antiques, sans aucune trace d'influence byzantine. Ce qu'en a dit Karl Weitzmann, selon qui il s'agirait d'additions byzantines contemporaines du manuscrit, est à repousser[325] :

325. Cf. K. Weitzmann, « The Greek Sources of Islamic Scientific Illustrations », *Archaeologica Orientalia in memoriam Ernst Herzfeld* (New York 1952) = *Studies* (1971) p. 34-40 (cf. Weitzmann[1] 144 s., 167). Il fonde son opinion sur la comparaison avec l'illustration d'Eutecnius et des textes analogues, qui ne comportent pas de telles scènes,

c'est faire bon marché de leur style et, de plus, négliger le
lien qui les rattache au texte de Nicandre (cf. n. au v. 20,
comm. n. 55b). Ce lien est parfois si fort qu'il confère un
intérêt philologique à la miniature, celle-ci pouvant offrir un
appoint critique à l'établissement du texte (cf. 313 εὐνῇ, 808
καχίλοισι et le comm. n. 29, 92 §2).

En revanche, c'est de façon exceptionnelle que l'on
trouve dans T des scholies ou des gloses marginales, surtout
au début des *Thériaques*, jamais dans les *Alexipharmaques*.
Outre quelques bribes de scholies à peu près identiques à
celles de ω, T n'a que très rarement des gloses et il a une
seule variante[326]. O. Schneider avait eu tendance à suréva-
luer le témoignage de T. Depuis la découverte des papyrus,
qui ont confirmé quelques leçons de ω, on a été enclin, par
un excès inverse, à le sous-estimer, sans se soucier d'ailleurs
de vérifier ses leçons. Certaines des « variantes » de T que

au nom d'une conception de l'illustration des œuvres scientifiques
empruntée à Bethe. G. Aslanoff, « La Illustración del *Supplément
Grec* 247 » *in* : Nicandro p.61-104, allant dans le même sens, y voit
une production de la Renaissance Macédonienne attestant le goût classique de l'époque. Création sans modèle ancien ? Additions de T ou
appauvrissement de l'illustration originale chez Eutecnius ? On a à
peine à croire que les peintures antiques qui subsistaient à Constantinople (p. 64) rendent compte d'un pastiche aussi bien réussi. Le minia-
turiste byzantin ne reproduirait-il pas plutôt un modèle antique (voir
infra p. CXLV) ? Le premier illustrateur de N. a pu tenir compte des
digressions mythologiques des *Th.*, qui ne sont pas une œuvre exclusivement scientifique. Ce qui est vrai d'Orion (cf. comm. n. 4 fin) l'est
aussi des autres illustrations non scientifiques.

326. Le relevé de A. Crugnola (p. 11 s.) appelle les corrections et
les additions ci-dessous. *Scholies* : T a ἐν θέρει et non ἐν ἔαρι
comme ω ; après ἐξέρχονται, on lit : ὁ χυλὸς τοῦ μαράθρου, c.-à-d.
le début de la Σ 33b, qui continue à la ligne suivante, réduite au sommet des lettres. Σ 37a, le début a disparu, ajouter ἐν γαγγιδη avant
πόλει ; après λυκίας on lit : εὑρίσκεται δὲ παρὰ τοῖς αἰγιαλοῖς
μέλας τε καὶ χλωρός, ὅστις βαλλόμενος εἰς πῦρ οὔτε κλανεται
(χλιαίνεται ?) οὔτε καίεται κτλ. – *Gloses* : ajouter v. 29 (*ad* λισ-
τρωτόν) [v]ομαλὸν καὶ ἐξυσμένον (= p. 46.6). V. 36 (*ad* κεραίην)
παραγωγῇ τὸ (κέρας) = 36c (p. 49.8). V. 333 (*ad* ἐφελλιν) τὴν
εφελεῖδ(α) φη(σί). V. 383 (*ad* ξανάαι) ἀπὸ τοῦ ξαίνει (cf. p. 165.3).
– *Variante* : v. 26 (voir n. crit. *ad loc.*).

l'on a blâmées en regard des leçons de π ou de ω ne sont en fait que des erreurs de lecture[327].

Les particularités orthographiques de T sont mentionnées dans l'apparat (cf. *infra* p. CLXX) seulement à propos des leçons qu'elles impliquent sans ambiguïté et que je cite sous leur forme correcte. Je crois utile de relever ci-dessous les graphies fautives de T, ainsi que les *notabilia*.

I. CONFUSION DE LETTRES. — 1) α pour ο : 351 γωλειαῖσι, 542 περιτέτραφε, 558 ἀμόρξαις, 627 ἡρακλεῖαν, 628 πετάλειαν, 782 βασκάδα, 805 τοῖα, 854 ἐρινάδας, 858 δαυκεῖαν. – ο/α : 234 εὐρυνθεντος, 543 τοῖο, 708 πλαδρον, 804 ἐν βοτ-. – 2) αι/α : 553 -σφαραγεῦσαι. – α/αι : 48 φέροντα. – 3) αι/ε et ε/αι : 3 κυδίσταται, 288 ἔθος, 310 ἐν ἐλένη, 323 ἐπιδέδρομαι, 630 ὀλίγες, 647 ἀρπαίξεσιν, 658 τροχαίην, 662 παιδόεσσα, 790 πετρέοισιν, 811 μήδετε. – 4) αι/η et η/αι : 193 διεσκαίνιψε, 883 πεύκηι. – 5) αι/ι : 814 καιουσηι. – 6) β/π : 268 τράμβιδος. – 7) γ/ι et ι/γ : 819 ὄγμον, 879 αἰρεῖ. – 8) δ/σ : 385 δειρὴν. – 9) ε/α : 253 ἐπήρυγε. – 10) ε/ο et ο/ε : 82 ἐρείου, 652 ἐργάζοιο, 691 ἐλάεντος, 694 νόον (*pro* νεαρὸν). – 41 ἰσοολκεῖ, 182 ὀδόντος, 878 κακὴ πολέοντα. – 11) ε/ει : 155 αἰόλλε, 682 χέμετλα. – ει/ε : 787 λειπτα. – 12) ει/η et η /ει : 152 κακειθες, 238 ἤδεται, 638 ἀκανθεῖον, 642 κάρειαρ, 793 ιχθυβολεῖες, 848 εἰ, 862 μούνει, 862 μνηστῆρα, *al.* – 13) ει/ι et ι/ει : 32 ἐπιστίβων, 114 θρείναξι, 265 εἰθεῖαν, 367 ἄσπιστον, 386 ἐπι, 629 στρομβιά, 635 χειλεύουσι, 639 τίνει, 778 φρείκας, 792 πολυστείοιο, 864 πεπλεῖτιν, 877 ἐμπείσαιο, *al.* – 14) η/οι : 822 : ἠδ'. – 15) η/ι et ι/η, η/υ : 302 πηδύεται, 324 -άτη, 368 πυθμένηι, 647 ἀμφοιήν, 802 μαστάκη, 858 ἐφίλην, 864 μήλτου, 866 σηκῦοῖο, 876 πεπερήν. – 26 ὑδρίεντα, 119 κῖριν, 550 ἡμῖν, 638 ἀγχούσι, 668 ἐπακτίν, 681 κοτυλιδόνος, 851 μίκων, 877 γλιχώ. – η/υ : 37 ἐῆ γαγγίδα. – 16) ι/ρ et ρ/ι : 91 στεινῶι, 851 κουλυβατέρα. – 17) ι/υ : 820 ἀνωδινος, 875 -νίζης. – υ/ι : 634 κύλβιν. – 18) κ/σ : 119 κῖριν. – 19) κ/χ : 277 ἐνικραύση. – 20) λ/ρ et ρ/λ : 302 πεφολυγμένον, 546 τέρσον, 859 χλης, 870

_____

327. Pour prendre un seul exemple, au v. 381, T n'a pas la leçon ἀεργοῖς (*sic* O. Schneider, *unde* Gow), longuement critiquée par Colonna (*PP* 7, 1952, 215), mais ἀεργοί avec le reste de la tradition (cf. *infra* §2, p. CLX s.).

ὀρόσχους. – **21) μ/θ** : 814 μηρί. – **22) ν/μ** : 856 φλόνου. – **23) ν/ρ** et **ρ/ν** : 668 ἐπακτίν, 875 πολύχροα. – **24) ν/ι** : 274 ἀμυδρήεσσαν, 631 ἄνθην, 694 ἐπισκήλην (ou dittographie), 850 καχρυφόρων. – **25) ξ/ζ** : 647 ἁρπαίξεσιν. – **26) ο/οι** : 247 γούνος, 659 κνήμος. – **27) ο/ω** : 154 ἄλλοι, 267 νότωι, 291 μετόπωι, 629 ψοχεστε. – **ω/ο** : 17 σφυρῶν, 374, 813 ἀμφωτέρωθεν, 630 ῥάμνων, 655 τριπλῶον. – **28) ο/ου** et **ου/ο** : 184 μυχάτος, 251 κρύους. – **29) οι/υ** : 11 μοιχάτοιο, 20 κοινηλατέοντος. – **30) π/ν** : 694 ἐπισκ-. – **31) π/στ** : 385 παχετοπε. – π/τ : 820 οὐδ' επι. – τ/π : 683 δὴ τότε. – **32) π/φ** : 54 πύξιον. – **33) ρ/σ** : 549 πέρκος. – **34) σ/ι** : 377 ὀροστύποι. –**35) σ/ξ** : 273 πέμφεισιν. – **36) σ/ο** : 273 υἱἐτοῖς, 863 παρθενισιον, 875 λεπτοθερίοις. – **37) σ/τ** : 783 ἁησος. – **τ/σ** : 804 κιστοῖο, 167 μεστὰ. – **38) τ/δ** : 655 ἔντοθεν, 867 τε. – **39) τ/θ** : 629 ψοχεστε. – **40) υ/ο** : 827 ἁλυς.

II. CONFUSION D'ONCIALES. — (Voir aussi Haplographie et Dittogr., explicables par l'écriture onciale) : **α/δ** et **δ/α** : 90 ἰδύοις, 682 ὀλοφὺ ἄνα, 876 μηάων. – **δ/λ** : 865 δημνίδος. – **ε/σ** : 176 ἄειν. – **θ/ο** : 95 τροχθειδέα.

III. CONFUSION DE MOTS, VOCES NIHILI. — 127 κακὴ (pro κίη), 167 πεφευγὸς, 294 δ' ἄκος (pro δέμας), 375 δέ μιν (pro γε μέν), 799 δέ τε (pro δ' ὅ γε), 873 φύλαττε. – 119 κῖριν, 360 θησαίας, 864 ἀναδρέα, 879 χαραον.

IV. LETTRES INTRUSES. — ι (après voyelles longues) : 99 ζωιά, 192 ὦιεα, 282 ἐνίσπωι, 316 ἐλένηι, 331 λάχνηι, 343 αἰζηΐοισι, 360 σήιμμα 0', 361 αὐαλέηι, 633 γύγαιο, 636 ἐρέωι, 676 ἄισαι, 694 ωικύς, 768 ἐφείηι, 795 μυιοδ- ; (après voyelles brèves) 783 ποιηφ-, 803 ἀιθέρων. – λ : 626 πανάκτειλον. – μ : 862 μνηστῆρα. – ρ : 147 ἐν βροτέει, 785 βούβρωστρις. – syllabe : 563 ἐφέψεται.

V. OMISSION. — **1)** De **lettres** initiales. β : 357 ῥωμήτορος. – ε : 324 λάχεια. – ι : 643 σηρεα. – σ : 386 μινύοιο. – Dans le mot. ι : 267 ὀδοπλανέων. — μ : 151 ἐπυροι, 283 καταβαθμοὺς, 338 δὲ φλέγεται. – ο : 859 χλης. – **2)** de **syllabes**. 26 αν, 119 -τέρη δὲ, 625 -υσ-, 694 νόον (pro νεαρὸν), 870 -γι-, 875 φοινίζης pro φύλλα κονίζης. – 3) de **petits mots**. 190 δ', 369 ὅγ', 767 τ' [2], 785 et 820 οἱ.

VI. HAPLOGRAPHIE. — **1) Lettres.** 637 δύο χίεια, 680 γλυκοῖσιν (pro γλαυκ-), 685 φλεγύϊον, 690 πρόπαιον, 691 πυρὸς ἐλα-, 824 πολακις, 828 ἀλιραίστην, 868 εὐρήχου (a.c.). – **2) Syllabes** : n. crit. ad 867.

VII. Dittographie. — ν : 863 παρθενισιο<u>ν</u>. – ρ : 318 αἱμορρόοι, 688 επυρράκτεεν. – σ : 31 ἀπεδύσσατο, 351 ῥωετος, 669 ἀναγρασσον, 869 ὀροβάκχοις, 879 πρασσον, 884 ἀγροτέραις. – α/λ : 116 ἀ<u>λ</u>κμηνος. – θ/ε et ε/θ : 143 ἐρέθοντες, 875 λεπτοθ<u>ε</u>ρίοις.

VIII. Interversion. — **Lettres** : 774 καρτερὸν, 821 -ρ ἄγεον (pro ῥαγόεν), 880 κίδνης ; **mots** : 103 ῥοδέου μοίραν, 235 ἀπο καὶ.

IX. Coupe des mots. — Mots **non coupés** très nombreux, cf. 90 κενιδύοις, 314 βαρύνηρυγεν, 880 σπερμολοον, etc. – **mal coupés** : très nombreux, cf. 90 λιπασείασαν αἱμάκτος, 138 ἀναφοιτήσην ἐάρηι, 251 δὲ ξονύχων, 285 ἐν θείλυθμον, 346 πορένη μερίοισι, etc.

X. Assimilation. — **1) Observée** : 87 ἐμβάμματι, 557 ἐγκεφάλοιο, 692 ἔγκατα. – **2) négligée** : 89 ἐν κύμονι, 147 ἐν βροτέει, 154 ἐν χλοάουσα, 324 ἐν βαρύθουσα, 669 ανπεδίον, 804 ἐν βοτέοντες,

XI. Apostrophe. — Souvent **omise** ou **intruse** : cf. 49 τ' ὅθι, 87 γ' ἔτριψας, 793 δ' ἐλαστρεες, 872 ἀλλ' ότε, etc.

XII. Hyphen. — 40 πυρ<u>ιθ</u>αλπέα, 41 ἴσ<u>οο</u>λκέϊ, 44 ἴσ<u>οα</u>χθέα, 94 χερ<u>οπ</u>λήθη, νε<u>ο</u>θηλέα, 101 νε<u>οσ</u>φαγέος, 142 νεβρ<u>ο</u>τόκοι, 170 δορα<u>το</u>ξόος, 192 κηρ<u>ιτ</u>ρόφου, 863 νε<u>οθ</u>ρέπτοι.

XIII. Signe Critique. Ponctuation. — *Diplè* : dans la marge gauche, à hauteur du v. 189 et entre les v. 194 et 195. – On lit :- à la fin du v. 127, qui termine une péricope.

XIV. Corrections. — 162 : voir n. crit. ; 795 θανάτων a.c. ; 868 εὐρήχου a.c. εὐρρή- p.c.

XV. Esprit, Accent. — L'esprit, l'accent, souvent erroné ; le ι adscrit (jamais souscrit) ; le ν éphelcystique souvent superflu. Je signale que, dans les verbes composés, l'esprit affecte souvent la voyelle initiale de la forme simple, comme il arrive dans les papyrus, parfois également le préverbe : cf. 185 ἐν ἐρεύγεται, 276 ἐπι ὄσσεται, 297 διέρπει, 543 περὶ τρέφει, 871 ἐν ἐρεύθεται, 884 ὑπέθρέψαντο ; de même pour les adj. : 384 ἐν ἀλίγκιον. Cf. Pap. Bodmer, Mén. *Dysc.* 108 ανὄσιε.

Parmi les échanges entre voyelles ainsi qu'entre consonnes, ou entre voyelles et consonnes, il en est qui relèvent de la minuscule et qui semblent donc prouver que le modèle était en minuscule (cf. ci-dessus I 8, 23 et 40).

Plus souvent, ils mettent en cause des lettres qui, dans l'écriture onciale, s'inscrivaient dans un cercle, telles que ε, θ, ο, σ, ou dans un carré, comme α, δ, λ (cf. §II). La recension ω présente également des fautes d'onciale remontant à l'hyparchétype, ainsi τριόφυλλον pour τρίσφυλλον, mais ce ne sont pas les mêmes[328]. Il s'en déduit que ω et T dérivent d'exemplaires représentant deux translittérations différentes. A vrai dire, en présence des fautes de T, on se croirait à une époque bien antérieure à la translittération, devant une copie privée de qualité médiocre. Que l'on regarde la préface de Körte à son édition des comédies de Ménandre conservées par des papyrus, ou bien encore, que l'on consulte le relevé des fautes du Papyrus Bodmer que Colin Austin a donné en appendice de son édition du *Bouclier* et de la *Samienne*, et l'on se retrouvera, devant la plupart des erreurs de T, en présence d'un texte qui n'a pas fait l'objet d'une *diorthose* grammaticale. Je n'entends pas suggérer par là que T a été copié directement sur un papyrus des IIe/IVe s., mais ce pourrait être le fait de son modèle. En tout cas, ces *orthographica* semblent de nature à constituer à eux seuls un argument suffisant contre l'hypothèse absurde d'un remaniement byzantin du texte de Nicandre.

Indépendamment des excellentes leçons qu'il est seul à transmettre, le grand mérite de T c'est qu'il respecte en général la spécificité de la langue et du style de Nicandre. Contre ω, qui a tendance à normaliser et à banaliser, T défend ses hardiesses et son originalité : entre maints exemples de ces deux attitudes, je renvoie aux vers 629 (ψώχεσθε), 645 (ἀνθήεντος), 650 (δίξοον). Quelquefois, les Scholies nous fournissent un critère de jugement. Au v. 119, concernant δάχμα[329], elles notent que Nicandre écrit

---

328. L'archétype Ω a lui aussi des fautes d'onciale : cf. p. ex. 46 αὐτήν, 401 ἀΐξαντος.

329. C'est évidemment la leçon δάχμα (GN : *om.* L) qui est à retenir, et non δάγμα (*cett.*).

le mot « partout par un α et non par un η » (Σ 119a, p. 77.3 s.).
Hormis 128 et 201 où T et ω s'accordent sur η, sur les six
passages restants où l'on peut comparer le comportement
des deux recensions (119, 152, 187, 274, 338, 654), ω a partout η, T quatre fois α. On peut faire la même observation à
propos des atticismes sauvegardés par T (cf. *supra* p. xcvii).
Cette normalisation, ω l'obtient au prix de corrections, en
particulier pour la métrique (voir *supra* les n. 284, 285).
C'est là ce que O. Schneider et Wilamowitz, dans leur
appréciation des manuscrits de Nicandre, avaient parfaitement compris.

b) Deuxième Classe : l'hyparchétype ω

En face de la recension T, la classe ω a une réelle et profonde unité. Tous les manuscrits qui la constituent – vingt-
deux, déduction faite des copies de modèles conservés (voir
Sigla §III) – dérivent du même hyparchétype, un manuscrit
ancien lui aussi, retrouvé probablement au Xe siècle, compte
tenu de la date du modèle de L (voir *infra* §1, *sub* L). Je
reviendrai plus en détail sur leurs rapports dans le tome III,
à propos des *Alexipharmaques*, me bornant ici à présenter
mes conclusions essentielles, qui se fondent sur des collations personnelles exhaustives (texte et Scholies) de tous
les manuscrits, sauf le *Mosquensis*[330]. Comme chez Apollonios de Rhodes, on peut distinguer dans la classe ω trois
ensembles, plus ou moins étendus, que j'ai appelés *a*, *b*, *c*
en fonction de leur degré de fiabilité. Ce ne sont pas des
familles le plus souvent, mais plutôt des groupes dont les
membres ont tendance à se diviser contre eux-mêmes ou à
s'unir les uns aux autres en des « combinaisons chan-
geantes »[331]. Le groupe *c*, avec ses deux sous-groupes, est

---

330. Malgré diverses tentatives, je n'ai pu réussir à obtenir des
photocopies de ce ms. Voir *infra* p. CLIV (sub *Mosq*) et la n. 344.

331. West, *Op.* 81. Ses réflexions sur la classe ψ des mss des *Travaux* d'Hésiode conviennent parfaitement aux mss de N. de la classe ω.

le seul à mériter le nom de *famille*, car il forme un ensemble plus cohérent, dont tous les membres remontent indubitablement à un commun ancêtre. C'est aussi celui qui contient la grande masse des *recentiores* et des *deteriores*. Les deux autres groupes ont des contours plus flous. La contamination s'est chargée de les brouiller, rendant l'élaboration d'un *stemma codicum* une tâche absolument vaine. Deux manuscrits (MV) sont inclassables, véritables éditions philologiques qui, au lieu d'être les reflets de la tradition, choisissent librement parmi les variantes à leur disposition.

1. Le groupe **GLN** (= *a*)

G **Goetting**. **philol**. 29, bombycin, cm 25 x 17, milieu du XIIIe s. Ms. de 183 fol. : Pind. *Ol.* 1-*Ném.* 3, avec les Σ. Fol. 139-182[v] : N. *Th.* et *Al.*, Νικάνδρου γένος, Scholies marginales, Scholies et gloses interlinéaires écrites de la même main que le texte, complétées par une main postérieure (XIVe). Feuillets de papier insérés, portant une écriture des XVe/XVIe : fol. 138 épigr. de N. (*AP* 11. 169 s., 7. 526), Suid. ν 374 (Vie de N.), épigr. sur N. (*AP* 9. 213, 212, 211), fol. 165 *Th.* 933-958 (f. 165 : 933-944 avec Σ s'arrêtant à la fin de la n. au v. 933 ; f. 165[v] 934-958 sans Σ). Le texte de N., *Th.* et *Al.* entremêlées, offre une grande confusion ; aux fol. 139-164[v], on trouve successivement : *Th.* 1-641, *Al.* 283-292, 259-282, *Th.* 642-741, *Al.* 393-400, 257-258, *Th.* 742-932. Le ms[332] Ambros. E 112 (Gr. 315), copie de G, supplée à ses défaillances (cf. n. crit. 933-958). – Voir G. Wentzel (cité *supra* n. 310) 3 ss[333]. ; W. Meyer, *Verzeichnis der Handschriften im Preussischen Staate*, Berlin 1893, I p. 9 s.

---

332. Papier, cm 28.3 x 19.7 ; 117 fol. : N. *Th.* et *Al.* (incomplet) avec Σ marginales et gl. interl. qui s'arrêtent au v. 859 (f. 19[v]).

333. Deux erreurs à corriger : fol. 160[v], le texte des *Th.* commence au v. 761 (et non 781) ; 165 [v], il se termine au v. 958 (et non 950). L'indication de Gow (« lacks *Th.* 176-185 ») est erronée.

L **Vaticanus gr**. 2291 (olim Chisianus gr. 50), papier, cm 31.2 x
21.5, milieu du xve s. (copié dans la région d'Otrante sur un
exemplaire des xie/xiie s.) : Soph., les sept tragédies, avec les
Scholies. Fol. 246^v- 279^v : N. *Th*. et *Al*., Βίος Νικάνδρου et
Scholies marginales. Même confusion que G ; fol. 247-271^v
(*Th*.) : 1-34, 69-205, 240-273, 206-239, 35-68, 274-638, *Al*.
26-357, *Th*. 639-958. – Voir P. Franchi de' Cavalieri, *Codices
graeci Chisiani et Borgiani*, Rome 1927, 100 s. ; A. Colonna,
« De codice quodam Sophoclis antiquissimo », *Athenaeum*,
N.S. 18 (1940) 271 = *Scripta minora* 64, et son article de la *PP*
(cité *infra*), p. 218, qui corrige la date donnée pour le modèle
dans son article précédent (ixe/xe s.).

N **Vaticanus gr**. 109, papier, xve s. : (Aphth. *Progymn*., Hermog.
τέχνη ῥητορική), fol. iii-iv^v. Il s'agit en fait d'un seul feuillet,
détaché d'un ms de N. sur parchemin, palimpseste écrit au xiii^e
s. sur une chaîne à Saint-Paul, *IIe Ép. Cor*., et coupé en deux
moitiés dans le sens de la largeur pour servir de couverture ; 37
x 23 cm, à l'origine : *Th*. 61-139, disposés en deux colonnes,
au centre de la page, et entourés sur trois côtés par les Scholies.
Manquent au recto 67-70, au verso 118-121, disparus avec une
bande médiane de 4 cm environ. – Voir G. Mercati-P. Franchi
de' Cavalieri, *Codices Vaticani graeci*, tome I, Rome 1923,
addenda p. xxv s. ; A. Colonna, « Frammento di un antico
codice di Nicandro », *La Parola del Passato* 7 (1952) 212 s.

La perturbation qui affecte l'ordre du texte dans GL n'est
pas de leur fait, elle est même plus ancienne que leur
modèle direct respectif, car les deux poèmes s'y succèdent
parfois dans le cours de la même page et sans aucun avertis-
sement[334]. Pour déterminer l'appartenance de N au groupe *a*,
ce critère est évidemment inapplicable, et, à cause de l'exi-
guïté de son témoignage, la comparaison de son texte avec
les autres témoins, compte tenu de la contamination, rend de
même impossible d'aboutir à des conclusions certaines. N a

334. On a un exemple du même désordre chez Eutecnius, dans sa
paraphrase des *Th*., où les v. 557-724 (Vind. med. gr. 1, f. 424-431^v)
sont insérés entre 725-827 (f. 416-423^v) et 828-958 (f. 432-437^v). C.
Förstel a signalé des traces de la même perturbation dans T (Nicandro
p. 55).

des leçons communes avec *b* (85 κνιστῆρι [AH]), ou avec des manuscrits de ce groupe (RW : 124 ἀβόσκοις ; KOW : 133 ἐχῖνες [HQ] ; 138 νεαρκεῖ [LHQ]). Il est plus souvent d'accord avec L (78 ἀγραυλαίη, 125 ἰαύοι [*c*V]) qu'avec G (132 τιτθοί [KP]). Une seule fois, il offre une leçon particulière à P (128 τύχης, *supra* η *scr.* οι). Au v. 62, il n'a pas la *vera lectio* ἀγλαύροισιν, particulière à *a* ; en revanche, au v. 99, il partage avec *a* la bonne leçon βάλλοις (RMV), contre la *f.l.* de *b** βάλοις (P). Mais, pour ce qui est des Scholies, il se range résolument dans le groupe *a*. L'unité de ce groupe est démontrée par des leçons qui lui sont propres, telles que : 34 αὐχήεντα, 225 ὑφ', 883 ἀσπαράγου, 903 ῥ' ἀεκούσιος, auxquelles on peut ajouter des leçons qu'il partage avec des manuscrits plus récents : 198 τεύχονται (D*Ald*), 409 πελάσσῃ (CV), 463 κεγχρίναο (WC), 472 ἤ (D*Ald*), 751 ἴσα (O), 872 πολύγουνος (V). A noter l'accord T*a* : cf. n. *ad* 12 (Eut.), 26, 37 (*bis*), 62 (Σ, D^sl), 257, 400, 423 (*EG*^B), 442 (Σ, Eut.), 588 ; accord TG : 291 καρήατα (et cf. §2) ; TL : 261 πισύρεσσιν, 298 νύχματι, 338 δὲ φλέγεται, 645 ἀνθήεντος, 783 ποιηφάγος, 801 οἱ.

Il faut sans doute rattacher à *a* le manuscrit perdu *l*, dont « le médecin parisien Lorry » avait communiqué des leçons à J.G. Schneider (voir ses *Animadversiones criticae*, p. 129-173)[335]. Pour autant qu'elles soient assurées, elles montrent que *l* était proche de G.

2. Le groupe KORW (= *b*)

K **Vaticanus gr**. 305 (olim 218), papier, cm 25 x 16.7, XIIIe s. (avant 1282) : Theod. Prodrom., N., Porphyr., Heracl., excerpta Vat. *De incredibilibus*, Liban., Hdt. de vita Hom., Men. sen-

---

335. Gow 10 pense qu'il s'agit de Anne-Charles Lorry (1726-1783). Aux leçons que j'ai citées dans l'apparat (53, 59 [G], 96, 370 [G]) j'ajoute celles-ci, qui s'accordent avec T*a* : 37 δαίων, 192 κηριτρόφου, 269 ἀήτεω (R^sl), 314 ἀποθλιφθεῖσα (M) ; avec *a* : 58 ἀνύσσαι ; avec G : 268 καμάτῳ (M), 272 τελεῖ (G : πέλει G^mg), 273 πέμφυξιν (D) ; avec L : 92 ἐκ ; avec M : 279 πολιός.

tent., Theod. Balsamon, Niceph. Saponopulos. Fol. 139-170ᵛ :
Th., avec le Nicandri genus (sans titre), des Σ marginales, des
gloses interlinéaires et marginales de plusieurs mains ; à la fin
du f.170ᵛ, souscription : ἐτελειώθη … κατὰ τὴν κγ΄ τοῦ
ἀπριλλ. τῆς (ἰ)ν(δικτ.) γραφὲν διὰ χειρὸς Θεοφυλάκτου
τοῦ Σαπωνοπούλου. – Voir Mercati-Franchi de' Cavalieri,
Codd. Vat. gr. I p. 443-450.

O Laurentianus gr. XCI sup.10, papier, in-8°, XIVᵉ/XVᵉ s. : œuvres
diverses de grammairiens anciens, Hés. *Théog.*, N., Lucien,
extraits variés. Fol. 145-162 : *Th.* (pour le contenu exact voir
Sigla), Βίος Νικάνδρου incomplet, gloses interlinéaires et
marginales ; fol. 162-171ᵛ : *Al.*, avec gl. interlinéaires. – Voir
A.M. Bandini, *Catalogus codicum graecorum bibl. Laurentia-
nae*, tome II, 1768, p. 427-429.

R Riccardianus gr. 56 (olim 18), bombycin, in-4°, XVᵉ s. : fol. 1-
45ᵛ, *Th.* et *Al.*, avec Scholies marginales (moins celles des v.
715-811) précédées de la Nicandri Vita (sans titre), pas de
gloses ; au revers de la couverture est écrit : Io. Lascaris ; à la
page 1 : βίβλος Οὐγολίνου τοῦ Μαρτίλλου καὶ τῶν φίλων.
– Voir J. Lamius, *Catalogus codicum manuscriptorum qui in
bibliotheca Riccardiana adservantur*, Livourne 1756, p. 294 ;
G. Vitelli, « Indice dei codici Riccardiani magliabecchiani e
marucelliani », *SIFC* 2 (1894) 507.

W Venetus Marc. gr. 477, bombycin, XVᵉ s. : fol. 1-74ᵛ, *Th.* et
Al., avec Scholies marginales précédées de la Nicandri Vita
(sans titre), et gloses interlinéaires ; à la fin du f. 74ᵛ, on lit la
souscription : ἐγράφη Νίκανδρος χειρὶ Πέτρου ταπεινοῦ.
Le ms Ambrosianus D 529 inf./Gr. 999[336], fol. 81-93, XVIᵉ s.,
est une copie de **W**.

L'unité du groupe *b* est prouvée par les leçons qui lui
sont particulières : 3 κηδέστατε, 37 ἐγγάγιλα, 85
κνιστῆρι, 243 ἰόν, 269 ἀήταο, 284 ὑπέρπεζον (M), 396
τεκμαίρευ, 480 γναμπτοῖσι, 518 ἀγρεύσειν, 761 δειπν-
ηστής (V), 822 οἶδ' (M), 910 ἀμέργες. Il se réduit plus
souvent à KOW à cause d'un comportement individuel de
R, qui le rapproche des autres manuscrits, notamment de G,

---

336. Papier, cm 40.5 x 23.6 ; 153 fol. contenant : Hés. *Théog.*,
D.P. avec Σ, Hés. *Tr.*, Thcr., N. *Th. Al.*, Opp. *Hal.*

M, V (cf. §4) : voir l'omission de οἱ au v. 820 et les n. crit.
ad 205, 237, 371, 433, 539, 573 (*bis*), 589, 683, 810, 840,
861, 872, 883, 946. Quand R offre la leçon *b*, il lui arrive de
porter la leçon de *a* au-dessus de la ligne (269 *sup.* αο *scr.*
εω). La parenté de R et de W est soulignée par l'absence,
dans le manuscrit R, des Σ 715-811, vers qui sont omis dans
le ms W. Il n'y a pas de rencontre significative de T avec *b*
ou KOW. En revanche, on peut se demander d'où sont
venues à K les *v.l.* de T, ἀμολγοί au v. 49 et τάπιδος au
v. 323, dues à une main récente ; elles ne peuvent lui venir
des Scholies ou d'Eutecnius, comme c'est le cas, entre
autres exemples, de 239 χαμηλαί (Σ) ; comme c'est le cas
aussi d'autres leçons de T qui sont mentionnées par G aux v.
119 δάχματι, 121 κακόν (~ Σ *ad hos u.*), 140 γυιοφθόρον
(Eut.), 677 μελισσοφύτοιο (Σ), ou par V au v. 290 ζαχραές (Σ). Accords individuels sporadiques de TK : 354
χρειώ, 705 κεφαλήν ; TO : 679 παλινστρ- ; et TW : 278,
681 αὔτως. R n'est jamais seul à partager une leçon avec
T ; en pareil cas, l'accord s'étend à M (cf. 99, 308, 327).

3. **La famille crétoise : P** *et pedisequi* (= *c*)

P   **Parisinus gr.** 2403, bombycin, cm 25 x 17, fin XIIIe s. Ms de
    310 feuillets contenant : deux opuscules anonymes, l'un de
    cosmographie, l'autre de métrique, J. Tzetzès sur les genres de
    poèmes, Aratos avec les Σ précédées de l'Arati Vita et suivies
    de Proclus, *Hypotypose des positions astronomiques*, Lyc. avec
    les Σ de I. Tzetzès, N., Pind. *Ol. Pyth. Ném.* (début) avec les Σ
    précédées de la Pindari Vita, *Od.* 1-24.309 avec quelques Scho-
    lies. Fol. 99[v]-116 : *Th.*, Nicandri Genus (sans titre) et Scholies
    marginales des v. 1-933[337] (pas de gl. interl.), début des *Al.* sans
    Σ. — Voir J. Irigoin-Guichandut, *Histoire du Texte de Pindare*,
    Paris 1952, p. 264 s. ; J. Martin, *Histoire du Texte des Phéno-*

---

337. Les Scholies G (XIIIe s.) s'arrêtent vers la fin de Σ 932 au mot
θηριακῶν (p. 316.2), au bas du fol. 164[v]. Le fol. 165 (XVe/ XVIe s., voir
supra p. CXLVII), porte, de la main récente (g), les Σ 928 (fin)-932
(p. 315.8-316.13), copiées sur un ms de la famille *c* (p.ê. *Ald.*), où les
Σ *Th.* s'achèvent avec la n. au v. 932. Rien ne prouve que dans G,
amputé de la fin de notre poème, les Σ *Th.* n'étaient pas complètes.

mènes d'Aratos, Paris 1956, p. 240 s. ; Id., *Scholia in Aratum vetera*, B.T., Stuttgart 1974, p. XI ; Id. Aratos, C.U.F., 1998, p. CLXV.

Le manuscrit P, ou plutôt un frère jumeau de P, est le modèle de tous les témoins de la tradition directe qui nous restent à examiner. Lorsqu'ils s'accordent avec P, ils forment avec lui une famille fortement typée (*c*), caractérisée par un grand nombre de variantes qui lui sont propres, souvent erronées (cf. 559 πολύκμηνον, un exemple parmi beaucoup), et, entre autres fautes typiques, par l'interversion des v. 260 et 261 et par l'omission du v. 136 (pour le comportement de D et de l'*Aldine* sur ce point voir *infra* p. CLVI). Lorsqu'ils s'en écartent (*p*), ils dépendent encore de lui d'une certaine façon, car, le plus souvent, c'est une faute particulière de P qui est à la base de leur divergence, laquelle consiste alors en une correction conjecturale[338]. Par ailleurs, des variantes de *p* (par rapport à P) telles que 589 πολυβάτειαν, 839 φαιά, etc., des *falsae lectiones* comme 99 ἔνθορα, 293 πέφρυκε/πέφυκε, là où P a les bonnes leçons ἐν θρόνα et πέφρικε, montrent l'unité de *p* et nous empêchent de considérer P comme son modèle[339]. La parenté de P et de *p* se marque en outre par le fait que les Σ *Th.*, dans les manuscrits *p* qui comportent des Scholies[340], s'arrêtent au v. 934 comme en P. Les rencontres de *c*, ou *p*, avec T sont exceptionnelles : voir n. crit. aux v. 87 (*p*), 178 et 381 (*c*). La propension de *p* à conjecturer recommande une grande prudence à l'égard des manuscrits de ce groupe.

---

338. Pour des conjectures de *p* (souvent métriques) visant à corriger P voir les n. crit. *ad* 92, 479, 562, 579, 589, 595, 728, 868, *al.*

339. Un cas très caractéristique est celui que l'on observe au v. 920, omis par P : *p* le tient d'un autre modèle qui n'avait p.ê. conservé que les deux mots initiaux ; il a, lui ou son modèle, complété la fin par conjecture.

340. Cf. FEC ; I, qui a un comportement particulier, a ajouté deux notes tirées d'une autre source, cf. p. CLIV ; B est un cas à part, cf. p. CLVII.

Il arrive que *p* se divise en deux sous-familles :

1) Sous-famille *x* :

U Urbinas gr. 145, papier, cm 23.8 x 16.3, xvᵉ s. Ms de 122 feuillets, écrit de deux mains ; à partir du fol. 50 (Call. *Hymnes*), il a été copié, comme Urb. gr. 146 (Ap. Rh.), par Georges de Crète. Contient : [Orph.] Arg., Call., Nic. Fol. 84-112ᵛ *Th*. sans Scholies, précédées du Γένος Νικάνδρου ποιητοῦ. — Voir C. Stornajolo, *Codices Urbinates graeci bibliothecae Vaticanae…*, Rome 1895 ; Pfeiffer, Call. II p. LXXI ; Vian *RHT* 9 (1979) 7.

F Ambrosianus A 162 sup./Gr. 58, papier, cm 28.7 x 20.3, xvᵉ s. Ms de 70 feuillets contenant : N. *Th*. et *Al*. avec Σ, Aglaias Byz., et début de poème anonyme sur les poids. Fol. 1-54 : *Th*., Γένος Νικάνδρου, Scholies interposées (occupant parfois la pleine page) et marginales s'arrêtant au v. 934 (cf. P). — Voir E. Martini-D. Bassi, *Catalogus codicum graecorum bibliothecae Ambrosianae*, I p. 73 s.

E Mutinensis Estensis gr. 39 (α.T.9.2), papier, cm 23.5 x 15.9, xvᵉ s., copié p.ê. vers 1467 par Michel Lygizos. Ms[341] de 215 feuillets contenant : Phalaris *Ep*., Brutus *Ep*., Dionys. Hal. *De veteribus scriptoribus censura*, N., [Orph.] *Arg*., Soph. avec gl. interl. Fol. 68-98 : *Th*. précédées du Γένος Νικάνδρου ποιητοῦ, avec Σ marginales jusqu'au v. 934 (cf. P). — Voir T.W. Allen, *Notes on greek Manuscripts in Italy*, Londres 1890, p. 7 ; Vian, *RHT* 9 (1979) 6 ; Id., Arg. Orph., C.U.F., 1987, p. 50, 73.

A Monacensis gr. 494, papier, in-4°, début xvıᵉ s. Ms de 66 feuillets contenant : Xén. *Conv*., [Orph.] *Arg*. 1-139, Callistr. *Ecphr*., Dioclès *Ep. ad Antig. regem*, fragm. d'Hp. et d'Aét., Eur. *Héc*., N., Soph. *Ajax*, [Orph.] *Arg*. 1-307, Prolégomènes aux Σ Lyc. (incomplet). Fol. 40-51ᵛ : *Th*. 1-178 avec Σ marginales, parfois interposées, cf. F) précédées du Γένος Νικάνδρου ποιητοῦ. — Voir *Catalogus codicum manuscriptorum bibliothecae regiae Bavaricae, Codd. graecos…* rec. I. Hardt, tome v, Munich 1812, p. 148-151 ; Vian, *RHT* 9 (1979) 2 ; Id., Arg. Orph. 50, 73.

I Ambrosianus C 32 sup./Gr. 175, papier, cm 22.3 x 16.3, fin xvᵉ s. Ms de 206 feuillets copié par Michel Souliardos et contenant : Arat. avec Σ incomplètes précédées de l'Arati Vita, D.H. *De vet. script. censura*, N., Lyc. avec Σ lacuneuses précédées

---

341. Une note finale indique qu'il « est la propriété de Georges Valla ».

des prolégomènes et de la Lycophronis Vita. Fol. 69-130ᵛ : *Th.* et *Al.* avec gl. interl. et Σ marginales précédées du Γένος Νικάνδρου ποιητοῦ (les Σ *Th.* comportent, outre 1-933 comme P, les n. aux v. 938 et 947). — Martini-Bassi I p. 186 ; J. Martin, *Histoire du texte des Ph. d'Aratos*, p. 257.

C   Ambrosianus C 80 inf./Gr. 854, papier, cm 31.1 x 20.6, xviᵉ s. Ms de 256 fol. écrit de trois mains différentes : Gal. *De anatomicis administrationibus*, N., Lapidaire Orphique avec gl. interl. et marginales, etc. Fol. 170-221ᵛ : *Th.* (2ᵉ main), avec Scholies marginales et interposées, précédées de la Nicandri Vita. — Martini-Bassi II p. 950 ; R. Halleux-J. Schamp, *Les Lapidaires Grecs*, C.U.F., 1985, p. 59 s.

D   Ambrosianus N 150 sup./Gr. 554, papier, cm 21.5 x 15.3, xviᵉ s. Ms de 91 fol. : *Th.* et *Al.* avec de nombreuses gl. interl., ainsi que notes et *v.l.* marginales, mais sans les Scholies et la Vita. Un numéro est inscrit à gauche du vers qui, dans F, est le premier du feuillet (de 1 à 52). — Martini-Bassi II p. 661.

Mosq(uensis) Pak. N. 1791-K (olim Dresdensis N D a 24), xvᵉ s. — J.G. Schneider (*unde* O. Schneider) en a cité des leçons. Les cotes ci-dessus sont celles que M. Geymonat indique dans son éd. des Σ *Al.*

***Ald(ina)* :** Γένος Νικάνδρου, *Th.* et *Al.* avec Σ marginales des v. 1-933, éd. princeps de N. imprimée à la suite du Dioscoride, in-fol., Venetiis, apud Aldum, 1499. Dans la deuxième édition (1523), les Σ sont rassemblées après le texte.

2) Sous-famille *y* :

S   Scorialensis gr. Σ III 3, papier, cm 28 x 20, (*c.* 1480-1485). Ms de 176 fol. : N., Aratos, avec Σ précédées de la Vita, [Orph.] *Arg.*, Ap. Rh. Ce ms a été copié en Crète par Antonios Damilas (voir f. 77ᵛ, 175 ᵛ), sauf les f. 1-29 (*Th.* et *Al.*, sans les Σ) écrits d'une autre main et ajoutés pour le compléter. Le ms S a servi de modèle au *Parisinus* gr. 2728, copié en Crète par Georges Grégoropoulos[342]. — Voir P.A. Revilla, *Catálogo de los Códices griegos de la biblioteca de el Escorial*, tome I, Madrid 1936, p. 343-346 ; J. Martin, *Histoire du texte des Ph. d'Aratos*, p. 231 s. ; Id., *Scholia vetera*, p. xiii ; Id., Aratos, C.U.F., p. clxxiii-v ; Vian, Ap. Rh., t. I p. li ; Id., *RHT* 9 (1979) 2 et Arg. Orph., p. 50.

---

342. Ms de 146 feuillets, papier, xvᵉ s. : Ap. Rh., Aratos, précédé de la Vita, N. *Th.* et *Al.* (f. 120-146ᵛ).

B **Perizonianus** F. 7 A (olim Leidensis 39), papier, in-fol., xvᵉ s. Ms de 246 feuillets : Σ Ap. Rh., Σ Pind. *Ném.*, Nic. Les f. 143-239 contiennent les *Th.* et les *Al.*, avec les Σ des deux poèmes éditées après le texte et suivies d'une « explication des poids, mesures, signes et caractères ». Le *corpus* des Scholies est indépendant du texte (cf. ci-dessous, p. CLVII). — K.A. De Meyier, *Bibliothecae Universitatis Leidensis Codices manuscripti*, IV : *Codices Perizoniani*, Leyde 1946, p. 10 ss.

H **Vaticanus Palatinus gr**. 139, papier, in-4°, xvᵉ/xviᵉ s. Ms de 339 feuillets, copié en Crète, en partie par Aristoboulos (fils de Michel Apostolios) et contenant : [Orph.] *Hymnes*, Proclus *Hymnes*, [Pythag.] *Vers d'or*, [Orph.] *Arg.* (terminées par une souscription d'Aristoboulos), N., Soph. *Aj. Él. OR.*, Thgn. (avec la souscription d'un certain Emmanuel), D.P., Eschyle (précédé d'une Vie) *Pr. Se. Pe.*, Lyc. (précédé des Prolégomènes de Tz., d'une Vita, mais sans les Σ). Fol. 61ʳ-95ᵛ : *Th.* et *Al.* sans Σ. Le ms de Leyde *Vossianus* gr. Q 59[343], papier, in-4°, xvᵉ/xviᵉ s., est un frère jumeau de H, mais qui a été corrigé d'après U. — Voir H. Stevenson, *Codices manuscripti Palatini graeci bibliothecae Vaticanae*, Rome 1885 ; Vian, *RHT* 9 (1979) 7 et Arg. Orph., p. 50 ; I. On. Tsavari, *Histoire du Texte de la Description de la Terre de D.P.*, Ioannina 1990, p. 188.

Q **Bruxellensis** 18170-73, papier, cm 30.5 x 20, xvᵉ s. (c. 1490). Ms de 147 feuillets descendant de S, copié en partie par Aristoboulos, en Crète (cf. la souscription à la fin d'Ap. Rh., datée du 31 mars 1489, et celle qui termine [Orph.]) ; il contient : Ap. Rh., [Orph.] *Arg.*, Nic. *Th.* et *Al.* sans Σ (f. 122-147 ; changement de main à partir du v. 360). — Voir H. Omont, *Catalogue des Manuscrits grecs de la bibliothèque royale de Bruxelles…*, Gand 1885, p. 26 (n° 83) ; Vian, Ap. Rh., t. I p. LII ; Id., *RHT* 9 (1979) 2 (cf. ibid. 2, 1972, 173 s.) et Arg. Orph., p. 50.

L'apparat critique donne beaucoup d'exemples de l'unité des sous-familles *x* et *y*. J'ai cité plus haut (p. CLII) celui du v. 293, où πέφρυκε est la leçon de *x*, πέφυκε (la plus éloignée de l'original) celle de *y*. Je pourrais multiplier ceux où elles sont d'accord sur des fautes, dont elles fourmillent, qui

---

343. Contient : [Orph.] *Arg.* et *Hymnes*, [Pythag.] *Vers d'or*, Call. *Hymnes*, diverses épigr., Σ *Il.* 2, Musée *Héro et Léandre*, Hés. *Sc.*, Phocylide, Aratos, Nic. *Th.* et *Al.* sans les Σ (f. 134-178), Phanoclès. Cf. Vian *RHT* 9 (1979) 8.

ne sont pas signalées dans l'apparat, — fautes de *x* (238
φοινίσσασα, 440 πελοθρόνιον [P], etc.), fautes plus nombreuses de *y* (740 θαλσαλέην, 764 πατάλοισι, 821
ῥογόεν, etc.). La cohérence de *x* et de *y* apparaît tout particulièrement lorsqu'ils opposent une faute à une autre,
comme au v. 293 ; cf., entre autres fautes non mentionnées,
582 ἀπομίξας *x* : ἀποσμίξας *y*.

Lorsque des groupes de manuscrits contemporains présentent des ressemblances aussi frappantes, y compris dans
l'écriture, il n'est pas toujours facile de distinguer le modèle
de la copie. Dans le groupe *x* – qui est celui de l'*Aldine*,
mais dont elle se distingue par certains traits empruntés à
une ou à d'autres sources –, se pose la question de savoir
lequel de ces *recentiores* peut dériver de *Ald*. C lui ressemble beaucoup. D semble copié sur elle : au sein de la
famille *c*, il est seul avec *Ald* à ne pas omettre le v. 136 (I en
a seulement les deux premiers mots, cf. le cas du v. 920,
supra n. 339), et, par ailleurs, D*Ald* sont les deux seuls
témoins à offrir une trentaine de particularités que mentionne l'apparat, sans compter celles qu'il ne signale pas,
comme l'inversion des mots du v. 383 ξανάᾳ νεύρων.
Mosq pourrait lui aussi être une copie de l'*Aldine*[344].

Le groupe *y* est certainement celui de la classe ω qui est
déparé par les fautes les plus grossières. Elles ont souvent
leur origine dans des graphies particulières, observables
dans un des témoins de *y*, sans que l'on puisse affirmer qu'il
s'agit du modèle. Tout ce que l'on peut dire, c'est que le
modèle devait avoir une écriture semblable à celle de B. Par
exemple, la ligature γρ de B dans ἄγραυλοι (473) justifie la
falsa lectio de S, ἄτο αυλοι, son ε final dans θέλε (474) la
faute de SHQ, θέλη. C'est la manière dont B écrit δοκεύων
(471), ou ποίην (666), qui explique les fautes individuelles

---

344. D'après les leçons qu'en a fait connaître J.G. Schneider, c'est
un très proche parent de D*Ald*, p.ê. même une copie de l'*Aldine* selon
A. Crugnola (p. 11[27]) : 432 μυκάζουσι (leçon que partagent KO*c*),
480 εὐκαμπτῇσι (*p*), mais 408 ἀϋτμία (D*Ald*), 212 ἄκραο (*Ald* seule
[dont le ν ressemble parfois à un ο] : ἄκραι *c** ἄκραν D).

de S (δοκδών) et de H (δοηδών), ou la faute collective de SHQ, τρίην. Les manuscrits SBHQ sont très proches, avec peut-être une parenté de HQ plus grande : cf. 678 τρωπαῖς (SBHQ) ἠἐλίοιο (HQ). B, avec ses Scholies, ne détruit pas la cohésion de *y*. Certes, B présente, contrairement aux autres membres de la famille *c*, un *corpus* complet des Scholies aux *Thériaques*. La raison en est que les Scholies ont une autre origine que le texte : rassemblées après les poèmes, elles ont été copiées sur un manuscrit du groupe *b* très proche de W. Le *Scorialensis gr*. Σ III 3, dans sa partie apollonienne, fournit un parallèle : les Scholies n'y figurent pas, elles ont été transcrites, à partir des Scholies marginales du modèle, dans un *corpus* indépendant du texte. Ici, c'est le même scribe qui a copié le texte et les Scholies, mais il a emprunté les Scholies à un autre modèle.

4. Les manuscrits MV

M Laurentianus gr. XXXII.16, papier, cm 25 x 17, XIIIe s. Ms[345] de 389 feuillets, produit à l'instigation de Maxime Planude (cf. fol. 8[v]) qui en a écrit certaines parties (p. ex. un morceau du Théocrite) ; la date du 1er septembre 1280 (f. 270, 296) vaut pour le *corpus* de poètes des f. 9-319 : Nonn. *Dion*., Thcr., Ap. Rh., Hés. *Op. Th. Sc*., [Opp.] *Cyn*. (quelques Σ marginales), Opp. *Hal*., Mosch., N., Triphiod., Phocylide, Grég. Naz. ; au début, extraits de prose d'une main plus récente (XIVe s.). Fol. 299[v]-311[v] : *Th*. (sans le début, pour le contenu voir *Sigla*) avec quelques Σ marginales et gloses interlinéaires jusqu'au f. 302[v] compris (v. 435-498), et *Al*. sans Σ ni gloses ; texte disposé sur deux colonnes ; le fait que M commence au v. 61 comme N n'est qu'une coïncidence. — Voir Bandini II p. 140-146 ; P. Boudreaux, éd. d'[Opp.], *BEHE* fasc. 172, Paris 1908, 22 s. ; Gow, Theocritus I p. XLI s. ; West, *Th*. p. 56 s., *Op*. 82 ; Vian, Ap. Rh. t. I p. XLIX (voir la bibliographie de la n. 2).

V Venetus Marcianus gr. 480, parchemin, cm 33.5 x 23.5, XVe s. Ms de 446 fol., copié pour le Cardinal Bessarion par Georges

---

345. Il a appartenu à Jean Chrysoloras ; François Filelfe l'a acheté à Constantinople, en 1423, à la veuve de Chrysoloras, qui n'était autre que sa propre belle-mère.

de Crète avant 1468[346], et contenant un *corpus* de poètes : Opp. *Hal.* avec gloses interl., [*Cyn.*] sans gl. ni Σ, Thcr. avec Σ, D.P. avec Σ, N., Aglaias Byz., Arat., Hés. *Sc. Op. Th.* avec Σ, Ap. Rh. avec Σ, [Orph.] *Arg.* et *Hymnes*, Proclus *Hymnes*, Call. *Hymnes*. Fol. 151-169 : *Th.* et *Al.* avec Scholies marginales abrégées et remaniées (voir *supra* n. 298, 308), précédées du Νικάνδρου βίος. Le ms Parisinus gr. 2726[347], fol. 97ʳ-119ᵛ, XVIᵉ s., est une copie de V corrigée sur W. — Voir A.M. Zanetti-A. Bongiovani, *Graeca D. Marci bibliotheca codicum manuscriptorum*, Venise 1740, p. 252 ; Boudreaux p. 26 s. ; Pfeiffer, II p. LXX s. ; J. Martin, *Histoire du texte des Ph. d'Aratos*, p. 256 ; Vian, Ap. Rh. I p. XLVIII ; Id., *RHT* 9 (1979) 7 ; Tsavari 199.

Comme on pouvait l'attendre de manuscrits dus à des *scholars*, M et V sont contaminés à partir de sources diverses auxquels ils empruntent erreurs ou bonnes leçons —

1) au groupe *a* : pour M voir l'apparat aux v. 281, 314 (T), 385 ; accord réduit à G : 67, 119, 260, 268, 338, 446, 546 [T], 730, 881 κάρη, ou à L : 175, 480, 735 ; pour V voir *ad* 872 ;

2) au groupe *b* : pour M cf. 284, 664 (T), 822 ; pour V : 761 ;

3) à la famille *c* : pour V cf. l'omission de 136 et les notes aux v. 214 (corrigé d'après un manuscrit du groupe *a*), 269, 316, 348, 368, 664 ; accord réduit à *p* : 156 et 262, 673, 681, à *y* : 466, ou à P : 35, 792 ; pour M, à *p* : 261.

La parenté de M et de V est établie par les erreurs qui leur sont communes (93 [P], 402, 450, 734, 764) et surtout par l'omission de 796. Elle s'étend à R (éventuellement après correction de la part de R) : cf. 87, 325 (Rᵖᶜ), 308 Rˢˡ (T), 470 (*y*), 578 (Rᵖᶜ), 715 (Pˢˡ), 778, 792 (λευκά), 805 (où RMV sont les seuls à porter la *vera lectio* τοῖο), 850, 903, 938, et surtout l'omission de 807 et l'interversion des v. 791-792. R partage en effet avec M un grand nombre

346. C'est à cette date que Bessarion en fit don, avec beaucoup d'autres, à la basilique de Saint-Marc.

347. Ms de 206 fol. : Arat., Vita et Σ, N. *Th. Al.* avec Σ et Vita, Aglaias Byz., Anon. *Sur le poivre*, *Des poids et mesures*, Thcr. et Mosch. précédés de la Theocriti Vita, Simmias *La Hache*.

d'erreurs, comme aussi de bonnes leçons[348], un accord qui peut s'étendre à G et impliquer V également[349]. GMV : 338 δ' ἐν φλέγεται, 472 ἐλάτῃσι, 533 περὶ ῥάδικας. A noter, en dehors des cas d'accord avec T qui ont été signalés, l'accord TMR (99), TV (47, 257, 290, 808) et TMV (302).

MV se distinguent par des corrections syntaxiques (47 [T], 731 γυιώσῃ [R]) et métriques, ces dernières intempestives[350]. V fait état, sans le citer, d'une variante de Galien (46). M conjecture (528 δείξω), parfois de manière incongrue (85). Lorsque, en face d'une tradition fautive, M ou V présentent la graphie correcte (37, 61, 215, 227, 415, 446), ils ne la tiennent pas directement d'un modèle meilleur, ils l'ont retrouvée le plus souvent *de suo*. S'ils méritent considération à cause de leurs émendations, elles ne font pas d'eux des guides plus sûrs. Maintenant, leurs leçons, quand elles s'écartent de ω, ne sont pas toutes des conjectures. Cela est évident pour les leçons qu'ils sont les seuls à partager avec T. Cela est également possible pour celles que M est le seul à transmettre (440, 660), et qui peuvent dériver d'exemplaires perdus. C'est là ce qui fait toute la différence de MV par rapport à des éditions modernes.

§2. Les Papyrus.

Les papyrus de Nicandre (voir *Sigla* p. CCIII) sont seulement au nombre de trois : l'un (π₂), du IIᵉ s. de notre ère, contient un fragment d'une édition des *Thériaques*, les deux autres (π₁ et π₃), du Iᵉʳ s., où fleurissent les exégèses de Nicandre (cf. supra p. CXXIX), des bribes de commentaires avec des lemmes citant des mots du poème.

---

348. Pour les erreurs cf. l'apparat aux v. 84, 107, 113, 127 (T), 171, 351, 424, 445, 509 (Rˢˡ), 536, 566 (Rᵞᵖ), 589, 643, 667, 671, 708, 728, 761, 808, 872 ; pour les bonnes leçons : 179, 308 (T) Rˢˡ, 327 (T) Rᵖᶜ, 344 (T), 441, 631.

349. Accord GRM : 192 (T) Rᵖᶜ, 260 (Rᵐᵍ), 271, 323 (T), 584 ; GRMV : 354, 859, 936.

350. MR : 728 δέ θ' ὑπέκλασε ; V : 29 παραί, 165 ἁπαί, 595 ἀπὸμ μέσον. Voir *supra* p. CXXIII.

POxy LVI 3851 (Pack² 1326) = π₂ (*Th.* 333-344), trouvé à Oxy-rhynchos, est une parcelle de *volumen* (7 x 7.5 cm) sans rien au verso. L'écriture droite, élégante, avec des éléments décoratifs, ressemble à *POxy* 2663 et date le document du second siècle[351]. Esprit (339) et accents (339, 342) de première main, ainsi que les variantes (336, 344).

POxy XIX 2221 (Pack² 1327) = π₁ (Scholia in *Th.* 377-395), Oxyrhynchos, deux colonnes conservées partiellement, recettes médicales en cursive au verso. Le commentaire des *Thériaques* est écrit en onciale droite, de bonne taille, datée par Lobel[352], ainsi que la cursive du verso, de la première moitié du Iᵉʳ s. après J.-C. Signes de lecture réduits à deux points (I 18, II 5) et quelques blancs.

PMilVogl II 45 (inv. 608) (Pack² 1328) [= π₃ (Scholia in *Th.* 526-529, 948)] + *PMilVogl* VI 262 (inv. 191) [= *fr. incertae sedis*], deux morceaux (17 x 7.5 cm et 4 x 9.5) du même ms provenant des fouilles menées en 1934 par A. Vogliano dans la région de Tebtynis. Copie privée d'une écriture élégante et rapide, avec éléments de cursive ; assignable au Iᵉʳ s. après J.-C. Pas de signes de lecture. *Diplè* (l. 3), à la fin de la citation de Sophron fr. 164 K.-A. ; blanc d'une lettre à la l. 12.

Comment les papyrus se positionnent-ils par rapport aux manuscrits, et notamment par rapport aux deux branches de la tradition, T et ω ? A cette dernière question, la lacune de l'édition π₁, au début du v. 342 (…].ε), ne permet pas de répondre. La trace de lettre avant ε est incertaine. Si c'est un vestige de ξ (Parsons, *dub.*), on doit restituer la leçon de T ἐξέρρηξε (et non ἐξξε-, comme le répètent Gow et Lobel après O. Schneider). Le commentaire π₁ nous place sur un terrain plus favorable, mais, ici encore, il faut corriger la collation de T par H. Keil, qu'a utilisée O. Schneider. Si, au v. 380, la leçon de T (κόκκυγος) trouve bien une confirmation dans le commentaire de π₁, ce papyrus ne soutient pas

<hr>

351. P.J. Parsons *in* : *The Oxyrhynchus Papyri*, vol. 56, p. 98 ; cf. E.G. Turner, *Greek Manuscripts of the Ancient World* ², Oxford, p. 134, qui, pour ce type d'écriture, cite également *POxy* 1083, 2176, 2454.

352. E. Lobel, *The Oxyrhynchus Papyri*, vol. 19, p. 57.

ω contre T « quatre fois » (Lobel). En effet, deux fois (381 ἀεργοί, 388 ὄμβριος), T s'accorde en réalité avec π₁ω. Des deux seuls cas réels de divergence, l'un (385 πάχετο πε au lieu de πάχετός τε) est une de ces altérations dont T est coutumier, l'autre (387 ὁλκός au lieu de ὄγκος) est la *vera lectio* altérée en π₁ω (cf. n. *ad loc*.). Sur les huit fois où π₁ fait cavalier seul (T manque à partir de 389), 4 fois sa leçon est erronée (383 ξαναη, 384 αμφισφ-, 387 πλεει, 391 ακρεμονας), 2 fois sans autorité (389 κοιλην, 394 βορειται) ; une fois il a probablement tort, au v. 393 αρπεζαισι (à corriger en ἀρπέζῃσι) au lieu de ἀρπέζαις τε (cf. p. CIII, *sub* IV 2), une fois sûrement raison (392 ερ[au lieu de l'impossible ἄψεα). Ces commentaires, qui offrent des plus si on les compare à nos Scholies et à Eutecnius, ne nous fournissent pas d'indice permettant de leur assigner un auteur ; les propositions en faveur ou de Théon ou de Démétrios Chloros sont arbitraires. L'apport de π₃, beaucoup plus court et très lacuneux, est loin d'être négligeable : en accord avec l'*Etymologicum Genuinum* (= *EGud*) gâté par une mauvaise coupe de mots, il met sur la voie de la *vera lectio* au v. 526 (cf. n. crit. *ad loc*.). Son omission de τ' après ἁλός (948) est une bévue du scribe. Les commentaires et les paraphrases de π₃ et de π₁ sont différents d'Eutecnius et de nos Scholies ; ils sont plus riches. Quant au texte de Nicandre qu'on découvre dans les papyrus, il ne l'emporte nullement sur celui des manuscrits médiévaux : π₂ connaît leurs variantes (cf. n. crit. *ad* 344), π₁ les deux branches de la tradition, qui font jeu égal si l'on se réfère à son témoignage.

§3. Les Paraphrases.

En règle générale, la paraphrase est le privilège des chefs-d'œuvre. Nicandre a été jugé par deux fois digne de cet honneur. Une notice de Suidas (μ 194) nous apprend que Marianos, un poète qui vécut sous Anastase (491-518), avait, à une époque où l'hexamètre dactylique commençait à céder le pas au trimètre iambique, transposé dans ce mètre des poèmes hellénistiques, entre autres, les *Thériaques* en

1370 trimètres[353]. Nous ignorons la date du sophiste Eutecnius dont nous avons conservé deux paraphrases en prose
des poèmes iologiques, auxquelles s'ajoutent celles des
deux Oppien et de Dionysios (Ἰξευτικά). S'il est bien l'auteur de la paraphrase des *Halieutiques*, il est à placer entre le
IIIe et la seconde moitié du Ve. En effet, le célèbre Dioscoride
de Vienne (*Vindob. med. gr.* 1), notre plus ancien témoin du
corpus de paraphrases qui lui est attribué (*Th., Al., Hal.,
Ixeut.*), a été écrit à la fin de ce siècle[354]. Ce qui nous intéresse ici, ce sont les secours qu'Eutecnius est susceptible
d'apporter à la critique et à l'exégèse du texte des *Thériaques*. Les défauts d'Eutecnius sont grands. Outre le fait
qu'il commet souvent de grossières bévues, il doit à sa formation rhétorique une grande verbosité. A l'inverse, il
résume parfois brutalement, éludant les difficultés, et il nous
laisse sur notre faim. Pourtant, il offre, en plus d'un endroit,
un texte sain au lieu des fautes qui déparent l'archétype de
notre tradition manuscrite, et il ne se contente pas de para-
phraser, souvent il interprète. Utilisait-il une édition illustrée
de Nicandre ? Les manuscrits de la paraphrase, à commencer par le Dioscoride de Vienne, qui est la source de tous les
autres, comportent une illustration plus abondante que celle
du Nicandre de Paris. On voit par l'exemple du *Vindobo-
nensis* qu'elle est très ancienne. Si elle remonte à Eutecnius,
ce dont on ne peut être sûr, en lui se rejoindraient les deux
branches de la tradition de Nicandre, l'illustrée et la scholiée. Car il a fait des Scholies, dont il possède une version
moins abrégée que la nôtre, un constant usage : elles consti-

353. Suidas cite également, parmi « bien d'autres », ses paraphrases de Thcr., Ap. Rh., Call (*Héc., Hy., Aitia, Ép.*), Aratos. Voir
Geffcken, « Marianos », *RE* 14 (1930) 1750, Schmid-Stählin, *Gesch.
d. gr. Lit.* II 2, p. 973.
354. Cf. M. Papathomopoulos (*Conspectus*, s.v. Eut.) p. VII s. Voir
aussi Cohn, RE 6 (1907) 1492. Papathomopoulos, non plus que l'édi-
trice qui l'a précédé, I. Gualandri, *Eutecnii Paraphrasis in Nicandri
Theriaca*, Milan 1968, ne disent rien de l'illustration de la paraphrase
des *Thériaques* : cf. comm. n. 21d.

tuent pour son travail d'exégète, sinon sa seule source (Élien en est sans doute une autre, cf. comm. n. 51 §6 [τυφλίνης]), du moins la base essentielle qu'il ne remet pas souvent en question[355]. Il est évidemment impossible de reconstituer l'édition qui a servi à Eutecnius. Parmi les variantes qu'elle pouvait comporter, et parmi celles qu'il trouvait dans les Scholies ou les commentaires à sa disposition, il a choisi celles qui lui convenaient. Mais, de sa paraphrase, et c'est cela qui importe avant tout, on peut extraire un certain nombre de leçons qu'il est intéressant de comparer à celles des recensions T et ω. Deux points sont à noter. Tout d'abord, il les connaît l'une et l'autre. Ensuite, si les cas où il s'accorde avec ω sont plus nombreux que ceux où il est d'accord avec T, il ne faut pas s'en étonner, car les Scholies et la recension ω sont étoitement liées[356]. Là où il est indé-

---

355. Gualandri 13-15. Accord Eutecnius ~ Σ sur l'exégèse : cf. n. *ad* 158, 297, 552, 659, 758, *al.* ; comm. n. 10 §14, 33, 38 §2, 46 §4, 51 §3, 72, 84 §1, 106 §2, 119 §e2, *al.* L'accord peut porter sur une erreur : 42 §c (entraînée par la *f.l.* ἀΐξαντος), 70 §4 (ὀρείου subst.), 81 §1 (δύσδηρι subst.) ; ou bien l'erreur est particulière à Eut. (n. *ad* 802, comm. n. 39 §2e), ou aux Σ (comm. n. 32). Car il y a entre eux des divergences, quelle qu'en soit la raison : n. *ad* 523 (sur l'origine de la glose ῥυτῇ), comm. n. 111 §2 (sur le nom ancien de l'Ismènos). Lorsque Eut. est plus complet, on peut incriminer l'état de nos Σ : comm. n. 48 §1c (Ainos consacrée à Héra), 61 §1b (Laurier), 83 (752 ss. scène égyptienne), 84 §1 (il donne à la dernière Phalange, comme les Σ, le nom de κεφαλοκρούστης, mais il ajoute le nom local κρανοκολάπτης), 103 §6 (identification de ἴα), 105 §5 (χαμαικυπάρισσον). Mais il lui arrive d'oublier un phytonyme (comm. n. 107 §3), ou de rester muet sur des leçons de sens douteux (comm. n. 23 §2 σκωλύπτεται, n. *ad* 584 θερειλεχέος), ou qui sont contestables (130 θολερῷ).

356. On notera l'accord d'Eut. et des Σ sur le texte : 230, 278, 414, 470, 862 (Σ[γρ]), 864 (πεταλῖτιν absent), 920, et aux v. 475, 660, 857 où il fournit avec elles la *vera lectio*. Accord Eut. = T : 24 (Σ[γρ]), 26, 28, 88, 140 (G[sl]), 164, 348, 372, 380 (π₁), 386, 546 (GM), 559, 682 (PMV), 823, 832, 851, 852, 858, 863. Accord Eut. = ω : 79, 94, 131, 159 s., 162 s., 248, 283, 303, 308, 312, 376, 387bis, 631, 824, 859, 873, 878. Il rend, semble-t-il, les leçons des deux recensions au v. 641.

pendant, ses leçons l'emportent parfois sur celles de Ω[357]. Malheureusement, à cause de son manque de rigueur, on ne peut être sûr qu'un détail de sa paraphrase dérive obligatoirement d'une leçon de l'édition qu'il utilisait[358]. En tout cas, l'absence de traduction d'un vers semble correspondre à une athétèse, l'omission en pareil cas étant le plus souvent confirmée par les manuscrits ou par les Scholies (28, 88, 230, 414, mais non 810).

B. LA TRADITION INDIRECTE.

La littérature grammaticale On n'a pas la preuve qu'Hésychius (ve s.) a connu Nicandre directement, malgré le nombre relativement élevé des parallèles qui le mettent en cause. Car, même dans le cas où ils sont les uniques témoins d'un fait de langue, comme il s'agit de mots de vocabulaires spécialisés, il peut les tenir d'un intermédiaire comme Diogénien (cf. *supra* p. CXXXIII). Pourtant, il m'a semblé utile de signaler ces parallèles dans les *Testimonia* (voir *infra* p. CLXXI). La même remarque vaut pour Érotien et ses citations de Nicandre, dont la source est sans doute Antigonos, exégète d'Hippocrate et commentateur de Nicandre (*supra* p. CXXIX). Indépendamment des Scholies, notamment celles des poètes hellénistiques, où les commentaires de Théon (*supra* p. CXXX) sont mis à contribution, la grande masse des témoins « grammaticaux » est constituée par les *Etymologica* (*Genuinum*, *Gudianum*, *Magnum*), le Pseudo-Zonaras, etc., qui véhiculent un bien commun, mais

---

357. Pas toujours, certaines fautes lui sont propres : 391, 411, 626, 647, 762 (στεινά). Il partage avec quelques mss des variantes rares : 171 (κάπρων RM), 376 (ῥωμαλέον *c*), 391 (π₁, cf. n. crit.), 440 (δρυόεντι M^{vl}). Il fournit la *vera lectio* : 46, 179, 320, 421, 475 (Σ), 745, 762 (κονίης), 857 (Σ), 864. Leçon seulement possible : 89 (ἠδὲ καὶ, cf. 615, 656). Cf. aussi, pour des leçons indépendantes, 617, 619, 632, 776, 812, 902, 909, 911 (L), 944. Faute commune à Eut. et à Ω : 682 παισί.

358. Cf. comm. n. 62 §1c et la n. *ad* 701 s. En revanche, Eut. constitue un argument supplémentaire en faveur de la conj. de Gow (τρυγῇ) au v. 368.

dont les articles ne se recouvrent pas toujours, les plus riches appartenant au *Genuinum* (= *EG*). Compte tenu de ses liens avec les Scholies, dont il utilise un texte moins abrégé (cf. *supra* p. CXIV), on ne s'étonnera pas de le voir s'accorder plus souvent avec ω (143 ἐρέοντες, 283, 349, 362, 368, 638) qu'avec T (143 ἰλυούς, 262, 282). Malgré la réserve méthodique que l'on doit observer lorsque l'on a affaire à la tradition indirecte, il arrive qu'*EG* fasse connaître la *vera lectio*. Abstraction faite des cas qui concernent les signes de lecture (esprit et accent), il la donne soit en accord avec T ou avec ω, soit (en l'absence de T) avec des manuscrits de la classe ω[359], ou seul (520, 527). Particulièrement intéressante, au v. 526, la rencontre d'*EG* et de π₃ (voir *supra* p. CLXI). *EG* a d'autres leçons qui lui sont personnelles ; en dehors des erreurs, ce sont 367 χόλον (qui peut être un lapsus), 802 σιτοβόρῳ (possible) et 282 ἐνίψω, que l'on a parfois préféré à ἐνίσπω (Ω). L'*EGud* confirme φύξιμον (ω) au v. 54 et a le mérite de rétablir, en accord avec T, la *vera lectio* ἀποψύχοντα au v. 312. Sur les *Etymologica* voir A. Colonna, « Antica esegesi nicandrea negli Etymologica », *BPEC* N.S. 4 (1956) 17-24 ; sur Helladios *infra* p. CLXVII.

Au nombre des témoignages les plus curieux on peut citer ceux des Pères de l'église Clément d'Alexandrie, Tertullien, Épiphane. Lorsqu'ils prennent, dans certains de leurs écrits, des animaux venimeux pour symboles des hérésies (*Scorpiace* de Tertullien, *Panarion* d'Épiphane), d'où leur recours à Nicandre, ils nous fournissent, comme je l'ai dit (*supra* p. LXI), une preuve indirecte à la fois de sa réputation littéraire et de sa stature de

Galien et Athénée iologue. Mais les plus intéressants, à coup sûr, sont ceux de Galien et d'Athénée[360], parce qu'ils nous donnent une idée de ce qu'étaient les éditions de Nicandre avant l'époque où

---

359. Cf. 401 ἀΐξαντες (W^pc qui peut dériver d'*EG*), 423 γναπτόμενοι (*a*).

360. J'ai analysé le témoignage que portent sur le texte des *Thériaques* Galien et Athénée (cinq et quatre citations respectivement) dans l'article cité n. 136.

l'archétype Ω a vu le jour. Les doutes qu'inspire le texte de
Galien tel qu'il se présente dans l'édition de Kühn s'étendent aux citations des *Thériaques*. Les erreurs que comportent ces citations ne sont pas toutes imputables à Galien[361].
Lorsqu'il fait plus que de citer, et que, en philologue averti,
il discute les variantes qu'il trouve dans ses « exemplaires », nous sommes sur un terrain plus solide. C'est précisément le cas, dans ses *Commentaires* au Περὶ ἄρθρων
d'Hippocrate, pour la citation du v. 788 où s'affrontent les
recensions T (ῥοικοῖσιν) et ω (ῥαιβοῖσιν). A propos de la
leçon de T, qu'offre son texte, il dit que « certains exemplaires l'écrivent par un β », mais qu' « on trouve le κ dans
ceux qui sont plus dignes de foi »[362]. On en déduira que la
recension T avait plus d'un représentant à l'époque de
Galien. Par ailleurs, si les citations galéniques de Nicandre
sont le plus souvent le reflet de la recension ω, elles s'accordent également avec T aux v. 45 (ἐνιφλέξαις) et 231 (δύο).

Le Nicandre d'Athénée ne mérite pas le mépris que Wilamowitz[363] a exprimé à son égard. Sans doute le v. 921 y est-
il probablement gâté par une interpolation (voir comm. n.
118 §4e), et l'une des deux citations du v. 891 par l'intru-
sion d'une glose. Mais il est à noter que, au v. 921, le
contrôle de T nous fait défaut, et qu'Athénée cite également
le v. 891 sous sa forme correcte – ce qui semble prouver,
comme sa remarque sur l'orthographe de πιστάκια ou sa
note savante sur l'orthographe du mot désignant la Murène
(cf. 823 et le comm. n. 98, début), qu'il a recouru à plusieurs
exemplaires de Nicandre. Si son texte reflète le plus souvent
la recension ω, comme au v. 823 où il attribue à Nicandre la
graphie μύραινα, il s'accorde, au v. 826, par deux fois avec
T, notamment sur οὐλοβόροις contre la leçon ἰοβόλοις

---

361. Cf. Jacques[4] 526, à propos du v. 136 et de la pseudo-variante
galénique ἀναρρήξαντες.

362. Gal. 18A. 538.3 ss. καίτοι <κατά> τινα τῶν ἀντιγράφων
διὰ τοῦ β γέγραπται (*sc.* τὸ ῥοιβόν), ἀλλ᾽ ἐν τοῖς ἀξιοπιστοτέροις
εὑρίσκεται τὸ κ.

363. Wilamowitz[1] 190.

(glose ?). De plus, Athénée a peut-être raison d'écrire φιττάκια[364] au v. 891 (voir *Test.* ad loc. et cf. 883 ἀσφαράγους), et il a conservé la *vera lectio* contre T et ω* au v. 875 (πολύχνοα)[365]. De son côté, Helladios (IVe s.), dans sa *Chrestomathie*, apporte, sur la leçon ἀμύξ particulière à T au v. 131, un témoignage qui va dans le même sens que celui de Galien (Ier/IIe s.), et d'Athénée (IIe/IIIe s.). Au total, il en est de la tradition indirecte comme des papyrus ou de la paraphrase d'Eutecnius : elle démontre, s'il en était besoin, que les variantes de la recension T, attestées sporadiquement par les Scholies (voir par exemple n. crit. ad 24 πνιγόεσσαν, 131 ἀμύξ)[366], ne sont pas d'origine byzantine mais plongent leurs racines dans une antiquité relativement haute (Ier/IIe s.).

Il existe une autre forme de tradition indirecte plus délicate encore à manier. Ce sont les imitations auxquelles Nicandre a donné lieu. Telle variante du texte des *Thériaques* reçoit un appui des poètes romains (cf. la n. au v. 327). Certains emprunts nonniens portent à leur manière témoignage sur la recension ω : sur le Nicandre de Nonnos voir *supra* p. CXXII n. 268.

Conclusion   Nous venons de voir que la tradition indirecte jetait un pont entre les recensions T et ω. Il en est de même pour Eutecnius (cf. n. crit. au v. 559, *al.*) et pour les Scholies (380, 641, *al.*). Des leçons communes à T et à des manuscrits de la classe ω s'expliquent parfois par leur utilisation des Scholies (cf. n. aux v. 239, 559) : c'est évident pour O et D, qui font souvent

---

364. On devrait sans doute corriger en φιστάκια (Casaubon). La différence orthographique signalée par Athénée ne concerne probablement que la consonne initiale, muette ou aspirée : cf. grec moderne φιστίκι « pistache ».

365. Elle est indiquée comme *v.l.* par les Scholies, *unde* Oγρ et Dγρ.

366. Voir aussi n. crit. *ad* 94 δαυχμοῦ, 123 ἀλκαίην, 180 ὁδουροῖς, 239 χαμηλαί, 376 περιστιβές, 380 κόκκυγος, 641 καλχαίνεται (ΣG), 676 ἆσαι. Exceptionnels, en revanche, les cas où les Σ s'accordent avec T contre ω (355, 773, 801).

état des variantes des Scholies (cf. *supra* n. 365), au v. 376, où ils citent dans la marge περιστιβές, leçon de T emprun- tée aux Scholies. Parfois aussi, un lien existe entre la recen- sion T et des manuscrits ω sans l'intermédiaire des Scholies (n. crit. *ad* 49, 121, 323, 559 ; cf. p. CLI). Quand on a fouillé tous les recoins de la tradition, on n'en a pas pour autant résolu tous les problèmes : on demeure confronté à des erreurs qui remontent à Ω, l'archétype de tous nos manus- crits[367]. Certaines donnent matière à discussion. Il en est au moins une indiscutable, celle qui a défiguré l'acrostiche des *Alexipharmaques* (266-274). Le devoir absolu de l'éditeur est alors de corriger. Mais il y a des cas où le choix est mal- aisé entre conserver et corriger. Telle conjecture ancienne ou moderne, sous couleur d'améliorer le texte, risque de corriger son auteur. En l'absence de T, l'éditeur se sent plus libre de conjecturer. Encore faut-il qu'il ait exploré toutes les voies de l'*explanatio* avant de recourir à l'*emendatio*. Abstraction faite de simples *orthographica*[368], une bonne moitié des corrections que j'ai tentées ne sont que des inter- prétations des données de la tradition[369]. Les conjectures propres à cette édition[370] visent à corriger, les unes[371] les leçons de Ω, les autres[372] celles de ω. Lorsque T nous fait défaut, il m'a semblé qu'il était plus sûr de suivre *a* plutôt que *b*, *b* plutôt que *c*, et à plus forte raison *ab* plutôt que *c*, mais je me suis gardé d'ériger cette attitude en règle abso- lue. Comme toujours, chaque branche de la tradition peut détenir sa part de vérité.

---

367. Cf. n. crit. ad 46, 72, 79, 129, 179, 263, 292, 296, 320, 628, 686, 701, 703, 857.

368. Voir l'apparat aux v. 222 et 470, 230, 483, 841.

369. Cf. v. 26, 27, 31, 116, 247, 316, 348, 436, 526, 728, 777, 780, 808, 863, 878, 879 (*bis*), 887, 931.

370. Au v. 247 j'ai conjecturé γούνοις indépendamment d'Ignazio Cazzaniga.

371. V. 26, 27, 31, 116, 151, 309, 316, 348, 691, 777, 780, 781, 799, 803, 808, 823, 863, 878, 879 (*bis*).

372. V. 205, 222, 225, 230, 424, 436, 443, 470, 483, 526, 586, 728, 730, 840, 841, 887, 918, 919, 928, 931.

Principes adoptés Comme on est, avec Nicandre, en
dans cette édition présence de deux translittérations,
l'éditeur, lorsqu'il dispose de T,
serait en droit de se limiter à différencier nettement, dans
son apparat, les deux recensions – celle qui a T pour unique
représentant et celle dont le prototype ω se laisse reconstituer à partir de ses descendants –, sans s'embarrasser des
divergences individuelles de ces derniers. Mais, comme les
notes critiques de Gow reproduisent sans les corriger les
collations erronées servant de base à l'édition de O. Schneider[373], même en ce qui regarde T, comme, d'un autre côté,
beaucoup de manuscrits sont utilisés ici pour la première
fois, j'ai tenu à devoir de dépasser la limite définie ci-dessus
et d'accueillir les données de la παράδοσις, même dans ses
parties les plus douteuses, plus largement qu'il n'eût été
souhaitable autrement. Je n'ai pas cru pour autant nécessaire
d'encombrer l'apparat de toutes les fautes appartenant à des
groupes ou à des individus. Mais, chaque fois que je mentionne un point du texte où une divergence entre les manuscrits me paraît mériter d'être signalée, et les cas de ce genre
sont plus nombreux que dans l'édition Gow, j'ai voulu
mettre sous les yeux du lecteur l'image complète de la tradition manuscrite, même si cela m'amenait à citer des
variantes sans importance pour l'établissement du texte. On
a souvent affaire en pareil cas à des variantes qui sont le fait
de manuscrits appartenant à un groupe. Elles sont notées
entre parenthèses à la suite du sigle désignant le groupe (ou
de l'abréviation *cett.*, i.e. *ceteri codices*) ; le sigle du groupe
est alors affecté d'un astérisque. Les sigles collectifs sont
également astérisqués chaque fois qu'un ou des manuscrits
du groupe qu'ils désignent sont cités isolément.

Exemples. – 4 πολύεργος T : πολυεργὸς ω* (πολύεργὸς W).
L'accent de T (cf. Arcadius, *Epitome* p. 87.21 Barker) s'oppose à
celui des mss de la classe commune, sauf W qui a les deux accents.

---

373. Cf., par exemple, ci-dessus §2.

— 24 αὐαλέου TL*b**V : αὐαλέος GR*c** (ἀναλ- SHQ). R, à l'intérieur du groupe *b*, se distingue des autres mss de ce groupe par sa leçon ; de même, les mss SHQ à l'intérieur de la famille *c*. — 34 αὐγήεντα Ω* (et G^sl) : αὐχήεντα *a**. Tous les mss sauf *a* ont αὐγήεντα, y compris G^sl, qui appartient à la famille *a*. — 47 ὀδμήσαιτο TV : ὀδμήσηται ω*. A l'intérieur de la classe commune, V a, comme T, la leçon ὀδμήσαιτο. — 172 ψαφαροῖς Ω* (I^slD*Ald* -ρὸς *p**). Le groupe *p*, sauf I^slD*Ald*, a la *falsa lectio* ψαφαρὸς qui le différencie de tous les autres mss.

En dehors du cas signalé, l'usage de la parenthèse appelle les remarques suivantes. Après un sigle de manuscrit, elle fait connaître une différence propre à ce manuscrit par rapport à la leçon mentionnée ; T fait souvent l'objet d'une précision de ce genre, son orthographe étant fréquemment erronée.

Ex. – 37 ἐγγαγίδα V : ἐγγάγιδα *b** (-γιλα R) ἐγγαγγίδα T (ἐῆ γαγγίδα) *a* ἐγγάγγιδα *c*. La graphie de T s'explique par la confusion η/ν au stade de l'onciale : elle suppose un modèle portant ἐνγαγγίδα sans assimilation.

La parenthèse qui suit Σ ou Eut. indique les mots des Scholies ou d'Eutecnius permettant de déterminer la leçon qu'ils lisaient. A l'intérieur ou à la fin d'une unité critique, la parenthèse peut, à l'occasion, servir aussi à indiquer les références appuyant l'une ou l'autre des leçons en conflit.

La section de l'apparat critique relative aux *Testimonia* comporte plus de références que les *Nicandrea* d'O. Schneider (p. 136-152). J'ai rétabli en effet les témoignages qu'il avait oubliés, ainsi celui de Hiérax qui vise les v. 133 s., et surtout celui de Plutarque (*Mor.* 55a 11). Au détour d'une comparaison entre l'ami et le médecin, lequel est obligé parfois d'employer des drogues désagréables mais utiles, telles que safran, nard, castoréum, hellébore, Plutarque utilise le v. 64 des *Thériaques*, où est mentionné le Polion et sa mauvaise odeur. Comme le font les Seconds Sophistes ou notre Paul-Louis Courrier lorsqu'ils mêlent à leur prose des expressions appartenant à des poètes classiques, Plutarque a emprunté le vers entier sans le dire, et cette citation tacite contient une variante (βαρύοσμον) inconnue des manuscrits de Nicandre. Sur les gloses d'Hésychius concernant des mots qu'on ne trouve pas en dehors de notre poème (*Test.* ad v. 33, 555, 568, 589, 660, 662, 808 [conj.], 882, 951) voir supra p. CXXXIII, CLXIV. A défaut d'une référence explicite à Nicandre, elles sont précédées de « cf. ».

Le premier étage de l'apparat est consacré aux *loca similia*. Y sont rassemblées systématiquement, sur les différents points de l'exposé, toutes les références aux traités iologiques grecs postérieurs à Nicandre, y compris le θηριακός Polyeidès de date inconnue (*Sim.* ad 548 s.). Ces parallèles techniques, comme les *Testimonia*, sont susceptibles de fournir des arguments lorsqu'il s'agit de choisir entre des variantes (cf., par exemple, n. crit. aux v. 748, 762, 944). De plus, pour les tranches du texte qu'ils recouvrent, avantage pratique, ils dispensent de donner des références détaillées dans l'apparat et le commentaire.

Les notes à la traduction ont un triple but. D'abord exégétique et critique. Elles tâchent d'élucider des problèmes d'interprétation, discutent les variantes quand l'apparat n'a pu les justifier faute de place, et proposent des alternatives à la traduction lorsqu'aucune des variantes ne s'impose avec une certitude suffisante. Documentaire ensuite. Elles apportent des éclaircissements sur des réalités de divers ordres débordant le cadre iologique. Philologique et littéraire enfin. Elles renseignent sur l'usage de Nicandre et s'attachent tout particulièrement à l'aspect de la création verbale, signalant par un astérisque (*) non seulement les néologismes qu'il a créés, dont beaucoup sont restés des *hapax*, mais aussi les mots qu'il a employés en des sens qui ne sont pas attestés avant lui. Certes, « l'explication des mots regarde les lexicographes »[374] ; mais la langue de Nicandre me semblait exiger ces précisions. Les notes signalent aussi des paral-

---

374. P.-L. Courier, dans une lettre à Akerblad sur l'Isocrate de Coraï, dont il trouvait les notes trop abondantes (Bibl. de la Pléiade, p. 776).

lèles poétiques, en particulier ceux de l'Épos archaïque et hellénistique, et ceux de l'Épos tardif, jusqu'à Nonnos et son école : ils éclairent la place de Nicandre dans la série des poètes épiques, et permettent de discerner ses emprunts comme aussi les imitations dont il a pu faire l'objet. Naturellement, des notes de cette espèce ne pouvaient être que grandement sélectives. Tout ce que je puis espérer c'est qu'elles servent d'amorce à des recherches ultérieures. On trouvera celles qui n'ont pu tenir au bas des pages au début des sections du commentaire continu relatives aux vers qu'elles considèrent.

Le commentaire continu qui termine le volume, et auquel renvoient les appels de note dans la traduction, concerne les *realia* relevant avant tout du domaine iologique et de ses annexes, mais il considère aussi des questions d'ordre géographique et mythologique. Il n'a pas pour but, sauf exceptionnellement, de confronter l'enseignement des *Thériaques* à la toxicologie moderne des Venimeux, ni de juger ses recettes par rapport à la pharmacologie moderne[375]. Il s'est donné essentiellement pour tâche de replacer le poème au sein de la science iologique des anciens, c'est-à-dire de l'éclairer en procédant à des confrontations aussi exhaustives que possible avec la littérature technique du sujet – celle qui a précédé Nicandre, et qui ne subsiste plus qu'à l'état de bribes dans les fragments iologiques que présente l'*Annexe* ; celle qui l'a suivi, et qui a survécu dans les traités spécialisés et compilations médicales. Les notices sur les Venimeux des deux catégories, et les thérapies correspondantes, ont donné lieu à des rapprochements avec les zoologistes et botanistes anciens, notamment avec les botaniques

---

375. Cf., en ce sens, Scarborough[1-2] ; voir également L. Bodson, « La pathologie des morsures de serpents venimeux dans la tradition gréco-latine », *Confrontations* (Paris, Lab. Choay) 1982, N° 59, p. 44-48 ; Id., « Le traitement des morsures de serpents venimeux avant le XIXᵉ » in : *Serpents, Venin, Envenimation*, Actes du Colloque organisé par la Faculté Catholique des Sciences de Lyon, le 2 Juillet 1987, Lyon, Fondation Marcel Mérieux, 1989, p. 171-188.

médicales de Dioscoride et de Pline, qu'on ne peut séparer l'une de l'autre. Elles ont été exploitées à fond toutes les deux, comme aussi le traité des *antidotes* de Galien et les écrits de ceux que j'appelle les Iologues récents. C'est ainsi, par exemple, que, à propos de chacune des substances qui figurent dans les thérapies de Nicandre, il m'a semblé utile, malgré le caractère répétitif de ce genre de littérature, de préciser la place qu'elles y tiennent et la manière dont elles y sont utilisées, recherche qui, jusqu'ici, n'avait pas été conduite de manière systématique. Le domaine des *realia* chez Nicandre réserve des surprises. Il arrive que l'on s'y meuve en plein surréalisme. Trop souvent en effet il est impossible d'identifier exactement les entités zoologiques et botaniques dont il parle[376]. Cette identification est d'autant plus délicate qu'un même nom en grec peut s'appliquer à des plantes différentes (cf. comm. n. 113 §4b) et que des noms différents (en général régionaux) peuvent désigner la même plante (cf. Apollodore, *Annexe* §4, fr. 10). Mais, en ayant recours aux parallèles qu'offre la littérature iologique, on peut au moins savoir que Nicandre parle de *la même plante* ou *du même animal*, et c'est cela qui importe. Nicandre n'est pas seul, il ne peut être considéré isolément. Mon regret est de n'avoir pu étendre ma recherche aux autres civilisations de l'antiquité. J'espère du moins avoir extrait des textes gréco-romains tout ce qu'ils pouvaient apporter en fait d'éclaircissements. Que, dans ce domaine, aucune source d'information n'était négligeable, ce qui le montre bien c'est, par exemple, la rencontre entre le v. 227 des *Thériaques* et l'*auctor ignotus* décelé par Mommsen chez Solin (cf. comm. n. 23 §1). Naturellement, mon travail fait largement appel à la littérature secondaire. A cet égard, on voudra bien croire que j'ai lu plus de livres et d'articles que je n'en ai cités. Seulement, je ne me suis pas cru obligé

---

376. Pour ces dernières j'ai choisi entre les propositions que l'on trouve dans les ouvrages signalés par les bibliographies, notamment chez Brenning, Gow-Scholfield et Scarborough.

de relever toutes les opinions, ni de réfuter toutes les erreurs, que je rencontrais chez des spécialistes, pharmacologues et autres, qui, sans avoir l'équipement philologique nécessaire, entendent donner des traductions ou des interprétations personnelles des mots de Nicandre ou des auteurs qu'ils allèguent.

Deux mots de la traduction. Afin d'honorer comme il convenait Nicandre de Colophon, cet « érudit épris de l'antiquité » (Ath. 126b), j'avais songé à le traduire dans une langue rehaussée d'archaïsmes empruntés au français moyen. J'ai finalement renoncé à cette idée, car elle risquait d'ajouter aux difficultés du texte celles qui viendraient pour le lecteur de la langue de son traducteur. Rendre au vrai le vocabulaire de Nicandre avec ses *gloses* glanées dans les dialectes ou dans les œuvres poétiques d'un passé proche ou lointain, et ses néologismes créés par nécessité ou par fantaisie, donner une idée de cette langue qui n'appartient qu'à lui, voilà qui était certes hors de portée d'une traduction. Au risque de tomber sous le grief de trahison, je n'ai pas cultivé l'obscurité ni cherché à donner des équivalents des ambiguïtés nicandréennes. Cependant, tout en m'efforçant d'être simple, si je n'ai pas, à l'instar de mon prédécesseur français, le médecin et poète Jacques Grévin, poussé l'exactitude poétique jusqu'à traduire en vers, j'ai du moins essayé de créer chez le lecteur l'impression qu'il avait sous les yeux, non un traité scientifique ordinaire écrit dans la langue banale de la prose, mais bien l'œuvre d'un poète.

NOTE BIBLIOGRAPHIQUE

Éditions. — Les éditions parues avant la découverte de T ont un intérêt principalement historique. L'*editio princeps* (1499), cf. *supra* p. CLIV (la deuxième éd. Aldine de 1523, pour le texte, ne diffère de la première que par des changements mineurs), peut passer pour le meilleur ms du groupe *x*. Dans les décennies qui ont suivi la 2e éd., son texte a été repris sans changement, ou avec des erreurs supplémentaires, dans les éditions de Johannes **Soter** (avec les Scholies), Cologne 1530, de Jean I de Gorris (**Gorraeus**), Paris 1557, ainsi que dans le commentaire des *Th.* du médecin espagnol Pedro Diego **Steve**, Valence 1552. Ronsard a étudié Nicandre dans l'éd. de Cologne : un exemplaire annoté de sa main est conservé à la Bibliothèque Pierpont Morgan de NewYork (PML 23641). Bentley a élaboré ses conjectures (1722) à partir de celle de Gorraeus. La première édition digne de ce nom est due à un helléniste de premier ordre, Henri Estienne (**Stephanus**), qui a inclus N. dans ses *Poetae graeci principes heroici carminis et alii nonnulli* (Genève 1566) : utilisant les Scholies, qu'il n'a pas éditées mais dont il indique en marge les variantes, en outre un ms dont il cite des leçons (praef. p. LIII) mais sans indiquer son origine, et surtout grâce aux ressources de son érudition et de son génie critique, il a réussi à corriger un grand nombre de fautes. Son édition a été reproduite par Jacques Lect (**Lectius**) dans ses *Poetae graeci veteres, carminis heroici scriptores, qui exstant omnes, graece et latine* (Genève 1606). Angiolo Maria **Bandini** a joint aux deux poèmes leur paraphrase par Eutecnius, sans faire accomplir à leur texte de sensibles progrès (Florence 1764). Après les *Al.* (1792), **Johann Gottlob Schneider** a édité sur les mêmes bases le texte, les Scholies et la paraphrase des *Th.*, ainsi que les fragments les plus importants de N., avec des notes critiques et des commentaires (Leipzig 1816). Il a bénéficié des conjectures de Bentley, des notes amassées par Stéphane Bernard en vue d'une édition de N., et utilisé, entre autres mss, AMR et surtout G, ainsi que le *Parisinus* gr. 2728, le *Mosquensis* et le *Lorrianus*, ms perdu dont il a cité des variantes. Bon helléniste, il a fait quelques conjectures heureuses. **F.S. Lehrs**, dont l'édition, publiée après sa mort par son frère Karl dans la Bibliothèque Didot (*Poetae bucolici et didactici*, Paris 1862, 2ᵉ partie, p. 125-156), comprend aussi les fragments principaux, a mis à profit les *Curae posteriores* de Schn. (dans son éd. des *Th.*, p. 213-273) et des conjectures de Lobeck, Meineke, Naeke. Karl Lehrs, dans sa praef. p. X-XIV, a publié les collations de F.R. Dietz des mss V et W.

Deux éditions seulement reposent sur les deux branches de la tradition. **Otto Schneider** (Leipzig 1856), qui est le premier à avoir utilisé T, a édité les deux poèmes, et, dans une introduction où il étudie la date de N. et divers aspects de son œuvre, tous les fragments avec des commentaires étendus ; en appendice les Scholies, Σ *Th.* dans la recension de H. Keil, Σ *Al.* dans celle de Bussemaker. S. fait état de dix-huit mss, mais, hormis l'*Ald* de 1499 qu'il a collationnée lui-même, il les connaît seulement par ses prédécesseurs ou par des collations, parfois très partielles, exécutées pour lui la plupart du temps par H. Keil. Ses notes critiques, assorties de remarques précieuses sur l'usage de N., sont déparées par des erreurs nombreuses quant à l'attribution et à la lecture des variantes. Le Nicandre de **A.S.F. Gow** et **A.F. Scholfield** (*Th.*, *Al.* et fragments poétiques), publié pour la première fois aux Presses Universitaires de Cambridge (1953), réimprimé récemment aux Presses Universitaires de Bristol (1997), a une introduction et des notes utiles. Il fournit un texte en général sobre et sain, très souvent supérieur à celui de O. Schneider Malheureusement, pour la description de la tradition, il s'en remet entièrement aux données de l'apparat de S., dont il reproduit toutes les erreurs. Pour les dernières éditions des Scholies et d'Eutecnius voir *Conspectus*, s.v. Crugnola, Geymonat et Eut.

Traductions. — Nicandre semble avoir été traduit en prose latine pour la première fois par Johann **Lonicer** (Cologne 1531). Mais c'est la traduction en vers latins de Jean I de **Gorris** qui devait connaître la plus grande fortune. Dès 1549, il faisait paraître une version en hexamètres des *Alexipharmaca*, accompagnée d'une préface sur les poisons, et de notes. En 1557, son édition de N. y ajoute celle des *Theriaca* ; l'ouvrage sera réédité, dans une éd. collective de ses œuvres, par son fils Jean II de Gorris (Paris 1622). La traduction de Gorraeus a été reprise, pour les *Al.* par Lectius dans sa collection bilingue de poètes grecs (cf. *supra*), pour les *Th.* et les *Al.* par Bandini et Lehrs dans leurs éditions de N. Euricius Eberwein, dit **Cordus**, et **Steve** (*Th.* seulement), ont eux aussi donné des versions poétiques latines. Le terme de traduction ne convient pas pour les « interpretations » latines qui terminent les éditions des *Al.* et des *Th.* par **J.G. Schneider** : il se contente d'y résumer le sens des poèmes sans se soucier du détail de l'expression. La première traduction française de N. suit de peu la traduction latine de Gorraeus : *Les œuvres de Nicandre médecin et poète grec, traduictes en vers françois. Ensemble, Deux livres des Venins, ausquels il est amplement discouru des bestes venimeuses, theriaques, poisons & contrepoisons. Par Iaques Grévin de Clermont en Beauvaisis, médecin à Paris* (Anvers, Plantin, 1567 ; privilège daté de 1565). Alors exilé, **Grévin** entend rivaliser avec son maître, ami et coreligionnaire, comme le montre le poème-dédicace *à M. Iehan de Gorris excellent médecin à Paris*. A.-M. Schmidt (cf. *Notice* n. 150), juge sévèrement la trad. de Grévin :

« il n'arrive à produire qu'une série de couplets d'un illisible didactisme ». La forme versifiée ne sauve pas cette version du prosaïsme, mais le sens est souvent rendu avec exactitude, ce qui n'est pas un défaut. Christophe Plantin a imprimé en 1571 cet ouvrage en latin sous le titre : *Iacobi Grevini ... De venenis libri duo, gallice primum ab eo scripti ... nunc tandem opera et labore Hieremiae Martii Augustanae Reipublicae medici in Latinum sermonem... conversi...* C'est la traduction latine tirée de la version française de Grévin que Lectius a choisie comme version des *Th.* Anton-Maria **Salvini** (1653-1729), qui enseigna le grec à Florence pendant cinquante-trois ans, avait tourné les *Th.* et les *Al.* en vers italiens ; ils ont été publiés par Bandini dans son *N.* Répondent aux normes modernes les versions en prose allemande de M. **Brenning**, et anglaise de A.F. **Scholfield**, cf. *Conspectus*, s.v. Br., Gow (G.-S.), qui ne sont pas sans mérites. Signalons enfin la récente traduction espagnole de A. **Touwaide** (Nicandro p. 171-286).

NOTE MORPHOLOGIQUE ET ORTHOGRAPHIQUE

-αις/-ῃς/-ῃσι. La tradition unanime offre -αις *Al.* 125, mais cette désinence est loin d'avoir supplanté -ῃς partout chez Nicandre (malgré O. Schneider 106, suivi par Gow). Comme chez Homère (Chantraine, *Gr.* I §85) et Hésiode, et comme chez d'autres poètes hellénistiques (pour Apollonios cf. *ad* 26, 117 et voir F. Vian, Apollonios de Rhodes, C.U.F., tome I, p. LXXVII), la désinence -ῃς, bien attestée, est à préférer à -ης ou -αις aux v. 26, 100, 117, 865, 867 (fins de vers), et, à l'intérieur du vers, 847 (conj.) ; p.-ê. est-elle à restituer aux v. 678 (imitation d'Hésiode, *Trav.* 479 ἠελίοιο τροπῆς) et 934. Au v. 117, imité également d'Hésiode (voir n. *ad loc.*), la variation à partir du génitif est meilleure pour l'oreille avec -ῃς. Selon l'usage des poètes hellénistiques, N. a -ῃσι, non -αισι : 647 ἀρπέζαισιν (Ω) a été justement corrigé, 393 ἀρπέζαισι (π₁) doit l'être également. Sur 18 cas à considérer, T a 12 fois -ῃσι(ν) mais 6 fois -αισι(ν) – 139, 647, 670, 712, 794, 816 –, auxquels il faut ajouter la *f.l.* γωλειαῖσι (351).

ἄμαξα. Les mss TLOWCV n'ont pas l'aspiration (cf. n. crit. ad 816 et Hérodien *ap.* Schol. in *Iliadem* 18. 487). L'esprit rude est un atticisme que présentent la famille *c* (sauf C) ainsi que GKRM.

ἀραιός. L'aspiration (ἀρ-) est attestée aux v. 133, 336 (WC), 240 (GWUCEFISB), 557 (OWUCEF), 575 (WUCESHQ), conformément à l'enseignement d'Aristarque (cf. Hérodien *ap.* Schol. in *Iliadem* 5. 425a 1), mais nos meilleurs témoins des *Th.* ont la forme non aspirée.

αὖος/αὐαλέος/αὐαίνω. Les mss de N. ont presque tous l'esprit doux. L'aspiration n'est représentée que par π₂ (339 αὑαίνω) et par deux mss, O (αὗος : 83, 97, 250, 881 ; αὑαίνω : 428 ; αὑαλέος : 113, 157, 938) et V (αὑαλ- : 953) – qui corrigent à l'occasion le texte de la tradition. Elle est attique (cf. Eust. *Iliad.* 23. 327 [740.22] ἔστιν Ἀττικὸς ὁ πνευματισμὸς οὗτος), mais des grammairiens (Apion, Hérodien) la recommandent chez Homère (Eust. *ibid.*, Σ *Il.* 11. 461b, 13. 441a, *al.*) ; elle est attestée chez Archiloque fr. 107.1 καθαυανεῖ, Call. *Dem.* 6, fr. 260.52 (αὖον Pap.), 193.25 (εναυουσιν Pap.). Voir Pfeiffer *ad* Call. 260.52 et Hopkinson ad *Dem.* 6.6.

αὔτως/αὕτως/ὣς δ'αὔτως. Les grammairiens n'étaient pas d'accord sur l'étymologie et l'orthographe de l'adv. αὔτως (de αὐτός, ou de l'éol. αὔτη avec psilose), pour lequel ils postulaient l'orthographe αὔτως au sens de *ainsi, de même*, et αὕτως au sens de ματαίως (cf. AP 3. 125.4 et voir LSJ s.v., Chantraine, *Introd. à l'Iliade*, C.U.F., p. 135, *Gr.* II §235). J'ai distingué, comme les éditeurs précédents, 1°) αὔτως : a/ *de la façon qui vient d'être dite, de même*, dans la transition αὔτως δέ (72, 84, 681) ; sens et emploi analogues de ὣς δ'αὔτως (65), tiré de ὁ αὐτός ; b/ *ainsi, de la même façon que*, au v. 444 (cf. O. Schneider ad loc. : *non aeque ac reliqui serpentes*) ; 2°) αὔτως *tout à fait* (19, 278, 420) ; *tout comme, aussi bien que* (452, 723).

βρύχμα/βρυχμός. En 362, T a βρύχμα et non νύχμα, cette dernière leçon est celle de M ; ω* a νύγμα, Σγρ δῆγμα. En 483, où T fait défaut, j'ai corrigé en conséquence la leçon βρύγματ' de ω, comme y invite d'ailleurs 716 βρυχμοῖσιν, leçon de ω (*deest* T). Cf. δάχμα, νύχμα.

δάχμα. Si l'on néglige les fautes individuelles, les mss se partagent entre les leçons suivantes – δάχμα- : 119 (TGˢˡ), 152 et 187 (T), 338 (TGM) ; δήχμα- : 119 (GM), 274 et 654 (T), 701 (G) ; δήγμα- : 119 (LC), 128 (Ω), 187 (ω), 338 et 654 (ω*), 756 (ω, *deest* T) ; δάγμα- : 119 *omnes praeter codd. supra citatos*, 274 (ω). J'ai écrit partout δάχμα, leçon conforme à l'enseignement des Σ (voir la n. crit. *ad* 119). Cf. βρύχμα, νύχμα.

-δε. Seuls TLHI font de la particule lative un mot autonome doté d'un accent et écrivent, au v. 202, ποταμὸν δὲ (cf. Apollonius

Dyscole, *Adv.* 177.23, 181.25). Je préfère suivre l'usage de certains grammairiens antérieurs qui en font un enclitique soudé au mot précédent.

διὲκ. Les mss écrivent toujours en deux mots δι' ἐκ, au v. 301 (voir n. crit. *ad loc.*) et au v. 819 (sauf TV qui ont διεκ).

εἴκελος. La forme correcte, non aspirée, apparaît aux v. 235, 799 dans les mss T*a*, auxquels s'ajoutent KO au v. 235, *b*MV au v. 799. En 523 et 755, où T fait défaut, elle se lit dans *ab**P*x*V (523), *ab*PMV (755). Les autres formes attestées sont εἴκ- 523 (W) ; ἵκ- 235 (P*x**V), 755 (*x*), 799 (*x**) ; ἵκ- *y* (523, 755), *y*CDAl*d* (235, 799).

θυίω. Au v. 129 (θυίῃσι), T présente la forme correcte avec un iota, contre θύῃσι, graphie fautive de ω. Cf. West, *Iliad.* p. XXXI.

λύκαψος. La règle d'accentuation concernant les mots en -ψος, qu'Étienne de Byzance formule à propos du toponyme Γαληψός (197.14 τὰ δὲ εἰς ψος ὑπερδισύλλαβα ὀξύνεται, σκινδαψός, χεραψός, Λυκαψός, cf. Arcad. p. 85.12) est souvent en contradiction avec les mss. Hormis la tradition de N. *Th.* 840 (y compris Σ 578b, 838-845 [294.1]), limitée ici à ω, l'accentuation λύκαψος est attestée, entre autres, par Orib. *coll.* 15. 1. 9 (240.16), PAeg. 7. 3 (187.27).

μόγις/μόλις. Les mss de N. présentent la forme attendue μόλις *Al.* 292, mais μόγις *ibid.* 241. En *Th.* 281 la plupart s'accordent sur μόλις contre GLM μόγις, mais cet homérisme semble garanti par l'imitation de l'*Iliade* (cf. la n. *ad* 281).

νίσομαι. Les inscriptions (cf. LSJ s.v.), et p.-ê. l'étymologie (*ni-ns-), confirment νῖσομαι (attesté par Hérodien *ap.* EM 606.14) contre les variantes νείσο- et νίσσο-, entre lesquelles se partagent les mss de N. et des autres poètes : en l'absence de T, la recension ω a νίσσεται en 222, mais, en 470, elle se divise entre -νείσ- et -νίσσ-. J'ai opté en faveur de νίσο-, qui semble l'orthographe la plus correcte : voir Chantraine, *Gr.* I p. 440, avec la n. 2, et cf. A. Ardizzoni, Apollonio Rodio, *Le Argonautiche*, libro III, Bari 1958, p. XVI s. ; Gow *in* G.-P. (p. 146, *ad* Asclépiade 1007) ; Vian, Ap. Rh., I p. LXXV.

νύχμα est la leçon de GR^{ac}M en 271, de TL en 298, et, en l'absence de T, celle de M en 446, de GM en 730, et de ω sauf *p* en 916. Les autres mss ont νύγμα, y compris T et R^{pc} en 271, G^{sl} en 730 et *p* en 916. Cf. βρύχμα, δάχμα.

-νσ-. -*ns*- résultant de la composition peuvent se maintenir (orth. étymologique) ou s'assimiler (orth. phonétique). Voir la note française au v. 679 et la n. crit. à 509, et cf. Chantraine, *Gr.* I §66 Rem. 2.

ὁ ἡ οἱ αἱ. J'ai maintenu atones, contre l'enseignement d'Hérodien (καθ. 474.1), mais non sans avoir hésité, les formes du nominatif masc. et fém., sing. et plur., du pron. démonstratif, comme le font la plupart des éditeurs modernes (mais cf. West, Aeschylus, B.T., p. XLIX, *Iliad.* praef. p. XXI) ainsi que les mss, ceux de N. en particulier.

οἶμος. La forme non aspirée semble préférable. Οἶμος n'est représentée au v. 819 que par W, au v. 296 par GWP, au v. 267 par *ab** (sauf R). Cf. Vian, Ap. Rh., I p. LXXV.

ὁμοκλή. Cf. n. crit. au v. 311.

ὀπιπεύω. Cf. Ap. Rh. 2. 406, 3. 1137, 4. 469, 799, où L garantit chaque fois cette forme (Vian, Ap. Rh. t. I p. LXXV), laquelle a chez Homère le soutien des meilleurs mss. La *v.l.* ὀπιπτεύω est une « graphie d'après ὀπτεύω sans autorité » (Chantraine, *DELG* s.v. ὀπιπεύω).

ὄρρα. Cf. l'apparat critique et la n. française au v. 685.

παραὶ/ὑπαὶ-/ἀπαὶ. Tous les mss ont 633 παραὶ, 178 ὑπαιφοινίσσεται. En revanche, la forme artificielle ἀπαὶ (μέσον), pour laquelle on n'a que des références mal assurées (Empéd. fr. 134.2, D.P. 51), est particulière à *p* au v. 595. V, quant à lui, note l'allongement de ἀπō en redoublant la consonne initiale du mot suivant, mais ces secours sont superflus : voir *Notice* p. CXXIV et cf. 468 κατᾱ μέσον (Ω).

παρὲκ/παρὲξ. K est seul à écrire παρ' ἐκ au v. 26. Tous les mss ont παρὲξ au v. 29 – ce qui est l'accentuation correcte chez Homère, selon Hérodien, Περὶ Ἰλιακῆς προσῳδίας 63.5 (cf. π. μονήρους λέξεως 931 s.) –, à l'exception de KWV qui ont, comme Hérodote, πάρεξ (corrigé en παραί par V).

πιφαύσκω. Aux v. 411, 637, 725, la variante πιφάσκ-, attestée surtout par *c* ou *p* (voir n. crit. *ad loc.*), est à proscrire : cf. West, *Th.* 655.

τρύχνον/στρύχνον : 74 (*deest* T), 878 (T : στρ- ω). Pour τρ- cf. *EG* (*EM* 771.31), Phot. 609.2 τὴν πόαν θηλυκῶς λέγουσιν τὴν τρύχνον, οὐ τὸν τρύχνον· σὺν τῷ σ δὲ στρύχνον οὐδαμοῦ εὗρον) ; στρ- : Gal. 12. 145, Pl. 21. 177 (*trychno, quam quidam strychnon scripsere*), 27. 132 *solanum Graeci* στρύχνον *uocant, ut tradit Cornelius Celsus* [2. 33. 2]).

τώ. C'est cette particule, du sens de *alors, c'est pourquoi*, que l'on attend au v. 316 au lieu du τῶν δ' de la tradition, corrigé en

τῷ δ' par C. Cette ancienne forme d'instrumental, souvent confondue avec le dat. de τό (cf. LSJ s.v. ὁ ἡ τό VIII 2 a,b), est accentuée
τῶ par le ms A de l'*Iliade*. Voir Chantraine, *Gr.* I p. 248 s.

CONSPECTVS LIBRORVM IN
LATINIS GALLICISQVE NOTIS PER
COMPENDIA LAVDATORVM

Ael. = Aeliani *De natura animalium* (*NA*) : Aelian, *On the characteristics of animals*, with an english translation by A.F. Scholfield, 3 vols., L.C.L., London/Cambridge, Mass. 1958-1959.

Aet. (Aét.) = Ἀετίου Ἀμιδηνοῦ περὶ δακνόντων καὶ ἰοβόλων ὄφεων ἤτοι λόγος δέκατος τρίτος, ed. S. Zervos, Ἀθηνᾶ 18 (1905) 241-302 (capita selecta). [asterisco notantur capita inedita]

Alex. Trall. = Alexander Trallianus, *Opera*, ed. Th. Puschmann, 2 vol., Wien 1878-1879.

A.L. = Antoninus Liberalis, *Les Métamorphoses*, ed. M. Papathomopoulos, C.U.F., Paris 1968.

André = J. André, *Les Noms de plantes dans la Rome antique*, Paris 1985.

Androm. = Andromachi *Galene*, in : Heitsch 2, p. 7-15.

AO = Anecdota Graeca e codicibus manuscriptis bibliothecarum Oxoniensium, ed. J.A. Cramer, vol. 1-4, Oxford 1835-1837.

AP = Anecdota Graeca e codicibus manuscriptis bibliothecae regiae Parisiensis, ed. J.A. Cramer, vol. 1-4, Oxford 1839-1841.

AP = Anthologia Palatina.

[Antig. Car.] (*hist. mir.*) = Antigoni Carystii, *historiarum mirabilium collectio*, in : Paradox. Graec. rell. (qu. uide). *Rerum mirabilium collectio*, ed. O. Musso : Hellenica et Byzantina Neapolitana xii, Napoli 1986.

Antim. = Antimachi Colophonii *Reliquiae*, collegit disposuit

explicauit B. Wyss, Berlin 1936 (Auctarium Weidmannia-
num, 3).

Antimachus of Colophon, text and commentary, by V.J.
Matthews *Mnemosyne*, suppl. 155, Leiden, 1995.

[Apollod.] = Ps.Apollodori *Bibliotheca*, ed. J.G. Frazer, 2 vols.,
L.C.L., London/Cambridge, Mass. 1921 ; *I miti greci/
Apollodoro*, a cura di P. Scarpi, trad. di M.G. Ciani,
Roma : Fondazione Lorenzo Valla, Milano 1996.

Apollodori Iologi fragmenta libri περὶ θηρίων ed. O. Schneider, *Nicandrea*, p. 189-201 ; uide etiam *Annexe* § 4.

Ap. Soph. = Apollonii Sophistae *Lexicon homericum*, ed. I.
Bekker, Berlin 1833.

Archel(aos) = Archelaus, Ἰδιοφυῆ, in : Paradox. Graec. rell.
(qu. uide).

Archil. = Archilochus, in : West, *Iambi et Elegi Graeci*, vol. 1.

Arétée = Aretaeus, ed. C. Hude (CMG 2), ed. altera, Berlin
1958.

Ar. *HA* = Aristotelis *Historia Animalium* ;
    PA = De partibus animalium ;
    IA = De incessu animalium.

[Ar.] *Mir.* = Περὶ θαυμασίων ἀκουσμάτων sive *De mirabilibus auscultationibus*.

Artem. = Artemidori *Onirocriticon*, ed. R.A. Pack, Leipzig 1963.

Ath(en). = Athenaei *Dipnosophistarum* libri xv, rec. G. Kaibel,
Leipzig 1887-1890.

Baumann = W. Baumann, *Quaestiones de animalium historia
Aelianeae et Oppianeae* ; Pars I : *De animalium inter se
inimicitiis atque amicitiis vel societatibus*, diss. Marburg
1912.

Beazley = J.D. Beazley, « Two passages in Nicander », *CQ* 68
(1954) 97 s.

Berendes = Des Pedanios Dioskurides aus Anazarbos *Arznei-
mittellehre* in fünf Büchern, übersetzt und mit Erklärungen
versehen, von Prof. Dr. J. Berendes, Stuttgart 1902.

Bernhardy = *Eratosthenica*, composuit G. Bernhardy, 1822
(repr., Osnabrück 1968).

Bertin = L. Bertin *in* : Grassé, *Traité de zoologie* XIII
(Agnathes et Poissons), fasc. I, Paris 1958.

Bodson = L. Bodson, « Les Grecs et leurs Serpents. Premiers
résultats de l'étude taxonomique des sources anciennes »,
L'Antiquité Classique 50 (1981) 57-78.

Boesch = G. Boesch, *De Apollonii Rhodii elocutione*, diss. Berlin 1908.

Br(enning) = Nikanders Theriaka (und Alexipharmaka), übersetzt von Dr. M. Brenning, *Allgemeine Medicinische Central-Zeitung* 73 (1904) 112-114, 132-134, 327-330, 346-349, (368-371, 387-390).

Btl. = R. Bentley, Nicandri *Theriaca* cum emendationibus Bentleii hactenus ineditis, *Museum Criticum* 1 (1814) 370-388, 445-460.

Bussemaker = *Carminum medicorum reliquiae*, ed. V. Cats B. in : *Poetae bucolici et didactici*, paenultima pars, Bibl. Didot, Paris 1851, p. 73-134.

Call. fr. = Callimachus, ed. R. Pfeiffer, vol. 1 : Fragmenta, Oxford 1949 ;
Hecale, ed. with introduction and commentary by A.S. Hollis, Oxford 1990.

Celse = A. Cornelius Celsus, *De Medicina*, ed. W.G. Spencer, Loeb Classical Library, 3 vols., 1935-1938.

carmen (de herbis) = *Carminis de viribus herbarum* fragmentum, in : Heitsch 2, p. 23-38.

Chantraine, *DELG* = P. Chantraine, *Dictionnaire étymologique de la langue grecque* (Histoire des mots), Paris 1968-1984.
  – *Gr.* I = *Grammaire homérique*, vol. 1 : Phonétique et Morphologie, Paris 1942.
  – *Gr.* II = vol. 2 : Syntaxe, Paris 1953.

Choer. Th. = Georgii Choerobosci Scholia in Theodosii Alexandrini *Canones*, ed. A. Hilgard in : Gr. Gr. IV 1, Leipzig 1894.

Choer. Ps. = Georgii Choerobosci *Epimerismi in Psalmos*, ed. T. Gaisford, Oxford 1842.

CMG = Corpus Medicorum Graecorum ed. Academiae Berolinensis Hauniensis Lipsiensis.

Crateuas = Crat. test. et fr. ed. Wellmann, in Dioscoridis editione sua, vol. 3, p. 139-146.

Crugnola = Scholia in Nicandri *Theriaka* cum glossis ed. A.C., Milano 1971.

Deichgräber = K. Deichgräber, *Die griechische Empirikerschule* (Sammlung der Fragmente und Darstellung der Lehre), Berlin/Zürich 1965.

DA = *Dictionnaire des Antiquités Grecques et Romaines*, ed. C. Daremberg-E. Saglio, Paris 1877-1912.

Delatte = A. D., *Herbarius*, Recherches sur le Cérémonial usité chez les Anciens pour la cueillette des Simples et des Plantes magiques (Bibl. Fac. Philos. et Lettres Univ. Liège, Fasc. 81), Paris 1938.

Delsol = M. Delsol in : Grassé, *Traité de Zoologie* XIV, fasc. I-A : Amphibiens, Paris 1995.

Denniston = J.D. Denniston, *The Greek Particles*², Oxford 1954.

Diocl. = fr(agmenta) ed. Wellmann, in : *Die Fragmente der sikelischen Ärzte Akron, Philistion und des Diokles von Karystos*, hrsg. von M. W., Berlin 1901 ;
ed. Ph. van Eijk (= vdE), Diocles of Carystus, vol. 1 : A collection of the fragments with translation and commentary, Leiden/Boston/Köln 2000.
Videm etiam *Annexe* § 1.

Dion. = Dionysii *Bassaricon et Gigantiadis fragmenta*, a cura di E. Livrea, Roma 1973 ; uide etiam in : Heitsch 2, p. 60-69.

D.P. = Dionysius Periegetes, *Orbis descriptio*, ed. K. Brodersen, Hildesheim 1994.

D(iosc). = Dioscuridis *De materia medica* (*m.m.*), ed. M. Wellmann, vol. 1 (libri I-II), 2 (lib. III-IV), 3 (lib. V), Berlin 1906-1914.
– *eup.* = *Euporista sive* Περὶ ἁπλῶν φαρμάκων, vol. 3, p. 149-317, Berlin 1914.
Vide etiam sub « PsD. ».

Doroth. = Dorothei Sidonii fragmenta e Hephaestionis ἀποτελεσματικῶν libris hausta, ed. D. Pingree, Leipzig 1976.

Duméril = *Erpétologie Générale* ou Histoire Naturelle complète des Reptiles, par A.M.C. Duméril et G. Bibron, Vol. vii, 2ᵉ partie : Serpents Venimeux, Paris 1854.

Edelstein = *Asclepius* : Collection and interpretation of the Testimonies, by E. and L. Edelstein, 2 vols., Baltimore/London 1945.

EG = *Etymologicum Genuinum*, ed. F. Lasserre-N. Livadaras, vol. 1 (glossas α-ἀμωσγέπως continens), Rome 1976 ; vol. 2 (gl. ἀνάβλησις-βώτορες), Athènes 1992 (citatur α uel β cum glossae numero).
– *EG*^A : A = cod. Vat. graec. 1818, s. X (mutilus init. et fin.).
– *EG*^B : B = cod. Laur. Sancti Marci 304, s. X (prima, ultima aliaque fol. paene euanida).

- K. Alpers, *Bericht über Stand und Methode der Ausgabe des* Etymologicum Genuinum *(mit einer Ausgabe
  des Buchstaben* Λ, Copenhague 1969 (Hist., philol....
  44,3) (cit. λ c. gl. num.).

EGud = *Etymologicum Gudianum quod uocatur*, ed. A. De Ste-
fani, vol. 1 (litteras A-B continens) Leipzig 1909 ; 2 (glossas βωμολόχοι-ζειαί) 1920. – Glossas ζείδωρος-ὦμαι :
Et. Graecae linguae Gud., ed. F.W. Sturz, Leipzig 1818.

Él(ien) : uide sub Ael.

EM = *Etymologicum magnum*, ed. Th. Gaisford, Oxford 1848
(citantur pagina et linea).

Emped. = Empedoclis fragmenta in : *Die Fragmente der Vor-
sokratiker*[8], ed. H. Diels-W. Kranz, Berlin 1956, vol.1,
p. 308-375 (citantur numeri fragmentorum et uersuum).
– Vide et Martin-Primavesi.

Epigr. app. demonstr. = Epigrammatum anthologia Palatina
cum Planudeis et appendice nova, vol. 3, ed. E. Cougny,
Paris 1890, Bibl. Didot, p. 464-533 : epigr. demonstrativa.

Epigr. app. irris. = *ibid.* 442-457 : epigr. irrisoria.

Epigr. app. orac. = *ibid.* p. 464-533 : oracula.

Epigr. app. sepulcr. = *ibid.* p. 94-224 : epigr. sepulcralia.

Epiphan. = Epiphanius, *Panarion* (= *Adversus haereses*), ed. K.
Holl, vol. 1, Leipzig 1915; vol. 2, 1922; vol. 3, 1933 (Die
griechischen christlichen Schriftsteller, 25, 31, 37). [citan-
tur voluminis, paginae, lineae numeri].

Erasistr. = Erasistrati fragmenta collegit et digessit I. Garofalo,
Pise 1988 ; uide etiam *Annexe* § 5a.

Erot. = Erotiani *vocum Hippocraticarum collectio* cum frag-
mentis, rec. E. Nachmanson, Göteborg 1918.

Eust(ath). *Iliad.* = Eustathii Commentarii ad Homeri *Iliadem*
pertinentes ad fidem codicis Laurentiani editi, cur. M. van
der Valk, vol. 1 (Α-Δ), 2 (Ε-Ι), 3 (Κ-Π), 4 (Ρ-Ω), Leiden
1971-1987.

Eust(ath). *Od.* = Comm. ad Homeri *Odysseam* ad fidem exem-
pli Romani editi I-II, Leipzig 1825.

Eust(ath). D.P. = Comm. in Dionysii Periegetae *Orbis descrip-
tionem* ed. K. Müller, vol. 2, p. 201-407, Bibl. Didot, Paris
1861 (citantur sectionum et linearum numeri).

Eut. = Εὐτεκνίου Παραφράσεις εἰς τὰ Νικάνδρου Θηριακὰ καὶ ᾿Αλεξιφάρμακα, ἐκδ. Μ. Παπαθομόπουλος,
Janina 1976.

Fabre = J.-H. Fabre, *Souvenirs Entomologiques*, 2 vol., Coll. « Bouquins », Éditions Robert Laffont, Paris 1989.

Fajen *Noten* = F. Fajen, « Noten zur handschriftlichen Überlieferung der Halieutika des Oppian », *Abh. der Ak. Wissensch.* Mainz (Geistes- u. Sozialwiss. Kl.), 1995, Nr. 2.

– *Tempus* = « Tempus und Modus in den Temporalsätzen der Halieutika des Oppian », *Glotta* 59 (1981) 208-228.

Färber = H. Färber, *Zur dichterischer Kunst in Ap. Rh.'*Argon., diss. Berlin 1932.

FGrHist = *Die Fragmente der Griechischen Historiker*, von F. Jacoby, Leiden 1957-1998.

FHG = Fragmenta Historicorum Graecorum ed. C. Müller, Bibl. Didot, Paris 1841-1870.

Fritzsche = R. Fritzsche, *Quaestiones Lucaneae*, diss. Iena, Gothae 1892.

G. = Giannini, uide sub Paradox. Graec.

Gal. *ant.* = Galeni Περὶ ἀντιδότων, ed. C.G. Kühn in : Galeni opera omnia, vol. 14 (Leipzig 1827) 1-209.

– *gloss.* = *Linguarum seu dictionum exoletarum Hippocratis explicatio* in : vol. 19 (Leipzig 1830) 62-157.

– [*lex.*] = Λέξεις βοτανῶν· ἑρμηνεῖαι κατὰ ἀλφάβητον τοῦ σοφωτάτου Γαληνοῦ, in : *Anecdota Atheniensia et alia* ed. A. Delatte, vol. 2, p. 358-393, Paris 1939 (Bibl. Fac. Philos. et Lettres Univ. Liège, fasc. 88).

– *loc.* = *De compositione medicamentorum secundum locos* in : vol. 12 (Leipzig 1826) p. 378-13 (1827) p. 361.

– *loc. aff.* = *De locis affectis* in : vol. 8 (Leipzig 1824) 1-452.

– [*Pamph.*] = *De theriaca ad Pamphilianum* in : vol. 14. 295-310.

– *Pis.* = *Ad Pisonem de theriaca* in : vol. 14. 210-294.

– *simpl. med. fac.* = *De simplicium medicamentorum temperamentis ac facultatibus* in : vol. 11 (Leipzig 1826) 379-12. 377.

– *succ.* = *De probis pravisque alimentorum succis* in : vol. 6 (Leipzig 1823) 749-815 ; De bonis malisque sucis, ed. A.M. Ieraci Bio, Napoli 1987.

Geop. (*Géop.*) = *Geoponica sive Cassiani Bassi Scholastici de re rustica eclogae*, recensuit H. Beckh (Bibl. Teubner.), Leipzig 1895.

Geymonat = Scholia in Nicandri *Alexipharmaca* cum glossis ed. M.G., Milano 1974.

Gil Fernandez = L. Gil Fernandez, *Nombres de Insectos en Griego antiguo* (C.S.I.C. 18), Madrid 1959.

Goodwin = W.W. Goodwin, *Syntax of the Moods and Tenses of the greek Verb,* London 1897.

Gossen-Steier = H. Gossen-A. Steier, « Schlange (Arten) », *RE* 2A (1921) 521-557. [multos errores correxit Morel[1]]

Gow = Theocritus, vol. 2 : Commentary, Cambridge 1950.

Gow (G.-S.) = Nicandri editio (translatio).

Gow[1] = A.S.F. Gow, « Nicandrea, with reference to Liddell and Scott, ed. 9 », *Classical Quarterly*, new series vol. 1 = continuous series 45 (1951) 95-118.

Gow[2] = Id., « Asclepiades and Posidippus, Notes and Queries », *Classical Review*, new series vol. 4 = continuous series 68 (1954) 195-200.

G.-P. = A.S.F. Gow-D.L. Page, The Greek Anthology : *Hellenistic Epigrams*, 2 vols., Cambridge 1965.

G.-P[2]. = The Greek Anthology : *The Garland of Philip* (and some other Epigrams), 2 vols., Cambridge 1968.

Gr. Gr. = *Grammatici Graeci* I-IV, ed. A. Hilgard, A. Lentz, R. Schneider, G. Uhlig, Leipzig 1867-1910.

Grassé *Traité* = P.-P. Grassé, *Traité de Zoologie* I-XVII.
  – *Précis* = *Précis de Zoologie*[2] : Vertébrés, tome 2 Reproduction, Biologie, Évolution et Systématique (Agnathes, Poissons, Amphibiens et Reptiles), Paris 1976.
  – *Abrégé* = *Abrégé de Zoologie* II : Vertébrés[3], Paris 1996.

Grévin : cf. *Notice* p. CLXXVI s.

Guardasole = Eraclide di Tarento : *Frammenti*, a cura di A.G., Napoli 1997.

Guibé = J. Guibé in : Grassé *Traité* XIV, fasc. 3 : Reptiles (Glandes endocrines, Embryologie, Systématique, Paléontologie), Paris 1970.

Halleux[1] = R. Halleux, *Les Alchimistes Grecs*, t. 1, C.U.F., Paris 1981.

Halleux[2] = R. Halleux (et alii), *Les Lapidaires Grecs*, C.U.F., Paris 1985.

Headlam = W. Headlam-A.D. Knox, Herodas : *The Mimes and Fragments*, Cambridge 1922.

Heitsch = *Die Griechischen Dichterfragmente der römischen Kaiserzeit*, ed. E. Heitsch, Bd. 1 : Göttingen 1961, 2 : 1964.

Heliodor. = Heliodori Ἰταλικὰ θαύματα, ap. Stob. 4. 36. 8 (p. 867) = *SH* 472.

Hérakleidès = Die Reisebilder des Herakleides, Einleitung, Übersetzung und Kommentar, von Friedrich Pfister, Österreich. Akad. Wissensch., philos.-histor. Kl., Sitzungsberichte, 227. Bd., 2. Abhandl., Wien 1951.

Hdn. Ἰλιακ. = Herodiani Περὶ Ἰλιακῆς προσῳδίας, ed. A. Lentz, Leipzig 1868 (Gr. Gr. ɪɪɪ).
 – καθ. = Περὶ καθολικῆς προσῳδίας, Gr. Gr. ɪɪɪ 1, 1867.
 – κλίσ. = Περὶ κλίσεως ὀνομάτων, Gr. Gr. ɪɪɪ 2, 1870.
 – μον. = Περὶ μονήρους λέξεως, Gr. Gr. ɪɪɪ 2.
 – ὀρθ. = Περὶ ὀρθογραφίας, Gr. Gr. ɪɪɪ 2.
 – παθ. = Περὶ παθῶν, Gr. Gr. ɪɪɪ 2.

Herter = H. Herter, « Bericht über die Literatur zur hellenistischen Dichtung seit dem Jahre 1921, II. Teil : Apollonios von Rhodos », *Bursians Jahresbericht* 285 (1944/1955) 214-410.

Hsch. = Hesychii Alexandrini *Lexicon*, ed. K. Latte, vol. 1 (A-Δ), Copenhague 1953, 2 (E-O) 1966 ;
 – Π-Ω : M. Schmidt, Iena 1857-1868. [citatur glossae littera initialis cum numero]

Hollis[1] = A.S. Hollis, Callimachus *Hecale*, Oxford 1990.

Hollis[2] = « Nicander and Lucretius », *Papers of the Leeds International Latin Seminar* 10 (1998) 169-184.

Jacques[1] = « Nicandre de Colophon poète et médecin », *Ktema* 4 (1979) 133-149.

Jacques[2] = « Un médecin de cour hellénistique : Apollophane de Séleucie », *Cahiers du Centre Georges Radet* (= CCGR), Université de Bordeaux III, n° 4 (1985/86) 1-14.

Jacques[3] = « Apollonios de Memphis, Chirurgien et Iologue », CCGR, N° 5 (1986/7) 67-77.

Jacques[4] = « Le manuscrit de Florence *Laurentianus gr*. 74.5 et les écrits galéniques sur la thériaque et les antidotes », *REA* 101 (1999) 523-531.

Joachim = H. Joachim, *De Theophrasti libris* Περὶ ζῴων, diss. Bonn 1892.

Jean de Gaza = ἔκφρασις τοῦ κοσμικοῦ πίνακος, in :
    Johannes von Gaza und Paulus Silentiarius, Kunst-
    beschreibungen justinianischer Zeit, ed. P. Friedlaender,
    Leipzig 1912.
Io. Philop. = Ioannis Philoponi Alexandrini τονικὰ παραγγέλ-
    ματα, ed. G. Dindorf, Leipzig 1825.
Kádár = Z. Kádár, *Survivals of Greek Zoological Illuminations
    in Byzantine Manuscripts*, with 232 half-tone and 10
    colour plates, Budapest 1978.
Keller = O. Keller, *Die antike Tierwelt*, 2 vol., Leipzig 1909-
    1913.
Kerényi = C. Kerényi, *Asklepios*, Archetypal Image of the
    Physician's Existence (transl. by R. Manheim), Bollingen
    Series lxv. 3, Pantheon Books, New York 1959.
Keydell[1] = R. Keydell, *Quaestiones metricae de Epicis graecis
    recentioribus. Accedunt critica varia*, diss. Berlin 1911 =
    *Kleine Schriften zur hellenistischen und spätgriechischen
    Dichtung*, zusammengestellt von W. Peek, Leipzig 1982,
    1-71.
Keydell[2] = « Oppians Gedicht von der Fischerei und Aelians
    Tiergeschichte », *Hermes* 72 (1937) 411-434 = *Kl. Schr.*
    321-344.
Kind[1] = F.E. Kind « Zu Philumenos », *Hermes* 44 (1909) 621-
    624.
Kind[2] = « Zu der Nikanderscholien », *Hermes* 44 (1909) 624-
    625.
Klauser = H. Klauser, *De dicendi genere in Nic. Th. et Al.
    quaestiones selectae* in : *Dissertationes Philologae Vin-
    dobonenses*, Wien 1898, p. 1-92.
Knaack = G. Knaack, « Conjectanea », Programm des königl.
    Marienstifts-Gymnasium, Stettin 1883.
Konze = J. Konze, *De dictione Lycophronis alexandrinae
    aetatis poetae : I. De Lycophroneae dictionis proprietate
    in universum ratione simul habita Homeri et Tragicorum*,
    Münster 1870.
Köchly : uide sub Max(imus).
K.-G. = R. Kühner-B. Gerth, *Ausführliche Grammatik der
    griech. Sprache*[3], II. Satzlehre, 2 vol., Leipzig 1898-1904
    (repr. Darmstadt 1955).
La Roche = J. La Roche, « Zur Prosodie und Metrik der
    späteren Epiker, I », *Wiener Studien* 1900, 35 ss.

Laurent = R.F. Laurent in : Grassé, *Traité de Zoologie* XIV, fasc. I-B : Amphibiens, Paris 1986.

Leclercq = M. Leclercq in : Grassé, *Traité de Zoologie* VIII, fasc. V-B : Insectes (Embryologie, Cécidogénèse, Insectes venimeux), Paris 1977.

Lehrs = K. Lehrs, *Quaestiones epicae*, Königsberg 1837.

LfgrE = *Lexikon des frühgriechischen Epos* vorbereitet und herausgegeben von B. Snell, Göttingen 1955-.

Lex. Patm. = *Lexicon Patmense* (ed. I. Sakkelion, *BCH* 1, 1877, 10-16, 137-154) réimpr. dans : *Lexica Graeca Minora* (p.140-165), ed. K. Latte-H. Erbse, Hildesheim 1965.

LSJ = H.G. Liddell-R. Scott, *A Greek-English Lexicon*, 9th ed. by H. Stuart Jones-R. McKenzie, Oxford 1940.
  – *Revised Supplement*, ed. by P.G.W. Glare with the assistance of A.A. Thompson, Oxford 1996.

Lingenberg = J.W. Lingenberg, *Quaestiones Nicandreae*, diss. Halle 1866.

Lloyd-Jones = H. Lloyd-Jones, Nicandreae editionis Gow recensio, *Classical Review* 68 (1954) 231-233.

Loebe = J. Loebe, *De elocutione Arati Solensis poetae*, diss. Halle 1864.

Lohmeyer = Th. Lohmeyer, *De vocabulis in Oppiani* Halieuticis *aut peculiariter usurpatis aut primum exstantibus*, diss. Berlin 1866.

Lyc. = Lycophronis *Alexandra* rec. E. Scheer, vol. 1, Berlin 1908. Vide ad Tz.

Maass, *Aratea* = E. Maass, *Aratea* in : *Philologische Untersuchungen*, Heft 12, Berlin 1892.

Man(ethon) = *apotelesmatica* ed. A. Köchly in : Poetae bucolici et didactici, ultima pars, p. III-LXI + 41-101, Bibl. Didot, Paris 1851.

Marcellus, *med.* = Marcelli Empirici *De medicamentis liber*[2] (CMLV), Berlin 1968.

Marc. Sid. = Marcellus Sidetes, *De piscibus* fr., in : Heitsch 2 p. 17-22.

Martin-Primavesi = A. Martin-O. Primavesi, *L'Empédocle de Strasbourg* (*P. Strasb. gr.* Inv. 1665-1666), Berlin 1999.

Max. = Maximus, *Carmen de actionum auspiciis* (π. καταρχῶν) ed. A. Ludwich, Leipzig 1877.
  – ed. A. Köchly, in : Poet. buc. et didactici, ultima pars, p. LXI-LXXVII + 103-114.

Meyer-Steineg = Th. M.-S. und K. Sudhoff, *Illustrierte Ge-schichte der Medizin*, 5te Aufl., Stuttgart 1965.

Mich(el) Glyc(as) = Michael Glycas, *Annales* ed. I. Bekker (Corpus scriptorum historiae byzantinae), Bonn 1836.

Mich(el) Ps(ellos) = Michael Psellos, *Poemata* ed. L.G. West-erink, Stuttgart 1992 ;
Orationes panegyricae, ed. G.T. Dennis, 1994.

Millot, Vachon = J. Millot, M. Vachon in : Grassé, *Traité de Zoologie* VI : Onychophores, Tardigrades, Arthropodes, Trilobitomorphes, Chélicérates, Paris 1968.

Mooney = G.W. Mooney, *The Argonautica of Apollonius Rhodius*, ed. with introd. and commentary, Dublin 1912.

Morel[1] = W. Morel, « Iologica », *Philologus* 83 (1928) 345-389.

Morel[2] = « Zur späteren griechischen Prosa », *Hermes* 65 (1930) 367-368.

Murr = J. Murr, *Die Pflanzenwelt in der griech. Mythologie*, Innsbruck 1890.

Nicandro = Nicandro, Theriaka y Alexipharmaka, Barcelona, Moleiro, 1999 :
 – « Casi original » : codicis Paris suppl. gr. 247 imag-ines luce expressae.
 – Commentariorum volumen continens : A. Touwaide, *N. y su Obra* ; *Los poemas de N. y el Parisinus en las ciencias médicas de Bizancio* ; *Traducción de los Th. y Al.* ; *Notas de edición y de filología*. [doctrina incerta, peccata haud pauca]
 Chr. Förstel, *Estudio codicológico*.
 G. Aslanoff, *La illustración del Supplément grec 247*.

Nonn. = Nonni *Dionysiaca*.

Nonn. par. = Nonni *paraphrasis sancti evangelii Joannei*, ed. A. Scheindler, Leipzig 1881.

Olivieri = A. Olivieri, « Osservazioni sui *Theriaka* e sugli *Alexipharmaka* di Nicandro », *Atti della Reale Accademia di Archeologia, Lettere e Belle Arti di Napoli* 24 (1906) 283-300.

Omont = H. Omont, *Fac-similés des miniatures des plus anciens manuscrits grecs de la Bibliothèque Nationale*, Paris 1902 ;
 – *Miniatures des plus anciens manuscrits grecs de la Bibliothèque Nationale*, 1929.

Opp. *Hal.* = Oppianus, *Halieutica* (Oppian, *Der Fischfang*), Einführung, Text, Übersetzung, ausführliche Kataloge der Meersfauna, von F. Fajen, Stuttgart/Leipzig 1999.

[Opp.] *Cyn.* uel [*Cyn.*] = Oppianus, *Cynegetica* : Oppien d'Apamée, *La Chasse*, éd. crit. par P. Boudreaux, Bibl. de l'École des Hautes Études, Sciences histor. et philolog., fasc. 172, Paris 1908.

O(rib). *coll.* = Oribasii *Collectionum medicarum reliquiae*, ed. Io. Raeder (CMG 6. 1-2), vol. 1-4, Leipzig et Berlin 1928-1933.

    – *ecl.* = *Eclogae medicamentorum*, vol. 4, p. 181-307 (CMG 6. 2. 2) 1933.

    – *Eust.* = *Synopsis ad Eustathium*, vol. 5, p. 1-313 (CMG 6. 3) 1926.

    – *Eun.* = *Libri ad Eunapium*, vol. 5, p. 315-498.

Orio = Orionis Thebani *Etymologicum*, ed. F.G. Sturz, Leipzig 1820.

Pack^2 = R.A. Pack, *The Greek and Latin literary Texts from Greco-Roman Egypt*, 2nd ed., Michigan 1965.

P.G.M. = *Papyri graecae magicae*^{2}, ed. K. Preisendanz, vol. 1-2, Stuttgart 1973-1974.

Paradox. Graec. = *Paradoxographorum Graecorum reliquiae*, ed. A. Giannini, Milan 1967.

P.G. = Migne, Patrologia Graeca.

PAeg. = Pauli Aeginetae *Epitomae medicae libri* VII, ed. I.L.Heiberg (CMG 9. 1-2), Leipzig et Berlin 1921-1924.

Paul. Sil. = Pauli Silentiarii *Descriptio sanctae Sophiae*, ed. O. Veh, Prokop. Werke, vol. 5, p. 306-358, Munich 1977 ; *Description de Sainte Sophie de Constantinople*, texte grec et trad. française, par P. Chuvin et M.C. Fayant, Dié 1997.

Pf. : uide sub Call.

Philès = Manuel Philès, *carmina* ed. E. Miller, 2 vol., Paris 1855-1857.

Phillips = E.D. Phillips, *Greek Medicine*, London 1973.

Ph(ilum). = Philumeni (*De*) *Ven*(*enatis animalibus eorumque remediis*) excerpta Vaticana (CMG 10. 1. 1), ed. M. Wellmann, Leipzig et Berlin 1908.

Phot. = Photii Patriarchae *Lexicon*, ed. C. Theodoridis, vol. 1 (A-Δ) Berlin/New York 1982, 2 (E-M) 1998 (citantur glossae littera initialis et numerus).

- N-Ω : R. Porson, Cambridge 1822 (citantur pag. et lin.).
Phot. *Bibl.* = Photii *Bibliotheca*, ed. I. Bekker, Berlin 1824-
    1825 (post cod. num. citantur pag., col., lin.) ; R. Henry,
    Paris 1959-1977 (J. Schamp, *Indices*, 1991).
Phryn. *ecl.* = Phrynichus, *eclogae*, ed. E. Fischer, Berlin/New
    York 1974.
Phryn. *praep.* = *Praeparatio sophistica*, ed. J. De Borries,
    Leipzig 1911, p. 1-129.
    praep. fr. = *ibid.* p. 130-180.
Physiologus = Physiologi graeci singulas recensiones in lucem
    protulit F. Sbordone, Napoli 1936.
Pl(in). = C. Plini Secundi *Naturalis Historiae* libri XXXVII ed. L.
    Ian-C. Mayhoff, Leipzig 1892-1909 ; A. Ernout, J. André,
    etc., C.U.F., Paris 1947-1974.
Plut. fr. = Plutarchi *Moralia*, vol. vii, rec. et emend. F.H. Sand-
    bach, Leipzig 1967.
Poll. = Pollux, *Onomasticon* ed. E. Bethe, Leipzig 1900 (Lexi-
    cographi Graeci IX 1 ; fasc. 1-3).
PCG = *Poetae Comici Graeci*, ed. R. Kassel-C. Austin, Berlin/
    New York 1983- (fragmentorum comicorum numeri sunt
    Kasseliani).
PMG = *Poetae Melici Graeci*, ed. D.L. Page, Oxford 1962.
Posid. = Posidippo di Pella, *Epigrammi* (P.Mil. Vogl. VIII
    309), edizione a cura di G. Bastianini e C. Gallazzi con la
    collaborazione di C. Austin, Milano 2001.
P(owell) = *Collectanea Alexandrina*, ed. J.U. Powell, Oxford
    1924.
Pr(omotus) = *Der Traktat* Περὶ τῶν ἰοβόλων θηρίων καὶ
    δηλητηρίων φαρμάκων *des sog. Aelius Promotus*, ed. S.
    Ihm, Wiesbaden 1995.
Prisc. IX = Prisciani Lydi *Solutionum ad Chosroem* cap. IX
    (= Theophrasti Περὶ τῶν δακετῶν καὶ βλητικῶν), ed.
    I. Bywater in : Suppl. Aristotelicum I 2, Berlin 1886.
PsD. = Pseudo-Dioscurides, Περὶ δηλητηρίων φαρμάκων
    καὶ τῆς αὐτῶν προφυλακῆς καὶ θεραπείας, ed. C.
    Sprengel in : Pedanii Dioscuridis Anazarbei (= C.G.
    Kühn, Medicorum Graecorum opera quae exstant, vol. 26)
    tomus 2, p. 1-41 ;
    Id. Περὶ ἰοβόλων ἐν ᾧ καὶ περὶ λυσσῶντος κυνός,
    ibid. p. 42-91, Leipzig 1830.

R.A. = Dr. M. Burton-R. Burton, *Le Royaume des Animaux* 1-26, éd. française, Genève 1972-1975.

RE = *Realencyclopaedie der Klassischen Altertumswissenschaft*, ed. Pauly-Wissowa-Kroll, Stuttgart 1893-1997.

Rebmann = O. Rebmann, *Die sprachliche Neuerungen in den Kynegetika Oppians von Apamea*, diss. Bâle 1918.

Regenbogen = « Theophrastos », *RE* Suppl. 7. (1940) 1354-1562.

Ritter = F. Ritter, *De adjectivis et substantivis apud Nicandrum homericis,* diss. Göttingen 1880.

Robert = L. Robert, *A travers l'Asie Mineure* (poètes et prosateurs, monnaies grecques, voyageurs, géographie), Paris 1980.

Rohde = E. Rohde, « Aelius Promotus », *Rhein. Mus.* 28 (1873) 264-90 = *Kleine Schriften* 1. 380-410.

Rohde, *Psyché* = E.R., *Psyché*, éd. française par A. Reymond, Paris 1928.

Rose : uide ad Th. fr.

Ruf. = Rufus Ephesius, *Opera* ed. Ch. Daremberg-Ch.E. Ruelle, Paris 1879.
    – *Onom.* = Περὶ ὀνομασίας τῶν τοῦ ἀνθρώπου μορίων, ibid. p. 133-167.

Rzach[1] = A. Rzach, « Studien zur Technik des nachhom. heroischen Verses », Sitzungsberichte d. Ak. d. Wiss., Philol.-histor. Kl., Wien 95 (1879) 681 ss.

Rzach[2] = A. Rzach, « Neue Beiträge zur Technik des nachhomerischen Verses », *Sitzb. Ak. Wiss. Wien* 100 (1882) 324-427.

Scarborough[1] = J. Scarborough, « Nicander's Toxicology, I : Snakes », *Pharmacy in History* 19 (1977) 3-23.

Scarborough[2] = « Nicander's Toxicology, II : Spiders, Scorpions, Insects and Myriapods », *ibid.* 21 (1979) 3-34, 73-92. [auctor parum doctus in Graeca lingua, res saepe confusae]

Schn. = I.G. Schneider, *Theriaca*, Leipzig 1816.

S. = O. Schneider, Nicandrea (*Th. Al.* fr.), Leipzig 1856. Nicandri fragmentorum numeri sunt Schneideriani ; fragmenta sine auctoris nomine sunt Nicandri.

Σ *Th.*, *Al.* = Scholia Nicandri. Σ (opere non adiecto) 1-4 = Σ *Th.* 1-4, ed. A. Crugnola (praeter correcturas).

- Ap. Rh. = Scholia in Apollonium Rhodium vetera, ed. C. Wendel, Berlin 1935.
- Arat. = Scholia in Aratum vetera, ed. J. Martin, Stuttgart 1974.
- Eur. = Scholia in Euripidem, ed. E. Schwartz, vol. I-II, Berlin 1887-1891.
- Lyc. : uide infra s.v. Tz. Lyc.
- Soph. = Scholia in Sophoclem vetera, ed. P. N. Papageorgius, Leipzig 1888 (cit. fabula, versus et linea).
- Soph. *Aj* = Τὰ ἀρχαῖα Σχόλια εἰς Αἴαντα τοῦ Σοφοκλέους, University of Athens Press, Athènes 1977.
- Thcr. = Scholia in Theocritum vetera, ed. C. Wendel, Leipzig 1914 ; ed. Fr. Dübner, Bibl. Didot, Paris 1849.
- *Iliad.* = Scholia Graeca in Homeri *Iliadem*, ed. H. Erbse, vol. 1-7, Berlin/New York 1969-1988.

Σ^D *Iliad.* = Scholia D in Homerum quae vocantur Didymi, in : Homeri *Ilias*, 2 vol., ed. C.G. Heyne, Oxford 1834.

Schwyzer = E. Schwyzer, *Dialectorum graecarum exempla epigraphica potiora*, Leipzig 1923.

Scrib(onius) L(argus) = *Compositiones*, ed. S. Sconocchia, Leipzig 1983.

S.E. = Sextus Empiricus, *Pyrrh(oniae) hyp(otyposes)*, ed. H. Mutschmann, Leipzig 1912 ; *adv(ersus) math(ematicos)*, 1914.

Sharples : uide infra sub Th(eophrasti) fr.

Sol. = Solo, in : West, *Iambi et Elegi Graeci*, vol. 2.

Steckerl = *The fragments of Praxagoras of Cos and his School*, coll., ed. and transl. by F.S., Leiden 1958. Vide etiam *Annexe* § 2.

Steier = « Spinnentiere », *RE* 3A (1929) 1786-1812.

Steph. Byz. = Stephani Byzantii *Ethnica*, ed. A. Meineke, Berlin 1849 (cit. pag. et lin.).

Steve : Nicandri... *Theriaca*, P.J. Steve interprete..., Valentiae 1552.

Stob. = Ioannes Stobaeus, *Anthologium*, rec. C. Wachsmuth-O. Hense, vol. 1 : liber primus, Berlin 1884 ; vol. 2 : liber secundus ; 3 : liber tertius, 1894 ; 4 : libri quarti pars prior, 1909 ; 5 : pars altera, 1912.

Strömberg^1 = R. Strömberg, *Theophrastea* (Studien zur botanischen Begriffsbildung), Göteborg 1937.

Strömberg^2 = *Griechische Pflanzennamen*, Göteborg 1940.

Strömberg[3] = *Griechische Wortstudien,* Göteborg 1944.

Suid. = Suidae Lexicon, ed. A. Adler, Leipzig 1928-1938 (Lexicographi Graeci 1. 1-5) ; citatur glossae littera initialis cum numero.

Susemihl = F. Susemihl, *Geschichte der griech. Literatur in der Alexandrinerzeit,* 2 vol., 1891-2.

Svensson = A. Svensson, *Der Gebrauch des bestimmten Artikels in der nachklass. griech. Epik,* Lund 1937.

SH = *Supplementum hellenisticum,* ed. H. Lloyd-Jones et P. Parsons (*Indices* in hoc vol. et in Powell, *Coll. Alex.* add. H.-G. Nesselrath), Berlin/New York 1983.

Taschenberg = O.T., « Einige Bemerkungen zur Deutung gewisser Spinnentiere, die in den Schriften des Altertums vorkommen », *Zool. Annalen* 2 (1907) 213-268.

Tert. *Scorp.* = Tertulliani opera ex recensione A. Reifferscheid et G. Wissowa, Pars I, Vindobonae 1890 : *Scorpiace,* p. 144-179.

Theogn. = Theognosti *Canones,* ed. J.A. Cramer in : AO 2. 1-165, Oxford 1835.

Th(eoph.) N(onn.) = Theophanis Nonni, *Epitome de curatione morborum,* graece et latine, ed. Io. Steph. Bernard, tomus II, Gothae et Amstelodami 1795.

Th. = Theophrasti *Historia Plantarum* (*HP*), edited and translated by A. Hort, 2 vols., L.C.L., London/Cambridge, Mass.1916.
S. Amigues (C.U.F.), vol. 1 (lib. I-II) Paris 1988, 2 (lib. III-IV) 1989, 3 (lib. V-VI) 1993.
− *CP = De Causis Plantarum,* edited and translated by B. Einarson-G.K.K. Link, 3 vols, L.C.L., 1976-1990.
− *Fragmenta* : ed. F. Wimmer, Bibl. Didot, Paris 1866 ;
− R.W. Sharples, *Th. of Eresus : Sources for his Life, Writings and Influence.* Commentary vol. 5 : Sources on Biology (Texts 328-435), Leiden/New York/Köln 1995 ;
− π. δακετῶν = Περὶ τῶν δακετῶν καὶ βλητικῶν, ed. V. Rose, *Aristoteles Pseudepigraphus* (= Ar. Ps.), p.338-352, Leipzig 1863 ; uide sub Prisc. IX et *Annexe* § 3.
− *Lapid.* = Περὶ λίθων, ed. with introd. transl. and commentary by D.E. Eichholz, Oxford 1965.
− *Od.* = Περὶ ὀσμῶν, in *HP* , L.C.L., vol. 2, p. 323-389.

Thompson[1] = D'Arcy W. Thompson, *A Glossary of greek Birds,* Oxford 1936.

Thompson[2] = *A glossary of Greek Fishes*, London 1947.

Timothée de Gaza = Timotheus Gazaeus *De animalibus* ed. M. Haupt, *Hermes* 3 (1869) 1-30.

Touwaide = A. Touwaide, « Nouvelles perspectives pour l'édition et la lexicologie des poèmes de Nicandre », *Emerita* 66 (1998) 151-178.

TrGF = *Tragicorum Graecorum Fragmenta*, ed. B. Snell et alii, 1971-. Aeschyli et Sophoclis fragmentorum numeri sunt Radtiani.

Tz. Lyc. = Scholia Io. Tzetzae in Lycophronis *Alexandram* ed. E. Scheer, Lyc. *Alex.*, vol. 2, Berlin 1908.
  – *Exeg.* = Io. Tzetzae *Exegesis in Homeri Iliadem*, ed. L. Bachmann, 1835.
  – *Chil.* = Io. Tzetzae *Historiarum variarum Chiliades*, ed. Th. Kiessling, Leipzig 1826.

Vachon : voir *supra* Millot.

Vendryes = J. Vendryes, *Traité d'accentuation grecque*, nouvelle éd., Paris 1938.

Venomous Animals = W. Bücherl-E.E. Buckley-V. Deulofeu (ed.), *Venomous Animals*, vol. 1, New York/London 1968 ; vol. 2, 1971.

Volkmann[1] = R. Volkmann, *De Nicandri Colophonii vita et scriptis*, Halle 1852.

Volkmann[2] = R. Volkmann, *Commentationes epicae*, Leipzig 1854.

Weitzmann[1] = K. Weitzmann, *Illustration in Roll and Codex*, A Study of the Origin and Method of Text Illustration, 2nd ed., Princeton 1970 (1st ed. 1947).

Weitzmann[2] = *Greek Mythology in Byzantine Art*, Princeton 1951.

Weitzmann[3] = « Das klassische Erbe in der Kunst Konstantinopels », *Alte und neue Kunst* 3 (1954) 41-59 = « The Classical Heritage in the Art of Constantinople », *in* : K.W., *Studies in Classical and Byzantine Manuscript Illumination*, Chicago 1971, p. 126-150.

Weitzmann[4] = *Ancient Book Illumination* (Martin Classical Lectures, vol. xvi), Cambridge, Mass. 1959.

Wellmann[1] = M. W., « Dorion », *Hermes* 23 (1888) 179-193.

Wellmann[2] = « Zur Geschichte der Medicin im Alterthume », *ibid.* 556-566.

Wellmann[3] = « Sextius Niger, eine Quellenuntersuchung zu Dioscorides », *Hermes* 24 (1889) 530-569.

Wellmann[4] = « Sostratos, ein Beitrag zur Quellenanalyse des Aelian », *Hermes* 26 (1891) 321-350 + 649-652.

Wellmann[5] = « Alexander von Myndos », *Hermes* 26 (1891) 481-566 + 654.

Wellmann[6] = « Leonidas von Byzanz und Demostratos », *Hermes* 30 (1895) 161-176.

Wellmann[7] = « Das älteste Kräuterbuch der Griechen », *Festgabe für Fr. Susemihl*, zur Geschichte griechischer Wissenschaft und Dichtung, Leipzig 1898.

Wellmann[8] = « Philumenos », *Hermes* 43 (1908) 373-404.

Wellmann[9] = « Pamphilos », *Hermes* 51 (1916) 1-64.

Wellmann[10] = « Übersehenes », *Hermes* 52 (1917)125-135.

Wellmann[11] = « Beiträge zur Quellenanalyse des älteren Plinius, I. Teil », *Hermes* 59 (1924) 129-156.

Wellmann[12] = *Der Physiologos*, eine religionsgeschichtlich-naturwissenschaftliche Untersuchung, *Philologus*, Suppl. 22.1, Leipzig 1930.

Wellmann[13] = « Beiträge zur Geschichte der Medizin im Altertum », *Hermes* 65 (1930) 322-331.

Wellmann[14] = *Marcellus von Side als Arzt und die Koiraniden des Hermes Trismegistos*, Philologus, Suppl. 27.2, Leipzig 1934.

West, *Th.* = Hesiodi *Theogoniam* ed., prolegomenis et commentario instr. M.L. West., Oxford 1966.

   – *Op.* = Hesiodi *Opera et Dies*, 1978 (*Th.*, *Op.*, 1 = West, adn. ad *Th.*, *Op.*, u. 1).

   – *Fragmenta Hesiodea* ed. Merkelbach-West, 1967.

   – *Iliad.* = Homeri *Iliadem*, Munich et Leipzig 1998-2000.

W(est) = *Iambi et Elegi Graeci*, vol. 1 : Archilochus, Hipponax, Theognidea, Oxford 1971 ; vol. 2 : Callinus, Mimnermus, Semonides, Solon, Tyrtaeus, Minora Adespota, 1972.

West[1] = « On Nicander, Oppian, and Quintus of Smyrna », *CQ* 57 (1963) 57-62.

West[2] = « Conjectures on 46 Greek Poets », *Philologus* 110 (1966) 147-168.

White = H. White, *Studies in the poetry of Nicander*, Amsterdam 1987.

Wifstrand = A. Wifstrand, *Von Kallimachos zu Nonnos* (Metrisch-Stilistische Untersuchungen zur späteren griech. Epik und zu verwandten Gedichtgattungen), Lund 1933.

Wilamowitz[1] = Euripides : *Herakles*, 4. Aufl., 3 vol. (repr., Darmstadt 1959).

Wilamowitz[2] = *Hellenistische Dichtung* in der Zeit des Kalli-machos, 2. Aufl., Berlin 1924.

ZPE = *Zeitschrift für Papyrologie und Epigraphik*, Bonn 1967-.

Zeune = J.C. Zeune, *Animadversiones ad Nicandri carmen utrumque*, Wittenberg 1776.

Zon. = 'Zonarae' *Lexicon*, ed. I.A.H. Tittmann, Leipzig 1808.

N.-B. — Auctorum graecorum nomina sicut in LSJ plerumque brevi-ata. Praeter numeros librorum capitumque, uncis rotundis ( ) uel quadratis [ ] saepe indicantur numeri paginae, lineae, et, si res postulat, voluminis.

SIGLA

π_1 = volumen papyraceum Oxyrhynchicum, saec. I p.C.n., i.e. *POxy* 2221 (Pack^2 1327) ; primum edidit E. Lobel, *The Oxyrhynchus Papyri*, vol. XIX, London 1948, p. 57-60, cum tab. xi ; retractauit A. Colonna, *Aegyptus* 34 (1954) 3-26 ; habes col. II 8-20 in *SH* 563. – Continet uersuum 377-395 fragmenta in antiquo in Nicandri *Theriaca* commentario.

π_2 = volumen papyraceum Oxyrhynchicum, saec. II p.C.n., i.e. *POxy* 3851 (Pack^2 1326), primum ed. A.S.F. Gow in editione sua, postea P.J. Parsons, *Ox. Pap.* LVI, London 1989, p. 98-99 (nulla tab.). – Continet uersuum 333-344 frustula parua.

π_3 = volumen papyraceum Tebtuni repertum, saec. I p.C.n., i.e. :

a) *PMilVogl* 45 (Pack^2 1328), ed. I. Cazzaniga in : *Papiri della Università degli Studi di Milano*, vol. 2, p. 32-39, cum tab. IV, Milano 1961 ; primum ed. I. Cazzaniga, *SIFC*, n.s. 27-28 (1956) 83-101 ; habes l. 13-17 in *SH* 563A. Continet uersuum 526-529 frustula in lemmatibus alicuius antiqui in Nic. *Ther*. commentarii (uide etiam ad 948) ;

b) *PMilVogl* 262, fragmentum eiusdem codicis atque 42, ed. C. Galazzi-M. Vandoni, *Papiri ... Milano*, vol. 6, p. 8, Milano 1977. Continet perparuum Nicandrei scholii frustulum incertae sedis.

II. CODICES

Ω :   consensus omnium codicum, i.e. T + ω
ω :   consensus omnium codicum praeter T

T   (Π O. Schneider) = Parisinus suppl. gr. 247 (fol. 2^r-27^v)
            s. X (continet uersus 1-56, 76-158, 161-170, 172-203,
            231-388, 541-563, 625-631, 633-714, 767-832, 848-
            884)

Classis ω

        Consensus *a* :
G   = Goettingensis philol. 29 (fol. 139^r-165^v) s. XIII/XVI
            (continet omnes praeter 782, sed uide adn. ad loc.)
G   (d Crugnola) = Ambr. E 112 sup. ; uide crit. adn. ad
            933-958 et infra sub §III.
L   (C Crugnola) = Vaticanus gr. 2291, olim Chisianus gr.
            50 (fol. 247-271^v) s. XV (continet 1-958, om. 822)
N   = Vaticanus gr. 109 (fol. III-IV) s. XIII (61-66, 71-117,
            122-139)

        Consensus *b* :
K   = Vaticanus gr. 305 (fol. 139^r-170^v) s. XIII (omnes)
O   (m O. Schn.) = Laurentianus gr. 91.10 (fol. 145^r-162^r)
            s. XIV (1-308, 320-342, 359-484, 488-597, 600-958)
R   = Riccardianus gr. 56, olim K ii 18 (fol. 1^r-28^v)
            s. XV (omnes praeter 807)
W   (v O. Schn.) = Venetus Marcianus gr. 477 (fol. 1^r-43^v)
            s. XV (1-714, 811-958)

        Consensus *c* (= P + *p*) :
P   (p O. Schn.) = Parisinus gr. 2403 (fol. 99^v-114^r)
            s. XIII ex. (omnes praeter 136 et 920)

        Consensus *p* (= *x* + *y*)
        Consensus *x* :
U   = Vaticanus Urbinas gr. 145 (fol. 84^v-112^v) s. XV
            (omnes praeter 136)
F   (t Crugnola) = Ambrosianus A 162 sup./Gr. 58 (fol. 1^r-
            54^r) s. XV (omnes praeter 136)
E   = Mutinensis Estensis gr. 39 (α.T. 9.2) (fol. 68-98)
            s. XV (omnes praeter 136)

A   = Monacensis gr. 494 (fol. 40^r-51^v) s. xv in. (1-135, 137-178)

I   (**b** O. Schn.) = Ambrosianus C 32 (olim T 318) sup./Gr. 175 (fol. 70^r-109^v) s. xv ex. (omnes, sed uide ad 136)

C   (**c** O. Schn.) = Ambrosianus C 80 inf./Gr. 854 (fol. 171^r-221^v) s. xvi (omnes praeter 136)

D   (**f** Crugnola) = Ambrosianus N 150 sup./Gr. 554 (fol. 1^r-54^r) s. xvi (omnes praeter 171 et 609)

Mosq = *Mosquensis* Pak. N. 1791- K, s. xv/xvi

Ald = editio Aldina ex codicis D fratre gemello exarata (omnes)

Consensus *y* :

S   = Scorialensis Σ III 3 (fol. 2^r-18^r) s. xv (omnes praeter 136)

B   = Perizonianus F. 7 A (fol. 143^r-158^v), olim Leidensis 39, s. xv (omnes praeter 136)

H   = Vaticanus Palatinus gr. 139 (fol. 61^r-81^v) s. xv/xvi (omnes praeter 136)

Q   = Bruxellensis (Omont n° 83) 18170-73 (fol. 122^r-137^r) s. xv (omnes praeter 136)

Ceteri codices :

M   = Laurentianus gr. 32.16 (fol. 299^v-306^v) s. xiii (61-99, 101-123, 126-193, 260-795, 797-806, 808-958)

V   = Venetus Marcianus gr. 480 (fol. 151^r-162^r) s. xv (1-135, 137-200, 202-795, 797-806, 808-958)

g   = codicis G uersus 933-958 manu recenti additi ex aliquo familiae *c* exemplari ; uide ad hos uersus

l   (**L** O. Schn.) = cod. Lorrianus deperditus (*Ther.* et *Alex.* cum scholiis)

Paraphrasis, Scholia :

Eut. = Eutecnii paraphrasis.

Σ   (sine nomine) = scholia in Nicandri *Theriaca* ; ad Eut., scholia uirosque doctos coniecturarum auctores uide supra librorum conspectum.

N.B. — Asteriscus (*) additur siglis codicum consensum notantibus quotienscumque unus pluresue singillatim laudantur.

III. CODICES DESCRIPTI

Vossianus gr. Q 59, fol. 135^r-162^r, s. xv/xvi = **H** (corr. ex cod. **U**)

Ambrosianus E 112 sup./Gr. 315 (**d** Crugnola), fol. 1^r-22^r, s. xv = **G** (uide crit. adn. ad 933-958, in quibus siglo **G** designatur)

Ambrosianus D 529 inf./Gr. 999 (**a** O. Schneider), fol. 81^r-93^r, s. xvi = **W**

Parisinus gr. 2728, fol. 120^r-136^r (**P** O. Schneider), s. xv = **S**

Parisinus gr. 2726, fol. 97^r-119^v, s. xvi = **V** (corr. ex cod. **W**)

BREVIATIONVM EXPLICATIO

a.c.	=	ante correcturam	f.l.	=	falsa lectio
acc.	=	accentu(s, m)	fort.	=	fortasse
add.	=	addidit (-erunt),	haplogr.	=	haplographia
		addito	inser.	=	inseruit
adn.	=	adnotatio	interl.	=	in interlinio
cett.	=	ceteri	lect.	=	lectio
cl. (cll.)	=	collato (collatis)	om.	=	omisit (-erunt),
comm.	=	commentarius			omisso
coni.	=	coniecit (-erunt),	p.c.	=	post correcturam
		coniecto,	plur.	=	pluralis numerus
		coniectura	prob.	=	probauit,
corr.	=	correxit (-erunt),			probante
		correcto	Σ	=	Scholia uel
c.adn.	=	cum adnotatione			Scholiastes
c.gl.	=	cum glossa	scr(ips.)	=	scripsit (-erunt),
c.rell.	=	cum reliquis			scripto
		codicibus	sscr.	=	suprascripto
c.u.l.	=	cum uaria	secl.	=	seclusit
		lectione	sing.	=	singularis
damn.	=	damnauit			numerus
del.	=	deleuit (-erunt),	susp.	=	suspectum
		deleto	s.u.	=	sub uoce
dist.	=	distinxit (-erunt),	transp.	=	transposuit
		distincto	u.l.	=	uaria lectio
dittogr.	=	dittographia	uar.	=	uariatio (-onem)
dub.	=	dubium (-us),	G^2	=	G m.rec.
		dubitanter	G^{ras} (ras.) =		in rasura
expr.	=	expressit	K^{ac} (a.c.) =		ante correcturam
fem.	=	femininum	K^{pc} (p.c.) =		post correcturam
		genus	K^g (gl.)	=	glossa

$K^{m. rec.}$
(m.rec.) = manus recens

K^{mg} (mg.)= in margine
K^{sl} = supra lineam

K^{ul} (u.l.) = K uaria lectio
Σ^{lem}
(lem.) = in lemmate
$\Sigma^{\gamma\rho}$ = v.l. notata signo
γρ(ἀφεται)

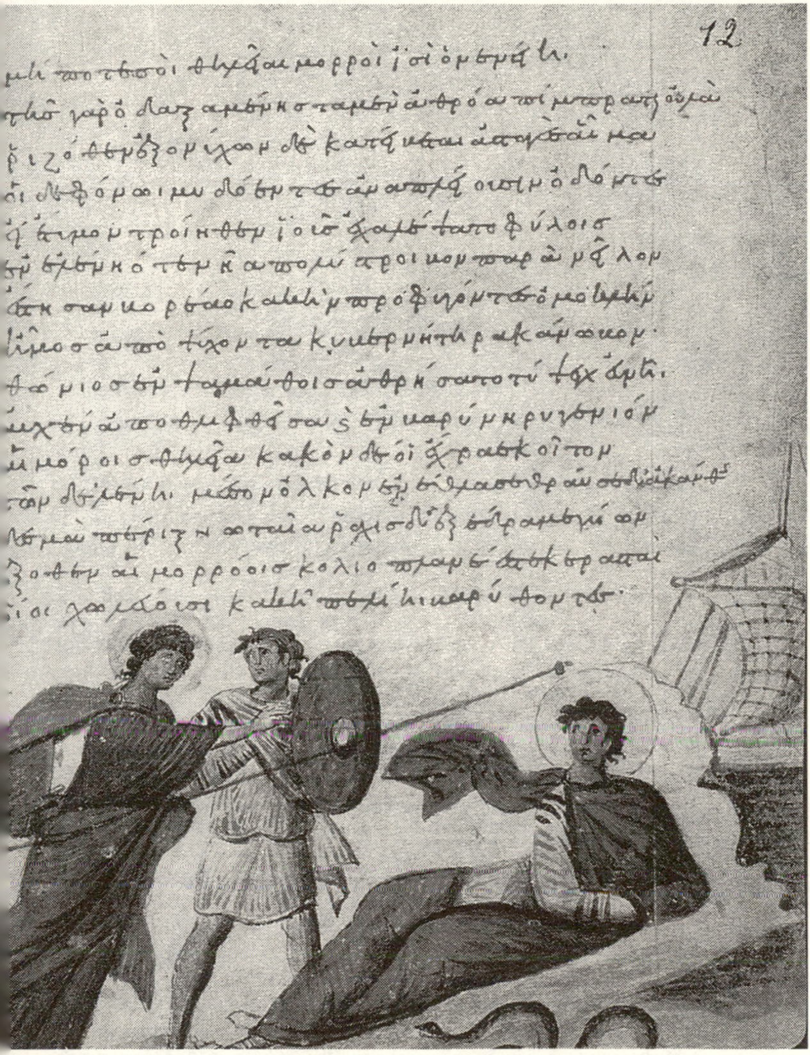

Parisinus suppl. gr. 247, fol. 12 : *Th.* 305-319
LA MORT DE CANÔBOS

NICANDRE

LES THÉRIAQUES

Dédicace   C'est aisément que, sur les bêtes venimeuses,
sur leurs formes, leurs méfaits pernicieux asse-
nés à l'improviste, les moyens décisifs de
vaincre le mal, je puis te faire, cher Hermésianax, ô toi le plus
glorieux de mon nombreux parentage, un fidèle exposé. Et tu
5 auras l'estime du rude laboureur, du bouvier et du bûche-

---

1 ῥεῖά κε : cf. 234, 768 ; cf. Call. 2. 50 (*in eadem sede*), D.P. 707,
Max. 206. — ὀλοφώϊα : 327 ; seulement dans l'*Od.* (4 fois), appliqué
aux *desseins* (10. 289 ~ Ap. Rh. 1. 476) ; ici, en parlant des *venins* (cf.
327), Opp. *Hal.* 2. 362 (*reptile*), *ib.* 162 (*poisson*), [Thcr.] 25. 185 (*loups*),
Max. 168, 193 (*douleur*), 222 (*astre*). — 2 λύσιν … κήδευς : cf.
[Pythag.] *carm. aur.* 56 λύσιν δὲ κακῶν, Antiphile, *AP* 176.5 = 939 G.-
P², [Gal.] *Pamph.* (297.15 s.) τῶν παρόντων νοσημάτων λύσιν, Max.
279 λύσιν καμάτοιο ; pour ce sens de λύω/λύομαι cf. Sol. fr. 13. 60
W. ; *κῆδος = κακόν (Σ), sens particulier à N. — 3 παῶν : hom. πηῶν ;
cf. Lyc. 416 ; ce dorisme est attribué par Σ (cf. n. crit.) à l'imitation
d'Antimaque. La *v.l.* ὁμαῖμον, dans une lettre (cf. *Test.*) sur le mot
ὁμαίμων, est sans doute une glose. — 4 ἔμπεδα : pour le sens cf. Ap. Rh.
3. 713 ἔμπεδον et Soph. *Trach.* 487 ἐμπέδως εἰρηκέναι. — πολύεργος : cf. [Thcr.] 25. 27 φυτοσκάφοι οἱ πολύεργοι. — ἀροτρεύς : surtout hellénistique (Arat., Thcr., Ap. Rh., Bion, *AP*). — 5 βουκαῖος : cf.
Test. et fr. 90 βουκαῖοι ζεύγεσσιν ἀμορβεύουσιν ὀρήων, Posid. IV 14
ὄρνις βουκαῖος (*bergeronnette*). — ὀροιτύπος : cf. 377 ; Gal. 17B 49.5
en parlant des carriers et des bûchrons, mais la glose la plus commune est
« bûcheron » : Σ *Th.* 5c, cf. Hsch. o 1283 = Suid. o 646 ὀροιτύπος·
ὑλοτόμος, et voir Call. *SH* 276.6, Persès *AP* 7. 445.3 = 2877 G.-P., où ce
sens est éclairé par le contexte ; ὀροιτ- semble la graphie la meilleure,
mais ὀρειτ- (cf. n. crit. au v. 5, et la *v.l.* de Planude *ap.* Persès) se lit, outre
Gal. *l.c.*, chez Th., *CP* 5. 11. 3, et elle peut s'appuyer sur les nombreux
composés dont le premier élément est fourni par le dat. ὄρει.

ΝΙΚΑΝΔΡΟΥ

ΘΗΡΙΑΚΑ

Ῥεῖά κέ τοι μορφάς τε σίνη τ' ὀλοφώϊα θηρῶν
ἀπροϊδῆ τύψαντα λύσιν θ' ἑτεραλκέα κήδευς,
φίλ' Ἑρμησιάναξ, πολέων κυδίστατε παῶν,
ἔμπεδα φωνήσαιμι· σὲ δ' ἂν πολύεργος ἀροτρεύς
βουκαῖός τ' ἀλέγοι καὶ ὀροιτύπος, εὖτε καθ' ὕλην   5

TEST. — *Titulum* semper plur. Θηριακά praebent testes praeter Athen.
312d qui sing. ἐν Θηριακῷ habet, cf. *Test.* 823-827 ‖ 1 *EG*^AB (*EM*
622. 37 uersum om.) s.u. ὀλοφώια (Ν-ος ἐν Θ-οῖς) ‖ 3 (πόλεων —)
Anonymi alicuius epistula ad Alexidem Comnenum in AO 3. 195.26
(Ν-ος ὁ τὰ Θ-ὰ συγγραψάμενος) ‖ (Ἑρμησιάναξ) respicit Tz. *Exeg.*
829.4 ‖ (κυδίστατε) Eustath. *Iliad.* 2. 248 s. (327.30 s.) ἔτι
δὲ καὶ ἐπίτασις ὑπερθέσεως ἐν τῷ ... κύδιστος κυδίστατος παρὰ
Ν-ῳ ‖ 5 (— ὀροιτύπος) Σ *Iliad.* 13. 824c (552.3) Ν-ος = ΑΡ 3.
380.18 ; *EG*^AB β 204 (*EM* 207. 30 s. Ν-ος) s.u. βούκαιος (Μέναν-
δρος perperam) ; Eustath. *Iliad.* 13. 824 (560. 4 uerba τ' ἀλέγοι καὶ
om.) παρὰ Ν-ῳ ‖ (βουκαῖος) Σ Thcr. 10. 38/40a παρὰ Ν-ῳ.

1-60 desunt MN
Titulus νικάνδρου θηριακά TGVPID *Ald* νικάνδρου ποιητοῦ αἰτώ-
λου θηριακά Α θηριακὰ νικάνδρου KW θηριακὰ νικάνδρου τοῦ
ποιητοῦ Β νικάνδρου Η θηριακά Μ, sine titulo LORUFCS.
3 κυδίστατε Τ*ac*V, AO 22, 26, Eust., cf. Σ *Th.* 1-4 (34.11 ἐνδοξό-
τατε) : κηδέστατε *b* (maluit Ruhnken) κηδίστατε Btl. ‖ παῶν Ω*
(πασῶν L), cf. Σ *Th.* 3 (ἐν ἐνίοις δωρίζει, ὡς καὶ νῦν ἐν τῷ παῶν) :
πηῶν V*pc*, AO 24, 26 (cf. Thcr. 16. 25, Call. fr. 59. 20, *al.*) ὁμαῖμον
(κυδίσταθ' scr.) AO 22 ‖ 4 φωνήσαιμι Ω : αὐδήσαιμι *EG* (u. 1,
μορφάς τε om., cf. *Al.* 5) ‖ πολύεργος Τ : πολυεργὸς ω*
(πολύεργὸς W) ‖ 5 βουκαῖος Ω : βούκαιος *EG* ‖ ὀροιτύπος Ω*
(ὀροιτύπης *y*) Σ *Iliad.* Eust. : ὀρειτύπος Eust.^sl, uide gall. adn.

ron, lorsque, au bois ou au labour, elles auront porté sur eux
une dent funeste, si tu es instruit de tels remèdes à leurs
maux[1].

Origine des venimeux

Or donc, les phalanges malfaisantes, ensemble
les reptiles mauvais, les vipères et les mille
fardeaux de la terre sont, à ce qu'on raconte,
issus du sang des Titans[2], si l'Ascréen, sur les hauteurs écartées
du mont de Mélisseus, si Hésiode a dit vrai près des eaux du
Permesse[3]. Quant à la bête qui glace comme grêle, le scorpion à
l'aiguillon acéré, c'est une fille des Titans qui l'appela au jour, à
l'heure où elle se déchaînait, préparant au Béotien Orion une
male mort, après qu'il eut porté les mains sur ses voiles imma-
culés de déesse. Lors, à la cheville de son pied puissant, il fut

10

15

---

6 ἀροτρεύοντι : au sens de ἀρόω cf. Lyc. 1072. — λοιγὸν : subst.
au v. 815 (cf. Hom., Pind., Eschyle), le mot est ici adj. au sens de λοί-
γιον ; de même en 243 (si l'on adopte la *v.l.* ἔασι) et 733 (cf. Érykios
AP 7. 368.2 = 2233 G.-P²) ; voir Ritter p. 32 s. — 7 περιφρασθέντος :
Volkmann² 52, *edoctus*, sens non hom. ; après 4 σὲ, anacoluthe fréquente chez les poètes hellénistiques, cf. Phanoclès fr. 1. 5 P. μιν ...
δερκομένου, Thcr. et la n. de Gow, 7. 25 τοι ... νισσομένοιο. —
8 ἀλλ' ἤτοι : 121, 620, *Al.* 12 ; *Il.* Arat. Ap. Rh. Thcr. D.P. 10, Opp.
Hal., [Orph.] *Lith.* — σὺν καὶ : pour le sens de « en même temps, en
outre » cf. 628, 869 ; 881 (σὺν καί που), 853 (σὺν δὲ), 834 (σὺν δέ
τε), 39, 841, 860 (ἐν δὲ), 476 (ἐν δὲ καὶ), 84, 722 (ἐν δέ τε), *Al.* 373
(ἐν καί που). Voir aussi n. au v. 605. — 8 s. ἀνιγρούς | ἑρπηστάς :
701 (*alio sensu*), *Al.* 36, [627] ; cf. Call. fr. 75.14, Opp. *Hal.* 1. 141 s.
ἀνιγραὶ | μύραιναι. — 9 ἄχθεα ... γαίης : cf. *Il.* 18. 104 ἄχθος
ἀρούρης (Achille parlant de lui-même), *Od.* 20. 379 (un prétendant en
parlant d'Ulysse), Opp. *Hal.* 5. 80 ὕδατος ἄχθος, 351 ἄχθεα πόντου
(en parlant de Cétacés). — 10 ἐνέπουσιν : Euph. (*Mopsopia*) fr. 34 P.
(*in eadem sede*) : N. ne s'engage pas ; pour le même tour, à propos de
Typhon, cf. Hés. *Théog.* 306 et West *ad loc.* Ce genre de référence
remonte à Homère qui introduit par φασί certains de ses récits (*Il.* 2.
783, 5. 638, *al.* ; cf. Pind. *Ol.* 9. 49 φαντὶ δ' ἀνθρώπων παλαιαὶ
ῥήσιες, Bacchyl. 5. 57 λέγουσιν, etc.). — εἰ ἐτεόν περ : cf. εἰ ἐτεὸν
δὴ (Aratos 30), εἰ ἔτυμον (*infra* 309, 826) et voir comm. n. 98 §6. —
11 s. Cf. Bacchyl. 5. 191 s. Βοιωτὸς ... | Ἡσίοδος. — 13 χα-
λαζήεντα : cf. Max. 123 s.... χαλαζήεντα ... | σκορπίον ἀλγι-
νόεντα (~ *Th.* 769), Nonnos 4. 343 χαλαζήεντι ... κέντρῳ ; voir n. au
v. 778. — *Pour les notes aux v. 13-16 voir p. 79.*

ἢ καὶ ἀροτρεύοντι βάλῃ ἔπι λοιγὸν ὀδόντα,
τοῖα περιφρασθέντος ἀλεξητήρια νούσων.

Ἀλλ' ἤτοι κακοεργὰ φαλάγγια σὺν καὶ ἀνιγρούς
ἑρπηστὰς ἔχιάς τε καὶ ἄχθεα μυρία γαίης
Τιτήνων ἐνέπουσιν ἀφ' αἵματος, εἰ ἐτεόν περ   10
Ἀσκραῖος μυχάτοιο Μελισσήεντος ἐπ' ὄχθαις
Ἡσίοδος κατέλεξε παρ' ὕδασι Περμησσοῖο.
Τὸν δὲ χαλαζήεντα κόρη Τιτηνὶς ἀνῆκε
σκορπίον ἐκ κέντροιο τεθηγμένον, ἦμος ἐπέχρα
Βοιωτῷ τεύχουσα κακὸν μόρον Ὠαρίωνι,   15
ἀχράντων ὅτε χερσὶ θεῆς ἐδράξατο πέπλων.
Αὐτὰρ ὅ γε στιβαροῖο κατὰ σφυρὸν ἤλασεν ἴχνευς

TEST. 8 (φαλάγγια) Phot. 637.21 φαλάγγιον· γένος ὄφεως ὥς
φησι Ν-ος (cf. 637.17 s.u. φάλαγγες, 637.20 s.u. φαλάγγια) ; fort.
respicit Artem. 2. 13 (cf. *Test.* 411). Vide et 755 ‖ 13-16 respicere
uidetur Σ Arat. 634 (348, 13-15) sine Nicandri nomine, cf. *ibid.* 83
(115.7 s.) ‖ 14 (σκορπίον, et 770) fort. respicit Artem. 2. 13, cf.
Test. 8.

desunt MN
6 βάλῃ Ω* (Wᵖᶜ) : βάλοι Wᵃᶜ yV ‖ ἔπι λοιγὸν Σ : ἐπιλοιγὸν Τ ἐπὶ
λοιγὸν ω ἐπίλοιγον et Σ (ἐπίλοιγον ὀδόντα τὸν θανάσιμον ἢ ἔπι
λοιγὸν) ‖ 7 περιφρασθέντος Ω* : παραφρ- *p* ‖ ἀλεξητήρια Ω* (et
Ald) · ἀλεξιτ- *c* ‖ 8 ἀνιγρούς Ω* : ἀνίγρους *p* ‖ 9 ἄχθεα Ω* Eut.
(ἐπαχθέστατα) : ἔχθεα Gᵐᵍ Oˢˡ Σᵘˡ, cf. ad 483, 818 ‖ 10-12 εἰ —
Περμησσοῖο non solum ad antecedentia (cf. Σ) sed etiam ad sequen-
tia rettulit Eut. ; an δ' post εἰ addendum et uirgula post Περμησσοῖο
ponenda ? ‖ 11 Μελισσήεντος nomen proprium, quod postulant
syntaxis ac sensus, agnouit S. duce Hermann, uide comm. n. 3 ‖ ἐπ' Τ
(ἐπόχθαις) : ἐν ω* (ἐν' SQ) ‖ 12 Περμησσοῖο Τα Eut. : -μησοῖο *b**
(Τερμ- RO, Eut.ᵘˡ) PV Παρνη(σ)σοῖο *p** (Παρν ασοῖο S post ν spatio relicto Παρνησσοῖο HQ Παρμησοῖο D*Ald*) ‖ 14 ἐκ Ω* (et
D*Ald*) : ἐν *c**, idem mendum 92, 101, 710 ‖ ἐπέχρα om. O ‖
15 Ὠαρίωνι Ω* (et Gᵃᶜ ὠὰρ- TSᵃᶜ Οὐαρ- LRˢˡ) : ὦ ρίωνι Gᵖᶜ, cf. gall.
adn.

atteint par un scorpion qui s'était embusqué, sans être vu, sous
une petite pierre ; mais le héros a un signe fameux, absolument
20 immobile, au milieu des étoiles, où, sous les traits d'un veneur,
il a été fixé, éblouissant[4].

Prophylaxie : Mais toi, loin de l'étable et de la bergerie, c'est
aisément que tu mettras tous les reptiles en
fuite, ou que tu les chasseras de l'escarpement, ou du lit
que le sol a fait de lui-même, lorsqu'aux champs, voulant fuir de l'aride été la suffocante haleine, tu te coucheras en
25 plein air, tard dans le soir, et dormiras sur le chaume, ou encore

---

19 ὑπ᾽ ἀστέρας : *lectio difficilior*, cf. Arat. 230 ὑπ᾽ αὐτὴν ἐστήρικται (*alio sensu*) ; l'acc. à cause du mouvement d'ascension
d'Orion au milieu des étoiles ; mais voir n. crit. — 20 κυνηλατέοντος : cf. Euph. fr. 132 P. — *ἀείδελον : litt. « dont on ne peut soutenir la vue » (Volkmann[2] 70). — Une miniature de T (f. 47[r], Omont
pl. 68.2, Kádár pl. 18), ouvrant p.-ê. son modèle, illustre l'origine
mythique des reptiles : Titans, jambes brisées, parmi des serpents nés
de leur sang. Selon Weitzmann[3] 142 s. (cf. Weitzm.[4] 98), elle remon-
terait à une Gigantomachie du Ps.Apollodore illustré, comme la
mosaïque de Piazza Armerina où l'on voit des Géants aux jambes terminées par des serpents (fig. 119, cf. [Apd.] 1. 6. 1). Si c'est le cas,
l'illustrateur de N. en a changé le sens. Omont voudrait rapporter aux
v. 4-6 les deux peintures suivantes qu'il intitule « Paysans dans les
champs », « Chasseur dans les bois » (f. 47[v]-48, pl. 68.3 [Kádár pl.
19] et 4), mais ce ne sont pas les activités qui y sont évoquées : la première dériverait d'un roman bucolique illustré (Weitzmann[4]109, cf.
comm. n. 55). Le décor du v. 915 conviendrait aussi bien. 22
ἐρίπνης : Eur. *Él.* 210, Ap. Rh. 1. 581, *al.* — 23 *χαμευνάδος : de
l'adj. qualifiant des *couches faites sur le sol* (Lyc. 848 s. χαμευνάδας
Ι εὐνάς, cf. *ib.* 319) N. a tiré un subst. de même sens (voir Ritter 24[5] et
infra n. au v. 346, 473). — 24 πνιγόεσσαν : πνῖγος s'applique à la
« chaleur étouffante » de la saison ou du climat : cf. πνίγει opposé à
χειμῶνι, [Ar.] *HA* 626b 22, πνιγηρόν en parlant de l'automne, Th. fr.
6. 44, 48, πνιγῶδες de la chaleur au pays des Ichthyophages, Agatharchide GGM I 42.3 ; la *v.l.* πυρόεσσαν « embrasée » est également
adéquate ; Nonnos 5. 601 s. (καί ποτε διψαλέοιο πυραυγέι καύμα-
τος ἀτμῷ Ι καρχαλέης φεύγουσα μεσημβρινὸν ἴχνιον Ὥρης) se
souvient de N. mais ne permet pas de choisir entre les deux variantes.

σκορπίος ἀπροϊδὴς ὀλίγῳ ὑπὸ λᾶι λοχήσας·
τοῦ δὲ τέρας περίσημον ὑπ' ἀστέρας ἀπλανὲς αὕτως
οἷα κυνηλατέοντος ἀείδελον ἐστήρικται.   20

Ἀλλὰ σύ γε σταθμοῦ τε καὶ αὐλίου ἑρπετὰ φύγδην
ῥηϊδίως ἐκ πάντα διώξεαι, ἢ ἀπ' ἐρίπνης,
ἠὲ καὶ αὐτοπόνοιο χαμευνάδος, ἦμος ἂν' ἀγρούς
φεύγων αὐαλέου θέρεος πνιγόεσσαν ἀϋτμήν
αἴθριος ἐν καλάμῃ στορέσας ἀκρέσπερος εὕδῃς,   25

SIM. 21-34 (*loci periculosi*) Pr. 1 (43.3-13), Aet. 13. 11b (267.20-268.5), PAeg. 1. 1 (5.4-6), 1. 2 (*ib.* 19-23).

TEST. 18 (ὀλίγῳ) respicit Σ Arat. 636 (350. 14-17) Ν-ος, τῆς τῶν θεῶν εὐσεβείας ... γινόμενος, βραχύν τινά φησιν εἶναι τὸν σκορπίον, δεικνὺς ὅτι θεῶν βουλήσει καὶ βραχέα ἰσχύει κατὰ μειζόνων ‖ 19 s. (τοῦ δὲ τέρας περίσημον ἀείδελον ἐστήρικτο [sic]) *EM* 21.22-26 s.u. ἀείδελον (Hdn. ὀρθ. 468.10-12) ; l. 25 locum Nicandri affert (Ν-ος), l. 22 gl. παρὰ δὲ Ν-ῳ ἐπὶ τοῦ ἀεὶ φανεροῦ κεῖται, περὶ οὗ ἔστιν εἰπεῖν = *EG*^B α 94.4 (paene euanid. B, deest A) sine Nicandri loco ; Orio 23. 5 s. qui Aratum falso nominat ‖ 20 (ἀείδελον) cf. Hsch. α 1262 ἀειδέμα (lege ἀείδελα)· λαμπρά.

desunt MN
18 ὀλίγῳ Ω* (et D*Ald*) : ὀλίγων P ὀλίγον *p** ‖ λοχήσας TGP^sl*p** (λοχεύσας D), cf. Eut. : δοκήσας Σ^γρP^sl (an δοκεύσας legendum ?) τυχήσας L*b*PI^mgVΣ^ul (cf. Nonn. 10. 353, *al.*) ‖ 19 ὑπ' ἀστέρας T (an ὑπ' ex 18 ὑπὸ defluxit ?) : ἐν ἄστρασιν *ab*D*Ald* Σ ἐν ἄστροισιν *c** ἐν ἄστροις V ‖ αὕτως TGRW : αὕτως cett. ‖ 20 ἐστήρικται Ω Orio (cf. in eadem sede Hes. *Theog.* 779, Arat. 230, 274, 351, 500, Call. 2. 23, Ap. Rh. 4. 816) : ἐστήρικτο *EM* ‖ 21 σταθμοῦ τε ω (cf. Ap. Rh. 2.142) : σταθμοῖο T ‖ φύγδην Ω* : φύρδην D^mg, cf. Opp. *Hal.* 2. 548 (eadem uariatio) ‖ 24 αὐαλέου TL*b**V, cf. 113 : αὐαλέος GR*c** (ἀναλέος SHQ) ἀζαλέου scripseris cl. in eadem sede Anyt. *APl.* 291.3 = 674 G.-P. ἀζαλέου θέρεος ‖ πνιγόεσσαν T, GKOI (hi interl. uel mg. ex Σ), Σ^γρ cf. Eut. (τὴν χαλεπότητα ... τοῦ πνίγους), prob. Btl. : πυρόεσσαν ω*.

en bordure d'une colline sans eau, ou dans les combes, à
l'endroit où, en grand nombre, les venimeux pâturent à
l'extrémité de la forêt, dans les bosquets, les halliers et les
ravines fréquentées des pasteurs. Tu le pourras aussi, que
ce soit en bordure du sol aplani de l'aire, ou à l'endroit où l'herbe,
30 dès qu'elle bourgeonne, fait verdoyer les humides prairies
ombreuses[5], en la saison où le serpent dévêt sa vieille dépouille
écailleuse desséchée, progressant mollement, lorsqu'au printemps
il fuit son trou, la vue émoussée, mais retrouve, en paissant la
pousse abondante du fenouil, sa rapidité et l'éclat de son regard[6].

26 *ἀνυδρήεντα : créé sur ἄνυδρος (cf. 915) ; pour les adj. de N.
en -ήεις voir Lingenberg 23. On pourrait comprendre : « aux eaux
vives » (cf. *Al.* 288 ἀνομβρήεις « pluvieux »), ce qui conviendrait à
un biotope de Serpents (Angel 61, Guibé 1007) ; mais la valeur négative de ἀν- (cf. Gow[1] 98 n. 2), comme dans la *v.l.* ἀνυλήεντα, semble
préférable, cf. *Notice* n. 167 et, *ad rem*, Tert. *bapt.* 1 *viperae inaquosa
sectantur*. — 27 ἐσχατίην : cf. 437, 746 ; forme poét. de ἔσχατος, cf.
Empéd. fr. d 15 M.-P. — κινώπετα : 195, 488 ; cf. 141 κινωπήστης
(~ ἑρπετόν/ἑρπηστής) et κνώψ (499, 520, 751, fr. 74. 44), où l'on a
vu une syncope de κινώπετον (Chantraine, *DELG* s.v., p. 534) ; pour
le sens de *serpent* cf. Call. 1. 25. — 28 δρυμοὺς : *uox tragica* adoptée
par les poètes hellénistiques, cf. Thcr. 1. 117, Léonidas Tar. *AP* 6. 13.6
= 2254 G.-P. — *λασιῶνας : 489, néologisme. — ἀμορβαίους τε
χαράδρας : Σ 28a donne le choix entre βουκολικάς, ποιμενικάς et
σκοτεινώδεις (pour cette dernière gl. cf. *EG^AB* [*EM* 85.20 ss.] s.v.
ἀμορβής) ; je comprends : « les χαράδραι servant d'abris aux pasteurs (49) » ; K^g (m.rec.) trad. κοίλας ῥήξεις, D^g σπήλαια, cf. 389
χαράδρεια ; chez Opp. *Hal.* 1. 148, le mot désigne les cavernes des
fonds marins. — 30 : trad. conjecturale ; si l'on suit le texte de la plupart des mss (σκιάει χλοάοντας) : « ombrage les prés humides de sa
verdure » ; celui de *y* (χνοάει σκιάοντας) : « couvre de son duvet
les prés humides ombreux ». De la leçon de C (*χλοάει trans.) rap-
procher Opp. *Hal.* 1. 24 s. χλοάουσι (intr.)... | ποῖαι. — ἰάμνους : cf.
n. *ad* 200. — 32 μῶλυς, au sens de « lent » (Σ), n'est pas attesté
ailleurs, mais cf. Hsch. μ 2043 μωλυρόν· νωθρόν, βραδύ. —
33 *ἀμβλώσσει : cf. Hésych. *Test.* ; pour ἀμβλυώσσει, « avec élision irrégulière de l'υ final » (Chantraine), cf. ἀμβλώψ (Eur., Soph.),
ἀμβλωπός (Eschyle) ; emprunt au vocabulaire tragique ? — νήχυτος
(~ 391 χυτὸν) : cf. *Al.* 587 νήχυτον ἱδρῶ, Philétas fr. 21 P. (*Test.*)
unde Ap. Rh. 3. 530 ~ 4. 1367 v. ἅλμην, Call. (*Hécalè*) fr. 236.3 =
fr. 11 Hollis[1] νήχυτος εὐρώς. Pour la valeur intensive de νη- voir
Hollis *ad loc.* (p. 147 s.).

ἢ καὶ ἀνυδρήεντα παρὲκ λόφον, ἢ ἐνὶ βήσσῃς,
ἐσχατίην ὅθι πλεῖστα κινώπετα βόσκεται ὕλην,
δρυμοὺς καὶ λασιῶνας ἀμορβαίους τε χαράδρας,
καί τε παρὲξ λιστρωτὸν ἅλω δρόμον, ἠδ᾽ ἵνα ποίη
πρῶτα κυϊσκομένη χλοάει σκιάοντας ἰάμνους,　　　　30
τῆμος ὅτ᾽ ἀζαλέον φολίδων ἀπεδύσατο γῆρας
μῶλυς ἐπιστείβων, ὅτε φωλεὸν εἴαρι φεύγων
ὄμμασιν ἀμβλώσσει, μαράθου δέ ἑ νήχυτος ὅρπηξ
βοσκηθεὶς ὠκύν τε καὶ αὐγήεντα τίθησι.

TEST. 31 (ἀπεδύσατο γῆρας) respicit Lex. Patm. 155. 1 s. (ad 33 μαράθου falso referens) καὶ ἡ μὲν μάραθρος ὄφεων ἀγωγός ἐστι διὰ τὴν
ὀσμήν· Ν-ος γάρ φησιν ὅτι ἐπὶ τῆς μαράθρου οἱ ὄφεις τὸ γῆρας
ἀποδύονται ‖ 33 (*ἀμβλώσσει) Cf. Hsch. α 3517 ἀμβλώσσει·
ἀμβλυωπεῖ ; alibi non legitur hoc uerbum ‖ (μαράθου —) EGᴬ (EM 602.
44 ; de B non constat) s.u. νή (sine Nicandri nomine) ἐπιτατικόν, οἷον
« μαρ. — ὅ. » καὶ Φίλητας « νήχυτον ὕδωρ » ‖ (νήχυτος ὅρπηξ) Σ
Od. 19. 498 (ὡς ἐν τῷ « νήχυτος ὅρπηξ »), Suid. ν 295 « νήχυτον
ὕδωρ » καὶ « νήχυτος ὅρπηξ » (cf. Hsch. ν 552 νήχυτον· πολύ).

desunt MN
26 ἢ καὶ ω : ἠὲ καὶ Τ (ἤε), uide adn. sq. ‖ ἀνυδρήεντα ego (cf. gall.
adn.) : ὑδρήεντα Τ (-δρί-) cf. Eut. 5.14 (τῶν τόπων ὁπόσων διαρρεῖ
τὸ ὕδωρ) ἀνυλήεντα Τʸᵖ (γρ. καὶ ἀνυλήεντα mg. scr., quod lectionem
ἢ antea postulat) L ἀν᾽ ὑλήεντα cett. (-λί- Ι) ad ὑλήεντα cf. Antim. fr.
106 W. = 77 M. ‖ παρὲκ λόφον Ω* : παράκλοφον uel παρὰ κλόφον
Αy ‖ ἐνὶ Τa : ἀνὰ bcV ‖ βήσσῃς G (cf. Il. 3. 34, Ap. Rh. 1. 126
ἐνὶ βήσσῃς [in eadem sede], al. ; uide ad 865) : βήσσης cett. ‖
27 ἐσχατίην ego (cl. Call. fr. 748, ad uersus structuram Wifstrand
137) : ἐσχατιὴν Ω ἐσχατιῇ S. (βήσσης scr.) ‖ 28 om. Τ sed add. mg.,
expressit Σ (tacet Eut.) ; secl. S. cl. 489, at cf. Al. 191 = 615, Arat. 396
= 895, Ap. Rh. 2. 381b = 1017 ‖ 29 παρὲξ Ω* : πάρεξ KWV παραὶ
Vˢˡ παρὲκ Btl. (cf. 26), at uide Od. 12. 276, 443, Antim. fr. 3. 4 ‖
30 χλοάει σκιάοντας C (uide gall. adn.) : χνοάει σκιάοντας y (prob.
Gow, ad χνοάει cf. Soph. O.R. 742) σκιάει χλοάοντας cett. an
σκιόεντας (cf. hAphr. 74, 124) scribendum ? σκιάω nunquam intransi-
tiue usurpatur ‖ 31 ἀζαλέον ego duce Btl. qui αὐαλέον (cf. 137) : ἀζα-
λέων Τ αὐαλέων ω ‖ ἀπεδύσατο Ω* : -δύσσατο TDAld ‖ 32 ἐπιστείβων Τ (-στίβ-) : -στείχων ω ‖ 33 ἑ om. EM ‖ ὅρπηξ ω* EG (cf.
Emped. fr. 62. 2, Call. 2. 1, fr. 194. 10 et uide Ptolem. Ascal. in Σ Iliad.
21. 38 [132.12] = Hdn. Ἰλιακ. 115.26 ss., Ap. Soph. 150.13, 123.10,
Poll. 1. 235 [73.17]) : ὄρπηξ KRV, Suid. Σ Od. Σ Iliad. l.c. ; spiritu
caret Τ ‖ 34 αὐγήεντα Ω* (et Gˢˡ) : αὐχήεντα a* ὀπτήεντα Gʸᵖ Kʸᵖ.

35   Tu repousseras les serpents[7] et les ardeurs fatales
fumigations de la mort qu'ils infligent en faisant fumer
une corne de cerf aux multiples chevilles, d'autres
fois en faisant brûler la pierre sèche de Gagai[8], dont ne vient pas
à bout même l'élan d'un feu violent. Jette aussi dans le feu la
chevelure de la fougère multifide. Ou bien tu les chasseras en met-
40   tant à chauffer la racine de la *libanotis* fructifère mêlée au
cresson en poids égal. Ajoute au mélange, pour son odeur forte,
une corne fraîche de chevreuil dont tu pèseras même poids
dans ta balance, et aussi la nigelle aux lourds relents, le
soufre ou le bitume dont tu ajouteras une portion d'égale
45   pesanteur. Ou bien encore embrase la pierre de Thrace[8], qui,

---

35 *θιβρήν : *Al.* 555 ; qualifie des personnes (Cypris, Sémiramis)
ap. Call. fr. 54, Euph. 81 P., cités Σ 35a. — *ἐπιλωβέα : employé
avec une négation, l'adj. forme avec ἀκήριος un couple stylistique
caractérisant l'inoffensif Scorpion blanc (771) ; ici, il s'applique aux
cuisantes *souffrances* accompagnant la mort. — 36 *καπνείων : néologisme, = hom. καπνίζω. — ἐλάφ. πολ. κερ. : Nonn. 2. 675 s. ἐν
πυρὶ καίων | Ἰλλυρικῆς ἐλάφοιο πολυγλώχινα κεραίην. Il lisait
p.-ê καίων au v. 37 (cf. *ad* 44). — 38 *περικαίνυται : cf. hom. καί-
νυτο, ἀπεκαίνυτο (Ap. Rh. 2. 783). — 42 ζορκός : gén. également,
Call. 3. 97, fr. 676 ; nom. pl. *infra* 142 (cf. n. *ad loc.*) ; ζόρξ
(cf. δόρξ/δορκάς), comme πρόξ (cf. *infra* 578), désigne un Cervidé,
sans doute *Cervus capreolus*, le Chevreuil. Cf. Pfeiffer *ad* Call. 676 et
Chantraine, *DELG* s. δορκάς. — ἀσκελές s : 278 (*alio sensu*) ; Volkmann[2] 53, Ritter 14 s. ; = ἰσοσκελές ~ *ἀτάλαντον « de façon à ce
que les bras de la balance soient égaux », sens propre à N. —
43 *μελανθείου = μελανθίου, cf. ἐχίειον = ἔχιον (65, 637), δαύκειον = δαῦκος (858, 939), etc. N. a créé ainsi une vingtaine de subst.
en -ειον *metri causa* (cf. *Notice* p. xcix). — *βαρυαέος : [Opp.] *Cyn.*
3. 421 ὕπνου β. (en parlant d'un *sommeil lourd*) ; βαρυαέος (ou
-αέας), signifiant « d'odeur forte », pour qualifier le Polion (cf. *Th.*
64), est une conjecture probable de West[2] 163 (*ad* Androm. 143). —
44 *ἰσοαχθέα μοῖραν : cf. Nonn. 5. 32 et Jean de Gaza 2. 284 ἰσοελκέα μοῖραν. Nonnos lisait p.-ê. *ἰσοελκέα (voir n. au v. 36) : on a le
choix entre deux hapax absolus. Quoique le grec, dans tous les styles,
n'hésite pas à reprendre un mot, même à peu de distance, après 41
*ἰσοελκέϊ, la leçon *ἰσοαχθέα (cf. 342 ὑπεραχθέα, 399 σπειραχ-
θέα) a de meilleures chances. — 45 λᾶαν : fém. aussi chez Mnasalcas
AP 7. 491.4 =2642 G.-P.

Θιβρὴν δ' ἐξελάσεις ὀφίων ἐπιλωβέα κῆρα 35
καπνείων ἐλάφοιο πολυγλώχινα κεραίην,
ἄλλοτε δ' ἀζαλέην δαίων ἐγγαγίδα πέτρην,
ἣν οὐδὲ κρατεροῖο πυρὸς περικαίνυται ὁρμή·
ἐν δὲ πολυσχιδέος βλήτρου πυρὶ βάλλεο χαίτην·
ἢ σύ γε καχρυόεσσαν ἑλὼν πυριθαλπέα ῥίζαν 40
καρδάμῳ ἀμμίγδην ἰσοελκέι. Μίσγε δ' ἔνοδμον
ζορκὸς ἐνὶ πλάστιγγι νέον κέρας ἀσκελὲς ἱστάς,
καί τε μελανθείου βαρυαέος, ἄλλοτε θείου,
ἄλλοτε δ' ἀσφάλτοιο φέρων ἰσοαχθέα μοῖραν.
Ἠὲ σύ γε Θρήϊσσαν ἐνιφλέξαις πυρὶ λᾶαν, 45

SIM. 35-56 (*suffitus*) D. *eup.* 2. 132 (306.18-21), Ph. 6 (10.17-28), Pr. 5 (44.11-32), O. *ecl.* 123 (295.11-15), Aet. 13. 9*, PAeg. 5. 1 (5.8-11), ThN. 261 (294, 296).

TEST. 35 (θιβρὴν) Hsch. θ 579 παρὰ μὲν Ν-ῳ τὴν ἔμπυρον καὶ καυστικήν, τινὲς δὲ χαλεπήν (uide *Test.* ad *Al.* 555) ‖ 35-36 respicit Σ Ap. Rh. 2. 130/31a (135. 13 s.) ὅπερ καὶ ἐπὶ τῶν ὄφεων συμβαίνει θυμιωμένου τοῦ ἐλαφείου κέρως, ὥς φησι Ν-ος ‖ 45-49 (ἠὲ σύ γε — καλέουσι) Gal. *simpl. med. fac.* 9. 10 (12. 204. 3-7) ἔστι δὲ καὶ ἄλλη τις λίθος ἧς καὶ Ν-ος μέμνηται γράφων οὕτως ; respicit Ael. 9. 20 (qui [Ar.] *Mir.* 841a 27 ss. excerpsit) τούτοις ὁμολογεῖ καὶ Ν-ος.

desunt MN
35-68 post 239 L ‖ 35 θιβρὴν Ω* Hsch. : θιβρὸν P θιμβρὴν *p* ‖ ὀφίων Ω* : ὀφέων PV ὄφεων *p* ‖ 37 δαίων T*a* : καίων cett., cf. Nonn. (gall. adn. ad 36 et *Notice* p. CLXVII) ‖ ἐγγαγίδα V : ἐγγάγιδα *b** (ἐγγάγιλα R) ἐγγαγγίδα T (ἐῆ γαγγίδα [scripto η pro ν, cf. *Notice* p. CXLII §I 15]) *a* ἐγγάγγιδα *c* metri causa ‖ 40 πυριθαλπέα T, cf. Σ 40b πυρὶ θάλπουσαν (Σ^PC, om. Σ^G) : περιθαλπέα ω, cf. Σ^KBRW περιθάλπουσαν ‖ 41 ἀμμίγδην T : ἀμμίξας ω ‖ 43 μελανθείου ω* (μελανθείου G μελανθίου cett. praeter L qui μελανελίου) : μελανθείης T ‖ 44 ἰσοαχθέα T : ἰσοελκέα ω, cf. Nonn. 5. 32 ‖ 45 ἐνιφλέξαις TL Gal. (hic ἐνὶ φλέξαις) : ἐνιφλέξας (ἐνὶ φλέξας) ω* ‖ λᾶαν Ω (λάαν) : λίαν Gal.

trempée d'eau, se met à flamboyer, mais éteint son éclat rien qu'à l'odeur de l'huile entrée à son contact. Les bergers la portent d'un fleuve thrace, qu'ils appellent le Pont, dans le
50 pays où les pasteurs de Thrace mangeurs de béliers suivent leurs brebis indolentes. Et certes, avec sa lourde odeur, le galbanum aussi, ranimé à la flamme, l'*acnèstis* et la sciure du cèdre réduit en poussière par les mâchoires des scies aux mille dents, dégagent en brûlant une odeur de fumée propre à
55 causer leur fuite. Voilà de quoi vider de leur présence le creux de leurs trous et tes couches sylvestres[9] ; et, après t'être laissé tomber à même le sol, tu dormiras tout ton saoul.

47 ὀδμήσαιτο : Keydell[1] 6 préfère -σηται, d'une syntaxe plus banale, mais l'opt., en liaison avec un aor. gnomique dans la principale, a des parallèles, cf. Call. 3. 167, Thcr. 17. 28, [Opp.] *Cyn.* 3. 207, et, pour l'hiatus à la césure fém., les exemples rassemblés par Keydell, *ib.*, notamment Call. 3. 8, 4. 264, Arat. 951, Thcr. (3 fois), Ap. Rh. (8 fois). — *ἐπιχρανθέντος : *hapax* absolu. La *v.l.* ἐπιρρανθ- offre aussi un texte possible : « rien qu'à l'odeur de l'huile dont on a aspergé sa surface ». — 49 s. Πόντον : voir les références citées pour la pierre de Thrace, comm. n. 8. Selon nos sources, ce fleuve était dans le territoire des Sintes et des Maides (Strab. 7 fr. 36, 45 ; cf. *RE* 6A 407.22 et 406.38) ; c'est le Strymon qui coule dans cette partie de la Péonie. Les moutons abondaient en Thrace (*Il.* 11. 222 Θρηΐκη ἐριβώλακι, μητέρι μήλων). La seule autre occurrence de l'épithète *κριοφάγος est la glose d'Hésychius citée dans les *Test.* (épiclèse d'un dieu à qui des béliers sont offerts en sacrifice). — 51 ναὶ μὴν καὶ : cf. Lehrs 322 s. Ναὶ μὴν, avec ou sans καί, est une transition fréquente chez N., cf. 66, 76, 145, 334, 520, 822, 863, 921, *Al.* 64, 178, 554, 584 ; avant N. : Empéd. fr. 76 = b 4 (voir Martin-Primavesi 259), Arat. 450, [Thcr.] 27. 27 (Ap. Rh. 2. 151, 4. 818 a ναὶ μέν) ; après : Méléagre *AP* 4. 1.43 = 3968 G.-P. (conj.), 47 ; Élégie anon. 27 (*ZPE* 123, 1998, 6 s.), D.P. (3 fois), Opp. *Hal.* (5 fois), [*Cyn.*] (12 fois), Max. 200, [Orph.] *Arg.* 215. Cette transition introduit le dernier élément d'un catalogue également aux v. 76 et 520 (cf. Opp. *Hal.* 1. 404, 686) ; au v. 145, on la trouve à la fin des préceptes généraux. — φλογί : pour le ι bref devant ζ cf. Page *ad* Méléagre, *AP* 5. 177. 10 = 4199 G.-P. et voir *Notice* p. CXXIV. — ζωγρηθεῖσα : l'image est celle d'un être qui revient à la vie, cf *Il.* 5. 698 ; μοιρηθεῖσα, leçon alternative, = « morcelée ». — 52 πρίον- : pour le ι bref cf. Gow *ad* Leonid. Tar. *AP* 6. 204. 2 = 1989 G.-P. — 55 *χηραμά : 149 (cf. Lyc. 181) ; pour ce plur. hétéroclite cf. QS 9. 382, pour le sens [Orph.] *Lith.* 707 χηραμόθεν. — 57 s. : cf. Androm. 65 ὅτε κοῖτον ἄγοι κνέφας.

ἤ θ᾽ ὕδατι βρεχθεῖσα σελάσσεται, ἔσβεσε δ᾽ αὐγήν,
τυτθὸν ὅτ᾽ ὀδμήσαιτο ἐπιχρανθέντος ἐλαίου.
Τὴν δ᾽ ἀπὸ Θρηϊκίου νομέες ποταμοῖο φέρονται,
τὸν Πόντον καλέουσι, τόθι Θρήϊκες ἀμορβοί
κριοφάγοι μήλοισιν ἀεργηλοῖσιν ἕπονται.   50
Ναὶ μὴν καὶ βαρύοδμος ἐπὶ φλογὶ ζωγρηθεῖσα
χαλβάνη ἄκνηστίς τε καὶ ἡ πριόνεσσι τομαίη
κέδρος, πουλυόδουσι καταψηχθεῖσα γενείοις,
ἐν φλογιῇ καπνηλὸν ἄγει καὶ φύξιμον ὀδμήν.
Οἷς δὴ χηραμὰ κοῖλα καὶ ὑληώρεας εὐνάς   55
κεινώσεις, δαπέδῳ δὲ πεσὼν ὕπνοιο κορέσσῃ.

TEST. 50 num respiciat *EG*[B] α 171 (*EM* 27. 51 s. ; deest A) s.u.
αἰγοφάγος (ὁ Ζεύς, ὡς παρὰ Ν-ῳ ἐν Θ-οῖς, cf. Hsch. κ 4144
κριοφάγος θεός τις ᾧ κριοὶ θύονται) ualde dub. ; ad Nic. Θηβαϊκά
hanc gl. rettulit Meineke, ad Κυνηγετικά siue Θηρευτικά S. ‖ 54 (φ.
ὀ.) Vide crit. adn. ‖ 55 Erot. χ 15 (95.3) s.u. χηραμύδα (... παρὰ τὸν
χηραμὸν δ᾽ εἴρηται, ὅσπερ ἐστὶ κοῖλος τόπος, ὡς καὶ Ν. ἐν Θ.
φησι).

desunt MN
46 βρεχθεῖσα Ω* : ρανθεῖσα Gal. unde V[mg], f.l. ex 47 ἐπιρρανθέντος defluxa ‖ σελάσσεται Ω : ἐλάσεται Gal. ‖ αὐγὴν Bernard, cf.
Eut. 6.18 s. (οὐδ ᾽ἂν ὅλως ἴδοις ἔτι ... τὸ πῦρ) : αὐτὴν Ω Gal., cf.
Pl. 33. 94 *idem oleo restinguitur* ‖ 47 ὀδμήσαιτο TV (uide gall. adn.) :
ὀδμήσηται ω* ὀσμήσηται Gal. ‖ ἀπιχρανθέντος Τ, cf. Al. 531
(eadem uar.) : ἐπιρρανθέντος ω Gal. ‖ 48 τὴν δ᾽ Τ : τὴν ω Gal. ‖
φέρονται Ω* (φεροντα Τ) : φέρουσιν Gal. ‖ 49 τὸν Ω : ὂν Gal. ‖
ἀμορβοί ω* (Call. *Hec.* fr. 301 = 117 H., [Opp.] *Cyn.* 1.132, 3.295, cf.
Rebmann 109[1]) : ἀμολγοί ΤΚ[γρ](m.rec.), cf. *Il.* 13.5 Ἱππημολγῶν ‖ 50
κριοφάγοι Τ (iam Cobet) : κρειοφάγοι ω Κριοφάγου uel Αἰγο-
φάγου Bernard, cf. *Test.* et uide fr. 99 ‖ 51 ἐπὶ Ω : ἐνὶ S. dub. ‖
ζωγρηθεῖσα Τ : μοιρηθεῖσα G*b** (W[sl]) PS[pc]V*x** (μοιρηχθεῖσα C)
μορηθεῖσα Αγ μυρηθεῖσα L ‖ 53 καταψηχθεῖσα Ω* (κατὰ ψη-
χθεῖσα Τ καταψυχθεῖσα LRACy) : κατακνησθεῖσα *l*, cf. Σ[ul]
κατακνηθεῖσα ‖ 54 φύξιμον ω (cf. Simonid., PMG 638 ex *EGud*
645.43 φύξιμος ὀδμή· ἡ φυγὴν ἐμποιοῦσα, nisi Νίκανδρος pro
Σιμωνίδης corrigendum) : πύξιον Τ φύξιον S., cf. Ap. Rh. 4. 699 sed
alio sensu, νύξιον Cazzaniga uox ficta ; ad uariationem π/φ uide ad
891 ‖ 55 οἷς Τ (cf. 837 c.gall. adn.) : τοῖς ω ‖ χηραμὰ ω* Erot. :
χηραμὰ Ρ (ει supra η scr.) χειραμὰ *p* χήραμα Τ ‖ ὑληώρεας TGC
(iam Btl.) : ὑληωρέας ω* Erot.

Mais si tous ces apprêts exigent trop de peine,
litières   si pour toi la nuit rapproche l'heure du bivouac
et que l'envie de dormir te prenne sitôt ta beso-
gne achevée, alors, dans la région d'une rivière aux tourbillons
impétueux, procure-toi le calament feuillu, qui aime l'eau ; il
60 pousse en abondance au long des eaux vives, et il s'humecte aux
alentours de leurs berges, car les rivières aux eaux claires
font ses délices. Ou bien encore, pour en joncher ta couche,
coupe le gattilier bien fleuri ou la germandrée-polion qui a
65 une odeur à faire frémir ; et, de même, la vipérine, le
feuillage de l'origan, et certes celui de l'aurone, qui croît à l'état
sauvage dans les montagnes, au fond d'une combe crayeuse, ou
celui du serpolet champêtre, qui, vivace, tire sa nourriture d'un
sol détrempé où il plonge ses racines, recouvert en tout temps de
70 feuilles touffues. Il convient de noter pour ta couche les blanches
fleurs de l'aunée rampante et de l'agneau-chaste, et l'anagyre-
fétide à l'âcre odeur. Jonche-la pareillement avec les rameaux ru-

58 αὖλιν : chez Homère, endroit où l'on passe la nuit, « bivouac »,
« gîte » (*Il.* 9. 232, *Od.* 22. 470). Cf. Arat. 1027, Ap. Rh. 1. 1173, 4.
1293, [Opp.] *Cyn.* 1. 532 ; dit ici d'un *campement improvisé*, cf. Max.
343. — 59 κατὰ δίνας : *Il.* 21. 353 « dans les tourbillons », sens qui
ne peut convenir ici ; pour la valeur de κατά cf. *infra* 243. —
60 *ὀπάζεο : le Moy., au sens de « se procurer », semble particulier
à N. — 65 *ἐχίειον : cf. n. au v. 43 et *Notice* p. xcix. —
67 βῆσσαν : cf. 26, 413, 440, 521, lieu où l'on trouve des Serpents
mais aussi des plantes salutaires, semble mieux en situation que πέζαν
« bord », « pied (de montagne) » (partie extrême de qqch.), en
demeurant *v.l.* quasi exceptionnelle ; toutefois, cf. D.P. 61, Hermésia-
naxfr. 7. 17 P. Ἐλευσῖνος παρὰ πέζαν, Call. fr. 748 ἐσχατίην ὑπὸ
πέζαν ; *al.* — 70 φράζεσθαι δ' ἐπέοικε : Max. 170, 228. —
χαμαιζήλοιο : le premier emploi poét. attesté semble être Posidippe,
P. Didot = 3103 G.-P. χαμαιζήλη (Cobet [cf. Hp. *art.* 13. 6, O. *coll.* 7.
26. 61] : χαμαι χηλη pap. prob. Austin-Bastianini, *Posid. Pellaei quae
supersunt omnia*, Milan 2002), l'Égypte, dont la côte est *basse* ; chez
N., = *nain*, en parl. d'une plante, d'où Androm. 144, cf. Opp.
Hal. 5. 14. — 71 βρύα : au propre le *chaton* ou les *fleurs en chaton*,
mais N. emploie le mot, ici et au v. 898, au sens de « fleurs » (Σ 71d,
898b) ; à celui d'« algues », 415, 792 (cf. 208 βρυόεντος). —
72 *τρήχοντα : de τρήχω, tiré du parf. τέτρηχα que les Alexandrins
ont pris au sens de « être rugueux » ; cf. 521 et 267 τετρηχότι et voir
Notice p. cii §II 2.

Εἰ δὲ τὰ μὲν καμάτου ἐπιδεύεται, ἄγχι δέ τοι νύξ
αὖλιν ἄγει, κοίτου δὲ λιλαίεαι ἔργον ἀνύσσας,
τῆμος δὴ ποταμοῖο πολυρραγέος κατὰ δίνας
ὑδρηλὴν καλάμινθον ὁπάζεο χαιτήεσσαν·   60
πολλὴ γὰρ λιβάσιν παραέξεται, ἀμφί τε χείλη
ἔρσεται, ἀγλαύροισιν ἀγαλλομένη ποταμοῖσιν.
Ἢ σύ γ᾽ ὑποστορέσαιο λύγον πολυανθέα κόψας,
ἢ πόλιον βαρύοδμον, ὃ δὴ ῥίγιστον ὄδωδεν·
ὡς δ᾽ αὔτως ἐχίειον ὀριγανόεσσά τε χαίτη,   65
ναὶ μὴν ἀβροτόνοιο τό τ᾽ ἄγριον οὔρεσι θάλλει
ἀργεννὴν ὑπὸ βῆσσαν, ἢ ἑρπύλλοιο νομαίου,
ὅς τε φιλόζωος νοτερὴν ἐπιβόσκεται αἶαν
ῥιζοβόλος, λασίοισιν ἀεὶ φύλλοισι κατήρης·
φράζεσθαι δ᾽ ἐπέοικε χαμαιζήλοιο κονύζης   70
ἄγνου τε βρύα λευκὰ καὶ ἐμπρίοντ᾽ ὀνόγυρον·
αὔτως δὲ τρήχοντα ταμὼν ἄπο κλήματα σίδης,

Sim. 57-79 (*substramina*) D. *eup.* 2. 132 (306.16-18) = O. *ecl.* 123
(295.9-11), Pr. 4 (44.2-9), Aet. 13. 8* = ThN. 261 (292.5-8), PAeg. 5.
1 (5.6-8, cf. 16-18).

Test. 64 Plutarch. *Mor.* 55a 11 (sine Nicandri nomine) ‖ 70 Erot. χ 10
(94.7) s.u. χαμαιζήλου (ταπεινῆς ὡς καὶ N-ος ἐν Θ-οῖς φησι) ‖
(χαμαιζήλοιο —) *EG*^AB (*EM* 523.6) s.u. κνυζώσω (sine Nicandri
nomine) ‖ 71 Erot. α 145 (27.12) s.u. ἄγνου (N-ος ἐν Θ-οῖς).

desunt M usque ad u. 61, N ad 71, T a u. 57
58 ἀνύσ(σ)ας *p* : ἀνύσ(σ)αι *ab*PV ‖ 59 πολυρραγέος Ω* : πολυρρα-
γέας G*l* ut uoluit Btl. ‖ 60 χαιτήεσσαν ω : καιτήεσσαν, coniectura
potius quam u.l., Σ interpretans κητώεσσαν (ad quod uide Chantraine
DELG s.u. et Pfeiffer ad Call. fr. 629) ‖ 61 λιβάσιν M : λίβασι
cett. ‖ 62 ἀγλαύροισιν *a*D^sl Σ : ἀγραύλοισιν cett. (ἀγραύλοις ἐν M
ἀγραύλοις O), eadem uar. 441 ‖ 64 βαρύοδμον ω : βαρύοσμον
Plut. ‖ 65 ὡς δ᾽ αὔτως edd. : ὡς δ᾽ αὔτως ω* (αὔτως G) ‖ 66 ἀβροτόνοιο GNKWMPCA*ld* : ἀβρ- cett., cf. 92, 574 ‖ 67 βῆσσαν ω* (et G^sl)
Σ : πέζαν GM ‖ 72 δὲ L (iam coni. S. cl. 84, 681) : τε cett.

gueux coupés au grenadier, ou bien encore la pousse nouvelle, si
vigoureuse, de l'asphodèle, la morelle noire et le millepertuis
75 odieux, fléau du bouvier au printemps, en la saison où les vaches
sont affolées pour avoir mangé ses tiges ; et certes celles du
peucédan aux lourdes exhalaisons, dont l'odeur justement re-
pousse et chasse les bêtes venimeuses quand elles se présentent.
Et ces plantes, dépose-les, les unes à tes côtés, sur la couche de
fortune que t'offre la campagne, d'autres à l'endroit de leurs repaires ; et bouches-en leurs trous[10].

80   Or çà, en un vase de terre cuite ou une gourde à
   onguents huile, émiette les graines du cèdre-sapin et
                enduis tes membres souples de cet onguent, ou
bien encore broie dans l'huile les feuilles sèches du peucédan aux
lourdes exhalaisons, ou de l'aunée de montagne ; de
même, la sauge salutaire, et aussi la racine du silphium que
85 doivent pulvériser les dents de la râpe. Souvent même on les a

73 *πολυαυξέα : 596, cf. εὐαυξής (Ar., Th., *al.*). — μόσχον : =
κλάδον, βλαστόν, cf. Ératosth. (*Érigone*) fr. 26 P. — 74 *σκύρα : néologisme pour ἄσκυρα ; cf. n. au v. 402 et voir *Notice* p. C. — 76 ναὶ
μὴν : cf. n. au v. 51. — 78 *ἀγραυλέι : *hapax* absolu, cf. *Notice*
p. C. — 79 *φωλειοῖσι : « trous, repaires » ; N. se sert indifféremment des deux mots de la langue courante, φωλεός (32, cf. Ar. *HA* 622b
4) et γωλεός (*ibid.* 603a 6 [*v.l.* φωλ-]), mais le plus souvent il utilise des
formes à deuxième syllabe diphtonguée, φωλειοῖσι (cf. 125), d'où Opp.
Hal. 2. 249, [*Cyn.*] 2. 578, et γωλειοῖσι (351 [*v.l.* φωλει-], cf. Hsch. γ
1037 γωλειοί), ou des plur. anomaux, φωλεά (fr. 83, cf. Antip. Thessal.
AP 9. 302.4 = 456 G.-P.[2]), *γωλεά (125, cf. Lyc. 376 γωλειά). —
ἐμφράξαιο : cf. *Al.* 191 ; entre les leçons de ω et de T (διπλάσσαιο
« mets-en double épaisseur »), les parallèles iologiques semblent en
faveur de ω. — *χεείαις : = χειαῖς (cf. *Il.* 22. 93 χειῇ), une de ces
formes à *diectasis* injustifiée, nombreuses dans l'Épos récent ; voir Rebmann 13. — 80 εἴ γε μέν (*aliter* 98, 458) = εἰ δέ exhortatif, cf. 885, *Il.*
9. 262 εἰ δὲ σὺ μέν με᾽ ἄκουσον, et, dans la même fonction, l'expression hom. plus courante εἰ δ᾽ ἄγε *infra* 747, 769. Voir Klauser 60 s. —
81 εὐήρεα γυῖα : cette alliance de mots propre à N. lui a été empruntée
par Max. 211, 266 (même clausule). — 84 ἐν δέ τε : cf. n. au v. 8. —
85 κνηστῆρι : pour l'emploi, signalé par les Σ, du dat. au lieu du gén.
cf. Arat. 54, 204, Thcr. 16. 98, [Opp.] *Cyn.* 1. 351, 2. 69, *al.*, où il s'agit
chaque fois de noms de genre animé.

ἠὲ καὶ ἀσφοδέλοιο νέον πολυαυξέα μόσχον
τρύχνον τε σκύρα τ' ἐχθρά, τά τ' εἴαρι σίνατο βούτην,
ἦμος ὅταν σκυρόωσι βόες καυλεῖα φαγοῦσαι,　　　　　75
ναὶ μὴν πευκεδάνοιο βαρυπνόου, οὗ τε καὶ ὀδμή
θηρί' ἀποσσεύει τε καὶ ἀντιόωντα διώκει.
Καὶ τὰ μὲν εἰκαίῃ παράθου ἀγραυλέϊ κοίτῃ,
ἄλλα δὲ φωλειοῖσι· τὰ δ' ἐμφράξαιο χεείαις.

Εἴ γε μὲν ἐς τεῦχος κεραμήϊον ἠὲ καὶ ὄλπην　　　　80
κεδρίδας ἐνθρύπτων λιπάοις εὐήρεα γυῖα,
ἢ καὶ πευκεδάνοιο βαρυπνόου, ἄλλοτ' ὀρείου
αὖα καταψήχοιο λίπει ἔνι φύλλα κονύζης·
αὕτως δ' ἀλθήεντ' ἐλελίσφακον, ἐν δέ τε ῥίζαν
σιλφίου, ἣν κνηστῆρι κατατρίψειαν ὀδόντες.　　　　85

SIM. 80-97 (*unguenta*) D. *eup.* 2. 134 (307.4-10) unde O. *ecl.* 123
(295.2-6), Ph. 7 (11.2-9), Pr. 6 (44 s.), Aet. 13. 10*, PAeg. 5. 1. 2 (6.1-
5), ThN. 261 (296.2-7).

TEST. 73 resp. Plin. 22. 67 (*Nicander* ... *substrauitque somno contra
hos metus* ; uide infra *Test*. 534-536. ‖ 85 Erot. κ 63 (55.5) s.u. κνῆσ-
τρου (Ν-ος).

deest T usque ad u. 76
73 πολυαυξέα ω* : πολυαυχέα KW Σ^{γρ} πολυανθέα Σ^{γρ} ‖ 74 τρύχνον S. (cf. Note orthographique p. CLXXX) : στρύχνον ω Eut. (τό τε
στρύχνος) ‖ 78 παράθου ἀγραυλέι T : π. καὶ ἀ. ω, metri causa ‖
79 δ' ἐμφράξαιο ω, legisse uid. Eut. (cf. gall. adn.) : δὲ διπλάσσοιο
T διπλάσσαιο S. (scr. φωλειοῖς), at displicent numeri ‖ χεείαις
Arnaldus Btl. : χελείαις ω χελεία T (-είαι) ‖ 80 ἐς Ω* : εἰς TNC ‖
81 λιπάοις T : λιπόοις ω* (ῥυπόοις OW λιπώῃς y) ‖ 83 αὖα Ω* :
αὖα O, uide ad 339, 953 et cf. Note orthographique p. CLXXVIII ‖
84 ἐλελίσφακον Ta* (ἐλελίσφασκον G) VCDA*ld* : ἐλίσφακον
KO*c* ἐμελίσφακον M μελίσφακον R ἐσλίφασκον (α supra σ¹ scr.)
W ‖ 85 κνηστῆρι Ω* (κνιστῆρι *b**ΑΗ κνιστῆρος O*sl*), cf. *Al*. 308 :
κρηστῆρι M (ος supra ι scr.) c.gl. τῇ θυ<εί>ᾳ ut uid. (= G*g*, ~ ὄλμῳ
K*g* [m.rec.]), unde κρητῆρι coniecisse aliquem suspiceris cl. Σ 85e
ὀδόντες δὲ οἱ δοίδυκες καὶ τριβεῖς ‖ ὀδόντες Ω : ὀδόντας Erot.

vu fuir l'odeur de la salive humaine. Que si tu écrases
dans un peu de vinaigre une chenille de jardin hu-
mide de rosée, tachée de vert sur le dos, ou bien si c'est du fruit
90 gonflé de suc de la mauve sauvage que tu enduis tes membres
tout autour, tu pourras dormir sans que ton sang coule. Pile
dans le sein de pierre d'un mortier où tu les auras jetés, d'une
part, deux rameaux feuillus d'aurone mêlés à du cresson — une
obole de celui-ci est le poids convenable —, d'autre part, une
95 poignée de baies fraîches de laurier, dont le pilon fera une pâte
lisse. Pétris le tout en forme de pastilles que tu mettras à sécher
dans un endroit ombreux et éventé ; une fois sèches, émiette-les
dans une gourde à huile et, aussitôt, enduis tes membres[11].

86 βροτέην : cf. *Notice* n. 219. — 87-90 : seul exemple de couple
conditionnel avec l'opt. chez N. ; il concerne un fait répété, cf. Klauser 60[8]. — 88 ἐπὶ … νώτῳ : cf. *Il.* 2. 308 δράκων ἐπὶ νῶτα
δαφοινός. — 89 ἀγριάδος : seul adj. en -άς qui ne soit pas une création de N., cf. l'*hapax* d'Ap. Rh. 1. 28 φηγοὶ δ'ἀγριάδες et Noumén.
Annexe fr. 7.4. — 90 ἀναίμακτος : *uox tragica* (Eschyle, Eur.) ;
c'est ce qui arriverait s'il était piqué par un *hémorrhous* ; cf. Androm.
17 ἀναίμακτον δ' ἔχει ἰόν (où l'adj. a un sens actif : son *venin*, neu-
tralisé par la *Galénè*, ne fait plus couler le sang). — 93 ὀδελοῦ : 655,
al. ; cf. Épicharme fr. 68, Aristoph. *Ach.* 796 (*alio sensu*) ; *glose* dor.
ou éol. selon les Σ. — 94 *χεροπληθῆ : cf. [Thcr.] 25. 63 χειρο-. —
96 τέρσαι : 693, cf. 709 τέρσαιο ; aor. act. et moy. transitif refait,
dans l'épopée tardive, sur le Pass. hom. τέρσομαι. Théocrite (22. 63)
a le présent τέρσει (cf. Hsch. τ 557 τέρσει· ξηραίνει). — *ὑποσκιόεντι : le simple σκιόεις est courant dans la langue poétique ;
N. a créé ce néologisme (cf. ὑπόσκιος *ap.* Eschyle, Ménandre) selon
un type d'adj. qu'il aime (cf. *Notice* n. 212). — 97 ὄλπῃ : cf. Léonidas Tar. *AP* 7. 67.5 = 2335 G.-P. ; pour la violation de la loi de Hilberg cf. *Notice* p. 00. — 98 τριόδοιο : 128 τριόδοισι (cf. Call.
6.114, Ép. 1.10, Euph. fr. 51. 14 P., Posid. V 7). L'endroit où
N. invite à prendre les Serpents accouplés a-t-il une connotation
magique ? Le *carrefour*, où s'assemblent les esprits, et où fréquente
Hécate *Trioditis*, escortée de démons que les chiens suivent en
aboyant (Thcr. 2. 36 ἃ θεὸς ἐν τριόδοισι), est un lieu privilégié de
la magie. Tirésias a été transformé en femme parce qu'il avait tué
des Serpents accouplés rencontrés dans un carrefour (A.L. 17.5). Rapports de N. et de la superstition : *Notice* p. LVIII. — κνώδαλα : 399,
760 ; pour la traduction « bête mordante » cf. δάκος et la n. au
v. 336.

Πολλάκι καὶ βροτέην σιάλων ὑπόετρεσαν ὀδμήν.
Εἰ δὲ σύ γε τρίψας ὀλίγῳ ἐν βάμματι κάμπην
κηπαίην δροσόεσσαν ἐπὶ χλωρηΐδα νώτῳ,
ἠὲ καὶ ἀγριάδος μολόχης ἐγκύμονι κάρφει
γυῖα πέριξ λιπάσειας, ἀναίμακτός κεν ἰαύοις.   90
Ψήχεο δ᾽ ἐν στέρνῳ προβαλὼν μυλόεντι θυείης
ἐν μέν θ᾽ ἁβροτόνοιο δύω κομόωντας ὀράμνους
καρδάμῳ ἀμμίγδην — ὀδελοῦ δέ οἱ αἴσιος ὁλκή — ·
ἐν δὲ χεροπληθῆ καρπὸν νεοθηλέα δαυχμοῦ
λειαίνειν τριπτῆρι. Τὰ δὲ τροχοειδέα πλάσσων   95
τέρσαι ὑποσκιόεντι βαλὼν ἀνεμώδεϊ χώρῳ·
αὖα δ᾽ ἐν ὅλπῃ θρύπτε, καὶ αὐτίκα γυῖα λιπαίνοις.

TEST. 86 respicit Gal. simpl. med. fac. 10. 2. 16 (12. 289.10-12) καθ᾽
ὅλην δὲ τὴν οὐσίαν τὸ πτύελον ἐναντιώτατόν ἐστι τοῖς ἀναιροῦ-
σιν ἀνθρώπους θηρίοις, ὥς που καὶ Ν-ος ὁ ποιητὴς λέγει.

86 βροτέην T : βροτέων ω ‖ 87 τρίψας Ω* : τρίψαις RMV ‖ ἐν T
(ἐμ)p : ἐνὶ abMV ἐν δὲ P (potius quam ἐνὶ) ‖ βάμματι Ω* (et Dᵃᶜ) :
βράμματι c* ‖ 88 om. T, non legisse uid. Eut., Σ 88c, at uide comm.
n. 11 §6 ‖ ἐπὶ χλωρηΐδα NRc* (ad hyperbaton cf. 107, 728, Al.
145) : ἐπιχλωρηΐδα CSQ c. rell. ‖ 89 ἠὲ Ω* : ἢ Oγ ἠδὲ Eut. ? ‖
μολόχης T (cf. Epich. 151) : μαλάχης ω (cf. Al. 92, 487 [deest
T]) ‖ ἐγκύμονι κάρφει T (ἐν κύμονι) : ἐγκύμονα καρπόν ω ‖
90 ἀναίμακτός Ω, cf. in eadem sede [Opp.] Cyn. 1. 55 : ἀνήμυκτός
Btl., cf. Hsch. α 5059 ἀνήμυκτος ἀχάρακτος ‖ 92 ἐν Ω* : ἐκ L,
idem mendum 14, 101 ‖ ἐν μέν θ᾽ Ω* : ἐν μέθ᾽ MPV ἐσθλοῦ p
(cf. 541) ‖ ἀβρ- abMVPUEFIAld : ἀβρ- TABCD ἀκρ- SHQ, cf. 66,
574 ‖ 93 καρδάμῳ ω (cf. 41) : καρδάμου T ‖ δέ οἱ ω : δ᾽ ἔχοι T,
cf. adn. sq. ‖ αἴσιος ὁλκή Ω* (et HQ) : αἰσιὸν ὁλκήν c*, fort.
δ᾽ἔχοι testatur ‖ 94 δαυχμοῦ T (cf. Al. 199) δαύχμου (δαύχου c) Σᵍʳ
teste Antigono (et fort. Plut., uide comm. n. 11 §5) : δαύκου ω*(δεύ-
κου N) Eut. δαύκου et δαύχου et γλύκου (recc. : γλύκυ cett.) Σᵍʳ
δαυχνοῦ Bergk ‖ 96 τέρσαι Ω : τέρσον l, cf. ad 693 ‖ ὑποσκιόεντι
PW : ὑπὸ σκ- cett. prob. Btl., sed uide gall. adn. ‖ 97 αὖα Ω* : αὖα
O, uide ad 83.

onguent
thériaque

100

Que si tu prends deux bêtes mordantes enlacées dans un carrefour et les jettes vivantes, tout juste en train de s'accoupler, dans une marmite, avec les drogues que voici, tu trouveras là un préservatif contre de funestes malheurs. Jettes-y, d'une part, de la moelle de cerf fraîchement égorgé, trois fois dix drachmes pesant ; d'autre part, le tiers d'un conge d'huile de roses, celle à qui les parfumeurs donnent les noms de « première » et de « moyenne », faites l'une et l'autre avec des roses bien pressées ; verse en

105 même quantité l'huile brillante d'olives vertes, le quart de cire. Fais chauffer le tout vivement dans la panse arrondie jusqu'à tant que les chairs, autour de l'épine dorsale, s'amollissent et s'émiettent. Et puis, prends un pilon de belle et bonne fabrique, et tous ces ingrédients, brasse-les de mille façons pour les bien

110 mélanger à la chair des serpents ; mais rejette au loin leur épine dorsale, car le malfaisant venin s'y forme pareillement. Puis enduis-en tout ton corps, que tu partes en voyage ou ailles te coucher, ou lorsqu'en l'aride été, après les travaux de l'aire, tu noues ta ceinture pour vanner avec les fourchons à trois dents un grand tas de grain[12].

115

Préceptes
généraux

Mais si d'aventure tu tombes sur des bêtes à la morsure venimeuse sans avoir traité ta peau ni avoir pris de nourriture — c'est justement alors qu'elles décochent le malheur aux humains —, tu auras tôt fait d'y échapper grâce à nos avis[13].

99 θρόνα : *Al.* 155, le mot désigne des *herbes* ; *Th.* 493, 496, les produits qu'il annonce sont surtout des *plantes médicinales*, mais N. semble avoir étendu son emploi à des médicaments autres que végétaux en accord avec une *glose* étolienne : Σ Thcr. 2. 59-62b Αἰτωλοὶ δὲ τὰ φάρμακα, ὥς φησι Κλείταρχος. Cf. Σ *Th.* 99c, 493ab, 936 (θρόνα = φάρμακα) ; *aliter* Σ *Il.* 22. 441c, = ἄνθη, cf. Σ *Th.* 440b où cette glose explique Πελεθρόνιον (mais voir comm. n. 53 fin). Les poètes hellénistiques et leurs imitateurs ont adopté la *glose* étolienne prise en bonne ou mauvaise part : *poisons*, cf. Lyc. 674 (~ Nonn. 37. 418) en relation avec Circé, *ib.* 1313 Médée, Thcr. 2. 59 Simaitha ; *médicaments* (botaniques ou autres), Androm. 1 πολυθρονίου … ἀντιδότοιο, Aglaias Byz. *SH* 18.7. Voir aussi Call. 364 (et la n.), Nonn. 13. 331 (et la n. de Vian), J. Jouanna *REG* 112 (1999) 107. — *Pour les notes aux v. 103-117 voir p. 88 et 90.*

Εἴ γε μὲν ἐκ τριόδοιο μεμιγμένα κνώδαλα χύτρῳ
ζωὰ νέον θορνύντα καὶ ἐν θρόνα τοιάδε βάλλῃς,
δήεις οὐλομένῃσιν ἀλεξητήριον ἄτης.				100
Ἐν μὲν γὰρ μυελοῖο νεοσφαγέος ἐλάφοιο
δραχμάων τρίφατον δεκάδος καταβάλλεο βρῖθος,
ἐν δὲ τρίτην ῥοδέου μοῖραν χοός, ἥν τε θυωροί
πρώτην μεσσατίην τε πολύτριπτόν καλέονται·
ἰσόμορον δ᾽ ὠμοῖο χέειν ἀργῆτος ἐλαίου,			105
τετράμορον κηροῖο. Τὰ δ᾽ ἐν περιηγέϊ γάστρῃ
θάλπε κατασπέρχων, ἔστ᾽ ἂν περὶ σάρκες ἀκάνθης
μελδόμεναι θρύπτωνται· ἔπειτα δὲ λάζεο τυκτήν
εὐεργῆ λάκτιν, τὰ δὲ μυρία πάντα ταράσσειν
συμφύρδην ὀφίεσσιν· ἑκὰς δ᾽ ἀπόερσον ἀκάνθας,		110
καὶ γὰρ ταῖς κακοεργὸς ὁμῶς ἐνιτέτροφεν ἰός.
Γυῖα δὲ πάντα λίπαζε καὶ εἰς ὁδόν, ἢ ἐπὶ κοῖτον,
ἢ ὅταν αὐαλέου θέρεος μεθ᾽ ἁλώϊα ἔργα
ζωσάμενος θρίναξι βαθὺν διακρίνεαι ἄντλον.

Εἰ δέ που ἐν δακέεσσιν ἀφαρμάκτῳ χροῖ κύρσῃς		115
ἄκμηνος σίτων, ὅτε δὴ κακὸν ἀνδράσ᾽ ἰάπτει,
αἶψά κεν ἡμετέρῃσιν ἐρωήσειας ἐφετμῆς.

Sim. 98-114 Philinos ap. Pr. 6 (45.20-23), Pr. ib. 45.14-19.

Test. 116 (— σίτων) Σ Ap. Rh. 4. 1295 (312. 24) καὶ Ν-ος.

98 s. an χύτρῳ et βάλλῃς inuertendum ? ‖ 99 ἐν θρόνα ab*PV :
ἔνθρονα TRM ἔνθορα p ‖ βάλλῃς Τ : βάλλοις ω* (βάλοις KOWP) ‖
100 om. M ‖ ἄτης Τ (ἄτης), cf. Ap. Rh. 2.518, al. : ἄταις ω, cf. ad
865 ‖ 101 ἐν Ω* : ἐκ y, cf. ad 14, 92, 710 ‖ 103 ῥοδέου μοῖραν Τ :
μοῖραν ῥοδέου ω ‖ 104 καλέονται Τ (cf. fr. 76.2 καλέσαντο) :
καλέουσι(ν) ω τε κλέονται Gow cl. fr. 71. 5, at uide gall. adn. ‖
105 (ἰσόμορον)-106 (κηροῖο —) in unum conflati L ‖ 107 ἔστ᾽ Ω*
(et Gac) : εὔτ᾽ GpcRM ‖ 111 ἐντέτροφεν proposuit S. dub., nam in hac sede
praepositionem ἐν mauult Nic. quam ἐνὶ (cf. ad 911 et uide La Roche
48) ‖ 113 om. B ‖ αὐαλέου Ω* (cf. 24) : αὐ- O (uide ad 83) αὐαλέοιο
RM ‖ 116 ἄκμηνος Ω : ἄκμηνοι testis ‖ ἀνδράσ᾽ ἰάπτει (sc. δάκεα)
ego cl. 336, 784 : ἀνδράσι ἄπτει Τ ἄνδρας ἰάπτει ω* (ἀνέρας PxS) ‖
117 ἐφετμῆς Τ (-ῆς) : -αῖς ω, cf. 26, 100 et uide ad 865.

Chez eux, c'est la femelle qui attaque furieusement de sa morsure ceux qu'elle trouve sur la route, et elle a plus de volume jusque
120 vers sa traînante queue : aussi le lot de mort sera-t-il là plus vite[14].

Or çà, l'été, évite une dent redoutable, au moment où tu guettes l'apparition des Pléiades, qui, sous la queue du Taureau qu'elles effleurent, sont emportées, plus petites, dans leur course ; soit quand, avec ses petits qu'elle réchauffe, la dipsade
125 dort à jeun[13], embusquée au creux de son repaire ; soit quand elle se hâte en quête de son lieu de pâture, ou qu'elle regagne son gîte au retour de la pâture, somnolente et saoule de la nourriture forestière[15].

Garde-toi d'être aux carrefours, quand, réchappé de la mor-

---

119 δάχματι : pour -χ- au lieu de -γ- dans les mots tels que δάχμα (9 fois), νύχμα (6 fois), βρεχμός (1 fois), cf. Call. fr. 202.28 παίχνια (~ Thcr. 15. 50 [*P. Antinoop.*]) et W. Schulze, *Kl. Schr.* 409 ss., Pfeiffer *ad* Call. *l.c.* Les mss. d'Oppien (*Hal.*) sont en faveur de δάγμα (4 fois), cf. Fajen, *Noten* 188. — *σειρήν : 385 ; pas d'exemple antérieur pour le sens de « queue de serpent » ; *unde* Nonn. 4. 370 (ὁλκαίη…σειρῇ), 15. 134, cf. 36. 175. — 120 θανάτοιο … αἶσα : *Epic. Alex. adesp.* 6. 5 Powell (p. 80) *in eadem sede*. Pour αἶσα au lieu de l'hom. τέλος, plus courant, cf. *Il.* 24. 428 = 750 ; l'expression équivaut à θάνατος, ce qui facilite l'accord par syllepse θοώτερος (cf. 335), mais voir n. au v. 129. — 121 δάκος : cf. n. au v. 336 ; ici aussi δάκος peut avoir le sens de « bête mordante », mais la *v.l.* κακόν semble autoriser la glose récente δῆγμα (D et Ambros. E 112 sup.). — ἐξαλέασθαι : cf. Hés. *Trav.* 105, 758 (802 *in alia sede*), Ap. Rh. 2. 319, 611, 3. 466, 600. — 123 ἀλκαίην : cf. Σ 123a (au propre du Lion), *infra* 225 (et la n.). — 124 s. : cf. Virg. *Géorg.* 3. 438 *aut catulos tectis aut oua relinquens*. — θερειομένοισιν : N. *Al.* 567 applique le mot au Crapaud « qui aime le soleil » ; ce sens me semble ici exclu par le contexte. — 125 *γωλεά : *hapax* absolu, comme γωλειά (Lyc. 376) censuré par Epigr. app. irris. 50. 3. — 127 ἐκ νομοῦ : cf. Arat. 1027. — κίη κεκορημένη ὕλης : cf. Thcr. 17. 28 ἴοι κεκορημένος ἤδη, Ap. Rh. 1. 576 (μῆλα) κεκορημένα ποίης, Léonidas Tar. *A.Pl.* 190.3 = 2476 G.-P. (αἶγες) κεκορεσμέναι ὕλας, Opp. *Hal.* 2. 137 (λάβραξ) κεκορημένος ἄγρης. — 128 μὴ σύ γ' ἐνὶ : le modèle de cette mise en garde (cf. 474, 625) pourrait être la recommandation de Circé à Ulysse, *Od.* 12. 106 μὴ σύ γε κεῖθι τύχοις ὅτε ῥοιβδήσειεν. Pour μὴ σύ γε (574 μηδὲ σύ γ', 583 μηδέ σέ γε) cf. Max. 74, 510. La mention des « carrefours » (cf. 98 et la n.) semble ici une simple façon de dire de ne pas *croiser sa route*.

Τῶν ἤτοι θήλεια παλίγκοτος ἀντομένοισι
δάχματι, πλειοτέρη δὲ καὶ ὀλκαίην ἐπὶ σειρήν·
τοὔνεκα καὶ θανάτοιο θοώτερος ἵξεται αἶσα.   120
Ἀλλ' ἤτοι θέρεος βλαβερὸν δάκος ἐξαλέασθαι
Πληϊάδων φάσιας δεδοκημένος, αἵ θ' ὑπὸ Ταύρου
ἀλκαίην ψαίρουσαι ὀλίζωνες φορέονται,
ἢ ὅτε σὺν τέκνοισι θερειομένοισιν ἀβοσκής
φωλειοῦ λοχάδην ὑπὸ γωλεὰ διψὰς ἰαύῃ,   125
ἢ ὅτε λίπτῃσιν μεθ' ἑὸν νομόν, ἢ ἐπὶ κοῖτον
ἐκ νομοῦ ὑπνώσσουσα κίῃ κεκορημένη ὕλης.
Μὴ σύ γ' ἐνὶ τριόδοισι τύχοις ὅτε δάχμα πεφυζώς

TEST. 120 fort. respicit Strab., uide *Test*. 169 et comm. n. 14 ‖ 122-
123 Σ^M Arat. 172 (166. 12) ... καὶ σχῆμα κατά τινας οὐρᾶς ἀποτε-
λοῦσιν, ὡς καὶ ὁ Ν-ός φησι πλαγιασθείς ‖ (αἵ θ' —) Σ^MDΔKVUAS
Arat. 254-255 (203. 3) Ν-ος μὲν οὖν ἐπὶ τῆς οὐρᾶς τοῦ Ταύρου τίθ-
ησιν αὐτάς ‖ 125 (διψάς) cf. Hsch. δ 2029 διψάς· ἔχις. ὕδρα ‖ 128-
134 Gal. *Pis*. 9 (14. 239.4-10) ὁ καλὸς Ν-ος ἐν τοῖς ἔπεσιν αὐτοῦ
οὐκ ἀφυῶς γράφει ; respiciunt [Ar.] *Mir*. 165, 846b 18, *EG*^AB (*EM*
404.28-32) s.u. ἔχις, Σ Eur. *Or*. 524 ὡς Ν-ος ἐν τοῖς Θ-οῖς (cf. *ibid*.
ad 479), Mich. Glycas, *Annal*. 108.7-18 Bekker.

118-121 deest N
119 δάχματι TG^sl (uide gall. adn.) : δήχματι GM δήγματι LC δάγ-
ματι cett., cf. Σ δάχμα (GN : δάγμα cett.) δὲ διὰ τοῦ ᾱ ὁ Ν-ος παν-
ταχοῦ, καὶ οὐ διὰ τοῦ ῆ ‖ πλειοτέρη δὲ Ω* : πλειοτέρη *p* πλειο Τ
(spatio non relicto) ‖ 121 δάκος ω* : κακὸν TG^γρ ‖ 122 δεδοκημένος
Ω, uide Klauser 90¹ qui contulit *Il*. 15. 730, *al*. (adde [Opp.] *Cyn*. 1.
518, 2. 471) : δεδοκημένον S. ‖ 123 ἀλκαίην ΤΣ^γρ, Σ^A Arat., cf. Ap.
Rh. 4. 1614 : ὀλκ- cett. (ὀλκ- N) Apollonii aliquot codd. ὀλκ-
Σ^LKPVHD Arat. ‖ ψαίρουσαι Ω* : ψαύουσαι G^γρ K^γρ ‖ ὀλίζωνες Ω
(iniuria susp., cf. 372) : ὀλίζονες Σ Arat., cf. Call. fr. dub. 805 ‖ 124-
125 om. M ‖ 125 ἰαύῃ TDAld : ἰαύοι LNc*V ἰαύει GbHQ ‖
127 ὑπνώσ(σ)ουσα Ω* : ὑπνώουσα TRM ‖ 128 τύχοις Ω* (N^slP^sl),
cf. *Od*. 12. 106 (μὴ σύ γε κεῖθι τύχοις) : τύχης NP Gal. ‖ δάχμα S.,
uide ad 119 : δῆγμα Ω Gal. ‖ πεφυζὼς Ω Gal. (Laur. 74.5) : πεφυγὼς
Gal. (alii codd.).

sure, le mâle noir de la vipère est en rage sous le coup de sa
130 femelle couleur de suie, à l'heure de l'accouplement, quand, de
sa dent robuste, dans l'ivresse du plaisir, attachée à lui d'une
étreinte qui le déchire, elle tranche la tête de son compagnon.
— Mais la ruine de leur père, les petits vipéreaux la vengent dès
leur naissance : pour sortir du ventre maternel, ils dévorent
sa mince paroi et ils naissent orphelins de mère. Car
135 seule la vipère est alourdie par son fruit, alors que, à travers

129 περκνὸς ἔχις : [Ar.] *Mir.* 846b 18 περκνοῦ ἔχεως, Androm.
11 ζοφερῆς ἔχιος, [Opp.] *Cyn.* 3. 439 ἔχιν ψολόεσσαν, οὐ ἔχιν =
ἀσπίδα (sur le flottement des noms de Serpents à basse époque cf.
Morel[1] 381). — ψολόεντος ἐχίδνης : adj. masc. au lieu du fém.,
comme en 120, 284, 229, 329, 502, *Al.* 390, 473, *al.* ; voir Volkmann[2]
60 s., Klauser 90 et cf. *hHerm.* 110 θερμὸς ἀϋτμή, Ap. Rh. 3. 1393
τετρηχότα βῶλον, *Test.* 129 ; phénomène inverse, Androm. *l.c.*, Opp.
l.c. — 130 ἡνίκα : cf. *Notice* p. CIX. — *θαλερῷ : hom., surtout en
parlant des hommes ; de la végétation, *infra* 499, cf. Euph. fr. 111 P.
La *f.l.* θολερῷ (Σ σπορίμῳ, ὀλεθρίῳ) résulte d'une confusion banale
(cf. n. crit. et *Notice* CXLII §I 1) ; θαλερῷ (lapsus de O ?), avait été,
avant O. Schneider, restitué tacitement par Grévin dans sa trad. française (1567) « d'une forte dent » ; *contra* : trad. lat. (1571) saeuo
dente (Σ). C'est p.-ê. à cause de la *f.l.* θολερῷ que le *Physiologus*
(Sbordone 34, 36, 241 s.) et Michel Glycas (cf. *Test.*), répétant le
contresens *ap.* Gal. *Pis.* 238.14 s., ont construit κυνόδοντι avec θορνυμένου (au lieu de ἀπέκοψεν) et compris que l'accouplement se faisait par la bouche, un non-sens qu'on ne peut imputer à N. — 131
θουρὰς : emprunt à Lyc. 612. — ὁμεύνου : Call. fr. 228. 12. — 132
μετεκίαθον : (*alio sensu*) *Il.* 11. 52, 714, 18. 532, 581, Ap. Rh. 1. 90,
3. 489, 4. 305, [Orph.] *Argon.* 1140. — 133 ἀραιὴν : cf. Opp. *Hal.* 1.
480 s. ἀραιάς | γαστέρας, 2. 522 λαγόνεσσιν ἀραιαῖς. Pour le sens
cf. *Il.* 5. 425 (Hsch. α 6939), 18. 411 = 20. 37, *Od.* 10. 90 (Hsch. α
6949) ; Philétas fr. 17 P. ; Call. 4. 191 ; *al.* J. Chadwick, *Lexicogra-
phica graeca*, Oxford 1996, 46 ss. a essayé d'expliquer les emplois de
cet adj. d'étymologie inconnue à partir du sens prédominant, « de tex-
ture lâche », « lacunaire », attesté chez les Présocratiques et les médecins. Cette analyse possible ici et 240 (cf. Σ 240d ἀσθενεῖς καὶ κεναί)
convient moins bien à 336, 557, *Al.* 470, pas du tout à *Th.* 575 (voir
comm. n. 61 §1 b). En vérité, les deux valeurs indiquées par Hsch. glosant les emplois hom., déterminants pour N., ἀσθενής et λεπτός (~ Σ
Il. 20. 37*a*, 18. 411*b*), peuvent rendre compte de tous les exemples
Nicandréens : cf. Σ 133c ἀσθενῆ λεπτήν, 240d (*supra*), 575a ἀραιοτέρης … τῆς λεπτοφύλλου, *Al.* 470d ἀσθενέσι.

περκνὸς ἔχις θυίῃσι τυπῇ ψολόεντος ἐχίδνης,
ἡνίκα, θορνυμένου ἔχιος, θαλερῷ κυνόδοντι　　130
θουρὰς ἀμὺξ ἐμφῦσα κάρην ἀπέκοψεν ὁμεύνου. —
Οἱ δὲ πατρὸς λώβην μετεκίαθον αὐτίκα τυτθοί
γεινόμενοι ἐχιῆες, ἐπεὶ διὰ μητρὸς ἀραιήν
γαστέρ᾽ ἀναβρώσαντες ἀμήτορες ἐξεγένοντο·
οἵη γὰρ βαρύθει ὑπὸ κύματος, οἱ δὲ καθ᾽ ὕλην　　135

TEST. 129 (περκνὸς ἔχις) cf. [Ar.], Androm., gall. adn. ad h.u. ‖
(ψολόεντος ἐχίδνης) Steph. Byz. 273. 9 τὸ γὰρ « ἀμπελόεντ᾽ Ἐπί-
δαυρον » μετὰ ἀρσενικοῦ ἐπιθέτου θηλυκόν ἐστιν, ὡς τὸ « ψ.
ἐ. » παρὰ Ν-ῳ = Eustath. Iliad. 2. 561 (443. 8) ; Σ Od. 2. 214
ἡμαθόεντα, ὡς τὸ « ὀλόεντος ἐχίδνης », ἀντὶ τοῦ « ὀλοέσσης »,
cf. Σ Soph. Aj. 62b (Christodoulos) ‖ 131-134 Tz. Lyc. 1114 (332.20)
περὶ δὲ ἐχιδνῶν Ν-ός φησιν οὕτωσί ‖ 131 (θουρὰς) cf. Hsch. θ 658
θουράς· ἡ ὀρεκτικῶς ἔχουσα ‖ (ἀμὺξ) Hellad. Chrest. ap. Phot. Bibl.
279 (532b 3 s. Bekker) ἀμύξω ἀμὺξ παρὰ Ν-ῳ, cf. Phot. α 1273
ἀμύξ· ἀντὶ τοῦ μόλις. Εὐφορίων (fr. 146 P.) ? ‖ 133 s. respiciunt
Plutarch. 567f 2-4 †Πινδαρικῆς† (Νικανδρ- Morel[2] 368) ἐχίδνης
εἶδος, ἐν ᾧ κυηθεῖσαν καὶ διαφαγοῦσαν τὴν μητέρα βιώσεσθαι),
Hierax ap. Stob. 3. 10. 77 (428.20-429.1, ubi muraena falso pro uipera)
οὔτε τῇ μυραίνῃ τοὺς ἐνύδρους ὄφεις εἰς ἄλλων ὄλεθρον ἀπο-
γεννᾶν (sc. δύνατον), πρὶν τὴν κυήσασαν γαστέρα καταφαγεῖν,
ὡς Ν-ος ὁ Κολοφώνιος καὶ Ἀρχέλαος ὁ φυσικὸς γράφουσιν,
Mich. Glyc. Annal. 108.8 ss. (Ν-ος) ; cf. Theophylact. Simoc. Epist.
73 (p. 40.2-4 Zanetto) ‖ (ἀραιὴν γαστέρ᾽) cf. Hsch. α 6943 ἀραιὴ
γαστήρ· τὰ λεπτὰ ἔντερα ‖ 134 Σ Eur. Or. 479 (Ν-ος) ‖
135 s. respicit Σ Eur. ibid. οὐκ ἐξ ᾠῶν γεννῶνται, ἀλλὰ ζῳοτο-
κοῦνται.

129 θυίῃσι T (uide West Iliad. Praef. XXXI) : θύῃσι ω Gal. ‖ τυπῇ
S. : τυπὴν Ω Gal. ‖ ψολόεντος Ω : ὀλόεντος Σ Od. χολόεσσαν
Gal. ‖ 130 θαλερῷ O : θολερῷ Ω* Gal., cf. Σ θολερῷ δὲ τῷ
σπορίμῳ (at de uocis θολερός usu uide Gow ad Thcr. 16. 62) tacet
Eut. ; eadem uar. Al. 515, Hp. Prorrh. 1.39 (5.521⁴ L.) δολερῷ Btl. ‖
131 ἀμὺξ T Σᵞʳ Hellad. Tz., ut uoluit Btl. : ὀδὰξ ω Eut. (ἐμφῦσα τοὺς
ὀδόντας) Gal. Tz. cod. a, cf. Ap. Rh. 3. 1393 ‖ κάρην Ω* : κάρη C,
cf. ad 206 ‖ 133 ἀραιήν Ω* : ἀραιὴν WC ‖ 134 ἀναβρώσαντες Ω
Eut.(ἀναφαγόντες cod. A : διαφαγόντες cett.), cf. Σ Eur., Tz., Galeni
cod. Laur. 74.5 u.l. interl. (~ Gal. 238.18 s. ἀναβιβρώσκειν) :
ἀναρρήξαντες Gal. ‖ 135 κύματος οἱ T : κύματι τοὶ ω.

bois, les autres serpents pondent des oeufs et couvent, dans son enveloppe, leur progéniture[16].

Garde-toi aussi d'y être lorsque, débarrassé de la vieille peau écailleuse toute ridée qui l'enveloppe, il se remet en route, tout joyeux d'une jeunesse en sa nouveauté[17] ; ou lorsque, après avoir esquivé dans ses trous les bonds des cerfs, irrité, il décoche aux
140 hommes le venin qui détruit les membres. Car c'est un extrême courroux que nourrissent à l'égard des longs serpents les parents des faons et les chevreuils ; ils les traquent en tous lieux, explorant tas de cailloux, murs de pierres sèches et abris naturels en les pressant du souffle effrayant de leurs naseaux[18].
145   Et certes, il y a aussi le neigeux Othrys et ses es-
l'Othrys : carpements : il porte des bêtes à la dent meur-
le seps trière — creux ravin, âpres à-pic et croupe fo-
restière : ce sont les lieux que hante le seps assoiffé. Il possède une livrée changeante et non pas seule et unique, car il prend toujours l'aspect de l'endroit

---

136 ὠοτόκοι : Ar. *HA* (ᾠο-) 495b 3, *al.*, Opp. *Hal.* 1. 596. — *λεπυρήν : cf. 803 : cet adj. n'est attesté que dans la littérature grammaticale, *EG* β 72 ~ *EM* 192.36 ~ Σ Opp. *Hal.* 1. 559. — 137 *ρικνῆεν : néologisme pour ρικνός (voir n. au v. 26), cf. Christodor. ecphr. *AP* 2.340 γήραϊ ρικνήεντι, et, pour γῆρας ἀμέρσας, Call. fr. 1. 35 (avec la n. de Pf.). — 138 ἀναφοιτήσῃ : première occurrence attestée, la seule poét. — κεχαρημένος (*in eadem sede*) : Thcr. 27.71, Max. 105. — 139 σκαρθμούς (cf. 350 πολύσκαρθμος, *Al.* 325 εὐσκ-) : Arat. 281, Ap. Rh. 3. 1260, Lyc. 101. — ὀχεῆσιν : Call. fr. 575, Arat. 1026. — 140 ἐνισκίμψῃ : cf. 336, Ap. Rh. 3. 153 (ἐ-ης ... βέλος), 765. N. semble jouer sur ἰός qui signifie à la fois « venin » et « flèche ». — *γυιοφθόρον : *hapax* absolu. La leçon θυμοφθόρον a de nombreux parallèles poétiques, la plupart de sens fig. (cf. θυμοβόρον « qui ronge le cœur »), pour qualifier le chagrin (*Od.* 4. 716 ἄχος, cf. Eschyle, *Agam.* 103), l'amour (Ap. Rh. 1. 803), la pauvreté (Hés. *Trav.* 717, Thgn. 155 W.), mais qui peuvent signifier aussi « qui détruit la force vitale » : cf. Mimn. 2. 15 W. (la maladie) et le *Serment hippocr.* versifié, CMG 1. 1 p. 5, v. 6 κακότητα θυμοφθόρον (le poison). Pour γυιο- cf. *Od.* 10. 363 ἐκ κάματον θυμοφθόρον εἵλετο γυίων. Ici encore on peut parler de variante d'auteur (cf. n. au v. 824). — 141 δολ. κιν. : cf. [Orph.] *Lith.* 340 δολιχῶν ὄφεων (*in eadem sede*). — *κινωπηστής : *hapax* absolu créé sur κινώπετον (cf. 27 et la n.). — *Pour les notes aux v. 142-148 voir p. 94.*

ὠοτόκοι ὄφιες λεπυρὴν θάλπουσι γενέθλην. —
Μηδ᾽ ὅτε ῥικνῆεν φολίδων περὶ γῆρας ἀμέρσας
ἂψ ἀναφοιτήσῃ νεαρῇ κεχαρημένος ἥβῃ·
ἢ ὁπότε σκαρθμοὺς ἐλάφων ὀχεῇσιν ἀλύξας
ἀνδράσ᾽ ἐνισκίμψῃ χολόων γυιοφθόρον ἰόν.   140
Ἔξοχα γὰρ δολιχοῖσι κινωπησταῖς κοτέουσι
νεβροτόκοι καὶ ζόρκες, ἀνιχνεύουσι δὲ πάντη
τρόχμαλά θ᾽ αἱμασιάς τε καὶ ἰλυοὺς ἐρέοντες,
σμερδαλέη μυκτῆρος ἐπισπέρχοντες ἀϋτμῇ.
Ναὶ μὴν καὶ νιφόεσσα φέρει δυσπαίπαλος Ὄθρυς   145
φοινὰ δάκη, κοίλη τε φάραγξ καὶ τρηχέες ἀγμοί
καὶ λέπας ὑλῆεν· τόθι δίψιος ἐμβατέει σήψ.
Χροιὴν δ᾽ ἀλλόφατόν τε καὶ οὐ μίαν οἱαδὸν ἴσχει
αἰὲν ἐειδόμενος χώρῳ ἵνα χηραμὰ τεύξῃ.

TEST. 143 *EG*^B α 205.3 (*EM* 35. 13 ; deest A) s.u. αἱμασιά (ὡς παρὰ
N-ῳ) ‖ 145-156 ad uerbum expressit [Ar.] *Mir*. 164, 846b 10-17 ‖
146 (φοινὰ δάκη) *EG*^B (*EM* 797. 33 ; deest A) s.u. φοινός (Apollonium falso nominat) gl. affert ἀντὶ τοῦ φονικὰ θηρία = Σ *Th*. 147
ἤγουν φονευτικὰ (K : φονικὰ P) θηρία ‖ 147 (σήψ, uide et 817)
fort. respicit Artem. 2. 13, cf. *Test*. 411 ‖ 148 s. respicere uid. Ael. 16.
40 in. (uide *Test*. 182-185).

139 explicit N
136 om. *c** (praeter DA*ld*, θάλπουσι γενέθλην habet I om. reliquis
uerbis) V ‖ 137 περὶ T : ἀπὸ ω, cf. 392 ‖ 140 ἀνδράσ᾽ (uel ἀνέρ᾽)
Btl. (cf. 116, 336, 773) : ἀνδρὸς Ω Eut. (uide infra), defendit S. (ratus
genetiuum a χολόων pendere) ‖ ἐνισκίμψῃ TG : ἐνισκήψει M^{sl}R
ἐνισκήψῃ M c.rell. ‖ γυιοφθόρον TG^{sl} Eut. (ἀνθρώπου προσψαύ-
σειεν... μέλεσι) : θυμοφθόρον ω*, uide gall. adn. ‖ 141 κινωπησταῖς TaRM : κινωπισταῖς cett. ‖ 142 πάντη TaMV : πάντα cett. ‖
143 ἰλυοὺς T *EG* (cf. Call. 1. 25, *Hec*. fr. 336 = 136 H.) : εἰλυοὺς ω
(cf. Ap. Rh. 1. 1144) ‖ ἐρέοντες ω *EG* (cf. *Od*. 4. 337, Ap.Rh. 1.1354,
Opp. *Hal*. 4. 115 ἐξερέουσιν ἀπάντη) : ἐρέθοντες T ‖ 145 ὄθρυς
Ω* : ὄρθυς HQ ὄρθρυς Q^{sl}V, uide gall. adn. ‖ 146 φάραγξ (φάραξ,
φάλαγξ) ω : φάρυγξ T ‖ 147 ἐμβατέει ω* (ἐμβατεύει L ὀμβατέει
P) : ἐνβροτέει T ‖ 149 χηραμὰ Ω* : χηρημὰ M χήραμα T χειραμὰ
p ‖ τεύξῃ T : τεύχῃ ω* (et K^{sl} τεύχει KOMV).

150　où il a fait son trou. Il en est qui habitent les rocailles
et les tertres de pierres : plus petits, ils sont rugueux et couleur
de feu ; leur morsure ne saurait être sans effet pour les hommes, elle est au contraire de nature maligne. Tel autre par son
corps rappelle les escargots de terre. Un autre a des écailles ver-
155　tes qui bigarrent et font briller un vaste anneau. Beaucoup
fréquentent les sables ; aussi leurs replis sont-ils tachés de lèpre et
prennent-ils l'aspect des sols sablonneux[19].

LES SERPENTS

1. le cobra　Observe, hérissé qu'il est d'écailles sèches, le
cobra sanguinaire, la plus indolente de toutes
les bêtes qui mordent ; [aussi bien avance-t-il

151 ἔμπυροι : épithète de couleur (exigée par le contexte) = φλογώδεις Kᵍ, cf. 287 φλογέοιο. — 153 δομήν : cf.259 ; = δέμας, sens hellénistique (Ap. Rh., Lyc.). — 154 *ἐγχλοάουσα, 156 *λεπρύνονται
(« offrent des rugosités blanchâtres », cf. Σ 156a), comme la *v.l.*
*λεπραίνονται : *hapax* absolus. — 155 ποικίλον αἰόλλει : entendre
« sa peau écailleuse rend bigarré (ποικίλον) et brillant (αἰόλον, impliqué par αἰόλλει) son long corps sinueux » (Ritter) ; pour la valeur de
αἰόλον cf. 376, 464, et sur ces deux adj. liés par le sens, épithètes des
Serpents, cf. West *Th.* 300. — 156 ἀλινδόμενοι : pour ἀλινδούμενοι,
cf. Léonidas Tar. *AP* 7. 736.2 = 2168 G.-P. (*alio sensu*) ; mais le texte
est douteux. J'ai traduit la conjecture ἐϊσκόμενοι suggérée par la paraphrase des *Mirabilia* (864b 14) : ὅσοι δὲ αὐτῶν ἐν ψαμάθοις διατρίβουσι, ταύταις ἐξομοιοῦνται κατὰ τὸ χρῶμα. — 157 φράζεο : 438,
589, 656, 759 ; pour le sens cf. Arat. 1149, D.P. (6 fois), Opp. *Hal.* 2.
199, *carmen* 105. — αὐαλέῃσιν ... φολίδεσσιν : cf. D.P. (*Test.*) ;
pour la structure du vers Ap. Rh. 4. 144 ῥυμβόνας ἀζαλέῃσιν ἐπηρε-
φέας φολίδεσσιν, pour le sens Lucain 9. 609 s. *siccae / aspides*. —
158 ἀμυδρότατον : pour l'échange de sens entre ἀμυδρός « indistinct » et νωθής « lent » cf. *REA* 71, 1969, 38-56 ; les faits de langue
observés dans cet article demeurent valides, même si je n'en tire pas
aujourd'hui les mêmes conséquences. Le sens de « lent » s'accorde bien
avec la torpeur du Cobra (162, 165). Pour un autre exemple possible du
même sens cf. *infra* 358 et la n. ; pour le sens le plus courant cf. n. au
v. 274. — 159 s. : pour cette interpolation, inspirée par 264 s., qui vient
du désir d'apporter une précision manquante, cf. comm. n. 118 §4e.
Mais, dans ses notices, N. ne fait pas, à propos de chaque Serpent, toutes
les remarques qu'il pourrait faire (voir *Notice* p. CV).

Τῶν οἱ μὲν λιθάδας τε καὶ ἕρμακας ἐνναίοντες   150
παυρότεροι, τρηχεῖς δὲ καὶ ἔμπυροι· οὐ μὲν ἐκείνων
ἀνδράσι δάχμα πέλοι μεταμώνιον, ἀλλὰ κάκηθες.
Ἄλλος δ᾽ αὖ κόχλοισι δομὴν ἰνδάλλεται αἴης,
ἄλλῳ δ᾽ ἐγχλοάουσα λοπὶς περιμήκεα κύκλον
ποικίλον αἰόλλει· πολέες δ᾽ ἀμάθοισι μιγέντες   155
σπείρῃ λεπρύνονται †ἀλινδόμενοι† ψαμάθοισι.

Φράζεο δ᾽ αὐαλέῃσιν ἐπιφρικτὴν φολίδεσσιν
ἀσπίδα φοινήεσσαν, ἀμυδρότατον δάκος ἄλλων·
[τῇ μὲν γάρ τε κέλευθος ὁμῶς κατ᾽ ἐναντίον ἕρπει

Sɪᴍ. 157-189 (aspis) Ph. 16 (21.12-22.9), Gal. Pis. 8 (235-237.5), a
quibus auctoribus pendet PAeg. 5. 19 (20.17-24, 21.4-13) = PsD. 17
[73]) ; a Philumeno Aet. 13. 22 (280.22-281.18), unde ThN. 274
(336.5-338.2).

Tᴇsᴛ. 157 cf. D.P. 443 ἀπειρεσίῃσιν ἐπιφρρίσσων φολίδεσσι.

150 λιθάδας T (cf. Od. 14. 36, 23. 193, Ap. Rh. fr. 12. 21) : λίθακάς
ω (cf. Arat. 1112) ‖ 151 δὲ T (iam Btl.) : τε ω ‖ ἔμπυροι ω* (-πειροι
Wby), cf. Kᵍ φλογώδεις, [Ar.] : ἔπυροι T i.e. ἔμπυροι (uide *Notice*
p. cxlɪɪɪ §V 1) ‖ οὐ μὲν ego cll. Arat. 54 ss., 259 s. οὐ μὲν ... ἀλλὰ
(eadem uar. infra 234, Opp. *Hal.* 489, *al.*) : οὔ κεν TGMVDAld οὐκ L
οὐκ ὅτι R (κείνων scr.) οὔκουν cett. ‖ 152 δάχμα T (uide ad 119) :
δῆγμα ω* (πῆμα y) ‖ πέλοι T (cf. gall. adn. ad 522, 702) : πέλει ω ‖
κάκηθες edd. (i.e. κακόηθες, cf. Ar. *HA* 613b 23) : κακηθὲς GMbp
κακειθες T κακιθὲς LPV (Hsch. κ 308 κακιθές· χαλεπόν. λιμηρές)
quam u.l. malebat Arnaldus, cf. ad 360 ‖ 153 αὖ ω : ἐν T ‖ 154 λοπὶς
T (λόπις), cf. *Al.* 467 : λεπὶς ω φολὶς Σᵞᵖ (Bussemaker : λοφὶς Σᴳᴾᴱ
φιλοσοφὶς Σᴷ om. cett.), cf. [Ar.] 846b 13, prob. Schn. (ad uocem
φολίς proprie dictam de serpentibus, λεπίς de piscibus, cf. Ar. *HA*
490b 22, *PA* 691a 16) ‖ 156 σπείρῃ Ω : σπείρην Page ‖ λεπρύνονται
ω* (λεπτύν- pV) : λεπραίνονται T, cf. 262 ‖ ἀλινδόμενοι Ω Σ :
ἐϊσκόμενοι coniecerim duce Btl. (ἐειδόμενοι) cl. [Ar.], uide gall.
adn. ; cf. 421, fr. 74.46 et Σ 421a ἐϊσκόμενον· ὁμοιούμενον (~ Hsch.
ε 1153) ‖ 157 αὐαλέῃσιν Btl. : αὐαλέαις μὲν Ω* (αὐαλέαις [μὲν
om.] O [cf. ad 83] αὐαλέες y) fort. ἀζαλέῃσιν, cf. 31, 221 et gall. adn.
ad loc. ‖ ἐπιφρικτὴν T (sine acc.) abSBV, cf. *Test.* ad h. u. : ἐπὶ
φρικτὴν Mc* ‖ 158 ἀμυδρότατον Ω* (-τερον O ἀγκυδρ- HQ, Sᵃᶜ) :
ἀνιγρότατον Btl. ‖ 159 s. om. T, post 163 ponere iussit Σ 160b, uulgatum ordinem sequitur Eut., seclus. Schn. ; 160 (~ 265) om. M, susp.
Btl. Vide gall. adn.

160 toujours de front, et il chemine en se traînant, par un long déroulement de
son ventre] si effrayant que soit son corps, lorsqu'il est en
chemin, c'est avec nonchalance qu'il porte en se traînant sa
pesante masse, et c'est d'un œil assoupi qu'on le voit
constamment darder un regard fixe. Mais vient-il
de percevoir un bruit ou quelque vive clarté, en dépit de sa
165 torpeur, il chasse le sommeil de son corps, il se traîne pour
enrouler au sol ses replis circulaires, et, en leur beau milieu, il
dresse, sinistre, une tête hérissée. La longueur du cobra, le
pire des serpents que nourrit la terre, mesure une brasse ; quant
à sa grosseur, elle s'inscrit dans les limites que le polisseur
170 de piques donne à celle de l'épieu qu'il fabrique pour combattre
et les taureaux et les lions rugissants. Tantôt c'est une
couleur grisâtre qui court à la surface de son dos, ou bien il a
tout le corps jaune coing avec des reflets brillants, quelquefois
cendré, souvent d'une teinte fuligineuse due à la glèbe noircis-

---

163 ἐπιλλίζουσα : au sens de « regarder fixement », cf. Gow[1]
102. — 165 ῥέθεος : cf. n. au v. 721. — 166 *ἅλων : hapax en
ce sens. — 167 ἀνὰ μέσσα : cf. Thcr. 14. 9, 22. 21 (alio sensu). —
168 s. μῆκος ... ἀτὰρ : Dion. fr. 4. 4 s. εὖρος μὲν ... ὀργυιῇσιν |
μετρητὸν πισύρεσσιν, ἀτὰρ μῆκός τε καὶ ἰθύν (= Th. 398). —
168 κύντατον : « dangereux », en parlant d'un animal venimeux,
Opp. Hal. 2. 426 (Scolopendre), Antiphile AP 9. 302.2 = 454 G.-P[2].
(Abeilles) : cf. Od. 12. 85 s., Lyc. 45, al. (Skylla). Le relatif ὃ a pour
antécédent τῆς (sc. ἀσπίδος) ; cf. Notice n. 219. — ἔτρεφεν : pour la
valeur de cet imparfait voir n. au v. 285. — 169 περιβάλλεται : cf.
Ap. Rh. 1. 371 κατ' εὖρος ὅσον περιβάλλετο χῶρος (avec la n. de
Vian). — 170 *δορατοξόος (hapax absolu) : cf. Il. 4. 110 κεραοξόος
ἤραρε τέκτων, Simias fr. 18 P. κεραοξόος ἤρμοσε τέκτων. —
171 ἐνοπήν : = combat, cf. Méléagre AP 6. 163.6 = 4651 G.-P., Nonn.
48. 38, al. — 172 ψαφαρὴ : 179, 262, 369, cf. Ératosth. fr. 16.5 P.,
Euph. fr. 50.3 P. — 173 *μηλινόεσσα : syn. de μηλινοειδής. —
τεφρή : Babr. 65.1 (γέρανος), Hérondas 7.71 ; cf. τεφροειδής (Dsc.,
Arétée). — 174 αἰθαλόεσσα : voir n. ad 420. — μελαινομένη...βώλῳ : le participe équivaut à un adj. de couleur, cf. [Orph.]
Lith. 621 μελαινομέναις, Thcr. 7. 117 ἐρευθομένοισιν. Μελάμβωλος, nom égyptien de l'Égypte Kmt = « terre noire » : voir D. Bain,
« Μελανῖτις γῆ, an unnoticed Greek name for Egypt... », The World
of ancient Magic, in : Papers from the Norwegian Inst. of Athens, 4,
Bergen 1999, 206 s.

ἀτραπὸν ὁλκαίην δολιχῷ μηρύγματι γαστρός]   160
ἢ καὶ σμερδαλέον μὲν ἔχει δέμας, ἐν δὲ κελεύθῳ
νωχελὲς ἐξ ὁλκοῖο φέρει βάρος, ὑπναλέῳ δέ
αἰὲν ἐπιλλίζουσα φαείνεται ἐνδυκὲς ὄσσῳ·
ἀλλ' ὅταν ἢ δοῦπον νέον οὔασιν ἠέ τιν' αὐγήν
ἀθρήσῃ, νωθρὴ μὲν ἀπὸ ῥέθεος βάλεν ὕπνον,   165
ὁλκῷ δὲ τροχόεσσαν ἄλων εἱλίξατο γαίη,
λευγαλέον δ' ἀνὰ μέσσα κάρη πεφρικὸς ἀείρει.
Τῆς ἤτοι μῆκος μέν, ὃ κύντατον ἔτρεφεν αἶα,
ὀργυιῇ μετρητόν, ἀτὰρ περιβάλλεται εὖρος
ὅσσον τ' αἰγανέης δορατοξόος ἤνυσε τέκτων   170
εἰς ἐνοπὴν ταύρων τε βαρυφθόγγων τε λεόντων.
Χροιὴ δ' ἄλλοτε μὲν ψαφαρὴ ἐπιδέδρομε νώτοις,
ἢ περὶ μηλινόεσσα καὶ αἰόλος, ἄλλοτε τεφρή,
πολλάκι δ' αἰθαλόεσσα μελαινομένῃ ὑπὸ βώλῳ

TEST. 169 (ὀργυιῇ μετρητόν) respicit Strab. 17. 2. 4 διττὴ δ' ἐστίν
(sc. Aegyptiaca aspis), ἡ μὲν σπιθαμιαία ἥπερ καὶ ὀξυθανατωτέρα,
ἡ δ' ἐγγὺς ὀργυιᾶς, ὡς καὶ Ν-ος ὁ τὰ Θ-ὰ γράψας εἴρηκε ‖
172 (ψαφαρὴ) uide ad 179

161 om. T ʂed add. interl ‖ 162 νωχελὲς Ω* : νω εμες T(λ supra μ
scr.) i.e. νωλεμὲς Tᵃᶜ νωχελὲς Tᵖᶜ ‖ 162 s. ὑπναλέῳ ... ὄσσῳ T :
ὑπναλέοις ... ὄσσοις ω Σ Eut. ‖ 163 ἐπιλίζουσα TL fort. recte,
cf. *Notice* n. 274 ‖ 164 αὐγὴν T (iam Btl.) Eut. (φῶς) : αὐδὴν ω ‖
165 νωθρὴ T : νωθρὸν ω (ad νωθρός cf. Call. *Hec.* fr. 259 = 68 H.)
νωθῆ Gow ‖ ἀπὸ Ω* : ἀπαὶ V ‖ 167 λευγαλέον T : σμερδαλέον ω
(ex 161) ‖ πεφρικὸς ω* (πεφρυκὸς UEFI πεφρικὼς *y*) : πεφευγὸς
T ‖ 168 ἔτρεφεν αἶα Ω* (cf. *Al.* 271) : ἔτρεφε γαῖα (uel γαία) Acy ‖
169 περιβάλλεται ω (uide gall. adn.) : περιφαίνεται T (ex 163) ;
eadem uariatio ap. Arat. 525 περιβάλλεται (Arat. latinus *circumspici-
tur*) ‖ 171 om. TO (add. mg.) D, cf. Σ τινὲς ἀθετοῦσι τὸν στίχον τοῦτον ὡς μὴ Ν-ου res dubia ‖ ταύρων Ω* (cf. Call. 3. 157) : κάπρων
RM Eut. (θηρῶντος λέοντας καὶ κάπρους), cf. Euph. fr. 35b Powell
κάπροι τε λίες τε ‖ 172 ψαφαρὴ Schn. : ψαφαροῖς Ω* (et IˢˡDAld
-ρὸς *p*) ‖ 173 ἢ περὶ T (ἤ) : ἄλλοτε ω ‖ μηλινόεσσα TaPˢˡV : μει-
λινόεσσα cett. ‖ 174 μελαινομένῃ DAld (cf. μελάμβωλος Aegypti
nomen ap. Steph. Byz. 44. 22 s.u. Αἴγυπτος) : μελαινομένη cett.
Eut., cf. Σ.

175 sante d'Éthiopie, tel le limon que le fleuve retentissant, le Nil en
crue déverse dans l'onde salée, alors qu'il se rue contre les flots
marins. A l'endroit des sourcils, on voit sur son front deux sortes
de renflements ; au-dessous, son oeil s'empourpre, surplombant
de haut ses anneaux, et son cou grisâtre se gonfle, tandis qu'il
180 siffle sans arrêt, à l'heure où, aux voyageurs qu'il trouve sur
sa route, il imprime la mort, violemment courroucé. Il a
quatre dents creuses par dessous, longs crochets enracinés
dans les mâchoires, réservoirs à venin ; à leur base, une tunique
185 membraneuse les recouvre : voilà d'où il crache dans le corps de
ses victimes son venin implacable.

Fasse le Ciel que ces monstres menacent la tête de mes
ennemis ! Sur la chair, nulle trace de morsure n'apparaît,
nulle inflammation d'œdème incurable, mais c'est pour la
victime une mort sans douleur : un sommeil comateux amène à
sa suite la fin de l'existence[20].

175 πολύστονος : la *lectio difficilior* peut s'appuyer sur Quintus
de Smyrne, qui qualifie la mer pareillement, 14. 644 οἶδμ' ἀνέεργε
πολυστόνου ἀμφιτρίτης, cf. Soph. *Ant.* 1145 στονόεντα πορθμόν,
Opp. *Hal.* 3. 436 στονόεσσα θάλασσα. Cf. *infra* 310 πολύστροιβον
... Νεῖλον, 890 πολυφλοίσβοιο Χοάσπεω. Moins bien attestée, la
leçon πολύστομος, beaucoup plus banale, semble être une conjecture
(cf. Wilamowitz[1] 1. 191[140]) : Σ 175b cite à l'appui D. P. 226 ἑπτὰ διὰ
στομάτων (cf. *ib.* 264 ἑπταπόρου). — 176 ἅσιν : *hapax* hom. (*Il.* 21.
321) glosé ἰλύν (Ap. Soph. 45.11), comme le seul autre emploi poét.,
en dehors de N., cf. Opp. *Hal.* 3. 433 et Σ *ad loc.* Rapprocher *infra* 203
τάρταρον εἰλυόεσσαν, description du Nil conforme à une étymologie
du fleuve (cf. n. *ad loc.*) ; et, pour le jeu étymologique, Opp. *Hal.* 1.
181 θύννοι μὲν θύνοντες. Sur les boues du Nil cf. D. Bonneau, *La
crue du Nil*, Paris 1964, 65. — 177 σκυνίοισιν : 443 ; seules références littéraires pour ce mot du vocabulaire des parties du corps
humain, aux attestations rares et tardives, « sourcils », cf. Poll. 2. 66
τὰ ὑπεράνω (sc. τῶν βλεφάρων) σκύνια ~ *EGud* 505.33 = *EM* 720.4
σκύνιον λέγεται ἡ ὀφρύς ; p.-ê. issu de ἐπισκύνιον (*DELG* s.v.),
peau du front *au-dessus des sourcils* (*Il.* 17. 136), cf. Poll. *ibid.* ~ Ruf.
Onom. 17 (135.13). Les Σ 443b font des deux mots des syn. désignant
τὸ ἐπάνω τῶν ὀφρύων. — *ὑπερφαίνουσι : actif intrans. attesté seulement ici ; pour la construction avec l'accus. cf. Plut. *Dion* 39. 1
(ὑπερφαινομένων τὰ τείχη). — *Pour les notes aux v. 178-189 voir
p. 97.*

Αἰθιόπων, οἵην τε πολύστονος εἰς ἅλα Νεῖλος   175
πλησάμενος κατέχευεν ἄσιν, προὔτυψε δὲ πόντῳ.
Δοιοὶ δὲ σκυνίοισιν ὑπερφαίνουσι μέτωπον
οἷα τύλοι, τὸ δ' ἔνερθεν ὑπαιφοινίσσεται ὄμμα
πολλὸν ὑπὲρ σπείρης, ψαφαρὸς δ' ἀναπίμπραται αὐχήν
ἄκριτα ποιφύσσοντος ὅτ' ἀντομένοισιν ὁδουροῖς   180
ἄϊδα προσμάξηται ἐπὶ ζαμενὲς κοτέουσα.
Τῆς ἤτοι πίσυρες κοῖλοι ὑπένερθεν ὀδόντες
ἀγκύλοι ἐν γναθμοῖς δολιχήρεες ἐρρίζωνται
ἰοδόκοι, μυχάτους δὲ χιτὼν ὑμένεσσι καλύπτει·
ἔνθεν ἀμείλικτον γυίοις ἐνερεύγεται ἰόν.   185
Ἐχθρῶν που τέρα κεῖνα καρήασιν ἐμπελάσειε·
σαρκὶ γὰρ οὔτ' ἐπὶ δάχμα φαείνεται, οὔτε δυσαλθές
οἶδος ἐπιφλέγεται· καμάτου δ' ἄτερ ὄλλυται ἀνήρ,
ὑπνηλὸν δ' ἐπὶ νῶκαρ ἄγει βιότοιο τελευτήν.

TEST. 179 (ψαφαρὸς) *EG*ᴮ (*EM* 817. 48 ; deest A) s.u. ψαφαρός
(αὐχμηρὸς καὶ κακόχρους, παρὰ N-ῳ ἐν Θ-οῖς) ; cf. ad 262 (uide
etiam 172, 369) ‖ 182-185 respicere uid. Ael. 16. 40 fin. (ad σῆπα serpentem referens falso, cf. *Test.* 148 s.) ὀδόντας ... τέτταρας τοὺς
κάτω φέρει κοίλους ἐφ' ὧν ὑμενώδεις ἐπίκεινται χιτῶνες καλύπ-
τοντες τὰ κοιλώματα. ἐκ τούτων ... ἀφίησι τὸν ἰόν ~ *ibid.* 9. 4 (ad
aspidem referens recte) ‖ 187 s. fort. respicit Ael. 9. 11 τὸν δὲ ἐκ τοῦ
δήγματος τῆς ἀσπίδος (sc. σπασμόν) πρᾶον εἶναι ‖ 188 (οἶδος, et
426, 743) Hom. epimer. in AO 1. 330.19 παρὰ N-ῳ ‖ (καμάτου —)
Ph. 16. 4 (22. 6) ~ PAeg. 5. 19 [21. 9] = Ps.D. 17 [73.9]) καλῶς ὁ N-
ος ‖ 189 cf. Hsch. ν 778 νῶκαρ· νύσταξις. νώθεια, cf. Suid. ν 542
νῶκαρ· ὁ δυσκίνητος (an νωκαρ<ώδης> ? cf. Diphil. 18.7).

175 πολύστονος Ω* Σ : πολύστομος LMDᵐᵍ Σ, uide gall. adn. ‖
177 δὲ T : δ' ἐν ω, cf. 443 ‖ μέτωπον T : μετώπου GRˢˡPˢˡxSBM
μετώπῳ cett. ‖ 178 ὄμμα Tcᵉ : ὄμμα (et DAld) ‖ 179 ὑπὲρ Gow, cf.
Eut. (εἰς ὕψος αἴρεται ... τὸν αὐχένα) : ὑπὸ Ω ‖ ἀναπίμπραται RM
(iam Btl.) : ἀναπίμπλαται Rˢˡ c.rell. ‖ 180 ὁδουροῖς T : ὁδούροις
OHQΣᵞᵖ ὁδίταις cett. (OᵞᵖHQ[hi duo mg.] ὁδοίταις SB) ὁδοῦρος (sc.
ἀσπίς) Dᵐᵍ e coni. (iam S.) ‖ 184 μυχάτους Morel¹ 361 : μυχάτος T
μύχατος ω ‖ 186 που Ω : an μοι scribendum ? (cf. Arat. 154, 413) ‖
187 οὔτ' ἐπὶ T : οὔτε τι ω ‖ δάχμα T (uide ad 119) : δῆγμα ω.

190   Toujours est-il que la mangouste-
combat du cobra ichneumon est la seule à pouvoir, sans au-
et de l'ichneumon cun dommage, esquiver l'assaut du cobra,
                 soit qu'elle aille lui livrer combat, soit
qu'elle s'en prenne aux oeufs funestes que couve sa femelle
nourrice de trépas, lorsqu'elle les disperse tous à terre, les secoue
hors de leurs membranes qu'elle déchire et les broie ensemble
195 de ses dents destructrices. Cette traqueuse de reptiles a
une forme pareille à celle de la martre fluette, qui, aux oiseaux
domestiques, trame le trépas, venant, en plein sommeil, les ravir
à l'endroit où ils nichent juchés sur une poutre, ou bien encore là
où ils dorlotent leurs frêles poussins en les tenant au chaud
200 contre leurs flancs. Mais, lorsque, au long des prés marécageux de l'Égyptos couverts de joncs, une mêlée prodigieuse affronte la mangouste aux cobras onduleux, aussitôt, elle saute dans
le fleuve, bat de ses pattes l'abîme fangeux et, soudain, elle

---

190 ἀκήριος : adj. hom., employé ici au sens passif, le plus courant,
litt. « non détruit par les Kères », d'où « sain et sauf », cf. fr. 78.6,
Call. 2. 41, Ap. Rh. 3. 466 ; pour le sens actif cf. n. au v. 771. —
192 *κηριτρόφου : *hapax* absolu ; cf. Hés. *Trav.* 418 κηριτρεφέων
ἀνθρώπων « nourris pour le trépas ». — 193 *διεσκήνιψε : *hapax*
absolu, mais cf. Hsch. δ 1323 διασκηνίψαι· διαφορῆσαι. διασπεῖραι,
et ε 6230 ἐσκένιψε· διέφθειρε. διεσκέδασεν. — ἐξ … ἐτίναξε : cf.
[Thcr.] 9. 11, où la prép. ἀπὸ donne au verbe, comme ici, le sens de
déplacer, déloger (voir Gow *ad loc.*). — 194 δαρδάπτων : cf. (*in
eadem* sede) [Opp.] *Cyn.* 3. 446, Nonnos 17. 61. — *συνερραθάγησεν : *hapax* absolu tiré de ῥάθαγος (Σ^V, Hsch. ρ 34). —
195 ἀμυδρῆς : j'ai adopté la première interprétation des Σ 195d
μικρᾶς, cf. I^g ἀσθενοῦς ; pour d'autres sens de cet adj. cf. n. aux v.
158, 274. — 197 πετεύρων : cf., dans un contexte analogue, Thcr. 13.
13 σεισαμένας πτερὰ ματρὸς ἐπ' αἰθαλόεντι πετεύρῳ. Pour πέτευ-
ρον/πέταυρον, -ευ- : Poll. 10. 156 (*cl.* Aristoph. fr. 872), Hsch. π
2058, Phot. 426.11 s. (confirme -ευ- chez Aristoph.) ; -αυ- : Poll. *ib.*
codd. AB, Hsch. 2053 s., Phot. 426.8, Suid. π 1388 (*cl.* Babr. 124.13),
1389 (cf. κ 36, σ 534) ; *ad rem* Pollux *l.c.* πέτευρον δέ, οὗ τὰς ἐνοι-
κιδίας ὄρνιθας ἐγκαθεύδειν συμβέβηκεν, cf. Hsch. π 2058 πέτευ-
ρον· σανίς, ἐφ' ἧς αἱ ὄρνεις κοιμῶνται, Tz. Lyc. 884 πλατεῖα
σανίς. — 198 *ἐπίκριοι : *hapax* absolu. Ce mot, s'il a été créé par N.,
répond à la norme des adj. hellénistiques composés d'une prép. avec
son régime. — *Pour les notes aux v. 198-203 voir p. 101.*

Ἰχνεύμων δ' ἄρα μοῦνος ἀκήριος ἀσπίδος ὁρμήν,   190
ἠμὲν ὅτ' ἐς μόθον εἶσιν, ἀλεύεται, ἠδ' ὅτε λυγρά
θαλπούσης ὄφιος κηριτρόφου ὤεα γαίῃ
πάντα διεσκήνιψε, καὶ ἐξ ὑμένων ἐτίναξε
δαρδάπτων, ὀλοοῖς δὲ συνερραθάγησεν ὀδοῦσι.
Μορφὴ δ' ἰχνευτᾶο κινωπέτου οἷον ἀμυδρῆς   195
ἴκτιδος, ἥ τ' ὄρνισι κατοικιδίῃσιν ὄλεθρον
μαίεται ἐξ ὕπνοιο συναρπάζουσα πετεύρων
ἔνθα λέχος τεύχονται ἐπίκριοι, ἢ καὶ ἀφαυρά
τέκνα τιθαιβώσσουσιν ὑπὸ πλευρῇσι θέρουσαι.
Ἀλλ' ὅταν Αἰγύπτοιο παρὰ θρυόεντας ἰάμνους   200
ἀσπίσι μῶλον ἔχωσιν ἀθέσφατον εἰλικοέσσαις,
αὐτίχ' ὁ μὲν ποταμόνδε καθήλατο, τύψε δὲ κώλοις
τάρταρον εἰλυόεσσαν, ἄφαρ δ' ἐφορύξατο γυῖα

Tᴇsᴛ. 191-194 cf. Ael. 6. 38 ἀκούω δὲ τὸν ἰχνεύμονα τῆς ἀσπίδος
τὰ ᾠὰ ἀφανίζειν ‖ 192-208 respicere uid. Strab. 17.1.39 (sine Nicandri
nomine, at uide *Test*. 169 et cf. comm. n. 21c2) τὰ ᾠὰ διαφθείρουσιν
αὐτῶν καὶ αὐτὰ τὰ θηρία τῷ πηλῷ θωρακισθέντες· κυλισθέντες
γὰρ ἐν αὐτῷ ξηραίνονται πρὸς τὸν ἥλιον, εἶτα τὰς ἀσπίδας μὲν ἢ
τῆς κεφαλῆς ἢ τῆς οὐρᾶς λαβόμενοι κατασπῶσιν εἰς τὸν
ποταμὸν καὶ διαφθείρουσιν ‖ 196 (— ὄρνισι) Σᴰ *Iliad.* 10. 335
(Hdn. παθ. 186. 19) ἴκτις γάρ ἐστιν, ὡς Ν-ος.

deest M a u. 194
190 δ' ω : om. T ‖ 192 κηριτρόφου TGRᵖᶜM : κηροτρ- ω* (et Rᵃᶜ) ‖
ὤεα edd. : ᾤεα T ᾠεὰ Ω* (ᾠὰ L), cf. 452, *Al.* 555 ‖ 194 συνερραθάγησεν TGVDAld : συνερραθάγισεν cett. (et Wᵖᶜ συνερραγάθι-
σεν RW) ‖ 195 ἰχνευτᾶο edd. : ἰχνεύταο ω ἰχνεῦταο T ‖ 196 ἴκτιδος Ω* : ἰκτίδος Tρ testis om. C ‖ κατοικιδίῃσιν Ω* : κατοικιδίοισιν
VCy ‖ 197 συναρπάζουσα T : καθαρπ- ω ‖ πετεύρων TaKO :
πεταύρων cett., uide gall. adn. ‖ 198 τεύχονται TaDAld : τεύξονται
cett. (-ωνται I [cf. 149] τεύ ονται R spatio relicto) ‖ ἐπίκριοι T : ἐπ'
ἰκρίῳ ω* (-ον Pˢˡρ) ‖ 199 ὑπὸ ω : επι T ‖ 201 om. V ‖ ἔχωσιν T :
ἄγῃσιν ω ‖ 203 τάρταρον Ω : βόρβορον Btl. ‖ εἰλυόεσσαν T (cf.
Hsch. ε 919) : ἰλυόεσσαν ω (cf. Hsch. ι 582, 593 at uide gall. adn.) ‖
δ' ἐφορύξατο Ω* : δὲ φορ- aut δ'ἐφορ- T (δεφορ-) δὲ φορ- aR, cf.
Greg. Naz. *carmina quae spectant ad alios*, PG 37. 1569. 2 ; at displicet caesura (cf. *Notice* p. cxxvii 3).

205 s'enduit les membres de boue, y vautrant son corps de petite taille. Puis, elle attend que Sirius lui ait séché le pelage et l'ait cuirassé contre leur dent. Alors, c'est la tête de l'effrayant reptile à la langue vibrante qu'elle va mordre d'un bond, ou bien encore elle le saisit par la queue et l'envoie rouler dans le fleuve au lit herbeux[21].

Regarde bien, je te prie, les formes variées
2. vipère femelle de la vipère femelle, tantôt longue, tantôt
210 **et vipère mâle** courte : et l'Europe et l'Asie font croître de tels reptiles, mais les individus que tu y trouveras ne se ressemblent point. C'est ainsi qu'en Europe ils sont plus petits, et, à l'extrémité de leurs naseaux, cornus et tout blancs, tels ceux qui vivent au pied des col-
215 lines de Sciron et des hauteurs Pamboniennes, du mont Rhypè, du rocher du Corbeau et du gris Asélènos. L'Asie en nourrit qui sont d'une brasse et même davantage, tels les reptiles des environs de l'âpre Boukartéros, ou ceux que renferment le fort épe-

---

204 *ἀλινδηθείς : cf. n. au v. 156. — 206 *λιχμήρεος : *hapax* ; cf. *Al.* 37 λιχμήρεας (*v.l.* de ω), cf. *Notice* p. CI. — 208 *βρυόεντος : cf. n. ad 71, 200 (θρυόεντας) ; adj. non attesté avant N., emprunté par Nonnos (5 fois) au sens de « plein d'algues » ; celui de « florissant » (893) n'est pas attesté en dehors de N. — 209 εὖ δ᾽ : au début d'une notice, qualifiant un verbe du sens de « observer », « connaître », à l'optatif 2e sg. accompagné de ἄν, cf. 258, 320 ; pour la valeur de cet opt. potentiel voir Goodwin §237 « may have the force of a mild command or exhortation ». — *ἐχιδνήεσσαν : *hapax* Nicandréen employé 5 fois par Nonnos qui a par ailleurs les formes -ήεντα (8 fois) -ήεντι (8 fois) -ήεντες (3 fois) -ήεσσι(ν) (2 fois). — 210 *παυράδα : *hapax* absolu ; pour les adj. en -άς forgés par N. cf. Lingenberg 20 et la n. au v. 89. — 211 ἐπιείκελα : Hés. *Théog.* 968, [1020] (seules autres occurrences de cette forme). — 212 ἤτοι : = ἦ τοι « assurément, je te le dis » (Denniston² 553) ; 260, 275, 336, 424, 469, 509, 524, 703 ; comme transition après ponctuation forte, *Il.* 1. 68, Ap. Rh. 1. 1215, 4. 6, Thcr. 13. 46, cf. Denniston 554. — ὀλί-ζονα : Call. fr. 805, Nonn. 37. 680. — 213 *ἀργίλιπες : *hapax* absolu, cf. Archil. fr. 245 W. ἀ-ής — 215 : pour l'absence de τε après le premier nom du vers dans des listes semblables, cf. West *Th.* 245. — 216 *ὀργυιόεντα : *hapax* absolu ; pour les adj. en -όεις voir *Notice* n. 212. — 217 s. ἐρυμνὸς |... πρηὼν : cf. [Orph.] *Argon.* 464 πρηῶνας ἐρυμνούς.

πηλῷ ἀλινδηθεὶς ὀλίγον δέμας, εἰσόκε λάχνην
Σείριος αὐήνῃ, τεύξῃ δ᾽ ἄγναπτον ὀδόντι·   205
τῆμος δ᾽ ἠὲ κάρην λιχμήρεος ἑρπηστᾶο
σμερδαλέης ἔβρυξεν ἐπάλμενος, ἠὲ καὶ οὐρῆς
ἁρπάξας βρυόεντος ἔσω ποταμοῖο κύλισεν.

Εὖ δ᾽ ἂν ἐχιδνήεσσαν ἴδοις πολυδευκέα μορφήν,
ἄλλοτε μὲν δολιχήν, ὁτὲ παυράδα· τοιάδ᾽ ἀέξει   210
Εὐρώπη τ᾽ Ασίη τε, τὰ δ᾽ οὐκ ἐπιείκελα δήεις.
Ἤτοι ἀν᾽ Εὐρώπην μὲν ὀλίζονα, καί θ᾽ ὑπὲρ ἄκρους
ῥώθωνας κεραοί τε καὶ ἀργίλιπες τελέθουσιν,
αἱ μὲν ὑπὸ Σκείρωνος ὄρη Παμβώνιά τ᾽ αἴπη,
Ῥυπαῖον Κόρακός τε πάγον πολιόν τ᾽ Ἀσέλληνον·   215
Ἀσὶς δ᾽ ὀργυιόεντα καὶ ἐς πλέον ἑρπετὰ βόσκει,
οἷα περὶ τρηχὺν Βουκάρτερον, ἧ καὶ ἐρυμνός
Αἰσαγέης πρηὼν καὶ Κέρκαφος ἐντὸς ἐέργει.

SIM. 209-230 (uipera) Gal. Pis. 13 (265.1-7), Aet. 13. 23 (282.16-
283.4).

desunt M, T a u. 204
205 αὐήνῃ ego cl. 368 (uide et 339) : ἀζήνῃ ω ‖ ἄγναπτον LR :
ἄγραπτον b* ἀνάγαμπτον G ἄγναμπτον cett. ‖ 206 κάρην ω*:κάρη
RWCDAld (cf. ad 131) ‖ ἑρπηστᾶο GDAld : ἑρπήσταο cett. ‖
207 σμερδαλέης ω (ad syllepsim cf. gall. adn. ad 120, 725) : σμερ-
δαλέην Gow σμερδαλέως Btl. ‖ ἔβρυξεν ω* (et Isl) : ἔβρωξεν c*
(-βρο- Pac) ‖ 208 κύλισεν Px* (cf. Thcr. 23. 52 ἐκύλισεν) : κύλισε y
κύλισσεν abCDAld ‖ 209 πολυδευκέα KslDmg Σul (i.e. ποικίλην,
interpretatio homerica, cf. Od. 19. 521 πολυδευκέα φωνήν et gl ap.
Hsch. π 2843 πολλοῖς ἐοικυῖαν) : πολυδερκέα ω* ‖ 210 τοιάδ᾽ S. :
τοῖα'' (sic) ἀέξει W τοῖ᾽ ἀέξει KOH (τοῖα ἕξει) Q τοῖον ἀέξει
GRPxS (τοίονα ἐξεί) BV τοί (i.e. τοῖ᾽ = τοῖον, cf. ad 215) ἀέξει
L ‖ 214 αἱ S. : οἱ ω ‖ σκείρωνος ω* Σ : σκίρωνος y ‖ παμβώνιά (uel
-νια) abVsl Σ (cf. fr. 19 Παμβωνίδας ὄχθας) : παμμώνια cV ‖
215 ῥυπαῖον V Σ : ῥυπαὶ L (i. e. ῥυπαιον) ῥύπαιον cett. ‖
216 ὀργυιόεντα G : ὀργυόεντα (-γιό- C) cett. praeter RW qui ἀρ-
γυόεντα ‖ 218 αἰσαγέης ab*V (cf. hAp. 40 αἰσαγέης ὄρος αἰπύ) :
αἰσαγαίης KP αἰγαγέης p*(-γαίης Eac).

ron de l'Aisagéè et le Kerkaphos[22]. Le haut de leur tête s'élargit,
220 et, au bout de leurs traînants replis, ils font onduler une
queue tronquée qui se hérisse abondamment d'écailles sèches.
C'est avec lenteur qu'ils vont et viennent à travers les halliers en
se traînant.

Au contraire, c'est une tête pointue que tout mâle de vipère
présente aux regards, tantôt plus long de taille, tantôt
225 court, mais plus chétif en grosseur de ventre, tandis que sa queue,
terminée en pointe, s'étend, également aplatie vers le bout de sa
longue masse traînante, également polie d'écailles. Quant à sa
face, elle offre des yeux qui s'empourprent de sang lorsqu'il est
irrité, et il fait vibrer rapidement sa langue bifide tout en recour-
230 bant l'extrémité de sa queue. Cocyte vipérin, tel est le nom que
lui donnent les voyageurs. Il possède en haut deux crochets qui

---

219 βρεχμοί : hom. (*Il.* 5. 586) ; le terme usuel ion.-att. est
βρέγμα ; pour -χμ- au lieu de -γμ- cf. n. au v. 119. — 220 ὁλκαῖον :
cf. 830 et la n. *ad loc.* ; ὁ. σπείρης est à rapprocher de *ὁλκός, mot
par lequel N. désigne le *corps traînant* d'un Serpent (226, 266, 316, *Al.*
523 ; cf. 387). — 221 : cf. Thcr. 24.14 κυανέαις φρίσσοντας ὑπὸ
σπείραισι δράκοντας. — 222 ἔνθα καὶ ἔνθα : (*in eadem sede*) Il. 1.
779, *al.*, Ap. Rh. 4. 1543 (description d'un Serpent en train de ramper
+ 8 fois), Thcr. 22. 95. — 223 ὀξυκάρηνος : 397, *unde* P. Köln 244
(cf. *Notice* n. 263a), qui confond V. femelle et V. mâle ; p.-ê.
emprunté par Paul. Sil. 495 (*alio sensu*) ; selon Eustath. D.P. 638.9,
ὀξυκάρηνον serait une *v.l.* pour ὀρθόκραιρον au v. 642 de la
Descr. ; pour ὀ. ἰδεῖν ἔχις cf. Eur. *Ba.* 1017 s. — 225 μύουρος :
cf. 287 ; première occurrence chez N. — ἀλκαίη : cf. 123, Ap. Rh. 4.
1614 *v.l. in* Σ (leçon de la προέκδοσις, selon Wellauer), Opp. *Hal.* 5.
264, 331. — 226 s. ἴσως μὲν ... Ι ἴσως δ' : cf. [Thcr.] 8. 19 ἴσον
κάτω, ἶσον ἄνωθεν. — 226 πεδανὴ : 289, 817, *Al.* 306 ; cf. Ion
Trag. F 4 (*alio sensu*). Pour le sens propre à N. cf. la glose ταπεινή
(G^g) ~ Hsch. π 1182 πεδανός· ταπεινὸς κτλ. Celui de « petit », indiqué par les Σ, ne convient pas à l'étymologie (πέδον) qui suggère
« plat, bas » (Chantraine, *DELG* s.v.). — 227 ἐκ φολίδων : cf. n. au
v. 14. — 227 *ἐνωπῆς : tiré de l'adv. hom. ἐνωπῇ « en face » (*Il.* 5.
374 = 21. 510). — 228 *γλήνεα : cf. n. au v. 373. — *δικρῆ : *hapax*
absolu. — φοινίσσει : cf. n. *ad* 178 ; pour le tour actif cf. Thcr. 24.
124 διέλυσαν et la n. de Gow. — τεθοωμένος : Hermésian. fr. 7.11
P. (Cerbère), Opp. *Hal.* 1. 557, 2. 525, Nonnos 47. 606. — 229
γλώσσῃ λιχμάζων : cf. Nonn. 44. 111 γλῶσσα πέριξ λίχμαζεν
ὑπήνην. — *σκωλύπτεται : *hapax* absolu. Trad. conjecturale : cf.
comm. n. 23 §2. — 231 κυν. : Hp. Ar.

Τῶν ἤτοι βρεχμοὶ μὲν ἐπὶ πλάτος, ἠδ' ὑπὲρ ἄκρον
ὀλκαῖον σπείρης κολοβὴν ἐπελίσσεται οὐρήν   220
ἀζαλέαις φρίσσουσαν ἐπηετανὸν φολίδεσσι·
νωθεῖ δ' ἔνθα καὶ ἔνθα διὰ δρυμὰ νίσεται ὀλκῷ.
Πᾶς δέ τοι ὀξυκάρηνος ἰδεῖν ἔχις, ἄλλοτε μῆκος
μάσσων, ἄλλοτε παῦρος· ἀκιδνότερος δὲ κατ' εὖρος
νηδύος, ἡ δὲ μύουρος ἐπ' ἀλκαίη τετάνυσται,   225
ἴσως μὲν πεδανὴ δολιχοῦ ὑπὸ πείρασιν ὀλκοῦ,
ἴσως δ' ἐκ φολίδων τετρυμένη· αὐτὰρ ἐνωπῆς
γλήνεα φοινίσσει τεθοωμένος, ὀξὺ δὲ δικρῇ
γλώσσῃ λιχμάζων νέατον σκωλύπτεται οὐρήν.
Κώκυτον δ' ἐχιαῖον ἐπικλείουσιν ὁδῖται.   230
Τοῦ μὲν ὑπὲρ κυνόδοντε δύο χροῖ τεκμαίρονται

Sɪᴍ. 231-234 Ph. 17 (23.2 s.), Gal. *Pis.* 13 (265.8-12), Aet. 13. 23
(283.3-7), PAeg. 5. 13 (16.4 s.).

Tᴇsᴛ. 223 (— ἔχις) *EM* 404. 26 (deest *EG*^AB) s.u. ἔχις (N-ος) ‖
230 *EM* 404. 34 (deest *EG*^AB) s.u. ἔχις (N-ος) ‖ 231-234 respicit Ael.
10. 9 N-ος δέ φησιν ἐκ μὲν τοῦ δήγματος ὅπερ οὖν ὁ ἔχις ἐμφύει
δύο ὀδόντων ἴχνη φαίνεσθαι· πλειόνων δέ, εἰ δάκοι ἡ ἔχιδνα ‖
231 s. Gal. *Pis.* 13 (14. 265.8 s.) τοῦ ἄρρενος ἡ ἔχιδνα διήνεγκε καὶ
τῷ πλέονας τῶν δύο κυνοδόντων ἔχειν, ὥσπερ δὴ καὶ N-ος διὰ
τῶν ἐπῶν τούτων λέγει.

desunt M, T usque ad u. 231
221 ἀζαλέαις (uel αὐαλ-) Btl. (cf. 157) : ἀργαλέαις ω* (B^ac ἀργα-
λέοις L αἰγαλέαις y*), cf. ad 357 ‖ 222 νίσεται ego (cf. Note orthographique p. ᴄʟxxɪx) : νίσσ- ω ‖ 225 ἐπ' ego (cf. 325) : ἐφ' *bc* (cf. Σ
226a ἄλλως· ἡ δὲ μύουρος οὐρὰ ἐπὶ τῇ ὁλκῇ τετάνυσται) ὑφ' *a* (cf.
Σ *ibid.* ἡ δὲ ὁλκὴ ὑποτετάνυσται) ‖ ἀλκαίη S. : ὁλκαίη ω ‖
227 τετρυμένη V (cf. 287 τέτρῡται) : τετρυμμένη *ab*P τετριμμένη
p) ‖ 229 νέατον susp. perperam, uide Klauser 90 ‖ σκωλύπτεται ω*
(σκωλύπεται KV ex Scholiis) Σ : σκωλύνεται et σκωλύπεται Σ^γρ ‖
230 non expr. Eut., cf. Σ ἀθετεῖται καὶ οὗτος ὁ στίχος ὡς ὑποβο-
λιμαῖος, secl. Schn. ‖ Κώκυτον ego : κωκυτὸν ω* (et Q^ac κωκυτέον
HQ^pc) ad nomen proprium Κώκυτον (proparoxyt. *Od.* 10. 514, uide
Vendryes §213) cf. Κέρβερος bufonis nomen uenenati in Σ *Al.* 578a
(Eitrem, *RE* 11. 284.15 de nociuitate recte, Wellmann, *ibid.* 7. 117.19
de mythica origine falso), Ἄιδου κύνα serpentis nomen ap. Hecat.
FGrHist 1 F 27 ‖ ἐχιαῖον S. : ἐχιναῖον ω *EM* (uide comm. n. 23 §2) ‖
231 δύο TRSCD*Ald* Gal. : δύω cett.

laissent leur marque dans la peau en crachant le venin, mais ceux de la femelle sont toujours plus nombreux à marquer ; car c'est à pleine bouche qu'elle exerce sa prise, et il t'est aisé d'observer qu'elle a, autour des chairs, largement ouvert les mâchoires[23].

235   De la plaie sort une humeur semblable à de l'huile, tantôt couleur de sang, tantôt incolore ; là-dessus, la chair de la victime se soulève par suite d'une pesante enflure, souvent verdâtre, d'autres fois sanglante ou d'aspect livide. Quelquefois, elle devient grosse d'une pesante masse aqueuse, cependant que,
240   telles de petites bulles d'air, de minces pustules se répandent, toutes flasques, sur la peau qu'on dirait brûlée. Puis, des ulcères surgissent à la ronde, les uns à distance, les autres dans la région de la plaie, déchargeant le venin funeste. Alors, c'est tout le corps de la victime que le fléau mordant dévore de ses flammes
245   vives ; et dans sa gorge, autour de la luette, des hoquets redoublés viennent coup sur coup l'ébranler. Ce sont aussi des vertiges qui environnent et oppriment le corps. Sur l'heure, les genoux et les reins sont le siège d'une faiblesse aux lourdeurs an-

232 : cf. Nonn. 1. 508 s. ἐρευγομένων … | … ἰὸν ἐχιδνήεντα. — 233 οὔλῳ : trois sens, 1) ici, « entier » (ὅλος) ; 2a) « frisé » (fr. 72.8, 85.5, cf. *Al.* 260), 2b) « aigu » (cf. 671 n.), pour le passage de 2a à 2b cf. Ritter 40[1] ; 3) « funeste ». — 236, 244 ἐπί : adv. « ensuite », cf. 436, 778, Alex. Aetol. fr. 3. 30. — 237 : cf. Noumén. *Annexe* fr. 1. — 238 πελιδνή : mot de la prose médicale (Hp. Gal., etc.) ; seules autres occurrences poét., Ératosth. fr. 18 (cité, Σ 465c), Epigr. app. orac. 274.2. — 240 ἀραιαί : cf. n. au v. 133. — 242 s. : cf. 364 s. — 243 ἱεῖσαι : 1) avec ἔασι (cf. 483, 657), le mot λοιγόν a sa valeur d'adj. (outre 6, cf. 733), et ἰοειδέα devient un adj. de couleur (cf. Opp. *Hal.* 1. 43) en accord avec la prosodie ordinaire ; 2) avec ἱεῖσαι, il devient subst. (cf. n. 6), et forme avec ἰοειδέα « venimeux » (pour ι bref voir *Notice* n. 275) une périphrase du sens de ἰόν (cf. Opp. *Hal.* 1. 560 λοίγιον ἰόν = Nonn. 7. 333, 48. 62, et *Hal.* 2. 461 [*in eadem sede*] ἰόν ἱέντες). — 245 πυρπολέουσα : cf. n. au v. 364. — 246 ἐπασσύτεροι : « répétés », extension hellénistique du sens hom. « l'un après l'autre », attesté *infra* 717, 754. — 248 ἀδρανίη : 745 ; p.-ê. pour la première fois chez Call. fr. dub. 730 ; cf. Ap. Rh. 2. 200, Léonidas Tar. *AP* 6. 296.6 = 2276 G.-P., Opp., QS, Nonn. : cf. Fajen *Noten* 167[703]. — βαρύθουσα : Philétas 3028 G.-P. (*in eadem sede*) ; verbe aimé d'Ap. Rh. et de N, cf. *Notice* p. CXI.

ἰὸν ἐρευγόμενοι, πλέονες δέ τοι αἰὲν ἐχίδνης·
οὔλῳ γὰρ στομίῳ ἐμφύεται, ἀμφὶ δὲ σαρκί
ῥεῖά κεν εὐρυνθέντας ἐπιφράσσαιο χαλινούς.
Τῆς καὶ ἀπὸ πληγῆς φέρεται λίπει εἴκελος ἰχώρ,   235
ἄλλοτε δ᾽ αἱματόεις, τοτὲ δ᾽ ἄχροος· ἡ δ᾽ ἐπί οἱ σάρξ
πολλάκι μὲν χλοάουσα βαρεῖ ἀναδέδρομεν οἴδει,
ἄλλοτε φοινίσσουσα· τότ᾽ εἴδεται ἄντα πελιδνή.
Ἄλλοτε δ᾽ ὑδατόεν κυέει βάρος· αἱ δὲ χαμηλαί
πομφόλυγες ὡς εἴ τε περὶ φλύκταιναι ἀραιαί   240
οἷα πυρικμήτοιο χροὸς πλαδόωσιν ὕπερθεν.
Σηπεδόνες δέ οἱ ἀμφὶς ἐπίδρομοι, αἱ μὲν ἄτερθεν,
αἱ δὲ κατὰ πληγὴν ἰοειδέα λοιγὸν ἱεῖσαι.
Πᾶν δ᾽ ἐπί οἱ δριμεῖα δέμας καταβόσκεται ἄτη
ὀξέα πυρπολέουσα· κατ᾽ ἀσφάραγον δέ τε λυγμοί   245
κίονά τε ξυνιόντες ἐπασσύτεροι κλονέουσιν.
Ἀμφὶ καὶ εἰλίγγοις δέμας ἄχθεται, αἶψα δὲ γούνοις
ἀδρανίη βαρύθουσα καὶ ἰξύσι μέρμερος ἴζει,

SIM. 235-257 Ph. 17. 1 s. (23.2-10), unde Aet. 283.7-14, PAeg. 13. 1 s.
(16.1-15), PsD. 9 (69 s.), unde ThN. 273 (332.3-9).

deest M
232 πλέονες : πλεῦνες Gal. (Laur. 74.5) ‖ 233 γὰρ Ω* : δὲ R ‖
234 κεν Ω* : μὲν y ‖ 235 καὶ ἀπὸ ω : ἀπὸ καὶ T ‖ εἴκελος TaKO :
ἴκελος cett. (ἴκ- RWyCDAld) ‖ 236 τοτὲ GKOpV : τότε cett. possis
ὀτὲ cl. 210, 506, al. ‖ 237 χλοάουσα Ω* (et BR χλοάζουσα b*
χλοαύουσα uel χλοάνουσα yᵃ) : κλώθουσα Σᵞᵖ, cf. 647 ad quem uersum melius quadrat hoc schol. ‖ 239 χαμηλαὶ TKˢˡ Σ : θαμιναὶ ω* Σ
(cf. Arat. 1047, Call. 6.64) θαμειαὶ Schn. cl. Il. 1. 52, Ap. Rh. 4. 524,
at cf. hHerm. 44 θαμιναὶ ‖ 240 ὡς εἴ T : τὼς εἴ ω* (τωσεί OW) ‖ εἴ
τε Ω* : εἶπε P ἔν γε p ; ad ὡς εἴ τε cf. Pind. N. 9. 16 ὅρκιον ὡς ὅτε
πιστόν, ad inuersum ordinem infra 297 οἷα, ad rem 273 ‖ περὶ T (sine
acc.) : πυρὶ ω ‖ ἀραιαί, cf. Note orthographique p. CLXXVIII ‖ 242 om.
G sed postea add. ‖ 243 λοιγὸν Ω* : ἰὸν b (gl. in textum irrepta) ‖
ἱεῖσαι ω* (ἱᾶσαι Sᵃᶜ), uide gall. adn. : ἐᾶσι T i.e. ἔασι, fort. mendum
pro ἱᾶσι ‖ 247 γούνοις Cazzaniga ego ex γούνος T (cf. Notice
p. CXLIII §I 26 ; cf. Posidipp. AP 7. 170. 5 = 3178 G.-P., ad rem
744 s.) : γυίοις ω* (γέν R qui idem mendum habet 251, 254) ‖
248 ἰξύσι T : ἰξύι ω* (ἰξύει y) Eut. ; cf. ad 278, 424, 721.

goissantes, et de lourdes ténèbres s'installent dans la tête. Ce-
250 pendant, le patient quelquefois sent une soif aride lui dessécher
le gosier, souvent le froid le tient aux ongles, tandis que tout
autour de ses membres se déchaîne un pesant orage de
grêle. Souvent aussi, il vomit des amas de bile qui lui chargent l'
estomac, le corps tout jauni, et la sueur qui mouille et trempe ses
255 membres est plus glacée qu'une chute de neige. Quant à son
teint, tantôt il a la couleur du plomb au sombre aspect, tantôt il
est brumeux, quelquefois il ressemble aux fleurs de cuivre[24].

Apprends encore, je te prie, à bien connaître le
3. le céraste céraste rusé qui attaque à l'instar de la vipère
mâle ; aussi bien lui ressemble-t-il avec son corps
260 d'égale stature. A la vérité, la vipère n'a pas de cornes, alors
que le céraste en a tantôt quatre, tantôt deux, qui le mettent
en confiance. Il a une livrée grisâtre tachée de lèpre,

253 δ' αὖ (6 fois) ; Empéd. fr. 17.8, 17 (+ 7 fois). — 254 s. ὁ δὲνο-
τέων ... ἱδρώς : cf. *Al.* 24, 494, Call. *Ep.* 52.2, Ératosth. fr. 16.10 P. ;
νότιος ... ἱδρώς *Il.* 11. 811, 23 = 715, Call. 4. 211. — 255 περιχεύεται : cf. *Al.* 381, [Opp.] *Cyn.* 127, *al.*, Nonn. *pass.* — 256 s. :
le fr. adesp. d'une *Hérakléia* cité par Σ 257b offre avec N. une ressemblance remarquable : modèle (comme Nouménios) ou imitation ?
Voir Nouménios, *Annexe* fr. 2. 12 ss.). S. expliquait le rapport Noum.
/ N. par Apollodore, mais cf. Klauser 7[1]. — 257 ἠερόεσσα : cf. Posid.
II 33 et la n. de B.-G. — 258 εὖ δ' ἂν : cf. n. au v. 209. —
δολόεντα : parce qu'il se confond avec le sable où il habite et peut
donc facilement surprendre ses victimes ? Cette raison suggérée par
Steve (27ᵛ) est plus vraisemblable que le *paradoxon* conté par Pline
(voir comm. n. 25b), mais p.-ê. ignoré de N. — 258 κεράστην : cf.
Nonn. 1.194 et 45.139. — 259 ἠῦτ' ἔχιν : la comparaison concerne
ἐπιόντα (Grévin, G.-S.) plus probablement que μάθοις (Br.). — τῷ ...
δομὴν ἰνδάλλεται : cf. 153, Ap. Rh. 3. 1395 κήτεσσι δομὴν ἀτά-
λαντοι, Lyc. 597 κύκνοισιν ἰνδαλθέντες εὐγλήνοις δομήν. —
260 κόλος : « rare et archaïque » (Chantraine, *DELG* s.v.), cf. *Il.* 16.
117, Hsch. κ 3371. — κεράεσσι πεποιθώς : *unde* Nonn. 43. 341 (en
parlant des Satyres). — 261 πισύρεσσιν : Dion. (*Bassarica*) fr. 4. 5
(*in eadem sede*, cf. n. aux v. 168 s.) ; cf. 182 πίσυρες, 710 et *Al.* 148
πισύρων ; éolisme hom. (ion. τέσσερες) dû à des raisons métriques,
et conservé pour les mêmes raisons dans l'Épos ultérieur. —
262 ψαφαρῇ : cf. 172 et Nonn. 26. 104 ψαφαρῷ χροΐ. — λεπρύνεται : cf. n. au v. 156.

ἐν δὲ κάρῃ σκοτόεν βάρος ἵσταται. Αὐτὰρ ὁ κάμνων
ἄλλοτε μὲν δίψῃ φάρυγα ξηραίνεται αὔῃ,   250
πολλάκι δ᾽ ἐξ ὀνύχων ἴσχει κρύος, ἀμφὶ δὲ γυίοις
χειμερίη ζαλόωσα πέριξ βέβριθε χάλαζα.
Πολλάκι δ᾽ αὖ χολόεντας ἀπήρυγε νηδύος ὄγκους
ὠχραίνων δέμας ἀμφίς· ὁ δὲ νοτέων περὶ γυίοις
ψυχρότερος νιφετοῖο βολῆς περιχεύεται ἱδρώς.   255
Χροιὴν δ᾽ ἄλλοτε μὲν μολίβου ζοφοειδέος ἴσχει·
ἄλλοτε δ᾽ ἠερόεσσα, τότ᾽ ἄνθεσιν εἴσατο χαλκοῦ.

   Εὖ δ᾽ ἂν καὶ δολόεντα μάθοις ἐπιόντα κεράστην
ἠΰτ᾽ ἔχιν· τῷ γάρ τε δομὴν ἰνδάλλεται ἴσην.
Ἤτοι ὁ μὲν κόλος ἐστίν, ὁ δ᾽ αὖ κεράεσσι πεποιθώς,   260
ἄλλοτε μὲν πισύρεσσιν, ὅτ᾽ ἐν δοιοῖσι κεράστης·
χροιῇ δὲ ψαφαρῇ λεπρύνεται, ἐν δ᾽ ἀμάθοισιν

Sɪᴍ. 258-270 (cerastes) Ph. 18. 1 (25.6-12), Aet. 13. 29*.

Tᴇsᴛ. 252 EG^{AB} (deest EM) s.u. ζαλόωσα, sine Nicandri nomine
neque ulla explan. ; in cod. A sequitur breuiatio διō ‖ 262 (— λεπρύνεται) EG^B (EM 817.48 loc. Nicandri om. ; deest A) s.u. ψαφαρή·
Ν-ος ἐν Θ-οῖς· « χροιὴ — λεπρύνεται »· λεπτὴ (lege λευκὴ cl. Σ
172a ψ-ον, ὅ ἐστι λευκὸν ἢ αὐχμηρόν) ἢ αὐχμηρὰ λεπτρύνεται
(uide crit. adn.)· ἢ τετραχυσμένον (lege -τραχυμμ-) ἔχει τὸ δέρμα.
Cf. ad 179.

deest M usque ad u. 260
250 δίψῃ (cf. 339, 350, Al. 495) Ω* : δίψει LV (cf. 395, 774) om. p* praeter DAld ‖ αὔῃ Τ : αὖον ω* (αὖον Ο, cf. ad 83) ‖ 251 κρύος ω : κρύους
Τ ‖ 252 χάλαζα Ω EG^B p.c. : θάλασσα EG^B a.c. ‖ 253 δ᾽ αὖ ω (cf. 153,
al.) : δ᾽ ἢ Τ (δ᾽ η) δὴ S. cl. Al. 236 ‖ χολόεντας ω : χολόωντας Τ ‖
257 ἠερόεσσα Τa : ἠερόεσσαν cett. praeter DAld qui ἠερόεντα ‖ τότ᾽
aKOc : ὅτ᾽ TV τ᾽ RW ‖ χαλκοῦ Ω* : χάλκης Σ^{γρ}D^{mg}, cf. Numen. Ther.
(Annexe fr. 2.3) ‖ 260 ἐστίν Ω* : εἰσίν GR^{mg}M ‖ 261 om. K sed add. mg.,
ante 260 praebet c ‖ πισύρεσσιν TL (-εσιν) : πισύρεσσι cett. praeter
RW qui πισύροισι ‖ ὅτ᾽ ἐν Τ : τότ᾽ ἐν ω* (τότε δ᾽ ἐν Mp) ‖ 262 χροιῇ
... ψαφαρῇ Ω* (et K^{pc}) : χροιῇ (et L) ... ψαφαρὴ K^{ac} EG ‖ δὲ Τ EG (cf.
156) : δ᾽ ἐν ω (ex 261) ‖ λεπρύνεται Ω* (cf. 156) : λεπτύνεται cV λεπτρύνεται EG^B (duabus lect. in unam conflatis).

et c'est dans les sables ou les ornières, sur les chemins, qu'il sommeille habituellement. Quant au mouvement de leurs anneaux, la vipère, fougueuse, fonce de front en ligne
265 droite, dans une longue ondulation de son ventre ; mais lui, c'est de biais qu'il roule par le milieu de sa traînante masse, errant selon une voie tortueuse, le dos rugueux, pareil à la coque d'un navire marchand qui, dans l'onde amère, plongeant entière-
270 ment le flanc sous le vent contraire, force sa route contre la rafale, déporté par la bourrasque soufflant du sud-ouest[25].

Lorsqu'il a mordu, son affreuse piqûre enfle tout autour, prenant l'aspect d'un clou, et de livides pustules semblables à des gouttes de pluie s'éparpillent à l'entour de la morsure, d'aspect à peine distinct. En vérité, il provoque une douleur
275 moins vive, et c'est neuf fois que, au milieu de ses souffrances,

---

263 ἀματροχιῇσι : cf. Call. fr. 383.10. N. a commis la même erreur que Callimaque en confondant ἀματροχιά, *i.e.* τὸ ἅμα τρέχειν, et ἀρματροχιά (cf. Σ *Th.* 263a ἀντὶ τοῦ ἀρματροχιαῖς· λέγει γὰρ ταῖς ἐγχαράξεσι τοῦ τροχοῦ, ταῖς γινομέναις εἰς τὴν γῆν ~ *EG* a 1202 s.v. ἀρματροχιά (cf. *EM* 145.18). — κατὰ στίβον : Call. et Ap. Rh. (voir n. crit.) donnent raison à la tradition indirecte : l'homme a sa maison *le long* de la route (Call.), Polyphèmos rencontre Héraclès *sur* le chemin (Ap. Rh.), et c'est là que se trouvent les ornières. — 264 θοὸς : cf. Eur. *Ion* 1233 θοᾶς ἐχίδνας. — 266 *ἐπαλίνδεται : *hapax* absolu, *ex* Ap. Rh. 4. 1474 ἐπηλίνδητο. — μεσάτῳ ... ὁλκῷ : cf. n. au v. 295 et Nonn. 5. 146 μέσῳ μηρύεται ὁλκῷ (voir n. *ad* 372 ss.). — 267 : cf. Ap. Rh. 4. 1541 ὡς δὲ δράκων σκολιὴν εἰλιγμένος ἔρχεται οἶμον (cf. *Notice* p. CXIII). — τετρηχότι : Σ 267d expliquent : ἢ δασεῖ ἢ τραχεῖ, G et K glosent : καταξήρῳ ; cf. *supra* 157 et Ap. Rh. 3. 1393 τετρηχότα βῶλον. On pourrait aussi comprendre « agité », « houleux », à cause de ses mouvements (cf. *Il.* 2. 95 τετρήχει δ'ἀγορή) ; il y a p.-ê. une ambiguïté volontaire, comme chez Apollonios *l.c.*, mais en un autre sens (cf. la n. de Vian). — 268 τράμπιδος : emprunt à Lyc. 97, 1299, « bateau barbare », d'après Tz. *l.c.* (cf. *ad* 97). La leçon τράμπιος constitue un *hapax* absolu qui n'aurait p.-ê. pas répugné à N., mais τράμπιδος a pour elle, outre l'autorité de T, le parallèle de Lyc. 1299 et le renfort de la littérature grammaticale, cf. Hdn. κλίσ. 761.25, Choer. Ps. 150.31, *EGud* 216.12. —ἀκάτῳ : voir comm. n. 25d. — *Pour les notes aux v. 269-275 voir p. 110, 112.*

ἢ καὶ ἁματροχιῇσι κατὰ στίβον ἐνδυκὲς αὔει.
Τῶν ἤτοι σπείρῃσιν ὁ μὲν θοὸς ἀντία θύνει
ἀτραπὸν ἰθεῖαν δολιχῷ μηρύματι γαστρός·   265
αὐτὰρ ὅ γε σκαιὸς μεσάτῳ ἐπαλίνδεται ὁλκῷ,
οἶμον ὁδοιπλανέων σκολιὴν τετρηχότι νώτῳ,
τράμπιδος ὁλκαίης ἀκάτῳ ἴσος ἤ τε δι᾽ ἅλμης
πλευρὸν ὅλον βάπτουσα, κακοσταθέοντος ἀήτεω,
εἰς ἄνεμον βεβίηται ἀπόκρουστος λιβὸς οὔρῳ.   270
Τοῦ μέν, ὅτ᾽ ἐμβρύξῃσιν, ἀεικέλιον περὶ νύχμα
ἥλῳ ἐειδόμενον τυλόεν πέλει· αἱ δὲ πελιδναί
φλύκταιναι πέμφιξιν ἐειδόμεναι ὑετοῖο
δάχμα πέρι πλάζονται ἀμυδρήεσσαι ἐς ὠπήν.
Ἤτοι ἀφαυρότερον τελέει πόνον, ἐννέα δ᾽ αὐγάς   275

Sim. 271-281 Ph. 18. 2 (25. 13-17), Aet. 13. 29*, PAeg. 5. 19. 2 (20.24-21.4), PsD. 16 (72 s.).

Test. 263 *EG*ᴬ α 1437 (*EM* 174.37 ; loc. Nicandri om. B) s.u. αὔω (τὸ καθεύδω· Ν-ος ἐν Θ-οῖς· « ἢ — αὔει »· ἀντὶ τοῦ καθεύδει ἢ διατρίβει, cf. Σ 263d) ‖ 273 Erot. fr. 27 (107.2) πεμφιγώδεες· οἱ μετὰ φλυκταινώσεως γινόμενοι. λέγονται δὲ οὕτως οἱ ἐν τοῖς ὑετοῖς ἐπανιστάμενοι πομφόλυγες, ὡς καὶ Ν-ος ἐν Θ-οῖς φησι, cf. Σ 273b.

263 κατὰ *EG* (cf. Ap. Rh. 1. 1253 κατὰ στίβον) : παρὰ Ω (cf. Call. fr. 260. 67 = 74.26 Hollis παρὰ πλόον), uide gall. adn. ‖ 265 μηρύματι T (cf. Hsch. μ 1259 μηρύμα [Cyrill.]) : μηρύγματι ω* (μηρίγματι WH), cf. Hsch. cod. H ; at de lemm. μήρυγμα et 1263 μήρισμα uide Chantraine, *DELG* s.u. μήρινθος (« les lemmes doivent p.-ê. être corrigés ») ‖ γαστρός ω : γαστρῆς T, cf. Eratosth. 18 ‖ 267 οἶμον Tc MV (et R) : οἶμον *ab**, cf. 819 et Note orthographique p. clxxx ‖ 268 τράμπιδος S. (cf. Lyc. 1299) ex τράμβιδος T : τράμπιος ω Σ ‖ ἀκάτῳ Ω* (et D) : καμάτῳ GM Σᵘˡ (prob. Btl.) ἀκαμάτῳ Dᵐᵍ (his duabus lect. in unam conflatis) ; uide comm. n. 25d ‖ 269 ἀήτεω Ta RˢˡM (cf. Ap. Rh. 4. 1537) : ἀήταο *b** ἀήτου *c*V ‖ 270 οὔρῳ Ω* (et Rᵐᵍ) : αὔρη R ‖ 271 ὅτ᾽ ἐμβρ- T (cf. 824 ἐμβρύξασα u.l.) : ὅταν βρ- ω ‖ νύχμα GRᵃᶜM : νύγμα cett. (et Rᵖᶜ) ‖ 274 δάχμα S. (cf. 119) : δήχμα T δάγμα ω ‖ πέρι T (περὶ) G : πέριξ cett. ‖ ἀμυδρήεσσαι ω* (ἀμυδρόεσσαι PC ἀμυδρώεσσαι *p**) : ἀμυδρήεσσαν T ‖ ἐς ὠπήν *b**p* MV : ἐσωπήν *a*KPD ἐνωπήν T ‖ 275 ἀφαυρότερον Ω : σφοδρότερον Olivieri 294.

le soleil brille au regard de celui que le céraste funeste
aura frappé de son malfaisant crochet. Dans les deux aines et
les jarrets, sans trêve ni relâche, le mal trouve un aliment, tandis que la peau prend une teinte grise. Les patients n'ont
280 plus qu'un faible reste de vie par suite de leur épuise-
ment, et c'est à grand peine qu'ils échappent à leur destin[26].
Je veux te dire ensuite le signalement
4. le coule-sang du serpent dont la dent fait couler le sang :
c'est dans les degrés rocheux qu'il a
coutume de sommeiller, aménageant sous une haie d'épines une

278 ἰγνύσιν : *hHerm*. 152 (*in eadem sede*), même quantité brève
de υ (cf. Headlam *ad* Hérondas 1. 14). — ἀσκελὲς αὔτως : voir Ritter 14 s. ; pour interpréter ἀσκελὲς οὔτω (αἰεί), ἀσκελέως, les Σ
Hom. hésitent entre « violemment » et « sans cesse », deux sens possibles dans la plupart des cas (cf. Hsch. α 7679 ἀσκελέως· ...
σκληρῶς. ἐπιμόνως). Le choix que N. a fait de « sans cesse »
(ἀφαυρότερον exclut l'autre sens) est ici un fait d'*interpretatio homerica*, mais qui n'a pu être inspiré par *Od*. 4. 543 s. μηκέτι, Ἀτρέος
υἱέ, πολὺν χρόνον ἀσκελὲς οὔτω | κλαῖε (c'est pourtant ce que
suggère LfgrE 1404.53), mais πολὺν χρόνον exclut un tel sens. —
280 s. : cf. *Al*. 291 s. — 280 ὀλίγος ... θυμός : cf. *Il*. 1. 593 ὀλίγος
δ' ἔτι θυμὸς ἐνῆεν. — 281 μόγις : cf. *Al*. 241 (Ω), mais *ib*. 292
μόλις (Ω). La tradition de N. est ambigüe : ici, hom. μόγις semble
préférable à cause de l'imitation d'*Il*. 9. 355 μόγις δέ μευ ἔκφυγεν
ὁρμήν ; Apollonios de Rhodes préfère de même la vieille forme épq.
en 1. 1233 parce qu'il imite *Il*. 21. 417 (cf. Vian *ad loc*.). Le nouveau
Posidippe (XIV 31) a μόλι[ς corrigé en μόγι[ς sans qu'on en voie la
raison. Les poètes hellénistiques antérieurs à Aristarque ont en général,
sauf raison particulière, la forme att. μόλις : Call. 6. 26, fr. 191. 43,
Ap. Rh. (6 fois), Thcr. 15. 4, Lyc. 757 ; l'épopée tardive μόγις (Opp.
Hal., Triphiodore, Nonnus), voir Fajen, *Noten* 106. — 282 σῆμα δέ
τοι : *Il*. 23. 326 = *Od*. 11. 126, Arat. 303, 909, Opp. *Hal*. 2. 213. —
ἐνίσπω : subj. aor. (cf. 528), équivalent sémantique d'un fut. ; cette
forme invite à repousser la *v.l.* ἐνίσπει (ind. prés.) au v. 522 (voir *ad
loc*.). — 283 ἐνδυκὲς αὔει : même clausule, 263. — 284 *ὑπάρπεζον : glose étolienne (Σ) = ὑπ'ἄρπεζαν (cf. 198 ἐπίκριοι, et la n.).
L'interprétation des Σ 284 ab (τὸν ὕπτιον καὶ λεῖον τόπον) est inadé-
quate ; pour le sens de ἄρπεζα cf. n. au v. 393, et, pour l'emploi du
masc. τρηχύν au lieu du fém., 129 et la n. *ad loc*. — *ὀλιγήρεα :
seule attestation littéraire. Sur ce type de composé dans lequel l'élément -ήρης a perdu sa valeur propre voir n. au v. 183 et cf. *Notice*
p. CI.

ἠελίου μογέων ἐπιόσσεται, οἷσι κεράστης
οὐλόμενος κακοεργὸν ἐνιχραύσῃ κυνόδοντα.
Διπλῷ δ᾽ ἐν βουβῶνι καὶ ἰγνύσιν ἀσκελὲς αὔτως
μόχθος ἐνιτρέφεται, πελιὸς δέ οἱ ἐμφέρεται χρώς·
τῶν δέ τε καμνόντων ὀλίγος περὶ ἄψεα θυμός　　　　280
λείπεται ἐκ καμάτοιο· μόγις γε μὲν ἔκφυγον αἶσαν.

Σῆμα δέ τοι δάκεος αἱμορρόου αὖτις ἐνίσπω,
ὅς τε κατ᾽ ἀ<μ>βαθμοὺς πετρώδεας ἐνδυκὲς αὔει,
τρηχὺν ὑπάρπεζον θαλάμην ὀλιγήρεα τεύχων·

SIM. 282-297 (*haemorrhois*) Ph. 21. 1 s. (27.11-17), Aet. 13. 25*.

TEST. 280 *EG*ᴬ α 1534 (*EM* 183.17 ; loc. Nicandri om. B) s.u. ἄψεα
(καταχρηστικῶς δὲ καὶ τὰ μέλη· ... Ν-ος ἐν Θ-οῖς) ‖ 282-317 ad
uerbum expressit Ael. 15. 13 (sine Nicandri nomine) ‖ 282-285 *EG*ᴬᴮ
(282 s. *EG*ᴬᴮ, 284 s. *EG*ᴬ, 283-285 *EM* 299.46) s.u. εἰλυθμός (σημαίνει δὲ τὴν κατάδυσιν· Ν. ἐν Θ-οῖς), cf. Suid. ε 136, Zon. 626.20 ‖
282 *EG*ᴬ (*EM* 245.37 ; om. B) s.u. δάκος (σημαίνει καὶ δῆγμα, ὡς
παρὰ Ν-ῳ ἐν Θ-οῖς) ‖ 284 (ὀλιγήρεα) respicere uid. Hdn. καθ. 65. 4
= Σ *Iliad.* 3. 316 (416.41), cf. 9. 336c (468.9).

276 οἷσι Ω (de numeri mutatione cf. 802, *Al.* 446 et gall. adn. ad 801) :
ᾦ κε Btl. ‖ 277 οὐλόμενος Btl. : οὐλόμενον Ω quo accepto κακόερ-
γος scribere possis ‖ ἐνιχραύσῃ Τ (-κρ-) *a*RᵖᶜCHQM : ἐνὶ χρ-V ἐνιχ-
ραύσει PRᵃᶜ*c** ἐνιχραύσειε *b**P (ε supra ει scr.) ‖ 278 διπλῷ ...
βουβῶνι Τ : διπλοῖς ... βουβῶσι ω, cf. ad 248 ‖ ἰγνύσιν Ω : ἰξύσιν
uel ἰξύι (cf. 248) legisse uid. Eut. (17.18 βουβῶνες δὲ καὶ ὀσφῦς τοὺς
τοιούτους ἐπιτρίβουσι ~ Σ 247d τῇ ἰξύι ἤγουν τῇ ὀσφύι) ‖ αὔτως
TW : αὖ- cett. ‖ 279 ἐνιτρέφεται Ω* : ἐνιστρέφεται W (ut uoluit
Btl.), at cf. 299 ‖ οἱ TaRMV : τοι cett. ‖ 281 μόγις *a*M (cf. *Al.* 241 et
uide gall. adn.) : μόλις T*bc**V Eut. (cf. *Al.* 292) πολεῖς Σʸʳ πολοὶ
(sic !) Dʸʳ ‖ 282 αὖτις Τ *EG* : αὐτίκ᾽ ω ‖ ἐνίσπω Ω* (cf. *Od.* 9. 37 et
uide Chantraine, *Gr.* II §306) : ἐν ἵππῳ RW ἐνίψω *EG* (*Il.* 7. 447, *Od.*
l.cit. [u.l.], 2. 137, 11. 148) prob. Btl. alii ‖ 283 ὅς τε (ὅστε scr.) TRP
(ut uid.) MVDΑld *EG* : ὅ τε *ab**yC ὅττε P(?)*x** ‖ κατ᾽ ἀμβαθμοὺς
S. ex Τ καταβαθμοὺς (de mendo uide *Notice* p. CXLIII §V 1) : κατ᾽
εἰλυθμοὺς (ex 285 defluxit) ω *EG* Eut. ut uid. (πετρώδεσι χηραμοῖς)
‖ ἐνδυκὲς αὔει Ω (cf. 263) : αἰὲν ἰαύει *EG* (gl. in textum irrepta, cf.
Σ 263d ἐστὶ δὲ τὸ πλῆρες ἰαύει) ‖ 284 τρηχὺν Ω* *EG* : τρηχὼ *c* ‖
ὑπάρπεζον Ω* (ὑπ᾽ ἄρπεζον G ὑπέρπεζον *b*M) : ὑφαρπέζων *EG*
(potius quam ὑφαρπάζων) ὑφ᾽ ἄρπεζαν Btl.

285 chambre exiguë ; c'est là qu'il gîte après s'être rassasié de nourriture. En longueur, il égale l'empreinte d'un pied, tandis qu'en grosseur il va s'amincissant et se termine en pointe à partir d'une tête flamboyante, tantôt fuligineux de teinte, mais tantôt rougeoyant. Il a le col très étroit et, après le nombril,
290 sa queue aplatie s'étend, fortement resserrée. En haut, sur le front, il a deux cornes de neige, et, avec ses yeux et leur blanc, il rappelle les sauterelles ; c'est d'effrayante façon que sa tête vorace se dresse hérissée. Mouvant de biais, boiteusement, son
295 corps de petite taille, comme le céraste, c'est du milieu du dos qu'il gouverne toujours sa brève navigation, pressant son ventre contre la terre, et, de ses écailles, en chemin, il fait entendre un léger crépitement comme s'il rampait à travers une jonchée de paille[27].

A l'endroit de la piqûre, de prime face, surgit un oedème d'une vilaine couleur bleu sombre, et, à l'entour du cardia,

---

285 *εἰλυθμόν : élargissement de εἰλυός (cf. 143, et pour ce néologisme cf. n. au v. 401) ; seule occurrence littéraire, cf. *Test.* 282-285. — ἔχεσκεν : pour le passage du prés. à l'imp. cf. *hAp.* 4 ss. ; sur l'imparfait (cf. 168 ἔτρεφεν, avec augment) et l'aor. dépourvus de valeur temporelle, et pouvant ainsi alterner avec le prés., voir Hés. *Théog.* 7 (ἐνεποιήσαντο), 10 (στεῖχον) et West *ad* v. 7. — 288 ψολόεις : Σ compare Euph. 51.11 et 139. — ἔμπαλιν : cf. n. *ad* 433. — αἰθός : de αἴθω, signifie, comme αἴθαλος/αἰθαλόεις (cf. n. au v. 174), *sombre, noirâtre* (Call. 3. 69 en parlant de la cendre, Bacchyl. fr. 4. 69 des Araignées, *infra* 892 des baies du Myrte noir), mais, à l'occasion, comme ici, *couleur de feu* (cf. Σ 892b αἰθά· πυρρά, *falso*). — 290 *ζαχραές : ou *ζαχρειές = ζαχρηές ; cf. Dion. fr. 10ᵛ.1 ζαχραέος. — 294 ἐπισκάζων : cf. Ap. Rh. 1. 669. — 295 μέσσου ὅ γ' ἐκ νώτου : cf. n. au v. 266 ; pour l'importance du *milieu* Pline 8. 78 (cité comm. n. 42b4). — πλόον : cf. Antim. fr. 106 W. = 77 M., Call. 260. 67 = 74.26 H. — 297 ὑποψοφέων … διέρπει : on est tenté d'écrire ὑποψοφέει … διέρπων, cf. Σ 297a ὑποψοφεῖ οἷα χύσιν καλάμης διέρπων et Eut. 18.13 οἷον ἐπινεμόμενος τοῖς … φύλλοις … ψόφον ἀποτελεῖ. Mais, comme on le constate souvent, N. a pu inverser le rapport naturel, rétabli dans les paraphrases, entre le participe et le mode personnel. — 299 περιτέτροφεν : pour ce parf. intrans. cf. 542 ; *Od.* 23. 237 πολλὴ δὲ περὶ χροῒ τέτροφεν ἅλμη (*c.v.l.* δέδρομεν, adoptée par N. *infra* 631), *SH* 442.5 (?) ; *aliter* Ap. Rh. 2. 738 περιτέτροφε πάχνην, où le verbe a une valeur transitive.

ἔνθ' εἰλυθμὸν ἔχεσκεν ἐπεί τ' ἐκορέσσατο φορβῆς.   285
Μήκει μὲν ποδὸς ἴχνει ἰσάζεται· αὐτὰρ ἐπ' εὖρος
τέτρυται μύουρος ἀπὸ φλογέοιο καρήνου,
ἄλλοτε μὲν χροιῇ ψολόεις, ὁτὲ δ' ἔμπαλιν αἰθός.
Δειρὴν δ' ἐσφήκωται ἅλις, πεδανὴ δέ οἱ οὐρή
ζαχραὲς θλιφθεῖσα παρομφάλιος τετάνυσται.   290
Τοῦ μὲν ὑπὲρ νιφόεντα κεράατα δοιὰ μετώπῳ
ἔγκειται πάρνοψι φάη λογάδας τε προσεικεῦς·
σμερδαλέον δ' ἐπί οἱ λαμυρὸν πέφρικε κάρηνον.
Δοχμὰ δ' ἐπισκάζων ὀλίγον δέμας οἷα κεράστης
μέσσου ὅ γ' ἐκ νώτου βαιὸν πλόον αἰὲν ὀκέλλει,   295
γαίῃ ἐπιθλίβων νηδύν, φολίσιν δὲ καὶ οἴμῳ
παῦρον ὑποψοφέων καλάμης χύσιν οἷα διέρπει.
   Νύχματι δ' ἀρχομένῳ μὲν ἐπιτρέχει ἄχροον οἶδος
κυάνεον· κραδίην δὲ κακὸν περιτέτροφεν ἄλγος,

Sim. 298-308 Ph. 21. 2 s. (27.18-26), Gal. *Pis.* 8 (14. 234.11-15), Aet.
13. 25*, PAeg. 5. 16. 1 (18.20-26), PsD. 12 (70 s.).

Test. 288 s. *EG*^A (*EM* 385.10 solum habet 289 [— ἅλις] ; om. B) s.u.
ἐσφηκωμένον (N-ος).

285 ἐπεί τ' ἐκορέσσατο Ω* *EG* : ἐπεί τε κορέσσατο GKP ἔπειτα
κορ- RW ‖ 286 ἴχνει Lloyd-Jones 232 : ἴχνος Ω an μῆκος ... ἴχνει
legendum ? (cf. 168 s. et Ael. l.c. μῆκός τε σώματος εἴληχε πόδα) ‖
287 τέτρυται T (cf. 227) : τέτρυπται ω* (et R^pc τέθρυπται R^acOWc*
[τέθριπται P]) ‖ μύουρος Ω : μείουρος Ael. l.c. prob. Scaliger Btl. ‖
290 om. M ‖ ζαχραὲς T (-άης) V Σ 290c (cf. Epic. in *Arch. Pap.* 7.
p. 6, Hsch. ζ 80 ζαχραεῖς) : ζαχρειὲς GKO*p* Σ 290a ζαχρηὲς RW
ζαχρεὲς LP ‖ παρομφάλιος T : κατομφάλιος ω ‖ 291 ὑπὲρ Ω (uide
comm. n. 27 §2 d) : ὑπαὶ Paris. gr. 2726 (mg.) ὑπὸ S. ‖ νιφόεντα Ω :
νιφόεντι Btl. ‖ κεράατα ω* : καρήατα TG^g ‖ 292 τε Ω : τι S. ‖ προ-
σεικεῦς Klauser 81³ (cf. 2 κήδευς, 17 ἴχνευς) : προσεικὴς Ω* (προ-
σεικεῖς L προσεικῆ O c.gl. ὅμοια, ut coni. S.) ‖ 293 πέφρικε
*ab*PMVD^pc : πέφρυκε *x** (et D^ac) πέφυκε *y* ‖ 295 βαιὸν Ω : σκαιὸν
Btl. cl. 266 ‖ 296 ἐπιθλίβων S. cl. Ael. l.c. (ἐπιθλίβων τὰς τῆς
νηδύος φολίδας) : ὑποθλίβων Ω ‖ οἴμῳ Ω* : οἴ- GWP (cf. ad 267)
ὁλκῷ Σ^γρ prob. Btl. ‖ 298 νύχματι TL : νύγμ- ω* (Ael.) ‖ ἄχροον Ω*
(et M^slR^ac) : ἄχρονον R^pcMUCF ἀθρόον Btl. Bernard ‖ οἶδος Ω* (et
L^sl) : εἶδος LWHQCD*Ald* Ael. (ἰδεῖν ἐστι ... κυανοῦν) ‖ 299
κραδίην Ω Eut. (ὀδυνᾶται περὶ τὴν καρδίαν) : κραδίη S., fort. recte.

300 s'épaissit une cruelle douleur, tandis que le ventre empli d'eau
est purgé. Dès la première nuit, le sang, par les narines et le
cou, ainsi que par les oreilles, gicle souillé fraîchement du venin
bilieux, et les urines mêlées de sang s'échappent. Sur les
membres, les cicatrices éclatent sous la pression du mal qui mine
305 la peau. Puisse la femelle du coule-sang ne jamais t'ins-
tiller son venin ; car, dès qu'elle a mordu, les gencives enflent
tout d'une masse à partir de la racine, les ongles laissent couler
le sang à flots, et les dents pleines d'un pus sanglant deviennent branlantes[28].

Si l'on dit vrai, revenant de Troie, la misérable Hélène
s'emporta contre cette engeance, le jour où,
origine de près du Nil aux flots roulant en mille tours,
310 *son allure* ses compagnons échouèrent leur navire, après
avoir échappé à la huée sauvage de l'aquilon,
lorsqu'elle aperçut le pilote Canôbos en train de dé-
faillir sur la plage sablonneuse de Thônis : dans sa couche, qui
l'avait pressée, une femelle de coule-sang l'avait frappé au cou,

---

300 ὑδατόεσσα : fait difficulté avec γαστήρ ; les Σ l'entendent de
l'eau absorbée par la victime, G.-S. comprennent que les aliments se
transforment en eau, Br. parle de « vomissement » et de « diarrhée »,
ce qui est une option sur le sens et non une trad. ; j'ai traduit comme
Grévin (« tout plein d'eau »), bien qu'un tel sens n'ait pas de parallèle. — διέσσυτο : emprunt hom. (*Il.* 2. 450, *al.*) ; le sens médical
(Gow[1] 100, cf. Élien, cité, comm. n. 28 §1) n'est pas attesté ailleurs. —
304 ἄτῃ : en parlant du venin et de son action, cf. 798, Opp. *Hal.* 2.
425, 434, *al.* : d'un poison, *Al.* 196, 213. — 305 ἰὸν ἐνείη : Ap. Rh.
4. 1508 (*in eadem sede*). — 307 ῥιζόθεν : *Al.* 257, cf. Marc. Sid. 46,
QS (2 fois), Anon. *AP* 11.126.4. — 308 *μυδόεντες : cf. 362 μυδόεν
et 423 μυδόωσιν (*ex* Ap. Rh. 4. 1531) ; origine ionienne selon Boesch
44. — ἀναπλείουσιν : la leçon de ω, *nonsensical*, s'explique par la
confusion fréquente des liquides λ et ρ (voir *Notice* p. CXLII §I 20).
Zeune a fait observer justement que N. n'a pas inventé cette image, les
médecins l'ont utilisée pour les dents ou les os ébranlés, *de dentium
ossisve alicujus fluctuatione pure imbuti et corrosi* (cf. Hp. *Coac.* 234
ὀστέου ἀνάπλευσιν). — 309 εἰ ἔτυμον : 826 ; cf. Virg. *En.* 3. 551
si uera est fama, Ov. *Met.* 13. 732 *si non omnia uates ficta reliquerunt*,
et voir comm. n. 98 §5. — 310 Αἰνελένη : Epica adesp. 2. 11 P.
Αἰνελένης, cf. Αἰνόπαρις Alcm. PMG 77.1, Eur. *Héc.* 945.

γαστὴρ δ' ὑδατόεσσα διέσσυτο. Νυκτὶ δὲ πρώτῃ 300
αἷμα διὲκ ῥινῶν τε καὶ αὐχένος ἠδὲ δι' ὤτων
πιδύεται, χολόεντι νέον πεφορυγμένον ἰῷ·
οὖρα δὲ φοινίσσοντα παρέδραμεν· αἱ δ' ἐπὶ γυίοις
ὠτειλαὶ ῥήγνυνται, ἐπειγόμεναι χροὸς ἄτῃ.
Μήποτέ τοι θήλει' αἱμορροῖς ἰὸν ἐνείη· 305
τῆς γὰρ ὀδαξαμένης τὰ μὲν ἀθρόα πίμπραται οὖλα
ῥιζόθεν, ἐξ ὀνύχων δὲ κατείβεται ἀσταγὲς αἷμα·
οἱ δὲ φόνῳ μυδόεντες ἀναπλείουσιν ὀδόντες.
Εἰ ἔτυμον, Τροίηθέ γ' ἰοῦσ' ἐχαλέψατο φύλοις
Αἰνελένη, ὅτε νῆα πολύστροιβον παρὰ Νεῖλον 310
ἔστησαν βορέαο κακὴν προφυγόντες ὁμοκλήν,
ἦμος ἀποψύχοντα κυβερνητῆρα Κάνωβον
Θώνιος ἐν ψαμάθοις ἀθρήσατο· τύψε γὰρ εὐνῇ

TEST. 310 (Αἰνελένη) respicere uid. Eustath. *Iliad.* 3. 39 (599.10 s. ;
cf. 801.5 s.) ὅθεν ... καὶ Αἰνελένην ἕτερός τις ἔφη ἀντὶ τοῦ αἰνὴν
Ἑλένην, at cf. *Epic. alex. adesp.* 2. 11 (p. 73 Powell) ‖ 312-315 ad
hos uersus alludit Σ D.P. 10.19-22 (N-ος ... ἐν τοῖς Θ-οῖς) et *EG* (*EM*
328.18) s.u. ἐλένειον (ὅτε ἐπὶ Κανώβῳ ... ἐδάκρυσεν [sc. Ἑλένη]
ὑπὸ αἱμορροῖδος ἀναιρεθέντι) ‖ 312-313 (— ἀθρήσατο) *EGud*
297.51 Κάνωβος (N-ος δὲ ἐν Θ-οῖς φησιν ὅτι ὑπὸ αἱμορροῖδος
ἐπλήγη) ‖ 313 (— ψαμάθοις) Ioann. Alex. τον. 10. 7 (sine Nicandri
nomine).

deest O a u. 309
301 διὲκ edd. : δι' ἐκ Τ(διὲκ)*ab*CD*Ald* δ' ἐκ Ρ δὲ ἐκ *x*y ‖ δι' Τ Ael.
15.13 (καὶ μέντοι καὶ δι' ὤτων) : καὶ ω ‖ 302 πιδύεται ω* (et H^{sl}Q^{sl}) :
πηδύεται ΤΜV πυδύεται HQ ‖ 303 παρέδραμεν Τ : κατέδραμεν ω
Eut. (καταφερόμενον) ‖ ἐπὶ Τ (cf. 466) : ὑπὸ ω ‖ 304 ἄτῃ Τ : ἄζῃ ω ‖
305 τοι ω : σοὶ Τ ‖ 308 μυδόεντες Τ : μυδόωντες ω (cf. Ap. Rh.
4.1531) ‖ ἀναπλείουσιν TR^{sl}M : ἀναπρίουσιν R c.rell. Eut. (θραυσθέ-
ντες) ‖ 309 εἰ ἔτυμον Τ : εἴ γ' ἔτ- ω, cf. ad 826 ‖ Τροίηθέ γ' ego (cl.
826, Arat. 31 s. ; ad Τροίηθε cf. *Al.* 368 Λιβύηθε) : Τροίηθεν Ω ‖
311 ὁμοκλήν Τ (cf. West *Iliad.* Praef. XVIII) : ὁμ- ω ‖ 312 ἀποψύχοντα
Τ (ἀπὸ ψύχ-) G^{sl} *EGud.* : ἀναψύχοντα ω* (et G) Eut. ‖ 313 ψαμάθοις
Ω* testes : ψαμάθοισιν L (-ησιν) K*c*V, defendit La Roche 37 cl. QS
7.702 ὄφρα καὶ αὐτὸς ἄθρησεν ‖ ἀθρήσατο Ω* : ἀθροίσαιτο Ρ
ἀθροίσατο Ι *EGud* ἀθύρατο *y* ‖ εὐνῇ Τ : αὐτὸν ω Σ, Eut. ut uid.

et elle avait craché dans son corps un lourd venin, lui procurant
315 un sommeil funeste. C'est pourquoi Hélène brisa en son milieu
sa traînante masse, elle rompit, tout autour de sa colonne
vertébrale, les attaches de son dos, et l'épine dorsale sauta hors
de son corps. A partir de ce jour, coule-sang et cérastes aux tor-
tueuses errances sont les seuls à avancer comme en boitant,
alourdis par leur infirmité[29].

320   Sache bien reconnaître, je te prie, le corps
  5. le sépédon du sépédon : il a un aspect conforme en tout le
                  reste à celui du coule-sang, mais c'est de front
qu'il gouverne sa marche ; et de plus, il est dépourvu de cornes.
Sa couleur, comme celle d'un tapis, court à la surface d'une peau
velue. Il a la tête pesante et sa queue apparaît petite quand il
325 s'élance, car c'est tortueusement qu'il tend son extrémité
comme le reste de son corps.

Funeste et douloureuse, en vérité, la blessure que cause le sépédon. Le noir venin pernicieux envahit le corps tout entier ;
sur toute l'étendue de la peau desséchée, les poils se flétrissent et se dispersent, tels le duvet d'un chardon que l'on

---

315 κακὸν ... κοῖτον : cf. *Od.* 5. 396 στυγερὸς δέ οἱ ἔχραε
δαίμων ; par cette imitation, le Serpent est assimilé à un mauvais
génie (Pfister, *RE* Suppl. 6. 158.15 ss., cf. comm. n. 106 §2). —
316 ὁλκόν : cf. n. *ad* 387. — 318 *σκολιοπλανέες : *hapax* absolu.
— 319 : clausule semblable, Max. 212 κακηπελίη βαρύθοιτο. —
320 εὖ δ' ἂν : cf. n. au v. 209. — 322 καὶ ... δ(ὲ) : au lieu de hom.
καὶ δὲ, cf. Ap. Rh. 3. 721 (*codd.*), *al.* — ἔμπλην : seul exemple chez
N. Σ distingue deux sens, πλησίον « à côté de », qu'il illustre par
l'*hapax* hom. *Il.* 2. 526, et χωρίς « hormis », par Archil. fr. 202 W. ;
cf. Hsch. Suid. Ap. Soph. Pour le second sens cf. aussi Call. 4. 73
(*hapax* également). P.-ê. emploi adverbial : « indépendamment » (du
fait qu'il avance en ligne droite, cf. Σ p. 142.15). — 324 *ἐμβαρύθει :
cf. 468, 512, *Al.* 541 (*v.l.*) ; seules autres occurrences : Opp. *Hal.* 3.
142, 4. 96. — 325 ἐπιτείνεται ἄκρην : cf. Arat. 49 ἑ. οὐρῇ (*imitatio*
per aures) ; pas d'autre référence poét. de ce verbe. — 327 μέλας : cf.
Virg. *G.* 2. 130 *atra uenena*, *Én.* 2. 221 *atroque ueneno*, Sil. Ital. 3.
312 *atro... ueneno*. — 328 αὐαλέη : cf. Hés. *Trav.* 588, Call. 6. 6,
Ap. Rh. 1. 1028 ; après N. (10 fois) apparaît entre autres chez Androm.
103. — 329 γήρεια : *Al.* 126 ; emprunté à Aratos 921 λευκῆς
γήρειον ἀκάνθης, seule autre occurrence.

αὐχέν' ἀποθλιφθεῖσα καὶ ἐν βαρὺν ἤρυγεν ἰόν
αἱμορροῖς θήλεια, κακὸν δέ οἱ ἔχραε κοῖτον.　　　　315
Τῷ Ἑλένη μέσον ὁλκὸν ἐνέθλασε, θραῦσε δ' ἀκάνθης
δεσμὰ πέριξ νωταῖα, ῥάχις δ' ἐξέδραμε γυίων.
Ἐξόθεν αἱμορόοι σκολιοπλανέες τε κεράσται
οἷοι χωλεύουσι κακηπελίῃ βαρύθοντες.

Εὖ δ' ἂν σηπεδόνος γνοίης δέμας, ἄλλο μὲν εἴδει　　320
αἱμορρόῳ σύμμορφον, ἀτὰρ στίβον ἀντί' ὀκέλλει·
καὶ κεράων δ' ἔμπλην δέμας ἄμμορον, ἡ δέ νυ χροιή
οἵη περ τάπιδος λασίῳ ἐπιδέδρομε τέρφει.
Κράατι δ' ἐμβαρύθει, ἐλάχεια δὲ φαίνεται οὐρή
ἐσσυμένη· σκολιὴν γὰρ ὁμῶς ἐπιτείνεται ἄκρην.　　325
Τῆς δ' ἤτοι ὀλοὸν καὶ ἐπώδυνον ἔπλετο ἕλκος
σηπεδόνος· νέμεται δὲ μέλας ὀλοφώϊος ἰός
πᾶν δέμας, αὐαλέη δὲ περὶ χροῒ καρφομένη θρίξ
σκίδναται, ὡς γήρεια καταψηχθέντος ἀκάνθης·

SIM. 320-333 (seps/sepedon) Ph. 23. 1 s. (29.21-29), Aet. 13. 27*

TEST. 320-333 respicit Ael. 15. 18 (N-ος).

deest O usque ad u. 320
314 ἀποθλιφθεῖσα TaM : ἀποθλιβεῖσα cett. ‖ 316 τὼ (i.e. idcirco,
de orthographia cf. Apoll. Dysc. Adv. 199.2) ego suadente Vian : τῷ δ'
C (iam S.) τῶν δ' cett. ‖ ἐνέθλασε T : ἐνέκλασε abM ἀνέκλασε cV ‖
318 ἐξόθεν ω* Σ : ἐξ ὅθεν M (maluerunt Btl. Schn.) ἔξοθεν TLI ‖
320 ἄλλο Eut. : ἀλλ' ὁ Ω, idem mendum Arat. 276 ‖ 321 σύμμορφον
T : σύμμορφος ω, cf. adn. anteced. ‖ 322 δ' ἔμπλην δέμας T (iam
Btl.) : δέμας ἔμπλην ω ‖ 323 τάπιδος T (ταπί-) Kᵞᵖm.rec. : δάπιδος
ω* (et B δάπιστος SQ δ' ἄπιστος H) ‖ ἐπιδέδρομε T (-δρομαι)
GRM : περιδέδρομε cett. ‖ 324 κράατι ω : κῆρα ἄτη T ‖ ἐμβαρύθει ω* (ἐν βαρύθει M ἐμβαρεύθει W) : ἐν βαρύθουσα T ‖ ἐλάχεια
ω : λαχεία T ‖ 325 ἐσσυμένη p : -νη Tab*(Rᵃᶜ)P i.e. -νη ἐσσυμένης
RᵖᶜMV (ut uoluit Btl.) ‖ 327 μέλας TRᵖᶜM (cf. gall. adn.) : μέγας ω*
(Rᵃᶜ) ‖ 328 αὐαλέη T : αὐαλέη ω ὑδαλέη conieceris cl. Ael. (καρφομένη scr.), sed uide comm. n. 30 §2.

330   vient à frotter ; de sa tête et de ses sourcils l'homme qu'il a frap-
      pé les voit tomber, et ses paupières perdent leur laine noire, ce-
      pendant que des taches livides, arrondies, viennent moucheter ses
      membres, et qu'une lèpre blanche y propage rapidement une
      éruption laiteuse[30].

              Et certes, l'aspect de la dipsade rappellera
      6. la dipsade   toujours celui d'une vipère femelle plus petite ;
335   pourtant le lot de mort viendra plus vite pour ceux
      qu'elle aura heurtés de sa dent redoutable. Mince, en vérité, et
      tendant toujours au foncé, sa queue noircit depuis l'extrémité[31].

      Sa morsure embrase entièrement le cardia ; et, sous la brûlure
      de la fièvre, les lèvres se dessèchent, privées d'humidité, par
340   l'effet d'une soif aride. Quant au patient, pareil à un taureau,

---

331 : cf. Ap. Rh. 4. 1531 μυδόωσα δ' ἀπὸ χροὸς ἔρρεε λάχνη (~
Élien, cité dans le comm. n. 30 §2, ἡ θρὶξ … μυδῶσα ἀφανίζεται).
— 332 s. ἀλφοί, λεῦκαι, ἔφηλιν : voir comm. n. 30 §1b. — 335 : cf.
120. — 336 ἐνισκίμψῃ : 140 ; la valeur de ce verbe dépend du sens
de δάκος, « morsure » ou « bête mordante » : avec le premier, le
verbe est trans., comme en 140, cf. *Il.* 17. 437 et Hsch. ε 3125
ἐνισκίμψαντες· ἐνερείσαντες ; pour le second voir la n. suivante. —
βλοσυρὸν δάκος : cf. 121 βλαβερὸν δάκος (glosé δῆγμα, voir n. *ad
loc.*), 818 (où σαλαμάνδρειον … δάκος a moins de chances d'être
une simple périphrase pour σαλαμάνδρα) : Σ 336a : τὸ καταπληκ-
τικὸν θηρίον, sens possible avec ἐνισκίμψῃ intrans. (cf. Ap. Rh. 4.
113, en face des références de la n. au v. 140). Le choix est difficile.
G.-S. trad. toujours δάκος par « bête mordante », sens qu'il a le plus
souvent (115, 146, 158, 282) ; cf. δακετόν, *ap.* Théophraste et Sostratos (titre de leur traité iologique), Nic. *Ophiaca* (fr. 31. 4), en parlant
de poissons Opp. *Hal.* 4. 333 βλοσυρὸν δάκος ἀμφιτρίτης (Murène),
5. 90, *al.* δάκος ἅλμης (Cétacé), 408 ἁλὸς δάκος (Tortue). — ἀραιή :
cf. n. au v. 133. — 340 s. : cf. Ap. Rh. 4. 1447-9 αὐτὰρ ὅ γ' ἄμφω
χεῖρε πέδῳ καὶ στέρνον ἐρείσας | ῥωγάδος ἐκ πέτρης (cf. n. au
v. 389) πίεν ἄσπετον, ὄφρα βαθεῖαν | νηδύν, φορβάδι ἶσος ἐπι-
προπεσών, ἐκορέσθη. N. a imité le même passage dans les *Al.* 495 s.
ἢν δέ τις αὐαλέῃ πεπιεσμένος αὐχένα δίψῃ | ἐκ ποταμοῦ ταυρη-
δὸν ἐπιπροπεσὼν ποτὸν ἴσχῃ. Ce passage des *Thériaques* est p.-ê. la
source des amphifications rhétoriques de Lucien, *Dips.* 4 (texte cité
comm. n. 32) : « tu n'étancherais pas sa soif, même si tu lui donnais à
boire le Nil lui-même ou le Danube », et de Lucain, *Phars.* 9, 751 s.
(pour le texte voir comm. n. 32) : « même s'il se lançait dans le
Tanaïs, et dans le Rhône, et dans le Pô, il brûlerait encore, toute l'eau
du Nil en crue vaguant à travers les plaines ne calmerait pas sa soif ».

ἐκ μὲν γὰρ κεφαλῆς τε καὶ ὀφρύος ἀνδρὶ τυπέντι   330
ῥαίονται, βλεφάρων δὲ μέλαιν᾽ ἐξέφθιτο λάχνη·
ἄψεα δὲ τροχόεντες ἐπιστίζουσι μὲν ἀλφοί,
λευκαί τ᾽ ἀργινόεσσαν ἐπισσεύουσιν ἔφηλιν.

Ναὶ μὴν διψάδος εἶδος ὁμώσεται αἰὲν ἐχίδνῃ
παυροτέρῃ, θανάτου δὲ θοώτερος ἵξεται αἶσα,   335
οἷσιν ἐνισκίμψῃ βλοσυρὸν δάκος· ἤτοι ἀραιή
αἰὲν ὑποζοφόεσσα μελαίνεται ἄκροθεν οὐρή.

Δάχματι δ᾽ ἐμφλέγεται κραδίη πρόπαν, ἀμφὶ δὲ καύσῳ
χείλε᾽ ὑπ᾽ ἀζαλέης αὐαίνεται ἄβροχα δίψης·
αὐτὰρ ὅ γ᾽ ἠΰτε ταῦρος ὑπὲρ ποταμοῖο νενευκώς   340

SIM. 334-337 (dipsas) Ph. 20. 1 (26.15-18), unde Aet. 13. 24 (285.9-
12) ‖ 338-342 Ph. 20. 2 (26.19-26), unde Aet. 13. 24 (285.12-19), Gal.
Pis. 8 (14. 234.15-18), PAeg. 5. 16. 2 (18.26-19.1-6) = PsD. 13 (71.7-
14).

TEST. 334-358 ad uerbum expressit Ael. 6.51 (sine Nicandri nomine et
cum additamentis ex Σ haustis) ‖ 334-342 respiciunt Luc. Dipsad. 4, 8
(cf. 9 ταυτὶ οὐ ... πρὸς Ν-ον τὸν ποιητὴν φιλοτιμούμενος
διεξῆλθον) et, sine nomine, Greg. Naz. carmina moralia, P.G. 37.
867.12-868.4 (cf. 868.2-4 πίνων διόλλυθ᾽ ὃς τὸν ἰὸν ἔσπασεν, |
εὑρών τι ῥεῖθρον, χανδὸν ἐμπεσὼν ὅλος | ἕως τὸν εἴσω φόρτον
ἐκρήξῃ πότῳ ‖ 334 (διψάδος) fort. respicit Artem. 2. 13, cf. Test.
411 ‖ ad 338-342 alludit Tz. Lyc. 1114 (332.21-23), uide ad 131-134.

uersuum 333-344 frustula seruat π₂
332 τροχόεντες TLRMV (ut uoluit Btl. cl. Al. 544) : τροχόεντα
cett. ‖ 333 ἐπισσεύουσιν Τ (ἐπεσσεύουσι)]σευου[π₂ : ἐπισσεύον-
ται LRWMV ἐπισεύονται GKOP ἐπ᾽ ἂρ σεύονται p ‖ 335 παυροτέρῃ Gow (cf. 630, Paus. 8. 4. 7 [comm. n. 31 §3]) : παυροτέρη Ω
-ης Schn., ad rem cf. Ael. Test. (ἔχεως ... ὀλιγωτέρα ... ἀποκτεῖναι
δὲ ὀξυτέρα) ‖ 336 ἐνισκίμψῃ Τ (-ει) GV (ἐνὶ σκίμψῃ), cf. 140, 724
(u.l.) : ἐνιχρίμψῃ ΜΣᵞʳ ἐνισκήψῃ cett. (-ει L) ‖ ἀραιή Ω* : ἀραίη
WC ‖ 337 ὑποζοφόεσσα Τ : -ζοφόωσα ω ‖ ακρόθε[ν π₂ ‖ 338 δάχματι TGM, uide ad 119 : δήγματι ω* (δείγματι L) ‖ δ᾽ ἐμφλέγεται
ω* (δ᾽ ἐν φλέγεται GMV) : δὲ φλέγεται TL, uide ad 283 ‖ κραδίη
πρόπαν Ω : κρα[.]ᵃᶿʷωπροπα[(αθο m.altera) π₂ ‖ καύσῳ Ω* : κάσῳ
Σᵞʳ, KO(hi duo a.c.)WDᵐᵍ(hic κάσσω) ‖ 339 χείλε᾽ p : χείλη
TabMV χελὴ P, cf. ad 422 ‖ ἀζαλέης ω : αὐαλέης Τ, cf. 357 ‖ αὐαίνεται ΤaRᵐᵍM π₂ (αὐαιν-) : ἀζαίν- R c.rell.

la tête penchée au-dessus d'une rivière, il avale à plein gosier la boisson, sans mesure, jusqu'à tant que le ventre lui éclate au nombril, et qu'il déverse le fardeau qui le charge à l'excès[32].

Or donc, d'après une légende immémoriale qui *origine de* court de par le monde, quand l'aîné du sang *la mue* de Cronos fut devenu le maître du ciel, il

345 répartit entre ses frères leurs empires, dont la gloire brille au loin, avec sagesse, et il accorda en privilège la jeunesse aux mortels éphémères, voulant les glorifier, car ils gourmandaient le ravisseur du feu. Les insensés ! ils ne profitèrent pas de celle-ci, dans leur folie. De fait, c'est à un lent grison que, recrus de fatigue, ils confièrent le soin de porter leur cadeau.

350 Mais, la gorge brûlée de soif, il s'élançait alors vivement en faisant mille bonds ; et, ayant aperçu dans son trou la funeste bête aux traînants replis, il implorait son aide contre le cruel fléau, en la flattant. Et c'est justement la charge qu'il avait

341 ἀμέτρητον : cf. fr. 26.2 ἀμετρήτῳ ὑπὸ λίμνῃ, où l'adj. est de même appliqué à un mot concret, contrairement à l'usage homérique (Ritter 11). — 342 ἐκρήξειε : pour la syntaxe cf. *Notice* p. CIX. — 343 : même façon d'introduire un récit, Call. fr. 510 τὼς ὁ γέγειος ἔχει λόγος ; cf. n. au v. 10. — αἰζηοῖσι : 613, *Al.* 176, cf. Σ Call. 1. 70 αἰζηὸν νῦν καθόλου λέγεται τῶν ἀνθρώπων, Ap. Rh. 4. 268. — 344 αἷμα : en parlant d'une personne, cf. Thcr. 24. 73 et Gow *ad loc.* — 345 : N. choisit tacitement la version hésiodique, suivie également par Call. h*Zeus* (Hés. *Théog.* 881 ss., cf. 885 ὃ [*sc.* Ζεύς] δὲ τοῖσιν ἐὺ διεδάσσατο τιμάς) contre celle d'Homère (*Il.* 15. 187) ; Callimaque polémique (cf. 1. 60 ss.). — 345-353 : pour l'acrostiche-signature cf. *Notice* n. 162 — 346 ἡμερίοισι : même clausule, Max. 554 ; adj. (cf. Sophocle *Ant.* 788 ἀμέριοι ἄνθρωποι), employé comme subst. = « hommes », cf. n. aux v. 23 et 831, 950, et voir *Notice* p. CII §II 1. — 348 : cf. Ap. Rh. 1. 88 οὐδ' ἀπόνητο. — 349 *ἀμορβεύοντο ; fr. 90 (Actif) ; cf. Antim. 28 et la n. de Wyss *ad* ἀμορβέων, verbe qu'Antimaque est seul à avoir employé, Call. 3.45 (cité, Σ 349b) et Bornmann *ad loc.* — λεπάργῳ : adj. appliqué à un animal, Soph. F 581.5 (Milan) ; nom propre de bœuf, Thcr. 4. 45, Call. fr. 24. 19 ; ici, de l'âne (voir *RE* 6. 633.26), mais comme subst. (cf. n. au v. 346). — 350 πολύσκαρθμος : cf. Call. *SH* 257.26. — 351 *γωλειοῖσι : cf. n. au v. 79. — *ὁλκήρεα : cf. 356 et la n. au v. 284. — 352 οὐλοόν : = ὁλοόν, cf. n. *ad* 565.

χανδὸν ἀμέτρητον δέχεται ποτόν, εἰσόκε νηδύς
ὀμφαλὸν ἐκρήξειε, χέῃ δ᾽ ὑπεραχθέα φόρτον.
Ὠγύγιος δ᾽ ἄρα μῦθος ἐν αἰζηοῖσι φορεῖται,
ὡς, ὁπότ᾽ οὐρανὸν ἔσχε Κρόνου πρεσβίστατον αἷμα,
Νειμάμενος κασίεσσιν ἑκὰς περικυδέας ἀρχάς   345
Ἰδμοσύνῃ, νεότητα γέρας πόρεν ἡμερίοισι
Κυδαίνων· δὴ γάρ ῥα πυρὸς ληΐστορ᾽ ἔνιπτον.
Ἀφρονες· οὐ γὰρ τῆς γε κακοφραδίης ἀπόνηντο.
Νωθεῖ γὰρ κάμνοντες ἀμορβεύοντο λεπάργῳ
Δῶρα· πολύσκαρθμος δὲ κεκαυμένος αὐχένα δίψῃ   350
Ῥώετο· γωλειοῖσι δ᾽ ἰδὼν ὁλκήρεα θῆρα
Οὐλοὸν ἐλλιτάνευε κακῇ ἐπαλαλκέμεν ἄτῃ
Σαίνων. Αὐτὰρ ὁ βρῖθος, ὃ δή ῥ᾽ ἀνεδέξατο νώτοις,

TEST. 342 fort. respicit Gal. *Pis.* 8 (234.17) οὗτοι διψῶντες πάνυ καὶ
διακαιόμενοι σφοδρῶς, ἐνίοτε καὶ διαρρηγνύμενοι, τελευτῶσιν ;
cf. et Luc. *Calumn.* 23 ἐξέρρηξε τὴν ὀργὴν καὶ τὸν θυμὸν ἐξέχεε
(alio sensu) ‖ 349 *EG*^AB α 672 (*EM* 85.29) ἀμορβεύοντο· σημαίνει
δὲ τὸ διεκόμιζον· Ν-ος ἐν Θ-οῖς = ΑΡ 4. 10.5.

deest O a u. 343 ‖ uersuum 333-344 frustula seruat π₂
342 ἐκρήξειε ω].ε· π₂ (i.e. -ε]ιε aut -η]τε), ad optat. cf. gall. adn. :
ἐξέρρηξε T (cf. Thcr. 26.22) ἐκρήξῃ τε Gow dub. (cf. Greg. Naz.
868.4 *Test.* 334-42) ‖ χέῃ TR^pcOMV π₂ (ad subl. post optat. cf. Opp.
Hal. 2. 210 s.) : χέει R^ac c.rell. χέοι Btl. fort. recte ‖ υπεράχθεα π₂ ‖
344 πρεσβίστατον αἷμα TRM (cf. G^g ἐντιμότατον αἷμα) : -βίστα-
τος υἱὸς ω* (GKP^ac -βύστατος WSBUE*Ald* -βύτατος LP^pcV c.rell.)
πρεσβιστατ[(supra ι scr. υ) π₂ παῖς ante πρεσβ- add. W ‖ 348 οὐ
γὰρ τῆς γε T (cf. in eadem sede Arat. 343, 370 et uide Eut. οὐ γὰρ
δὴ ... ἀπώναντο αὐτῆς) : οὐ μὲν τῆς γε ω* (τῇσδε *c*V), cf. *Al.* 599
et de uar. γὰρ/μὲν uide ad 797, 809 ‖ κακοφραδίης ego duce Beazley 98 (qui -δίησ᾽) cl. ἀφραδίῃσιν uel sim. (*Il.* 10. 350, *Od.* 9. 361,
hDem. 243 ; de -ης uide infra ad 865) : -δίης Ω ‖ ἀπόνηντο T :
ἀπόναντο ω ‖ 349 νωθεῖ ω* (νωθοὶ L, AP) *EG* (cf. *Il.* 11. 558 s....
ὄνος ... ‖ νωθής ; uide comm. n. 34 et *REA* 71 [1969] 46 ss.) :
νωθεῖς T ‖ ἀμορβεύοντο Ω : ἀμορμεύοντο *EG*^A ἀμοργεύοντο *EG*^B
ΑΡ ‖ λεπάργῳ Ω : λοπάργων ΑΡ ‖ 351 γωλειοῖσι ω* (γωλειῇσι C
φωλειοῖσι RM) : γωλειαῖσι T, uide gall. adn. ad 79 ‖ 352 ἐλλιτάνευε Ω* (cf. *Il.* 22. 414, Od. 7. 145, 10. 481) : ἐλιτάνευε
TGWHQD ‖ 353 βρῖθος TGRMVD*Ald* : βρίθος cett.

reçue sur le dos qu'elle réclamait en présent au stupide animal ;
355 et lui, il ne refusa pas cette exigence. Depuis lors, les traînants
reptiles rejettent tous les ans leur vieille peau, tandis que la
vieillesse presse cruellement les mortels. Et le mal aride de
l'animal brayant, le funeste serpent l'a reçu en partage[33], et il le
décoche avec des coups moins distincts[34].

Allons ! maintenant, enquiers-toi au sujet du
7. le chersydre chersydre, dont la forme est identique à
360 celle du cobra[35]. Des symptômes de nature
maligne accompagnent sa blessure. La peau tout entière, qui
se dessèche autour des chairs, nauséabonde, se crevasse
profondément et révèle la morsure putréfiante, toute craquelée
qu'elle est de plaies purulentes ; des douleurs domptent la victime par milliers de leurs flammes vives, et, rapides, se répan-
365 dent sur ses membres des enflures qui, de côté et d'autre, tour à
tour, viennent la harceler[36].

C'est en vérité ce serpent qui, d'abord, sous les eaux basses
d'un étang, exerce contre les grenouilles un implacable

---

357 οὐλομένη θήρ : cf. Call. 2. 100 (*in eadem sede*) δαιμόνιος
θήρ. — 359 νῦν δ' ἄγε (ἄγετε) : 528, 636, cf. Max. 141 ; chez N.,
avec l'impératif ou un mode équivalent, ind. fut. ou subj., cf. *Il.* 1. 141,
Od. 12. 213, hHerm. 439, Empéd. fr. 62. 1, Opp. *Hal.* 3. 1, QS 2. 134
et 153, 10. 13, Max. 141, 276. — 360 ἰσαίας : cf. Call. 1. 63. —
361 s. : cf. Ap. Rh. 4. 1530 s. — 361 μυσαχθής : cf. Philippe, *AP* 9.
253.1 = 2931 G.-P². , seul autre emploi connu, mais sens différent. —
362 *μυδόεν : cf. 308 μυδόεντες et la n. au v. 96. — 363 φλιδόωσα : cf. *Al.* 556a et voir *Test.* Plut. *Quaest. conv.*, Mor. 642e se
rappelle ce passage quand il mentionne les changements que subit la
peau des animaux morts de mort violente : τὰ δ' ὑπὸ θηρίων δηχ-
θέντα καὶ τοὺς ὄνυχας μελαίνεσθαι καὶ τριχορροεῖν καὶ τοῖς
δέρμασι φλιδᾶν καὶ ῥακοῦσθαι ; pour les ῥύσεις τριχῶν cf. *Th.*
328 ss. (symptomatologie du Sépédon), pour les crevasses de la peau
qui se putréfie 362 s. (Chersydre). Nicandre (φλιδόωσα) et Plutarque
(φλιδᾶν, glosé par σήπεσθαι, Hsch. φ 613) sont les seules occurrences littéraires de ce verbe. — 364 πυρπολέοντα : cf. 245 ; même
usage métaphorique, Achille Tatius 1. 11. 2 (des souffrances infligées
par Éros). — 365 πρηδόνες : cf. Arétée 5. 1. 21 (96.7) αἱ τῆς φλεγ-
μονῆς π. (seul exemple attesté en dehors de N.). — 366 *βροχθώδεῐ :
même sens dans le seul autre exemple du mot, *EG* (*EM* 206.28) βροχ-
θώδους τόπου τοῦ Νείλου « un bas-fond du Nil ».

ἤτεεν ἄφρονα δῶρον, ὁ δ' οὐκ ἀπανήνατο χρειώ.
Ἐξότε γηραλέον μὲν ἀεὶ φλόον ἑρπετὰ βάλλει   355
ὁλκήρη, θνητοὺς δὲ κακὸν περὶ γῆρας ὀπάζει·
νοῦσον δ' ἀζαλέην βρωμήτορος οὐλομένη θήρ
δέξατο, καί τε τυπῇσιν ἀμυδροτέρῃσιν ἰάπτει.

Νῦν δ' ἄγε χερσύδροιο καὶ ἀσπίδος εἴρεο μορφάς
ἰσαίας. Πληγῇ δὲ κακήθεα σήμαθ' ὁμαρτεῖ·   360
πᾶσα γὰρ αὐαλέη ῥινὸς περὶ σάρκα μυσαχθής
νειόθι πιτναμένη μυδόεν τεκμήρατο βρύχμα,
σηπεδόσι φλιδόωσα· τὰ δ' ἄλγεα φῶτα δαμάζει
μυρία πυρπολέοντα, θοαὶ δ' ἐπὶ γυῖα χέονται
πρηδόνες ἄλλοθεν ἄλλαι ἐπημοιβοὶ κλονέουσαι.   365
Ὅς δ' ἤτοι τὸ πρὶν μὲν ὑπὸ βροχθώδεϊ λίμνῃ
ἄσπειστον βατράχοισι φέρει κότον· ἀλλ' ὅταν ὕδωρ

SIM. 359 s., 366-371 (chersydrus) Ph. 24. 1-2 (30.11-19), unde Aet. 13.
36 (288.3-11) ‖ 360-365 Ph. 24. 3 (30.20-26), unde Aet. 13. 36
(288.11-16), PAeg. 5. 17 (19.24-26) = PsD. 14 (72.1-4).

TEST. 362 EG^AB (EM 673. 36 loc. Nicandri om.) s.u. πιτνῶ (σημαίνει
τὸ διαρρήσσω· N-ος) ‖ 363 (— φλιδόωσα) EG^B (EM 796. 23 loc.
Nicandri om. ; deest A) s.u. φλιδόωσα (N-ος ἐν Θ-οῖς), cf. Hsch. φ
616 φλιδόωσα· ῥηγνυμένη ; cf. Plut. cit. gall. adn. ad 363 ‖ 367 s.
EG^AB α 1300 (EM 157.1 sine N. loc.) N-ος ἐν Θ-οῖς, 367 (— κότον)
EG^B (N. ἐν Θ. om.) s.u. ἄσπειστον.

deest O usque ad u. 360
354 χρειώ TK (χρείω) : -οῖ GRMV -ῇ L (-ή) K^slW^pc (χρείη) p*
χροιῇ PCW^ac(χροίη) ‖ 355 ἀεὶ T Σ (p. 154.13) : ἀπὸ ω ‖ 356 ὀπάζει
ω (cf. Al. 270 et ad sensum Il. 4. 321, 8. 103) : ἰάπτει T (ex 358 ?) ‖
357 ἀζαλέην T (ἀυαλέην iam Btl.) : ἀργαλέην ω, cf. 221 ‖ 359 om.
G sed postea add. ‖ 360 ἰσαίας ω : θησαίας T ‖ κακήθεα Ω* : κακί-
θεα PSBQ, cf. ad 152 ‖ 361 αὐαλέη Ω* (ἀυαλέηι T ἀβαλέη L ἀργα-
λέη C ex 357), cf. 328 et ad 221 : ὑδαλέη S., at uide comm. n. 36 ‖
μυσαχθής Ω : μυσαχθῆ Btl. ‖ 362 βρύχμα T (cf. 271, 483, 716,
727) : νύχμα M νύγμα ω* EG δῆγμα Σ^γρ (om. Σ^GL sed δῆγμα in lemm.
Σ^L) D^mg (δύγμα) ‖ 364 θοαὶ T : θοῶς ω ‖ 366 δ' ἤτοι S., cf. Al. 470 :
δή τοι Ω ‖ ὑπὸ T : ἐπὶ ω ‖ 367 κότον Ω : χόλον EG μόθον Btl.

courroux. Mais, une fois que Sirius a bu l'eau et qu'il ne reste plus qu'un dépôt au fond de l'étang, on le voit alors sur la terre
370 ferme, avec sa vilaine couleur grisâtre, chauffant au soleil son corps redoutable ; et il chemine, langue dardée, avec un sifflement, parcourant ses voies altérées[37].

Après lui, tu trouveras l'amphisbène ; plus
8. l'amphisbène petit, lent d'allure, il a deux têtes et des yeux toujours peu visibles. Car, à ses deux
375 extrémités, deux mentons aplatis font saillie, éloignés l'un de l'autre. La surface de son corps est de teinte terreuse, portant une peau crevassée, tachetée, avec des reflets brillants[38].

368 *αὐήνῃσι : *hapax* absolu. La conj. de Gow τρυγῇ (cf. Gow[1] 114) est très séduisante : indépendamment de la paraphrase d'Eutecnius (cf. n. crit.), elle peut s'autoriser de la glose d'Hésychius et des autres témoignages cités, *Test. ad loc.* ; et elle offre un sens aussi bon (trad. : « et que l'étang s'est desséché jusqu'au fond »). Mais le texte de la tradition garde ses chances : pour l'ellipse du subj. ᾖ cf. Klauser 85, K.-G. 1. 41 s. — 369 ψαφαρός : cf. 172. — 370 νέμεται : pour le sens cf. Eur. *El.* 1164. — 371 *ποιφύγδην : *hapax* absolu. — ὄγμους : cf. n. au v. 571. — *διψήρεας : *hapax* absolu, cf. n. aux v. 183, 284. — 372 ss. : cf. Nonn. 5. 145-147 (description du collier, présent de mariage d'Aphrodite à Harmonie en rapport avec sa future métamorphose, cf. *Th.* 609)... οἷα γὰρ αὐτὴ ǀ δίστομος ἀμφίσβαινα μέσῳ μηρύεται ὁλκῷ ǀ ἰὸν ἀποπτύουσα δι' ἀμφοτέροιο καρήνου ... « tout pareil à une vraie amphisbène à deux gueules, qui ondule par le milieu de son corps, crachant le venin par ses deux têtes ». — 372 τὸν δὲ μετ' : cf. 588, Arat. 282, D.P. 260 (+ 9 fois) ; μετά temporel est rare dans l'Épos (Fajen *Noten* 221 n. 978). — ἀμφίσβαιναν : la *v.l.* ἀμφίσφαινα de π₁, qui a une orthographe contraire à l'étymologie (Chantraine, *DELG* s.v.), est à repousser. — *βραδύθουσαν : *hapax* absolu, analogique de βαρύθω. — 373 ἀμφικάρηνον : cf. 812 ἀμφικαρής. — γλήνῃσιν : 228 γλήνεα ne nous force pas à préférer la *v.l.* γλήνεσσιν, qui a l'appui de Max. 11, 102 (*alio sensu*), et était de ce fait préférée par Köchly (p. lxiii) ; N. a pu employer ici le mot hom., là une catachrèse de son invention. — 374 *ἐπιπρονένευκε : seule autre occurrence, [Opp.] *Cyn.* 4. 122 (*in eadem sede*), emprunt probable. — 376 ῥωγαλέον : (*in eadem sede*) *Il.* 2. 417, Nonn. 36. 154, 47. 154. — *περιστιγὲς : 749 ; non attesté ailleurs. Ou, si l'on adopte la *v.l.* περιστιβές, « compacte ». — αἰόλον : cf. n. au v. 155.

Σείριος αὐήνῃσι, τρύγη δ' ἐν πυθμένι λίμνης,
καὶ τόθ' ὅ γ' ἐν χέρσῳ τελέθει ψαφαρός τε καὶ ἄχρους,
θάλπων ἠελίῳ βλοσυρὸν δέμας· ἐν δὲ κελεύθοις   370
γλώσσῃ ποιφύγδην νέμεται διψήρεας ὄγμους.

Τὸν δὲ μετ' ἀμφίσβαιναν ὀλίζωνα βραδύθουσαν
δήεις ἀμφικάρηνον, ἀεὶ γλήνῃσιν ἀμυδρήν·
ἀμβλὺ γὰρ ἀμφοτέρωθεν ἐπιπρονένευκε γένειον
νόσφιν ἀπ' ἀλλήλων. Χροιή γε μὲν ἧὕτε γαίης,   375
ῥωγαλέον φορέουσα περιστιγὲς αἰόλον ἔρφος.

SIM. 372-376 (*amphisbaena*) Ph. 27. 1 (32.18-22), Aet. 13. 31, PAeg.
5. 14 (18.2) = PsD. 10 (70.5-7).

TEST. 368 cf. Hsch. ε 6648 ἐτρύγη· ἐξηράνθη, ἐπὶ λίμνης ; Theogn.
in AO 2. 20 τρύγει· ξηραίνει, cf. Zon. 1752.7 (ubi lege ξηραίνει) ‖
369 (ψαφαρός) uide ad 179 ‖ 376-378 *EG*ᴮ α 89 (*EM* 18. 48 [loc.
Nicandri add. Va.] N-ος ; deest A) s.u. ἁδρύνω (N-ος ἐν Θ-οῖς) =
EG(1) ; *EG*ᴬᴮ (*EM* 702. 13 loc. Nicandri om.) s.u. ῥάδικα (N-ος ἐν
Θ-οῖς) = *EG*(2).

368 αὐήνῃσι T : ἀζήνῃσι ω *EG*ᴬ (ζηνῃσι), cf. 205 ‖ τρύγη ...
λίμνης Ω* (τρύγη F τρυγὶ LKW) *EG*ᴬ, uide gall. adn. : τρυγῇ ...
λίμνη Gow fort. recte, cf. Eut. ξηρανθείσης ... τῆς λίμνης ... καὶ
σφόδρα φρυγείσης et, ad uersus structuram, supra u. 205 ‖ ἐν
T*a*BM : ἐνὶ *b*P*x*γ*V, at uide ad 111 ‖ 369 τόθ' ὅ γ' ω : τοτ' T (ὅ γ'
om.) ‖ 370 κελεύθοις : κελεύθω *G l* ‖ 371 ὄγμους Ω* (ὄκμους M
ὄγκους SᵃᶜH) : ἀγμούς ΣᵞᴾGᵐᵍ m.rec. ‖ διψήρεας T (-ρέας)
*a**(διψήρε L) RMVD (-ρέας) *Ald* : διψῆρας *b** διψηρὰς *c** ‖
372 μετ' : μέτ' GME (cf. 588) ‖ ἀμφίσβαιναν Ω, cf. ad 384 ‖
ὀλίζωνα TLᴾᶜKOP : ὀλίζονα cett. (et Lᵃᶜ) καὶ post ὀλίζονα add.
D*Ald* ‖ βραδύθουσαν T, cf. Σ 373b βραδεῖαν (gl. ad ὀλίζωνα falso
relata) ~ GᵍKᵍ Eut. (βραδυτέραν) : μινύθουσαν ω* Σˡᵉᵐ ‖ 373 γλήνῃσιν T (γληνῆ-) : γλήναισιν RP*x**M γλήνεσ(σ)ιν *ab**CγV, cf. gall.
adn. ‖ 375 χροιή Ω* : -ῇ GKOWPV ‖ γε (om. L τε W) μὲν ω* : δέ
μιν T ‖ 376 ῥωγαλέον Ω* : ῥωμαλέον *c* Eut. (ἰσχυρὸν δέρμα) ‖
περιστιγὲς ω* (-στυγ- *y*) Σ Eut. (κατάστικτος) : περιστιβὲς TΣᵞᴾ,
unde OᵐᵍDᵐᵍ.

Lorsqu'il parvient à maturité, les bûcherons, en guise de bâton, coupent un rameau de l'olivier sauvage dont on tresse tant de couronnes, et ils dépouillent l'amphisbène de sa peau, dès sa prime

380 apparition, qui précède le cri du coucou printanier. De fait, elle est bénéfique pour les affections cutanées, en la saison où, sur les mains, se propagent les engelures paralysantes, quand on est dompté par le froid, ou bien lorsque, des muscles, les attaches détendues sont douloureuses[39].

Tu trouveras encore le scytale, compara-
9. le scytale ble à l'amphisbène pour l'aspect, mais plus
385 épais et plus long jusqu'à sa queue de rien du tout : car l'épaisseur du scytale est égale au manche d'une pioche,

---

377 ὀροιτύποι : cf. n. au v. 5. — 378 πολυστεφέος κοτίνοιο : un olivier sauvage comparable au κότινος d'Olympie surnommé καλλιστέφανος ([Ar.] *Mir.* 51 ; cf. J. Wiesner, *RE* 18.31 s.) ; pour expliquer πολυστεφέος, le commentaire de π₁ se référait aux Jeux Olympiques (col. i, 26 s.). — 380 κόκκυγος *ἐαρτέρου : cf. Hés. *Trav.* 486 s., vers cités par π₁ qui commente : [πρὸ] τοῦ ἔαρος, ἐν αὐτῶ[ι <τῷ> χιμῶνι] (col. i 17) ~ Σ 379c (163.7). Ce passage contient la seule occurrence littéraire de ἐάρτερος (= ἐαρινός), créé sur le modèle de ἀγρότερος *vel sim.* ; on est tenté d'attribuer ce néologisme à N. ; cf. toutefois Hsch. ε 37 ἐάρτερα· ἐαρινά …, 38 ἐάρτερος· τοῦ ἔαρος, ἢ ἐαρινοῦ. — 382 *μάλκαι : cf. 724 (sing.) ; pour ce mot, Σ 382a cite Nic. *Sikelia* (fr. 22), en parlant du froid ; *Cimmerioi* (fr. 96) de l'engourdissement (cf. Arat. 294 ναύτῃ μαλκιόωντι, Hés. *Trav.* 530 [*v.l.* de Cratès : μυλιόωντες *codd.*]) ; et *Glôssai* (fr. 143), où il le glose : ῥῖγος περὶ τοὺς πόδας καὶ χεῖρας ; cf. n. au v. 724. — ἐπιπροθέωσιν : cf. Ap. Rh. 1. 582 (*in eadem sede*) ἐπιπροθέοντες. — 383 νεύρων : explication gratuite de π₁ (col. ii 4 ss.) qui commente : τὸ γὰρ νεῦρόν ἐστιν α[ἰδοῖον], citant à l'appui Call. fr. 199. — 385 πάχετον : de hom. πάχετος, N. admet tour à tour les deux interprétations proposées par les grammairiens : 1) ici, adj. au comparatif, cf. *Od.* 8. 187 (πάχετον), et Schol. E ad *loc.* κατὰ συγκοπὴν τοῦ παχύτερον ~ *EG*ᴬᴮ (*EM* 656.53), Hsch. π 1164 πάχετον· παχύτερον ; 2) 387 et 465, subst. du sens de πάχος (cf. Ritter 40 s.). — οὐτιδανὴν : 483, litt. « qui ne vaut rien », cf. *Il.* 1. 293, *al.* ; chez Homère dit exclusivement des personnes ; appliqué à un animal *infra* 483 (cf. Opp. *Hal.* 2. 496, [*Cyn.*] 1. 472). — 386 *σμινύοιο : *hapax* absolu au neutre ; créé sur la forme courante σμινύη.

Τὴν μέν, ὅθ᾽ ἁδρύνηται, ὀροιτύποι οἷα βατῆρα
κόψαντες ῥάδικα πολυστεφέος κοτίνοιο
δέρματος ἐσκύλευσαν, ὅτε πρώτιστα πέφανται
πρόσθε βοῆς κόκκυγος ἐαρτέρου. Ἡ δ᾽ ὀνίνησι   380
ῥινῷ δυσπαθέοντας, ὅτ᾽ ἐν παλάμῃσιν ἀεργοί
μάλκαι ἐπιπροθέωσιν ὑπὸ κρυμοῖο δαμέντων,
ἢ ὁπόταν νεύρων ξανάᾳ κεχαλασμένα δεσμά.

Δήεις καὶ σκυτάλην ἐναλίγκιον ἀμφισβαίνῃ
εἶδος, ἀτὰρ πάχετόν τε καὶ οὐτιδανὴν ἐπὶ σειρήν   385
μάσσον᾽, ἐπεὶ σκυτάλης μὲν ὅσον σμινύοιο τέτυκται

Sim. 384-395 (*scytala*) uide ad 372-376 ; tractatur in eodem capite.

Test. respiciunt 377-382 Plin. 30. 85, 377-379 Ael. 8. 8, Nic. nomi-
nantes cui et aliena tribuunt ambo ‖ 380-382 respicit Tz. Lyc. 1290
(365.12-15) ἴαμα δὲ χιμέτλης, καθά φησι Ν-ος, ἀμφισβαίνης
ὄφεως δέρμα καὶ παλιούρου ῥίζης ζωμὸς περικλυζόμενος αὐτοῖς
(e Nic. codice interpolato ?). Cf. ad 868.

uersuum 377-395 fragmenta seruat π₁ in commentarii lemmatibus
377 ὀροιτύποι Ω* π₁ EG(2) : ὀροστύποι T ὀρειτύποι W ὀριτύποι O
EG(1) ὀροιτύπτοι p ὀροιτύπτοιο DAld ‖ οἷα om. c ‖ βατῆρα ω* (Κᵖᶜ
Oᵃᶜ) Σ (Antigon.), cf. Ael. Test. : βατῆρες EG (fort. ex κόψαντες
defluxit) βοτῆρα ΤΜΚᵃᶜO(s.l. et mg.) Σ(Demetr. Chlor.) βοτῆρες
π₁ ? (haec lect. in commentario, contextus dub.) ‖ 378 πολυστεφέος
Ω π₁ : πολυστρεφὸς EG(1) πολυστροφέος EG(2) ‖ 380 κόκκυγος
ΤGᵖᶜOᵐᵍΣᵞᵖπ₁ (in commentario) Eut. Pl. (cf. comm. n. 41 fin.) : τέττι-
γος ω* (et GᵃᶜO) ‖ 381 ῥινῷ Ω* : ῥίνῳ Τc ‖ ἀεργοὶ Ω (sic T) π₁, cf.
634 s. : ἀεργοῖς Btl. Bernard ‖ 382 κρυμοῖο Taˣ (κρυμμ-Gˢˡ) RMVC-
DAld : κρυμμ- cett. ‖ 383 ἢ T (ἤ), cf. 139 : ἠδ᾽ ω π₁ ‖ ξανάᾳ Ω :
ξανάῃ π₁ (col. ii 8) ‖ 384 ἀμφισβαίνῃ Ω : ἀμφισφα[π₁ (et in commentario), cf. ad 883, 891 ‖ 385 πάχετόν τε Oᵃᶜ (iam Schn.) :
πάχετός γε aM πάχετός τε ω* (Oᵖᶜ) π₁ πάχετο πε T (i.e. πάχετός γε
uel τε) ad uocem πάχετον uide gall. adn. ; de πάχετός γε ... ‖ πάσ-
σον᾽ (cf. 223 s. μῆκος ‖ μάσσων) cogitaui cl. Od. 11. 312 εὖρος,
ἀτὰρ μῆκός γε, Opp. Hal. 4. 535 δολιχὴ μὲν ἀτὰρ πάχετός γε
μεγίστη (ἀτὰρ...γε : Arat. 86, al.) ‖ σειρὴν ω π₁ : δείρην T ‖
386 μάσσον᾽ T Eut. (τῷ τε ὄγκῳ διαλλάττει καὶ μήκει) : πάσσον᾽
ω, hiat π₁.

tandis que l'amphisbène n'est pas plus gros que le corps d'une
helminthe, ou les vers de terre tels qu'en nourrit un sol détrempé
de pluie[40]. Et on ne le voit point, lorsque les ravins et le creux du
390 rocher ont été délaissés de tous les reptiles que la terre met au
jour, au début du printemps, manger le bourgeon foisonnant
poussé sur le rameau du fenouil, quand les serpents, aux rayons
du soleil, rejettent leur vieille peau. Au lieu de cela, après s'être
mussé dans les haies et les bosquets, il reste dans son trou, plon-
gé dans un profond sommeil, et il se nourrit de la terre qu'il a à
395 sa portée, sans rien faire pour chasser la soif, malgré son envie[41].
Reconnais à ces traits, petit qu'il est mais
10. *le basilic* l'emportant sur tous, le roi des reptiles. De
corps, il présente une tête pointue, il est blond et

387 στειλειὸν : constr. σκυτάλης πάχετος (τοσοῦτόν ἐστιν)
ὅσον τέτυκται στειλειὸν σμινύοιο. Même construction dans le
membre δέ, où il faut sous-entendre πάχετος avec τῆς (ἀμφισβαίνης)
et ὅσον devant les nomin. ὁλκὸς (ἕλμινθος) et ἔντερα γῆς qui exigent
cette construction. Le gén. στειλειῆς conviendrait pour la syntaxe du
premier membre (cpl. de πάχετος s.e., cf. 170), mais la *v.l.* de ω exclut
ὁλκὸς, pourtant plus probable que ὄγκος. — ὁλκὸς s'applique ici au
corps d'une bête rampante (cf. p. ex. 316, D.P. 442), et peut s'entendre
aisément de son volume. — 388 ἔντερα γῆς : cf. Arat. 959, Nouménios
SH 584.3 ἔ. γαίης. — 389 *χαράδρεια : *hapax* créé sur χαράδρα (28),
cf. χαράδρια Strab. 16. 4. 13. — ῥωγάδα πέτρην : cf. n. au v. 644 ; la
leçon de ω est défendue en outre par Ap. Rh. 4. 1448 ῥωγάδος ἐκ
πέτρης, Thcr. 24. 95 ῥωγάδας ἐς πέτρας, Nonn. 1. 420 ὑπὸ ῥωγάδι ...
πέτρῃ. Celle de π₁, également possible, semble plus plate (cf. toutefois
146 κοίλη τε φάραγξ) ; ῥωγάς subst. : Opp. *Hal.* 5. 137 (où ῥωγάδα
balance πέτρην), Nonnos 3. 56, 10. 175, *al.* ; cf. Hsch. ρ 552 ῥωγάδες·
κρημνοὶ διεσχισμένοι. — 391 χυτόν : cf. 503 ; litt. « flottant », au
sens de « luxuriant ». — ἔρνος : injustement suspecté à cause de
ἀκρεμόνας, *f. l.* de π₁ ; le mot ἀκρεμών désigne dans le vocabulaire
technique une branche plus grosse que κλάδος (Strömberg¹ 54, 141 s.) ;
mais N. l'emploie (cf. 891) au sens de *ramus* (Eur. *Cycl.* 455) : c'est la
jeune poussse (33 ὄρπηξ) dont raffolent les Serpents. — 392 ἑρπετά :
malgré la répétition (cf. 390), la conjecture de Colonna semble la *vera
lectio*, N. n'emploie jamais ἄψεα en parlant des Serpents. Le simple
βάλλῃ est mis pour le composé ἀποβάλλῃ (Σ 389-393 [167.4]), cf.
355 ; ici comme en 137 (περὶ γῆρας ἀμέρσας), l'adv. περί signifie à
lui seul « autour de leur corps », il n'y a pas lieu de le corriger en ἀπὸ
ni d'écrire avec Cazzaniga περίγηρας, περίφλοον, composés non
attestés. — *Pour les notes aux v. 393-398 voir p. 129, 130.*

στειλειὸν πάχετος, τῆς δ' ἕλμινθος πέλει ὁλκός,
ἠὲ καὶ ἔντερα γῆς οἷα τρέφει ὄμβριος αἶα.
Οὐδ' ἄρ', ὅταν χαράδρεια λίπῃ καὶ ῥωγάδα πέτρην,
ἦρος ἀεξομένου, ὁπόσ' ἑρπετὰ γαῖα φαείνῃ,   390
ἀκρεμόνος μαράθοιο χυτὸν περιβόσκεται ἔρνος,
εὖτ' ἂν ὑπ' ἠελίοιο περὶ φλόον ἑρπετὰ βάλλῃ,
ἀλλ' ἤ γ' ἀρπέζαις τε καὶ ἐν νεμέεσσι πεσοῦσα
φωλεύει βαθύϋπνος, ἀπ' εἰκαίης δὲ βοτεῖται
γαίης, οὐδ' ἀπὸ δίψος ἀλέξεται ἱεμένη περ.   395

Τεκμαίρευ δ' ὀλίγον μὲν ἀτὰρ προφερέστατον ἄλλων
ἑρπηστῶν βασιλῆα· τὸ μὲν δέμας ὀξυκάρηνος,
ξανθός, ἐπὶ τρία δῶρα φέρων μῆκός τε καὶ ἰθύν.

Sim. 396-402 (*basiliscus*) Ph. 31. 1 (34.22-35.3) unde Aet. 13. 34 (286.
17-23) ; Pr. 27 (57.10-32), Ps.Democr. ap. Pr. 57.22, Gal. *Pis.* 8 (14.
233.15-19), PAeg. 5. 20 (21.22).

389-540 deest T ‖ uersuum 377-395 fragmenta seruat π₁ in commentarii lemmatibus
387 στειλειὸν T, cf. *Od.* 5. 236 et uide στελεῶι π₁ (in commentario) : στειλειῆς ω Eut. (στειλειᾶς), cf. *Od.* 21. 422 ‖ πέλει Ω :
πλέει π₁ ‖ ὁλκὸς T (cf. 226, 266, 316) : ὄγκος ω π₁ Eut. ‖ 388 ὄμβριος TKOP π₁ : ὄβριμος GRWM ὄμβριμος cett. (lect. ex ὄβριμος
et ὄμβριος conflata) ‖ 389 οὐδ' ἄρ' S. : οὐ γὰρ ω* ἀτὰρ (lege αὐτὰρ,
cf. Arat. 933, 1064, *al.*) Kᵞᵖm. rec. an οὔ ταρ scribendum ? cf. *Il.* 1. 93
ubi sic legendum ; ad uar. ταρ/γάρ *Il.* 18. 182) ‖ πέτρην ω : κοίλην
π₁, uide gall. adn. ‖ 390 ὁπόσ' S. : ὁπόθ' ω π₁ (in commentario) col.
ii 25 ‖ φαείνῃ R π₁ (cf. Chantraine, *Gr.* II §361) : φαείνοι *y* φαείνει
cett. ‖ 391 ἀκρεμόνος LBD : ἀκρέμονος ω* ακρεμονας π₁, cf. Eut.
(τοῖς ἀκρεμόσι) ‖ χυτὸν ω π₁ : τυχὸν Eut. (οὐδ' ἀφικνεῖται
πλησίον ἐπίτηδες αὐτοῦ) ‖ 392 ὑπ' ἠελίοιο ω* : ὑφ' ηελίοιο π₁ ἐπ'
ηελίοιο *c*ˣ (ἀπ' ηελίοιο UCFD *Ald*) ‖ ἑρ[πετὰ π₁ (suppl. Colonna) :
ἔρ[νεα Lobel ἄψεα ω de ἔρ[κεα cogitaui (ad praepositionis περὶ
hyperbaton cf. 88) ‖ 393 ἀρπέζαις τε ω (cf. 640, Arat. 85 ὀφθαλμοῖς
τε καὶ ἐν θώρηκι, et *Notice* p. CIII §IV 2) : ἀρπέζαισι π₁ ‖ ἐν ω : ἐς
π₁ ‖ 394 φωλεύει : φωλέει P φωλείει *p* ‖ βοτεῖται ω* (cf. fr. 74.
46) : βορεῖται π₁ ΣᵞᵖGᵐᵍ ‖ ἀλέξεται ω* : ἀλεύεται ΣᵞᵖOᵐᵍ (prob.
Bernard) ‖ 396 τεκμαίρευ *b*ˣ : τεκμαίρου R c.rell. eadem uar. ap.
Emped. fr. 17. 21 ‖ 397 βασιλῆα ω* : βασιλεῖα L (η supra ει scr.)
HQ, cf. 764.

ne fait pas plus de trois palmes, mesuré de bout en bout. Or, les
400 bêtes mordantes aux lourds replis, qu'abrite la terre, ne supportent pas son sifflement, lorsque, allant à la pâture ou au bois, ou
bien encore désireuses de s'abreuver, on les voit se hâter, à
l'heure de midi : au contraire, elles font volte-face et prennent la
fuite⁴².

Son coup fait enfler le corps de sa victime, dont les membres
laissent couler des chairs livides et noirâtres. Il n'est pas un
405 seul oiseau amené à passer au-dessus de son cadavre — gypaè-
tes et vautours, et corbeau qui croasse à la pluie —, pas une
seule des tribus d'animaux sauvages qui ont un nom dans les
montagnes, pour s'en repaître : si terrible est l'haleine qu'il dégage. Si la funeste faim dévorante en a mis un à son contact dans
410 son ignorance, sur place il trouve la mort et un rapide destin ⁴³.

399 οὐκ ἄρα δή : cf. *Il.* 13. 446, 18. 429 ἦ ἄρα δή. — *σπειραχθέα : *hapax* absolu. — κνώδαλα : cf. n. au v. 98. — 400 ἰυγήν : Σ
400a explique : « cri inarticulé » (cf. Hsch. ι 1107 ἰυγή· φωνή,
κραυγή, βοή, à quoi Σ Opp. *Hal.* 1. 565 ajoute συρισμός) et cite Ératosth. fr. 19 P. (aboiement d'un chien) ; cf. Bakis, *AP* 14. 99 (cris confus
des Barbares), Soph. *Ph.* 752 (cris de douleur de Philoctète) ; Opp. *l.c.*
(sifflement de la Vipère) semble emprunté à N. ; le sifflement épouvan-
table du Basilic lui a valu en latin le surnom de *sibilus* (Isidore, voir
comm. n. 42a). — 401 ἀρδηθμοῖο : élargi à partir de hom. ἀρδμός,
Lyc. 622 (sur ce néologisme cf. Konze 26), « eau pour arroser ou abreuver », a le sens plus précis de « lieu où *boivent* les troupeaux, point
d'eau », cf. *Il.* 18. 521, *Od.* 13. 247 *c.Schol.*, Ap. Rh. 4. 1247. — με-
σημβρινόν : (*in eadem sede*) Ap. Rh. 4. 1505, Nonnos (3 fois). —
ἀΐξαντες : accord par syllepse avec κνώδαλα = ἑρπησταί ; cf.
ἀΐξαντα (*in eadem sede*) [Orph.] *Lith.* 426. — 402 *μείρονται : Σ μείρονται ἀντὶ τοῦ ἱμείρονται [~ *EG* (*EM* 582.50)] et gloses *ad loc.* : Iᵍ
ἐπιθυμοῦσι *recte !* mais Kᵍ (m.rec.) μειράζουσι donne le sens du
verbe μείρομαι (cf. Arat. 1054). Forme écourtée (cf. 74 σκύρα =
ἄσκυρα, 263, 283 αὔει = ἰαύει) dans le goût de Lycophron (Konze 30),
mais cf. *Inscr. Pergame* n° 203. — *παλιντροπέες : créé par N. sur
παλίντροπος, voir n. au v. 78. — 404 *ἀπορρείουσι : *hapax* absolu
(*metri causa*) ; cf. Eur. *Méd.* 1200 s. σάρκες δ' ἀπ' ὀστέων ... | ...
ἀπέρρεον. — πελιδναί : cf. n. au v. 238. — 406 κόραξ τ' ὀμβρήρεα
κρώζων : cf. Arat. 963 s., Euph. fr. 89 P. ὑετόμαντις ὅτε κρώξειε
κορώνη (les deux passages cités, Σ 406c), cf. Horace, *Odes* 3.17.12 s.
aquae ... augur / ... cornix. — *ὀμβρήρης forgé d'après Hés. *Trav.*
451 ὀμβρηρός. — *Pour les notes aux v. 407-410 voir p. 132.*

Οὐκ ἄρα δὴ κείνου σπειραχθέα κνώδαλα γαίης
ἰυγὴν μίμνουσιν ὅτ᾽ ἐς νομὸν ἠὲ καὶ ὕλην   400
ἠὲ καὶ ἀρδηθμοῖο μεσημβρινὸν ἀΐξαντες
μείρονται, φύζῃ δὲ παλιντροπέες φορέονται.

Τύμματι δ᾽ ἐπρήσθη φωτὸς δέμας, αἱ δ᾽ ἀπὸ γυίων
σάρκες ἀπορρείουσι πελιδναί τε ζοφεραί τε·
οὐδέ τις οὐδ᾽ οἰωνὸς ὑπὲρ νέκυν ἴχνια τείνας —   405
αἰγυπιοὶ γῦπές τε κόραξ τ᾽ ὀμβρήρεα κρώζων —,
οὐδὲ μὲν ὅσσα τε φῦλ᾽ ὀνομάζεται οὔρεσι θηρῶν
δαίνυνται· τοῖόν περ ἀϋτμένα δεινὸν ἐφίει.
Εἰ δ᾽ ὀλοὴ βούβρωστις ἀϊδρείηφι πελάσσῃ,
αὐτοῦ οἱ θάνατός τε καὶ ὠκέα μοῖρα τέτυκται.   410

SIM. 403-410 Ph. 31. 2-3 in. (35.4-9) unde Aet. 13. 34 (286.23-287.5) ;
Pr. 27 (57.17-21), Gal. *Pis.* 8 (14. 233.19-234.3), PAeg. 5. 20 (21.23-
25) = PsD. 18 (74.1-4).

TEST. 401 *EG*ᴬ α 1134.3 (*EM* 137.45 ; de B non constat) s.u. ἀρδηθμός (ὁ ποτισμός, παρὰ τὸ ἀρδῶ περισπώμενον · εἰ γὰρ ἦν ἀπὸ
βαρυτόνου, ἄρδμος ἂν ἦν· Ν-ος ἐν Θ-οῖς) ‖ 406 *EG*ᴮ (de A non
constat) s.u. ὀμβριρέα κρώζων (Ν-ος ἐν Θ-οῖς) ; in *EM* 623.42 (post
ὁμευνέτης) hanc gl. supplet cod. V (Ν-ος) qui h.u. om.

deest T
400 ἰυγὴν *b*PMVD*Ald* : ἢ ἰυγὴν *a* ἠυγὴν *p** ‖ 401 ἀΐξαντες Wᵖᶜ *EG*
(cf. Ph. Pr. Aet. et comm. n. 42c) : ἀΐξαντος ω* (et Wᵃᶜ) Σ Eut. ‖ 402
μείρονται ω* : μείρωνται MV μύρονται C*y** (μύροντε HQ) ‖ φύζῃ
*a*RMV : φύξῃ cett. (φύξει W) ‖ δὲ *a*RMD*Ald* : om. cett. ‖ 403 ἀπὸ
ω* : ὑπὸ G ‖ 404 om. W sed add. interl. ‖ ἀπορρείουσι *p**(ἀπορεί-
SHQ) : -ρραίουσι GRWᵖᶜ(ut uid.)MV -ρρέουσι cett. ‖ 407 φῦλ᾽
ὀνομάζεται ω : φῦλα νομάζεται Bernard fort. recte, cf. 950, *Al.* 345 ‖
408 τοῖόν edd. (cf. 429, 780, 785) : τοῖσίν ω* (τοῖσι *a*KOP) ‖
ἀϋτμένα *a*RᵖᶜMV : ἀϋτμέα *b** (Rᵃᶜ) *c** (ἀυτμία D*Ald*) ‖ ἐφίει Schn. :
ἐφείη ω ‖ 409 πελάσσῃ *a*CV : πελάσσοι M πελάσσει cett. (πελά-
σει KO) ‖ 410 αὐτοῦ ω Eut. (uide gall. adn.) : αὐτόθεν Σᵘˡ ‖ an θανάτοιο pro θάνατός τε corrigendum ? cf. 768.

De plus, mets-toi au fait des œuvres fa-
11. le chêneau tales du chêneau, encore appelé chélydre. Il
ou chélydre construit sa demeure dans les chênes ou les
vélanis et vit dans les combes de la mon-
415 tagne. On l'appelle hydre ou encore chélydre, lui qui, après
avoir abandonné les algues et la mare et l'étang familiers, se hâte
de chasser à travers prés sauterelles ou rainettes, dans l'attente
de l'assaut inusité du taon : c'est alors qu'il se coule au creux
d'une souche de vélani, où, vivement, il se love, et il bâtit son
420 gîte dans un fourré profond. Il a le dos couleur de suie, et, avec
sa tête toute plate, il ressemble à une hydre. De sa peau s'élève

411 πιφαύσκεο (Pass.) : 637, 725. Le Moy. (*Il.* 16. 12, 21. 99, *al.*)
et l'Act. sont des équivalents nobles de λέγω : cf. West *Th.* 655, qui a
fait justice de la *f.l.* πιφάσκω. — 413 *ὀρεσκεύει : *hapax* absolu. —
414 μετεξέτεροι : « certains », cf. Érotien 60.17 (citant Hdt. 2.36). —
415 ὁμήθεα : Call. fr. 178. 5, Ap. Rh. 2. 917, QS 10. 445 (ταῦρον),
avec des êtres animés ; QS 12. 216 (φιλότητα), Nonnos 38. 259 (νύσ-
σαν). — 416 μολουρίδας : G.-S. prennent le mot au sens de 491
μόλουροι, Serpents non identifiés, mais cf. *Test.* ad 416 s. ; le sens de
ἀκρίδες est accepté par Gil Fernandez 52. — *βατραχίδας : à la différence de βατραχίς, -ίδος désignant un vêtement vert (Aristoph., *al.*)
ou la plante βατράχιον (*Ranunculus*, Alex. Trall. 3.6 [2. 103.3]),
βατραχίς, -ῖδος (*hapax* dans cet emploi) est un diminutif (cf. Chantraine, *DELG* s.v.). — 417 μύωπος : cf. Call. (*Hécalè*) fr. 301 = 117
H., Ap. Rh. 1. 1265, 3. 276 s., *al.* Il semble qu'il s'agisse de l'appellation poét. de la mouche chalcoptère qui se loge dans les écailles qui
hérissent le corps du Chélydre, et le tue (Ph. 25 [31.14 s.]). — 420
αἰθαλόεις : cf. 174, 566 (Saïs ainsi qualifiée à cause de la couleur de
la terre), 716 et les n. *ad loc.* Pris dans l'Épos archaïque au sens de
« fuligineux, noirci par le feu » (Hom.), « ardent, brûlant, incandes-
cent » (Hés.), cet adj. (cf. 659 αἴθαλος, 750 αἰθαλέη) apparaît chez
N. surtout, comme ici (cf. Gᵍ μέλας) et en 174, 566, au sens de
« noir ». N. offre la première occurrence de ce sens : cf., d'après lui,
Opp. *Hal.* 1.214 χροιὴ δ'αἰθαλόεσσα (*ibid.* 2.164, il faut écrire avec
Fajen δι'αἰθαλόεντος), [Orph.] *Lith.* 476 χροιὴν δ'αἰθαλόεις (la
pierre de Gagai). N. précise parfois ce sens par le contexte (174 cf.
μελαινομένῃ ὑπὸ βώλῳ, 716 cf. 717 πισσῆεν) ; mais on trouve
aussi, chez N., αἰθαλόεις au sens de « ardent » (au propre, *Al.* 50
μύδρον, et au fig., *Th.* 773 καῦσον). Voir Ritter 7 s. — *ἀρπεδές
(voir n. crit.) : *hapax* absolu.

Κῆρα δέ τοι δρυΐναο πιφαύσκεο, τόν τε χέλυδρον
ἐξέτεροι καλέουσιν. Ὁ δ᾽ ἐν δρυσὶν οἰκία τεύξας
ἢ ὅ γέ που φηγοῖσιν ὀρεσκεύει περὶ βήσσας.
Ὕδρον μιν καλέουσι, μετεξέτεροι δὲ χέλυδρον,
ὅς τε βρύα προλιπὼν καὶ ἕλος καὶ ὁμήθεα λίμνην   415
ἀγρώσσων λειμῶσι μολουρίδας ἢ βατραχῖδας
σπέρχεται ἐκ μύωπος ἀήθεα δέγμενος ὁρμήν·
ἔνθα κατὰ πρέμνον κοίλης ὑπεδύσατο φηγοῦ
ὀξὺς ἀλείς, κοῖτον δὲ βαθεῖ ἐνεδείματο θάμνῳ.
Αἰθαλόεις μὲν νῶτα, κάρη γε μὲν ἀρπεδὲς αὔτως   420
ὕδρῳ ἐϊσκόμενος. Τὸ δ᾽ ἀπὸ χροὸς ἐχθρὸν ἄηται,

Sim. 411-423 (dryinas) Ph.25. 1 (31.10-16) unde Aet. 13. 30*, Gal.
Pis. 8 (234.3 s.) unde PAeg. 5. 15 (18.5).

Test. 411 (δρυΐναο) fort. respicit Artem. 2. 13, qui de serpentium
nominibus mentionem fecit N-i, cf. ad 8, 14, 147, 334, 414, 812 ‖
413 EGᴬᴮ (EM 630.10 loc. Nicandri om.) s.u. ὀρεσκεύει (Ν-ος ἐν
Θ-οῖς) ‖ respiciunt 414, 416 Σ Arat. 946 (457.6-10) ὡς καὶ παρὰ
Ν-ῳ, 414 Tz. Lyc. 911 (293.14 de Philocteta ab hydra morso [ὑπὸ
ὄφεως ὕδρου τοῦ καὶ χελύδρου λεγομένου], cf. 295.1 ὅτι δὲ ταῦτα
[sc. hydrus et cenchrines] εἴδη ὄφεών εἰσι, Ν-ος λέγει) ; fort. respicit Artem. 2. 13 ὕδροι, cf. ad 411 ‖ 415 (ὁμήθεα) cf. Hsch. o 704
ὁμήθεα· συνήθη ‖ 416 s. EGᴬ, 416 EGᴮ s.u. μολουρίδας (ζῷα σίλ-
φαις παραπλήσια, οἱ δὲ ἀκρίσι. Ν-ος ἐν Θ<ηριακ>οῖς). Cf. Σ Th.
416b et Hsch. μ 1576 μολουρίδες· βατραχίδες, Suid. μ 1211
μολορίδας τὰς ἀκρίδας φασί ‖ 420 (κάρη —) EGᴬ α 1220.8 (EM
148.13 ; loc. Nicandri om. B) s.u. ἀρπεδόεσσα (Ν-ος ἐν τοῖς Θ-οῖς).

deest T
411 πιφαύσκεο ab*MV : πιφάσκεο Κc, eadem uar. 637, 725 ‖ χέλυδρον ω : χέρσυδρον Eut. ‖ 414 (de quo tacent Σ Eut.) legerunt Tz.
Lyc., Σ Arat. : del. Schn. cl. 421, at cf. comm. n. 35a ‖ 415 ὅς τε ω
(scr. ὅστε) : ἔστε S. seruato 414 ‖ ὁμήθεα MD : ὁμηθέα ω* (sine
acc. R) ‖ 416 βατραχῖδας DAld EGᴮ : βατραχίδας ω* βατραχειας
(sine acc.) EGᴬ ‖ 417 ἀήθεα ω* (et Κ ἀηθέα b*Μ ἄνθεα SHQ) :
ἀηδέα EGᴬ ‖ 418 (— ὑπεδύσατο)-419 (θάμνῳ) in unum conflati L ‖
419 ἀλείς ω* : ἀλείς GMpV ‖ 420 ἀρπεδὲς GR (cf. ἀρπεδόεσσαν
Antim. fr. 5 Wyss c.adn., ἄρπεδες EGᴬ) : ἀρπεδὲς cett. ‖ αὔτως
EGᴬ : αὔτως ω ‖ 421 ἐϊσκόμενος Eut. (ὕδρῳ δὲ ἐοικώς) ut coni.
Btl. : ἐϊσκόμενον ω.

une haleine odieuse, tout comme sur les flasques dépouilles et les cuirs des chevaux, quand pourrissent les déchets que raclent les tranchets[44].

En vérité, lorsque ses coups atteignent le talon ou la plante
425 du pied, des chairs monte et s'épand une suffocante odeur. Autour de la plaie se gonfle un noir oedème. L'homme angoissé a l'esprit empêché de tourments odieux, et la douleur lui dessèche le corps. La peau qui revêt son corps devient flasque, tant
430 le venin poignant, sans répit, le ronge et le dévore, et un brouillard qui met un voile sur ses yeux vient le dompter au milieu de ses maux. Certains poussent des cris bêlants et sont pris de suffocation, tandis que leurs urines sont bloquées ; d'autres, au contraire, sombrant dans le sommeil, ronflent, oppressés par
435 les coups redoublés du hoquet, ou bien ils dégorgent une vomissure d'aspect bilieux, mais parfois sanguinolente. Là-dessus, pour finir, le cruel fléau qui l'assoiffe répand un tremblement sur ses membres souffrants[45].

423 μυδόωσιν : cf. n. au v. 308. — *ἀρβήλοισι : « instruments de fer arrondis, qui servent aux corroyeurs (σκυτοτόμοι) pour couper et râcler les peaux » (Σ 423a), cf. Hsch. α 4539 ἀνάρβηλα· τὰ μὴ ἐξεσμένα· ἀρβήλοις γὰρ τὰ δέρματα <ξέουσι>. — *λάθαργοι : cf. Hsch. λ 92 s.u.… ἢ τὰ ξυόμενα ἀπὸ τῆς βύρσης ὑπὸ τῶν ἀρβήλων ~ Σ Th. ad loc. — 424 *κώληπι : voir Volkmann² 54 ; le mot ne désigne pas ici le jarret comme chez Hom. Il. 23. 726, mais une partie du pied comme chez Nonnos (qui s'est p.-ê. inspiré de ce passage) 10. 354 κόψε ποδὸς κώληπα (= 37. 581, cf. 10. 368 ποδὸς κώληπι). Σ 424b le glose par ἀστράγαλος, comme l'Etymologicum Genuinum (cf. Test. ad 422-424). Pour le double hiatus cf. Androm. 171 ἢ Ῥόδος ἢ Βούρινα ἢ ἀγχιάλη Ἐπίδαυρος (ἢ ante ἀγχ. West² : καὶ codd.). — 426 κορθύεται : (en parlant d'une vague) Il. 9. 7, Ap. Rh. 2. 322. — 427 ἀλυσθαίνοντος : Al. 141 ἀλυσθαίνοντι (diphtongue également garantie par le mètre), cf. Call. 4. 212 ἀλυσθαίνουσα (Ernesti : ἀλυσθμαίν- codd. ἀλυσθενέουσα pap.) ; Σ 427d : τουτέστιν ἀδημονοῦντος (λύπαις G), cf. Hsch. α 3302 ἀλυσθαίνει (-θεν- cod.)· ἀσθενεῖ, ἀνιᾶται, EM 70. 46 ἀλυσιαίνειν (lege -σθαίν-)· ἀδυνατεῖν, ἀσθενεῖν. — Pour les notes aux v. 429-436 voir p. 135.

οἷον ὅτε πλαδόωντα περὶ σκύλα καὶ δέρε᾽ ἵππων
γναπτόμενοι μυδόωσιν ὑπ᾽ ἀρβήλοισι λάθαργοι.
Ἤτοι ὅταν κώληπι ἢ ἐν ποδὸς ἴχνεϊ τύψῃ,
χρωτὸς ἄπο πνιγόεσσα κεδαιομένη φέρετ᾽ ὀδμή. 425
Τοῦ δ᾽ ἤτοι περὶ τύμμα μέλαν κορθύεται οἶδος,
ἐν δὲ νόον πεδόωσιν ἀλυσθαίνοντος ἀνῖαι
ἐχθόμεναι, χροιῇ δὲ μόγῳ αὐαίνεται ἀνδρός.
Ῥινοὶ δὲ πλαδόωσιν ἐπὶ χροΐ, τοῖά μιν ἰός
ὀξὺς ἀεὶ νεμέθων ἐπιβόσκεται· ἀμφὶ καὶ ἀχλύς 430
ὄσσε κατακρύπτουσα κακοσταθέοντα δαμάζει.
Οἱ δέ τε μηκάζουσι, περιπνιγέες τε πέλονται·
οὖρα δ᾽ ἀπέστυπται· τοτὲ δ᾽ ἔμπαλιν ὑπνώοντες
ῥέγκουσιν, λυγμοῖσι βαρυνόμενοι θαμέεσσιν,
ἢ ἀπερευγόμενοι ἔμετον χολοειδέα δειρῆς, 435
ἄλλοτε δ᾽ αἱματόεντα· κακὴ δ᾽ ἐπὶ δίψιος ἄτη
ἐσχατίη μογέουσι τρόμον κατεχεύατο γυίοις.

SIM. 424-437 Ph. 25. 2 (31. 17-23) unde Aet. 13. 30*, PAeg. 5. 15 (18.
11-14) = PsD. 11 (70.10-13).

TEST. 422-424 *EG*^AB s.u. κώληψ (σημαίνει δὲ τὸν ἀστράγαλον.
Νίκανδρος ἐν Θ-οῖς) ‖ 426 (οἶδος) Vide ad 188.

deest T
422 δέρε᾽ S. : δέρη ω *EG*, cf. ad 339 ‖ 423 γναπτόμενοι *a EG*^B :
γναμπτ- cett. (γναμπν-V) *EG*^A ‖ 424 ὅταν S. : ὅτ᾽ ἐν ω*(ὅτ᾽ ἐς L ὅγ᾽
ἐν RM) *EG* ‖ κώληπι ego cl. ad syntaxim 393 et ad sensum Nonn. 10.
354 *al.* (uide gall. adn.) : κώληπος ω *EG*^B (κώληπ *EG*^A) κώληπας S. ‖
ἴχνεϊ ω* : ἴχνεσι V ἴχνεε *EG* ‖ 425 κεδαιομένη ω* : κεδαννυμένη
Σ^γρD^mg ‖ 427 ἀνῖαι ω*(sic L ἀνίαι cett.) : ἀνίαις D*Ald* ‖ 428 αὐαίνεται ω*(et D*Ald*) : αὐάν- P αὐάν- Lp αὐαίνεται O (cf. fr. 70. 6 et ad
83) ‖ 432 μηκάζουσι *ab**MV (cf. Σ οἱονεὶ ὡς αἶγες κράζουσιν, *Al.*
214) : μυκάζουσι KO (η supra o scr.) *c* ‖ 433 τοτὲ (τότε LR) δ᾽
ἔμπαλιν *a**RMV : τότ᾽ ἔμπαλιν *b** τὸ δ᾽ ἔμπαλιν P τοὶ δ᾽ ἔμπαλιν
αὖ *p* ‖ ὑπνώοντες R*c*MV : ὑπνόωντες cett. (ὑπνώω- W ὑπνόοντ-
UEFI) ‖ 434 ῥέγκουσιν RMV*x* : ῥέγκουσι cett. ‖ 436 ἐπὶ δίψιος ego
(ad ἐπὶ adu. uide gall. adn.) : ἐπιδίψιος ω ‖ 437 ἐσχατίη Schn. (cf.
ad 27) : ἐσχατιῇ ω.

Considère et connais le dragon verdâtre et bleu
12. le dragon sombre, que, jadis, le Guérisseur éleva
440   dans un vélani touffu, sur le Pélion neigeux,
au val Péléthronien. En vérité, il a un aspect brillant, et
ses mâchoires, sur leur pourtour, portent en haut et en bas triple
rangée de dents ; sous un front sourcilleux, il a des yeux
brillants, et, en bas, à son menton, pend toujours une barbe
teintée de bile. Mais, à la différence des autres serpents, a-t-il
445   accroché quelqu'un, il ne lui cause aucune douleur, si violente
que soit sa colère : légère, en effet, tout comme celle de la souris
dévoreuse de farine, la trace de sa piqûre sur la peau de
l'homme qu'a fait saigner sa dent fine [46].

438 *κύανον : subst. chez Hom., ici adj. = κυάνεον (*unde* [Opp.]
Cyn. 1. 403), cf. (en parlant d'un serpent) *Il.* 11.39, *al.*, Thcr. 24.14
(cité, n. *ad* 221), Posid. IX 17 κ]υάνεον φολίδωμα, Sil. Ital. (cité, n.
ad 178). — 439 ὅν ποτε : cf. 501 s., *Al.* 100-105, 130-132 ; pour les
brèves digressions mythologiques ainsi introduites cf. Hés. *Théog.*
409 et la n. de West sur ποτε (p. 279 fin). — 442 τρίστοιχοι … περιστιχόωσιν ὀδόντες : *Od.* 12. 91 (description de Scylla) ἐν δὲ τρίστοιχοι ὀδόντες ; Ctésias, FGrHist 688 F 45d, b (p. 490.1 s.) = Élien
4. 21 (Martichoras) ὀδόντες μὲν τρίστοιχοι ἐμπεπήγασιν οἱ ἄνω
αὐτῷ, τρίστοιχοι δὲ οἱ κάτω ; Opp. *Hal.* 5. 327 (Cétacé) ; Ov. *Mét.*
3. 34 (Dragon, fils de Mars, tué par Cadmus) *triplici stant ordine
dentes* ; et la description de la denture de la Musaraigne, Ph. 33. 1
(36.10 s.) ὀδόντας δὲ λεπτοὺς ἔχει καὶ τούτους ἐν διστοιχίᾳ καθ'
ἑκατέραν γένυν, ὡς εἶναι τετραστιχίαν ὀδόντων. — 443 σκυνίοισιν : cf. n. au v. 177. — ὄθματα : cf. n. au v. 178. — πώγων : cf.
Posidippe *ap.* Tz. *Chil.* 7. 661 s. = 3166 s. G.-P. δράκοντος | …
εὐπώγων … κεφαλή. — 445 ἔκπαγλα : *Al.* 254, ou *infra* 448 ἔκπαγλον ; adv. épq. de sens intensif (cf. λίην, μάλα, ἔξοχα), *Al.* l.c.,
Arat. 1049 ; employé ici et 448 avec un verbe de sentiment, cf. *Il.* 2.
223 ἐκπάγλως κοτέοντο, Call..4. 247, [Thcr.] 25. 133 ; voir LfgrE
s.v. Cf. la n. au v. 823. —*ἐγχρίμψας : cf. 719 ; emprunt probable à
Ap. Rh. 4. 1512 ἐνιχρίμψῃσιν, où le sens de « mordre » ou
« piquer » est précisé par ὀδοῦσιν ; cf., au sens de « ficher », Opp.
Hal. 2. 335 s. γένυν (Murène), 522 βέλος (Taon) ; pas d'autre
emploi de ἐγχρίμπτω seul au sens de « mordre », mais cf. [Orph.]
Lith. 423 ἐνιχρίμπτοιντο « s'accrochent » (en parl. de serpents). —
447 κραντῆρος : pour κραντήρ synonyme de ὀδούς cf. Lyc. 833 et
Ruf. *Onom.* 51 (139.14) ὀδόντες· ἔνιοι δὲ κραντῆρας ὀνομάζου-
σιν, cf. Mich. Ps. *poem.* 6. 467.

Φράζεο δὲ χλοάοντα δαεὶς κυανόν τε δράκοντα,
ὅν ποτε Παιήων λασίῃ ἐνεθρέψατο φηγῷ
Πηλίῳ ἐν νιφόεντι, Πελεθρόνιον κατὰ βῆσσαν.   440
Ἤτοι ὅ γ' ἄγλαυρος μὲν ἐείδεται, ἐν δὲ γενείῳ
τρίστοιχοι ἑκάτερθε περιστιχόωσιν ὀδόντες·
πίονα δὲ σκυνίοισιν ὑπ' ὄθματα· νέρθε δὲ πώγων
αἰὲν ὑπ' ἀνθερεῶνι χολοίβαφος. Οὐ μὲν ὅ γ' αὕτως
ἐγχρίμψας ἤλγυνε, καὶ ἦν ἔκπαγλα χαλεφθῇ·   445
βληχρὸν γὰρ μυὸς οἷα μυληβόρου ἐν χροῒ νύχμα
εἴδεται αἱμαχθέντος ὑπὸ κραντῆρος ἀραιοῦ.

SIM. 438-447 (draco) Ph. 30. 2 (34. 14-16) unde Aet. 13. 35 (287.13-18).

TEST. 446 EG^AB β 143.4 (EM 200.13 sine Nicandri loc.) s.u. βληχρόν (καὶ ἐπὶ μὲν τοῦ ἀσθενοῦς N-ος), Hdn. καθ. 204.32 = Σ Iliad. 8. 178a (333.3 = Eustath. ad loc. 554.28) καὶ ὁ N-ος.

deest T
438 κυανόν ω* (cf. [Opp.] Cyn. 1. 403 κυαναὶ … ὀπωπαί) : κύανόν LWD κυόν SHQ ‖ 440 νιφόεντι ω* (cf. 502, Il. 20. 385 = 2. 866a) : δρυφόεντι Μ, ista f.l. (i.e. νιφόεντι cum δρυ supra νιφ scr.) lectionem δρυόεντι testatur (cf. Il. 2. 783a χώρῳ ἐνὶ δρυόεντι, Nonn. 5. 60 Τευμησσοῦ δρυόεντος), quam u.l. legisse uid. Eut. (δρύες περιεστᾶσι πλῆθος αὐτὸν [cod. A, sc. τὸν τόπον Πελεθρόνιον καλούμενον] πολύ) ‖ 441 ἄγλαυρος RM (cf. Σ Th. 438-445 [181.4] καλὸς δὲ τὴν μορφὴν ~ Σ Th. 441b ἀγλαός, καλός, κτλ.) : ἀγλαυρὸς Gb* ἀγραυλὸς LPx* ἄγρ- yVCDAld, eadem uar. 62 ‖ 442 τρίστοιχοι a Σ Eut. : τρίστιχοι cett. ‖ 443 δὲ¹ ego : δ' ἐν ω (cf. ad 177) ‖ ὑπ' ὄθματα S. : ὑπόθματα ω ‖ 444 αἰὲν ab* (et K^pc) MV : αἳ K^acP ἔπλεθ' p ‖ ἀνθερεῶνι edd. : ἀνθερεῶνα ω* (-νος p) ‖ χολοίβαφος L : χολοιβάφος cett. ‖ 445 ἐγχρίμψας RMy : ἐγχρίψας cett. ‖ χαλεφθῇ ω* : χολωθῇ RM ‖ 446 μυληβόρου Σ Iliad. Eustath. : μυχηβόρου GMΣ^γρD^γρ EG νυχηβόρου G^slLM^slbPx*V νυχιβόρου y ‖ ἐν χροῒ νύχμα ω : ἔπλετο δῆγμα EG ‖ νύχμα Μ : νύγμα cett. Σ Iliad. δῆγμα EG ‖ 447 ἀραιοῦ GOWUCEF.

Contre le dragon, le violent courroux de
aigle et dragon l'oiseau royal, l'aigle, dès l'origine, n'a fait
que croître avec lui, et c'est de front qu'il
450 lui mène une guerre haineuse, de son bec, lorsqu'il le voit s'avancer
à travers bois ; car le serpent dévaste tous ses nids, croquant les
jeunes poussins et pareillement les œufs tendrement couvés. Et
le dragon, quand l'oiseau vient de ravir dans ses serres un agneau
ou un lièvre vite comme le vent, n'a pas de peine à l'en frustrer,
455 ayant jailli de dessous un buisson. L'autre esquive l'attaque ; la
proie est l'enjeu de leur combat. L'aigle vole en rond, sans cesse
en butte à la poursuite du dragon qui enroule et déroule ses anneaux en levant sur lui, d'un œil oblique, un regard de défi [47].
Que si tu marches dans quelque repli de
13. le cenchrinès l'île du boiteux Héphaistos, ou si tu vas dans
l'inclémente Samos, situées l'une et l'autre
460 au sein du golfe de Thrace, à bonne distance d'Héra qui règne
sur le Rhescynthe, là où sont l'Hèbre et les monts de Zônè que

---

448 ἔκπαγλον : cf. n. au v. 445. — 449 *παλαχῆς : seule occurrence littéraire conservée, mais cf. *Test.* — 452 κτίλα : employé comme
adj., cf. 471 et Σ *ad loc.* τὰ ἥμερα καὶ τὰ ἐπόμενα τῷ κτίλῳ, τουτέστι
τῷ ... κριῷ ; pour cet usage, N. ne suit pas Hom. mais Hés. fr. 323, cf.
Empéd. fr. 130.1, cités Σ 452c ; *EG* (cf. *Test.*) comprend : τὰ τῶν
ἡμέρων ὀρνίθων ᾠά, ce qui ne correspond pas au texte ; Brenning :
« oeufs déjà couvés ». — 453 ῥῆνα : mot tiré par les Alexandrins du
composé hom. πολύρρην : cf. Ap. Rh. 4. 1497 ῥήνεσσι. — ἠνεμόεντα : cf. *ad* 616. — 456 ἱπτάμενον : cf. *ad* 803. — ἀτέλεστα :
adv., cf. Arat. 678 ἀ. διωκομένοιο Λαγωοῦ, Alex. Aetol. fr. 3. 13 P. —
457 ὑπόδραξ : 765 ; Hom. dit ὑπόδρα ἰδών, p.ex. *Il.* 1. 148, les *neôte-
roi* ὑπόδραξ (Ap. Soph. 160.9), cf. Call. fr. 194. 101 ; 374 = 72 H. (ἡ δὲ
πελιδνωθεῖσα) καὶ ὄμμασι λοξὸν ὑπόδραξ | ὀσσομένη. Pour la
métrique cf. *Notice* p. cxxvii 2. — 458 *χαλαίποδος : l'explication de
cet *hapax* par Σ 458a (διὰ τὸ κεχαλασμένους τοὺς πόδας ταῖς
ἁρμονίαις ἔχειν) semble donner raison à Frisk qui, pour χωλός (cf.
Chantraine, *DELG* s.v.), suggère un rapprochement avec χαλάω « relâ-
cher » ; les deux variantes des Σ sont également des raretés : *χωλοίποδος, *hapax* en face de χωλόπους (Man. 4. 118 et Mich. Ps. 21. 104),
κυλλοίποδος « aux pieds recroquevillés, estropiés » (cf., pour le sens,
ῥικνὸς πόδας, *hAp*. 317), *hapax* en face de κυλλόπους attesté seulement chez Aristodèmos (*RE* 925. 58) *ap.* Ath. 338a = F.H.G. 3. 310 et
EM 544.50, cf. hom. κυλλοποδίων. Ces deux *v.l.* ont été négligées par
Malten (*RE* 8. 334, 338). — *Pour les notes aux v. 458-461 voir p.* 139.

Τῷ μέν τ᾽ ἔκπαγλον κοτέων βασιλήϊος ὄρνις
αἰετὸς ἐκ παλαχῆς ἐπαέξεται, ἀντία δ᾽ ἐχθρήν
δῆριν ἄγει γενύεσσιν ὅταν βλώσκοντα καθ᾽ ὕλην   450
δέρκηται· πάσας γὰρ ὅ γ᾽ ἠρήμωσε καλιάς,
αὔτως ὀρνίθων τε τόκον κτίλα τ᾽ ὤεα βρύκων.
Αὐτὰρ ὁ τοῦ καὶ ῥῆνα καὶ ἠνεμόεντα λαγωόν
ῥεῖα δράκων ἤμερσε νέον μάρψαντος ὄνυξι
θάμνου ὑπαΐξας· ὁ δ᾽ ἀλεύεται· ἀμφὶ δὲ δαιτός   455
μάρνανθ᾽· ἱπτάμενον δὲ πέριξ ἀτέλεστα διώκει
σπειρηθεὶς καὶ λοξὸν ὑποδρὰξ ὄμμασι λεύσσων.

Εἴ γε μὲν Ἡφαίστοιο χαλαίποδος ἐν πτυχὶ νήσου
βήσεαι, ἠὲ Σάμον δυσχείμερον, αἵ τ᾽ ἐνὶ κόλπῳ
Θρηϊκίῳ βέβληνται ἑκὰς Ῥησκυνθίδος Ἥρης,   460
Ἕβρος ἵνα Ζωναῖά τ᾽ ὄρη χιόνεσσι φάληρα

TEST. 448 respicit Σ Soph. Ant. 126.7 πολέμιον δὲ ζῷόν ἐστιν ὁ
δράκων πρὸς τὸν ἀετὸν ὥς φησι Νίκανδρος ‖ 449 (ἐκ παλαχῆς)
cf. Hsch. ε 1579 ἐκ παλαχῆς· ἐξ ἀρχῆς (sine Nicandri nomine) ; uide
et π 157 παλαχή· ἀρχή ..., π 158 παλαχῆθεν· ἐκ γενεᾶς, ἐκ
παλαιοῦ et Σ Th. 448-449 ἀντὶ τοῦ ἐξ ἀρχῆς ‖ 452 (κτίλα —) EM
822.48 (deest EGᴬ ; de B non constat) s.u. ᾠόν (Ν-ος ἐν Θ-οῖς) ‖
453 Hdn. καθ. 395.11 et μον. 922.2 (Ν-ος), cf. Choer. Th. 263. 31 ὡς
παρὰ Ν-ῳ (loc. Nicandri om.).

deest T
449 ἐκ παλαχῆς ω* : ἐξ αἴθρης ΣʸᴾΟʸᴾDʸᴾ ‖ ἐπαέξεται ω* : ἀμπέλ-
λεται Gʸᴾ (i.e. ἀμπάλλεται) ἐπαΐσσεται Zeune (scr. ἐξ αἴθρης) ‖
450 (— γενύεσσιν)-451 (ὅγ᾽ —) in unum conflati L sed corr. mg. ‖
450 ὅταν βλώσκοντα ω* : ὅτ᾽ ἀμβλώσκοντα MV ‖ 452 αὔτως W
(cf. 723) : αὔτως cett. ‖ τόκον ω* : γόνον Gʸᴾ ‖ ὤεα edd. : ὠεὰ ω*
(ὠὰ L ὠκὰ SHQ), cf. ad 192 ‖ 458 χαλαίποδος ω* Σ : χωλοίποδος et
κυλ(λ)οίποδος Σʸᴾ (κυλλόπ- f.l.) Dʸᴾ quae uu.ll. Ἡφαίστου postulant ‖
459 Σάμον δυσχείμερον ω : Σάμου δυσχειμέρου Btl. ‖ 460 dist.
post Ἥρης ΚΟ prob. Klauser 71⁷ (insulae ... contra Rh. Iunonis
fanum sitae) : post βέβληνται L, in utroque loco GWx*, in neutro C
c.rell., post ἑκάς S. ‖ Ἥρης ω : de αἴης cogitaui cl. Ap. Rh. 4. 131
ἑκὰς Τιτηνίδος Αἴης (c. Scholiastae adn.), 568 ἑκὰς Φλειουντίδος
αἴης (uide et 3. 313, 4. 337 fin.).

les neiges tachent de blanc, et les chênes du fils d'Oiagros, à
l'endroit de l'antre Zérynthien[48], tu trouveras le *cenchrinès*, long
serpent prodigieux nommé lion, à la peau scintillante, mouchetée
465 d'écailles ; sa grosseur et sa longueur varient. Il a tôt fait de
répandre sur les chairs des abcès purulents difficiles à guérir ;
ils parsèment les membres qu'ils rongent par l'effet du
venin dévorant, et, aux profondeurs du ventre, l'hydropisie ne
manque jamais d'installer sa charge douloureuse en plein
nombril.

En vérité, quand le soleil darde son rayon le plus estival,
470 il parcourt, bouillant d'ardeur, les montagnes rocailleuses,
avide de sang et guettant les dociles brebis, à l'heure
où, autour des pins élancés du Saos et du Mosychlos[48],
les bergers se rafraîchissent, une fois quittées leurs tâches
pastorales : garde-toi, si hardi que tu sois, de marcher au-devant
475 du serpent en folie, de peur qu'il ne t'enlace et ne t'étrangle en

463 κεγχρίνεω : cf. Lyc. 912. — 464 αἰόλον : pour le sens cf.
n. au v. 155, pour la fonction Wifstrand 194 s. ; le surnom du Cenchrinès ne s'étend pas à αἰόλον, il se réduit à λέοντα. Cf. [Orph.]
Lith. 619 s. (l'agate) τῷ καί μιν προτέροισι λεοντοδέρην ὀνομῆναι
Ι ἥνδανεν ἡμιθέοισι κατάστικτον σπιλάδεσσι (cf. *Th.* 464 περίστικτον φολίδεσσι : *imitatio per aures*). — 465 *πολύστροφον :
« variable », sens non attesté ailleurs. — 466 πυθεδόνας : cf.
Ératosth. fr. 18 P. — 467 ἰοβόροι : Noumén. *Annexe* fr. 8.2, Epigr.
app. sep. = IG 4.620 (Argos, époque romaine) ἰοβόρος διψὰς
ἔχι[δνα, [Opp.] 3.223. — 469 θερειτάτη : le superl. de θέρειος, première occurrence *ap.* Aratos 149, ne signifie pas « at their hotest »
(G.-S.) mais « le plus estival », *i.e.* « au plus fort de l'été » (J. Martin).
Cf. Ap. Rh. 4. 1542 εὖτέ μιν ὀξύτατον θάλπει σέλας ἠελίοιο. —
470 *μαιμώσσων : *hapax* absolu ; cf. μαιμάσσω (Bianor *AP* 9. 272.6
= 1706 G.-P²., Hsch. ε 2259). — ὀκριόεντα : « pourvu d'arêtes »,
qualifie des pierres chez Hom. ; en parlant d'une montagne, cf. Ap.
Rh. 1. 1093 Δινδύμου ὀκριόεντος. — 471 ἐπὶ : ne peut être préposition ni préverbe ; emploi adverbial, « à cet endroit », cf. Chantraine,
Gr. II § 150 ; cf. v. 236 et la n. — κτίλα : cf. n. au v. 452. —
δοκεύων : dénote une observation aiguë ; Hom., d'un guerrier au
combat (*Il.* 13. 545), ou d'un chien en train de chasser (8. 340). —
472 μακεδναῖς : cf. *Od.* 7. 106 μακεδνῆς αἰγείροιο, Lyc. 1273. —
473 ἄγραυλοι : Σ 473a τουτέστιν οἱ ποιμένες ; l'adj. a pris le sens
du subst. qu'il accompagne chez Hom. (*Il.* 18. 162 ποιμένες ἄ.), cf. *ad*
346, 831, 950, et voir *Notice* p. CII §II 1.

καὶ δρύες Οἰαγρίδαο, τόθι Ζηρύνθιον ἄντρον,
δήεις κεγχρίνεω δολιχὸν τέρας, ὅν τε λέοντα
αἰόλον αὐδάξαντο, περίστικτον φολίδεσσι·
τοῦ πάχετος μῆκός τε πολύστροφον. Αἶψα δὲ σαρκί   465
πυθεδόνας κατέχευε δυσαλθέας, αἱ δ᾽ ἐπὶ γυίοις
ἰοβόροι βόσκονται· ἀεὶ δ᾽ ὑπὸ νηδύσιν ὕδρωψ
ἄλγεσιν ἐμβαρύθουσα κατὰ μέσον ὀμφαλὸν ἴζει.
Ἤτοι ὅτ᾽ ἠελίοιο θερειτάτη ἵσταται ἀκτίς,
οὔρεα μαιμώσσων ἐπινίσεται ὀκριόεντα,   470
αἵματος ἰσχανόων καὶ ἐπὶ κτίλα μῆλα δοκεύων,
ἢ Σάου ἠὲ Μοσύχλου ὅτ᾽ ἀμφ᾽ ἐλάτῃσι μακεδναῖς
ἄγραυλοι ψύχωσι, λελοιπότες ἔργα νομήων·
μή σύ γε θαρσαλέος περ ἐὼν θέλε βήμεναι ἄντην
μαινομένου, μὴ δή σε περιπλέξῃ καὶ ἀνάγχῃ   475

SIM. 463-468 (cenchrines) Ph. 26. 1 s. (32.5-14) unde Aet. 13. 28*,
PAeg. 5. 18 (20.6-11) = PsD. 15 (72.6-11).

TEST. 463-464 Tz. Lyc. 912 (295.3) uide Test. 414 ; 463 EGud 309.6,
EG^{AB}(EM 498.36 = Zon. 1181.7 [— τέρας]), s.u. κεγχρίνης (N-ος) ;
cf. Suid. κ 1223 ‖ 469 (θερειτάτη —) EG^{AB} (EM 447.9) s.u.
θερειτάτη (παρὰ N-ῳ) = Zon. 1031.6 (N-ος) ‖ 472 (— Μοσύχλου)
Tz. Lyc. 78 (45 s.) N-ος ἐν τοῖς Θ-οῖς ‖ 474 s. (— μαινομένου) Gal.
loc. aff. 2. 5 (8. 133.3) ὁ N-ος ἔγραψε.

deest T
462 τόθι ω Tz. : τό τε Btl. prob. Schn. ‖ 463 κεγχρίνεω RMV :
κεγχρίναο aW (η supra ι scr.) C κεγχρήναο cett. EGud ‖ 465 πολύστροφον ω* (πολύστρον SHQ) : πολύτροπον Gesner ‖ 466 αἱ δ᾽ ω* :
αἵ τ᾽ Vy (ex 459 ?) ‖ 470 μαιμώσσων ω* : λαιμώσσων Σ^{γρ} Eut. (πιε-
ζούμενος ὑπὸ λιμοῦ) O^{γρ}D^{γρ} ‖ ἐπινίσεται ego (cf. 222) : ἐπινήσεται
L ἐπινείσσεται RMVy ἐπινίσσεται cett. ‖ ὀκριόεντα ω* :
ὀκρύοεντα Rp ‖ 472 ἢ aDAld Tz. : ἠὲ cett. ‖ ἐλάτῃσι GMV (ἐλ-
GV) : (ἀμφ)ελάτοισι L ἐλάταισι cett. (ἐλάτεσι K) ‖ 473 ψύχωσι ω :
ψυχῶσι G.Wolff, at tempus displicet ‖ νομήων ω* : νομάων R νομῆες
Btl. (cf. ποιμένες ἄγραυλοι Il. 18. 162, Hes. Theog. 26, Ap. Rh. 4.
317 ; at adiectiuus uim substantiui habet, cf. Ritter 24^5) ‖ 475 περιπλέξῃ Σ^{ul} Eut. (περιπλακείς) : καταπλέξῃ G^{pc} (π in ras.) M^{γρ}K^{sl}
OD^{sl} καταφλέξῃ G^{ac}LMKO^{sl}D c.rell. ‖ ἀνάγχῃ edd. : ἀνάγκῃ ω.

fouettant de sa queue ton corps de tout côté, puis qu'il n'avale
ton sang après t'avoir brisé les deux clavicules ; fuis toujours en
faisant maints détours au lieu de suivre une seule et même direc-
tion, avec des bonds par côté pour entraver la marche de la bête,
480   car elle se blesse les attaches de l'épine dorsale lorsqu'elle la
ploie en tout sens, tandis qu'il n'est pas plus rapide à la course si
elle rampe en droite ligne. Tel est le serpent qui abonde dans
les îles de Thrace[49].

Il y a aussi une bête de rien du tout, mais dont
14. le gecko les morsures sont accablantes, le gecko. C'est
485   lui, comme le raconte une tradition, qui de la
Douloureuse Démétèr reçut ce dommage lorsqu'elle navra ses
membres d'enfant près du puits Callichore, aux jours où, dans
la demeure de Céléos, l'antique Métanire, coupe en main, salua
la déesse, dans sa sagesse[50].

476 μ. ο. δ. : cf. Nonn. 25. 457-468 (459 ἰσχία φωτὸς ἱμάσσων).
— 478 οὐ μίαν : cf. 148. — ἴλλων : *tourner*, *faire des détours* (d'une
course sinueuse), cf. L.S.J. s.v. εἴλω C, et Boesch 46 s. (usage d'Ap.
Rh.). — 482 *πολάζει : *hapax* absolu, = ἐπιπολάζει, cf. *Notice* p. CIII
§II 2. — 483 ἔνθα καὶ : transition, cf. 599. — οὐτιδανοῦ : cf. n. au
v. 385. — ἐπαχθέα : la conjecture de Bentley semble aujourd'hui véri-
fiée par la leçon de T au v. 818 (cf. toutefois n. crit. *ad* 483). —
*βρύχματα : forme restituée d'après 362 ; cf. 716 βρυχμοῖσιν (*v.l.*
βρυγμ-), *hapax* absolu. — 484 ἐρέει φάτις : cf. Eur. *Ion* 225 οὕτω
καὶ φάτις αὐδᾷ. Le texte de Gow (ῥέει) est ignoré des mss. —
Ἀχαιή : épiclèse de Démétèr en Attique, cf. Hdt. 5. 61 Ἀχαιίης
Δήμητρος, et en Béotie, Plut., *De Is. et Osir.* 69, Mor. 378e, qui
l'explique par le chagrin que causa à la déesse le rapt de sa fille (cf.
hDem. 40 ἄχος et la n. de Richardson *ad loc.*). — 486 Καλλ. π. φρ. :
imité de Call. fr. 611 Καλλιχόρῳ ἐπὶ φρητὶ (cf. Pf. *ad loc.*). Sur la
forme épq. φρεῖαρ cf. Hdn. καθ. 371.2 et κλίσ. 770.12. — θεράπναις : au sens de « demeure », *uox tragica*. — 487 ἀρχαίη M. : pour
cet adj. appliqué à une pers. cf. Eur. *pass.* ; aimé des poètes hellénistiques, cf. Arat. 99 ἀρχαῖον πατέρα, 103 ἀρχαίων … γυναικῶν, 408
ἀρχαίη Νύξ, Thcr. 11. 8 ὥρχαῖος Πολύφαμος, Call. *Ep.* 59 = 1311
G.-P. ὥρχαῖος Ὀρέστας ; vient de N. : Nonnos 19. 84 ἀρχαίη
Μετανείρῃ (~ 16. 230 ἀρχαίη Μελίη). — θεὴν : cf. n. au v. 16. —
δείδεκτο : voir comm. n. 50a. — περίφρων : épithète humérique de
femme, conformément à l'usage hom., cf. fr. 104, Thcr. 3. 45 περί-
φρονος Ἀλφεσιβοίας.

πάντοθε μαστίζων οὐρῇ δέμας, ἐν δὲ καὶ αἷμα
λαιφάξῃ κληῖδας ἀναρρήξας ἑκάτερθεν·
φεῦγε δ᾽ ἀεὶ σκολιήν τε καὶ οὐ μίαν ἀτραπὸν ἴλλων,
δοχμὸς ἀνακρούων θηρὸς πάτον· ἢ γὰρ ὁ δεσμούς
βλάπτεται ἐν καμπῇσι πολυστρέπτοισιν ἀκάνθης,   480
ἰθεῖαν δ᾽ ὤκιστος ἐπιδρομάδην στίβον ἕρπει.
Τοῖος Θρηϊκίῃσιν ὄφις νήσοισι πολάζει.

Ἔνθα καὶ οὐτιδανοῦ περ ἐπαχθέα βρύχματ᾽ ἔασιν
ἀσκαλάβου· τὸν μέν τ᾽ ἐρέει φάτις οὕνεκ᾽ Ἀχαιή
Δημήτηρ ἔβλαψεν ὅθ᾽ ἄψεα σίνατο παιδός   485
Καλλίχορον παρὰ φρεῖαρ, ὅτ᾽ ἐν Κελεοῖο θεράπναις
ἀρχαίη Μετάνειρα θεὴν δείδεκτο περίφρων.

Sim. 483 s. (*ascalabotes*) Ph. 13 (16.22 s.) unde Aet. 13. 14*, PAeg. 5.
11 (14.24 s.) ; Pr. 14 (50 s.).

Test. 484 cf. Hsch. α 7678 ἀσκάλαβος· γαλεὸς <καὶ> ἀσκαλαβώτης <ὁ> αὐτός, Steph. Byz. 197.1 γαλεὸς δὲ καὶ ὁ ἀσκαλαβώτης.

deest T, 484 (praeter ἀσκαλάβου)-487 om. O
476 πάντοθε Schn. prob. Lehrs : πάντοθεν K^sl O^ac πάντοθι ω* (et KO^pc) ǁ
477 κληῖδας MOWDA*ld* : κληίδας cett. ǁ ἑκάτερθεν LRMp* : ἑκάτερθε C c.rell. ǁ 479 πάτον *a** (πάτου L) *b*MV : πάντον P δρόμον *p* ǁ
δεσμοὺς ω* : δασμὸς M δεσμὸν P δεσμοῖς *p* ǁ 480 om. L sed add.
interl. ǁ βλάπτεται ω* : γνάμπτ- O (superscr. βλάπτεται) *y* ǁ καμπῇσι
LM : καμπτῇσι GWPpV (scr. εὐκαμπτ- pro ἐν καμπτ-) γναμπτοῖσι *b**
(γαμπτ- W) γαμπτῇσι G^sl ǁ ἀκάνθης ω* : ἀκάνθαις W ἀκάνθου *p* ǁ
482 πολάζει (i.e. ἐπιπολάζει) S. : πελάζει ω (ex 751 ?) ǁ 483 ἐπαχθέα Btl., cf. 9, 818, Opp. *Hal.* 1. 487, 2. 433 (u.l.) et uide comm. n. 50b
3 : ἀπεχθέα ω, cf. Al. 72 (T), fr. 31, Opp. *Hal.* 2. 433 (u.l.), 4. 143,
Androm. 19 ἀπεχθήεντα φαλάγγια ǁ βρύχματ᾽ ego (cl. 362, 716) :
βρύγματ᾽ ω ǁ 484 τ᾽ ἐρέει ω (« praesentis esse temporis apparet, 'nar-
rat' significans » Pfeiffer ad Call. fr. 714.4 ; cf. G^g D^g ἐρέει· λέγει,
Arat. 773 ἐρέει ~ 775 κελεύει ; « ἐρῶ p.-ê. aussi comme présent
[Schwyzer, *Gr. Gr.* 1. 784⁴] » Chantraine *DELG* s.u. εἴρω 2) : τε ῥέει
Gow, cf. Opp. *Hal.* 2. 494 δὲ ῥέει c.u.l. δ᾽ ἐρέει ǁ ἀχαιή M^pc (ut uid.)
V : ἀχαιή cett. ǁ 486 παρὰ ω* Eut. : περὶ LWp ǁ 487 δείδεκτο ω* :
δέδεκτο V δέδεικτο I fort. δήδεκτο scribendum (uide comm. n. 50a).

Mais il est d'autres reptiles, inoffensifs ceux-là,
15. serpents qui pâturent dans la forêt, les bosquets,
inoffensifs les halliers et les ravines fréquentées des pas-
490   teurs, ceux que l'on nomme élopes, libyens, ra-
tiers, tortueux serpents, ensemble tous les javelots, molures ou
encore typhlopes, qui vont et viennent sans faire aucun mal[51].

REMÈDES CONTRE LES SERPENTS

Or moi, toutes les drogues et remèdes à ces maux, les herbes
médicinales et le moment de couper les racines, j'exposerai tout
495 dans l'intérêt des hommes, à fond et sans détour, pour qu'avec
de telles aides tu puisses guérir la pressante affliction du mal.

Quand la plaie très douloureuse dégoutte encore
Remèdes de sang, cueille les plantes dans leur fraîcheur
simples : — c'est ce qu'il y a de mieux —, en un
lieu où les bêtes venimeuses pâturent à travers
la forêt gaillarde[52].

500   Avant toute autre, prends la racine salutaire de
1. la racine Chiron, qui porte le nom du Centaure fils de
de Chiron Cronos : au temps jadis, Chiron, dans une gorge
neigeuse du Pélion, la remarqua sur sa route.

488 s. (κινώπετα —) = 27 s. (cf. *Notice* n. 236). — 491 *φράζονται : les mss GD glosent par λέγουσι, καλοῦσι, interprétation inévi-
table, quoique sans parallèle. — 492 ἀπήμαντοι : au sens actif, plus
rare ; cf. Eschyle, *Suppl.* 576, [Méléagre] *AP* 9. 363.10, Opp. *Hal.* 5.
631. — φορέονται : glosé ἀναστρέφονται par Ambros. E 112 sup. ;
s'emploie plus couramment d'êtres ou de corps se déplaçant dans l'air,
l'eau, etc. : cf. 123, Aratos 29 (*in eadem* sede), *al.*, Opp. *Hal.* 1. 244,
5. 66, mais cf. Thcr. 1. 83 (ποσσὶ φορεῖται) ; est-ce cette anomalie
qui a motivé la conjecture impliquée par la paraphrase des Scholies (cf.
n. crit.) ? — 493 θρόνα : cf. n. au v. 99. — 494 *διείσομαι : 837 ;
cette forme ne semble pas attestée ailleurs. — ἀνδράσιν : pour ce dat.
cf. 837 οἷσιν. — 495 διαμπερέως : a presque partout ailleurs un sens
loc. ou temp. (cf. hom. διαμπερές), mais, pour le sens de N. « com-
plètement, en détail », avec un verbe *dire*, cf. Hés. fr. 280.3 δι]αμπε-
ρέως ἀγό[ρευσον, *hDem.* 162 (διαμπερές), et Hsch. δ 1169 διαμπε-
ρέως· σαφῶς. τελείως. — *Pour les n. aux v. 495-503 voir p. 146 s.*

Ἄλλα γε μὴν ἄβλαπτα κινώπετα βόσκεται ὕλην,
δρυμοὺς καὶ λασιῶνας ἀμορβαίους τε χαράδρας,
οὓς ἔλοπας λίβυάς τε πολυστρεφέας τε μυάγρους   490
φράζονται, σὺν δ' ὅσσοι ἀκοντίαι ἠδὲ μόλουροι
ἢ ἔτι που τυφλῶπες ἀπήμαντοι φορέονται.

Τῶν μὲν ἐγὼ θρόνα πάντα καὶ ἀλθεστήρια νούσων
φύλλα τε ῥιζοτόμον τε διείσομαι ἀνδράσιν ὥρην,
πάντα διαμπερέως καὶ ἀπηλεγές, οἷσιν ἀρήγων   495
ἀλθήσῃ νούσοιο κατασπέρχουσαν ἀνίην.
Τὰς μὲν ἔτι βλύοντι φόνῳ περιαλγέι ποίας
δρέψασθαι νεοκμῆτας — ὃ γὰρ προφερέστατον ἄλλων —,
χώρῳ ἵνα κνῶπες θαλερὴν βόσκονται ἀν' ὕλην.
Πρώτην μὲν Χείρωνος ἐπαλθέα ῥίζαν ἑλέσθαι,   500
Κενταύρου Κρονίδαο φερώνυμον, ἥν ποτε Χείρων
Πηλίου ἐν νιφόεντι κιχὼν ἐφράσσατο δειρῇ.
Τῆς μὲν ἀμαρακόεσσα χυτὴ περιδέδρομε χαίτη,

TEST. 490-492 respicit Epiphan. 2. 398.5 ὥσπερεὶ λίβυν ἢ μόλουρον
ἢ ἔλοπα ἢ ἕν τι τῶν ἑρπετῶν τῶν φοβερωτάτων, οὗ μὲν δὲ δυναμένων διὰ δηγμάτων βλάπτειν, 388.24 ἀκοντίου τοῦ καλουμένου
ἢ τύφλωπος ἢ μυάγρου ‖ 490 cf. Hsch. λ 945 λίβυες· τῶν ὄφεών
τινες οὕτω καλοῦνται, λ 947 Λιβυκὸν θηρίον· ἐπεὶ θανάσιμα ὀκεῖ
ἑρπετά ‖ 492 cf. Hsch. τ 1702 τυφλῶπες· εἶδος ὄφεων ‖ 499 (ἵνα-)
Tz. Lyc. 675 (223.1, cf. 224.5) N-ος.

deest T
490 πολυστρεφέας O (iam coni. S.) : πολυστροφέας Wᵃᶜ πολυστε-
φέας Wᵖᶜ c.rell. ‖ 491 δ' S. (nam σύν τε non usurpat Nic.) : θ' ω ‖
492 ἢ ἔτι S. (ex Nicandri usu) : ἠδ' ἔτι ω* (ἠδέ τι W ἠδέ τε M καὶ
ἔτι c) ‖ φορέονται ω : πατέονται coniecisse uid. Σ 491b (197.6)
οὗτοι δὲ καὶ πατούμενοι ἠρεμοῦσι ‖ 494 ῥιζοτόμον Gy : ῥιζό-
τομόν cett. ‖ ὥρην ω* Eut. (cf. Gᵍ τὸν καιρόν) : ὥρην Q (iam S.) ‖
496 ἀλθήσῃ ω* (fut. 2ᵃ sing.) : ἀλθήσει PC ‖ 497 βλύοντι aRM :
βλύζοντι cett. ‖ περιαλγέι RWp : περιάλγεϊ PM περὶ ἄλγεϊ cett. ‖
498 νεοκμῆτας ὃ S. : νεόκμητα (νεόμικτα HQ) τὸ ω* Σ ‖ 499 θαλερὴν ω : τραφερὴν Tz. ‖ βόσκονται ω : βόσκωνται Tz. ‖ 502 πηλίου aRMV : πηλίον P πηλίῳ cett. (ex 440 ?).

Cette plante a un feuillage rappelant la marjolaine, qui l'entoure
505 à profusion, et ses fleurs ont l'aspect de l'or. Sa racine reste à
fleur de terre au lieu de s'enfoncer dans le sol, elle occupe le
val Péléthronien. Qu'elle soit sèche ou verte, concasse-la en un
mortier, et bois, une fois délayée dans une cotyle d'un vin
508 délectable. Elle est utile dans tous les cas : aussi la nomme-t-on
panacée[53].

541 Considère l'excellente racine de la vipérine
2. la vipérine d'Alkibios. C'est une plante toujours entourée
d'Alkibios d'un épais feuillage épineux, à laquelle ses fleurs
font comme une couronne de violettes. Et,
au-dessous, sa racine profonde et grêle s'enfonce et croît dans le
545 sol. Cet Alkibios, une vipère mâle l'avait piqué au-dessus de
l'extrémité inférieure de l'aine, alors qu'il dormait sur un tas de
grain, en bordure d'une aire au sol aplani, et elle lui avait fait
reprendre ses esprits sous la violence de la douleur. Mais il arra-
cha de terre la racine, il la morcela de ses dents closes en en suçant le jus, et puis il appliqua l'écorce sur sa plaie[54].

550 Certes, coupe également la jeune pousse du
3. le marrube marrube à fleur jaunâtre, et tu auras un secours
contre les serpents si tu la bois avec du vin
blanc. Cette plante tire vers le bas le pis de la vache

---

504 s. ἡ... Ι ῥίζα : ~ Ap. Rh. 3. 856 s. — 505 *βυθόωσα : *hapax*
absolu. — 507 οἴνης : « vin » (24 fois), cf. Léonidas Tar. 1970 G.-P.,
Lyc. 660. — 508 ἄρκιος : cf. n. au v. 837. — τὸ — ἔπουσιν : cf.
carmen 120. — 541-556 : on peut s'étonner que, après l'annonce du
v. 528, l'exposé relatif aux remèdes composés s'interrompe après le
premier pour laisser place à deux remèdes simples (cf. Olivieri 289) ;
d'où ma transposition des v. 541-556. Elle suppose un accident qui
n'est pas sans exemple (voir *Notice* p. CXLVIII). Au μέν du v. 500
répond le δ(ε) du v. 541, qui ouvre la notice du second remède simple,
et le dernier de la série (520-7) est introduit par ναὶ μήν, selon l'usage
de N. (voir n. au v. 51). — 541 *ἔχιος : cf. n. 54a. — περιφράζεο :
cf. 7, 715, *Od*. 1. 76 (*hapax* hom.), Opp. *Hal*. 4. 608. — 542 *ἀκανθοβόλος : 869, fr. 74. 9 ; seule attestation de ce sens. — 543 λείρια :
pour le sens de « fleurs » cf. Σ 543a, Σ Ap. Rh. 1. 879 (Hsch. λ 546
s., Suid. 392 s., qui glosent tous λείρια par ἄνθη ; le sens particulier
de κρίνα « lys » n'est donné qu'en second). — *Pour les n. aux v. 545-
552 voir p. 150, 152.*

ἄνθεα δὲ χρύσεια φαείνεται· ἡ δ' ὑπὲρ αἴης
ῥίζα καὶ οὐ βυθόωσα Πελεθρόνιον νάπος ἴσχει.   505
Ἣν σὺ καὶ αὐαλέην, ὁτὲ δ' ἔγχλοον, ὅλμῳ ἀράξας,
φυρσάμενος κοτύλῃ πιέειν μενοεικέος οἴνης·
παντὶ γὰρ ἄρκιός ἐστι· τό μιν πανάκειον ἔπουσιν.   508
Ἐσθλὴν δ' Ἀλκιβίου ἔχιος περιφράζεο ῥίζαν.   541
Τῆς καὶ ἀκανθοβόλος μὲν ἀεὶ περιτέτροφε χαίτη,
λείρια δ' ὡς ἴα τοῖα περιστέφει· ἡ δὲ βαθεῖα
καὶ ῥαδινὴ ὑπένερθεν ἀέξεται οὔδεϊ ῥίζα.
Τὸν μὲν ἔχις βουβῶνος ὕπερ νεάτοιο χαράξας   545
ἄντλῳ ἐνυπνώοντα χυτῆς παρὰ τέλσον ἅλωος
εἶθαρ ἀνέπνευσεν καμάτου βίῃ· αὐτὰρ ὁ γαίης
ῥίζαν ἐρυσσάμενος τὸ μὲν ἔρκεϊ θρύψεν ὀδόντων
θηλάζων, τὸ δὲ πέσκος ἑῷ περὶ κάββαλεν ἕλκει.
Ἦ μὴν καὶ πρασίοιο χλοανθέος ἔρνος ὀλόψας   550
χραισμήσεις ὀφίεσσι πιὼν ἀργῆτι μετ' οἴνῳ·
ἤ τε καὶ ἀστόργοιο κατείρυσεν οὔθατα μόσχου

SIM. 547-549 cf. Polyeidis praeceptum ap. Philumen. 17.9 (24.17-19),
uide *Annexe* §8.

deest T usque ad u. 541
505 βυθόωσα ω* (βυθόωσσα KV) : βυθόεσσα O ‖ 506 αὐαλέην ω* :
ἀβαλέην PUE ἀζαλέην EˢᵗIy ‖ 507 κοτύλῃ Btl. : κοτύλην ω ‖ μενοεικέος ω* : μελιηδέος GᵞᵖL ‖ 508 πανάκειον ω* (πανάκιον L) :
πανάκειαν conieceris cl. Call. 2. 40, *carmen de herbis* 120 ‖ post 508
(nisi post 527 malis ; at uide gall. adn. ad 541-556) transtuli uu. 541-556
in quibus simplicia remedia commendat Nic., radices e.g. (huc redibit 636
ss.) ‖ 542 περιτέτροφε ω : περιτέτραφε T fort. περιδέδρομε (cf. 503,
631) ‖ 543 περιστέφει *ab*MV prob. Btl. : περιστρέφει *c* (eadem uar.
-στεφ-/-στρεφ- 490, Arat. 567, *al.*) περὶ τρέφει T ‖ 546 παρὰ TGM
Eut. : περὶ cett. ‖ ἅλωος T : ἁλωῆς ω* (ἀλ- KORy) ‖ 547 ἀνέπνευσεν
καμάτου TRWMV : ἀνέπνευσε καμάτου cett. ἐνέπνευσεν κάματον
Σᵘˡ ‖ καμάτου Ω : καμάτων Σᵘˡ ‖ 548 ἐρυσσάμενος Ω* (et Iˢˡ) : ἐρυσά-
μενος LKOIy ‖ 549 περὶ T : ἐνὶ *ab*MV om. P τάχα *p* ‖ 550 ἦ μὴν Ω*
(ἡμῖν T) : ναὶ μὴν Kᵞᵖm.rec ‖ ἔρνος Ω* : ἔρνεα FˢˡDA*ld* metri causa
(uide adn. sq.) ‖ ὀλόψας Ω* (et Iᵖᶜ) : κόψας *p* (i.e. gl.) ‖ 551 χραισμήσεις Ty : χραισμήσῃς M χραισμήσαις cett. ‖ μετ' T : σὺν ω.

sans affection pour son veau premier-né ; et, débordante de lait, elle se met à l'aimer. C'est elle en vérité que les pâtres nomment
555 « feuille au miel », d'autres « herbe aux abeilles » ; car, autour de ses fleurs, les abeilles, charmées par l'odeur du miel, foncent en bourdonnant[55].

509   En vérité, l'aristoloche, amie des ombrages, est
4. l'aristoloche à mentionner spécialement. Elle porte des feuilles hédériformes comme celles du chèvre-feuille, ses fleurs se teintent de rouge écarlate, et elle répand une odeur entêtante. Au milieu de la plante, tu verras un fruit pareil à la poire qui vient du poirier cordé ou du poirier commun. La racine de l'espèce femelle offre une masse arrondie, alors que,
515 dans l'espèce mâle, elle s'allonge et s'enfonce d'une coudée, telle pour la couleur que le buis d'Orikos. C'est, en vérité, dans celle-ci que tu chercheras contre la vipère mâle et sa femelle à l'atroce piqûre un secours éminent : prends-en un morceau d'une drachme et opère ton mélange dans une boisson de vin paillet[56].

520   Et certes, avec le trèfle aussi, procure-toi une
5. la psoralée aide contre les bêtes venimeuses, que ce
bitumineuse soit sur une âpre colline ou dans une combe abrupte. Cette plante, qu'on nomme « petite

---

553 *περισφαραγεῦσα : *hapax* absolu. — 554 ἐπικλείουσι : 230, *Al.* 346 ; au sens où l'emploient les poètes hellénistiques (Arat. 92, Ap. Rh. 2. 1156). — 555 φύλλα : pour le sens de « fleurs » cf. Hsch. φ 999 φυλλίδες· τὰ τῶν ἀνθῶν, ἅ τινα φύλλα ἐκάλουν, Σ *Th.* 63b πολυάνθεα· φύλλα ἔχοντα, Σ^G 898b βρύα· ἄνθη, τὰ φύλλα. — 556 ῥοιζηδόν : « avec vivacité », cf. ῥοιζηδά *Al.* 182, 498 ; p.-ê. emprunté à Lyc. 66, mais cf. Ésope 231 (en parlant de l'eau d'un fleuve). — 509 *ἀριστολόχεια : pour les appellations courantes voir comm. n. 56. — ἐνδατέοιτο : cf. LSJ (*Revised Suppl.*) « mention specially », avec référence à Soph. *Tr.* 791 et Eschyle, *Sept contre Thèbes* 578 ; au Pass., seulement ici. — 510 *κισσήεντα : *hapax* emprunté par Nonnos (10 fois). — 511 *ὑσγίνῳ : cf. 870 ὑσγινόεις ; pas d'autre attestation du subst. en dehors de Myrinos *AP* 6. 254.3 = 2562 G.-P². —*ἐνερεύθεται : 871, seule autre occurrence. — 512 ἐμβαρύθουσα : ici seulement, de l'odeur ; au propre 324, en parlant de l'hydropisie 468 ; cf. Opp. *Hal.* 3. 142, 4. 96. — 513 *μυρτάδος, *βάκχης : *hapax* en parlant d'un poirier. — 514 *ἐπιστρογγύλλεται, 517 *αἰνοπλῆγος : *hapax* absolus. — *Pour les notes aux v. 518-522 voir p. 153 et 155.*

πρωτογόνου, στέργει δὲ περισφαραγεῦσα γάλακτι.
Τὴν ἤτοι μελίφυλλον ἐπικλείουσι βοτῆρες,
οἱ δὲ μελίκταιναν· τῆς γὰρ περὶ φύλλα μέλισσαι
ὀδμῇ θελγόμεναι μέλιτος ῥοιζηδὸν ἵενται.   556
Ἤτοι ἀριστολόχεια παλίνσκιος ἐνδατέοιτο,   509
φύλλ᾽ ἅτε κισσήεντα περικλυμένοιο φέρουσα·
ἄνθεα δ᾽ ὑσγίνῳ ἐνερεύθεται, ἡ δέ οἱ ὀδμή
σκίδναται ἐμβαρύθουσα· μέσον δ᾽ ὡς ἀχράδα καρπόν
μυρτάδος ἐξ ὄχνης ἐπιόψεαι ἢ σύ γε βάκχης·
ῥίζα δὲ θηλυτέρης μὲν ἐπιστρογγύλλεται ὄγκῳ,
ἄρσενι δ᾽ αὖ δολιχή τε καὶ ἄμ πυγόνος βάθος ἴσχει,   515
πύξου δὲ χροιῇ προσαλίγκιος Ὠρικίοιο.
Τὴν ἤτοι ἔχιός τε καὶ αἰνοπλῆγος ἐχίδνης
ἀγρεύσεις ὄφελος περιώσιον· ἔνθεν ἀπορρὼξ
δραχμαίη μίσγοιτο ποτῷ ἔνι κιρράδος οἴνης.
Ναὶ μὴν καὶ τρίσφυλλον ὀπάζεο κνωψὶν ἀρωγήν   520
ἠέ που ἐν τρήχοντι πάγῳ ἢ ἀποσφάγι βήσσῃ·
τὴν ἤτοι μινυανθές, ὁ δὲ τριπέτηλον ἐνίσποι,

TEST. 555 (*μελίκταιναν) respicere uid. Hdn. ὀρθ. 549. 26 = Hsch. μ
726 μελίκταινα· πόα τις, ἣν ἔνιοι μελίκταιναν, ἄλλοι μελισσόφυλλον ; haec uox alibi non legitur ‖ 556 (ῥοιζηδὸν) cf. Hsch. ρ 424
ῥοιζηδόν· σφοδρῶς ἠχητικόν (an ad Lyc. 66 pertinet ?) ‖ 520
(τρίσφυλλον) EG^{AB} s.u. τρισκαίδεκα = EM 279.11 (EGud 585.13)
s.u. δὶς καὶ τρίς (παρὰ N-φ) ‖ 522 (μινυανθές) cf. Hsch. μ 1397
μινυανθές· πόα, ἀσφάλτιον καὶ τρίφυλλον (cf. ad 555 ; at uide D.
3.109.1 [119.14] ~ Gal. simpl. med. fac. 8. 19. 13 [12. 144.15]).

deest T a u. 509
556 ἵενται b*pMV : ἵενται TaROP (ἱένται) ‖ 509 ἀριστολόχεια ω*
Σ Eut. : ἀριστολόχια L, cf. ἀριστολοχία Hp. Th. D., al. ‖ παλίνσκιος RW (cf. Archil. fr. 36 West, Soph. F 289, Triphiod. 209, et uide
679 [T]) : παλίσκιος (cf. hHerm. 6, hHom. 18.6) cett. praeter R^{sl}M qui
πολύσκιος ‖ 510 φύλλ᾽ ἅτε S. : φύλλα τε ω ‖ 513 ὄχνης ω* :
ὄγχνης LMP ‖ 514 ἐπιστρογγύλλεται GMRUF : -στρογγύλεται
cett. ‖ 515 καὶ ἄμ πυγόνος Schn. post Btl. : καὶ ἀμπυγόνος ω* (καὶ
ἀμπύγονος Lx κάμπύγος y) ‖ 516-517 om. W sed postea add., 516
ante 515 legisse uid. Eut. ‖ 518 ἀγρεύσεις ω* (-σης L -σειν b), cf.
690 : ἀγρήσεις Btl., cf. G^g αἱρήσῃ, λήψῃ ‖ 520 τρίσφυλλον EG
prob. Btl. : τριόφυλλον ω Σ τρισφύλλου correxeris cl. 700, at cf. 517
s. ‖ 522 ἐνίσποι aR^{sl}My* : ἐνίσπῃ RO ἐνίσπει KO^{sl}WPxBV.

fleur », tel autre peut bien l'appeler « tripétale », ressemble par son feuillage au mélilot, mais à la rue par son odeur. En vérité, quand elle a laissé choir toutes ses fleurs ainsi que ses feuilles 525 diaprées, elle exhale un relent de bitume. Coupe alors sa graine, prends-en juste la valeur d'une saucière de table, une fois broyée dans un mortier, et bois-la comme un secours contre les serpents[57].

Remèdes composés

Allons ! je veux te dire à présent les compositions remédiant à ces maux.

Prends la racine aux membres salutaire du 530 *thapsos* de Sicile réduite en poudre ; ajoute à profusion la graine du gattilier aux blanches fleurs, le laurier-rose et la rue luxuriante ; ajoute encore la pousse coupée sur la sarriette couchée à terre, qui, dans la forêt, fait croître aux alentours ses ramilles semblables à celles du serpolet ; prends également tantôt la racine de l'asphodèle à double floraison, tantôt la partie 535 supérieure de sa tige, souvent aussi ses graines, que fait croître la capsule tout autour de la plante ; ou bien encore l'*helxinè*, appelée aussi *clybatis*, qui aime les eaux, toujours florissante

---

523 ῥυτῇ : *Al.* 306 ; *glose* péloponésienne, voir *Notice* p. xcvi. — 524 *πτίλα : au propre « ailes, duvet » ; sens fig. (cf. Σ 524ab) non attesté ailleurs. — 525 *ἀπερεύγεται : au pr. « dégorger » (cf. *Al.* 380) ; ici, sens fig., « exhaler une odeur », sans parallèle. — 526 κύμβοιο τραπεζήεντος : cf. Sophron fr. 164 ; périphrase pour ὀξύβαφον (598) ; cf. 948 κύμβην, et, sur les différents termes κύμβος, κύμβη, etc., voir le commentaire de π₃. — 527 καρδόπῳ : d'ordinaire, « pétrin » ; ici, au sens de « mortier », attesté chez Poll. 1. 245 (76.8 s.). — 528 νῦν δ' ἄγε : cf. n. au v. 359. — ἐπίμικτα : plus ancien exemple de ἐπίμικτον = σύνθετον ; en dépit de ἄμεικτα Thcd. 1. 77. 6, Plat. *Soph.* 251d 6, σύμμεικτα Lys. 19. 27, il vaut mieux, ici et en 562, écrire -μικτα, graphie sur laquelle s'accordent tous nos mss (de même chez Call. 5. 16, où il faut écrire μικτά) ; voir West *Op.* 563. — ἀλκτήρια : *Al.* 350 (ἀ. νούσων), cf. Eur. (*Télèphe*) fr. 697.2, Call. (*Hécalé*) *SH* 288.43в = 74.1 H., QS 6. 364 μάχης ἀ-ον, 9. 121 = 11. 424 ἀ-α χάρμης, Nonn. *par.* 3.74 (ἀ. νούσων). — 529 *γυιαλθέα : ἄλθος (*Al.* 423) et les adj. dérivés ἀλθήεις (*Th.* 84), ἀναλθής (*Al.* 246), ἐν- (*Al.* 586), ἐπ- (*Al.* 156), εὐ- sont aimés de N. — 530 σμώξας : cf. Aristoph. *Paix* 1308, seule autre forme attestée de σμώχω, en dehors de la littérature grammaticale. — *Pour les notes aux v. 530-536 voir p. 156.*

χαίτην μὲν λωτῷ, ῥυτῇ γε μὲν εἴκελον ὀδμήν.
Ἤτοι ὅτ᾽ ἄνθεα πάντα καὶ ἐκ πτίλα ποικίλα χεύῃ,
οἷόν τ᾽ ἀσφάλτου ἀπερεύγεται· ἔνθα κολούσας   525
σπέρμα τόσον κύμβοιο τραπεζήεντος ἑλέσθαι
καρδόπῳ ἐντρίψας, πιέειν δ᾽ ὀφίεσσιν ἀρωγήν.
Νῦν δ᾽ ἄγε τοι ἐπίμικτα νόσων ἀλκτήρια λέξω.
Θρινακίην μὲν ῥίζαν ἕλευ γυιαλθέα θάψου
σμώξας, ἐν δὲ σπέρμα χυτὸν λευκανθέος ἄγνου,   530
νῆριν πηγάνιόν τε περιβρυές, ἐν δέ τε θύμβρης
δρεψάμενος βλαστὸν χαμαιευνάδος, ἥ τε καθ᾽ ὕλην
οἵας θ᾽ ἑρπύλλοιο περὶ ῥάδικας ἀέξει·
ἄγρει δ᾽ ἀσφοδέλοιο διανθέος ἄλλοτε ῥίζαν,
ἄλλοτε καὶ καυλεῖον ὑπέρτερον ἀνθερίκοιο,   535
πολλάκι δ᾽ αὖ καὶ σπέρμα, τό τε λοβὸς ἀμφὶς ἀέξει,
ἠὲ καὶ ἑλξίνην, τήν τε κλύβατιν καλέουσιν,

TEST. 526 s. *EG*^AB = AP 4. 65.12 ; 526 (— κύμβοιο) *EGud* 299.6,
Ν-ος ἐν Θ-οῖς ; 527 (— ἐντρίψας) *EM* 490.50 Ν-ος, s.u. κάρδοπος
‖ 534-536 respicit Plin. 22. 67 *Nicander et contra serpentes ac scorpiones uel caulem, quem anthericum uocauimus, uel semen uel bulbos
dedit in uino tribus drachmis* (cf. D. 2. 169. 2 [235.8] ἑρπετοδήκτοις
δίδοται ὠφελίμως ὅσον δραχμῶν τριῶν τὸ πλῆθος) *substrauitque*.
Vide supra *Test.* ad 73.

deest Τ ‖ 526-529 frustula seruat π₃
524 χεύῃ *ab*V : χεύει M τεύχῃ Ρ*x* τεύχει *y* ‖ 526 σπέρμα τόσον
ego (cl. *EG EGud* σπέρματος ὃν [ὃν *EG*^A : ὃν AP ὢν *EG*^B], quam
lect. habere uid. π₃ l. 10]ατοσ[[δε]]ον κυμβιον πληρωσασ[; σπέρμα et Eut., ad sing. cf. 530, 536, 900) : σπέρμαθ᾽ ὅσον ω ‖ ἑλέσθαι
ω (cf. 500, 604) : ὀλέσθαι uel ὀλ- *EG* AP ‖ 527 πιέειν (Α : πείθειν
Β) δ᾽ *EG* AP : πιέειν ω* (ποιέην L ποιέειν W sed o del.) ‖ 528 λέξω ω* : δείξω M prob. Cazzaniga ‖ 529 θρινακίην ω* π₃ : τρι-
νακίην G^γρ ‖ γυιαλθέα ω* (et Μ^sl) : γυιαλκέα M ‖ 533 ἑρπύλλοιο
*a*RMDΑld : ἑρπύλοιο cett. ‖ περὶ ῥάδικας GMV : περιρράδικας
L*b*P περιρρακίδας Ρ^sl*p*(-κῐδ- *Ald*) ad quam u.l. cf. Hsch. ρ 82 ῥακῐ-
δες· ὀρόδαμνοι, κλάδοι ‖ 534 διανθέος ω Σ : δισανθέος Btl.
(e glossa δισανθοῦς ap. Σ) ‖ 536 δ᾽ αὖ *p* (cf. 253) : δ᾽ οἱ W δ᾽ ἐν
RM δὲ cett.

dans les prés humides. Puis bois, après avoir broyé, dans une cotyle de vinaigre ou de vin ; mais, même avec de l'eau, tu n'auras pas de peine à échapper au trépas[58].

557 Ou bien pèle les minces membranes qui enveloppent la cervelle de l'oiseau domestique ; d'autres fois, frotte pour les ré- duire en fines parcelles le basilic sauvage et l'origan ; ou, 560 dans le foie d'un sanglier, tranche le sommet du lobe qui prend naissance à partir de la table et s'incline à proximité de la vésicule et de la porte. Et puis, après les avoir hachés ensem- ble ou séparément, bois tous ces ingrédients dans du vinaigre ou dans du vin, mais le vin aura un meilleur effet curatif[59].

Arrache la chevelure du cyprès toujours vert pour t'en 565 faire une potion, ou bien la panacée, ou le testicule fatal au castor, ou celui du cheval que le Nil nourrit en amont de la noire Saïs, et qui jette sur les champs une faux malfaisante. Une fois sorti du fleuve et de son limon fangeux, quand les

539 κοτυλήρυτον : N. a donné à cet *hapax* hom. (*Il.* 23. 34), « puisé à pleines coupes », le sens technique de κοτυλιαῖος (cf. Antig. Car. *ap.* D.L. 2. 139 = Ath. 420a), « du volume d'une *cotylè* » (= 0,27 l). — 540 οἴνης : s.e. κοτύλην (à tirer de κοτυλήρρυτον). — κῆρας : le pluriel du v. 699 (cf. πάσας) envisage tous les genres de morts ; mais, ici et en 862 (cf. Lyc. 289 κῆρας … πικράς), il semble, comme chez Hom. (cf. *Il.* 3. 360 sing., 22. 202 plur.), ne pas avoir une valeur différente du sg., 35, 411, 813, *Al.* 536. — 557 σμήνιγγας : *hapax* absolu ; cf. 823 σμυραίνην, *Al.* 419 σμυγεροῖο. — ἀραιάς : cf. n. au v. 133. — 558 λέψαιο : de λέπω, cf. fr. 82 λέψας. — *κατοικά- δος : *Al.* 60, 535 ; *v.l.* *κατοικίδος, à côté de l'usuel κατοικίδιος (196). — *ἀμόρξαις : pour le sens cf. *Test.* — 559 *ψηχρά : seule attestation littéraire ; cf. *Test.* — 562 ἄνδιχα : « à part », opposé à σύμμικτα, 912 à ἀμμίγδην. — σύμμικτα : cf. 528 (ἐπίμικτα) et la n. — 563 ὄξεος ἢ οἴνης : pour le gén. cf. 606, 693. — 564 φόβην : métaph., cf. Pind., Trag. ; mais aussi Th. *HP* 8. 3. 4. — ἀειθαλέος : cf. Méléagre *AP* 7. 195.7 = 4064, 12. 256.9 = 4416 G.-P., mais aussi D. 4. 88 (247.10). — 565 οὐλοόν : 352 (Ritter 40), " meurtrier, fatal " = ὀλοόν (194, *al.*) *metri causa* ; cf. Call. fr. 78.1, Ap. Rh. 2. 85 (+ 5 fois), Ératosth. 18.2. Formation analogique de οὐλόμενος (100, 357), οὖλος (cf. *ad* 233, 826). Σ 565d propose ἢ τὸν ὁλόκληρον (cf. Σ 880b) ἢ τὸν ὀλέθριον ἑαυτῷ ; premier sens possible (cf. Call. fr. 260. 58 = 74.17 H.) mais inadéquat ici. Voir comm. n. 60c. — 566 αἰθαλόεσσαν : cf. 420 et la n. — 568 *ζάλον : *hapax*, « fange », cf. *Test.*

ὕδασι τερπομένην καὶ ἀεὶ θάλλουσαν ἰάμνοις.
Πῖνε δ' ἐνιτρίψας κοτυλήρυτον ὄξος ἀφύσσων
ἢ οἴνης· ῥέα δ' αὖτε καὶ ὕδατι κῆρας ἀλύξεις.   540
Ἠὲ σύ γ' ἐγκεφάλοιο περὶ σμήνιγγας ἀραιάς   557
ὄρνιθος λέψαιο κατοικάδος· ἄλλοτ' ἀμόρξαις
ψηχρὰ πολύκνημον καὶ ὀρίγανον· ἢ ἀπὸ κάπρου
ἥπατος ἀκρότατον κέρσαι λοβόν, ὅς τε τραπέζης   560
ἐκφύεται, νεύει δὲ χολῆς σχεδὸν ἠδὲ πυλάων.
Καὶ τὰ μὲν ἂρ σύμμικτα πιεῖν ἢ ἀπ' ἄνδιχα κόψας
ὄξεος ἢ οἴνης· πλεῖον δ' ἄκος ἕψεται οἴνῃ.
Ἐν δὲ φόβην ἐρύσασθαι ἀειθαλέος κυπαρίσσου
ἐς ποτόν, ἢ πάνακες, ἢ κάστορος οὐλοὸν ὄρχιν,   565
ἢ ἵππου τὸν Νεῖλος ὑπὲρ Σάιν αἰθαλόεσσαν
βόσκει, ἀρούρῃσιν δὲ κακὴν ἐπιβάλλεται ἅρπην·
ὅς τε καὶ ἐκ ποταμοῖο λιπὼν ζάλον εἰλυόεντα,

TEST. 558 cf. Hsch. α 3757 ἀμόρξαι· ἀποψῆσαι ἢ ὀμόρξαι, Suid. ο
277 ὀμόργνυσιν· ἀπομάσσει, ἀποψήχει ‖ 559 cf. Hsch. ψ 166
ψηχράν· τὴν λεπτήν, Suid. ψ 89 ‖ 568 (*ζάλον) fort. respicit Hsch.
ζ 42 ζάλον· πηλόν ; in hoc sensu alibi non legitur.

538-540 deest T, et a u. 564
538 ὕδασι aRM : ὕδατι cett. ‖ 539 δ' ἐνιτρίψας uRM : δ' ἐντρίψας
b*P δὲ ἐντρίψας p*(δέ γ' ἐντρ- DAld) δέ τ' ἐντρίψας V ‖ κοτυλήρυτον GRK (-ρητον) O : κοτυλήρρυτον cett. (-λίρρ- y) ‖ 540 οἴνης ω* :
οἴνου p ‖ ἀλύξεις ω* : ἀλύξοις M ἀλύξαις DAld prob. Gow fort. recte
(ad optat. potentialem sine particula uide gall. adn. ad 522 ; at cf. ῥεῖα
κεν 1, 234, 768, Al. 4, 333) ‖ 557 περὶ T : πέριξ ω ‖ σμήνιγγας T (uide
gall. adn.) : μήνιγγας ω* (μίνιγγας y) σμήριγγας ΣγρDγρ ‖ ἀραιάς
OWUCEF ‖ 558 λέψαιο T (sine acc.) : λάζοιο ω* (λάβοιο L) Σ (λάβε)
‖ κατοικάδος T : κατοικίδος ω* (κατοικιδίου L) ‖ ἀμόρξαις T (cf.
Test.) : ὀμόρξαις ω* (-ας OW -ξεις y) ‖ 559 ψηχρὰ TΣγρDγρ (ψῆχρα)
Eut. (λεπτὸν), cf. Test. : ψῆγμα ω* ‖ πολύκνημον TLb*Dγρ : πολυ-
κνήμου GRMV πολύκμμην c* ‖ ὀρίγανον Tab : ὀρείγ- cMV ‖
κάπρου Ω : μόσχου inscriptio imaginis in T adpictae ex 552 defluxit ‖
560 κέρσαι Ω* : κέρσα P -σας p (prob. Klauser) ‖ 562 ἢ ἀπ' T (ἢ
ἀπ-) : ἢ abMV om. P δόθι p ‖ κόψας Ω : βάψας Gow ‖ 563 οἴνη T :
οἴνης ω ‖ 566 αἰθαλόεσσαν ω* : ὑδατόεσσαν RγρM ‖ 568 εἰλυόεντα
L (εἰλιό-) KWslPxV : ἰλ- cett. (KslW), cf. Al. 97 et uide ad 203.

plantes fourragères verdoient et qu'elles viennent de déployer leur
570 herbage, il progresse, au sortir des eaux profondes, sur toute la
longueur de la voie qu'il suit, les mâchoires dévorantes,
en rebroussant chemin. Tailles-en de quoi égaler le poids d'une
drachme ; et puis, fais boire dans de l'eau après avoir haché
le tout au creux d'un récipient[60].

N'oublie pas non plus l'aurone ni le fruit du laurier à
575 feuille mince. La marjolaine aussi, qui verdoie dans les
plates-bandes et les bordures des jardins, peut rendre grand service. Ajoute la présure du rapide levraut, du daim ou du
faon de biche, dont tu auras retranché les saletés, l'estomac du
cerf, cette partie que l'on nomme « hérisson », ou encore
580 « résille des entrailles ». Sur ces ingrédients, prélève des por-
tions de la valeur de deux drachmes et jette-les dans quatre
cyathes d'un vin chenu où tu opéreras ton mélange[61].

N'ignore pas davantage le secours de la germandrée-polion
ou du cèdre-sapin, le genévrier et les fruits globuleux du

569 ἀπεχεύατο : suj. χιλός ; pour le passage du plur. au sing.
(plus fréquent) cf. 800 s., et pour le sens voir Σ 569a (217.12 τὴν
πόαν, τουτέστι τὸ βοτανῶδες καὶ χλοῶδες), cf. fr. 74.34 φυλλάδα
… ἐκχεύετον. I.G. et O. Schneider préfèrent corriger (voir n. crit.) et
entendent ἀπεχεύατο de la sortie de l'épi. — 570 ὀσσάτιον : *hapax*
hom. = ὅσον, *Il.* 5. 758 (Hsch. o 1427) ; ὀσσάτιόν περ Ap. Rh. 1.
372 (*in eadem sede*), 468. — 571 *ἐκνέμεται : *hapax* absolu. —
παλίσσυτον : *uox tragica* (Soph., Eur.), adoptée par les poètes hellénistiques (Ap. Rh., Thcr., Lyc., Mosch.). — ὄγμον ἐλαύνων : Arat.
749 ; chez Hom., *sillon* du laboureur (*Il.* 18. 546) ou *andain* du mois-
sonneur (18. 552 ; Thcr. 10.2) ; chez Arat., *orbite* d'un astre, cf.
hHom. 32.11 ; chez N. et après lui, la *voie* que suivent des animaux :
371 (où le sens d'*ornières* [Br., G.-S., cf. Σ 371f] peu probable), Opp.
Hal. 1. 625 ; cf. Call. fr. 335 = 135 H., Ritter 68 ; ce sens convient
ici, mais aussi le sens hom. (« sur toute la longueur de la coupe qu'il
mène »), à cause du contexte particulier. — 572 ἀποπροταμών :
hapax hom. (*Od.* 8. 475), cf. 643. — * ἰσοφαρίζειν : chez Hom. =
ἀντιφερίζω « être égal à » ; chez N. = ἶσον φέρω (cf. 646) « apporter (un poids) égal, égaliser », sens transitif non attesté ailleurs. —
573 ἐμπίσαιο : *Th.* 877 (-σαιο), *Al.* 277 (-σεο) et 519 (-σαις)
« donne à boire » ; pass. *Th.* 624 ἐμπισθέν « administré » ; seule
autre forme attestée : Pind. fr. 111. 1. — *Pour les notes aux v. 574-
584 voir p. 164 et 168.*

χιλοὶ ὅτε χλοάουσι, νέον δ' ἀπεχεύατο ποίην,
τόσσον ἐπιστείβων λείπει βυθὸν ὀσσάτιόν περ   570
ἐκνέμεται γενύεσσι παλίσσυτον ὄγμον ἐλαύνων.
Τοῦ μὲν ἀποπροταμὼν δραχμῆς βάρος ἰσοφαρίζειν,
ὕδατι δ' ἐμπίσαιο κύτει ἐν ἀολλέα κόψας.
Μηδὲ σύ γ' ἀβροτόνου ἐπιλήθεο, μηδέ τι δάφνης
καρπὸν ἀραιοτέρης· μάλα δ' ἂν καὶ ἀμάρακος εἴη   575
χραισμήεις πρασιῆς τε καὶ ἀνδήροισι χλοάζων·
ἐν δὲ τίθει τάμισον σκίνακος νεαροῖο λαγωοῦ
ἢ προκὸς ἠὲ νεβροῖο πάροιθ' ἀπὸ λύματα κόψας,
ἢ ἐλάφου νηδύν — τὸ μὲν ἂρ καλέουσιν ἐχῖνον,
ἄλλοι δ' ἐγκατόεντα κεκρύφαλον· ὧν ἀπερύσσας   580
δραχμάων ὅσσον τε δύω καταβάλλεο μοίρας
τέτρασιν ἐν κυάθοις μέθυος πολιοῦ ἐπιμίξας.
Μηδὲ σέ γε χραίσμη πολίου λάθοι ἠὲ κέδροιο,
ἄρκευθος σφαῖραί τε θερειλεχέος πλατάνοιο,

Test. 577 (τάμισον) Erot. τ 32 (87.15) τάμισον· τὴν πιτύαν, ὡς καὶ
Ν-ος ἐν Θ-οῖς, cf. Σ 577a ; an ad 949 pertinet ?

deest T
569 χλοάουσι ω* : πλήθουσι G⁷ᵖ Kˢˡ, cf. Σ ‖ νέον ω : νεὸς Gᵘw, at
exspectaueris uocem hom. νειός ‖ ποίην ω : ποίη S., duce Schn. qui
interpretatur ἀπεχεύατο (sc. τὸν στάχυν) cl. Th. *HP* 4. 4. 10, *CP* 3.
21. 5, *al*. ‖ 571 ὄγμον ω* : οἶμον G⁷ᵖKˢˡ, eadem uariatio ap. Arat. 749 ‖
572 ἀποπροταμὼν ω*(et C) : ἄπο προταμὼν *p*ᵛV, cf. 643, fr. 78.7 ‖
573 ἐμπίσαιο edd. : ἐν πίσαιο *a*RMV ἐνιπίσαιο *b*ᵛP ἂν γ' ἰπίσαιο
p ‖ ἐν ἀολλέα ω*(et R) : ἐναολλέα *b*ᵛ prob. Btl. cl. *Al*. 236 (at lectio
dubia) ad praepositionis ἐν anastrophan cf. Arat. 33, 52 ‖ 574 ἀβροτόνου GM*b*ᵛPUEFA*ld* : ἀβρ- LOCDIγV, cf. 66, 92 ‖ μηδέ τι ω* :
μηδ' ἔτι KRO, cf. 851 ‖ 575 καρπὸν ω : καρποῦ Btl., at ad syntaxim
cf. Hdt. 3. 46, Eur. *Hel*. 265 ; *al*. ‖ ἀραιοτέρης WUCE ‖ 576 πρασιῆς
(-σιῇ KOW) τε ω* : πρασιῇσι Gow, at cf. *Notice* p. CIII §IV 2 ‖
578 ἠὲ RᵖᶜMV : ἢ cett. ‖ 579 post 575 transp. G sed ordinem restituit
litt. adpictis ‖ τὸ μὲν ἂρ *ab* : τὸ μὲν γὰρ P τὴν δὴ *p* ‖ 580 ἀπερύσσας LRM (cf. in eadem sede Call. 1. 62 ἐρύσσαι, Ap. Rh. 3. 913
ἐρύσσας) : ἀπερύσας cett. ‖ 584 ἄρκευθος ω : ἀρκευθὶς Scaliger
Salmasius ‖ σφαῖραι GRM : σφαῖρα cett. (σφαίρη *p*).

585 platane, qui offre une couche en été, ainsi que les graines du buplèvre et du cyprès Idéen. Ou bien encore, sur un cerf, coupe
la bourse séminale. Car tous ces ingrédients guériront et chasse-
ront l'indicible douleur[62].

Après celui-là, voici un autre moyen de fuir et d'écarter la
mort que tu dois envisager avec la *colybatée* : émiette-la dans un
590 mortier rond ; verse en outre une cotyle de gruau d'orge, ajoute
deux cyathes d'un vin d'ancien foulage, ajoute encore une quantité
égale d'huile d'olives à l'éclat blanc ; mixionne, et tu protègeras
les victimes de piqûres contre le venin qui ronge comme fiel[63].

Prends de la poix odorante, un sixième de cotyle, et la moelle
595 de la grande férule écorcée encore verte, ou bien la racine

586 ταμεῖν : l'hypothèse d'une lacune avant 586 (S.) est gratuite,
et la transposition de 586 avant 579 (Gow) rompt des équilibres (cf.
comm. n. 61) ; ces corrections ne peuvent s'appuyer sur l'ordre des
v. 583-586 en B : comme dans les autres mss de la classe ω, 583-4 y
précèdent 585-6, au lieu de les suivre, comme Gow le répète après
O. Schneider. — 593 πηρῖνα *θοραίην : cf. n. 62 §2. En dehors de
N., θοραῖος, formé sur θορός « semence génitale », ne se trouve que
chez Lyc. 352 comme *épiclèse* d'Apollon, dieu de la génération et de
la fécondité (Tz. *ad loc.*, cf. *RE* 6A 331.55 ss.). —588 μετ᾽ : cf. n. au
v. 372. — θανάτου φύξιν : pour le gén. obj. cf. Opp. *Hal.* 5. 584
φύξιν ὀλέθρου. — 589 : les deux ponctuations auxquelles on peut
songer (après ἑλών ou après φράζεο) sont attestées par les mss (cf.
n. crit.). La deuxième a l'avantage d'exprimer le cpl. de σώχειν ;
mais l'ordre des mots qui en résulte a plus d'inconvénients que cette
ellipse. — τροχαλῷ : d'ordinaire, « qui court, rapide » ; pour le sens
de « arrondi » cf. Rufin *AP* 5. 35.3 = 11.3 Page. — *λίγδῳ : 618, =
« mortier » (Σ 589b, 618b, cf. Hsch. λ 965) ; seule autre occurrence,
Soph. F 35 (*alio sensu*). — σώχειν : cf. n. *ad* 696. — 591 παλαισταγέος : = παλαιοῦ (Σ), cf. Archestratos *SH* 190.17 βοτρυοσταγῆ
ἔρνη, Aristoph. fr. 688 νεκταροσταγεῖ, Eubule fr. 121 -γῆ. — κυάθεια : cf. *IG* I 3. 405 fr. a 10 κυάθειον, seule autre attestation de cette
forme, à ma connaissance. — 592 ἀργέσταο : épithète hom. du Notos
(*Il.* 11. 306, *al.*) ; entre les deux sens proposés par les grammairiens
anciens, « blanc » et « rapide » (Ritter 54), N. a choisi le premier
(cf. 105 ἀργῆτος, 551 -τι, *Al.* 98, 204 ἀργήεντος ἐλαίου) ; de même
[Thcr.] 25. 130 ἀργηεσταί. — λίπευς … ἐλαίου : λίπος au sens de
« huile », cf. Soph. F 398.4, Call. 2. 39 ; redondance « tragique »
comme σκάφη νεῶν (cf. n. *ad* 268) ? Mais voir n. crit. — *Pour les
notes aux v. 593-595 voir p. 171.*

σπέρματα βουπλεύρου τε καὶ Ἰδαίης κυπαρίσσου·   585
ἠὲ καὶ ἐξ ἐλάφοιο ταμεῖν πηρῖνα θοραίην.
Πάντα γὰρ ἀλθήσει καὶ ἀθέσφατον ἐκ μόγον ὤσει.
Τὴν δὲ μετ᾽ ἐξετέρην θανάτου φύξιν τε καὶ ἀλκήν
φράζεο κουλυβάτειαν ἑλών· τροχαλῷ δ᾽ ἐνὶ λίγδῳ
σώχειν, ἐν δέ τέ οἱ κοτύλην πτισάνοιο χέασθαι,   590
ἐν δὲ δύω κυάθεια παλαισταγέος οἴνοιο,
ἐν δὲ καὶ ἀργέσταο λίπευς ἰσόμοιρον ἐλαίου·
φύρσας δὲ †πληγῇσι† χολοιβόρον ἰὸν ἐρύξεις.
Ἄγρει δ᾽ ἐξάμορον κοτύλης εὐώδεα πίσσαν
καὶ χλοεροῦ νάρθηκος ἀπὸ μέσον ἦτρον ὀλόψας,   595

TEST. 585 (σπέρματα βουπλεύρου) respicit Plin. 22. 77 (*bupleuron*) *laudatum* ... *in medicina Glaucone et Nicandro. semen contra serpentes ualet*.... *radix contra serpentes datur in uino* ... (uide 27. 57 *bupleuri semen ad ictus serpentium dari reperio*) ‖ 586 (καὶ —) Erot. π 58 (73.18) s.u. πηρῖνα· τὸν ὄσχεόν φησιν οὕτω καλεῖσθαι Ἀντίγονος ὁ γραμματικὸς παρὰ τὸ ὡς ἐν πήρᾳ ... φησι· « καὶ — θοραίην » (auctoris librique nomina perierunt) ‖ 589 (κουλυβάτειαν) cf. Hsch. κ 3829 κουλυβάτειαν, κλύβατιν· τὴν σιδηρῖτιν πόαν, ἣν ἐλξίνην ἔνιοι ; haec uox alibi non legitur ‖ 590 (σώχειν) cf. Hsch. σ 3111 σώχειν· τρίβειν ‖ 595 (ἦτρον) EG^A (de B non constat ; *EM* 439.40, *EGud* 251.8, Zon. 1012.1) s.u. (Ν-ος ἐπὶ τῆς ἐντεριώνης τίθησι).

deest T
585 σπέρματα ω : σπέρμα legisse uid. Eut. (καὶ τῷ σπέρματι), an σπέρμα τε legendum ? cf. 607, *al.* ‖ 586 lac. ante h. u. posuit S. (contra Eut.), post 578 transp. Gow, at uide gall. adn. ‖ ἠὲ *a*MVD*Ald* : ἢ cett. ‖ ταμεῖν (uel τάμοις) ego : ταμὼν ω om. Erot. ‖ πηρῖνα *a*RMV^pc : πηρῆνα KWV^ac πυρῆνα Ο ποιρῖνα P^ac (-ρῆ- p.c.) *x*^* πυρῖνα Cy ‖ 587 ὤσει ω^* : ὤσεις KOW ‖ 588 μετ᾽ ἐξετέρην *a*^* (μέτ᾽ G ut uid.) : μετεξ- cett. (μεθεξ- *c*) ‖ 589 dist. post ἑλών G, post φράζεο aliquot recentiores omissa particula δ᾽, quod maluit Schn. ‖ κουλυβάτειαν GPV : κουλυβότειαν *b*^* κολλυβάτειαν RM κολυβάτειαν L πολυβ- *p*^* (πουλυβ- EID*Ald*), cf. ad 851 ‖ τροχαλῷ δ᾽ *ab*PMV : τροχαλῷ *p* ‖ 592 ἀργέσταο ω^* : ἀργεστᾶο M fort. ἀργηστᾶο scribendum de quo cogitauit S. (cf. 105 ἀργῆτος) ‖ ἐλαίου ω : fort. ἐλαίας, cf. Soph. F 398.4 λίπος τ᾽ ἐλαίας ‖ 593 πληγῇσι ω : an πληγεῖσι scribendum (uide gall. adn.) ? ‖ 595 ἀπὸ μέσον ω^* : ἀπὸμ μέσον V ἀπὸ μέσου P ἀπαὶ μέσου *p*.

vigoureuse du fenouil-des-chevaux, que tu broieras avec des
baies de genévrier, ainsi que les graines de l'ache qui pousse
dans les marais — qu'elles emplissent la capacité d'un oxybaphe. Ajoute les graines coupées sur l'ache-des-chevaux et un
600 poids de deux drachmes de myrrhe amère ; moissonne en outre
le fruit du cumin estival, et brasse-le avec le reste en poids déterminé ou au hasard et sans l'avoir pesé. Puis bois, après avoir
mélangé à du vin dont tu auras puisé trois fois un cyathe[64].

Du nard aux beaux épis prends un poids d'une drachme, et
605 ajoute un crabe à huit pattes dérobé à la rivière, que tu devras
écraser dans du lait fraîchement trait, l'iris qu'ont nourri le Drilon
et les berges du Naron, séjour du Sidonien Cadmos et
d'Harmonie, où tous deux, dragons épouvantables, ils foulent
610 les pacages. Ajoute, de suite, en pleine floraison, la bruyère
feuillue, que l'essaim d'abeilles va butinant à l'entour. Ajoute,

---

596 *πολυαυξέα : cf. n. au v. 73. — 599 ἔνθα καὶ : cf. n. au
v. 483. — 599 *σπερμεῖα : σπερμεῖον (900) = σπέρμα ; pour
le plur. cf. 944, *Al.* 201. — 600 *ἐχεπευκέος : épithète de βέλος,
Il. 1. 51, 4. 129, *aigu*, *perçant* ; mais compris *amer* par la tradition
grammaticale (cf. πευκεδανός, épithète hom. de πόλεμος) ; N. s'en
est autorisé pour l'appliquer au goût : Σ *Il.* 1. 51*c* (24.77) ἐχεπευκές·
ἔχον πικρίαν· ἀπὸ τῆς πεύκης ἡ μεταφορά ~ Σ *Th.* 600 ἐχεπευκέος ἤγουν πικρᾶς, καθάπερ πεύκη· πικρὰ γὰρ καὶ αὕτη, cf. Ap.
Soph. 80.18, Eustath. *Iliad.* l.c. (p. 68 s.). Sur cet adj. N. a formé le
néologisme ἐμπευκής, de même sens (*infra* 866, une racine ; *Al.* 202,
jus de Silphium). Cf. le phytonyme πευκέδανον, de saveur âcre
(*supra* 76, 82). —601 *θερειγενέος : litt. « qui pousse, grandit en
été » ; cf. Nonnos 12. 95 βότρυν ... θερειγενὲς ἄνθος ὀπώρης,
26. 229 et 238 des eaux du Nil. — 603 *ἀφύξιμον : de ἀφύσσω,
hapax absolu, = ἀντλούμενον (Σ) ; Volkmann[2] 71 comprend *copio-*
sum et rapproche d'*Al.* 584 νέκταρ ἀφυσγετόν, un sens incompatible
avec la dose indiquée. — 604 *δραχμήϊον : cf. n. *ad* 519. — 605 :
pour la combinaison de σύν (ἐν) adv. et de καί adv. avec δέ, δέ τε ou
που voir O. Schneider 109, Klauser 16. Cette liaison renforcée, affectionnée de N., sert ici simplement à introduire un nouvel ingrédient ;
cf. p. ex. σὺν δὲ καὶ *Al.* 274, 534, σὺν δέ τε καί *Th.* 907. Voir aussi
n. au v. 8 et *Notice* p. CIII §IV 3. — *ὀκταπόδην : emprunté à Hés.
Trav. 425 (mesure de longueur), mais avec le sens de ὀκτά- ou ὀκτώ-
ποδα, *unde* Max. 229 (du Scorpion). — *Pour les notes aux v. 606-611*
voir p. 173.

ἠὲ καὶ ἱππείου μαράθου πολυαυξέα ῥίζαν
κεδρίσιν ἐντρίψας, ἐλεοθρέπτου τε σελίνου
σπέρματα — μεστωθὲν δὲ χάδοι βάθος ὀξυβάφοιο — ·
ἔνθα καὶ ἱππείου προταμὼν σπερμεῖα σελίνου,
δραχμάων δὲ δύο σμύρνης ἐχεπευκέος ἄχθη,   600
ἐν δὲ θερειγενέος καρπὸν κέρσαιο κυμίνου
στήσας ἠὲ χύδην τε καὶ ἄστατον ἀμφικυκήσας·
πῖνε δὲ μιξάμενος κυάθῳ τρὶς ἀφύξιμον οἴνην.
Νάρδου δ᾽ εὐστάχυος δραχμήϊον ἄχθος ἑλέσθαι,
σὺν δὲ καὶ ὀκταπόδην ποταμοῦ ἄπο συληθέντα   605
καρκίνον ἐνθρύψαιο νεοβδάλτοιο γάλακτος,
ἶρίν θ᾽ ἣν ἔθρεψε Δρίλων καὶ Νάρονος ὄχθαι,
Σιδονίου Κάδμοιο θεμείλιον Ἁρμονίης τε,
ἔνθα δύω δασπλῆτε νομὸν στείβουσι δράκοντε.
Λάζεο δ᾽ ἀνθεμόεσσαν ἄφαρ τανύφυλλον ἐρείκην   610
ἥν τε μελισσαῖος περιβόσκεται οὐλαμὸς ἕρπων·

TEST. 596 (ἱππείου μαράθου) respicit Plin. 20. 258 *aduersus serpentes nihil efficacius hippomaratho putauere* (sc. Petrichus [*Annexe*
fr. 2] et Micio) ; *sane et Nicander non in nouissimis posuit* ‖ 607
(Νάρονος —) Hdn. κλίσ. 734.5 τὸ γὰρ « Νάρονος ὄχθας » παρὰ
τῷ Ν-ῳ διὰ τὸ μέτρον συνεστάλη τὸ ῶ εἰς τὸ ō ἐν τῇ γενικῇ ~
Choer. Th. 274. 16 (= An. Gr. 3. 1401 Bekker). Respicere uid. Plin. 21.
40 (*iris*) *laudatissima in Illyrico... in siluestribus Drinonis et Naronae*
(*Drilonis et Naronis* correxerim).

deest T
598 s. om. OC ‖ 599 ἔνθα ω : fort. ἐν δὲ ‖ προταμὼν ω* : γε ταμὼν
p ‖ 600 δύο ω* : δύω V*Ald* ‖ ἐχεπευκέος ω : fort. ἐμπευκέος, cf.
866, *Al*. 202, et uide ad u. 111 ‖ 601 δὲ θερειγενέος ω* : δ᾽ ἀθερει-
γενέος Σ^vl*DAld* ‖ κέρσαιο ω* (sic R κέρσεο L*b*) : κεράσαιο Schn.
(cf. G^g μῖξον) ‖ 604 δ᾽ S. : τ᾽ ω ‖ εὐστάχυος Σ^γρO^γρD^γρ : εὐσταθέος
ω* (εὐσταχέος R) ‖ 605 ποταμοῦ ω* : ποταμῷ *c**(-μῶν D) ‖ ἄπο
συληθέντα G (ad anastr. cf. Arat. 1123 φορυτῷ ἔπι μαργαίνουσαι
[ἐπιμ- codd.]) : ἀποσυληθέντα ω* ‖ 607 Δρίλων ω* (et R) : Δρίλλων
*b**PV *Drino* Plin., uide comm. n. 65c ‖ 609 om. D, legebat Eut. ‖ δράκοντε ω* : δράκοντες GW (ad plural. cum duali nominis coniunctum
cf. Arat. 968 s., 1023).

du tamaris stérile, un branchage nouveau, devin respecté chez
les hommes, dans lequel Apollon de Koropè a mis pouvoir de
prophéties et loi divine régentant les hommes ; mêles-y la
615 verte végétation de l'aunée, les tiges de sureau agitées par
le vent, feuilles et fleurs de marjolaine en quantité, la luzerne en
arbre et l'euphorbe riche en lait. Écrase tous ces ingrédients
dans un mortier ; et, dans de grands bols, traite avec eux du vin,
et bois-en une dose d'un dixième de conge⁶⁵.

613 αἰζηοῖσι : cf. n. au v. 343 ; ζωοῖσι n'est pas défendu par
Thcr. 4.42, Asclép. *AP* 5.85.3, où les « vivants » sont opposés aux
morts. — γεράσμιον : = τίμιον (Hsch. γ 407), cf. Eur. *Phén.* 923,
seul autre exemple. — 614 Κοροπαῖος : Koropè, ville thessalienne de
la presqu'île de Magnésie ; sur son oracle voir comm. n. 65e. A côté
de Κοροπαῖος, la version plus complète de la Σ 614a *ap.* Steph. Byz.
(cf. *Test.*) nous fait connaître la *v.l.* Ὀροπαῖος (et non Ὀρόπειος)
dont elle donne comme garants Théon, Plutarque et Démétrios Chloros. Les explications que l'on entrevoit de cette leçon supposent la
confusion du toponyme non attesté Ὀρόπη (et non Ὀρόπεια) :
1) avec Orobiai (ville côtière au N.O. de l'Eubée, siège d'un oracle
célèbre d'Apollon Σελινούντιος), Steph. p. 376.3 Ὀροπαῖος —
ἱερόν (texte altéré dans nos Σ p. 231.6), cf. Strab. 10. 1. 3 Ὀροβίας
ἐν ᾧ μαντεῖον ἦν ἀψευδέστατον ; 2) avec Oropos, comme
l'implique la critique des trois commentateurs, selon qui N. aurait fait
erreur sur le titulaire du sanctuaire, qui serait Amphiaraos et non Apollon. Leur ignorance de l'oracle de Koropè est surprenante, mais le
texte de la Scholie est p.-ê. altéré. — 615 *μὶξ δὲ : cf. 949 ἄμμιγα
καὶ ; μίξ attesté seulement dans la littérature grammaticale. —
*κονυζῆεν : cf. n. au v. 26. — 616 ἠνεμόεντας : hom. au sens de
" balayé, agité par le vent " ; pour cette épithète des lieux élevés
(Σ 616a ὑψηλούς et Hsch. η 583, 585) rapportée à un arbre cf. *Il.* 22.
145, Nonn. 22. 84, 26. 207. La conjecture de S. ἠϊόεντας suppose une
παρετυμολογία de ἀκτή (cf. 676 ἐλαιήεντα et la n.), mais elle est
gratuite. N. emploie ἠνεμόεντα au sens de " rapide " au v. 453, cf.
Soph. *Ant.* 354 (lyr.), Opp. *Hal.* 5. 17, [*Cyn.*] 1. 432, Nonnos 4. 405,
al. L'adj. ἀνεμώδης a ces deux valeurs ; pour la première cf. *supra*
95. — 617 σαμψύχου : voir comm. n. 65h — *εὐγλαγέας : de
γλάγος « lait », cf. *Il.* 16. 642 περιγλαγέας avec les *v.l.* πολυγλα-
γέας (Arat. 1100) et ἐυγλαγέας (QS 13. 260, Marc. Sid. 69) ; seul
exemple attesté, en parlant du *suc* d'une plante. — 619 : la correction
de Keydell s'impose ; pour l'injonction adressée au patient cf.
πιέειν/πιεῖν 507, 527, 562, 665, 713 ; πίνειν 667 ; πιών 551. Voir
Notice p. LXX.

καὶ μυρίκης λάζοιο νέον πανακαρπέα θάμνον,
μάντιν ἐν αἰζηοῖσι γεράσμιον, ᾗ ἐν Ἀπόλλων
μαντοσύνας Κοροπαῖος ἐθήκατο καὶ θέμιν ἀνδρῶν·
μὶξ δὲ κονυζῆεν φυτὸν ἔγχλοον, ἠδὲ καὶ ἀκτῆς   615
καυλοὺς ἠνεμόεντας, ἰδὲ πτερὰ πολλὰ καὶ ἄνθη
σαμψύχου κύτισόν τε καὶ εὐγλαγέας τιθυμάλλους.
Πάντα δὲ λίγδῳ θρύπτε, καὶ ἐν σκαφίδεσσι δοχαίαις
φαρμάσσων μέθυ πῖνε χοὸς δεκάτῃ ἐνὶ μοίρῃ.

TEST. 613 s. (ᾗ ἐν —) Steph. Byz. s.u. Κορόπη (375.8-376.4)
Κορόπη, πόλις Θεσσαλίας. ὁ πολίτης Κοροπαῖος. Νίκανδρος ἐν
Θηριακοῖς « ᾗ ἐν Ἀπόλλων μαντείας Κοροπαῖος ἐθήκατο καὶ
θέμιν ἀνδρῶν». Οἱ δὲ ὑπομνηματίσαντες αὐτὸν Θέων (fr. 46
Giese) καὶ Πλούταρχος (fr. 115 Sdb.) καὶ Δημήτριος ὁ Χλωρός
(Φαληρεύς codd. = fr. spur. 208 Wehrli) φασι· « Νίκανδρος
Ὀροπαῖος καὶ Κοροπαῖος Ἀπόλλων. Ἀγνοεῖ δ' ὅτι Ἀμφιαράου
ἱερόν, <οὐκ> Ἀπόλλωνός ἐστι. Λέγεται δὲ κατ' ‖ ἔλλειψιν τοῦ κ̄
(ῑ codd.) Ὀροπαῖος [Κορόπη]. Κορόπη δὲ Θεσσαλίας πόλις. Βέλ-
τιον δ' ὑπονοεῖν ὅτι ἡμάρτηται. Καὶ γράφεται Ὀροπαῖος. Ὀρόπη
γὰρ πόλις Εὐβοίας, ὅπου Ἀπόλλωνος διασημότατον ἱερόν».

deest T
612 πανακαρπέα ω* (παρακαρπέα UFC) Eut. : πυρι(περι)θαλπέα
Σγρ (πυρι- ΣLKWB περι- ΣRc om. ΣG) ‖ 613 ἐν αἰζηοῖσι Meineke, cf.
343 : ἐνὶ ζωοῖσι ω* (ζωῆσι L ζώοισι p praeter D Ald qui ζωοῖσι) ‖ ᾗ
ἐν ω : αἰὲν Stephan, αἷς (sc. μυρίκαις) ἐν Meineke ‖ 614 μαντοσύνας
ω : μαντείας Stephan. ‖ Κοροπαῖος ω* (et R) : Κορυπαῖος b*p Ὀρόπειος Σγρ (c.adn. Ὀρόπεια [Ὀρόπη Stephan. p. 376.3, schol. citans]
πόλις Βοιωτίας [Εὐβοίας Steph.], ὅπου διασημότατον ἱερὸν
Ἀπόλλωνος ; Eut. habet Ἀπόλλωνος τοῦ ἐν τῷ Ὠρωπῷ [sic]
Ὀροπαῖος testibus Theone, Plut. Demetrioque Chloro in Nicandri commentario ap. Stephan. citato (cf. Test.). Vide gall. adn. ‖ 616 πτερὰ ω*
(Soph. F 23.3 fort. de arborum florumque foliis) : φύλλα Gγρ (i.e. gl., cf.
Eut. τοῖς ἄνθεσι καὶ τοῖς φύλλοις αὐτοῖς) πτίλα Bernard Schn. cl.
524 ‖ 617 post 618 W sed ordinem restituit litt. adpictis ‖ σαμψύχου ω
Σ : σάμψυχον Eut. (A : σάμψουχον V) ratus genetiuum uocis 615
ἀκτῆς a toto uersu 616 pendere ‖ κύτισον ω : fort. κύτινον (uide
comm. n. 119e 1) ‖ εὐγλαγέας ω* : εὐγλαέας L εὐγλαγέτας Σγρ(cod.
G) ex εὐγλάγετος (cf. Luc. Podagr. 110) ‖ 619 φαρμάσσων ω :
φαρμάσσειν (uel φαρμάσσοις) legisse uid. Eut. ‖ πῖνε Keydell¹ 48 (cf.
539, 603, 667) : κεῖνο ω, defendit Schn., at hic demonstr. semper de re
nota usurpauit Nic. (cf. Al. 105 + sexies) ; post 618 lac. suspicatur Gow
cl. Eut. οἴνου προσπλεκομένου (lege οἴνῳ προσπλεκόμενα !) ‖
μοίρῃ ab*M : μοίρα KcV ; fort. δεκάτην ἀνὰ μοῖραν.

620 Mais, en vérité, parentes des têtards, bruyantes à l'excès, les grenouilles, bouillies à la marmite avec du vinaigre, font excellent effet. Souvent aussi le foie de la bête dévastatrice elle-même bu dans du vin ordinaire, ou sa tête malfaisante administrée tantôt avec de l'eau, tantôt dans quelques gouttes de vin, sera d'un bon secours[66].

625 Ne va pas négliger la fleur de la si douce immortelle, ni la corette aux paupières closes, non plus que la *conilè* propre à tout guérir, honorée aussi sous le nom d'origan d'Héraclès ; et en outre la feuille de l'origan-des-ânes que vous devez mettre en poudre, ainsi que les boules desséchées de la sarriette, capables de juguler le mal cruel[67].

630 Prends, bien sûr, la plante pareille aux petites laitues sauvages, la *rhamnos* humide ; elle s'entoure toujours de fleurs

---

620 γερύνων … τοκῆες : *Al.* 563 (*in eadem sede*) ; *γέρυνος (cf. Steph. Byz. 170.5 γέρυνος ὁ μικρὸς βάτραχος ~ Hdn. καθ. 185.17) = γύρινος : la périphrase semble avoir été inventée par Arat. 947 πατέρες βόωσι γυρίνων. —*καναχοί : créé p.-ê. par métaplasme d'après Eschyle *Choéph.* 152 (δάκρυ) καναχές. — 622 σχεδίη = εὐτελεῖ (cf. Hsch. σ 2963 σχέδιοι· εὐτελεῖς, Phot. 561.24) ; cf. n. crit. — 623 νύμφαις : « eau » ; pour ce sens cf. Posidippe *AP* 7. 170.5 = 3178 G.-P. — 625 πολυδευκέος : cf. 209 (*alio sensu*) ; « doux » serait un sens étolien, au témoignage de Σ 625b. Sur les *gloses* étoliennes chez N. voir *Notice* p. xcvi s. — 626 *μύωπα : « aux yeux fermés », *i.e.* « aux fleurs non écloses », comme le voulait J.G. Schneider dont la conjecture est devenue inutile. — *πανάκτειον : adj. tiré de πάνακτος ? Cf. Hsch. π 308 πάνακτος· ἡ ὀρίγανος, et Σ 626b (235.8 ἡ δὲ κονίλη ὁμοία ἐστὶ τῷ πανάκτ[ει]ῳ). Les Σ (*ib.* 12) proposent aussi « qui tout guérit » (πανάκτειον serait une licence poét. pour πανάκειον) et « poussant sur tout rivage » ; la première de ces gloses a l'avantage de s'accorder au synonyme πάνακες (cf. Dioclès, *Annexe*, fr. 2, cité *ibid.*). — 628 σὺν καὶ : sur ce type de liaison renforcée voir n. au v. 8. — 629 *στρομβεῖα : cf. 884 *στρόμβοισιν. — ψώχεσθε : le parallèle des *Al.* (cf. n. crit.) défend la 2ᵉ plur. ; ψώχοιο, correction normalisatrice (*Notice* p. cxlv). — ἐμφόρβια : voir Gow¹ s.v. ; erreur dans LSJ (*consuming*), non corrigée dans le *Revised Suppl.* de 1996. — 630 ἄγρει μάν : emprunt à l'*Il.* 5. 765, mais cf. n. au v. 534.

Ἀλλ' ἤτοι γερύνων καναχοὶ περίαλλα τοκῆες 620
βάτραχοι ἐν χύτρῃσι καθεψηθέντες ἄριστοι
βάμματι· πολλάκι δ' ἧπαρ ἐνὶ σχεδίῃ ποθὲν οἴνῃ,
ἢ αὐτοῦ σίνταο κάρη κακόν, ἄλλοτε νύμφαις
ἐμπισθέν, τοτὲ δ' οἴνου ἐνὶ σταγόνεσσιν ἀρήξει.
Μὴ σύ γ' ἑλιχρύσοιο λιπεῖν πολυδευκέος ἄνθην, 625
κόρκορον ἢ μύωπα πανάκτειόν τε κονίλην,
ἥν τε καὶ Ἡράκλειον ὀρίγανον ἀμφὶς ἔπουσι·
σὺν καὶ ὄνου πετάλειον ὀριγάνου αὐά τε θύμβρης
στρομβεῖα ψώχεσθε, κακῆς ἐμφόρβια νούσου.
Ἄγρει μὰν ὀλίγαις μηκωνίσι ῥάμνον ἐΐσην 630
ἐρσομένην· ἀργῆτι δ' ἀεὶ περιδέδρομεν ἄνθῃ·

TEST. 626 (κόρκορον) respicit Plin. 21. 183 sanari (sc. corchoro)...
inuenio apud Nicandrum quidem et serpentium morsus, antequam floreat ‖ 626 s. respicit D. 3. 29 (39.3 s.) ἡ δὲ ἀγριορίγανος, ἣν πάνακες ἢ Ἡρακλείαν (πάνακες Ἡράκλειον codd.) ἢ κονίλην καλοῦσιν, ὧν ἐστι καὶ Ν-ος ὁ Κολοφώνιος. Cf. Hsch. π 308 πάνακτος· ἡ
ὀρίγανος.

deest T usque ad u. 625
622 σχεδίῃ ω : Σχεδίη Σᵞᵖ (i.e. Aegyptiaco uino) Σχερίη Σᵞᵖ teste
Demetrio (i.e. Cercyraio) ‖ 624 τοτὲ ω* : ποτὲ LOW ‖ 625 μὴ ω : ἡ
T ‖ 626 κόρκορον Ω : κόρχορον Eut., cf. Plin. Test. at uide comm.
n. 67b ‖ ἢ μύωπα T : ἢ μυόεντα Κ ἠμυόεντα cett. ἢ μύοντα Schn.
(cl. fr. 74.56), cf. Plin. antequam floreat ‖ 627 ἠράκλειον ω :
ἡρακλεῖαν T i.e. f.l. pro ἡράκλειον (uide Notice p. CXLII §I 1), non
defendit Dioscorides 3. 29 [39.3] Ἡρακλείαν ‖ ἡράκλειον ὀρίγανον
T (-εῖαν ὀρειγ-) p : ἡράκλειον καὶ ὀρ. cett. (~ Eut. ἢ ἡρακλεῶτις
ὑπό τινων, ὑπὸ δ' ἄλλων ὀρίγανον προσαγορεύεται) ‖ ὀρίγανον
ab*Pᵖᶜx*(UEF p.c.)y : ὀρείγ- TRPᵃᶜ,UEF a.c., MVDAld ‖ ἀμφὶς
ἔπουσι T : ἀμφενέπουσι ω* (ἀμφινέπ- L) ‖ 628 ὀριγάνου S. : ὀρίγανον (ex 627 defluxum) a* (ὁ rell. litteris omissis L) b*UE (hi
duo p.c.) FᵃᶜICy ὀρείγανον TRMVP, UE a.c., FᵖᶜDAld ‖ αὖα TL (hi
duo αὐά) RMV : ἀνὰ cett. ‖ 629 ψώχεσθε T (ψοχεστε sine acc.), ad
2ᵃᵐ plur. cf. Al. 463 : ψώχοιο ω* (ψύχοιο V) ‖ 630 μὰν TGbMV (cf.
Il. 8. 373, al.) : μὲν Lᶜ* (μὴν DAld) ‖ 631 περιδέδρομεν T (cf. gall.
adn. ad 299) : περιτέτροφεν ω Eut. (εὐαυξὲς παρέχουσαν ἄνθος) ‖
ἄνθῃ RM : ἄνθην T ἄνθει cett.

d'un blanc éclatant : c'est elle, en vérité, qui porte le nom de *Philétairis* chez les voisins des tombeaux de Tmôlos et de Gygès, qui habitent la croupe rocheuse du Parthénion, aux lieux

635   où les pâturages du Kilbis nourrissent des chevaux oisifs, et où se trouvent les sources du Caÿstre[68].

Racines efficaces : Allons ! je vais te dire à présent les racines secourables contre les serpents.
les deux vipérines
Il y a deux vipérines ; laisse-moi t'en instruire. L'une a un feuillage épineux rappelant celui de l'orcanette, un peu seulement, car il est menu ; petite, la racine qu'elle

640   enfonce dans le sol. L'autre, en revanche, vigoureuse de feuilles et de tiges, est élevée ; elle se couvre sur son pourtour de petites fleurs de couleur pourpre ; et son bourgeon est comme la tête de la vipère mâle, mais rugueuse par-dessus. Dans leur racine, taille des parts égales, et emploie-les comme remède quand tu les auras morcelées dans un tronc d'arbre, un mortier ou au creux d'un rocher[69].

645   En outre, avec les racines du panicaut et
panicaut et acanthe de l'acanthe en fleurs fais une pâte lisse ;
                          ajoute aux deux plantes charge égale de

633 ss. : voir comm. n. 68 §2. — 635 χιλεύουσι : cf. Th. *CP* 2. 17. 6 — 636 νῦν δ' ἄγε : cf. n. au v. 359. — 637. πιφαύσκεο : cf. n. au v. 411. — 638 *ἀκανθῆεν *πετάλειον : = *carmen* 8. — 639 ἐπεί : s'explique par une ellipse, « mais la ressemblance n'est pas totale » (D. 4. 27 [190.10] précise que ses feuilles sont plus petites) ; cf. LSJ s.v. B et déjà *Il.* 9. 341. — 641 *καλχαίνεται : *hapax* de sens ; cf. fr. 74. 60 κάλχας (χάλκας *codd.*), « Chrysanthèmes », litt. *fleurs pourpres.* — 642 βλάστη : voir n. *ad* 942. — σφεδανόν : employé comme adv. chez Hom. à propos de poursuivants (*Il.* 11. 165 = 16. 372, cf. 21. 542) ; qualifie les mâchoires d'un lion *ap.* Antip. Sid. *AP* 6. 219.12 = 619 G.-P. ; « violent » semble le sens le plus général. Pour les explications anciennes voir Ritter 45. — κάρηαρ : Antim. fr. 120 Wyss = 155 M. — 643 *ἀνδρακάδα : subst. tiré par les νεώτεροι. de l'adv. hom. ἀνδρακάς avec le sens de « portion » ; sur les mots en -άς chez N. voir *Notice* n. 209. — ἰσήρεα : cf. n. au v. 788. — 644 *σφέλᾳ : hom. « tabouret », cf. Ap. Rh. 3. 1159 ; ici = στύπος (951, *Al.* 70) ; voir Ritter 72. — *κεάσας : hom., mais le sens de « piler » est propre à N. — ῥωγάδι πέτρῃ : cf. Nonn. 1. 420 ὑπὸ ῥωγάδι κεύθετο πέτρῃ et la n. au v. 389. — *Pour les notes aux v. 645-646 voir p. 183.*

τὴν ἤτοι φιλέταιριν ἐπίκλησιν καλέουσιν
ἀνέρες οἳ Τμώλοιο παραὶ Γύγαό τε σῆμα
Παρθένιον ναίουσι λέπας, τόθι Κίλβιν ἀεργοί
ἵπποι χιλεύουσι καὶ ἀντολαί εἰσι Καΰστρου.   635
Νῦν δ' ἄγε τοι ῥίζας ἐρέω ὀφίεσσιν ἀρωγούς.

Ἔνθα δύω ἐχίεια πιφαύσκεο· τῆς δὲ τὸ μέν που
ἀγχούσῃ προσέοικεν ἀκανθῆεν πετάλειον,
παῦρον ἐπεί, τυτθὸν δὲ καὶ ἐν χθονὶ πυθμένα τείνει·
ἡ δ' ἑτέρη πετάλῳ τε καὶ ἐν καυλοῖσι θάλεια,   640
ὑψηλή, ὀλίγῳ δὲ πέριξ καλχαίνεται ἄνθει·
βλάστῃ δ' ὡς ἔχιος σφεδανὸν δ' ἐφύπερθε κάρηαρ.
Τῶν μὲν ἀπ' ἀνδρακάδα προταμὼν ἰσήρεα χραισμεῖν
ἢ σφέλᾳ ἢ ὅλμῳ κεάσας ἢ ῥωγάδι πέτρῃ.

Καί τε σύ γ' ἠρύγγοιο καὶ ἀνθήεντος ἀκάνθου   645
ῥίζεα λειήναιο, φέροις δ' ἰσορρεπὲς ἄχθος

TEST. 638 *EG*ᴮ (*EM* 313.34 ; loc. Nicandri non habet A) s.u. ἔγχουσα
(sine Nicandri nomine).

632 om. T ‖ φιλέταιριν ω* (φιλετέριν L) : φιλέταιρον Eut. φιλε-
ταιρίδ' S ‖ 634 κίλβιν G*b*PMV : κίλβην L κύλβιν T κύρβιν W
κλέζος *x** (α supra ε scr. U κλέαζος I) κλάζος C*y* ‖ 636 ὀφίεσσιν Ω
Eut. : ἐχίεσσιν S. cl. 653, at cf. 714 ; ad uar. ὄφις/ἔχις cf. Opp. *Hal.*
1. 559 ‖ 637 πιφαύσκεο TG*b** (Oᵖᶜ) MV : πιφάσκεο L (πηφ-) Oᵃᶜ*c*,
eadem uar. 411, 725 ‖ τῆς Ω* (ad genus mutatum cf. 210/214, 678 s.,
760/764, 818 s.) : τοῖς V ‖ 638 ἀκανθῆεν ω *EG* : ἀκανθεῖον T ‖ 639
δὲ T : τε ω ‖ 640 πετάλῳ τε T (cf. 393) : πετάλοισι ω ‖ καυλοῖσι T
(καύλοισι) Gʳᵃˢ : καλύκεσσι ω* (Gᵃᶜ ? -κεσι KOSHQ) ‖ 641 καλχαίνεται TΣʸʳ (Σᴳ, h.u.l. om. cett., totum schol. L) Gʳᵃˢ (sscr. πορφύρεται) Iʸʳ : πορφύρεται cett., has u.l. expressisse uid. Eut. (ἀνθεῖ οἷον
ἡ πορφύρα... οὐ πόρρω... τῆς βοτάνης... χάλκης) ‖ 642 βλάστῃ
Ω* (βλάστα L) : βλαστεῖ Gow, at uox parum poetica ‖ δ' ἐφύπερθε
Ω* (δ' om. G) : καθύπερθε Schn. ‖ κάρηαρ T (κάρειαρ), cf. Antim.
fr. 120 W. = 155 M. : κάρηνον ω κάρειον West² cl. fr. 74. 51 ‖
643 χραισμεῖν Ω* : χραισμεῖ G (ut uid.) χραίσμη RM ‖ 645 καί τε
σύ γ' T (cf. fr. 73.1 + quinquies in *Al.*) : ἠὲ σύ γ' ω* (οὐδέ γε V),
cf. 45, 557, 909 + septies in *Al.* ‖ ἠρύγγοιο ω : ἠρύγγεω τε T ‖
ἀνθήεντος TL (cf. Ruf. ap. Gal. *loc.* 12. 425.8 = fr. 3.3 [293.1]
κίστου ἀνθήεντος et uide gall. adn. ad h.u.) : ἀλθήεντος cett. (cf.
84) ‖ 646 ῥίζεα T (sine acc.), cf. gall. adn. et uide ad 940 : ῥίζαν ω.

l'*érinos* florissant dans les haies. Prends la lourde chevelure de l'*eucnémon* des montagnes et, de l'ache toujours verte, la semence néméenne ; et, de plus, qu'une double charge d'anis
650 fasse remonter le plateau de ta balance affaissé sous le faix des racines. Puis pétris le tout, et, lorsque, en un seul vaisseau, tu auras opéré ton mélange, c'est tantôt le funeste dommage causé par les vipères mâles, tantôt le coup porté par le scorpion, ou les morsures de l'araignée-phalange que tu guériras, si tu en
655 écrases dans du vin le triple d'une obole[70].

Considère le chaméléon, le clair et le
les deux chaméléons foncé. Les deux sont bien distincts. Celui qui est sombre d'aspect ressemble au scolyme et il déploie un feuillage piquant ; il a une racine forte, de couleur brune, et c'est au pied des contreforts ombreux

---

647 *ἀμφοῖιν : *hapax* absolu. — ἁρπέζησιν : voir n. aux v. 284 et 393. Les explications du Scholiaste sont incertaines, et celle d'Hsch. (α 7402, cité n. 393), seule autre occurrence, ne semble pas convenir à N. Wellmann[7] 24 a tiré arbitrairement de Dioclès (*Annexe* fr. 1) son ἄρπεζαι = τόποι εὐήλιοι. — 649 *σπέραδος = σπέρμα, cf. *Al.* 134, 330, 550, 604 ; pour l'hypallage σπέραδος Νεμεαῖον σελίνου cf. *Al.* 604 σπέραδος σελίνου Ἴσθμιον et *Notice* n. 219. — ἀειφύλλοιο : cf. Empéd. fr. 77. 78 (p. 339.19), Aristote, Théophraste. — 650 *διξόον : *hapax* absolu en ce sens (Th. *HP* 5. 1. 9 δίξοος, 5. 1. 10 δίξοοι « à double veinure ») ; créé *metri causa* sur διξός = δισσός, cf. Anacr. PMG 431.1. — 651 *ὀλκήεσσαν : cf. 908. — 652 εἰν : cf. fr. 108. 1, [Opp.] *Cyn.* 4. 240 ; *Al.* 352 et fr. 70.16 εἰν ἑνί = *simul* (cf. εἰς ἕν). — 654 *ἐπαλθήσαιο : cf. *Al.* 395, 614. — 655 ἐνθρύπτων : 81, 606, 914, *Al.* 106, 204, 266, cf. Hp. *diaet. salubr.* 7. — 656 *αἰγλήεντα : hom. « brillant », cf. Arat. 97, Ap. Rh. 1. 519, Simias fr. 3.1 P. ; chez N. = λευκός. — ὀρφνόν : cf. fr. 74.61 ; forme écourtée de ὀρφναῖος, = μέλας. Pas d'autres occurrences littéraires ; cf. Choer. Ps. 119.5 = *EGud* 437.5 = *EM* 634.26 τὸ ὀρφνὸν ὃ σημαίνει τὸ σκοτεινόν. — 657 *ζοφοείδελος : *hapax* absolu pour ζοφοειδής/ζοφώδης (= σκοτεινός, Zon. 960.9, Suid. ζ 107). — 658 τρηχέην : cf. τρηχέη (Hp.), τρηχέης (Hippon., Hdt.) ; scandé spondée (synizèse). La leçon des mss *τροχεήν serait une forme propre à N., ayant le sens de τροχόεις (cf. 166, 332). — 659 βριαρή : hom., cf. Hsch. β 1132 βριαρόν· … μέγα ~ Σ 659a, Eut. μεγάλη. — αἴθαλος : pour le sens cf. 420 αἰθαλόεις (voir n. *ad loc.*) et Σ 659b = Eut. μέλαινα.

ἀμφοῖιν κλώθοντος ἐν ἀρπέζῃσιν ἐρίνου.
Λάζεο δ᾽ εὐκνήμοιο κόμην βρίθουσαν ὀρείου
καὶ σπέραδος Νεμεαῖον ἀειφύλλοιο σελίνου·
σὺν δὲ καὶ ἀννήσοιο τὸ διξόον ἄχθος ἀείραι   650
ῥίζαις ὁλκήεσσαν ὑπὸ πλάστιγγα πεσοῦσαν.
Καὶ τὰ μὲν ὀργάζοιο, καὶ εἰν ἑνὶ τεύχεϊ μίξας
ἄλλοτε μέν τ᾽ ἐχίων ὁλοὸν σίνος, ἄλλοτε τύμμα
σκορπιόεν, τοτὲ δάχματ᾽ ἐπαλθήσαιο φάλαγγος,
τριπλόον ἐνθρύπτων ὀδελοῦ βάρος ἔνδοθεν οἴνης.   655
Φράζεο δ᾽ αἰγλήεντα χαμαίλεον ἠδὲ καὶ ὀρφνόν·
δοιοὶ δ᾽ ἀμφὶς ἔασιν. Ὁ μὲν ζοφοείδελος ὠπήν
ἤϊκται σκολύμῳ, τρηχέην δ᾽ ἀπεχεύατο χαίτην,
ῥίζα δέ οἱ βριαρή τε καὶ αἴθαλος, ἠδ᾽ ὑπὸ κνημοῖς

TEST. 656 (χαμαίλεον) cf. Suid. χ 70 χαμαίλεον· εἶδος βοτάνης (at fort. nomen neutrius generis).

647 ἀμφοῖιν Τ (ἀμφοιήν) aRᵖᶜM : ἀμφοῖν cett. (et Rᵃᶜ) ‖ κλώθοντος Ω* : χλοάοντος ΣʸᴾGʸᴾ ad hanc uar. cf. 237 et de κλώθω = βλαστάνω Diogenian. in Σ 237a (κλώθειν [Σᴳᴸ χλοάειν PEV χλοάζειν cett.]· καλῶς αὔξεσθαι καὶ βλαστάνειν = Hsch. κ 3064 κλώθει· ... βλαστάνει, καλῶς αὔξεται) ; κλώθω testatur ibid. haec Theonis gl. κλώθουσα (Σᴳᴸ χλοάουσα R χλοάζουσα cett.) οἰθοῦσα ‖ ἀρπέζῃσιν edd. : ἀρπέζαισιν Ω* (ἀρπαίξεσιν Τ) ἀρπέζης ἐαρινοῦ legisse uid. Eut. (τοῦ ... συνάγειν ὁ καιρὸς ... τὸ ἔαρ ἔστω σοι) ‖ 648 ὀρείου Τ (cf. Eut. τὸ ὀρεινόν ἐστί τις βοτάνη ~ Gᵍ τῆς ὀρεινῆς ἢ εἶδος βοτάνης) : ὀρείης ω (ad uocis εὐκνήμοιο genus cf. Al. 372) ἐλαίης coniecisse aliquem εὐκνήμοιο adiectiue interpretatum suspiceris ex Σ 654c (244.8) ubi ἐλαίας φύλλα ad 648 spectat (cf. Kᵍ m.rec. [ad κόμην] ἤγουν φύλλα ἐλαίας), sed εὐκνήμοιο herbae nomen (cf. Al. l.c.) ‖ 650 διξόον Τ (sine acc.), uide gall. adn. : διπλόον ω* (διπλὸν Κ διπλοῦ OWc) ‖ ἀείραι Τ (ἀεῖραι) : ἀείρας ω ‖ 651 πεσοῦσαν ω : πεσόντα Τ (cf. Gᵍ) ‖ 652 ὀργάζοιο Ω* : ἐργάζοιο TRW ὀργάζοις yⁿ(-ζεις SHQ) ‖ 654 τοτὲ Τ (τότε) : τά τε ω ‖ δάχματ᾽ S. (cf. ad 119) : δήχματ᾽ Τ δήγματ᾽ ωⁿ (δήματ᾽ HQ) ‖ 655 ὀδελοῦ Ω* : ὀβελοῦ M (o supra ε scr.) ὀλοοῦ y ‖ 658 σκολύμῳ Ω* (et DAld) : σκολύμῃ L σκολύμων cⁿ ‖ τρηχέην ego (cf. Σᴳ γράφεται τραχέην prob. Schn., Eut. τὴν τραχύτητα, cf. comm. n. 71 §1) : τροχέην Ω* (τροχεὴν Κ τροχαίην TCy τροχαίδ᾽ L).

660 de la montagne qu'il pousse, ou bien dans les bois, où il
fuit le soleil. Quant au second, tu le trouveras toujours fier de
ses feuilles ; en leur milieu, sa tête s'enfouit, bleuâtre, à ras de
terre, et sa racine blanchâtre a goût de miel. Dédaigne la
noire ; de l'autre, prends un morceau d'une drachme et bois dans
665 des eaux de rivière après avoir agité[71].

Il y a encore une herbe qui porte le nom
Autres remèdes : d'Alkibios : prends-en une pleine poi-
herbe d'Alkibios gnée et bois dans un peu de vin. Cette
plante, alors qu'il chassait au pied des
hauteurs du Mont Chauve, dans les plaines de Krymnè et de
670 Grasos, ainsi qu'aux lieux où sont les prairies du Cheval, hélant
sa meute d'Amyclées, il l'avait reconnue grâce au jappement de
mort d'un chien au courage de lion. Celui-ci recherchait les
traces d'une chèvre sauvage en suivant une sente forestière
quand, à l'angle pleureur de l'oeil, il reçut le coup d'une vipère
femelle : dans un hurlement, il rejeta la bête loin de lui, et il eut
675 tôt fait de dévorer les feuilles de cette herbe et d'esquiver ainsi
un sanglant trépas[72].

660 *σκοιοῖς : *hapax*, mais cf. *Test.* — *ἐντελέθει (pour τελέθει
ἐν), *φυξήλιος : *hapax* absolus. — 661 ἀγαυρόν : superl. 832 ; cf.
Hés. *Théog.* 832 (en parlant d'un taureau), seule occurrence dans
l'ancien Épos. — 662 *μολυβρή : la leçon des mss μολοβρή n'a pas
d'explication satisfaisante ; *Od.* 17. 219 μολοβρός (ὁ) « goinfre » (en
parlant d'un mendiant) ne peut la justifier, malgré la tentative des Σ
(662a) qui ont cherché pour μολοβρή un sens en accord avec Hom.
(ταπεινὴ ἀπὸ μεταφορᾶς τῶν ταπεινῶν ἐπὶ τὴν βορὰν μολόντων),
mais le sens de *humilis* est déjà dans *πεδόεσσα = πεδανή (Σ χαμαι-
πετής, χαμηλή), *hapax* nicandréen que Chantraine (*DELG* s.v. πέδον)
traduit à tort par « de plaine ». J'ai accepté, faute de mieux, la conjecture de J.G. Schneider, approuvée par Chantraine (s.v. μόλυβδος),
laquelle s'appuie sur une glose d'Hésychius (cf. *Test.*) ; elle exige de
prendre κεφαλή au sens mal attesté de « inflorescence ». —
663 *ὑπαργήεσσα : *hapax* absolu créé à partir de ἀργήεις pour
ὑπόλευκος (cf. 96 ὑποσκιόεις). — μελίζωρος : cf. *Al.* 351 (*ib.* 205 =
τὸ μελίκρατον). — 666 φερώνυμον : 501 ; antérieurement, Lyc.
164, 599, 1081. — *ἄγρεο : cf. n. au v. 534 ; le Moy. est un *hapax*
absolu. — *Pour les notes aux v. 667-675 voir p. 186.*

σκοιοῖς ἐντελέθει φυξήλιος ἢ νεμέεσσι.   660
Τὸν δ' ἕτερον δήεις αἰεὶ πετάλοισιν ἀγαυρόν,
μέσση δ' ἐν κεφαλῇ δύεται πεδόεσσα μολυβρή,
ῥίζα δ' ὑπαργήεσσα, μελίζωρος δὲ πάσασθαι.
Τῶν δὴ κυανέην μὲν ἀναίνεο, τῆς δ' ἀπὸ φάρσος
δραχμαῖον ποταμοῖο πιεῖν ὑδάτεσσι ταράξας.   665
Ἄλλην δ' Ἀλκιβίοιο φερώνυμον ἄγρεο ποίην
δράχμα χερὸς πλήσας, παύρῳ δ' ἐν νέκταρι πίνειν.
Τὴν μὲν ὑπὸ σκοπέλοισι Φαλακραίοισιν ἐπακτήρ,
Κρύμνης ἂμ πεδίον καὶ ἀνὰ Γράσον, ἠδ' ἵνα θ' Ἵππου
λειμῶνες, σκυλάκεσσιν Ἀμυκλαίῃσι κελεύων,   670
κνυζηθμῷ κυνὸς οὔλῳ ἐπήϊσε θυμολέοντος,
ὅς τε μεταλλεύων αἰγὸς ῥόθον ἐν στίβῳ ὕλης
κανθῷ ἐνὶ ῥαντῆρι τυπὴν ἀνεδέξατ' ἐχίδνης·
καὶ τὴν μὲν κλάγξας ἀφ' ἑκὰς βάλε, ῥεῖα δὲ ποίης
φύλλα κατέβρυξεν, καὶ ἀλεύατο φοινὸν ὄλεθρον.   675

TEST. 660 (σκοιοῖς) cf. Hsch. σ 1049 σκοιά· σκοτεινά, ibid. 1053
σκοιόν· ... σύσκιον ; alibi non legitur ‖ 662 (μολυβρή) cf. Hsch. μ
1591 μολυβρόν· τὸ μολυβοειδές ; alibi non legitur haec uox.

660 σκοιοῖς M^sl (iam Schn.) Eut., Σ (σκιεροῖς, ἀνηλίοις ~ Hsch.
Test.) : σκαιοῖς Ω* (et M σκαιῆς y) Σ^lem ‖ ἢ T (ἢ) : ἐν ω ‖
662 κεφαλὴ P : -ῇ Ω* ‖ δύεται T : φύεται ω ‖ πεδόεσσα Ω* :
πεδόωσα OW ‖ μολυβρή Schn. cl. Hsch. (uide Test. et gall. adn.) :
μολοβρή ω μολοβρῇ T ‖ 664 κυανέην T : κυάνεον ω ‖ ἀναίνεο
TbM : ἀνέναιο L ἀναίρεο G (cf. Σ 664c) ἀναίνετο cV ‖ ἀπὸ Ω*
(ἀπο TI) : ἄπο G, at cf. Vendryes §309 ‖ 666 ἄγρεο T : αἴρεο ω*
(αἴρεο RMCI) ‖ 667 δ' ἐν Ω* (uide ad 111) : δ' ἐνὶ RM δὲ b*I ‖
πίνειν T : πίνοις ω* (πίνεις H) ‖ 668 ὑπὸ T (cf. Eut. περὶ) : ἐπὶ ω ‖
φαλακραίοισιν Ω : Φαλακραίοις ἴδ' S., at 671 ἐπήϊσε idem significat ‖ 669 ἂμ πεδίον E : ἀμπεδίον cett. (ἀνπ- TW) ‖ 670 ἀμυκλαίῃσι a* (-σιν L) Kc*V, cf. Eut. (Λάκαιναν ... κύνα) : ἀμυκλαίαισι T
-οισι b*CM ‖ 671 κνυζηθμῷ ... οὔλῳ Btl. : κνυζηθμὸν ... οὖλον Ω
Σ ‖ ἐπήϊσε Tab* (cf. Ap. Rh. 1. 1023, 2. 195) : ἐπήϊε RM ἐποίησε P
ἐποίει V ἐπώρινε p (ex Σ 671c ἐπώρινε [codd. c : ἐφώρμησε cett.])
ἐφώρασε Σ^γρ (EFCI : om. cett.) D^mg ‖ 672 στίβῳ Ω Eut. : τρίβῳ
Σ^γρ ‖ 673 κανθῷ Ω* (κάνθῳ TM) : κανθοῦ Btl. ‖ ἐνὶ Ω* : ἐν pV ‖
675 κατέβρυξεν TKV : κατέβρυξε cett.

Mange à satiété la verte écorce huileuse
composés végétaux du ricin, que tu mêleras aux feuilles de
la mélisse touffue, ou bien encore la
jeune pousse de la plante de même nom que le tournant du soleil, laquelle, du fils d'Hypérion revenant sur ses pas, marque le
680 chemin, à l'instar des pâles feuilles de l'olivier. Fais de même
avec la racine du cotylédon, qui, à la saison glacée, quand on a
la peau gercée, débarrasse les pieds des dolentes engelures. Parfois, de la *pyritis* élancée, ajoute le vert feuillage, ou celui de la
scolopendre dont tu moissonneras la tige. Prends aussi la pana-
685 cée phlégyenne, celle-là même que le Guérisseur fut le premier
à cueillir au bord du Fleuve Noir, voulant soigner la plaie de
l'Amphitryonide Iphiclès, lorsque, aux côtés d'Héraclès, il portait le feu contre l'Hydre cruelle[73].

Remèdes animaux : Or çà, des petits de la belette ou de leur
la belette mère effrontée empare-toi soudain et
690 dépouille-la de sa fourrure au-dessus de

---

676 ἆσαι : cet inf. de prescription peut théoriquement signifier
« rassasie-le », et c'est sans doute le sens *Al.* 305, 331, mais ce verbe,
d'ordinaire intr. chez Hom., l'est sans doute ici. —*ἔγχλοα : de
ἔγχλοος = ἔγχλωρος ; pour le métaplasme cf. 885. — ἐλαιήεντα :
« huileux », cf. Soph. F 457. Σ 676b Ἰταλικόν suppose une παρετυμολογία. — 678 ἠελίοιο τροπαῖς : Hés. *Trav.* 479 (*in eadem sede*)
ἠ. τροπῆς (cf. Note orthographique p. CLXXVII). — ἰσώνυμον : cf.
Pind. *Ol.* 9. 64, non attesté ailleurs ; pour la périphrase désignant
l'Héliotrope cf. 396 s. et la *Notice* p. CIV. — 679 *παλινστρέπτοιο :
malgré le choix de Köchly en faveur de παλιστρ- (*ad* Max. 80 Κριοῖο
παλιστρέπτοιο κελεύθῳ, cf. *ib.* 594, Nonn. *par.* 2. 83 παλιστρ-
Fritsche Schneider [πολυστρ- *codd.*, Livrea]), la leçon παλινστρ- est
justifiée par παλίνσκιος *vel sim.* (cf. n. crit. au v. 509). —
681 κρυμόν : 382 ; cf. Soph. F 507.2, Eur. fr. 682.3, Call. 3. 115, fr.
75.19 ; *al.* — 682 ὀλοφυδνά : épithète apparentée à ὀλοφύρομαι
« gémir », qualifie ἔπος chez Hom. (3 fois), cf. Anytè, *AP* 7. 486.1 s.
= 680 s. G.-P. ὀ-ὰ ... | ... ἐβόασε, QS (3 fois) ὀ-ὸν ἄυσε ; chez N.,
son sens est éclairé par Lyc. 1290 χίμετλα Μαιώταισι θρηνοῦσιν
ποδῶν. — διήφυσε : au sens de « supprimer » ; cf.*Il.* 13. 508 s., *Od.*
19. 450, Nonn. 14. 381 « arracher ». — χίμετλα : cf. Hippon. fr. 34.4
W., Lyc. *l.c.* — *Pour les notes aux v. 683-690 voir p. 187 et 191.*

Ἄσαι δ' ἔγχλοα φλοιὸν ἐλαιήεντα κρότωνος
συμμίγδην πετάλοισι μελισσοφύτοιο δασείης,
ἠὲ καὶ ἠελίοιο τροπαῖς ἰσώνυμον ἔρνος,
ἤ θ' Ὑπεριονίδαο παλινστρέπτοιο κελεύθους
τεκμαίρει γλαυκοῖσιν ἴσον πετάλοισιν ἐλαίης·   680
αὕτως δὲ ῥίζαν κοτυληδόνος, ἤ τ' ἀνὰ κρυμόν
ῥηγνυμένων ὀλοφυδνὰ διήφυσε ποσσὶ χίμετλα.
Δήποτε δ' ἢ βλωθροῖο πυρίτιδος ἔγχλοα φύλλα
ἢ σκολοπενδρείοιο φέρειν ἀπὸ καυλὸν ἀμήσας.
Ἄγρει καὶ πάνακες Φλεγυήϊον, ὅρρα τε πρῶτος   685
Παιήων Μέλανος ποταμοῦ παρὰ χεῖλος ἄμερξεν,
Ἀμφιτρυωνιάδαο θέρων Ἰφικλέος ἕλκος,
εὖτε σὺν Ἡρακλῆϊ κακὴν ἐπυράκτεεν Ὕδρην.
Εἰ δὲ σύ γε σκύλακας γαλέης ἢ μητέρα λαιδρήν
ἀγρεύσαις πρόσπαιον, ἀποσκύλαιο δὲ λάχνην   690

TEST. 689 (λαιδρήν) cf. EG^AB λ 13 s.u. λαιδρός· ὁ θρασύς· παρὰ τὸ
λα ἐπιτατικόν. Ν-ος [Reitzenstein : Μένανδ codd.] καὶ ἐν Ἀλεξι-
φαρμάκοις (563).

676 ἆσαι Τ (ἄισαι) Σ^γρ, cf. Al. 305, 331 : λάζεο ω ‖ ἐλαιήεντα Ω :
Ἐλαιήεντα Σ (ἐλαιώδη ἢ Ἰταλικόν) ‖ 677 μελισσοφύτοιο TG^sl Σ
(-φύτου) : μελισσοβότοιο ω* ‖ 678 τροπαῖς Ω* (τρωπαῖς y) : fort.
τροπῆς, cf. gall. adn. ‖ 679 παλινστρέπτοιο ΤΟ : παλιστρ- cett. probante Koechly (cf. gall. adn.) ‖ 681 αὕτως ω* : αὔτ- TW ‖ δὲ Ω* : δὴ
pV ‖ κρυμὸν Ω* (et DAld) : κρυμμὸν Gc* ‖ 682 ῥηγνυμένοις coni.
Btl., at cf. 382 ‖ ὀλοφυδνὰ Ω* (ὀλοφὺ ἀνα Τ) : ὀλοφυγδὰ GcV ‖
ποσ(σ)ὶ abp Σ : παισὶ TPMV Eut. (τοὺς παῖδας) ‖ 683 δήποτε δ' ἢ
ω* (et R) : δὴ τότε δὴ Τ δήποτε ἢ b* ‖ 684 σκολοπενδρείοιο Ω* Σ
Eut. : -δρίοιο Oy ‖ 685 φλεγυήϊον Ω* : φλεγύιον TLRMV ‖ ὅρρα
TGPM^pcVDAld (cf. Ap. Rh. 3. 37 ὅρρα τέ οἱ codd. c. Schol. ad loc. et
ad 1. 769-773 ; uide gall. adn.) : ὅν ῥά L ὅ ῥά b*pM^ac ὁρ... (fin. uersus om.) R ‖ 686 παρὰ Ω* (et R) : περὶ KOW ‖ ἄμερξεν S. : ἄμερ-
σεν Ω, idem mendum Leonidas Tar. AP 7.657.7 = 2068 G.-P. ‖ 687
ἀμφιτρυωνιάδαο TLCDAld : -νίδαο cett. (ex 679 ὑπεριονίδαο) ‖
ἕλκος Ta* (ἕλμος L) b* (W^sl) Μ Σ Eut. : ἔρνος G^γρK^γρ(m. rec.)cV Σ
(fort. ex 678) ἕρκος K^slW ‖ 690 ἀγρεύσαις TaRPMV : ἀγρεύσεις
b*p* (-σας I^ac).

la desséchante haleine d'un feu éclatant ; puis, quand tu auras rejeté toutes les entrailles avec les excréments, additionne de sel divin et fais sécher à l'écart du soleil, de peur qu'il ne flétrisse la carcasse fraîche de ses perçants rayons. Eh bien !

695 quand la nécessité te pressera au milieu des souffrances, réduis en fines parcelles avec une râpe la bête racornie, comme on fait du fragile silphium ou d'un fromage sec au pourtour arrondi, en la râpant dans du vin. Et pour toi ce sera le meilleur de tous les remèdes, car il écartera pareillement tous les genres de trépas[74].

700 *le sang de la tortue marine* Sache que le sang de la tortue marine est un secours souverain contre la morsure de tous les longs reptiles qui navrent les tristes humains ; et pour toi il pourra

---

691 καρχαλέης : cf. *Il.* 21. 541 δίψῃ καρχαλέοι (*v.l.* καρφ-) *unde* Ap. Rh. 4. 1442. *Hapax* hom. « de sens mal défini » (Chantraine, *DELG*). Les commentateurs anciens comprennent « desséchés par la soif » : Ap. Soph. 95.14, Hsch. κ 943 καρχαλέοι· κατάξηροι, *al.* Échanges entre καρχ- et καρφ- d'autant plus fréquents que les deux adj. sont glosés pareillement et que l'Épos tardif, quel que soit le sens véritable, emploie καρχ- avec les deux valeurs de καρφ- « sec » et « desséchant » (cf. Σ 691a). Pour le sens actif cf. Nonnos qui l'applique (imitation de N. ?) à la soif *desséchante* (14. 426, 29. 299) ou à la saison d'été (5. 602, cité n. au v. 24, cf. 48. 307). — καθύπερθε πυρός : cf. Marc. Sid. 75. — 692 ἀφόρδια : *Al.* 140 γαστρὸς ἀ. — 693 ἁλὸς : pour l'emploi du gén. cf. 563, 606. — 694 *ἐνισκήλῃ : seul exemple attesté du sens actif ; pour le sens du Pass. et du parfait cf. n. au v. 785. — *σκίναρ : τὸ σῶμα καὶ σκήνωμα (Σ) ; cf. σκῆνος, dit d'un *cadavre* d'animal, *infra* 742, *Al.* 447, cf. Antiphile *AP* 9. 404. 6. = 1048 G.-P². (σκήνευς ... ὀλίγου, corps de l'Abeille). — 695 *κατεμπάζῃ : *hapax* absolu glosé καταλαμβάνῃ (Σ 695a) et κατεπείγῃ (Σ 695ab). — 696 *σῶχε διὰ = διάσωχε, tmèse inverse (cf. n. au v. 918) ; le simple σώχω (590) est un ionisme pour ψώχω (*supra* 629). — κνῆστι : *hapax* chez Hom. (*Il.* 11. 640) et N. — ἀφαυρόν : cf. 275 ; voir Ritter 15 s. — 697*στροφάλιγγα : dit d'un *tourbillon* de poussière (*Il.* 16. 775 = 21. 503, *Od.* 24. 39) ou de fumée (Ap. Rh. 4. 140), ou de *l'orbite* d'un astre (Arat. 43) ; le sens d'*objet rond*, en parlant d'un fromage, est particulier à N. — περιξήροιο : litt. « sec sur son pourtour » (cf. τὸ περίξηρον « la croûte », Ar. *GA* 737a 36) ; N. offre le seul emploi poét. de ce mot. — *Pour les notes aux v. 698-702 voir p. 191 et 193.*

καρχαλέης καθύπερθε πυρὸς σελάοντος ἀϋτμῆς·
τῆς δ' ἐξ ἔγκατα πάντα βαλὼν καὶ ἀφόρδια γαστρός
φύρσον ἁλὸς δίοιο, καὶ ἠελίου δίχα τέρσαι
μή τοι ἐνισκήλῃ νεαρὸν σκίναρ ὀξὺς ἀΐξας.
Ἀλλ' ὁπόταν χρειώ σε κατεμπάζῃ μογέοντα,   695
σῶχε διὰ κνήστι σκελετὸν δάκος, οἷά τ' ἀφαυρόν
σίλφιον ἢ στροφάλιγγα περιξήροιο γάλακτος,
οἴνῳ ἐπικνήθων· τὸ δέ τοι προφερέστατον ἄλλων
ἐσσεῖται, πάσας γὰρ ὁμῶς ἀπὸ κῆρας ἐρύξει.
Πεύθεο δ' εἰναλίης χέλυος κρατέουσαν ἀρωγήν   700
δάχματος εἶαρ ἔμεν δολιχῶν ὅσα φῶτας ἀνιγρούς
ἑρπετὰ σίνονται· τὸ δέ τοι μέγ' ἀλέξιον εἴη.

SIM. 703-712 (*sanguinis comparatio*) O. *ecl*. 118. 6 (293.21-25) unde
Aet. 13. 23 (codicis *Laur. gr*. 75.21 additamentum) = PAeg. 5. 24
(22.16-21) ‖ (*antidoti compositio adv. viperam*) Apollodor. ap. Ascle-
piad. Pharm. Gal. *ant*. 2. 14 (184.4) ; D. 2. 79. 2 (161.9 s.), *eup*. 2. 122.
1 (301.8) ; O. *ecl*. 118. 1 (292.30 s.) unde Aet. 13. 23 (284.16) = PAeg.
5. 13 (16.20 s.) ; (*contra bufonem*) Pr. 77 (77.11) = Aet. 13. 58 (292.2).

TEST. 692 (καὶ —) *EG*^A (*EM* 178.24, sicut B, loc. Nicandri om.) s.u.
ἀφόρδιον (ubi πάντα pro γαστρός) N-ος ‖ 701 (εἶαρ) respicit Σ in
Aglaiam Byz., *SH* 18. 19 λίθος εἰαριήτης (αἱματίτης λίθος· τὸ γὰρ
ἔαρ Καλλίμαχος αἷμα λέγει [cf. Call. fr. 177. 22 Pf. c. adn.], N-ος
δὲ εἶαρ) ; fort. ad *Al*. 314 spectat.

691 καρχαλέης ego : καρχαλέου T καρφαλέου ω (eadem uar. *Il*.
21.541) ‖ ἀϋτμῆς ω : ἀϋτμὴ T -μῆ S. ‖ 693 δίοιο T : θείοιο ω ‖ τέρσαι T : τέρσον ω, cf. ad 96 ‖ 694 τοι MP^sl : σοὶ T τι cett. (et P τις L)
σύ γ' Σ^γρ ‖ ἐνισκήλῃ ω* : ἐνὶ σκύλῃ Σ^γρSHQ ἐπισκήλην T ‖ ὀξὺς W
Σ (cf. in eadem sede Arat. 334 ὀξὺς ἀΐξας) : ὠκὺς Ω* ‖ 697 περιξήροιο
edd. : περι(περὶ)ξηροῖο Ω ‖ 698 ἄλλων Ω Eut. (cf. 396, 498) : ἄλκαρ
Σ^γρ (om. Σ^LKRBW), fort. haec u.l. ad 701 εἶαρ spectat, cf. *Al*. 43 (ἄρκος,
c.u.l. ἄλκαρ) et uide gall. adn. ‖ 699 ἐρύξει T : ἀλύξεις ω* (ἀλύξαις L
ἀλύξῃς R) ‖ 701 δάχματος S., cf. ad 119 : δήχματος G δήγματος cett.
(δείγμ- L) ‖ εἶαρ Schn. : εἶλαρ Ω Σ, at cf. ad 698 ‖ ἀνιγρούς T (ἀνίγρους) G*b*MV : ἀνιγρῶς L ἀνιγρά W (cf. 8 s. et Eut. τὰ θανατηφόρα
τῶν ἑρπετῶν) ἀνιαρούς c* ἀνηρούς DA*ld* (cf. Philon. Tars. *SH* 690.5
ὀρθόπνοιαν ἀνηρήν [ἀνιγρήν Haupt] ; *EM* 108.22 ἄνηρον· ἄβλαπ-
τον [f.l. pro βλαπτικόν ?]) ‖ 702 ἀλέξιον T (cf. 805, *Al*. 4) : ἀλέξιμον
ω, cf. Phot. α 921 ἀλέξιμα· τὰ βοηθήματα (ἀλέξιμα cod. Berol. :
ἀλεξίματα cod. Zavord. per dittogr.).

être un puissant remède. Donc, lorsque, hors des flots, les pêcheurs auront halé la tortue mangeuse d'hommes
705 sur les sèches du bord, renverse-la et chasse la vie de sa tête en la frappant d'un coutelas d'airain. Fais couler le sang affreux dans une poterie neuve sortant du four ; sépare le livide sérum fluide à l'aide d'un filtre de pierre. Sur lui, fais sécher le caillot, divise-le en fragments, prends-en pour ta mixture
710 quatre drachmes pesant ; ajoutes-en deux de cumin sauvage et, pour ces deux drachmes, un poids quatre fois moindre de présure de lièvre. De ce mélange prélève une drachme et bois dans du vin[75].

Tels sont les remèdes que tu trouveras contre les serpents.

---

703 βροτολοιγόν : voir comm. n. 75 §1. — χελύνην : = χελώνην (cf. Hsch. *Test.*) ; seul exemple conservé, avec Élien 16. 12, de la désinence ion. à côté de dor. χελύνα (Call.), éol. χελύννα (Erinna *SH* 401.16, Sappho [« lyre »]), cf. χέλυς. — 704 ἐπὶ ξερόν : cf., *in eadem sede*, Od. 5. 402, Ap. Rh. 3. 322, Phanias *AP* 6. 304.1 = 3002 G.-P., seules occurrences poét. — ἀσπαλιῆες : cf. Opp. *Hal.* (13 fois), [*Cyn.*] (3 fois), Nonn. *par* 21,11. — 705 ἀνακυπώσας : Antim. fr. 115 W. = 150 M., -σαι (Hsch. α 4388), Lyc. 137 κἀνακυπώσας Θέμιν (Σ καὶ ἀνατρέψας τὸ δίκαιον) ; cf. Call. (*Vict. Beren.*) *SH* 257.8 κυπωθείς (*c. schol.* 258.16 κλινεν), Lyc. 1442 κυπώσας δόμον. — 706 μαύλιδι : cf. Call. fr. 75.9 μαῦλιν (Hsch. μ 417 μαῦλις· μάχαιρα), Besantinus *Ara* (= *AP* 15. 25) 4 μαύλιες (Σ Thcr. p. 351.2 αἱ μάχαιραι). — βλοσυρόν : l'adj. surprend ; hormis la glose μέλαν, propre à la famille *c* (Σ 706b), il a toujours un sens défavorable, que rien ne justifie ici (voir Ritter 16 s., B. Mader *in* LfgrE 67.29). — 707 νεοκμῆτι : cf. 498 νεοκμῆτας et la n. — πελιδνόν : cf. n. au v. 238. — καμινόθεν : emprunt à Call. 3. 60 (*in eadem sede*). — 708 *οὖρον* : = ὀρόν. — ἀπηθῆσαι : seule occurrence du mot en poésie (Hp. Th. Dsc. Orib. *Hippiatr.*, *al.*). Je soupçonne qu'il se lisait chez Ménécrate d'Éphèse (cf. *Test.*) dans le passage imité par N. au témoignage d'*EG* (d'après des Σ plus complètes que les nôtres). — πλαδάον : cf. 241, 422, 429, *Al.* 119, seules occurrences de ce verbe en poésie ; pour le sens cf. Σ 708a ὑγρόν ~ Hsch. π 1462 πεπλαδηκώς· ... ὑγρανθείς. — *μάκτρη : il faut postuler le sens non attesté de *filtre*, au lieu de *mortier* (Σ λιθίνη θυία καὶ ἴγδη ~ Suid. μ 86), ou de *pétrin* (Aristoph. *Gren.* 1159, *al.* ; Hsch. s.v. κάρδοπος, Suid. s.v. μάκτρα). Cf. Hsch. λ 961 λιγδεύει· ἀπηθεῖ. — *Pour les notes aux v. 709-714 voir p. 193.*

"Ητοι ὅταν βροτολοιγὸν ὑπὲκ πόντοιο χελύνην
αἰγιαλῶν ἐρύσωσιν ἐπὶ ξερὸν ἀσπαλιῆες,
τὴν δ' ἀνακυπώσας κεφαλῆς ἀπὸ θυμὸν ἀράξαι			705
μαύλιδι χαλκείῃ, βλοσυρὸν δ' ἐξ αἷμα χέασθαι
ἐν κεράμῳ νεοκμῆτι καμινόθεν· ἐκ δὲ πελιδνόν
οὐρὸν ἀπηθῆσαι πλαδάον λαεργέϊ μάκτρῃ.
῾Ης ἔπι δὴ τέρσαιο διατρυφὲς αἷμα κεδάσσας
δραχμάων πισύρων μίσγων βάρος· ἐν δὲ κυμίνου			710
δοιὰς ἀγροτέροιο καὶ ἐκ ταμίσοιο λαγωοῦ
τετράμορον δραχμῇσι δύω καταβάλλεο βρῖθος.
"Ενθεν ἀποτμήγων πιέειν δραχμαῖον ἐν οἴνῳ.
Καὶ τάδε μέν τ' ὀφίεσσιν ἀλεξητήρια δήεις.

TEST. 703 cf. Hsch. χ 337 χελύνη· ... καὶ τὴν χελώνην ... ‖ 705-707
fort. respicit Pl. 32. 41 *sunt qui testudinum sanguinem cultro aereo
supinarum capitibus praecisis excipi nouo fictili iubeant* ‖ 708 (—
ἀπηθῆσαι) *EG*^AB (*EM* 422.39 ~ Zon. 980.25) s.u. ἠθμός (N-ος) :
Μενεκράτης ἐν "Εργων ᾱ (fr. 1 Diels = *SH* 544) · « ἠθμῷ δὲ
προπάροιθεν ἀφαρπάζειν (an ἀπηθῆσαι ?) νέον αἰεί | ἀφρόν »,
παρὰ τὸ ἤθω, παρ' οὗ Νίκανδρος· « οὖρον ἀπήθησεν » (uide gall.
adn. ad 708).

703 βροτολοιγὸν Ω : -γοῦ S. ‖ ὑπὲκ S. : ὑπὲρ Ω ‖ χελύνην S. (cl.
Al. 555 [Ω], 558 [TG^ac]) : χελώνην Ω ‖ 705 τὴν (uel τήν) δ' TGM
P*Ald* (cf. *Il.* 2. 189, Hes. *Op.* 741) : τήνδ' K (maluit Klauser 78, cl.
714, 745, 795, *Al.* 365) ; de cett. codd. nescio ‖ κεφαλῆς Ω* (et K^pc
m.rec.) : κεφαλὴν T (sine acc.) K ‖ 706 βλοσυρὸν susp. ‖ 708 οὐρὸν
Ω* (οὖρον T [οὖρον] M) : οὐρρὸν L ‖ ἀπηθῆσαι Ω : ἀπήθησεν *EG* ‖
πλαδάον GK^acO*c* (πλάδαον *y*) V : πλαδόον Ta* (G^ras) *b*^Σγρ
D*Ald* πλαδάων M πλαδόων RW ‖ λαεργέϊ Ta* (G^ras) *b*^Σγρ (cod. K) :
εὐεργέϊ RM, hi duo εὐαργέϊ, K^γρ(m.rec.)G^ac*c* (εὐ- sscr. λα- I) V,
fort. ex 109 ‖ 709 ἔπι (ἐπὶ) δὴ Ω* (ἐπιδη T ἐπειδὴ L Σ rec.), cf. Ap.
Rh. 1. 133 τῷ δ' ἐπὶ δὴ (alio sensu) : ὕπο δὴ S. (~Ap. Rh. 4. 984 ᾗ
ὕπο δὴ) cl. Oribas. πώματος δίκην, at uide comm. n. 75 §3 ‖ διατρυφὲς Ta KO : διατρυφθὲν W διαδρυφὲς cett. ‖ κεδάσσας T : κεάσ-
σας GRWMV κεάσας LKO*c* ‖ 710 ἐν Ω* : ἐκ *p*, cf. ad 101 ‖ 713
οἴνῳ TL*b**, cf. 551, 698 : οἴνῃ GR*c*MV, cf. 622, 913.

LES ARACHNIDES : I. ARAIGNÉES-PHALANGES

715
1. le grain-
de-raisin

Considère les œuvres de la phalange dévastatrice et les signes qui accompagnent ses morsures[76].

L'une, appelée grain de raisin, est d'un noir de poix ; elle marche en avançant rapidement les pattes, l'une après l'autre, et le milieu de son ventre, rigide, est armé de dents meurtrières. A-t-elle accroché quelqu'un, la peau de celui-ci reste pourtant comme si elle était sans blessure, mais, au

720 fond de leur orbite, les yeux s'empourprent et un frisson appesantit les membres. Aussitôt, la peau et les parties viriles se tendent et se redressent, tandis que le pénis, souillé de sperme, se projette en avant ; l'engourdissement du froid qui s'abat sur le patient ruine ses hanches et les supports de ses genoux pareillement[77].

715 σίνταο : adj. hom. glosé βλαπτικός (Hsch. σ 697 s., Suid. σ 466, Eustath. ad *Il.* 1. 594 [244.6]), appliqué au lion (*Il.* 11. 481) et au loup (16. 353), à des souris chez Call. fr. 177.29 ; Lyc. 386 qualifie ainsi Nauplios, Epigr. app. orac. 7.2 le fils de Crios, *pillard* du sanctuaire de Delphes ; adj. ici, le mot est subst. *supra* 623 (cf. Call. *l.c.*). — περιφράζοιο : voir n. *ad* 541. — 716 αἰθαλόεις : pour le sens voir n. au v. 420, pour la fonction Wifstrand 194 s. (cf. *supra* 104, 464). — 717 πισσῆεν : seule autre occurrence, Manéthon 4. 346 πισσήεντα ; cf. *Il.* 4. 277 μελάντερον ἠΰτε πίσσα, Call. (*Hécalè*) fr. 260.58 = 74.17 H. κυάνεον φὴ πίσσαν. — ἐπασσυτέροις : cf. n. au v. 246. — 718 ἔσκληκεν : cf. Ap. Rh. 2. 200 s. χρὼς ǀ ἐσκλήκει et les n. aux v. 694 et 785. — 719 ἐγχρίμψαντος : cf. n. au v. 445. — *ἀνουτήτῳ : refait sur hom. ἀνούτατος d'après l'*hapax* hom. ἀνουτητί (*Il.* 22. 371) ; emprunté par QS (1 fois) et Nonn. (9 fois), au sens de « invulnérable ». — 721 ῥέθεϊ : au sens hom. de μέλη, ici et en 165 (*pace* Volkmann[2] 49, Ritter 70), non au sens de *visage*, fréquent chez les poètes hellénistiques (*Al.* 438, 456). — 722 μέζεα : Hés. *Trav.* 512 (en face de μέδεα *Th.* 180, cf. West *Th.*, p. 85 s.), Lyc. 762. — 723 φύρματι : cf. *Al.* 485, Opp. *Hal.* 1. 782. — *προϊάπτεται : seul exemple du Pass. employé en ce sens ; *Il.* 1. 3, *al.*, cité par Lucien, *AP* 11. 401 (Act.). — 724 μάλκη : cf. *Al.* 540 ; « engourdissement provoqué par le froid », cf. n. au v. 382 (plur.). — ἐνισκήπτουσα : au sens intr. « s'abattre sur » (Hdt., Ar.), seul exemple poétique.

Ἔργα δέ τοι σίνταο περιφράζοιο φάλαγγος			715
σήματά τ' ἐν βρυχμοῖσιν. Ἐπεί ῥ' ὁ μὲν αἰθαλόεις ῥώξ
κέκληται πισσῆεν, ἐπασσυτέροις ποσὶν ἕρπων,
γαστέρι δ' ἐν μεσάτῃ ὀλοοῖς ἔσκληκεν ὀδοῦσι.
Τοῦ δὲ καὶ ἐγχρίμψαντος ἀνουτήτῳ ἴκελος χρώς
μίμνει ὅμως, τὰ δ' ἔνερθε φάη ὑποφοινίσσονται,		720
φρίκη δ' ἐν ῥέθεϊ σκηρίπτεται· αὐτίκα δὲ χρώς
μέζεά τ' ἀνδρὸς ὕπερθε τιταίνεται, ἐν δέ τε καυλός
φύρματι μυδαλέος προϊάπτεται, ἰσχία δ' αὕτως
μάλκῃ ἐνισκήπτουσα †κατήριπεν† ἔχματα γούνων.

Sim. 715-768 (phalangia) Ph. 15. 1-9 (18.23-20.9) ~ Pr. 16 (53 s.) et
Aet. 13. 20 (277.19-279.13) ~ ThN. 270 (318.4-12), PAeg. 5. 6. 1
(11.22-12.5) = PsD. 4 (66.16-67.9).

Test. 715 (φάλαγγος) cf. Phot. 637.17 (s.u. φάλαγγες)... καὶ ὁ
ἀράχνης δὲ ὃν ἔνιοι φαλάγγιον, 638.5 φάλαγξ· θηλυκῶς ὁ
ἀράχνης, et uide ad 8 ‖ 716 (ῥώξ) cf. Choer. Th. 296.5 ῥὼξ δέ ἐστιν
εἶδος φαλαγγίου, τουτέστιν εἶδος σκορπίου· ἐπὶ γὰρ τῆς σταφυλῆς ῥάξ ῥαγός λέγεται θηλυκῶς καὶ τὸ ᾶ φύσει μακρὸν ἔχει·
ῥάξ δέ ἐστιν ὁ κόκκος τῆς σταφυλῆς· εὑρίσκομεν δὲ καὶ ἐπὶ τῆς
σταφυλῆς διὰ τοῦ ῶ λεγόμενον, οἷον ῥώξ ῥωγός παρὰ Ἀρχιλόχῳ
(fr. 281) ; Hsch. ρ 572 ῥώξ· κόκκος. ἢ εἶδος φαλαγγίου ; Suid. ρ
254 ῥώξ ῥωγός· εἶδος φαλαγγίου (cf. ρ 38).

desunt T a u. 715 usque ad u. 767, W a u. 715 usque ad u. 811
715 περιφράζοιο ω* (et P) : περιφράζοιμι RPˢˡMV ‖ 716 βρυχμοῖσιν ω* : βρυγμ- HQ ‖ ῥ' om. R ‖ ὁ ω* : ὃ LIC (ad genus cf. Eut.
40.24 ὁ φάλαγξ et comm. n. 77 §1) ‖ ῥώξ om. LU ‖ 717 ἐπασσυτέροις ω* : πασσυτέροις P πασσύτερος p* (ἐπασσυτέρος DΑld)
ἐπασσύτερον M ‖ ἕρπων ω* : ἕλκων KO ‖ 720 ὅμως S. : ὁμῶς ω ‖
ἔνερθε ω (cf. 178 et Philum. 15. 7 [19.26 s.] ὄμματα ... κοιλά) :
ὕπερθε S. cl. Il. 13. 75, al. ‖ 721 ῥέθεϊ ω* : ῥέθεσι LKO ‖ 722 ὕπερθε ω (ad sensum cf. QS 14. 319) : ἔνερθε S., uide ad 720 ‖ 723 αὕτως DΑld (cf. 452) : αὕτως cett. ‖ 724 ἐνισκήπτουσα ω* : ἐνισκή-
μπτουσα M ἐνισκίμπτ- L (cf. 140, 336) ‖ κατήριπεν susp. ; fort. καὶ
ἤριπεν (ad mendum cf. Leonidas Tar. AP 7. 198 = 2089 G.-P. ; transitiue usurpat Hdt. 9. 70 ἤριπον, Paus. 10. 32. 6 ἐριπόντες) possis et
ἐνισκήπτουσ' ἤρειπε καὶ (ad tempus cf. 168, 285 ἔχεσκεν) ‖
ἔχματα ω : ἔχμα τε S., at numerus displicet.

725   Il en existe une autre espèce, l'étoilée : laisse-
2. l'étoilée   moi t'en instruire. Son dos porte des rayures
frangées rehaussant sa livrée de leur éclat.
Lorsqu'elle a mordu, l'homme est parcouru d'un
frisson soudain ; une lourdeur envahit sa tête et, sous lui, de ses
genoux, brise les attaches[78].

Une autre encore, la bleu-sombre, bondit en
730   **3. la bleu-**   l'air de côté et d'autre, velue. Terrible, la piqûre
sombre   qu'elle inflige même à la peau, lorsqu'elle
a blessé quelqu'un. Le cardia de la victime est le
siège d'une sensation de lourdeur, la nuit environne ses tempes,
cependant qu'elle dégorge une vomissure funeste, aranéeuse.
Proche, la mort qu'elle lui départit[79].

Il y a en outre le chasseur, qui, pour la
735   **4. le chasseur**   forme, ressemble à l'araignée-loup tueuse de
mouches : il guette abeilles, gallinsectes, taons
et tout ce qui arrive dans ses filets. Sans douleur, le coup qu'il
porte à l'homme, et sans aucun effet[80].

Mais il en est une autre, difficile adversaire,
5. la guêpine   celle qu'on nomme guêpine, toute rousse, pa-
740   reille à la guêpe carnassière qui garde

---

725 ἀστέριον : pour la syllepse voir *Notice* n. 219 ; cf. le Requin
tacheté ἀστερίας (Ar. *HA* 543a 17 et Steph. Byz. 197. 2 διὰ τὸ
πεποικίλθαι). — φιν : fr. 73.2 (dat. d'intérêt). G.-S. : *different from
these* ; O. Schneider comprend : ἐν αὐτοῖς (*i.e.* τοῖς φαλαγγίοις),
emplois sans parallèle. Bien que cette forme soit attestée dans le dialecte laconien (*EG*[*EM* 702.48]), sa présence chez Empéd. fr. 22.3 et
dans la poésie hexamétrique de Call. (3. 125, 213, fr. 260.4, 287) en
fait un doublet épique de σφιν. Voir la note de Hollis à *Hécalè* fr. 69.4
(= 260 Pf.). — πιφαύσκεο : cf. n. au v. 411. — τοῦ δ' : cf. 412 ὁ δ' ;
avec τεῦ, la conjecture de S. (τε au lieu de δέ) s'impose (cf. 66, 411) ;
mais il n'y a pas de parallèle, à ma connaissance, pour l'emploi de τε
avec l'interrogatif-relatif. — 726 λεγνωταὶ : au propre « muni d'une
frange », Call. 3. 12, Christodor. *AP* 2. 309. La littérature grammaticale offre toujours le vocalisme -ε- : cf. λέγνη (Σ Call. *l.c.*, Hsch.),
λέγνον (Poll., Hsch.), λεγνώδεις (Hsch., Phot.), λεγνῶσαι (Hsch.).
— διαυγέες : cf. Call. 5. 21 (d'un métal), Ap. Rh. 2. 1104 (d'étoiles).
— ῥάβδοι : en parlant des *rayures* ornant la peau d'un animal, Ar. *HA*
525a 12. — *Pour les notes aux v. 727-740 voir p. 201, 202 et 203 s.*

Ἀστέριον δέ φιν ἄλλο πιφαύσκεο· τοῦ δ' ἐπὶ νώτῳ   725
λεγνωταὶ στίλβουσι διαυγέες ἐν χροΐ ῥάβδοι.
Βρύξαντος δ' ἀΐδηλος ἐπέδραμεν ἀνέρι φρίκη,
ἐν δὲ βάρος κεφαλῇ, γούνων δ' ὑποέκλασε δεσμά.
Κυάνεον δέ τοι ἄλλο πεδήορον ἀμφὶς ἀΐσσει
λαχνῆεν. Δεινὸν δὲ φέρει ἔπι καὶ χροΐ νύχμα,   730
ὅντινα γυιώσῃ· κραδίῃ δέ οἱ ἐν βάρος ἵζει,
νὺξ δὲ περὶ κροτάφοις, ἔμετον δ' ἐξήρυγε δειρῆς
λοιγὸν ἀραχνήεντα· νέμει δέ οἱ ἐγγὺς ὄλεθρον.
Ἀγρώστης γε μὲν ἄλλος, ὃ δὴ λύκου εἴσατο μορφῇ
μυιάων ὀλετῆρος· ὀπιπεύει δὲ μελίσσας,   735
ψῆνας μύωπάς τε καὶ ὅσσ' ἐπὶ δεσμὸν ἵκηται.
Ἄκμητον δ' ἐπὶ τύμμα φέρει μεταμώνιον ἀνδρί.
Ἄλλο γε μὴν δύσδηρι, τὸ δὴ σφήκειον ἔπουσι,
πυρσὸν ἅλις, σφηκὶ προσαλίγκιον ὠμοβορῆϊ,
ὃς δὴ θαρσαλέην γενεὴν ἐκμάσσεται ἵππου.   740

desunt TW
725 δέ φιν *ac*MV (uide gall. adn.) : δ' ὄφιν R δέ σφιν K(m.rec.)Ο γε
μὲν uel δέ τοι Hermann ‖ πιφαύσκεο *ab**PMV : πιφάσκεο Ο*p*,
eadem uar. 411, 637 ‖ τοῦ *p* (cf. 412, 797) : τεῦ cett. ‖ δ' ω : τ' S., at
uide gall. adn. ; an τοῦδ' scribendum ? ‖ 726 λεγνωταὶ ω* : λιγνωτὰ
p*(λιγνωστὰ D), cf. λιγνωταὶ Σ c.u.l. λεγνωταὶ et uide gall. adn. ‖
727 ἀΐδηλος ω Σ^{lem} (GKP : om. L desunt RBW) Eut. (φρίκην …
λεπτὴν), uide gall. adn. : ἀΐδηλον S. (*uulnus quod non cernitur*)
cl. 719 s., 730, 737, at displicet loquendi ratio (cf. comm. n. 78b) ‖
728 βάρος ego (uide 249, 731 et cf. Eut. 41.8 καρηβαρίαν) : κάρος
ω, cf. *Al.* 82, Ap. Rh. 2. 203, at uide comm. n. 78b ‖ δ' ὑποέκλασε L
(iam S.), cf. Max. 258 ὑποέκλασεν et uide supra 86, Ap. Rh. 1. 366,
3. 628 ἐπιέτρεπον, *al.* : δ' ὑπέκλασε Gb*PCV (-σεν), unde δέ
θ' ὑπέκλασε RM δέ γ' ὑπέκλ- *p** metri causa ‖ 730 ἔπι καὶ ego
(cf. gall. adn.) : καὶ ἐπὶ ω (ἐπι PSQ), cf. ad 235 ‖ νύχμα GM : νύγμα
G^{sl} c.rell. ‖ 731 γυιώσῃ RMV : γυιώσει ω* ‖ κραδίη … ἵζει S. (cl.
248, *Al.* 255, 342) : κραδίη … ἴσχει ω ‖ οἱ om. L ‖ 734 μορφῇ ω* :
μορφὴν MV exspectes λύκῳ … μορφὴν ‖ … ὀλετῆρι cl. 259, 748,
Al. 76, 600, at cf. *Th.* 516 ‖ 735 ὀπιπεύει LM : ὀπιπτεύει ω*, Note
orthographique p. CLXXX ‖ 738 δὴ Gerhard : δὲ ω ‖ σφήκειον *ab*P :
σφηκεῖον *x* σφηκίον *y*.

l'empreinte de la courageuse race chevaline. Car les chevaux
donnent naissance aux guêpes, les taureaux aux abeilles : quand
leurs cadavres pourrissent, elles en naissent, déchirées par les
loups. Après qu'elle a blessé, surgit un fort œdème accompagné
745 de malaises divers. Les genoux sont pris tantôt de tremblement,
tantôt de faiblesse. La victime dépérit, domptée par un sommeil
malfaisant qui amène l'ultime soulagement[81].

                 Or çà, laisse-moi te dire la formicine qui res-
6. la formicine semble justement aux fourmis : rouge feu de
                 col, elle a le corps d'aspect noirâtre, toute
mouchetée de points sur son large dos étoilé. Sa tête, d'un
750 brun sombre, s'élève un peu au-dessus de son cou. Elle met ses
victimes en contact avec les mêmes douleurs que les bêtes
venimeuses précédentes[82].

                 Là où les hommes cueillent à la main,
7. la cantharidienne sans faucille, légumineuses et autres
                 plantes à gousse dans des champs encore
à moitié verts, à cet endroit, en vagues pressées, revêtues d'une
livrée de flamme, on voit courir, pareilles aux cantharides, de

742 σκήνεσι πυθομένοισι : pour le dat. absolu marquant une circonstance du procès exprimé par le verbe principal voir Chantraine,
Gr. II, §472 (Rem. iii) et cf. Ap. Rh. 2. 772 s., 3. 225 s. Ce vers ne
répète pas 741 : c'est quand les cadavres des chevaux se putréfient que
les guêpes en naissent, cf. Élien 1. 28 ὁ μὲν γὰρ (*sc.* ἐρριμμένος
ἵππος) ὑποσήπεται, ἐκ δὲ τοῦ μυελοῦ ἐκπέτονται οἱ θῆρες
οὗτοι ; Ovide, *Mét.* 15. 365 s. (Abeilles) ... *de putri uiscere* (sc. *tau-
rorum) passim / florilegae nascuntur apes.* — λυκοσπάδες : cf. Call.
fr. 488 Ἀτράκιον ... λυκοσπάδα πῶλον, Plut. 641f 1-642b 6, Él. 16.
24, Hsch. λ 1398 (ἵπποι ὑπὸ λύκων διεσπασμένοι, οἱ περὶ τὴν
Ἀδρίαν), Phot. λ 454 (ἵπποι αἱ Ἐνετίδες). Selon Σ 742b, ces
insectes seraient appelés ainsi parce qu'ils naissent de cadavres déchirés par des loups. Quelle que soit l'explication à donner de λυκοσπάδες (*soumis au frein* appelé λύκος [Plut. 641f], plus *rapides* pour avoir
échappé à l'attaque des loups [Plut. 642a], *race particulière* [Hsch.
Phot. Él. 16. 24]), il s'agit d'une épithète spécifique des Chevaux
transférée aux Guêpes qui en naissent, conformément à la remarque du
v. 740. — ἐξεγένοντο : 134, 796, *Al.* 447 ; la plupart du temps
construit avec un gén. d'origine (796, *Al.* 446 s.), mais parfois ce gén.
est sous-entendu (134, Empéd. fr. 59.8). — *Pour les notes aux v. 745-
754 voir p. 205, 206 et 208.*

Ἵπποι γὰρ σφηκῶν γένεσις, ταῦροι δὲ μελισσῶν·
σκήνεσι πυθομένοισι λυκοσπάδες ἐξεγένοντο.
Τοῦ δὲ καὶ οὐτήσαντος ἐπὶ κρατερὸν θέει οἶδος
νοῦσοί τ' ἐξέτεραι· μετὰ γούνασι δ' ἄλλοτε παλμός,
ἄλλοτε δ' ἀδρανίη· μινύθοντα δὲ τόνδε δαμάζει   745
ἐσχάτιον κακοεργὸς ἄγων παυστήριον ὕπνος.
Εἰ δ' ἄγε μυρμήκειον, ὃ δὴ μύρμηξιν ἔϊκται·
δειρῇ μὲν πυρόεν, ἄζῃ γε μὲν εἴσατο μορφήν,
πάντοθεν ἀστερόεντι περιστιγὲς εὐρέϊ νώτῳ·
αἰθαλέη δ' ἐπὶ τυτθὸν ἀείρεται αὐχένι κόρση.   750
Ἄλγεα δὲ προτέροισιν ἴσα κνώπεσσι πελάζει.
Χειροδρόποι δ' ἵνα φῶτες ἄτερ δρεπάνοιο λέγονται
ὄσπρια χεδροπά τ' ἄλλα μεσοχλόου ἐντὸς ἀρούρης,
ἔνθα δ' ἐπασσύτερα φλογερῇ εἰλυμένα χροιῇ

TEST. 741 = AP 9, 503b (ex Theriacis haustus) ; Σ Al. 446 (ὥς φησιν
αὐτός) ; Simplic. in Ar. Physic. (Comm. in Ar. graeca 9.239.19 Diels),
Suid. β 453.3 s.u. βούπαις (cf. ι 577.4 s.u. ἵππος), hi duo testes sine
Nicandri nomine ‖ 743 (οἶδος) Vide ad 188 ‖ 748 s. (πυρόειν —) Ph.
15.3 (19.11) ὡς καὶ Ν-ος μαρτυρεῖ. ‖ 752 Erot. χ 4 (93.19) s.u.
χεδροπά· ... εἴρηται γὰρ παρὰ τὸ τῇ χειρὶ αὐτὰ δρέπεσθαι ὡς καὶ
Ν-ος ἐν Γεωργικοῖς [sic] φησι· « χειροδρόποι — λέγονται », cf.
Σ 752a ; uide gall. adn. ad h.u.

desunt TW
742 testantur Σ (de Eut. non constat, at cf. 41.26 σωμάτων et Al. 447
σκήνεος) : damn. Btl., at interpolatoris non est epith. λυκοσπάδες
(Call. fr. 488 Pf. c.adn.) equis proprium (uide gall. adn.) ‖ 744 γούνασι
δ' S. : γούνασιν ω ‖ 746 κακοεργὸς S. : κακοεργὸν ω ‖ ἄγων
GRMV : ἄγον cett. (ἄγον KO ἄγος Oᵖˡ) ‖ ὕπνος Eut. : ὕπνον ω* (ω
supra ον scr. P) ‖ 748 πυρόεν ω* (cf. Rzach² 394) : πυρόειν Meineke
(cf. Al. 42 δηλήειν, Pfeiffer ad Call. fr. 186.20 ὀφρυόειν et Livrea ad
Ap. Rh. 4. 1291) πυρόεις L Philum. ‖ 749 πάντοθεν ω* (πάντοχεν V)
Philum. : πάντοθε δ' S. ‖ 750 ἀείρεται ω ᵞᴾ : ἐείδεται legisse uid. Σ
(ὀλίγον φαίνεται ἡ κεφαλή) ‖ αὐχένι L (αὐχένη ut uoluit Schn. :
αὐχένα ω* ‖ 751 ἴσα : ἴσα aO quae lectio προτέροις postulat ‖ 752
ἄτερ ω : ἄνευ Erot. ‖ λέγονται ω : λέγωνται Erot. ‖ 753 χεδροπά
GRp* (de accentu uide LSJ s.u.) : χέδροπά OPSDV χέδροπα LK
χερόδροπά M ‖ 754 ἔνθα δ' ω* (uide Chantraine, Gr. II p. 356 s.) :
ἐνθάδ' Kc ‖ εἰλυμένα abMV (cf. Arat. 413) : εἰλημένα c (εἴλημμ-).

755 petites phalanges. Cette bête n'en a pas moins une morsure douloureuse, autour de laquelle se répandent toujours des
pustules. Le cœur s'affole en proie au délire, la langue
hurle des mots sans suite et les yeux sont déviés de leur axe[83].
Considère, nourries par le sol funeste
8. le kranokolaptès d'Égypte, les bêtes mordantes pareilles
760 à la phalène que l'heure du dîner, à la
tombée de la nuit, attire autour des lampes, voletant de tous
côtés. Ses ailes sont toutes compactes et verdâtres, telles
qu'elles paraissent au toucher de poussière ou de cendre. Semblable est la bête qui grandit sous les feuilles de l'arbre de Per-
765 sée. Sa tête effrayante est toujours inclinée en avant avec un regard de défi, elle est rigide, et son ventre est pesant. Elle a un
aiguillon qu'elle plante au sommet du cou et dans la tête de sa
victime ; et c'est aisément qu'elle peut aussitôt décocher le lot de
mort[84].

756 ἔμμοχθον : seule autre occurrence, Eur. *Suppl.* 1004 (lyr.) ;
ὅμως, à cause de 755 τυτθά. — 757 *παραπλάζουσα : seul emploi
connu de ce verbe hom. à l'Actif intrans. — 758 παρέστραπται : cf.
Hp. *De articulis* 38. 15 (nez), Th. *HP* 4. 2. 6 (arbre), PCG viii fr. adesp.
940 (bouche). — 759 οὐλοός : cf. n. au v. 352. — 760 κνώδαλα : cf.
n. au v. 98. — *φαλλαίνῃ : d'ordinaire « Baleine » ; seul emploi de
ce mot au sens de Papillon de crépuscule ou de nuit, mais cf. Hsch. φ
119 φάλλη· ἡ πετομένη ψυχή. Il s'agirait d'une *glose* rhodienne (Σ
760b). Sur ce Papillon cf. comm. n. 84 §2. — 761 ἀκρόνυχος : cf.
Thcr. fr. iii 3 et la n. de Gow ~ Aratos 775 ἄκρῃ νυκτί « à la tombée
de la nuit », cf. Soph. *Ajax* 283 ἄκρας νυκτός. — δειπνηστὸς : ainsi
accentué (quasi-totalité des mss) = « heure du repas », en face de δείπνηστος « repas » (LSJ s.v.). — παιφάσσουσαν : verbe hom. à
redoublement, employé seulement au thème du présent, surtout au sens
de « s'élancer de tous les côtés avec impétuosité » : *Il.* 2. 450, Ap. Rh.
4. 1442 c. *Schol.* (ἐνθουσιωδῶς ἐφέρετο) ; la glose d'Hésychius π
108 (παιφάσσειν· πυκνὰ ἀπ' ἄλλου ἐπ' ἄλλον ὁρμᾶν, ἐνθου-
σιαστικῶς ἔχειν, σπεύδειν ...) convient à de tels passages, comme
aussi au vol zigzaguant d'un Papillon de nuit. — 763 σπληδοῖο :
emprunt à Lyc. 483, seule autre occurrence ; cf. Hsch. σ 1530 σπληδώ·
σποδὸς λεπτή, κόνις. — 764 Περσῆος ... πετάλοισι : claire allusion à l'arbre égyptien appelé περσέα (Th. Pl.) ou περσαία (D.) ; sur
cet usage de la périphrase voir *Notice* p. civ. — 765 ὑποδράξ : cf. n.
au v. 457. — 766 ἐσκληκός : cf. 785 et la n. — 768 : cf. 120, 335, 410.

εἴκελα κανθαρίδεσσι φαλάγγια τυτθὰ δίενται.　　755
Τοῦ μὲν ὅμως ἔμμοχθον ἀεὶ περὶ δάχμα χέονται
φλύκταιναι· κραδίη δὲ παραπλάζουσα μέμηνε,
γλῶσσα δ᾽ ἄτακτα λέληκε, παρέστραπται δὲ καὶ ὄσσε.
Φράζεο δ᾽ Αἰγύπτοιο τά τε τρέφει οὐλοὸς αἶα
κνώδαλα φαλλαίνη ἐναλίγκια, τὴν περὶ λύχνους　　760
ἀκρόνυχος δειπνηστὸς ἐπήλασε παιφάσσουσαν·
στεγνὰ δέ οἱ πτερὰ πάντα καὶ ἔγχλοα, τοῖα κονίης
ἢ καὶ ἀπὸ σπληδοῖο φαείνεται, ὅστις ἐπαύρῃ·
τῷ ἴκελος Περσῆος ὑποτρέφεται πετάλοισι.
Τοῦ καὶ σμερδαλέον νεύει κάρη αἰὲν ὑποδρὰξ　　765
ἐσκληκός, νηδὺς δὲ βαρύνεται. Αὐτὰρ ὁ κέντρον
αὐχένι τ᾽ ἀκροτάτῳ κεφαλῇ τ᾽ ἐνεμάξατο φωτός·
ῥεῖα δέ κεν θανάτοιο καὶ αὐτίκα μοῖραν ἐφείη.

TEST. 755 (φαλάγγια) Vide supra *Test.* 8 ‖ 760 s. cf. Tz. Lyc. 84
(46.28) φάλαινα ζωΰφιόν ἐστι ταῖς λυχνίαις ἐπιπετόμενον.

desunt W, T usque and u. 767
755 εἴκελα ω* : εἴκελα (ι supra ει scr.) P ἴκελα *x* ἴκελα *y* ‖
756 ὅμως edd. : ὁμῶς ω ‖ δάχμα S. (cf. ad 119) : δῆγμα ω ‖ 758 λέληκε ω* : λέλακε KOc ‖ παρέστραπται ω* : παρέστρεπται G
παρεστράφαται Btl. ‖ 760 φαλλαίνη *a*RMV : φαλαίνη *b*c ‖
761 δειπνηστὸς *a*Px (cf. *Od.* 17. 170 δείπνηστος c.schol. ἡ τοῦ
δείπνου ὥρα ; de accentu uide gall. adn.) : δειπνιστὸς *y* δειπνηστὴς
*b*V δειπνητὸς RM (commendat Eustath. ad *Od.* l.c.) ; fort. δειπν-
ηστὺς (cf. Hsch. δ 523 δειπνηστὺν· τὴν τοῦ δείπνου ὥραν, et ad
syllaham υ breuem *Al.* 34 κλίτυν) ‖ ἐπήλασε *a*RMV : ἀπήλασε
*b*c ‖ 762 στεγνὰ ω : στεινὰ Eut. (στενὰ) ‖ ἔγχλοα ω* (ἔγχολα R)
Eut. (χλωρὰ), cf. Philum. ἔγχλωρον (uide comm. n. 84 §2) : ἔγχνοα
G^sl m.rec. ‖ κονίης Eut. (οἷα κεκονιμένην τὴν χροιὰν ἔχοντα) :
κονίλης ω (ex 626) ‖ 764 τῷ ω : τῇ Schn., ad generis uar. uide
ἴκελος et 766 ὁ (sc. ὁ κρανοκολάπτης) post 760 κνώδαλα ; cf. 210
s. ‖ ἴκελος ω* : ἴκελον MV ‖ Περσῆος *ab*C (cf. Call. fr. 655, Ap. Rh.
3. 853 [u.l. Προμηθεῖος], Thcr. 25. 173) : Περσεῖος *c**MV, cf.
Alexand. Aetol. fr. 5. 1 P. ʼΑγαθοκλεῖος, at uide *Notice* n. 218, Chae-
remon. *AP* 7. 720.1 = 1365 G.-P. Οὐτυμοκλεῖος, *SH* 903A 11
Ἡρακλεῖος, at cf. *Notice* n. 218 ‖ 766 κέντρον K (ον ex ω scr. m.rec.)
OI (iam Btl.) : κέντρῳ K^ac c.rell. ‖ 767 τ᾽² om. T ‖ φωτὸς om. L.

II. SCORPIONS

	Or çà, je veux dire aussi, armé de son

1. 2. le blanc　aiguillon source de douleur, le scorpion
770　　*et le rouge*　et son affreuse race[85].

En vérité, le blanc est inoffensif et ne
cause aucun dommage. Au contraire, celui qui est rouge de
mâchoires implante à ses victimes une fièvre soudaine, ardente :
elles ont des mouvements convulsifs sous les coups du mal,
comme si elles subissaient l'assaut du feu ; là-dessus, avec
force, la soif s'élève[86].

775　　　　　　　　　　　　　Le noir, lui, donne à l'homme qu'il a pi-
3. 4. le noir et le　qué des palpitations malignes ; ses vic-
vert　times, frappées d'égarement, sont pri-
ses d'un rire insensé[87]. Mais un autre est
de couleur verte, et, quand il a heurté un membre, il y jette des
frissons. Là-dessus, ses victimes voient s'abattre sur elles une
mauvaise grêle, même au fort des ardeurs de Sirius ; tel est
780　le tranchant de son aiguillon, telles, après l'aiguillon, les

---

769 εἰ δ' ἄγε : 848 (opt. d'injonction) ; cf. Empéd. fr. 38. 1 εἰ δ'
ἄγε τοι λέξω (subj.). — κέντρῳ κεκορυθμένον : cf. *Il.* 4. 495 κ-ος
αἴθοπι χαλκῷ, *al.* ; [Opp.] *Cyn.* 1. 475 ὀνύχεσσι … κ-ον (cf. *Hal.* 1.
362 ὀλοῇ κεκορυθμένα λύσσῃ). — ἀλγινόεντι : *Al.* 594
(Litharge) ; épithète non hom. de Πόνος (*unde* QS 11. 356) et Οἰζύς
ap. Hés. *Théog.* 226 et 214 ; cf. Opp. *Hal.* 2. 505 (Pastenague, cité *ad*
829b). [Orph.] *Lith.* 500 πευκεδανῶν (Bernard) qualifie ainsi les
flèches du Scorpion, dans la ligne de N. — 771 ἀκήριος : cf. 190
et la n. ; ici, au sens actif (cf. Hés. *Trav.* 823), « qui n'apporte pas la
Kère, qui ne fait aucun mal », cf. 798 πολυκήριος. — *ἐπιλωβής :
cf. 35. — 772 προσεμάξατο : cf. 181, 922 (Act.), « appliquer, pres-
ser contre » ; pour l'emploi transitif de μάσσομαι et de ses composés
(voir *supra* 767) dans la poésie hellénistique cf. Thcr. 3. 29 et la n. de
Gow. — 773 αἰθαλόεντα : cf. n. au v. 420. — περισπαίρουσι : cf.
Lyc. 68, QS 1. 624, Aét. 5. 93 (p. 77.13) ; *al.* — 774 πυρίβλητοι : au
propre (cf. 241 πυρικμήτοιο), « frappés par le feu », sens passif
attesté par Nonn. (10 fois) ; sens actif *ap.* Méléagre *AP* 12. 76.2 =
4477 G.-P., inconnu de Nonnos (*pace* Page *ad loc.*). — *Pour les notes
aux v. 775-780 voir p. 212, 213.*

Εἰ δ᾽ ἄγε καὶ κέντρῳ κεκορυθμένον ἀλγινόεντι
σκορπίον αὐδήσω καὶ ἀεικέα τοῖο γενέθλην.　　　770
Τῶν ἤτοι λευκὸς μὲν ἀκήριος οὐδ᾽ ἐπιλωβής.
Πυρσὸς δ᾽ αὖ γενύεσσι θοὸν προσεμάξατο καῦσον
ἀνδράσιν αἰθαλόεντα· περισπαίρουσι δὲ λώβαις
οἷα πυρίβλητοι, κρατερὸν δ᾽ ἐπὶ δίψος ὄρωρεν.
Αὐτὰρ ὅ γε ζοφόεις ἄραδον κακὸν ὦπασε τύψας　　　775
ἀνδρί, παραπλῆγες δὲ καὶ ἄφραστον γελόωσιν.
Ἄλλος δὲ χλοάων γε, καὶ ὁππότε γυῖον ἀράξῃ
φρῖκας ἐπιπροΐησι· κακὴ δ᾽ ἐπὶ τοῖσι χάλαζα
εἴδεται ἐμπλάζουσα, καὶ ἢν μέγα Σείριος ἄζῃ·
τοίη οἱ κέντροιο κοπίς, τοῖαι δ᾽ ἐπὶ κέντρῳ　　　780

Sim. 769-804 (*scorpiones*) Pr. 15 (51-53) unde ThN. 269 (312.8-
314.3) ; Ph. (ex Archigene) 14. 1-3 (17.1-17), Aet. 13. 21 (280.5-15),
PAeg. 5. 8. 1 (12.23-13.6) = PsD. 6 (68.1-10).

Test. 769-804 respicit Tertullian. *Scorp.* 1 (144.3) *tot uenena quot
genera, tot pernicies quot et species, tot dolores quot et colores, Nicander scribit et pingit.* Cf. Ael. 6. 20 et uide comm. n. 85.

deest W
772 πυρσὸς Ω* : πυρσὸν M ‖ δ᾽ αὖ ego (cf. comm. n. 86 §2) : δ᾽ ἐν
Ω, at uide Ael. 6. 20 καὶ αὖ πάλιν et cf. 153, 253, 260, 515, 536, *Al.*
442, 455, fr. 70. 13 ; eadem uar. 153, 536 ‖ προσεμάξατο ω :
κατεμάξατο T ‖ 773 περισπαίρουσι Ω : περιπλάζονται Σ^γρ (fort.
παραπλάζουσι legendum, cf. 757) ‖ λώβαις T Σ : λώβῃ ω fort.
λώβης, cf. ad 865 ‖ 775 ὦπασε ω : ὄρορε T (ex 774) ‖ 776 ἄφραστον L Σ (ἀντὶ τοῦ ἀλογίστως καὶ ματαίως ~ G^gK^g) : ἄφραστοι Ω*
ἄφρακτον legisse uid. Eut. (γελῶσι πλατύ), eadem uar. Aesch. *Ch.*
186 ‖ καὶ ἄφραστοι γελόωσιν Ω : σπαίροντες τελέθουσιν Σ^γρ
(aliquot codd.) susp., uide comm. n. 87 §2 ‖ 777 γε ego : τε Ω ‖
778 φρῖκας T (φρεῖκας) D*Ald* : φρῖκος RMV φρίκας *ab*c** φροίκας
SHQ ‖ 779 ἐμπλάζουσα Ω* : ἐμπελάουσα V ‖ ἢν T : εἰ ω ‖ ἄζῃ Ω* :
ἄζει RO*c* ‖ 780 κοπίς R (ad accentum uide comm. n. 88 §2) : κόπις
Ω* ‖ τοῖαι ego : τοῖα L τοίη T (fort. mendum pro τοῖοι, cf. ad 785 ;
sed ad genus cf. 797 s.) τοίῳ cett. (τοιῷ K*c*M).

vertèbres de sa queue à neuf articulations, qui se tendent au-dessus de sa tête[88].

Un autre est de couleur livide. Il porte

5. le livide sous lui un large ventre bien nourri, mangeant de l'herbe, sans jamais pouvoir se rassasier, mangeant de la terre — il inflige aux aines une
785 blessure qui ne laisse aucun répit — : telle est la faim dévorante qui habite ses dures mâchoires[89].

Tu en trouveras un d'une autre sorte,

6. 7. carcinimorphe pareil au crabe de la grève qui pâture
et pagurimorphes dans les mousses ténues et le clapotis de l'onde amère. D'autres, d'aspect semblable aux tourteaux cagneux, ont des membres pesants,
790 et leurs pinces pesantes sont dures, comme celles qui sont hérissées d'aspérités chez les tourteaux des rochers. Aussi bien est-ce d'eux qu'ils tirent naissance, après qu'ils ont quitté les rochers et les algues ténues de la mer

---

781 *σφόνδυλοι : pour le genre cf. 797 s. (où il est noté par Σ 797a) ; seul exemple connu du fém. — *ἐννεάδεσμοι : *hapax* absolu ; cf. Arat. 1022 ἐννεάγηρα κορώνη, Call. fr. 650 ἐννεάμυκλος ὄνος, Lyc. 571 ἐννέωρον … χρόνον ; pour ἐννεα- = πολυ- voir Bornmann *ad* Call. 3.193. — *ὑπερτείνουσι : seul emploi poétique connu de ce verbe dans le sens intrans. Sur l'emploi trans. des verbes intr. cf. *Notice* p. CIII. — 782-4 : il ne me semble pas nécessaire de voir dans φορέει — γαιοφάγος une parenthèse (*sic* G.-S. post S.) ; cf. 782a ~ 797a. L'asyndète du v. 784 est justifiée par le lien de sens entre βούβρωστις et ce qui précède. — 782 *ἐμπέλιος : *hapax* absolu (mais voir n. crit.). — *βοσκάδα : sens particulier à N. — 783 ποηφάγος : appliqué à des animaux, Ar. *HA* (3 fois), *PA* (2 fois) ; Call. (*Hécalè*) fr. 365 = 56 H. (fig.). — ἄητος : *interpretatio homerica* ; les anciens expliquent de diverses manières (dossier dans E. Risch, LfgrE s.v.) cet *hapax* hom. (*Il.* 21. 395). N. prouve l'antiquité des gloses ἀκόρεστος ἄπληστος ~ Σ *Th.* 783b ἄπληστος ; cf. Hsch. α 1522 ἄητοι· ἀκόρεστοι, ἄπληστοι, Suid. (*Test.*), EM 23.17. — 784 *γαιοφάγος : *hapax* pour γαιηφάγος (Nouménios *SH* 584.3) ; cf. Call. (*Hécalè*) fr. 290 = 55 H. γηφάγοι (en parlant de mendiants). — ἀλίαστον = *Il.* (6 fois) ; Ritter 6 *ingentem*, mais on peut hésiter, comme pour Hés. *Th.* 611, entre les sens de πολύς (Σ D *Il.* 2. 797) et de ἄπαυστος (*ibid.* 12. 471) ; cf. H. Erbse, LfgrE s.v. — *Pour les notes aux v. 785-792 voir p. 215 et 216.*

σφόνδυλοι ἐννεάδεσμοι ὑπερτείνουσι καρήνου.
Ἄλλος δ' ἐμπέλιος· φορέει δ' ὑπὸ βοσκάδα νηδύν
εὐρεῖαν, δὴ γάρ τε ποηφάγος, αἰὲν ἄητος,
γαιοφάγος — βουβῶσι τυπὴν ἀλίαστον ἰάπτει — ·
τοίη οἱ βούβρωστις ἐνέσκληκεν γενύεσσι.   785
Τὸν δ' ἕτερον δήεις ἐναλίγκιον αἰγιαλῇ
καρκίνῳ, ὃς μνία λεπτὰ ῥόθον τ' ἐπιβόσκεται ἅλμης.
Ἄλλοι δὲ ῥοικοῖσιν ἰσήρεες ἄντα παγούροις
γυῖα βαρύνονται, βαρέαι δ' ἐσκλήκασι χηλαί,
οἷαι πετραίοισιν ἐποκριόωσι παγούροις.   790
Τῶν δὴ καὶ γενεὴν ἐξέμμορον, εὖτε λίπωσι
πέτρας καὶ βρύα λεπτὰ πολυστίοιο θαλάσσης·

TEST. 781 (σφόνδυλοι) cf. Hsch. σ 2917 σφόνδυλοι· ... καὶ τῶν
σκορπίων αἱ ἐπὶ τῶν κέντρων περιγραφαί ‖ 783 (ἄητος) cf. Suid. α
667 ἄητος· ὁ ἀκόρεστος ; uide gall. adn. ‖ 784 (γαιοφάγος) fort.
respicit Plin. 10. 198 *scorpiones terra uiuunt* ‖ 788 s. (— βαρύνονται)
Gal. *In Hippocratis de articulis librum commentarii* 3. 38 (« καμ-
πυλώταται δὲ πλευραὶ ἀνθρώπου εἰσὶ ῥοιβοειδέα [sic : ῥαιβο-
Littré] τρόπον »), 18A 537.18-538.5 καὶ παρὰ N-ῳ· « ἄλλοι δὲ
ῥοικοῖσιν — βαρύνονται ». τὸ μέντοι διὰ β ῥοιβὸν οὐκ οἶδα, καίτοι τινὰ τῶν ἀντιγράφων διὰ τοῦ β γέγραπται, ἀλλ' ἐν τοῖς ἀξιοπιστοτέροις εὑρίσκεται τὸ κ.

deest W
781 καρήνου ego (uide comm. n. 88 §4) : κεραίης Ω ‖ 782 om. G,
sed postea add. (cf. 242, 359, 839, 907) in mg. nunc deperdito, habet
G ‖ δ' ἐμπέλιος Ω : δ' αὖ πελιός coniecerim, cf. ad 772 ‖ δ' ὑπὸ T
(sine acc.), ad accentum cf. Vendryes §309 : δέ τε ω ‖ 783 ποηφάγος
ω* : ποιηφάγος TL ‖ 785 τοίη Ω* (et Bᵖᶜ) : τοίοι y* (Bᵃᶜ) ‖ οἱ Ω* (et
Oᵖᶜ) : om. TLKOᵃᶜ ‖ 787 λεπτὰ T (λειπτα), cf. Euph. fr. 156 : λευκὰ
ω, cf. Numen. *Hal.* fr. 8 Birt = *SH* 571.2 μνία σιγαλόεντα (uide ad
792, 801) ‖ 788 δὲ ῥοικοῖσιν T Gal. : δ' αὖ ῥαιβοῖσιν ω fort. hanc
lect. testatur Gal. *Test.* 538.3 s. (ῥοιβοῖσιν f.l. pro ῥαιβοῖσιν nisi
pro ῥοικοῖσιν) ‖ 789 ἐσκλήκασι Ω : ἐσκληκόσι Btl. metri causa ‖
790 οἷαι T (cf. 762 s.) : οἷά τε ω ‖ 792 ante 791 RMV ‖ λεπτὰ Ω* :
λευκὰ RMV, cf. ad 787, 801 ‖ πολυστίοιο Σᵞᵖ (cod. L), cf. ad 950 :
πολυστείοιο T Σᵞᵖ (codd. rell.) πολυρροίζοιο ω* (πολυρρίζοιο PV)
Σᵞᵖ πολυφλοίσβοιο Σᵞᵖ.

aux mille galets. Arrachés aux flots marins par les pêcheurs avec leur appât, ils ne sont pas plus tôt pris qu'ils se
795 glissent dans des trous de souris ; c'est là que de ceux-ci une fois morts naissent, lignée aux œuvres mauvaises, les scorpions, fauteurs de ruine à l'abri d'un rempart[90].

8. 9. le jaune et le rouge-feu Tu en trouveras un jaune miel, dont la dernière vertèbre tend vers le noir ; inextinguible, le fléau aux mille morts qu'il départit. Mais le pire ennemi des hommes est encore celui dont les pattes torses ressemblent
800 à la flamme ; aux enfants c'est sur l'heure qu'il fait accomplir leur destin. Ceux-là ont le dos recouvert d'ailes blanches rappelant les sauterelles mangeuses de blé, qui, frôlant dans leur vol les barbes des épis, se repaissent du grain dans son enveloppe ; ils hantent le Pédase et les vallons du Kissos[91].

793 *δελαστρέες, *hapax* tiré de δέλεαρ « appât » (δελα- au lieu de δελεα- *metri gratia*). — ἰχθυβολῆες : [Hés.] fr. 372.2, Call. 4. 15, Phaidimos *AP* 7. 739.5 = 2925 G.-P., [Opp.] *Cyn.* 1. 75, *al.* ; cf. 704 ἀσπαλιῆες. — 794 γρώνῃσιν : subst., Σ 795a glose par τρώγλαις ; cf. Zon. 454.14 (*trous* pratiqués dans des rochers). Pour l'adj. γρῶνος « creux » cf. *Al.* 77, Lyc. 631, *al.* Seule autre occurrence littéraire du subst., Léonidas Tar. *AP* 7. 736.6 = 2172 G.-P. — 797 μελίχλωρον : cf. Gow *ad* Thcr. 10. 27 ; synonyme de μελίχρως/μελιχρώδης, semble une couleur intermédiaire entre λευκός et ξανθός (cf. Straton, *AP* 12. 5.1 s., où μελιχρώδεις et ξανθούς s'appliquent à deux couleurs différentes, *pace* Aubreton). — *προμελαίνεται : *hapax* absolu. — 798 πολυκήριον : cf. n. au v. 771. — 800 παρασχεδόν : *Al.* 207 ; Σ *Al.* glosent par παραχρῆμα, εὐθέως, αὐτίκα (cf. Suid. π 454 : παραυτίκα) ; toujours en ce sens chez Ap. Rh. (10 fois), même en 2. 859 (*pace* Fränkel, *Noten zu den Argonautika des Apollonios*, Munich 1968, p. 238, qui suit la glose parisienne ἐγγύς) ; en revanche, chez Opp. *Hal.* (5 fois) toujours au sens local. — 801 οἷς : *i.e.* les φλογώδεις ; pour le passage du sing. (799) au plur. voir 201 (cf. 190 ss.), 331 (cf. 328), 771 (cf. 770), 776, 802, *Al.* 158 s. (voir aussi n. crit. au v. 276) ; du plur. au sing. 340 (cf. 336), 410 (cf. 408), 756 (cf. 755), *Al.* 124 s., 476 (cf. 474), 510 (cf. 507). Pour cette syllepse voir *Notice* n. 219. — *Pour les notes aux v. 802-804 voir p. 219.*

τοὺς ἁλὸς ἐξερύουσι δελαστρέες ἰχθυβολῆες·
αὐτίκα δ' ἀγρευθέντες ἐνὶ γρώνῃσιν ἔδυσαν
μυοδόκοις, ἵνα τέκνα κακοφθόρα τῶνδε θανόντων   795
σκορπίοι ἐξεγένοντο, καθ' ἕρκεα λωβητῆρες.
Τὸν δὲ μελίχλωρον· τοῦ μὲν προμελαίνεται ἄκρη
σφόνδυλος, ἄσβεστον δὲ νέμει πολυκήριον ἄτην.
Ἔχθιστος δ' ὅ γε ῥαιβὰ φέρων φλογὶ εἴκελα γυῖα
ἀνδράσι· νηπιάχοις δὲ παρασχεδὸν ἤγαγεν αἶσαν.   800
Οἷς δὴ καὶ νώτοισι περὶ πτερὰ λευκὰ χέονται
μάστακι σιτοφάγῳ ἐναλίγκια, ταί θ' ὑπὲρ ἄκρων
ἱπτάμεναι ἀθέρων λεπυρὸν στάχυν ἐκβόσκονται,
Πήδασα καὶ Κισσοῖο κατὰ πτύχας ἐμβατέουσιν.

Test. 802 (— ἐναλίγκια) *EG*ᴬ β 275.5 (*EM* 216.10 ; loc. Nicandri
non habet B) s.u. βροῦχος (N-ος) ; respicit Σ *Iliad*. 9. 324b (465.40)
μάστακ' : N-ος τὴν ἀκρίδα.

deest W
794 γρώνῃσιν ω : γρώναισιν T ‖ 796 om. MV ‖ 797 μὲν T : γὰρ ω,
cf. ad 348, 809 ‖ 798 σφόνδυλος Ω* : σπόνδυλος O (σφ supra σπ
scr.) Σ ‖ 799 δ' ὅ γε ω (ad ὅ γε cf. 775, *Al.* 578, Emped. 28.1, 129.5,
al.) : δέ τε T δ' ὅ τε S. ‖ φέρων ego (cf. 249 αὐτὰρ ὁ κάμνων et uide
Svensson 120) : φέρει Ω ‖ εἴκελα T*ab*PV : εἴκελα M (ι supra ει
scr.) ἴκελα *x** ἴκελα *y*CD*Ald*. ‖ 801 οἷς ω* : οἱ TL ‖ λευκὰ T Σ
(p. 284.11 ; λεπτὰ Σᴳᴸ, cf. ad 787, 792, 871) : πυκνὰ ω (ex 762 στεγνὰ ?) ‖ 802 σιτοφάγῳ Ω (cf. in eadem sede *Od.* 9.191) : σιτοβόρῳ
EG, cf. *Al.* 115 σιτηβόρου ‖ ἐναλίγκια Ω : ἐναλίγκιος *EG* ‖ ταί Gˢˡ
(αι supra οι scr.) cf. Σ 802 αἵτινές φησιν ἤγουν αἱ ἀκρίδες et ad
numeri mutationem gall. adn. ad 801 : τοί Ω*, at uocis μάσταξ genus
est fem. ‖ 803 ἱπτάμεναι ego cl. Σ 802 : ἱπτάμενοι Ω ‖ 804 Πήδασα
Ω : Πήγασα, quam u.l. minus testatam maluit St. Byz. 520.12-14
haud recte, respicere Σ 804c (πηγάζοντα χωρία) monuit Schn. ‖
ἐμβατέουσιν Schn. prius (cf. 19 s. τοῦ ... κυνηλατέοντος, 454 s.
τοῦ ... μάρψαντος et uide comm. n. 91 §3) : ἐμβατέοντες Ω* (ἐνβο-
τέοντες T [cf. ad 147] ἐμβατεύοντες UFC).

AUTRES VENIMEUX

805

Insectes et myriapodes ;
petits quadrupèdes

Je sais bien sûr parler des remèdes
aux coups du scorpion, tout comme
à ceux qui viennent du bourdon
des montagnes, ou de l'abeille, dont
le dard cause aussi la propre mort, quand elle en a
piqué un homme en train de s'affairer autour de la ruche ou
parmi les fleurs : le dard, en effet, elle l'abandonne dans la plaie

810 où elle le plante, le dard apporte à la fois vie et mort
aux abeilles[92]. Je sais bien sûr aussi les desseins que
trament le iule et la guêpe meurtrière, et la petite pemphrèdôn et
la scolopendre à deux têtes, qui, par ses deux extrémités, octroie
aux hommes le trépas ; on croirait voir se hâter les ailes d'un

815 navire sous la bête en marche[93]. Et je sais l'aveugle, l'effrayante
musaraigne qui cause la perte des mortels et qui meurt dans les
ornières faites par les roues de charrette[94]. Quant au seps, pareil

---

805 : cf. 811, 822, 829 ; pour la répétition de οἶδα cf. *hDém.* 229
s., Call. fr. 43. 46-50 ; Hermésian. fr. 7. 49 et 73 (γιγνώσκεις), 75
(οἶσθα). Sur cette anaphore rythmant les v. 805-836 voir la *Notice*
p. LXXVII 3. — 806 ὀρεστέρου : = ὀρεινοῦ ; hom. (d'un serpent, *Il.*
22. 93 ; de loups et de lions, *Od.* 10. 212). — 807 εὖτε χαράξῃ :
Opp. *Hal.* 2. 454. Le sens fig., en parl. d'un Serpent, apparaît déjà
chez Ap. Rh. 4. 1521 ἐχάραξεν (*hapax*) : cf. *supra* 545 χαράξας ;
dans des contextes semblables, Nonnos 4. 343 (Orion piqué par le
Scorpion, cité n. *ad* 13) et, *in eadem sede*, 25. 463 (attaque d'un Serpent) sont p.-ê. des emprunts à N. — 808 *καχύροισι : la leçon de T
καχύροισι n'en est ce p.-ê. qu'une altération (voir *Notice* p. CXLII
§17, 20 ; mot attesté seulement par Hsch. (cf. *Test.*). Le dat. avec
πέριξ est plus rare que le gén., mais cf. Eur. *Phén.* 710 ; pour la
variation de construction cf. 458 s. — 809 *ἐμματέουσα : cf. *Al.* 138
(ἐμματέων), 536 (κατεμματέων) ; le mot n'apparaît pas en dehors
de N. (*unde* Hsch. ε 2363, cf. ad *Al.* 138), où il a le sens de « aller
chercher au fond », « enfoncer » (*Al.*), et ici de « planter ». — 810 :
cf. Bacchyl. 5. 134 θάνατόν τε φέρει. — 812 *ἀμφικαρής : =
ἀμφικάρηνος (373) ; sur cet *hapax* hom. cf. *Notice* p. CVIII. —
815 σμερδνήν : N. est le seul poète hellénistique à avoir emprunté
cet *hapax* hom. qui qualifie la tête de Gorgone (*Il.* 5. 742) ; cf. QS
3. 11, 9. 522. — λοιγόν : cf. n. au v. 6 ; *Il.* 1. 67 ἀπὸ λοιγὸν ἀμῦ-
ναι (*imitatio per aures*). — 816 τροχιῇσιν … ἀμάξης : a le sens de
263 ἁματροχιῇσι (cf. n. *ad loc.*).

Οἶδά γε μὴν φράσσασθαι ἀλέξια τοῖο βολάων,   805
οἷά περ ἐκ βέμβικος ὀρεστέρου ἠὲ μελίσσης,
ᾗ τε καὶ ἐκ κέντρου θάνατος πέλει εὖτε χαράξῃ
ἄνδρα πέριξ σίμβλοιο πονεύμενον ἢ καχίλοισι·
κέντρον γὰρ πληγῇ περικάλλιπεν ἐμματέουσα,
κέντρον δὲ ζωήν τε φέρει θάνατόν τε μελίσσαις.   810
Οἶδά γε μὴν καὶ ἴουλος ἃ μήδεται ἠδ᾽ ὀλοὸς σφήξ,
πεμφρηδὼν ὀλίγη τε καὶ ἀμφικαρὴς σκολόπενδρα
ᾗ τε καὶ ἀμφοτέρωθεν ὀπάζεται ἀνδράσι κῆρα,
νήϊά θ᾽ ὡς σπέρχονται ὑπὸ πτερὰ θηρὶ κιούσῃ·
τυφλήν τε σμερδνήν τε βροτοῖς ἐπὶ λοιγὸν ἄγουσαν   815
μυγαλέην, τροχιῇσιν ἐνιθνῄσκουσαν ἀμάξης.

SIM. 806 ss., 811 (*apes et uespae*) Ph. 11. 1-4 (15 s.), Pr. 13 (50.12-20),
O. *ecl.* 119 (294.1-27) cf. *Eun.* 3. 68 (431.21-23), Aet. 13. 13 (270.3-
12), PAeg. 5. 5 (11.15-21), PsD. 20 (80.6-14), ThN. 264 (302) ‖ 812-
814 (*scolopendra terrestris et marina*) Ph. 32. 3 (36.1-5), Pr. 12
(49.31-37), O. *Eun.* 3. 69 (431.24-26), Aet. 13. 17 (272.11-15), PAeg.
5. 9 (14.7-20), PsD. 5 (67.10-16) 22 (81 s.), ThN. 272 (328, 330) ‖ 815
s. (*mus araneus*) Ph. 33. 1-8 (36.6-37.23), Pr. 30 (58.10-20), O. *Eun.* 3.
70 (431.27-432.2), Aet. 13. 16 (271.7-17), PAeg. 5. 12 (15.4-10), PsD.
8 (69.4-10), ThN. p. 370.6.

TEST. 808 (καχίλοισι) cf. Hsch. κ 1934 καχίλα· ἄνθη. Κύπριοι
(hanc gl. damn. Latte sine causa) ‖ 811 (ἴ.), 812 (σκ.) cf. Epiphan. 2.
311.4, 3. 414.19 ; 812 (σκ.) Artem. 2. 13 ‖ 815 (— τε²) Clem. Alex.
Protrept. 4. 51. 3 M. (ὁ Ν-ος).

deest W usque ad u. 811
805 φράσσασθαι TGCM : φράσασθαι cett. (φρᾶσασθαι V) ‖ τοῖο
RMV : τοῖα Τ τοῖσι cett. (uide ad 408, 808, *al.*) ‖ 807 om. RMV ‖
808 σίμβλοιο TV (ad sing. cf. QS 3.22, *al.*) : σίμβλοισι ω*, eadem
uar. 408, 805 ‖ ἢ καχίλοισι ego (cl. Hsch. *Test.*) : ἢ καχύροισι Τ (cf.
gall. adn.) ἠὲ καὶ ἀγροῖς ω* (ἀγροῖσιν L ἀγρῷ RM) ‖ 809 γὰρ ω :
μὲν Τ, cf. ad 348, 797 ‖ ἐμματέουσα Τ (iam Schn. cl. *Al.* 138) :
ἐμμαπέουσα ω* (sic D*Ald* ἐμπαπέουσα Px*BᵖᶜHᵖᶜ ἐμπαττέουσα y*) ‖
810 non expr. Eut., susp. Gow ‖ δὲ TLMRV : om. b*P δὴ ρ ὃ δὴ G ‖
τε² om. L ‖ μελίσσαις Ω* : μελίσσης D*Ald* an -σσης legendum ? cf.
ad 117, *al.* ‖ 812 πεμφρηδὼν Ω* : πεμφριδὼν L πεφρηδων (sine
acc.) Gᵖᶜ (-δον a.c.) cf. nominis Πεμφρηδώ uarias lectiones ap. West
Th. 273 τενθρηδῶν Eut. ‖ 814 θηρὶ ω* : μηρὶ Τ θοῖ L ‖ κιούσῃ ω :
καιούσῃ Τ, an θεούσῃ corrigendum ? ‖ 816 τροχιῇσιν Ω* (-ίαισιν
Τ) : τροχοῆσι Ρ τροχοῆσιν ρ ‖ ἐνιθνῄσκουσαν Ω : ἐπικνώσσου-
σαν Btl. cl. 263, at uide comm. n. 94 ‖ ἀμάξης TLOWCV : ἀμ- cett.

aux lézards bas sur pattes, puisses-tu l'éviter[95], de même que la morsure perfide, toujours accablante, de la salamandre, qui, même quand son chemin traverse un feu inextinguible, s'élance

820 sans subir mal ni douleur, sans que la flamme endommage aucunement, tout inextinguible qu'elle est, sa peau craquelée et le bout de ses pattes[96].

Et certes, je sais tout ce que roule la mer
Venins marins : dans le bruissement de ses flots salés[97],
murène et la murène tout spécialement : que de fois, enflammée de colère, n'a-t-elle pas précipité hors de leur barque les malheureux pêcheurs qui s'étaient

817 ὁμὴν : employé au sens de ὁμοίην ; mais voir n. crit. à ce vers. — ἀλύξαις : idée s.e. : « si tu tiens compte de ce que je sais » ; pour la substitution de ἀλύξαις à οἶδα voir *Notice* p. LXXVII. — 818 δάκος : « morsure », cf. 121, 336 (et la n.). — 821 ἀσβέστη : reprise en écho de 819 ἀσβέστοιο (*in eadem sede*) ; 820 s. φλὸξ | ... ἀσβέστη est un emprunt hom. avec variation dans l'ordre des mots (*Il.* 16. 123... ἀσβέστη ... φλόξ). — *ῥαγόεν : *hapax* absolu, glosé διερρωγός par Σ 821a. — 822 ῥόχθοισι : (*in eadem sede*) *Al.* 289, 390 ; dérivé de ῥοχθέω (*Od.* 5. 402, 12. 60). P.-ê. emprunté à Lyc. 696, 742 (cf. 402) ; non attesté ailleurs. — 823 σμυραίνης : cf. Marc. Sid. 13, 48. — ἔκπαγλον : cf. n. au v. 445 ; G.-S. : « la terreur qu'inspire la M. » ; en fait, ἔκπαγλον est un adv. du sens de ἔξοχα « tout spécialement » (Ritter 19) : « et la murène tout spécialement » (Br.). La correction σμυραίνην paraît inévitable. — 824 *ἐμπρή-σασα : G.-S. « frapper de terreur », sens excellent mais sans parallèle. Le sens fig. « enflammer de colère » n'est attesté que pour le Pass. (cf. Lucien, *Cat.* 12), sauf si Phot. ε 770 ἐμπριάσασα (ἀντὶ τοῦ ἀπῆλθέ φασιν ἀπολιποῦσα ὡς ὀργιζομένη. Μένανδρος Σικυωνίῳ [fr. 7 Sandbach]) est à corriger en ἐμπρήσασα. Mais il y a d'autres exemples de verbes transitifs pris en un sens intr. ou inversement (cf. n. au v. 781 et voir *Notice* p. CIII §II 2). La leçon ἐμβρύξασα a trouvé des défenseurs (White 60[83], Touwaide 163 s.). Pourtant, la *lectio difficilior* est plus intéressante : les pêcheurs ne se jettent pas à la mer parce qu'ils ont été mordus mais pour éviter de l'être ; de plus, noter l'allitération ἐμπρή-/κατεπρή-. — *κατεπρήνιξεν : *hapax* de N. (mais cf. Hsch. ε 5537 ἐπράνιξε· κατέβαλεν), emprunté 11 fois par Nonnos ; cf. Léonidas Tar., *AP* 7. 652.3 = 2042 G.-P. καταπρηνώσαο, *hapax* également. — *ἐπάκτρου : *hapax* absolu, = ἐπακτρίς, cf. Hsch. ε 4123 ἐπακτρίδας· τὰς ἁλιάδας· ἐπακτρεῖς γὰρ οἱ ἁλιεῖς.

Σῆπά γε μὴν πεδανοῖσιν ὁμὴν σαύροισιν ἀλύξαις,
καὶ σαλαμάνδρειον δόλιον δάκος αἰὲν ἐπαχθές,
ἥ τε καὶ ἀσβέστοιο διὲκ πυρὸς οἷμον ἔχουσα
ἔσσυται ἄκμητος καὶ ἀνώδυνος, οὐδέ τί οἱ φλόξ   820
σίνεται ἀσβέστη ῥαγόεν δέρος ἄκρα τε γυίων.
Ναὶ μὴν οἶδ' ὅσα πόντος ἁλὸς ῥόχθοισιν ἑλίσσει,
σμυραίνην δ' ἔκπαγλον· ἐπεὶ μογεροὺς ἁλιῆας
πολλάκις ἐμπρήσασα κατεπρήνιξεν ἐπάκτρου

SIM. 817-821 (aerea lacerta et salamandra) Ph. 34 (37 s.), Pr. 31 s.
(59.6-12), Aet. 13. 15 (270.22-271.3 ; deest Laur.), ThN. 278 (344,
346) ‖ 823-827 (muraena) Ph. 37. 4 (40.14), Aet. 13. 39*, PAeg. 5. 21
(22.2 s.), ThN. 275 (340).

TEST. 817 (σῆπα) cf. Epiph., comm. n. 95 ‖ 823-827 Ath. 312d-e (N-
ος … ἐν Θηριακῷ) ; respicit Hierax, cf. ad 133 s. ; 826 s. (— νομὸν)
Eustath. Iliad. 16. 224 (840.21-24) ex Athenaeo : οὖλος ὁ ὀλέθριος,
οὗ σύνθετον τὸ οὐλοβόρος ἔχις, οἷον· « εἰ ἔτυμον » τὸ τὴν
μύραιναν « σὺν οὐλοβόροις ἐχέεσσι θόρνυσθαι », ἤγουν σπερ-
μαίνειν, θορὸν δέχεσθαι, « προλιποῦσαν ἁλὸς νομόν ». Ν-ος δὲ
αὐτό φησιν ἀμφιβάλλων τὴν μετὰ ἔχεων μίξιν τῶν μυραινῶν.

817 πεδανοῖσιν ὁμὴν Salmasius : πεδανοῖσι δομὴν Ω (cf. 153), at
uide adn. sq. ‖ ἀλύξαις TGRˢˡMV : ἀλύξεις cett. ; an ὁμοῖον coni-
ciendum (πεδανοῖσι δομὴν seruato et οἶδα subintellecto) ? ‖ 818
ἐπαχθές Τ : ἀπεχθές ω, uide ad 483 ‖ 819 οἷμον ω* (οἷμον W οἶμος
L), cf. 267 : ὄγμον Τ (ὄγμον), cf. 571 ; eadem uar. Arat. 749 ‖ 820
ἔσσυται ω : ἔσσεται Τ ‖ ἄκμητος Ο ut uoluit Schn. (cf.737 et uide Σ
μὴ κάμνουσα ~ Kᵍ) : ἀκμήνης Τ ἄκμηνος cett. (ex 116 ?) ‖ οὐδέ τί
ω* (οὐκέτι P) : οὐδ' ἐπὶ Τ ‖ οἱ ω* : om. TW τοι KO (pro τί οἱ) ‖
822 om. L ‖ οἶδ' bM (non expr. Eut.) : ἠδ' TGcV Σ (κατὰ κοινοῦ δὲ
τὸ οἶδα ~ Gᵍ), cf. hAphr. 5 ἠδ' ὅσα πόντος, at ναὶ μὴν ἠδὲ non ex
Nicandri usu ‖ ῥόχθοισιν Τ (cf. Al. 289, 390) : ῥοθίοισιν ω ‖
823 σμυραίνην ego : σμυραίνης Τ Eut. μυραίνης ω Ath., ad hanc
uar. cf. Opp. Hal. 3. 189 ‖ 824 ἐμπρήσασα Τ : ἐμβρύξασα ω* Σ Eut.
(ἐμφύει τοὺς ὀδόντας τοῦ ἀσπαλιευτοῦ τῷ σώματι) Ath. δ' ἐμβρ-
SHQ ἐκβρύξασα GP Athenaei cod. A, de ἐμπλήξασα cogitaui ‖
ἐπάκτρου Τ : -ων ω Ath.

825   enfuis dans la mer, lorsqu'elle avait jailli du vivier, s'il
est vrai que, avec les vipères mâles aux morsures meurtrières,
elle va frayer, après avoir quitté la plaine salée, sur la terre
ferme[98].

pastenague   Certes, contre la pastenague aux œuvres de
mort et le dragon marin dévastateur[99], je sais
comment se défendre. Source de souffrances
que la pastenague, quand, de son aiguillon, elle a frappé
830   le travailleur de la mer qui peine à ses traînants filets, ou lorsqu'il
est fiché à la base d'un arbre dans tout le fier éclat de sa vigueur.
L'arbre, comme s'il avait été dompté sous les coups du soleil, a
les racines qui se flétrissent en même temps que le feuillage,
cependant que les hommes ont les chairs qui se réduisent et se
835   putréfient. La tradition, en tout cas, dit que, au temps jadis,
Ulysse périt frappé par le fatal aiguillon marin[100].

REMÈDES CONTRE LES ARACHNIDES ET AUTRES VENIMEUX

Pour les victimes, je vais quant à moi exposer en détail,
tous les remèdes à ces maux[101]. Prends donc tantôt le feuillage de
l'orcanette comparable à celui de la laitue sauvage, tantôt la
quintefeuille ou les fleurs sanglantes de la ronce, la bardane, les
840   graines de la patience sauvage, le *lycapsos* à longue tige, les se-

---

825 *φυζηθέντας* : dénominatif de φύζα « panique », *hapax*
absolu. — *ἐχετλίου* : *hapax* absolu ; Σ *ad loc.* glosent : ζῶγρος,
βιβάριον (cf. Hsch. ζ 220) et expliquent : « endroit du bateau où les
pêcheurs mettent leurs prises » (p. 291.4). — ἐξαναδῦσα : cf. *Od.* 4.
405. — 825 s. : la suite des idées a semblé incohérente, l'aventure des
pêcheurs (823-825) n'ayant pas de lien en apparence avec le *paradoxon* des v. 826 s., d'où l'hypothèse de Gow d'une lacune après 825.
En fait, la sortie du vivier s'explique par les activités terrestres de la
Murène : il faut compter avec le caractère elliptique du style de N., cf.
Notice p. CV. — 826 *οὐλοβόροις* : *hapax* absolu ; pour le sens cf.
Eustath. (cité *Test.* 823-7) ; S. comprenait : « qui mordent à pleine
bouche » (cf. 233 et la n.). — 827 ἠπείροισι : pour le plur. cf. Thcr.
17. 77, D.P. 266. — 828 ὀλοεργόν : seules autres occurrences, Dorothéos de Sidon 2f.1.11 (Pingree), Hsch. o 600 ; cf. Manéthon 6. 722.
— *ἁλιρραίστην* : *hapax* absolu. — *Pour les notes aux v. 829-840
voir p. 228, 230.*

εἰς ἅλα φυζηθέντας, ἐχετλίου ἐξαναδῦσα,   825
εἰ ἔτυμον κείνην γε σὺν οὐλοβόροις ἐχίεσσι
θόρνυσθαι, προλιποῦσαν ἁλὸς νομόν, ἠπείροισι.
Τρυγόνα μὴν ὀλοεργὸν ἁλιρραίστην τε δράκοντα
οἶδ᾽ ἀπαλέξασθαι· φορέει γε μὲν ἄλγεα τρυγών
ἦμος ἐν ὁλκαίοισι λίνοις μεμογηότα κέντρῳ   830
ἐργοπόνον τύψησιν, ἢ ἐν πρέμνοισι παγείῃ
δενδρείου τό τε πολλὸν ἀγαυρότατον θαλέθῃσι·
τοῦ μὲν ὑπὸ πληγῆσιν ἅτ᾽ ἠελίοιο δαμέντος
ῥίζαι, σὺν δέ τε φυλλὰς ἀποφθίνει, ἀνδρὶ δὲ σάρκες
πυθόμεναι μινύθουσι. Λόγος γε μὲν ὥς ποτ᾽ Ὀδυσσεύς   835
ἔφθιτο λευγαλέοιο τυπεὶς ἁλίου ὑπὸ κέντρου.

Οἷσιν ἐγὼ τὰ ἕκαστα διείσομαι ἄρκια νούσων.
Δὴ γὰρ ὅτ᾽ ἀγχούσης θριδακηΐδα λάζεο χαίτην,
ἄλλοτε πενταπέτηλον, ὅτ᾽ ἄνθεα φοινὰ βάτοιο,
ἄρκιον ὀξαλίδας τε καὶ ὁρμενόεντα λύκαψον,   840

SIM. 828 (*pastinaca*) Ph. 37 (39.20-40.2), Aet. 13. 38*, PAeg. 5. 21
(22.2 s.), PsD. 7 (68 s.), ThN. 275 (340) ‖ (*draco marinus*) Aet. 13.
40* (e Ph. qui periit), O. *ecl.* 122 (294.34 s.), PAeg. 5. 22 (22.7), PsD.
25 (84.1-3), ThN. 276 (342.8).

833-847 deest T
825 post h.u. lac. suspicatus est Schn. prob. Gow, sed uide gall. adn. ad
825 s. et comm. n. 98 §6 ‖ 826 εἰ T Ath. Eustath. : εἰ δ᾽ c εἴ γ᾽ cett. ‖
οὐλοβόροις T Ath. Eustath. : ἰοβόλοις ω ‖ 830 μεμογηότα
TaRMV : μεμογηκότα *b*c* ‖ 832 τε T : γε ω ‖ ἀγαυρότατον θαλέ-
θῃσι T (-σιν) Eut. (κἂν πάνυ εὐθαλῇ) ut uoluit Schn. cl. 661 :
ἀφαυρότερον (ἀφαυλότερον SHQ) τελέθῃσι ω* (τίθησι UC τέθησι
F) ‖ 837 ante h.u. lac. proposuit Gow dub., sed uide gall. adn. ‖ οἷσιν
ω : de τῶν μὲν cogitaui cl. 493 ‖ 838 θριδακηΐδα ω* : θριδακινίδα
p ‖ 839 om. G sed postea add. ‖ φοινὰ ω* : φαιὰ *p* ‖ 840 ἄρκιον ego :
ἄρκτιον ω, uide comm. n. 102 §4 ‖ ὁρμενόεντα RPM : ὁρμενόεντα
cett. (ὁρμην- *b** ἁρμεν- *y*) ‖ λύκαψον ω* (λάκαιψον L) Σ, cf. Dioscoridis 4. 26 (189.14) codd. Ω praeter E : λυκαψόν Eut., cf. Dioscoridis *l.c.* cod. E.

mences du kikame et le tordyle luxuriant. Il t'est facile d'y joindre le pin nain et la couche profonde de l'écorce entourant le vélani, une fois concassée ; en outre les graines de la *caucalis* et les
semences moissonnées sur la carotte, ainsi que la jeune baie du
845 térébinthe aux aspects variés. Ou bien encore, ajoute l'algue
pourprée du flot marin et l'adiante immaculée, sur les feuilles de
laquelle on ne voit séjourner, quand une averse a éclaté, nulle
goutte de pluie, si fine soit-elle[102].

Or çà, coupe également le maceron toujours verdoyant ou la
racine de l'herbe *leucas* et du panicaut épineux, en même temps
850 que la *libanotis* porteuse de la graine. Et ne va pas laisser de côté
le gratteron, non plus que la *colybaté*e et le pesant pavot en
forme de sac, ou celui qui ressemble au fenugrec, mais qu'ils
soient là pour apporter leurs secours[103].

En outre, détache le jeune rameau de figuier gonflé de sève,

841 *περιβρυές : 531 ; ou : « bourgeonnant », cf. 893 βρυόεντος. L'explication des Σ 841b ὅτι πολλὰ φέρει ἄνθη conviendrait
pour *Il.* 17. 56 (Olivier) βρύει ἄνθεϊ λευκῷ ; plus juste, la glose
de GK (= Σ 531c) πλῆρες σπέρματος. — 846 ἀχραές : cf. Anytè,
AP 9. 314.4 = 733 G.-P. (Salmasius : ἀκραές P), en parlant de l'eau
d'une source ; seule autre occurrence. La relative ἵνα explique le
nom de l'Adiante et l'adj. ἀχραές. Sur ce *paradoxon* voir *Notice*
p. LXXXVIII. — 848 εἰ δ' ἄγε : cf. n. au v. 769. — *ἀειβρυές : cf. 841
et la n. — 849 *ἀθερηίδα : les Σ hésitent entre ἔχουσαν ἀθέρας,
θερμήν et ψυχράν ! « Épineux » (LSJ), rapporté à ῥίζαν, n'a pas de
sens ; Chantraine (*DELG*) renvoie à André, *Rev. Phil.* 32, 1958, 227 s.
et trad. « pointu », qui n'en a guère plus. En faveur d'« épineux » cf.
Athénée 303d ἀθέρα (leçon probable), désignant le piquant d'une
nageoire. J'admets, avec J.G. Schneider (p. 165), que l'adj. porte sur
ἠρύγγου par hypallage ; cf. *Notice* n. 219. — 850 ἄμμιγα : 11 fois
adv. chez N. Ici et *Al.* 548, constr. avec le dat. ; autres exemples de cet
usage hellénistique : Hermésian. fr. 7. 52 P., Ap. Rh. 1. 573, 2. 983, 3.
1405, Jean de Barbucalle *AP* 9. 425.1 ; cf. aussi chor. adesp. PMG 929
(d) 3. Le sens propre est « de manière à se mêler à », mais ἄμμιγα
tend à devenir synonyme de « avec » ; cf. ἀμμίγδην (41, 93). —
*καχρυφόρῳ : *hapax* absolu ; cf. *καχρυόεσσαν (40). — 851 μηδέ
τι : souvent *ap.* Hom., cf. *Il.* 4. 184, 10. 383, *Od.* 4. 825, *al.* —
περιβρίθουσα : *Al.* 143, 180 ; cf. Arat. 1049 (-βρίθοιεν), Heliodor.
ap. Stob. 4. 36. 8 (868.9) = *SH* 472.11 (-βρίθῃ). — 852 *χραίσμησιν : cf. n. au v. 576.

κίκαμα τόρδιλόν τε περιβρυές· ἐν δὲ χαμηλήν
ῥεῖα πίτυν φηγοῦ τε βαθὺν περὶ φλοιὸν ἀράξας,
σὺν δ' ἄρα καυκαλίδας τε καὶ ἐκ σταφυλίνου ἀμήσας
σπέρματα καὶ τρεμίθοιο νέον πολυειδέα καρπόν·
ἢ ἔτι καὶ φοινίσσον ἁλὸς καταβάλλεο φῦκος   845
ἀχραές τ' ἀδίαντον, ἵν' οὐκ ὄμβροιο ῥαγέντος
λεπταλέη πίπτουσα νοτὶς πετάλοισιν ἐφίζει.
Εἰ δ' ἄγε καὶ σμυρνεῖον ἀειβρυὲς ἢ σύ γε ποίης
λευκάδος ἠρύγγου τε τάμοις ἀθερηΐδα ῥίζαν
ἄμμιγα καχρυφόρῳ λιβανωτίδι· μηδ' ἀπαρίνη,   850
μηδέ τι κουλυβάτεια περιβρίθουσά τε μήκων
θυλακὶς ἢ ἐπιτηλὶς ἐπὶ χραίσμησιν ἀπείη.
Σὺν δὲ κράδης κυέουσαν ἀποτμήξαιο κορύνην,
ἢ αὐτοὺς κόκκυγας ἐρινάδος, οἵ τε πρὸ ἄλλης

TEST. 841 (κίκαμα) cf. Hsch. κ 2638 κίκαμα (Schmidt : κικαμια
cod.) · τῷ λαχάνῳ καυκαλίδι ὅμοιόν τι ‖ 845 (φοινίσσον ἁλὸς
φῦκος) respiciunt D. 4. 99 (255.11 unde O. coll. 12 φ 9 [156.12])
N-ος δέ φησι καὶ θηριακὸν εἶναι τὸ φοινικοῦν, Plin. 32.66 et
algam maris theriacen esse Nicander tradit... e uino iubet eam (sc.
quae in Creta nascitur) dari, cf. 26.103 Nicander ea (sc. tria eius
genera) et aduersus serpentes in uino dedit ‖ 848 (σμυρνεῖον) cf.
Hsch. σ 1285 σμυρνεῖον· τοῦ ἱπποσελίνου ὁ καρπός, καὶ αὐτὴ ἡ
βοτάνη ; uide et Al. 405, fr. 71.3 ‖ 851 (κουλυβάτεια) cf. ad 589.

deest T usque ad u. 848
841 τόρδιλόν ego duce Gow (p.188) : τ' ὄρδειλόν ω* (ὄρδιλον Cy)
Σ Eut. (τὸ ὀρίδαλλον) τόρδειλόν LSJ (s.u. ὄρδειλον) τόρδυλόν
Schn. cll. Gal. Plin., uide comm. n. 102 §8 ‖ 844 τρεμίθοιο ω* :
τερμίθοιο P τριμίθοιο p τερμίνθοιο V ‖ 845 ἁλὸς ω* : om. P δὴ p
(metri causa add.) ‖ φῦκος aPᵖᶜpMV : φύκος bPᵃᶜ ‖ 848 σμυρνεῖον p
(cf. Al. 405) : σμύρνειον cett. ‖ γε Ω* (et R) : om. b*c (at ἠὲ scr. p) ‖
849 ἀθερηΐδα T(-ρήιδα)aRMV : ἀθεραῖδα b*c Σ ‖ 850 καχρυφόρῳ
ω : καχρυφόρων T ‖ λιβανωτίδι Gb* : λιβανώτιδι Lc λιβανώτιδα
RMV ‖ 851 μηδέ τι T (sine acc.) aWc (cf. 574) : μηδ' (μὴ δ') ἔτι
b*MV ‖ κουλυβάτεια T (-βατέρα), cf. 589 et Eut. (κολυβατία) :
πουλυβάτεια ω ‖ 852 ἐπιτηλὶς ω : ἐπεπλεῖτις T (cf. ad 864)
πεπαιτὶς Eut. (πεπλῖτις Gualandri) cf. πεπεριτις imaginis inscriptio
in Dioscoridis cod. Vindob. med. gr. 1.

855 ou même les *coucous* de l'espèce sauvage, qui montrent leur ren-
flement arrondi avant toutes les autres figues[104].

Prends aussi le buisson-ardent et la fleur de la blanche molène, ensemble les feuilles de l'égilope et de la chélidoine, l'athamante et la racine de la bryone, qui efface de la
peau des femmes les éphélides et les taches blanches qui leur
répugnent[105].

860 Ajoute les feuilles de la verveine que tu réduiras en poudre, ou bien encore cueille les jeunes branches du nerprun, qui
écarte les maléfices : il n'a pas son pareil pour éloigner, pris à
jeun, le trépas des humains[106].

Et certes, cueille les ramilles frais poussées de la matricaire,
la chicorée ou la langue-de-cerf. Souvent, prends de l'ocre de
865 Lemnos, qui est un charme contre tous les maux[107].

Parfois encore coupe la racine amère du concombre sauvage.
Et il y a aussi, pour soulager le ventre lourd d'angoisses,

---

855 γογγύλοι : LSJ et Chantraine (*DELG* s. γογγύλος) donnent à
tort la *f.l.* γόγγυλοι pour un subst. = ὄλυνθοι. — *ἀνοιδείοντες =
ἀνοιδέοντες, *metri causa*. — ὀπώρης : selon Gal. *succ*. 6. 792.8 (= 8.
3 p. 96 Ieraci Bio), le mot désignait particulièrement les Figues et les
Raisins. — 856 λάζεο : cf. 108 et la n. — *ἀργέος : *Al*. 305, cf.
ἀργός « blanc » ; gén. anomal du dérivé en -*ēt*- ἀργής, -ῆτος, ou
gén. régulier du thème en *s* attesté seulement par le composé hom.
ἐναργής ; cf. aussi la n. *ad* 78. — 857 *αἰγίλοπος : au lieu de
αἰγίλωπος, *metri causa*. Les Scholies et Eutecnius ont conservé la
vera lectio -λοπ-. Tous les mss ont -λιπ- (Hsch. α 1713 αἰγίλιψ, *alio
sensu*). — 860 *κατασμώξαιο : *Al*. 332, cf. n. au v. 530. — 861 ἀλεξιάρης : cf. Euph. 137 ἀλεξίκακον φύε ῥάμνον (cité par Σ 860a) et
voir comm. n. 106 §2. — *ἀπαμέργεο : *Al*. 306 ; cf. 864 ἀμέργεο.
— 862 νήστειρα : texte suspecté, sans doute à tort. Σ glose : νήστισι
διδομένη, un emploi sans parallèle que j'ai admis faute de mieux. La
variante qu'elle propose, δρήστειρα, est p.-ê. une conjecture. —
κῆρας : cf. 540 et la n. — 863 ναὶ μήν : cf. n. au v. 51. — ὀροδάμ-
νους : *Al*. 603 ; écourté en ῥαδάμους (*ib*. 92), ce mot de la prose technique (Th. *HP* 9. 16. 3, cf. Strömberg[1] 141) a été adopté avant N. par
Call. fr. 655 ; cf. Antip. Thessal. *AP* 9. 3.3 = 671 G.-P[2]., *ib*. 231.3 =
263. — 864 s. μίλτου Λημνίδος : cf. Androm. 147 Λημνιάδος μίλ-
τοιο. — 866 *ἐμπευκέα : cf. n. au v. 600. — 867 ἀγροτέρου : cf.
711 et la n.

γογγύλοι ἐκφαίνουσιν ἀνοιδείοντες ὀπώρης. 855

Λάζεο καὶ πυράκανθαν ἰδὲ φλόμου ἀργέος ἄνθην,
ἄμμιγα δ᾽ αἰγίλοπός τε χελιδονίου τε πέτηλα,
δαύκειον ῥίζαν τε βρυωνίδος, ἢ καὶ ἔφηλιν
θηλυτέρης ἐχθρήν τε χροῆς ὠμόρξατο λεύκην.

Ἐν δὲ περιστερόεντα κατασμώξαιο πέτηλα, 860
ἢ καὶ ἀλεξιάρης πτόρθους ἀπαμέργεο ῥάμνου·
μούνη γὰρ νήστειρα βροτῶν ἀπὸ κῆρας ἐρύκει.

Ναὶ μὴν παρθενίοιο νεοθρέπτους ὁροδάμνους,
κίχορον ἢ πεταλῖτιν ἀμέργεο, πολλάκι μίλτου
Λημνίδος, ἢ πάσῃσι πέλει θελκτήριον ἄτης. 865

Δήποτε καὶ σικύοιο τάμοις ἐμπευκέα ῥίζαν
ἀγροτέρου. Νηδὺν δὲ καὶ ἐμβρίθουσαν ἀνίης

855 γογγύλοι Tb*MV : γόγγυλοι O c.rell., cf. gall. adn. ad h.u. ‖ 856 ἀργέος T (sine acc.) Gʸᵖ Kʸᵖ(m.rec.), cf. Al. 305 : ἄρρενος ω* Σ de Eut. incert. ‖ 857 αἰγίλοπός Σ Eut. prob. Schn. : αἰγίλιπός Ω* (αἰγλιπός L αἰγίλιπές G αἰγίλυπός D Ald) ‖ 858 ῥίζαν T Eut. (ἡ βρυωνίας ῥίζα) : ῥίζας ω ‖ 859 θηλυτέρης Tc : θηλυτέρων ω* Eut. (τὰς λευκὰς τὰς ἀπηχθημένας ταῖς γυναιξίν) ‖ τε Ω* : om. p ‖ χροῆς S. : χροιῆς Lb*c χλης T χροὸς GʳᵃˢRMV ‖ ἐχθρήν τε χρ. Ω : τ᾽ ἐχθρὴν χροιῆς Btl. ‖ 860 κατασμώξαιο Ω* (cf. Al. 332) : κατασμύξαιο p*(κατασμήξ- C κατασμίξ- IDAld) ‖ 861 ἀπαμέργεο ω* (sic R ἀπαμάργεο b*), cf. 864, 910, Al. 306 : ἀπαμείρεο T ‖ 862 νήστειρα ω Σ : μνηστῆρα T i.e. νήστειρα (cf. Philoxen. Leucad., PMG 836 (b) 14 μνήστης [νῆστις Schweighaeuser recte, uide 27], Al. 130) δρήστειρα Σʸᵖ (c.gl. δραστική ~ Hsch. δ 2339 δραστηρά· δραστικά) Eut. (ἱκανή) ‖ ἐρύκει Ω* : ἄλαλκε Kᵐˑʳᵉᶜˑ ‖ 863 νεοθρέπτους ego (cl. Ap. Rh. 3.1400 νεόθρεπτα, sc. ἔρνεα) : νεοθρέπτοι T i.e. νεοθρέπτοι᾽(ο) (cf. Eut. ἐν ἄνθει οὔσης et ad elisionem uide 894) νεοδρέπτους ω ‖ 864 κίχορον Eut. (cf. Al. 429 et ad rem uide comm. n. 107 §2) : κόρχορον T κόρκορον ω (ex 626 ?) ‖ πεταλῖτιν GRpMV : πεταλίτιν Lb*P πεπλεῖτιν T (cf. ad 852 et uide Notice p. cxliii §I 31) ; de hac herba tacent Σ Eut. ‖ ἀμέργεο ω* (ἀμάργεο O, cf. ad 861) : ἀναδρέα T (ἀνάδρεπε uel ἀνάγρεο ?) ‖ 865 ἄτης GREFM, ut uoluit Btl. (cf. 26, 100, 117, 867, 879) : ἄτης cett. ἄταις S. ‖ 866 ἐμπευκέα T (iam S. cl. Al. 202) : ἐχεπευκέα ω (ex 600 ?) ‖ 867 δὲ ω : τε T ‖ ἀνίης GBSEFAld Σ (cf. ad 865) : ἵησι T i.e. ἀνίησι per haplogr. ἀνίης cett. defendit S. cl. Od. 17.364.

le fruit du paliure épineux, ensemble son feuillage
piquant, et les fruits naissants du grenadier, qui penchent
870 leurs cols purpurins, allongés en forme de cou, tout autour
desquels rougeoient des fleurs ténues. D'autres fois, c'est
l'hysope et la bugrane aux mille noeuds, les feuilles de la
plante de Télèphe et le jeune sarment au milieu des grappes, les
gousses d'ail et le fruit de la coriandre des montagnes, ou encore
875 le feuillage si duveteux de l'aunée à la feuille menue[108].

868 *ἐυρρήχου : selon les Σ, adj. comp. de ῥῆχος (*sic*) =
φραγμός « clôture », cf. Hsch. ρ 293 = Suid. ρ 156 ῥῆχος·
φραγμός ; Suidas ajoute : Ἡρόδοτος (cf. 7. 142 [l'Acropole] ῥηχῷ
ἐπέφρακτο). Pas d'autre explication ancienne de cet *hapax* absolu
(cf. D. 1. 92 [84.10] παλίουρος· γνώριμος θάμνος ἀκανθώδης, στε-
ρεός). L'adj. ῥηχώδεος (*Al.* 230) ne signifie pas *épineux* mais
rugueux, cf. Σ *ad loc.* — 869 νεαλεῖς : cf. 933, *Al.* 358 ; au sens de
νεαρός (Σ 869b, cf. Σ *Al.* 358c), seules occurrences avec Aristophane
fr. 378 et Manuel Philès (2 fois) ; le α bref est particulier à N. —
*ὀρόβακχοι : *hapax* absolu, mais cf. Hsch., *Test.*, où ὀροβάκχη est
glosé par καρποί τῆς ῥοιᾶς = κύτινοι. Le terme κύτινος peut
s'entendre aussi du *bouton* de la fleur, de la *fleur* elle-même, ou plus
particulièrement du *calice*, dans lequel se forme le fruit. Démétrios,
fils de Ménéclès (Σ 869a [301 m.]), *i.e.* Démétrios Chloros (voir *Notice*
p. CXXIX) glosait le mot par σκύτινος ἀσκός (*ad* κύτινος cf. κύτος
« boîte, récipient »), image appliquée à la *floraison* du Grenadier (Σ
p. 302.2 λέγεται δὲ ὁμοίως ἡ ἐξάνθησις τῶν ῥοιῶν ὀρόβακχος,
cf. 302.14 s.). — 870 *ὑσγινόεντας : la leçon de D, ὑσγινόεντος,
qui avait été conjecturée par Bentley, fournit un support à ὀλόσχους
(acc. de relation), mais cet adj. convient mieux au fruit qu'à l'arbre
(hypallage ?) et, de plus, il ajoute un exemple gratuit à la liste des
fém. en -εις (cf. n. au v. 129). — ἐπημύοντες *ὀλόσχους : voir
comm. n. 108 §3a. — 874 ὀρειγενέος : en dehors de N. et de la littérature grammaticale, l'unique attestation littéraire semble être
Moschion (TrGF 97 F 6.5 ὀρειγενῆ σπήλαια). — 875 *λεπτοθρίοιο = λεπτοφύλλου (Σ). — *πολύχνοα : c'est la seule *v.l.* qui
offre un sens, quoique peu conciliable avec la description des feuilles
ap. D. 3. 121 (131.6) δασέα (« velues » ?) καὶ λιπαρά (~ Th. *HP* 6.
2. 6 λιπαρώτερον), Pl. 20. 171 *folio aspero*.

ἤμυνεν καὶ καρπὸς ἐϋρρήχου παλιούρου
σὺν καὶ ἀκανθοβόλος χαίτῃ, νεαλεῖς τ' ὀρόβακχοι
σίδης ὑσγινόεντας ἐπημύοντες ὀλόσχους   870
αὐχενίους, ἵνα λεπτὰ πέριξ ἐνερεύθεται ἄνθη·
ἄλλοτε δ' ὕσσωπός τε καὶ ἡ πολύγουνος ὄνωνις
φύλλα τε Τηλεφίοιο νέον τ' ἐν βότρυσι κλῆμα,
ἀγλῖθες καὶ καρπὸς ὀρειγενέος κορίοιο,
ἢ καὶ λεπτοθρίοιο πολύχνοα φύλλα κονύζης.   875

TEST. 868 (εὐρρήχου παλιούρου) respicit Tz. Lyc. 1290 (365.13)
ἴαμα δὲ χιμέτλης, καθά φησι Ν-ος, ἀμφισβαίνης ὄφεως δέρμα
καὶ παλιούρου ῥίζης ζωμὸς περικλυζόμενος αὐτοῖς. Vide supra ad
382 ‖ 869 s. (ὀρόβακχοι σίδης) cf. Hsch. ο 1270 ὀροβάκχη· βοτάνη
τις. οἱ δὲ τῆς ῥοιᾶς τοὺς καρπούς, οὓς ἔνιοι κυτίνους ‖ 875-877
(— κάρδαμον) Athen. 2. 73, 66e Ν-ος Θ-οῖς ; cf. ibid. 3. 100, 126b
(= Nic. fr. 68) οὐ σὺ μέντοι τὸν Κολοφώνιον Νίκανδρον ἀεὶ
τεθαύμακας τὸν ἐποποιὸν ὡς φιλάρχαιον καὶ πολυμαθῆ ; καὶ ὡς
τὸ πέπερι (Casaubon : πεπέριον Α πέπεριν Dindorf πέπερι <νέ>ον
S.) ὀνομάσαντα παρέθου.

868 ἤμυνεν καὶ TRMV (cf. Al. 389) : ἤμυνε καὶ ab*P ἤμυνε p (ναὶ
μὴν post καρπὸς add.) ‖ 869 τ' Ω : an δ' scribendum ? ‖ 870 σίδης
T : σίδης δ' LRMVFDAld Σ σίδης θ' cett. ‖ ὑσγινόεντας ω* : ὑσ
νοέοντας T (spatio relicto post ὑσ) ὑσγινόεντος D (iam Btl.) ‖
ἐπημύοντες T : ἐπημύοντας ω ἐπιμύοντας conj. S. (cl. Σ) fort. recte,
eadem uar. ap. Opp. Hal. 2. 110, [Cyn.] 4.123 ἐπημύει/ἐπιμύει ‖
871 λεπτὰ Ω* : λευκὰ p (cf. ad 787, 792, 801) fort. πυκνά, cf. Th. HP
1. 13. 5 ‖ 872 πολύγουνος aV : πολυγούνις T πολύγωνος RM
πολύγονος b*c πολύκλωνος Eut. tacent Σ ‖ ὄνωνις TaRMV :
οἴνωνις b* ὄνωσις c ‖ 873 τηλεφίοιο ω* Eut., tacent Σ : τηλεφίλοιο
T τηλεφύλλοιο y*(τηλεφύλ(λ)οιον SHQ qui νέον om.) ‖ 874 ἀγλῖθες TGc*V Σ, cf. Call. fr. 495 Pf. c.adn. : ἀγλῆθες RMC ἀγλίθες ΚΟ
ἀγλιθὲς L ἄγλιθὲς W, cf. ἄγλιθες Aristophan. Hp. Diosc. Gal., al. ‖
875 πολύχνοα ΣγρΟγρΔγρ Ath. : πολύχροα T πολύθρονα ω*Σ ad uar.
-χροα/-θρονα cf. Thcr. 2. 165.

Souvent aussi, donne à boire du poivre frais concassé ou du cresson de Médie. Et tu pourras, grâce au pouliot fleuri, à la morelle noire et à la moutarde, trouver le salut dans les affres du mal[109].

880 Prends encore le poireau qui verdoie dans les plates-bandes, d'autres fois même la graine cruelle de l'ortie, qui sert d'amusement aux enfants ; ajoute également la tête neigeuse de la scille, les tuniques sèches du muscari-à-toupet, la tige de la plante appelée du même nom que le dragon, les jeunes pousses du nerprun branchu et tout ce que les pins sauvages font venir à l'intérieur de leurs cônes dans les vallons[110].

885 Or çà, sur la plante fragile dont la racine verdâtre reproduit l'aiguillon venimeux de la bête, sur le *scorpion* prélève la racine,

---

876 πέπεριν : pour cet acc. masc. cf. *Al*. l.c. (n. crit.) ; *ib*. 201, la même forme serait autorisée par le mètre. *Hippiatr*. (excerpta Lugdun.) πεπέριν (17 fois) est p. ê. une erreur pour πεπέριον. — 877 ἐμπίσαιο : cf. n. *ad* 573. — *πολυάνθεα : forme unique de fém. poét. — 879 πρασιῆς : cf. Hsch. π 3213 (= Suid. π 2226) πρασιαί· αἱ ἐν τοῖς κήποις τετράγωνοι λαχανίαι ; partout ailleurs, N. emploie le plur. [576, *Al*. 532, fr. 70.5, 85.2 πρασιῆσι(ν)] ; c'est l'usage le plus courant : cf. D. 1. 81. 1, 4. 17. 1, *Géop*. 11. 5. 1, 23. 3 ; 12. 6, 18. 2. — 879 αὐτῆς : pour souligner un mot après ἤ (cf. 623, 854, *Al*. 516, fr. 68.2, 74.68), καὶ (fr. 83.3), οὐδ' (fr. 74.15). — 880 ὀλοόν : cf. n. au v. 565. La glose de Σ 880b (ὁλόκληρον, cf. Σ 565d) est un essai d'explication désespéré plutôt que le souvenir d'une *v.l.* οὖλον. Il semble qu'on ait ici un hypallage (cf. *Notice* n. 219) : l'adj. qualifie p.-ê. la nature de l'Ortie : cf. Pl. 22. 31 *urtica quid esse inuisius potest ?* — ἐψίη : cf. *Al*. 233, fr. 75.1, A.L. 22.6 ; seule autre occurrence littéraire, Soph. F 3 ἐψία, « amusement, jeu ». Sans doute, ici, un de ces « amusements spontanés » des jeunes enfants (Platon, *Lois* 794a). Il aurait consisté pour eux à se battre avec des Orties (Σ 880a, cf. Eut. 48.21-26). — 881 νιφόεν : pour le sens de *blanc* cf. 291, 958, *Al*. 252. — 882 *σπείρεα : = σπεῖρα, *hapax* absolu pour la forme et le sens. — 883 ἀσφαράγους : cf. *Notice* p. xcvii. — *θαμνίτιδος : *hapax* absolu, = θαμνώδους (Th.) « qui ressemble à un buisson, branchu ». GK² glosent *de suo* par χθαμαλῆς. — 884 ἀγρότεραι : cf. n. au v. 711. — *στρόμβοισιν : unique exemple au sens de στρόβιλος. — 885 εἰ δὲ σύ γε : cf. n. au v. 80. — *ἀβληχρέος : de ἀβληχρής, créé sur ἄβληχρος, cf. n. au v.78. — ἔγχλοα : voir n. au v. 676. — 886 ἰοειδέϊ : voir n. au v. 243.

Πολλάκι δ᾽ ἢ πέπεριν κόψας νέον ἢ ἀπὸ Μήδων
κάρδαμον ἐμπίσαιο. Σὲ δ᾽ ἂν πολυάνθεα γληχώ
τρύχνον τ᾽ ἠδὲ σίνηπυ κακηπελέοντα σαώσαι.
Ἄγρει καὶ πρασιῆς χλοάον πράσον, ἄλλοτε δ᾽ αὐτῆς
σπέρμ᾽ ὀλοὸν κνίδης, ἤ θ᾽ ἑψίη ἔπλετο κούροις,   880
σὺν καί που νιφόεν σκίλλης κάρη αὐά τε βολβῶν
σπείρεα καὶ καυλεῖον ὁμοκλήτοιο δράκοντος,
ῥάμνου τ᾽ ἀσφαράγους θαμνίτιδος, ἠδ᾽ ὅσα πεῦκαι
ἀγρότεραι στρόμβοισιν ὑπεθρέψαντο ναπαῖαι.
Εἰ δὲ σύ γ᾽ ἐκ ποίης ἀβληχρέος ἔγχλοα ῥίζαν   885
θηρὸς ἰσαζομένην τμήξαις ἰοειδέϊ κέντρῳ

TEST. 878 (σίνηπυ) Eustath. *Iliad*. 16. 300 (853.6) νᾶπυ τὸ παρὰ Ν-
ῳ σίνηπι non huc respicit sed ad fr. 84 ab Athenaeo 9. 2, 366d alla-
tum, quem auctorem excerpsit Eust. (uide *Test*. 921) ‖ 880 (ἑψίη)
cf. Hsch. ε 7699 ἑψίη· γέλως, παιδιά (cf. 7708 s.u. ἑψία) ‖
882 (*ὁμοκλήτοιο) cf. Hsch. ο 770, quae uox alibi non legitur.

885-958 deest T
876 δ᾽ ἢ ω* : δὴ TO ‖ πέπεριν T (-ρήν) GRMV (cf. *Al*. 332, 607) :
πέπερι L*b*c Ath. (cf. *Al*. 201) ‖ 877 ἐμπίσαιο Ω* (-πείσ- T) : ἀμπίσαιο
p ‖ πολυάνθεα edd. : πολυανθέα (cf. 63) Tab PMV Σ πολυανθὴς *p* Σγρ
(codd. EFCI) GᵍKᵍ πολυαλθέα Btl. ‖ πολυάνθεα γλήχων Ω : γλήχων
πολυανθέα Σγρ(-θέα ΣΚΡ : -θὴς Σᴳ) ‖ γληχώ T (γλιχώ) : γλήχων ω, cf.
Notice p. XCVII ‖ 878 τρύχνον T (cf. Thcr. 10.37 et Note orthogr.
p. CLXXX) : στρύχνον ω Eut. (ἡ στρύχνος) ‖ σίνηπυ ego (cf. *Al*. 533,
fr.70.16, 84.1, Ath. *Test*. 921) : σίνηπι Ω ‖ σαῶσαι MDA*ld* : σαῶσαι
cett. ‖ 879 ἄγρει ω : αἱρεῖ T ‖ πρασιῆς ego : πρασιῆς ROMV πρασίης
T*a*KW στρατίης *c* ‖ χλοάον ego (cf. 576, 917) : χαράον T χλοερὸν ω
(cf. *Al*. 47 χλοεροῦ πρασίοιο) ‖ αὐτῆς Ω : αὖης Bernard cl. *Al*. 427, at
uide gall. adn. ‖ 881 κάρη T (sine acc.) GMV : κάρα cett. ‖ αὐα ω* : αὐά
TL αὖα O, uide ad 83 ‖ 882 σπείρεα Ω* : στείρεα SHQ σπέρματα Oᵍ
(iam per coniecturam) ut uoluit Schn. fort. recte, cf. Plin. 20.105 *semen
contra phalangia bibitur in uino* ‖ 883 ἀσφαράγους T (sine acc.), cf.
ad 384, 891 : ἀσπαράγους ω* (ἀσπαράγου *a*) ‖ θαμνίτιδος *a*RMV :
θαμνείτιδος T θαμνήτιδος *b*ᵖ θαμύντιδος *p* ‖ πεύκαι ω : πεύκη T ‖
884 ἀγρότεραι ω : ἀγροτέραις T ‖ ναπαῖαι T (-παί-) Σ 883-4 (explicatio altera) : ναπαίοις ω* (ναπαίαις R ναπαίης W) Σˡᵉᵐ (et explicatio
prior) ‖ 885 εἰ δέ ω* (et B) : ἠέ γ*(Bγρ)EγρIˢˡ, cf. 909 ‖ 886 τμήξαις
G*b**(et Wᵖᶜ)MV : τμήξαι L τμῆξαι KWᵃᶜP τμήξεις *p*.

ou bien prends les nénuphars blancs de Psamathè, et ceux que
Tréphéia et Côpai font croître près des eaux de leur lac, là où
se jettent les cours du Schoineus et du Cnôpos, ainsi que tous les
890 fruits en forme d'amande que, dans l'Inde, près du cours tumultueux du Choaspe, on voit aux branches des pistachiers[111].

(…) les graines de la caucalide ; ajoute les baies noirâtres, as-
tringentes, du myrte, les fruits de la sauge-hormin et du fenouil
bourgeonnant, l'*érysimon* et les semences du pois chiche
895 sauvage, en ajoutant à ses verts rameaux son feuillage à l'odeur
entêtante[112].

Et certes la menthe sauvage apaise les maux elle aussi, de
même que la couronne nouvelle du mélilot, et toutes les

887 Τρέφεια : le texte transmis a une fin de vers corrompue (ἃς
τρέφει αἶα), comme l'ont reconnu tacitement les Σ 887-888 (p. 307.2)
en retenant la *v.l.* ἅς τε Τρόφεια dans leur paraphrase (ἅστινας ἡ
Τρόφεια καὶ αἱ Κῶπαι, αἵ εἰσι πόλεις τῆς Βοιωτίας, περὶ τὸ
λιμναῖον ὕδωρ ἐθρέψαντο). Lobeck a conjecturé Τράφεια d'après
St. Byz. 632.4 Τράφεια· πόλις Βοιωτίας πολλὰ θρέμματα ἔχουσα.
Mais ce nom de ville, attesté nulle part ailleurs, n'a aucun support dans
la toponymie béotienne. Kirsten (*RE* 6A. 2221.51) voit dans Τρά-
φεια/Τρόφεια des altérations de Τρέφεια, la *vera lectio*. Ce nom de
ville, auquel convient aussi bien l'explication étymologique d'Étienne,
est à mettre en relation avec celui du lac Τρεφία de Strabon : il est
avec lui dans le même rapport que Κῶπαι/Κωπαῖς et Ὕλαι/Ὑλική
(voir comm., n. 111 §2). — 890 Ἰνδὸν χεῦμα : cf. Posid. I 2 Ἰνδὸς
Ὑδάσπης, D.P. 1074, *al.*, Opp. *Hal.* 5. 17, [*Cyn.*] 4. 165. — 891
πιστάκια : selon Athénée, N. a écrit φιττάκια (à corriger p.-ê en
φιστάκια) avec aspiration (cf. *Test.* 891), cf. 883 ἀσφαράγους. —
ἀμυγδαλόεντα : *hapax* absolu (cf. *Notice* n. 212). — 892 *φιμώδεα :
hapax en ce sens métaphorique. — 893 *κάρφεα : 941, κάρφη *Al.*
230, 491 (cf. *ib.* 118 *καρφεῖα), sing. κάρφει *supra* 89, « fruits
mûrs », sens part. à N. ; ordinairement, « tiges sèches, brindilles,
paille » ; Σ 893a glose : σπέρματα, Σ 941 : τοὺς κλάδους καὶ τὰ
σπέρματα. — βρυόεντος : voir les n. aux v. 71, 208 ; ici (et *Al.* 371,
478), « bourgeonnant, florissant ». — 894 *εἰρύσιμον = ἐρ-, *unde*
[Orph.] *Arg.* 917. — ἀγροτέρου : cf. n. au v. 711. — σπερμεῖα : cf.
n. au v. 599. — 896 ναὶ μὴν καὶ : cf. n. au v. 51. — μειλίχματα :
μείλιγμα courant en parlant de *calmant* (Arétée 4. 11. 11 [82.15]).
La *v.l.* adoptée n'est pas attestée en ce sens, mais cf. μελίχματα,
Schwyzer 725 (Milet VIe a.C.), en parlant d'offrandes.

σκορπίου, ἠὲ σίδας Ψαμαθηΐδας ἅς τε Τρέφεια
Κῶπαί τε λιμναῖον ὑπεθρέψαντο παρ' ὕδωρ,
ἧπερ Σχοινῆός τε ῥόος Κνώποιό τε βάλλει,
ὅσσα θ' ὑπ' Ἰνδὸν χεῦμα πολυφλοίσβοιο Χοάσπεω   890
πιστάκι' ἀκρεμόνεσσιν ἀμυγδαλόεντα πέφανται

....

καυκαλίδας, σὺν δ' αἰθὰ βάλοις φιμώδεα μύρτα,
κάρφεά θ' ὁρμίνοιο καὶ ἐκ μαράθου βρυόεντος
εἰρύσιμόν τε καὶ ἀγροτέρου σπερμεῖ' ἐρεβίνθου,
σὺν χλοεροῖς θάμνοισι βαλὼν βαρυώδεα ποίην.   895
Ναὶ μὴν καὶ σίσυμβρα πέλει μειλίχματα νούσων,
σὺν δὲ μελιλλώτοιο νέον στέφος, ἠδ' ὅσα χαύνης

TEST. 891 (πιστάκια) Athen. 14. 61, 649d N-ος μὲν ὁ Κολοφώνιος
ἐν τοῖς Θ-οῖς μνημονεύων αὐτῶν φησιν· « φιττάκι' ἀκρεμόνεσσιν ἀμυγδαλέοισιν ὅμοια ». γράφεται δὲ καί « βιστάκια — ἀμυγδαλόεντα πέφανται. »... 649e... ὁ δὲ Ν-ος δασέως φιττάκια,
Ποσειδώνιος δὲ βιστάκια (= Eustath. *Iliad.* 4. 414.10-12).

deest T
887 ἢ σίδας Btl. metri causa ‖ Ψαμαθηΐδας Σ (ex nomine fontis Boeo-
tici, cf. 37 ἐγγαγίδα et Plin. 4. 25) : ψαμαθηΐδας ω Σ Ψαμαθηΐὰς Btl. ‖
τε Τρέφεια ego duce Kirsten cl. Strab. 9. 2. 20 Τρεφία (uide gall. adn.
ad 887) : τρέφει αἶα ω (cf. 168 [= *Al.* 271], 759) τε Τρόφεια Σ^γρ τε
Τράφεια Lobeck cl. Steph. Byz. 632.4 ‖ 888 Κῶπαί ω* : Κωπαῖαι *p* ‖
889 Σχοινῆος ω* : σχοινοῖο *y* ‖ 890 Χοάσπεω G : χοάσπου cett. ‖ 891
πιστάκι' ω Σ Eut. Quintilii in *Georg.* lib. iii ap. Ath. 649e : βιστάκι'
Nicandri u.l. agnouit Ath. 649d (cf. Posidon. ap. Ath. *ibid.* = FGrH 87 F3
~ Plin. 13.51 *bistacia* [codd. R^sMF²]) qui (649c) ψιττάκια ipse scripsit
φιττάκι' Ath. 649d fort. recte, at uide *Notice* n. 364 ‖ ἀμυγδαλόεντα
πέφανται ω Ath. (u.l.) : ἀμυγδαλέοισιν ὅμοια Ath. (gl. in textum
irrepta) ‖ post 891 lacunam posui, nam displicet asyndeton ‖ 892 καυκαλίδας ω Σ Eut. (ex 843 ?) : κυκλαμίδας S. fort. recte (uide comm.
n. 112 §1) ‖ φιμώδεα ω* (sic D*Ald* φιμώδη OW*p*, ultimam litt. om. K
[η add. m. rec.] P) : φοινώδεα (cf. in eadem sede *Al.* 489) eruere possis ex Σ 892c (φιμώδεα δὲ μέλανα ἢ στυπτικά) ‖ 893 μαράθου ω* :
μαράθουυ *y* βαράθου L ‖ 894 εἰρύσιμόν ω* (ἐρύσιμόν L) : ἰάσιμον
p ‖ 895 βαλὼν S. : βάλοις ω ‖ 896 ναὶ ω* : καὶ *c*, cf. ad 921 ‖ μειλίχματα *ab**(K^pc)P*x**MV (cf. δάχμα, νύχμα uel sim. et uide gall. adn. ad
896) : μειλίγμ- RW*y*CD*Ald* μειλίκμ- K^ac ‖ 897 μελιλλώτοιο *a*M^pcV
(cf. comm. n. 113 §2) : μελιλώτοιο cett. (et M^ac).

fleurs blanches de la molle spirée que pilent les pâtres, et tout ce
qu'au-dedans la nielle et le rouge plantain, et la rose, et tout
900   ce que les giroflées font croître en fait de semences ténues[113].

Ou bien encore moissonne la renouée dans les prés humides
touffus, l'herbe dépilatoire et le fruit du tant déplorable
hyacinthe, sur qui pleura Phoibos ; car, sans le vouloir, il tua le
garçon frappé par son disque en avant du fleuve d'Amyclées,
905   Hyacinthe en sa prime jeunesse, quand la masse de fer vint
s'abattre sur sa tête en rebondissant sur un rocher, et qu'elle lui
rompit, au bas du crâne, l'enveloppe du cerveau[114].

Ajoute aussi la psoralée et les larmes du silphium, en prenant
de chaque ingrédient un poids égal à trois oboles. Ou bien
910   cueille le serpolet cornu, souvent la criste marine ou le petit-cyprès ; et, ajouté au reste, râpe dans ta boisson l'anis et
les racines de Libye[115]. Et ces ingrédients, selon les cas, ensemble ou séparément, écrase-les et bois-les dans une coupe,
mélangés à du vinaigre, souvent aussi à du vin ou de l'eau ; ils
font également bon effet, écrasés dans du lait[116].

---

898 βρύα : cf. n. au v. 71 ; Σ 898b glose le mot par ἄνθη, mais G
et K également par φύλλα, qui leur a semblé plus approprié au
contexte. — καταψήχουσι : cf. 83, fr. 71.4 et Suid. κ 884
καταψήχω· τρίβω καὶ ὁμαλίζω (Hsch. κ 1531 *alio sensu*). — 899
ἔνερθεν : semble qualifier ἀέξει et se rapporter à la croissance inté-
rieure de la graine ; selon O. Schneider, porte seulement sur λυχνίς,
plante des « *fonds* humides » (Pl. 21. 18 *non nisi in umidis locis
proueniens*, l'espèce *coronaire*). — ἐρευθήεις : pour l'accord avec
θρυαλλίς cf. n. au v. 129. — 905 κόρσῃ : pour le sens de *tête* et non
de *tempe* (Hom., Attiques) voir n. au v. 750. — 906 *κάλυμμα : *Al.*
269, enveloppe d'un fruit ; au sens de *crâne*, *hapax* absolu. — 908
*ὁλκήεσσιν : cf. 651. — *ἰσοζυγέων : *hapax* absolu ; les composés
du même type, ἑτερο(ὁμο-/συ-)ζυγέω sont intr., d'où la conjecture de
O.Schneider, ἰσοζυγέοντ' = ἰσοζυγῆ (cf. Théétète Scholast. *AP* 10.
16.3) mais il y a des glissements entre sens trans. et intr., comme entre
Moy. et Act., chez les poètes alexandrins, cf. n. au v. 781. — 909
*κεροειδέα : *hapax*, unde Heliodor. *SH* 472.12. — κρῆθμον : Call.
(*Hécalè*) fr. 249 = 38 H. mentionnait cette plante (Σ). — 912 *πίνεο :
pour le Moy. cf. Hermipp. fr. 24 πινώμεθα, où l'on a vu un barbarisme
volontaire. — 914 *χραισμεῖ : seul emploi connu de l'ind. prés.

οἰνάνθης βρύα λευκὰ καταψήχουσι νομῆες,
ὅσσα τε λυχνὶς ἔνερθεν ἐρευθήεις τε θρυαλλίς
καὶ ῥόδον, ἠδ᾽ ἴα λεπτὸν ὅσον σπερμεῖον ἀέξει.   900
"Η καὶ πουλύγονον λασίων ὑπάμησον ἰάμνων,
ψίλωθρον καρπόν τε πολυθρήνου ὑακίνθου,
ὃν Φοῖβος θρήνησεν· ἐπεί ῥ᾽ ἀεκούσιος ἔκτα
παῖδα βαλὼν προπάροιθεν Ἀμυκλαίου ποταμοῖο,
πρωθήβην Ὑάκινθον, ἐπεὶ σόλος ἔμπεσε κόρσῃ   905
πέτρου ἀφαλλόμενος, νέατον δ᾽ ἤραξε κάλυμμα.
Σὺν δέ τε καὶ τριπέτηλον ὁποῖό τε δάκρυα βάλλοις
τρισσοῖς ὁλκήεσσιν ἰσοζυγέων ὀδελοῖσιν·
ἠὲ σύ γ᾽ ἔρπυλλον κεροειδέα, πολλάκι κρῆθμον,
ἢ ποίην κυπάρισσον ἀμέργεο, σὺν δὲ καὶ αὐτοῖς   910
ἄννησον Λιβυκάς τε ποτῷ ἐνικνήθεο ῥίζας.
Ὧν σὺ τότ᾽ ἀμμίγδην τοτὲ δ᾽ ἄνδιχα πίνεο θρύψας
ἐν κελέβῃ, κεράσαι δὲ σὺν ὄξεϊ, πολλάκι δ᾽ οἴνῃ
ἢ ὕδατι· χραισμεῖ δὲ καὶ ἐνθρυφθέντα γάλακτι.

TEST. 902-906 Tz. Chil. 1. 299-304 Θ-οῖς ὁ Ν-ος (cf. 1. 266), Exeg.
833 s.

deest T
898 καταψήχουσι GPx* (et Iᵖᶜ) : καταψύχουσι cett. (et Iᵃᶜ) ‖
900 ὅσον S. : ὅσα Gʸᵖ ἀεὶ ω* (et G) ‖ 902 πολυθρήνου ω* (cf.
Nonn. 12. 245) : πολυθάμνου y φιλοθρήνου ΣʸᵖDʸᵖ Eut. (φιλο-
θρηνὴς) Tz. ‖ 903 ῥ᾽ ἀεκούσιος a : ῥ᾽ ἀεκούσιον RMV Tz. ῥα
ἀκούσιος W ῥ᾽ ἑκούσιος KOP ῥ᾽ ἀκούσιος p ‖ 904 βαλὼν G Tz.
Exeg. : λαβὼν cett. Tz. Chil. ‖ 905 κόρσῃ ω* : κόρσην p ‖ 907 om.
G sed postea add. ‖ 908 ἰσοζυγέων ω (transitiue usurpatum, cf. Σ) :
ἰσοζυγέοντ᾽ S. dub., uide gall. adn. ad 908 ‖ 909 κεροειδέα ω Σ :
κροκοειδέα legisse uid. Eut. (τὸν ἐοικότα τῷ κρόκῳ ἔρπυλλον) ‖
910 ἀμέργεο LMV (cf. 861, 864) : ἀμέλγεο G ἀμέργες b* (ἀμερ-
γὲς RW) ἀμέρες P ἀμέργων p ‖ 911 ἐνικνήθεο : ἐγκνήθεο malebat S. cl. Al. 368, cf. ad 111 ‖ ῥίζας ω* Σ : ῥίζαν L Eut. (σιλφίου
ῥίζῃ). ‖ 913 κεράσαι ω* (κέρασαι L) : κερῆσαι KW φυράσας
Ο.

AUTRES THÉRAPEUTIQUES CONTRE LES VENIMEUX

915
Thérapie d'urgence Mais si c'est au milieu de tes courses er-
rantes, dans des bois sans eau, qu'une pi-
qûre te presse de ses pesantes douleurs, prends aussitôt les racines, l'herbe ou la semence qui verdoient en bordure des chemins, mâche-les entre tes dents en suçant leur jus, et pose sur tes
920 plaies les déchets à demi mangés de ce repas, si tu veux éviter
le malheur et la mort qui te pressent[117].

Et certes tu pourras aussi appliquer une
Moyens divers pour ventouse d'airain sur ta funeste plaie
aspirer le venin pour évacuer le venin et le sang amas-
sé, ou bien y verser le suc laiteux du fi-
guier, ou bien employer le fer chauffé au sein d'un four brûlant.

915 σε : voir *Notice* p. LXIX s et la n. 158. — ὁδοιπλανέοντα : cf.
267 ; seules autres occurrences de mots de la même famille, Aristoph.
Ach. 69, Greg. Naz. *carm. de se ipso*, P.G. 37, 1315.6 ; cf. Max.
55 ὁδοιπλανίην, Jean de Barbucalle *AP* 9. 427.6 ὁδοιπλανέες. —
ἀνύδροις : effet d'écho avec le v. 26, cf. n. *ad loc.* — 916 βεβαρημένον : la correction de S. est inutile ; rapporté à νύχμα, le ppe.-adj.
signifie « douloureux », cf. 756 ἔμμοχθον ... δάχμα. — 917 ἀτρα-
πιτ- : *hapax* hom. (*Od.* 13. 195), adopté par les poètes hellénistiques
(Call. Ap. Rh. Posid. Léonidas Tar. Rhian. Antip. Sid.) et l'Épos récent
([Opp.] *Cyn.*, QS, [Orph. *Lith.* Nonnos) ; cf. aussi Epigr. app. orac.
166.4, Paul. Sil. 503, *al.* — 918 *μαστάζειν : seule occurrence littéraire ; cf. Hsch. μ 345 s. — ἀμελγόμενος ἄπο : cf. Soran. 2. 13
(47.13 Burguière) ἀπαμελξάτω (*hapax*) ; pour le Moy. cf. ἀπαμέργεο *Th.* 861, *Al.* 306. Pour la tmèse inverse cf. 5, 696, 730, 919 ; Arat.
940 ἔζωσε διά, 984 ἔωσι πέρι, *al.* et voir Gow *ad* Thcr. 3.21 τῖλαί με
κατ'. — 919 λύματα δαιτός : emprunt à Call. 6. 116 ἔκβολα λ. δ. ;
cf. Max. 204 βάλοις ἄπο λύματα πάντα. — 920 : ce vers semble
avoir été en partie lacuneux dans le modèle de *p*, puis complété conjec-
turalement. — 921* λοιγέϊ : *Al.* 256 ; cf. n. au v. 78. —
922 ἀθρόον : cf. *Al.* 438, Arat. 219, Ap. Rh. 4. 34, 1446, Thcr.13. 50
et Gow *ad loc.* — 923 *σίδηρον : le fém. est sans parallèle. —
924 καυστειρῆς : chez Homère seulement au gén. *Il.* 12. 316
(= 4. 342), épithète de μάχης (voir LfgrE 1353.45) ; l'accent des mss
est en faveur de cette forme homérique que N. emploie lui aussi
comme adj., cf. Opp. *l.c.* (n. crit.).

"Ην δέ σ' ὁδοιπλανέοντα καὶ ἐν νεμέεσσιν ἀνύδροις   915
νύχμα κατασπέρχῃ βεβαρημένον, αὐτίκα ῥίζας
ἢ ποίην ἢ σπέρμα παρ' ἀτραπιτοῖσι χλοάζον
μαστάζειν γενύεσσιν ἀμελγόμενος ἄπο χυλόν,
τύμμασι δ' ἡμίβρωτα βάλοις ἔπι λύματα δαιτός
ὄφρα δύην καὶ κῆρα κατασπέρχουσαν ἀλύξῃς.   920
Ναὶ μὴν καὶ σικύην χαλκήρεα λοιγέϊ τύψει
προσμάξας ἰόν τε καὶ ἀθρόον αἷμα κενώσεις,
ἠὲ κράδης γλαγόεντα χέας ὀπόν, ἠὲ σίδηρον
καυστειρῆς θαλφθεῖσαν ὑπὸ στέρνοισι καμίνου.

Sɪᴍ. 921-933 (*remedia communia*) Ph. 3 (6 s.), 7. 3-14 (11.10-13.20),
unde Aet. 13. 12 (268 s.), Pr. 7 s. (45-47), O. *ecl.* 117. 5 s. (291 s.),
PAeg. 5. 2 (6 s.), PsD. 19 (74.9-80.5, uide et 55 s.), ThN. 262 s. (298,
300) ; cf. Cels. 5. 27. 3 (114-116).

Tᴇsᴛ. 921 (ἠὲ σίνηπυ, uide crit. adn.) Athen. 9.2, 366d σίνηπυ (σίνηπι AC) δ' ὠνόμασε Ν-ος ὁ Κολοφώνιος ἐν μὲν Θ-οῖς οὕτως·
« ἢ — σίνηπυ » (sequuntur fr. 70.16 et 84) ; de uariatione σί-
νηπυ/σίνηπι uide Jaeger, *Diokles* 97.

deest T
916 νύχμα *ab*PMV : νύγμα *x* νύγματα *y* (σπερχ- scr.) ‖ βεβαρημένον ω : -νος S. (post κατασπέρχῃ distincto) ‖ 917 ποίην ω* : ποῖα *x**
(ποίας DA*ld*) ποῖα *y* ‖ 918 om. L sed postea add. ‖ ἄπο ego : δ' ἀπὸ
(ἀπὸ uel ἄπο) ω ‖ 919 τύμμασι δ' ego : τύμμασιν ω ‖ ἔπι S. : ἀπὸ
(uel ἄπο) ω, ex 918 ‖ 920 om. K (add. Kᵐ·ʳᵉᶜ·) PE (add. interl. prima
man.) ‖ δύην ω* (et Rᵃᶜ) : ὀδύνην L Σ Eut. (παῦλα … σοι τῶν
ὀδυνῶν ἔσται) δύνην Rᵖᶜ (prius ν add. sed postea del.) ‖ καὶ κῆρα
κατασπέρχουσαν *ab*PMV : ὀλοοῦ καὶ πότμον θηρὸς *p* (cf. gall.
adn. ad h.u.) ‖ 921 ναὶ ω : ἢ Ath., cf. ad 896 ‖ λοιγέι τύψει ω : ἠὲ
σίνηπυ Ath. (uide comm. n. 118 §4e) an ad 923 ἠὲ σίδηρον pertinet
haec u.l. (mutato aut deleto 924) ? ‖ 922 κενώσεις ω* : -σαις L ‖
923 ἠὲ κράδης ω* (Kʸʳ m.rec.) : ἢ ἐκ κράδης Kᵃᶜ ‖ 924 καυστειρῆς
G*b**V (cf. *Il.* 4. 342, 12. 316) : καυστειρὰν Ο (ex Σ 921-23)
καυστηρῆς LM*c** -ροῖς C, cf. Opp. *Hal.* 2. 509 (καυστηροῖο κυνὸς)
καυστείρης Schn. (ad uocis καυστήρ fem. καύστειρα, cf. Call.
[*Hec.*] fr. 268 = 93 H. ὀπτήτειρα κάμινος).

925   D'autres fois, c'est une chèvre d'élevage dont la peau rem-
plie de vin te rendra service quand le coup aura atteint ta cheville
ou ta main : en plein milieu de l'outre tu appuieras l'avant-bras
endolori, ou la cheville, et tu te serviras de ses cordons pour faire
un garrot dans la région des aines, en attendant que la force du
vin ait de ton corps écarté la souffrance.

930   Parfois aussi, mets des sangsues à paître sur tes plaies,
qu'elles boivent tout leur saoul ; ou bien fais-y tomber goutte
après goutte du jus d'oignon ; d'autres fois, verse de la lie de vin
ou de vinaigre sur des crottes de chèvre, pétris, et de cet emplâtre d'excréments frais enveloppe la blessure[118].

Je veux que tu saches préparer encore
Remède universel un remède contre tous les fléaux : voici qui
935   sera pour toi grandement bénéfique lorsque
tu auras agité toutes les drogues d'une seule et même main.
Que l'aristoloche y figure, ainsi que les racines de l'iris et du
nard, celles de la férule galbanifère avec celles, desséchées, du pyrèthre, celles de l'athamante aussi, qui guérit tous les
maux, et de plus celles de la bryone, et, ajoutées aux autres, les
940 molles racines de la pivoine fraîchement déterrée et les fruits de

---

925 ἐνίπλειον : cf. ἔμπλεον *Al.* 162, -πλεα 164 ; *Od.* 14. 113 ἐνίπλειον (17. 300, 19. 580 = 21. 78), Antim. fr. 21.2 W. = 22 M. (μέλα-
νος οἴνοιο | ἀσκὸν) ἐνίπλειον (mais 23.2 et 24. 2 ἔμπλειον), Ap. Rh.
3. 119 ἐνίπλεον. — 926 *κόψῃ : = κόψῃαι (2ᵉ sing.), aor. moy. de sens
passif (S.), cf. 915 σε, plutôt qu'aor. actif (3ᵉ sg.), dont le sujet serait un
Venimeux (J.G. Schn.). — 928 *ἀσκοδέτῃσι : le mot ἀσκοδέτης, -ου
(ὁ), « cordon d'une outre » est un *hapax* absolu. — βουβῶνας : N.
laisse à son lecteur le soin de déduire que, pour les membre supérieurs, il
faut placer le garrot près des aisselles (cf. n. 39 §2e). — 932 πυράθοισι :
la forme ordinaire est σπύραθοι (D. Ph. Pr. PAeg.) ; Aét. et ThN. ont le
sing. ; PsD. p. 77.9 σπυρίθια, que l'on corrige en σπυράθια. Mais les mss
des *Géop.* 12. 14. 2 ont une forme dépourvue de σ initial, πύρ- ; on la
corrige en σπύρ-. — 933 *πάτῳ = ἀποπάτῳ « excrément » (cf. 482 et la
n.). — 935 τευξάμενος πεπύθοιο : voir n. au v. 709. — τὸ … ἔσται :
cf. 702b. G.-S. voient dans cette proposition une relative, et, dans 937 ss.
la principale dont dépend la finale ὄφρα ; S. suppose une anacoluthe
après πεπύθοιο ; en fait, elle semble ici jouer le rôle de principale. —
κρήγυον : cf. *Notice* p. CVIII. — 936 θρόνα : les ingrédients ne sont pas
seulement botaniques, cf. n. au v. 99. — μιῇ ὑπὸ χειρὶ : cf. *Notice*
n. 122. — 938 πυρέθροις : pour le sens de ce plur. voir comm. n. 119c.

Ἄλλοτε φορβάδος αἰγὸς ἐνίπλειον δέρος οἴνης   925
χραισμήσει τημοῦτος ἐπὴν σφυρὸν ἢ χέρα κόψῃ·
ἀσκοῦ ἔσω βαρύθοντα μέσου διὰ πῆχυν ἐρείσας
ἢ σφυρόν ἀσκοδέτῃσι πέριξ βουβῶνας ἑλίξεις,
εἰσόκε τοι μένος οἴνου ἀπὸ χροὸς ἄλγος ἐρύξῃ.
Δήποτε καὶ βδέλλας κορέσαις ἐπὶ τύμμασι βόσκων,   930
ἢ ἀπὸ κρομμυόφι στάζειν ὀπόν, ἄλλοτε δ᾽ οἴνης
μίγδην ἐν πυράθοισι χέας τρύγα φυρήσασθαι
ἢ ὄξευς, νεαλεῖ δὲ πάτῳ περὶ τύψιν ἑλίξαις.

Ὄφρα δὲ καὶ πάσῃσιν ἀλεξητήριον ἄταις
τευξάμενος πεπύθοιο, τό τοι μέγα κρήγυον ἔσται   935
ἦμος ὅτε θρόνα πάντα μιῇ ὑπὸ χειρὶ ταράξῃς.
Ἐν μὲν ἀριστολόχεια καὶ ἴριδος ἐν δέ τε νάρδου
ῥίζαι χαλβανίδες τε σὺν αὐαλέοισι πυρέθροις
εἶεν, δαυκείου τε παναλθέος, ἐν δὲ βρυώνης,
σὺν δέ τε ῥίζεα χαῦνα νεωρυχέος γλυκυσίδης,   940

Sim. 934-956 Ph. 15. 15 s. (21.1-10) = Pr. 16 (54.19-26).

deest T ‖ 933-958 amisit G sed add. m.rec. ex aliquo familiae *c* exemplari, quod g appellaui ; de cod. G deperdito testatur apographon
Mediolanense *Ambr.* E 112 sup. (uide Sigla, sub cod. descr.) cuius tes-
timonium siglo *G* indicaui
927 μέσου S. : μέσον ω ‖ 928 ἀσκοδέτῃσι ego : ἀσκοδέταις δὲ ω,
quo accepto scripserunt 927 ἐρείσεις Gow ἐρεῖσαι S. ‖ ἑλίξεις ω :
ἑλίσσοις Σ^γρ (-ειν V -εις cett. : correxi, cf. gl. ἔλισσε) ‖ 930 κορέσαις *ab*^*(et R^pc)PMV : κορέσας R^acW κορέσεις *p* ‖ 931 κρομμυόφι
RMV : -φιν cett. ‖ στάζειν ego : στάζειν *p*^* (στάξει HQ) στάζων
cett. στάξεις Btl. ‖ 933 ὄξευς S. (cl. *Al.* 321, 366, 375, 511) : ὄξους
ω ‖ ἑλίξαις ω : ἑλίξεις Σ (τὴν τύψιν περιελίξεις) ‖ 934 fort. ἄτῃς
(cf. ad 100), at *Al.* 125 ἄταις (Ω) ‖ 935 τοι ω^* (σοι O μοι W) : τε L ‖
936 μιῇ GRMV : μιᾷ cett. (et g) ‖ ταράξῃς GLRMV : ταράξας cett.
(et g) ‖ 938 αὐαλέοισι GLW : αὐαλέοισ O (de aspiratione uide ad
83) αὐαλέοις τε RMV ἀβαλέεσι K αὐαλέεσσι P (α² om. sed spatio
relicto) *y* αὐαλέαισι *x* (et g) ‖ 940 ῥίζεα edd. (cf. supra ad 646) :
ῥιζέα G*g* ῥιζία cett. (ῥίζα C) ‖ χαῦνα GRWMVDA*ld* : χαύνα g
χαυνὰ LKO*c*^*.

l'ellébore noir mélangés à l'écume de nitre. En outre, verse sur
ces produits les graines du cumin et la pousse de l'aunée mélangées à l'enveloppe de la staphisaigre. En égale quantité, râpe les
graines du laurier, la luzerne en arbre et la mousse-des-chevaux
945　qui pousse à ras de terre, et, de plus, une touffe de cyclamens.
Ajoute aussi le suc du pavot luisant, et jette en vrac la semence
de l'agneau-chaste, le baume et du cinnamome, en même temps
que la berce brancursine et une tasse pleine de sel, à quoi tu mêleras de la présure et un crabe ; mais, que celle-là vienne d'un
950　lièvre, que celui-ci pâture dans les rivières aux mille galets. Et,
après avoir jeté le tout au creux d'un mortier de grande capacité,
malaxe à coups de pilon de pierre. Vite, sur les produits secs,
verse le jus du gratteron et pétris pour bien mélanger ; puis fa-

941 *μελανόχροος : cf. μελανόχροος, -οον *Od.* 19. 246 ; le
gén. hétéroclite -χροος est particulier à N., mais cf. nom. pl. -χροες
Il. 13. 589, acc. sg. -χροα [Orph.] *Lith.* 363. — 941 s. ἀφρὸς
λίτρου : cf. D. 5. 113 (83.11) ἀ. νίτρου ~ Pl. 31. 110, 112 s. *spuma
nitri* ou *aphronitrum*, carbonate de potassium (voir Schramm,
« Nitrum », *RE* 17 [1936] 777.27). — 942 βλάστον : comme au
v. 532, le genre du mot ne se laisse pas déterminer (masc. ou neutre) ;
il est neutre *Al.* 332, fr. 74.52, fém. au v. 642 (cf. Soph. [*Ichn.*] F
314.282. — 943 ἀγροτέρης : à la différence des autres occurrences
de cet adj. (cf. n. *ad* 711), il fait ici partie du phytonyme, σταφὶς
ἀγρία (lat. *astaphis* ou *staphis agria*). — 944 σπερμεῖᾱ : il est inutile
de corriger en σπερμεῖον ; pour l'allongement de α cf. *Notice*
p. cxxiv. — χαμηλήν : cf. n. au v. 532. — 946 φιαρῆς : *Al.* 91,
387 ; cf. Call. fr. 539, Thcr. 11. 21, Max. 443, 594 ; le mot est commenté par Gal. *gloss.* 151.6 φιάρην (*sic* !)· λαμπρὸν ὑπὸ ὑγρότη-
τος, cf. Σ *Al.* 91e, Σ Thcr. 11. 21bd ~ Hsch. φ 432, Phot. 646.31,
Suid. φ 286, *al.* — 947 βάλσαμον : pour l'allongemenr arbitraire de
α voir *Notice* p. cxxiv. — 949 τάμισον : 577, 711, *Al.* 373, Thcr. 7.
16, 11. 66 et déjà Hp. *mul. aff.* ; = πυτίαν, πυετίαν (cf. *Al.* 68, 323),
πιτύαν. — 950 πτωκός : « peureux », épithète du Lièvre, *Il.* 22.
310 ; subst. « Lièvre », *Il.* 17. 676, cf. Thcr. 1. 110, Call. (*Héc.*)
fr. 266 = 84 H. πολυπτῶκες. — πολυστίοισι : cf. 792 ; Wilamowitz[2] 2 p. 6 n. 6 voyait un emprunt à Call. 1. 26 dans ce mot rare qui
a suscité plusieurs variantes (voir les n. crit. aux v. 792, 950). —
951 πολυχανδέος : Thcr. 13. 46, Opp. *Hal.* 5. 331, [Orph.] *Arg.* 580,
QS (8 fois), Nonn. (8 fois) ; cf. *Al.* 63 εὐχανδέα νηδύν. —
953 *ἀπαρινέα : adj. créé par N. sur ἀπαρίνη (850).

κάρφεά τ' ἐλλεβόρου μελανόχροος, ἄμμιγα δ' ἀφρός
λίτρου. Σὺν δὲ κύμινα χέαις βλαστόν τε κονύζης,
ἄμμιγα δ' ἀγροτέρης σταφίδος λέπος. ᾿Ισα δὲ δάφνης
σπερμεῖα κύτισόν τε κατακνήθειν τε χαμηλήν
ἵππειον λειχῆνα καὶ ἐν κυκλάμινον ἀγείρας. 945
᾿Εν καὶ μήκωνος φιαρῆς ὀπόν, ἀμφὶ καὶ ἄγνου
σπέρματα βάλσαμόν τε καὶ ἐν κινάμοιο βαλέσθαι,
σὺν καὶ σφονδύλειον ἁλός τ' ἐμπληθέα κύμβην,
ἄμμιγα καὶ τάμισον καὶ καρκίνον· ἀλλ' ὁ μὲν εἴη
πτωκός, ὁ δ' ἐν ποταμοῖσι πολυστίοισι νομάζων. 950
Καὶ τὰ μὲν ἐν στύπεϊ προβαλὼν πολυχανδέος ὅλμου
μάξαι λαϊνέοισιν ἐπιπλήσσων ὑπέροισιν·
αἶψα δ' ἐπ' αὐαλέοισι χέας ἀπαρινέα χυλόν
ἄμμιγα συμφύρσαιο, καταρτίζοιο δὲ κύκλους

TEST. 948 cf. Hsch. κ 4541 κύμβη· νεὼς εἶδος καὶ ὀξύβαφον ‖
949 (τάμισον) uide ad 577 ‖ 951 (*στύπεϊ, et Al. 70) cf. Hsch. σ 2086
στύπεα· … καὶ τὸ κύτος ~ Σ 951 στύπεϊ· τῷ κύτει τοῦ ὅλμου ; in
hoc sensu alibi non legitur.

deest T ‖ 948 fin. legitur in π₃ (l. 13 αλος ενπληθεα κυμ[)
942 λίτρου S. (cl. Al. 327, 337, 532) : νίτρου ω ‖ χέαις ω* : χέας c (et
g) ‖ 944 σπερμεῖα ω* (σπέρματα V), uide gall. adn. : σπερμεῖον Eut.
(καὶ δάφνης … τὸν καρπόν) ut uoluit Hermann, cf. 900 ‖ κύτισον ω
(cf. 617) : κύτινον uel κυτίνους correxerim cl. Philum. (uide gall.
comm. n. 119e 1) ‖ κατακνήθειν GLb* (Kˢˡ) P : κατακνήθην RMVp*
(et Kᵃᶜ κατακνύθην D κατακίθην g) ‖ χαμηλήν ω : χαμηλὸν Gow,
at genus mutauit Nic. ‖ 945 ἀγείρας RMVpg : ἀγείραις GLb*P exspectaueris ἀμέρξας cl. 686, Al. 546 (uide et Th. 861, 864, 910) ‖ 946
φιαρῆς GLKᵧᵖ (m.rec.) RMVP : ἀφιαρῆς b* νεαρῆς pg ‖ 947 σπέρματα βάλσαμόν ω (cf. Al. 64) : σπερμεῖα βλάσαμόν Btl., at de men-
surae mutatione ap. Nic. uide S. ad 243, 789 ‖ 950 πολυστίοισι S.
cl. Al. 466 (uide supra ad 792 et cf. Call. 1.26) : πολυστείοισι ω*
(πολυστείνοισι OW) πολυμνίοισι Σᵘˡ ‖ 952 μάξαι RW : νάξαι cett. ‖
953 ἐπ' αὐαλέοισι ω* : ἐπαυαλ- L (-αυαν-) UEFI ἐφ' αὐαλ- V (cf.
ad 83) ‖ ἀπαρινέα ω* (ἀπαρηνέα G ἀπακρινέα D) : ἐπαρινέα yg ‖
954 ἄμμιγα συμφύρσαιο om. V sed spatio relicto.

955 çonne des pastilles d'une drachme, dont la balance déterminera le
poids avec précision, et avale dans deux cotyles de vin après
avoir agité[119].

Signature Et, du poète homérique, tu pourras à jamais garder le souvenir, de Nicandre qu'éleva la blanche
bourgade de Claros[120].

956 χαδεῖν : *Al.* 58 pose le même problème. Hom. χανδάνω
« contenir » (*Il.* 11. 462, 14. 34, *al.*) est glosé par χωρέω (p.ex. Hsch.
χ 3 s.), cf. Arat. 697 ; même sens, *Th.* 598 χάδοι. G.- S. le conservent
en *Al.* 58 (*cover them in four cyathi*) mais traduisent ici par *drink*, bien
que les deux passages soient identiques. Les Scholies ont des gloses
sans doute conjecturales (Σ *Al.* 58b : βάλε ; Σ *Th.* 956 : φαγεῖν,
δέξασθαι [pour ce sens cf. *Al.* 116]). Par ailleurs, χαδών (*Al.* 145,
307) semble signifier « ayant pris » (cf., en 307, Gᵍ βαλών p.-ê. à corriger en λαβών ; Wᵍ χωρῶν donne le sens ordinaire sans souci du
contexte). On attendrait πιεῖν (ou πορεῖν : cf. le parallèle de la panacée *ap.* Ph. p. 21.9 ~ Pr. p. 54.25 s. δίδου πιεῖν), et c'est ainsi que l'on
traduit généralement (*tu feras un breuvage* [Grévin], *trinke* [Br.], *drink*
[G.-S.]). Mais on ne voit pas comment cette leçon aurait pu s'altérer en
χαδεῖν. Faut-il postuler pour χαδεῖν le sens de « avaler » à partir
d'une confusion avec χαίνω/χανδόν (pour cet adv. cf. 341, *Od.* 21.
294, Call. fr. 178.11, Lyc. 1425) ? — 957 s. καὶ ... ἔχοις ~ *Al.* 629 s.
— 957 Ὁμηρείοιο : cf. Call. *Ep.* 6.3 s. Ὁμήρειον ... | γράμμα,
Simias (*La Hache*) fr. 25.7 P. Ὁμήρειον ... κέλευθον, Comètas *AP*
15. 38.1 Ὁμηρείους βίβλους, *al.* Dans tous ces exemples, Ὁμήρειος = « d'Homère » (cf. Phryn. *praep.* fr. 33*.7 s.), le sens de « disciple d'H. » (cf. Δημοκρίτειος, Ζηνοδότειος *vel. sim.*) ne me
semble pas attesté ailleurs. — 958 μνῆστιν ἔχοις : cf. Soph. *Aj.* 520,
1269, Ap. Rh. 3. 290, Agathias *AP* 5. 287.4, Nonn. (7 fois), *al.* —
πολίχνη : (*in eadem sede*) cf. Hés. fr. 372.9, Call. 4. 41, Nonn. (4
fois).

δραχμαίους πλάστιγγι διακριδὸν ἄχθος ἐρύξας,   955
οἴνης δ᾽ ἐν δοιῆσι χαδεῖν κοτύλῃσι ταράξας.

Καί κεν Ὁμηρείοιο καὶ εἰσέτι Νικάνδροιο
μνῆστιν ἔχοις, τὸν ἔθρεψε Κλάρου νιφόεσσα πολίχνη.

Test. 957 s. Tz. *Exeg.* 829 ‖ 958 Hdn. καθ. 190.5, 529.28 et μον.
941.1 (Ν-ος) ‖ (τὸν —) *Nicandri Genus* (Σ *Th.* p. 33.9) ; cf. Σ *Protr.*
et Paedag., Clem. Alex. vol. 1³ (Berlin 1972) 300.1 Κλάρος
Κολοφῶνος πόλις, ὅθεν ἦν Νίκανδρος ὁ ποιητής.

deest T
955 διακριδὸν ω* (κριδὸν Η) : διασταδὸν Σᵞᵖ ‖ 956 χαδεῖν ω :
πιεῖν aut πορεῖν conieceris, uide gall. adn. ad h.u. ‖ 958 Κλάρου ω*
(Κᵐ·ʳᵉᶜ·Οˢˡ) Σᵞᵖ : om. ΚΟW Κλάρος Hdn., quam u.l. nouisse uid. Σ
adnotans γρ. καὶ Κλάρου πολίχνη ‖ πολίχνη ω Σᵞᵖ : κολώνη Tz.
(cf. *Il.* 2. 811, 11. 711) ¶ τέλος σὺν θεῷ τῶν νικάνδρου θηριακῶν L
τέλος τῶν νικάνδρου θηριακῶν P τέλος νικάνδρου θηριακῶν F
Ald τέλος τῶν θηριακῶν νικάνδρου ΚWΙ τέλος τῶν θηριακῶν τοῦ
νικάνδρου g τέλος τῶν θηριακῶν OD νικάνδρου θηριακά UV, nul-
lum colophonem exhibent *GRCSBHM*.

COMMENTAIRE

1. 1-7. Sur le *prooimion* en forme de dédicace voir *Notice* p. LXIX s. C'est à la campagne que les risques de morsures sont les plus grands : d'où la mention du *laboureur*, du *bouvier* (~ 473, 898 : les *pâtres*) et du *bûcheron* (~ 377), par laquelle N. souligne, comme le font les *Euporista*, l'utilité pratique de son poème. Cf. Scribonius Largus c. 163 (*ut sis tutus, etiam si quando rus secesseris…*) et le récit d'un bûcheron recueilli par J.-H. Fabre sur les effets de la piqûre du Scorpion (2 p. 258 s. : « Ne sachant rien par moi-même, je fais parler les gens, les bûcherons surtout, qui, de loin en loin, sont victimes de leur imprévoyance »). C'est pour la même raison que Caton, dans son *De agri cultura* 102, aborde la question des Serpents (voir n. 7 §4 et 118 §4c) ; que Virgile, dans les *Géorgiques*, a quelque chose à dire sur eux (voir n. 5), et que les *Géoponica* comportent un enseignement iologique utile aux paysans (2. 47. 12 : … συνεχῶς τοῖς γεωργοῖς τὰ ἰοβόλα ἐνοχλεῖ θηρία, ἔχιδναι καὶ φαλάγγια καὶ ὄφεις καὶ μυγάλαι ἰοβολοῦσαι καὶ σκορπίοι …) à qui il est conseillé de se prémunir contre les Venimeux en plantant la Vigne thériaque.

2. 8-12. a) Cette *tradition* que N. dit tenir d'Hésiode existe encore, au Vᵉ s. de notre ère, dans le bestiaire de Timothée de Gaza (p. 9.24ss. Haupt : « que, au cours de la guerre [livrée par les Titans] contre Cronos et Zeus, les bêtes sont nées du sang des Titans sur toute la terre », où, à la vérité, θηρία ne se limite pas au sens iologique. Elle semble attestée dès le Vᵉ s. av. J.-C. par Eschyle, *Suppl.* 264-7 : « des monstres homicides, qu'au temps jadis, souillée de flots de sang (παλαιῶν αἱμάτων μιάσμασιν), la terre mit au jour (ἀνῆκε)…, serpents pullulants, cruels compagnons » (trad. Mazon modifiée) ; où παλαιῶν αἱμάτων pourrait être glosé par Τιτήνων αἵματος. La Σ *Th.* 12a dénonce une double erreur dans la référence de N. (= Hés. fr. apocryphe 367) : c'est Acousilaos (FGrHist 2 F 14) et non Hésiode, corrige-t-elle, qui aurait attribué ce rôle au sang de Typhon, non à celui des Titans. Rohde (*Psyché* 361³) attribue cette opinion sur les Titans, principe du mal, à une poésie orphique ; p.-ê. un morceau analogue a-t-il fait partie des *Hesiodea* à l'époque de N. (cf. Hollis² 175 n. 18).

— **b)** Le Scholiaste cite une opinion similaire d'Apollonios de Rhodes (*Fondation d'Alexandrie*) fr. 4 P. (cf. Knaack, « Apollonios Nr. 71 », *RE* 2 [1895] 132.55-8), lequel fait naître les Serpents « des gouttes du sang de Gorgone », *i.e.* celles qui, de sa tête nouvellement coupée, sont tombées dans le désert libyen au cours du voyage aérien de Persée : Ap. Rh. 4. 1513-17 (et les Schol. *ad loc.*, p. 321.1ss., où on lira à la l. 4 : τὸ αὐτό φησι καὶ ἐν τῇ 'Αλεξανδρ<εί>ᾳ, avec H. Fränkel *ap.* Herter, *Bericht* 409, ou mieux encore : 'Αλεξανδρ<εί>α<ς Κτί-σει>) ~ Ovide, *Mét.* 4. 616-9 (cf. Ronsard, *Premier Livre des Amours*, LXXVII 1 s. *Le sang fut bien maudit de la Gorgonne face,* / *Qui premier engendra les serpens venimeux*), Lucain (qui développe le mythe) 9. 696-726, Silius Italicus 3. 314-316 *fama docet, caesae rapuit cum Gorgonis ora* / *Perseus, in Libyam dirum fluxisse cruorem :* / *inde Meduseis terram exundasse chelydris.* L'épithète γονόεντα qualifiant le cou de Méduse (*Al.* 101) peut s'expliquer pareillement. — **c)** Selon Théophraste (Περὶ τῶν ἀθρόως φαινομένων), dont on notera la rencontre avec la mythologie, l'origine des « Serpents » (τῶν ὄφεων) et aussi « des autres venimeux » (τῶν ἄλλων θηρίων ; Acousil. πάντα τὰ δάκνοντα moins compréhensif, si le terme est employé au sens de δακετά, voir *Notice* p. XXXII) a deux causes possibles, « l'air pluvieux » ou « les guerres et les effusions de sang », « d'où vient qu'il y eut jadis en Thessalie une foule de serpents » (fr. 174 §6, p. 459.48-53). Rose (Ar. Ps. 334.1 et 3) assignait au même traité le témoignage d'[Ar.] *Mir.* 23. 832a 14 (~ Pline *NH* 10. 62) : la Cigogne, destructrice de Serpents, aurait été honorée en Thessalie pour cette raison (cf. Plut. *de Iside et Osiride*, 74, Mor. 380f et voir Wellmann[9] 28). N. lui-même (145) met en garde contre la montagne thessalienne de l'Othrys.

3. 11 s. L'adj. Μελισσήεις, comme l'épithète μυχάτοιο le prouve, est employé comme nom propre (*pace* Livrea, *ZPE* 120, 1998, 30[9]), « pays, ou mont, de Mélisseus » (*aliter* Nonn. 13. 183 γείτονος Ὑμήττοιο μελισσήεντας ἐναύλους). Il garderait le souvenir d'un roi légendaire du district de l'Hélicon où Hésiode rencontra les Muses (Σ Nic. *Th.* 11c), « quelque part, sur les basses pentes de l'Hélicon » (West, *Op.* 659) : cf. Apésas, mont de Némée appelé ainsi du nom du héros Aphésas qui régna sur le pays (Call. *SH* 267A). Confirme la note des Σ, si l'on accepte le texte du ms M, Collouthos (il a pu imiter N.), *Rapt d'Hélène* 23 ἐκ δὲ Μελισσήεντος ἀπ' εὐόδμου Ἑλικῶνος. Le toponyme Μελισσήεντος évoque à lui seul l'Hélicon (11 ὄχθαις : cf. Nic. fr. 19, cité n. crit. *ad* 214), l'un des deux éléments obligés, avec le Permesse, du paysage idyllique où s'ébattent les Muses (Hés., *Théog.* 2, 5 ; Kirsten, « Permossos », *RE* 19 [1937] 870.12ss.). Le fait qu' Hésiode narre sa rencontre avec elles dans une autre partie de son prélude (22 ss., cf. *Trav.* 659) n'implique pas un changement de décor. — Sur le nom du fleuve Περμησσός, auj. Zagará, et sur ses variantes,

cf. Kirsten 869.21ss. 871.38, West *Th.* 5 et voir R. Baladié, éd. de Strabon (C.U.F.), livre ΙΧ (1996), Lexique des noms de lieux, p. 282.

4. 13-20. [*Notes complémentaires aux v. 13-16* : V. 13 Τιτηνίς : « de la race des Titans » ; cet adj. s'applique aux sœurs ou aux descendantes de Titans ; c'est de même par les termes de *Titanis* et *Titania* qu'Ennius (trag. 363) et Ovide (*Mét.* 3. 173) désignent Diane. — 14 ἐκ κέντροιο : 227 ἐκ φολίδων τετρυμένη, A. L. 24. 3 (d'après N.) ποικίλος ἐκ τοῦ σώματος ἀσκάλαβος, Asclépiade AP 5. 158.2 = 825 G.-P. ζώνιον ἐξ ἀνθέων ποικίλον ; pour cette valeur instrumentale de ἐκ « à en juger par » cf. l'emploi similaire de ἀπό, Théophraste, *Caractères* 28. 4 εἰδεχθής τις ἀπὸ τοῦ προσώπου ; Thcr. 16. 49 θῆλυν ἀπὸ χροιᾶς Κύκνον ; *al.* — 15 : pour Ὠαρίων cf. Call. 3.265, fr. 110.94 (= Catulle 66. 94) ~ Pi. *N.* 2.12, *I.* 3. 67, fr. 72. 2 (Smiley, *Hermathena* 40, 1914, 65), Corinne PMG 654 (a) iii 38, 662.2 ; pour Ὠρίων Hom. Hés. Arat. Thcr. Ap. Rh. Euph. et West *Op.* 598. — 16 θεῆς : forme épq. postérieure à Homère, au lieu de θεᾶς, cf. 487 θεὴν, Antim. fr. 186 W. = 111 M., Call. 4. 231 (+ 6 ex.), Ap. Rh. 3. 252, 549, Rhianos fr. 67.5, *al.* ; *hDem.* 183, 279, le ms a θεῆς, mais on le corrige (cf. Richardson *ad* 183). — ἐδράξατο πέπλων : Nonn. 48. 401 (*in eadem sede*), cf. 4. 341 ἀκροτάτην ἔτι πέζαν ἀναστείλαντα χιτῶνος.]

L'origine particulière du Scorpion est liée à celle des autres Venimeux par la personne d'Artémis, Titanide par sa mère Lèto (Hés. *Théog.* 18), qui est la fille de deux Titans, Coios et Phoibè (*ib.* 134, 136). La version de N. (offense d'Orion à la déesse vierge ; Artémis suscite le Scorpion vengeur) est la même que celle d'Euphorion, si la référence du Scholiaste de l'*Iliade* à celui-ci couvre bien tous les détails de son récit ; Euph. fr. 101 P. = Σ D *Iliad.* 18. 486 : « chassant en compagnie d'Artémis, il tenta de lui faire violence, mais la déesse irritée fit sortir (ἀνέδωκε) de terre un Scorpion qui le piqua à la cheville et le tua ; Zeus eut pitié et le transporta parmi les astres ». Elle est à peu près identique à la version d'Aratos (*Th.* 16 ~ *Phén.* 638 ἑλκῆσαι πέπλοιο), à ceci près que le Scorpion d'Aratos est encore plus fort qu'Orion (643 s. ἔκτανε πολλὸν ἐόντα | πλειότερος προφανείς, cf. [Eratosthène] *infra* et la note de Martin, Aratos, C.U.F., t. 2 *ad* 643), alors que celui de N. est capable de se cacher sous un caillou (18 ~ Sophocle F 37 ἐν παντὶ γάρ τοι σκορπίος φρουρεῖ λίθῳ), détail dont les Σ Arat. (cf. *Test.* ad N. *Th.* 18) font honneur à la piété de N. L'allusion de Callimaque 2. 265 à ce mythe permet d'entrevoir le crime d'Orion mais non sa punition. Faut-il reconnaître Hésiode dans « les anciens » qu'Aratos fournit comme garants (637 προτέρων λόγος) ? Le récit du Pseudo-Ératosthène (*Cataster.* 32 = Hés. fr. 148a, cf. fr. dub. 345), est placé sous l'invocation d'Hésiode, et le fait que la Terre, fâchée qu'Orion massacre toutes les bêtes, y tient le rôle d'Artémis (θυμωθεῖσα δὲ αὐτῷ Γῆ ἀνῆκε [cf. *Thér.* 13 et Eschyle cité n. 2] σκορπίον εὐμεγέθη) ne parle pas contre cette hypothèse. Si elle était exacte, ce qu'admet Wehrli (« Orion », *RE* 18[1] [1939] 1078.31), la référence de N. à Hésiode (11 s.) serait vraie du Scorpion, comme le suggère Eutecnius (voir n. crit. aux v.10-12). Mais nos Scholies (12a, p. 39.14) nient formellement que la garantie d'Hésiode se soit étendue aux autres Venimeux : une confusion de la part de N. reste possible, à moins que l'hypothèse d'un poème perdu d'« Hésiode » rencontre le vrai (voir *supra* n. 2). — Une miniature de T (fol. 2[v], Omont pl. 65.1 ; Weitzmann[1] fig. 131) représente Orion armé du *lagobolon*, attribut du chasseur de lièvres (cf. Omont pl. 68.4 ; voir la n. au v. 20) et du paysan (pl. 68.3, voir *infra* n. 7), ainsi que le Scorpion, qui a été changé, lui aussi, en constellation (19 s., Lucain 9. 835 s. *ille minax nodis et recto uerbere saeuos / teste tulit caelo uicti decus Orionis*). Orion est figuré dans l'attitude dictée par des considérations astronomiques. Au lieu de s'inspirer des v. 17 s. (Weitzmann[2] 18 n'exclut pas qu'une illustration propre aux *Thériaques* ait un jour existé), le peintre a représenté les deux figures indépendamment l'une de l'autre, et il a pris pour modèle d'Orion le type Orion-constellation tel qu'il apparaît dans l'Aratos du *Vat. gr.* 1087 (Weitzmann[1] fig. 132). Lenormant (*in* : E. de Chanot-F. Lenormant, « Peintures d'un manuscrit de Nicandre », *Gazette Archéologique*, 1, 1875, 125 s. et pl. 32.3) faisait déjà un rapprochement semblable avec la figure d'Orion publiée par Hugo Grotius (*Syntagma Arateorum*, Anvers 1600, 59) d'après le ms *Vossius lat.* Q 79, fol. 58[v].

5. 21-30. En guise de préambule à ses prescriptions générales, N. esquisse en traits rapides quelques éléments du décor où s'exerce l'activité des ouvriers des champs et des bois (voir *Notice* p. LXXXIV), au printemps (32) et en été (24), saisons des périls (cf. n. 15 et 17) : nature cultivée des domaines ruraux (21, 29 ἅλω : cf. 546, 113 ἁλώϊα ἔργα), nature sauvage de la montagne (22 ἐρίπνης [~ Ap. Rh. 1. 581, 2. 434, 1247], cf. 145-147, 283, 439 s., 472, 668 s. ; 26 βήσσης : cf. 413, 440 et *Il.* 3. 33 s. ὡς δ' ὅτε τίς τε δράκοντα ἰδὼν παλίνορσος ἀπέστη | οὔρεος ἐν βήσσῃς) ou de la forêt (27 : cf. 147, 450, 499, 672, *al.*) ; prés humides (30, cf. 200) ou colline *aride* (26, cf. 915). Virgile, dans le passage iologique des *Géorgiques* (voir *Notice* p. CXVI), avertit contre les dangers du sommeil en plein air ou du repos dans l'herbe sur une croupe boisée (3. 435 s., voir n. 17) ; pour les prairies cf. Androm. 25. Voir dans Pollux (5. 14 p. 264 s.) une liste des lieux où l'on trouve les θηρία, en particulier les Serpents ; sur leurs abris naturels, rochers, fissures (22, 146), arbres creux (cf. 418) voir Guibé 1015.

6. 31-34. **a)** Des deux vertus que N. attribue au suc du Fenouil, capable selon lui de rendre au Serpent en mue sa vitesse et son acuité

visuelle, la première n'est qu'implicite chez Pline (8. 99 *nitidus uer-nat*). En 20. 254, il mentionne seulement la seconde, comme aussi Plutarque (*De sollertia animalium*, 20, Mor. 974b 4) et Élien (9. 16). Selon les trois auteurs, il agirait dans le second cas par frottement (cf. Σ^V 32d ἢ χριόμενα, ὥς τινες λέγουσιν, τῷ χυλῷ τοῦ μαράθου), mais Pline, en évoquant la mue, parle comme N. d'absorption (20. 254 *gustatu ... senectam exuendo* ; 8. 99 *feniculi suco inpedimentum illud exuit* ... ne précise pas). On notera que le suc du Fenouil, dont Pline (20. 254) souligne l'efficacité pour aiguiser la vue de l'homme, entre dans des compositions ὀξυδερκικαί (p.ex. Asclépiade Pharmakion *ap*. Gal. *loc*. 738.3 [Scribonius Largus]). — **b**) Cette fable du Fenouil aimé des Serpents pour cette raison (Pl. 19. 173 *anguibus ... gratissimum*) est ignorée d'Aristote lorsqu'il décrit leur mue (*HA* 8. 17. 600b 24 ss.) et précise qu'elle concerne la Vipère comme les autres Serpents, en automne aussi bien qu'au printemps ; la mue en effet n'a pas lieu seulement au printemps, comme l'indique ici N. (cf. 390), elle peut intervenir plusieurs fois (Angel 164 s.) ; sur la mue voir aussi 137, 355, 392 et n. 17, 41. — **c**) Quant à la vitesse des Serpents, elle dépend de la température extérieure, cf. déjà [Ar.] *Mir*. 142 (cité n. 15b) et Grassé, *Précis* 360 : « le froid ralentit les mouvements des Reptiles et, s'il est vif, il les suspend ».

7. 35-56. Sur les προφυλακτικὰ βοηθήματα, qui, avec d'autres généralités, ouvrent l'exposé des θηριακοί (si l'on en juge par les traités iologiques subsistants), et sur la raison artistique qui a poussé N. à rejeter ceux d'usage interne (933 ss.), ainsi qu'une partie de la κοινὴ θεραπεία, à la fin de son poème, voir *Notice* p. LXXIII. Les matières entrant dans les trois sections de προφυλακτικά qu'il aborde successivement (les deux premières dans l'ordre inverse ailleurs, sauf chez Paul d'Égine) sont essentiellement, quelle que soit leur nature, des βαρύοσμα. Lorsqu'il discute des simulacres, en particulier des odeurs, Lucrèce (4. 123-125) prend ses exemples parmi des plantes semblables, d'odeur pénétrante, le Panacès (124, cf. *Th*. 565, 685), l'« affreuse » Absinthe (ib. *apsinthia taetra*, cf. *Al*. 298), les Aurones « entêtantes » (125 *habrotonique graues*, cf. *Th*. 66, 92), les « désagréables » Centaurées (ib. *tristia centaurea*, cf. *Th*. 500) dont les qualificatifs font penser à celui du Polion chez N. (*Th*. 64 ὃ δὴ ῥίγιστον ὄδωδεν). L'action des βαρύοσμα est justifiée par l'appareil olfactif et respiratoire des Serpents (voir *infra*). N. souligne à plaisir ce caractère (41, 43, 51, 54, 64, 71, 76, 82, 86) ; d'où, si l'on compare les traités parallèles, le nomadisme de certains ingrédients d'une section à l'autre. Ils sont en fait souvent interchangeables, quand ils ne sont pas répétés, qu'ils soient recommandés seuls ou mélangés à d'autres dans des combinaisons variables : c'est ainsi que le Peucédan, cité parmi les *litières* (76) et les *onguents* (82), mais absent des *fumigations*, est mentionné

pour ce dernier usage chez Dioscoride (voir n. 10 §7, cf. *Geop.* 14. 5. 2). A noter que N. ignore les amulettes prophylactiques, au nombre desquelles Scribonius Largus 163 (79.15) cite le Peucédan, porté à la ceinture (voir *Notice* p. LVIII). — Pour l'action de la fumée sur les Serpents cf. Σ Ap. Rh. 2. 130/31a (p. 135.11 διὰ τὸ στενόπορον εἶναι αὐτῶν τὴν ὄσφρησιν [suite, *Test.* 35-36]) qui les compare aux Abeilles. Le procédé de la fumigation est toujours en usage au Proche-Orient pour chasser la vermine hors des grottes qu'elle infeste (Scarborough[1] 5 et n. 49). — **1)** Les deux premiers θυμιάματα, qui sont aussi les plus célèbres, la corne de Cerf (36) et la pierre de Gagai (37, voir n. 8), se passent d'additifs chez N. La corne de Cerf détruit les Serpents par sa seule odeur ; aussi les chasse-t-elle : Th. π. δακετῶν (*Annexe* §3, fr. 13b), cf. Ésope 199 Chambry τὸ κέρας αὐτῆς ὄφεσι φοβερόν ; Pline 8. 118, 10. 195 ; Élien 2. 9, 9. 20. — **2)** Le Bitume (44), θυμίαμα simple dans la littérature parallèle, s'ajoute chez N. à la corne de Chevreuil, comme aussi le Soufre ou la Nigelle (43, cf. D. 3. 79 [93.14] διώκει [*sc.* μελάνθιον] ... ἑρπετὰ θυμιώμενον ~ Pl. 20. 182). — **3)** Le κάρδαμον (41), *Nasturtium officinale* R. Br., peut être employé seul en fumigation : D. 2. 155. 2 (222.6) ~ Pl. 20. 129 (d'après Sextius Niger), cf. Columelle 10. 231, Gargilius Martialis 146. 14, *Geop.* 12. 27. 2. Prescrit isolément par Aétius (~ ThN.), il est mêlé, chez N., à la racine de la *Libanotis* fructifère : 40 *καχρυόεσσαν = καχρυφόρου λιβανωτίδος (cf. 850 et, pour l'identification, la n. 103 §4). Ce mélange n'apparaît ailleurs que chez Promotus. La littérature parallèle parle simplement de κάχρυος ῥίζα : ainsi Philouménos 6 (10.19) dans la fumigation composée d'un θηριακός qui est sans doute Straton (*infra* §4), disciple d'Érasistrate (cf. Jacques[3] 70 s.). — **4)** On connaît, grâce à Aétius et à Philouménos *l.c.* (chez Promotus elle comporte des éléments étrangers) la formule d'un σύνθετον θυμίαμα attribué à Straton (*Annexe* §5b, fr. 1), où entre la κάχρυος ῥίζα avec le Galbanum (52), la corne de Cerf et la Nigelle. Sur le Galbanum, gomme-résine d'Ombellifères du type Férule cf. Th. *HP* 9. 7. 2 ; D. 3. 83. 2 (100.3) θηρία τε διώκει θυμιωμένη τούς τε συγχριομένους ἀδήκτους τηρεῖ ~ Pl. 24. 22 *serpentes nidore urentium fugari diximus* (cf. 12. 126), *fugiunt et perunctos galbano* ; Virgile, *Géorg.* 3. 415 (voir *infra* §7) ; cf. Stadler, « Galbanum », *RE* 7 (1912) 2863-5. Sur la Nigelle voir D. 3. 79 (92 s.) ~ Pl. 20. 182 : ils signalent son usage en fumigation pour mettre les Serpents en fuite, comme remède contre les morsures des Phalanges (D. Pl.), bue dans de l'eau, et contre les blessures faites par les Serpents et les Scorpions (Pl.), en lotion dans du vinaigre et du miel. En cas de piqûre de Serpent, on la prescrivait pilée dans du vin pour les Bœufs (Caton, *De agri cultura* 102) et pour les Moutons (*Geop.* 18. 17. 7). — **5)** C'est Promotus qui, dans la section des θυμιάματα, est le plus proche de N. Sa première liste (p. 44.11-15) comporte, à peu de choses près, les mêmes matières, parfois dans le même ordre. Seuls ingrédients de N. absents de la littérature iologique : ζορκὸς κέρας (42), pierre de Thrace (45 ss.) et *acnèstis* (52). Les deux premiers semblent être des doublets, l'un de la corne de Cerf (si même il ne s'agit pas d'une seule réalité : cf. 142 ~ 139), l'autre du λίθος γαγάτης (voir n. 8). Quant à ἄκνηστις, ailleurs synonyme de ῥάχις, les Σ 52c (voir Jacques[3] 72 s.) hésitent entre l'Ortie (κνίδη), la Scille de Tyrannion (*Notice* p. CXXXII) et le κνέωρον ou κνῆστρον (*Daphne Cnidium* L.) d'Apollonios de Memphis (*Annexe* §5c, fr. 2). — **6)** βλήτρου (39) : βλῆτρος = βλῆχνον = πτέρις, *Aspidium Filix-mas* L. (Σ 39a ~ Pl. 27. 78 *pterim uocant Graeci, alii blachnon*) mentionné par Aétius (Th N.) ; cf. D. 4. 184 ~ Pl. 27. 80 *folia … serpentem non recipiunt ; substerni utile est in locis suspectis, usta etiam fugant nidore.* — **7)** τομαίη κέδρος (52 s.) = κέδρου πρῖσμα D. *eup.* 2. 132 (306.20), Ph. p. 16.6 (sa fumée tue les moustiques), Pr. p. 44.13, Orib. *ecl.* 295.14 (*unde* Aét., PAeg. p. 5.10) ; cf. Pl. 24. 19 *cedri scobe serpentes fugari.* Virgile recommande dans l'ordre inverse (414 s.) les fumigations de Cèdre et de Galbanum. — Pour la Bryone ingrédient d'une fumigation cf. *infra* n. 105 §6 (fin). — **8)** Sur les fumigations, les *Géoponica* (13. 8. 2, 8 ; 15. 1. 32 ; 18. 2. 4) citent six ingrédients de N. (ἄσφαλτος, γαγάτης λίθος, ἐλάφου κέρας, θεῖον, μελάνθιον, χαλβάνη) et six autres parmi ceux qui s'y ajoutent chez les Iologues récents (αἰγῶν ὄνυχες, κόνυζα, ὄπιον, πευκεδανόν, πύρεθρον). — Selon Morel[1] 348[5], Hés. fr. 270 (= 215 Rzach[3]), où il est question de la fumée de la Poix et du Cèdre, serait tiré d'une scène de fumigation dans la *Mélampodie* (cf. [Apollod.] *Biblioth.* 1. 96). Le fr. 349 (= 229, 230 Rz.), où il est question du Polion, pourrait venir d'un contexte analogue. — Une peinture de T (fol. 3[r], Omont pl. 65.2, Kádár pl. 2.1) illustre les v. 35 s., avec la légende (ajoutée après coup) : γεωργὸς καπνίζων ἐλάφου κέρας πρὸς τὸ ἐκφεύγειν τοὺς ὄφεις. Le paysan, vêtu de la *diphtéra*, porte un *lagobolon* de la main gauche ; au-dessus du foyer, où brûle la corne de Cerf, deux Serpents s'enfuient, tandis qu'un troisième, sur la droite, semble mort.

8. La pierre de Gagai (37 ἐγγαγίδα πέτρην = τὴν ἐν Γάγῃ/ Γάγαις [voir *infra*] π. = γαγάτην λίθον) est connue des pharmacologues pour être un θυμίαμα efficace contre les Serpents : D. 5. 128. 2 (96.5) ~ Pl. 36. 141 s., Gal. *simpl. med. fac.* 9. 10 (12. 203), cf. [Orph.] *Lith.* 474, 493 (qui attribue le même pouvoir à la pierre ophite), *Geop.* 15. 1. 32. Les Iologues récents (l'omission de Philouménos tient à son caractère d'extrait) la prescrivent comme telle à l'exclusion de la pierre de Thrace. Galien comme Dioscoride (§129), auquel il se réfère à propos de la pierre de Gagai (203.3), mentionne lui aussi la pierre de Thrace après la pierre de Gagai, mais en citant N. (*Test.* 45-49). Les deux pierres, très semblables, sont sans doute des Lignites. — Le nom du γαγάτης λίθος viendrait du fleuve Γάγης ou

de la localité Γάγαι (D. 96.7 s. ~ Σ *Th.* 37a, cf. Ruge, « Gagai », *RE* 7 [1910] 465 s.), à l'embouchure (D., Pl.) de ce fleuve de Lycie que Galien (203.6 s.) se dit avoir été incapable d'identifier au cours d'un cabotage sur la côte lycienne. W.M. Leake (*Journal of a Tour in Ahsia Minor*, repr. 1976 Olms, p. 185), dès le début du XIXe s., a identifié le site de Gagai, d'après Étienne de Byzance p. 192.9 (s.v. Γάγαι) et Skylax de Karyanda (§100), entre Zimyra et le cap Chélidonien (voir la carte de R. Kiepert, 1912). Pline (36. 141 *mirumque, accenditur aqua, oleo restinguitur*, unde Solin 22. 11 = Isidore 16. 4. 3) attribue à la pierre de Gagai le trait qui a rendu célèbre la pierre de Thrace (D. p. 96.11 s.). Il en va de même des *Géoponica* (15. 1. 32), qui allèguent Nestor (cf. Keydell, « Nestor Nr. 11 », *RE* 17 [1936] 125 s.), Πανάκεια (*ex Nicandro* ?). Cf. Rémy Belleau, *Poètes du XVIe*, Bibl. de la Pléiade, 653 : *La Gagate est ... /... d'estrange nature, / Car dedans l'eau aussi soudain prend feu, / Et dedans l'huile elle meurt peu à peu*). — Pour la pierre de Thrace (45 ss.), trouvée dans la rivière appelée Pont, cf. aussi [Antigonos de Carystos] *hist. mir.* 136 (περὶ δὲ τὴν τῶν Ἀγριέων Θρᾳκῶν) ~ [Ar.] *Mir.* 115, 841a 21 ss. (*unde* Steph. Byz. 570 s. [s.v. Σιντία], Élien 9. 20 ; voir Wellmann[4] 330 s.). Théophraste (*Lapid.* 12-13) parle de deux pierres de Thrace distinctes, la pierre de Binai et le σπῖνος, offrant des caractéristiques semblables : elles auraient pu être confondues en une seule (cf. Eichholz *ad loc.*) par Théopompe, source probable de ce *paradoxon* (cf. Steph. Byz. 21. 16 [s.v. Ἀγρίαι] καὶ Ἀγριεῖς, ὡς Θεόπομπος). Est-ce parce que Callimaque avait fait un sort à ce *paradoxon* thrace dans sa θαυμάτων συναγωγή ([Antig.] *l.c.* = Call. fr. 407, VIII) que Nicandre, qui partage le goût des poètes hellénistiques pour les curiosités naturelles (voir *Notice* p. LXXXVIII s.), a consacré six vers à la pierre de Thrace, après avoir un peu plus haut fait mention d'une substance analogue ? Dioscoride (p. 96.10) attribue aux deux pierres les mêmes propriétés. Galien (204.8 s.) cite N. à cause de la seule utilité qu'il reconnaît à la pierre de Thrace, à savoir l'odeur de sa combustion qui chasse les serpents, propriété signalée par les Paradoxographes cités *supra*.

9. εὐνὰς (55, cf. 313) désigne, non les gîtes des serpents comme χηραμὰ κοῖλα (Eutecnius 6.27-29 semble avoir compris ainsi), mais la couche de leurs victimes (cf. 22 s., où χαμευνάδος suit pareillement ἐρίπνης, un de leurs habitats). C'est aux deux endroits (cf. 78 s. pour les plantes qui servent de *litières*) que N. conseille d'opérer les *fumigations*. Straton (*Annexe* §5b, fr. 1 : cf. Aét. 13. 9 ~ Ph. p. 10.21 s. = Pr. p. 44.16 s.) distingue deux cas, suivant que l'on couche à la maison ou en plein air : on fera brûler les pastilles trempées d'huile du θυμίαμα, dans le premier, « au milieu de la maison », dans le second, « à l'entrée de leurs trous » (Aét. διὰ χωνείου τῶν φωλεῶν, à préfé-

rer à Ph. κατὰ μέσον τῆς κοίτης ~ Pr. ἐν μέσῳ τῆς κλίνης [κοίτης corr. Ihm] « au milieu de ta couche »).

10. 57-79. La section des ὑποστρώματα manque à notre extrait de Philouménos pour la raison indiquée *supra* n. 8. Parmi les plantes qui sont conseillées, — très rares sont celles dont l'un des usages prophylactiques décrits par N. n'est pas signalé par Dioscoride (Pline) : **1)** Anagyre (71, voir *infra*) : *ὀνόγυρος = ἀνάγυρος ou ἀνάγυρις, cf. D. 3. 150 RV (158.14) ὀνόγυρος, seule mention de ce phytonyme en dehors de N. et de Σ 71h (Σ *Al.* 56b, où ὀνόγυρος est donné comme synonyme de χαμαίπιτυς, il s'agit sans doute d'une *f.l.* pour ὁλόκυρον, cf. D. 3. 158 [164.5]) ; — **2)** τρύχνον ou στρύχνον (74) : D. 4. 72 ~ Pl. 21.177 (Steier, « Strychnos », *RE* 4A [1931] 385-90). — Ou celles dont l'un de ces usages n'est signalé que par l'un des deux auteurs : — **3)** ἐχίειον (65) : D. 4. 27 (thériaque prophylactique !) ~ Pl. 22. 50 (*uirus serpentes fugat*), 25. 104 (2e espèce, cf. n. 69 §1 et *RE* 5 [1905] 1924.31) ; — **4)** Serpolet (67) : D. 3. 38 ~ Pl. 20. 245 (*fugat et odore omnes, si uratur*). — Plus nombreuses celles qui sont recommandées par l'un et/ou l'autre, soit en ὑπόστρωμα : — **5)** Asphodèle (73) : D. *eup.* 2. 132 (306.18) = O. *ecl.* 123 (295.10), Pl. 22. 67 avec référence à N. (cf. *Test.* et voir Wagler, « Ἀσφόδελος » *RE* 2 [1896] 1730-33) ; — **6)** Origan (65) : D. 3. 27. 2 (38.12 s.) ~ Pl. 20. 178 (*communis autem usus serpentes fugare*) ; — soit en θυμίαμα ou en onguent : — **7)** Peucédan (76) : D. 3. 78. 3 (91.15) διώκει δὲ θηρία (ὁ ὀπός) θυμιώμενος, Pl. 25. 118 *ex oleo perunctos tuetur* ; — soit même en fumigation et en litière ou, exceptionnellement, en onguent : — **8)** καλάμινθος (60) : D. 3. 35. 3 (48.6) θυμιαθέντα δὲ (*sc.* τὰ φύλλα) ἑρπετὰ διώκει καὶ ὑποστρωννύμενα ~ Pl. 20. 145 *substratum uel accensum fugat etiam scorpiones* (Steier, « Minze », *RE* 15 [1932] 2020-28 ; S. Amigues *ad* Th. *HP* 2. 1 [p. 114, n. 5] renvoie à Halácsy, *Consp.* 2. 572, qui note sa présence au bord du Céphise, et elle propose *Mentha aquatica* L. mais n'exclut pas « une des καλαμίνθαι de Th. *CP* 2.16. 4 ») ; — **9)** λύγος (63) = 71 ἄγνος (530 ; voir *infra* §15b) : D. 1. 103. 3 (96.3 s. fumigation et litière) ~ Pl. 24. 61 *suffitu aut substratu fugant uenenata* (cf., pour cet usage et son emploi aux Thesmophories, Σ 71ab et Élien 9. 26 [voir Wellmann⁴ 10 s.]) ; — **10)** πόλιον (64), *Teucrium polium* L., espèce de Germandrée : D. 3. 110 (122.4), cf. D. *eup.* 2. 132 [306.17, 21] = O. 295.10, 15 litière et fumigation ; Pr. p. 44.3 litière) ~ Pl. 21. 145 *contra serpentes substerni, uri, portari.* Cf. Hés. fr. dub. 349 ; — **11)** ἁβρότονον (66), *Artemisia Abrotonum* L. : D. 3. 24 (35.4) στιβαδευόμενον καὶ θυμιώμενον ~ Pl. 21. 162 (*serpentes fugat*) ; Pr. p. 44.4, O. *ecl.* 123 [295.9], PAeg. 5. 2 [5.17] la recommandent en litière. L'espèce sauvage, celle de la montagne, est à préférer, cf. 66 s. et n. 61 §1a ; — **12)** κόνυζα (70, *al.*), espèce du genre *Inula* (cf. n. 65f) : D. 3. 121

(132.3 s.) θάμνος σὺν τοῖς φύλλοις ὑποστρωννύμενος καὶ θυμιώμενος ~ *cunilago* Pl. 20. 171 (*foliis tribus ex oleo peruncto homine
fugari serpentes*). Iologues récents : dans les litières (Pr. p. 44.4, O.
ecl. p. 295.10), fumigations (O. 295.13, PAeg. p. 5.11) et onguents
prophylactiques (Ph. p. Ph. p. 11.3, Pr. p. 44.38). — Les seuls éléments
de la liste de N. ignorés de la littérature parallèle sont : l'Anagyre
fétide ou bois puant, bon contre les morsures de Phalanges : D. 3. 150
(158.11 s.) = Pl. 27. 30, cf. Wagler, « Anagyris », *RE* 1 (1894) 2027 s.
et voir *supra* §1 ; — **13)** les rameaux de Grenadier (72 ; pour ceux-ci
toutefois cf. *Geop.* 10. 32 = 13. 8. 3) διὰ τοῦτο (*sc.* τὸ εἶναι ἄθηρον)
καὶ ἐν ταῖς στιβάσιν ἀξιοῦσιν (Nicandre ?) αὐτὸν παρατίθεσθαι
ἀσφαλείας ἕνεκα ; — **14)** au v. 74, l'*hapax* *σκύρα serait dans le
même cas si certains commentateurs anciens (cf. Eut. 7.22 s.) avaient
raison d'y voir l'ἐρυθρόδανον, la Garance (D. 3. 143), dont ἐρυθρά-
διον (Σ 74e) semble être une déformation. Mais, plus probablement,
σκύρα = ἄσκυρα, syn. de ὑπερικόν, *Hypericum perforatum*, cité dans
les συγχρίσματα par Aétius. — **15)** a/ Pour « la litière des moutons », les *Géoponica* (18. 2. 5) conseillent cinq des Herbes de N.
(καλαμίνθῃ, ἀσφοδέλῳ, πολίῳ, κονύζῃ, ἀβροτόνῳ), ainsi que le
Pouliot mentionné par Promotus, Aétius (~ ThN.) et Paul d'Égine. —
b/ On a pu remarquer que le Gattilier (*Vitex agnus castus* L., voir
Wagler « Agnos », *RE* 1 [1893] 832-4) a chez N. une entrée sous ses
deux noms (63, 71). Présent dans les autres traités, il n'est cité dans
chacun que sous un seul, ἄγνος (le plus courant) : D. *eup.*, O. (Aét.,
PAeg.) ; λύγος : Pr. ThN. Si, chez N., ἄγνου (71) n'a pas pris la place
de δαύκου, l'Athamante de Crète, une plante à fleurs blanches (D. 3.
72 [83.3 et 9]) connue comme onguent prophylactique (voir n. 11 §5),
hypothèse peu probable (voir n. 11 §5 et105 §5), c'est peut-être
l'indice que N. a emprunté à deux sources. — **c/** Comme il en était
pour les fumigations (cf. n. 9), les plantes recommandées pour les
litières servent aussi au bouchage des trous de Serpents : cf. Paul
d'Égine (p. 5.6 τῶν μὲν κύκλῳ τόπων ἐμφράττειν προσήκει τοὺς
ὑπόπτους φωλεοὺς κτλ.), et les *Géoponiques* (13. 5. 3 φύλλα εἰς τὰς
ὀπὰς ἐμφράττειν) ; voir n. 108 §8. — A noter qu'un antidote
peut servir aux mêmes fins que les deux προφυλακτικά précédents
(55 s., 78 s.) : cf. l'antidote d'Aelius Gallus (Gal. *ant.* 114.5 s. κἂν
τόπον ἑρπετῶν καταρράνῃς, φυγαδεύσεις).

11. 80-97. Sur le Peucédan (82), l'Aunée (83), l'Aurone (92) et le
Cresson (93), lequel entre dans un mélange comme précédemment
(41), voir les n. 10 (§7,11 s.), 61 §1a, 109 §2. Sont en outre utilisées
isolément pour les συγχρίσματα : — **1)** la Sauge (84), cf. D. 3. 33 ~
Pl. 22. 146 s. ; Ph., Aét. ; — **2)** la racine du Silphium (85), voir n. 115
§7 ; Philouménos, Promotus, Aétius ne précisent pas la partie ; —
3) le fruit (partie utilisée dans la littérature parallèle, sauf indication

contraire) de la Mauve sauvage (89), ἀγριὰς μολόχη (la recension ω
a μαλάχης) = ἀλθαία : D. 3. 146. 3 (en onguent, boisson et application) ~ Pl. 20. 29 (*folia ... serpentes abigunt*) ; pour μολόχη cf. D.
eup. 2. 307.8, pour μαλάχη D. 3. 146 RV p. 155.13, Ph. p. 11.4, Pr.
p. 45.1, pour ἀλθαία D. *eup.* 2 307.5 (ἀλθαίας καρπός), O. *ecl.* 295.4,
Aét. ; à noter que N. ignore le synonyme ἀλθαία attesté par Apollodore au témoignage d'Hésychius (*Annexe* §4, fr. 17) ; pour la recommandation de l'espèce sauvage, voir n. 10 §11, 61 §1a, *al.* — Autres
fruits utilisés : — **4)** κεδρίδες (81), baies du grand Genévrier ou
Cèdre-sapin (*Juniperus excelsa* L.), employées seules (~ Ph. p.11.2, où
κέδροι = κεδρίδες), cf. Pl. 24. 19 *item bacis tritis cum oleo si quis
perunguantur* (suite du texte cité *supra* n. 7 §7) ~ D. 1. 77. 5 (78.3),
mais Dioscoride ajoute de la graisse et de la moelle de Cerf (d'où *eup.*
307.6 = O. *ecl.* 295.5 ; voir n. 62 §1b) ; — **5)** entre dans un onguent
composé, en revanche, le fruit d'une plante qui fait problème (94) : on
a en effet le choix entre deux variantes qui nous orientent, l'une vers le
Laurier (δαυχμοῦ, cf. *Al.* 199), l'autre vers l'Athamante de Crète (δαύκου). Pour la première, Σ 94e fournit Antigonos comme garant ; et sa
référence à Plutarque (= fr. 113 Sandbach) garantit implicitement la
seconde, car c'est au sujet du nombre des espèces du δαῦκος (= τῆς
βοτάνης, Σ p. 68.18) que le témoignage de Plutarque est allégué,
comme le prouve la note sur ses vertus médicinales (p. 69.2-7 ~ D. 3.
72. 2 [83.12-84.1]). Ces variantes peuvent s'appuyer, la première sur
δαφνίδες, car l'utilisation des baies de Laurier en onguent prophylactique a des parallèle (Pline 23. 155 *perunctos eo* [i.e. *suco bacarum*]
fugiunt uenenata omnia ~ D. *eup.* 2. 134 [307.5]), la seconde sur δαύκου καρπός (Ph. p.11.5, Pr. p. 44.38). Dans les traités parallèles, les
deux substances sont recommandées à l'exclusion l'une de l'autre, et
elles sont prescrites isolément, alors que chez N. elles entrent en composition avec l'Aurone et le Cresson. Le problème serait insoluble si
N. lui-même ne nous permettait de trancher en faveur du Laurier :
pour désigner le δαῦκος, il se sert toujours du néologisme qui lui est
propre, *δαύκειον (858, 939) ; cf. comm. n. 105 §5. — Dans la littérature parallèle, la liste des substances végétales utilisées pour les
onguents qui se rapproche le plus de N. est celle de Philouménos
(qu'on retrouve à peu de choses près dans la première liste de Promotus et d'Aétius respectivement) : ses onze premières entrées (κέδροι,
ἀρκευθίδες, κόνυζα, πευκέδανον, σίλφιον, ἐλελίσφακον, μαλάχη
ἀγρία, ἀβρότονον, καρδά[μω]μον, ἀσφοδέλου ἢ δαύκου καρπός)
recouvrent neuf des ingrédients de N. dans un ordre voisin. —
6) L'une des deux substances non végétales de N. n'a de parallèle que
chez Dioscoride et Aétius : κάμπην κηπαίην (87 s.) ~ D. 2. 60
(139.14 s. = *eup.* p. 307.9 s.) κάμπαι αἱ ἐπὶ τῶν λαχάνων γεννώμε-
ναι ἐπιχριόμεναι σὺν ἐλαίῳ ἀδήκτους ὑπὸ τῶν ἰοβόλων φυλάσ-
σειν λέγονται (*unde* PAeg. 7. 3 [219.28 s.] ; cf. Aét. 13. 13 [270.4],

où la protection se limite aux piqûres de Guêpes et d'Abeilles). Le v.
88, avec sa brève description bien dans le style de N., n'offre aucun
signe d'interpolation ; mais il est omis par T, Eutecnius (à la vérité
souvent peu exact) ne le traduit pas, et Σ 88c, qui hésite sur le sens de
κάμπη, bien que ce mot n'ait pas d'homonyme dans le règne végétal,
semble ne l'avoir pas lu : autant de raisons pour qu'on l'ait suspecté.
Mais il est défendu par Dioscoride. — 7) Enfin, la salive humaine (86)
peut servir de protection : cf. Th. π. δακετῶν (*Annexe* §3, fr. 14) et les
textes cités *ad loc.* Galien, dans le *De inaequali intemperie* (7. 745.14-
16), note que la salive de la Vipère est meurtrière pour l'homme, celle
de l'homme pour la Vipère, et que la salive d'un homme *à jeun* a le
pouvoir de tuer le Scorpion ; *simpl. med. fac.* 289 s. (cf. *Test.* 86),
qu'elle obtient ce résultat à elle seule, sans incantation, mais qu'elle le
tue plus vite si l'homme a faim et soif (~ PAeg. 7. 3 [258.20, 23] σία-
λον τὸ τῶν ἀνθρώπων, νήστεων μάλιστα, ... τοῖς ... θηρίοις ἐναντιώτατόν ἐστιν [*ex* Gal. *ib.* 288 s.] ; cf., à propos du Scorpion, Élien
9.4 ~ Σ *Th.* 788a [281.17 s.] = Apollodore *Annexe* §4, fr. 19c) et voir
n. 13b. La sialothérapie est le premier moyen qu'emploient les Psylles
(voir Morel[1] 346 ss.) contre les effets du venin des Serpents : Lucain 9.
925 s.... *saliua / quae cohibet uirus retinetque in uulnere pestem* (cf.
Plut. *Cat.* 56 et, sur les procédés thérapeutiques des Psylles, Morel qui
compare à Lucain Callias ap. Élien 16. 28). Selon Varron *ap.* Pline 7.
13, il y avait aux environs de Parion des gens dont la salive guérissait
les morsures des Serpents (les *Ophiogenes* ? voir Cratès de Mallos,
ibid.) ; cf. Strab. 13. 1. 14 et L. Robert, *Hellenica* IX p. 86[4]. — V. 96 :
pour le séchage des τροχίσκοι à l'ombre cf., entre autres, Gal. *Pis.*
263.5, [*Pamph.*] 307.16 τροχίσκον ἀνάπλασσε καὶ ψῦχε ἐν σκιᾷ.
— La section des onguents (v. 898 ?) a fourni le sujet d'une
miniature de T (fol. 5[r], Omont pl. 65.3), avec une légende de première
main (γεωργὸς τρίβων βοτάνας) : l'homme, de face, le bas du corps
caché par un grand mortier, y broie des herbes avec un pilon ; de part
et d'autre, un récipient ; à droite, quelques-uns des ingrédients énumérés dans ces vers : Mauve, Chenille, Silphium ; la Rose empruntée par
erreur au v. 103 ?

    12. 98-114. [*Notes complémentaires aux v. 103-114* : V. 103
*θυωροί : *hapax* absolu, = μυρεψοί. — 104 πρώτην : « de premier
choix », comme πρώτειος (cf. Gal. *loc.* 12. 431.1) ; πολύτριπτον
attr. (voir Wifstrand 194 s.) qualifiant les deux meilleures sortes
d'huile (Lohmeyer 61 : « multum contritum i.e. tenuissimum qua voce
unguentum optimae notae indicatur »). — 105 ἀργῆτος : voir n. au v.
592. — 106 τετράμορον : à entendre, comme ἰσόμοιρον, par rapport
à un tiers de conge (103), donc 0,27 l. — 108 λάζεο (cf. 612 λάζοιο) :
placé souvent en dactyle 1er comme en 610, 648, 676 (*v.l.*), 856, cf.
[Thcr.] 8. 84 λάσδεο, Gaetulicus *AP* 6. 190.1 ; dact. 5e : 838, cf.

[Orph.] *Lith.* 172. — 109 εὐεργῆ λάκτιν : emprunt à Call. (*Hécalè*)
fr. 286 = 110 H. εὐεργέα λ. qui l'emploie lui aussi au sens de τορύνη
« batteur » (cf. Suid. s.v., source du fr.). — 110 s. : cf. Androm.
101 ἑρπηστῶν τ' ἰόεντας ἀπορρίψειεν ἀκάνθας. — 114 θρίναξι : une
des rares occurrences littéraires avec Aristoph. *Paix* 567 ; θρίνακα et
τρίνακας (avec ι bref) dans des listes d'instruments agricoles : Antiphile *AP* 6. 95.4 = 874 G.-P²., Philippe *ibid.* 104.6 = 2762.]

  1) Outre l'onguent thériaque, qui a la forme caractéristique des
recettes longues des pharmacologues anciens (voir *Notice* p. LXXVI s.),
les Iologues proposent trois autres onguents qui doivent quelque chose
au Cerf. — **a**) Dans l'un, la moëlle de Cerf, qui peut s'employer seule
avec du vinaigre ou de l'ὀξέλαιον (D. *eup.* Ph. Pr.), est mélangée au
Galbanum et aux κεδρίδες (D. *eup.*, O.). — **b**) Un autre substitue aux
deux derniers ingrédients le Castoréum et l'essence de Narcisse (Pr.
Aét.). — **c**) Le troisième combine râclures de corne de Cerf et Cumin
d'Éthiopie avec Cire et essence de Roses (Pr. PAeg. 5. 2 [6.1]). La présence du Cerf s'explique, comme au v. 36, par l'antipathie naturelle
Cerf/Serpent (cf. n. 18). C'est p.-ê. pour la même raison, plus que pour
leur odeur, que Scribonius Largus (163 [79.16]), recommande de porter à la ceinture, pour se protéger des Serpents, les *sordes uirosi odoris*
qui se forment à l'angle nasal de l'oeil du Cerf. Mais c'est certainement son odeur (*odoris grauioris*), qui vaut à un *acopon*, dans lequel
entrent, avec le Galbanum, la moelle de Cerf (cf. *Th.* 101), l'huile
(105) et la cire (106), cette indication supplémentaire : *hoc qui per-
unctus erit etiam a serpente tutus erit* (Scrib. L. 270 [116.10 s.]). —
2) D'autre part, les Iologues, érigent en principe que tout Venimeux
fuit la graisse de sa propre espèce (Ph. Pr. Aét. ThN.). Il était donc
logique d'imaginer un onguent intégrant, entre autres, ces deux éléments. Il existe un accord remarquable entre l'onguent *thériaque* de N.
et deux recettes que l'on trouve chez Promotus et chez lui seul (cf. *Sim.*
ad 98-114). Ce sont les deux dernières d'une section que l'extrait de
Philouménos ne nous a pas conservées. La deuxième est placée sous
l'invocation de Philinos (*Annexe* §7, fr. 1), la première est anonyme.
— **a**) Chez N. et Philinos, hormis les Serpents (de même espèce chez
N., Vipère mâle et *Hémorrhous* chez Philinos), il y a identité absolue
des ingrédients. Seuls diffèrent l'ordre et le dosage des éléments de la
συμμετρία — *moëlle* : Philinos 1 drachme, Nic. 30 ; *cire* : Philinos
1/2 mine (= 50 dr.), Nic. 3 cotyles ; *essence* de roses : Philinos 2
cotyles, Nic. 1/3 conge ; *huile* d'olives vertes : Philinos 4 cuillerées,
Nic. 4 cotyles. — **b**) En revanche, entre N. et la recette anonyme, il y
a accord sur les Serpents (98 s. κνώδαλα … νέον θορνύντα ~ Pr. p.
45.14 ὄφεις νεωστὶ ὀχεύοντας), mais divergences profondes dans la
συμμετρία : l'Anonyme ne précise pas la nature de l'huile, qui n'est
plus qu'un substitut possible de l'essence de roses ; il ne s'agit plus de
moëlle mais de *graisse* de Cerf, et les dosages manquent. Quant à la

σκευασία, il diffère de N. sur un point important : chez lui, les Serpents sont bouillis et leur échine ôtée avant d'être mélangés aux autres ingrédients, alors que N. les fait bouillir avec eux, et qu'il ôte leur échine après coup (cf. la préparation des pains thériaques, Gal. *Pis.* 266.15-267.1 ~ [*Pamph.*] 307.12 s. ἐψηθεισῶν δὲ τῶν σαρκῶν καθαίρειν τὰς ἀκάνθας). — La parenté des trois textes est indéniable, il reste à déterminer leurs rapports. Pour autant que l'on puisse se fier à Promotus (qu'il y ait eu des interférences entre N. et les deux recettes parallèles, c'est une idée qu'on ne saurait exclure *a priori*), on est tenté de croire que N. a emprunté sa formule d'onguent *thériaque* à Philinos (voir *Notice* p. XLIV, LIII). Dans ce cas, il s'est comporté à son égard comme les pharmacologues vis-à-vis de leurs devanciers, dont ils retouchent les recettes à leur gré. Autre hypothèse également invérifiable, celle d'un emprunt à un intermédiaire qui aurait opéré des modifications. — Quoiqu'il s'agisse ici d'un médicament externe, il est intéressant de voir que son auteur a anticipé, par l'emploi qu'il a fait de la chair de Vipère, l'idée fondamentale du célèbre médicament interne d'Andromachos l'Ancien, la thériaque connue sous le nom de *Galénè*. Steve 11 a insisté justement sur cette antériorité.

13. 115-117. [*Notes complémentaires aux v. 115-117* : V. 115 εἰ δέ που : cf. Androm. 41. — 116 ἄκμηνος σίτων : cf. *Il.* 19. 163 ἄ-ος σίτοιο, Call. (*Hécalè*) fr. 312 = 120 H. ἄ-ον δόρποιο (= Suid. α 907), Lyc. 672 ἄ-ους βορᾶς. — 117 : cf. Hés. *Trav.* 298 ἡμετέρης μεμνημένος αἰὲν ἐφετμῆς (pour le ζῆλος Ἡσιόδειος de N. cf. *Notice* p. CVI). — ἐρωήσειας : voir Volkmann[2] 51 : de ce verbe hom. les poètes alexandrins ont adopté la valeur la plus rare, « repousser, écarter », attestée une seule fois (*Il.* 13. 57), cf. Call. 4. 133, Thcr. 22. 174.]

a) La piqûre est plus mauvaise, non seulement lorsque l'on est à jeun, mais encore si le Serpent est lui-même à jeun. Aussi est-il recommandé, quand elle est à craindre, de ne pas sortir avant d'avoir pris quelque nourriture ; c'est pourquoi également la femelle est particulièrement dangereuse lorsqu'elle couve (l'expression du v. 124, cf. ἀβοσκής, s'applique p.-ê. à la couvaison, cf. 136) : Celse 5. 27.10 *illud ignorari non oportet, omnis serpentis ictum et ieiuni et ieiuno magis nocere ; ideoque perniciosissimae sunt cum incubant, utilissimumque est, ubi ex anguibus metus est, non ante procedi quam quis aliquid adsumpsit.* Cf. PAeg. 5. 13.1 (16.14 s.) « courent moins de risques ceux qui ont pris de la nourriture ». — b) La morsure de l'Homme et l'efficacité de sa salive contre Serpents et Scorpions prêtent à la même observation : cf. Gal. et PAeg. (cités *supra* n. 11 §7), Élien 9. 15 (voir Th. π. δακετῶν, Annexe §3, fr. 14), Pline 7. 15 *ferunt ictas saliua … fugere ; quod si fauces penetrauerit, etiam mori, idque maxime humani ieiuni oris* (cf. *Geop.* 13. 8. 5 [*ex Democrito*] : « un Serpent meurt si un homme à jeun lui crache dans la bouche »).

14. 118-120. Le début du livre [IX] de l'*HA* traite de la différence entre mâle et femelle (608a 21-b 18), sans tenir compte des ἰοβόλα, mais voir *HA* iv 11, 538a 26-8 μείζω τὰ θήλεα τῶν ἀρρένων ἐστίν, οἷον ὄφεις καὶ φαλάγγια καὶ ἀσκαλαβῶται καὶ βάτραχοι. Théophraste lui aussi a considéré cette différence parmi d'autres dans son π. δακετῶν (*Annexe* §3, fr. 16, cf. *Notice* p. XXXII). Sur le dimorphisme sexuel des Ophidiens, à la vérité peu important, voir Guibé 860. La remarque de N. sur la taille comparée du mâle et de la femelle se vérifie non seulement chez les Serpents mais encore chez les Araignées et les Scorpions (outre Ar. *supra*, cf. Pline 11. 87), entre autres espèces animales (pour les poissons cf. Ar. *HA* 538a 28-30, 540b 16 s.). Aussi, sauf en ce qui concerne les Scorpions (Pline *ib.* Élien 6. 20 = Apollod. *Annexe* §4, fr. 5), la morsure de la femelle est-elle en général plus sévère et plus marquée. Pour les différences entre Vipère femelle et Vipère mâle voir n. 23 §1. La Vipère et l'*Hémorrhous* sont les deux seules espèces pour lesquelles N. distingue les sexes et met en garde contre la femelle (cf. 232 ss., 305) ; comparer la remarque de Philouménos (22. 3 [28.29]) sur l'*Ammodyte* (sans doute une espèce de Vipère, cf. Gossen-Steier 523.44) : ὀξύτερος δὲ γίνεται ὁ θάνατος, ὅταν τις ὑπὸ θηλυκοῦ ζῴου πληγῇ. C'est pour caractériser le même état de choses chez une espèce de Cobra, que Strabon, dans la ligne de N., a inventé le comparatif ὀξυθανατωτέρα (texte cité *Test.* 169). Sur le caractère plus nocif de la femelle cf. Solin 27. 34 (138.8) *pestis nocentior*. —— La miniature de T (fol. 6ʳ, Omont pl. 65.4, Kádár pl. 3.1) illustrant les v. 118-120 montre un jeune homme en train de fuir devant une Vipère femelle, ἔχεις θηλεῖα (*sic*) ; une Vipère mâle, ἔχεις ἄρσιν (*sic*) est représentée au-dessus avec les mêmes couleurs, mais plus courte et moins volumineuse (cf. la photographie de la parade nuptiale de deux Péliades, *Vipera berus*, *R.A.* 491, où le mâle apparaît nettement plus mince et petit, et, pour les Araignées, Millot 702 fig. 488 mâle et femelle de *Lathrodectus mactans*).

15. 121-127. Ce sont les Pléiades (Hés. *Trav.* 383 s., Thcr. 13. 25 s.) qui, par leur lever, marquent la fin du printemps et le début de l'été, comme Zeus leur en a donné mission (Arat. 266 s., cf. Σ Thcr. 13. 25/28c). C'est l'époque où, à la campagne, bêtes et gens sont le plus exposés aux coups des Venimeux. Selon Σ *Th.* 123a (79.2), les mots de N. supposent le Taureau visible en entier, tandis que, pour Aratos, il ne l'est qu'à moitié : *Phén.* 517 Ταύρου δὲ σκελέων ὅσση περιφαίνεται ὀκλάς « et tout ce que l'on peut voir du Taureau fléchi » (trad. J. Martin). L'époque définie par N. est celle où commencent les travaux de la moisson (Hés.), d'où la mention récurrente de l'*aire* sur laquelle on bat le grain (cf. n. 5). — **a)** L'été est, avec le printemps (cf. n. 16, 17, 49), la saison (cf. 24) où les Venimeux sont le plus dangereux, et

tout particulièrement aux heures les plus chaudes de l'été (cf. 469). Apollodore (*Annexe* §4, fr. 13) avait déjà noté le lien qui existe entre la chaleur et l'activité du venin, à propos des Grenouilles (Σ *Al.* 570g [196.13]) ; même remarque du Scholiaste sur le Crapaud *ibid.* 570a [196.3] τῇ θερείᾳ τὸ ἀπ᾽ αὐτοῦ φάρμακον συντίθεται, ὃ δυναμικώτερόν ἐστιν). Cette précision, les *Thériaques* ne la donnent que pour le *Cenchrinès* (voir ci-dessous et aussi n. 37 §2). — **b)** Aussi bien est-ce dans les pays les plus chauds que l'on trouve les espèces les plus venimeuses : cf. Th. π. δακετῶν (*Annexe* §3, fr. 10a) : le rapprochement de Priscien (ab) et d'[Aristote] *Mir.* 142 fait justice du doute exprimé par Regenbogen 1407.22 sur l'origine de ce paragraphe ; cf. Celse 5. 27. 10 *uerum haec genera serpentium* (*i.e.* aspis, cerastes, dipsas, haemorrhois, chelydrus) *et peregrina et aliquanto magis pestifera sunt, maximeque aestuosis locis gignuntur. Italia frigidioresque regiones hac quoque parte salubritatem habent, quod minus terribiles angues edunt.* Voir (*infra* n. 49a) le commentaire de Galien opposant le comportement des Serpents en hiver et en été à propos du *Cenchrinès* μαινόμενος (*Th.* 475). Sur l'influence de la température sur le comportement des Reptiles cf. Isidore 12. 4. 39 s. et voir Guibé 1011. — **c)** Bien que, dans cette section, N. parle exclusivement des Serpents, sa mise en garde relative à l'été vaut (comme celle relative au sexe, voir n. 14) pour les autres Venimeux, les Hyménoptères en particulier (805-810, 812). Cf. Leclercq 439 : « Chez une même espèce, la qualité du venin peut varier aussi suivant l'époque de l'année, le venin est généralement plus actif en été au moment où les Abeilles et les Guêpes sont en pleine activité ». Pour les Scorpions voir Apollod. *Annexe* §4, fr. 5 (Pline [a2] : ils ont tous du venin au milieu du jour, *cum incanduere solis ardoribus*) ; Tert. *Scorp.* p. 144.13 *familiare periculi tempus aestas.*

16. **128-136.** Autre époque où l'on doit être vigilant, celle de l'accouplement, qui a lieu au printemps et à l'automne (Guibé 872) : cf. Th. π. δακετῶν, *Annexe* §3, fr. 10 (Prisc. [c]). C'est la raison pour laquelle N. évoque le coït et la reproduction de la Vipère. Ce qu'il dit à ce propos (le mâle tué par la femelle et les petits vengeant ce crime par leur naissance) vient en droite ligne d'Hérodote (3. 109) : cf. Hdt. (éd. Legrand) ligne 4 θορνύωνται ~ *Th.* 130 θορνυμένου, l. 6 = 131 ἐμφῦσα, ll. 8 s. τῷ γονεῖ τιμωρέοντα ἔτι ἐν τῇ γαστρὶ ἐόντα τὰ τέκνα ~ 132 s. οἱ δὲ πατρὸς λώβην μετεκίαθον αὐτίκα τυτθοὶ | γεινόμενοι, ll. 9 ss. διεσθίει τὴν μητέρα, διαφαγόντα δὲ τὴν νηδὺν αὐτῆς ... τὴν ἔκδυσιν ποιέεται ~ 133 s. διὰ μητρὸς ἀραιὴν | γαστέρ᾽ ἀναβρώσαντες ... ἐξεγένοντο, ll. 11 ss. οἱ δὲ ἄλλοι ὄφιες ... τίκτουσί τε ᾠὰ καὶ ἐκλέπουσι πολλόν τι χρῆμα τῶν τέκνων ~ 135 s. οἱ δὲ ... ᾠοτόκοι ὄφιες λεπυρὴν θάλπουσι γενέθλην. Aristote aurait pu qualifier cette histoire de μῦθος ληρώδης,

comme il le fait pour celle de la naissance des lions qu'Hérodote raconte au chapitre précédent (3. 108, cf. Ar. *HA* 579b 2 s.) : il s'est expliqué à plusieurs reprises, *HA* 540a 33-b 5, avec plus de détails *GA* 718a 17-34, sur l'accouplement (cf. *Th.* 98 μεμιγμένα) et la reproduction des Serpents, notamment de la Vipère, *HA* 490b 24 s. (οἱ μὲν ἄλλοι φοτοκοῦσιν ὄφεις, ἡ δ᾽ ἔχιδνα μόνον ζῳοτοκεῖ), 558a 25-b 3, *al.* Il en ressort qu'elle est en fait ovovivipare (cf. 511a 16, 558a 25 s., *GA* 732b 21), ses petits venant au monde entourés d'une membrane qu'ils rompent au bout de deux ou trois jours ; mais il arrive qu'ils la déchirent dans le ventre de leur mère et naissent vivants. De telles observations sont peut-être à l'origine du *paradoxon* d'Hérodote, adopté par la littérature spécialisée en la matière ([Antig. Car.] *hist. mir.* 21. 4, [Ar.] *Mir.* 165, 846b 18 ss.). Mais N. lui a imprimé sa marque (cf. Plut., *Test.* ad 133 s.) : si [Antigonos] dérive d'Hérodote, le détail de la couleur (*Mir.* 165 περκνοῦ ἔχεως ~ *Th.* 129 περκνὸς ἔχις, cf. Androm. 11 ζοφερῆς ἔχιος) donne à penser que le §165 des *Mirabiles Auscultationes*, comme le §164 sur le *Seps* de l'Othrys (pour l'origine de ces deux paragraphes voir n. 19), n'est pas un extrait issu de la même source que N. mais une interpolation venant de la paraphrase des *Thériaques*. Même Wellmann[12] 75 n. 208 envisage cette possibilité : « aus Nikander ? Geffcken Tim. 85 A. 2 ». Les deux chapitres qu'Élien a consacrés au *paradoxon* (1. 24, où il utilise Hérodote sans le nommer, et 15. 16, où il juge son récit fabuleux et où il le critique en alléguant Théophraste), portent nettement l'empreinte d'Hérodote, mais ce dernier ne parle pas de tête coupée. Pour ce détail, Élien peut être tributaire de N. : cf. *NA.* 1. 24 ἐμφῦσα γὰρ αὐτοῦ τῷ τραχήλῳ διακόπτει αὐτὸν αὐτῇ κεφαλῇ ~ *Th.* 131 ἀμὺξ ἐμφῦσα κάρην ἀπέκοψεν ὁμεύνου. — Steve 14ᵛ a fait la critique de ce passage au nom des réalités. La légende de la tête du mâle coupée par la femelle peut être née d'une erreur d'observation : chez certaines espèces, c'est le mâle qui saisit la femelle en la mordant au cou (Guibé 874, 878). En tout cas, celle de leur accouplement par la bouche, qui se développe après N., semble issue d'une faute de construction sur les v. 130 s., favorisée par la *f.l.* θολερῷ (voir la n. *ad* 130).

17. 137-138. C'est seulement après la mue de printemps que le Serpent devient dangereux ; car, lorsqu'il sort de son trou à la fin de l'hiver, il est aussi inoffensif que lorsqu'il y est entré pour hiverner (Th. π. δακετῶν, *Annexe* §3, fr. 10 [Prisc. (a)], cf. n. 15b). Après la chute de l'exuvie (τὸ γῆρας, cf. 355 γηραλέον φλόον), quand ses couleurs, assombries à l'approche de la mue, sont redevenues claires et brillantes, et qu'il est « dans la joie de sa jeunesse nouvelle » (~ Pline 8. 99... *nitidusque uernat*, à la suite des mots cités n. 6a, cf. Virg., *Géorg.* 3. 437 *positis nouus exuuiis nitidusque iuuenta*, repris *En.* 2.

473), c'est alors qu'il faut le redouter ; sur ce moment N. revient à plaisir (cf. 31 ss. et n. 6 et 41). — La jeunesse du Serpent renouvelée par la mue est un élément du mythe de la confusion des langues que Philon le Juif a conté en s'inspirant, semble-t-il, d'un *Iambe* de Callimaque (fr. 192). Les animaux revendiquent la jeunesse éternelle sous le prétexte que l'un des leurs, le plus infime, a reçu ce privilège : *confus. lingu.* 7. 7 Wendland « en dépouillant sa vieille peau il retrouve sa jeunesse » (πάλιν ἐξ ὑπαρχῆς ἀνηβᾶν). Autre mythe sur le même sujet : 343-356, cf. n. 33.

18. 139-144. [*Notes complémentaires aux v. 142-143* : V. 142 *νεβροτόκοι : *hapax* absolu. Le subst. νεβρός (578, *Al.* 67, 324) a valeur d'âge : cf. Eustath. *Iliad.* 8. 248 (574.24 *ex* Aristoph. Byz. *nom. aetat.*) ἐλάφων τὰ μὲν νέα νεβροί. — ζόρκες : Strab. 12. 3.13, Élien 7. 19 (νεβροὶ καὶ πρόκες καὶ ζ.), cf. *supra* 42 ζορκός et la n. *ad loc.* — 143 τρόχμαλα : (sing.) Lyc. 1064, Th. *CP* 3. 6. 4 ; cf. Hsch. τ 1530 τρόχμαλον· τὸ πλῆθος τῶν λίθων, καὶ τὸν σωρόν. — αἱμασιάς : attique selon Moeris, *Lex. att.* 190.10 Bekker = α 109 Hansen ; le mot déjà dans l'*Od.*]

Sur l'antipathie animale Cerf/Serpent (cf. 190 Cobra/Ichneumon, 448 Aigle/Dragon), qui explique le pouvoir que les anciens ont attribué à sa corne, les témoignages sont légion jusqu'aux confins de l'antiquité (Wellmann[12] 31 s.). Entre autres parallèles de ce passage cf. Pline 8. 118 *uestigant (cerui) cauernas nariumque spiritu extrahunt renitentes* (*ex* Th. π. δακετῶν, selon Joachim 26), Élien 2. 9 καὶ οὐκ ἂν αὐτὸν (sc. τὸν ἔλαφον) διαλάθοι ἐν τῷ φωλεῷ ὢν ὁ ἔχθιστος, ἀλλὰ προσερείσας τῇ καταδρομῇ τοῦ δακετοῦ τοὺς ἑαυτοῦ μυκτῆρας βιαιότατα ἐσπνεῖ, καὶ ἕλκει ὡς ἴυγγι τῷ πνεύματι, Opp. *Hal.* 2. 289-294 (imité de N.) ὀφίων στίβον ἐξερεείνων | … ῥινήλατον ἴχνος ἀνεῦρε, | χειὴν δ᾽ εἰσαφίκανε καὶ ἑρπετὸν εἴρυσεν ἔξω, [*Cyn.*] 2. 238-241 (imité à la fois des *Hal.* et de N.) ῥῖνας δ᾽ ἐπεθήκατο χειῇ, | πνοιῇσι λάβρῃσιν ἐφελκόμενος ποτὶ δῆριν | ἑρπετὸν οὐλόμενον· τὸν δ᾽ οὐκ ἐθέλοντα μάχεσθαι | ἆσθμα βιησάμενον μυχάτης ἐξείρυσεν εὐνῆς. — Théophraste, π. δακετῶν (*Annexe* §3, fr. 6) a cherché à donner un fondement scientifique à cette croyance populaire en comparant au pouvoir des Cerfs sur les Serpents celui des Venimeux qui agissent *sufflatione* (p. ex. le Basilic et la Pastenague, voir n. 43 §5, 100 §4) : Prisc. l.c. *quia enim uirtutes sine corporalibus molibus multa possunt facere, manifestum est et ex aliis et ex ceruis : educunt enim uiperas ex sepibus* — Dans le cas du Serpent attaqué par le Cerf, comme dans celui du mâle de la Vipère par sa femelle, son excitation (129 θυίησι, 140 χολόων) rend sa morsure plus dangereuse, cf. Baumann 68[4].

19. 145-156. [*Notes complémentaires aux v. 145-148* : V. 145 δυσπαίπαλος : dérivé de hom. παιπαλόεις « escarpé » ; Archil. fr. 190

W. βῆσσαι, cf. Hsch. δ 2638 δυσπαίπαλον· δύσβατον ... δυσανά-
βατον), Bacchyl. 5. 26 (flots de la mer) ; chez Opp. en parlant d'animaux (*Hal.* 2. 369, cf. [*Cyn.*] 2. 270, 381, cf. *Th.* 267). Cette épithète
de l'Othrys (de même, ἐρυμνή, Ap. Rh. 2. 514 s.) serait à mettre en
relation avec des essais d'étymologie fondés sur ὀρθός, responsables
de la *v.l.* Ὄρθρυς (J.Schmidt, *RE* 18[2]. 1875.65). — 146 φοινά : 675
(cf. n. *ad loc.*) ; cf. Eur. *Or.* 1406 φόνιός τε δράκων, *Ion* 1263 (cité
infra n. au v. 178). — κοίλη τε φάραγξ : *uox tragica* (Eur.), Ap. Rh.
2. 745 (*in eadem sede*). — ἀγμοί : cf. Eur. *Bacch.* 1094, *Iph. Taur.*
263, *al.* — 147 λέπας : 634 ; cf. Eschyle *Agam.* 283, 298, Eur. *Andr.*
295, Lyc. 420, 1045. — δίψιος : [Ar.] *Mir.* 164, 846b 15 δάκνοντες
δὲ ἐμποιοῦσι δίψος (~ Σ *Th.* 147d : ὁ ποιῶν διψᾶν τοὺς δακνομέ-
νους, *ib.* e : δίψαν ἐπιφέρων), mais le *Seps* peut causer la soif parce
qu'il est lui-même *altéré* (cf. 357). Une autre piste est fournie par les
gloses d'Hésychius δ 2027 δίψαι· βλάψαι, 2031 δίψιον· βλαπτικόν
(cf. Soph. F 296 ?). — ἐμβατέει : cf. 804 ; Lyc. 642 (Moy.) est la
seule autre occurrence de ce néologisme poét. pour ἐμβατεύω. — 148
οὐ μίαν : cf. 478. — *οἰαδόν : *hapax* absolu.]

1) Sur la place de ce développement charnière voir *Notice* p. LXXII,
n. 164. Il a pour but d'évoquer la question des *lieux dangereux* (cf.
n. 15b). Théophraste notait les différences des animaux selon les lieux
dans son Περὶ τῶν κατὰ τόπους διαφορῶν (voir *Notice* p. XXXI). Le
c. 29 du livre VIII de l'*Histoire des Animaux* en est sans doute un reflet
avec ses remarques sur les caractères différents des animaux de montagne par rapport à ceux de plaine : *HA* 607a 9 s. ποιοῦσι δὲ καὶ οἱ
τόποι διαφέροντα τὰ ἤθη, οἷον οἱ ὀρεινοὶ καὶ τραχεῖς (cf. *Th.*
151) τῶν ἐν τοῖς πεδίοις καὶ μαλακοῖς. Qu'il soit revenu sur ce
thème dans son π. δακετῶν, Priscien nous l'atteste : IX p. 97.17 *in
montanis et asperis locis* (= Th. π. δακετῶν, *Annexe* §3, fr. 10b). C'est
la Thessalie qui a servi d'exemple à N. et non telle des autres régions
montagneuses qu'il mentionne à propos de la Vipère (214-218) ou du
Cenchrinès (470-472). Peut-être à cause du fait que la Thessalie, où a
coulé le sang des Titans, était πολύθηρος (voir n. 2c). La tradition
selon laquelle l'Othrys a servi de base aux Titans dans leur guerre
contre les Olympiens (Hés. *Théog.* 632 οἱ μὲν ἀφ' ὑψηλῆς Ὄθρυος
Τιτῆνες ἀγαυοί) n'est peut-être pas étrangère à son choix. — 2) En
dehors de N., l'Othrys n'est donné pour l'habitat du *Seps* que par [Ar.]
Mir. 164, un passage si étroitement lié à N. que la question se pose de
savoir si celui-ci en est l'imitateur ou le modèle. La première hypothèse est moins crédible dès l'instant que l'on met en doute l'appartenance de ce paragraphe au π. δακετῶν, comme l'ont fait Regenbogen
1407.23 et Joachim 15. Ce dernier a observé justement que les §164 et
165 (voir n. 16), qui se détachent de leur contexte, ne portent pas, en
l'absence de φασί *uel sim.*, la marque de la *ratio excerpendi*. Dès lors,
l'hypothèse d'une interpolation est d'autant plus légitime qu'ils ont des

parallèles frappants dans des passages voisins des *Thériaques* et semblent avoir une origine commune. La notice de N. sur le *Seps* et le
§164 des *Mir.* offrent une telle ressemblance qu'elle ne s'explique bien
que si l'un est la paraphrase de l'autre. La confusion commise par *Mir.*
sur les v. 151 s. corrobore cette hypothèse : les adj. τρηχεῖς et ἔμπυροι, par lesquels N. qualifie une variété de *Seps* avant de décrire sa
morsure, deviennent des qualificatifs de la morsure (*Mir.* 164 : ἐστὶ
δὲ αὐτῶν τὸ δῆγμα οὐ τραχὺ καὶ ἔμπυρον ἀλλὰ κακόηθες), confusion qu'il est difficile d'imputer à N. tournant en vers la prose de
Théophraste ou d'un intermédiaire. Quant à la remarque de *Mir.* sur la
soif résultant de la morsure (δάκνοντες δὲ ἐμποιοῦσι δίψος), elle
peut avoir été tirée des Σ (cf. n. *ad* 147). — **3)** La curiosité naturelle
qui a motivé l'interpolation est une application du principe du camou-
flage, phénomène d'observation courante chez les Serpents (cf. Guibé
991 ss.) : Pline 8. 85 *quod ad serpentes attinet, uulgatum est colorem
eius plerasque terrae habere, in qua occultentur* ~ Lucain 9. 715 s.
concolor exustis atque indiscretus harenis / hammodytes. Chez N. et
[Ar.] il peut s'agir de l'homochromie constante d'une même variété
vivant en un lieu déterminé : le v. 149 (~ *Mir.* αἰεὶ ὁμοιοῦται τῷ
χώρῳ ἐν ᾧ οἰκοῦσι) n'y contredit pas. Élien (16. 40) comprenait
autrement. D'après lui, un même individu peut changer de couleur
selon les lieux (homochromie variable, plus fréquente chez les lézards,
cf. Guibé 992). Qu'il parle bien du *Seps* de N., ce qui le prouve c'est
que, à la fin du même chapitre, il rapporte par erreur à ce Serpent ce
que N. dit des dents du Cobra dans la notice suivante. — **4)** Les témoignages d'[Ar.] *Mir.* et d'Élien se réduisent donc à N., dont le *Seps* n'a
aucun parallèle ni dans la littérature iologique ni ailleurs. Le Serpent
que Philouménos appelle σήψ (23 [29.20 s.]) est, en effet, non le *Seps*
de N. (*pace* Wellmann dans les *loca sim.* de son édition) mais son
Sépédon (cf. n. 30 §1), et il doit en être de même du *seps* de Lucain (9.
764 *seps stetit exiguus*, cf. 766 *parua modo serpens*) responsable d'une
mort par liquéfaction dont la description donne lieu à une amplification
rhétorique. Les deux termes de σήψ et de σηπεδών, médicalement
synonymes (Erot. σ 6 [77.3]), ont pu servir l'un comme l'autre à désigner un Serpent à morsure putréfiante (cf. Hdn., καθ. 404.14 σὴψ
εἶδος ὄφεως σῆψιν ἐμποιοῦν). Le σήψ dont le roi d'Arcadie Aipytos fut la victime, selon Pausanias (8. 4. 7 s.) qui le compare à la
Vipère mâle, ressemble à la Dipsade (voir *infra* n. 31 §3). Le problème
d'identification se complique ici du fait que σήψ est aussi le nom d'un
Lézard : cf. *Th.* 817 et la n. *ad loc.* C'est un Serpent qu'a en vue Hésychius (σ 514 σῆπες· ζῷα ἑρπετά, ὄφεις). — Sur le *Seps* de Thessalie
cf. Gossen-Steier 552.37 ; Gossen-Steier, « Krokodile und Eidech-
sen », *RE* 11 (1922) 1963 s. (corrigé *ap.* Morel[1] 361) ; Morel[1] 365 s. ;
Scarborough[1] 6 s.

20. 157-189. [*Notes complémentaires aux v. 178-189* : V. 178 : cf. 720. — τύλοι : seul emploi en poésie, semble-t-il. — ὄθμα : 443, *Al*. 243, cf. Call. (6 fois) ; *glose* éolienne d'après Hsch. o 151. — *ὑπαι-φοινίσσεται : *hapax* absolu (720 ὑποφ- première occurrence attestée), cf. Eur. *Ion* 1262 s. πυρὸς | δράκοντ᾽ ἀναβλέποντα φοινίαν φλόγα, fr. 870 δράκοντος αἱματωπὸν ὄμμα ; Posid. ιχ 17 B.-G. πυρὸς … αἴθων ; Virg. *Én.* 2. 210 (les Serpents de Laocoon) *ardentisque oculos suffecti sanguine et igni* ; Ov. *Mét.* 3. 33 *igne micant oculi* ; Sil. Ital. 2. 585 s. *caeruleus maculis auro squalentibus anguis ; / ignea sanguinea radiabant lumina flamma.* — 180 ἄκριτα : emploi adverbial de l'adj. hom. signifiant « incessant » (e.g. *Il.* 2. 796) ; cf. Max. 101 ἄκριτα ποιφύσσουσα . — ποιφύσσουσα : Euph. fr. 135 P., au sens de « souffler » (cité Σ *Th.* 180c). — 182 πίσυρες : cf. n. au v. 261. — 183 *δολιχήρεες : sur ce type d'adj. en -ήρης, création artificielle de N., cf. *Notice* p. ci et la n. au v. 284 ; seules autres attestations connues, Opp. [*Cyn.*] 1. 408 δολιχήρεες (*in eadem sede*), *Hal.* 2. 497 = Nonn. 2. 200 δολιχήρεῖ, emprunts probables ; rapproché de δολιχήποδας à la même place *ap.* Nouménios *SH* 584.4 fait l'effet d'une *imitatio per aures* (cf. *ad* 325, 546) ; pour d'autres imitations possibles de Nouménios cf. n. aux v. 388, 784. — 184 ἰοδόκοι : cf. ἰοχέαιρα (dit du Cobra), fr. 33 (*Ophiaca*) ; [Opp.] *Cyn.* 1. 522 ἰοδόκου (χειῆς) « venimeux (repaire) » vient de N. — 185 ἀμείλικτον : cf. Anytè *ap.* Poll. 5. 48 = 703 G.-P. (cf. n. ad 780 s.) ἰὸν ἀμείλικτον (venin d'une Vipère). — 186 ἐμπελάσειε : Max. 238 a emprunté à N. cette clausule. Pour ce genre de voeu cf. Call. 1. 69, 3. 137 s., fr. 43.66 (*ut uid.*), Ap. Rh. 4. 448 (et Mooney *ad loc.*) δυσμενέων, ἐπὶ παισὶ κορύσσεο, Moschos 4. 76 s., D. P. 741 s. μήτ᾽ ἐγὼ μηθ᾽ ὅστις ἑταῖρος | ἐμπελάσαι. Virgile, dans sa desription de l'épizootie de Norique, où l'on note des échos de N., semble avoir imité ce vers : cf. *Géorg.* 3. 513 *di meliora piis erroremque hostibus illum.* Selon la remarque des Σ 186a un tel voeu prouverait le sens moral de N. ; cf. les réflexions de Galien (*Pis.* 237.9 ss.) sur les exécutions « humaines et promptes » obtenues à Alexandrie grâce au concours des Cobras. — τέρα : Ap. Rh. 4. 1410 (mais avec ᾱ). — 187-189 : cf. Ap. Rh. 4. 1523 s. — *νῶκαρ : seule attestation littéraire, voir *Test.* 189, mais cf. Diphile cité *ibid.*]

N. consacre le premier et le plus long développement de la section des Serpents à celui qu'il juge le plus dangereux (168), le Cobra d'Égypte (*Naja haje*) : 200 (cf. 175) ~ Aét. p. 280 s. αἱ δὲ χελιδονιαῖαι παρὰ τὰς ὄχθας τῶν ποταμῶν, μάλιστα τοῦ Νείλου, φωλεύουσιν, Lucain 9. 816 *Niliaca serpente*. Selon [Aristote] *HA* 607a 22 (= Th. π. δακετῶν, *Annexe* §3, fr. 2), ce Serpent est originaire de Libye, et sa morsure est incurable, ce qui n'a pas empêché les médecins de chercher des remèdes : voir par exemple Nouménios (*Annexe* §9a, fr. 5), les thériaques d'Antipater (Gal. *ant.* 160.4) et

d'Eucleidès (*ib.* 162.9), Ph. 16. 7 s. (22.15), Pr. 10 (48.28), PsD. 34
(90), et cf. l'épigramme de Posidippe (voir *Notice* p. xlviii) en l'honneur du médecin Mèdéios, qui « avait trouvé le moyen de soigner
même les terribles morsures du cobra de Libye » (Posid. xiv 32 s.). —
(a) La notice de N. est remarquable par la justesse de l'observation :
161-165 allure et réactions aux incitations des sens (sensible aux sons
aigus, comme l'ensemble des Ophidiens, il n'y voit pas bien : cf. 162
s. ὑπναλέῳ ... ὅσσῳ ~ Pline 8. 87 *hebetes oculos ... non in fronte
aduersos cernere sed in temporibus : itaque excitatur saepius auditu
quam uisu* [unde Solin 27. 35 = Isidore 12. 4. 44], et voir Angel 145 :
Cobras en captivité ayant du mal à saisir leur proie) ; 166 s. attitude du
Cobra alarmé qui « se dresse à la verticale sur la partie postérieure de
son corps plus ou moins lovée sur elle-même et étale sa « coiffe »
(Grassé, *Précis* 417) ; 179-181 étalement de sa coiffe, son irritabilité
(voir *infra*). — (b) Les traités parallèles les plus complets se bornent à
indiquer les dimensions et la coloration selon les espèces. N. n'en
connaît qu'une, eux en distinguent trois (dont se distinguent les trois
espèces mentionnées par Solin p. 122.15, entre autres *Hypnale* [cf.
infra §f] et *Dipsas* [confondue avec les Cobras]) : 1/ les Cobras « terrestres » (χερσαῖαι), 2/ les « couleur hirondelle » (χελιδονιαῖαι,
leçon préférable à χελιδοναῖαι/χελιδονίαι), 3/ les « cracheurs »
(πτυάδες, περιπτυάδες [ThN.], cf. Porphyre *abst.* 3. 9). Paul d'Égine
(interprétant Galien) dit que c'est à la troisième, réputée la plus dangereuse, qu'appartenait l'individu auteur de la mort de la reine d'Égypte,
appelé improprement « Aspic de Cléopâtre ». Nous ne savons rien de
celui qui tua Démétrios de Phalère en le mordant à la main (D.L. 5.
78). De son « Cobra égyptien » Strabon ne cite que deux variétés dif-
férenciées par la taille, « l'une mesurant un empan » (0,22 m) et
l'autre « environ une brasse » (1,77 m), pour laquelle il se réfère à N.
(*Test.* ad 169). C'est peu en comparaison des seize espèces cataloguées
par les Égyptiens aux dires d'Élien (10. 31) qui mentionne (17. 5) le
livre xii des *Histoires* de Phylarque (FGrHist 81 F 27 ; cf. Pl. 10. 208,
Wellmann[9] 4 n.3) à propos du respect entourant les Cobras en Égypte
(cf. Cic. *Tusc.* 5. 27 s.). Voici, pour les trois espèces distinguées ci-dessus les mesures que donne Philouménos, en précisant que les maux
sont proportionnels à leur longueur : 1/ χερσαῖαι, 3 ou 4 (cf. Élien 16.
39), et même 5 coudées (Él. 6. 38), 2/ χελιδονιαῖαι, 1 coudée (Aét.
dit : « plus d'une coudée »), 3/ πτυάδες, 2 coudées (Aét. précise :
pour « les plus grands »). N. avait sans doute en vue l'ἀσπὶς χερ-
σαία : 1 brasse (169) = 4 coudées (4 x 0,44 m), taille modeste par rapport à celle du Cobra royal asiatique dont certains spécimens atteignent
jusqu'à 6 m de long (Guibé 1143) ; aussi bien le v. 168 vise-t-il le Serpent lui-même (cf. n. *ad loc.*). — (c) On comparera les couleurs du
Cobra indifférencié de N. à celles que signalent Philouménos et Aétius
pour leurs trois espèces : *Th.* 172 ψαφαρή (cf. 262 et *Test.* ad loc.),

sens voisin de τεφρή (173) = τεφρώδεις Ph. Aét. (qualifie les πτυάδες et les χερσαῖαι) ~ Élien 6. 38 (τεφραῖαι) ; *Th.* 173 μηλινόεσσα
~ χρυσίζουσαι (les πτυάδες) ; autre couleur possible de la première
espèce, selon Ph. Aét. : ἔγχλωροι (Ph.), ὑπόχλωροι (Aét.), de la troisième : ἔγχλωροι. Le mélanisme noté au v. 174 (αἰθαλόεσσα) est
représenté chez Philouménos et Aétius par l'espèce χελιδονιαῖαι
(Aét. : χροιὰν ὁμοίαν χελιδόνι ἔχουσιν). Cas remarquable d'adaptation au biotope : 174-176 ~ Paus. 9. 21. 6 ἐν Αἰθιοπίᾳ μελαίνας
τὰς ἀσπίδας οὐ μεῖον ἢ καὶ τοὺς ἀνθρώπους ἡ γῆ τρέφει (cf.
l'exemple du *Seps*, n. 19 §3). C'est, d'après Élien 6. 38 (Sostratos ?),
la couleur du Cobra la plus fréquente (καὶ μέλαιναι μὲν αἱ πλεῖσται
ἢ τεφραῖαι) ; cf. [Orph.] *Lith.* 503, 755 κελαινῆς ἀσπίδος. Sauf pour
ce qui est de ψαφαρή au v. 172, les couleurs dont il vient d'être question ne sont pas exclusivement celles du dos. C'est ce qui adviendrait
chez N. si l'on suivait la *lectio facilior* ἄλλοτε[1] (173). La *lectio difficilior* ἢ περὶ a pour effet de varier ἐπιδέδρομε en περιδέδρομε
(verbe à suppléer d'après ce qui précède, cf. Klauser 85 qui a omis cet
exemple), *i.e.* d'étendre la couleur à tout le corps. Pour la couleur de
l'abdomen de la sous-famille des Élapinés, à laquelle appartient le
Cobra, voir Guibé 1143 : « Souvent l'abdomen est de teinte vive,
l'animal utilisant cette particularité comme procédé d'intimidation en
exhibant brusquement sa face abdominale ». A la gamme des teintes
précédentes, Élien (6. 38) ajoute, pour le Cobra, le rouge qu'on rencontre chez d'autres Élapinés, tel le Pseudelaps qui a le cou rouge. —
(d) Autre moyen d'intimidation bien connu : 179-181 ~ Pline 8. 85
colla aspidum intumescere, Lucain 9. 701 *aspida … tumida ceruice*
(Virg. *Géorg.* 3. 421 *sibila colla tumentem* convient au Cobra mieux
qu'à la Vipère). Malgré le vocabulaire de N. et des passages parallèles,
les Cobras ne *gonflent* pas leur cou à proprement parler, mais ils ont la
possibilité de l'« aplatir et élargir considérablement » (Grassé, *Précis*
417) « grâce à des côtes allongées qui se redressent et tendent la peau
en un disque plus ou moins arrondi » (Guibé 1143), la coiffe ou capu-
chon, dont la forme, comparable à un *bouclier* rond, a sans doute valu
au Serpent son nom d' ἀσπίς (cf. Baumann 19[1], Chantraine, *DELG*
s.v.). On notera la réussite de cette description du Cobra attaquant sa
victime d'autant plus sauvagement qu'il est de caractère irascible. Sa
colère (118, 140 ; cf. 228 : Vipère, 445 : Dragon, 475 : *Cenchrinès*)
peut s'expliquer par la surexcitation des Reptiles à l'époque de la
reproduction (Guibé 875). En revanche, on ne sait ce que N. avait en
vue aux v. 177 s. : confusion avec les écailles supra-oculaires, en
forme de cornes, de certains Vipéridés (cf. Gossen-Steier 525.14 s.) ?
— **(e)** Les traités parallèles ont négligé une autre particularité anatomique que le Cobra partage avec les Vipéridés, les crochets venimeux.
N. lui en attribue quatre, deux apparemment à chaque mâchoire (183
ἐν γναθμοῖς), ce qui est une erreur ; Élien 16. 40 quatre à la mâchoire

inférieure (contresens sur 182 ὑπένερθεν ?), mais en 9. 4, tiré d'une
autre source (remontant p.-ê. à Apollodore, *Annexe* §4, fr. 19a), le
nombre n'est pas précisé. N. parle plus exactement de deux crochets à
la mâchoire supérieure de la Vipère mâle (231), et Pline fait de même
pour le Cobra (11. 163 *duo in supera parte dextra laeuaque longissimi*
[= 183 δολιχήρεες], *tenui fistula perforati, ut scorpioni aculei, uene-*
num infundentes), mais ses derniers mots conviennent mieux au crochet des Vipéridés qu'à celui des Protéroglyphes tels que le Cobra
(voir *infra*). — Le v. 184 fait difficulté, et quoi qu'en disent Gossen-
Steier 525.20 ss., on ne trouve aucune aide chez Élien 9. 4. Celui-ci
parle de fines membranes obturant ou dégageant, selon les besoins, les
orifices par où s'écoule le venin, ce qui n'a pas grand chose à voir avec
N. On peut extraire un sens du texte transmis, dans lequel μύχατος se
rapporte à χιτών : « et, dans ses profondeurs, une tunique membraneuse recouvre (les crochets) ». Mais cette description est plus vraie
des crochets des Vipéridés, lorsque, après s'être dressés, ils se sont
rabattus en arrière contre le palais et sont au repos, contenus dans leur
gaine muqueuse. N. aurait-il confondu les longs crochets des Vipéridés
(cf. δολιχήρεες), qui basculent avec le maxillaire mobile, et ceux des
Protéroglyphes, qui sont fixes ? Mais une telle description est hors de
propos, le v. 185 excluant des crochets au repos. Mieux vaut donc
adopter la conjecture de Morel[1] 361 (μυχάτους), qui suppose une
confusion ου/o fréquente dans les papyrus (voir *Notice* p. CXLIII §I
28) : l'accent de T conserve p.-ê. un vestige de cette leçon. Elle rétablit la vérité des faits. Chez les Protéroglyphes, les dents venimeuses
ne sont pas canaliculées mais sillonnées : le venin s'écoule par un
sillon superficiel sur la face postérieure du crochet » (*R.A.* 4908) ; et
c'est à la base du crochet, dans la gaine muqueuse qui l'entoure, que la
glande à venin déverse celui-ci, d'abord retenu dans ses plis (Angel
192). — **(f)** Pour la symptomatologie (186-189) comme pour la morphologie, Philouménos répartit les symptômes entre les espèces. Chez
N., ceux-ci se bornent à la torpeur (189 ~ Ph. p. 21 s. καρηβαρία,
νωθρία, καταφορὰ ὑπνώδης), laquelle précède une mort sans douleur
(188, loué par Ph., cf. *Test.* ad loc. et Lucain 9. 816 ss. nulloque dolore
/ *testatus morsus subita caligine mortem* / *accipis et socias* somno *des-*
cendis ad umbras). Tel est bien l'effet essentiel de la piqûre du Cobra
dont le venin contient des neurotoxines : c'est dans les *Thériaques* le
seul représentant des Élapidés (Scarborough[1] 8 [*aspis/chersydros* !], 10
le confond à tort avec le Chersydre dont N. ne le rapproche [359] que
pour sa morphologie). Philouménos (= PAeg. p. 21.8) parle de πόνος
ἐλαφρὸς καὶ οὐκ ἄτερ ἡδονῆς, après avoir précisé que la piqûre elle-
même est indolore (p. 21.24 δίχα πόνου) ; cf., à propos de la mort de
Cléopâtre, Plut. *Anton.* 71. 8 μόνον εὕρισκε (*sc.* Κλεοπάτρα) τὸ
δῆγμα τῆς ἀσπίδος ἄνευ σπασμοῦ καὶ στεναγμοῦ κάρον ὑπνώδη
καὶ καταφορὰν ἐφελκόμενον (~ Élien 9. 11 τὸν [*sc.* θάνατον] δὲ ἐκ

τοῦ δήγματος τῆς ἀσπίδος πρᾶον εἶναι, sans doute d'après Sostratos : cf. Wellmann⁴ 338 s.), d'où son nom d'*hypnale*/*hypnalis* (*quod
somno necat* : Solin 27. 31 [137.15] = Isidore 12. 4. 14, qui citent
l'exemple de Cléopâtre). Cf. le Serpent libyen qui tue le devin Mopsos,
et qui est lui aussi νωθής (Ap. Rh. 4. 1506 ~ *Th.* 158 ἀμυδρότατον,
voir n. *ad loc.*) ; sa piqûre n'est pas non plus douloureuse (1523), deux
traits qu'il partage avec le Cobra de N. — N. traitera des traces que
laisse la morsure venimeuse dans sa notice sur la Vipère (231-234, cf.
n. 23 §3). Selon lui, celle du Cobra n'en laisse aucune : cf. 187 ~ Élien
9. 61 τὰ γνωρίσματα τῶν τῆς ἀσπίδος δηγμάτων μὴ πάνυ τι εἶναι
δῆλα) ; Philouménos est plus nuancé : p. 21.22 s. κεντήματα ... ὡς
βελόνης δύο ἢ τέσσαρα, εἰ δὲ θηλυκὰ εἴη τέσσαρα ~ Aét.
p. 281.8-10, PAeg. p. 21.5 s., cf. Élien 9. 61 δύο κεντημάτων ... δυσ-
θεάτων. Autre contradiction légère avec la littérature iologique : si,
pour l'absence d'oedème à l'endroit de la piqûre, N. est d'accord avec
Paul d'Égine (187 s. ~ PAeg. p. 21.6 χωρὶς ἐπάρσεως), Philouménos
note l'enflure du visage (p. 22.4 διόγκωσις προσώπου), mais, il est
vrai, pour l'espèce πτυάς ignorée de N. — Sur le Cobra voir Keller 2
p. 295-297 et son Index, s.v. Schlangen (ägypt. Aspis) ; Gossen-Steier
524-529 ; Morel¹ 358 (connaissance du Cobra à Rome), 360 (descrip-
tiohn de ses dents), 370 ss. (374, les espèces) ; Scarborough¹ 7, 9 s.

21. 190-208. [*Notes complémentaires aux v. 198-203* : V. 198
ἀφαυρά : cf. n. ad 696. — 199 τιθαιβώσσουσιν : *hapax* hom., dit au
propre des abeilles qui amassent leur miel, *Od.* 13. 106 (~ Hsch. τ
862), cf. Antim. fr. 183 W. = 108 M. τιθα[ι]βώσσοισα, Lyc. 622
(sens fig.). — 200 *θρυόεντας : *hapax* absolu, mais Θρυόεσσα, nom
de ville, *Il.* 11. 711 (cf. Steph. Byz. 318.17), la même que Θρύον (gué
de l'Alphée, *Il.* 2. 592, dont le lit laissait voir des « joncs ») ; cf.
βρυόεις (208) et, pour les adj. en -όεις chez N., *Notice* p. c. — Pour
le sens de ἴαμνοι/εἰαμεναί, mot alexandrin, voir Robert 11-15 et R.
Baladié, *RPh.* 47 (1973) 260¹ ; les amulettes représentent ce combat
(Robert 15 n. 28) « ne manquent pas de mettre un fond de plantes
aquatiques ». — 201 ἀθέσφατον : 587 ; chez Hom., *fatalis, pernicio-
sus* ; chez les poètes hellénistiques (Thcr., Ap. Rh., Mosch.), *infandus,
ingens* (Ritter 6). — 203 τάρταρον : fém. *ap.* Pind. *P.* 1. 15, mais cf.
n. au v. 129. — εἰλυόεσσαν : 568 ; cf. 176 ἄσιν et la n. Pour la diphtongue, Vian rapproche Nonn. 3. 278 εἰλύν (étymologie du Nil, cf. Σ
Thcr. 7. 114 c παρόσον νέαν ἰλὺν φέρει).]

(a) Le plus ancien témoignage grec sur l'Ichneumon égyptien (*Her-
pestes ichneumon*), que l'on trouve en Afrique de l'Égypte au Cap, est
celui d'Hérodote qui désigne cet animal sacré sous les noms
d'ἰχνευτής (2. 67) ou d' ἔνυδρις (72). Timothée de Gaza (54. 7
ἔνυδρις) l'appelle aussi ἔνυδρος ou ὕλλος (42. 14, 43. 1). Dans le
récit de la métamorphose des dieux fuyant en Égypte devant Typhon

(A.L. 28. 3, d'après Nicandre, *Hétéroiouména*, livre IV), ἑλλῷ (δ' Ἡρακλῆς) est une corruption de ὕλλῳ (Wellmann[9] 4 n.3, [12] 14 n. 65). Honoré à Héracléopolis (Strab. 17. 1. 39, Clém. Alex. *Protrept.* 2. 39. 5, Élien 10. 47), l'Ichneumon était consacré à Héraclès, cf. Σ *Th.* 190a ἰχνεύμων· εἶδος ἀετοῦ· ἱερὸς δέ ἐστιν Ἡρακλέους ὡς αἰγύπιός, où, au lieu de ἀετοῦ, il faut lire avec Kind[2] 625 κάττου ; le mot κάττος/κάττης est un autre synonyme de la Mangouste-Ichneumon. Nicandre, quant à lui, emploie d'abord le nom le plus courant (190), qu'il varie ensuite (195) à partir de la première appellation hérodotéenne (2. 67, cf. Hsch. ι 1156 ἰχνευταί· οἱ νῦν ἰχνεύμονες λεγόμενοι). — **(b)** Sur les antipathies réciproques de certains animaux d'espèce différente et sur la guerre qu'ils se livrent cf. les n. 18 et 47. Élien 5. 48 (cf. 10. 47) a noté la « haine extrême » de la Mangouste-Ichneumon pour le Cobra. [Aristote] *HA* IX n'en parle pas dans son premier chapitre relatif aux guerres entre animaux (609a5, cf. 552b 26 s. : Guêpe-Ichneumon contre l'Araignée-Phalange) mais au c. 6. C'est la première mention du combat de la Mangouste contre le Cobra, thème privilégié des Paradoxographes et des amateurs de curiosités zoologiques. Chez le Pseudo-Aristote, elle se procure l'aide de quelques congénères (612a 17 s.), ce qui est vrai parfois (*R.A.* 2871). Mais, après lui, elle l'affronte en combat singulier. — **(c)** Ce combat se présente sous deux formes, compte non tenu de détails mineurs : **1/** Ou bien la Mangouste se dissimule dans le sable et ne laisse voir que sa queue qu'elle redresse en lui donnant l'apparence d'un Serpent ; le Cobra s'en prend à ce leurre, en vain, jusqu'au moment propice où elle lui saute à la gorge : Lucain 4. 724-729 ~ [Opp.] *Cyn.* 3. 433-448 ~ Philon, Ἀλέξανδρος 52 = [Eustath. Antioch.], *Comm. Hexaem.*, P.G. 18. 745 D (où les mots τὴν Αἰγυπτίαν ἀσπίδα et ὁ δὲ ἰχνεύμων mettent en garde contre la trad. latine *dracunculi cum uiperis luctamen* ; Wellmann[10] 129 parle à tort de « Kampf zwischen Drachen und Viper » : cf. Isidore 12. 2. 37 et voir Morel[1] 372 s. **2/** Ou bien elle va au combat « comme un hoplite » (Plutarque), après s'être cuirassée de boue ; c'est la forme la plus courante du récit, initiée par [Ar.] 612a 18-20 πρὸς δὲ τὰς πληγὰς καὶ τὰ δήγματα πηλῷ καταπλήττουσιν ἑαυτούς· βρέξαντες γὰρ ἐν τῷ ὕδατι πρῶτον, οὕτω καλινδοῦνται ἐν τῇ γῇ. Ce *paradoxon* a été extrait de l'*HA* par [Antig. Car.] 32 ; cf. Pline 8. 88, Plut. *De sollertia animalium*, 10, Mor. 966d 4-7 (ce que Plutarque rapporte à la lutte de l'Ichneumon contre le Crocodile, cf. [Opp.] *Cyn.* 3. 418, Tim. Gaz. 43. 1, Isid. 12.2. 36, convient aussi bien à sa lutte contre le Cobra), Élien 3. 22. — Aucune des versions de la forme 2 ne ressemble plus au récit de N. que celle de Strabon, qui en offre un bon résumé (cf. *Test.* ad 192-208) : l'utilisation directe de N. par Strabon me semble plus probable qu'un emprunt de ce dernier à Artémidore. Cette légende, issue p.-ê. d'une observation mal interprétée (voir Ernout *ad* Pline, *l.c.*), est attestée au IVᵉ s. par le *Physiologus*

(Sbordone 88 s. ; B.E. Perry, « Physiologus », *RE* 20 [1941] 1088 s.),
elle se lit encore au ve chez Timothée de Gaza (43. 2 [25.4 s.]) et au
XIIIe/XIVe dans le Περὶ ζῴων ἰδιότητος de Manuel Philès (98. 8 ss.),
qui doit beaucoup de ses *paradoxa* à Élien. Rien ne prouve que N.,
comme on l'a voulu, doive l'idée, sinon tous les détails de son récit, à
Archélaos. — Au terme d'une étude approfondie du *paradoxon* de la
Mangouste, examiné à la lumière des observations dues à l'éthologie
moderne, Baumann 27 pense qu'il s'agit d'une histoire originaire
de l'Inde, mais transposée en Égypte à la suite de la conquête
d'Alexandre. — **(d)** En ce qui concerne l'aspect, avec son museau
pointu, ses courtes pattes, son corps allongé, muni d'une fourrure
épaisse et mesurant environ 1 m (y compris la queue assez longue et
touffue), la Mangouste offre une ressemblance indéniable avec la
Martre (195 s. : ἴκτις peut désigner ici la Martre ou le Putois, selon
Steier, « Mustela », *RE* 16 [1933] 903.63). D'autre part, il est bien
vrai qu'elle est perpétuellement en quête des oeufs et à l'affût des Serpents. Mais la présentation de ces données est erronée. La Mangouste
n'agit pas, comme N. en donne l'impression, et Strabon à sa suite, dans
un esprit de destruction systématique, pour assouvir une haine inexpiable. Si elle traque les Cobras et met à mal leurs nids, ce n'est pas
« pour éliminer les futurs adversaires de sa propre progéniture »
(Élien 6. 38) mais en sa qualité d'oophage et d'ophiophage : elle s'en
prend aussi aux oeufs des Crocodiles pour la même raison et non pour
rendre le Nil habitable (Diod. 1. 87. 5). Chez N. et Strabon, elle jette
au fleuve le Serpent mort : dans la réalité, après sa victoire, elle dévore
le vaincu en commençant par sa tête. — A-t-elle toujours la victoire ?
Ἀκήριος (190), que l'on peut rapporter à son haut degré d'immunité
au venin, le laisse entendre. Mais il arrive qu'elle succombe à sa
propre victoire, quand le crochet du Serpent absorbé lui perce l'estomac (*R.A.* 2872). En fait, plus encore p.-ê. que par son immunité, elle
est protégée par sa dextérité de tueuse. — **(e)** Dans la phase décisive
du duel (207 ~ [Opp.] *Cyn.* 3. 445 πικρῶν δὲ θορῶν ἐδράξατο
λαιμῶν), N. a négligé un détail intéressant qui apparaît, à l'occasion,
dans les autres récits, à savoir la façon dont la Mangouste penche la
tête de côté, au moment où, rapide comme l'éclair, elle s'élance pour
saisir son ennemi à la gorge : (forme 2) Pline 8. 88 *donec obliquo
capite* speculatus inuadat in fauces ~ (forme 1) Lucain 4. 725 s....
obliquus*que* caput *uanas serpentis in auras / effusae tuto comprendit
guttura morsu* (cf. la photographie de *R.A.* 2871). A la vérité, aucun
des récits antiques n'approche, en intensité dramatique, le récit de
Rudyard Kipling (Bibl. de la Pléiade, 2, p. 393 s., 398). Voir Angel
123 : « ... sachant éviter la morsure..., elle stimule son adversaire,
bondissant en tous sens, le forçant à dépenser son énergie par ses
attaques incessantes. Le succès peut être rapide, mais parfois le combat
est... incertain. Alors, la Mangouste change de tactique. Elle tourne en

cercle autour du Naja dressé qui, pour lui faire face, doit constamment
se retourner sur lui-même. Au bout d'un temps plus ou moins long…,
le Serpent semble pris de vertige et se comporte comme si ses muscles
cessaient d'agir ; il finit par culbuter. C'est la défaillance qu'attendait
la Mangouste. Avant qu'il ait pu se ressaisir, par une manœuvre rapide
et adroite, elle bondit sur son antagoniste, le *saisit à la tête* dans ses
mâchoires et lui enfonce dans le cerveau ses dents canines, aiguës
comme des aiguilles. En dépit des secousses brutales et des lacets for-
més par les anneaux du corps de son ennemi, la Mangouste ne lâche
jamais prise. Quelle que soit la durée du combat, celui-ci ne cesse que
par la victoire du petit Mammifère ». La tactique utilisée par la Mangouste est analogue à celle qui, selon N., permet d'échapper à la poursuite du *Cenchrinès* (478-480). — Le duel du Cobra et de la Mangouste avait probablement fait l'objet d'une miniature dans le ms T ou
son modèle. Elle a péri dans la lacune des v. 204-230. En tout cas, une
peinture campant face à face les deux adversaires figure dans le ms
d'Eutecnius de la Pierpont Morgan Library : New York, Morg. 652,
xe s., fol. 345[r], Kádár pl. 34.1 (cf. Vat. Chis. 53 [F.vii.159], fol. 227[r],
Kádár pl. 50 et pl. couleur vii.4). Le passage parallèle d'[Oppien] *Cyn.*
3. 433-448 a été également illustré, mais d'après un modèle différent,
dans le *cod.* Ven. Marc. gr. 479, xie, fol. 52[v], Kádár pl. 177.3. L.
Robert 15[28] signale des amulettes représentant ce combat (voir n. *ad*
200). — Cf. Baumann 19-27 ; Morel[1] 371-374 (en particulier sur Philon) ; *Physiologus*, ed. Sbordone 87 ; Wellmann[12] 31 s. ; B.E. Perry,
« Physiologus », RE 20 (1941) 1088 s.

22. 209-218. **1)** La deuxième notice d'Ophidien concerne les
Vipères vraies du genre *Vipera* qui groupe une dizaine d'espèces
(Guibé 1148). A partir des remarques de N. sur la morphologie de son
ἔχιδνα (212 s.) et sa répartition géographique (211, 214-218), on peut
identifier cette espèce avec la Vipère des sables (*V. ammodytes*), qui
habite le Sud-Est de l'Europe (Balkans et îles grecques en particulier)
ainsi que l'Ouest de l'Asie. L'identification d'ἔχιδνα/ἔχις avec la
Dipsade (Scarborough[1] 6, 8) est aberrante. La description de N. a des
parallèles exacts chez les modernes : « La tête triangulaire se termine
en avant par un appendice redressé qui prolonge le museau » (*R.A.*
4912). D'autres Vipères de morphologie identique, la Vipère de
Lataste, dite à nez retroussé, ou la Vipère rhinocéros (*Bitis nasicornis*),
dite aussi Vipère à six cornes parce qu'elle présente deux ou trois
paires d'écailles dressées au bout de son museau, sont essentiellement
africaines. C'est l'appendice rostral qui explique l'épithète κεραοί.
Sur la contradiction seulement apparente avec le v. 260 voir n. 25b. Il
n'y a aucune contradiction entre 212 s. ὑπὲρ ἄκρους | ῥώθωνας
κεραοί et ce que N. dit de son ἔχις au v. 260 (κόλος ἐστίν, *sc.* ὁ
ἔχις) : dans le cas de la Vipère, la corne est en fait un appendice ros-

tral prolongeant l'extrémité du museau, au lieu que, chez le Céraste, c'est la région supra-oculaire qui offre des écailles dressées en forme de cornes. — 2) L'opposition Europe/Asie (voir déjà Hp. *Airs, Eaux, Lieux* c. 12 ss. et cf. Pfister in : *Herakleides* p. 65 s.) est conforme à l'enseignement du Péripatos sur les différences des animaux selon les lieux : cf., entre autres, Prisc. VIII (*ex* Th. π. τῶν κατὰ τόπους δια-φορῶν), où il est aussi question de la Libye (p. 89.3 s. ; cf. *HA* 606b 14-7). Dans l'étude des *différences*, les considérations de taille jouaient un rôle. Aristote (ou plutôt Théophraste) *HA* [8. 28] 606b 9 avait signalé que, en Libye, les Serpents étaient énormes ; 606a 8-10 (d'après Ctésias), que, dans l'Inde, les Reptiles étaient tous de grande taille (cf. le Cobra royal, *supra* n. 20b) ; 606a 21 ss., que les animaux d'Égypte, 606b 5 s., que les Lézards d'Arabie étaient plus grands qu'en Grèce. Le pays des Troglodytes (Nymphis *ap.* Élien 17. 3 = FGrHist 432 F 17), c.-à-d. les côtes de la Mer Rouge, était crédité de Vipères monstrueuses (15 coudées = 6.75 m !). Chez N., la description des v. 212 s. vaut aussi bien pour les individus d'Asie que pour ceux d'Europe. Leur différence est affaire de dimensions. A cet égard, l'indication du v. 216 (1 brasse = 1,77 m) semble encore exagérée : la plus grande forme connue de Vipère vraie, la Vipère de Russel, ne dépasse guère 1,50m. — 3) Nous ne sommes pas surpris de constater que les lieux d'Europe et d'Asie (214-218) sont tous des montagnes (voir Théophraste, π. δακ. *Annexe* §3, fr. 10b ; cf. [Ar.] *HA* 8. 29, 607a 9 ss.). Nous ne le sommes pas non plus que quelques-uns de ces biotopes ne soient pas attestés ailleurs. **a)** Pour l'Europe, les noms cités se limitent presque exclusivement aux escarpements de la Mégaride et de l'Étolie, une région familière à N. selon le *Nicandri Genus* (cf. *Notice* p. XCVI n. 200) : **α/** 214 Σκείρωνος ὄρη (plur. meilleur que le sing. des Σ), *i.e.* les Σκειρωνίδες πέτραι de Strabon (9. 1. 4, cf. 1. 2. 20, 8. 6. 21, 9. 1. 18), où passe la route qui relie Corinthe à Mégare et à l'Attique ; **β/** Παμβώνια αἴπη, collines de Mégaride appelées Παμβωνίδες ὄχθαι par Nicandre (*Thebaïca*, livre III) fr. 19, et qu'on ne connaît que par lui ; **γ/** 215 Ῥυπαῖον, adj. à prendre avec ὄρος, αἶπος ou πάγον : cf. fr. 109 δι' αἰπεινήν τε κολώνην ǀ Οἰωνοῦ Ῥύπης τε πάγον κατ' Ὀανθίδα λίμνην ; **δ/** Κόρακος πάγον, p.-ê. identique à la κολώνη Οἰωνοῦ, mentionnée dans le même fragment à côté de Rhypè ; c'est une hauteur d'Achaïe, selon Antigonos, qui s'appuyait sur la synonymie Ῥυπαῖοι = Ἀχαιοί, une hauteur d'Étolie selon N., apparemment plus digne de foi, au témoignage des Σ, source du fr. 109. Le Rocher du Corbeau fait p.-ê. partie de la montagne homonyme, aux confins de l'Étolie et de la région de l'Oeta (Strab. 10. 2. 4) ; **ε/** Ἀσέληνον, montagne voisine de Trachis, selon *EM* 153.4 = N. (*Aitolica*, livre II) fr. 7, elle appartient à la Locride (Ozolienne) d'après le Scholiaste ; malgré δυσχείμερον, l'adj. πολιόν s'explique sans doute par la couleur de la roche plutôt que par la neige. L'imita-teur de N. (cf. *Notice* n. 263a), qui cite Sciron, parle seulement des "montagnes d'Étolie". — **b**) Deux des trois noms cités pour l'Asie (217 s.) sont ceux de montagnes voisines de Claros et de Colophon. L'Aisagéè, mentionnée entre Claros et Samos dans l'*hAp*. 40 (καὶ Κλάρος αἰγλήεσσα καὶ Αἰσαγέης ὄρος αἰπύ), n'est pas attestée ailleurs ; le Kerkaphos, proche de Colophon et de sa rivière, l'Alès (cf. Lyc. 424 s., Tz. *ad loc.* et voir Capelle, « Kerkaphos Nr. 2 », *RE* 11 [1921] 289. 61 et Bürchner, « Klaros », *ib.* 552.62 s.). C'était p.-ê. aussi le cas du Boukartéros, inconnu par ailleurs. Pour d'autres noms d'Asie Mineure non attestés en dehors de N. voir *infra* n. 72.

23. 219-234. La description des v. 219-221 concerne la Vipère femelle (ἔχιδνα), celle des v. 223-229 la Vipère mâle (ἔχις). Élien (10. 9) s'est fait l'écho d'une opinion divergente, selon laquelle il s'agirait de deux espèces différentes. Mais il est hors de doute que ces mots distinguent les sexes. L'attention que N. porte ici à leur distinction est conforme à l'enseignement de Théophraste (cf. 128 ss. et voir n. 14). La littérature parallèle traite le plus souvent de l'ἔχιδνα et de l'ἔχις dans un seul et même chapitre (Ph., Aét., PAeg., ThN. ; cf. Ph. 21 [αἱμόρρους καὶ αἱμορροῖς]), mais surtout (car il lui arrive de grouper ainsi des espèces voisines, p. ex. Guêpes et Abeilles, Amphisbène et Scytale, etc.), lorsqu'elle apporte des descriptions (Galien, *unde* Aétius), les deux Serpents sont distingués en tant que mâle et femelle (cf. Gal. *Pis.* 265.7 s. τούτῳ γὰρ τοῦ ἄρρενος ἡ ἔχιδνα διήνεγκε ~ Aét. p. 282.23 ὁ δὲ ἔχις, λέγω δὴ ὁ ἄρρην, p. 283.5 τούτοις διαφέρει [*sc.* ὁ ἔχις] τῆς θηλείας). Aristote y voyait déjà une seule et même espèce : parlant du ζῳοτοκεῖν de la Vipère, il la nomme indifféremment ἔχιδνα ou ἔχις (*HA* 490b 25 ~ 511a 16). — **1**) Chez N., les descriptions de la femelle et du mâle sont construites en opposition, chaque élément principal de l'une formant antithèse avec l'élément correspondant de l'autre. Les différences en cause sont nettement précisées dans la littérature parallèle, et il en va de même si la description du mâle ajoute un élément. Largeur de la tête : *Th.* 219/223, cf. Gal. ~ Aét. (femelle) τὰς κεφαλὰς πλατυτέρας ; grosseur du ventre : 224 s. (mâle) ἀκιδνότερος … νηδύος, cf. Gal. *Pis.* 265.4 s. τὴν γαστέρα προκολποτέραν ~ Aét. p. 282.21 ; forme de la queue : 220/225, cf. Gal. 265.6 (femelle) τὴν οὐρὰν μὴ περιειλημένην ἀλλὰ μᾶλλον συστρέφοντα (*sc.* τὰ ζῷα) ~ Aét. (mâle) κατὰ βραχὺ δὲ λήγει εἰς μύουρον … οὐκ ἀθρόως ὥσπερ ἔχιδνα. N. a plus de choses à dire sur la queue : 220 s. correspond en gros à Aét. ἄσαρκος ἡ οὐρὰ καὶ τραχεῖα ; mais les v. 226 s. (mâle) n'ont pas de parallèle grec et sont d'ailleurs d'interprétation délicate. L'adv. ἴσως (cf. *Al.* 267), que je comprends comme les Σ au sens de ὁμοίως « d'une manière égale, régulière », a pour effet, je crois, de renforcer l'opposition, d'une part avec 220 κολοβήν et, de l'autre avec 221 ἀζαλέαις φρίσσουσαν … φολίδεσσι : au lieu d'être rugueuse, la queue du mâle a des écailles

« également usées », c'est-à-dire « polies, lisses » (227), interprétation confirmée par Solin 27. 34 (138.8), qui étend cette particularité à
tous les Serpents : *masculus* aequaliter teres *est* (une indication pour
laquelle Mommsen renvoie à son *auctor ignotus*). Et, au lieu de s'arrê-
ter brusquement, elle diminue de volume « régulièrement », vers
l'extrémité de sa masse traînante (226) : ὁλκοῦ est à entendre ici non
du corps entier mais de la queue du mâle. La longueur de celle-ci est
ainsi mise en relief par rapport à celle de la femelle, ce qui est vrai de
beaucoup d'espèces (cf. Angel 54 : « la longueur de la queue peut
varier selon le sexe, les mâles ayant généralement une queue plus
longue »). Mais il est à noter que κολοβήν (queue de la Vipère
femelle) est un signe distinctif du genre *Vipera* dans son ensemble
(Grassé, *Abrégé* 96 : « queue très courte et conique »). — 2) Ce que
N. dit des yeux de la Vipère mâle (227 s.), injectés de sang lorsqu'elle
est *irritée* (cf. la description du Cobra, 178 et la n. *ad loc.*), est à
prendre de la femelle aussi bien que du mâle, cf. Gal. *Pis.* 265.2 s. (~
Aét. p. 282.20) ἔστω δὲ (τὰ ζῷα)... τοὺς ὀφθαλμοὺς ὑπερύθρους
ἔχοντα, καὶ ἀναιδεῖς καὶ θηριῶδες βλέποντα. — La description qui
suit (228b-229) n'est pas aisée à saisir à cause de l'*hapax* σκωλύπτεται, de sens incertain. Le nombre des variantes et des conjectures (les
deux *v.l.* des Σ sont p.-ê. des conjectures au même titre que celle de
Lobeck σκολιαίνεται), la diversité des explications des Σ et le
mutisme d'Eutecnius trahissent l'embarras des interprètes. Pour
σκωλύπτ-, leçon la mieux attestée, les Σ donnent le choix entre : (**a**)
« dresse comme un pieu (σκῶλος) » ou (**b**) « ploie » (Oᵍ Iᵍ = Σ
229b) ; (**c**) « bouge de biais (σκολιῶς κινεῖται) » ou (**d**) « hérisse
(τραχύνεται) » (Σ 229c qui ajoute la glose obscure ἅπτεται). Pour ses
deux *v.l.* σκωλύν- et σκωλύπ- la même scholie parle d'une queue
« enroulée et de biais au lieu d'être droite » (εἰλιγμένην ἔχει καὶ
σκολιὰν καὶ οὐκ εὐθεῖαν τὴν οὐράν). Les interprètes modernes se
rattachent plus ou moins aux Σ : (**a**) O. Schneider pense que N. a
dérivé σκωλύπτω de σκόλοψ et allongé la première syllabe d'après le
synonyme hom. σκῶλος ; il traduit : *pali instar aliquid arrigere* ;
(**d**) Grévin : *par le bout de la queue il va se* hérissant, Gorraeus : *aspe-
rat*. De (**c**) LSJ (*to wave to and fro*) ne retient guère plus que la notion
de mouvement, sans qu'on voie bien comment elle se justifie étymolo-
giquement ; cf. Br. : *winden sie* (sc. die männlichen Vipern) *die Spitze
ihres Schwanzes hin und her*, G.-S. : *he lashes the end of his tail*.
Chantraine (*DELG* s. σκώληξ) a suivi une voie plus prometteuse qui
justifie et précise (**b**) : il suggère la traduction « recourber » à partir
du sens de « courbure » attesté pour σκῶλος par un nom d'instrument
(cf. Hsch. σ 1211 σκώλοισι· δρεπάνοις, διὰ τὴν σκολιότητα) ; le
verbe aurait été formé par analogie avec καλύπτω et σκολύπτω. Malheureusement, il nous manque, pour nous déterminer, la vérification de
la réalité. L'agitation de la queue, la queue dressée à la verticale, rele-

vée en boucle ou recourbée « en forme de cercle dans un plan hori-
zontal », sont des réactions de défense de Serpents divers plutôt que
l'attitude d'une Vipère en colère (Guibé 998 ; Grassé, *Précis* 2
p. 417 ; Angel 95 et fig. 51, 131). Cette attitude n'est pas décrite par
κωκυτόν, *pace* O. Schneider (p. 139) et Br. (cf. n. crit.). — **3**) Sur les
v. 231-234 cf. *Sim.* ad loc. ; sur la morsure de la femelle 118-120 et la
n. 14. Pour l'erreur que N. a commise en attribuant plus de deux crochets venimeux à la Vipère femelle, comme il l'a fait pour le Cobra
(182) voir n. 20e. La littérature parallèle répète cette erreur, soit explicitement (Aét. p. 282.23 [ἔχιδνα] τέσσαρας ἔχει κυνόδοντας,
p. 283.3 [ἔχις] δύο μόνους), soit implicitement, lorsqu'elle indique le
nombre des κεντήματα d'où s'écoule le sang du blessé (Ph. ~ Aét. :
deux pour un ἔχις, quatre pour une ἔχιδνα ; Paul et Théophane : deux
seulement, sans distinction de sexe). En réalité, les traces des crochets
venimeux ne sont jamais plus de deux, mais les dents non venimeuses
peuvent marquer elles aussi, et les traces, de ce fait, être beaucoup plus
de quatre : voir les graphiques dans Angel 198, avec les marques lais-
sées par les différents types de Serpents, notamment Protéroglyphes
(Cobra) et Solénoglyphes (Vipéridés), dans l'hypothèse où la morsure
a été faite « à pleine bouche » (cf. 233 οὔλῳ στομίῳ ; Morel[1] 387
rapproche *Act. Ap.* 28. 3 la Vipère qui « s'est attachée à la main » de
Paul). — Cf. en outre 128 ss. (accouplement), 264 s. (progression),
826 s. (accouplement Murène/Vipère mâle). — Sur la Vipère voir Gossen-Steier 537-543 ; Morel[1] 371 n. 36, 377 s.

24. 235-257. **1**) Les symptômes de N. se retrouvent tous dans les
traités parallèles sous la forme d'une simple liste où il sont présentés à
peu près dans le même ordre. Voici la liste de Philouménos (=
Aétius) : αἷμα ἐκκρίνεται πρῶτον, εἶτα αἱματώδης ἰχὼρ καὶ
ἐλαιώδης καὶ χολώδης (~ *Th.* 235 s.), ὄγκος διάπυρος, φλυκ-
ταινώδης, ὑπέρυθρος, εἶτα πελιὸς καὶ νεμόμενος (236-41), στόμα
κατάξηρον (250), ἔγκαυσις (242 ?), ἔκλυσις (247), φρικώδης δια-
δρομή (251 s.), ποτὲ δὲ καὶ χολῆς ἔμετος (253), στρόφος, βάρος
κεφαλῆς καὶ ὀσφύος (248 s.), σκοτοδινία (249), ὠχρίασις (254),
λυγμός (245b), πυρετός (245a), ταχύπνοια, χρῶμα μολιβδῶδες
(256), ἱδρὼς ψυχρός (255). J'ai souligné les symptômes absents chez
N. : *coliques* (στρόφος ~ PsD., cf. PAeg. ἀνάλυσις στομάχου) et
respiration rapide, auxquels le Pseudo-Dioscoride et Paul d'Égine
ajoutent : difficulté d'uriner et gencives saignantes (PsD., PAeg.), torpeur et tremblement (PsD., PAeg. = ThN.), inflammation du foie
(PsD.). — Philouménos est seul à préciser que la mort survient en sept
jours, le plus souvent le troisième, quand c'est la femelle qui a piqué
(N. aura une précision semblable à propos du Céraste, 275, voir n. 26
§2). Les Iologues ne distinguent pas plus que N. entre ἔχις et ἔχιδνα,
à la différence de ceux qui prétendent que la morsure de la Vipère mâle

provoque des convulsions, non celle de la femelle, ou que l'endroit
blessé devient blanc si l'on a été piqué par la femelle, livide si on l'a
été par le mâle (Élien 10. 9), ce qui est contraire à l'enseignement de
N. (236-238 ~ PAeg. p. 16. 7 s. παρακολουθεῖ δὲ καὶ οἰδήματα περὶ
τὸ δῆγμα ὑπέρυθρα καὶ πελιά). — **2)** Le premier symptôme (235 s.)
mérite qu'on s'y arrête davantage, car il touche à une question fondamentale : comment les Reptiles exercent-ils le « pouvoir de corruption » qu'ils ont en commun avec beaucoup d'êtres et de choses naturels ? Cf. Priscien IX p. 95.23 s. *corruptiuae quaedam sunt uirtutes et
qualitates* ; et pour cette φθοροποιὸς δύναμις cf. Ph. p. 6.20 s., Gal.
Pis. 233.15, PsD. p. 49.2 s., *al.* Selon Priscien, en effet, concernant la
cause de l'empoisonnement, les anciens (*ueteres* = Théophraste, π.
δακετῶν [*Annexe* §3, fr. 1*, cf. fr. 15] et voir *Notice* p. XXXII) se
demandaient s'il s'agit d'une substance matérielle, telle que « venin et
sanie », ou immatérielle, telle que « un souffle et une vertu » (95.25
s.). Or, dans le cas des Vipères et des Serpents apparentés (Céraste,
etc.), mais aussi dans celui d'autres Venimeux tels que la Musaraigne,
l'examen de la morsure ne laisse aucun doute. « Les morsures des
Vipères et celles d'autres Serpents font voir une affreuse sanie (*saniem*
= ἰχῶρα) qui s'écoule, par le moyen de laquelle ils ont tôt fait de
putréfier leurs victimes, bien que l'incision n'affecte qu'une partie du
corps » (95.26-28). Nicandre (235 s.) ne décrit qu'une fois le phénomène (cf. n. 78b), mais Philouménos, qui n'a pas peur de se répéter, le
note non seulement pour la Vipère (p. 23.4) mais aussi pour le Céraste
(p. 25.14), l'Ammodyte (p. 28.23), le Seps (Sépédon de N.) p. 29.26,
et la Musaraigne (p. 36.14). C'est là le mode d'action des θηρία qui
instillent leur venin, Vipère (232), Cobra (185), Hémorrhoïs (314 s.),
Sépédon/Seps (327), *Cenchrinès* (467). — **3)** Pour la reprise par N. du
troisième symptôme à propos du Céraste (239-41 ~ 272 ss.), et pour
l'éclairage qu'il en reçoit voir la n. 26 §2 : cette reprise met en lumière
la fonction de πομφόλυγες en tant que terme de comparaison (cf.
PAeg. p. 16.10 περὶ δὲ τὸ δῆγμα φλυκταινῶν ἐπανάστασις καθάπερ ἐπὶ τῶν πυρικαύστων γίνεται ~ PsD. p. 69.14 ss.). Brenning
132[76] a loué justement la façon remarquable dont N. a décrit ces symptômes, fidèlement à la réalité. Scarborough[1] 8 s., en confrontant le
résultat des études relatives à la symptomatologie des Vipéridés du
Proche-Orient, d'Europe et d'Afrique du Nord (S. Gitter-A. De Vries,
in : *Venomous Animals* 1 p. 359-401 [surtout 363 s.]) avec les symptômes notés par N. pour quatre de ses Vipéridés, à savoir Vipère (à
laquelle il donne le nom de Dipsade !), Céraste, *Hémorrhous*, *Sépédon*
(exception faite de la chute des cheveux), auxquels il convient de
joindre la Dipsade (cf. n. 32), le Chersydre (cf. n. 36), le *Dryinas* (cf.
n. 45) et le *Cenchrinès* (cf. n. 49c), est parvenu à la même conclusion.
Pour ce qui est de la Vipère, comparer, chez les modernes, Grassé
Abrégé 96 qui se borne aux signes essentiels (tuméfaction et teinte

livide de la région du point d'inoculation, sueurs froides), et surtout
Duméril 1399-1403. Celui-ci, qui était médecin, a enregistré tous les
phénomènes d'envenimation qu'il avait pu observer sur lui-même à la
suite de piqûres de *Pélias Berus* (cf. n. 44 fin). Au cours d'une prome-
nade avec sa famille en forêt de Sénart, il est atteint successivement
aux deux pouces en essayant de capturer cette bête qu'il prenait pour
une Couleuvre vipérine. « Les piqûres furent si promptes que je les
sentis à peine ». Presque aucune trace sur la peau, aucun écoulement
d'humeur. Enflure du pouce gauche, « le premier piqué », puis du
droit, où elle est moins sensible, allant toujours croissant et s'étendant
« peu à peu du pouce sur le dessus de la main », sans autre effet que
« celui d'un engourdissement ». « Légèrement fatigué », il veut
s'asseoir sur une borne mais tombe brusquement en syncope. Il fait
« une centaine de pas » et s'assied sur un tas de planches, « les
jambes légèrement suspendues ». Son fils remarque alors, dans l'une
de ses jambes, de « petits mouvements involontaires et répétés qu'il
attibua à une influence nerveuse ». Il a le « visage pâle et très altéré ».
État de malaise. A la gare, il est obligé de s'étendre sur un canapé. Il a
l'estomac gonflé. Pendant les trois quarts d'heure du trajet de retour à
Paris, il a « deux ou trois soulèvements d'estomac » qui le « forcèrent
à cracher » : il ne vomit pas, car il n'a pas pris de nourriture « depuis
près de sept heures ». « Un seul rapport amer ou bilieux ». Arrivé à
Paris, marchant avec difficulté, une voiture le ramène chez lui. Il veut
s'étendre, mais il est « pris d'un vomissement de bile pure peu abondante, de trois ou quatre gorgées ». Rendu près du lit, il se sent « très
faible et près de perdre connaissance ». L'enflure persiste au pouce et
sur le dessus de la main ; elle affecte maintenant le poignet et l'avant-
bras. « Cependant, je n'éprouvais là qu'un engourdissement sans douleur réelle, et que la gêne qui résultait de la distension des tissus ». Il
remarque en effet une « tension de tout le tissu cellulaire de l'avant-
bras… énormément distendu, en avant, jusqu'au pli du bras, et presque
point du côté du coude ». Il dort. Au réveil, « même volume du bras,
mais de teinte rouge, violacée par places, le sang s'étant… extravasé
par le tiraillement exercé sur les veines dont les capillaires étaient
déchirés ». Peau « comme engourdie ». Amélioration de l'état de
santé dès le lendemain matin, malgré l'enflure persistante du bras et de
la main. « Les taches noirâtres avaient pris une teinte violette ». Le
surlendemain, il peut reprendre ses activités.

   25. 258-270. [*Notes complémentaires aux v. 269-270* : V. 269
*κακοσταθέοντος : cf. 431 (*alio sensu*), seul autre emploi connu. —
ἀήτεω : chez Hom. « souffle », dans l'Épos récent, « vent » ; (*in
eadem sede*) Ap. Rh. 4. 1537, [Opp.] *Cyn.* 4. 409, QS 1. 537. — 270
λιβὸς : vent cause de naufrages, Pancratès. *AP* 7. 653.2 = 2856 G.-P.,
cf. [Thcr.] 9. 11 et Gow *ad loc.*]

(a) Ce petit Serpent qu'Hérodote a observé aux environs de Thèbes en Égypte, où il est sacré et inoffensif (2. 74 μεγάθεϊ ἐόντες μικροί, cf. Élien 1. 57 λεπτὸν θηρίον), dont Philouménos (*unde* Aétius) précise la taille (1 ou 2 coudées, soit 0,44/0,88 m), et qui dort dans les sables (262 s., cf. Solin 27. 28 [137.1] = Isid. 12. 4. 18), est de toute évidence un Vipéridé des régions subdésertiques. Je ne sais si c'est en l'honneur d'Hérodote que certains l'ont nommé *Cerastes aegyptiacus*, mais il habite aussi le Nord de l'Afrique et le Sud-Ouest de l'Asie. — (b) Il diffère de la Vipère en ce qu'il a des cornes (260 s.), quatre ou deux selon le v. 261 (quatre : Pline 8. 85, *unde* Solin = Isid. *ll.cc.* ; deux : Ph. (Aét.), cf. Hdt. 2. 74 (cité *infra*) ; une seule : Hdt. 4. 192, cf. Ar. *HA* 500a 4). N. ne précise pas leur emplacement chez le Céraste mais il le fait pour l'*Hémorrhous* (291), qui en est très voisin. La littérature parallèle fournit la précision : Ph. (Aét.) ἀποφύσεις δὲ ἔχει ἐπὶ τῆς κεφαλῆς δύο, ὡς ὁμοιοῦσθαι κέρασιν (d'où son nom) ~ Hdt. 2. 74 δύο κέρεα φορέουσι πεφυκότα ἐξ ἄκρης τῆς κεφαλῆς, Élien *l.c.* ὑπὲρ τοῦ μετώπου κέρατα ἔχει δύο. Elles peuvent être seules visibles, quand l'animal s'enfouit (Pl. *l.c.*), mais la raison qu'en donne Pline est controuvée (*cerastis corpore* [lege : *capite*, cl. Isid. 12. 4. 18 *in capite cornua habet*] *eminere cornicula ... quorum motu, reliquo corpore occulto, sollicitent ad se aues*, cf. Épiphane 267.5). Élien les dit pareilles à celles d'un escargot, à cela près qu'elles ne sont pas molles. L'Ophidien répondant le mieux à ce portrait est la Vipère cornue, *Cerastes cerastes*, qui « tire son nom du prolongement en forme de corne de ses écailles sus-oculaires » (Guibé 1147) : elles forment une proéminence conique qui se dresse au-dessus des yeux au lieu de prolonger le museau comme chez la Vipère vraie : il n'y a donc pas contradiction entre 260 (κόλος) et 213 (κεραοί), cf. n. 22 §1. — (c) La coloration du Céraste, comme celle du *Seps* (262 s. ~ 155 s.), s'accorde à son habitat : cf. Ph. (Aét.) p. 25.7 τῷ δὲ χρώματι ψαμμώδης. — (d) Autre différence avec la Vipère vraie soulignée par N., la manière dont il progresse, qui nous vaut une description aussi brillante qu'exacte de son mode de locomotion (cf. *Notice* p. LXXXVII). Au lieu de ramper de façon rectiligne comme la Vipère, par une ondulation dirigée vers le haut, il s'appuie sur le milieu de son corps pour obliquer tantôt d'un côté, tantôt de l'autre (cf. Lucain 9. 716 *spinaque uagi torquente cerastae*), d'où un « mouvement « sinueux latéral » rappelant celui d'une vis ou d'une hélice » (Angel 73), type de locomotion caractéristique des Serpents appelés *sidewinders* par les auteurs anglo-saxons. C'est ce que N. a rendu par sa comparaison des v. 268 ss. avec la progression d'un navire contrarié par le vent, mais elle n'a pas toujours été bien comprise, en particulier quand on a voulu voir dans τράμπιδος ὁλκαίης ἀκάτῳ deux bateaux dont le second (ἀκάτῳ) serait remorqué par le premier (τράμπιδος). Les Σ donnent d'ailleurs le choix, dans le second cas, entre deux leçons, ἀκάτῳ et καμάτῳ. La première formerait, avec τράμπις ὁλκαίη = ὁλκάς, une expression composite pour *bateau* (Σ 268b ἐκ δισσοῦ κεῖται ἡ λέξις). Le mot ἄκατος désigne une embarcation de grandeur variable, barque de pêche (Léonidas Tar. *AP* 6. 4. 6 = 2288 G.-P., Opp. *Hal.* pass., *al.*), brigantin de pirate (Héliodore, *Éthiop.* 5. 23. 3) et même, comme l'ὁλκάς (cf. Thcd. 6. 44 ὁλκάδες σιταγωγοί), voilier rapide de transport pour les vivres (Hdt. 7. 186 σιταγωγοῖσι ἀκάτοισι) ou les marchandises (Critias Élég. fr. 2. 11 West φορτηγοὺς δ' ἀκάτους Κᾶρες ἁλὸς ταμίαι [*sc.* συνεπήξαντο]) ; il s'applique aussi bien à la barque de Charon (Hermésian. fr. 7. 4 P.) qu'au navire Argô ([Orph.] *Argon.* 1263). Seule différence, la taille, d'où Pindare, *Ném.* 5. 2 ἐπὶ πάσας ὁλκάδος ἔν τ' ἀκάτῳ. G.-S. l'ont pris au sens de « chaloupe » : *like to the* dinghy *of a merchantman* (de même Hollis[2] 171) ; mais, outre le manque de parallèle, cette interprétation rend la comparaison incompréhensible. D'autre part, la leçon καμάτῳ (« on dirait l'effort d'un navire »), approuvée par les Σ et Bentley, passée dans les mss GM, et que J.G. Schneider a accueillie dans son texte, risque de n'être qu'une conjecture (le terme est trop abstrait). O. Schneider, acceptant l'explication du Scholiaste, compare l'expression redondante d'Eschyle, *Perses* 419 (cf. Eur. *Rhes.392*) σκάφη νεῶν. En fait, N. a p.-ê. pris ἄκατος avec la valeur particulière de *coque*, qui n'est pas attestée ; Vian songe à *quille*. — Rémy Belleau (*Les Poètes du XVIᵉ*, Bibl. de la Pléiade, 652), dans *La Gagate* (4-7), a repris la comparaison du v. 268 pour en faire l'application à tout Serpent : *Dessus le ventre et glissant et rampant / Pli dessus pli de son alleure torte /A dos courbé, voguant de mesme sorte / Qu'une galère). —* Voir Keller 2 p. 297 ; Gossen-Steier 544-546.

26. 271-281. [*Notes complémentaires aux v. 272-275* : V. 272 *τυλόεν : adj. en -όεις (cf. *Notice* n. 212) *hapax* absolu ; dans le même sens, Galien a τυλοειδής (13. 537.17 τυλοειδεῖς ἐπαναστάσεις ἃς ἥλους καλοῦμεν), cf. Hsch. κ 2489, 2491 (σημεῖον ... τυλοειδές). — πελιδναί : cf. n. au v. 238. — 274 *ἀμυδρήεσσαι : doublet Nicandréen de ἀμυδρός (cf. n. au v. 26), au sens propre « indistinct », cf. 358, 373 ; autres sens 158, 195. — 275 ἀφαυρότερον : adj. presque toujours employé au cpar. ou superl., mais cf. 198 s. (ἀφαυρά | τέκνα ~ *Il.* 7. 235 παιδὸς ἀφαυροῦ), 696, Ap. Rh. 2. 453, Arat. 256, 277. Voir Ritter 15 s.]

1) Symptomatologie plus riche dans les traités parallèles : Philouménos et les autres font en outre mention de l'écoulement d'ἰχώρ, comme N. pour la piqûre de Vipère (235 s., cf. n. 24 §2), mais avec des notations de couleur différentes, ainsi que de divers symptômes signalant chez N. d'autres piqûres ou morsures venimeuses : érection du membre viril (722 s.), égarement d'esprit (427, 757, 776), affaiblissement de la vue (430 s.). PAeg. (= PsD.) ajoutent que la victime meurt

dans des convulsions tétaniques. — En revanche, N. est seul à mentionner la douleur des aines et des jarrets (278 βουβῶνι : cf. 784), et
le caractère « moins vif » de la souffrance (275 ἀφαυρότερον, comparatif relatif, à entendre par rapport à la Vipère, plutôt que cpar.
absolu [p.ex. *Il.* 12. 458 « trop faible »]). — **2)** Mais, là où il y a coïncidence entre eux et N., l'accord est remarquable ; ainsi, pour l'indication du délai dans lequel intervient la mort : 275 s. ἐννέα (pour indiquer un grand nombre ? cf. Bornmann *ad* Call. 3. 193 et voir *Notice*
p. LXIV) ~ Ph. p. 25.16 s. ὡς ἐπὶ πλεῖστον δὲ ἕως ἐννέα ἡμερῶν [*ex
Nicandro* ?] παρατείνουσιν οἱ πληγέντες (la Vipère tue plus rapidement, cf. n. 24 §1) ; ou encore pour l'enflure et l'éruption de pustules :
271 ss. ~ Ph. p. 25.13 s. συμβαίνει … ἐπανάστασις τοῦ δήγματος
σκληρά, ὡς ἥλου κεφαλή, complété par PAeg. p. 20.25 et PsD.
p. 72.13 ὁ τόπος ἐπαίρεται μετὰ σκληρίας <u>καὶ φλυκταινώσεως</u>.
C'est, chez N., le premier symptôme ; il est analogue à celui qu'il a
noté pour la Vipère après l'écoulement d'ἰχώρ (237-241), les deux
passages s'éclairant mutuellement. La parenté de la glose d'Érotien (s.
πεμφιγώδεες [Hp. *Epidem.* 6. 1. 14] = fr. 27, *Test.* ad 273) avec les Σ
Th. 273b (πέμφιξι δὲ ταῖς φύσαις, ταῖς ἐν τοῖς ὕδασι γινομέναις
πομφόλυξιν ; cf. la comparaison de 239 s. αἱ δέ χαμηλαί, | πομφό
λυγες ὡσεί τε, … φλύκταιναι et Σ 240a πομφόλυγες δὲ αἱ ἀναρρή
ξεις τοῦ ὕδατος]) laisse soupçonner l'exploitation par les Σ du commentaire d'Antigonos (cf. *Notice* p. CXXIX s.). Pour l'explication de
πέμφιξ par les grammairiens anciens voir Galien 17A. 879 ss. (cf.
Hermann *Op.* 4. 276 s., Volkmann[2] 73, Chantraine *DELG* 880). Celle
d'Antigonos et des Scholies (*bulles se formant dans les eaux de pluie*)
convient mieux à 240 πομφόλυγες (confusion des deux passages ?).
En revanche, le sens de « gouttes de pluie » (cf. Galien 17A. 881.8 s.)
convient mieux ici. Cette dernière interprétation est la seule qui soit
adéquate pour Eschyle et les poètes hellénistiques cités par Galien, en
particulier Euph. 134 P. ; le sens de πεμφίγων *ap.* Call. fr. 43.41
n'apparaît pas nettement.

27. 282-297. 1) Entre l'*Hémorrhous* (égyptien lui aussi) et le
Céraste, tels que N. les décrit, il y a une si grande ressemblance que
l'on est tenté de voir dans le premier, non un Serpent d'espèce différente, mais, comme l'a suggéré Brenning, une sous-espèce du second :
il aurait reçu son nom de l'action de son venin hémorragique et non
d'une particularité morphologique. — **a)** La notice d'Élien 15. 13 sur
l'*Hémorrhous* reproduit à la lettre, et dans le même ordre, la plupart
des détails de N., y compris le récit mythologique 309 ss., à l'exception de l'*aition* 318 s. qu'il a remplacé par une remarque de son cru.
L'hypothèse de O. Schneider, reprise par Wellmann[4] 321, selon
laquelle N. et Élien remonteraient à la même source, Apollodore, utilisé par N. directement, par Élien à travers Sostratos, est peu vraisem

blable, celle d'un Élien paraphrasant N. plus probable (*Notice* p. xxiv).
Les mots d'Élien (εἴη δ' ἂν γένος ἔχεως), au début de sa notice, rencontrent la réalité, l'*Hémorrhous* étant un Vipéridé, mais par hasard
(voir *infra* n. 29). — (**b**) Entre N. et Philouménos, qui, selon Wellmann, serait également tributaire d'Apollodore, s'il existe des points
de contact, les divergences sont telles que Gossen-Steier ont identifié
le Serpent de Ph. à la Vipère à nez retroussé (*V. Latastei*), celui de N.
à *Echis carinatus*, deux identifications impossibles, la première parce
que la Vipère de Lataste n'a pas le même genre de corne (*supra* n. 22),
la seconde parce que *Echis carinatus* n'en a aucune. H.W. Parker (*ap.*
Gow) a souligné les difficultés d'identification dues au fait que les
caractéristiques reconnues à l'*Hémorrhous* par N. (cornes, écailles
bruyantes, *sidewinding*, fort pouvoir hémorragique du venin) ne se
trouvent pas toutes réunies dans une même espèce : aux deux
meilleurs candidats (*E. carinatus* et *Aspis cerastes*) il manque l'une
d'entre elles, la première à *E. carinatus*, la seconde à *Aspis cerastes*.
Reste à savoir si N. n'a pas commis de confusion. — **2**) La note des
v. 283 s. n'a de parallèle que chez Élien (ἐν τοῖς πετρώδεσι
χηραμοῖς). — (**a**) Pour la longueur, N. est d'accord non seulement
avec Élien (πόδα) mais avec Philouménos p. 27.12 (παλαιστῶν
τριῶν) ; de même pour la largeur, qui va en diminuant (286 s. ~ Élien,
Ph. p. 27.12 ἀγόμενα εἰς μικρὸν καὶ μείουρον). — (**b**) Pour la couleur, accord notable avec Élien (287 s. ~ Él. φλογώδης, μέλας) mais
divergence avec Ph. p. 27.11, 13 s. (couleur sable avec des points
blancs et noirs). — (**c**) La manière dont la tête se détache nettement du
cou (289), à l'image des Vipères heurtantes africaines du genre *Bitis*, et
la description de la queue n'ont d'équivalent ni chez Élien ni chez Philouménos. — (**d**) Les deux cornes, qui rendent la tête si effrayante
(291 s. et 293 πέφρικε κάρηνον), donnent lieu chez Élien à ce rac-
courci : φρίττει δὲ τὴν κεφαλὴν οἱονεὶ κέρασί τισιν, mais elles
sont absentes chez Philouménos. Ce sont elles qui constituent l'élément essentiel de la description de N., non les yeux comme dans le
texte récrit par O. Schneider et accepté par G.-S. : τοῦ μὲν ὑπὲρ ...
κέραατα a un parallèle exact au v. 231 τοῦ μὲν ὑπὲρ κυνόδοντε, où
ὑπὲρ équivaut de même à l'adv. ὕπερθε. Au lieu des deux corrections
de O. Schneider au v. 292, entraînées par la substitution de ὑπό à
ὑπέρ, où il voit à tort une préposition, il suffit de corriger avec Klauser la *f.l.* προσεικής pour obtenir un texte satisfaisant. Le sujet de la
phrase n'est pas φάη, avec son détail aberrant (πάρνοψι φάη λογάδας
τι προσεικῆ « yeux qui, par leur blanc, rappellent un peu ceux des
sauterelles »), mais κέραατα, un élément que l'*Hémorrhous* possède
en commun avec le Céraste. — (**e**) Le *sidewinding*, que N. met en
relief par la comparaison avec le Céraste (294 s.), Élien l'indique par
les mots λοξὸν δὲ οἶμον πρόεισιν (cf. 294 δοχμά), mais Philouménos le nie (p. 27.12 s. ἕρπει δὲ ἐπ' εὐθεῖαν καὶ βραδέως), ce qui est

d'autant plus fâcheux que l'*aition* justifiant ce mode de locomotion (signalé par Ph. pour le Céraste, p. 25.12 πλαγίως δὲ καὶ οὐκ ἐπ' εὐθείας ἕρπει) est, selon N., commun aux deux Serpents. Faut-il restituer οὐκ devant ἐπ' εὐθεῖαν chez Ph. 27.12 ? — (**f**) Enfin, le bruit léger produit par le frottement des écailles ventrales, très rugueuses, contre le sol (296 s. ~ Élien ἐπιθλίβων τὰς τῆς νηδύος φολίδας ... ἠρέμα ... ὑπηχεῖ), un bruit qui rappelle le Serpent à sonnette et son appendice caudal, lequel fait entendre un crissement sec, est décrit et expliqué par Philouménos ; il le compare à un sifflement, non seulement chez l'*Hémorrhous* (p. 27.14 s.) mais encore chez le Céraste (cf. n. *ad* 297).

28. 298-308. **1**) L'étude de la symptomatologie (caractéristique de l'envenimation par les Vipéridés, voir n. 24 §3) mène à des constatations analogues. Dans l'énumération des symptômes, dans la distinction opérée entre ceux de l'*Hémorrhous* et ceux de l'*Hémorrhoïs*, Philouménos, parmi les Iologues, se rapproche sans doute davantage de N., mais bien des symptômes de N. absents chez Ph. se retrouvent chez Élien 15. 13 avec une similitude d'expression frappante : 300a (ventre) ~ Él. ἐκκρίνει δὲ ἡ γαστὴρ ὀχετούς ; 300b (première nuit) ~ Él. νὺξ δὲ ἀφίκετο ἡ πρώτη ; 301 (cou et oreilles) ~ Él. καὶ αὐχένος καὶ μέντοι καὶ δι' ὤτων ; 300 (sang mêlé de venin bilieux) ~ Él. σὺν ἰῷ χολώδει (pour la bile assimilée au venin cf. Opp. *Hal*. 1. 561, 3. 448 ; selon Pline 11. 193 s., la bile, très abondante chez les Serpents, est venimeuse) ; 303 (urines) ~ Él. οὖρα δὲ ἀφίησιν ὕφαιμα ἡ κύστις. — Un seul symptôme de Philouménos (p. 27.23 κανθοὶ αἱμορροοῦσιν, cf. Lucain, *infra*) est absent chez N., il manque aussi à Élien. — **2**) Pour l'attention particulière portée à la morsure de la femelle, plus dangereuse, voir 118 s. et la n. 14. Est-ce pour cette raison que c'est le nom de la femelle qui désigne le Serpent en latin (*haemorrhois*) ? Lucain 9.806-814 (Tullus et l'*Hémorrhoïs*) a décrit quelques conséquences de sa piqûre, sans oublier l'hémorragie des yeux (811 *sanguis erant lacrimae*). Strabon 15. 1. 45 (d'après Aristobule) parle de petits Serpents de l'Inde mesurant un empan, dont la morsure a des effets voisins. — Sur l'*Hémorrhous*/*Hémorrhoïs* voir Gossen-Steier 521 s. ; Morel[1] 359.

29. 309-319. Étienne de Byzance (s.v. Φάρος) attribue le même genre de mort à Pharos, l'officier de proue de Ménélas : 659.12 ἐν τῇ νήσῳ δηχθεὶς ὑπὸ ὄφεως ἐτάφη. Canôbos, pilote de Ménélas, avait donné son nom à une ville et à une embouchure du delta (Steph. Byz. 355.8 ; Strab. 17. 1.17). Apollonios de Rhodes chantait p. ê. sa mort et son catastérisme dans le poème intitulé Κάνωβος (fr. 1-2 P.) : Maas, *Aratea* 359 ss., cf. Herter 409, Wilamowitz[2] 2. 254 ss. L'appartenance du fr. 3 P. (= Σ 303-304 [137.3 s.]), conjecturée par Maass, n'est pas

prouvée, car l'Apollonios cité par le Scholiaste peut s'identifier au médecin Apollonios de Memphis (*Annexe* §5c, fr. 3c) aussi bien qu'au poète (cf. Jacques[3] 74-76) ; en tout cas, il n'y a pas de raison de corriger Ἀπολλώνιος en Apollodore, comme le faisait O. Schneider approuvé par Wilamowitz. Färber 41[1] assigne à ce poème le contenu des v. 305-319 des *Th.* ainsi que Σ 312c. — Le ms. T (fol. 12ʳ, Omont[1] pl. 66.1, Kádár pl. 6.2 et *supra* p. CCIX) offre une illustration notable de la légende *aitiologique* expliquant la démarche oblique de cette espèce de Reptiles. On y voit le pilote Canôbos étendu sur le sable devant le vaisseau d'Hélène, les voiles gonflées par le vent ; il se redresse sur son séant, sous l'effet de la piqûre, le Serpent à ses côtés, cependant qu'Hélène, horrifiée, arrive sur la gauche, en compagnie d'un homme (matelot ou soldat, plus probablement que Ménélas) portant une lance et un bouclier rond. A la différence de la miniature d'Orion (cf. *supra*. n. 4), celle-ci suit fidèlement le texte du poème (309-315). Outre ses qualités artistiques propres, elle a un intérêt philologique certain, car elle confirme la leçon εὐνῇ au v. 313. Selon une version de la légende, Canôbos aurait été piqué à la faveur du sommeil provoqué p.-ê. par Aphrodite, désireuse de le punir pour avoir dédaigné Théonoé (cf. Maass, *Aratea* 362 s.) : εὐνῇ, *uera lectio*, remplacée dans ω, où la fin du vers était p.ê illisible, par une platitude (pour αὐτός, produit d'une altération, cf. 46), est sans doute une allusion elliptique à cette forme de la légende. Sur la miniature, on devine sans peine que le Serpent, dissimulé dans le sable (cf. n. 25ab), a réagi lorsqu'il a été comprimé par la couche de Canôbos. Weitzmann[4] 99, [2] 195 s. (cf. p. 83) pense que cette peinture dérive d'un Conon illustré, hypothèse invérifiable ; en tout cas, il prétend faussement que le texte de Conon explique mieux que celui de N. la miniature de T. — En dehors de N. et d'Élien (15. 13), les témoignages relatifs à l'histoire de Canôbos (Conon, *Narr.* VIII, *in* Phot. *Bibl.* cod. 186. 132a 25 ss., Σ D. P. 13.8) ne précisent pas l'identité du Serpent meurtrier, sauf Σ D. P. 10.19 s., qui allègue N., et *EG*, qui l'utilise tacitement (*Test.* ad 312-315). Il n'y a rien à tirer de Conon (p. 132a 27 ἐχίδνης ~ Élien, *supra* n. 27 §1a), les mots tels que ἔχιδνα/ἔχις, ἀσπίς ou διψάς, étant parfois, dans la prose récente, de simples synonymes de « Serpent venimeux » (voir n. au v. 129). Parmi les témoins de l'histoire de Canôbos, N. et Élien sont les seuls à parler de la vengeance d'Hélène contre l'*Hémorrhous* (316 s.) ; cf. Ronsard, *Premier Livre des Amours*, LXXVII 3 s. *Ha ! tu devais, Helene, en marchant dessus eux, / Non écraser leurs reins mais en perdre la race*). — L'*aition* iologique des v. 31 s. est p.-ê. une invention de N., comme celui de la plante ἐλένειον (citée fr. 74.16). Selon Élien 9. 21, Hélène l'aurait reçue de la femme du roi d'Égypte (cf. *Od.* 4. 228), Thônis (Thôn dans l'*Odyssée* ; sur Thônis cf. Yoyotte, *Mitteil. deutsch. Inst. Kairo* 16, 1958, 423-430), pour qu'elle la débarrassât des Serpents de l'île de Pharos ; mais, d'après *EG* (*Test.* ad 312-

315), cette plante serait née des larmes qu'Hélène aurait versées sur Canôbos ; l'une ou l'autre version, sinon les deux, peut appartenir à N. (*Ophiaca* ?). Entre Hélène et Canôbos, il existe un autre lien dans le delta, sous la forme d'un nom de lieu, Ἑλένειον, proche de Canôbos (Hécatée FGrH 1 F 309, *ap.* Steph. Byz. s.v.). Au *sidewinding* des *Hémorrhous* et des Cérastes, que N. justifiait ainsi par le mythe, les médecins arabes, selon Brenning, avaient cherché une cause naturelle en supposant que les vertèbres de ces Serpents étaient cartilagineuses au lieu d'être osseuses.

30. 320-333. Le Sépédon (subst. fém., chez N. et Élien) est impossible à identifier, mais il s'agit certainement d' une espèce voisine de celles des Ophidiens précédents. On a encore indubitablement affaire à un Vipéridé. Sa tête volumineuse (324), avec un cou sans doute resserré, comme N. le précise pour l'*Hémorrhous*, dont il a la forme (320 s.), sa courte queue nous orientent vers les Vipères africaines heurtantes du genre *Bitis* : cf. *R.A.* 4914 « la tête est large et se détache nettement du cou... corps épais avec une queue très courte ». — 1) On reconnaîtra dans le σηπεδών de N. le *Seps* de Philouménos (cf. n. 19 §4) : leur morphologie présente certaines différences, mais la symptomatologie, à laquelle les noms de *Seps* et de *Sépédon* conviennent l'un et l'autre (cf. *supra* n. 19 §4), ne laisse aucun doute. — (a) Le *Seps* est εὐθύπορος (p. 29.22) comme le *Sépédon* (321) ; son épaisseur va en diminuant : *ibid.* ἐκ πάχους ... ἐπὶ λεπτὸν ἦκται ~ 286 s. (*Hémorrhous*) ; et l'on peut interpréter 324 κράατι δ' ἐμβαρύθει au sens de Ph. p. 29.23 τὴν δὲ κεφαλὴν ἔχει πλατεῖαν. On attendrait des deux Serpents une conformité de taille, mais ce n'est pas le cas : 286 (*Hémorrhous* = *Sépédon*) 1 pas (0,30 m) ; Ph. p. 29.21 (*Seps*) 2 coudées (0,88 m) ; et leur coloration est différente : cf. *Th.* 322 s. et Ph. p. 29.23 s. κατέρρανται δὲ ... στιγμαῖς λευκαῖς. — (b) En revanche, on remarquera la similitude parfaite des symptômes : *Th.* 326 ἐπώδυνον ~ Ph. p. 29.26 ἄλγημα ; 327 s. ~ 29.27 τὰ δὲ πεπονθότα μέρη σηπόμενα ; 332 ~ 29.27 s. ἀλφοειδὴς ... χρόα ; 333 ~ 29.27 λευκαίνεται ; 328-331 ~ 29.28 s. ῥύσεις τε τριχῶν τῶν καθ' ὅλον τὸ σῶμα (le seul symptôme non attesté par les chercheurs modernes pour les Vipéridés, *supra* n. 24 §3). Pour les ῥύσεις τριχῶν cf. Plut. cité n. au v. 363. — 2) La comparaison d'Élien 15. 18 et de N. prêterait aux mêmes remarques que précédemment (cf. n. 27 s.). La description du σηπεδών par Élien n'est qu'une paraphrase verbeuse des v. 320-325, mais on relève cette fois des différences dans la symptomatologie. Le détail τοὺς ὀφθαλμοὺς ἀχλὺς κατέχει est absent chez N. Celui-ci parle de καρφομένη θρίξ (328), Élien de θρὶξ ... μυδῶσα. Cette divergence n'autorise pas à corriger le texte de N., la leçon καρφομένη étant garantie par la comparaison avec les aigrettes du chardon. Pour l'expliquer, on a théoriquement le choix entre la fan-

taisie d'Élien, qui prend souvent des libertés à l'égard de ses sources,
et l'hypothèse qu'il a utilisé N. indirectement (*e Sostrato* ?). Je serais
tenté de croire qu'Élien paraphrase N. tout en se souvenant du récit
saisissant qu'Apollonios fait de la mort de Mopsos piqué par un
δεινὸς ὄφις (cf. p.ex. Ap. Rh. 4. 1531, cité n. *ad* 331), bien que ce
« terrible serpent » rappelle plutôt le Cobra par son comportement et
l'effet de sa piqûre (voir supra n. 20f). — Dans la description de la
mort de Sabellus piqué par un *seps... exiguus*, Lucain 9. 766-787 se
complaît à peindre de façon saisissante tous les détails d'une mort par
liquéfaction dont on chercherait en vain des équivalents chez N. et Ph.
Ce morceau de bravoure a davantage de rapport avec les effets de la
piqûre du Basilic et paraît tirer toutes les conséquences possibles de la
sobre indication de N. aux v. 403 s. αἱ δ᾽ ἀπὸ γυίων Ι σάρκες ἀπορρείουσι πελιδναί τε ζοφεραί τε. — Morel[1] 361 reconnaît dans le
Seps/Sépédon de N. et Ph. le σήψ de Pausanias (8. 4. 7) qui a tué
Aipytos, parce qu'il suppose que la σῆψις a obligé ses compagnons à
l'enterrer sur place, sur le mont Sèpia où il avait été piqué (8. 16. 2 dit
simplement : καί οἱ καὶ τὸν τάφον ἐποίησαν αὐτόθι· οὐ γὰρ οἷα τε
ἦν σφισιν ἐς τὸ πρόσω φέρειν τὸν νεκρόν) ; les éléments de la description me semblent mieux convenir à la Dipsade (voir n. 31 §3). —
Pour la forme arrondie des ἀλφοί, Zeune compare Celse 5. 28. 19A
*alphos uocatur, ubi color albus est, fere subasper, et non continuus, ut
quaedam quasi* guttae *dispersae esse uideantur*. — Sur le *Sépédon* voir
Gossen-Steier 552 s. ; Morel[1] 359 ss. (corrections à Gossen-Steier
ainsi qu'à Wellmann [*loc. sim.*]), 361 ss. (effets de la piqûre), 367 (description).

31. 334-337. **1)** Seuls parmi les Iologues récents, Philouménos et
son reflet Aétius décrivent brièvement la Dipsade, mais on trouve aussi
chez Lucien (*Dipsades*, 4), Élien 6. 51, et même dans les Σ *Th.* 334a,
des suppléments à N., d'ailleurs parfois contradictoires. Ce petit Serpent (Luc. *l.c.* ὄφις οὐ πάνυ μέγας ; Ph. précise : πήχεος ἑνός =
0,44 m), vivant dans les sables (Lucien, Greg. Naz. [*Test.* 334-342]
867.13 ἡ ἔρημος Αἰγύπτου ; l'inscr. métr. d'Argos, IG A. 620 [voir
n. *ad* 467] est sans conséquence pour le biotope, *pace* Bodson 61[13], car
la D. y figure dans une comparaison), ressemble à la Vipère mais en
plus petit : 334 s. ~ Él. ἔχεως μέν ἐστιν ὀλιγωτέρα ... ἀποκτεῖναι
δὲ ὀξυτέρα, cf. Luc. ἐχίδνη ὅμοιος. Selon Philouménos (dont les
descriptions de la Dipsade et du Seps ont des points communs), il a
tout le corps parsemé de taches noires et orange, mais, d'après Sostratos cité par Élien, sans doute dans son Περὶ βλητῶν καὶ δακετῶν (=
fr. 5 Wellmann[4]), il est blanc avec deux bandes noires sur la queue (cf.
337). Pour les Σ *Th.*, son museau se rétrécit et prend l'aspect d'un
aiguillon, alors que, pour Philouménos, c'est le corps qui va en s'amincissant, et la tête est très étroite. En rapport avec le type μύουρος, on

attendrait une tête large comme celle du Seps. Il faut p.-ê. corriger Ph. p. 26.18 τὴν κεφαλὴν στενοτάτην en τὴν κεφαλὴν <πλατυτάτην καὶ τὸν τράχηλον> στενότατ(ο)ν : cf. les descriptions comparées d' ἔχις et d' ἔχιδνα, Gal. *Pis.* 265.3 s. τὰς κεφαλὰς πλατυτέρας ~ Aét. p. 282.20 s. κεφαλὴ πλατυτέρα καὶ τράχηλος στενότερος, Pausanias *infra*, et Σ *Th.* 334a ἔχει δὲ πλατὺν τὸν τράχηλον καὶ πλατεῖαν τὴν κεφαλήν, οὺ πλατὺν, anticipation de πλατεῖαν, a pu remplacer n'importe quel adj. (Bentley conjecturait παχὺν mais στενὸν a ses chances). — **2)** Les détails ajoutés à N. par les Σ leur viennent p.-ê. de Sostratos (cf. 565d, 760b et voir *Notice* p. xxxvi, liv[104]), et la citation de Sostratos chez Élien, de Scholies plus riches que les nôtres. Hormis les suppléments signalés, le chapitre d'Élien a tout l'air d'une paraphrase de N., les rencontres frappantes entre le poète et le sophiste ne peuvent avoir de meilleure explication (cf. n. 33 et la *Notice* p. xxiv s.). — **3)** Le Seps de Pausanias (cf. n. 19 §4) ressemble autant, sinon plus, à la Dipsade de N. et de la littérature iologique (elle-même comparée à la Vipère) qu'au Seps/Sépédon de Ph. et de N. : Paus. 8.4.7 κατὰ ἔχιν ἐστὶ τὸν μικρότατον, τέφρᾳ ἐμφερής, στίγμασιν οὐ συνεχέσι πεποικιλμένος· κεφαλὴ δέ ἐστιν αὐτῷ πλατεῖα καὶ τράχηλος στενός· γαστέρα δὲ ἔχει μείζονα καὶ οὐρὰν βραχεῖαν. Frazer (dans son comm. *ad loc.*) propose *Coluber ammodytes*, Scarborough[1] 7 *Vipera ammodytes* Sonnini/Latreille (cf. déjà Keller 2 p. 298 : *die südeuropäische kleine giftige Viper, bei Pausanias seps genannt*), mais on notera que tous les éléments de cette description se retrouvent dans les textes ci-dessus. Pausanias ajoute à la fin une note caractérisant son allure, laquelle rappelle celle du Céraste. — **4)** La Dipsade est appelée d'autres noms qui, comme le plus courant, sont tirés des effets de sa piqûre : πρηστήρ (PsD. PAeg.), καύσων (PAeg., forme à restituer *ap.* Ph. [καῦσις] et PsD. Aét. [καῦσος] ; cf. n. 32). Outre ces deux noms, Élien en connaît d'autres, tirés soit de son habitat, ἀμμοβάτης, soit de telle particularité physique, μελάνουρος (cf. 337), κεντρίς (cf. Σ *Th.* ibid. κεντρίνης, ces deux derniers dus à la forme de son museau). — **5)** La *Dipsas* des anciens n'a rien à voir avec le Serpent homonyme des modernes. La διψάς des Grecs (cf. 125) est un Vipéridé, comme le suggère non seulement la comparaison avec ἔχιδνα (N.) / ἔχις (Él.), mais aussi la désignation διψὰς ἔχιδνα *ap.* Antipater de Sidon, *AP* 7. 172.5 = 316 G.-P. ; cf. Hsch. δ 2029 διψάς· ἔχις. ὕδρα, Greg. Naz. 867.12 τις ... τῶν ἐχιδναίων γενῶν. Solin 27. 31 (137.15) en fait *de suo* une variété d'*aspis* qu'il cite à côté de l'*hypnale* (voir *supra* n. 20f). Brenning songeait à une variété noire de *Vipera berus*, la Péliade, Serpent exclusivement africain. Elle compte au nombre des Serpents de Libye et d'Égypte décrits par Lucain (cf. n. 32). Grégoire de Nazianze la situe en Égypte (voir *supra*), Lucien en Libye, près du pays des Garamantes (*Dips.* 2, *al.*), Élien *l.c.* en Libye et en Arabie, de même que Silius (3. 313 *dipsadas immensis horrent*

Garamantes harenis). Gossen-Steier proposent la Vipère d'Avicenne
(*Cerastes vipera* L.), que distingue sa queue noire. — Voir Keller 2
p. 293, 298 ; Gossen-Steier 530 s. ; Wellmann[4] 332 s., [9] 9 s. ; Morel[1]
368 s.

32. 338-342. Outre l'inflammation du cardia (338 : pour ce sens de
κραδίη cf. 731 et le comm. n. 79), les deux symptômes essentiels de
l'envenimation retenus par N. sont la fièvre (pour la Vipère voir 244
s.), qui a valu à la Dipsade le nom de καύσων (cf. Lucain 9. 742 *ignis
edax* ; Lucien, *Dips.* 4 ἐκκαίει ... βοῶσιν ὥσπερ ἐν πυρᾷ κείμε-
νοι), et surtout la soif (pour la Vipère cf. 250 et, pour les symptômes
communs aux Vipéridés, voir n. 24 §3). C'est ce dernier symptôme qui
lui a donné son nom habituel, ainsi que certains traits de ses descriptions poétiques (Androm. 12 ξηρῆς διψάδος [l'adj. ξηρός a la même
valeur que 147 δίψιος ou 371 διψήρης] ; Lucain 9. 718 *torrida dipsas*, cf. 610 *in mediis sitiebant dipsades undis*). — Un fleuve ne suffi-
rait pas à étancher la soif qu'elle provoque : Lucien, *l.c.* οὐδ' ἂν σβέ-
σειάς ποτε τὸ δίψος οὐδ' ἢν τὸν Νεῖλον αὐτὸν ἢ τὸν Ἴστρον
ὅλον ἐκπιεῖν παράσχῃς (cf. Lucain 9. 751 s. *ille uel in Tanain mis-
sus Rhodanumque Padumque | arderet Nilumque bibens per rura
uagantem*). Eutecnius a raison contre les Σ de rapporter 340 ὑπὲρ
ποταμοῖο νενευκὼς à la victime et non au taureau (340 ἠῦτε ταῦρος
~ *Al.* 496 ταυρηδόν) : elle boit à même le fleuve, comme l'homme
des *Al.* dont « la gorge est pressée d'une soif aride », et la mort survient par éventration (341 s., cf. Él. *l.c.*, Arétée 4. 2. 6), comme en certains cas d'hydropisie (Ph. p. 26.26 ὡς ἐπὶ ὑδρωπικῶν τῶν καθ'
ὑπέρχυσιν ῥηγνυμένων : comparaison devenue proverbiale, cf. J.-B.
Chassignet, *Le Mespris de la Vie et Consolation contre la Mort*, Son-
net 371 [*Poètes du XVIe*, Bibl. de la Pléiade, 950] *Hydropiques enflez
que le dypsade mord*).

33. 343-358. **1)** Ce mythe, que nous ne connaissons que par N. et
Élien, vise à expliquer non seulement l'origine de la mue des Serpents
mais, de plus, les effets de la piqûre de la Dipsade. La ressemblance
des récits de N. et d'Élien est telle que l'on a du mal à y voir, avec Otto
Schneider et Max Wellmann, le résultat de l'exploitation d'Apollodore
utilisé directement par N. et indirectement par Élien (cf. n.27 §1a).
A priori, il est douteux qu'un homme de science comme Apollodore,
ou même Sostratos (*pace* Wellmann[9] 9 s.), ait raconté des mythes ; et
il est peu probable que celui-ci ait fait partie intégrante de la matière
iologique avant ou après N. — **2)** La manière dont Élien l'aborde,
après s'être référé à Sostratos dans la partie proprement scientifique de
son chapitre, montre d'emblée qu'il le tire d'une autre source (δεῖ δὲ
καὶ μῦθον τῷδε τῷ ζῴῳ ἐπᾷσαί με ὅνπερ οὖν ἀκούσας οἶδα). De
quelle source ? Ses références finales au drame satyrique de Sophocle

intitulé Κωφοί (F 362), au poète lyrique Ibycos (PMG 342), à la
comédie dorienne (Deinolochos, fr. 8) et attique (Apollophane, fr. 9),
ainsi qu'à la tragédie (Aristias, qu'il donne pour un poète comique, est
·en fait un tragique [TrGF 9 F 8]), seraient, selon Wellmann[9] 9 s.,
empruntées p.-ê. à Pamphilos (cf. *Notice* p. XXIV), une de ses sources
grammaticales. En fait, son érudition peut dériver des Σ *Th*. Dans l'état
de notre *corpus*, elles ne citent plus que la pièce de Sophocle, et celle-
ci est seule à être attestée par des fragments (= F 363-365) indépendants du témoignage d'Élien (= F 362 II). Les autres références sont
invérifiables, mais on devine aisément leur origine : elles ont dû être
compilées par Théon, dans son commentaire mythologique de N., et
passer de là dans les Scholies. Rien n'oblige à croire qu'Élien les tient
d'une autre source. — **3)** Élien a oublié de citer, en la personne de N.
qu'il connaît bien, et dont il lui arrive de reproduire les μῦθοι (ainsi
pour Hélène et l'*Hémorrhous*), l'unique source poétique de ce mythe
parvenue jusqu'à nous. Tout nous donne à penser que, comme il le fait
ailleurs, il a démarqué N. aussi fidèlement qu'il le pouvait. Sur un
point, cependant, il est plus complet que N., car ce dernier a laissé dans
l'ombre un détail facile à imaginer. Si Élien précise que l'âne assoiffé
est allé à une source *gardée par* la Dipsade, il ne dit rien de plus que
les Σ 343-354 : cf. p. 149.12 s. (premier récit) ἦλθεν εἴς τινα τόπον
ὕδωρ ἔχοντα, ἐν ᾧ ὄφις ὑπῆρχε φυλάττων, p. 150.6 (deuxième
récit) ἐλθεῖν εἰς κρήνην, ἣν ἐφύλασσεν ὄφις ; rien de plus
qu'Eutecnius : p. 21.5 ἐκ Νυμφῶν δὲ ἦν ἐπιτραπὲν τοῦτο κρήνης
εἶναι φύλαξ. N. a un style de récit conforme à la manière elliptique
des poètes hellénistiques (cf. *infra* n. 39 §2e). — L'Épopée de Gilgamèch (fin du IIe millénaire) offre déjà un récit étiologique relatif à la
mue des Serpents. Un Serpent, attiré par l'odeur de la plante de jou-
vence, la dérobe au héros pendant qu'il se baigne, et, en s'en retour-
nant, il quitte sa peau écailleuse (*Gilg.* XI. VI, p. 203, v.285-289, *in* :
L'épopée de Gilgameš, trad. J. Botéro, coll. « L'aube des peuples »,
Paris, Gallimard, 1992). — Sur la Dipsade voir Keller 2 p. 293, 298 ;
Gossen-Steier 530 s. ; Wellmann[4] 332 s., [9] 9 s. ; Morel[1] 368 s.

34. V. 358 ἀμυδροτέρῃσιν : G.-S. trad. *feeble blows* (sans tenir
compte du comparatif) ; les parallèles ne sont pas en faveur de ce sens
(le seul exemple que LSJ cite en dehors de N. est emprunté à Arétée,
où, appliqué au pouls, l'adj. signifie *indistinct*). Le sens de « plus
lents » est théoriquement possible (cf. n. *ad* 158). En effet, pour expliquer νοῦσον, les Σ 357a donnent le choix entre « la soif » de l'Âne et
« sa lenteur » (τὸ νωθές, cf. 349 νωθεῖ) : la Dipsade aurait reçu, en
même temps que le présent de l'âne (354), un de ses traits caractéristiques (Phot. κ 153 κανθήλιοι· τοὺς βραδεῖς καὶ νωθεῖς οὕτως
λέγουσιν μεταφορικῶς ἀπὸ τῶν ὄνων ; cf. les références *in* RE 6.
634.53 ss., en part. Nonnos 14. 256 βραδέων … ὄνων τετληότι

νώτῳ). Mais : 1) dans ce cas, νοῦσον est pour le moins impropre ; 2) il y a contradiction maladroite entre ἀμυδροτέρῃσιν et θοώτερος (335) ; 3) l'épithète ἀζαλέην, leçon de T ignorée de ω (qui sert de base au commentaire des Scholies), ne laisse aucune place à l'alternative qu'elles proposent (« mal aride » = soif). Il en résulte que ἀμυδροτέρῃσιν, glosé en GK par θανατοποιοῖς pour les besoins de la cause (= Σ 358b), doit avoir ici son sens ordinaire (κρυπταῖς, ἀφανέσι D^g, cf. 274 ἀμυδρήεσσαι ἐς ὠπήν), et le comparatif s'entendre, comme au v. 335, relativement à la Vipère (N. renvoie, semble-t-il, au v. 234).

35. *Note générale sur le Chersydre et le Chélydre*. Le mot χέρσυ-δρος peut être adj. au sens de « amphibie » (Élien 8. 13 [à propos de l'*Acontias*], Σ Arat. 283 [220.14]), mais il n'est pas ici, comme le croyait Fritzsche 16 s., le qualificatif d'une variété de Cobra (cf. ἀσπί-δες χερσαῖαι, n. 20b), et il ne se confond pas avec lui (*pace* Scarborough[1] 8, cf. n. 20f) : c'est le nom d'une autre espèce d'Ophidien, comme le soulignent les Σ 360a (ὅ τε χέρσυδρος καὶ ἡ ἀσπίς ~ Ph. p. 30.18 s. ὡμοίωται δὲ ἀσπίδι χερσαίᾳ μικρᾷ) en commentant les v. 359 s. (pour cette remarque initiale cf. 258 s., 320 s., 334 s., 384 s.).
— (a) Le nom du Serpent χέρσυδρος est justifié par l'évocation des deux phases successives, aquatique puis terrestre, de son existence (366-371). Philouménos (*unde* Aétius) p. 30.11-15 (cf. Σ 359a et Andromachos 21-23) nous apprend que ὕδρος caractérise la première. N. se contente ici de faire une allusion étymologique au nom caractérisant la seconde : 369 ἐν χέρσῳ τελέθει ~ Ph. p. 30.14 ἐν τῇ χέρσῳ διατρίβων καὶ καλεῖται χέρσυδρος. C'est seulement à propos du Dryinas/Chélydre, un Serpent très voisin, que N. indique le nom (414 ὕδρον) caractéristique de la phase aquatique (cf. Servius, *Georg.* 3. 415 *chelydri dicti quasi chersydri, qui et in aquis et in terris moran-tur*). La notice de Philouménos (Aét.), qui propose des remèdes communs aux deux phases, est intitulée des deux noms ὕδρος καὶ χέρσυ-δρος. Paul d'Égine (seulement symptomatologie et thérapie) et Ps.Dioscoride (seulement thérapie, empruntée à Paul) n'ont que le premier, les Latins le second (Lucain 9.711, Pline 22. 18, Serv. *l.c.*, Solin 2. 33, 27. 33). — (b) Dans l'ὕδρος qui a causé à Philoctète une mauvaise blessure (*Il.* 2. 723), les commentateurs anciens voient un Chersydre : Σ *ad loc.* (329.79) ὕδρου τοῦ χερσύδρου· οὗτος γὰρ τῷ σώματι σηπεδόνας (~ *Th.* 363) παρέχει, cf. Eustath. *Iliad.* (514.25 φασί τινες ; *Chants Cypriens* [Severyns 144-6 καὶ εὐωχουμένων αὐτῶν Φιλοκτήτης ὑφ' ὕδρου πληγεὶς διὰ τὴν δυσοσμίαν ἐν Λήμνῳ κατελείφθη), Hsch. υ 71 ὕδρα· ὁ ὕδρος ὄφις. οἱ δὲ τὸν χέρ-συδρον. Quintus de Smyrne (9. 385 ss., cité n. 37 §2) a suivi cette interprétation, mais sans nommer le Chersydre ; *contra* : Tz. Lyc. 911 (*Test.* ad 414) l'identifie avec le Chélydre, sans doute à cause du v. 414 des *Thériaques* suspecté à tort, car il a la garantie de Théon (Σ Arat.,

Tz. Lyc., cf. *Test.* ad h.v.). Le nom d'*Hydre* en ce vers, p.-ê. aussi chez QS, doit venir des *Cypria*. La puanteur qui se dégage de la blessure de Philoctète convient au Chélydre/Dryinas. — **(c)** Aux références iologiques ordinaires (Iologues récents) relatives au Chersydre s'ajoutent des témoignages d'Apollodore et de Théophraste. — **1)** Selon Apollodore (*Annexe* §4, fr. 1), *ap.* Élien 8. 7, il peut tuer ou exercer son pouvoir putréfiant par simple contact, et les mains du médecin qui touche sa victime se couvrir de pustules, cf. Théophraste, π. δακετῶν (*Annexe* §3, fr. 7) sur la transmission du venin sans morsure ni piqûre. Constatant que Galien *Pis.* 8 (234.4-8, *unde* PAeg. 15 [18.6-9], cf. Ph. 25 [31.20-23]), fait les mêmes observations à propos du δρυΐνας (autre nom du Chélydre chez N. *Th.* 411 s.), O. Schneider (p. 195) supposait une confusion d'Élien (*unde* Manuel Philes, *De anim. propr.* 1416) et corrigeait χέρσυδρος en χέλυδρος. Mais, c'est négliger deux autres possibilités : ou la confusion inverse du Dryinas avec le Chélydre, due soit à la source de N. soit à N. lui-même, le seul à attester que le Dryinas, qu'il appelle également ὕδρος, est identique au Chélydre ; ou l'existence de deux Serpents distincts, dont la piqûre a en commun un certain nombre de symptômes. — **2)** Comme on l'a vu, c'est avec le Chersydre (et non avec le Chélydre) que le Serpent appelé ὕδρος est généralement identifié, le témoignage divergent de N. reste isolé. On est donc en droit de reconnaître le Chersydre dans l'ὕδρος de Théophraste, π. δακετῶν (*Annexe* §3, fr. 17* et 18*). — **α/** Dans le fr. 18* (passage des *Géoponica* placé sous l'invocation commune d'Ar. et de Th.), il est question du « changement de l'ὕδρος en Vipère quand les marais sont asséchés » : cf. Th. *HP* 2. 4. 4 ὥσπερ ὁ ὕδρος εἰς ἔχιν ξηραινομένων τῶν λιβάδων. Le « changement » en question pourrait être celui de l'Hydre en Chersydre ; pour la catachrèse ἔχιν imputable à l'intermédiaire cf. n. *ad* 129. — **β/** Le fr. 17* (= Élien 4. 57), dans lequel l'enseignement de Théophraste, comme souvent, est transmis sous le nom d'Aristote, contient une symptomatologie de l'ὕδρος. A cause des points communs qu'elle offre avec Th. 424-437 (Dryinas/Chélydre), Wellmann[4] 334 avait, dans un premier temps, conjecturé chez Élien : Ἀπολλόδωρος au lieu de Ἀριστοτέλης (*i.e.* Théophraste), avant de venir à résipiscence (Wellmann[9] 34 n.1). Mais, si les symptômes décrits par Théophraste ressemblent plus à ceux du Dryinas de N. (cf. n. 45) qu'à ceux de son Chersydre, c'est bien à celui-ci que l'on a affaire : on le voit par la notice de Philouménos sur le Chersydre, où il indique, dans les mêmes termes que Théophraste, l'échéance fatale : Th. ἀπόλλυσθαι διὰ τρίτης ~ Ph. p. 30. 24 s. ὁ δὲ θάνατος μέχρι διὰ τρίτης « la mort survient au bout de trois jours ». — **(d)** Chez N., le Chersydre et le Chélydre ont un trait de ressemblance supplémentaire dans leurs deux phases de vie successives décrites de manière à peu près semblable (366-371 ~ 415-417), alors que, pour le reste des Iologues, le Dryinas est exclusivement un Serpent de terre ferme (cf. Ph. p. 31.10-12). Il est impossible de savoir si ce doublet est imputable à N., ou si l'on doit considérer N. comme le reflet d'une situation plus ancienne, dans laquelle Chersydre et Dryinas auraient été un seul et même Serpent. On serait tenté de croire qu'ils se sont partagé une notice consacrée à l'origine à un Serpent unique, appelons-le ὕδρος. Ainsi pourrait s'expliquer que le même trait est attribué à l'un ou à l'autre selon nos sources. En tout cas, à la différence de Philouménos (p. 31.20-23), ni dans l'une ni dans l'autre des notices que N. leur consacre, on ne trouve les observations d'Apollodore conservées par Élien (voir n. 43 §5). Pour le processus inverse, *i.e.* la fusion de deux notices en une seule, cf. PsD. 15 (72.5) ~ PAeg. 5. 12 (20.5) rapprochés de Ph. 22 (28.19) et 26 (32.5) : les deux Serpents que Philouménos connaît sous les noms de κεγχρίας et κεγχρίνης ont été confondus en un seul, dans une notice unique offrant des éléments empruntés à l'un et à l'autre. — Sur l'identification de l'ὕδρος avec le χέρσυδρος et le χέλυδρος cf. Morel[1] 381 ss.

36. 360-365. Dans la symptomatologie du Chersydre, qui l'assimile à un Vipéridé (cf. n. 24 §3), — elle prend place exceptionnellement vers le début de la notice avant l'étude de son comportement —, N. insiste avant tout sur le caractère putréfiant de sa morsure ; d'où les détails, complaisamment décrits, qui font un retour obligé chaque fois qu'un venin septique est à l'œuvre : odeur nauséabonde (impliquée ici par 361 μυσαχθής ~ 408 [Basilic] et 425 [Dryinas]), sécheresse de la peau (361 ~ 328 [*Sépédon*] et 428 [Dryinas]), laquelle éclate en plaies infectées (363 σηπεδόσι ~ 242 [Vipère] et *Al.* 248 σηπόμενον δὲ μύδῳ ἐκρήγνυται ἔρφος). A cette description s'ajoutent deux signes d'envenimation quasi constants : douleurs brûlantes (363 s. ~ 245 [Vipère]) et enflures (365 πρηδόνες, cf. l'oedème provoqué par le Dryinas [426], ou la Vipère [237]). On les retrouve chez Philouménos (p. 30.20 διόγκωσις, 21 πόνος συνεχής, πυρώδης) avec d'autres symptômes, dont certains également communs au Dryinas (cf. n. 45). — Pour l'échéance fatale, que N. ne précise pas ici, alors qu'il le fait ailleurs (p. ex. 275, 410), cf. n. 35c 2 β.

37. 366-371. **1)** Virgile ne mentionne pas le Chersydre mais seulement le Chélydre (cf. n. 44) ; c'est pourtant chez lui qu'on lit, à propos d'un « Serpent » de Calabre (cf. Solin. 2. 33), qu'il désigne seulement par *anguis*, une brillante description du Chersydre à laquelle N. a prêté de nombreux traits : *Géorg.* 3. 428 ss. *qui, dum amnes ulli rumpuntur fontibus et dum / uere madent udo terrae ac pluuialibus Austris, / stagna colit ripisque habitans* (~ *Th.* 366) *hic piscibus atram / improbus ingluuiem* rani*sque* (~ 367) *loquacibus explet ; / postquam* exusta palus terraeque ardore dehiscunt (~ 368), / *exsilit* in siccum (~ 369 ἐν χέρσῳ) *et flammantia lumina torquens / saeuit agris asperque* siti

atque exterritus aestu (~ 370 s.). — **2)** Philouménos note que, dans sa phase terrestre, le Chersydre est plus venimeux, son venin étant plus pur et concentré (p. 30.15-18) : cf. QS 9. 385 ss. (à propos du Serpent qui a blessé Philoctète, cf. n. 35b) λυγρὸς ὕδρος, τόν φασιν ἀναλθέα τε στυγερόν τε | ἔμμεναι, ὁππότε μιν τέρσῃ περὶ χέρσον ἰόντα | ἠελίοιο μένος (pour l'influence de la chaleur sur la fonction venimeuse cf. n. 15). — **3)** Philouménos ne parle pas d'étangs, seulement de « lieux humides » (p. 30.12 ἐνύδροις τόποις, 16 καθύγροις), mais cf. Th. π. δακετῶν, *Annexe* §3, fr. 18* (n. 35 c 2α) et, pour le voisinage des rivières et des étangs, Steph. Byz. 216.10-13 (d'après les Λυκιακά d'Alexandre Polyhistor) s.v. Δαίδαλα : la ville lycienne de ce nom perpétue le souvenir de Daidalos, fils d'Icare, qui mourut piqué par un Chersydre alors qu'il traversait un marais de la rivière Ninos. — **4)** Les descriptions antiques sont insuffisantes pour nous permettre d'identifier le Chersydre : *Tropidonotus natrix* (Keller) n'est pas venimeux, *Laticauda laticaudata* ou *colubrina* (Gossen-Steier) partent de l'idée fausse que le Chersydre serait un Serpent aquatique. — Cf. Keller 2 p. 298 ; Gossen-Steier 555 s. ; Morel[1] 380 s..

38. 372-376. **1)** L'Amphisbène de N., Serpent réel (Gossen-Steier) ou fabuleux (Lenz, Brenning) ? La question ne concerne pas Eschyle (*Ag.* 1233), qui le mentionne à côté du monstre Skylla, ni Aristophane dont le fr. 457 se *ré*duit au nom, mais les Naturalistes et les Iologues. Un Reptile à deux têtes (373 ἀμφικάρηνον = Élien 9. 23 δικέφαλος, cf. Gal. *Pis.* 243.9 s. ἐστὶ δὲ τὸ ζῷον ἀμφικέφαλον ὥσπερ δὴ καὶ τῶν πλοίων τὰ ἀμφίπρωρα, Épiphane 2. 44.6 ἀμφισβαίνης τῆς δικεφάλου ἐχίδνης [sur la catachrèse ἐχίδνης cf. n. *ad* 129] et Κᵍ δικέφαλος), ayant une tête à chaque extrémité (cf. Σ 372a ἐξ ἑκατέρου μέρους ἔχουσα κεφαλάς [Σ 373b ἀμφοτέρωθεν κεφαλὰς ἔχουσαν] ~ Phot. α 1364, *EM* 91.10 [*deest EG*] s.v. ἀμφίσβαινα, Solin 27. 29 *unde* Isidore 12. 4. 20 *unum* [sc. *caput*] *in loco suo, alterum in cauda*), « comme si une seule ne lui suffisait pas pour cracher son venin » (Pline 8. 85 ; cf. Lucain 9. 719 cité *infra* §2, Nonn. 5. 146 s. [cité n. ad 372 ss.]), et capable de se déplacer au besoin dans un sens ou dans l'autre (Élien *l.c.*, Isid. *currens ex utroque capite*), capacité expliquant son nom, et qui seule le distingue du Scytale (Ph. p. 32. 20 ss.), voilà un Serpent dont l'antiquité et le Moyen Âge ont admis l'existence, mais qui, à nos yeux, ne peut être que merveilleux. — **2)** L'erreur des anciens vient du fait que, au lieu d'aller en s'amincissant, le corps du petit Reptile lent d'allure qu'ils avaient en vue (372, cf. Σ *ad loc.* ὄφις ... μικρὰ καὶ νωχελής ~ Lucain 9. 719 grauis *in geminum uergens caput amphisbaena*) est d'égale épaisseur sur toute sa longueur, cf. Ph. p. 32. 19 ἰσοπαχῆ (*sc.* ταῦτα τὰ ζῷα, *i.e.* Amphisbène et Scytale) = Hsch. α 4102 ἰσόπαχυ (-παχές *corr.* I.G. Schneider p. 235) ; ce qui fait dire à Philouménos que « lorsqu'on le voit, on ne

sait de quel côté est la tête et de quel côté la queue ». Nic., qui note lui
aussi sa ressemblance avec le Scytale (384), compare l'Amphisbène
aux Vers de terre (388). Il aurait pu dire de l'Amphisbène ce qu'il dit
du Scytale, dont le comportement le différencie des autres Serpents et
le rapproche justement des Vers de terre (394 s.). Les deux Reptiles
appartiennent de toute évidence à des espèces voisines. La tête de
l'Amphisbène, aplatie à l'avant (374), convient à un mode de vie fouis-
seuse, de même que ses yeux, quelle que soit la signification de 373
γλήνῃσιν ἀμυδρήν, « à la vue faible » (Σ 373e ἀμυδρῶς ὁρῶσαν,
ἀμβλυωποῦσαν, cf. Σ 372a ἀμβλυωποῦσα ~ Eut. ἀμαυρὸν … βλέ-
πει), ou « aux yeux indistincts », deux interprétations convenant à la
réalité. — 3) Toutes ces données ont aiguillé Gossen-Steier vers
Typhlops vermicularis (cf. Angel 57 : « les yeux très petits, de faible
valeur fonctionnelle, sont plus ou moins cachés sous les écailles de la
tête »). Comparer les descriptions modernes des représentants de la
famille des *Amphisbénidés*, appelés souvent « Lézards vers » : « reptiles fouisseurs… dont l'aspect général rappelle celui du Ver de terre…
la tête et la queue sont obtuses et difficilement discernables… Sur le
sol ils se déplacent en ligne droite… ce déplacement peut se faire aussi
bien en marche avant qu'en marche arrière, c'est pourquoi leur nom
scientifique rappelle cette particularité locomotrice » (Guibé 1124) ;
« souvent obtuse ou même arrondie à l'avant,… (la tête) se confond un
peu, à première vue, avec la queue, elle-même émoussée…. Les yeux
minuscules sont peu visibles, de sorte qu'il n'est pas toujours facile de
distinguer la tête et la queue de l'animal » (*R.A.* 114 s.). — Sur
l'Amphisbène voir Gossen-Steier 523 s.

39. 377-383. **1)** Pour ce Serpent considéré dans l'antiquité comme
dangereux (cf. Pl., Nonn., *ll.cc.* n. 38 §1), de même que le Scytale
(Lucain 9. 717 [*scytale*], 719 [*amphisbaena*]), N. ne parle pas d'envenimation, non plus que pour le Scytale. Plus loin, il fera état de Reptiles ἄβλαπτα (488), mais l'Amphisbène et le Scytale, tels qu'il les
décrit, sont de ce type. Selon Philouménos, qui leur consacre un chapitre commun, la morsure de l'Amphisbène et du Scytale est aussi peu
visible qu'une piqûre de mouche (voir n. 46 §2c), et elle n'est pas mortelle (p. 32. 23-25, cf. p. 35.17 où il les rapproche du πάρωος et du
σπαθίουρος ὄφις également inoffensifs). Paul d'Égine et Ps.Diosco-
ride se bornent à faire observer que les deux Reptiles provoquent les
mêmes symptômes. — **2)** En conséquence, la symptomatologie a cédé
la place à une note vantant les bienfaits qu'apporte aux bûcherons la
peau de l'Amphisbène dans les cas d'engelures ou de tendinites (377-
383). A défaut d'être prise en charge par la littérature iologique tardive, cette note a trouvé des échos, quelque peu déformés, dans les
compilations de Pline et d'Élien. Avant de les évoquer, il convient
d'établir, au-dessus de tout soupçon, le sens des v. 377-379 (— ἐσκύ-

λευσαν). Ils sont partiellement conservés au début de π₁, ainsi que les
v. 380-382 cités eux aussi à titre de lemmes, mais le commentaire qui
les suit n'est guère éclairant à cause de ses lacunes ; de plus, il soulève
un problème de texte au v. 377. — **(a)** Le Scholiaste explique : Σ 377-
78a (161.16)…ἡ δὲ σύνταξις οὕτως· (οἱ ὁροιτύποι) κόψαντες
ῥάδικα πολυστεφέος κοτίνοιο οἷά τινα βακτηρίαν, τουτέστι
τοσοῦτον τῷ μήκει τὸν ῥάδικα ὅσον βακτηρίαν, interprétation exigeant la leçon βατῆρα = βακτηρίαν « bâton ». La remarque précédente (161.12-15, Théon ?) a par avance justifié cette leçon en citant
Hérondas 8. 59 s., où on lit au v. 60 : (μή σε)... τῆι βατηρίη κό[ψω :
cf. Hipponax fr. 20 West δοκέων ἐκεῖνον τῇ βατηρίη (βακτηρίᾳ
cod.) κόψαι, modèle évident d'Hérondas, et Hsch. β 325 βατηρίαν·
ῥάβδον καὶ βακτηρίαν. — **(b)** La même Scholie (p. 162.2 ss.) allègue
Antigonos comme garant de la leçon βατῆρα, et lui oppose Démétrios
Chloros, qui écrivait βοτῆρα et donnait à ce mot le sens de βακτηρίαν, « parce que le bâton permet de conduire les troupeaux »
(p. 162.4). Quelle était la leçon de π₁ ? A cause de la présence de οἱ
βοτῆρες « les pâtres » dans le commentaire (col. i 10), même si ce
qui reste de celui-ci ne permet pas d'éclairer 377 s., nous avons
quelque raison de croire que cette leçon était βοτῆρες. A. Colonna
(« Frammento di un antico codice di Nicandro », *PP* 24, 1952, 216, cf.
Id. « Un antico commento ai Theriaca di Nicandro », *Aegyptus* 34,
1954, 12) l'a attribuée à Démétrios, mais on ne peut le suivre lorsqu'il
tente de justifier sa conjecture en récrivant le passage de la Scholie cité
ci-dessus à l'aide de la glose obscure d'*EG*(2) (= *Test.* ad 376-378) sur
ῥάδικα. Quelle que soit l'exégèse à donner de cette glose, je crois préférable de garder la Scholie en l'état, et d'y voir une de ces explications fantaisistes dont Démétrios avait le secret (voir *Notice* p. cxxix).
— **(c)** βοτῆρες ~~semble être une~~ *falsa lectio*, ~~sinon une conjecture~~.
Réduite aux deux mots οἷα βοτῆρες, la comparaison des bûcherons
avec les pâtres n'a pas de sens. Si elle s'étend au v. 378, avec βοτῆρες
sujet de κόψαντες comme le veut Colonna, elle est pour le moins malheureuse : à supposer qu'on puisse prendre avec EG(2) ῥάδικα
« branche » au sens de βακτηρίαν (le mot est glosé d'ordinaire κλάδον [Σ *Al.* 378b = *ibid.* 576 ~ Σ *Th.* 533a], κλῶνον [Σ *Al.* 331b ~ Σ *Th.*
528a], ou βλαστόν [Σ *Al.* 331c]), qu'y a-t-il de commun entre le fait
de *dépouiller* un Amphisbène pour conserver sa peau et celui de peler
une branche d'Olivier pour s'en faire un bâton ? — **(d)** Pour la même
raison, on fera de οἷα (*en guise de*) le support de l'attribut βατῆρα, au
lieu de le construire avec κόψαντες (G.-S. : *as though they had cut for
a walking-stick a stem of wild-olive*). En fait, κόψαντες est partie intégrante de l'opération en trois actes qu'effectuent les bûcherons : **1/** ils
fabriquent un bâton avec une branche d'olivier ; **2/** ils ôtent la peau
d'un Amphisbène ; **3/** ils l'ajustent au bâton pour s'en faire une canne
réchauffante. C'est ce qu'a bien vu Antigonos : Σ p. 162.5-8 ‘Αντίγο-

νος δὲ βατῆρα· ὅταν οὖν, φησιν, ἐκδείρωσι τὴν ἀμφίσβαιναν, τιθέασιν ἐν ῥάβδῳ τὸ δέρμα αὐτῆς καί, ὅταν ἐξέρχωνται ἐπὶ ἔργον, ἐκείνῳ διατρίβουσι τὰς χεῖρας καὶ θερμαίνονται (βοτῆρα· βακτηρίαν ὡς Ἀντίμαχος Oᵍ est à corriger en βατῆρα — Ἀντίγονος) ; cf. Steve 38ᵛ (*pellis*) *quam baculo oleastri involutam ferunt*. — (e) N. a omis le troisième acte comme allant de soi ; il est d'ailleurs impliqué dans βατῆρα (voir n. au v. 928) : ellipse conforme à la brièveté des poètes hellénistiques. C'est de la même façon que Callimaque (fr. 37), évoquant la naissance d'Athéna jaillie du crâne paternel, se dispense de mentionner son ouverture : il se borne à noter un détail qui l'implique, le fait que Héphaistos a aiguisé sa hache. Cf. Ap. Rh. 1. 1129-1131 (naissance des Dactyles), avec les remarques de H. Fränkel, *Einleitung zur krit. Ausgabe der Arg. des Apollonios* (Göttingen 1964) 94 s. et les notes de Vian *ad loc.* Une brièveté dont Hésiode est le précurseur : *Trav.* 599-600 et 613, le vannage du grain et le foulage du raisin sont implicites. L'ellipse de N. est p.-ê. la raison pour laquelle on observe entre les Scholies et Eutecnius une divergence sur la nature du troisième acte, Σ précisant à juste titre que le bâton sert de support à la peau d'Amphisbène, Eut. croyant à tort qu'il sert à frapper le Reptile afin de le dépouiller. — 3) Le bâton des bûcherons de N. rappelle celui des paysans de Pline 24. 73, fait d'un autre bois (le Saule) et porté à d'autres fins : *serpentes est hunc fruticem fugiunt, baculumque rustici ob id ex eo gerunt*. Les témoignages de Pline et d'Élien sur ce passage (*Test.* ad 377 ss.) s'écartent de N. plus ou moins fortement. Pline fait dire à N. que, si l'on porte l'Amphisbène mort, ou sa peau en amulette, on est protégé contre les refroidissements (*perfrictionibus*), et que, attachée à un arbre qu'abattent les bûcherons, elle les protège du froid (*arbori quae caedatur adalligata non algere caedentis*). Élien, que sa peau, disposée sur un bâton (τὴν δορὰν βακτηρίᾳ περικειμένην), chasse tous les Venimeux. Wellmann[4] 335 justifiait cette divergence par l'utilisation d'un intermédiaire qui mentionnait N. et d'autres Iologues : Élien aurait attribué à N. ce qui revenait à un autre. Mais Élien est fort capable, tout comme Pline, de commettre un contresens ou une confusion à partir de N. utilisé directement (voir n. 20e, *al.*). Quelle que soit la façon dont s'expliquent de telles divergences, ce qui nous intéresse c'est de voir que Pline parle des bûcherons, non des bergers moins concernés par le froid, et qu'Élien garantit à la fois la leçon βατῆρα et l'exégèse d'Antigonos. — Sur la première apparition annuelle de l'Amphisbène (379 s.) cf. n. 41.

40. 384-388. Sur le Scytale voir n. 38 s. Ce que N. en dit ici convient aux Amphisbéniens en général : « Les Amphisbènes passent leur vie dans le sol, habitant de profondes galeries et ne venant que rarement en surface » (Guibé 1124). — Le nom σκυτάλη, litt. « bâton, bois rond », caractérise un Reptile ἰσοπαχής, au corps ver-

miforme. Avec le texte que j'ai adopté, N. veut dire que le Scytale est
à la fois plus « épais » et plus « long » que l'Amphisbène, comme on
le voit aussi par les v. 386-388.

41. 389-395. [*Notes complémentaires aux v. 393-395* : V. 393
*ἀρπέζῃσι : cf. 284, 647 ; les Schol. entendent « pied » ou « bord »
de montagne, comme ὀρόπεζα, mais cette explication n'a pas de
parallèle et semble dépourvue d'autorité. Le mot n'est plus attesté, en
dehors de N., que par Hsch. α 7402 ἀρπέζας· τοὺς αἱμασιώδεις
τόπους, οἱ δὲ τείχη καὶ περιβόλους, οἱ δὲ τὰ κλιμακώδη χωρία ;
cf. Σ 284ab ὑπάρπεζον· … οἱ δὲ τὴν αἱμασιάν, οἱ δὲ τὸν προάντη
καὶ τραχὺν τόπον ; Chantraine *DELG* s.v., « haies », cf. G.-S. – 394
*βαθύϋπνος : *hapax* absolu, mais cf. βαρύϋπνος Nonn. 48. 631, 765.]
   Par sa construction, la notice du Scytale est la réplique exacte de
celle de l'Amphisbène. Après les détails morphologiques (5 vers :
384-388 ~ 372-376), un développement particulier remplace la symptomatologie absente (7 vers : 389-395 ~ 377-383). N. y montre (393-
395) le Scytale sous l'aspect d'un Serpent fouisseur trouvant sa nourriture dans le sol où il mène une vie léthargique, sans grands besoins
d'eau, un comportement original, qui l'oppose à tous les autres
Serpents au moment de la mue (389-392). C'est pour N. l'occasion
(cf. nn. 6b et 17) de compléter son enseignement sur la mue par la
mention du soleil qui préside à cette opération : N. n'en parle pas précédemment (31, 137, 355), mais les Scholies suppléent à son silence :
Σ 32b φεύγοντες τοὺς φωλεοὺς εἰς ἡλιώδεις ἔρχονται τόπους et
32d (libre réfection de V)…ἢ ὑπὸ τῆς θέρμης τῆς τότε ὑγιῆ γινό-
μενα (mots précédents cités n. 6a). La mue ne consiste pas pour le Serpent à revêtir une nouvelle peau (392 ; Scholfield trad. à tort : *when it
clothes its limbs with their new skin*), mais à rejeter l'ancienne (cf.
n. *ad* 392), dont ils se débarrassent en se frottant contre toute sorte
d'aspérités : cf. Pl. 8. 99 *spinis iuniperi se scabit*, et voir Angel 164 :
« l'opération est facilitée par les aspérités du sol et des pierres ou par
les plantes contre lesquelles se frotte le Serpent ; parfois c'est parmi
les branchages des buissons que la mue s'effectue et où elle reste sus-
pendue » (d'où ma conj. ἔρκεα). — Est-ce à dire que le Scytale ne
connaît pas la mue, comme on serait tenté de le déduire du fait qu'« il
ne broute pas la pousse du fenouil » (391), une action étroitement liée
à la mue (cf. 33 s. et la n. *ad* 391) ? N. ne fait rien de plus que de suggérer que le Scytale ne mue pas en même temps que les autres Serpents
au début du printemps (390). Lucain 9. 717 s. précise que « seul il
mue alors que les frimas sont encore épars » : *et scytale sparsis etiam
nunc sola pruinis* / *exuuias positura suas* ~ Solin 27. 30 *hiemales
exuuias prima ponit*, Isidore 12. 4. 19 *tanti autem feruoris est ut etiam
hiemis tempore exuuias corporis feruentis exponat* (suit, la citation de
Lucain). Si N. n'est pas plus explicite, c'est sans doute parce qu'il a

marqué ce point par avance à propos de l'Amphisbène voisin, qui fait
son apparition « dès avant le cri du coucou printanier » (380) : cf.
Pline 30. 85 *sola serpentium frigori se committit, prima omnium pro-
cedens* et ante cuculi cantum (*Test.* ad 377-382) = Isidore 12. 4.
20 (moins les quatre mots soulignés, traduits de N.).

42. 396-402. [*Notes complémentaires aux v. 396-398* : V. 396 τεκμαίρευ : *Al.* 186 τεκμαίρεο, Opp. *Hal.* 5. 1 ; cf. Σ *Al.* 186c (Gᵍ
σκέπτου), 186d (Dᵍ σημείωσον), et Hsch. τ 377 τεκμαίρεσθαι·
σκέπτεσθαι, φράζεσθαι. — 396 s. προφερέστατον ἄλλων | ἑρπ-
ηστῶν : cf. *Od.* 8. 128 πάντων προφερέστατος, Ap. Rh. 3. 464 s.
πάντων | ... ἡρώων προφερέστατος ; voir n. au v. 698. — 397 ἑρπ-
ηστῶν : cf. 9, 206 ; N. est le premier à écrire le mot (tradition unanime) avec un -η- médian (Rebmann 122¹) ; cf. Antiphile *AP* 9. 86.1
= 991 G.-P². (adj., d'une souris) ; *v.l.* de ἑρπυστής chez Antipater *AP*
9. 302.2 = 454 G.-P². (d'un enfant qui rampe), cf. ἑρπυστικός (Ar.
Hp.). — *ὀξυκάρηνος : 223, voir n. *ad loc.* — 398 μῆκός τε καὶ
ἰθύν : dans ce contexte, ἰθύς ne peut être que subst. (Chantraine,
DELG s.v.) ; Σ 398e voient là un couple stylistique équivalent de
μῆκος, mais Oᵍ Iᵍ (= Σ 398f) trad. τὴν τοῦ ὁλκοῦ ἔκτασιν « le
déploiement de son corps » (voir comm. n. 42b4) ; emprunt de Dion.
(*Bass.*), fr. 4. 5 (cf. n. aux v. 168 s.).]

(a) Le Basilic de la zoologie moderne (*Basiliscus basiliscus*) est un
Lézard de la famille des Iguanidés qui doit son nom à sa crête rappelant le « diadème » (Pline 8. 78) du Serpent antique homonyme (voir
infra b1). Le βασιλίσκος, nom que suggère la périphrase des v. 396 s.
(cf. Isidore 12. 4. 6 *basiliscus Graece, Latine interpretatur regulus eo
quod sit rex serpentium*), était un Reptile libyen (Archélaos F 6 [*ap.*
Élien 2. 7], cf. Él. 3. 31 et Lucain 9. 726 *in uacua regnat basiliscus
harena*), vivant dans l'arrière-pays désertique de Cyrène (Ps.Démo-
crite, Pline *l.c.*, Solin 27. 50, Isidore 14. 5. 4), dominant tous les Ser-
pents en puissance (προφερέστατος ἄλλων | ἑρπηστῶν ~ Ph. [Aét.
Pr.] p. 34.23 δύναμιν ... μεγίστην ὑπὲρ τὰ ἄλλα ἑρπετὰ πάντα,
Ps.Démocr. ἀσύγκριτος τὴν ἰσχὺν καὶ ἀνυπέρβλητος [ἀνυπόβιτος
codd. : *corr.* Rohde]) et doté de pouvoirs plus ou moins surnaturels,
comme ceux de tuer ceux qui l'ont seulement vu ou entendu (Gal. *Pis.*
233.18 ; Isid. 12. 4. 9 *sibilus idem est qui et regulus. sibilo enim occidit, antequam mordeat uel exurat*), de dessécher et détruire tout ce
qu'atteint son haleine ou son regard (Pline 29. 66, Héliodore 3. 8. 2 ;
cf., pour le souffle, la Vipère de Paus. 9. 28. 2). De même, la seule vue
des Hommes-Scorpions signifiait la mort (*Gilgamèch* [voir *supra* n. 33
§3], IX. ɪɪ p. 158, v. 7). — **(b)** De l'aveu de Paul d'Égine (p. 21.22),
« les hommes ont peu souvent l'occasion de le voir ». Nous savons
par Pline 8. 79 que des rois s'étaient offert ce spectacle, mais après sa
mort. Ps.Démocrite prétend en donner une description *de visu*

(αὐτόπτης τοῦ ζῴου γεγονώς). Malgré son caractère fabuleux, les notices iologiques abondent en détails précis dignes d'un Serpent réel, entre autres celle de N., presque totalement exempte d'éléments merveilleux. Il en est de même pour celles de Philouménos, Promotus (avant sa référence à Ps.Démocrite) et Aétius, si concordantes entre elles qu'on dirait les recensions d'un même modèle (avec parfois des additions venant d'un autre), et en même temps si proches de N. qu'elles semblent en apporter une paraphrase, plus exacte à l'occasion que celle d'Eutecnius. Elles sont faites des mêmes éléments, qui se succèdent dans un ordre voisin (morphologie) ou totalement identique (symptomatologie), avec les changements de vocabulaire nécessaires : ainsi ὀξυκέφαλος (= Σ 223b, 397b) au lieu d'ὀξυκάρηνος (voir n. *ad* 223). — 1/ A la différence de N., de Philouménos et de Promotus, Aétius signale sur la tête du Basilic trois excroissances, une addition d'après Galien, *Pis.* 233.16 s. Les Latins, eux, parlent d'une ou plusieurs taches blanches comparables à un diadème (Lucain 9. 726 *uelut diademato albo insignis est*, Pline 8. 78 ~ Solin 27. 53, Isidore 12. 4. 7) ; cf. Ps.Démocrite : ἀστεροειδὲς (Rohde : ἀυστηρ- *codd.*) βασίλειον ἔχων ἐπὶ τῆς κεφαλῆς. — 2/ C'est sans doute aussi de Galien qu'Aétius a tiré l'indication de couleur ὑπόξανθος au lieu de ξανθός (398 = Ph. Pr.). — 3/ Celle de longueur est étonnamment stable : 398 τρία δῶρα *i.e.* παλαιστάς (Σ 398b) = Ph. Pr. (τριῶν altéré en τόσων) Aét. παλαιστῶν τριῶν (0.074 x 3 = 0,22 m) = Élien 2. 5 σπιθαμή (*i.e.* 3 παλαισταί) = Pline *12 digiti* (0,0185 x 12 = 0,22 m) ; seuls, Solin et Isidore donnent une mesure inférieure, soit un demi-pied (0,148 m). — 4/ Nic., apparemment, ne s'intéresse pas à son mode de progression, non plus que Philouménos, Promotus et Aétius (*contra* : Ps.Démocr. νωθὴς δὲ κατὰ τὴν κίνησιν), à moins que 398 fasse allusion à son port particulier (ce qui n'est pas certain, voir n. *ad* 398) : cf. Pline 8. 78 *nec flexu multiplice ut reliquae* (sc. *serpentes*) *sed celsus et erectus in medio incedens* (pour *in medio* voir n. *ad* 266). — (c) La peur qu'il inspire à tous les autres Serpents, même les plus grands, une peur si forte qu'ils en oublient de satisfaire leurs besoins naturels, est une constante que Lucain (Macer) n'a eu garde d'oublier (9. 724-6) : *Th.* 399-402 = Ph. (Pr. Aét.) p. 34 s. κἂν εἰς τροφὴν ἢ ποτόν τινα τῶν ζῴων ἐπείγηται καὶ αἴσθηται τῆς τοῦ θηρίου περὶ τὸν τόπον παρουσίας, πάλιν πορεύεται καὶ ἀναχωρεῖ (Eutecnius [~ Σ 401c], égaré par la *falsa lectio* ἀΐξαντος au v. 401 [confusion ε/ο, cf. *Notice* p. CXLII §I 10] a interprété à contresens les mouvements respectifs du Basilic et des autres Serpents) ; cf. Archélaos F 6, et Élien 2. 5, qui racontent des histoires analogues. Celle de N. contient un détail malheureux : les Serpents ne se désaltèrent pas à des aiguades (401 s.), bien que Lucain ait imaginé une scène de ce genre (9. 607 ss.), « ils le font presque uniquement en buvant la rosée qu'ils absorbent goutte à goutte » (Guibé 991). Voir n. 74 §1 pour l'inimitié du Basilic et de la

Belette (signalée par Ps.Démocrite, *ap*. Pr. p. 57.29). — (**d**) Le Serpent
« sacré » de Thessalie, de taille médiocre, qui se manifeste rarement,
qui peut tuer par simple contact, comme le Chersydre d'Apollodore (n.
35c 1), et qui met en fuite tous les autres Serpents, a les traits caractéristiques du Basilic. [Ar.] *Mir*. 151, qui nous livre ces informations, est
repris textuellement dans Priscien IX p. 97.9-13. Malgré les doutes de
Regenbogen 1407.23, cette rencontre suggère comme source le π.
δακετῶν de Théophraste (= *Annexe* §3, fr. 9b) ; Th. parlait de la Thessalie dans le π. τῶν ἀθρόως φαινομένων (cf. n. 2). — Sur le Basilic
voir Keller 2 p. 297 ; Wellmann, « Basilisk », *RE* 3 (1897) 100 s ;
Morel[1] 358 s. (connaissance du B. chez les Romains), 366 s. (caractère
du B.).

43. 403-410. [*Notes complémentaires aux v. 407-410* : V. 407
ὀνομάζεται : si séduisante que soit la conj. νομάζεται, le texte transmis se défend à cause de l'énumération des quatre noms d'oiseaux de
proie du v. 406, désignés d'abord par le terme collectif οἰωνός (405).
— οὔρεσι θηρῶν : cf. Empéd. fr. 20. 7 θηρσί τ' ὀρειλεχέεσσιν (cf.
ib. fr. 127. 1). — 408 ἀϋτμένα : (*in eadem sede*) *Il.* 23. 765, Ap. Rh.
2. 87. — 409 βούβρωστις : 785, (*in eadem sede*) *Il.* 24. 532, Call. 6.
102. — *ἀϊδρείηφι : *hapax* absolu, mais cf. Chantraine, *Gr.* I §104.
— 410 αὐτοῦ : sens proche ici de « sur-le-champ » (cf. αὐτόθι Ph.,
Pr. = Aét. ἐν ἀκαρεῖ χρόνῳ), comme chez Arat. 1038 et déjà Eur.
Héraclès 1397. — θάνατος … μοῖρα : cf. *Il.* 3. 101.]
1) Comme précédemment (voir n. 42b), les v. 403-410 ont leur
équivalent prosaïque chez Philouménos, Promotus et Aétius. Une seule
différence : τρίχες a pris la place de σάρκες (404). Erreur de leur
source commune ? Selon Morel[1] 368, il faudrait ajouter à Ph. le symptôme de la liquéfaction des chairs omis par le responsable de l'*excerptio*. Mais, si la littérature iologique mentionne la chute des cheveux
pour le *Sépédon* (330 s.) et le *Prèstèr* (Élien 17. 4), elle ignore, en
dehors de cette référence unique, ce symptôme pour le Basilic. Érasistrate, *Annexe* §5a, fr. 3a, signalait seulement la coloration légèrement
dorée de la plaie. Paul d'Égine et le Ps.Dioscoride, à qui nous devons
cette information, la tiraient sans doute de Philouménos (comme le fr.
3b, qui nous fait connaître deux remèdes d'Érasistrate ; Straton, source
intermédiaire de Ph. ? cf. Wellmann[8] 381). — **2)** Au premier symptôme de l'envenimation chez N. (403 ἐπρήσθη φωτὸς δέμας) correspond, à la même place, chez Philouménos (Aét. Pr.) p. 35.4 φλόγωσις
(*inflammation*) ὅλου τοῦ σώματος, interprétation possible de
ἐπρήσθη, comme le montre la Σ *Th.* ad loc. réduite à deux gloses,
ἐκαύθη (K) et φλεγμαίνεται (D). C'est vraisemblablement le sens
d'*Al.* 540 ἐπρήσθη γλώσσης βάθος (cf. PAeg. 5.33 [28.24] = PsD. 4
[19.4] γλώσσης φλεγμονή), en dépit de l'hésitation des Σ *Al.* ad loc.
(ἐφλέχθη Oᵍ, ἡ γλῶσσα παχύνεται GLBRWAld. [ἔνερθε γλῶσσα

παχύνεται]). Partout ailleurs, le Pass. de πίμπρημι, simple ou composé (*Th.* 179 [ἀναπ-], 306, *Al.* 341 [διαπ-], 345, 438, 477, 571, 600), signifie *enfler.* C'est certainement le cas ici : que Philouménos dépende ou non de N. ou de sa source, le sens du premier symptôme chez N. n'est pas douteux. — Lucain ne voulant pas décrire l'envenimation du Basilic pour la raison indiquée *infra* §5, mais désireux cependant de relater ses effets terrifiants, semble les avoir répartis entre le *Seps*, d'une part, pour ce qui est de la *liquéfaction des chairs* (9. 767-788), et le *Prestèr*, d'autre part, en ce qui est du *gonflement* (791-804) suggéré par son seul nom (cf. la Bupreste, *Al.* 345). — **3)** On retrouve chez Philouménos (Aétius) et Promotus les deux remarques finales de N. présentées sous la même forme, d'abord négative, puis hypothétique : **a/** aucune bête de proie ne touche au cadavre d'un être tué par le Basilic : 405-408 = Ph. (Aét.) p. 35.7 s. ~ Pr. p. 57.19 ; **b/** si cependant la faim l'y contraint, elle meurt sur place : 409 s. = Ph. (Aét.) p. 35.8 s. ~ Pr. p. 57.19 s. ; cf. Galien, *Pis.* 233.19-234.1. Lucain connaît ces remarques par Aemilius Macer, sinon par N. : voulant leur faire un sort, il les a résumées ainsi en les appliquant au *Prestèr* : 9. 802 s. *intactum* (sc. *cadauer*) *uolucrum rostris epulasque daturum / haut impune feris.* — **4)** Nic. apporte à ce sujet une précision absente chez Ph. (Aét.) Pr. : les Carnassiers fuient d'instinct (cf. Gal. *Pis.* 234.2) à cause de l'haleine que dégage le corps des victimes (408 ἀϋτμένα, cf. Σ 405a). Cf. les victimes du poison de Scythie : Th. π. δακετῶν, *Annexe* §3, fr. 2 = [Ar.] *Mir.* 141 ~ Priscien IX p. 95.30 ss., en particulier 96.3-5 : *sicque putrefacit carnes adiectio illius ; itaque ut neque carnes eorum tangant neque quid aliorum carnes comedentium* (= Ph. p. 35.7 οὐδὲ τοῦ σώματος ... θιγγάνει οὐδὲ ἓν σαρκοφάγον), *sed et ipsum fugiunt odorem.* On connaît bien, par ailleurs, la φθοροποιὸς δύναμις que possède l'haleine des ἰοβόλα (cf. Scribonius Largus 161 *serpentium morsus et ictus et* adflatus) : pour le Basilic voir *infra* §5 et Pline 8. 78 *necat frutices non contactos modo uerum et* adflatos ; cf., entre autres, le Cobra de Libye (Élien 3. 32), le Crapaud (Ph. p. 39.11) et *supra* n. 18. Comparer le rôle de l'haleine dans la contagion (Sénèque *Dialogues* 9. 7. 4). — **5)** N. lui-même n'a pas signalé toutes les manifestations de la puissance du venin du Basilic, dont on avait pu parler avant lui, notamment la possibilité d'agir, comme la torpille de Théophraste (*Annexe* §3, fr. 7), à travers un corps étranger. Élien 2. 5 note de même que si un homme tient une baguette et qu'un Basilic vienne à la mordre, c'est la mort assurée. Tel est justement le sort qui attendait le soldat Murrus, s'il n'avait eu la présence d'esprit de se trancher la main d'un coup d'épée (voir *infra* n. 118). Il avait eu l'imprudence de percer un Basilic de son javelot, et le venin, remontant par la hampe, avait atteint sa main (Lucain 9. 828 ss. ~ Pline 8. 78 *creditum quondam ex equo occisum* [sc. *basiliscum*] *hasta et per eam subeunte ui non equitem modo sed equum absumptum*). N. s'est

contenté de montrer que le cadavre de la victime était à son tour porteur de la φθοροποιὸς δύναμις. C'est p.-ê. par économie qu'il a
négligé les observations d'Apollodore, dans sa notice sur le Chersydre
(voir n. 35c 1) : ayant à faire une remarque analogue sur le Basilic, il
pouvait croire qu'elle aurait plus d'effet si rien ne l'avait préparée. —
Sur les effets de la piqûre du B. voir Morel[1] 367 s.

44. 411-423. Voir la n. 35. — Philouménos (Aétius), Promotus
(titre de la notice seul conservé) et les autres Iologues récents connaissent ce Serpent « de deux coudées », vivant « surtout dans l'Helles-
pont » (Ph. p. 31.10, 12), seulement sous le nom de Dryinas auquel les
v. 412 s. (~ Ph. p. 31. 11 s., cf. Épiphane 3. 13.6) font une allusion étymologique : δρυῖνας, et non δρυΐνης, est la forme attestée 4 fois Σ
Th. (δρύϊνος : Gal., Aét., PAeg.) ; cf. δρυῖναι *ap.* Artemidore 2. 13
(128), et pour la forme δρυῖναο, au v.411, Androm. 17. Le nom de
Chélydre (les zoologues modernes appellent ainsi une espèce de Tortue), p.-ê. un emprunt à Lyc. 340, est attesté, sinon dans la littérature
iologique (mais cf. Celse 5. 27. 8), du moins par les poètes de Rome (y
compris Columelle *De re rustica* 10. 1. 1). Ils peuvent le tenir de N.
directement ou par l'intermédiaire d'Aemilius Macer (Lucain 9. 711,
Ov. *Mét.* 7. 272, Virg. *Géorg.* 2. 214, 3. 415, *unde* Silius Italicus 6
fois). C'est pour eux, qui ignorent le δρυῖνας, un Serpent distinct du
Chersydre : cf. Lucain, *l.c.*, *chersydros, tractique uia fumante chelydri*
~ Aem. Macer fr. 8 (*ex* Isid. 12. 4. 24 ; même trait sans équivalent
chez N.) *seu terga exspirant spumantia uirus / seu tellus fumat qua
taeter labitur anguis.* Il est à noter que le Chélydre de Nic. ressemble
à son Chersydre : il compare sa tête à celle d'un Serpent qu'il appelle
ὕδρος (420 s.), et qui p.-ê. n'est autre que le Chersydre dont on sait
qu'il a porté le nom d'ὕδρος. Comme au Chersydre, Nicandre (Isid.
l.c. semble faire de même, mais son texte est altéré) attribue au Chélydre une première période de vie aquatique dans les v. 415-419, où il
récrit 366-371 en tenant compte de l'habitat (412 s.) et des ennemis du
Dryinas (417 : cf. Ph. p. 31.14-16 et la n. *ad* 417 sur les Mouches chal-
coptères, qui se nichent dans les écailles de ce Serpent et le tuent). Virgile connaît la livrée noire du Chélydre (il n'y a pas lieu de voir ici,
avec Goelzer, une catachrèse pour « Venimeux ») : *Géorg.* 2. 214 s.
nigris *exesa chelydris / creta* ~ *Th.* 420 αἰθαλόεις μὲν νῶτα. La puanteur du Dryinas (421-423 ; cf. Gal. *Pis.* 234.8-11 *unde* PAeg. p. 18.9-
11) met en garde contre sa présence, si on ne le voit pas (Ph. p.31.12
s.). Il transmet par sa morsure cette particularité de sa nature (425 ~
421 ss.), comme la Dipsade la soif (357 ~ 339) ou le Cobra le sommeil
qui l'accable et qu'il provoque (189 ~ 165) : ce symptôme convient
bien à l'Hydre qui a frappé Philoctète (cf. n. 35b). — Impossible à
identifier, comme le Chersydre, mais certainement comme lui un Vipéridé (Épiphane *l.c.* l'appelle ἔχις mais cf. n. *ad* 129) ; Gossen-Steier

suggèrent *Vipera berus*, la Péliade (se référant aux symptômes décrits par le médecin Heinzel, *ap.* Brehm, *Tierleben*[4] 5. 497 s.), Brenning *Vipera lebetina*. — Voir Gossen-Steier 537 ; Morel[1] 378 s., 383 s.

45. 424-437. [*Notes complémentaires aux v. 429-436* : V. 429 s. : cf. Ap. Rh. 4. 1530 s. πύθεσκε γὰρ ἔνδοθι σάρκας | ἰὸς ἄφαρ. — 430 s. : cf. Ap. Rh. 4. 1525 πολλὴ δὲ κατ' ὀφθαλμῶν χέετ' ἀχλύς. — 430 νεμέθων : seule occurrence littéraire (le mot est commenté par Hérodien et les *Etymologica*) ; forme poét. de νέμω. Pour le sens de νέμω dans des contextes analogues cf. J. Jouanna *in* P. Potter-J. Maloney-J. Desautels (éd.), *La maladie et les maladies dans la Collection hippocratique*, Québec 1990, 39-60. — ἀχλύς : cf. *Il.* 5. 127 (cité par Érotien 13.9 s.v. ἀχλυῶδες). — 433 ἔμπαλιν : cf. (*in eadem sede*) Empéd. fr. 61.2. — 436 ἐπὶ : pour l'emploi adv. cf. 244 et la n. — δίψιος : cf. 147.]

Sur la symptomatologie, N. et Philouménos (Aétius) sont dans un accord remarquable. Toutefois, chez Philouménos, on note l'absence de l'odeur, des troubles de la vision et de la soif. Hormis la soif, on retrouve les deux autres σήματα chez Théophraste (π. δακετῶν, *Annexe* §3, fr. 17*), dans sa liste des symptômes de l'envenimation par l'ὕδρος/Chersydre. Les cinq éléments de cette liste, dont chacun correspond à l'un des dix éléments de la symptomatologie du Dryinas chez N., s'y succèdent dans le même ordre : odeur insupportable (425), perte de mémoire (427), brouillard sur les yeux (430 s.), rage (~ 432), tremblement (437). — Dans son π. δακετῶν, Théophraste n'entrait pas dans le détail de la symptomatologie. S'il mentionne l'écoulement d'ἰχώρ pour la Vipère et d'autres Serpents (*Annexe* §3, fr. 1*), il en parle dans un train de réflexions plus générales sur le pouvoir putréfiant du venin (voir n. 24 §2). Mais, dans le cas de l' ὕδρος/Chersydre, au lieu de manipuler la tradition (cf. n. 35c 2β), nous admettrons que Théophraste est allé plus loin. — Nous avons vu que le Dryinas/Chélydre avait avec l'ὕδρος d'autres symptômes en commun (n. 36). Ces symptômes communs seraient p.-ê. plus nombreux encore si N., parfois, n'avait craint de se répéter : la vomissure bilieuse qu'il note pour le Dryinas (435) apparaît chez Philouménos non seulement pour le Dryinas (p. 31. 19 ἔμετος χολωδῶν), mais pour le Chersydre (p. 30. 22 ἔμετοι χολωδῶν δυσωδῶν). Entre Chélydre et Chersydre il a certes pu y avoir échanges et confusions. Mais on se souviendra de cette vérité d'évidence : deux Serpents voisins peuvent offrir les mêmes symptômes d'envenimation s'ils ont le même type de venin (cf. n. 24 §3, la symptomatologie des Vipéridés)..

46. 438-447. **1)** Le Dragon, inoffensif comme l'Amphisbène, pose le même problème (cf. n. 38 §1) relativement à sa nature, réelle ou surnaturelle. En faveur de sa réalité, le fait que ce Serpent est pris en

charge par les Naturalistes (Ar. *HA* 602b 25, 609a 4, 612a 30) et les Iologues, bien qu'il ne soit pas venimeux, comme Philouménos (Aétius) le reconnaît d'emblée (Ph. p. 34. 8 οὐκ ἔστιν μὲν ἰοβόλον ~ Pline 29. 67 *draco non habet uenena*). Les v. 439 s. (voir §5) n'indiquent pas fatalement qu'il a, comme le pensait Brenning, un caractère purement mythique, le monde mythique et le monde réel étant en Grèce entremêlés. A la vérité, tous les Serpents appelés δράκοντες/*dracones* ne recouvrent pas la même réalité. Les Dragons *ailés* d'Afrique que Lucain (9. 730) oppose aux Dragons *terrestres* (728) sont évidemment fabuleux. Ce qui est sûr, c'est que la description de N. comporte des éléments douteux ; ainsi, la *barbe* : 443 s. (cf. Posidippe, *ap.* Tz. *Chil.* 7. 661 = 3167 G.-P, et Gow[2] 198 n. 2) ; la *triple rangée de dents* à chaque mâchoire : 442 (a fourni un motif poét., cf. Ovide cité n. *ad loc.*, mais n'a pas de parallèle iologique ; Σ 442a rend τρίστοιχοι par πολλοί) ; sur sa large bouche cf. Ph. p.34.17 τὰ δὲ τῶν στομάτων διαστήματα μεγάλα. — 2) Hormis le bref passage indiqué dans les *loca similia*, le Dragon de Philouménos a bien peu de choses en commun avec celui de N. — (a) Éléments de sa notice semblables à la description de N., dont les termes se trouvent justifiés : Ph. p. 34.14 s. « les grands yeux surmontés de protubérances ressemblant à des sourcils » ~ *Th.* 443 (le parallèle serait plus étroit si πίονα = μεγάλα, comme le traduit une glose récente de K) ; p. 34.16 « l'excroissance appelée *barbe* au-dessous de la mâchoire » ~ 443 s. — (b) En revanche, si 438 κύανον équivaut à μέλανες (Ph. p. 34.10 s.), le *vert* (438 ; Σ 438-445 précisent : τὴν δὲ φύσιν ἐστὶ μέλας, ὑπόχλωρος δὲ τὴν κοιλίαν), caractéristique d'un Serpent arboricole, cède la place au *paillet* et au *cendré* (Ph. *ibid.*). — (c) Surtout, le δράκων de N., Serpent d'Europe (439 s.), compte au nombre des *innoxia numina* que sont les *dracones* de nos climats (Lucain 9. 727). Sa dent fine est tout juste bonne à faire une « piqûre de souris » : 446 μυὸς … νύχμα ~ Ph. p. 32. 24 (morsure de l'Amphisbène) ἀπὸ μυίας κέντημα, où μυίας p.-ê. à corriger en μυὸς. Au contraire, les δράκοντες éthiopiens et lyciens de Philouménos (34. 9 s. [10 Λυκίᾳ : Λιβύῃ *correxerim* ; cf. Paus. cité *infra* §4), susceptibles d'atteindre trente coudées et plus, pouvant tuer par leur force sinon par leur venin, avec des dents aussi grosses que celles des sangliers, et dont la blessure relève de la traumatologie (34.18 ss.), sont de la même famille que les *dracones* libyens de Lucain, capables d'étouffer dans leurs replis taureaux et éléphants (731 s., cf. Élien 5. 48). C'est à eux que convient l'identification suggérée par Gossen-Steier avec *Python sebae*, et non pas au Serpent de N. qui fait plutôt songer à la Couleuvre d'Esculape. — 3) Il y a de bonnes raisons d'identifier le Dragon de N. au παρείας/παρούας, dont il ignore le nom, mais qui a fait l'objet d'une brève notice d'Élien (8. 12). Παρείας est l'appellation classique (Cratinos fr. 241, Aristoph. *Plout.* 690, Dém. 18. 260, Hypéride fr. 80), commentée par la tradition grammaticale (Σ Aristoph. *l.c.* [Didyme ?], Ammon. *differ.* 372, Hsch. π 765 s.v. παρεῖαι ὄφεις, *EG*ᴮ [*EM* 653.37, *deest* A]). Élien tient sans doute son information de sa source grammaticale Pamphilos (cf. Wellmann[9] 8 et voir *Notice* p. xxɪv). Παρούας est le nom que lui a donné Apollodore selon Élien, qui, pour l'essentiel, nous a transmis son enseignement (*Annexe* §4, fr. 2). Sauf pour la couleur (πυρρός), les traits de la description conviennent au δράκων : — (a) *Th.* 443 ~ Élien εὐωπὸς τὸ ὄμμα « il a de grands yeux » ; pour le sens de εὐωπὸς cf. la description de l'Anthias Aulopias, appelé aussi εὐωπὸς après sa capture (Opp. *Hal.* 1. 256-258 ~ Él. 13. 17 ὀφθαλμοὺς ... περιφερεῖς καὶ μεγάλους) ; le détail est à rapprocher de l'étymologie de δράκων (= ὄφις, cf. *Il.* 12. 202, *al.*) tiré du radical à vocalisme zéro de δέρκομαι, à cause du « regard fixe et paralysant du serpent » Chantraine, *DELG* s.v. δέρκομαι ; — (b) 441 s. ~ Él. πλατὺς τὸ στόμα « une large bouche » ; (c) 444-447 ~ Él. « il n'a pas une morsure dangereuse, il est doux ». O. Schneider croyait que le Paréias se cache parmi les ἄβλαπτα κινώπετα (*Th.* 488-492), mais nous avons déjà vu des Serpents inoffensifs en dehors de cette liste. Pour ma part, malgré les différences dans la description, et même si les Serpents qui vivent dans les temples d'Asclépios n'appartiennent pas tous à la même espèce (cf. Paus. 2. 11. 8 ; Élien 16. 39), j'inclinerais à identifier le παρούας d'Apollodore avec le δράκων de N. — 4) Plaide pour cette identification, la remarque finale d'Élien sur la douceur du Paréias, qui l'a fait consacrer « au dieu le plus ami des hommes » et « nommer *serviteur d'Asclépios* », comme aussi le fait que le Serpent d'Épidaure, « dont la couleur tend vers le jaune » et qui est « doux avec les hommes » (Paus. 2. 28. 1) est appelé δράκων par les Épidauriens, qui voient dans les δράκοντες de l'Inde et de Libye, pouvant atteindre 30 coudées, de tout autres animaux. Le δράκων de N. est lié de la même façon à Asclépios. La tradition que suit le poète (438-440 ; cf. Edelstein, T. 697 s.) est l'indice que le Serpent est, dès l'origine, l'attribut du dieu. Παιήων/Παιών (à distinguer de Paièôn, médecin des dieux, *Il.* 5. 401 [d'Hadès], 900 [d'Arès], cf. Hés. fr. 307. 2), devenu épiclèse d'Apollon en tant que dieu médecin (Thcr. *Ep.* 8. ὁ τοῦ Παιήονος υἱός, « [Asclépios], fils d'Apollon »), a fini par désigner Asclépios lui-même : Blumenthal, « Paian », *RE* 18 (1942) 2343.65 ; Σ 438-445 (181.2), 687b (255.2 ~ Eut. 39.17) et 685a (254.6) l'addition des mss GP (Παιήων δὲ ὁ Ἀσκληπιός) ; cf. Hérondas 4. 1, 11, *al.*, Ap. Rh. 4. 1511 (Asclépios et non Apollon, *pace* Vian *ad loc.*, qui maintient sa position : « malgré Mirmont, je ne vois pas pourquoi P. ne serait pas Apollon qui joue un rôle important dans le poème ; Asclépios n'est mentionné que dans un récit qui suppose sa mort [4. 616 s.] »). — 5) Aussi bien est-ce sur le Pélion que Chiron a initié Asclépios à la médecine (Pind. *Pyth.* 3. 4-6 ; Kerényi 98 s.). Le val Péléthronien (440, cf. 505), riche en θρόνα (500 ss., cf.

n. 53f), est le cadre approprié à un médecin qui soigne par les herbes
(686, il exerce auprès d'Iphiclès le même office que le Paièôn hom.
auprès d'Hadès et d'Arès). C'est p.-ê. au dieu, dont le corps irradiait la
lumière, lorsque le berger Aresthanas le découvrit tout jeune enfant
(Paus. 2. 26. 5 ; Kerényi 27 s.), que le Dragon doit son éclat (441),
mentionné en premier par N. — Une autre tradition expliquait différemment l'origine de la relation d'Asclépios au Serpent : Asclépios
l'adopte parce que le Serpent lui a révélé la plante avec laquelle il res-
suscite Glaucos, fils de Minos (Hygin, *Astronomica*, 2. 14 = Edelstein,
T. 704a). Mais Thraemer considérait celle qu'a suivie N. comme la
seule qui fasse autorité (« Asklepios », *RE* 2 [1896] 1681.47, cf.
1654.28). Sur le Serpent attribut d'Asclépios voir également Edelstein
(2 p. 228-231). — Sur le δράκων cf. Gossen-Steier 548.34 (*Lachesis
gramineus* Shaw, Serpent indien !) corrigé par Morel[1] 380 n. 46 ; et
surtout Bodson 65 ss. : l'étude des témoignages relatifs aux Serpents
qui ont un lien avec la religion grecque, et en particulier avec le culte
d'Asclépios, l'ont amenée à la conclusion que les δράκοντες appartiennent à la famille des Colubridés, genre Élaphe (Serpents-ratiers),
principalement *E. longissima* (Couleuvre d'Esculape) et *E. quadrivit-
tata* (Élaphe à quatre raies noires).

47. 448-457. Une fois de plus, un développement non iologique
vient combler l'absence ou l'insignifiance de la symptomatologie. Une
fois de plus (cf. 190-208), il est inspiré par une haine entre animaux
(voir n. 18), thème abordé par [Ar.] *HA* IX 1. Plutarque a souligné
l'implacabilité de leurs guerres (*De invidia et odio* 4, 537b 9 s. ἀετοὶ
καὶ δράκοντες πολεμοῦσιν ὥσπερ ἀσπείστους τινὰς πολέμους),
Élien et Oppien, parmi d'autres, leur caractère immémorial autant
qu'inexpiable (Élien 5. 48 πολεμοῦσι δὲ αἰώνιον πόλεμον καὶ
ἄσπονδον ~ [Opp.] *Cyn.* 2. 233 (Cerfs et Serpents) ἔχθος δ' ἀλλή-
λοισιν ἀνάρσιον αἰὲν ἔχουσι), un double aspect marqué par N. (367,
449). [Aristote] et Plutarque ouvrent tous deux leur liste d'exemples
par la guerre de l'Aigle et du Dragon : *HA* 609a 4 ἐστὶ δ' ἀετὸς καὶ
δράκων πολέμια· τροφὴν γὰρ ποιεῖται τοὺς ὄφεις ὁ ἀετός, cf.
Plut. *l.c.* L'Aigle engage les hostilités dès qu'il aperçoit le Dragon
(450) : cf. Élien 2. 26 sur la terreur qu'éprouve celui-ci en l'entendant
voler. L'enjeu de la lutte peut être un agneau, ou un lièvre (453), proie
privilégiée de l'Aigle (Eschyle *Agam.* 123, A. L. 12, Ov. *Met.* 6. 516 et
le nom de l'Aigle appelé λαγωφόνος, *HA* 618b 28 *unde* Pline 10. 6).
De son côté, le Dragon détruit systématiquement les petits de l'Aigle
(452), ainsi que ses oeufs, dont il est friand : Pl. 10. 17 *oua hic* (sc.
draco) *consectatur aquilae auiditate malefica* (cf. *ib.* §197 « les serpents s'engraissent d'oeufs, et les dragons le font avec une adresse
remarquable ») ; pour la destruction des petits et des oeufs de
l'ennemi cf. *supra* 192-194, *HA* 609a 18, 31. Les poètes ont souvent

évoqué une phase de ce combat meurtrier, ou l'ont décrit en détail : *Il.*
12. 201-207, Cic. *De divin.* 1.106 (*anguem*), Hor. *Od.* 4. 4. 11, Virg.
Én. 11.751-756 ; cf. Pl. 10. 17. Il est possible que, ici ou là, δράκον-
τες/*dracones* soit un simple synonyme de ὄφεις/*serpentes*, et qu'on ne
puisse discerner l'espèce. Mais le rapprochement d'Aristote et de N., à
propos du conflit ἀετός/δράκων, donne des raisons de penser que N. a
considéré son Dragon comme identique à l'ennemi de l'Aigle. —
Horace, Odes 4. 4. 11 s. (*nunc in reluctantis dracones / egit amor
dapis atque pugnae*) s'est p.-ê. souvenu de ce passage, cf. Hollis[2] 170
s. Sur l'Aigle, royal oiseau de Zeus cf. Thompson[1] 3 s. ; son hostilité à
l'égard du δράκων et d'autres animaux, *ib.* 11.

48. 458-462. [*Notes complémentaires aux v. 458-461* : V. 458
πτυχὶ : *Il.* 20. 22 πτυχὶ Οὐλύμποιο, *hAp.* 269 = *hHerm.* 555 ὑπὸ
πτυχὶ Παρνησοῖο. — 459 δυσχείμερον : cf., *in eadem sede*, Ap.
Rh. 1. 213 Θρήκης δυσχειμέρου. — 460 ἑκὰς Ῥησκυνθίδος
Ἥρης : voir comm. n. 48 §1bc. — 461 s. : pour l'ellipse de ἐστί
après ἵνα et ὅθι cf. Hés. *Théog.* 275, *Od.* 15. 404, Ap. Rh. 4. 517 τύμ-
βος ἵν᾿ Ἁρμονίης Κάδμοιό τε. — 461 φάληρα : « marqués de
blanc », cf. φάλαρος, Thcr. [8.] 27 (épithète d'un chien au front taché
de blanc), 5. 103 (nom donné à un bélier pour la même raison ; voir
Rumpel *Lexicon Theocriteum* s.v.). Cf. Hsch. φ 99 φάληρα· λευκά.]
   La notice du *Cenchrinès*, à la fin de la section des Ophidiens, est
comme une illustration des préceptes généraux qui précèdent celle-ci,
par l'attention que N. y porte au temps et au lieu. D'autres notices
contiennent des indications précises de lieu (200, cf. 175, 214 s., 217
s., 310, 440), mais nulle ne les met plus en relief que celle du Seps de
l'Othrys (145), préface de la section des Ophidiens à laquelle fait pendant, à cet égard, la dernière notice de cette section que N. a consacrée
au Serpent des « îles de Thrace » (482), et qui considère non seulement les lieux mais les temps. — 1) Ces îles, que situe l'indication
géographique des v. 459 s., sont évoquées ou nommées en liaison avec
leurs divinités tutélaires. Les divergences de ponctuation du v. 460
(voir n. crit. *ad loc.*) témoignent de l'embarras des éditeurs qui n'ont
pas toujours compris que N. situait Samothrace par rapport au continent et aux lieux où règne la déesse, même s'ils en sont éloignés —
(a) L'« île d'Héphaistos » (458) n'est pas l'une quelconque des
Hephaestiades insulae (Lipari), mais Lemnos, où le dieu tomba du
haut de l'Olympe (*Il.* 1. 593s.), « de toutes les terres la plus chère à
son cœur » (*Od.* 8. 284). Pour les références lemniennes d'Héphaistos
cf. Malten, « Hephaistos », *RE* 8. 315 s. — (b) Samos (459) n'est pas
l'île de la mer Égée, mais la « Samos de Thrace » (*Il.* 13. 12 s. Σάμου
ὑληέσσης | Θρηϊκίης, cf. Strabon VII fr. 50a), qui fut colonisée au
VIIIe s. par les Samiens. Bien que la relative des v. 459 s. ne la distingue pas de Lemnos, c'est elle qui a des liens particuliers avec Héra.

Les Samiens avaient sans doute importé à Samothrace le culte d'Héra
si important pour eux (Bürchner, « Samos Nr. 4 », *RE* 1A [1920]
2194-8, 2207). — (c) Le Scholiaste (Σ 460d [187 s.]) rattache l'épiclèse Ῥησκυνθίς au nom d'une montagne de Thrace, le Rhescynthe,
sur laquelle la déesse avait un sanctuaire ; il parle aussi d'un temple
commun d'Héra et d'Apollon Zérynthien au même endroit (188.1 s.).
C'est par rapport au continent que N. situe Lemnos et Samothrace :
tous les lieux mentionnés 461 s. appartiennent à la Pérée de Samothrace, qui s'étendait « en face de » l'île (pour l'interprétation de ἑκάς
voir n. crit. *ad* 460), de l'embouchure de l'Hèbre au mont Ismaros,
près de Maronée : Fredrich, *IG* XII 8 p. 39 ; Id. « Samothrake », *RE*
1A (1920) 2225.48 ss. ; D. Lazaridis, Σαμοθράκη καὶ ἡ Περαία της,
Ancient Greek Cities (Athens Center of Ekistics, t. 7), Athènes 1971.
La même Scholie souligne la proximité de ces lieux, les uns par rapport aux autres (p. 188.3-6) : non loin de l'Hèbre, qui traverse Ainos à
son embouchure (selon Eutecnius 26.8 s. [λέγουσι] Ainos était consacrée à Héra), la ville de Zonè, puis les chênes d'Orphée, fils d'Oiagros
(fr. 27, Ap. Rh. 1. 29, cités Σ *ibid.*), dont était voisin l'antre Zérynthien, lieu de culte d'Hécate non encore identifié (Fredrich, *RE* 1A
2225.20). Une autre Scholie (Σ 462a), qui cite Lyc. 77 Z. ἄντρον τῆς
κυνοσφαγοῦς θεᾶς, le situe à Samothrace (Zérynthos fondée par les
Corybantes à Samothrace : Nonn. 13. 400, avec le comm. de P. Chuvin, *Mythologie et géographie dionysiaques : Recherches sur l'œuvre
de Nonnos de Panopolis*, Clermont-Ferrand, p. 80-86), mais les Scholies et paraphrases de Lycophron (*ad loc.*) désignent la Thrace
d'accord avec N. C'est dans la même région, vers l'embouchure de
l'Hèbre, qu'il faut localiser le Rhescynthe, et non, comme le fait G.
Seure au mépris de N. (*R.Phil.* 54, 1928, 109), à l'embouchure du Strymon, vers Amphipolis, gardienne du culte du héros Rhésos (Seure
voyait dans Ῥήσκυνθος une forme thrace contractée de Ῥῆσ(ου)
κύνθος = *regis tumulus* ; indog. κύνθος = *montagne*, voir *ibid.* 110[2] ;
réduction d'un groupe tétrasyllabique à trois syllabes dans le dialecte
thrace, Id. *REG* 26, 1913, 250[1] ; p.-ê. faut-il rapprocher les noms,
Ῥάσκος, Ῥασκούπορις portés par des dynastes thraces, cf. Kahrs-
tedt, *RE* 1A [1914] 255 ss.). Pour l'épiclèse d'Héra fournie par une
montagne cf. Aphrodite Καστνιῆτις ainsi nommée d'après le mont
Kastnion de Pamphylie, proche d'Aspendos, Zeus Ἀπεσάντιος
(Ἀπέσας *ap*. Call. fr. 223 = *SH* 267A τὦπέσαντι πὰρ Διί) du nom
du mont Apésas, auj. Phouka, près de Némée, Athéna Ἀρακυνθιάς
d'après l'Aracynthe, montagne de Béotie (Rhianos fr. 56 P.). — 2) Les
deux montagnes du v. 472 (pour l'importance des montagnes voir n. 5,
19, 22) correspondent, en chiasme, aux deux îles. — (a) Σάος, qui,
dans le passé, désignait « Samothrace tout entière » (Σ 472a [192.4])
est le nom de sa plus haute montagne (point culminant de l'île, le
Phengari, 1700 m) appelée aussi Σάον et Σαώκη (*IG* XII 8 p. 37, Fre-

drich, *RE* 1A. 2225.30) : Tz. Lyc. 78 Σάον ὄρος Σαμοθράκης (avec
référence à N., cf. *Test.*). Est-ce l'observatoire d'où Poséidon
contemple la bataille qui fait rage autour de Troie (*Il.* 13. 12 [ἧστο]
ὑψοῦ ἐπ' ἀκροτάτης κορυφῆς Σάμου) ? Aristophane de Byzance (Σ
Il. 13. 12b) a au plur. ἐπ' ἀκροτάτης κορυφῆς, cf. Antim. *infra* §b,
qui connaît déjà cette leçon. Aristarque voit quant à lui dans Σάμου
une montagne homonyme de l'île (Σ *Il.* 13. 12c) ; aussi bien *samos*
est-il un vieux mot préhellénique signifiant une *hauteur*, Strabon VII fr.
50a (cf. 8. 3. 19, 10. 2. 17) ; Fick, *Vorgriech. Ortsnamen* 65. Mais, Σ
Il. 13. 12b, le même Aristarque (suj. de φησί) admet comme possible
la leçon Σάου, autre nom de la montagne Σαώκη (~ Nonn. 13. 397) :
cf. Ludwich, *Aristarchs Hom. Textkritik* 1. 348.28. — **(b)** Le toponyme
Μόσυχλον ou Μόσυχλος (le masc. est admis, bien que le neutre soit
mieux attesté : Σ 472a [192.1 τὸ Μόσυχλον], *ib.* 5 Μόσυχλον : -ος
GV), nom pélasgique (Fick 66, 105) désignant un district montagneux
de Lemnos, n'apparaît, en dehors des attestations littéraires limitées à
Antimaque, Ératosthène et N., que dans la littérature grammaticale
(outre Σ 472a, cf. Hsch. *Test.*). Malgré l'expression emphatique
d'Antimaque empruntée à Homère (cf. *infra*), il s'agit des coteaux
modérés où l'on trouve la Λημνία γῆ (864 s.), situés au S.O.
d'Héphaistias (Steph. Byz. 305.8), et identifiés par Fredrich (*Athen.
Mitt.* 31, 1906, 253 s.) à cause d'un phénomène ancien de combustion
spontanée, un « feu de terre » non volcanique, visible de très loin,
depuis longtemps disparu, et mis tout naturellement en relation avec
Héphaistos. C'est à ce phénomène que font allusion Antim. fr. 46
Wyss = 52 Matthews (Ἡφαίστου φλογὶ εἴκελον, ἥν ῥα τιτύσκει |
δαίμων ἀκροτάτης ὄρεος κορυφῆσι Μοσύχλου) et Ératosth. fr. 17
(... Μοσυχλαίη φλογὶ ἶσον) ; c'est lui qu'invoque Philoctète (Soph.
Ph. 986 s.) : ὦ Λημνία χθὼν καὶ τὸ παγκρατὲς σέλας | Ἡφαιστό-
τευκτον. — Cf. W. Zschietzschmann, « Mosychlos », *RE* 16 (1933)
380 ; C. Fredrich, « Lemnos », *ib.* 12 (1925) 1928.65 ss., « Samothrake », *ib.* 1A (1920) 2224-2226 ; L. Malten, « Hephaistos », *ib.* 8
(1912) 316. 14 ss.

49. 463-482. **(a)** La description du *Cenchrinès* offre un mélange de
traits naturels (463-465) et d'éléments inhabituels (469-477), dont il
est malaisé de croire qu'ils aient coexisté dans la réalité, même si N.
prend soin de dire que les seconds caractérisent le comportement du
Serpent « en folie », excité par la chaleur. Il avait mis en garde contre
l'été (cf. 121 et la n. 15). En des termes empruntés à Aratos (cf. Maass,
Aratea 267), il montre le Serpent en action au plus fort de la canicule
(cf. n. *ad* 469) : 469 ἠελίοιο θερειτάτη ... ἀκτίς ~ Arat. 149 (*in
eadem sede*) ἠελίοιο θερείεται ... κέλευθοι, cf. Ap. Rh. 4. 1542
εὖτέ μιν (*sc.* τὸν δράκοντα) ὀξύτατον θάλπει σέλας ἠελίοιο.
Galien (*loc. aff.* 8. 132 s.), après avoir montré l'effet du froid sur la

Vipère, incapable de mordre « même si on la prend dans ses mains »,
note que, « en été, comme tous les autres Serpents, surtout au moment
de la canicule, elle est comme folle et ne peut rester en repos » (suit,
la citation de N., voir *Test*. 474 s.). D'où la vanité des identifications
proposées, qui considèrent plutôt la littérature parallèle, comme celle
de Brenning hésitant entre *Pelias berus* et *Vipera ammodytes*. Le Ché-
lydre/Chersydre de Virg. *Géorg*. 3. 434 (*saeuit* ; cité n. 37 §1) est lui
aussi rendu furieux par la chaleur. — (**b**) La littérature parallèle ignore
le comportement estival du *Cenchrinès*, elle ne dit rien non plus de son
habitat. Philouménos et Paul d'Égine l'appellent κεγχρίνης comme
N., Aétius κεγχρίτης, de même que Promotus (56.2 titre seul
conservé), Ps.Dioscoride κεγχριδίας (au c. 32 [89.12 s.], mais κέγχρος, sans doute par erreur, au c. 15 [72.5]). Philouménos connaît un
autre nom, κεγχρίας, que lui donnent certains parce qu'« il a la couleur du millet (κέγχρος) », ou parce qu'« il est au mieux de sa force
quand le millet est florissant » (p. 32. 7, 9). Ce nom de κεγχρίας
apparaît aussi chez lui (22.1 [28.19]) comme synonyme d'ἀμμοδύτης,
Serpent à piqûre mortelle ignoré de N. Au κεγχρίνης de Nicandre
Philouménos (Aétius) donne encore le nom de ἀκοντίας, parce que,
pour frapper un ennemi, il se projette contre lui tel un trait (p. 32.10 s.).
— Chez N., l' ἀκοντίας est inoffensif (491), mais ailleurs c'est non
seulement un Serpent à part entière, qui ne partage son nom avec
aucun autre, mais c'est encore un Serpent qui tue ses victimes de la
manière indiquée par Philouménos pour son κεγχρίνης/ἀκοντίας, en
se lançant contre elles comme un javelot. C'est ce Serpent redoutable,
et non le *Cenchrinès* comme le croit Wellmann (cf. les *loca sim*. de son
édition de Ph. p. 32.4), que les Latins ont appelé *jaculus* et que Galien
a en vue (*Pis*. 8 [234 s.]) : cf. Lucain 9. 823 (*iaculum uocat Africa*),
Pline 8. 85 (*iaculum ex arborum ramis uibrari*), Élien 6. 18, 8. 13. —
Le synonyme λέων (463), non attesté en dehors de Nicandre, est à
mettre en relation avec les v. 469 ss. (476 ~ *Il*. 20. 170 s., cf. Σ 463d
[189.16], 476a). — (**c**) Pour le reste, les notices de N. et de Philouménos sont en gros semblables, pour la morphologie : 463 δολιχὸν
τέρας (corrigé en μῆκος … πολύστροφον [465], cf. 210 ss. pour la
Vipère) ~ Ph. p. 32.5 πηχῶν β´ ; mais surtout pour la symptomatologie : 466 πυθεδόνας ~ Ph. p. 32.13 σηπεδόνας (glose de πυθεδόνας
in Σ 466a], PAeg. p. 20.7 = PsD. p. 72.6) ; 467 s. ~ Ph. p. 32.13 s.
ἀπόρρευσιν σαρκῶν (PAeg. p. 20.7 s. [= PsD. p. 72.7] καὶ παραρ-
ρέουσιν αἱ σάρκες ἐξοιδήσασαι πρότερον ὡς ἐπὶ ὕδρωπος). —
Paul p. 20.9-11 (= PsD. p. 72.9-11) ajoute des symptômes constatés
par Érasistrate (*Annexe* §5a, fr. 2) sur le foie, la vessie et le colon ;
chez Philouménos, on lit ce fragment d'Érasistrate à la fin de la symptomatologie de l'Ammodyte (p. 28.25-27). Selon Philouménos (Aét.)
et Paul, la morsure du *Cenchrinès* a globalement les mêmes effets que
celle de la Vipère, ce qui est vrai aussi de N. : cf. 466 ~ 242, 467 in. ~

244, 467 s. ~ 239 (cf. n. 24 §3 pour les symptômes communs aux
Vipéridés). Mais, dans le décor bucolique des montagnes de Lemnos et
de Samothrace, il apparaît sous l'aspect d'un Ophidien qui n'a plus
rien d'un Venimeux. La manière dont il agresse ses victimes et dont il
les tue par constriction en fait une sorte de Python ou de Boa amateur
de sang (475-477, cf. 471a). Avons-nous dans cette notice deux Serpents confondus en un seul ? En tout cas, les conseils des v. 478 ss.,
où N. retrouve le ton de ses préceptes généraux, et qui sont une mise
en œuvre de la tactique de la mangouste (cf. n. 21e), montrent que
nous avons bien affaire ici au *Cenchrinès* de la tradition iologique :
481 ~ Lucain 9. 712 *et semper recto lapsurus limite cenchris* « et le
cenchris qui glissera toujours en droite ligne ». — Identifications. Gossen-Steier 523.30 : une espèce du genre *Zamenis* répandu sur tout le
globe (mord vigoureusement, mais sa morsure n'est pas dangereuse).
Brenning donnait le choix entre des sous-espèces de *Pelias berus* Merr.
(dont la présence en Grèce est douteuse) et de *Vipera ammodytes* Dum.
et Bibr., avant de noter : *jedoch muss hier von N. ein grösseres, auch
wohl nur sagenhaftes Tier gemeint sein.* Bodson 59[8] hésite entre *Vipera
ammodytes* et *V. xanthina.*

50. 483-487. (a) Au catalogue des Ophidiens N. a rattaché la brève
notice du Gecko (*Platydactylus muralis*). Elle concerne presque entièrement la métamorphose à laquelle il doit son origine, qui a pour cadre
un épisode du mythe de Démétèr et Corè, le séjour de Démétèr chez
les souverains d'Éleusis, Céléos et Métanire, au cours duquel elle
rompt son jeûne en buvant le cycéon, déridée par les plaisanteries de la
servante Iambè (*hDem.* 203 ss. ~ Nic. *Al.* 130-132). Il est possible que
N. ait fait ici allusion à un poème hellénistique célèbre ; L. Malten,
« Ein alexandrinisches Gedicht vom Raube der Kore », *Hermes* 45
(1910) 546 ss. songeait à Callimaque. — Les deux versions hellénistiques connues du mythe d'Askalabos (Nic. *Hétéroiouména*, livre IV =
A.L. 24, et *Th.* 484-487 c. *Schol.*) lient toutes les deux la rupture du
jeûne de Démétèr aux insolences d'un jeune garçon à son égard, mais
elles divergent sur plusieurs points. Celle des *Hétéroiouména*, suivie
par Ovide (*Mét.* 5. 446-461), si toutefois Antoninus Libéralis en a
donné une image fidèle (cf. Papathomopoulos *ad loc.*), localise la
scène en Attique, sans plus, et elle assigne à une pauvre paysanne
(Mismè, selon Lact. Plac. *Fab.* 5. 7), comparable à Hécalè (cf. Ovide
447 s.), le rôle dévolu par N. à Métanire. Le statut de celle-ci n'est pas
précisé chez N., mais l'expression du v. 486 ἐν Κελεοῖο θεράπναις
(cf. Eur. *Tr.* 211, *al.*) convient mieux à des seigneurs qu'aux simples
paysans que sont devenus chez Ovide (*Fastes* 4. 508 ss.) Céléos et
Métanire. — La faute de l'enfant (Ambas [Σ 484c] vient d'une confusion avec Iambè) n'est pas précisée elle non plus : *Héter.* = A.L. 24. 2,
il rit de la déesse en la voyant boire goulûment (cf. Ov. *Mét.* 452) ; Σ

Th. 484c (195.4 s.), il reproche à sa mère d'avoir accueilli Démétèr, ou bien il se moque du sacrifice (*ibid.* 15). Mais l'issue est la même : la déesse verse sur lui le reste de son breuvage, et l'enfant est transformé en Gecko, une métamorphose évoquée en termes vagues au v. 485 (ἄψεα σίνατο παιδός), au début d'un récit fortement elliptique. N., parfaitement au fait du vocabulaire homérique, s'est p.-ê. servi du verbe δείδεκτο pour faire allusion à la fin du jeûne de Démétèr. Pour cet *hapax* d'Homère et de N. cf. Hsch. δ 431 δείδεκτο· ἐδεξιοῦτο, QS 2. 137, 6. 133. Chantraine (*DELG* s. δηδέχαται) pense que la graphie des mss δει- est erronée ; pour le sens et l'usage hom. cf. LfgrE 227.21 ss. : le geste, les paroles, l'offre d'une coupe, qui accompagnent le *salut*, sont souvent exprimés par un instrumental tel que δεξιτερῇ, μύθοισι, δέπαϊ ; mais la coupe de l'accueil peut être seulement mentionnée dans le contexte (*Il.* 9. 224, *Od.* 15. 150) ou sous-entendue (*Il.* 9. 196 τὼ καὶ δεικνύμενος προσέφη … Ἀχιλλεύς). — Sur Démétèr Ἀχαιή, Céléos et Métanire cf. Richardson ad *hDem.* 40, 96, 161. Du mythe d'Askalabos rapprocher celui d'Askalaphos (même nom : cf. la *v.l.* ἀμφίσβαινα/-φαινα, n. crit. *ad* Th. 384), métamorphosé en Hibou pour avoir témoigné contre Corè lorsqu'elle mangeait les pépins de Grenade ([Apollod.] 2. 5. 12, Ov. *Mét.* 5. 534 ss. ; cf. Dümmler, *RE* 2 [1896] 1608.18). Chaque fois la métamorphose est une punition de Démèter infligée après le rapt de Corè. — (b) 1/ En tant que nom du Gecko, ἀσκάλαβος, dont les seules occurrences littéraires sont A.L. 24. 3 et *Th.* 484, n'est pas pour autant une invention du mythe en face de ἀσκαλαβώτης, appellation la plus fréquente chez les Iologues (aux références des *loca similia* ajouter : Oribase, *ecl.* 121 [294.31], traitement des morsures) et chez les Naturalistes (*HA* 538a 27, 599a 31, 614b 4) : un vase corinthien du VIᵉ s., représentant un lézard, porte l'inscription ἀσκάλαβος, et ce nom est glosé par Hésychius (cf. *Test.*) ; il est dans le même rapport avec ἀσκαλαβώτης que γαλεός avec γαλεώτης (sur la synonymie ἀσκαλαβώτης = γαλεώτης cf. Σ 484a, qui donne γαλεώτης pour le nom attique, et Promotus, qui cite un autre synonyme, κωλώτης [cf. *HA* 609b 19, *alii*]). — 2/ Promotus a la notice la plus riche à tous égards, avec un témoignage sur Nouménios (*Annexe* §9a, fr. 3, thérapie), une remarque inspirée de Théophraste (voir *infra*) et une description qui manque aux autres Iologues (ressemblance avec la σαύρα ἡλιακή ~ Σ 484a ἔοικε δὲ σαύρᾳ ; petitesse [*Th.* 483] ; tête plutôt large ; couleur jaune ; corps moucheté de blanc et de noir ~ A.L. 24. 3 ποικίλος ἐκ τοῦ σώματος, cf. Ov. 460 s. *aptumque colori / nomen habet, uariis stellatus corpora guttis* [périphrase évoquant le nom lat. *stellio* : cf. Isidore 12. 4. 38]). — 3/ Parmi les effets que les Iologues attribuent à sa morsure, la *douleur* est le plus notable : Ph. (Aét.) = PAeg. συντόνως ἀλγοῦσιν (*sc.* οἱ δηχθέντες) ~ Pr. p. 51.5 παρακολουθεῖ πυρώδης ὀδύνη. A cette réalité iologique ἐπαχθέα (483) convient mieux que le

conventionnel ἀπεχθέα. Pour l'opposition, soulignée par le rapprochement de οὐτιδανοῦ et de ἐπαχθέα, entre l'« insignifiance » du Gecko
et le caractère douloureux de ses morsures cf. Dioclès, *Annexe* §1, fr. 4
(Araignée-Phalange), Thcr. 19.5 s. (Abeille) μέμφετο ὅττι γε τυτθὸν
| θηρίον ἐντὶ μέλισσα καὶ ἁλίκα τραύματα ποιεῖ. — 4/ Selon Théo-
phraste (*Annexe* §3, fr. 11a) « la morsure du gecko est mortelle en
Sicile et en Italie », mise en garde qu'[Ar.] *HA* 607a 26 limite à l'Italie, mais que Promotus (51.4) étend à Athènes et à la Béotie. Malgré le
cadre du mythe, Nicandre, pour qui ce Lézard n'est pas inoffensif, n'a
pas tiré parti de cette information. Il n'est pas inutile de rappeler que,
aujourd'hui encore, dans certaines régions du monde, le Gecko est
réputé dangereux (*R.A.* 1876). — 5/ [Ar.] *HA* 609a 29 a mentionné la
guerre du Gecko et de l'Araignée (cf. n. 47), Élien 6. 22 sa haine pour
le Scorpion ; d'où la recommandation de le porter en amulette, là où le
Scorpion est dangereux, comme en Afrique : Scrib. L. 164 (79.30 s.) ;
cf. Ph. p. 18.16 εὑρὼν ἀσκαλαβώτην φόρει, καὶ οὐ πληγήσῃ.

   51. 488-492. N. se débarrasse des « reptiles inoffensifs », *i.e.* non
venimeux, qui ne sont pas de son sujet, comme Aratos l'avait fait des
planètes (*Phén.* 454-461), en dressant une liste de six noms, qui n'est
pas sans poser quelques problèmes. Nous avons vu que cette exclusion
ne l'empêchait pas, précédemment, de décrire des Serpents de ce type
sans les signaler comme tels (cf. n. 39 §1 et 46 §1). Apollodore avait,
à l'occasion, accueilli des ἄβλαπτα si nous en croyons Élien 8. 12 (cf.
n. 46 §3). — 1) Philouménos 28. 4 (33.24) met une note
sur l' ἔλοψ (ἔλαψ, Aét.), pour lequel ils indiquent des symptômes et
proposent une thérapie ; aussi bien Pline 32. 46 cite-t-il l'*elops*,
comme étant venimeux, à côté de la *chalcis* (cf. n. 95), du Céraste et
de la Dipsade. Promotus ajoute une description (1 coudée, jaune pâle,
tête légèrement pointue, corps allant en s'amincissant, progression
rapide) qui, malgré sa précision, ne permet pas de l'identifier. Épiphane (*Test.* ad 490-492) cite ce Serpent avec le λίβυς et le molure
d'après N. — 2) Rien dans la littérature parallèle sur les λίβυες ; Σ
490b y voit des Ammodytes parce que beaucoup de ceux-ci ont la
Libye pour habitat, cf. Hsch. *Test.* ad 490. (Le λιβυός de *HA* 609a 20
[nomin., texte et accent incertains] n'a rien à voir ni avec les Serpents
ni avec la Libye ; le contexte indique un Oiseau, à distinguer du
Λιβυκὸν ὄρνεον d'Aristoph. *Av.* 65). N. les aurait alors inclus par
erreur dans sa liste, l'Ammodyte étant un Serpent très dangereux. Voir
pour Épiphane *supra* §1. — 3) Selon Philouménos 22 7 (29.18), c'est
le μύαγρος qui se rapproche de l'Ammodyte : mêmes symptômes et
même thérapie. Σ 490d et Eut. 28.6 identifient les μύαγροι aux μυόθ-
ηραι ([Ar.] *HA* 9. 6, 612b 3). Le nom, qui caractérise leur mode de
nutrition, conviendrait à de nombreux Serpents : « Parmi les espèces
vivant sur le sol, nombreuses sont celles qui recherchent les Rongeurs

comme le font les *Elaphe* et les *Pituophis* de l'Amérique, le *Ptyas mucosus* ou Serpent à rats, de l'Asie, dont la rapidité de mouvement... en fait un destructeur féroce de ces Rongeurs » (Angel 103 s.). De là, selon [Ar.] *l.c.*, la guerre (voir n. 47) opposant à cette espèce la Belette, qui a le même régime alimentaire. — **4)** Pour l'*Acontias*, tout autre qu'inoffensif, dont le nom, d'après Philouménos, est synonyme de *Cenchrinès*, voir n. 49b. — **5)** Les μόλουροι, ignorés des Scholies mais non d'Eutecnius (28.7), le sont aussi des Iologues récents. Épiphane en parle d'après N. (cf. §1 et 2) ; de même aussi p.ê. Mich. Ps. *or. pan.* 6. 158 (supplément probable). — **6)** Le Typhlope porte aussi les noms de τυφλίνης (Élien 8. 13, Eut. 28.8), τυφλῖνος (Σ *Th.* 491b, cf. *HA* 604b 25) et κωφίας (Él. *l.c.*). En comparant la Scholie citée, d'une part avec Élien, et, de l'autre, avec Pline 22. 59, j'ai pu compléter son texte lacuneux : voir Apollodore *Annexe* §4, fr. 3 (= Apollophane *ib.* §5d, fr. 1). Ce Serpent est le même que le τυφλίας dont parlent Philouménos 29 (34.2 ss.) et Promotus (57.4), comme le prouve Hésychius κ 4901 κωφίας· ὄφεως εἶδος, ὁ καὶ τυφλίας. Ces diverses appellations, comme aussi la description d'Élien (ὀφθαλμοὺς ἄγαν βραχίστους ... νωθής ἐστι τὴν ἀκοήν), révèlent un Ophidien de mœurs fouisseuses, tel le *Typhlops vermicularis*, qui vit en Grèce et dans les Balkans (*R.A.* 4818 s.), ou une autre espèce de la famille des Typhlopidés, plutôt qu'*Anguis fragilis* (Brenning). Sur les Serpents fouisseurs, Amphisbène et Scytale, voir les n. 38 (§2-3), 40.

52. **493-499.** [*Notes complémentaires aux v. 495-499* : V. 495 *ἀπηλεγές* : N. semble avoir créé cette forme sur hom. ἀπηλεγέως « franchement, carrément », *unde* [Opp.] *Cyn.* 2. 510 (*in eadem sede*), seul autre exemple connu. — 496 *ἀλθήσῃ* : voir *Notice* p. LXIX n. 156. — 498 *νεοκμῆτας* : cf. 707 ; créé par N. sur νεόκμητος (Eur. *Rh.* 887, QS 7. 29) ; les Σ comprennent νεοθαλῆ ἢ νεωστὶ τμηθέντα, O. Schneider νεανθεῖς. — προφερέστατον ἄλλων : cf. n. aux v. 396, 698. — 499 κνῶπες : cf. 520, 751, fr. 74. 44 ; comme pour κνώδαλα et κινώπετα, N. a restreint le mot au sens iologique de θηρία ; ailleurs, il recouvre une réalité plus large : cf. Hsch. κ 3163 κνωπεύς· ἄρκτος, Lyc. 675 κῆρα κνωπόμορφον (allusion aux compagnons d'Ulysse transformés en porcs) et les noms propres Κνῶπος, Κνωπίας.]

La promesse des mots ῥιζοτόμον ὥρην (494) est imparfaitement tenue. La littérature relative à la ῥιζοτομική (voir Delatte 24-52) marque avec soin heure et saison où doit intervenir la récolte des plantes, notamment des racines : cf. Th. *HP* 9. 1. 7 πάντες καὶ οἱ τὰς ῥίζας καὶ οἱ τοὺς ὀποὺς συλλέγοντες τὴν οἰκείαν ὥραν ἑκάστων τηροῦσι, 9. 8. 4 ss. (précautions à prendre, cf. Hérakleidès fr. II 6 et les n. de Pfister 204 s.) ; *carmen de herbis*, 124-126 (Grande Centaurée, cf. 5 Camomille, 10 Nerprun, 24 s. Armoise, etc.). Les pharmaco-

logues se sont souciés eux aussi de la question, tel Asclépiade Pharmakion *ap.* Gal. *ant.* 168.18 ταύτην χρὴ συλλέγειν ἐν τοῖς ὑπὸ
κύνα καύμασι (à propos de l'herbe ἄλυσσος contre les Chiens enragés). Dans les v. 497-499, N. se borne à des recommandations générales concernant, l'une, l'état de fraîcheur des plantes (multiples notations de ce genre, choix fréquent de la *pousse*), l'autre, le lieu où elles
sont cueillies, avec le lien établi entre le remède et la cause du mal,
selon un principe bien connu de la magie sympathique : voir n. 66b et
Al. 588-590 (remède contre les Crapauds consistant dans la racine des
roseaux qui poussent dans l'étang où ils vivent) ; n. 53 et Th. *HP* 9. 5.
1 (le Cinnamome pourrait avoir des vertus iologiques à cause de
l'abondance des Serpents venimeux dans les lieux où il pousse). Dans
la suite, quand il s'agit de racines, on n'a pas droit aux précisions
attendues. Mais le fait que N. semble avoir oublié ses promesses n'est
pas de nature à nous faire suspecter ὥρην, et à lui préférer ὤρην,
leçon de Q conjecturée par O. Schneider (*rhizotomicas rationes*). Pour
un programme inadéquatement rempli, N. peut s'autoriser d'un précédent hésiodique. Bien qu'il ait invité les Muses à chanter « comment
les dieux se sont partagé leurs richesses et réparti leurs honneurs, et
comment, d'abord, ils ont occupé l'Olympe aux mille replis » (*Théog.*
112 s.), Hésiode oublie ensuite cette annonce, au moins en partie (cf.
West *ad* v. 191). On doit d'ailleurs ajouter que les notices de N. donnent, à l'occasion, des indications sur l' ὥρη propice à la récolte des
substances végétales, quelle que soit la partie de la plante considérée
(cf. la n. *ad* 645 et *infra* n.104).

53. 500-508. [*Notes complémentaires aux v. 500-503* : V. 500
*ἐπαλθέα : cf. *Al.* 156 (sens pass.) et le verbe *ἐπαλθέω (654, *Al.*
395, 614 ; cf. *Il.* 8. 405 ἀπαλθήσεσθον), mots non attestés ailleurs. —
501 Κεντ. ... φερ. : début de vers emprunté par le poète anonyme du
carmen de herbis 115. — ἥν ποτε : cf. n. au v. 439. — 502 = *carmen*
117. — 503 χυτή : cf. n. au v. 391. — *ἀμαρακόεσσα : *hapax*
absolu.]

N. considère d'abord des remèdes simples avant de passer aux
remèdes composés (528) ; après lui, Scribonius Largus suivra la même
démarche dans ses *Compositiones* (praef. 15 [5.22] *simplicia prima
ponamus*). — (a) La « racine de Chiron » (500) est une des plantes
que les Grecs ont appelées πανάκειον (508), πάνακες (565), Κεν-
ταύρ(ε)ιον ou Χειρών(ε)ιον (sur cette synonymie cf. Σ 500ab, 565a,
Pline 25. 66). De même que, de nos jours, le terme de « Centaurée »
désigne improprement des herbes fort diverses, les noms cités ci-dessus ont été appliqués à des plantes différentes, malaisées à identifier.
On ne peut rien dire de celle que l'auteur du *carmen de herbis* a mentionnée sous le titre de « Grande Centaurée » (114-127), en se servant
des expressions de N. (cf. n. *ad* 501, 508) ; il ne l'a pas décrite et elle

n'a pas les mêmes *indications*. Le *Centaurium* = *Chironium* de Pline
(*l.c.*) est différent par sa racine, qui, à l'inverse de la description de N.,
est à la fois longue, épaisse et charnue. La Gentiane de Dioscoride 3. 3
(4 ss.), que certains appelaient Κενταύρειος ῥίζα (3 RV p. 4.17),
n'est pas la plante de N., et pour la même raison (cf. D. p. 5.7 s.). Voir
M.C.P. Schmidt, « Χίρωνος ῥίζα », *RE* 3 (1899) 2309. 17. — (b) 1/
Le terme de πάνακες, au témoignage des Grecs, recouvre diverses
plantes, certaines désignées du nom de leur inventeur : Asclépios (voir
n. 73 §7), Héraclès ou Chiron (Th. *HP* 9. 11. 1 πολλὰ δέ ἐστι καὶ τὰ
πανάκη ; cf. les listes de D. 3. 48-51, Pl. 25. 30-33, et Σ 565a ; voir
Gossen, « Panakes », *RE* 18³ [1949] 446-449, en particulier 448.45
ss.). Le Panacès qu'ils nomment Χειρών(ε)ιον a donné lieu à des
notices divergentes. Les quatre plus anciennes forment deux groupes
opposés, dont les éléments sont dans un accord étroit : Th. *HP* 9. 11. 1
~ Pl. 25. 32 en face de N. ~ D. 3. 50 (64.8). Elles parlent toutes les
quatre de *fleurs d'or* ; Théophraste, Dioscoride et Pline d'une *petite
racine* (μακράν Th. a été justement corrigé en μικράν d'après Pline
parua, cf. D. p. 64.10 λεπτήν), Nicandre et Dioscoride d'une *racine
peu profonde* (505 οὐ βυθόωσα ~ D. *ib.* οὐ βαθεῖαν). Mais alors que
Nicandre et Dioscoride comparent la feuille à celle de la Marjolaine
(503 ~ D. φύλλα … ἀμαράκῳ ἐμφερῆ), pour Théophraste et Pline
elle est semblable à celle de la Patience (φύλλον … ὅμοιον λαπάθῳ
~ *folium eius simile lapatho*) ; c'est par une erreur explicable que
ἀμαράκῳ s'est substitué à λαπάθῳ dans la citation de Th. *in* Σ 500a.
Pour Nicandre et Dioscoride ce Panacès est une herbe du Pélion (500-
502 ~ D. φύεται μάλιστα ἐν τῷ Πηλίῳ ὄρει), Théophraste et Pline
se bornent à dire qu'elle pousse en *terrain gras*. Dioscoride a des
remarques qui ne figurent pas chez N., comme la *saveur amère* de la
racine. Wellmann[7] 19, a tiré de l'étude de ces notices la conclusion que
Pline et Dioscoride avaient utilisé indirectement, le premier, Théophraste, le second Nicandre ; elle n'est valide que s'ils sont l'un et
l'autre tributaires d'une source unique. — 2/ Pour la racine de Panacès,
sans spécification, contre les Vipères cf. Érasistrate, *Annexe* §5a, fr.
1b. N. ne connaît que l'usage thériaque de la racine pulvérisée dans du
vin (506 s.), Dioscoride (p. 64.11) signale le double usage de la plante,
sa *racine* en boisson, ses *feuilles* en cataplasme sur la plaie. Pour ces
deux usages, « en boisson ou en application, dans du vin et de
l'huile », Pline 25. 99 recommande « la *fleur* et la *graine* du Panacès
de Chiron », Dioscoride 3. 49 (64.3) la *fleur* et le *fruit* du Panacès
d'Asclépios ; aussi bien, tous les Panacès sont bons contre les Serpents, selon la remarque de Pline *l.c.* : (*medetur*) *panacis omnium
generum radix e uino*. — (c) Bien que la notice de N. figure dans la
thérapie des Serpents, la qualité de *panacée* (507) fait attendre un
remède efficace contre tous les Venimeux. La triple indication des
v. 653 s. (Vipère, Scorpion, Phalange) montre que la préparation des

v. 648 ss. est justement dans ce cas, et cette réclame peut valoir pour d'autres remèdes de la même section. Qu'il en est ainsi du Panacès de Chiron, c'est ce que dit Théophraste, dont la note thérapique est la plus développée : « On l'utilise contre les morsures des *Vipères*, des *Phalanges*, des *Seps* et autres Reptiles, en l'administrant dans du vin, ainsi qu'en onguent, avec de l'huile ; pour traiter la morsure de la *Vipère*, en application, et en le donnant à boire dans du vinaigre ». A la première place de la thérapie des Serpents, la *panacée* de Chiron est comme une préfiguration de la panacée finale des v. 934-956 (cf. *Notice* p. LXXIII).
— Aussi bien le Panacès de Chiron a-t-il, dans la littérature iologique tardive, où il apparaît sous le nom de Κενταύριον, des indications qui s'étendent à l'ensemble des Venimeux : *suc*, dans l'« antidote au suc de Centaurium et de Silphium » efficace contre les *Scorpions* et les *Cobras* (Ph. p. 14.14-16 = Pr. p. 48.35 s.), contre *l'Ammodyte* (Ph. p. 29.15) ou les *Scorpions* (Pr. p. 52.2) ; *poudre* (pulvérisé avec de la Myrrhe et du jus de Pavot), en application sur les morsures de *Cobras* (Ph. p. 22.18 = Aét. 13. 22), ou pris avec du vin en vue de déterminer si la victime de leur piqûre survivra (Ph. p. 22.19 ss. = Aét. *l.c.*) ; *cataplasme* de feuilles sur les morsures *d'Araignées* (Pr. p. 54.13) ; *racine* (substitut possible, celle de l'Aristoloche), à la dose de 2 dr. dans 3 cyathes de vin contre *l'Ammodyte* (Ph. p. 29.5) ou le *Cenchrinès* (PAeg. 5. 18 [20.14] = PsD. 32 [89 s.]). Le Κενταύριον est mentionné 15 fois dans le *De antidotis* de Galien, qui cite (156.18) la πανακείας ρίζα (cf. 508) parmi les ingrédients de l'ἀντίδοτος ἑκατονταμίγματος. — (d) Il serait vain d'énumérer toutes les plantes auxquelles on a cru pouvoir identifier le Panacès de Chiron. Selon J. André (n. 3 *ad* Pl. 25. 32 ; voir Murr 223-225), « l'Herbe d'or » (*Helianthemum vulgare* Gaertn.) est une bonne candidate pour la plante décrite par Théophraste et Pline, certainement préférable à *Inula helenium* (Hort). Mais p.-ê. la Centaurée jaune (*Chlora perfoliata*) convient-elle mieux pour celle de Nicandre (Brenning). Les effets médicaux de *Centaurium umbellatium* Gilib. et *C. spicatum* L. (Scarborough[1] 11) constituent en leur faveur un argument insuffisant. Jadis, Fraas et Sprengel ont suggéré, le premier, *Hypericum olympicum*, le second, *H. origanifol.* Willd., au motif que ces deux herbes sont bien représentées sur le Pélion. — (e) Théophraste *HP* 9. 15. 4 cite le Pélion au premier rang des régions grecques les plus riches en plantes médicinales (φαρμακωδέστατον), et Héracleidès insiste sur ce point quand il en vient au Pélion dans sa description de la Grèce : « La montagne abonde en plantes médicinales (πολυφάρμακον) et offre en quantité les remèdes de toute espèce pour qui sait les reconnaître et les utiliser » (fr. II 10). On aimerait savoir quelle est la plante qu'il décrit au §3, à cause des propriétés de sa racine : « Elle guérit les morsures de serpents et semble écarter leurs menaces. Elle les chasse loin de l'endroit où elle pousse, par son odeur. S'ils s'en approchent, elle les met hors d'état de

nuire en les plongeant dans la torpeur. Quant à ceux qui la touchent, elle les tue par son contact (ἀφῇ *nos* : ὀσμῇ *codd*.) ». Hérakleidès ne donne pas son nom, pas plus qu'il ne nomme la plante dont il traite aux §10-12. Le Panacès de Chiron a été suggéré dans les deux cas, mais sans raison valable. — (f) Chiron est associé à la partie du Pélion désignée par Πελέθρονιον. Est-ce une épithète ou un toponyme ? — 1/ Pour le toponyme, on peut alléguer : Étienne de Byzance, *montagne* (514.17 Πελεθρόνιον, ὄρος Θετταλίας. ὁ οἰκήτωρ Πελεθρόνιος) ; Strabon, *lieu-dit* (7. 3. 6 [p. 86.19 Baladié] Πελεθρονίου δ' ἐν Πηλίῳ) ; *grotte* du Pélion, « où a été élevé le Centaure Chiron » (note marginale de D [cf. Hsch. π 1304 Πελεθρόνιος· ὁ Χείρων, ἀπὸ τοῦ Πελεθρονίου, ἐν ᾧ ἐτράφη] ; Servius *ad* Virg. *Géorg.* 3. 115, Hérakleidès fr. II 8 σπήλαιον … τὸ καλούμενον Χειρώνιον ; c'est là que Chiron éduqua Achille et qu'il forma Asclépios à l'art médical, cf. n. 46 §5) ; également *oppidum* (Serv. *l.c.*). Le texte de N. n'est pas incompatible avec l'hypothèse du toponyme : cf. 440 βῆσσαν (Eut. 25. 12 s. Π-ον … τὸν τόπον τοῦτον οἱ ταύτη καλοῦσιν), 505 νάπος. Pindare, lorsqu'il évoque Chiron à propos de l'*institution* d'Asclépios, parle des « combes » (βήσσαισι) du Pélion où il régnait (*Pyth.* 3. 4). Cette vallée a été localisée en contrebas du sommet, au-dessous de l'antre de Chiron et de l'*oppidum*, sur le versant occidental (Stählin, « Πελεθρόνιον », *RE* 19 (1937) 270.12 : « Entre des roches calcaires s'enfonce une vallée argileuse offrant aux plantes une bonne nourriture » ; sur la fertilité du Pélion, où poussent toutes les essences, cf. Hérakleidès fr. II 2. — 2/ Mais les deux occurrences nicandréennes conviennent fort bien à l'hypothèse de l'épithète. *Pelethronius* (cf. *supra* Steph. Byz. et Hsch.) est une épithète courante chez les poètes romains (Krischan, « Pelethronios », *RE* 270.48 ss. ; Stählin, *l.c.* 28 ss.), sans doute à l'imitation de la poésie hellénistique. Chez N., elle peut faire allusion à Chiron, à sa grotte familière, aux lieux où il herborisait. — 3) Quelle que soit la nature du mot, il est composé de θρόνα. Hésychius (π 1303 s.) le glose par πολυφάρμακος, et le Ps.Apulée (*herb.* 34) applique l'épithète à la plante médicinale caractéristique de l'endroit (*pelethronia* = la Centaurée). Le lien à établir entre les deux passages des *Thériaques* mentionnant le/la Πελεθρόνιον νάπος/βῆσσαν, lieu où pousse la racine de Chiron mais aussi habitat du Dragon, illustre, en dépit du caractère inoffensif de ce dernier, la prescription du v. 499.

54. 541-549. [*Notes complémentaires aux v. 545-549* : V. 545 χαράξας : cf. 807 et la n. *ad loc.* — 546 ἄντλῳ : cf. 114 ; *hapax* hom. « sentine » (*Od.* 15. 479) ; le sens de « tas de blé » (battu, mais non vanné, cf. Hsch. α 5523 ἄντλον· … καὶ τὸν σωρὸν τῶν δραγμάτων) semble hellénistique ; aucun témoin antérieur à N. (Σ 541a glose par ὕδωρ et θημωνιά), cf. QS 1. 352, Adaios *AP* 6. 258.3

= 7 G.-P². — τέλσον : chez Hom. « extrémité du champ » (où l'on fait tourner la charrue), *Il.* 13. 707 τέλσον ἀρούρης (= 18. 544, cf. 547 νειοῖο βαθείης τέλσον) ; cf. Σ *Il.* 13. 707b 1s. τὸ βάθος ἢ τὸ πέρας τῆς γῆς, Ap. Soph. 150.32 πέρας (= Hsch. τ 447) ; Gal. *gloss.* 145.10 τέλος καὶ ἔσχατον ; cf. Ap. Rh. 3. 412. Nicandre désigne par ce mot le *bout*, *i.e.* le *bord* de l'aire circulaire (Σ 546b τέρμα). Indépendamment du sens, τέλσον ἄλωος crée un effet d'écho par rapport à τέλσον ἀρούρης, cf. Lehrs, *Qu. ep.* 287 : *memorabilis apud epicos imitatio est, quae similium litterarum consonantia per aures potius quam per mentem subnascitur.* — 549 *πέσκος : *hapax*, mais cf. Hsch. π 2016 πέσκον· ... κῴδιον ἢ δέρμα et π 2015 πεσκέων· δερμάτων ~ Suid. π 1382 (cf. π 919 πέκος), Eustath. *Iliad.* ad 14.176 (607.11), qui définissent le sens propre (Σ *Th.* 549c κυρίως τὸ δέρμα τῶν προβάτων). L'emploi fig. du mot chez N. n'est pas attesté ailleurs.]

Sur la transposition à cette place des v. 541-556 voir la note à ces vers. — (a) La plante 541-549 est appelée par le Scholiaste (Σ 541a, cf. 544a, 545a) de deux noms attestés nulle part ailleurs : ἀλκίβιος et ἔχις. Le premier s'explique par le nom de son inventeur (cf. l'origine du nom *aristoloche*, d'après Aristolochè Σ 509a, ou Aristolochos d'Éphèse *ib.* 937 [à qui Artémis avait révélé la plante afin qu'il pût soigner les morsures des Vipères qui pullulaient autour de son temple ~ Cic. *div.* 1. 16]), le second par sa vertu thériaque. Ἔχις au sens de ἔχιον est un *hapax* absolu, du moins en grec, car Pline (22. 50) nomme ἔχις une plante voisine que Dioscoride, pour sa part, appelle ἔχιον (4. 27). Celle de N. est à rapprocher de l'herbe, sans doute différente, qu'il nomme également d'après un Alkibios au v. 666 (voir n. 72) ; cf. aussi des deux Vipérines des v. 636 ss. — L'Ἀλκιβίου ἔχις de N. (cf. Wellmann⁷ 22) s'identifie à l'ἄγχουσα ἑτέρα de Dioscoride : D. 4. 24 (188.14) ~ Pl. 22. 51 s., *Echium diffusum* Sibth., une Borraginacée. On a proposé aussi *E. parvifolium* (LSJ) ou *E. sericeum* (Brenning). Dioscoride cite deux synonymes Ἀλκιβιάδειον et ὀνοχειλές, cf. Pline 22. 51 l'*onochilon*, appelé aussi *anchusa*, ou *archebion*, ou encore *onochelim*, 27. 39 *alcibium* (bien que Pline déclare qu'il n'a pas trouvé sa description dans les « auteurs », il s'agit sans doute de la même plante, cf. *infra* §b). Le synonyme Ἀλκιβιάδειον (-βίειον *malueris*), chez Diosc., est défendu par ἀλκιβιάδιος βοτάνη, désignation de notre plante chez Polyeidès (voir §b). — Points de la description communs à N. et Dioscoride : 542 ἀκανθοβόλος χαίτη ~ D. p. 189.2 φύλλα τραχέα (Pl. *asperis foliis*), 543 λείρια δ' ὡς ἴα ~ D. l. 2 s. ἄνθος πορφυροειδές (Pl. *flore purpureo*), 543 s. βαθεῖα ῥίζα ~ D. l. 3 ῥίζας εὐμήκεις. — (b) Son usage thériaque est signalé par Dioscoride et Pline pareillement : D. p. 189.6 s. (*feuilles* efficaces contre les *Serpents*, et surtout les *Vipères*, en aliment, boisson et amulette ; mâchée et crachée dans la bouche du Ser-

pent, elle le tue) = Pl. 22. 51 s. (mentionne la *racine* en plus des
feuilles) ; cf. 27. 39 (reconnaît à la racine et aux feuilles pilées de
l'*alcibium* la même efficacité contre la morsure de Serpent en application et en boisson). — Iologues récents : Ph. p. 24.5 (chapitre sur la
Vipère) ἄγχουσαν τὴν λεπτόφυλλον (cf. D. p. 189.1 s. μικρότερα
… τὰ φύλλα) ~ PAeg. 5. 13. 2 (16.21 s.), cf. PsD. 27 (86.5 sans mention d'amulette). Aétius 13. 23 (284.18) recommande de boire la
racine (cf. *Th.* 541, 548) avec du vin. Philouménos et Ps.Dioscoride ne
précisent pas la partie utile ; Paul utilise la plante entière. Au v. 838
ἀγχούσης, l'Orcanette, est la première ἄγχουσα de D. 4. 23 (cf.
n. 102 §1). — Hormis Eutecnius et les Scholies (référence à Démétrios
Chloros), il n'est fait nulle part mention de la découverte d'Alkibios
due au hasard, comme celle de son homonyme (666). Notre passage,
qui anticipe le développement sur les *euporista* (915-920), est un bon
exemple de la πεῖρα αὐτοματική selon les médecins Empiriques
(Phillips 158). Pour la façon dont Alkibios a procédé (547-9), outre
918 s., cf. Polyeidès, cité par Ph. p. 24.17 (= *Annexe* §8).

　　55. 550-556. [*Notes complémentaires aux v. 550-552* : V. 550
*χλοανθέος : *hapax* absolu en ce sens (Hsch. χ 528 χλοανθεῖν·
χλωρὸν ἀνθεῖν) ; comme pour χλωρός, la limite est difficile à tracer
entre « jaunâtre » et « verdâtre » ; cf. Ph. 16. 5 (22.6 χλοανθής) =
PAeg. 5. 19. 3 (21.11), en parlant d'un teint *pâle*. — 550 ὀλόψας : cf.
595. — 551 *χραισμήσεις : d'ordinaire avec un dat. de pers. au sens
de « défendre, secourir » ; seul exemple du sens « avoir un antidote
contre ». — 552 ἤ : 554 τὴν, mais *Al.* 47 τὸ ; malgré Σ 553a (213.6),
554 τὴν πράσιον, Eut. 32.4 τῆς πρασίου, nous n'avons p.-ê. pas
affaire à un changement de genre (fém. non attesté ailleurs) mais à un
accord par syllepse (*sc.* βοτάνη), *metri causa*.]

　　(a) La notice du Marrube (πρασίοιο χλοανθέος) nous livre deux
synonymes, μελίφυλλον et μελίκταιναν, dont le premier se rapporte
à la même plante en *Al.* 47 (χλοεροῦ πρασίοιο τὸ δὴ μελίφυλλον
ὑδεῦσι). Ils se lisent tous les deux chez Dioscoride, sous une forme
identique ou similaire, comme synonymes de la Mélisse officinale : D.
3. 104 (115.9) μελισσόφυλλον ὃ ἔνιοι μελίτταιναν καλοῦσι διὰ τὸ
ἥδεσθαι τῇ πόᾳ τὰς μελίσσας (~ *Th.* 555 s.), 104 RV (115.13 s.)
μελισσόφυλλον· οἱ δὲ μελίτταιον, οἱ δὲ μελίφυλλον. Il n'en
résulte pas que N. a connu trois espèces de Marrube (Wellmann *ad* D.
115.13), à savoir : βαλλωτή = Marrube noir (D. 3. 103), μελισσόφυλλον (104), πράσιον, *Marrubium vulgare* L. (105). Malgré Σ *Al.*
l.c. (3 espèces de M., dont l'une serait le μελίφυλλον), les botanistes
anciens semblent n'en avoir connu que deux (Th. *HP* 6. 2. 5, D. 3. 103,
105, Antonius Castor *ap.* Pl. 20. 244 ; cf. Wellmann[11] 150 s.). L'idée
de rapporter 550 s. et 552-6 à deux plantes distinctes (J.G. Schn. *ad*
552, p. 250) ne s'impose pas elle non plus. Le Marrube de N. est vrai-

semblablement le πράσιον de Dioscoride 3. 105 ~ Pl. 20. 241 (= seconde espèce de Th. = Marrube blanc de Castor). Les synonymes des v. 554 s. (le premier d'origine populaire, cf. βοτῆρες) le désignent simplement comme une herbe attirant les Abeilles, et, en tant que tels, ils sont susceptibles de désigner d'autres herbes visitées par les Abeilles, telle la Mélisse, une plante mellifère elle aussi, insérée par D. entre ses deux Marrubes à cause de sa ressemblance avec le M. noir. La Mélisse figure *infra* sous le nom de μελισσόφυτος (cf. 677 et la n. 73 §2). — **(b)** Vertu thériaque du Marrube ordinaire : D. 105 δίδοται ... θηριοδήκτοις ~ Pl. 20. 241 (feuilles et graines broyées, contre les *Serpents*). Iologues récents : dans des *thériaques*, Gal. *ant.* 160.11 (Antipater, contre les *Cobras*), 162.15 (Aelius Gallus), 198.14 (Damocratès, contre les *Serpents*) ; *suc* ou *décoction* contre le *Chersydre* : Ph. 24. 4 (31.4) = PAeg. 5. 17 (20.2) = PsD. 31(89) ; *broyé* dans du vin, contre la *Musaraigne* : Ph. 33. 8 (37.22) ~ Pr. p. 59.4. — Pour son caractère lactifique et ses effets sur les Vaches qui ont mis bas pour la première fois cf. ceux du Cotylédon sur les brebis (Crateuas test. 23 *ap.* Σ 681a). — Une miniature de T (fol. 16ᵛ, Omont pl. 66.2) groupe les deux remèdes décrits dans les v. 541-556 : à gauche une plante identifiée par l'inscription ἀλκίβιον comme étant la Vipérine d'Alkibios, à droite un homme cueillant des pousses de Marrube ; au-dessous, un Serpent semble terrassé par ces remèdes. Pour une interprétation totalement différente voir Weitzmann[3] 141 s. : l'homme serait un berger assis sous un arbre (cf. n. au v. 20 pour l'interprétation bucolique d'une autre miniature) ; je préfère y voir, comme Omont, une « figure explicative » (Weitzmann[1] 166 s.) précisant l'utilité de la plante.

56. 509-519. [*Notes complémentaires aux v. 518-519* : V. 518 *ἀπορρώξ : cf. *Il.* 2. 755 en parlant d'un *bras* de rivière, *Od.* 9. 359 du vin d'Ulysse, *échantillon* de nectar divin, d'où le sens de *morceau*, cf. QS 1. 304 (bloc détaché du Sipyle). — 519 *δραχμαίη, 665, 713 *δραχμαῖον, 955 *δραχμαίους, 604 *δραχμήιον = δραχμιαίη, etc. *metri causa*. — *κιρράδος : *hapax* poét. pour κιρρός (*Al.* 44).]

La forme ἀριστολόχεια, exigée par le mètre, est propre à N., à ses Scholies et à Eutecnius. Formes courantes : ἀριστολοχία (Hp. Th. D. [codd.] Gal. O., etc..) ou ἀριστολοχεία (O., *Hippiatr.*). Les deux seules occurrences de la forme à α bref accentuée proparoxyton (Σ *Iliad.* 11. 846 s. = Eustath. *ad loc.* et *Hippiatr. Berol.* 86. 12.6) semblent être des erreurs d'accentuation. — **(a)** Théophraste *HP* 9. 20. 4 n'a qu'une espèce d'Aristoloche. Nic. en connaît deux, l'espèce *ronde* ou *femelle*, à racine arrondie (*Aristolochia rotunda* L.), l'espèce *longue* ou *mâle*, à racine allongée (*A. longa* L.), cf. D. 3. 4. 1-2 (7.1-12) ~ Pl. 25. 95, auxquelles s'ajoutent une 3ᵉ (κληματῖτις : D. 3. 4. 3 ~ Pl. *ib.*) et une 4ᵉ espèce (*plistolochia* : Pl. 25. 96). La notice de Dioscoride relative aux espèces mâle et femelle est plus riche et plus précise que celle de N., mais elle offre avec elle des ressemblances frappantes (cf. Wellmann[7] 19 s.) : — 1/ *racines* : 514 ~ D. p. 7.9 (comparée à une rave), Pl. 25. 95 *tuberibus rotundis* ; 515 (πυγόνος βάθος = 0,37 m) ~ D. p. 7.10 (longueur d'un empan [0,22 m] et plus) ; 516 ~ D. p. 7.11, cf. Pl. 25. 96 (ce sont les deux racines qui, d'après Dioscoride, ont à l'intérieur la couleur du Buis ; selon Σ 516c, Ôrikos [ou Ôrikon] est une ville de Crète, où cet arbre abonde ; mais la ville du golfe ionien, Strabon 7. 5. 8, est à considérer ; sur l'habitat préféré du Buis cf. Th. *HP* 3. 15. 5 [Kytora en Paphlagonie, l'Olympe, la Corse, et non la Crète]). — 2/ (sans distinction d'espèce chez N.) *feuilles* : 510 ~ D. p. 7.2 φύλλα κισσοειδῆ (celles de l'espèce ronde ; D. 4. 14 [179.11] décrit pareillement les feuilles du περικλύμενον, *Lonicera etrusca* Santi, p. 179.11 φυλλάρια κισσοειδῆ), cf. Pl. *l.c. inter maluam et hederam* ; — 3/ *fleurs* : 511 s. (ὕσγινον est la teinture écarlate tirée de la Cochenille qui se trouve sur le Chêne kermès ou ὕσγη) ~ D. p. 7.7 s. ἄνθος πορφυροῦν δυσῶδες (espèce mâle ; Pl. 25. 96 dit à tort : *omnes … flore purpureo* ; §97, il attribue une odeur pharmaceutique à toutes les espèces) ; — 4/ *fruit* : 512 s. (cf. *Al.* 354 s. ἀχράδας ἢ ἀπὸ βάκχης [*Pirus communis*] ǀ ἢ ἀπὸ μυρτίνης [*Pirus cordata*]) ~ D. p. 7.8 (ἄνθος …) ὅπερ ἐξανθῆσαν ἀπίῳ παραπλήσιον γίνεται (espèce mâle). — (b) Vertu iologique : Th. *l.c.* contre les Serpents ; selon Dioscoride 3. 4. 4 (7.19 s.), « la racine *longue* est efficace contre les serpents et les poisons, bue avec du vin… et en application », et c'est aussi la *longue* qu'il recommande contre les Vipères, en boisson, dans du vin, *eup.* 2. 122 (301.17), et en cataplasme, *ib.* 123 (303.5), cf. Pl. 25. 97 *contra serpentes oblonga*. A noter l'accord remarquable de N. et Dioscoride sur la dose : 519 (δραχμαίη) ~ D. p. 7.19 s. δραχμῆς μιᾶς ὁλκή. Pour l'emploi du κίρραιος οἶνος avec l'Aristoloche Σ 519 allègue Nouménios (*Annexe* §9a, fr. 4). — L'Aristoloche est abondamment représentée chez Galien, *ant.* (32 fois) ; douze fois sans distinction d'espèce, une avec l'épithète vague de καλή (189.4 [= Apollonios de Memphis, *Annexe* §5c, fr. 1.8]). Antidotes thériaques où une épithète distinctive précise l'espèce, mâle (λεπτή, μακρά) ou femelle (στρογγύλη) ; j'indique, chaque fois que c'est possible, la partie de la plante utilisée, le garant de la recette, l'animal plus spécialement visé dans *l'indication* : — 1/ λεπτή : 160.6 (Antipater, *Cobras*), 161.6 (Ael. Gallus), 163.7 (Zénon de Laodicée), 203.9 (*Scorpions*) ; — 2/ μακρά : 171.10 (Zénon), 172.3 (Claud. Apollonius), 186.15 (Héraclide de Tarente [fr. 37.6 Guardasole], φλοιός), 189.15 (*Vipères*), 191.16, 204.3 (Aristoloche de Crète, *Phalanges*) ; — 3/ στρογγύλη : 177.18 (*Scorpions*), 184.15 (*Vipères*), 201.11 ; — 4/ μακρά ou στρογγύλη : 193.7 s. — Iologues récents : chez Promotus, Philouménos, Paul d'Égine, Ps.Dioscoride, Oribase, elle figure respectivement 15, 13, 13, 10 et 3 fois, seule ou avec d'autres ingrédients, en boisson (vin, vinaigre, oxymel) ou en application, dans des

remèdes le plus souvent de même *indication*. La partie utilisée est rarement mentionnée. 1/ *racine* : dans un remède commun contre les
Venimeux, Ph. 7. 11 (12.28), cf. PsD. 19 (78.11) ; contre les *Scorpions*, Ph. 14. 5 s. (17.25), Pr. p. 51.39 ; les *Vipères*, O. *ecl.* 118. 1
(293.5), PAeg. 5. 13 (16.28) ; *l'Ammodyte*, Ph. 22. 4 (29.5) ; le *Cenchrinès*, PAeg. 5. 18 (20.14) = PsD. 32 (90.1) ; *l'Hydre*, PsD. 31
(89.6) ; — 2/ *écorce* : contre l'Hydre, PsD. p. 89.6 ; les *Vipères*, O.
ib. 118. 4 (293.16) = PAeg. 5. 13. 3 (17.2) ; les *Scorpions*, Ph. p.
17.27, PAeg. 5. 8. 2 (13.15) = PsD. 23 (83.1 s.) ; la *Musaraigne*,
PAeg. 5. 12 (15.23). Comme Galien, ils distinguent parfois les
espèces : 1/ μακρά : Ph. 10. 5 (14.23), 14. 7 (18.7), cf. Pr. p. 52.27, 39
et 53.9,11 ; — 2/ μακρὰ καὶ λεπτή : Pr. p. 53.6 (chaque fois contre
les Scorpions) ; — 3/ στρογγύλη : Ph. 10. 2 (14.10) = Pr. p. 60.1, cf.
O. *ib.* 117. 8 (292.19), contre Serpents et Chiens enragés (Ph.), Chiens
enragés seulement (Pr. O.)..

57. 520-527. [*Notes complémentaires aux v. 520-522* : V. 520
κνωψίν : cf. n. au v. 499. — 521 *ἀποσφάγι : *hapax* absolu ; le gén.
cité par Hérodien, κλίσ. 739.38, 740. 12, n'est pas attesté. — 522 τριπέτηλον : = *τρίσφυλλον : l'opt. ἐνίσποι (pour ce potentiel sans ἄν
ou κε cf. 702, Arat. 76, 96, 248, Call. 5. 103, [Thcr.] 8. 89, Opp. *Hal.*
4. 489 (où il faut lire μὲν et non κεν), *al.* ; voir K.-G. 1. 225, Chantraine, *Gr.* II §320 s. et Fajen, *Noten* 375) donne au lecteur la possibilité, au cas où le néologisme *τρίσφυλλον (520) ne lui conviendrait
pas, de choisir une autre forme poét., en l'occurrence celle de Call. 3.
165 τριπέτηλον (signalée, Σ 520a), phytonyme désignant la même
plante. Le mot qualifiait, dans l'*hHerm.* 530, la baguette « à triple
feuille » du dieu. Nicandre l'a emprunté à Callimaque au v. 907. La
v.l. ἐνίσπει introduit τριπέτηλον (*hapax* pour le sens) comme une
citation. Mais, si cette forme d'ind. prés. est attestée chez Denys le
Périégète (391), il n'est pas sûr que N. l'ait connue (cf. 282 et la n.).
Dionysios, dans ses Ῥιζοτομικά (Σ 520a), i.e. Cassius Dionysius (cf.
infra §a) écrivait sûrement τρίφυλλον, et non τριόφ- avec ω et les Σ,
altération de τρίσφ- au stade de l'onciale.]

(a) La dernière (ναὶ μὴν : cf. n. *ad* 51) notice de la série des médicaments simples, celle de la *Psoralea bituminosa* L., est à rapprocher,
pour la description des v. 523-525, de Dioscoride 3. 109 (119.14), voir
Wellmann[7] 20 s. : cf. 523a ~ D. p. 120.3 φύλλα ὅμοια λωτῷ τῷ δέν-
δρῳ (« *Lotus edulis* L. ? » Br.) ; 523b ~ D. 120.4 s. ὀσμὴ δὲ αὐτῶν
(*sc.* τῶν φύλλων) ἄρτι μὲν φυομένων πηγάνου (cf. Σ 523c ῥυτή =
πήγανον) ; 524 s. ~ D. 120.5 αὐξηθέντων δὲ ἀσφάλτου. — C'est à
cette odeur de bitume, émanant des glandes qui la couvrent, qu'elle
doit son nom d'ἀσφάλτιον : D. 119.14-120.1 τρίφυλλον· οἱ δὲ
μινυανθές, οἱ δὲ ἀσφάλτιον (οἱ δὲ κνήκιον, οἱ δὲ ὀξύφυλλον
καλοῦσι). Pline (21. 54) connaît les deux premiers synonymes, N. seulement μινυανθές, que Σ 520a atteste pour Cassius Dionysius (voir

Notice p. LV). — Pline (*l.c.*) parle du *trifolium*, les Iologues récents du
τρίφυλλον, sans autre précision ; c'est très rarement que l'on trouve
une épithète spécifique : Héras *ap.* Gal. *ant.* 201.10 τριφύλλου
ἀσφαλτώδους, cf. O. *ecl.* 117. 8 (292.18) ; Aét. 13. 20 (279.16)
τριφύλλου (*sc.* πόας) τῆς ἀσφαλτώδους, 13. 23 (284.22 s.) τρ. τῆς
ἀσφαλτίτιδος. — (**b**) Usage thériaque : D. 120.12 « les feuilles bues
avec de l'oxymel sont bonnes contre les morsures des Venimeux.
Selon certains, la décoction de la plante entière, de la racine et des
feuilles, en lotion sur les morsures calme les douleurs ». Pline (21.
152) la dit « souveraine contre les blessures causées par les Serpents et
les Scorpions si l'on en prend 20 graines, ou ses feuilles en boisson
dans du vin ou de l'eau vinaigrée, et toute la plante en décoction »
(trad. J. André modifiée). Dioscoride (121.5) signale l'usage de la
racine en ingrédient dans les *antidotes.* La Psoralée apparaît comme
telle 27 fois chez Gal. (*ant.*), mais la racine n'est mentionnée que 4
fois, la graine plus de 20. — Les Iologues récents recommandent
l'herbe avec du vin contre le *Dryinas* : Ph. 25. 3 (31.25) ~ PAeg. 5. 15
(18.15) = PsD. 29 (87.15), la Psoralée citée après l'Aristoloche, cf.
N. ; en décoction pour laver les plaies des *Vipères* : Aét. 13. 23
(284.22 s.) ; des *Phalanges* : Ph. 15. 10 (20.11) = Pr. p.54.10 = Aét.
13. 20 (279.15 s.), cf. Gal. *Pis.* 227.3 (*Phalange* et *Vipère*) ; la graine
en boisson contre *Phalanges* et *Scorpions* : Ph. 15. 12 (20.20), 14. 7
(18.4) ~ PAeg. 5. 6. 2 (p. 12.12 s.) et 8. 2 (13.13 s.) = PsD. 21 (81.9),
23 (83.8) ; pilée et saupoudrée sur les piqûres de *Scorpions* : PAeg. 5.
8. 2 (13.14) = PsD. 23 (82.16). — Scribonius Largus 163 (79.18 s.)
mentionne la Psoralée comme amulette prophylactique contre les Serpents, si on la porte à la ceinture : *trifolium acutum, quod oxytriphyllon Graeci appellant* (cf. D. 120.1 ὀξύφυλλον, 109 RV p. 120.16
Ῥωμαῖοι τριφόλιουμ ἀκούτουμ) = Pl. 21. 54 *oxytriphyllon* (cf.
André *ad* loc., n. 1). Columelle (6. 17. 2-3) la recommande pour sa
vertu thériaque, en particulier celle des montagnes (~ *Th.* 521).

58. 528-540. [*Notes complémentaires aux v. 530-536* : V. 530
χυτόν : cf. n. au v. 391. — *λευκανθέος : *hapax* au sens propre ; au
fig. *ap.* Pind. *Ném.* 9. 23, Soph. *O.R.* 742. — 531 *περιβρυές : 841 ;
cf. 848 ἀειβρυές. — 532 βλαστόν : cf. n. *ad* 942. — *χαμαιευνάδος : *Od.* 10. 243 = 14. 15 (σύες), cf. 23 χαμευνάδος (*alio sensu*) ;
hapax en parlant d'herbes rampantes (cf. 70 χαμαιζήλοιο, 944 χαμηλήν) ; pour la *correptio* irrégulière de la syllabe -αι- à l'intérieur
d'un mot voir les parallèles rassemblés par West *Th.* 15. — 533 ῥάδικας : 378, *Al.* 57, 331, cf. Posidon. FGrHist 87 F 114 (p. 301.2). —
534 ἄγρει : 594, 630, 685, 879 ; cf. 666 ἄγρεο ; chez Hom., a valeur
d'interj. devant impér. « allons ! » ; pour le sens ici cf. Archil. fr. 4. 8
W. ἄγρει δ' οἶνον. — 535 *καυλεῖον = καυλόν (masc.). — 536
πολλάκι δ' αὖ : comme ἄλλοτε, introduit le terme d'une alternative ;

δ' ἐν signifierait que la graine est à ajouter à la substance précédente, mais πολλάκι δ' ἐν est sans parallèle ; cette *v.l.* semble une conjecture visant à corriger δέ.]

Le remède ouvrant la série des antidotes composés est exclusivement à base de substances végétales. — **(a)** La première fait problème (cf. Gow-Scholfield, *Introd.* p. 24, qui, dans la trad. ont fait le mauvais choix) : 529 θάψου (cf. *Al.* 570, Thcr. 2. 88) désigne-t-il le Fustet, *Rhus cotinus*, ou un Thapsia, p. ex. *Thapsia garganica* L., comme le propose, entre autres, Brenning ? La θαψία (D. 4. 153 [298 ss.] ~ Pl. 13. 124 s., cf. Th. 9. 9. 6), dont le nom est inconciliable avec l'hexamètre, une Férule dont la racine contient un âpre suc laiteux aux propriétés toxiques, n'a pas d'usage thériaque reconnu dans la littérature iologique, la θάψος pas davantage, en dehors de N. et de ses Scholies (Σ 529b [206.10] ταύτης δὲ τῷ χυλῷ χρῶνται πρὸς ὄφεις). Dans les deux cas, le phytonyme est mis en relation avec le nom de la contrée où la plante aurait été découverte, Thapsos, presqu'île de la côte orientale de Sicile, au N. de Syracuse, fermant au S. le golfe de Mégara, auj. Augusta (cf. 529 Θρινακίην, Virg. *Én.* 3. 689) ; chez D. 298.14 avec l'île de Thapsos, selon Σ p. 206.14, une des Sporades. *Al.* 570, Σ *Th.* p. 206. 11 s., Σ Thcr. 2. 88ab parlent en faveur du Fustet, dont le bois (appelé χρυσόξυλον) servait à teindre en jaune (cf. PAeg. 3. 2. 6, Hsch. θ 155, Phot. θ 44). Mais l'utilisation du suc, mentionnée par les Σ *Th.* 529b, éveille les soupçons, le suc étant la principale utilité de la *racine* de la θαψία (D. 4. 153. 2). De plus, la θαψία a une place dans la littérature iologique, au chapitre des poisons. Paul d'Égine dans sa liste des ἁπλᾶ δηλητήρια (5. 30 [27.6, 7]), et son suc (θαψίας χυλοῦ) apparaît comme remède dans la thérapie des empoisonnements par le Chaméléon noir (5. 47 [34.21 s.]) et la Céruse (5. 60 [40.2]). Si, au v. 570 des *Al.*, dans une comparaison pour caractériser un teint jaune, la θάψος est sans nul doute le Fustet, N. a sûrement pris ici le mot au sens de θαψία. Le problème posé est en effet résolu par le rapprochement avec la *Galénè* d'Andromachos, imitateur de N., où la θάψος figure après le Pavot, la Cigüe, l'Aconit, la Jusquiame, avant la Colchique et les Cantharides, dans une liste de poisons (5-10) dont elle est l'antidote, ce qui pose la synonymie, négligée par les dictionnaires, θάψος = θαψία, qu'elle ait été ou non inventée par N. Cette analyse est confirmée par le ms de Gal. (*ant.*) *Laur. gr.* 74. 5 (fol. 144ᵛ), qui porte au v. 9, au-dessus de θέρμην θάψον la glose : τὴν ὀξέως ἀναιροῦσαν θαψίαν (cf. Jacques[4] 525 s.). — **(b)** 530 ἄγνου : sur le Gattilier (cf. n. 10 §9) voir D. 1. 103 (94 ss.) et Pl. 24. 59 ss. *Fleurs* : λευκανθέος ~ D. p. 95.3 « tantôt blanches mêlées de pourpre, tantôt pourprées », une alternative que Pline 24. 59 rapporte à deux espèces, dont une grande, le Gattilier blanc : *prima album florem mittit cum purpureo, quae et candida uocatur*, cf. Aét. 13. 18 = PAeg. 5. 7 (12.21) ἄγνου σπέρμα τῆς λευκῆς, si le texte est sain (cf. Ph. 35. 3

[38.24] ἢ ἄγνου σπέρμα ἢ λεύκης τὰ φύλλα). — Usage thériaque :
D. p. 95.5 s. « le fruit (καρπός : cf. Gal. *ant*. 183.2) en boisson
secourt les victimes de morsures venimeuses » ; Pl. 24. 61 « on boit
une drachme de sa graine (la petite espèce) dans du vin ou de l'eau
vinaigrée » contre le venin des *Serpents*. Le Gattilier est employé aussi
en application contre les morsures venimeuses (D. p. 96.5) ; les deux
espèces de Pline servent à des applications sur les morsures des *Araignées* (24. 61), et elles sont efficaces contre le venin des *Phalanges*,
qui excite les organes génitaux (voir n. 77 §4). Chez Galien (*ant*.), le
fruit (καρπός) figure dans un antidote contre les *Phalanges* (183.2), la
graine (σπέρμα) dans un antidote d'Hybristès d'Oxyrhynchos contre
toute espèce de *Venimeux*, transcrit par Apollonios de Memphis,
Annexe §5c, fr. 1. — Iologues récents : *graine* contre *Araignées* (Ph.
Aét. PAeg. cités *supra*, O. *ecl*. 125 [295.22] ; Apollonios Mys *ap*. Ph.
35. 4 [38.26]), *Phalanges* (Asclépiade Pharmakion *ap*. Aét. 13. 20
[279.24]), *Phalanges* et *venins marins* (Pr. p. 54.23, voir n. 119b),
Scorpions (PAeg. 5. 8. 3 [13.26]), *Vipères* (PAeg. 5. 13. 2 [16.26]) ;
fruit contre *Serpents*, notamment *Cobras* et *Vipères* (Pr. p. 48.32). —
(c) 531 : **1/** νῆρις n'est pas à identifier (*pace* LSJ et G.-S., *al*.) avec
βράθυ, *Juniperus sabina* L., la Sabine, d'usage thériaque inconnu (cf.
D. 1. 76 ~ Pl. 24. 102) : c'est un néologisme de N. pour νήριον (voir
Notice p. cii §II 1), le Laurier-rose (*Nerium oleander* L.), ainsi que l'a
reconnu, après Schn. 146, Brenning suivi par Wellmann (D. 4. 81, voir
sa n. crit. *ad* p. 242.6) ; cf. Scarborough[1] 11. La fleur et les feuilles
étaient données dans du vin contre les morsures des *Venimeux*, avec
addition de Rue (cf. D. p. 243.3 s. = Pl. 24. 90). La fleur du Laurier-
rose fait l'objet d'une mention unique dans la littérature iologique,
mais au chapitre des poisons, où elle est citée dans la κοινὴ θεραπεία
par Paul d'Égine, 5. 29. 3 (26.16). — **2/** πηγάνιον : *Al*. 49, cf. Th. *HP*
1. 10. 4 (plur.). N. utilise aussi la forme plus courante πήγανον (cf.
l'adj. dérivé πηγανόεντας *Al*. 154) et plus souvent (523, *Al*. 306, 528,
607) la *glose* péloponnésienne ῥυτή (*Notice* p. xcvi). Sur la Rue (*Ruta
graveolens* L.) cf. D. 3. 45 (57 ss.) ~ Pl. 20. 131 ss. — Usage thériaque : selon Pline (20. 132 s.), elle est efficace non seulement contre
les *Serpents* mais aussi contre *Scorpions*, *Araignées*, *Abeilles*, *Frelons*,
Guêpes, etc. C'est de plus un préventif, si on la mange au préalable (D.
p. 57.9 ; cf. le *paradoxon* zoologique de la Belette mangeant de la Rue
avant de livrer combat à un Serpent : [Ar.] *HA* 9. 6, 612a 28 ~ Pl. 20.
132, cf. [Antig. Car.] 35. 1) ; utilisée en onction ou fumigation (Pl.
ib.), elle chasse les Serpents qui ne supportent pas son odeur. On
mélange sa graine aux antidotes (D. p. 59.11 s.) ; Pline (*ib*.) dit même
que c'est « un des premiers ingrédients des antidotes, et surtout celle
de Galatie », *i.e.* la Rue sauvage (cf. D. 3. 46 [59.14]). Philouménos
(37. 3) nous a conservé une composition de Straton contre le venin de
la Pastenague et de la Murène, dans laquelle entre la Rue (*Annexe* §5b,

fr. 7). — La racine, les feuilles et surtout la graine de la Rue, principalement sauvage (Damocratès *ap.* Gal. *ant.* 120.15 : τὸ δ᾽ ἄγριόν ἐστι πήγανον κρεῖττον πολύ), sont très souvent mentionnées dans le *De antidotis* de Galien (une quarantaine de fois, toutes *indications* confondues). — Iologues récents : Promotus (14 fois), Paul d'Égine (11), Philouménos (10), Ps.Démocrite (8), Aétius (5) ; dans la thérapie commune : Ph. 7. 6, 11, 14, Aét. 13. 12 (269.13), PAeg. 5. 2. 3 (7.20), PsD. 19 (78.13, 79.15) ; contre les *Vipères* : Ph. 17. 6 ; PAeg. 5. 13. 2, 5 (*bis*), PsD. 27 (86.9) ; *l'Hémorrhous* et la *Dipsade* : PAeg. 5. 16. 3 ; le *Cenchrinès* : PAeg. 5. 18, PsD. 32 (89.15) ; les *Scorpions* : Ph. 14. 5-7, PAeg. 5. 8. 2, PsD. 23 (82.15) ; *Scorpions* et *Phalanges* : PAeg. 5. 8. 3 ; *Phalanges* : Asclépiade *ap.* Aét. 13. 20 (279.23), Aét. *ib.* (279.21, 22) ; *Tétragnathes* : Aét. 13. 19 ; *Scolopendre* de terre et de mer : PAeg. 5. 9 (*bis*), PsD. 22 (82.2, 4). D'après *Geop.* 12. 5. 7, bue avec du vin, elle fait cesser douleurs et maux provoqués par les Venimeux. — 3/ θύμβρης (628) : la Sarriette en tête (*Satureia capitata* L.), D. 3. 37 (49 s.), cf. Pl. 19. 165, 20. 173 (distinction d'une espèce cultivée, *S. hortensis* L., et d'une vivace, *S. montana* L.). Il s'agit sans doute ici de l'espèce non cultivée : Pl. 20. 173 *montana, serpyllo similis, efficax contra* serpentes ~ *Th.* 533. Pline (*ibid.*) la dit également « des plus utiles contre les *Guêpes* et autres piqûres du même genre, si on la prend avec de la farine d'orge et de l'eau vinaigrée ». Dioscoride la compare au Thym pour ses effets (p. 50.3), mais il ne note pas son usage thériaque, non plus d'ailleurs que celui du Thym (3. 36) ; toutefois, il signale l'utilité de la plante voisine que N. et Pl. lui comparent, le Serpolet (cf. n. 115 §3). Galien (*ant.*) ignore la Sarriette, mais non le Thym (2 fois) et le Serpolet (13 fois). — Iologues récents : Ph. 22. 5 (29.6) ~ PAeg. 5. 18 (20.12) = PsD. 32 (89.14) la mentionnent, sans qu'on puisse préciser l'espèce, parmi d'autres substances végétales à appliquer sur la morsure d'un *Ammodyte* (Ph.) ou d'un *Cenchrinès/Cenchridion* (PAeg./PsD. ; selon Ph., ἀμμοδύτης = κεγχρίας). Philouménos (*l.c.*) : ὁ πεπονθὼς τόπος καταπλασσέσθω ... καὶ θύμβρᾳ καὶ ἀγρίῳ πηγάνῳ ἢ ἡμέρῳ καὶ ἑρπύλλῳ σὺν ἀσφοδέλῳ λελειωμένοις. C'est, sous forme de cataplasme, l'antidote des *Th.* tel qu'il apparaît aux v. 531-534, à ceci près que, chez N., le Serpolet n'intervient qu'aux fins de comparaison. De quelque façon qu'on l'explique, ce groupement à peu près identique méritait d'être signalé. — (d) 534-6 : *Asphodelus ramosus* L., cf. Th. *HP* 7. 13. 1 s., D. 2. 169 (234 ss.) ~ Pl. 21. 109, 22. 67 s. Sa tige est appelée ἀνθέρικος : Th. *ib.* §2, D. p. 235.2, cf. Pl. 21. 109, 22. 67 ; pour la valeur de διανθέος « à double fleur » (Σ 534c δισανθοῦς, διπλοῦν ἔχοντος ἄνθος) cf. Théophr. *HP* 1. 13. 2, à entendre de la corolle et des étamines ; pour λοβός « gousse », p. ex. Théophr. 7. 11. 3 (fin) φέρει δὲ καὶ λοβὸν ἐν ᾧ τὸ σπέρμα περὶ τὰ ἄκρα τῶν καυλῶν (cf. *Th.* 536 ἀμφίς). — Dioscoride connaît bien l'usage thé-

riaque de l'Asphodèle et de ses parties : p. 235.8 s. (3 dr. dans du vin
contre les *Serpents* [cf. *Test.*] ; feuilles, racine et fleurs avec du vin en
cataplasme sur les morsures) ; p. 236.6 s. (fruit et fleurs avec du vin,
excellent antidote contre les *Scolopendres* et les *Scorpions*). Pline 22.
67 (cité *Test.*) renvoie à notre passage mais y ajoute, d'après Dioscoride ou sa source, le dosage et la mention des Scorpions ; §68 il la
recommande contre *venins marins* et *Scolopendres* (cf. D. *supra*). —
Iologues récents : *racine* bue dans du vin, contre le *Dryinas* : Ph. 25.
3 (31.25) = PAeg. 5. 15 (18.15 s.) = PsD. 29 (87.15) ; contre les
Vipères : PAeg. 5. 13. 2 [16.25]) ; jus de la racine contre la *Scolopendre* terrestre et marine : *ib.* 9 (14.19) ; *fleur* ou *fruit* contre
l'*Hydre* : *ib.* 17 (20.3) ; *feuilles* en application sur les morsures de
Vipères : Aét. 13. 23 (285.3). — **(e)** 537 ἑλξίνην : Dioscoride connaît
deux plantes de ce nom, l'une appelée, entre autres, ἀμερσίνη ou
κισσάμπελος (4. 39, cf. Pl. 21. 23), le Liseron, *Convolvulus sepium*
L., l'autre (4. 85, cf. Pl. 22. 41, 43), qui a de nombreux synonymes,
parmi lesquels κλύβατις (p. 245.8), cf. D. 4. 85 RV p. 245.13 s., Σ
537b, *Parietaria officinalis* L., *P. diffusa* Fraas. Le synonyme cité par
N. (537 κλύβατιν), comme aussi σιδηρῖτις, παρθένιον, περδίκιον
cités par Σ *l.c.* (cf. D. p. 245.7 s.), nous orientent vers la Pariétaire de
Dioscoride. Le nom κουλυβάτεια (589, 851) est-il un autre synonyme
de la même plante ? LSJ s.v. et Chantraine, *DELG* s. κλύβατις, l'ont
admis sur la foi d'Hsch. (cf. *Test.* 589) ; c'est possible, quoique non
assuré (voir n. 63). Toutefois, l'habitat indiqué au v. 538 fait problème
(Wellmann[7] 27) : cf. D. 245.9 φύεται περὶ θριγκοῖς καὶ τοίχοις =
Pl. 22. 43 *nascens in tegulis parietinisque*. L'usage thériaque d'une
ἑλξίνη n'est pas attesté en dehors de N.

59. 557-563. La deuxième composition, comme d'autres ensuite,
mêle substances végétales et animales. — **1)** 557 s. : c'est évidemment
la *cervelle de poule* qui est conseillée, non les membranes qui l'entou-
rent ; elles sont un déchet à rejeter (cf. 110, 578, 690-692), d'où
λέψαιο (T) « éplucher, enlever l'écorce » (Chantraine *DELG* s.v.
λέπω) ; cf. 690 ἀποσκύλαιο δὲ λάχνην (la Belette doit être débarrassée de sa peau). La leçon λάζοιο s'appliquerait à la partie à
« prendre ». Les parallèles iologiques dictent le choix de la *v.l.*, bien
qu'un Scholiaste, égaré par le texte de ω, s'y soit trompé, Σ 557a
(213.18 λαβὲ τὰς ... μήνιγγας ; *contra* : 214.6). Pétrichos (*Annexe*
§9b, fr. 1) recommandait comme N. la cervelle de poule contre les
morsures de Serpents, un enseignement remontant à Érasistrate
(*Annexe* §5a, fr. 1a ; cf. n. 60b, 64a) où l'*indication* se réduit aux
Vipères, comme nous l'apprennent Ph. et PsD. au chapitre de la Vipère
(cf. PAeg. 5. 13 [16.24] mais sans la référence à Érasistrate). Philouménos la prescrit de plus au chapitre des remèdes communs (cf. Pétrichos, *supra*) : Ph. 7. 12 (13.5) = PsD. 19 (79.2). Dioscoride a l'*indica-*

tion la plus large dans sa *m.m.* 2. 49 (135 s. θηριοδήκτοις σὺν οἴνῳ δίδοται ~ Pl. 29. 78 [Pl. *ib.* 88, contre les Phalanges avec un peu de Poivre dans de l'oxycrat]) ; mais, dans ses *eup.* 2. 122 (302.7), elle est limitée à la Vipère, comme chez Érasistrate. — **2)** 559 : le *Polycnémon* (cf. *Al.* 57, [Orphée] *Arg.* 918), qui tire son nom des nombreux entre-noeuds de sa tige, est décrit par D. 3. 94 (107.8), cf. Pl. 26. 148, comme une plante buissonnante aux feuilles rappelant l'Origan. Apollas le mentionnait dans son Περὶ βοτανῶν, au témoignage des Scholies (Σ 559a, cf. *Notice* p. LV s.). Brenning a suggéré de l'identifier à *Calamintha clinopodium* Benth., mais c'est plus vraisemblablement un Basilic sauvage tel que *Ziziphora capitata* L. Nicandre est le seul à lui attribuer un usage thériaque qu'ignorent Dioscoride, Galien et les Iologues récents ; mais Dioscoride (3. 95 [108.9]) signale celui d'une plante voisine, le κλινοπόδιον, synonyme de πολύκνημον selon 94 RV p. 107.15. Possible synonymie de πολύκνημον et εὔκνημον : voir n. 70 §4. — **3)** Pour l'Origan voir les n. 10 §6 et 67cd. — **4)** Si le foie du Sanglier est ignoré des Iologues récents, Dioscoride a noté sa vertu thériaque : « frais ou sec, il est efficace contre les morsures de Serpents, écrasé et bu dans du vin » (*m.m.* 2. 46 ~ *eup.* 2. 122. 5 [302.12, contre les Vipères]). Pline 28. 152 offre des variantes de cette prescription (cervelle, graisse ou foie de Sanglier ou de Verrat). L'une d'elles concerne un *lobe* du foie : « le foie du verrat, et tout au moins le lobe (*fibra*) de la vésicule, à la dose de 4 deniers ». La description des v. 559-561, dont une scholie loue la précision anatomique (Σ 561a), est digne d'un prêtre d'Apollon rompu à l'examen des entrailles. On y retrouve quelques-uns des termes désignant des parties du foie qui ont reçu un nom « dans l'inspection des victimes sacrées » (Rufus d'Éphèse, *Onom.* 180 [p. 158] ~ Σ 560d) comme πύλαι et τρά-πεζα ; cf. l'examen des entrailles par Égisthe, Eur. *Él.* 827 s., avec les termes de λοβός, πύλαι et δοχαὶ χολῆς, Plat. *Tim.* 71c λοβὸν δὲ καὶ δοχὰς πύλας τε. Le terme de πύλαι désigne ce que les anatomistes appellent aujourd'hui *hile* (Ruf. 179 parle simplement de la veine-porte, cf. Ar. *HA* 496b 30-32 διὰ γὰρ τοῦ ἥπατος διέχει ἀπὸ τῆς μεγάλης φλεβὸς φλέψ, ᾗ αἱ καλούμεναι πύλαι εἰσὶ τοῦ ἥπατος). Pour la configuration de cette partie du foie voir la n. de Brenning : « le Lobe carré a le plus souvent, chez les Porcs, la forme d'un triangle situé entre la veine porte et la vésicule ». — **5)** Pour la double utilisation possible des ingrédients indiqués, soit séparément soit en composition (562 s.) cf. *infra* 912-914 et la n. 116.

60. 564-573. **(a)** 564 κυπαρίσσου : Cyprès commun, *Cupressus sempervirens* L., cf. D. 1. 74 ~ Pl. 24. 15 s. Dioscoride (p. 74.9 s.) dit seulement que le feuillage, en fumigation avec les fruits, est propre à chasser les Moustiques (cf. O. *ecl.* 124 [295.19] : strobiles, feuillage et râclure). En revanche, selon Pline, les fruits ou strobiles sont bons en

application contre les morsures de *Serpents* (24. 15), la racine pilée
avec les feuilles contre les *Araignées-Phalanges* et la râclure (*ramenta*)
en boisson contre les *Scorpions* (24. 16). Le Cyprès n'apparaît qu'une
seule fois *ap*. Gal. *ant*. (183.3), dans un antidote contre les *Phalanges*
(strobiles). — Les Iologues récents connaissent l'usage des feuilles, du
fruit et de la râclure en *fumigations* : O. *ecl*. 123. 5 (295.13) πρίσ-
ματα, PAeg. 5. 1 (5.9), cf. D. *eup*. 2. 132 (306.20), et en *litières* (Pr.
p. 44.6, *i.e*. feuillage) prophylactiques ; contre les morsures de *Serpents* sans distinction d'espèce (PAeg. 5. 2 [7.14] strobiles), ou, en particulier, contre *Hydre* et *Chersydre* (Ph. 24. 4 [31.1] 1 dr. du fruit, cf.
Aét. 13. 36 [288.17]) ; les piqûres de *Scorpions* (Ph. 14. 6 [18.3] avec
du vin, partie non précisée) ou de *Phalanges* (Ph. 15. 13 [20.23] décoction de strobiles avec du vin, cf. O. 119. 1 [294.5], *unde* PAeg. 5. 6. 2
[12.14] = PsD. 21 [81.11], Aét. 13. 20 [280.1 strobiles ou feuilles], Pr.
p. 54.16 ramilles pilées dans 1 cotyle de vin et d'huile) ; la morsure de
la *Musaraigne* (Ph. 33. 4 [37.2 strobiles tendres avec vinaigre] = PAeg.
5. 12 [15.18] = PsD. 26 [85.4]). Pour l'utilisation de la graine voir
infra 585 et la n. 62 §1f. — (**b**) 565 πάνακες (voir n. 53bd) désigne
diverses plantes médicinales mises en rapport avec des êtres divins ou
fabuleux (cf. Strömberg[2] 37, 98). En l'absence de déterminatif, il est
difficile de préciser celle que N. a en vue (pour le Panacès de Chiron
cf. 500 ss., pour celui d'Asclépios 685). Peut-être s'agit-il ici de celui
d'Héraclès, dont D. 3. 48. 5 (63.15) a noté l'usage thériaque. On pourrait songer aussi à l'ἀγριορίγανος, appelé πάνακες (D. 3. 29), mais
N. en parle sous le nom de κονίλη au v. 626. L'incertitude est de peu
de conséquence si Pline a raison d'affirmer que l'on soignait la morsure des *Serpents* « avec la racine de toutes les espèces de panacès
prise dans du vin » (Pl. 25.99, texte cité *supra* n. 53b 2). Érasistrate
(*Annexe* §5a, fr. 1b) conseillait contre les *Vipères*, sans plus de précision, « la racine du Panacès bouillie dans du vin pur » (cf. n. 59 §1).
L'omission du Panacès chez le Ps.Dioscoride, l'un des témoins de ce
fr. d'Érasistrate, est due seulement à une *excerptio* plus brutale. —
(**c**) κάστορος οὐλοὸν ὄρχιν : l'épithète peut surprendre, rapportée à
un ingrédient bénéfique (cf. 703 βροτολοιγόν [*infra* n. 75 §1], 880
σπέρμ' ὀλοὸν κνίδης). Faut-il l'entendre par rapport au *paradoxon*
du Castor, dont le testicule était recherché (cf. déjà Hdt. 4. 109) et qui
se serait castré pour ce motif (Sostratos, *ap*. Σ 565d = fr. 6 W.,
Androm. 159 s., *al*. ; voir Wellmann[12] 29 s, Id. *RE* 3. 400. 50 ss.) ?
C'est d'une manière analogue que Lucain (9. 917), lorsqu'il évoque les
plantes que les Psylles font brûler pour chasser les Serpents, donc
bénéfiques, mentionne *tamarix non laeta comas*, parce que le Tamaris
« était consacré sur les tombes des pauvres » (Scholie). — Parmi les
très nombreuses indications médicales du *castoreum*, son action contre
les morsures de *Serpents* est la première que signale Diosc. 2. 24
(129.7). La notice de Pline (32. 30) est beaucoup plus détaillée :

« Contre les piqûres des *Scorpions* on le boit dans du vin ; contre celles des *Phalanges* et des *Araignées*, dans du vin miellé de manière à le faire vomir, ou avec de la Rue de manière à le faire garder ; contre celles des *Chalcis* (cf. 817 et la n. 95), avec du vin de myrte ; contre celles du *Céraste* et des *Presters*, avec du Panax ou de la Rue dans du vin ; contre celles des autres Serpents, avec du vin » (trad. J. André). — Rien de plus fréquent dans les antidotes d'*indications* diverses que le καστόριον : 36 fois *ap.* Gal. *ant.*, dont environ la moitié dans des antidotes donnés pour efficaces contre les ἰοβόλα, à commencer par les deux plus célèbres, la Μιθριδάτειος ἀντίδοτος (107.7, cf. 108.12, 165.5) et la *Galénè* (Androm. 159). — Les Iologues récents (Ph. PAeg. PsD.) nous apprennent qu'Érasistrate (*Annexe* §5a, fr. 3b ; cf. n. 103 §7) l'employait contre la morsure du *Basilic*, en boisson avec du vin, selon nos sources, à la dose de 1 (PsD.) ou 3 dr. (Ph. PAeg.). Il figure dans un antidote pour les victimes des morsures de *Vipères* chez O. *ecl.* 117. 4 (293.17) = PAeg. 5. 13. 3 (17.2) ; dans un « excellent remède » de même *indication* « tiré de Lykos » chez PAeg. 5. 4 (17.7) = PsD. 27 (86.14) ~ Ph. 17. 11 p.24.26 (sans mention de Lykos chez ces deux derniers) ; dans des remèdes spécifiques contre le *Céraste*, en boisson avec du mélicrat : Ph. 18. 3 (25.21), et en onguent avec de l'huile : Ph. l. 22 = Pr. p. 55.29 ; contre *l'Ammodyte* en boisson avec de l'oxymel : Ph. 22. 4 (29.4), ou contre les *Scorpions* et les *Phalanges* : Ph. 14. 8 (18.10), Pr. p. 53.14, O. *ecl.* 119.7 (294.24) = PAeg. 5. 8. 3 (14.2). Il entre encore dans des remèdes communs à tous les *Serpents* : en boisson dans du vin, à la dose de 2 dr., Ph. 7. 12 (13.6) = PsD. 19 (79.3), cf. PAeg. 5. 2. 2 (7.12, 1 dr.) ; dans un autre antidote thériaque : Ph. 10. 3 (14.14) = Pr. p. 48.35, à la dose de 4 dr. (Ph.) ou de 1 dr. (Pr.), cf. également Pr. p. 47.21, 24, 31 ; dans un emplâtre : Pr. p. 46.35 ; en fumigation : O. *ecl.* 123. 5 (295.13), cf. PAeg. 5. 1. 1 (5.11), ou en onguent prophylactique : Pr. p. 45.10. — Voir Keller 1 p. 185 ss. (en particulier 188), Wellmann, « Biber », *RE* 3 (1897) 400-402. — (**d**) 566 : le « cheval du Nil », *i.e.* l'Hippopotame, qui abondait « au-delà de Saïs » (566 ~ Pl. 28. 121 *plurimo … super Saiticam praefecturam*), a été un fléau de l'Égypte ancienne avant d'être exterminé, en raison des dégâts qu'il faisait subir aux cultures (Steier *RE* 17. 569.34 ss.), séjournant dans les eaux le jour et dévastant les champs de blé la nuit (Diod. Sic. 1. 35. 9). N. est notre témoin le plus ancien pour le *paradoxon* des v. 570 s., qui, selon Steier, aurait comme base les observations de paysans égyptiens, et qui, après N., a reçu divers enjolivements. Du texte de N. il ne se tire rien de plus que ceci : au lieu de brouter dès sa sortie du fleuve, l'Hippopotame va jusqu'au bout du champ qu'il a choisi, et il ne le moissonne que sur le trajet du retour, si bien qu'en fin de coupe il se retrouve près du fleuve. D'après Pline 8. 95, il détermine à l'avance la coupe de chaque jour, et il fait en sorte que la trace de ses pas mène à

l'extérieur du champ (*ex agro ferentibus uestigiis*) pour éviter toute
embûche à son retour. On comprend généralement qu'il entre dans le
champ à reculons, ce que semble confirmer Solin (32.31) : (*ad
segetes) auersus astu doloso*. Selon Élien 5. 53, c'est en pâturant que
les hippopotames vont à reculons, « avec le fleuve derrière eux », afin
de faire front en cas d'attaque. Timothée de Gaza précise en effet que,
s'il agit ainsi, c'est parce qu'il est incapable de tourner la tête (c. 44
[25.14-16]). Évocation de l'Hippopotame à la pâture, mais sans le
paradoxon, chez Nonnos 26. 240-245. — Contre les morsures de *Serpents*, Dioscoride 2. 23 recommande son testicule avec du *vin*, Pline
28. 121 (~ *Th.* 572 s.) avec de l'eau, à la dose d'1 dr. Nicandre ne
figure pas parmi les auteurs étrangers pour le livre XXVIII, mais
Andréas. — Voir Keller 1 p. 406 s. ; A. Steier, « Nilpferd », *RE* 17
(1936) 567-571.

61. 574-582. [*Notes complémentaires aux v. 574-582* : V. 574
ἀβρότονου : à construire p.-ê. avec καρπόν comme δάφνης. — 575
ἀραιοτέρης : voir la n. au v. 133. — 576 *χραισμήεις = « qui
constitue une *χραίσμη » (583, plur. 852 ; cf. 551, 926 χραισμέω),
i.e. un « secours ». — ἀνδήροισι : Σ 576d ἔν τε ταῖς πρασιαῖς ἢ
τοῖς κήποις καὶ ἀναχώμασι τῶν ποταμῶν, Σ Thcr. 5. 93 b... κυρίως
δὲ ἄνδηρα τὰ ἐπάνω τῶν ὀχετῶν τῶν ὑγρῶν, ἤγουν τὰ χείλη τοῦ
ποταμοῦ ... c.... τὸν ἔνυγρον τόπον καὶ τὰ τῶν ποταμῶν ἀναχώ-
ματα, cf. Suid. α 2145 s. (~ δ 940, ε 1346), mais *ib.* 2146 : μέρος τι
τοῦ κήπου, ὥσπερ ἡ πρασιὰ καὶ ὁ ὀχετός. Pour le sens de « bord »
cf. Bacchyl. 1. 54 (mer), Hypéride fr. 113, Call. fr. incert. 814.1 (Antimaque fr. 191 W. = 93 M. = *SH* 79) et Euph. *SH* 418.36 (rivière) ;
pour celui de « bordure » (jardin) Thcr. *l.c.*, Straton *AP* 12. 197, et
déjà Th. *CP* 3. 15. 4 (vignes). — 577 τάμισον : cf. n. *ad* 949. —
*σκίνακος : cette épithète du lièvre (cf. *Al.* 325 εὐσκάρθμοιο) sert en
Al. 67 de subst. pour le désigner ; voir n. au v. 346. — 578 προκός :
un Cervidé, sans doute le Daim, en face de ζόρξ, le Chevreuil (cf.
n. aux v. 42, 142) ; en faveur de cette identification, le sens originel du
mot, probablement « tacheté ». Cf. Chantraine, *DELG* s. περκνός. G.-
S., après d'autres, donnent au mot le sens de Chevreuil, ce qui en fait
un équivalent de ζόρξ. — 579 τὸ : la relative précise la partie utile de
l'estomac, *sc.* ὃ (μέρος) ; cf. Suid. η 404. — 580 *ἐγκατόεντα : litt.
« relatif aux intestins » ; *hapax* absolu, un des nombreux adj. en -όεις
créés par N. (*Notice* n. 212). — 582 πολιοῦ : Σ 582a ἀντὶ τοῦ
παλαιοῦ ἢ λευκοῦ. Brenning a retenu la deuxième explication (*Weiss-
wein*), cf. 215 πολιόν τ' Ἀσέληνον, mais, à ma connaissance, cette
épithète ne s'applique jamais à la couleur du vin ; G.-S. ont adopté la
première (cf. Grévin, « viel vin »), à juste titre : Hsch. π 2785
πολιός· γέρων. Imitation des poètes qui parlent du vin vieux comme
d'un vieillard πολιοκρόταφος ? Cf. Archestratos *SH* 190.2 s., Mén.

Dysc. 946 s. — *ἐπιμίξας : seulement chez N. au sens de « ajouter en mélangeant » ; pour le rapport participe/verbe principal voir n. au v. 709.]

Bien que nous ayons affaire, comme en 557-563, à une composition dans laquelle les ingrédients végétaux ou animaux sont pour la plupart de simples candidats possibles, ce remède reste un σύνθετον (cf. 528 ἐπίμικτα), pour lequel le principe posé au v. 562 demeure valable. Le v. 581 (pour sa structure cf. 600, où le plur. ἄχθη est moins justifié) précise que chacun des ingrédients des v. 577-9 est à joindre au mélange (ἐπιμίξας) à la dose de 2 dr. — **1)** Ingrédients végétaux : **(a)** 574 ἀβροτόνου (cf. 66, 92, *Al.* 46) : espèce du genre Armoise d'identification incertaine (d'après Br., à considérer surtout : *Artemisia arborescens* L. et *Abrotanum* L.). Ἀψίνθιον (*Al.* 298), l'*Armoise absinthe*, est p.-ê. différente *pace* Scarborough[1] 13. Diosc. 3. 24 (33 s.) et Pl. 21. 160 distinguent deux espèces d'ἀβρότονον, femelle et mâle, Σ 66a une espèce cultivée et une espèce sauvage ou de montagne (τὸ μὲν κηπεύσιμον τὸ δὲ ὀρεινόν). Selon Pline, cette dernière, préférée de N. au v. 66, serait l'espèce femelle (*hoc* [sc. *montanum*]... *intelligi uolunt*). J. André *ad* Pl. *l.c.* l'identifie à l'Aurone femelle (*i.e.* Santoline ou Petit-Cyprès, cf. v. 910), l'espèce cultivée à l'Aurone ou Citronnelle. Cf. Wagler, « Beifuss », *RE* 3 (1897) 195 s. ; M.C.P. Schmidt, « Eberraute », *ib.* 5 (1905) 1894 s. — Dioscoride (p. 35.4-6) signale, outre son usage prophylactique contre les *Serpents* en litière et fumigation, son efficacité « en boisson, dans du vin », pour ceux qu'ils ont mordus, ajoutant : « elle convient particulièrement dans le cas des *Phalanges* et des *Scorpions* ». Pline (21. 162) explique ce fait par la vertu que possède l'*habrotonum* contre les frissons et le tremblement (cf. 721, 727, 744, 778 s.) ; il ajoute que la plante est bonne aussi en application sur les morsures. Chez Galien, elle figure dans de grandes compositions telles que les antidotes Μιθριδάτειος (*ant.* 108.16) et ἑκατονταμίγματος (155.11), et elle entre dans celui d'Antipater contre les *Cobras* (160.15). — Les Iologues récents l'emploient comme N. pour les litières (cf. 66, et n. 10 §11) et onguents prophylactiques (92, cf. Ph. 7. 1 [11.4], Pr. p. 45.1). Ils connaissent, comme Pline, son usage en application sur les morsures de *Vipères* : Ph. 17. 3 (23.12) ~ PAeg. 5. 13 (17.17) = PsD. 27 (85.15) ; et, comme Dioscoride et Pline, mais en précisant sa partie utile qui est la graine (cf. *Th.* 574 s. : même si ἀβροτόνου est à construire directement avec ἐπιλήθεο, il s'agit de son fruit ; cf. 583 s. κέδρος, ἄρκευθος et la n. 62 §1bc), sa vertu particulière contre les *Phalanges* : O. *ecl.* 119 (294.3) ~ Ph. 15. 12 (20.18), PAeg. 5. 6 (12.11) = PsD. 21(81.6) et les *Scorpions* (Pr. p. 52.23) ; O. (*l.c.*) étend l'*indication* aux *Scorpions*, *Guêpes* et *Abeilles*. Sa place dans la thérapie de la *Musaraigne* leur appartient en propre (Ph. Pr. PAeg. PsD.). — **(b)** δάφνης (943, *Al.* 198) = δαυχμοῦ, -οῖο *Th.* 94, *Al.* 199, *Laurus* *nobilis* L., Laurier-sauce (selon Bretzl, *Nerium oleander* L., Laurier-rose, chez Th. et les botanistes postérieurs, mais cf. 531 νῆριν et la n. 58c 1). Voir D. 1. 78 ; Pl. 15. 127 ss., 23. 152 ss. L'adj. ἀραιο-τέρης a parfois été rapporté au fruit (« le fruit amenuisé » Grévin), mais il caractérise la feuille d'après Antigonos (Σ 574b, cf. 575a), pour qui ἀραιοτέρης s'applique au Laurier *à feuilles étroites* (λεπτόφυλ-λος) appelé aussi *sauvage*. Pour Eutecnius 33.15, c'est l'espèce mâle que désigne ἀραιοτέρης. Dioscoride 1. 78 (78.5) distingue deux espèces en s'appuyant sur la forme de la feuille (ἡ μέν τίς ἐστι λεπτόφυλλος ἡ δὲ πλατυτέρα), sans parler de sexe. On ne les reconnaît pas dans les nombreuses espèces distinguées par Pline 15. 127 ss. Nicandre ne précise pas celle d'où est tirée la baie utilisée pour un onguent prophylactique (94, cf. n. 11 §5), ni la graine entrant dans sa panacée (943). — Dioscoride et Pline, en revanche, s'accordent sur l'usage thériaque du Laurier. *Baies* (δαφνίδες) prises dans du vin contre les *Scorpions* : D. p. 78.15 ~ Pl. 23. 154 (4 baies), 156 (10 baies), 155 (ajoute dans l'*indication* les *Araignées* et les *Serpents*). *Feuilles* fraîches pilées en application sur les piqûres de *Guêpes* et d'*Abeilles* : D. p. 78.9 ~ Pl. 23. 152 (ajoute les *Frelons*, ainsi que les *Serpents*, en particulier le *Seps*, la *Dipsade* et la *Vipère*), cf. Gal. *ant.* 179.7 (*feuilles* bouillies avec du vin, contre le venin des *Scorpions*). Pline offre avec N. un parallèle frappant quand il note (23. 155) que « le suc (des baies) pris en boisson combat les venins, mais surtout celui du laurier à feuilles très étroites (*laurus quae tenuissima habet folia*) ». — Philouménos nous a conservé, au sujet des venins marins, les prescriptions de Straton (*Annexe* §5b, fr. 7) : il recommandait les feuilles pilées de Laurier (δάφνη indéterminée) en application, et une décoction prise dans du vin. — Les Iologues récents ignorent eux aussi la δάφνη λεπτόφυλλος, ils ne connaissent qu'une δάφνη indifférenciée pour les usages signalés, à savoir contre *Guêpes* et *Abeilles* : Ph. 11. 4 (16.2) = Aét. 13. 13 (270.18) ~ Pr. p. 50.27 ; *Phalanges* : Ph. 15. 11 (20.17) = Pr. p. 54.12, Aét. 13. 20 (279.20) ; *Guêpes, Abeilles, Phalanges* et *Scorpions* : O. *ecl.* 119. 2 et 4 (294.11 et 17) ; *Vipère* : Ph. 17. 3 (23.12) = PsD. 27 (85.14), Ph. 17. 4 (23.18) ~ Aét. 13. 23 (285.4), PAeg. 5. 13 (17.16) ; à quoi ils ajoutent l'usage en litière prophylactique (Pr. p. 44.5), et contre la *Musaraigne* (Ph. 33. 4 [36.22] = Pr. p. 58.21, Aét. 13. 16 [271.19]). — (**c**) 575 ἀμάρακος (cf. 503 ἀμα-ρακόεσσα) ou ἀμάρακον (neutre ap. D. 3. 39 [52.1], genre incertain chez Nicias, *APl.* 188.3 = 2781 G.-P.), variété de Marjolaine (cf. Wagler, « Amarakos », *RE* 1 (1894) 1726-1728, Murr 195), *Origanum maiorana* L. ou *Maiorana hortensis* Moench. Le nom ἀμάρακος est inconnu de la littérature iologique, exception faite de la thériaque d'un auteur anonyme *ap.*Galien (*ant.* 52.6 = 102.5 = *carminum medicorum rell.* p. 91.34 Bussemaker) où elle figure comme ingrédient de l'ἡδύχ-ροον μάγμα. Mais elle est identique au σάμψυχον, selon Σ 576a, ce qui est confirmé par la littérature botanico-pharmacologique : cf. D. 3. 39 (52.1) et 39 RV p. 52.15 (nom du σάμψουχον à Cyzique et en Sicile) ~ Pl. 21. 163 *sampsuchum siue amaracum*. Pline cite Dioclès de Carystos (*Annexe* §1, fr. 3) comme garant de cette synonymie : « le médecin Dioclès et les Siciliens ont donné le nom d'*amaracus* à la plante que l'Égypte et la Syrie appellent *sampsucum* » ; cf. Wellmann[7] 26 n. 4 et *infra* 617 avec la n. 65h. — **2)** Les ingrédients animaux (577-580) consistent exclusivement en diverses espèces de *présure*, car l'estomac du Cerf (579) n'est pas une réalité différente. — **(a)** 577 : sur la présure, extraite de l'estomac de jeunes animaux non encore sevrés, cf. Gow ad Thcr. 7. 16. Ici, la présure du Levraut figure en première ligne (cf. 711, 949 s., où elle est seule conseillée) ; celles du jeune Daim (577 νεαροῖο porte sur προκός aussi bien que sur λαγωοῦ) et du Faon de Biche (cf. *Al.* 324), comme aussi l'estomac du Cerf, n'en sont que des substituts. Situation inverse chez Apollodore (*Annexe* §4, fr. 6, voir n. 75 §1), pour qui la présure du Lièvre est un succédané de celle du Faon. La présure de Lièvre a également la première place en *Al.* 67, devant la présure de Faon. En revanche, *Al.* 325 la mentionne en dernier lieu après celles du Daim, du Faon et du Chevreau. Nicon (voir *Notice* p. LVI[113]), dans ses Δυνάμεις, était d'accord avec Apollodore sur la primauté de la présure de Faon : la présure de Lièvre y occupe seulement la seconde place, avant celle du Chevreau mais après celle du Faon, qu'il jugeait « la meilleure » (Σ 577), opinion conforme à l'enseignement d'Ar. (*HA* 522b 11 ἀρίστη δὲ πυετία νεβροῦ : cf. Pl. 28. 150 = 8. 118, pour qui le meilleur remède contre la morsure des Serpents est « la présure d'un Faon tué dans le ventre de sa mère ». — **(b)** Dans son chapitre sur la présure, Dioscoride mentionne en premier celle du Lièvre contre les *Venimeux* en général, en boisson dans du vin (2. 75 [150.9], cf. 2. 79 [161.10] et *infra* n. 75 ; *eup.* 2. 122. 1 et 6 l'*indication* de la présure du Lièvre et du Faon est limitée aux *Vipères*). Il cite ensuite, mais pour d'autres usages, celles du Cheval, du Chevreau et de l'Agneau, du Faon de Biche et du Chevreuil (δορκάς), de la Gazelle (δορκάς) et du Cerf, etc. Pour Pline 11. 239 c'est celle du Lapin (*dasypous*) la plus appréciée, mais il vante aussi celles du Faon, du Lièvre et du Chevreau ; il sait que la présure de Cerf en boisson dans du vinaigre est bonne contre le venin des *Serpents* (28. 150), que celle du Lièvre guérit en outre les piqûres ou morsures de *Scorpion* et de *Musaraigne* et qu'elle met à l'abri de toute atteinte ceux qui s'en frottent (28. 154), que la présure d'Agneau est efficace elle aussi contre la *Musaraigne* (29. 88). Quant à Galien, son *De antidotis* mentionne seulement, d'après diverses sources, celle du Faon (187.17 [Dorothéos], 194.6 [Damocratès], contre toute morsure de *Serpent* ; 161.1 [Antipater], contre les *Cobras* ; 183.17 [Dorothéos Hélios], contre les *Vipères*). — Iologues récents : présure de Lièvre bue avec du vin (*remèdes communs* : Ph. 7. 12 [13.5] = PsD. 19

[79.3] ; contre les *Vipères* : Ph. 17.7 [24.7] = PsD. 27 [86.6], O. *ecl.*
118 [292.31] ; pour sa combinaison avec le sang de Tortue cf. n. 75) ;
de Lièvre ou de Faon (*Vipères* : O. *ib.* 293.4 ~ PAeg. 5. 13 [16.20]) ;
de Faon ou de Chevreau (*Vipères* : O. *ib.* 293.30 s., dans un antidote) ;
de Chevreau ou d'Agneau (*Musaraigne* : PAeg. 5. 12 [15.20]). —
(c) Pour le nom des quatre estomacs des Ruminants voir Ar. *HA* 507a
30-b 11 (cf. *PA* 674b 14 s.), Élien 5. 41 (il a omis le plus grand, *rumen*,
la *panse*) et cf. Wellmann[9] 7. N., qui n'a pas l'intention de les décrire
au complet comme Aristote, n'en cite que deux, apparemment la partie
utile : 579 ἐχῖνον (litt. « le hérisson », notre *feuillet*) désigne le troisième estomac, 580 κεκρύφαλον (litt. « la résille », notre *bonnet*) le
second (*reticulum*). C'est sans doute le *feuillet* ou le *bonnet* que Pline
28. 150 recommande lui aussi dans du vin contre les Serpents sous le
nom de *centipellio* « aux cent peaux » (appelé ainsi à cause des replis
de la muqueuse). On aurait plutôt attendu le quatrième, ἤνυστρον (cf.
Suid. η 404 s.v. τὸ παχὺ μέρος τῆς κοιλίας ἐν ἐντέρῳ· εἰς τρία γὰρ
τέτμηται ἡ γαστήρ, ἤνυστρον, ἐχῖνον, κεκρύφαλον), *abomasum*,
la *caillette* (Grévin traduit ainsi, en contradiction avec le texte), le seul
que possèdent les jeunes lorsqu'ils tètent ; c'est probablement lui qui
fournissait la présure de Cerf dont Pline parle au début du même paragraphe (cf. *supra* §b). — Sur l'utilisation de la présure dans les antidotes antivenimeux cf. les expériences menées sur le calcium et le
venin des Serpents, E.R. Trethewie, in :*Venomous Animals* 2 p. 88.

    62. 583-587. [*Notes complémentaires aux v. 583-584* : V. 583 μηδέ
σέ … λάθοι : *Al.* 279 s., 335 s., 594 s. (*Al.* 397 μηδέ σέ γ'… λήθη :
λήθοι West[2] 162 *recte*) ; cf. Hés. *Trav.* 491 μηδέ σε λήθοι ;
Androm. 129 μηδέ σε λήθῃ, erreur probable pour λήθοι (West[2] *ib.*).
— *χραίσμη : cf. n. au v. 576. — 584 *θερειλεχέος : une couche
composée de ses feuilles ou disposée *sous leur ombre* épaisse ; Σ
hésite, Eutecnius ne trad. pas cet *hapax* absolu.]

    Cette nouvelle péricope (même longueur que 594-598, 599-603), où
se mêlent encore ingrédients végétaux et ingrédient animal, apporte,
par sa structure, un écho affaibli de la précédente : même attaque (583
μηδέ σέ γ' ~ 574 μηδὲ σύ γ'), χραίσμη rappelle 576 χραισμήεις,
586 ἐλάφοιο reprend en variation 579 ἐλάφου. Autant de traits qui
montrent que tout est en ordre, si l'on admet ma correction au v. 586.
— **1)** Ingrédients végétaux (583-585). Sauf pour la Germandrée-
Polion, la partie utile des herbes et des arbres cités est la graine ou le
fruit. — **(a)** 583 πολίου : 64, *Al.* 305. Cf. D. 3. 110 (121.6) ~ Pl. 21.
44, 147, Σ *Th.* 64. La Germandrée bue en décoction contre les Venimeux : D. p. 122.1 ; additionnée de vinaigre, en application sur les
morsures des *Phalanges*, *Scorpions*, *Guêpes* et *Abeilles* : D. *eup.* 2.
127. 2 (305.7) ; en boisson, contre les *Vipères* : PAeg. 5. 13. 2 (16.28),
et les *Tétragnathes* : Ph. 35. 2 (38.19). Pilée avec de la Rue sauvage,

elle adoucit les Cobras : Pl. 21. 147, cf. D. 3. 110 RV p. 121.12 le
synonyme φευξασπίδιον. Dans tous ces usages, comme aussi en
litière (*supra* 64, voir n. 10 §10) et en fumigation, c'est la feuille qui
est employée. Cette plante entre dans beaucoup d'antidotes, celui de
Mithridate (Gal. *ant.* 107.7, *al.*), la *Galénè* (Androm. 143), l'antidote
« aux sangs » (*ant.* 151.17 ~ Pr. p. 49.11) et une demi-douzaine
d'autres à *indication* antivenimeuse. Quelques-uns de ces textes
conseillent la variété crétoise (*ant.* 112.2 ~ 151.17, cf. 43.8 [version
prosaïque de la *Galénè*], 93.2), mais aucun ne précise la partie à utiliser, sauf le v. 7 d'une thériaque anonyme, *ant.* 100.14 = *carm. med.
rell.* p. 91 Bussemaker : πολίοιο κόμης (cf. 61 §1c). — **(b)** 583
κέδροιο : cf. 64, 81, 597 ; un Genévrier utilisé pour les onguents et
les fumigations (cf. n. 7 §7 et 11 §4). Il est recommandé dans la thérapie commune à tous les Venimeux : PAeg. 5. 2 (7.1) ~ PsD. 19
(77.9) ; sa *résine,* κεδρία (D. 1. 77 [76.11]), additionnée de sel, en
application sur les morsures de *Céraste* : D. p. 77.9 s. = *eup.* 2. 123. 2
(303.6 s. *Vipères* et *Cérastes*) ~ Ph. 18. 3 (25.23) ; de *Vipère* : O. *ecl.*
118. 2 (293.13) ~ PAeg. 5. 13 (17.23) ; de μύαγρος : Pr. p. 55.29 ;
avec du sel, de la poix et du miel, contre celles de la *Scolopendre* et de
la *Musaraigne* : D. *eup.* 2. 128 (305.22), cf. Aét. 13. 17 (272.13),
PAeg. 5. 12 (15.24, sel omis) ; ses baies (κεδρίδες) pilées, en boisson
contre les *Phalanges* : Ph. 15. 12 (20.20) = PAeg. 5. 6 (12.12) = PsD.
21 (81.8), qui les mentionnent à côté de l'écorce de Platane. « On
les mélange aux antidotes » (D. 1. 77 [78.4]), p. ex. à l'ἀντίδοτος
τυραννίς administrée dans du vin aux θηριόδηκτοι (Gal. *ant.* 166.4
κεδρίδων μελαινῶν). N. ne précise pas, ici non plus, la partie utile,
mais il s'agit sans doute des κεδρίδες comme en 81 et 597. P.-ê. a-t-il
pris κέδρος au sens de κεδρίς, comme l'a fait Philouménos (voir n. 11
§4). — **(c)** 584 ἄρκευθος : *Juniperus oxycedrus* L. et *J. communis*
L. ; cf. D. 1. 75 (74 s.) ~ Pl. 24. 54 s. Ici encore, c'est la baie qui est
utilisée, ἀρκευθίς (D. p. 75.4), cf. Eut. 34.4 (ὅ τε … καρπὸς ὁ τῆς
κέδρου καὶ ὁ τῆς ἀρκεύθου), mais Eutecnius n'autorise pas à restituer ce terme : il ne traduit pas, il interprète. En boisson, contre les
morsures venimeuses (D. p. 75.6), en particulier celles des *Vipères* : D.
eup. 2. 122. 3 (301.21), cf. PAeg. 5. 13 (16.25) ; dans les onguents
prophylactiques : Ph. 7. 1 (11.3) = Pr. p. 44.37, cf. Pline 24. 55 ; dans
les antidotes : Pl. ibid. *miscetur et antidotis*, cf. Gal. *ant.* (7 fois), *Pis.*
292.16. — **(d)** 584 πλατάνοιο : *Platanus orientalis* L. ; D. 1. 79 (78
s.), Pl. 24. 44 s. Fruits groupés en capitules, appelés σφαῖραι (D. 4. 73.
1 [232.6], cf. Pl. l.c. *pilulae*), plus souvent σφαιρία. Dioscoride 1. 79
(79.3 s.) : « Les *fruits* encore verts (τὰ σφαιρία χλωρά), pris avec du
vin, sont bons pour les morsures de *Serpents* ». Pline 24. 44 précise la
dose (4 deniers), et il étend leur efficacité aux *Scorpions* ; de plus, il
conseille (§45) *l'écorce* dans du vin, en topique pour calmer la douleur
de leurs piqûres. — Rares occurrences du Platane dans la littérature

iologique : dans la thérapie commune contre les Venimeux, *fruits* verts
bouillis dans un mélange de vin et d'eau : Ph. 7. 11 (12.27) = PsD. 19
(78.10) πλατάνου χλωρὰ (PsD. : χλωρᾶς Ph. *corrigendum*)
σφαιρία ; pour *l'écorce*, citée à côté des baies de Genièvre, en boisson
contre les *Phalanges* cf. *supra* §b. — **(e)** 585 βουπλεύρου : inconnu
de la littérature iologique en dehors de N., du moins sous ce nom de
genre incertain (fém. [Σ 585a] ou n. [Pl. 22. 77]) ; a été identifié avec
diverses variétés de Buplèvre (p. ex. le B. ligneux, *Bupleurum frutico-
sum* L.). LSJ et G.-S. : *Ammi majus*, autre genre d'Ombellifères proche
du Cumin. Les Σ nous apprennent que Démétrios Chloros y voyait un
arbre ; d'autres un légume : Antigonos, se référant à Lykon (le Glau-
con de Pline ? cf. *Test.* ad 585), Épainétos Περὶ λαχάνων, N. lui-
même ('Ανδρέας, conjecturé par Cazzaniga, exclu de ce contexte),
dans le poème intitulé *Hyacinthos*. Le témoignage de Pline sur l'usage
thériaque de la *semence* n'est pas indépendant de N., qu'il allègue et
qui figure à l'*index* des autorités étrangères pour le livre XXII, mais sa
remarque sur celui de la *racine* prise dans du vin vient d'une autre
source. — Théophraste et Dioscoride ignorent le *bupleuron*, mais la
description de Pline (cf. André *ad* Pl. 22. 77 n.1) convient à l'arbris-
seau que Dioscoride a décrit sous le nom de σέσελι Αἰθιοπικόν (3.
53 [68.1] ~ Pl. 20. 36 s.). Le σέσελι entre dans la *Galéné* (Androm.
154) et dans un autre antidote thériaque bon contre tous les Venimeux
(Pr. p. 48.2 σέσελι Μασσαλιωτικόν). Il est mentionné parmi les
remèdes simples de la thérapie commune à côté des κυπαρίσσου
σφαιρία (O. *ecl.* 117 [292.23] = PAeg. 5. 2 [7.14]). — **(f)** 585
κυπαρίσσου : voir *supra* §e (fin) et la n. 60a. Hormis N., la littérature
iologique fait mention des σφαιρία, non du σπέρμα rarement cité
dans la littérature médicale : cf. Hp. 32.5 L., D. *eup.* 1. 5 (154.24)
κυπαρίσσου σφαιρίων σπέρμα, Archigénès p. 17.20 Brescia (dans la
composition de l'encens égyptien κῦφι, cf. O. *Eust.* p. 121.8 ~ PAeg.
7. 22. 4 [393.21] et 5 [394.8]), Alex. Tr. 2 p. 225.12. — Le Cyprès
abonde sur la chaîne de l'Ida (Th. *HP* 3. 2. 6, 4. 1. 3), en Crète (cf. Gal.
Pis. 211.14 ss. sur la richesse botanique de cette île). L'adj. Ἰδαῖος
distingue diverses plantes chez Dioscoride : βάτος, δάφνη, ῥίζα,
φλόμος (chez Gal. *ant.* 160.11, lire φλόμου Ἰδαίου) ; cf. Androm.
153 Ἰδαῖον καρδάμωμον. — **2)** Ingrédient animal : 586 ἐλάφοιο …
πηρῖνα. Selon Antigonos (*ap.* Érotien, cf. *Test.*) qui rapproche πήρα
(cf. Chantraine *DELG* s. πήρα, περίνεος), le mot πηρίν, -ῖνος
désigne le *scrotum*. Cf. Hsch. π 1763 περίνα, glosé αἰδοῖον ; *ib.* 1771
περίνος, *pénis* mais aussi *bourse des testicules* (~ Σ *Th.* 586a, selon
qui le mot peut avoir les deux sens). Ils peuvent s'appuyer l'un et
l'autre sur des parallèles iologiques. Dioscoride *m.m.* 2. 41 (134.5),
eup. 2. 122 (301.14) : poudre de *pénis* de Cerf bue dans du vin, à la
dose de 1 dr., contre les *Vipères* (= O. *ecl.* 118 [292.31], PAeg. 5. 13
[16.21]) ; constitue aussi une boisson prophylactique contre les *Ser-*

pents : D. *eup.* 2. 135 (307.11). Pline 28. 150 donne le choix entre le pénis du Cerf et ses testicules.

63. 588-593. [*Note complémentaire au v. 593* : V. 593 πληγῇσι : G.-S. comprennent « mélange ces produits *en les battant* » ; mais, partout ailleurs dans les *Th.* (*Al.* 295 « coups »), le mot a le sens de « plaie » et un tel cpl. convient moins à cette opération qu'au *broyage* (cf. 952). Brenning trad. : « wirst du… *aus den Wunden* entfernen », comme on le faisait anciennement, mais on attendrait plutôt le gén. ; d'où ma conj. πληγεῖσι (pour le participe employé sans article cf. 381 s., 427, 431) ; c'est elle que j'ai traduite.]

Le phytonyme κουλυβάτεια (cf. 851) seulement chez N. et Hsch. (cf. *Test.* ad 589), qui en font, comme de 537 κλύβατις, un synonyme de ἐλξίνη/(σιδηρῖτις) ; cf. n. 58e. Les Σ 589a, 851a se contentent de noter qu'il s'agit d'une plante. Son identification avec une Sanguisor-bée (Sprengel, cité par Br.) est gratuite. Mieux vaut l'ajouter à la liste des plantes de N. inconnues. A partir de la *f.l.* πουλυβάτεια (*Ald.*), Steve 58 est parvenu à la même conclusion.

64. 594-603. [*Note complémentaire au v. 595* : V. 595 *ἦτρον : « ventre », métaph. pour ἐντεριώνη (cf. Σ). — ὀλόψας : cf. 550 « arracher » (Call. 3. 77, fr. 573 ; Antip. Sid. *AP* 7. 241.5 = 342 G.-P. ; Nonn. 21. 70, 40. 104) ; ici « dépouiller, écorcer », *hapax* de sens (Σ 595c ἀντὶ τοῦ λεπίσας ~ Hsch. ο 624 ὀλόπτειν· λεπίζειν …).]

Les éditions antérieures marquent un nouveau paragraphe au v. 599, mais le σύνθετον qui commence au v. 594 va jusqu'au v. 603, où la mention de l'excipient marque sa limite ; le v. 598 (cf. 93) se contente de noter la quantité d'un ingrédient. Indications antivenimeuses des composants dans la littérature parallèle : — (a) 594 πίσσαν. Bue avec du vin, cf. *Al.* 574. Contre les *Vipères* : Érasistrate (*Annexe* §5a, fr. 1d ; cf. n. 57 §1, 60b) recommandait, entre autres remèdes, de « boire du vin dans lequel on a nettoyé son doigt après l'avoir trempé dans de la poix liquide ». En application, additionnée de sel, sur les morsures de *Serpents* (thérapie commune) : D. 1. 72 (70.22), Pr. p. 46.8, Ph. 7. 7 (12.9, 19) = PsD. 19 (77.6) ; contre celles de l'*Hémorrhous* : Straton (*Annexe* §5b, fr. 3) ; de la *Vipère* : O. *ecl.* 118 (293.14), PAeg. 5. 13 (17.24) ; additionnée de polente, contre celles du *Céraste* : Pline 24. 38 ; dans des emplâtres contre le venin des *Scorpions* : Pr. 15 (52 *passim*). Voir aussi Ph. 7. 8 (12.13), PsD. 19 (77.4) et la n. 118. — (b) 595 νάρθηκος : cf. *Al.* 272 ; *Ferula communis* L. Moëlle de la Férule verte bue dans du vin contre les *Vipères* : D. 3. 77 (90.1) νάρθηκος χλωροῦ ἡ ἐντεριώνη ~ Pl. 20. 261 (*sucus e*) *uiridi medulla*, contre les *Serpents* (§260, la racine à la dose d'1 denier dans 2 cyathes de vin, et en application). Les Iologues récents ne mentionnent la Férule que dans la thérapie des poisons. — (c) 596 ἱππείου μαράθου = ἱππο-

μαράθου, le Fenouil sauvage : D. 3. 71 (82.1) ~ Pl. 20. 255, 258.
D'après la description de Dioscoride (cf. Pl. §255), Ombellifère aromatique impossible à identifier (Br. *dub.* : *Seseli hippomarathrum*
Jacq. ; G.-S. : *Prangos ferulacea* Lindl.) ; cf. Dioclès, Περὶ
λαχάνων, *ap.* Pline *ibid.* (fr. 155 W = 210 vdE) et Wellmann[7] 24 s.
Dioscoride p. 82.4 signale l'usage thériaque de sa racine, mais aussi de
sa graine. Selon Pline 20. 258, graine plus efficace que la racine
(confusion avec le Fenouil cultivé ? cf. 893 et la n. 112 §4). Outre N.
(cf. *Test.*), Pline (§258) cite Pétrichos (*Annexe* §9b, fr. 2) et Micion
(Περὶ ῥιζοτομικῶν) comme garants de l'efficacité de l'*hippomarathum* (sur Micion voir *Notice* p. LV[108]). Remède inconnu des Iologues
récents. — (d) 597 κεδρίσιν : voir n. 62 §1b. — (e) ἐλεοθρέπτου
σελίνου = ἐλεοσελίνου, « Ache des marais », *Apium graveolens*
L. : D. 3. 64. 2 (76.8) ~ Pl. 20. 117. Dioscoride (*l.c.*) signale que
l'ἐλεοσέλινον est plus grand que le σέλινον cultivé (Céleri) et a les
mêmes propriétés médicinales ; or il vient de dire (p. 76.4 ss.) que la
graine du σέλινον κηπαῖον « est bonne pour les morsures venimeuses » et qu'« on la mélange utilement aux remèdes contre la douleur, les bêtes à venin et la toux ». Pline (*l.c.*) attribue à son *heleoselinum*, sans préciser la partie utile, une vertu particulière contre les
Araignées. Galien (*ant.*) et les Iologues récents ne connaissent que le
σέλινον et le πετροσέλινον, dont ils mentionnent souvent la graine.
A cause des vertus identiques du σέλινον, il est intéressant de noter
que, parmi les ingrédients d'un remède calmant contre les piqûres de
Scorpions, *Phalanges* et *Venimeux* de toute espèce, Asclépiade Pharmakion (*ap.* Gal. *ant.* 177.3) cite σελίνου σπέρματος ὀξύβαφον (~
Th. 598). — (f) 599 ἱππείου σελίνου = ἱπποσελίνου, variété de
Maceron : D. 3. 67 (77 s.) ~ Pl. 20. 117, 19. 162. Selon Pline (*ll.cc.* ~
D. p. 78.1), *hipposelinum* est le nom grec de *holusatrum*, appelé aussi
zmyrnium (le Maceron, *Smyrnium olusatrum* L.), mais Dioscoride précise en outre qu'il est différent de la plante appelée proprement σμύρνιον (le σμυρνεῖον de N., cf. 848 et la n. 103 §1). Dioscoride ne mentionne pas d'usage thériaque pour l'ἱπποσέλινον, mais selon Pline 20.
117, il « est contraire aux Scorpions » (*indication* convenant au
σμυρνεῖον de N.). Galien et les Iologues récents l'ignorent tout
comme l'ἐλεοσέλινον (voir. *supra* §e). — (g) 600 σμύρνης : *Al.*
601, gomme de l'arbre d'Arabie *Commiphora myrrha* Engl. ou *C.
abyssinica* Engl. Cf. D. 1. 64 ~ Pl. 12. 66 s. Ils ne mentionnent pas son
usage thériaque, bien qu'ils citent des remèdes de cette *indication* où
elle entre, p. ex. bue dans du vin contre les *Vipères* : D. *eup.* 2. 122. 6
(302.22), ou, avec une dose égale de la plante *Ammi*, contre les
Cérastes (D. *eup.* 302. 27 ~ Pl. 20. 164). Chez Galien (*ant.*), on la
trouve sous diverses formes et variétés (arabique, troglodytique, etc.)
dans beaucoup d'antidotes, entre autres, la *Galénè* (Androm. 131). —
Elle figure chez les Iologues récents dans maint remède : thérapie

commune, Ph. 7. 13 (13.13) = PsD. 19 (79.13) ; antidotes thériaques :
Ph. 10. 2 (14.11) = Pr. p. 48.22 (l. 23, lire νησιωτικῷ), *al.* ; contre les
Cobras : Ph. 16. 17 (22.18) ~ Aét. 13. 22 (282.9) ; *Vipères* : Ph. 17.
11 (24.26), O. *ecl.* 118. 1 (293.5), *ib.* 293.17 = PAeg. 13. 3 (17.3, 7) ;
Cérastes : Ph. 18. 4 (25.27) ; μύαγρος : Pr. p. 55.32 ; *Musaraigne* :
PAeg. 12 (15.22) ; *Scorpions* : Pr. p. 53.6, 14. — (**h**) 601 κυμίνου,
Cuminum cyminum L. : 710 ; cf. D. 3. 59 (71.6 Cumin cultivé), *ibid.*
60 s. (72.4, deux espèces sauvages) ~ Pl. 20. 159 ss. Nicandre le dit
θερειγενέος, car on semait l'espèce cultivée « au milieu du printemps » (Pl. 19. 161). Dioscoride note son efficacité contre les Venimeux, en boisson avec du vin : p. 71.14 (Cumin cultivé, partie utile
non précisée), p. 72.11 (1re espèce sauvage, la graine), p. 73.3 (2^e
espèce sauvage : « en boisson, excellent remède contre les morsures
de Serpents »). Pline ne signale pas explicitement l'usage thériaque du
Cumin cultivé, mais il dit que le sauvage est plus efficace, et qu'il
« combat non seulement le venin de Serpents, pris avec de l'huile,
mais aussi celui des Scorpions et des Scolopendres » (20. 162). Nombreuses mentions de la graine du Cumin sauvage dans ses différentes
variétés (thébaine, égyptienne, éthiopique) chez Gal. *ant.* (19 fois). —
De même chez les Iologues récents qui mentionnent la variété éthiopique beaucoup plus souvent que la thébaine. Thérapie commune : Ph.
7. 14 (13.15), Pr. p. 45.6, *al.*, PsD. 19 (80.1) ; contre *Vipères* : O. *ecl.*
118 (293.3), PAeg. 5. 13. 2 (16.20) ; *Cérastes* : Ph. 18. 4 (25.26) ;
Phalanges : Ph. 15. 12 (20.19), Pr. p. 54.17, PAeg. 5. 6. 2 (12.12),
PsD. 21 (81.7) ; *Phalanges et venins marins* : Ph. 15. 15 (21.5) ~ Pr.
p. 54.22 (voir n. 119b) ; μύαγρος : Pr. p. 55.32 ; *Scorpions* : Pr. p.
53.5, PAeg. 5. 8. 3 (13.26) ; *Tétragnathes* et *Araignées* : Ph. 35. 3
(38.24), O. *ecl.* 125 (295.22), Aét. 13. 18 (272.20), PAeg. 5. 7
(12.20) ; *Musaraigne* : Apollonios Mys *ap.* Ph. 33. 5 (37.5), Pr.
p. 58.25, PAeg. 5. 12 (15.25) ; *Scolopendres* : Aét. 13. 17 (272.14), cf.
D. *eup.* 2. 128 (305.23, cataplasme contre Scolopendres et Musaraignes). — Pour le Cumin avec le sang de Tortue (710) voir n. 75 §2b.

65. 604-619. [*Notes complémentaires aux v. 606-611* : V. 606 pour
l'emploi du gén. cf. 563, 693. — νευβδάλιοιο : attesté seulement
chez Oribase, Aétius, Paul d'Égine et p.-ê. Rufus d'Éphèse (fr. 59
extrait par Aét.) ; cf. Zon. 1393.19. — 609 δασπλῆτε : *hapax* hom.
(*Od.* 15. 234), cf. Simonide PMG 522.1, Call. fr. 30 et Pf. *ad loc.*,
Thcr. 2. 14, Euph. fr. 94.1 P., Lyc. 1452, seize occurrences chez Nonnos. — δράκοντε : sur la métamorphose de Cadmos et Harmonie en
Serpents cf. Σ 607 (citant D.P. 392), Eur. *Bacch.* 1330 ss. en particulier 1358, Ovide, *Mét.* 4. 563-603, Nonn. 44. 107 ss. Elle semble
incompatible avec la notion de sépulture, mais, selon une version de la
légende, ils avaient été changés en serpents de pierre (cf. Call. fr. 11.
2, Nonn. 44. 118). Chez N. (609 στείβουσι) et Ovide *ib.* 601-603, ils

ont conservé la liberté de leurs mouvements. — 610 ἀνθεμόεσσαν : cf. n. au v. 645. — ἄφαρ : 203 ; cf. Androm. 43 et, *ad rem*, 690 πρόσπαιον. — 611 *μελισσαῖος : seules autres occurrences, Steph. Byz. 442.16 (ethnique) = Hécatée, FGrHist 1 F 357, Hsch. μ 718 (épiclèse de Zeus). — *οὐλαμός : chez Hom., en parlant de guerriers ; d'animaux, catachrèse non attestée ailleurs.]

Pour la même raison que précédemment (cf. n. 64), la description d'un nouvel ἐπίμικτον commence en 604 pour s'achever en 618 s. sur deux prescriptions, la seconde concernant la nature et la dose de l'excipient, la première la σκευασία. Nicandre formule celle-ci après avoir considéré les ingrédients à broyer dans une série qu'il articule avec ses modes de liaison habituels : 605 σὺν δὲ καί (voir n. au v. 605) ne veut pas dire (*pace* Br. et G.-S.) que l'opération prescrite par ἐνθρύψαιο vise également le Nard, mais qu'au Nard on devra ajouter un Crabe fluviatile écrasé dans du lait. C'est le Crabe et lui seul que vise cette opération. — **(a)** 605 s. : sur l'efficacité du Crabe comme remède contre les Serpents cf. Pl. 9. 99 et surtout 32. 55. Le Crabe de rivière (605 s., cf. 949 s.), *Thelphusa fluviatilis* Latr., est un des remèdes découverts par les animaux contre les morsures des Venimeux, Serpents et Araignées : [Antig. Car.] 35, [Ar.] *HA* 611b 20 ~ Pl. 8. 97. Voir D. *m.m.* 2. 10 (125.15), *eup.* 2. 122. 5 (302.14) ~ Pl. 32. 53 s. (*cancri fluviatiles* = καρκίνοι ποτάμιοι) et cf. Thompson[2] 106. C'est, selon eux, un remède plus puissant que le Crabe de mer. Écrasé cru et bu dans le lait d'ânesse, il combat le venin des *Serpents*, notamment ceux de la *Vipère* (D. *eup.* l.c.) et du *Scytale* (Pl.22. 54), des *Phalanges* et des *Scorpions* (D. p. 125.19). Il figure comme ingrédient dans un *epithema* pour les piqûres de Scorpions chez Asclép. Pharm. (*ap.* Gal. *ant.* 179.13). — Les Iologues récents l'emploient comme remède simple, de même que Dioscoride et Pline, en boisson ou en application, mais aussi dans des remèdes composés : Ph. 17. 8 (24.11) ~ PAeg. 5. 13. 5 (17.10), extrait d'Archigénès, contre les *Vipères* ; Ph. 15. 16 (21.7) ~ Pr. p. 54.24, contre les *Phalanges* et les *venins marins* (voir n. 119b). Qu'il s'agisse d'un remède simple ou composé, le Crabe y apparaît souvent pilé, en décoction ou macéré dans du lait, comme chez Nicandre ou Dioscoride/Pline (*supra*) : Aétius 13. 23 (284.12) καὶ καρκίνοι δὲ ποτάμιοι λεῖοι σὺν γάλακτι λειωθέντες, contre les *Vipères* ; Ph. 15. 14 (20.24) = PAeg. 5. 6. 2 (12.15) = PsD. 21 (81.13) καρκίνον ποτάμιον χυλισθέντα μετὰ γάλακτος, contre les *Phalanges*. Pour le vin pur (619 μέθυ) comme excipient, Ph. 17. 7 (24.11) ; même dans ce cas, le Crabe peut avoir été préparé avec du lait : O. *ecl.* 118 (293.1) καρκίνοι ποτάμιοι γάλακτι διεθέντες, dans une liste de remèdes simples contre les *Vipères* à prendre dans du vin. — **(b)** 604 νάρδου : D. 1. 7-9 (11 ss.). Dioscoride décrit quatre sortes de Nard, indien, syrien, celtique et de montagne. Celui dont N. utilise la racine dans la thérapie du Pharicon semble être l'ὀρεινὴ νάρδος de

Dioscoride, *Valeriana tuberosa* L. : *Al.* 402-404, cf. D. 1. 9 (13.24 s.). Ici, à la différence de *Th.* 937 (racine), il n'indique pas la partie utilisée, et εὐστάχυος oriente plutôt vers le vrai Nard, Nard indien, *Nardostachys Jatamansi* D.C., appelé νάρδου στάχυς (Gal. *simpl. med. fac.* 12. 84.11), ναρδόσταχυς (D. 2. 16 [127.9]), ou Nard syrien, simple variété de la même espèce (D. 1. 7 [11.8-10]). Son épi floral était très renommé : Pl. 12. 42 *gemina dote nardi spicas ac folia celebrant*, cf. Ov. *Mét.* 15. 398 *nardi lenis cristas*. Toutefois, on doit également considérer le Nard ou Spic Celtique, *Valeriana celtica* L. (D. 1. 8 [12.22], cf. Pl. 12. 45 s.), l'espèce la plus réputée après les deux précédentes (cf. Pl. 12. 45), la seule dont Dioscoride dit expressément qu'« elle est efficace contre les morsures venimeuses, prise avec du vin » (p. 13.22 ~ Pl. 21. 135 *duabus drachmis*, cf. *Th.* 604). Des deux autres il dit seulement qu'« on les mélange aux antidotes » (p. 12.19). Et, de fait, le Nard, sous toutes ses formes et dénominations, est l'un de leurs éléments les mieux représentés *ap.* Gal. *ant.* (ναρδόσταχυς 10 fois, νάρδου στάχυς 2 ; Ἰνδική 9, Κελτική 8, Συριακή 5, Ἰλλυρική 1). Dans la *Galénè*, le Nard Indien voisine avec le Celtique, Androm. 133, 146 (cf D. p. 127.9, ναρδόσταχυς dans la préparation de sels thériaques). — Parmi les Iologues récents, attesté seulement chez Philouménos et Promotus. Antidotes thériaques : Ph. 10. 3 (14.15) = Pr. p. 48.36, 49.12 ; Pr. p. 48.6 ; thérapie de la *Dipsade* : Ph. 20. 3 (27.4) ; de la *Musaraigne* : Pr. p. 58.24 ; des *Phalanges* et des *venins marins* : (cité à côté de l'Iris, cf. *infra* §c et n. 119b) Ph. 15. 16 (21.3) ~ Pr. p. 54.21. — **(c)** ἶριν : 937, *Al.* 406, *Iris florentina* L. Les v. 607 s. précisent qu'il s'agit ici de l'ἶρις Ἰλλυρική, D. 1. 1 (5.14), cf. Th. *HP* 9. 7. 4, Pl. 21. 40-42, 140-144. Sur les Iris connus des anciens voir André (*ad* Pl. §40 n. 2). — 607-609 Ἀρίλων, Νάρονος ὄχθαι : cf. Pl. 21. 40 *in siluestribus Drinonis et Naronae* ; ces noms visent à identifier la région d'Illyrie, à l'intérieur du pays, où pousse l'Iris le meilleur (Th. *HP* l.c.). La leçon *Naronae* est suspecte, la ville dalmate de ce nom (Pl. 3. 142) étant proche de la côte ; altération possible de *Naronis* (Pl. 3. 144 *Narone amne* et *amnis Drino*) masquant l'accord de N. et de Pl., qui lui doit p.-ê. ces noms (N. figure dans l'index des sources étrangères du livre xxi). Ératosthène, *Géographouména*, livre III (*ap.* St. B. s. Δυρράχιον, p. 244.9 ss. = I fr. LXXX Bernhardy) place la tombe de Cadmos et d'Harmonie près du *Drilon* (ποταμοὶ δὲ Δρίλων καὶ Ἀῶος, περὶ οὓς οἱ Κάδμου καὶ Ἁρμονίας τάφοι δείκνυνται) ; cf. [Skylax] *Peripl.* 25 (près du *Rhizôn*), Denys le Périégète 390 s. (près du golfe d'Illyrie) ; pour la forme Δρίλων, outre Ératosth., cf. Strabon 7. 5. 7. Apollonios chante, sans citer son nom, « le fleuve illyrien aux noires profondeurs » (4. 516 s. Ἰλλυρικοῖο μελαμβαθέος ποταμοῖο, | τύμβος ἵν' Ἁρμονίης Κάδμοιό τε : voir Vian *ad loc.* [p. 34⁵], et, sur les localisations illyriennes de Cadmos, *Les Origines de Thèbes* 124 ss.). — Je mentionne-

rai seulement les textes iologiques où l'espèce illyrienne est désignée
en tant que telle. Galien dit que, entre elle et la libyenne, il y a la même
différence de qualité qu'entre un cadavre et un être vivant (*ant.* 59 s.).
C'est la meilleure variété Illyrienne (cf. *supra ad* 607-609) que N.
considère. Comme pour le Nard, il ne précise pas ici la partie utile (en
revanche, cf. 937 s.). Selon Dioscoride 1. 2 (7.2), l'Iris d'Illyrie est bon
pour « les morsures d'animaux venimeux, bu avec du vinaigre ». Pline
(21. 141) le recommande « dans de l'eau vinaigrée contre les morsures
de *Serpents* et d'*Araignées* », et « à la dose de 2 dr., dans du pain ou
de l'eau contre les *Scorpions* » (trad. André). On le trouve chez Galien
dans des antidotes d'*indication* antivenimeuse, la *Galéné* (Androm.
124 Ἰλλυρίην ἴριδα), la *Mithridatéios* (154.18), la thériaque d'Aelius
Gallus (161.6) efficace contre les *Serpents* de toute espèce, les *Phalanges* et les *Scorpions* (cf. 189.7-12) ~ Damocratès 191.11 s. Chez les
Iologues récents, les antidotes thériaques de Promotus (47.18) et de
Paul d'Égine (5. 2. 3 [7.19]) ne sont que des formes plus ou moins sim-
plifiées de celle-ci. Comme le Cumin (voir n. 64h), comme le Nard, le
Crabe d'eau douce et l'Aunée (*supra* §ab, *infra* §f), l'Iris figure dans la
panacée 934-956, cf. Philouménos 15. 15 (21.3) et voir n. 119b. —
(d) 610 ἐρείκην : *Al.* 451 ἀνθεμόεσσαν ἐ., la Bruyère en arbre,
Erica arborea L. ; cf. D. 1. 88 (82.22) ~ Pl. 24. 64. Chez Dioscoride,
la Bruyère est décrite après le Tamaris, auquel elle « ressemble, si ce
n'est qu'elle est beaucoup plus petite ». Il ne parle pas de ses feuilles,
que Pline compare à celles du Romarin, Σ 611a à celles du Lierre.
L'adj. hom. τανύφυλλον (*Od.* 13. 102, épithète de l'Olivier) est
ambigu. La littérature grammaticale glose : μακρόφυλλον « à feuilles
longues » (Ap. Soph. 149.7, Σ 610c), un sens inadéquat ici. Nicandre
lui a-t-il donné celui de « à feuilles ténues » (Chantraine, *DELG* s.v.
τανυ-, A) ? Le sens de « feuillu » convient à Bacchylide 11. 55
(τανί-) et Théocrite 25. 221 (épithète de ὄρος). La Bruyère est une
herbe mellifère (cf. 611). Ses feuilles et ses fleurs sont précisément les
parties d'usage thériaque, employées par Dioscoride en application sur
les morsures de *Serpents* : D. p. 82.25 ταύτης ἡ κόμη καὶ τὸ ἄνθος
καταπλασσόμενα ἑρπετῶν δήγματα ἰᾶται, notamment de *Vipères* :
eup. 2. 123. 2 [303.8] ἐρείκης φύλλα σὺν οἴνῳ, cf. PAeg. 5. 13. 5
(17.17). Pline 24. 64 se borne à dire que l'*erice* combat le venin des
Serpents. — Mais, à l'instar de N., les Iologues récents la recommandent aussi comme remède interne, en boisson, mais avec du vinaigre,
dans la thérapie commune à tous les Venimeux : Ph. 7. 11 (12.25) =
P.Aeg. 5. 2 (7.9) = PsD. 19 (78.8) ; cf. Pl. 13. 114 (excipient non précisé). — (e) 612 μυρίκην, *Tamarix tetrandra* Pall. ou *T. gallica* L. :
D. 1. 87 (82.6), Pl. 24. 67 s. Le mot θάμνον « buisson », « arbris-
seau » (ainsi, D. 4. 172 [321.3]), signifie ici « branche » garnie de ses
feuilles (cf. D. 3. 121 cité n. 10 §12, Pl. 24. 68 *uirgam*). De πανακαρπέα Σ 612b propose deux explications : ou bien parce qu'elle est trop

jeune pour porter des fruits, ou bien (hypallage) parce que le Tamaris
est un arbre qui ne porte aucun fruit (Pl. *ib.*, cf. 16. 108 réputé *infelix*
pour cette raison). N. semble se faire l'écho de la même croyance. —
Les v. 613 s., sans justification du point de vue iologique, sont à mettre
en relation avec la qualité de N. prêtre d'Apollon. L'oracle d'Apollon
de Koropè, sur le versant ouest du mont Bouphas et aux sources d'un
petit cours d'eau qui se déverse dans le golfe Pagasétique, était le sanctuaire principal du *koinon* des Magnètes (sur sa localisation voir Stählin, « Κορόπη », RE 11 [1922] 1436.24). L'adj. Κοροπαῖος apparaît
comme ethnique (I 7) et comme épiclèse d'Apollon (10. 55, 69, II 74)
dans le grand décret de Démétrias (ville qui avait absorbé Koropè), *IG*
ıx 2. 109 = *SIG* 1157, relatif à l'organisation des consultations de
l'oracle et à la protection de ses arbres, dont l'espèce n'est pas précisée. On ne peut s'autoriser de *Th.* 612 s. pour dire avec Stählin (*RE* 11
[1922] 1436.41 ss.) que les consultants s'approchaient de l'oracle, une
branche de Tamaris à la main. Le rôle du Tamaris dans la mantique
apollinienne (voir Σ 613a, exemple de rhabdomancie ? cf. aussi la
baguette que tient la γυνὴ χρησμῳδός dans le temple des Branchides,
Jamblique *Myst* 3. 11. 67 ss.) est attesté à Lesbos par l'épiclèse
Μυρικαῖος, Σ *l.c.* Pour le surnom de μάντις cf. fr. 85. 7 (le Chou)
ainsi que les appellations de couleur néopythagoricienne citées par
Wellmann[11] 132 n. 1 : les synonymes de la Jusquiame (Πυθαγόρας
[*sc.* καλεῖ] προφήτης D. 4. 68 RV [224.8], μάντις Ps.Apulée 74) et
les surnoms latins du Solanum (… ἔρβα οὐατίκινα … οὐάτεμ D. 4.
72 RV [231.14]) ; sur la croyance aux plantes divinatoires, plus fiables
que les pierres, *carmen de herbis* 208 ss., Hopfner, *RE* 13 (1926)
752.30. — Malgré l'interprétation qui a été suggérée de πανακαρπέα,
Dioscoride connaît et décrit son fruit (p. 82.7, 9) : c'est le fruit, ainsi
que l'écorce, qu'il juge bons contre les *Phalanges* (82.13 s.), cf. *eup.* 2.
126 (304.19) contre *Scorpions* et *Phalanges*, ib. 122. 6 (302.20) décoction de Tamaris contre *Vipères*, bue avec du vin (*unde* O. *ecl.* 118. 1
[293.4]). — Les Iologues récents recommandent, eux aussi, son fruit
en boisson dans du vin contre les *Phalanges* (O. 119. 1 [294.6] ajoute
Scorpions, *Guêpes* et *Abeilles*) : Ph. 15. 13 (20.22), 2 dr. pour 1 cyathe
~ PAeg. 5. 6. 2 (12.13) = PsD. 21 (81.10), 2 dr. pour 1 cotyle. —
(f) 615 κόνυζα (875, 942, *Al.* 331), l'Aunée ou Inule : D. 3. 121 (131
s.), Pl. 20. 171 s., 21. 58. Les deux espèces de Dioscoride, la μικρά ou
λεπτόφυλλος (D. 121 RV p. 131.7), qualifiée εὐωδεστέρα (*Inula
graveolens* Desf.), et la μείζων ou πλατύφυλλος (*ib.* 131.9), qui est
βαρύοσμος (*Inula viscosa* Ait), correspondent, dans l'ordre inverse,
aux deux espèces de Pline (20. 171 s.) que Théophraste (*HP* 6. 2. 6)
distinguait en κόνυζα ἄρρην et θῆλυς (voir André *ad* Pl. 20. 171
n. 1). Théophraste dit seulement que les deux espèces, à cause de leur
odeur, sont utiles contre le venin des θηρία. En dehors de l'usage
externe en application sur les morsures de *Serpents* (D. p. 132.6) et les

piqûres de *Scorpions*, *Abeilles*, *Guêpes* et *Phalanges* (*eup.* 2. 127
[305.6]), Dioscoride ne connaît que l'usage en litière et fumigation
(voir n. 10 §12). Pline 20. 172 (*medetur utraque* [l'une et l'autre
espèce] *contra serpentes ex uino uel aceto*) semble considérer un
remède interne (21. 58, espèce femelle préférée). Aussi bien la κόνυζα
λεπτή (= λεπτόφυλλος, cf. 875) figure-t-elle dans deux antidotes,
l'ἑκατονταμίγματος (*ant.* 156.4, cf. *Al.* l.c.), contre les poisons, et
celui d'Antipater (160.12) contre les *Cobras*. — Iologues récents. Pour
l'usage prophylactique voir n. 10 §12. En application contre les morsures de *Phalanges* : Pr. p. 54.13. En boisson contre les piqûres de
Scorpions : Pr. p. 52.1 (κόνυζαν τὴν λεπτόφυλλον) ; dans la panacée, Ph. p. 21.5 ~ Pr. p. 54.22 (cf. 942 [n. 119 b] et *supra* [§a,b,c]). —
(g) 615 ἀκτῆ : les Σ citent Th. *HP* 3. 13. 4, mais cf. surtout D. 4. 173
(322.5), Pl. 24. 51 s. Dioscoride et Pline en distinguent deux espèces,
une grande, le Sureau noir (*Sambucus nigra* L.), et une petite, l'Hièble
(*S. ebulus* L.). Ils attribuent à l'une et à l'autre les mêmes vertus thériaques, en boisson dans du vin, mais divergent sur la partie à utiliser,
la racine bouillie avec du vin, contre les morsures de *Vipères* (D.
p. 323.13, qui note que le fruit a les mêmes effets), ou les feuilles
(Pl. 24. 52, cf. Seren. Samm. 836). Inconnu de Galien (*ant.*). Unique
mention chez Paul d'Égine, mais dans un remède contre les morsures
de Chiens enragés. — **(h)** 617 σαμψύχου : La forme et le genre du
nom varient selon les auteurs. C'est par erreur qu'O. Schneider a écrit
σαμψούχου (cf. n. crit.), *unde* Page *ad* Méléagre (l.c. *infra*). Pour
σάμψυχον, outre N. fr. 74.53, cf. Méléagre *AP* 4. 1. 11 = 3936 G.-P.
et les médecins (Arétée, Gal., Orib., Aét., PAeg., Alex. Tr.), *al.* ; σάμ-
ψυχος : Σ *Th.* 503a (fém.), Hsch., Poll., PAeg. ; σάμψουχον :
Diosc., Paus., Athénée, Orib., P.G.M. ; σαμψοῦχος : Hsch. σ 156.
Sur le *sampsuchum* cf. André[1] qui propose : *Maiorana hortensis*
Moench ; également *M. microphylla* de Crète (*ad* Pl. 21. 163 n. 2).
Dioscoride et Pline le recommandent en application, avec du vinaigre
et du sel (D. 3. 39 [52.8 s.], Pl. *l.c.*), sur les piqûres de *Scorpions*. Promotus conseille de le mâcher avec du vinaigre (p. 54.15), ou d'en boire
1 dr. dans du vin (p. 54.18), en cas de piqûres de *Phalanges*. Voir n. 61
§1c. — **(i)** κύτισον désigne non le Cytise commun mais un arbuste,
d'origine étrangère en Grèce, fournissant un excellent fourrage, la
Medica (herba) des Romains, *Medicago arborea* L., Luzerne en arbre
ou argentée (Amphilochos Περὶ κυτίσου in Σ 617a, D. 4. 112 [264.6],
Pl. 13. 130 ss. [cf. 18. 144]), une plante aimée des Abeilles (D. 264.14,
Pl. 13. 131, 21. 70, cf. Gal. *ant.* 23.9-16). N. est le seul témoin de son
usage thériaque, si le texte n'est pas altéré : κύτισον, au v. 944, inspire des soupçons ; il a pu prendre la place de κύτινον ici comme là,
cf. n. 119 § 1. — **(j)** τιθυμάλλους : une espèce du genre Euphorbe
(*Euphorbia peplus* L. ou *E. hirta* L. ?). Voir D. 4. 164 ~ Pl. 26. 62-71
(cf. Th. *HP* 9. 11. 7 ss.), qui décrivent sous ce nom diverses espèces

d'Euphorbe (D. pas moins de sept) dont la plupart se distinguent par
« un suc blanc abondant » ; d'où εὐγλαγέας (voir n. *ad* 617). Les
témoignages (Σ 617a) de Micion et de Crateuas (test. 30) se rapportent
à la même plante. Usage thériaque attesté par le seul N. (*Geop*. 16. 20.
1 la recommandent seulement en application sur les piqûres de Scorpion ou autre Venimeux). La littérature spécialisée ne connaît que
l'Euphorbe résineuse d'Afrique du Nord, *Euphorbia resinifera* Berg,
appelée εὐφόρβιον, dont Dioscoride et Pline vantent dans les mêmes
termes le bon effet sur ceux qui ont été mordus par des Serpents ; D.
3. 82 (99.5 ss. ~ Pl. 25. 78) : « si on leur incise la peau du crâne
jusqu'à l'os et qu'on recouse la plaie après y avoir inséré le suc pulvérisé, ils n'ont rien à craindre de fâcheux ». Philouménos et Promotus la
conseillent dans la thérapie de la πελιάς (Ph. 28. 2 [33.17] = Pr.
p. 56.14) ; ingrédient d'un antidote thériaque : Pr. p. 48.5.

66. 620-624. Pour le découpage du texte cf. les n. 64 s. — (**a**) Dioscoride et Pline recommandent le potage de Grenouilles, bouillies avec
du vin et du vinaigre (Pl. 32. 48), avec du sel et de l'huile (D. 2. 26
[130.16 s.]), contre le venin de tous les Serpents (D.), contre les poisons
(Pl. *contra uenena bibitur* ; de Saint-Denis trad. à tort « venins », cf.
Pl. 23. 131, fin), avec du vin contre les *Scorpions* (Pl. *l.c.*). Pline parle
de Grenouilles de mer (Baudroies), Dioscoride de Grenouilles de
rivières, employées selon Pline, contre la Grenouille de buisson
(*rubeta*) et les *Salamandres*. — Chez les Iologues récents, comme chez
N. et D., il s'agit aussi de Grenouilles d'eau douce : ils prescrivent,
contre le venin des *Vipères* (cf. D. *eup*. 122. 3 [302.3]) de les manger
bouillies (O. *ecl*. 118. 1 [293.6] ~ PAeg. 5. 13 [16.18]), et d'en boire
aussi le bouillon (Aét. 13. 23 [284.14]). — (**b**) Les v. 622-4 illustrent le
principe de magie sympathique d'après lequel c'est la cause du mal qui
fournit le remède, conformément à l'oracle rendu à Télèphe ὁ τρώσας
καὶ ἰάσεται (voir Kerényi 112[7] ; Hubert, « Magia », *DA* 1508a ; Riess
« Aberglaube », *RE* 1 [1893] 36.41 ss.). Cf. Σ 760b (*Cranocolaptès*,
d'après Sostratos), *Al*. 575 (rate du Crapaud), D. 2. 65 (Seps ou Chalcis,
voir n. 95), *eup*. 2. 124 (303.21, tête de l'*Hémorrhoïs*), Ph. p. 17.19 s.
(Scorpion appliqué sur la plaie qu'il a causée), Marc. Sid. 84 s. (Dragon
marin) ; cf. encore Pl. 29. 89 sur le traitement de la morsure de *Musaraigne* et les n. 52, 94, 100 §3. Galien, lorsqu'il justifie l'emploi de la
chair de Vipère dans la thériaque (*Pis*. 10 [244 ss.]), cite en exemples de
remèdes tirés de la bête qui a mordu la *Musaraigne* (246.15), la *Vipère*
(l. 18), les *Phalanges* (248.15 s.). Relève du même principe le fait d'utiliser une plante ressemblant au Venimeux (ἔχις, σκορπίουρος).

67. 625-629. (**a**) 625 ἐλιχρύσοιο : notre Immortelle, *Helichrysum
orientale* L., *H. siculum* L. ou *Achillea santolina*. Voir D. 4. 57
(210.11) ~ Pl. 21. 66, 168 s., Th. *HP* 9. 19. 3, et cf. Thcr. 2. 78 ; appe-

lée aussi χρυσανθές (N. fr. 74. 69), χρυσάνθεμον (D. Pl.), ἐλειόχ-
ρυσος (Th.). Les trois auteurs (Pl. 21. 169) la recommandent (le
feuillage, D. p. 211.5) en boisson, dans du vin (Th. D.), contre les morsures de *Serpents* (cf. D. *eup.* 2. 122. 4 [302.9], *Vipères*). Ignorée de
Gal. *ant.* et des Iologues récents. — (**b**) 626 κόρκορον (-χορ- Eut.) :
864 (*codd.* ; -χορ- T Eut.) ; pour -κορ- cf. Aristoph., *Guêpes* 239.
Voir Th. *HP* 7. 7. 2 (κόρχορος), Pl. 21. 183 (*corchorum*, mais *corco-*
R) avec référence à N. (cf. *Test.*), en des termes semblant impliquer
qu'il est le seul garant de la vertu thériaque de cette plante. Elle
manque chez Dioscoride. Chez lui, le phytonyme κόρχορον est le
synonyme (2. 178 RV p. 247.12) d'une plante différente, ἀναγαλλίς ἡ
κυανῆ (appelée aussi κιχόριον, cf. n. 107 §2), *Anagallis caerulea*
Schreb. ou *A. arvensis* L., le Mouron bleu (D. 2. 178 [246 ss.] ~ Pl. 25.
144), qui, pris dans du vin, est bon contre les *Vipères* (D. p. 248.5 ; Pl.
25. 144 précise : 1 dr. de suc). Mais, dans la notice de l'*anagallis*, il
n'y a référence à N. ni chez Pl. ni chez D. Il est donc vraisemblable
que, chez N., il s'agit de la Corette, non du Mouron comme on le croit
généralement (les synonymes, ici comme ailleurs, ont pu être source de
confusion). Inconnue de Gal. *ant.* et des Iologues récents. — (**c**) 626
κονίλην : autre nom de l'Origan d'Héraclès, que D. 3. 27 (37.5)
appelle Origan d'Héraclée (ὀρίγανος Ἡρακλεωτική), et aussi de
l'ἀγριορίγανος, *ib.* 29 (39.3 s.) avec référence à N. (cf. *Test.*) pour les
synonymes de l'Origan sauvage que sont πάνακες, Ἡράκλεια et
κονίλη. Dioclès (*Annexe* §1, fr. 2 ; voir Wellmann[7] 25) dit que « la
conilè est appelée par les uns Origan d'Héraclès (~ 627), par les autres
Origan sauvage (cf. D. p. 39.3 s.) et *Panacès* (~ 626 πανάκτειον) ».
Selon Pétrichos (*Annexe* §9b, fr. 3), la κονίλη était appelée du nom de
son inventeur Κόνιλος. Dioscoride (p. 39.8) vante l'efficacité de ses
feuilles et de ses fleurs prises dans du vin contre les morsures venimeuses. — (**d**) 628 ὄνου ὀρίγανος : cf. *Al.* 56, *Origanon onites* L. ;
voir D. 3. 28 (38 s.) ~ Pl. 20. 175. D'après D. p. 39.1, il a les mêmes
effets que l'Origan d'Héraclée, lequel convient aux θηριοδήκτοι. Pl.
l.c. le dit efficace contre les *Araignées* et les *Scorpions*. Galien n'a que
deux recettes où entre l'Origan (*ant.* 113.15 [sauvage], 140. 4, 18 [non
spécifié]). — Chez les Iologues récents, (c) et (d) sont également
absents, mais ils connaissent l'Origan d'Héraclée : pilé sec ou frais et
bu avec du vin contre les *Cobras*, Ph. 16. 9 (22.25, citation de Nouménios *Annexe* §9a, fr. 5) = Aét. 13. 22 (282.5) ; en décoction dans du
vin contre les *Vipères*, O. *ecl.* 118. 1 (293.3), *ib.* p. 292.37 Origan
Syrien. D'ordinaire, ils recommandent l'Origan sans distinction
d'espèce. Remèdes internes bus dans du vin : thérapie commune, en
décoction, Ph. 7. 11 (13.2) = PsD. 19 (78.15) ; contre le *Céraste*,
feuillage haché : Ph. 18. 5 (25.29) = Pr. p. 55.33 (contre le μύαγρος).
En application sur les morsures de *Vipères*, pilé frais : Ph. 17. 3
(23.13) ~ PAeg. 5 (17.18) ~ PsD. 27 (85.16) ; avec du miel : Ph. p.

23.21 ; contre le *Chersydre*, détrempé d'eau : Ph. 24. 5 (31.6) ~ PAeg.
17 (19.27) = PsD. 31 (89.5) ; contre la *Scolopendre*, feuilles avec de la
farine : Pr. p. 50.6. — **(e)** θύμβρης : sur la Sarriette voir n. 58c 3.

68. 630-635. 1) μηκωνίσι *sc.* θρίδαξι, cf. Gal. *loc.* 173.14 s. (où il
faut p.ê. lire μηκωνίδες θρίδακες). La Laitue sauvage était appelée
ainsi à cause de ses effets semblables à ceux du Pavot : D. 2. 136.2
(208.6 s.), qui note que son suc servait à adultérer le jus du Pavot. La
comparaison de cette μηκωνίς avec la Laitue sauvage empêche d'y voir
la ῥάμνος des v. 861, 883, qui est un arbuste. Le synonyme *φιλέταιρις, i.e.* φιλεταίριον (~ 531 νῆρις = νήριον, cf. *Notice* p. CII §II 1) ;
ad φιλέταιρις cf. Pl. 25. 99 *philetaeris*), oriente vers le πολεμώ-
νιον/φιλεταίριον, D. 4. 8 (174.5) ~ Pl. 25. 64, p.-ê. *Hypericum olympicum* L. Dioscoride signale la vertu thériaque de sa racine bue dans du
vin (D. p. 174.11 [cf. *eup.* 2. 121 p. 301.3] ~ Pl. 25. 99), ajoutant
qu'elle servait d'amulette contre la piqûre des *Scorpions* (174.13 ~
Pl. 25. 119). On créditait de la découverte de cette plante soit Philétai-
ros, roi de Pergame, soit Polémon I, roi du Pont, d'où les deux noms
(Pl. 25. 64). Φιλεταίριον est aussi un synonyme de l'ὠκιμοειδές,
Silene gallica L. (D. 4. 28 [191.7]), de vertu thériaque également
(191.11 s., *Vipères* et autres *Serpents* ; cf. n. 69). Le πολεμώνιον/
φιλεταίριον est ignoré de Galien (*ant.*) et des Iologues récents. —
2) 633-635 : la tombe de Gygès est mentionnée par Hipponax (fr. 42.3
W. σῆμα Γύγεω, cf. Σ 633c), mais non celle de Tmôlos, l'époux
d'Omphale, à laquelle il légua à sa mort le royaume de Lydie (cf.
[Apollod.] 2. 6. 3). Les noms géographiques qui suivent appartiennent
à la Lydie. Le mont Parthénion n'est pas autrement connu (Σ 634a :
ἀκρωτήριον τῆς Λυδίας, 634c : ὄρος Λυδίας ἢ τόπος ἢ ποταμός).
Il est situé par rapport au Kilbis et aux sources du Caÿstre, qui prend
naissance *in Cilbianis jugis* (Pl. 5. 115). Strabon (13. 4. 13 C 629)
localise « à l'Est de la plaine du Caÿstre, qui s'étend entre la Mésogis
et le Tmôlos, et lui faisant suite, la plaine du Kilbis (τὸ Κιλβιανὸν
πεδίον) », sans doute le lieu où les chevaux pâturent en liberté (634
s.). C'est p.-ê. la « prairie Asienne » d'Homère (*Il.* 2. 461 Ἀσίῳ ἐν
λειμῶνι, Καϋστρίου ἀμφὶ ῥέεθρα, cf. Virg. *Géorg.* 1. 383 s.… *Asia
… / … prata Caystri*). C'est à elle, en tout cas, que songe Étienne de
Byzance s.v. Ἄσσος· ἔστι καὶ λειμὼν ἐν τῷ Κιλβιανῷ πεδίῳ τῆς
Λυδίας περὶ τὸν Καῦστριον ποταμόν (136.13-15), à rapprocher de
Strabon. — Une miniature de T (fol. 18ᵛ, Omont¹ pl. 66.3) illustre les
v. 633-635 : on y voit deux personnages assis face à face représentant,
à droite, appuyé sur le Parthénion, le plateau de Kilbis en Lydie ; à
gauche, le fleuve Caÿstre, sa source coulant à ses pieds ; à l'arrière-
plan, un petit temple grec (esquissé sommairement à la page précédente, fol. 18ʳ) censé être le tombeau de Gygès ou de Tmôlos.

69. 636-644. **1**) Ces deux variétés de Vipérines (nom propre à N., cf. 65) correspondent aux deux espèces de Dioscoride, l'*echion* (D. 4. 27 [190 s.] ~ Pl. 22. 50, 25. 104) et l'*ocimoeides* (D. 4. 28 [191] ~ Pl. 25. 104 [groupe les 2 espèces]) ou *echion*, synonyme donné par les meilleurs mss (191.7, cf. 28 RV 191.15). Wellmann, dont les *Sim.* proposent leur identification avec les deux variétés de N. dans le même ordre, adoptait précédemment (Wellmann[7] 22) l'ordre inverse, plus probable : 637-639 (I) = *ocimoeides*, 640-642 (II) = *echion* (chez Pl. 25. 104 elles se succèdent dans le même ordre que chez N.). I ressemble à l'Orcanette comme l'*echion* proprement dit de Dioscoride (637 s. ~ D. p. 190.9 s., cf. Pl. 22. 50 *pseudoanchusa* [= D. 4. 27, cf. André ad Pl. *l.c.* n. 1]), et il a comme lui des feuilles épineuses (638 ~ D. p. 190.10). Mais les traits que II partage avec l'*echion* de Dioscoride sont plus nombreux : exubérance de feuilles et de tiges (640 ~ p. 190.9, 11), couleur bleu-violet des fleurs (641 ~ p. 190 s.), comparaison du bourgeon avec une tête de Vipère (642 : D. p.191.1 parle du fruit, Pl. 25. 104 des *capitula*). A noter, par ailleurs, que, pour les Σ (637a [238.19], 638-641), l'ἄγχουσα de N. (638) n'est autre que l'ὤκιμον. — Fraas identifiait l'ὠκιμοειδές de D. (= N. ἐχίειον I) au Silène de France (*Silene gallica* L.), Sprengel à la *Saponaria ocymoides* L. Pour son ἔχιον (= N. ἐχίειον II) on a proposé diverses espèces de Vipérines, entre autres, *Echium rubrum*, *E. plantagineum*. L'ἐχίειον employé en litière (65) est sans doute II à cause de son odeur (Pl. 22. 50 cité n. 10 §3). Voir M.C.P. Schmidt, « Ἔχιον », *RE* 5 (1905) 1924.31. — **2**) Les deux Vipérines, en accord avec leur nom (Σ 637a [238.14 s.]), ont un usage thériaque que Dioscoride et Pline signalent avec des différences. A propos de l'*echion*, D. p. 191.2 ss. remarque : « non seulement la *racine* vient en aide à ceux qui ont été mordus par des *Serpents* si on la boit avec du vin, mais encore elle immunise contre leurs morsures ceux qui l'ont prise au préalable, de même que les feuilles et le fruit » ; voir également, contre les *Vipères*, la *racine*, les *feuilles*, la *tige*, et la *graine* en boisson ou en aliment (D. *eup.* 2. 122. 4 [302.10]), et les *feuilles* en application sur leurs plaies (123. 2 [303.8]). Pline 22. 50 : « les *feuilles* et la *graine* en boisson sont des plus efficaces contre les *Serpents*, les *feuilles* en topique sur les plaies ». — Nouménios (*Annexe* §9a, fr. 6) distinguait déjà deux Vipérines, mais il ne jugeait utile qu'une seule espèce, sans qu'on sache laquelle. N. utilise la racine des deux (643). Des deux autres Vipérines qu'il connaît, dites « d'Alkibios », N. recommande la première pour sa racine (548), mais la seconde pour ses feuilles (675). — La Vipérine, sans distinction d'espèce, figure rarement dans les antidotes chez Galien : une fois dans une thériaque d'Aelius Gallus (*ant.* 161.15 ἐχίου βοτάνης), deux fois dans des antidotes non thériaques (ἐχίου ῥίζης : 110.10, 113.5). — Iologues récents : *racine* en boisson prophylactique antivenimeuse chez Oribase (*ecl.* 123. 3 [295.7]) ;

racine et *suc* chez PAeg. 5. 13. 2 (16.26), parmi les produits efficaces
en boisson contre les *Vipères* (cf. *supra* D. *eup.*).

70. 645-655. [*Notes complémentaires aux v. 645-646* : V. 645
*ἀνθήεντος : ἀλθήεντος « salutaire », épithète banale d'un simple,
déjà employée au v. 84. La leçon de T, première occurrence du mot,
sans doute emprunté par Rufus (« le Ciste en fleur », cf. n. crit.) et par
Marc. Sid. 26 (en parlant d'un poisson de couleurs variées) a pour elle,
indépendamment de sa rareté, l'avantage de préciser l'époque de la
cueillette (cf. 610 ἀνθεμόεσσαν ... ἐρείκην, 494 et *supra* n. 52). —
646 *ῥίζεα : 940, *Al.* 69, *al.* — *λειήναιο : cf. 95 ; le Moy. est un
hapax. — * ἰσορρεπές : thér. Antioch. *Annexe* §9 c, v. 4, *carmen* 98.]
    Aux racines (645-647, cf. 651) viennent s'ajouter feuillage et
graines (648 s.) dans ce qui est, en fait, un ἐπίμικτον comme les
remèdes de la section précédente. **1)** 645 *ἠρύγγοιο : cf. 849,
Al. 564 ; il faut y reconnaître l'ἠρύγγη/ἠρύγγιον de Dioscoride (3. 21
[26 s.] ~ Pl. 22. 18 s.) et des Iologues récents, le Panicaut ; entre autres,
Eryngium campestre L., Chardon-Roland (Scarborough[2] 84 suggère :
E. creticum Lam.). Dioscoride et Pline notent son usage thériaque
(D. p. 27.3 avec moins de détails que Pl. 22. 18). Pline précise la dose
(1 drachme de la racine dans du vin ou, en cas de fièvre, dans de
l'eau) ; il le prescrit aussi en lotion sur les plaies et le dit particulièrement efficace contre les *Chersydres* et les *Grenouilles* venimeuses. Le
Panicaut figure 8 fois chez Galien, notamment la racine (le plus souvent) contre les *Vipères* (Aelius Gallus, *ant.* 189.16), les graines contre
Serpents et *Insectes* venimeux   (Damocratès, 192.3). — Chez les
Iologues récents, on le trouve dans la thérapie commune : Ph. 7. 11
(12.28), Pr. p. 47.21 ; Promotus recommande la racine en boisson
contre les *Scorpions* (p. 51.38). — **2)** 645 ἀκάνθου : D. 3. 17 ~ Pl. 22.
76, l'Acanthe molle, *A. mollis* L. ou *A. spinosus* L., à fleurs blanches,
appelée aussi μελάμφυλλον et παιδέρως (cf. N. fr. 74. 55 παιδὸς
ἔρωτες). Usage thériaque de la racine ignoré de Pline et Dioscoride,
comme du reste de la littérature iologique. — **3)** 647 ἐρίνου : chez
Dioscoride, le nom apparaît comme synonyme d'ἐπιμήδιον (4. 19 RV
[184.14 οἱ δὲ ἔρινον] ~ Pl. 27. 76), une plante sans usage thériaque
connu. Mais ici c'est plus probablement le nom de l'herbe décrite par
Dioscoride (4. 141 [284 s.] ~ Pl. 23. 131) sous les noms de ἐχῖνος ou
ἔρινος, cette dernière leçon (D. 141 RV p. 285.13) appuyée non seulement par Pline (*erinon*, restitution certaine pour *erinen/herinen*) mais
encore par Dioclès, p.-ê. la source commune de N. et de Dioscoride
(Wellmann[7] 23 s.). L'extrait de son Ῥιζοτομικός, cité *ap.* Σ 647b (voir
Annexe §1, fr. 1), offre des points d'accord avec Dioscoride : D.
p. 285.1 ~ Pl. *ocimi* similitudine, cf. Diocl. ὅμοιον ὠκίμῳ ; D.
p. 284.13 φύεται παρὰ ποταμοῖς καὶ κρήναις ~ Diocl. φύεται δὲ
πρὸς ποταμοὺς καὶ κρήνας καὶ τόπους εὐηλίους (οὖ, *pace* Well-

mann, τόποι εὐήλιοι n'est pas l'équivalent de ἅρπεζαι [*Th.* 647]).
Sprengel proposait une Campanule des rocailles (*Campanula erinus*
L.), ce qui conviendrait à certains des sens proposés pour ἅρπεζαι (cf.
n. *ad* 393), mais elle a des fleurs bleues, l'ἔρινος blanches (D. p. 285.2
ἄνθη λευκά ~ Pl. *flos candidus*). Brenning suggérait *C. ramosissima*
Sibth. et Sm. Pline a noté l'efficacité des feuilles d'ἔρινος contre les
poisons, Dioclès l'usage thériaque de la plante, sans préciser la partie
utilisée. Aucune mention de cet usage ni chez Dioscoride, ni chez Gal.
ant., non plus que chez les Iologues récents. — **4)** 648 *εὐκνήμοιο ...
ὀρείου : pour chacun de ces deux mots, les Σ 648b,e hésitent entre épithète et phytonyme ; cf. *Al.* 372 εὐκνήμοιο et Σ *Al.* 371d, où ces deux
explications sont avancées tour à tour. Eutecnius (p. 37.9) a pris, contre
toute vraisemblance, εὐκνήμοιο pour l'épithète et ὀρείου pour le
nom, alors que, dans sa paraphrase des *Al.* (p. 74.7), il considère justement εὐκνήμοιο comme un phytonyme. Ce nom n'est pas attesté en
dehors des passages cités de N. (et des Σ *ad loc.*). Est-il ici synonyme
de πολύκνημον (cf. n. 59 §2), une plante dont les feuilles rappellent
l'Origan ? Cf. Σ Hom. *Il.* 2. 497c πολύκνημον δὲ ὀρεινήν, τὴν πολὺ
(πολὺν ? Erbse) κνημὸν ἔχουσαν ἤτοι ὀρίγανον ~ Eustath. 405.17
τινὲς δὲ ἀντὶ τοῦ πολυορίγανον· κνημὸν γὰρ Ἀργεῖοί φασι τὴν
ὀρίγανον. — **5)** 649 σελίνου : sur l'Ache cf. 597 et la n. 64e ; pour
la particularisation géographique (Νεμεαῖον : cf. Pind. *Ném.* 2. 4) voir
Notice p. LXXXI. Les vainqueurs aux Jeux de Némée remportaient une
couronne d'Ache, comme à ceux de l'Isthme, cf. Olck, « Eppich », *RE*
6 (1907) 255 s. — **6)** 650 ἀννήσοιο : 911 ; *Pimpinella anisum* L. Voir
D. 3. 56 (69.8 ἄνησσον) ~ Pl. 20. 185 ss. (*anesum*). Selon Σ 650a, le
double ν serait attique. Dioscoride note que l'Anis convient contre les
Venimeux, Pline (20. 185) qu'on le prend dans du vin (~ 655) contre les
Scorpions. Pour la triple *indication* des v. 653 s., qui dépasse l'objectif
fixé à cette section, cf. n. 53c et l'antidote thériaque d'Antiochos Philomètor (*Annexe* §9c, v. 13-16). Outre cet antidote, l'Anis entre également dans une vingtaine d'autres transmis par les *ant.* de Galien (ἄνισον), certains contre les *Serpents* ou les *Venimeux* en général (149.14,
151.13, 167.1, 171.8, 187.18), ou des espèces particulières, *Cobras*
(161.1), *Phalanges* et *Scorpions* (177.3). — Promotus est, avec Paul
d'Égine, le seul des Iologues récents à le mentionner : contre les
Vipères (Paul 5. 13. 3 [17.2 dans un extrait d'Oribase, original perdu],
Phalanges (Pr. p. 54.17), *Scorpions* (Pr. p. 48.26). Mais il faut compter
avec une confusion possible entre ἄνησον/ἄνισον, d'une part, et ἄνηθον, de l'autre, l'Aneth ou faux Anis, ignoré de N. C'est ainsi que,
parmi les simples prescrits contre les *Phalanges* en boisson, dans des
termes similaires, par Philouménos, Paul d'Égine et le Ps.Dioscoride,
l'ἄνισον est cité par ce dernier (21[81.7]) à la place même qu'occupe
l'ἄνηθον chez les deux autres (Ph. 15. 12 [20.19], PAeg. 5. 6. 2
[12.11]). Pour un cas de confusion analogue chez Pline voir André *ad*
Pl. 20. 186 n. 2.

71. 656-665. *χαμαίλεος, néologisme de N. (mais cf. *Test.*) exigé par le mètre pour χαμαιλέων (lat. *chamaeleon*), plante ainsi nommée « à cause de la couleur *variée* (τὸ ποικίλον) de ses feuilles » (D. 3. 9. 3 [17.6] : cf. l'appellation de ποικίλος donnée au Chaméléon noir par Crateuas test. 32, *ap.* Σ 656b). Théophraste *HP* 9. 12. 1-2 et Dioscoride 3. 8-9 (14-17, cf. Pl. 22. 45-47) en distinguent comme N. deux espèces, le blanc et le noir. — **1)** 657-660 : χαμαιλέων μέλας. Ressemblance de ses *feuilles* avec celles du Scolyme (*Scolymus maculatus* L., ou *S. hispanicus* plus fréquent en Grèce) : cf. Th., D., qui la notent pour le noir comme pour le blanc, mais ajoutent que celles du blanc sont plus grandes. La conjecture τρηχέην peut s'appuyer sur D. p. 14.10 φύλλα τραχύτερα καὶ ὀξύτερα ~ Pl. 22. 45 *asperiora habet folia* (feuilles du blanc comparées à celles du noir) ; τροχεήν difficile à justifier (*pace* Wellmann) par la comparaison de la plante entière avec une ombrelle (Th. §2, cf. Σ 658b). *Racine* : la description du v. 659 concorde avec Th. *ib.* = D. p. 16.5 ῥίζα δε παχεῖα, μέλαινα. *Habitat* : 659 s. ~ Th. *ib.* χωρία δὲ φιλεῖ ψυχρὰ καὶ ἀργά. — **2)** 661-663 : χαμαιλέων λευκός. *Feuilles* : pour leur vigueur (661) cf. D. p. 14.10 φύλλα ... ἰσχυρότερα. *Tête* : 662 ~ Th. §1 πρὸς τῇ γῇ τινα κεφαλὴν ἔχει ἀκανοειδῆ μεγάλην (l'ἄκανος, espèce de Chardon), cf. D. p. 15.1 καυλὸν δ' οὐκ ἔχει, Pl. 22. 45 *serpit in terra*. La *Racine* : 663 ~ Th. *ib.* (cf. D. p. 15.5) λευκὴ ... καὶ γλυκεῖα καὶ ὀσμὴν ἔχουσα βαρεῖαν, Pl. *radice dulci, odore graui*. — Pline parle de deux espèces de Chaméléon noir, mâle et femelle, N. n'en connaît qu'une, comme Th. et D. Le synonyme ἰξίας, qui, chez le blanc, vient de ce que, « en certains endroits, on trouve de la glu (ἰξός) sur sa racine » (D. p. 14.7 s.), vaut aussi pour le noir (*ib.* p. 15.13), auquel N. a consacré une notice des *Al.* (289 ἰξιόεν ... πῶμα). On a identifié le noir avec *Cardopatium corymbosum* L., le blanc avec *Atractylis gummifera* L. — **3)** L'usage thériaque du Chaméléon se présente différemment chez D. et Pl. (Th. muet à ce sujet). Pour Pline, « les racines de toutes les espèces sont efficaces contre les *Scorpions* » (22. 47), alors que pour Dioscoride (p. 15.10), comme pour N., c'est exclusivement la blanche qui combat les Venimeux ; mais, à la différence de N., il recommande de la prendre dans du vin, non dans de l'eau, et il ne précise pas la dose. — Iologues récents : une seule morsure contre laquelle la racine de Chaméléon, sans distinction d'espèce, est recommandée en boisson, celle de la *Musaraigne* : PAeg. 5. 12 (15.19) = PsD. 26 (85.5 s.). La racine du noir comme ingrédient d'un emplâtre thériaque nommé d'après lui (ἡ διὰ χαμαιλέοντος) : Zénon de Laodicée *ap.* Ph. 10. 7 (15.2) = Pr. p. 46.24 (*sine nomine*, espèce non précisée) ; le même emplâtre recommandé dans le traitement des piqûres de *Scorpions* : Pr. p. 52.9. Chaméléon dans un autre emplâtre antivenimeux décrit par Damocratès *ap.* Gal. *ant.* 198.15 = *carm. med. rell.* 130 (p. 131 Bussemaker).

72. 666-675. [*Notes complémentaires aux v. 667-675* : V. 667
δράχμα : partout ailleurs, δράγμα ; cf. δάχμα (voir n. au v. 119),
νύχμα, etc. — 668-675 : du point de vue de sa structure, la notice sur
l'*herbe* d'A. rappelle celle des v. 541-549 sur la *racine* d'A., mais les
deux notices comportent des différences. Ici, la note historique sur
l'inventeur du remède (τὴν μὲν κτλ.) fait figure d'excursus : la recette
(666 s.) est complète avec sa mention de la dose et de l'excipient. Là,
les vers précédant la note historique (545 τὸν μὲν κτλ.) se bornent à
décrire la plante et sa racine, la partie utile. C'est la note historique qui
semble apporter le mode d'emploi (547 ss.) : N. ne précise pas que la
racine d'A. doit être prise en boisson, comme les simples appartenant
au même groupe (cf. 507, 551, 519, 527). La longue phrase 668-673
nécessite une correction. Les *vv.ll.* de 671 (ἐπήϊσε) trahissent l'embarras des critiques anciens. La conjecture de O. Schneider au v. 668 (cf.
n. crit.) allège le style mais risque de corriger N. — 670 Ἀμυκλαίη-
σι : 904 ; pour cet adj. employé comme équivalent de « Laconien »
cf. D.P. (5 fois), Max. 337. — 671 οὔλῳ : *Il*. 17. 756, 759 οὖλον
κεκλήγοντες (cf. 12. 125 ὀξέα κ.) ; cf. n. au v. 233. — ἐπήϊσε : de
ἐπαΐω, au pr. « entendre », d'où « percevoir », « avoir connaissance
de », cf. Ap. Rh. 1. 1023, 2. 195. — θυμολέοντος : épithète hom. de
héros ; pas de parallèle pour son application à un Chien. — 672
*ῥόθον : cf. 787 (sens le plus courant). Plut. fr. 34 (= Σ Hés. *Trav.*
220 τῆς δὲ δίκης ῥόθος ἑλκομένης) semble avoir reconnu dans ce
mot une *glose* béotienne signifiant « chemin escarpé », mais ce sens
ne convient pas à Hésiode (voir West *l.c.*), non plus qu'à N. (*pace*
West). N. a en vue non un « sentier de chèvre » mais les *traces* lais-
sées par le passage de l'animal, ses « voies », sa « foulée », comme le
prouve μεταλλεύων (« cherchant, explorant »), cf. Léonidas Tar. *AP*
6. 302.5 = 2195 G.-P. (τί μ-εις τοῦτον μυχόν ; si toutefois ce verbe
ne veut pas dire ici « creuser », cf. Gow *ad loc.*). Ni la *glose* béotienne
ni le sens admis par N. n'ont de parallèle. — 673 ῥαντῆρι : Σ 673a
ὅτι ῥαίνεται τοῖς δάκρυσι (cf. Poll. 2. 71). — 675 κατέβρυξεν :
Hippon. fr. 26 W., Léonidas Tar. *AP* 6. 263.3 = 2267 G.-P. —
φοινόν : pour le sens de « meurtrier », « mortel », cf. 146, *Al.* 187
(Σ). Ap. Rh. 4. 1522, Lyc. 507, 1001, 1081 emploient en ce sens φοί-
νιος.]

   Si, comme le pensait Brenning, l'« herbe d'Alkibios » est identique
à la Vipérine décrite aux v. 541-549, il faut admettre que N., puisant à
deux sources, a parlé deux fois de la même plante sans s'apercevoir du
doublon, et cela dans une même section, la thérapie des Serpents. Il est
possible, en effet, que l'on ait varié, sinon sur le nom de l'inventeur, du
moins sur ses activités (chasseur ou vanneur de blé). Rien ne permet de
postuler une confusion Ἀλκίβιος/Ἀρχίβιος à partir de Pline 22. 51
archebion ; et il importe peu que la partie utilisée de la plante soit la
racine ou le feuillage, Ἀλκιβιάδιος βοτάνη (Ph. 17. 9 [24.17]) pou-

vant recouvrir l'une ou l'autre de ces parties. Maintenant, le nom
'Ἀλκιβιάδειον a été attribué à diverses plantes : στοιχάς (D. 3. 26,
cf. 26 RV p. 37.10), ἄγχουσα (D. 4. 23, cf. 23 RV p. 187.12),
ἄγχουσα ἑτέρα (D. 4. 24 [188.14], cf. 24 RV p. 189.15), ἔχιον (D. 4.
27 [190.8], cf. 27 RV p. 190.14). Il pourrait de même s'agir ici d'une
variété de Vipérine différente de 541-549. Si c'est le cas, N. ne nous
fournit pas de critères d'identification. — Peut-être est-ce la même
herbe à laquelle Pline fait allusion, dans le passage où il traite des
plantes découvertes par les chiens : 25. 91 *percussus ... a serpente
mederi sibi quadam* (sc. *herba) dicitur, sed illam homine spectante non
decerpit*. Le chien d'Alkibios avait moins de malice. Mounitos mort à
la chasse, piqué par une Vipère : Lyc. 499 (ἔχις) ~ Euph. fr. 58 P.
(ὕδρος) ; la chienne Locris (Anytè *ap*. Poll. 5. 48 = 703 G.-P.). — 668
s. : σκοπέλοισι Φαλακραίοισιν cf. *Al*. 40 Ἴδης ἐν νεμέεσσι
Φαλακραίῃ ἐνὶ βήσσῃ. Φαλάκρα/-αι (Σ 668-672 [248.3], Steph.
Byz. 655.7) est, avec le Γάργαρον et le Λεκτόν (Bürchner, *RE* s.v. 12
[1925] 1889.30), une des trois hauteurs de l'Ida (Σ *Il*. 14. 284 [p. 631],
cod. Lips. gr. 32), ainsi appelée parce qu'elle est dépourvue de végétation (Steph. Byz. 655.7 s.). Krumnè et Grasos sont, comme les « prairies du Cheval » (Ἵππου *sc*. τοῦ δουρείου, Σ ~ Eut.), des « plaines de
Troade » (Σ *l.c*., p. 248.12 s.). Les mss de N. et d'Eutecnius s'accordent sur la leçon Γράσ(σ)ος et non Κράσ(σ)ος. Bürchner,
« Κρασός », *RE* 11 (1922) 1607.33, allègue N. indûment ; W. Ruge,
ib. 52 s., renvoie au patriarche Nicéphore, *Opusc. hist*. (p. 59.27 De
Boor) pour une plaine bithynienne de ce nom (πεδίον ὃ Κράσος
προσαγορεύεται). Aucun des sites troyens évoqués n'est localisable.

73. 676-688. [*Notes complémentaires aux v. 683-688* : V. 683 βλωθροῖο : épithète d'*arbre* chez Hom. (3 fois), cf. Ap. Rh. 4. 1476, Érykios *AP* 7. 174.2 = 2239 G.-P^2., QS 8. 204 ; d'*herbe*, Arat. 1089 ; pour
le masc. cf. n. au v. 129). — 685 ὅρρα : cf. *Al*. 424 (Ω) c. *Schol*.
(ὅρρα T *c. cett*.). J'ai suivi la leçon des meilleurs mss, quoiqu'elle soit
contraire à l'enseignement d'Aristarque ; cf. Σ Ap. Rh. 1. 769-773, *ib*.
3. 37 (citant *Il*. 16. 228 τό ῥα τότ' ἐκ χηλοῖο λαβών) : οὕτως Ἀρίσ-
ταρχος « τό ῥα » διὰ τοῦ ἑνὸς ῥ, cf. ad 3. 37. Mais le Scholiaste
atteste en ces deux passages la graphie « par deux ῥῤ » dans l'éd.
qu'il commente, et tel est bien le texte de l'archétype de nos mss d'Ap.
Rh. en 3. 37. Nicandre, comme Apollonios, a pu suivre ici Zénodote.
— 686 ἄμερξεν : cf. *Al*. 546, Léonidas Tar. (cité n. crit.), Thcr. 26. 3
(Μογ.), *infra* 864 ἀμέργεο. — 687 Ἀμφιτρ. : [Thcr.] 25. 152, Grég.
Naz. *carm. moralia*, P.G. 37. 772.8. — *θέρων = θεραπεύων (forme
tronquée lycophronienne, cf. n. au v. 402), *hapax* absolu ; Ap. Rh. 4.
1312 θέρον (Act. de θέρομαι) a le sens attendu de « chauffer ». —
688 *ἐπυράκτεεν : *Od*. 9. 328 « durcir au feu » ; le sens de « brûler » n'a pas de parallèle.]

1) 676 κρότωνος : synonyme de κίκι, *Ricinus communis* L. Voir
D. 4. 161 (305.10) ; Pl. 15. 25, 23. 83 s. L'écorce surprend : c'est des
feuilles et du fruit que l'on extrayait l'huile. Usage thériaque ignoré du
reste de la littérature iologique. — **2)** 677 *μελισσοφύτοιο : pour ce
phytonyme particulier à N. cf. l'*hapax* tardif μελισσοβότανον glosant
Théocrite 4. 25 μελίτεια (Schol. *ad loc.* p. 34.47 Dübner). Il caractérise la plante en tant qu'herbe mellifère, comme le μελισσόφυλλον de
Théophraste et de Dioscoride avec lequel elle s'identifie : D. 3. 104
(115 s.) ~ Pl. 21. 149 (cf. 70 et 82 pour son rôle en apiculture), *Melissa
officinalis* L. ou *M. altissima* Sibth. ; voir *supra* 554 s. et la n. 55a. —
En faveur de cette identification, son usage thériaque, dont les traités
iologiques parallèles précisent les modalités en accord avec Dioscoride. Contre les piqûres des *Scorpions* et des *Phalanges* (Pline ajoute
celles des *Abeilles* et des *Guêpes*), et les morsures de *Chiens*, Dioscoride recommande les feuilles en boisson avec du vin, en application sur
les plaies, ou leur décoction en lotion (p. 116.1-3). — Mêmes direc-
tives chez les Iologues récents. Contre les *Phalanges*, lotion et application : Ph. 15. 11 (20.14 s.) = PAeg. 6. 2 (12.9) = PsD. 21 (81.4 s.).
Mais, chez eux, elle figure aussi dans la composition d'emplâtres prescrits contre les *Venimeux* en général : Aét. 13. 12 (269.15), et, surtout,
en remède interne contre les *Vipères* (suc des feuilles dans du vin) :
Ph. 17. 7 (24.8 s.) ~ Aét. 13. 23 (284.8), cf. PAeg. 13. 2 (16.23) = PsD.
27 (86.8) ; cf. aussi Damocratès *ap.* Gal. *ant.* 193.5 = *carm. med. rell.*
34 (p. 129 Bussemaker). — **3)** 678-680 Héliotrope : D. 4. 190 s. (338
s.) ~ Pl. 22. 57-61 en distinguent deux espèces, le grand (*helioscopium*
de Pline §58) et le petit (*tricoccum* §60). Le nom de σκορπίουρον est
donné à la grande espèce par Dioscoride (§190), à cause de la fleur, à
la petite par Pline (§60) à cause de la graine qui ressemble à la queue
du Scorpion. La petite espèce a la propriété d'extirper les verrues (D.
§191 [339.14] ~ Pl. §61, cf. Marcellus, *med.* 18. 64 [320.23] *herbam
uerrucariam, i.e. heliotropium*). — Dioscoride et Pline, entre autres,
ont signalé la particularité que l'Héliotrope partage avec d'autres
plantes (Σ 676d [251.8] cite l'Anémone) de « tourner ses feuilles vers
le soleil dont il accompagne le déclin » (D. p. 338.5 s.). Mais ce qu'ils
disent du mouvement apparent du soleil pendant le jour peut
s'entendre, chez N., de son mouvement apparent annuel. Le terme de
τροπαῖς est en lui-même ambigu, car, dans la poésie archaïque dont N.
suit le modèle, il s'applique aussi bien à l'endroit de l'horizon où le
soleil se couche (*Od.* 15. 404) qu'au point fixe de l'année solaire que
constitue le solstice, d'hiver (Hés. *Trav.* 479) ou d'été. C'est en fait
vers cette deuxième interprétation que nous oriente la comparaison
avec l'Olivier. C'était, dans l'antiquité, une croyance bien établie que
les feuilles de l'Olivier, parmi d'autres arbres, avaient la propriété de
se retourner après le solstice pour présenter vers le haut leur face claire
en été, la sombre en hiver, donnant ainsi le moyen de reconnaître que

le solstice était passé (Th. *HP* 1. 10. 1 ; cf. Pl. 16. 87 et la n. 1
d'André). — Le texte de N. ne permet pas de savoir s'il mentionne le
« grand » ou le « petit » Héliotrope, si bien que l'on peut hésiter entre
Heliotropium europaeum L., identifié avec le grand, et *H. supinum* L.
avec le petit (Fraas). Toutefois, il est à noter que, selon Brenning, les
Grecs employaient ce dernier, naguère encore, contre les piqûres de
Scorpions. — Plus anciens utilisateurs connus de la plante à des fins
thériaques : Apollodore (*Annexe* §4, fr. 7) et Apollophane de Séleucie
(*Annexe* §5d, fr. 2), la grande espèce dans du vin ou de l'hydromel
pour les piqûres de *Serpents* et de *Scorpions*. Contre les *Scorpions*,
« en boisson avec du vin, et en application », et même, la racine en
« amulette » : D. p. 338 s., cf. *eup.* 2. 126 (304.21, σκορπίουρον en
aliment, ajoute : *Phalanges*, *Guêpes*, *Abeilles*), 127 (305.5 ἡλιοτρόπιον τὸ σκορπίουρον, contre les mêmes), 136 (307.17 ἡλ. τοῦ μεγά-
λου τοῦ σκ., la racine en amulette) ; contre les *Serpents*, la graine ou
les feuilles dans du vin (Celse 5. 27. 5B). Pline (22. 60) dit de la petite
espèce : « elle est efficace contre tous les animaux venimeux et les
Araignées-Phalanges, mais surtout contre les *Scorpions*, en lotion »
(trad. André). — Iologues récents : Ph. 11. 3 (15.27 ἡλιοτροπίου)
cataplasme de feuilles contre *Guêpes* et *Abeilles* ; O. *ecl.* 119. 2 (ἡλιοτρόπιον τὸ σκορπίουρον) en application contre les mêmes et les
Arachnides ; Pr. p. 52.6 (σκορπίουρον βοτάνην, 32 (σκ.) contre
Scorpions ; Aét. 13. 23 (284.19 ἡλιοτροπίῳ) en boisson avec du vin
contre les *Vipères*. — **4)** 681 κοτυληδόνος : *Cotyledon umbilicus* L.,
doit son nom à sa feuille concave, qui rappelle le creux d'une coupe
(*Al.* 626). Voir D. 4. 91 s. (250 s.) ~ Pl. 25. 159. Leur première espèce
a été identifiée avec le Nombril-de-Vénus (*Umbilicus pendulinus*
D.C.), la seconde avec une Saxifrage (Fraas proposait *Saxifraga media*,
abondant dans le Parnasse). De la première, si Dioscoride dit (p.
250.11) qu'elle est bonne en application contre les engelures (~ 681 s.,
Σ 681a), il ne signale pas plus que Pline son usage thériaque. Mais les
vertus de la seconde sont, selon Dioscoride, pareils à ceux de la Joubarbe, à ceux de l'Iris selon Pline (la correction de Mayhoff, *satiui
aizoi* au lieu de *iridi*, rétablit la concordance avec Diosc.), deux plantes
d'usage thériaque reconnu. Pour la Joubarbe voir D. 4. 88. 2 (248.10) :
on la donne en boisson contre les morsures de *Phalanges*. C'est sans
doute la deuxième espèce que N. avait en vue. Dans le reste de la littérature iologique, la racine de Cotylédon ne figure que chez Galien,
dans l'antidote ἑκατονταμίγματος contre les poisons (*ant.* 158.1 s.),
et dans l'antidote τυραννίς, que l'on prenait avec du vin contre les
Venimeux (166.10). — **5)** 683 πυρίτιδος : *Al.* 531. *Convolvulus
arvensis* L. ? La πυρῖτις est ici plus probablement identique au πύρεθρον (ou -ος, cf. D. 3. 73 [85.1]) du v. 938. Les Schol. 683a (253.3),
938a (317.16) l'affirment, et Dioscoride semble leur donner raison : 3.
73 RV p. 85.12 (πύρεθρον·)... οἱ δὲ πυρῖτις (cf. D. *eup.* 2. 121

[301.4] πυρῖτις <ἢ> πύρεθρον). Le fait qu'ici le *feuillage* est utilisé, là les *racines* (cf. *Al.* 531 et D. 3. 73 [85.5]), n'y contredit pas. Le Pyrèthre (*Anacyclus pyrethrum* L., D.C.) n'est pas seulement présent dans la panacée finale, il est fort bien représenté dans des préparations thériaques d'*indications* diverses : — **(a)** chez Galien (*ant.*), dans l'antidote τυραννίς (166.7), dans des antidotes contre les *Arachnides* (175.18, 180.1, 180.15 [Andréas, *Annexe* §6, fr. 5], 182.6 [Héraclide de Tarente, F 6.13 Guardasole], 182.10), les *Arachnides* et les *Serpents* (176.13), les *Cobras* (160.8), les *Venimeux* en général (186.17, Héracl. Tar. F 37.8 Guardasole) ; — **(b)** chez les Iologues récents, dans un θυμίαμα prophylactique (Pr. p. 44.28) et des antidotes thériaques (Pr. p. 48.6, 27) ; en particulier, contre *Phalanges* (Ph. 15. 14 [20.24]) et *Scorpions* (PAeg. 5. 8. 3 [14.2, 5]) ; contre la *Musaraigne*, bu avec du vin (Ph. 33. 4 [37.3], PAeg. 5. 12 [15.19] = PsD. 26 [85.5]) ou en application (Ph. 33. 6 [37.14] = PAeg. 5. 12 [15.14]). — Πυρῖτις apparaît aussi chez D. 1. 9 (13.25) comme synonyme du Nard de montagne (*Nardus tuberosa* L.), qui a, selon lui, tous les effets du Nard celtique. L'usage thériaque de celui-ci est bien connu (voir n. 65 b), mais, dans le Nard de montagne, seule la racine est utilisée (D. p. 14.5). Après avoir posé l'identité de la πυρῖτις et du πύρεθρον, Σ 683a dit qu'il existe une autre espèce de πυρῖτις « efficace contre la morsure de tout Venimeux, au témoignage de Crateuas (test. 27) », mais elle ne fournit aucun indice permettant de l'identifier. — **6)** 684 *σκολοπεν-δρείοιο (préférable à -δρίοιο, *pace* LSJ : voir n. crit. et cf. ἐχίειον pour ἔχιον) : σκολοπένδριον est un des synonymes de la plante décrite sous le nom ἄσπληνος par D. 3. 134 (143.7) ~ Pl. 27. 34. Théophraste (*HP* 9. 18. 7) lui consacre une brève notice sous le nom ἡμιόνιον, autre synonyme connu de Dioscoride et Pline. Le phyto-nyme σκολοπένδριον s'expliquerait par la forme de ses feuilles (D., Σ 684 qui cite Andréas, *Narthex*, Annexe §6, fr. 4 ; cf. Th. où je lis ὅμοιον δὲ τῷ φύλλῳ σκολοπένδρᾳ, au lieu de σκολοπένδρῳ). On identifie généralement la plante de Dioscoride (Pline) avec le Cétérac ou Doradille (*Ceterach officinarum* Willd.). Dans celle de N. on peut voir aussi bien une variété de Scolopendre ou Langue de cerf, *Scolo-pendrium scolopendrium* (L.) Karsten ou *Phyllitis scolopendrium* (L.) Newm. N. parle improprement de sa *tige*, les feuilles partant directe-ment du rhizome ; καυλόν est-il à entendre de leur nervure princi-pale ? Galien (*ant.*) et les Iologues récents ignorent, comme Diosc. (Pl.), l'usage thériaque de cette Fougère, mais Σ 684 le signalent d'après Andréas plus probablement que *de suo*. — **7)** a/ 685 : pour la racine de Panacès, sans spécification, contre les Vipères cf. Érasistrate, *Annexe* §5a, fr. 1b. Sur les espèces de Panacès voir la n. 53b 1. Au banal Ἀσκληπίειον (D. 3. 49 [63.17] ~ Pl. 25. 30, cf. Th. *HP* 9. 11. 2, Gal. *simpl. med. fac.* 12. 95.13) N. a substitué un adj. tiré du nom Φλεγύας (cf. Isyllos v. 43, p. 133 Powell ; Kerényi, chap. v : « The

Origins in Thessaly »), père de Coronis et grand-père d'Asclépios
(pour Paièôn = Asclépios cf. n. 46 §4). — **b/** 685-688 : la *v.l.* la mieux
attestée au v. 487 ἕλκος (cf. n. crit.) entraîne un *unicum* mythologique
que l'on se gardera de retirer à N. Dans la version ordinaire de la
légende, ce n'est pas le frère d'Héraclès, Iphiclès, mais son neveu
Iolaos, qui l'assiste dans ses travaux. Dans son combat contre l'Hydre,
c'est à Iolaos qu'il demande d'incendier un bois voisin pour avoir des
torches afin de porter le feu sur l'Hydre et d'empêcher ses têtes de
repousser pendant qu'il les coupe. Thraemer (*RE* 2 [1896] 1653.64),
notant la présence d'un fleuve Noir au N. de la Béotie (Th. *HP* 4. 11.
8), a fait observer que N. avait pu conserver le souvenir d'une version
dans laquelle l'aventure avec l'Hydre était ainsi localisée. Pour les
cures mythiques opérées par Asclépios voir Thraemer, *ib.* ll. 36 ss. ;
pour celle d'Iphiclès, également Edelstein, *Asclepius* 2 p. 41[70]. En fait,
la leçon ἕρνος semble une erreur matérielle. Bien qu'elle ait tenté le
Scholiaste et des éditeurs et traducteurs à sa suite, elle a le tort de supprimer le motif de l'intervention de Paièôn/Asclépios, la « plaie » que
l'Hydre a faite à Iphiclès au contact de son sang (Σ 687b [254.19]) ;
pour l'envenimation due au simple contact d'un Venimeux (voir *supra*
les n. 35c 1 et 42d). — **c/** La plante a été identifiée avec diverses
Ombellifères (Sprengel suggérait *Echinophora tenuifolia* L.). Diosc.
p. 64.5 recommande contre les *Serpents* sa fleur et son fruit en boisson
avec du vin, et en onguent additionnés d'huile. — Sur la place de ce
dernier ingrédient cf. *Notice* p. LXXVI §4 b.

74. 689-699. [*Notes complémentaires aux v. 689-690, 698-699* : V.
689 εἰ δέ : voir n. au v. 80. — λαιδρήν : adj. hellénistique, qualifie
aussi des animaux en *Al.* 563, Call. fr. 194.82 (cf. *ib.* 75.4) ; pour le
sens cf. Σ *ad loc.* Hsch. λ 123 s. Suid. λ 175. — 690 πρόσπαιον :
pour le neutre adv. (Σ 690a ~ Hsch. π 3857 πρόσφατον, νέον) cf. déjà
Soph. (*Ichn.*) F 314. 125 et, *ad rem*, cf. 610 ἄφαρ. — *ἀποσκύλαιο :
= ἐκδείραις (Σ 690b), *hapax* absolu ; cf. σκύλαιο *Al.* 410 (particulier
à N. au sens de *tondre*).]

698 *ἐπικνήθων : *hapax* absolu forgé sur ἐπικνάω. — προφερέστατον ἄλλων : le superl. προφερέστατος apparaît avant N. (cf.
n. au v. 396) mais l'expression π-ος ἄλλων lui semble propre (*supra*
396, 498), *unde* D.P. 47, Marc. Sid. 87 ; cf. π-ος ἀνδρῶν Thcr. 17. 4,
QS 1. 562, 12. 275, Epigr. app. sepulcr. 411.1. La *v.l.* des Σ (ἄλκαρ
pro ἄλλων), retenue par Gow après J.-G. Schneider, est suspecte :
ἄλκαρ « protection, défense » (Hom. Pind. Eur. Call. Ap. Rh. Lyc.
Heliodor. [*SH* 472.6] Opp. QS. Nonn.), au lieu d'être employé seul
comme il le serait ici (et *Al.* 43 ἄλκαρ *v.l.*), est presque toujours
construit avec un gén. de la chose dont on se protège ou un dat. (beaucoup plus rarement un gén.) de la personne protégée. C'est la construction même d'hom. εἶλαρ (*Th.* 701 *codd.*) ; d'où le soupçon que la *v.l.*

ἄλκαρ pourrait viser ce mot plutôt que ἄλλων. — 699 κῆρας : voir n.
au v. 540.]

Les deux derniers remèdes proposés appartiennent, par leur ingrédient unique (689) ou principal (700 s.), au règne animal (cf. 557, 560,
565 s., 577, 579, 586, 605, 620 ss.). La plupart des substances animales
apparaissent en composition, y compris le sang de Tortue (cf. 710 ss.),
ce qui n'est pas le cas de la Belette recommandée seule en boisson
dans du vin. — **1)** Sous le nom de γαλέη se cachent plusieurs
membres de la famille des Mustélidés qu'il n'est pas toujours possible
de distinguer, Belette, Fouine, Furet, Martre, Putois. D'après Lenz (*ap.*
Brenning), il s'agirait ici non de la Belette commune (*Mustela vulgaris*
Briss.) mais du Putois (*M. putorius* L.), ce qui est invérifiable ; Scholfield, sans plus de raison, traduit par « Martre », ce qui convient
mieux à ἴκτις (cf. n. 21d). Dioscoride (voir *infra*) parle expressément
de la Belette domestique, et c'est bien celle-ci que le Ps.Démocrite
désigne comme l'ennemie du Basilic (Pr. p. 57.29). Il en est pour la
Belette comme pour le Cerf et d'autres animaux (cf. les n. 7, 12, 18,
47, 75) : l'état de guerre supposé entre elle et le Serpent (cf. [Ar.] *HA*
609b 28, 612b 2 ; 612a 28, cf. Pl. 20. 132, Élien 4. 14) la prédestinait
à servir de remède contre lui. Aussi bien son fiel est-il considéré
comme efficace contre les *Cobras* (Pline 29. 60). Elle avait même la
réputation de triompher du Basilic, si l'on en croit Pline (8. 79, *unde*
Solin 27. 53, Isidore 12. 4. 7), une croyance dont la source ultime
semble être le Ps.Démocrite (Pr. p. 57.29 ss.). — Voir Keller 1 p. 164-
171 ; Steier, « Mustela », *RE* 16 (1933) 902-907 ; M. Schuster,
« Wiesel », *ib.* 8A (1958) 2128-2130. — **2)** Cet antidote contre les
Venimeux, ne figure pas chez Gal. *ant.*, mais cf. *simpl. med. fac.* 1. 39
(362.5 s.) : ἔνιοι δὲ καὶ πάντως ἀλεξιφάρμακον εἶναι θηρίου, καὶ
μάλιστα τὴν κοιλίαν αὐτῆς. Dioscoride 2. 25 (130.7 ss. ; résumé
dans *eup.* 2. 122. 3 [302.4], contre les *Vipères*) offre un parallèle exact
à la recette de N. : « la Belette domestique flambée et salée sans les
viscères, une fois séchée à l'ombre, est un secours des plus puissants
contre toute espèce de Serpent, bue à la dose de 2 dr. avec du vin » ~
Pline 29. 60 : « conservée dans le sel, on la donne aux victimes des
Serpents à la dose de 1 denier dans 3 cyathes ». Dioscoride et Pline
ajoutent que l'on conserve aussi son estomac dans le sel, et qu'on le
leur donne « farci de Coriandre », Pline (29. 60 et 29. 84) que « le
petit de la Belette est encore plus efficace » (~ 689). — Iologues
récents. Dans la thérapie commune : Ph. 7. 12 (13.6 ss.) *unde* PsD. 19
(79.5 s.), cf. PAeg. 5. 2. 2 (7.10 s.). Paul la recommande aussi contre
les *Vipères* : 5. 13. 2 (16.26), cf. D. *eup.* l.c. — Une peinture de T (fol.
22^r, Omont pl. 66.4) illustre cette notice : un homme tenant dans la
main droite un couteau à lame triangulaire, une Belette de la gauche, se
dirige à droite, où sont un fagot (pour le feu, cf. 691) et une coupe à
deux anses (pour le vin, cf. 698).

75. 700-714. [*Notes complémentaires aux v. 700-702, 709-714* : V.
700 χέλυος : cf. *hHerm*. 24 *al*., Alc. fr. 359. 2, Empéd. fr. 76.2 (= b4
Martin-Primavesi), Euph. fr. 9. 9 P., Opp. *Hal*. 5. 392 (*al*.). —
ἀρωγήν : 520 ; 527, cf. [Orph.] *Lith*. 407. — 701 φῶτας ἀνιγρούς :
cf. Max. 592 φώρεσσιν ἀνιγροῖς. — 701 s. : la leçon de la tradition
(εἶλαρ) laisse à désirer, car elle ne fait que redoubler ἀρωγήν, cf. n.
au v. 698. La conjecture de J.G. Schneider, εἶαρ (*i.e*. αἶμα, *Al*. 314 ~
87, Call. fr. 523, 328.2, 177.22 et les n. de Pfeiffer, Euph. 40.3 ; Opp.
Hal. 2. 618, *al*.), qui suppose une erreur par dittographie au stade de
l'onciale, donne un texte sensiblement meilleur, malgré un agencement
des mots relevant de la σύγχυσις lycophronienne ; pour la *variatio*
701 εἶαρ/706 αἶμα cf. *Al*. 312/314. On ne saurait toutefois (*pace*
J.G.Schneider) tirer argument d'Eut. 40.3 τὸ τῆς χελώνης αἶμα, qui
peut avoir été suggéré par la suite ; quant à la Scholie d'Aglaias de
Byzance (cf. *Test*. 701), inexacte en ce qui concerne Call., elle peut se
rapporter aussi bien à *Al*. l.c. — 702 εἴη : cf. 935 (fut.) ; l'opt. est probablement un potentiel sans particule modale, cf. n. au v. 522.

709 τέρσαιο ... κεδάσσας : pour le rapport entre le ppe. et le vbe.
principal voir Gow[1] 115. ; de l'opt. aor. moy. de sens trans. τέρσαιο
rapprocher 96, 693 τέρσαι, qui peut être la 2e sg. de l'impér. aor. moy.
aussi bien que l'inf. aor. act., son équivalent sémantique, chaque fois
avec la *v.l*. τέρσον, car l'act. a plus couramment le sens tr. ; cf. Hsch.
τ 557 τέρσει· ξηραίνει, Thcr. 22. 63 τέρσει (fut. ? cf. Gow *ad loc*.).
— *διατρυφές : *hapax* absolu ; le mot est accueilli avec réserve dans
le *Revised Suppl*. du LSJ. Si la leçon, qui a un bon support dans les
mss, est saine, N. l'a créé sur le ppe. διατρυφέν, *hapax* hom. (*Il*. 3.
363 [Hsch. δ 1400 διατρυφέν· κλασθέν. ἀνατριφθέν] *unde* QS 1.
549), et inséré à la même place du vers. — 711 ἀγροτέροιο : la place
de cet adj. (cf. 867, 884, 894) souligne son importance (voir encore 89
ἀγριάδος). Pour la préférence accordée par les médecins aux plantes
sauvages cf. Arétée 7. 4. 9 μάλιστα μὲν τοῖσι ἀγρίοισι (*sc*. δέν-
δρεσι et βοτάνῃσι), αὐτομάτοισι· ἢν δὲ μή, κἂν ποιητοῖσι, Ruf.
ren. morb. 1. 18 (p. 9.2) καὶ τὰ ἄγρια (*sc*. λάχανα) πάντα ; elles sont
en outre plus agréables, cf. Apoll. Tyan. *ap*. Philostr. *VA* 1. 21.53 ἀλλ'
ἡδίω τὰ ἄγρια καὶ αὐτόματα λάχανα τῶν ἠναγκασμένων καὶ
τεχνητῶν. — 714 : voir *Notice* p. LXXVI §4 d.]

1) Ennemie naturelle des Serpents ([Ar.] *HA* 612a 24 ~ *Mir*. 11,
831a 27 ; cf. Pline 8. 98, 20. 169, Élien 6. 12 ; *al*.) comme le Cerf et
la Belette, la Tortue devait comme eux enrichir, avec diverses parties
de son corps, la pharmacopée antivenimeuse. Le sang de la Tortue
marine (cf. *Al*. 558 s. ; sans doute *Caretta* [*Thalassochelys*], « captu-
rée non rarement sur les côtes d'Europe », Grassé *Précis* 378) que
Praxagoras (voir *Notice* p. XXIX) semble avoir utilisé le premier (fr.
104 Steckerl), est souvent employé contre les ἰοβόλα, en remède
interne, soit seul (p. ex. PAeg 5. 2 [7.11] ; cf. Pline 32. 33 [sang de

Tortues terrestres, contre *Serpents* et *Arachnides*]), soit en composition
(Gal. *ant.* 113.17, 124.14, 176.6, 183.18), ou en application (cf. Pl. 29.
62 [Punaises appliquées avec du sang de Tortue contre les *Serpents*]).
C'est l'ingrédient principal d'un des σύνθετα les plus réputés contre
leurs piqûres. — Ici, comme pour le Castor, l'épithète du v. 703 (βροτολοιγόν) appliquée à la Tortue salvatrice a de quoi surprendre (voir
supra n. 60c et 75 §1) ; d'où la conj. de O. Schneider. Rapportée à la
mer, elle se justifierait par l'attitude des poètes grecs à son égard
depuis Hésiode (*Trav.* 618), et notamment des poètes hellénistiques
(Call. fr. 178.32 s., Arat. 110, 295 ss.) ; voir la note de West *Op.* l.c.
Mais on ne la rencontre que pour qualifier des personnes divines (Arès,
Apollon, Hadès, Éros) ou des abstractions personnifiées (Éris). Il s'agit
ici probablement d'un trait d'érudition intempestive concernant une
Tortue particulière : allusion à la Tortue de Sciron, mangeuse de chair
humaine, cf. Call. (*Hécalè*) fr. 296 = 59 H., Euph. (*Arai*) fr. 9.9 P. et
voir Herter, « Theseus », *RE* Suppl. 13 (1973) 1073.20. Cf. *Al.* 101
αὐχεν(α)... γονόεντα Μεδούσης. — Malgré la mise en garde d'Érasistrate (*Annexe* §5a, fr. 5) contre les drogues rares, bile d'Éléphant ou
de Crocodile, oeufs et sang de Tortue, l'antidote d'Apollodore au sang
de Tortue (*Annexe* §4, fr. 6), couronnement de la thérapie des Serpents
chez N., a joui d'une longue faveur et a une nombreuse postérité dans
la littérature pharmaco-iologique. Grâce à cet antidote, nous pouvons
éclairer, sur un exemple privilégié, la relation entre Apollodore et N. A
la condition, toutefois, de ne pas le reconstituer, à l'exemple de O.
Schneider (p. 189 s.), en partant des versions les plus proches de N. et
en écartant, pour des raisons controversées (Asclépiade Pharmakion,
qu'il ignore, n'est pas moins « ancien » que Dioscoride), la seule version qui soit placée sous l'invocation d'Apollodore, et qui a donc le
plus de chances d'être fidèle à l'original. — Nous la connaissons grâce
à un long extrait des *Remèdes internes, cinquième Mnason*, d'Asclépiade (= Gal. *ant.* 2. 11-14 ; le c. 14 concerne les *Vipères*) relatif à la
thérapie des envenimations. La *symmetria* de la recette (voir *Notice*
p. LVI) est précédée d'une *prographè* appartenant en propre à Asclépiade : *ant.* 184.1-7 « Parmi les remèdes composés, la composition
d'Apollodore approuvée par Sostratos et tous ceux qui la tiennent de
lui, l'antidote au sang de Tortue, est comme suit : Graines de Cumin
sauvage, 1 oxybaphe. Sang desséché de Tortue de mer, 4 dr. 2 statères.
Présure de Faon, 2 dr., ou, à défaut, présure de Lièvre, 3 dr. Sang de
Chevreau, 4 dr. (...) » (*unde* Oribase, *ecl.* 118. 7 [293.29], version
simplifiée, et d'ailleurs altérée, où on lit : « présure de Faon, 2 dr., ou,
à défaut, présure <...> de Chevreau, 4 dr. »). — Outre de menues différences de dosage, et la recommandation exclusive de la présure de
Lièvre (voir n. 61 §2a), N. s'éloigne d'Apollodore pour se rapprocher
des traités pharmaco-iologiques sur deux points essentiels. — **2**) *Premier point*. Chez N., le sang de Chevreau a disparu, le nombre des

ingrédients s'est réduit à trois. — (a) Ce sont les mêmes que chez Dioscoride (*m.m.*), où l'*indication* s'étend au poison préparé avec le venin du Crapaud : D. 2. 79. 2 (161.9 ss.) θαλασσίας δὲ χελώνης (*sc.* τὸ αἷμα) σὺν οἴνῳ καὶ πιτύᾳ λαγωοῦ καὶ κυμίνῳ πινόμενον ἁρμόζει πρὸς θηριοδήγματα καὶ φρυνοῦ πόσιν. (Les *Alexipharmaques* [558 ~ Pl. 32. 35] ne connaissent la Tortue marine que comme remède contre le poison à la Salamandre ; encore ne s'agit-il pas du sang mais des chairs bouillies). — (b) Dans la liste des substances efficaces contre les *Vipères* que dresse Dioscoride (*eup.*), il ne reste plus que deux ingrédients : *eup.* 2. 122. 1 (301.13 s.) χελώνης θαλασσίας αἷμα ξηρὸν σὺν κυμίνῳ ἀγρίῳ. La présure de Lièvre est considérée ensuite individuellement (πυτία λαγωοῦ). Le parallèle d'Oribase (Aét. PAeg.), cf. *infra* §c, déconseille une correction telle que <καὶ> πυτία λαγωοῦ. — (c) Dans la note des *Euporistes* sur les remèdes à l'empoisonnement par le Crapaud, l'antidote se réduit au sang de Tortue marine ou terrestre : D. *eup.* 2. 161 (314.20) χελώνης θαλασσίας ἢ χερσαίας αἷμα ξηρὸν μετ' οἴνου. — Chez les Iologues récents, même état de choses que chez Dioscoride : pour (a) cf. Pr. p. 77.11 s. = Aét. 13. 58 (292.2), mais au chapitre du Crapaud ; pour (b) O. *ecl.* 118 (292.30, *ex* D. 2. 122. 1) = Aét. 13. 23 (284.15 s.) et PAeg. 5. 13 (16.20) ; pour (c) PAeg. 5. 2 (7.11), mais dans la thérapie commune. — Dioscoride et les Iologues récents ont-ils mieux conservé la formule d'Apollodore qu'Asclépiade Pharmakion ? Usant de la liberté des pharmacologues anciens à l'égard de leurs devanciers, Asclépiade a-t-il ajouté à cette formule un ingrédient, ou bien Nicandre (ou son modèle intermédiaire) lui en a-t-il ôté un ? Force nous est de faire deux constatations : 1° l'« antidote au sang de Tortue » est allé en s'appauvrissant ; 2° c'est Nicandre et non Apollodore que réflètent Dioscoride et les Iologues récents. — 3) *Deuxième point*. Les Iologues récents offrent une ressemblance encore plus étonnante avec N. La préparation du sang, absente chez Apollodore, fait chez N. l'objet d'une note détaillée dont tout le début (703-708) peut paraître superflu. Or, on la retrouve chez eux, pour l'essentiel, chez Oribase et Aétius au chapitre des *Vipères*, chez Paul d'Égine dans un paragraphe indépendant, vers la fin de la section des ἰοβόλα. Aétius et Paul dépendent d'un état du texte d'Oribase plus complet. Voici la rédaction d'Oribase, avec, entre parenthèses, les variantes, et, entre crochets, les additions d'Aétius et/ou Paul d'Égine : Σκευασία αἵματος χελώνης θαλασσίας· ἐπὶ ξυλίνου ἢ ὀστρακίνου (κεραμεοῦ) σκεύους (ἄγγους) ὑπτίαν κατακλίνας τὴν χελώνην ταχέως αὐτῆς τὴν κεφαλὴν ἀπότεμε (κατάτεμε PAeg.) καὶ <ἀνακουφίσας αὐτὴν δέχου τὸ αἷμα ἐν τῷ ὑποκειμένῳ σκεύει Aét.> παγὲν τὸ αἷμα εἰς πολλὰ αὐτὸ καλάμῳ καταδίελε (δίελε Aét., διαίρει PAeg.) καὶ πώμασον αὐτὸ μετὰ κοσκίνου καὶ (ἐπιθείς τε πώματος δίκην τῷ ἀγγείῳ κόσκινον) ἀπόθου εἰς ἥλιον (ἐν ἡλίῳ ἀπόθου). —

L'accord de N. et d'Oribase est remarquable : cf. 705 ἀνακυπώσας ~ ὑπτίαν κατακλίνας, 708 μάκτρῃ ~ μετὰ κοσκίνου, 709 διατρυφὲς ... κεδάσσας ~ καταδίελε. Plus encore avec l'addition d'Aétius (cf. 706 s.) et les variantes d'Aétius et de Paul (707 κεράμῳ ~ κεραμεοῦ). O. Schneider, qui voyait dans cet accord le signe d'une utilisation commune d'Apollodore de la part de N. et O., voulait le renforcer en écrivant au v. 709 ὕπο au lieu de ἔπι. Mais un *couvercle* est plus utile à Oribase qu'à N., lequel ne dit pas que le récipient doit être exposé au soleil. On peut admettre qu'il conseille, une fois le sérum filtré, de faire sécher le sang *sur* le filtre même qui a retenu la fibrine (cf. 707 s.), le séchage pouvant avoir lieu à l'ombre comme en 693, ce qu'il ne précise pas ici (cf. n. 78). Qui plus est, Oribase, en guise de couvercle, se sert d'un filtre, qui ne lui est pas indispensable, mais qui est nécessaire à N. Exploitation par N. et O. d'une source commune ? L'utilisation de N. par O. ou son modèle me paraît plus probable. — **4)** Malgré le pluriel de Pline 32. 41 (*sunt qui*), il n'est guère douteux qu'il dépende des *Th.* (cf. *Test.* 705-707). Tous les termes de Pline ont leur justification chez N., et l'accord engage jusqu'à leur ordre de succession. Pline est le seul à parler avec N. d'un « couteau de bronze » (706 μαύλιδι χαλκείῃ ~ *cultro aereo*) et d'une « poterie neuve » (707 κεράμῳ νεοκμῆτι ~ *nouo fictili*). Le second détail peut avoir une raison naturelle dans le soin avec lequel les pharmacologues cherchent à éliminer toute cause de corruption ; pour l'emploi d'un récipient neuf cf., entre autres, D. 2. 16 (127.5) καινὴν χύτραν, Gal. *Pis.* 266.10-12, [*Pamph.*] 307.11 s. ἐν καινῇ χύτρᾳ. Mais le fait que le récipient n'a pas encore servi peut avoir aussi une connotation magique, cf. la n. de Pfister (p. 213) *ad* Hérakleidès fr. 2. 8 καινά. La matière du couteau, quant à elle (le bronze), a une signification magique. Cette précision ne surprendrait certes pas venant d'Apollodore, *adsectator Democriti* (Pline 24. 167), mais Apollodore a négligé la préparation du sang. Chez N., un tel détail n'est pas isolé (voir n. 52 et les n. *ad* 98, 936). Pline cite N. au §66 du livre XXXII, et il l'a mentionné, dans l'index de ce livre, parmi les auteurs étrangers.

76. 715 s. **1)** Les Araignées venimeuses ont été appelées *Phalanges* par les Grecs (cf. Prisc. VIII p. 93.2 [*ex* Th. π. τῶν κατὰ τόπους διαφορῶν] φαλλαγγια, *id est araneas morsu nociuas* ~ Pl. 11. 79 *phalangia ex iis* (sc. *araneis*) *appellantur quorum noxii morsus*), d'un mot la plupart du temps neutre, φαλάγγιον : *Th.* 8, 755, et, avant N., Xén. [*infra* n. 83 fin] Plat. Dém. Hypér. Ar. Th. (*Annexe* §3, fr. 3 [Prisc. IX p. 96.7 *phalaggium*]), [Antig. Car.] 87 (= Ar. *HA* 555b 13-15), cf. lat. *phalangium* (Plin. Cels.) ; moins souvent de genre animé, φάλαγξ (*Th.* 654 et fr. 31, masc. ou fém.), alors presque exclusivement f. (Aristoph. *Gren.* 1313 s., Plat. Com. fr. 21.2, Xén. [3. 11. 6], Élien), mais le m. est employé une fois par Ar. *HA* 609a 6, avant de l'être par N. ici, où

le genre est décelable, sinon par σίνταο (cf. 592), du moins par le démonstr. ὁ μέν (716). — **2)** Aristote (*HA* 9. 39, 622b 28-33) ne mentionne que deux espèces de φαλάγγια δηκτικά, toutes les autres n'ayant, dit-il, que des morsures faibles ou inoffensives : — **(a)** la *petite*, rappelant les Araignées-Loups, de corps tacheté, terminé en pointe, progressant par bonds, d'où son surnom de « Puce » (« seule description existante », W. Richter, « Floh », *RE* Suppl. 15 [1995] 105.34, mais voir n. 79) ; — **(b)** la *grande*, avec deux longues pattes antérieures, de couleur noire, se déplaçant lentement. Pline (*l.c.*) a résumé ce passage, mais c'est par erreur qu'il rapporte aux Araignées-Loups (11. 80, début), dont la mention chez Aristote constitue une parenthèse (623a 1 s.), le passage suivant (623a 2-7) : Aristote n'y distingue pas trois espèces de Loups (*sic* Gil Fernandez 49), il y parle de la toile des Phalanges, celle des deux espèces qu'il a décrites (623a 2 τὸ μικρόν [cf. n. 80] ~ 622b 30, 623a 3 τὸ δὲ μεῖζον ~ 622b 31), et celle d'une troisième espèce (623a 6 τὸ δὲ ποικίλον), inoffensive, négligée par Pline. — **3)** A l'autre bout de la chaîne, les Iologues récents (sauf Paul d'Égine et Ps.Dioscoride, dont la notice sur les Phalanges se réduit aux symptômes et aux remèdes) énumèrent et décrivent (simple énumération chez Théophane Nonnos) six espèces de Phalanges, bien que, à leurs dires, ils en connaissent davantage ; il s'agit de celles auxquelles les θηριακοί accordent la préférence : ῥάγιον, λύκος, μυρμήκιον, κρανοκολάπτης, σκληροκέφαλον, σκωλήκιον (Ph. 19.1 s. = Pr. p. 53.19 s. ~ Aét. p. 277.21 s.). Les cinq premières s'identifient à des espèces nicandréennes, ou présentent des traits qu'on retrouve chez certaines d'entre elles. La sixième (σκωλήκιον), au corps « allongé et légèrement tacheté », leur est particulière : confusion avec le *Clerus apiarius*, appelé vulgairement Clairon des Abeilles, un Coléoptère de forme allongée, qui dépose sa larve dans les ruches où elle fait de grands ravages ? Aristote ne semble le connaître que dans son état larvaire : *HA* 605b 10 s. τὸ … σκωλήκιον, τὸ ἀραχνιοῦν, cf. 626b 16 ss. σκωλήκια … ἀφ᾽ ὧν ὥσπερ ἀράχνια κατίσχει ὅλον τὸ σμῆνος, Hsch. κ 2968 κλῆρος· … καὶ σκωλήκιόν τι ἐν σμήνεσι γινόμενον. — **4)** Par rapport aux Iologues récents, N. offre quatre espèces supplémentaires : l'ἀστέριον, le κυάνεον, le σφήκειον et les Phalanges semblables aux Cantharides. A noter que, selon Promotus, ἀστέριον est le nom donné au μυρμήκιον à cause de sa livrée, et que le κυάνεον ressemble fort à la petite Phalange d'Aristote (voir *infra* n. 82 et 79). Quant aux espèces communes aux Iologues et à N., sa Phalange « égyptienne » (759), malgré des différences, réunit des caractères appartenant au κρανοκολάπτης et au σκληροκέφαλον (voir n. 84). — **5)** Indépendamment du livre XI, Pline est revenu sur les Phalanges au livre XXIX c. 27 (§84-87). Après avoir commencé par la *formicine* de N. (§84), et (§85 début) par le λύκος des Iologues récents, *i.e.* l'*agrôstès* de N. (voir n. 80), il donne

successivement (§86 s.) des notices morphologiques et symptomatologiques des Phalanges *rhox, asterion, caeruleus, crabrone similis, myrmecion*. On reconnaît la propre liste de N. dans cette liste dont les éléments apparaissent dans le même ordre et souvent sous les mêmes
appellations. L'ἀγρώστης, dont Pline a parlé sous le nom de *loup*, n'y
figure pas, mais *myrmecion*, qu'il a mentionnée déjà, y occupe la place
qu'elle occupe chez N. Manquent les Cantharidiennes et le κρανοκολάπτης. — En revanche, la liste de Pline s'enrichit des deux
espèces de Tétragnathes (à identifier sans doute avec les Solifuges aux
chélicères en forme de pinces travaillant verticalement). Ignorées d'Ar.
et de N., on les trouve en compagnie des ἀράχναι chez Philouménos
et les Iologues récents à l'exception de Ps. Dioscoride et de Théophane
Nonnos : Ph. 35 (38. 7) ~ Aét. 13. 17-18 ; Pr. p. 59.13 (moins les
Araignées, titre seulement) ; O. *ecl.* 125 p. 295.21 et PAeg. 5. 7
p. 12.17-19 (moins les Tétragnathes). Agatharchide de Cnide (IIᵉ s. a.C.),
dans son Περὶ τῆς ἐρυθρᾶς θαλάσσης (§59) et Élien (17. 40), après
lui, parlent de Phalanges appelées Tétragnathes (cf. Épiphane 2. 44.5).
Mais les Iologues en font des Araignées distinctes des Phalanges
comme on le voit chez Philouménos et ceux qui le suivent. — Ici
comme ailleurs, Wellmann explique les ressemblances et les divergences entre N. et Pline par l'utilisation d'une source commune (Apollodore) au moyen d'intermédiaires différents. Il est sans doute plus
simple et naturel de conjecturer, de la part de Pline, un emprunt direct
à N. (voir les n. 78, 82), d'autant que N. figure dans l'*Index* des
sources médicales pour le livre XXIX. — **6**) Si l'on maintient, en tant
qu'unités distinctes, l'ἀστέριον et le σκληροκέφαλον, malgré les
points communs qu'elles offrent, la première avec le μυρμήκιον, la
deuxième avec la Phalange égyptienne, et si l'on fond en une seule les
deux listes de N. et de Philouménos, on obtient les dix espèces distinguées par le roi de Maurétanie Juba (ἐν τῷ Θηριακῷ, Σ *Th.* 715a =
FGrHist 275 F 102. L'article de F. Jacoby sur Juba (*RE* 9 [1916]
2389-95) ne mentionne pas cet écrit classé sans raison parmi les fragments douteux ou apocryphes dans son édition (III A [1940] p. 154).
Même avec ce nombre, on reste très loin des quelque 21000 espèces
d'Aranéides déjà décrites (le nombre réel « doit se situer entre 50000
et 100000 », Millot 714). Compte tenu de l'insuffisance des descriptions antiques, l'identification des Phalanges de N. est un exercice dont
les résultats risquent d'être décevants. — Voir R. Kobert, *Beiträge zur
Kenntniss der Giftspinnen*, Stuttgart 1901 ; Taschenberg 235-45 et 267
s. (corrige des erreurs de Brenning, que répètent G.-S. et Gil Fernandez) ; Keller 2 p. 461-470 ; Steier 1786-1801 ; Gil Fernandez 87-93 ;
Scarborough² 7-15 ; Hünemörder, Der Neue Pauly (2001) 827-829..

77. 716-724. **1**) Pour le nom, on constate des divergences de forme
sinon de sens ; car il n'y a pas lieu d'opposer, avec les grammairiens

anciens, les deux mots ῥώξ et ῥάξ, dont le premier désignerait l'Araignée-Phalange, le second le « grain de raisin ». Selon Aelius Dionysius (Eustath. *Od* 1. 151.39 s. [~ *ibid.* 347.36], cf. Suid. *Test.*), l'emploi
de ῥώξ, dans le second cas, constituerait même un barbarisme. En fait,
les deux mots s'appliquent indifféremment aux deux réalités (cf. Hsch.
Choerob. *Test.* ad 716), mais, dans le cas de la Phalange, son emploi
est métaphorique. N. se sert de la graphie la plus ancienne (pour le
masc. cf. *infra* Lxx, Théodoret, *l.c.*), ῥώξ, dont le vocalisme reste
inexpliqué (Chantraine, *DELG* 966) : cf. Archil. fr. 281 West (cité par
Choerob. *l.c.*), Lxx *Is.* 65. 8 (Euseb. *demonstr. evang.* 2. 3. 140, Théo-
dor. *Interpr. in psalmos*, *PG* 80. 1533.2, 81. 1604.18). Élien utilise la
forme att., ῥάξ, passée dans la *koinè* et le grec tardif ; Philouménos
(Aét., Pr.) le diminutif ῥαγίον (ῥάγιον *ap.* Ph. et Aét. *falso*). Quant à
Pline, il fait problème, car le texte de ses manuscrits est altéré (*rhacino*
E, *rachino* Vd, *racina* R) : rh<*ox*> *acino* conjecturé par Detlefsen et
Urlichs à partir de N., et adopté par Ian-Mayhoff, W.H.S. Jones et
Ernout, garde ses chances, mais rh<*ax*> (Gossen, « Milbe », *RE*
Suppl. 8 [1956] 355.18), ou même rh<*agio*> (Barbarus), rh<*agion*>
(Caesarius) sont également possibles. — Pour la description, outre
Eutecnius (40. 22-29) et les Σ 715a et 717c, cf. Pline 29. 86 et Élien 3.
36. Voir aussi Wellmann[4] 325 et 343. Quoique Élien fasse mine d'en
douter (εἴτε δι' αἰτίαν ἑτέραν semble se référer à l'absurde explication alternative des Σ 717c [263.10 s.]), c'est évidemment à la forme
sphérique de son corps (στρογγύλον Ph. [Aét. Pr.] p. 19.3, περιφερές
Él.), rappelant un grain de raisin, que cette Phalange doit son nom :
outre Σ 715a (262.13 s.) ~ 717c (première explication) cf. Aét. p. 278.2
διὸ καὶ προσηγόρευται, Pr. p. 53.22 ὅθεν καὶ τὸ ὄνομα κέκτηται
(explication omise par notre extrait de Ph.). — **2)** N. s'est intéressé à
sa locomotion, comme à celle de la *bleu-sombre* (729) et de la *cantha-*
ridienne (755). Elle est conforme au principe défini par Aristote pour
les animaux possédant quatre pattes et plus (*IA* c. 14 et 16), car ἐπασσυτέροις signifie non pas qu'elle a beaucoup de pattes (Σ 717c) mais
qu'elle les meut l'une après l'autre. Sur les pattes de la *grain-de-raisin*,
les parallèles iologiques en disent plus : Ph. p. 19.4 s. πόδας δὲ ἔχει
ἐξ ἑκατέρου μέρους μικροτάτους (nombre omis, mais sa place laissée en blanc) = Aét. p. 278.3 ἐξ avant ἐξ (même omission du nombre
dans les mss Laur. 75.18 et 21, mais pas de blanc) ; Pr. p. 53.22 πόδας
δὲ ἔχει ἕξ (le reste omis). Wellmann suppléait ἕξ chez Ph. d'après
Aét., mais il est difficile d'imputer une telle erreur d'observation aux
anciens, les Arachnides n'ayant que cinq paires de pattes, quatre de
pattes ambulatoires, une de pattes-mâchoires ou pédipalpes. Il faut
donc p.ê. écrire ε̄ au lieu de ἕξ. Sur le fait que ses pattes sont très
petites, les Iologues récents sont d'accord avec Pline et Élien (à condition de lire, chez celui-ci, μικρούς avec Gesner, au lieu de μακρούς
codd.) ; cf. Pl. 29. 86 *pedibus breuissimis tamquam inperfectis.* —

3) Que devons-nous entendre par « dents au milieu du ventre » (718) ? Observons d'abord que les autres notices ne parlent pas de *dents* mais d'une *bouche* qu'elles situent, comme N., *au milieu du ventre* (Él. ἐν μέσῃ τῇ γαστρί) ou *sous le ventre* (Ph. p. 19.5 = Aét. p. 278.4 ὑπὸ τὴν κοιλίαν, Pr. p. 53.23 ὑπὸ τὴν γαστέρα). Pline (*ib.*) ajoute qu'elle est très petite (*ore minimo sub aluo*). Σ 715a (262.15 κατὰ μέσην τὴν γαστέρα) ne s'exprime pas autrement qu'Élien, mais les précisions qu'ajoute Σ 717c (263.8) sont plus conformes à la réalité anatomique des Araignées : τὴν δὲ κεφαλὴν (*sc.* ἔχει) κατὰ μέσην τὴν κοιλίαν, δύο ὀδοῦσιν ὡπλισμένην. Le nombre de ces dents ne laisse aucun doute : ce que Σ 717c (et N.) appelle « dents » n'est autre que la paire de chélicères insérées à la partie antérieure de la tête. Leur tige « toujours très robuste » est « revêtue d'une chitine particulièrement dure » (Millot 600), cf. 718 ἔσκληκεν, et elles peuvent offrir, à leur surface inférieure, des rangées de dents cornées, comme on le voit chez les Orthognathes (*R.A.* 3331). Ce sont les chélicères qui, avec l'aide des pédipalpes, maintiennent les proies, et qui les réduisent en une pulpe très tendre ; la bouche, très petite, aspire alors les sucs (*ib.* 4492). Ce sont elles aussi qui, par le moyen du crochet creux, très dur également, articulé à la tige et donnant passage au canal excréteur de la glande à venin, inoculent le venin à leurs victimes (Millot 600 s.). « Mordre » (cf. 727 βρύξαντος), pour une Araignée, c'est « enfoncer ses chélicères dans une proie » : elle fait partie non des δακετά mais des βλητά/βλητικά ou, si l'on veut, des ἐγχρίμπτοντα (cf. 445 ἐγχρίμψας, 719 ἐγχρίμψαντος ~ Agatharchide, *ap.* Élien 16. 27 = FGrHist 86 F 21b 27 s. τὰ … ζῷα τὰ δακετὰ [Serpents] καὶ τὰ ἐγχρίμπτοντα [Phalanges], voir *Notice* p. XXXII). — **4)** Dans l'imaginaire des anciens, les Araignées-Phalanges passent pour être aussi dangereuses que les animaux les plus venimeux, et elles sont citées comme telles à l'égal des Serpents et des Scorpions (Vipères, Phalanges et Scorpions : fr. 31 ; Plat. *Euthyd.* 290a 1 ; Serpent, Phal. et Scorp. : Agatharch. *l.c.* 28-30 ; Scorp. et Phal. : Théodoret, *Gr. aff. cur.* 12. 57 ; Phal. et Amphisbène : Épiphane 2. 44.5 s.), avec lesquels elles sont parfois confondues (cf. Choerob. *Test.* 716), et même à l'égal des Cobras égyptiens (Philon, *De somniis* 2. 88 s.). En fait, les méfaits qu'on leur a imputés, même dans les temps modernes, notamment à la fameuse Lycose des Pouilles, la Tarentule, dont la piqûre était accusée d'avoir des effets saltatoires, relèvent souvent de l'imagination : pour une juste appréciation voir Millot 658-660. — Les Iologues récents, sauf exception (*kranokolaptès*), donnent, à la différence de N., une symptomatologie générale et non par espèces. J'en mentionnerai les éléments lorsqu'ils s'accordent avec les symptômes particuliers de N. 1° Caractère peu visible de la piqûre (719) : Ph. p. 19.22 (Aét. Pr. ThN.) τὸ δὲ δῆγμα (πλῆγμα Pr. ThN. *rectius*) λεπτὸν καὶ δυσθεώρητον (premier élément de la symptomatologie commune ; il n'est pas

vrai dans tous les cas, cf. n. 79) ; 2° symptôme des yeux (720) différent : Ph. p. 19.26 s. (Aét. Pr.) ὄμματα ἔνυγρα καὶ δακρύοντα καὶ
κοῖλα (PAeg. a seulement ὄ. ἔν., PsD. τά τε ὄ. δακρύει καὶ ποσῶς
ἀμαυροῦται) ; 3° érection (722 s.) : Ph. p. 19.25 (PAeg., Aét.
p. 279.10 s. *susp.*, Pr. *om.*) τισὶν δὲ καὶ ἔντασις καυλοῦ, cf. Pl. 24.
82 (les deux espèces de Gattilier [voir n. 58b] efficaces contre le venin
des Phalanges, *quorum morsus genitale excitat*), Él. 17. 11 (Phalanges
indéterminées, mais qui pourraient être de la même espèce) καὶ
ὀρθοῦται τὸ σκεῦος αὐτοῖς ; 4° frisson (721) et froid engourdissant
hanches et genoux (723 s.) : Ph. p. 19.23 (Aét. Pr. ThN.) ψῦχος περὶ
γόνατα καὶ ὀσφὺν καὶ ὠμοπλάτας (PAeg. περίψυξις, PsD. ὁ τόπος
... κατεψυγμένος), dans la symptomatologie générale ; et, à propos
du *kranokolaptès*, Ph. Pr. et Aét. mentionnent ῥῖγος σύντονον ; cf.
Él. 17. 11 τὰ σώματα γίνεται ... ψυχρὰ ἰσχυρῶς. N. ne dit rien ici
(mais cf. 751 [concerne les espèces précédentes, sauf l'*agrôstès*], 756)
de la douleur que cause la piqûre, dûment signalée par Ph. Aét. PAeg.
Pr., et qui est aussi vive que pour le Scorpion (Pl. 29. 86 ; cf. Xén.
Mém. 1. 3. 12 cité n. 83), ni de son issue. Élien 3. 36, qui est le seul à
indiquer l'habitat de cette Phalange (la Libye, où foisonnent tous les
genres de Venimeux, cf. Ar. *HA* 606b 9, Ap. Rh. 4. 1561 Λιβύη θηρο-
τρόφῳ, [Opp.] *Cyn.* 2. 253, *al.*), en fait une tueuse des plus rapides.
Une telle précision nous aiguille vers la catégorie des « Araignées
capables d'entraîner des accidents graves » (Millot 660), qui peuvent,
entre autres désordres, provoquer des crampes musculaires, des paraly-
sies partielles et un abaissement de la température susceptible d'entraîner la mort dans un délai plus ou moins court. D'autre part, la morphologie globuleuse fait songer à la famille des Théridiidés, presque
toujours sphériques. Peut-être avons-nous affaire à quelqu'une des
sous-espèces, répandues dans les régions chaudes du globe (celle qui
habite le Sud des États-Unis est la plus redoutable), de l'Araignée
appelée vulgairement « veuve noire », *Lathrodectus mactans* (Fabricius), dont l'abdomen ressemble à un grain de raisin noir (voir la photo
de *R.A.* 4899 et le dessin *in* Scarborough[2] 3). Entre autres Lathrodectes,
on a suggéré aussi *L. mactans tredecimguttatus* (Kobert) ou Malmignatte d'Europe, mais les conséquences de sa piqûre (fièvre, enflure)
disparaissent en deux ou trois jours. Pour d'autres suggestions, outre
Gow (n. au v. 716) voir Gil Fernandez 41 s. Aucune ne s'impose vraiment. Celle de Gossen (« Milbe », *RE* Suppl. 8 [1956] 355.7 ss.), qui
voit dans la *rhax* d'Élien (3. 36) un Chélicérate différent de la *rhox* de
N., à savoir *Ornithodoros moubata* Murray, un Acarien agent de transmission des Spirochétoses, est purement arbitraire. Voir Scarborough[2]
7 s.

78. 725-728. — [*Note complémentaire au v. 727* : ἀΐδηλος : Σ
727a ἀπροσδόκητος (GL : -τως KP) « inattendu », donc « sou-

dain », sens adopté par l'ensemble des traducteurs. Chez Hom., le sens n'est pas toujours facile à préciser. Valeurs les plus courantes : 1° « qui rend invisible », « destructeur », en particulier avec πῦρ (cf. LfgrE 266.70 ss.) ; 2° Ap. Rh. 1. 102, 4. 47, 865 « invisible » (cf. Eut. 41.8 λεπτὴν « léger », « inconsistant », et la conj. de O. Schneider) ; 3° Ap. Rh. 1. 298, 2. 138, 3. 1132 « imprévu », cf. Σ *l.c.* et la glose hom. (ad *Il.* 11. 155 πῦρ ἀΐδηλον) conservée par Porphyre, *Quaest. hom. ad Iliad. pertin.* 1. 121.20-22 τὸ ἐξ ἀδήλου ἐμπεσόν (cf. Ritter 7).]

(a) Ce qui nous empêche de voir dans l'*asterion*, inconnu des Iologues récents, un doublet du *myrmecion* « au dos étoilé » (749), appelé parfois ἀστέριον pour cette raison (cf. n. 76 §4 et n. 82), c'est la morphologie très particulière de la *formicine*. Pline (29. 86) parle des *raies* blanches qui ornent la Phalange *asterion* (*uirgulis albis* ~ 726 διαυγέες … ῥάβδοι), un détail renforçant l'impression d'un emprunt direct de Pline à N. (cf. n. 76 §5). C'est, d'après lui, le seul trait qui la distingue du *rhox*. Si cette remarque est correcte (N. ne dit rien de semblable), l'*asterion* a donc la même morphologie que le *rhox*, et il peut s'agir d'une variété de Lathrodecte. G.-S. proposent d'y voir une simple variété de *Lathrodectus mactans tredecimguttatus*. La suggestion de Kobert 11 ss., *L. conglobatus* C. Koch, le Malmignatte grec, avec son gros corps noir globuleux marqué de points blancs ou rouges, semble également raisonnable. — (b) Les symptômes sont, pour l'essentiel, identiques à ceux du *rhox* (727 ~ 721 ; 728b ~ 724, cf. Pl. *huius morsus genua labefactat*), hormis la *lourdeur de tête*, qui, dans les parallèles iologiques, est une *lourdeur* de tout le corps : Ph. (Aét. PAeg.) p. 19.24 καθ᾽ ὅλον τὸ σῶμα βάρος (Pr. p. 53.38 βάρος, sans autre précision) ; d'où ma conjecture (βάρος au lieu de κάρος). Celle de O. Schneider (727 ἀΐδηλον construit avec βρύξαντος, « de telle sorte que la morsure est invisible », cf. n. *ad* 727) est spécieuse : N. ne se croit pas tenu de répéter une observation (cf. 719 s. ~ Ph. p. 19.22 τὸ δὲ δῆγμα λεπτὸν καὶ δυσθεώρητον) qu'il a déjà faite (cf. 24 §2) ; d'autre part, lorsqu'il mentionne la piqûre avec un participe ou une subordonnée circonstanciels, il se contente de la noter sans la décrire (719, 743, cf. 424, 445, 777).

79. 729-733 [*Notes complémentaires aux v. 729-733* : V. 729 *πεδήορον : créé sur πεδάορον (éol. et dor.), Alc. fr. 315 = μετέωρον. — 730 καὶ : la comparaison avec le v. 719, où la blessure laisse la peau intacte, me semble justifier le déplacement de καὶ ; pour la tmèse inuerse cf. 918 et la n. à ce v., pour le mètre cf. 83 λίπεῖ ἔνι. — 731 γυιώσῃ : épq., « estropier » ; ici, sens métaphorique. — κραδίῃ : pour le sens de cardia cf. *infra* comm. — 733 λοιγόν : cf. n. au v. 6. — *ἀραχνήεντα : cf. *Al.* 492 ; néologisme créé à partir de ἀραχναῖος, d'un type aimé de N., cf. n. au v. 26.]

Κυάνεον = Pline *caeruleus*, cf. *supra* n. 76 §5 et la n. au v. 438. La
Phalange *bleu-sombre* (cf. 730 λαχνῆεν ~ Pl. 29. 86 *lanugine nigra*) a
en commun avec la Phalange d'Aristote surnommée « Puce » (cf. n. 76
§2) le fait qu'elle se déplace par sauts : 729 πεδήορον ἀμφὶς ἀΐσσει ~
HA 622b 30 πηδητικόν = Pl. 11. 79 *adsultim ingredientium*. L'identification de Sprengel avec une espèce des Clubionides, *Clubiona holoseri-
cea* De Geer, ne repose sur rien. On aurait de meilleures raisons de songer aux Salticides d'Afrique, qui sont de petite taille « mais de couleur
souvent très brillante », et qui « progressent par petits sauts » (Millot
737 s.). Mais leur habitat les exclut, et ils sont parfaitement inoffensifs.
En tout cas, réduire le κυάνεον aux τετράγναθα, comme le propose
Scarborough[2] 9 s. (cf. *ibid.* 5 : « solifuge, a creature that figures in N.'s
Th. 729-733 »), est une idée à repousser ; voir *supra* n. 76 §5. Le
reproche qu'il fait à N., au nom de cette identification des plus douteuses, d'avoir omis dans sa description la caractéristique essentielle, les
quatre mâchoires, est pour le moins gratuit. Les Solifuges avec lesquels
les Tétragnathes se laissent identifier n'ont pas, d'ailleurs, d'organes
venimeux dans leurs chélicères, leurs blessures « ne s'enveniment
jamais » (Millot 513, cf. 492). Mieux vaut, avec Taschenberg 241 et
Steier 1801.32 ss., avouer notre ignorance. — Les symptômes du κυάνεον, au contraire, sont de ceux qui caractérisent les espèces dangereuses : 1° effets terribles de la piqûre sur la peau (730), observables
dans le cas des Lycoses les plus venimeuses, qui « déterminent des
lésions locales et une nécrose étendue de la peau dans la région mordue » (Millot 660 ; voir la fig. 440, p. 659, montrant un cas de nécrose
cutanée causée par des espèces brésiliennes, *Lycosa raptoria*) ; ici, N.
marque un point sur les Iologues récents qui n'ont pas ce symptôme ; 2°
lourdeur du *cardia* (731 ~ 338 ; cf. *Al.* 21 κραδίην ἐπιδόρπιον, où ce
sens est précisé par l'adj.) : Ph. (PAeg.) p. 20.3 s. περὶ τὸν στόμαχον
δηγμὸς ἰσχυρός (symptomatologie générale) et Ph. p. 20.9 καρ-
διαλγεῖν, Aét. p. 279.13 καρδιωγμός (symptôme du *kranokolaptès*) ;
3° nuit autour des tempes (732), ce que l'on peut entendre des étourdis-
sements ou de l'obscurcissement de la vue, ne figure pas dans la symptomatologie générale des Iologues récents, mais, à propos du *kranokolaptès*, Promotus (p. 54.7) mentionne la σκότωσις et Aétius (279.12) les
σκοτώματα ; 4° vomissure ayant l'aspect des toiles d'Araignées (732
s.), *i.e.* présentant des filaments : Ph. (Pr. Aét. PAeg. ThN) p. 19 s.
ἐμεῖν ὑδατώδη, ἀραχνίοις ὅμοια (il ajoute que les urines et les selles
ont parfois le même aspect). Pline 29. 86 signale le même symptôme à
propos du *rhox* (*urina similis aranei textis*) ; selon lui, *rhox* et *asterion*
moins nocifs que *caeruleus*, pour lequel il n'a retenu que les symptômes
3° et 4° : *caliginem concitans et uomitus araneosos*.

80. 734-737. [*Notes complémentaires aux v. 734-737* : V. 734
ἀγρώστης : chez les Tragiques (cf. Wilamowitz[1] *ad* Eur. *HF* 377),

« campagnard, berger », mais chez Ap. Rh. 4. 175 ἀγρῶσται = θηρευταί (Hsch. α 844) ; cf. les doublets ἀγρωστή[ρ « campagnard » (Soph. [*Ichn*.] F 314.39, leçon probable) en face de ἀγρώστωρ « pêcheur » (Nic. *Al*. 473). Pour le sens de *chasseur* cf. déjà *Od*. 5. 53 (λάρος) ἰχθῦς ἀγρώσσων. — 735 ὀπιπεύει : cf. Ap. Rh. 2. 406 (en parlant du Dragon qui garde la toison). — 737 *ἄκμητον : cf. 820 (conj. probable), seules occurrences au sens de « sans causer (ou subir) de souffrance ».]

La comparaison de l'*agrôstès* avec l'Araignée-Loup (734) caractérisait déjà la petite Phalange d'Aristote (622b 29 ὅμοιον τοῖς καλουμένοις λύκοις), celle qui ne tisse pas de toile (623a 2). Dès lors, il est naturel que le nom de λύκος ait été donné à une espèce de Phalange ; Pline 29. 85 (après la description de la formicine) : *aeque phalangion Graeci uocant inter genera araneorum, sed distingunt lupi nomine* « les Grecs appellent également phalange une autre espèce d'araignée qu'ils différencient par le nom de *loup* » (trad. Ernout). De fait, dans la liste des Iologues récents, « le λύκος est la deuxième » (Ph. p. 19.5 = Pr. p. 53.24). Philouménos (Pr. Aét.), *ib*. l. 7-9, la décrit en détail : « corps large, arrondi ; région du cou incisée ; la bouche présente trois apophyses lisses ». Comme l'Araignée-Loup des v. 734 s., « il attrape et mange les mouches » ; aussi bien le trouve-t-on « dans les toiles d'Araignées », ce qui paraît exclure qu'il en fassse une lui-même. L'*agrôstès* de N., nom de Phalange attesté nulle part ailleurs, est sans doute identique à cette Phalange-Loup. Son régime alimentaire (735 s.) ne le distingue pas du reste des Araignées, qui sont exclusivement carnivores et se nourrissent des insectes les plus variés (Araignée ennemie de l'Abeille : Olck, « Biene », *RE* 3 [1897] 446.3 s.). Mais, à la différence des Iologues cités, N. nous montre son *chasseur* « guettant » les proies qui « tombent dans sa toile » (cf. les Phalanges d'Élien 6.57), détail en contradiction non seulement avec les parallèles iologiques cités mais avec le nom même d'*agrôstès*, mieux approprié à une Araignée qui, au lieu de tendre à ses victimes un piège de soie, les pourchasse et les saisit de ses pattes-mâchoires avec la rapidité de l'éclair, ou bondit sur elles avec la plus grande précision, comme les Salticides. Si N. a raison, l'identification naturelle avec un des Lycosidés (Taschenberg 242, Steier 1793.61) fait problème, car ils ne tissent jamais de toile mais poursuivent leurs proies à la course (Millot 735 ; *R.A.* 2767). En tout cas, le fait que la piqûre a une totale innocuité (737) ne semble pas favorable à la Tarentule (*Lycosa tarantula* L.) considérée par les anciens comme très dangereuse. Sprengel y voyait un des Linyphiidés, famille construisant dans les « sous-bois, les buissons des toiles souvent compliquées » (Millot 732).

81. 738-746. [*Notes complémentaires aux v. 738-740, 745-746* : V. 738 *δύσδηρι : *hapax* absolu. — 739 *ὠμοβορῆι : créé à partir de

l'*hapax* d'Apollonios de Rhodes ὠμοβόρος (1. 636). — 740 ἐκμάσσεται : cf. Léonidas Tar. *APl.* 182.4 = 2101 G.-P. ἐξεμάξατο, Call.
Ép. 27.3 ἀπεμάξατο ; Thcr. 17. 122 (*alio sensu*).
745 ἀδρανίη : cf. n. au v. 248. — τόνδε : *Al.* 365. — 746
παυστήριον : comme substantif, seulement dans l'*Hypothesis* de
Soph. *OR.* (= Epigr. app. demonstr. 85), v.11.]
   1) Le *σφήκειον est aisément reconnaissable dans la Phalange que
Pline compare au *Frelon* (29. 86), dont elle ne diffère que par
l'absence d'ailes, et qui, dans sa liste, occupe une place similaire, après
la *bleu-sombre* et avant la *myrmecion*. Eutecnius et les Scholies (*unde*
Brenning, cf. déjà Grévin) ont vu à tort dans δύσδηρι le nom, et dans
σφήκειον un simple synonyme. En fait, comme il en est pour la *myrmecion*, le nom est tiré de la particularité morphologique la plus
notable, que N. précise aussitôt à titre justificatif (739, cf. 747). —
2) C'est pour lui l'occasion de rappeler le *paradoxon* relatif à la naissance des Guêpes (Ovide, *Mét.* 15. 368 parle dans les mêmes termes du
Frelon : *pressus humo bellator equus crabronis origo est*) et des
Abeilles (cf. *Al.* 446 s.). Philétas (fr. 22 P. βουγενέας … μελίσσας),
Call. fr. 383.4 βουγενέων (cf. Pf. *ad loc.*) et Théocrite, *Syrinx* 3 ταυ-
ροπάτωρ (cf. la n. de Gow), y ont fait allusion avant lui, et Archélaos
(F 10) n'a eu garde de l'oublier : [Antigonos de Carystos] *hist. mir.*
19, cite de lui un distique des Ἰδιοφυῆ sur les Guêpes (ἐκ νέκυος
ταύτην ἵππου γράψασθε γενέθλην, ‖ σφῆκας· ἴδ' ἐξ οἵων οἷα τίθησι φύσις = *SH* 126), Varron (*R.R.* 3. 16. 4) un fragment de vers
concernant les Abeilles (βοὸς φθιμένης πεπλανημένα τέκνα = *SH*
127), et, sur les deux Hyménoptères, un hexamètre complet (ἵππων
μὲν σφῆκες γενεά, μόσχων δὲ μέλισσαι = *SH* 128) offrant une ressemblance frappante avec le v. 741 des *Thériaques*. Pour d'autres références à ce *paradoxon* cf. Olck, « Biene », *RE* 3 (1897) 434.48 ss.,
Wellmann[5] 559 s. Son rappel n'est ici nullement superflu, car les
caractères de la Guêpe, y compris ceux qu'elle a hérités du Cheval
(Élien 1. 28 [suite du texte cité n. *ad* 742] ὠκίστου ζῴου πτηνὰ
ἔκγονα, τοῦ ἵππου οἱ σφῆκες ; même rapport des Abeilles aux
bœufs, Ovide, *Mét.* 15. 366 s. *more parentum* ‖ *rura colunt operique
fauent*), sont aussi ceux de la Phalange *sphèkeion* : carnassière comme
la Guêpe (739), elle a son audace (740), sa rapidité (742 λυκοσπάδες)
et son agressivité (738 δύσδηρι). Le v. 741 est passé dans l'*Anthologie Palatine* 9. 503b, cf. la note française dans l'éd. de la C.U.F.
(p. 225). — 3) Quant aux effets de sa piqûre, Pline (29. 86) juge la
guêpine encore plus redoutable que la *bleu-sombre*, qu'il juge elle-
même plus dangereuse que le *rhox* et l'*asterion*. Chez N., on ne relève
pas pour les Phalanges une telle progression (en revanche, pour les
Scorpions, voir n. 85 §1). S'il note une issue fatale dans le cas de la
bleu-sombre et de la *guêpine*, il a inséré entre elles l'inoffensif *chasseur*, et, la plupart du temps, il se borne à énumérer les symptômes de

l'envenimation. Ce sont ici : 1° tuméfaction locale (743) ; les traités
iologiques la mentionnent tous, sauf PsD. ; ils ajoutent parfois qu'elle
s'étend à tout le corps et au visage, ainsi qu'à la région de la langue
(Ph. Aét. Pr.) ; 2° tremblement (744 παλμός : τρόμος dans les parallèles) ou faiblesse des genoux (cf. 724, 728) : Ph. (Aét. PAeg.)
p. 19.25 signale d'abord τρόμος, sans autre indication, puis p. 20.2
τρόμος δι᾽ ὅλου τοῦ σώματος (Pr. Aét. PsD.) ; 3° dépérissement
(745 μινύθοντα), cf. Pline, *ad maciem perducit* ; 4° sommeil comateux précurseur de la mort (746) : sans parallèle. — **4)** L'identification
du *sphèkeion* se heurte aux mêmes difficultés que précédemment. La
forme remarquable qui lui a donné son nom invite à chercher du côté
des Araignées dont le céphalo-thorax est relié à l'abdomen par un pédi-
cule long et dégagé ; d'ordinaire, il est « court et caché par la
convexité de l'abdomen ». Cette particularité leur donne l'aspect
d'insectes appartenant à l'ordre des Hyménoptères. Millot 598 cite
comme exemples les Clubionides et les Salticides myrmécomorphes.
Ces familles, déjà citées à propos de la *bleu-sombre* (voir n. 79),
n'entrent pas dans la catégorie des Araignées dangereuses, ce qui
d'ailleurs ne constitue pas contre elles un argument absolument décisif.
Les insectes, Taon (*Asilus crabroniformis*, selon Lichtenstein) ou
Hyménoptère tel que la Scolie hémorrhoïdale (Taschenberg 243), récu-
sables *a priori*. Araignées proposées : *Aranea saccata* L., Br. (Lenz
invoqué indûment) ; *A. retiaria*, selon Sprengel ; Scarborough[2] 12
pense à tort que la comparaison avec le Cheval est en faveur d'une
Araignée sauteuse, donc d'un Salticide. Ici encore (cf. n. 79), il faut,
avec Steier 1801.38, reconnaître l'impossibilité d'une identification.

82. 747-751. [*Notes complémentaires aux v. 747-751* : V. 747 εἰ δ᾽
ἄγε : cf. n. au v. 80 ; ellipse de περιφράζοιο (715) ou de πιφαύσκεο
(725) : cf. 797, 815. — 748 ἄζῃ : cas d'*interpretatio* d'un *hapax* hom.
de sens controversé, *Od.* 22. 184 (σάκος εὐρὺ γέρον) πεπαλαγμένον
ἄζῃ, où le mot s'applique à la patine d'un bouclier resté à l'abandon ;
glosé le plus souvent par ξηρασία, εὐρώς : Schol. HQV *ad loc.* ~ Ap.
Soph. 11.19, Hsch. α 1463, Eustath. ad *Il.* 1. 20 (45.19) ἄζη ἐν ᾿Οδυσ-
σείᾳ ἡ ξηρασία, cf. *ad* 15. 25 (696.2). Mais les Scholies Q de l'*Od.*
(ἢ μέλανι κεχρωσμένον) attestent l'existence de la glose alternative
μελανία. N. semble avoir opté pour cette explication (Ritter 49) : cf.
Eut. p. 42.3 τὸ δὲ ἄλλο αὐτοῦ σῶμα (*i.e.* μορφήν) πᾶν ζοφῶδες
τυγχάνει ~ Σ *Th.* 747a τὸ σῶμα μέλαν. Σ 748 (270.19) cite à l'appui
Antigonos (φησιν ἄζην τὴν … μελανίαν), qui repoussait l'interprétation de Démétrios Chloros (ἄζη ἡ ξηρασία ἢ θηρίδιον) ; c'est p.-ê.
Antigonos, sinon le Scholiaste lui-même, qui alléguait la glose alternative évoquée *ib.* p. 271.1 (καὶ παρ᾽ ᾿Ομήρῳ δὲ ἔνιοι ἀκούουσι
« πεπαλαγμένον ἄζῃ » ἀντὶ τοῦ κεχρωσμένον ὑπὸ μελανίας). —
749 ἀστερόεντι : métaph. ; chez Hom. et Hés., appliqué au ciel *étoilé*

~ Ap. Rh. 3. 1003 ἀστερόεις στέφανος « la *constellation* de la Couronne », cf. Arat. 71-73. — 750 αἰθαλέη : cf. n. au v. 420. — κόρση : cf. 905 et la n. ; voir Σ 903a (311.3 s.) κόρσῃ, τουτέστι τῇ κεφαλῇ ~ *ib.* 310.15 et Σ Plat. Gorg. 508d κόρσην ὅλην κεφαλὴν σὺν τῷ αὐχένι λέγουσιν. Toujours la *tête* entière chez les poètes hellénistiques ; aux références de Ritter 65 ajouter Euph. *SH* 415 col. ii 16, Hérondas 7. 71 (cf. Cunningham *ad loc.*). — 751 κνώπεσσι : cf. n. *ad* 499.]

Par sa morphologie, la Phalange *myrmecion* est voisine du *sphèkeion*, et la façon dont N. présente ses cinquième et sixième Phalanges est tout à fait analogue (cf. 738 ~ 747) : aussi bien s'agit-il de deux Araignées nommées d'après deux Insectes représentant des familles du même ordre, et qui se ressemblent assez pour avoir été confondus ; le mâle de la Fourmi légionnaire a été longtemps pris pour une Guêpe. — **1)** Le nom *μυρμήκειον constitue un *hapax* absolu. Au témoignage des Σ 747a, certains l'appelaient μυρμηκοειδές, Sostratos (fr. 4 Wellmann[4]) « fourmi d'Héraclée ». La forme ordinaire du nom semble avoir été celle qu'on lit chez les Iologues récents, μυρμήκιον (cf. Pl. 29. 87 et voir n. au v. 43). — Parmi ceux-ci, Philouménos, Promotus et Aétius sont seuls à la décrire. Pline (XXIX c. 27) en offre deux descriptions : l'une au §84, l'autre plus brève au §87, dans la liste de cinq Phalanges empruntée, semble-t-il, à Nicandre, à la place même qu'elle occupe chez ce dernier. — Si ce n'était le v. 749, la description des v. 748-750 pourrait aussi bien convenir à une Fourmi : 748 ~ Pl. 84 *rufo capite, reliqua parte corporis nigra* (à noter que N. parle du *cou*, au lieu de la tête, noire selon lui, 750), distinction absente chez Ph. (Aét. ~ Pr.) p. 19.9 s. (μυρμήκιον) αἰθαλῶδες κατὰ χρόαν ; 750 : description de N. résumée par Pl. 29. 87 *formicae similis capite*. Pline et les Iologues récents précisent que la Phalange *myrmecion* est plus grande qu'une Fourmi : Pl. 29. 84 *simile formicae, sed multo maius* ~ Ph. (Pr.) p. 19.9 ὡμοίωται μύρμηκι μεγάλῳ (Aét. μεγίστῳ). — **2)** Le v. 749 nous invite à nous demander si les Iologues récents n'ont pas confondu *myrmecion* et *asterion*, qu'ils ignorent, en une seule espèce, ou bien si une seule et même Phalange n'a pas, chez N. ou sa source, été scindée en deux espèces distinctes. Des étoiles ornent le corps de la *myrmecion* : son *ventre*, Pl. 29. 87 *aluo nigra, guttis albis distinguentibus* ; son *dos*, selon N. (ἀστερόεντι ... νώτῳ, cf. Ph. [Pr. Aét.] p. 19.10 ἐντετύπωται δέ τινα ἐν τῷ σώματι αὐτοῦ ὡς ἄστρα [Aét. ἐντυπώσεις ἀστερώδεις], μᾶλλον δὲ κατὰ τὰ νῶτα, qui cite 748 s. à ce propos (voir *Test.*) ; et cet ornement lui aurait valu l'appellation d'*asterion* (Pr. p. 53.30). Mais chez N., ce sont des *raies* et non des *étoiles* qui ornent la livrée de l'*asterion*. — **3)** Ce qui est sûr, c'est qu'il s'agit d'une Araignée myrmécomorphe (plus de 100 espèces !). *Myrmecium gounelli*, de la famille des Clubionides, ou *Myrmarachne foenisex*, de celle des Salticides, imitent à s'y méprendre l'aspect et l'allure des Fourmis, dont elles se nourrissent. Elles offrent avec elles une similitude portant « non seulement sur la forme générale du corps, modelé comme celui d'une Fourmi, mais plus encore peut-être sur l'allure, véritablement identique » chez les unes et les autres, « au point que l'oeil le plus exercé peut s'y tromper. La ressemblance est encore accrue par le fait que certaines de ces Araignées ne marchent que sur trois paires de pattes, la première paire dirigée en avant s'agitant sans cesse à la manière d'antennes d'Insectes » (Millot 712, et la fig. 502). Les identifications proposées inspirent les mêmes réserves que précédemment : la Mutille (*Mutilla europaea*) suggérée *ap.* G.-S. par le Dr M. Pryor (suivi par Scarborough[2] 13), et vers laquelle penchait déjà Taschenberg 243, est un Hyménoptère, non une Araignée ; *Salticus formicarius* (Keller 2 p. 467) ne s'impose pas, *Galeodes araneoïdes* (Br.) est à écarter. — Symptomatologie : souffrances (751), comme dans le cas des espèces précédentes (cf. n. 77 §4). Pline (§84 et 87) compare la douleur qu'elle cause à une piqûre de Guêpe.

83. 752-758. [*Notes complémentaires aux v. 752-754* : V. 752 *χειροδρόποι : par cet *hapax* absolu, N. joue sur l'étymologie de χεδροπά (Hp. Ar. Th., etc.), comme l'a reconnu Érotien (cf. *Test.*) ; certains écrivaient par un κ ce syn. de ὄσπρια, attique selon lui, mais Aristophane de Byzance par un χ initial (fr. 90 Nauck) ; c'est pour défendre cette orthographe qu'Érotien citait le vers de N. Pour le jeu étymologique cf. n. au v. 176. — 753 *μεσοχλόου : *hapax* absolu. — 754 ἐπασσύτερα : cf. n. au v. 246.]

Ces petites Phalanges, particulières à N., sont d'autant plus difficiles à identifier que les Cantharides ou Mouches d'Espagne auxquelles il les compare sont elles-mêmes d'identification impossible. Cf. *Al.* 115 κανθαρίδος σιτηβόρου, Hsch. κ 657 κανθαρίς· ... ἢ ζωΰφιον λυμαντικὸν σίτου καὶ ἀμπέλου καὶ κήπων ; D. 2. 61. 1 qui en distingue trois sortes n'est nullement éclairant ; voir Keller 2 p. 414 ; Gossen, « Käfer », *RE* Suppl. 8 (1956) 238.45 ; Gil Fernandez 65. On peut hésiter entre différentes espèces, *Cantharis*, *Lytta*, *Mylabris*, etc. Que des Phalanges soient recommandées comme substitut des Cantharides dans le *De succedaneis* du Pseudo-Galien (19. 731.8) ne nous est pas d'un grand secours. — Mais, indépendamment de cette ressemblance, il y a d'autres indices à considérer. 1° Les accidents qu'elles provoquent parmi les paysans qui récoltent les légumineuses ne sont pas sans faire penser au *Theridion lugubre* L. Duf., redouté des moissonneurs provençaux (Fabre 1 p. 416). 2° Un autre indice peut se tirer du fait que ces Phalanges agissent en commun (754 s.), au lieu de se comporter comme la plupart des Araignées en solitaires farouches. Il s'agit donc d'une espèce d'Araignées sociales, dont la sociabilité ne se limite pas à la période de reproduction mais dure de façon permanente, tel *Theridion socialis* (Millot 679). 3° Les

v. 752 s. appellent un rapprochement avec Pline, qui semble avoir
commis une confusion sur l'espèce de la *bestiole* : 22. 163 *et* legumi-
nibus (cf. 753 ὄσπρια) *innascuntur bestiolae uenenatae, quae* manus
pungunt (cf. 752 χειροδρόποι) *et periculum uitae adferunt,* solipuga-
rum *generis* ; 18. 156 *nascitur et* phalangion *in* eruo (~ Élien 9. 39 ἐν
δὲ τῷ ὀρόβῳ [= *in eruo*] φαλάγγια ἄττα [*sc.* τίκτεται]). Pline, malgré la différence de contexte, offre une parenté certaine avec N., qui
figure dans l'*index* des sources étrangères du livre XXII. Il semble avoir
oublié en 22. 163 qu'il s'agissait de Phalanges et non de Tétragnathes :
18. 156 (où les *légumineuses* sont particularisées en *Ers* ou Lentille
bâtarde) rétablit la vérité. Malheureusement, ce rapprochement
n'éclaire pas le problème de l'identification. Aucune de celles qui ont
été proposées jusqu'ici n'est sûre. Brenning dit sagement : « unbe-
kannte Spinnenart ». Celles que G.-S. attribuent à Br. visent en fait les
κανθαρίδες, avec lesquelles les Phalanges décrites, si elles leur ressemblent, ne doivent pas être confondues : *Cantharis vesicatoria* L.
(Scarborough[2] 13) est donc à écarter, même si les effets de leur *morsures* ont quelque chose de commun avec ceux que provoque l'ingestion du breuvage à base de Cantharides (cf. 757 s. ~ *Al.* 124 ss. ; mais
cf. aussi 776) ; Taschenberg 244, approuvé par Steier 1800.65 ss., songeait à un Coléoptère (*Telephorus* ou *Malachius*). — Eutecnius (42.8)
a situé en Égypte cette scène de récolte. Conjecture inspirée par le
v. 759 ? Il est certain que les ἰοβόλα foisonnent dans les champs
égyptiens, surtout en été (cf. PsD. p. 76.11-13) : pour une mesure de
prudence prise par les moissonneurs en prévision de piqûres éven-
tuelles voir n. 118 §4d. — Symptômes : 1° pour la douleur (756
ἔμμοχθον) cf. n. 77 §4 ; 2° formation de *phlyctènes* : selon Lewin
(*ap.* Br.), elle est rare dans le cas des piqûres d'Araignées ; 3° déran-
gement d'esprit (757 s.) : cf. Xén. *Mém.* 1. 3. 12 οὐκ οἶσθ' ὅτι τὰ
φαλάγγια οὐδ' ἡμιωβελιαῖα τὸ μέγεθος ὄντα προσαψάμενα
μόνον τῷ στόματι ταῖς τε ὀδύναις ἐπιτρίβει τοὺς ἀνθρώπους καὶ
τοῦ φρονεῖν ἐξίστησι ;

84. 759-768. **1)** Le nom de la huitième et dernière Phalange figurait-
il sur une illustration ? N. se contente de suggérer ce nom (cf. 396 s. et
la n. 42a) lorsqu'il précise l'endroit du corps où elle attaque ses victimes : 766 s. ~ Ph. (Pr. Aét.) p. 19.19 s. (κρανοκολάπτης) τοὺς κατὰ
τὴν κεφαλὴν πλήσσει τόπους. C'est de la même façon qu'il suggère
le nom de l'arbre égyptien qui abrite cette Phalange ; il est appelé περσέα (Th. Pl.), περσαία (D.), περσείη par N. lui-même (*Al.* 99, cf.
Paus. 5. 14. 3 περσεία), qui donne une étymologie mythique de son
nom : Persée l'aurait reçu en présent du roi d'Éthiopie Céphée (*Al.*
103), après avoir coupé la tête de Méduse. Cf. *Th.* 759, 764 ~ D. 1. 129
(120.12 ss.) περσαία δένδρον ἐστὶν ἐν Αἰγύπτῳ …, ἐφ' οὗ καὶ τὰ
λεγόμενα κρανοκόλαπτα εὑρίσκεται, μάλιστα δὲ ἐν τῇ Θηβαΐδι ;

même remarque du thériaque Sostratos au sujet du *perséa* (Σ 764a = fr. 3 Wellmann[4]). Le *perséa* n'est autre que le Mimusope, *Mimusops Schimperi* Hochst (LSJ s.v.), corrigé malheureusement en *Cordia myxa* L., le « Sébestier », dans le *Revised Suppl.* ; voir Pf. *ad* Call. fr. 655, et, pour la discussion détaillée de son identification, S. Amigues *ad* Th. *HP* 4. 2. 5 (p. 205-207). Σ 763a (p. 275.10) et Eutecnius nomment également cette Phalange κεφαλοκρούστης ; le nom κρανοκολάπτης serait local (Eut. 42.22). Philouménos (Promotus) la décrit en dernier, comme N. (Aétius a gardé l'ordre de la liste, voir *supra* n. 76 §3). — **2)** Ph. Pr. Aét. la décrivent ainsi tous les trois : ὑπόμηκές ἐστι καὶ χλωρόν (chez Pr. χλωρόν est rapporté par erreur à l'aiguillon, non à la Phalange), ce qui appuie la leçon ἔγχλοα au v. 762 (cf. Eut. χλωρά). La position de l'aiguillon surprend : τὸ δὲ κέντρον ἔχει ὑπὸ (Ph. : περὶ Pr. Aét.) τὸν τράχηλον ; contresens commis sur le v. 767 ? — Le κρανοκολάπτης de N. partage avec la Phalange σκληροκέφαλον des Iologues récents une particularité morphologique justifiant le nom de celle-ci : 765 s. νεύει κάρη ... | ἐσκληκός ~ Aét. (Ph. Pr.) p. 278.14 τὴν κεφαλὴν ἔχει πετρώδη καὶ ἀπόσκληρον (suite *infra*). C'est au sujet du σκληροκέφαλον, et non du κρανοκολάπτης, qu'ils font une comparaison avec la Phalène omise par Pr. Chez N. (762 s., cf. Σ 763a 11, 14 ~ Eut. 42.19 s.), elle concerne aussi les ailes, quoiqu'il n'y ait pas plus d'Araignées ailées que de Scorpions ailés (cf. n. 91 §2). Chez Philouménos et Aétius, elle se limite aux marques qu'il a sur tout le corps : Ph. p. 19.15 s. <καὶ> καθ' ὅλον τὸ σῶμα περιγέγραπται ἐμφερῶς <τοῖς> ζῴοις ἐκείνοις τοῖς περιπταμένοις περὶ τοὺς λύχνους = Aét. p. 278.14 καὶ ἐπιγραμμὰς ἔχει καθ' ὅλον τὸ σῶμα ἐμφερεῖς τοῖς ζῴοις κτλ. — Sur ce Papillon (*Acronycta aceris* L. ou *Agrotis pronuba*) voir Keller 2. 442 ; Gossen « Schmetterling » *RE* 2A (1921) 579.24 ss. ; Gil Fernandez 204-207. *Ad rem* cf. l' ἠπίαλος d'Aristote (*HA* 8. 27, 605b 14 ὁ περὶ τὸν λύχνον πετόμενος), ou le πυραύστης d'Élien (12. 8). Ce dernier compte au nombre des ennemis des Abeilles qu'énumèrent Aristote (*HA* 8. 27) et Pline (xi c. 21). Selon Aristote 605b 12, il s'agirait d'un autre nom du *Clerus apiarius* (*supra* n. 76 §3) ; cf. Pl. 11. 65 *papilio... luminibus accensis aduolitans, pestifer* (sc. *apibus*). — Les mêmes questions se posent qu'à propos du *myrmecion* (cf. n. 82 §2) : la notice de N. a-t-elle éclaté par la suite en deux notices rapportées à des Phalanges différentes ? Ou bien N. (ou sa source) a-t-il confondu en une seule deux Phalanges distinctes ? Si l'identification de la huitième Phalange de N. avec le κρανοκολάπτης et le σκληροκέφαλον des Iologues récents ne fait aucun doute, il est impossible en revanche de l'interpréter du point de vue zoologique : Taschenberg 245[1] suggère un Sphinx, Scarborough[2] 15 un Sphécoïde (*Sphecius speciosus* Drury), mais sans trop y croire.

85. 769-770. Philouménos (dont le texte se présente comme un extrait d'Archigénès) juge inutile de distinguer des espèces, car il

admet que les symptômes sont les mêmes pour toutes. Aétius, Paul d'Égine et Ps.Dioscoride, eux aussi, mais sans donner de raison, abordent directement la symptomatologie et la thérapie. — **1)** D'après le témoignage capital de Pline (11. 87 s.) Apollodore (*Annexe* §4, fr. 5) avait classé les Scorpions « en neuf espèces d'après leur couleur, ce qui est vain en l'absence de précisions sur ceux dont il considère la morsure comme la moins létale ». On voit par cette critique qu'Apd. avait une symptomatologie indifférenciée. Dans la liste de N., on retrouve neuf espèces, comme chez Apd., mais, pour deux d'entre elles (786-796), le critère de distinction est morphologique. Surtout, N. distingue les symptômes selon les espèces, en allant de la moins à la plus dangereuse. — **2)** D'autres que N. ont distingué les espèces d'après la couleur : — **(a)** Promotus (= Théophane Nonnos) n'en cite que quatre, les blancs, les noirs, les verts et les †πτερωτοί (Pr. p. 51.17 s. = ThN. p. 312.10 †πετρωτοί), mais la phrase (omise par ThN.) qui complète cette énumération chez Pr. en implique davantage : « d'autres ont des tons intermédiaires selon que ces couleurs sont plus ou moins foncées ». A la place de l'adj. corrompu, il faut lire : πυρωτοί (cf. 799 φλογὶ εἴκελα γυῖα et *infra* n. 91 §2). — **(b)** La liste la plus intéressante est celle d'Élien 6. 20 : voir le texte, *sub* Apollodore, *Annexe* §4, fr. 5. Elle est identique à celle de N., à ces différences près : le ζοφόεις (775) a éclaté en καπνοειδής et μέλας, l'ἐμπέλιος (782) est désigné d'un terme (γαστρώδης) décrivant une particularité morphologique, le carcinimorphe et le pagurimorphe (786 s., 788 ss.) se résument dans le καρκινοειδής, et le μελίχλωρος (797) a disparu. On a lieu de croire que l'omission du μελίχλωρος, qui réduit la liste à 8 espèces, est accidentelle, car des lacunes affectent la fin du chapitre. En tout cas, l'élément manquant n'est pas à chercher après le φλογώδης, qui clôt la liste, comme chez N., par le Scorpion le plus dangereux (cf. 799 s. ~ Él. χαλεπώτατον). Les noms qui la suivent, πτερωτούς, δικέντρους, (ἑπτασφονδύλους), s'appliquent non à des espèces mais à des particularités individuelles (cf. les n. 88 §3, 91 §2). — **3)** Élien, sauf pour le dernier de sa liste, le φλογοειδής, ne se soucie pas des effets de la piqûre. Pr. a essayé de les répartir entre les espèces, mais il l'a fait maladroitement, comme s'il avait élargi la symptomatologie commune de Ph. à l'aide d'une paraphrase de N. (cf. n. 86 §1 et 3, 87 §1, 89 §2). — Dans la nomenclature moderne, les couleurs ne jouent presque aucun rôle ; cf. toutefois *Euscorpius flavicaudis*, le Scorpion à queue jaune de l'Europe du Sud. W.H. Wilson a décrit les couleurs des Scorpions d'Égypte (*Egypt. Govern. School of Medicine*, Records 2 [1904] 11 ss.), mais on ne peut à partir de là identifier les Scorpions de N., *pace* Scarborough[2] 16 (qui confond avec un Scorpion la Phalange κρανοκολάπτης verdâtre de Ph. p. 19.18, cf. n. 84 §2). — Caractère très douloureux de la piqûre du Scorpion : 769 ἀλγινόεντι ~ Ph. (Pr. Aét.) p. 17.5 s. παρέπεται τοῖς πληγεῖσιν πόνος σφοδρότατος περὶ τὴν πληγήν, cf. la thériaque d'Antiochos (*Annexe* §9c, v. 16) et Pl. 11. 86, qui la dit plus douloureuse que celle des Serpents. Le bûcheron de Fabre (2 p. 259) la compare à « la piqûre d'une aiguille rougie au feu ». Sur l'aiguillon et la queue du Scorpion cf. 780 s. et la n. 88 §3. — Voir Keller 2 p. 470-479 ; Steier 1801-1810 ; Morel[1] 376 s. (sources de Pline *NH* XI, dans le chap. relatif au Scorpion ; comparaison Pl./Luc.) ; Scarborough[2] 15-18 (interprétations de N. parfois *nonsensical*).

86. 771-774. **1)** Le Scorpion *blanc* de N. est inoffensif, comme, à la vérité, les espèces « les plus nombreuses, dont la piqûre, simple coup d'aiguillon, n'entraîne aucun trouble appréciable » (Millot-Vachon, 414). C'est pourtant au blanc que Promotus assigne, entre beaucoup d'autres symptômes appartenant à la symptomatologie générale, la fièvre (772) suscitée par le *rouge* (ignoré des Iologues récents), commettant la même erreur que Σ 771a, qui rapporte au blanc les v. 771 s., erreur redressée par Σ 771b (= Eut. 42.31-43.2) ; voir *infra* §3. Selon Scarborough[2] 16, il s'agirait des jeunes sur le dos de leur mère. Ils sont blancs en effet, mais ils ont moins de 1 cm (Fabre 2 p. 853). Bien que Théophraste ait considéré des Venimeux « nouveau-nés » (*Annexe* fr. 16 [Pr.], il est douteux que N. les ait pris pour une espèce particulière. On songera plutôt à l'appellation de Scorpion *blanc* donnée à *Buthus occitanus*, non inoffensif (cf. Fabre, *ib.* 258, qui précise ainsi sa couleur, p. 794 : « sa coloration est le blond de la paille fanée »). — **2)** Le texte transmis donne une construction et un sens qui me semblent impossibles (G.-S. *inflicts a … fever on men's mouths* est un étrange symptôme, *Al.* 398 *aliter*), d'où ma correction : γενύεσσι dat. de relation (Σ p. 277.5 πυρρὸς κατὰ γένυν) ; cf. 772 s. προσεμάξατο καῦσον | ἀνδράσιν ~ 180 s. ὁδουροῖς | ἄϊδα προσμάξηται). Le mot γένυες (cf. 785), pris au fig. du bec de l'aigle au v. 450, désigne sans doute ici les deux paires d'appendices disposés de part et d'autre de la bouche, à savoir les chélicères terminées en pinces, et les pattes-mâchoires ou pédipalpes (Millot 264) ; « tête » (Br.) est inexact ; indication semblable de la partie colorée au v. 799. — **3)** 772b-774a : des symptômes du *rouge* rapprocher Philouménos (Aétius) p. 17.9 (début de la symptomatologie générale) καῦσος περὶ τὴν πληγὴν ὡς ἐπὶ πυρικαύτων ~ Pr. p. 51.22 (symptôme attribué au blanc) πόνος σφοδρότατος κατὰ τῆς πληγῆς, ὡς ἐκ πυρὸς δοκεῖν καίεσθαι ; cf. PAeg. p. 12.26 (= PsD. p. 68.4) ἐναλλὰξ ὁτὲ μὲν πυρώσεως … ἀντιλαμβανόμενος. — 774b : Pr. p. 51.25 (δίψα ἐπιτεταμένη) est le seul à offrir ce parallèle.

87. 775 s. [*Notes complémentaires aux v. 775-776* : V. 775 ζοφόεις : *Al.* 474 ; cf. *Orac. Sibyll.* (2 ex.), Nonn. (10 ex.). — ἄραδον κακόν : Σ 775b κίνησιν, ταραγμόν ; cf. Hp. *Acut.* 4. 6 ἄραδον

κακόν, Erot. α 61 (19.15) ἄραδον· ταραχώδη κίνησιν καὶ σάλον.
— 776 *ἄφραστον : voir Volkmann² 68 ; d'ordinaire, « impossible à
comprendre » (Soph. *Trach.* 694 *c. Schol.* ἀνεκδιήγητος) ou « à
exprimer » (Eschyle *Perses* 165, Eur. *Hipp.* 820) ; le sens de
« dément » (cf. ἀφραδίη) est particulier à N.]
1) Agitation du corps, égarement d'esprit : Ph. p. 17.10 παρακοπαὶ
σφυγμός τε δι᾽ ὅλου τοῦ σώματος = Pr. p. 51.22 s. (faussement attribués au blanc). Pour le *noir*, Promotus emprunte à la symptomatologie
générale de Philouménos divers symptômes (cf. Pr. p. 51.33 s. ~ Ph.
p. 17.12, 14 s.), mais il indique en premier, correctement, παραλήρη-
σις, ἀγνωσία (~ 776), absents chez Philouménos. Ces phénomènes
nerveux sont dus à une neurotoxine, l'un des deux principes actifs
contenus dans le venin du Scorpion (Grassé, *Précis* I p. 503). Le noir
est la couleur de *Scorpius europaeus* L., appelé vulgairement *Scorpion
noir* (Fabre 2 p. 793 s.) ; il est d'ailleurs d'une parfaite innocuité. —
2) La *v.l.* σπαίροντες τελέθουσιν figure dans une réfection récente
des Scholies (EICF ~ *Ald.*, famille γ de A. Crugnola). A la suite de
τελευτῶσι (Σ 775c [278.12]), on lit dans ces mss : εἴπερ « σπαίροντες τελέθωσιν » (*lege* -θουσιν), ὡς ἔν τισιν εὕρηται, γράφεται· εἰ
δὲ « ἄφραστοι γελόωσιν », εἴη ἂν ἀντὶ τοῦ ἀλογίστως καὶ
ματαίως γελῶσιν. Bien qu'ils prétendent que cette *v.l.* « se trouve
dans certains exemplaires », elle ressemble plutôt à une conjecture inspirée par les mots de la Scholie ancienne ἀσθμαίνοντες τελευτῶσι,
développant l'ultime conséquence de l'ἄραδος κακός (cf. *Il.* 5.585, *al.*
ἀσθμαίνων … ἔκπεσε δίφρου).

88. 777-781. [*Notes complémentaires aux v. 778-780* : V. 778
φρῖκας : cf. φρίκη(ν) 721 et 727 ; N. emploie φρίξ « accès de frissons », d'ordinaire au sing. (Ηp. *Morb.* 2. 68), par commodité
métrique, comme simple équivalent de φρίκη ; cf. *carmen* 168 φρί-
καισι, à corriger p.-ê. en φρίκεσσι. — ἐπιπροΐησι : cf. ἐπιπροΐείς
(Ap. Rh. 3. 124, *Orac.* ap. Luc. *Alex.* 27), -εῖσα (QS 13. 63). — 779
*ἐμπλάζουσα : *hapax* poét. pour ἐμπελάζουσα. — Σείριος ἄζῃ : cf.
Hés. *Trav.* 587 Σείριος ἄζει. — 780 s. : cf. Anytè, épitaphe de la
chienne Locris mordue par une Vipère, *ap.* Poll. 5. 48 = 702 G.-P. (cf.
n. *ad* 185) τοῖον … ἐγκάτθετο κώλῳ | ἰόν, Arat. 200 s. τοίη οἱ
κεφαλή, τοῖοι δὲ … | ὦμοι, Opp. *Hal.* 1. 242 s., 2. 520, 531.]
1) *Frissons*, image de la *grêle* suggérant une sueur glacée : Ph.
p. 17.6 s. ψῦξις καὶ νάρκα περὶ <τε τὴν πληγὴν καὶ> ὅλον τὸ
σῶμα, ψυχρὸς ἱδρώς … 10 s. μυρμηκίασις περὶ τὰ χείλη καὶ ὅλον
τὸ σῶμα, ὡς ῥανίσιν δοκεῖν καταρραντίζεσθαι = Aét. p. 280. 6 s.,
10 s. (mais avec ὡς δοκεῖν χαλάζαις βάλλεσθαι) ~ Pr. p. 51.27 ss.
(symptômes correctement attribués au vert) φρίκη συνεχὴς (à restituer au lieu de ῥίγη συνεχῆ *ap.* Ph. *ib.* 13) κρυσταλλώδης περὶ τὴν
πληγὴν καὶ ὅλον τὸ σῶμα … ψυχρὸς ἱδρώς ; cf. PAeg. (PsD.)

p. 3.2 s. ἱδρὼς καὶ φρικώδης συναίσθησις καὶ τρόμος καὶ περίψυξις ἀκρωτηρίων. Les modernes notent pareillement : « ... une forte
transpiration... La peau devient froide et moite... » (*R.A.* 4432) : A.
Paré, XXIII, préf. : *Antonius Benivenius dit avoir eu un serviteur, lequel
fut piqué d'un scorpion, et tout subit lui survint une sueur froide
comme glace*, cf. le bûcheron de Fabre 2 p. 259 : *les sueurs froides
venaient*. Ces parallèles ne sont pas favorables à l'idée de Gow[1] 102
s.v. ζαλάω, selon qui χάλαζα signifierait, ici au v. 252 : *a raging
eruption of the skin* : 779 καὶ ... ἄζῃ semble mieux convenir si
χάλαζα est une métaphore traduisant une impression de froid (cf. 13 s.
χαλαζήεντα ... | σκορπίον). — 2) 780 κέντροιο *κοπίς n'est pas un
simple équivalent de κέντρον, comme l'admet LSJ s.v. κοπίς (B), et
Bailly à sa suite. Pour ce sens, LSJ accentue le mot paroxyton, accent
de tous les mss sauf R, en s'appuyant sur Hsch. κ 3555 κόπιες· κέντρα ὀρνίθεια. Mais cette glose obscure n'est de nature à autoriser ni
cet accent ni cette interprétation. Σ 780ab proposent τύμμα πλῆγμα
τύψις, d'où Chantraine (*DELG* s.v. κόπτω) « piqûre de scorpion », ce
qui est peu convaincant. A partir de κοπίς « coutelas à lame courbe »
(utilisé par les Orientaux), il est préférable d'admettre un emploi métaphorique du mot pour désigner la *pointe arquée* terminant l'aiguillon
du Scorpion. — 3) Sur l'aiguillon à la queue du Scorpion voir Σ *Th.*
781b, Ar. *HA* 532a 17 (« insecte » [*sic !*] μακρόκεντρον), *PA* 683a
11 (ὀπισθόκεντρον), Apollodore (*Annexe* §4, fr. 5), Pamménès *ap.*
Élien 16. 42 (cf. *Notice* n. 104). — N. n'a pas reproduit l'enseignement
d'Apollodore fr. 5 sur le venin du Scorpion (Pl. 11. 87 *uenenum ab iis
candidum fundi Apollodorus auctor est*), ni sur la structure de son
aiguillon. Ce que savent de celle-ci Élien (9. 4 ~ Pl. 11. 163 [voir
n. 20e]) et le Scholiaste (Σ *Th.* 788a) en dérive, sans doute (Apollodore
fr. 19b), par l'intermédiaire de Sostratos (voir *Notice* p. XXIV, XXXVI) ;
cf. également Tert. *Scorp.* 1 (p. 144.8-13) : *series illa nodorum uenenata intrinsecus uenula subtilis arcuato impetu insurgens hamatile spiculum in summo tormenti ratione stringit ... id spiculum et fistula est
patula tenuitate et uirus, qua figit, in uulnus effundit.* — Le terme de
σφόνδυλοι « vertèbres » (Pl. *internodia*) est dit métaphoriquement
des *segments* ou *anneaux* de sa queue (partie terminale de l'abdomen
ou *metasoma*), cf. Hsch. *Test.* ad 781. Ceux-ci, très articulés, lui permettent de la rabattre par-dessus son corps afin de poignarder son
adversaire (voir *infra* §4). L'adj. ἐννεάδεσμοι fait difficulté. Antigonos (Σ 781b) l'entendait des *articulations* de la queue, Démétrios
Chloros (*ibid.*) des *segments*. Mais, comme le note le Scholiaste, les
Scorpions n'en ont pas plus de sept, « et encore rarement, au témoignage d'Apollodore (fr. 5) » ; cf. Élien 6. 20 (*sub* Apollod. *ib.*) καί
που ἑπτὰ ἔχων σφονδύλους ὤφθη τις. Pline, malgré un passage au
style direct, doit sans doute au même Apollodore sa remarque sur le
caractère plus dangereux de ceux-là : §88 *constat et septena caudae*

internodia saeuiora esse. Il ajoute : *pluribus enim sena sunt*. Cela est vrai si l'on assimile à un *telson*, comme on le fait parfois, la vésicule à venin prolongée de l'aiguillon (Vachon 389) ; elle devient alors le sixième et dernier segment de la queue, laquelle, autrement, n'en compte que cinq. « Sept » est déjà une anomalie : que dire de neuf ? Le Scholiaste donne le choix entre deux solutions : 1° ou bien prendre ἐννεάδεσμοι au sens de πολύδεσμοι : cf. Hérondas 8. 5 ἐννέωροι, en parlant de nuits *très longues* (« a unique use of the Homeric adj. » Cunningham), et le sens fig. possible de ἐννέα au v. 275 (voir *supra* n. 26 §2) ; emploi analogue de ἑπτα- chez Call. 4. 65 ἑπτάμυχον *c. schol.* πολύμυχον, et de ἑκατοντα- chez Pind. *Pyth.* 1.16 ἑκατον-τακάρανος *c. schol.* οὐκ ἀριθμητικῶς ἀλλ᾽ ἀντὶ τοῦ πολυκέφαλος. C'est de la même façon que Lucien (*Dipsad.* 3) décrit l'une des deux espèces de Scorpions, la terrestre, vivant dans le désert, au Sud de la Libye : ὑπέρμεγα καὶ πολύσφονδυλον ; 2° ou bien considérer qu'il s'agit d'un Scorpion à deux aiguillons. Nicandre lui-même (Σ 781b [279.12 s.]) en avait fait mention (p.-ê. dans les *Ophiaca* qui lui sont attribuées), Apollodore fr. 5 (Pl. §87 *A. auctor est ... geminos quibus-dam aculeos esse*) avant lui, et, après lui, Pamménès *ap.* Élien 16. 42 ἐν τῷ Περὶ θηρίων σκορπίους λέγει γίνεσθαι πτερωτοὺς καὶ δικέντρους (cf. 6. 20). Il disait en parler *de visu*, comme le Ps.Démo-crite du Basilic (voir n. 42). En ce qui concerne du moins les δίκεν-τροι σκορπίοι, on ne l'accusera pas de hâblerie, car « le dédouble-ment de la partie postérieure du corps », qui « peut commencer dès le premier segment de la queue » (Vachon 426), a été observé de nos jours : voir p. 425 la photographie d'un *Androctonus crassicauda* à double queue (Téhéran) « dont l'aspect fait songer aux Scorpions bi-fourchus de Pline ». Il s'agit là évidemment, non d'une espèce, mais d'une « anomalie morphologique » relevant de la tératologie, comme les Serpents bicéphales et à deux pieds dans la région de la queue qu'il disait avoir vus également. — **4)** G.-S. traduisent le texte transmis (κεραίης) par « tête ». On ne peut qu'approuver, car, de toute évi-dence, les v. 780 s. évoquent l'attitude de défense du Scorpion (Ovide, *Mét.* 15. 371 *caudaque minabitur unca*, voir n. 90 §3 fin), « la queue redressée, rabattue vers l'avant, l'aiguillon à la hauteur du céphalo-tho-rax » (Vachon 420), c.-à-d. du *prosoma* ou tête ; et l'on ne s'étonne pas, dès lors, que les segments soient décrits comme étant « après l'aiguillon ». Mais κεραίης n'est nulle part attesté au sens de *tête*, et rien ne prouve que N. l'ait employé ainsi. D'où ma conjecture καρή-νου (cf. 287). Σ 781c glose κεραίης par « queue », ce qui est absurde.

89. 782-785. [*Note complémentaire au v. 785* : V. 785 βούβρωσ-τις : 409, cf. Call. 6. 102, Opp. *Hal.* 2. 208, *al. Hapax* hom. de sens obscur ; le sens de « grande faim » (Σ *Il.* 24. 532 κυρίως μὲν ὁ μέγας καὶ χαλεπὸς λιμός) semble secondaire (Chantraine, *DELG* s.

βου-). — ἐνέσκληκεν : le composé et le simple (cf. 718, 766, 789, *al.*) ont au parf., comme au pass., un sens intr. « être desséché, durci », cf. Ap. Rh. 3. 1251 (δόρυ) ἐνεσκλήκει παλάμῃσιν, Asclépiade *AP* 12. 166.5 = 892 G.-P. ἐνεσκληκὼς γὰρ ἀνίαις ; pour le sens actif cf. 694 ἐνισκήλῃ. Littéralement : « telle est la faim endurcie dans ses mâchoires » : p.-ê. transfert d'image.]

1) Les v. 782 ss. permettent de reconnaître le Scorpion *livide* de N. dans le *ventru* d'Élien 6. 20 (voir n. 85 §2b). Les Scorpions ne sont pas herbivores (783), pas plus qu'ils ne mangent de la terre (784), malgré l'affirmation contraire de Pline (cf. *Test.*), p.-ê. un emprunt à N., qui est cité dans l'index des sources étrangères pour le livre x. Ils se nourrissent exclusivement « de proies vivantes » et « n'absorbent aucune substance végétale » ; à leur menu, des Araignées, toute espèce d'Insectes et même « des petites souris venant de naître » (Vachon 420). Fabre (2 p. 806) a noté, au sujet du Scorpion du Languedoc, qu'il est naturellement très sobre, mais que, en avril et en mai, à l'époque des pariades, « le frugal se fait goinfre et se livre à de scandaleuses ripailles », au cours desquelles il lui arrive même de dévorer « son confrère en parfaite quiétude, comme il le ferait d'un vulgaire gibier ». C'est alors qu'on pourrait le dire ἄητος (783). Dans la classe des Arachnides, l'ordre des Scorpions n'est d'ailleurs pas le seul à compter des espèces gloutonnes ; celui des Solifuges est également doué d'« une extraordinaire voracité », mangeant, « si l'occasion s'en présente, au point de distendre leur abdomen et de pouvoir à peine se déplacer » (Millot-Vachon 513). — **2)** N. n'ignore certainement pas que les Scorpions inoculent leur venin à l'aide de leur aiguillon et non de leurs chélicères, contrairement aux Aranéides. Il n'en a pas moins établi un lien entre leur appétit et leur capacité venimeuse (785). Σ *ad loc.* entend βούβρωστις figurément du venin et du mal qu'il cause, ajoutant que le mot « indique la violence de la morsure ». — Pour le symptôme affectant les aines cf. Aét. p. 280.7 s. καὶ τοῖς μὲν περὶ τὰ κάτω πληγεῖσιν βουβῶνες ἐπεγείρονται, τοῖς δὲ περὶ τὰ ἄνω αἱ μασχάλαι ; tiré d'une version plus complète de Ph. p. 17.7 s. (ἔπαρσις ἐν ταῖς μασχάλαις, τοῖς δὲ περὶ τὰ κάτω ἐν τοῖς βουβῶσιν ~ Pr. p. 51.29 s. [symptômes attribués à tort au vert], PAeg. [ThN.] p. 13.3 βουβώνων ἔπαρσις). Pour le rapport entre aines et aisselles cf. *infra* 925 ss.

90. 786-796. [*Notes complémentaires aux v. 786-792* : V. 786 αἰγιαλῆι : = αἰγιάλειος ; attesté ailleurs seulement chez Nouménios *SH* 586, cf. Ovide, *Mét.* 15. 369 *litoreo … cancro*. — 787 μνία λεπτά : cf. *Al.* 396, 497 (μνιώδεα θρῖα), Lyc. 398 ἐν μνίοις δὲ καὶ βρύοις, Ap. Rh. 4. 1237 s. (μνιόεντα … | τάρφεα) ; voir de plus Euph. fr. 156 P. μνίος· ὁ ἀπαλός. Le mot βρύα (792) est la glose habituelle de μνία : cf. Σ 787a ~ Hsch. μ 1516, Suid. μ 1171 ; pour le

rapprochement, au v. 792, de πέτρας et de βρύα = μνία cf. Opp. *Hal.*
1. 123 περὶ δὲ (*sc.* τῶν πετρῶν) μνία πολλὰ πέφυκε et la Scholie *ad loc.* (cf. *ib.* ad 2. 167) μνία δὲ τὰ μικρὰ βρύα τὰ ἐπικείμενα ταῖς θαλασσίαις πέτραις. L'adj. λεπτά est donc une épithète de nature pour ces mots, mais la *v.l.* λευκά (cf. les n. crit. aux v. 787, 792) pourrait s'appuyer sur Noumén. *SH* 571.2 μνία σιγαλόεντα. — ῥόθον : la gl. ἀφρόν (Σ 787b) est un *autoschediasma* ; le mot a sa valeur ordinaire, Hsch. ρ 413 τὸν ἀπὸ τῶν κυμάτων ψόφον. — 788 ῥοικοῖσιν : cf. Archil. fr. 114.4 W. ῥοικός *c.v.l.* ῥαιβός, Thcr. 4. 49 (bâton pastoral) ῥοικόν τι λαγωβόλον, 7. 18 ῥοικὰν (κορύναν) ; pour le sens, Hsch. ρ 429 ῥοικόν· σκολιόν, καμπύλον, σκαμβόν, ῥυσόν, ῥικνόν. L'adj. est apparenté à ῥικνός « recroquevillé » (cf. 137 ῥικνῆεν), et, appliqué aux jambes et aux pattes, synonyme de ῥαιβός (799 ; cf. Σ 788a ῥαιβοῖσι δὲ τοῖς ἐπικαμπέσι ἢ τοῖς σκαμβοῖς ἢ τοῖς πλαγίως περιπατοῦσιν, Érotien 75.8), ce qui a facilité les échanges entre les deux mots (cf. n. crit. au v. 788). ῥαιβός peut lui aussi qualifier un bâton (de chasse), Léonidas Tar. *AP* 6. 35.3 = 2257 G.-P. ῥαιβόκρανον ... κορύναν, ou les pattes du Tourteau, Statyllius Flaccus *AP* 6. 196.1 = 3802 G.-P.[2] ῥαιβοσκελῆ (*unde* Suid. ρ 72... ῥαιβοσκελής, ὁ πάγουρος). — ἰσήρεες : cf. 643 ; seules attestations de cet *hapax* euripidéen (*IT* 1472). — 789 ἐσκλήκασι : cf. n. au v. 785. — 790 οἶαι : la leçon de T (οἶαι, et non οἷα avec omission de τε, comme le prétend S.) donne une construction et un sens meilleurs ; comprendre : (τοιαῦται) οἷαί εἰσιν αἱ χηλαὶ αἳ ἐποκριόωσι πετρ. παγ., litt. « telles que sont les pinces qui se hérissent d'aspérités pour les Pagures des rochers » (Σ 790a ὁποῖαι δὲ χηλαὶ τῶν καρκίνων τῶν πετραίων, τοιαῦται καὶ τῶν σκορπίων ἐοικότων καρκίνοις), les pinces étant l'élément principal de ressemblance, avec les pattes torses. — πετραιοισι : cf. (*in eadem sede*) Empéd. fr. 61 M.-P., Nonn. 5. 357, 48. 429. — *ἐποκριόωσι : ind. prés. 3ᵉ plur. à distension de ἐποκριάω = τραχύνομαι, *hapax* absolu ; cf. Crinagoras *AP* 7. 401.3 = 2008 G.-P[2]. ἐποκριόεντα, *hapax* (à propos d'une poitrine contrefaite ; mais texte et sens incertains, voir Gow *ad loc.*). —791 ἐξέμμορον : seul emprunt de l'*hapax* hom. *Od.* 5. 335 θεῶν ἐξέμμορε τιμῆς (où l'on a suggéré ἒξ ἔμμορε). — 792 πολυστίοιο : cf. n. *ad* 950]

   1) On ne voit pas bien ce qui distingue le καρκίνος du πάγουρος, les deux mots pouvant s'appliquer à notre Crabe commun ou comestible (*Cancer pagurus*) ; voir Thompson[2] 105 s., 193. Aussi bien, les deux Scorpions qui leur ressemblent, sont-ils confondus par Élien dans une seule et même variété, le καρκινοειδής (voir n. 85 §2b). Le πάγουρος paraît inclus avec d'autres dans le terme générique καρκίνος (Thompson[2] 105). Notre appellation « Pagure » est exclue du fait que les zoologistes ont nommé ainsi le Bernard-l'Hermite. — **2)** Ici, plus de symptomatologie, mais, accompagnant un nouveau *paradoxon*, quelques indications ponctuelles sur la morphologie et les moeurs des

deux Arthropodes objets de la comparaison : pattes torses (788),
lourdes pinces dures et rugueuses (789 s. : cf. *R.A.* 4426 « les puissants pédipalpes semblables aux pinces du homard »), prédilection du
Tourteau pour les bas-fonds et les rochers de la côte (786 s., 790, 792),
les trous où ils se réfugient (794). La formule finale (796 καθ᾽ ἕρκεα
λωβητῆρες) rappelle l'aphorisme de Sophocle cité *supra* n. 4, elle
offre un bon résumé de l'éthologie du Scorpion, d'humeur solitaire, et
qui, chasseur nocturne, se cache le jour « sous les rochers, dans les
interstices ou fissures des troncs, ou encore au fond d'un trou qu'il
creuse lui-même dans le sable » (*R.A.* ibid.) : cf. Ar. *IA* 713b 27
[καρκίνῳ] τρωγλοδύτῃ, Stat. Fl. *l.c.* ἀμμοδυέταν (cf. n. *ad* 788). —
3) A la différence d'Apollodore (fr. 5 *ap.* Pl. 11. 87 ; cf. 91) et d'Aristote (*HA* 555a 22), N. ne distingue pas les sexes du Scorpion, d'ailleurs
difficiles à déterminer (Fabre 2. 797 : « aucun caractère extérieur, que
je sache, ne distingue le mâle de la femelle ») ; l'unique mention qu'il
fait ici de sa naissance est le reflet d'une théorie de la génération spontanée. La formation des Scorpions à partir d'êtres ou de substances différents d'eux-mêmes, animaux ou plantes, est connue par d'autres
sources. Dans le rôle de géniteur, on trouve non seulement les Crabes
mais les Crocodiles morts (Archélaos F 4 *ap.* [Antig. Car.] *hist. mir.* 19
= *SH* 125 ; Élien 2. 33), et même la menthe aquatique : [Antig. Car.]
ibid. citant Aristote (= Th. π. δακετῶν, *Annexe* §3, fr. 19*). C'est de
la même façon que la moelle épinière d'un homme pouvait, croyait-on,
donner naissance à un Serpent (Pline 10. 188). Les *Theophrastea* qui
environnent ce fragment d' « Aristote » *ap.* [Antig. Car.] c. 18 (Περὶ
τῶν ἀθρόως φαινομένων, π. δακετῶν) et 20 (π. τῶν ζῴων ὅσα
λέγεται φθονεῖν) garantissent la paternité de Théophraste. Joachim
l'assignait au Περὶ τῶν αὐτομάτων (ou ἀθρόως φαινομένων) ζῴων.
On pourrait aussi bien proposer le π. δακετῶν, mais une double appartenance n'est pas exclue. Un tel processus de formation n'a rien de surprenant, compte tenu des idées des anciens sur la génération. C'est une
opinion établie dans le Péripatos qu'il en est pour les animaux comme
pour les plantes : à côté d'une génération par semence, impliquant des
animaux d'une même espèce, par exemple les Araignées (Ar. *HA* 550b
31 s.), il existe une génération spontanée à partir de la terre, du bois ou
de végétaux en putréfaction, de la boue ou du fumier, ou encore de
substances animales (poils, chair, excréments), qui jouent le rôle de
semence : 551a 1 ss. ; cf. 539 a 21-25 et *GA* 762a 9-32 ; Th. *CP* 5. 9.
3, pour la naissance de vers, larves, chenilles à partir de substances
végétales putréfiées, ce qu'il appelle ζῳογονία. Straton de Lampsaque
avait écrit un Περὶ ζῳογονίας, cf. Capelle, « Straton », *RE* 4A
(1931) 280.37. Dans ces deux types de génération, il y a transmission
des qualités spécifiques des parents aux enfants, physiques ou morales
(740, 788-790), et ces deux types ne sont pas exclusifs l'un de l'autre,
surtout chez des animaux qui ont des espèces variées comme le Scor-

pion, pour lequel le deuxième type se limite p.-ê. au καρκινοειδής : cf. Σ 788a γίνονται δὲ οἱ σκορπίοι οὐ μόνον ἐξ ἀλλήλων ἀλλὰ καὶ ἀπὸ σεσημμένων ξύλων καὶ παγούρων ~ Élien 6. 20 fin (*sub* Apd. fr. 5, où la substance génératrice a disparu dans une lacune ; Jacobs et J.G. Schneider suppléaient τὰ ὤκιμα d'après *Geop.* 11. 28. 3). — Les Paradoxographes se sont emparé de ces bizarreries naturelles, témoin Archélaos qui a mentionné, dans le même chapitre, l'exemple des Guêpes (*ap.* [Antig. Car.] c. 19. 3b = Archel. F 10) et celui des Abeilles ([Antig. Car.] c. 19. 2 = Philétas fr. 22 P.) : voir n. 81 §2. Pour les Crabes, Pline (9. 99) précise que c'est lorsque le soleil traverse le signe du Cancer que leurs cadavres se transforment en Scorpions, une métamorphose qu'Ovide n'a pas négligée : *Mét.* 15. 369-371 *concaua litoreo si demas bracchia cancro,* | *cetera supponas terrae, de parte sepulta* | *scorpius exibit caudaque minabitur unca.*

91. 797-804. [*Notes complémentaires aux v. 802-804* : V. 802 μάστακι : chez Hom. « bouche » ou « bouchée, becquée » (cf. Thcr. 14. 39) ; au sens de « sauterelle » (*dévoreuse* : μαστάζω/μάσταξ ~ βρύκω/βροῦκος, autre synonyme de ἀκρίς), le mot est attesté seulement chez Soph. F 716 et Clitarque (*EG* β 275.7), selon qui il s'agit d'une *glose* propre à Ambracie. Le genre et le nombre du relatif transmis par tous les mss (τοί) sauf G^sl (ταί) ont trompé Eutecnius, qui rapporte au Scorpion les v. 802 s. (*ad rem* cf. *infra* comm.) : Eut. 44.9-12 (inséré par G² dans le corpus des Scholies = Σ 801c) ; *contra* : Σ 802 *recte* ! — 803 ἱπτάμεναι : cf. 456 ; ἵπταμαι (*pro* πέτομαι), blâmé par Lucien (*Sol.* 7, *Lex.* 25), est attesté chez Mosch. 3. 43 et postérieurement. — ἀθέρων : cf. Hés. fr. 62. 2. — 804 ἐμβατέουσιν : cf. 147.]

1) Pour les deux dernières espèces, comme pour les deux précédentes, N. n'indique pas de symptômes, mais la manière dont il note l'effet de leur piqûre les caractérise, le μελίχλωρος comme une espèce très dangereuse (798), le φλογοειδής comme la plus dangereuse de toutes. C'est l'idée qu'imposent les v. 799 s. (ἔχθιστος ... ἀνδράσι), improprement d'ailleurs, car le Scorpion n'attaque les hommes que « s'il se croit menacé » (Vachon 415). N. remarque justement que l'effet de la piqûre varie selon l'âge de la victime, cet effet étant d'autant plus sévère que la victime est plus faible, remarque valable pour tous les Venimeux,. La mort foudroyante des enfants (800) fait songer à *Androctonus australis* L., le tueur le plus rapide de l'ordre des Scorpions, « dont le venin a une toxicité presque égale à celle du Cobra et qui est capable de tuer un Chien en 7 secondes » (Vachon, *ib.* ; cf. les statistiques de cas mortels selon les âges *ap.* Scarborough² 17). Quel que soit l'âge de la victime, si la piqûre est fatale, « la mort survient toujours rapidement, moins de 24 heures après la piqûre, et en général de 6 à 7 heures après ». Mais seules quelques

espèces des pays chauds, tels *A. australis* du Sahara et *Buthus occitanus* d'Afrique du Nord (*hoc malum Africae*, Pl. 11. 88), ont un venin qui peut être fatal pour l'homme. La piqûre de leurs variétés européennes, quoique très douloureuse, n'entraîne pas des conséquences très graves et celles-ci disparaissent rapidement. — 2) La série des Scorpions se termine, comme celle des Araignées, par une espèce ailée. Concernant les Scorpions ailés (inexistants !), outre Apollodore (*Annexe* §4, fr. 5, *ap.* Pl. 11. 88 *Apollodorus idem plane quibusdam inesse pinnas tradit*) et de Lucien (*Dipsad.* 3 : il les mentionne comme une espèce libyenne, de même que les πολυσφόνδυλοι), cf. les témoignages de Pamménès (texte cité *supra*, n. 88 §3), qui se vantait d'en avoir vu en Égypte, et de Mégasthène, qui décrivait ceux de l'Inde comme étant énormes (Strab. 15. 1. 37 ~ Élien 16. 41 = FGrHist 715 F 21). — Dans les v. 801-804 il ne s'agit pas d'une espèce différente, les πτερωτοί (cf. n. 85 §2b), mais du φλογοειδής, ou plutôt, p.-ê., de certains individus de cette espèce. En effet, les Scorpions ailés considérés par Promotus semblent rentrer dans la dernière espèce qu'il a distinguée, celle des πυρωτοί (ma conjecture, cf. n. 85 §2a) : Pr. 51.19 s. ἔστι δὲ καὶ πτερωτὸν σκορπίων γένος ὑπὸ τοῦτο ἀναγόμενον (où τοῦτο semble se rapporter à οἱ δὲ †πτερωτοί). Le Scorpion ailé de Pausanias, « aux ailes tout à fait semblables à celles des sauterelles » (cf. 802 s.), dans lequel il est difficile de ne pas reconnaître le φλογοειδής de N., pourrait être un représentant de la même variété : Paus. 9. 21. 6 (il vient de dire qu'une même espèce peut avoir des aspects différents selon les régions du monde où elle vit, donc qu'il convient de croire les récits des voyageurs relatifs à des raretés) πείθομαι δὲ ὅτι ἀνὴρ Φρὺξ ἤγαγεν ἐς Ἰωνίαν σκορπίον ταῖς ἀκρίσιν ὁμοιότατα πτέρα ἔχοντα. — L'identification du φλογώδης de N. avec la Mouche-Scorpion (*Panorpa communis*) est à repousser : la Panorpe, qui, d'ailleurs, n'appartient pas à l'ordre des Scorpions mais à celui des Mécoptères, est un insecte inoffensif. — 3) Les toponymes du v. 804 correspondent à des sites non identifiables, sans doute des montagnes de Carie. La *v.l.* Πήγασα, citée dans la n. crit., n'apparaît que dans quelques passages des *Ethnica*. Πήδασα est glosé par G : πόλις ἢ ὄρος Καρίας (Ἀρκαδίας Kᵍ, Σικελίας Iᵍ sont des *falsae lectiones*), cf. Eut. 44.11 τῆς δὲ Καρίας ἐν Πηδάσοις. C'est p.-ê. un mot carien (Brandenstein, « Karische Sprache », *RE* Suppl. 6 [1935] 142.59 s.) signifiant *noir* (la « Montagne Noire » ?) ; l'objection de W. Ruge (« Pedasa », *RE* 19 [1937] 26.49 s.), tirée de « Schol. Nikandr. Theriaka 804 : Πήδασος τὸ ὄρος », est sans valeur, car cette explication appartient seulement à la réfection récente des Scholies (*codd.* EIF). Il n'y a pas moins de quatre endroits appelés Pèdasa, Pidasa ou Pèdasos : cf. L. Robert, *Documents d'Asie Mineure*, p. 186-196 (= *BCH*, 102, 1978, 490-500). — Selon Oberhummer (« Κισσός », *RE* 11 [1921] 522.31) Κισσοῖο désignerait la « hauteur escarpée », à l'Est de Thessalonique, mentionnée par Lyc. 1237 Κισσοῦ παρ' αἰπὺν πρῶνα (cf. Xén. *Cyn.* 11. 1 τὸν Κιττὸν τὸν ὑπὲρ τῆς Μακεδονίας). Mais G, appuyé par I, glose Κισσοῖο par ὄρος Καρίας. La conjecture de O. Schneider, Κασίοιο, fondée elle-même sur une conjecture *ad* Pl. 10. 75 (*Casii* [*montis*] Barbaro : *Cadmi* codd.), part de l'idée que la détermination de lieu du v. 804 vise les Sauterelles, ce lieu de Syrie en étant infesté. Il est plus probable qu'elle se rapporte au φλογοειδής (cf. Σ 801c, Eut. 44.9-12), d'où ma conjecture ἐμβατέουσιν.

92. 805-810. **1)** 806 βέμβικος, insecte « bourdonnant » : *Al.* 183 βέμβικες ὄρειαι (noter le fém.). Σ *Th.* 805-812 (286.12), où l'on corrigera μελισσῶν en βεμβίκων, dit que le mâle seul possède un aiguillon ; cf. Σ 805 (287.3) ὀρέστερον δὲ νῦν εἶπε τὸν ἄρρενα καὶ πλήττοντα τῷ κέντρῳ. Cet insecte est attesté en dehors de N. (*pace* Gil Fernandez 133) : cf. Parménon de Byzance (IIIᵉ s. av. J.-C.) fr. 4 P. (= Σ *Th.* 805-812) et Épiphane 2. 93.12. Rapproché ici de l'Abeille, il l'est plus souvent de la Guêpe, à laquelle il est comparé : cf. Σ *Th.*, p. 286.10 ζῷον σφηκοειδές, μέλαν κατὰ τὴν χροιάν, κέντρῳ χρώμενον ὡς οἱ σφῆκες ; Σ *Al.* 183a αἱ βέμβικες (βέμβιδες BWAld βεμβῖδες Keil) δὲ τῶν σφηκωδῶν εἰσιν εἶδος μελισσῶν ἃς ἔνιοι βόμβυκας (Bianchi : βόμβικας LB βέμβικας RWAld) καλοῦσι. Épiphane, *l.c.*, le cite à côté de la *pemphrèdôn* comme l'un des insectes à piqûre douloureuse ; il est attiré comme elle, les Abeilles et les Guêpes, par le raisin sucré (*Al.* 182 s.), tous insectes dans lesquels Σ *Al.* (*ad loc.*) voit des sortes d'Abeilles. Le *bombyx* (Ar. *HA* 555a 12 ss.) serait, d'après Pline 11. 75, une variété assyrienne de Guêpe ou de Frelon. Sur le danger des Abeilles cf. Antipater Thessal., *AP* 9. 302. 1 = 453 G.-P². (enfant mort de leurs piqûres). — **2)** L'affirmation paradoxale du v. 810 est sans parallèle. Il est bien vrai que l'Abeille meurt souvent en essayant de retirer son dard des chairs où il est retenu par les barbules qui en hérissent l'extrémité : cf. Ar. *HA* 626a 20 s. (~ 519a 29) τὸ δὲ κέντρον ἀποβαλοῦσα ἡ μέλιττα ἀποθνήσκει (= Apollon. *hist. mir.* 44, qui se réfère à Aristote). Mais le dard ne lui « apporte » pas « la vie » : il y a confusion avec les ἐμπροσθόκεντρα, chez lesquels l'aiguillon, fixé à la langue, a une double fonction, servant à la fois au combat et à la nourriture (Ar. *PA* 683a 2 s.). Cette erreur ne justifie nullement l'athétèse du v. 810 suggérée par Gow ; la reprise en écho de κέντρων est caractéristique du style de la poésie hellénistique. — Le v. 808 est illustré, semble-t-il, par une miniature de T (fol. 26ʳ, Omont pl. 67.1, Kádár pl. 14), où l'on voit un homme en manteau, drapé d'une longue tunique, au milieu d'un champ dans lequel poussent des fleurs (cf. 808 καχίλοισι [conj.]) ; il est entouré par un vol de neuf Abeilles.

93. 811-814. **1)** Le Iule (811), qu'Aristote cite avec la Scolopendre dans le groupe des insectes aptères (*HA* 523b 18), et que l'on rangeait

naguère avec elle dans la classe des Myriapodes (cf. Ar. *PA* 682b 3 πολύπους), est le plus souvent venimeux, bien qu'il ne fasse partie ni des δακετά ni des βλητικά. Mais, à défaut de mordre ou de piquer, il exsude un venin par des glandes segmentaires, et il est même capable de le vaporiser à une certaine distance (Gil Fernandez 39 ; *R.A.* 2442 [Iule], 5137 [Venins] ; Scarborough[2] 18). — **2)** 812 ss. : certains des Iologues récents (voir *Test.* ad 812-814) considèrent aussi la Scolopendre marine (cf. Nouménios, *Annexe* §9a, fr. 8.2 ἰοβόλον σκολόπενδραν), qui exerce son pouvoir venimeux par simple contact comme l'Ortie de mer (Ar. *HA* 621a 6 ss.). A propos de la Scolopendre terrestre, Aristote (*HA* 532a 3 s.) fait observer que, une fois coupée, elle continue à vivre (capacité qu'elle partage avec le Iule, *PA* 628a 5 s.) et peut se mouvoir dans l'un et l'autre sens, observation dont Σ 812b se sert pour expliquer l'erreur de N. qui lui attribue deux têtes. *Scolopendra morsitans*, dont la taille atteint jusqu'à 20 cm en Asie, a une morsure très douloureuse et qui peut être dangereuse pour l'homme (sur son venin cf. Scarborough, qui envisage également comme possibles *S. claviceps* et *S. dalmatica* C.L. Koch). — La comparaison des « pieds » de ce Mille-pattes (il en a 21 paires, une sur chacun de ses segments) avec les « ailes » (*i.e.* les *rames* d'un navire, métaphore usuelle depuis l'*Od.* 11. 125 ἐρετμά, τά τε πτερὰ νηυσὶ πέλονται) renvoie à Lyc. 23 ἰουλόπεζοι (cf. Tz. *ad loc.* p. 23.14, 21), qualifiant les nefs de Paris comparées au mille-pattes. Rabelais s'en est souvenu lorsqu'il décrit le monstrueux physétère tué par Pantagruel, et dont chaque flanc porte les cinquante dards qu'il lui a lancés : « *Adoncques mourant le Physetere se renversa ventre sus dours, comme font tous poissons mors ; et ainsi renversé les poultres contre bas en mer ressembloit au Scolopendre serpent ayant cent pieds comme le descript le saige ancien Nicander* » (*Quart Livre*, ch. 34, éd. M. Huchon, Bibl. de la Pléiade, 620). — Voir Keller 2 p. 482 ; Gil Fernandez 230 ; *R.A.* 2998 ; Scarborough[2] 19. — **3)** La *pemphrèdôn* (812), mentionnée à côté de la Guêpe, comme le *bembix* à côté de l'Abeille, est, selon la brève remarque des Σ 805-812 (286.14), un insecte semblable à l'Abeille. Mais, dans les Σ *Al.* 183a, elle fait, avant la note sur les βέμβικες (citée *supra* n. 92 §1), l'objet d'une description précisant qu'il s'agit d'un insecte « du genre de la Guêpe, plus grand que la Fourmi et plus petit que l'Abeille, muni d'ailes, et dont le corps est taché de blanc et de noir ; vivant dans les régions montagneuses, il cueille dans les buissons des vallées toute espèce de fleurs et les emporte dans son vol au creux des chênes ». Malgré ces précisions, la *Pemphrèdôn* est impossible à identifier, mais, comme pour le *bembix*, il convient de chercher du côté des Abeilles et des Guêpes sociales. Seules, les Abeilles et les Guêpes ont droit à une notice commune dans la littérature iologique parallèle (cf. *Sim.* ad 811). Brenning a suggéré *Vespa crabro* L., mais, si le Frelon peut installer son nid dans « le trou caverneux » d'un arbre (Fabre 2 p. 624), il est plus gros que l'Abeille. Voir Gil Fernandez 129.

94. 815 s. Sur la morsure de la Musaraigne (*Sorex vulgaris*), outre les Iologues récents (cf. *Sim.* ad loc.), voir la remarque d'Aristote, *HA* 604b 19-22 (elle est grave pour les bêtes de somme, auxquelles elle cause des pustules, surtout si elle est due à une femelle pleine ; cf. [Ar.] *Mir.* 148 *in* Th. π. δακετῶν fr. 11a) et celle d'Amyntas qui signale qu'elle est sévère (Σ *Th.* 816 = FGrHist 122 F 8). Pline (8. 227) précise que la Musaraigne est venimeuse en Italie ; cf. Colum. 6. 17. 5, *Geop.* 2. 47. 12 (cité n. 1), *al.* et Steier 1818 s. On a prétendu qu'elle était dépourvue de venin (Cuvier, Brenning, d'après lequel on l'aurait confondue avec une Araignée venimeuse) ; en fait, certaines Musaraignes des genres *Sorex*, *Neomys* et *Blarina* ont une salive venimeuse dont le venin est très actif (Grassé, *Précis* 3 p. 254 ; *R.A.* 5132). — La Musaraigne n'est pas aveugle (815) à proprement parler, mais elle a des yeux très petits. Pline (*ib.*), Élien (2. 37) disent, après N., qu'elle meurt en traversant les ornières, et que c'est la raison pour laquelle on soignait sa morsure avec de la terre prise dans une ornière (Pl. 29. 89, Élien, *l.c.* ; voir *supra* la n. 66b). Une telle observation peut refléter des croyances superstitieuses sur la vertu des ornières (Riess, « Aberglaube », *RE* 1 [1893] 46.52 ss.). Mais la raison que Pline et Élien donnent de sa mort est controuvée : elle ne subit pas « une sorte de torpeur naturelle » (Pl.), elle n'y est pas « retenue comme par une entrave invisible » (Él.). Σ *Th.* l.c., qui prend τυφλήν au pied de la lettre, pense, plus rationnellement, qu'elle est écrasée par les « roues de charrette », faute de les voir. La vérité, c'est que la Musaraigne est un très petit animal à mortalité élevée : privée de nourriture pendant 2 ou 3 h, elle meurt d'autant plus vite que la température est plus basse ; elle meurt aussi de peur, par arrêt cardiaque (*R.A.* 3125). Dans ces conditions, on comprend que la chute dans une ornière puisse lui être fatale. — Sur la Musaraigne voir Keller 1 p. 14-17 ; Steier, « Spitzmaus », *RE* 3A (1929) 1816-1820.

95. Le σήψ que N. rapproche des Lézards (817) est évidemment un animal différent du Serpent de l'Othrys appelé *Seps* (voir n. 19). Il s'agit sans doute de la Χαλκιδικὴ σαύρα : les Iologues récents (voir *Sim.* ad 817-821) ont décrit les symptômes d'envenimation provoqués par sa morsure (Ph. p. 37.25 ss. [~ Pr. p. 59.6 ss.] *unde* Aét. p. 271.1-3, ThN. p. 344.10 s.). Cette identification est d'autant plus vraisemblable qu'il faut reconnaître le même Lézard dans la χαλκίς, appelée aussi ζιγνίς, qu'Aristote compare aux petits Lézards, et qui fait subir aux bêtes de somme des maux plus graves encore que la Musaraigne (*HA* 604b 22-25, voir n. 94) ; de plus, cf. D. 2. 65 σήψ, ἣν ἔνιοι Χαλκιδικὴν σαύραν ἐκάλεσαν ~ Pl. 29. 102 *lacerta quam sepa, alii*

chalcidem uocant, 32. 46 (dans une liste de Venimeux). C'est le même
lézard qu'Épiphane désigne du nom de σήψ : 2. 50.6 s. (σήψ) οὐκ
ὄφις ἀλλὰ ... χαλκέα πώς ἐστι, τετράπουν ἑρπετόν, ἀσκαλαβώτῃ
ἐοικός.

96. 818-821. 1) Les vers relatifs à la Salamandre (sans doute la S.
tachetée, *Salamandra maculata*) sont à rapprocher d'*Al*. 537 ss., où N.
traite du poison préparé avec ce « Lézard venimeux » (538 φαρμακί-
δος σαύρης). Indépendamment de son aspect lacertomorphe, le seul
élément descriptif qu'offrent les deux passages concerne la peau, dite
« craquelée » (*Th*. 821) ou « luisante » (*Al*. 537 *λιπορρίνοιο).
L'adj. λιπόρρινος, créé sur le modèle hom. ταλαύρινος à partir de
λίπος et de ῥινός, signifie à première vue « dépourvu de peau » (cf.
F.M. Pontani, *GIF* 23, 1971, 154), un sens vers lequel aiguille la quasi-
totalité des composés λιπο- (de λείπω) : telle est la première explication de Σ *Al*. 537a 4 s. οὔτε δέρμα ἔχει οὔτε λεπίδα, ὅθεν καὶ
λιπόρρινον αὐτὴν ἔφη. Mais, s'il est vrai que la Salamandre n'a pas
d'écailles, à la différence du Lézard, il est absurde de dire qu'elle n'a
pas de peau ; aussi le Scholiaste suggère-t-il, dans un second temps,
une dérivation à partir de λίπος : *ib*. 6 s. ἢ διότι λίπος ἀφίησιν ἀπὸ
τοῦ δέρματος· γλίσχρα γάρ ἐστι καὶ λιπώδης καὶ ἀπὸ τοῦ σώματος ὑγρασία ἀπορρεῖ (suite *infra*). Cette seconde interprétation a été
généralement suivie : *à la peau glueuse* (Grévin), *schlüpfrig* (Brenning), *slippery-skinned* (Gow-Scholfield), cf. LSJ (s.v.) : *with greasy
skin*. Nonnos 1. 44 a suivi la première explication du Scholiaste quand
il applique à Marsyas écorché le néologisme de N. ; mais il a créé lui-
même, à partir de λίπος, un synonyme dans la ligne de la seconde
explication (19. 67 λιπόχροα ταῦρον, 30. 47 σάρκα λιπόχροα
« chair à la peau luisante » Vian). — **2)** On peut mettre λιπόρρινος
ainsi compris en rapport avec ce que l'on sait de la toxicologie des
Amphibiens, même si σαλαμάνδρειον δάκος (818), que l'on prenne
δάκος au sens de *morsure* ou de *bête qui mord* cf. n. aux v. 121 et
336), donne à penser que les Salamandres instillent leur venin par morsure. En fait, il est secrété par leurs glandes cutanées (les granuleuses
et surtout les muqueuses, cf. Delsol 16). C'est leur peau, lisse et visqueuse (comme le note justement, après Théophraste [voir *infra*], la
Scholie citée), qui, grâce aux mucus et aux toxines que ces glandes
répandent à sa surface, leur assure une « défense chimique » contre les
prédateurs, déjà mis en garde, comme on le croit « à tort ou à raison »
(Laurent 637), par les vives couleurs de leur livrée. Les travaux
modernes ont fait mieux connaître la toxicité du venin des Salamandres, pour lequel N. est notre plus ancien témoin : « on a trouvé
chez *Salamandra toeniata* de nombreux alcaloïdes » (Delsol p. 16),
dont la *samandarine*, qui « affecte le système nerveux central » (cf.
les effets du breuvage à la Salamandre, *Al*. 541-543). — **3)** N. met sur-

tout en relief la capacité que l'on prêtait à la Salamandre de traverser
le feu impunément (*Th.* 819-821 ~ *Al.* 539). On croyait même qu'elle
avait le pouvoir de l'éteindre, ce que Théophraste (*De Igne* §60) justifiait, d'une part, par sa nature froide (cf. Pline 10. 188) et, de l'autre,
par la qualité de l'humeur visqueuse qui dégoutte de son corps, explication que Σ *Al.* 537a 6 s. a reprise tacitement : (suite du texte cité §1)
ἥτις (*sc.* ἡ ὑγρασία) τὸ πῦρ σβεννύει. Cette croyance a été combat-
tue par Sextius Niger, source commune de Dioscoride et de Pline
(Wellmann[3] 543) : cf. Pl. 29. 76 *negatque* (sc. *Sextius*) *restingui ignem
ab iis* ~ D. 2. 62 (140.16) μάτην πιστευθὲν μὴ καίεσθαι. Qu'elle ait
été fort ancienne, on le voit bien par Aristote qui s'en est fait l'écho :
HA 552b 16 αὕτη γάρ (*sc.* ἡ σαλαμάνδρα), ὥς φασι, διὰ τοῦ πυρὸς
βαδίζουσα κατασβέννυσι τὸ πῦρ. Bien qu'il ait donné l'explication
scientifique du fait prétendu, Théophraste ne prend pas davantage à
son compte l'observation qu'il implique (καὶ τοῦτο [les deux particularités qu'il a mentionnées] συνεργεῖν εἰς σβέσιν, ὅπερ καὶ [*sc.*
φασι] περὶ τὴν σαλαμάνδραν εἶναι). Loin de mettre en doute ce
pouvoir, le médecin Andréas (*Annexe* §6, fr. 2) en avait même tiré une
recette contre le feu. Très tôt, les Paradoxographes s'en sont emparé
([Antigon. Car.] 84b [*ex Aristotele uel Theophrasto*]) ; Élien 2. 31 a
une anecdote brodant sur ce thème ; *Physiologus*, Sbordone 101 s. —
Voir Keller 2 p. 318-321 ; Orth, « Salamander » *RE* 1A (1920) 1821
s. ; Wellmann[12] 28.

97. 822-836. Dans ces vers, N. ne considère pas les animaux marins à
chair vénéneuse, comme le Lièvre de mer, avec lequel on préparait un
breuvage toxique (*Al.* 465 ss.), mais ceux qui étaient réputés venimeux
comme la Murène, dont la morsure est encore redoutée. Le catalogue des
« poissons venimeux » (ἰοφόροι νεπόδων) d'Oppien, *Hal.* 2. 422-505,
s'il laisse de côté la Murène (dont il a été question avec la Langouste et
le Poulpe), comprend, outre les Vives et la Pastenague, non seulement le
Goujon et l'Hirondelle de mer — pour ces quatre espèces cf. Élien 2. 50,
et, sur Léonidas de Byzance source commune ici d'Oppien et d'Élien,
Wellmann[6] et Keydell[2] 417 (= *Kl. Schr.* 327) —, mais aussi la Scolopendre, le Scorpion, etc. Les trois poissons de la liste de N. sont pareillement groupés chez Marcellus de Sidé, qui recommande le foie du Rou-
get barbé (τρίγλη) comme remède à leurs coups : 47 s. τύμματα δ'
εἰναλίοιο πελιδνήεντα δράκοντος, | τρυγόνος ὀξείης τε καὶ ἀμφι-
βίου σμυραίνης κτλ. = Cyranid. p. 119 (Wellmann[14] 47), cf. Pl. 32. 44
~ D. 2. 22, PsD. 24 s. p. 83 s., et voir *infra* n. 99. Archigénès proposait
un antidote contre ces trois venins marins : Ph. p. 40.16 ss. (ἐπὶ τῶν
θαλασσίων, οἷον τρυγόνος, σμυραίνης, δράκοντος).

98. 823-827. Athénée (312c) a une note sur la variation orthographique μύραινα/σμύραινα, qui existe aussi pour le masc. μῦρος/σμῦ-

ρος ; dépendant largement de la recension ω, il attribue à N. la forme
sans σ, de même qu'aux médecins et savants qu'il cite ; sur la forme
avec σ la recension T est d'accord avec Archigénès (*ap.* Ph. p.40.16)
et les Iologues récents à l'exception de Théophane Nonnos (cf. *Sim.*
823-7). — **1)** L'allure serpentiforme et le comportement de la Murène
(*Muraena halena*), qui rampe sur les fonds marins en redressant la tête,
dont la bouche presque toujours ouverte laisse voir des crochets, qui
recule la tête et le haut du corps pour frapper de haut en bas (cf. *R.A.*
3120, avec les photographies), nous font comprendre comment la
Murène a pu être assimilée à la Vipère. C'est probablement elle que
désigne sous ce nom Lucain 6. 677 s. (*innataque rubris / aequoribus
custos pretiosae uipera conchae*) comme la gardienne des huîtres per-
lières (Morel[1] 378). Telle est sans doute l'origine de la fable de
l'accouplement contre nature Murène/Vipère mâle, que Pline présente
comme une croyance populaire (9. 76 *in sicca litora elapsas uulgus
coitu serpentium impleri putat*). La mésaventure de trois pêcheurs jetés
hors de leur barque par les contorsions d'une Murène cherchant à fuir
(*R.A.* 3122) rappelle le sort des pêcheurs de Nicandre (823 ss.). —
2) Pour le *paradoxon* que constitue cet accouplement contre nature
(826 s.), Σ 823a renvoie aux ῾Ιδιοφυῆ d'Archélaos (voir *sub* Andréas,
Annexe §6, fr. 1), lequel ajoute que les dents des Murènes sont semblables à celles des Vipères. Wellmann[2] 562 (et n.1) pensait que N. est
ici tributaire d'Archélaos, dont l'utilisation est décelable ailleurs dans
les *Th.* (voir *Notice* p. LXXXIX). Archélaos est p.-ê. la source ultime des
passages où Élien (1. 50) et Oppien (*Hal.* 1. 554-579) racontent ce
paradoxon avec des enjolivements divers ; cf., entre autres, Achille
Tatius 1. 18. 3-5 (voir la n. de Vilborg *ad loc.*) qui appelle la Murène
θαλάσσιος ὄφις. Pour N. il est permis de douter qu'il s'agisse d'un
emprunt direct, car il était passé avant lui dans la littérature iologique
(cf. *infra* §4). — **3)** Aristote avait déjà dit que la Murène vient à terre
(*HA* 543a 29). Théophraste (Περὶ ἰχθύων τῶν ἐν τῷ ξηρῷ δια-
μενόντων) fr. 171 §3, la cite avec le Poulpe comme un exemple de
Poisson capable de séjourner à terre. Il explique cette particularité par
le fait qu'elle appartient, comme les Anguilles, à une catégorie d'animaux marins qui ne reçoivent que peu d'eau, ayant de petites branchies
(*ibid.* 4). Mais, même si Aristote rapproche la Murène des Serpents au
chapitre de la copulation des Serpents (5. 4, 540a 32-540b 1), cela ne
signifie pas pour autant que lui-même et Théophraste aient connu,
encore moins adopté, le *paradoxon*. — **4)** En revanche, nous avons une
double preuve de son passage dans la littérature iologique : 1° preuve
indirecte, à cause de la présence d'une notice sur la Murène chez les
Iologues récents (cf. *Sim.* ad 823-827) qui attribuent à sa morsure les
mêmes effets qu'à celle de la Vipère et préconisent en conséquence les
mêmes remèdes ; 2° preuve directe dans le témoignage que la savante
notice d'Athénée sur les Murènes (312de) nous apporte au sujet

d'Andréas (*Annexe* §6, fr. 1 ; voir *Notice* p. xli) : « Dans le Περὶ τῶν δακετῶν, il dit que les Murènes issues d'une Vipère mâle ont une morsure létale, et qu'elles ont le corps à la fois moins cylindrique et moins tacheté » (312d). Un siècle et demi plus tard, Athénée nous l'apprend (312e), le médecin et naturaliste Sostratos (fr. 7 Wellmann[4]), dans son Περὶ ζῴων, admettait encore le croisement de la Vipère et de la Murène. — **5)** Pourtant, le *paradoxon* avait été réfuté entre-temps par le même Andréas (*Annexe* §6, fr. 1), dans son Περὶ τῶν ψευδῶς πεπιστευμένων. Sur ce point, Athénée (*ibid.*) complète le témoignage parallèle de Σ 823a, qui a évoqué cette réfutation sous le nom d'Andréas, mais plus brièvement et sans citer le titre de l'ouvrage. Dans son second ouvrage, Andréas jugeait le *paradoxon* incompatible avec les mœurs et l'habitat tant des Murènes que des Vipères, précisant qu'on ne rencontre pas celles-ci sur les rivages mais dans les déserts sablonneux (cf. Tert. *De bapt.* 1, cité n. au v. 26). — **6)** L'exemple de Sostratos montre que la palinodie d'Andréas était restée sans effet. Avait-elle au moins laissé des traces ? Wellmann[2] *l.c.* l'a cru à cause de la réserve marquée par N. au v. 826 εἰ ἔτυμον ... γε. Eustathe le croyait aussi pour la même raison (*Test.* ad 826 s.). Mais ce n'est pas sûr, car il s'agit d'une clause de style affectionnée des poètes, notamment didactiques, quand ils ont à présenter un fait surprenant, souvent mythologique, sur lequel ils ne s'engagent pas : voir 10 εἰ ἐτεόν περ (origine des Serpents), 309 εἰ ἔτυμον (Hélène et l'*Hémorrhous*), cf. Arat. 30 εἰ ἐτεὸν δὴ (catastérisme des Ourses), Ap. Rh. 1. 154 εἰ ἐτεόν γε πέλει κλέος (puissance visuelle de Lyncée) ; voir également Call. 4. 83 et les parallèles latins cités n. *ad* 309, et Stinton, « Si credere dignum est », *Collected Papers on Greek Tragedy*, Oxford 1990, 236-264. On relève des tours analogues chez les hommes de science lorsqu'ils rapportent une chose étonnante qu'ils n'ont pu vérifier : Th. fr. 171 §1 θαυμασιώτατον δέ, εἴπερ ἀληθές, τὸ τοῦ ἐξωκοίτου καλουμένου.

99. 828. Le Dragon de mer ou *Vive* (*Trachinus draco*) ne figure pas dans l'extrait qui nous reste de Philouménos. Il est seulement mentionné (p. 21.2 – Pr. p. 54.19) dans l'ἐπαγγελία d'un antidote contre les venins marins (qui est en fait la panacée de N., cf. n. 119a) et (p. 40.17) dans un antidote d'Archigénès de même *indication* (voir n. 97 fin). Chez les autres Iologues récents (cf. *Sim.* ad 828), il est étudié avec la Murène et la Pastenague, éventuellement le Scorpion de mer, dans des chapitres voisins ou un chapitre commun. C'est un Poisson qui vit près des côtes (Ar. *HA* 598a 11). Il inflige des blessures à l'aide de sa forte épine operculaire « creusée d'un sillon... dans lequel s'écoule la sécrétion venimeuse » (Grassé, *Précis* 152), à l'aide également des rayons épineux de sa nageoire dorsale « qui se mettent en relation avec des glandes à venin » (Bertin 735). Selon le Ps.Dioscoride, leur piqûre provoque des douleurs très vives et des ulcérations. *R.A.* 4927 relate l'expérience que, en 1961, le Dr D.B. Carlisle, de Plymouth, fit sur lui-même en s'inoculant ce venin : « il décrivit la douleur comme étant « plus forte que celle produite par la piqûre de n'importe quel autre animal » ; « immédiate », elle fut « suivie d'une accélération du pouls et de difficultés respiratoires ». C'est pourquoi la Vive est redoutée « même après sa mort » (Cuvier) par les pêcheurs et les poissonniers. Élien (2. 50) et Oppien (*Hal.* 2. 459) la citent parmi d'autres Poissons venimeux, Marcellus de Sidé 47 s. avec la Pastenague et la Murène (texte cité n. 97). C'est le même Poisson qui est décrit par Pline sous les noms d'*araneus* (9. 155, nageoire dorsale) et de *draco* (32. 148, piquant operculaire). — Voir Thompson[2] 56 s., s.v. δράκων.

100. 829-836. [*Notes complémentaires aux v. 829-835* : V. 829b : cf. Opp. *Hal.* 2. 505 τρυγών ἀλγινόεσσα. — 830 ὀλκαίοισι : adj. aimé de N., cf. 119, 220, 268, attesté seulement chez Ap. Rh. 1. 1314, Lyc. 216 et Nonnos (5 fois). — *μεμογηότα : cf. *Al.* 529, ppe. parf. artificiel, emprunté par Opp. *Hal.* 5. 182, 567. — 831 ἐργοπόνον : le mot est employé comme adj. fr. 74. 54 ἀνδράσιν ἐργοπόνοις, mais ici comme subst. pour « pêcheur » ; cf. Léonidas d'Alexandrie, *AP* 11. 9. 3 « paysan », [Opp.] *Cyn.* 1. 148 « chasseur » ; pour l'adj. employé avec la valeur d'un subst. cf. n. au v. 346. — 832 δενδρείου : Arat. 1008. — 835 λόγος γε μὲν ὡς : cf. Aratos 100.]

1) L'arme meurtrière de la Raie Pastenague (*Dasyatis pastinaca*) est la longue épine de 15 à 40 cm, fixée à la base de la queue, au tiers de sa longueur. Cet aiguillon caudal est creusé de deux sillons longitudinaux dont le fond est occupé par un « complexe glandulaire » : « le venin s'écoule entre les bases des dents qui garnissent les bords de l'aiguillon » (Bertin 463). Cette véritable épée ne se borne pas à déchirer les chairs, elle agit par le venin (Pl. 9. 155 *ui ferri et ueneni malo*). L'effet de celui-ci sur l'homme (cf. Tz. Lyc. 796 [250.14] ἀνίατος ἡ πληγή), tel que N. l'a décrit (834 s. ~ 403 s. [Basilic]), dénonce le caractère septique de ce narcotoxique qui tue en peu de temps, après avoir causé une violente douleur (Opp. *Hal.* 2. 484 s., 505 [cf. n. au v. 829b]), dès qu'il est au contact des chairs : cf. Ph. p. 39.21 ss. ἄλγημα δὲ συνεδρεύει παραχρῆμα σύντονον, καὶ ἀπονάρκωσις ὅλου τοῦ σώματος καὶ σῆψις (~ Eschyle F 275.4, voir *infra* §5), καὶ θάνατος σύντομος (PsD. ajoute, entre autres détails, que l'endroit piqué devient livide), une symptomatologie confirmée par les observations modernes (voir *R.A.*, l.c., et le récit d'envenimation *ap.* Thompson[2] 270 s., s.v. τρυγών). — **2)** Nous rejoignons le domaine de la Paradoxographie avec la description de son effet sur un arbre dans lequel l'aiguillon a été planté : 831-834, cf. [Antig. Car.] *hist. mir.* 18b (= Th. π. δακετῶν, voir *infra* §4), Pl. 9. 155 (cf. 32. 25) *arbores infixus* radici *necat*, Opp. *Hal*. 2. 492 νέρθεν ὑπὸ ῥίζῃσιν. Oppien et Élien insistent particulièrement sur le fait que l'arbre, si vigoureux qu'il soit, se dessèche aussitôt (Él. 2. 36 δένδρον τεθηλὸς [~ 832] καὶ εὖ μάλα ἀναθέον ... οὔτε ἐς ἀναβολὰς οὔτε χρόνῳ ὕστερον ἀλλ' ἤδη αὖον τὸ δένδρον ~ Opp. 490-496). Élien, qui revient à plaisir sur le sujet, stimulé par des sources différentes (2. 50, référence à Léonidas de Byzance), doit p.-ê. à N. la comparaison avec les effets du soleil (8. 26 ἐκείνων [*sc*. τῶν φύλλων] καταρρεόντων ... τὸ πᾶν πρέμνον αὐαίνεται καὶ ἔοικεν ἡλιοβλήτῳ ~ 833). Euphorion (fr. 50 P.) décrit p.-ê. les effets d'un venin semblable. — 3) Cette propriété surprenante de l'épine de Pastenague était considérée par certains comme un moyen de guérir ses victimes, « selon le principe de l'antipathie » ; nous avons là-dessus le témoignage isolé de Philouménos, p. 39.23-40.2 : « on raconte que si l'on ôte à la Pastenague l'aiguillon qui a frappé et qu'on le plante dans un arbre, surtout un chêne, l'arbre lui-même sera desséché et la victime débarrassée du mal selon le principe de l'antipathie ». Au nom du même principe, Pline 32. 58 recommande comme remède à la blessure de l'aiguillon de la Pastenague sa propre cendre appliquée avec du vinaigre. Voir *supra* n. 66b — 4) Le *paradoxon* analysé remonte, en dernière analyse, au π. δακετῶν de Théophraste (*Annexe* §3, fr.4). Avant de signaler le pouvoir qu'a cet aiguillon de dessécher les arbres, [Antigonos de Carystos] mentionne (*supra* §2), dans l'île de Céos, un « Poirier sauvage » (ἄχερδος) au poison mortel, dont l'épine a le même effet. Le chapitre parallèle d'[Aristote] *Mir*. 143, 845a 15 signale le caractère mortel de sa piqûre pour l'homme. Les deux passages se complètent et se corrigent mutuellement. Le poirier sauvage, comme l'aiguillon de la Pastenague, a un double effet destructeur, sur l'homme et sur la végétation. Le rapprochement des phénomènes tirés du monde végétal et du monde animal est en lui-même typique du Péripatos. L'appartenance au π. δακετῶν de Théophraste des deux *paradoxa* contigus d'[Antigonos] est garantie en outre par le fait qu'ils sont pareillement réunis chez Priscien IX 96.p. 9-11, cf. IX p. 97.6 s. = Th. π. δακετῶν fr. 9a. — 5) Il existe deux versions de la mort d'Ulysse justifiant la prophétie de Tirésias selon laquelle la mort, pour lui, viendrait de la mer (*Od*. 11. 134 θάνατος δέ τοι ἐξ ἁλὸς αὐτῷ ~ Opp. *Hal*. 2. 499 ἅλιον μόρον). — 1° Dans la *Télégonie* (cf. Scherling, « Telegonos », *RE* 5A [1934] 314 ss.), le fils d'Ulysse et de Circé, Télégonos, armé d'une javeline munie d'un aiguillon de Pastenague donné par sa mère, partait pour Ithaque à la recherche de son père, mais, arrivé dans l'île, il le tuait sans le savoir : Σ *Od*. 11. 134.17 s. ~ Eustath. *ad loc*. (1. 404.25 ss.), cf. Lyc. 795, Opp. *Hal*. 2. 497-505, [Apollod.] *Epitome* 7. 36 (et Frazer *ad loc*. p. 303 n. 2). — 2° Selon Eschyle (Σ *Od*. 11. 134.19 = F 275 [Ψυχαγωγοί], prophétie de Tirésias), Ulysse devait être atteint par les excréments d'un héron contenant l'épine venimeuse, changement notable qui lui est particulier. De fait, la Tragédie semble avoir porté à la scène le mythe sous la forme que nous lui connaissons (Scherling 318 s.). C'est vrai de Sophocle, Ὀδυσσεὺς ἀκανθοπλὴξ ἢ Νίπτρα (F 453-461a ; à la bibliographie de Radt ajouter Morel¹ 386). Le passage des Σ *Th.* 837b (293.10-13) conservé seulement par L, à transposer Σ 828-836 (292.10), n'est pas un *autoschediasma* (A. Crugnola), il appartient à la tradition des Scholies, comme le prouve la comparaison avec Eutecnius (p. 46.6 s. τὸν τοῦ Λαέρτου πληγέντα τρυγόνος θαλαττίας κέντρῳ ὑπὸ Τηλεγόνου ἀποθανεῖν). —Sur la mort d'Ulysse cf. A. Hartmann, *Untersuchungen über die Sagen vom Tod des Odysseus*, Munich 1917, 49 ss. ; C. von Holzinger, Lykophron's *Alexandra*, Leipzig 1895, p. 286 s. (comm. des v. 795 s.) ; Morel¹ 386 s. ; E. Wüst, « Odysseus », *RE* 17 (1937) 1990 ss.

101. 837. [*Notes complémentaires aux v. 837-840* : V. 837 οἷσιν : les Σ font de ce pron. un neutre et suppléent la prép. ἐπί ; une glose récente de K le traduit par τρώμασιν. Dans cette ligne, on pourrait l'entendre des Venimeux énumérés précédemment : « à propos de ces venimeux... ». G.-S. l'interprètent comme un relatif et supposent que son antécédent a disparu dans une lacune. En fait, tout est en ordre si l'on y voit un démonstr. masc. représentant les victimes des Venimeux autres que les Serpents. Διείσομαι (cf. 494 et la n.) appelle un cpl. de cette nature (cf. *l.c.* ἀνδράσιν). Pour οἷσιν démonstr. cf. ὧν 580, 912, *Al.* 392, fr. 78. 6 (contre 12 exemples de τῶν). Pour le passage du sing. (834 ἀνδρί) au plur. cf. n. au v. 801. — *ἄρκια : ici subst. = « remèdes » ; cette valeur (cf. 508 ἄρκιος, *Al.* [628], « secourable, salutaire ») dérive du sens de « suffisant », développé dans la poésie hellénistique (Ap. Rh., Thcr.), mais existant déjà dans l'ancien Épos (Hés.). Cf. 7 ἀλεξητήρια νούσων, 493 ἀλθεστήρια ν., 896 μειλίγματα ν., 528 νόσων ἀλκτήρια : on pourrait justifier le plur. de νόσος par le fait que l'envenimation entraîne des maux *divers*. Mais si, au v. 744 νοῦσοι s'applique à différentes manifestations du mal, on ne saurait attendre de N. qu'il note l'effet particulier de ses remèdes (pour une exception cf. 867). Les expressions ci-dessus n'ont pas en fait un sens très différent de celles où figure le sing. (cf. 496 νούσοιο ... ἀνίην, 629 κακῆς ... νούσου) ; l'envenimation est considérée ici globalement, là dans ses manifestations. — 838 δὴ γὰρ ὅτ' : cf. (*alio sensu*) δὴ γάρ τότε Hés. *Trav.* 417, fr. 204.96. — *θριδακηΐδα : *hapax* absolu (= θριδακώδης, D. 4. 98 [255.4, 2], *al.*), cf. fr. 21 δρεπανηΐδος. — 839 φοινά : à la différence des v. 146, 675, « meurtrier », ici épithète de couleur, « rouge », comme φοίνιος *Al.* 491 s. κάρφη | φοίνια et φοινώδης, *ib.* 489 καρπὸν ... φοινώδεα. Pour les précédents hom. voir Ritter 47 (a omis la référence à *Th.* 839). — 840 *ὀρμενόεντα : néologisme nicandréen d'un type connu (omis par Lingenberg 24), formé sur ὄρμενος, ppe. aor. de ὄρνυμαι employé

comme subst. au sens de « pousse, tige » (l'esprit rude, mieux attesté, peut « s'expliquer par l'analogie de ὁρμή », Chantraine, *DELG*).]

Comme l'enseigne la littérature parallèle, il en est des 85 substances de la liste des v. 837-914 comme de celles de la liste des v. 500-713 : elles ne sont pas des remèdes exclusifs contre les Arachnides et les Venimeux autres que les Serpents, pas plus que celles-là n'étaient des remèdes exclusifs contre les Serpents. Certaines en effet sont réputées efficaces également contre les Serpents, d'autres même contre eux seulement, d'autres encore n'ont pas d'usage iologique connu en dehors de N.

102. 838-847. **1)** 838 ἀγχούσης : l'Orcanette, *Alkanna tinctoria* L., que Dioscoride appelle aussi *calyx* et *onocleia* ; voir D. 4. 23 (187. 10) ~ Pl. 27. 59 (2ᵉ espèce de *calyx*). Cf. 838 θριδακηίδα … χαίτην ~ D. p. 188.1 φύλλα θρίδακι τῷ ὀξυφύλλῳ παραπλήσια, Pl. *folia lactucae* : la θρίδαξ avait des vertus thériaques reconnues (voir par exemple *Geop.* 12. 13. 6 : sa graine en boisson contre les piqûres de Scorpion) et Scarborough² 81 lui consacre une notice, mais chez N. elle intervient seulement à titre de comparaison ; c'est l'ἄγχουσα qu'il prescrit. Son usage thériaque est ignoré de Dioscoride, Pline, Galien et des Iologues récents. Ceux-ci ne connaissent que la « seconde *anchusa* » de Dioscoride (4. 24 [188.14]), appelée encore *Alkibiadeion*, i.e. l'*Alkibiou echis* de N. (voir *supra* 541 et la n. 54 a). Confusion de N. ? Au v. 638, il compare au feuillage de l'Orcanette celui de son ἐχίειον I (voir n. 69). — **2)** 839 *πενταπέτηλον (emprunté par Androm. 141) = πεντά(πεντέ-)φυλλον (Σ 838-845 [294.5], cf. Gal. *ant.* 78.15, *ad* Androm. *l.c.*), la Quintefeuille, *Potentilla reptans* L. (« ou p.-ê. *P. recta* L. » Scarborough² 80 s.). Voir D. 4. 42 (199.13) ~ Pl. 25. 109. Dioscoride (p. 201.10) la dit bonne contre les poisons, mais il est muet sur son usage thériaque. Pline ne le signale pas lui non plus, mais il parle de cette herbe dans un développement (§99-126) consacré à des plantes efficaces contre les *Serpents*. Oribase et Paul d'Égine, seuls Iologues récents à la mentionner, ne la connaissent que comme contrepoison, à l'instar de Dioscoride. Ingrédient de la *Galénè*, composition visant les poisons aussi bien que les venins. — **3)** βάτοιο : D. 4. 37 (196.10), cf. Pl. 24. 117-120 ; *Rubus fruticosus* L. ou *R. ulmifolius* Schott., abondant en pays méditerranéen, et qui a des fleurs rouges (Brenning). Dioscoride p.197.9 s. mentionne la *fleur* seulement contre le flux de ventre, mais il recommande la décoction de jeunes rameaux contre la morsure du *Prestèr* (196.12). Selon Pline (24. 117), ce sont les *mûres* qui combattent son venin et celui de l'*Hémorrhoïs* ; mais, en accord avec N. (celui-ci figure parmi les sources étrangères du livre XXIV), il reconnaît de l'efficacité aux *fleurs* aussi bien qu'aux mûres contre le venin du *Scorpion* (*ibid.*), aux mûres contre celui des *Araignées* (§120, cf. Pline Jun. 3. 36. 3). Les seuls Iologues

récents qui utilisent la Ronce ne mentionnent pas les Arachnides : Pr.
p. 51.9, la feuille contre la morsure du *Gecko* ; PAeg. 5. 16 (19.18), les
feuilles avec du miel en topique contre celle de la *Dipsade* ; PsD. 27
(86.4), en boisson avec du vin contre celle de la *Vipère*. — **4)** 840 : le
phytonyme ἄρκτιον désigne une plante décrite par Dioscoride et Pline
(D. 4. 105 ~ Pl. 27. 33 : *Inula candida* L. ? cf. André[1] s.v.), dont ils
ignorent l'usage thériaque, et qui ne fait l'objet d'aucune mention dans
la littérature iologique. Ma conjecture (ἄρκιον) se fonde sur le fait que
Pline (25. 113 [*persollata, quam … Graeci* arcion *uocant*] ~ D. 4. 106
[261.3] ἄρκιον, οἱ δὲ προσωπίδα …]) reconnaît implicitement une
valeur thériaque à la Bardane (*Arctium lappa* L.), par la place qu'il lui
asssigne au livre xxv (voir *supra* §2) : cf. le début du §114 item *cycla-
mini radix contra serpentes omnes*. — **5)** ὀξαλίδας : voir D. 2. 114
(188-190), Pl. 20. 231 s. et cf. Σ 838-845 (294.6) ~ D. p. 189.1 s.,
la Patience sauvage, *Rumex acetosa* L. Le plur. ὀξαλίδες désigne
les graines. Selon Dioscoride et Pline (§232), la Patience sauvage
(Diosc. : la graine bue dans de l'eau ou du vin [189.10], ou les racines
bouillies dans du vin et prises en boisson [190.1 ss.]) guérit les piqûres
des *Scorpions*, et elle peut même avoir contre eux une action préven-
tive, en boisson (D.) ou en amulette (Pl.). Seul des Iologues récents à
la mentionner, Aétius 13. 22 (282.9 λάπαθον, *sc.* ἄγριον) la recommande en topique contre la morsure des *Cobras*. — **6)** λύκαψον :
on connaît le mot sous des formes et des accentuations différentes,
λύκαψος/λυκαψός (Nic., Diosc.), λύκαψις (Orib.), λύκοψις (Diosc.
codd. RV)/λυκοψίς (Gal.), λύκοψος (D.*v.l.*). Ce phytonyme désigne,
semble-t-il, une espèce de Vipérine, *Echium italicum* L. (?) : voir D.
4. 26 (189 s.) ~ Pl. 27. 97, qui comparent cette plante, appelée aussi
ἄγχουσα, à la Laitue (D. p. 190.1 φύλλα ἔχει ὅμοια θρίδακι ~ Pl.
longioribus quam lactucae foliis), cf. 838. Valeur thériaque inconnue
de Dioscoride et de Pline, plante inconnue de Galien (*ant.*) et des
Iologues récents.– **7)** 841 κίκαμα : ce pluriel s'applique-t-il ici également aux graines (cf. *supra* §5) ? Ou est-il dit de la plante elle-même
(cf. σήσαμον/σήσαμα) ? On ne peut trancher, ce phytonyme n'étant,
en dehors de N., attesté qu'au plur. par Hésychius (cf. *Test.* : il le compare à la Caucalide, mentionnée 843), si toutefois *cicomon* n'est pas
une altération de *cicamon* (CGL). L'identification de Scarborough[2] 83
(*Tordylium apulum* L.) ne repose sur rien, elle semble résulter d'une
confusion avec la plante suivante. — **8)** τόρδιλον : voir D. 3. 54 (68
s.) ~ Pl. 24. 177, *Tordylium officinale* L. La leçon τ' ὄρδειλον attestée par ω, notre seul témoin du texte, offre une copule inutile (l'asyndète est fréquente en début de vers dans les énumérations : cf. 840,
858, 874, 892, 902) et un phytonyme inconnu en dehors de N. La correction de J.G. Schneider (postulant une mauvaise coupe de mots) est
légitime, mais la forme de Dioscoride τόρδιλον (3. 54 [*v.l.* τορδί-
λιον], *eup.* 2. 81 [284.20]), plus proche du texte transmis, est préfé-

rable à celle de Galien τόρδῦλον (*ant.* 157.14, cf. *loc.* 295.8 τορδύ-
λιον et Pl., l.c., *tordylon*). Le Tordyle est un ingrédient de l'antidote
ἑκατονταμίγματος (Gal. *l.c.*), particulièrement indiquée contre les
poisons, et il entre dans la préparation des sels thériaques (*Pis.* 293.2).
Dioscoride et Pline ne font pas mention de sa vertu antivenimeuse ; il
est inconnu des Iologues récents. — **9)** 841 s. χαμηλὴν πίτυν : litt.
« Pin nain » = χαμαίπιτυν (Σ p. 294.2) ; périphrase analogue,
Androm. 144 χαμαιζήλου πτόρθος ... πίτυος. Voir Dioscoride
3. 158 (164-166) ~ Pline 24. 29 s. : les trois espèces qu'ils distinguent
se laissent identifier avec *Ajuga Chia* Schreb. (variété grecque de
Bugle), *A. chamaepitys* Schreb. (Bugle-petit-pin), *A. iva* Schreb.
(Ivette musquée), cf. André *ad* Pline 24. 29. Nicandre se sert du mot
propre (χαμαιπίτυος), et il précise la partie utilisée (*feuilles*), dans les
Al. 56, 548. S'il y parle de la même plante, ce qui n'est pas sûr, il peut
s'agir non de la Bugle-petit-pin, comme on le croit d'ordinaire, mais de
la première espèce de Dioscoride (= la 2ᵉ de Pline), *Ajuga Chia* (cf.
M.C.P. Schmidt, « Χαμαίπιτυς », *RE* 3 [1899] 2106.49), dont les
gens d'Héraclée du Pont utilisaient les feuilles en antidote contre
l'Aconit : D. p. 165.7 s. ~ *Al.* 56. Selon Pline (§29), les trois espèces
combattent le venin des *Scorpions*, la troisième celui des *Serpents*
(§30), ce qui est conforme à l'enseignement iologique. La χαμαίπιτυς
entre en effet dans les grands antidotes efficaces contre tous venins et
poisons, *Galénè* (cf. Androm. *l.c.*), Μιθριδάτειος (Gal. *ant.* 109.12),
ἑκατονταμίγματος (157.10), τυραννίς (167.1). Aussi bien figure-t-
elle chez les Iologues récents dans la thérapie commune à tous les
Venimeux, PAeg. 5. 2. 2 (7.13). Plus précisément, ils la prescrivent
non seulement contre le venin des *Arachnides* (Ph. 15. 13 [20.22] le
fruit contre les *Scorpions* [cf. Pr. p. 51.39 et l'ἀντίδοτος σκορπιακή
ap. Gal. *ant.* 178.1] = PsD. 21 p. 81.11 *Phalanges*) mais aussi contre
celui des *Cobras* (*ant.* 160.11, 162.14) et de la *Salamandre* (Aét. 13.
56 [291.7] ~ PAeg. 5. 33 [29.4, *décoction*] ; cf. Pr. p. 76.6 [~ *Al.* 548]
dans un remède contre le poison préparé avec elle). — **10)** 842 φηγοῦ,
le Vélani (*Quercus aegilops* L.). Selon Sextus Empiricus (*Pyrrh. hyp.*
1. 58), il suffit qu'une branche de Vélani effleure une Vipère pour
qu'elle tombe en léthargie. Comme le Chêne kermès (πρῖνος, *Quercus
ilex* L.), c'est une variété de Chêne abondante en Grèce (cf. 413, 418,
439, fr. 27, 69 « les délices de Pan »). Pour l'usage médical du Chêne
et de ses parties cf. D. 1. 106 (99 s.) ~ Pl. 24. 7. Selon Dioscoride, la
seule partie du Chêne qui ait un usage thériaque, ce sont les *glands*,
qu'il prescrit de manger en cas de morsure venimeuse (p. 99.14), cf. O.
ecl. 118. 1 (293.7) thérapie des *Vipères*. Pline recommande une décoction de leur écorce, mais aussi de l'écorce de l'arbre, en application
« contre les coups des *Serpents* ». Chez Nicandre, elle est à prendre en
boisson comme les autres produits (cf. 912 et la n. 116). Il qualifie
l'écorce de βαθύν pour préciser sa partie utile, la couche la plus *pro-*

fonde (« den inneren Teil », Brenning ; « l'écorce de dedans », Grévin) ; cf. D. p. 99.9 s. « ... et surtout la partie membraneuse entre
l'écorce et le tronc ». ἀράξας s'applique à la préparation de l'écorce,
qui doit être *broyée* (cf. 506 ὅλμῳ ἀράξας) : voir Ph. 24. 5 (31.6 ~
PAeg. 5. 17 [19.28]) prescrivant en topique *l'écorce* de la racine *pulvérisée* sur les plaies de *l'Hydre* et du *Chershydre*. Contre le *Dryinas*,
Philouménos conseille « le fruit de toute espèce de Chêne en boisson
et topique » (Ph. 25. 3 [31.26] ~ PAeg. p. 18.16 = PsD. 29 [87.16]),
Paul (PsD.) également les racines du Chêne kermès *hachées* en
topique. Pour l'emploi du Chêne contre un Serpent qui en fait son gîte
(412 s.) cf. *Al.* 588-590. — **11)** 843 καυκαλίδας : 892 (mais cf. n. 112
§1) ; pour le sens du plur. voir *supra* §5. Sur cette Ombellifère voir
D. 2. 139 ~ Pl. 22. 83 ; Wellmann[7] 25 n. 2. « Appelée par certains
carotte sauvage » (D.), on ne s'étonne pas de la trouver citée à côté du
σταφυλῖνος (cf. Nouménios, *Annexe* §9a, fr. 7.4 s.). André (*ad* Pl. *l.c.*)
propose *Daucus* L. ou *Caucalis* L., mais André[1] (s.v. *caucalis*) *Caucalis grandiflora* L. Chrysippe (cf. Σ 845 ~ Pl. *l.c.* = Pétrichos, *Annexe*
§9b, fr. 4) en parlait dans son Περὶ λαχάνων. Dioscoride ne dit rien
de son usage iologique, mais Pétrichos la recommande en application
sur les blessures causées par des animaux marins, ce qui justifie sa
place dans cette section. Galien (*ant.*) et les Iologues récents ignorent
la *caucalis*. — **12)** σταφυλίνου : *Daucus carota* L. ; voir D. 3. 52
(65 s.) ~ Pl. 20. 30-32. La Carotte (graines des espèces cultivée et sauvage, parfois racine) est un remède connu contre venins et poisons.
Elle entre comme telle dans des antidotes célèbres (ἑκατονταμίγματος, Gal. *ant.* 157.9), τυραννίς (167.3). Selon Dioscoride, son fruit
pris en boisson combat le venin des *Serpents* aussi bien que des *Arachnides* (p. 66.7 πρὸς θηρίων ... δήγματα καὶ πληγάς) : cf. *eup.* 122.
5 (302.13 ~ O. *ecl.* 118.1 [292.37]) *Vipères* ; Pl. §32 ~ Aét. 13. 21
(280.18) *Scorpions*. Prise préventivement, on croyait qu'elle avait la
capacité de neutraliser le venin des *Serpents* (Pl. §31, O. *ecl.* 123. 3
[295.8]), et même de faire éviter leurs morsures (D. *eup.* 2. 135
[307.13]). Portée en amulette, on lui attribuait le même pouvoir : Pline
(§31), contre les *Serpents*, Aét. (p. 280.19), contre les *Scorpions*. N.
n'a pas trace de ce genre de superstition (voir *Notice* p. LVIII). — **13)**
844 τρεμίθοιο = τερεβίνθου ; τρέμιθος doublet de τέρμινθος (cf.
Al. 300 ῥητίνην τερμινθίδα), forme plus ancienne, serait une glose
chypriote (Steph. Byz. 633. 2-4, « explication fantaisiste », selon
Chantraine, *DELG*). Sur le Térébinthe, *Pistacia terebinthus* L., voir D.
1. 71 (67 s., τέρμινθος) ~ Pl. 24. 27 (cf. 13. 54) *terebinthus*. Pour la
couleur du *fruit* cf. les deux variétés du Térébinthe femelle de Syrie
chez Pline 13. 54, l'une à fruits rougeâtres, l'autre à fruits pâles. Diosc.
p. 67. 23 : « son fruit bu dans du vin est bon contre les morsures des
Phalanges ». C'est surtout la *résine* qui était utilisée contre venins et
poisons. Nombreuses références chez Galien (*ant.*). — Iologues

récents : dans un emplâtre contre les *Scorpions* (résine avec soufre
natif), Ph. 14. 4 (17.21) = PAeg. p. 13.11 = PsD. p. 82.12 = O. *ecl.*
119. 2 (294.13, ajoute à l'indication *Phalanges, Guêpes, Abeilles*).
Seules mentions de son fruit : outre D. *l.c.*, cf. *eup.* 2. 126. 3 (304.20)
unde O. *ecl.* 119. 1 (294.7), dans la thérapie commune aux *Scorpions,
Phalanges, Guêpes* et *Abeilles*. — **14)** 845 ἁλὸς φῦκος = φυκίον τῆς
θαλάσσης (Σ 845), φῦκος θαλάσσιον (D. 4. 99), πόντιον (Th. *HP* 4.
6. 4 fin), *phycos thalassion* i.e. *fucus marinus* (Pl. 26. 103), *algam
maris* (Pl. 32. 66). Dioscoride en distingue trois variétés, dont l'une (la
2ᵉ) ὑπόμηκες καὶ ὑποφοινικίζον (Σ *l.c.* ξανθίζον) ~ Pl. 26. 103 *alterum longius, quadamtenus rubens* = 32. 66 *longo folio et rubente* ; et
il précise, en se référant à N., que c'est cette variété *pourpre* (τὸ φοινικοῦν), qui a une vertu thériaque. Pline (*ll.cc.*) se réfère aussi à N. :
en 32. 66 il reconnaît cette propriété à l'espèce crétoise (la 3ᵉ de Dioscoride), mais en 26. 103 aux trois espèces, qu'il recommande contre
les morsures de *Serpents* ; ici et là, il prescrit la plante dans du vin (cf.
913 πολλάκι δ᾽ οἴνῃ et la n. 116). Si l'on admet que la plante de N.
est, comme il semble, la 2ᵉ espèce de D., elle s'identifie sans doute à la
Nitrophylle, *Nitrophyllum punctatum* L. (LSJ) et non à *Roccella tinctoria* C. ; Fraas a proposé *Fucus granatus* Lamour., Brenning *F. coc-
cineus, alii alia.* — Inconnue de Galien (*ant.*) et des Iologues récents.
— **15)** 846 ἀδίαντον : espèce de Fougère ; voir Th. *HP* 7. 14. 1, D. 4.
134 (278-281) ~ Pl. 22. 62-65. Synonymes : καλλίτριχον, πολύ-
τριχον, τριχομανές (Σ 846a, D. 134 RV p. 279.13). N. se plaît à noter
le *paradoxon* botanique (cf. déjà Thphr.). La plante décrite par Théophraste et Dioscoride sous le nom d'Adiante représente en fait deux
Capillaires confondus, *Adiantum capillus Veneris* L. (Capillaire de
Montpellier) et *Asplenium adiantum nigrum* (Capillaire noir) : voir
André, *ad* Pl. 22. 62 n. 1. Selon Dioscoride, l'Adiante est bonne pour
les victimes des bêtes venimeuses, « bue dans du vin » (p. 280.3 s.),
ou utilisée en lotion (*eup.* 2. 123 [303.16]) sur leurs plaies. Selon Pline
« elle combat le venin des *Serpents* et des *Araignées* », et il la recommande en topique sur les morsures de *Scolopendre* (§64). Mais les
Iologues récents, comme aussi Galien (*ant.*), s'ils connaissent la plante
sous ses différents noms, ignorent sa vertu thériaque.

103. 848-852. **(1)** 848 *σμυρνεῖον : Al. 405, = σμύρνιον ; voir D.
3. 68 (78 s.) ~ Pl. 27. 133-136, *Smyrnium perfoliatum*, le Maceron per-
folié. Pline §136 : additionné de *Cachrys*, de Germandrée-Polion, de
Mélisse et pris dans du vin, combat le venin des *Phalanges* et des *Serpents* ; Dioscoride p. 79.13 : racine bonne contre *Serpents* (cf. *eup.* 2.
122. 2 [301.17], contre *Vipères*). Dans l'antidote τυραννίς : Gal. *ant.*
166.16 (*racine*), 167.2 (*graine*) ; Damocratès (morsures de Venimeux
et de Chiens enragés) : *ib.* 192.1, 198.15. Iologues récents : Paul
d'Égine 5. 2 (7.13), dans la thérapie commune à tous les Venimeux. —

L' *hipposelinum* ou *zmyrnium*, « contraire aux Scorpions » (Pl. 20. 117), a une vertu appropriée à cette section, mais il diffère du σμύρνιον (D. 3. 67 [78.1 s.]), voir n. 64f. — (2) 848 s. ποίης λευκάδος : identification incertaine. On a proposé : 1° le Lamier blanc, *Lamium album* L., dans lequel on voit sans raison probante la *leucas* de Dioscoride et Pline (D. 3. 99 [111] λευκάς ~ Pl. 27. 102 *leuce/leucas*), qui la recommandent contre les venins marins (D. p. 111.13 s. : « en application et en boisson dans du vin ») ; 2° Antigonos (Σ 849), λευκὴ ἄκανθα, l'Épine blanche, cf. D. 3. 12 (20.10, graine en boisson contre les *Serpents*) ~ Pl. 24. 108 (contre les *Scorpions*) ; 3° le Scholiaste, λευκάνθεμον, synonyme d'ἀνθεμίς (D. 3. 137 ~ Pl. 22. 53 s., espèce de Camomille à fleurs blanches, *Matricaria chamomilla* L., dont Pline §54 atteste l'usage thériaque) et aussi de παρθένιον (cf. 863 et la n. 107 §1). — On pourrait songer également à φαλαγγῖτις ou φαλάγγιον, appelée encore λευκάκανθα (D. Pl.) ou λευκάνθεμον, dont « les feuilles, la graine et les fleurs, en boisson dans du vin, sont un remède contre les morsures de *Scorpions* et de *Phalanges* » (D. 3. 108 [119.11 s.] = Pl. 27. 124, qui ajoute les *Serpents*). Mais la littérature iologique ignore toutes ces plantes. — (3) 849 ἠρύγγου : 645 ; voir n. 70 §1. — (4) 850 λιβανωτίδι : voir D. 3. 74 (85-87) ~ Pl. 24. 99-101. L'espèce qui porte un fruit, appelé κάχρυ (cf. Th. *HP* 9. 11. 10, D. p. 85.10, *v.l.* κάγχρυς, *cachrys* Pl.), semble à identifier, non au Romarin (p.-ê. la λιβανωτίς décrite *ap.* D. 3. 75), mais à une Ombellifère, *Cachrys libanotis* Koch (voir Berendes 312). Dioscoride : « les racines sèches... sont bonnes pour les morsures venimeuses, bues dans du vin » (p. 86.17 ; cf. *eup.* 2. 122. 2 [301.17] *Vipères*), et son fruit en boisson a les mêmes effets (p. 87.4) ; selon Pline (24. 101), le *cachrys* « combat les poisons et les bêtes venimeuses, sauf les Serpents », une restriction conforme à la définition de cette section. — La littérature iologique mentionne : a) la λιβανωτίς, b) le κάχρυ (terme qui peut désigner la plante entière, cf. D. 3. 74 RV [86.18]) : — (a) Gal. 109.12 (antidote de Mithridate), 155.2 (sa thériaque), 156.11 (ἑκατονταμίγματος, *feuilles*), 161.6 (thériaque d'Ael. Gallus contre *Scorpions* et autres bêtes venimeuses, *racine*). Iologues récents : dans une thériaque contre poisons et venins, notamment *Vipères* et *Scorpions*, O. *ecl.* 126 (295.26) ~ PAeg. 5. 2. 3 (7.19 *racine*) ; dans la thérapie commune à tous les Venimeux, PAeg. 5. 2. 2 (7.12) ; — (b) dans les remèdes prophylactiques communs, PAeg. 5. 1. 1 (5.11 *racine*) ; dans un emplâtre, Ph. 7. 10 (12. 24) ~ PAeg. 5. 2. 2 (7.6). Voir encore Philouménos, n. 7 §3 (*ad* 40), pour le κάχρυ (*racine*) en fumigation. — (5) ἀπαρίνη : *Galium aparine* L. ; voir D. 3. 90 (104 s.) ~ Pl. 27. 32. « La graine, les tiges et les feuilles réduites en jus (χυλισθέντα) sont bonnes, bues dans du vin, contre les morsures de *Phalanges* et de *Vipères* » (D. p. 105.6 ; cf. Pl. *l.c.*, « 1 drachme de la *graine* prise dans du vin »). C'est le *jus* que les Iologues utilisent contre les *Vipères* ; seul témoin : O.

ecl. 118. 1 (292.33), cf. D. *eup*. 2. 122. 2 (301.17). Il entre dans
« l'antidote incomparable » contre toutes les maladies internes (Gal.
ant. 113.5) et dans la panacée qui conclut les *Thériaques* (953 ; cf.
n. 119e 3). Selon Brenning, le Gratteron était encore employé en Grèce
au début du siècle dernier contre les Venimeux. — (**6**) 851 κουλυβάτεια : voir les n. 58e et 63. — (**7**) μήκων, *Papaver somniferum* L. :
(sans qualification) 946, *Al.* 433, fr. 74. 43. Les adj. du v. 852 distinguent deux espèces : 1° *θυλακίς = θυλακῖτις, l'espèce « cultivée »
décrite par Dioscoride 4. 64 (218.8), *Papaver rhoeas* L., appelée ainsi
à cause de la forme de sa capsule ; 2° *ἐπιτηλίς, la μήκων κερατῖτις,
le Pavot cornu, *Glaucium flavum* Crantz, cf. D. 4. 65 (222 s.), Th. *HP*
9. 12. 3, Pl. 20. 205, ainsi nommé parce qu'il a un « fruit petit,
recourbé comme une corne, semblable à celui du fenugrec (τῆλις) »
(D. 222.4 s., cf. Pl. l.c. *calyculo inflexo ut corniculo*) ; c'est cette ressemblance qu'exprime l'épithète ἐπιτηλίς, particulière à N. (cf.
Strömberg[3] 33). La variante ἐπεπλεῖτις de T (cf. Eut. †πεπαιτις),
cache-t-elle une appellation authentique du Pavot ? A noter que
πέπλις est un synonyme du μήκων ἀφρώδης *ap*. Orib. *coll.* 7. 26. 37
(1. 232.17), cf. Gal. *gloss.* 129.13 s.v. πέπλος. Mais p.-ê. ἐπεπλεῖτις
est-elle une simple anticipation de πεπλεῖτις, *v.l.* du même ms pour
πεταλῖτις au v. 864. — Dioscoride ne dit rien de la vertu thériaque du
Pavot, Pline non plus lorsqu'il évoque l'usage médical des espèces
dont il traite (20. 198-208). Mais, à la fin de sa notice sur l'Euphorbe
maritime, dont il fait une variété de Pavot sauvage (cf. D. 4. 164. 6
[312.7], l'E. maritime appelée Pavot par certains), Pline (20. 209) note,
à propos de toutes les espèces, sauvages ou cultivées, que « l'*opium*,
pris dans du vin pur, si on le donne aussitôt, combat les piqûres de
scorpions », ajoutant que cette propriété, selon certains, est l'apanage
des têtes et des feuilles pilées du Pavot noir, variété de *Papaverum
somniferum* (cf. Pl. 19. 168 ~ D. p. 218.10). Le Pavot a beau être un
poison, c'est aussi un remède bien connu (cf. l'Aconit, n. 111 §1). N.
ne précise pas ici la partie à utiliser, mais le *suc* figure dans sa panacée
(946). Érasistrate (*Annexe* §5a, fr. 3b ; voir n. 60c) recommandait déjà
son suc contre le Basilic. — Sous les noms de ὀπός
μήκωνος/ὄπιον/μηκώνειον (-νιον), le suc du Pavot entre dans beaucoup d'antidotes de Galien. Parmi ceux de stricte *indication* thériaque
citons entre autres : **a**) ὀπός μήκωνος contre les Venimeux en général, *ant*. 186.12 (Héraclide de Tarente ; = fr. 37.3 Guardasole) ; *Scorpions* et *Serpents*, 203.10 (Ael. Gallus) ; *Phalanges, Scorpions* et *Serpents*, 189.15 (Id.) ; *Cobras*, 160.12 (Antipater), 162.16 (Euclide) ; **b**)
ὄπιον contre les Venimeux en général, 170.12 (Héras) ; *Phalanges*,
180.16 (Andréas, *Annexe* §6, fr. 5) ; *Scorpions* et *Phalanges*, 177.2 ;
Phalanges, Scorpions et *Serpents*, 181.17. La double *indication* contre
les *Scorpions* et les *Serpents* se retrouve chez Théod. Priscien, *eup.* 74.
— Iologues récents : — (**a**) Ph. 21. 5 (28.7) *Hémorrhous* ; 15. 16

(21.7 = Pr. p. 54. 24 ὀπίου) = panacée de N., cf. n. 119b. Chez Promotus 47.25, 48.4, dans deux antidotes thériaques ; — (b) Pr. p. 47.19,
29 ; 49.16, antidotes thériaques ; 52.33 *Scorpions* ; 54.24 voir sous
(a) ; O. *ecl.* 118. 4 (293.17) *Vipères*, 126 (295.26) poisons et venins,
notamment *Vipères* et *Scorpions* ; Aét. 13. 22 (282.9) *Cobras* ; PsD.
19 (79.12) thérapie commune.

104. 853-855. Brenning entend κράδης du Figuier sauvage (cf. Σ
853a). De fait, Pline (23. 126) a souligné sa supériorité sur l'espèce
cultivée quant à l'efficacité, et c'est l'espèce sauvage que Dioscoride
considère (1. 128. 4 [119.3-5]), lorsque, après avoir étudié les effets du
suc des deux espèces, il crédite des mêmes effets le suc des jeunes
rameaux, gros des bourgeons à naître : l. 4 s. ἡνίκα ἂν ἔγκυοι ὦσι,
μηδέπω τοῦ ὀφθαλμοῦ βεβλαστηκότος éclaire le sens de 853
κυέουσαν, qui marque l'époque propice à la récolte de la κορύνη
(voir n. 52). Pourtant, chez N., κράδης balancé avec *ἐρινάδος = ἐρι-
νεοῦ, Ficus caprificus L., peut difficilement être pris au même sens.
Comme dans les autres occurrences (cf. 923 et *Al.* 252, où il est question du suc, et surtout *Al.* 347 εὐκραδέος, épithète de συκέης, qualifiant un bel arbre), ce terme désigne, ainsi que συκῆ, le Figuier, *Ficus
carica* L., sans distinction d'espèce. Les deux remèdes tirés du Figuier
sont donc : 1° la jeune végétation à cause de son suc, 2° les Figues
sauvages, qui mûrissent avant les autres, à la fin de l'hiver, que la
langue courante appelle ὄλυνθοι, pour lesquelles N. a créé le néologisme *κόκκυγες expliqué par 854 s. (voir Strömberg[1] 53, [2] 73) ; ce
qui correspond à Pline 23. 128, *jeunes pousses* ou *fruits verts* du
Figuier sauvage en boisson dans du vin contre le venin des *Scorpions*
(~ D. p. 118.21, suc en instillation sur leur plaie, sur celles des Venimeux et des Chiens, cf. Pl. §126 fin). Voir aussi Pl. §127 *jeunes
pousses* et *feuilles* contre les *venins marins*, §119 *jeunes pousses* du
Figuier noir en topique sur les morsures de *Musaraigne* (D. p. 119.21
dit la même chose des ὄλυνθοι, et il ajoute la *Scolopendre*). —
Iologues récents : outre le *suc* du Figuier (nombreuses références), ils
font mention de ses *branches* (ἀκρεμόνες) dans la thérapie commune
(Aét. 13. 12 [269.16]), de ses *rameaux* (κλάδοι), en infusion dans du
vin doux contre la *Vive* (O. *ecl.* 122 [294.35] = PAeg. 5. 22 [22.10]),
de ses *feuilles* contre la *Musaraigne* (PAeg. p. 15.25), et, avec de l'ail,
contre la *Scolopendre* (Aét. p. 272.13). Aétius (p. 279.21) est le seul à
mentionner les ὄλυνθοι en topique contre les *Phalanges*. — Pour le
suc et pour la *cendre* obtenue avec des branches de Figuier voir n. 118
§4b.

105. 856-859. 1) 856 πυράκανθαν : autre nom de l'ὀξυάκανθα, le
Buisson-ardent, *Mespilus pyracantha* L. (selon Brenning, *Crataegus
pyracantha* Pers., selon Scarborough[2] 84, *Pyracantha coccinea* M.J.
Roemer). Voir D. 1. 93 (85.7 πυρακάνθην), Pl. 24. 114. Usage thé-

riaque ignoré de Dioscoride, mais Pline signale l'emploi de ses baies
en boisson contre les *Serpents*. Inconnu de Galien (*ant.*) et des
Iologues récents. — **2)** φλόμου : une espèce du genre Molène (*Ver-
bascum sinuatum* L.). Voir D. 4. 103 (257-259), Pl. 25. 120 s. Le classement des espèces est différent chez Dioscoride et Pline, et leur distinction ne mène à aucune identification certaine. Pour expliquer le
texte de ω, qui porte la *v.l.* ἄρρενος, les Σ 856b se réfèrent à Théophraste qui aurait distingué deux espèces, mâle et femelle, mais on ne
voit rien de tel dans le texte conservé (confusion avec Crateuas, test.
31 [p. 143 s.] ou Dioscoride ?). C'est Dioscoride qui décrit deux
espèces principales, *blanche* et *noire* (la blanche subdivisée en deux
sous-espèces, femelle et mâle) ; elles ont les mêmes caractéristiques, si
ce n'est que la noire a des feuilles plus larges et plus noires (p. 258.8).
Mais chez Pline 25. 120, il y a identité noire = femelle, blanche =
mâle, dans laquelle on reconnaît d'ordinaire le Bouillon-blanc. Pour
l'identification des espèces de Dioscoride et Pline voir Berendes 425 s.
et André, *ad* Pl. §120 n. 1. Si Pline a raison, et d'autre part si les
variantes de N. ἀργέος/ἄρρενος se rapportent à l'espèce, c'est une
seule et même espèce qu'elles mettent en cause (différente de celle que
prescrit Dorothéos, voir *infra*). Théophraste connaît la Molène noire
(*HP* 9. 12. 3), mais nous ignorons si, chez lui, la couleur correspond à
une différence de sexe. — Sur l'efficacité de la Molène contre le venin
des *Scorpions*, Dioscoride (p. 259.13) et Pline (25. 121, où les *Phlomis*
ne diffèrent pas des Molènes [cf. D. p. 258.13]), sont d'accord, mais le
premier l'attribue aux *feuilles* (en topique avec du vinaigre), le second
à la *racine* (en boisson dans de l'eau avec de la Rue). Chez Galien, elle
entre dans deux antidotes thériaques, celui d'Antipater contre les
Cobras (*ant.* 160.11, sans mention de la partie utile), et surtout dans
celui de Dorothéos contre toute morsure de *Serpent*, où le premier
ingrédient nommé est « l'écorce de la racine de Molène femelle, à la
dose de 1 drachme » (187.15). Seule référence chez les Iologues
récents : O. *ecl.* 119. 2 (294.11), avec du vinaigre en application sur
les plaies des *Scorpions*, *Phalanges*, *Guêpes* et *Abeilles*, emprunt à D.
eup. 2. 127. 2 (305.10). — **3)** 857 : sur l'Égilope, *Aegilops ovata* L.,
voir D. 4. 137, Pl. 25. 146, qui ne signalent pas d'usage thériaque pour
cette graminée inconnue de la littérature iologique. — **4)** χελιδονίου :
la Chélidoine ou Éclaire, *Chelidonium majus* L., plante dont D. 2. 180
~ Pl. 25. 89 s. ignorent l'usage thériaque, également inconnu de la littérature iologique. — **5)** 858 *δαύκειον : 939, = δαῦκος (δαῦκον
Th., δαυκίον *Geop.*). Sur le δαῦκος/*daucus* voir D. 3. 72 (83 s.), Pl.
25. 110-112 (Petronius Diodotus), Σ *Th.* 94 (Plutarque, cf. n. 11 §5).
Des espèces décrites, seule la première (D. p. 83.1-6 = Pl. §110) se
laisse identifier de manière à peu près sûre : c'est l'Athamante de
Crète. La forme *δαύκειον, caractéristique de N., n'est pas imputable
à Apollodore (*Annexe* §4, fr. 8) : le témoignage de Σ 858-859 ne porte
pas sur le nom mais sur la propriété qu'a cette plante (sans doute la

graine, avec le reste de la littérature parallèle) de combattre le venin
des animaux « dont il vient d'être question », *i.e.* les Venimeux de la
deuxième catégorie, autres que les Serpents : outre N., cf. D. p. 84.1 s.
(la *graine* des trois espèces, bue dans du vin, contre le venin des *Phalanges*) ~ Pr. p. 54.17 ; Ph. 14.8 (18.11, dans un antidote contre les
Scorpions) ~ Pr. p. 48.25. La *racine* de l'espèce crétoise est bonne elle
aussi : D. p. 84.4 (πρὸς θηρία) ~ Pl. 25. 112 (*magis ad serpentes*, à la
dose de 1 dr. dans du vin). Pour l'*indication* de la racine, étendue par
Dioscoride à tous les Venimeux, cf. la panacée des *Th.* 939. La même
composition (voir n. 119a), chez Ph. 15. 15 (21.4, mais δαύκου σπέρματος) = Pr. p. 54.21 (δαύκου, sans plus), a un effet limité à la
deuxième catégorie de Venimeux, comme chez Apollodore (*l.c.*). —
Le δαῦκος, l'espèce crétoise en particulier, est fréquemment mêlé aux
antidotes chez Galien : une vingtaine de fois, 12 fois le Κρητικός, et,
quand la partie utile est précisée, il s'agit toujours de la *graine* (17
fois). Les indications sont parfois très larges, étendues à tous les poisons et venins, ou à l'une de ces deux catégories. Parfois, à côté de la
mention générale des ἰοβόλα, une espèce est désignée, comme les
Vipères dans l'antidote d'Aelius Gallus (*ant.* 114.17), ou les *Cobras*
dans la thériaque d'Antipater (160.14). Une fois, l'*indication* se limite
à une seule espèce, les *Phalanges*, dans un remède de Simmias, fils de
Mèdios (180.11). — Pour l'emploi, dans un onguent prophylactique,
du δαύκου καρπός broyé dans l'huile (Ph., Pr.), et pour la *v.l.* δαύκου
des mss ω au v. 94, voir n. 11 §5. — **6)** *βρυωνιδός : cf. 939
*βρυώνη (associée également au δαύκειον), = βρυωνία ; les deux
néologismes désignent sans doute la même espèce de Bryone dont N.
utilise la racine. Voir D. 4. 182 s. (329-332) ~ Pl. 23. 21-26. Chez
Dioscoride, βρυωνία apparaît comme synonyme de : (**a**) ἄμπελος
λευκή = *uitis alba* (D. 4. 182 [329.10] ~ Pl. 23. 21), *Bryonia dioica*
Jacq., *B. cretica* L. (Brenning), vulg. « Vigne ou Bryone blanche »,
« Couleuvrée » (Grévin) ; (**b**) ἄμπελος μέλαινα = *uitis nigra* (D. 4.
183 [331.15] ~ Pl. §27), *Tamus communis* L., le Tamier. Pour les synonymes de la Bryone, outre D. et Pl. *ll.cc.*, cf. Crateuas test. 13 ap. Σ
858-859 (299.10 s.), Héraclide de Tarente (fr. 37.4-6 Guardasole) *ap.*
Gal. *ant.* 186.13-15. Dioscoride et Pline notent que la *racine* de
l'espèce noire a les mêmes effets que celle de la blanche (D. p. 332.9
= Pl. §28), mais Dioscoride souligne (ce que Pline omet de faire) que
celle de la blanche est plus efficace. En l'absence d'argument décisif
en faveur de (a) ou (b), c'est une des raisons pour laquelle, après Grévin, Wellmann (son éd., p. 330, *loc. sim.*) et Brenning, j'inclinerais à
identifier la βρυωνίς/βρυώνη de N. avec l'ἄμπελος λευκή de Dioscoride. Une autre est que, sur les douze occurrences de la Bryone chez
Galien (*ant.*), les deux seules qui précisent l'espèce concernent la
blanche (191.18 [Damocratès], 203.7 [Ael. Gallus]). Mais, dans ses
Euporistes (2. 122. 2 [301.18]), D. donne le choix entre les deux

(βρυωνίας λευκῆς ἢ μελαίνης ῥίζα), et c'est p.-ê. ainsi qu'il faut entendre souvent la mention de la Bryone sans épithète distinctive. Ajoutons que Théophraste *HP* 9. 20. 3 parle de la Bryone sous le nom de ἄμπελος ἀγρία (cf. Crateuas, Héracl. Tar.). Voir M.C.P. Schmidt, « Χίρωνος ἄμπελος », *RE* 3 (1899) 2308 s. — Pour l'usage thériaque de sa racine cf. D. p. 331.1 « prise en boisson à la dose de 2 dr., elle est bonne contre les morsures de *Vipères* » (cf. *eup.* l.c.) = Pl. §23, qui ajoute (§26) que le suc de la racine « chasse les *Serpents* ». — La Bryone, sans mention de la racine, n'apparaît qu'une fois chez Galien, dans l'antidote d'Andréas (*Annexe* §6, fr. 5) contre les *Phalanges*. L'*indication* des autres antidotes où elle figure mentionne parfois *Phalanges* ou *Scorpions* (182.9, 203.2), mais en même temps que les autres Venimeux ; Serpents cités : *Vipères* (189.7, 190.16), mais aussi *Cobras* (160.4). — Iologues récents. Contre les *Scorpions*, Pr. p. 51.39 ; *Vipères*, O. *ecl.* 118. 1 (292.33) ; en fumigation contre Serpents, Ph. 6. 3 (10.27) ; antidote thériaque, Pr. p. 48.26 ; antidote à la Bryone contre poisons et venins, notamment des *Vipères* et des *Scorpions*, O. *ecl.* 126 (295.26, racine) = PAeg. 5.2. 3 (7.19), cf Pr. p. 47.18 (= Ael. Gallus *ap.* Gal. *ant.* 161.4) ; dans un remède contre les Venimeux autres que les Serpents, reflet de la panacée de N. (cf. n. 119a) : Ph. 15. 15 (21.4, racine). — Pour la digression médico-pharmacologique des v. 858 s. cf. D. p. 330.11 (Vigne blanche) ἡ δὲ ῥίζα … ἔφηλιν ἀποκαθαίρει ~ Pl. §23 *uitia cutis in facie … et lentigines … emendat*, cf. Th. *HP* 9. 20. 3 εἰς ψίλωθρον χρήσιμον καὶ ἐφηλίδας ἀπάγειν.

106. 860-862. — **1)** 860 *περιστερόεντα : adj. en rapport avec les phytonymes περιστέριον (« herbe aux pigeons »), περιστερεών (« pigeonnier », cf. Strömberg[2] 118), *Verbena officinalis* L. Dioscoride et Pline connaissent sa vertu thériaque, mais seulement contre les *Serpents* : D. 4. 60 (214.5 s. « ses *feuilles* et sa *racine*, en boisson dans du vin ou en application, sont efficaces contre les Serpents » ~ Pl. 25. 107 *conteritur ex uino*), cf. *eup.* 2. 122. 2 (301.20, racine en boisson contre les *Vipères*), 124 (303.20 *feuilles* en topique contre *l'Hémorrhoïs*). — Iologues récents : PAeg. 5. 12 (15.20) recommande la Verveine contre les morsures de *Musaraigne*, bue dans du vin ou en topique. — Scrib. L. 163 (79.18 *hierobotane*) lui reconnaît un pouvoir prophylactique contre les *Serpents*, si on la porte à la ceinture. — **2)** 861 ῥάμνου : 883 (630, *alio sensu*) ; espèce de Nerprun ou de Bourgue-épine difficile à préciser. Σ 860a (300.7), de même que Th. *HP* 3. 18. 2 et Pl. 24. 124, ne connaissent que deux variétés de ῥάμνος, la blanche et la noire. Dioscoride 1. 90 (83) en décrit trois (voir André, *ad* Pl. *l.c.*, n. 1). Il est naturel de songer à *Rhamnus graeca* Boiss., la deuxième espèce de Dioscoride, qui est un Nerprun. — Comme usage médical du Nerprun, Dioscoride ne connaît que celui des feuilles de

toutes les espèces en application contre l'érysipèle et les dartres, mais
il est au courant de sa valeur apotropaïque : p. 84.2 s., ses rameaux
(κλῶνας ~ 861 πτόρθους), attachés aux portes ou aux fenêtres, ont la
réputation de chasser les sortilèges maléfiques ~ Σ 860a (300.5 s.) ~
carmen 12 s. κρεμναμένη δύναται γὰρ ἀποτρέψαι κακότητας |
φαρμακίδον τε κακῶν καὶ βάσκανα φῦλ᾽ ἀνθρώπων (cf. *ib.* 21). On
attribuait la même propriété à d'autres plantes comme la Scille (Th.
HP 7. 13. 4, D. 2. 171. 4 [239.11 s.] ~ [Pythag.] π. βοτανῶν *ap.* Pl. 20.
101 ; cf. Wellmann[14] 23) ou l'Asphodèle (Pl. 21. 108). Ce pouvoir
apotropaïque explique ἀλεξιάρης (861) « qui écarte le mal, le malheur ou les maléfices » (Hés. *Trav.* 464, Sophr. fr. 165, Euph. fr. 137
P. [voir n. *ad* 861] ; cf. Phot. 482.8 [~ Hsch. ρ 98] s. ῥάμνος). Il n'est
pas différent, dans son principe, de sa vertu thériaque : le Nerprun
ἀλεξίκακος écarte les deux formes de malheur venant des sorciers et
des Venimeux, double utilité médicale et magique notée par Σ
p. 300.4-6 et Eutecnius 47.15 (lire ἄτης au lieu de ἄσης, cf. 865). Pour
la liaison des deux maux cf. celle des poisons et des pratiques
magiques contre lesquels Pline (25. 127) cite en premier lieu le *moly*
d'Homère Sur le pouvoir qu'ont certaines plantes de combattre *Scorpions* et *Phalanges*, portées simplement en amulettes (*polemonia, aristolochia*) cf. Pl. 25. 119. La prise du Nerprun en boisson à jeun (Σ 862,
cf. la n. à ce vers) semble avoir chez N. un pouvoir préventif plutôt que
curatif, malgré le Scholiaste (*ibid.*), d'après qui il « calme les douleurs ». — Unique mention de la ῥάμνος dans la littérature parallèle :
l'écorce de la racine de Nerprun à prendre dans du vin contre les
θηρία, ingrédient de l'antidote de Clodius Tucus (cf. *Notice* p. LX
n. 126) *ap.* Asclep. Pharm. (Gal. *ant.* 147.15).

107. 863-865. **1)** 863 παρθενίοιο : « herbe de la vierge », terme
appliqué à diverses plantes. Dioscoride et Pline (D. 3. 138 [παρθέ-
νιον ; οἱ δὲ ... λευκάνθεμον] ~ Pl. 21. 176) décrivent sous ce nom
une espèce de Pyrèthre, plante voisine du Chrysanthème, qu'on a identifiée, entre autres, avec *Pyrethrum parthenium* L. (LSJ) et *Chrysan-
themum parthenium* Bernh. (Brenning *dub.*) : la Matricaire officinale
ou grande Camomille, pour laquelle ils n'indiquent pas d'usage thériaque, et qui est inconnue de la littérature iologique. Mais παρθένιον
apparaît chez us comme synonyme de deux autres plantes :
1° ἑλξίνη (D. 4. 85 [245.7] ~ Pl. 22. 41), concurremment avec περδίκιον (cf. Σ *Th.* 863a) ; 2° λινόζωστις (D. 4. 189 [336.14] ~ Pl. 25.
38), entre lesquelles N. ne donne aucun moyen de choisir, et d'usage
thériaque pareillement inconnu. *Perdicium* est aussi un syn. de *parthenium* chez Pline 21. 176 (avec référence à Celse 2. 33. 2). La περδίκιος βοτάνη d'Aétius 13. 2 (265.12), qu'il conseille en topique pour
les morsures de Chiens enragés, est plus probablement un autre nom de
la Pariétaire (*supra* 537), cf. Hsch. ε 2186 ἑλξίνη· ἡ περδίκιος

βοτάνη. — 2) 864 κίχορον : les mss ont κόρκορον comme en 626 (voir n. 67b). Eutecnius semble avoir conservé la *vera lectio* κίχορον (cf. κίχορα, *Al.* 429, mais Hdn. καθ. 386.32 a κίχορον). C'est le κιχόριον de Dioscoride 2. 132 (204.1), le *cichorium* de Pline 20. 73 s. (autre source), synonyme de la σέρις ἀγρία appelée aussi πικρίς, *Cichorium intybus* L., la Chicorée sauvage ou amère. Selon Dioscoride (p. 204.11), « l'herbe ou la racine en application sont bonnes pour les piqûres des *Scorpions* ». — Les Iologues récents, sous le nom de κιχόριον/-ρια, connaissent (cf. *Al.* l.c.) l'emploi de la Chicorée dans le traitement de l'empoisonnement à la Jusquiame (Promotus, Paul, après D. *eup.*). Sous le nom de σέρις, ils la recommandent dans la thérapie commune à tous les Venimeux, bue dans du vinaigre : Ph. 7. 11 (12.25) = PAeg. 5. 2. 2 (7, 9) = PsD. 19 (78.8). — 3) πεταλῖτιν : omise par Eutecnius, les Σ glosent simplement : εἶδος βοτάνης. Gorraeus l'a identifiée à la φυλλῖτις (D. 3. 107 [118.7]), la Scolopendre officinale, vulg. « Langue de Cerf ». C'est, comme le note Berendes 336, la même plante qui est décrite par Théophraste *HP* 9. 18. 7 sous le nom de ἡμιόνιον, et par Dioscoride 3. 134 sous celui de ἄσπληνος (synonymes : σκολοπένδριον et πτέρυξ). Diosc. p. 119.1 : « ses feuilles bues dans du vin sont efficaces contre les morsures de *Serpents* ». — Pas de parallèle chez les Iologues récents, ni sous le nom de φυλλῖτις ni sous celui de ses synonymes. S'agirait-il de φύλλον (D. 3. 125, Pl. 27. 125), la Mercuriale vivace ? Cf. Gal. *ant.* 204.1 (contre les morsures de *Phalanges*, 40 grains de la semence), Pr. p. 48.6 (dans une *antidotos* thériaque appelée πάγχρηστος, bonne contre tous les Venimeux). — 4) 864 s. μίλτου Λημνίδος : l'*ocre rouge* de Lemnos, appelée encore σφραγίς (à cause des pains d'ocre à l'effigie de la chèvre) ou γῆ Λημνία. Malgré la mise en garde de Galien, qui préfère γῆ à μίλτος (*ant.* 80.10 s.), c'est μίλτος qui semble le plus employé. La terre de Lemnos est un des remèdes anciens les plus célèbres contre les poisons et les venins (cf. Schol. D *Iliad*. 2. 721 sur les prêtres d'Héphaistos à Lemnos habiles à soigner les ὀφιόδηκτοι). C'est l'ingrédient familier des antidotes (D. 5. 97. 2 [68.7] μείγνυται δὲ καὶ ἀντιδότοις ~ Pl. 35. 34 *omnibus ... antidotis familiaris*). De fait, elle figure dans les plus renommés, *Galénè* (citée, n. aux v. 864 s.), antidote de Mithridate (*ant.* 109.5), « aux cent ingrédients » (156.14), τυραννίς (166.1) ; également dans deux thériaques contre les Venimeux en général (170.14 [Héras], 171.3 [Ael. Gallus]) et dans une contre les *Phalanges* (204.5). — Le plus étonnant, c'est qu'elle n'a jamais d'*indication* thériaque chez les Iologues récents : ils ne la mentionnent que dans la thérapie des morsures de Chiens enragés (Philouménos), et dans celle des poisons (Promotus, Oribase, Paul).

108. 866-875. 1) 866 σικύοιο : *Ecballium elaterium* A. Richard, Concombre sauvage ou Momordique. Sur le σίκυς ou σίκυος ἄγριος

voir D. 4. 150 (292-296) ~ Pl. 20. 3-8. Pour Dioscoride, qui ignore son
usage thériaque, c'est la plante « entière » qui est « amère », et c'est
à la *graine* que Pline (§8) attribue la plus grande efficacité contre les
Scorpions. Il rapporte que la graine d'une variété de Cyrène aurait eu
« une queue recourbée comme celle d'un Scorpion » ; aussi bien la
Momordique portait-elle, entre autres noms, celui de σκορπίος (D.
150 RV p. 293.16). — Iologues récents : un seul parallèle nous
concerne, O. *ecl.* 118. 5 (293.19 s.) = PAeg. 5. 13. 5 (17.21), les
feuilles en topique contre les morsures de *Vipères* et autres Venimeux.
Seul Aét. 13. 54 (290.6) mentionne la *racine*, mais contre Chenilles et
Vers. — **2)** 868 παλιούρου : *Paliurus spina-Christi* Miller ; voir D. 1.
92 (84 s.) ~ Pl. 24. 115. Dioscoride le définit comme un *épineux buis-
sonnant* (~ 868 εὐρρήχου, voir la n. à ce v.), dont la *graine* en boisson est efficace contre la morsure des *Serpents* (p. 85.2 ~ Pl. *l.c.*). Il
ajoute (l. 4 s.) que la *décoction* des *feuilles* et de la *racine* est bonne
contre les morsures venimeuses (θηριοδήκτοις, cf. Pl. *l.c.* : décoction
de la *racine* dans du vin contre le venin des *Serpents*) ; D. *eup.* 2. 126.
3 (304.23) mentionne aussi la décoction, mais contre celui des *Scorpions*, des *Phalanges*, des *Guêpes*, des *Abeilles*. — Iologues récents :
en décoction dans la thérapie commune, Ph. 7. 11 (12.28) = PsD. 19
(78.11) ~ PAeg. 5. 2. 2 (7.10). — **3)** 869 s. ὀρόβακχοι | σίδης ...
ἐπημύοντες ὀλόσχους : **a/** interprétation controversée. La leçon de
T, que j'ai adoptée, donne une construction aisée et un sens acceptable
(qui est p.-ê. justifié par la position du fruit sur la branche). Deux possibilités : 1° prendre ἐπημύω dans son sens intransitif ordinaire et voir
dans ὀλόσχους un acc. de relation ; 2° lui donner une valeur transitive
non attestée par ailleurs, mais voir Hsch. ε 4565 (cf. *Il.* 2. 148, intransitif) ἐπημύει· ἐπικατακλίνει (ind. prés. actif 3ᵉ sing.) et la *Notice* p.
CIII §II 2 sur les glissements du sens trans. au s. intrans. et vice-versa
chez les poètes hellénistiques. Pour la signification de ὀλόσχους cf. Σ
870 (302.8) : ὀλόσχους δέ φησι τοὺς τῶν ῥοιῶν τραχήλους, πρότερον μὲν κεχηνότας, ὕστερον δὲ μύοντας ... (cf. *ib.* 302.12 ss.).
La conjecture de O. Schneider, ἐπιμύοντας (ῑ devant μ au temps fort,
cf. Opp. *Hal.* 2. 110), donnerait un sens très satisfaisant, « dans lesquels (ἵνα), autour (πέριξ prép.) de cols purpurins qui se ferment, en
forme de cous, rougeoient des fleurs ténues » : le fruit, que forme la
dilatation de l'ovaire dans le calice, offre, sous les lobes de ce dernier,
un col qui se ferme ; s'il reste béant, le fruit avorte et tombe, comme
les figues qui ne sont pas bien fermées (voir Th. *CP* 2. 9. 9 et S.
Amigues ad *HP* 1. 13. 5 [p. 110 n. 11]). Mais la conjecture de S. corrige p.-ê. N. Qui plus est, les Σ précisent que ce processus intervient
ὅταν τὸν κύτινον (*i.e.* la fleur) ἀποβάλλωσι (302.10, cf. l. 14), ce qui
semble en contradiction avec 871 ἐνερεύθεται ἄνθη (entendre : la
corolle, qui se trouve au-dessus du fruit, voir *infra* §b). Gow (cf. Gow[1]
106, s.v. ὄλοσχος), qui accepte la conj. de Bentley, ὑσγινόεντος, au

lieu de faire de ὀλόσχους le régime de πέριξ, constr. ἐνερεύθεται (*sc.* le fruit) πέριξ ἄνθη et comprend : *it reddens about the slender flowers*, avec ἄνθη = « étamines » et ὀλόσχους = « sépales ». Il commente : *when the petals have fallen the sepals (or perianth) are left contracted round the stamens on the side of the fruit opposite to the stalk*, interprétation du grec reposant sur une valeur conjecturale des mots : le sens d'ὀλόσχους semble imaginé pour les besoins de la cause. On pourrait songer à « réceptacle » en comparant ὄσχη ; j'ai préféré garder le sens donné par les Σ. — **b/** Dans la thérapie de la Litharge, N. recommande en d'autres termes le fruit du Grenadier, *Punica granatum* L., à un stade de développement également intermédiaire entre la fleur et le fruit : *Al.* 609 s. πολλάκι σίδης | πρωτόγο-νον κυτίνοιο πόροις ἀνθήμονα καρπόν « souvent administre le fruit qui vient de naître dans le calice du grenadier, un fruit encore fleur », *i.e.* paré de sa *corolle* (*ἀνθήμονα = ἀνθηρόν), plutôt que de ses éta-mines, autrement dit une Grenade-fleur. On comprend par là que Σ *Th.* 870 appelle « floraison » (p. 302.14) la description des *Th.* 869-871. Dioscoride 1. 110 (103 s.) n'offre rien qui nous permette d'éclairer ce passage délicat, et il ne dit rien des vertus thériaques de la Grenade et de ses parties. C'est Pline, ici, qui apporte le parallèle le plus remar-quable, en dépit de certaines différences : 23. 110 *primus pomi huius partus* florere incipientis cytinus *uocatur a Graecis* (…). 111 (…) *ipsa corpuscula trita … inlinuntur … fere ad omnia quae cortices malo-rum.* aduersantur scorpionibus. 112 (…) *in hoc ipso cytino* flosculi *sunt, antequam scilicet malum ipsum prodeat erumpentes … hos quoque ergo experti inuenere* scorpionibus aduersari « les Grecs appellent *cytinus* le bourgeon du Grenadier commençant à fleurir… Les globules eux-mêmes, pilés,… s'appliquent… en général dans tous les cas où s'emploie l'écorce de Grenade. Ils sont un remède contre les *Scorpions* … Dans ce *cytinus* même se trouvent de petites fleurs, qui naissent naturellement avant l'apparition de la grenade elle-même… Ayant donc aussi expérimenté ces fleurs, ils (*sc.* les anciens) ont découvert que c'était un remède contre les *Scorpions* » (trad. André). L'*indication*, qui, chez N., se déduit de la place qu'occupe le remède dans cette section, est identique. Le *cytinus* est la partie à considérer, comme chez N., mais Pline le recommande à l'état de *bouton*. Selon J. André (Pl. §111, n. 3), les *corpuscula* sont « la partie dure à la base du bouton, le futur ovaire ». Une attention égale est portée à la fleur : cf. 871 λεπτὰ … ἄνθη ~ Pl. §112 *flosculi*. En se fondant sur ce rappro-chement, on pourrait être tenté de voir dans les ὀρόβακχοι de simples boutons, mais la comparaison avec le passage des *Al.* y contredit, comme aussi l'expression de N. ἐνερεύθεται ἄνθη, qui dénote un stade de développement plus avancé. Reste que le *fruit*, représenté chez Pline par l'ovaire, et que la *fleur*, qui précède le fruit (Pl.), ou que le fruit porte encore (N.), sont, chez les deux auteurs, les parties utiles du Grenadier. — Les Iologues récents utilisent en *application* les *feuilles tendres* du Grenadier ou l'*écorce* de la Grenade (σίδια) sur les morsures du *Gecko* (Pr. p. 51.9 s.) ; l'*écorce* bouillie de la Grenade douce sur celles de la *Musaraigne*, Ph. 33. 5 (37.8 s., d'après Apollonios Mys) = Aét. 13. 16 (272.7), PAeg. 5. 12 (15.14), PsD. 26 (84.12 s., κοκκία au lieu de σίδια), cf. Pr. p. 58.29 ; la *racine* pilée du Grenadier sauvage sur la morsure des *Phalanges*, Paul 5. 6. 2 (12.7) = PsD. 21 (81.2). Mais Philouménos connaît aussi l'utilisation en remède interne des κύτινοι, dans un *antidote* composé contre les Venimeux autres que les Serpents (15. 16 [21.6]) = panacée de N. (cf. n. 119b). — **4)** 872 ὕσσωπος : cf. *Al.* 603 ; ce n'est pas notre Hysope mais une espèce d'Origan ou de Sarriette (cf. A.C. Andrews, *Class. Philol.* 56, 1961, 230-247), *Origanum majorana* L. (*M. hortensis* Moench) ; voir D. 3. 25, Pl. 25. 136. Selon Pline, « broyée avec du sel, du miel et du cumin, elle combat les coups des *Serpents* » (Plin. Jun. 3. 37. 6, la graine en boisson). Dioscoride, *eup.* 2. 124 (303.21), la conseille en topique contre l'*Hémorrhoïs*. Elle figure dans l'antidote de Mithridate (Gal. *ant.* 109.11). — Iologues récents : Ph. 17. 4 (23.21), en topique avec du sel sur les plaies des *Vipères* ; PAeg. 5. 16. 3 (19.18) sur celles de l'*Hémorrhoïs* (cf. *supra*, D. *eup.*). — **5)** ὄνωνις : *Ononis spinosa* L., la Bugrane ou Arrête-boeuf ; voir D. 3. 18 (24 s.) ~ Pl. 27. 29. Dioscoride p. 24.7 ἀνωνίς· οἱ δὲ ὀνωνίδα = Pl. *l.c.* ; ὀνωνίς : Th. O. PAeg., ὄνωνις : Th. Gal. PAeg. Pour 872 πολύγουνος cf. D. p. 24.8 (κλῶνες) πολυγόνατοι. Usage thériaque inconnu par ailleurs. — **6)** 873 Τηλεφίοιο : « herbe de Télèphe ». On connaît la légende d'Achille guérissant le roi de Mysie d'une blessure qu'il lui avait infligée (Pl. 25. 42, voir Strömberg[2], 101 s.). La leçon de T, adoptée par Gow, ne reçoit pas un appui particulier de Thcr. 3. 29, le τηλέφιλον étant ignoré de la littérature botanico-pharmacologique. La glose d'Hésychius τ 711 (τηλέφιλον· φυτόν τι· τινὲς δὲ ἀείζωον ἄγριον) offre la même altération du nom : cf. D. 4. 90 (249.7 s. = Pl. 25. 162) « il semble y avoir une troisième espèce d'ἀείζωον, que certains appellent ἀνδράχνη ἀγρία, d'autres Τηλέφιον, les Romains ἰλλεκέβρα ». Cette espèce est représentée par diverses variétés d'Orpins (Brenning *dub.* propose *Sedum Telephium* L.). Dioscoride ne signale pas d'usage thériaque pour cette plante, mais seulement pour le grand ἀείζωον, *Sempervirum arboreum* L., la Joubarbe arborescente (4. 88 [248.10] suc en boisson contre le venin des *Phalanges*), et il note (4. 89 [249.6]) que les feuilles de la petite espèce a les mêmes effets que la grande. Pour Pline (25. 163), les trois espèces ont les mêmes propriétés, entre autres, celle de guérir les morsures des *Phalanges* ; cf. D. *eup.* 2. 126 (304.9 ~ O. *ecl.* 119. 1 [294.3]), ἀείζωον (sans distinction d'espèce) bu dans du vin contre *Scorpions*, *Phalanges*, *Guêpes* et *Abeilles*. Plante inconnue des Iologues récents. — **7)** κλῆμα : défini par ἐν βότρυσι en tant que *sarment* de l'ἄμπελος οἰνοφόρος, *Vitis*

vinifera ; voir D. 5.1 (1 s.) ~ Pl. 23. 3-6. Il ne peut s'agir de la vrille
appelée ἕλιξ. Dioscoride et Pline recommandent, le premier « la
cendre des sarments (ἡ ἐκ τῶν κληµάτων τέφρα) en topique avec du
vinaigre sur les morsures de *Vipères* » (p. 2.6), le second « la cendre
de vigne avec de l'huile pour les piqûres de *Scorpions* et les morsures
de Chiens » (§6). La τέφρα κληµατίνη garde sa réputation chez les
Iologues récents ; ainsi, en application, dans la thérapie commune à
tous les Venimeux, Ph. 7. 4 (11.18) = Aét. 13. 12 (268.18), cf. PsD. 19
(75.12). — **8)** 874 ἀγλῖθες : *Allium sativum* L., gr. σκόροδον/σκόρ-
δον. Voir D. 2. 152 (217-219), Pl. 20. 50-57 ; ἄγλιθες = ῥᾶγες
« gousses, caïeux » (D. p. 218.2), κεφαλαί « têtes » (Σ 874a). Un des
antidotes les plus réputés contre les venins (cité comme ingrédient une
trentaine de fois *ap.* Gal. *ant.*). L'Ail, par son odeur, chasse *Scorpions*
et *Serpents* (Pl. 20. 50) ; aussi en met-on sur leurs trous (Pr. p. 43.37 ~
PAeg. 5. 1. 1 [5.7]) et dans les litières (Pr. p. 44.5). C'est un des
remèdes les plus réputés, qui, sous trois formes (Pl. *l.c.*), en aliment (la
σκορδοφαγία des Iologues récents, O. *ibid.* 1 [292.28], PAeg. 5. 2. 2
[6.21], 13. 2 [16.16]), en boisson (Pr. p. 49. 11, dans les antidotes thériaques), en topique (Pr. p. 46.1, 3, O. *ecl.* 118. 2 [293.13]), guérit les
atteintes de tous les Venimeux. Espèces plus précisément désignées :
a) Serpents : *Vipères* (D. p. 218.7 « en aliment, il est sans pareil contre
les morsures de Vipères, ou pilé dans du vin » ; O., PAeg. *ll.cc.*) ;
Hémorrhous/Hémorrhoïs (Pl. 20. 50 « particulièrement bon dans du
vin » ~ D. *eup.* 2. 124 [303.22], PAeg. 5. 16. 3 [19.22]) ; *Dipsade*
(PAeg. p. 19.19) ; *Cobras* (Ph. 16. 8 [22.23], têtes d'Ail pilées dans de
la bière) ; *Gecko* (Nouménios *Annexe* §9a, fr. 3) ; **b)** Venimeux de la
deuxième catégorie : *Scorpions* (Pr. p. 52.31) ; *Musaraignes* (Pl. *l.c.*,
D. p. 219.11, « cataplasme avec des feuilles de Figuier et du Cumin »
~ D. *eup.* 2. 128 [305.23, contre *Musaraigne* et *Scolopendre*], Pr. p.
58.25 [Ail pilé et Cumin], PAeg. 5. 12 [15.15, 24]). — **9)** κορίοιο :
Coriandrum sativum L. ; voir D. 3. 63 (74), Pl. 20. 216. L'épithète
ὀρειγενέος oriente vers une espèce spontanée, malgré Pline (*inter
siluestria non inuenitur*). La Coriandre est un poison (*Al.* 157), comme
le Pavot, entre autres, ce qui ne l'empêche pas de servir de remède,
moyennant des précautions de dosage (D. 74.9 ss.). Dioscoride ignore
son usage thériaque, mais Pline la dit efficace « contre une seule
espèce de Serpents, les *Amphisbènes*, en boisson et topique ». Galien
(*Pis.* 292.16) se sert de la graine de l'espèce cultivée dans la préparation des sels thériaques. Inconnue des Iologues récents. — **10)** 875
κονύζης : cf. n. 65f.

109. 876-878. Les substances mentionnées 876 s., et il en est sans
doute ainsi pour 877 s., doivent être administrées dans un liquide qui
n'est pas précisé (mais voir 912-914 et la n. 116). Pour κόψας …
ἐµπίσαιο cf. 573, et pour le sens de ἐµπίσαιο la n. *ad* 573. — **1)** 876

πέπεριν : *Piper nigrum* L., voir D. 2. 159 (224-226 ~ Pl. 12. 26 s.),
selon lequel le Poivre long, blanc, ou noir, représente un stade différent
de maturité du fruit. N. n'utilise pas d'adj. distinctif, non plus que
d'ordinaire la littérature parallèle, mais l'on peut se demander si νέον
ne fait pas allusion au Poivre long (qui représente son premier stade de
développement, Dioscoride le dit ἄωρον) ou encore, comme le veut Σ
876a, au Poivre blanc (le plus souvent mentionné dans les antidotes,
voir *infra*), qui représente le second stade ; toutefois, Dioscoride tient
le P. long pour meilleur que le blanc dans les « antidotes et les
remèdes thériaques » (p. 224.20). — Pour la vertu antivenimeuse du P.
voir *ibid.* p. 225. 10. Sous ses différentes formes, le P. est un des ingrédients les plus usités dans les antidotes : il entre dans la *Galénè* (cf.
Androm. 120, 136 [κυανέῳ ... πεπέρει, « le P. noir »]), et il est mentionné 75 fois chez Galien (*ant.*), toutes *indications* confondues : blanc
(37 fois), long (19), noir (5), sans l'un de ces adj. (14). Les Iologues
récents l'incluent dans la *thérapie commune*, avec d'autres substances
de goût âcre, en *nourriture* : Ph. 7. 11 (12.29) = PsD. 19 (78.13), cf.
PAeg. 5. 2. 2 (6.21), voir aussi Ph. 9 (13.27) = Pr. p. 49.20 ; en *boisson* : Ph. 7. 13 (13.13), O. *ecl.* 118 (292.35) = PAeg. 5. 2. 2 (7.14),
PsD. 19 (79.13), avec du vin (Ph. 7. 14 [13.18]), dans des antidotes
thériaques (Ph. 10. 3 [14.15] ~ Pr. p. 48.36, 49.4). Il entre dans des
remèdes contre les *Vipères* : Ph. 17. 11 (24.26, broyé dans du vin doux
de Crète ou quelque autre vin fort) = PsD. 27 (86.14) ~ O. *ecl.* 118. 4
(293.16) = PAeg. 5. 13. 3 (17.2, 7). Mais, ce qui nous intéresse davantage, c'est qu'ils le recommandent, comme N., contre les blessures des
Venimeux autres que les Serpents, à savoir *Phalanges* : Ph. 15. 14
(20.26), broyé dans du vin, cf. Pr. p. 54.18 ; *Scorpions* et *Phalanges* :
O. *ecl.* 119. 6 (294.21) = PAeg. 5. 8. 3 (14.5) ; *Scorpions* : O. *ecl.* 119.
5 (294.19) = PAeg. *ib.* (13.24), cf. Pr. p. 53.12 (P. blanc) ; et contre les
venins marins : Ph. 37. 3 (40.11) = Straton, *Annexe* §5b, fr. 7, broyé
dans du vin fort. Le Poivre blanc figure chez Promotus dans un antidote bon pour tous les Venimeux (48.3), le noir dans un autre efficace
contre venins et poisons (49.7). — **2)** 877 κάρδαμον : lat. *nasturtium* ; voir D. 2. 155 (221 s.) ~ Pl. 20. 127-130. Pline en distingue
deux espèces, la deuxième plus foncée, *i.e.* le *cardamum nigrum* de
Scrib. Largus 129 (68.3 *cardami nigri* i.e. *nasturcii*). Le κάρδαμον/
cardamum, sans autre précision, est sans doute le Cresson alénois
(*Lepidium sativum* L.). N. recommande celui « de Médie » (ἀπὸ
Μήδων, Eutecnius trad. par Περσικόν), D. 221.12 τὸ ἐν Βαβυλῶνι
(~ Pl. 20. 130 *optimum Babylonium*) ; Σ 876a note que ces trois appellations désignent la même plante. Pline (*ibid.*) ajoute que l'espèce sauvage est plus active que la cultivée. — N. a déjà mentionné le *cardamum* en parlant des fumigations (41, voir n. 7 §3) et des onguents (93),
où il s'agit de l'herbe. Pour l'usage interne, c'est la graine qui est utilisée : Dioscoride (p. 222.10 s.) la dit plus efficace que l'herbe qu'il

crédite des mêmes effets. Selon Pline 20. 129 (citant Sextius Niger), le *nasturtium* est bon contre le venin des *Scorpions* ; mais, d'après Dioscoride (p. 222.5), c'est « contre les morsures de *Serpents* que (la graine) sert d'antidote, en boisson », et, là-dessus, il s'accorde avec les Iologues récents qui la donnent dans du vin contre l'*Ammodyte* (Ph. 22. 4 [29.6]), le *Cenchrinès* (PAeg. 5. 18 [20.15] = PsD. 32 [90.1]), l'*Hydre* (PAeg. 5. 17 [20.3] κάρδαμον ἄγριον), la *Vipère* (Aét. 13. 23 [284.15] « donnes-en beaucoup à manger, ou fais-les boire pilées dans du vin »). Voir en outre Pr. p. 48.26 (dans un antidote thériaque), 46.4 (en topique, contre tous les Venimeux). — Le κάρδαμον fait l'objet d'une mention unique chez Galien (*ant*. 138.15 ἢ κάρδαμον ἢ καρδάμωμον), dans un extrait d'Asclépiade Pharmakion sur les poisons, ce qui peut favoriser l'idée que κάρδαμον équivaut ici à καρδάμωμον, plante aromatique de la famille des Zingibéracées (*Elettaria cardamomum* White et Maton), qui, elle aussi, avait une variété Médique (cf. Pr. p. 73.16). Le Cardamome figure chez Androm. 153 ('Ιδαῖον κραδάμωμον), et son efficacité contre les Venimeux, notamment contre les *Scorpions*, est signalée par D. 1. 6 (11.4) ; cf. O. *ecl*. 119. 1 (294.8), dans un remède contre les *Arachnides*, les *Guêpes* et les *Abeilles*. Selon « certains » (Σ 877a), N. a employé ici κάρδαμον pour καρδάμωμον, au risque de créer une confusion comme dans le cas de θάψος/θαψία (cf. n. 58a). On ne peut prouver qu'ils ont tort, καρδάμωμον n'entrant pas dans le vers (cf. l'artifice d'Androm. *supra*). Toutefois, κάρδαμον est bien défendu par les parallèles cités ci-dessus. — **3)** γλήχώ (nomin.) : *Al*. 128, 237 (acc.), cf. *Notice* p. xcvii ; *Mentha pulegium* L., la Menthe-Pouliot ; voir D. 3. 31 (40 s.) ~ Pl. 20. 152-155. Pline (§153) distingue deux espèces de Pouliot cultivé, la femelle à fleur purpurine et la mâle à fleur blanche (cf. πολυάνθεα), et de plus un Pouliot sauvage (§156), dont les effets sont plus énergiques, mais les propriétés qu'il en signale sont les mêmes que celles du Pouliot unique de Dioscoride. Il semble que les Grecs n'aient connu qu'une espèce. Galien, toutefois, pour la préparation des sels thériaques, mentionne le « Pouliot de montagne » (*Pis*. 293.1). Dioscoride (p. 41.3) dit que « pris dans du vin, il est d'une aide efficace contre les morsures venimeuses », *eup*. 126 (304.5 s.) contre celles des *Scorpions*, *Phalanges*, *Guêpes* et *Abeilles* (cf. O. *ecl*. 119 [294.4]). Selon Pline (§155), le Pouliot est bon, en décoction, contre les morsures de *Serpents*, mais, pilé dans du vin, contre celles des *Scorpions* ; toutefois c'est en décoction (§157) qu'il conseille le Pouliot sauvage contre les *Scorpions* et la *Scolopendre* terrestre ou marine (pour cette dernière *indication* cf. Pr. p. 50.7). — Iologues récents (outre les références ci-dessus) : en lotion sur les morsures des *Vipères* (PAeg. 5. 13 [17.24]) ; contre le venin des *Scorpions* (Ph. 14. 6 [18.1] = PAeg. 5. 8. 2 [13.16] = PsD. 23 [83.3]) ; dans la *thérapie commune* (Ph. 7. 11 [13.2] = PsD. 19 [78.16]). — **4)** 878 τρύχνον : 74 (cf. Note

orthographique, p. CLXXX) ; voir D. 4. 70-73 (228-232) ~ Pl. 21. 177-
182. Dioscoride n'indique un usage thériaque pour aucune des plantes
qu'il décrit sous le nom de στρύχνον. Mais Pline (§182) attribue au
στρ. ὑπνωτικόν ou ἁλικάκκαβον de Dioscoride (D. p. 230.10) le
pouvoir d'annihiler la propriété qu'a le *Cobra* de tuer en paralysant si
on met sa racine à côté de lui (cf. n. 111 §1) ; il la recommande, pilée
dans l'huile, contre sa morsure, une information sans parallèle dans la
littérature iologique. Les Iologues récents connaissent seulement le
στρύχνον μανικόν (D. p. 231.11 = Pl. §178), mentionné dans le catalogue des poisons *ap.* O. *ecl.* 127 (296.4) = PAeg. 5. 30 (27.9). Le
στρύχνον est recommandé par les *Géoponica* 16. 20. 1 contre les
piqûres des *Scorpions* et autres Venimeux. — **5**) σίνηπυ : = σίνηπι,
cf. 921 (*v.l.* ap. Ath. 366d, voir *Test.* ad loc.), fr. 84. 1, *Al.* 533 (σίνη-
πυν, masc.), fr. 70. 16 (σινήπυος, genre douteux), *Al.* 430 (νάπειον =
νᾶπυ). Pour le rapprochement de σίνηπυ et de κάρδαμον ἀπὸ
Μήδων cf. *Al.* 533. Voir D. 2. 154 (220 s.), qui traite des deux plantes
successivement, Pl. 20. 236 s. Identifiée d'ordinaire avec *Sinapis alba*
L. Plutôt la Moutarde noire (*Brassica nigra* Koch), encore employée
en médecine. Entre comme ingrédient dans la préparation des sels thériaques (Gal. *Pis.* 258.14 νάπυος). Utilisée presque exclusivement en
topique : pilée dans du vinaigre, en application sur les plaies de *Serpents* et de *Scorpions* (Pl. §236) ; sur toute morsure venimeuse, pilée
dans de la bière (Pr. p. 46.7, cf. Aét. 13. 12 [269.20 s.]) ; moutarde
sèche dans un emplâtre contre les *Scorpions* (Pr. p. 52.22). Philouménos 16. 8 (22.19) la conseille, pilée dans du vinaigre avec la graine de
lin, sur la morsure du *Cobra*. Les cataplasmes à la Moutarde comptent
au nombre des plus révulsifs (cf. Ph. 7. 10 [12.24]) ; ils sont de règle
après la cautérisation de toute plaie venimeuse, y compris celles des
Chiens enragés : σιναπιστέον, Ph. 3. 5 (7.12) = PsD. 2 (63.5).

110. 879-884. Les quatre premières substances végétales sont de
celles que les Iologues recommandent pour les cataplasmes destinés à
échauffer la plaie et à la maintenir à vif, cf. p. ex. PAeg. 5. 2. 2 (6.23).
— **1**) 879 πράσον : D. 2. 149 (215.7) πράσον καρτόν (dont on *coupe*
les feuilles qui repoussent ensuite) ~ Pl. 20. 44 *sectiuum*, Poireau
vivace, *Allium Porrum* L. ; D. 2. 150 (215 s.) ἀμπελόπρασον ~ Pl.
24. 136 *A. Ampeloprasum* L., Poireau des vignes. Le dat. local
πρασιῆς (sans prép., cf. 576) montre que N. a en vue l'espèce cultivée, cf. D. 2. 149 RV p. 214.12 le synonyme πράσον κηπαῖον. Les
deux sont donnés pour d'utiles remèdes en cas de morsures venimeuses : D. p. 215.13, le suc du καρτόν, bu dans de l'eau miellée, ou
la plante elle-même en application (cf. *eup.* 2. 123. 2 [303.11], en cataplasme sur les plaies des *Vipères*) ~ Pl. 20. 45, pilé dans du vinaigre, il
guérit les blessures causées par les *Serpents* et autres Venimeux, *ib.*
§46 on boit son suc contre les coups des *Serpents* et des *Scorpions* ; D.

p. 216.2, en aliment, l'*ampeloprason* convient aux victimes des Venimeux (cf. *eup.* 122. 2 [301.19], à celles des *Vipères*) ~ Pl. 24. 136, il
est efficace *contra serpentium ictus*. Cf. *Geop*. 12. 29. 6 et 9 (contre
Serpents et *Phalanges*, en application, ou le suc bu avec du mélicrat).
— Les *ant*. de Galien ignorent le Poireau, p.-ê. a-t-il parfois été
confondu avec le marrube (πράσιον) fréquemment mentionné. En
revanche, les Iologues récents lui accordent une grande place, presque
toujours sous le simple nom de πράσον ; voir pourtant O. *ecl*. 118. 1
(293.6) ἀμπελόπρασα, *ib*. 2 (293.12) πράσον καρτόν (~ PAeg. 5. 2.
2 [6.25] ; Aét. 13. 23 [285.1 s. lire πράσον καρτόν au lieu de
πράσων καρπόν]). Ils le prescrivent : a) en aliment, b) en boisson, c)
en application. Dans la *thérapie commune* : (a) PsD. 19 (78.14) ; (b)
Ph. 7. 11 (13.3) = PsD. 19 (78.17), PAeg. 5. 2. 2 (7.13) ; (c) Ph. 7. 6
(12.1), Pr. p. 46.1, PAeg. 5. 2. 2 (6.25), PsD. 19 (75.13). Contre les
Vipères : (a) Ph. 17. 7 (24.9) ~ PsD. 27 (86.11) ~ PAeg. 5. 13. 2
(16.18) ; (b) Ph. 17. 7 (24.7) = PsD. 27 (86.7) ~ PAeg. 5. 13. 2 (16.22),
O. *ecl*. 118. 1 (293.6) ; (c) O. *ecl*. 118. 2 (293.12), Aét. 13. 23 (285.1).
Ils le recommandent aussi en aliment contre le *Céraste* : Ph. 18. 4
(25.28) ; en application contre l'*Hémorrhous*/-*rhoïs* : PAeg. 5. 16. 3
(19.19), cf. D. *eup*. 2. 124 (303.22) ; les *Phalanges* : Pr. p. 54.11 ~
Aét. 13. 20 (279.19), cf. Ph. 15. 11 (20.16 lotion) ; la *Musaraigne*
(PsD. 26 [84.13]) ; la *Scolopendre* terrestre et marine (Pr. p. 50.9). —
2) 880 κνίδης : D. 4. 93 (251 s.) ἀκαλήφη· οἱ δὲ κνίδη, cf. Moeris
p. 66 P. (~ Σ 880a) ἀκαλήφη Ἀττικοί, κνίδη Ἕλληνες. Pour les
espèces du genre *Urtica* L. voir Pline 21. 92 s. ; Brenning propose *U.
pilulifera*, *U. dioica* ou *U. urens* L. Dioscoride (*m.m.*) ignore l'usage
iologique de l'Ortie, il se borne à signaler l'emploi de ses feuilles en
application avec du sel sur les morsures de Chiens (251.11 κυνόδηκτα
ἰᾶται ~ Plin. Jun. 3. 11. 2 [confirme qu'il s'agit de Chiens non enra-
gés] ; mais D. *eup*. 2. 120. 3 [300.12] dans la thérapie des λυσσόδηκ-
τοι). Pour l'usage de sa graine comme antidote, Pline (22. 31, voir
Apollodore *Annexe* §4, fr. 16) se réfère à N. et à Apollodore, mais son
témoignage est sujet à caution : « La graine d'ortie est efficace contre
la Ciguë, à ce qu'affirme Nicandre, de même que contre les Champignons et le Vif Argent. Selon Apollodore, elle combat aussi les Salamandres (entendez : le breuvage toxique composé avec elles), ajoutée
à du bouillon de tortue, de même que la Jusquiame, les Serpents et les
Scorpions ». En fait, si N. la recommande contre la Ciguë (*Al*. 201), il
n'en dit mot, non plus que le reste de la littérature iologique, contre les
Champignons et la Litharge (mêmes remèdes que pour le Vif Argent).
En revanche, toutes les *indications* pour lesquelles Pline cite Apollodore se retrouvent dans les *Alexipharmaques* (Salamandre : 550, 551 ;
Jusquiame : 427) et les *Thériaques* (880 : Scorpions), à l'exception
des Serpents. Une seule occurrence chez Galien (*ant*.) : 190.9, les
feuilles dans un ἐπίθεμα contre les morsures des Venimeux et des

Chiens enragés. — Usage thériaque chez les Iologues récents : PAeg.
5. 16. 3 (19.19), en topique contre *Hémorrhous/Hémorrhoïs* et *Prèstèr*
(cf. déjà D. *eup.* 124 [303.22]). La notice d'Aétius sur la Salamandre
(13. 56 [291.7], feuilles bouillies dans l'huile) concerne non sa morsure mais le poison. — **3)** 881 σκίλλης : D. 2. 171 (237-239) ~ Pl. 20.
97-101, *Urginea maritima* L., Baker, *Scilla maritima* L. N. conseille le
bulbe de la *blanche* (νιφόεν, voir n. au v. 881), cf. Σ 881 (304.12 s.),
Eut. 48.27 ἡ λευκοτάτη κεφαλὴ τῆς σκίλλης. C'est la meilleure :
cf. Pl. 20. 97 *quae candidissima fuerit utilissima erit*. Diosc. p. 238.14
(*eup.* 2. 123 [303.12]) : bouillie dans du vinaigre, en application sur
les morsures de *Vipères* = Pl. 20. 100 (*Serpents*). Cf. *Geop.* 13. 9. 11
(en nourriture contre les piqûres de *Scorpion*). — La Scille entre, sous
la forme d'ἀρτίσκοι σκιλλητικοί dans la *Galénè* (Gal. *ant.* 42.16),
comme aussi dans l'antidote de Mithridate, Gal. *ant.* 154.15 ; voir
ibid. 172.2 (ses feuilles sèches, thériaque de Cl. Apollonius). Iologues
récents : rôtie ou bouillie, en application sur les morsures de *Vipères* :
Ph. 17. 3 (23.16) = PsD. 27 (86.1) ~ PAeg. 5. 13 (17.21 ἐφθή) ; sur
celles de la *Scolopendre* terrestre et marine : Pr. p. 50.5, PAeg. 5. 9
(14.16). — **4)** βολβῶν : litt. « bulbes » ; voir D. 2. 170 (236 s.) ~ Pl.
20.102-106, *Muscari comosum* L., Miller, le Muscari-à-toupet. Dioscoride p. 237.2 (= Pl. §102) dit seulement qu'ils sont efficaces avec du
miel contre les morsures de Chiens, mais Pline (§105) ajoute que « la
graine des bulbes » (sauvages) s'emploie en boisson « dans du vin
contre les morsures de *Phalanges* », et les bulbes « eux-mêmes, dans
du vinaigre, en application contre celles des *Serpents* » (§106). Nulle
part, dans la littérature parallèle, il n'est question des « tuniques
sèches » : σπέρματα, conjecturé au lieu de σπείρεα a ses chances
(voir n. crit. *ad* 882). — Iologues récents : bouillis dans du vinaigre,
en lotion (Ph. 15. 11 [20.15]) ou en application (Aét. 13.20 [279.19])
sur les plaies causées par les *Phalanges*. — **5)** 882 : le δρακόντιον,
Arum Dracunculus L., *Dracunculus vulgaris* Schott, la Serpentaire ;
voir D. 2. 166 (231-233) ~ Pl. 24. 142-148 (les propriétés attribuées à
l'*aros* aux §144-148 appartiennent au *dracontium*), 150 (première
espèce) ; cf. Σ 882b, Eut. 48.28 δρακοντία = D. 2. 166 RV p. 231.15.
La plante est désignée par une périphrase, comme le Basilic ou
l'Héliotrope. Diosc. p. 232.8 : « On dit que, si l'on se frotte les mains
avec sa *racine*, on reste à l'abri des morsures de *Vipères* » = *eup.* 2.
135 (307.13), le suc de la racine (*unde* O. *ecl.* 123 [295.2], le suc) ~ Pl.
§148, qui ajoute que son odeur, si on le fait brûler, chasse les *Serpents*,
notamment les *Cobras*, et qu'« il est utile d'en donner à boire contre
leurs morsures ». Sa racine entre dans l'antidote ἑκατονταμίγματος
(Gal. *ant.* 156.1). Rien sur la tige (D. p. 231.2 καυλὸν ... ὀφιοειδῆ)
dans la littérature parallèle. — **6)** 883 ῥάμνου : voir n. 106 §2. —
7) πεῦκαι : voir D. 1. 69 (65 s.), Pl. 15. 35, et, pour l'usage médical
des *nuces pineae*, 23. 142 s. Sur la question délicate de la distinction et

de l'identification des Conifères cf. Olck, « Fichte », *RE* 6 (1909) 2265-2269 ; Gossen, « Pinie », *ib.* 20 (1950) 1708-1710 ; Berendes 88 (*ad* D. *l.c.*). Πεύκη semble désigner le Pin noir de Corse, *Pinus nigra* Arnold, πίτυς le Pin d'Alep. En ce qui concerne le *fruit*, le vocabulaire est commun aux deux espèces (citées successivement, *Al.* 300 s.). L'expression des v. 883 s. (ὅσα, *sc.* σπέρματα) est à rapprocher d'*Al.* 548 s. κώνοις | ... ὅσους ἐθρέψατο πεύκη. Là, Nicandre parle de la *pomme* de Pin ou *pigne* dans son ensemble (κῶνος = στρόβιλος) ; ici, des *graines* ou *pignons* qu'elle contient, auxquelles s'applique la définition de D. p. 65.26 s. : πιτυΐδες δὲ καλοῦνται ὁ καρπὸς τῶν πιτύων καὶ τῆς πεύκης ὁ εὑρισκόμενος ἐν τοῖς κώνοις. La littérature iologique n'offre pas de parallèle pour les *graines*, et c'est presque exclusivement au sujet des poisons qu'elle mentionne le *cône* ou la *résine* : Salamandre, *Al.* 549 (cônes) et 546 (résine) ~ D. *eup.* 2. 159 (314.2 στρόβιλοι), PAeg. 5. 33 (29.3 ῥητίνη στροβιλίνη) ; Cantharides, PAeg. 31 (28.1 στροβίλια) ; Jusquiame, *ib.* 39 (31.8 στρόβιλοι). Mais les cônes figurent dans l'antidote « aux cent ingrédients » (Gal. *ant.* 157.7), d'*indication* universelle (πρὸς πάντα), mais particulièrement approprié aux poisons (ἰδίως δὲ πρὸς τὰ θανάσιμα).

111. 885-891. 1) 887 σκορπίου : p.-ê. l'herbe que suggère *Al.* 145 σκορπιόεντα ... ῥίζεα ; cf. Σ 885-886 (Σ *Al.* 145a), Eut. 49.5 : τὸ σκορπίουρον, synonyme de ἡλιοτρόπιον (voir D. 4. 190 [338.4] ~ Pl. 22. 60). Scarborough[2] 76 accepte cette identification pour *Al.* 145. — Il y a une autre solution : les deux passages de N. peuvent désigner allusivement l'herbe que Théophraste (*HP* 9. 18. 2) présente sous les noms de θηλυφόνον et σκορπίον (cf. *ib.* 9. 13. 6), *i.e.* l'Aconit (*Doronicum pardalianches* L. [?], voir Wagler, « Ἀκόνιτον », *RE* 1 [1893] 1178.66), l'Aconit de Nic. (*Al.* 12 ss.) et de Diosc. 4. 76 (237 s.) ~ Pl. 27. 4-10, mais non celui de *HP* 9. 16. 4, qui est différent. C'est ce que montrent, d'une part, les rencontres de Dioscoride ~ Pline avec Théophr. *HP* 9. 18. 2, et, de l'autre, la liste des synonymes, *Al.* 36-42 ~ D. 237.11 s., Pl. 27. 7 et 9. Sur les rapports de Théophraste, Dioscoride et Nicandre voir Wellmann[7] 15-17. Tous les trois connaissent θηλυφόνον, mais Pline est le seul avec Théophraste à citer σκορπίον : 27.9 *cauda radicis incuruatur paulum scorpionum modo, quare et* scorpion *aliqui uocauere* (~ D. 238.1 ῥίζα ὁμοία σκορπίου οὐρᾷ), cf. Th. *l.c.* οἱ δὲ σκορπίον καλοῦσι (*sc.* τὸ θηλυφόνον) διὰ τὸ τὴν ῥίζαν ὁμοίαν ἔχειν τῷ σκορπίῳ. Pour le genre du mot cf. Apollonius, *hist. mir.* 41 (cite Th. *HP* 9. 18. 2) : τὸ σκορπίον βοτάνιον. Le σκορπίος de *HP* 6. 1. 3, 6. 4. 1 est une plante épineuse différente. — Cette racine est contraire aux *Scorpions* qu'elle tue ou paralyse à son contact (Th. ἐπιξυόμενον ἀποκτείνει τὸν σκορπίον ~ D. p. 238.3, Pl. 27. 6), et elle constitue un bon antidote contre leurs piqûres : Th.

χρήσιμον δὲ πρὸς σκορπίου πληγὴν πινόμενον [9. 13. 6, *indication* plus large] ~ Pl. 27. 5 *scorpionum ictibus aduersari ... datum in
uino calido*. Pour l'emploi de ce poison comme remède voir Pl. 27. 5
et cf. *supra* 851 avec la n. 103 §7. L'enseignement relatif à cette herbe
n'a laissé aucune trace chez les Iologues récents. — L'herbe de Pline
22. 39 appelée *scorpio*, le σκορπιοειδές de D. 4. 192, qui guérit elle
aussi les piqûres de Scorpions, est une plante différente (*Coronilla
scorpioides* Koch ?). — 2) σίδας : *Nymphaea alba* L., le Nénuphar
blanc, appelé σίδη par Th. *HP* 4. 10. 1, dans une liste de plantes du
« lac près d'Orchomène » (*i.e.* lac Côpaïs), et νυμφαία *ib.* 9. 13. 1 (le
blanc et non le jaune [*N. lutea* L.]) ~ D. 3. 132 (141-143), Pl. 25. 75 s.
En dépit de certaines divergences concernant l'habitat (Wellmann[7] 17),
les quatre textes cités s'accordent sur la région du lac Côpaïs : cf. Th.
9. 13. 1 φύεται δ' ἐν ταῖς λίμναις ... οἷον ἔν τε τῇ Ὀρχομενίᾳ ...
(rive O.), D. p. 142.8 (εὑρίσκεται πολλὴ)... καὶ τῆς Βοιωτίας ἐν
Ἁλιάρτῳ (rive S..), Pl. 25. 75 *laudatissima in Orchomenia*. C'est la
même région que visent les v. 887-889. Ils posent un problème de
topographie : voir K.O. Müller, Orchomenos[2] (1844) 74 ; E. Kirsten,
« Trapheia », *RE* 6A (1937) 2221.48 ss. ; J. M. Fossey, *The Topogra-
phy and Population of ancient Boiotia*, 1988, 225-229. En effet, les v.
887 s. nous invitent à chercher la source Psamathé du côté de Tréphéia
(lien évident de Tréphéia avec le lac Tréphia : cf. n. au v. 887) et de
Côpai, sur la rive N. du lac auquel cette ville a donné son nom (Strab.
9. 2. 18). D'autre part, le Schoineus (= Schoinous, Strab. *ib.* 22) et le
Cnôpos, *i.e.* l'Ismènos (si les Σ 887-88 [307.6] ont raison de voir dans
Κνῶπος le nom ancien de l'Ismènos ; *contra* : Eut. 49.11 pour qui
son nom ancien serait Schoineus), portent tous deux leurs eaux,
l'Ismènos par l'intermédiaire du Kanavari (Baladié, Strabon, Livre IX,
Index, s.v. Isménos, Schoinos), dans le lac actuellement nommé Hyliki
(en accord avec l'identification courante de l'ancienne λίμνη Ὑλική),
au S. du lac Paralimni qu'on identifie d'ordinaire avec le Tréphia. Or,
le complément de lieu du v. 889 (ἧπερ κτλ.) dépend de la relative ἅς
τε Τρέφεια Κῶπαί τε κτλ., dans laquelle les deux villes définissent
les lacs dont elles sont riveraines. Il faudrait donc, pour que la topo-
grahie de N. eût un sens, que les cours d'eau du v. 889 se jettent au
moins dans l'un des lacs ainsi définis. Tout rentre dans l'ordre si l'on
suit Fossey : contre l'opinion commune, il identifie le Tréphia avec le
moderne Hyliki, et l'antique Ὑλική avec le Paralimni. — Le témoignage de N. sur l'usage thériaque de la *sidè-nymphaia* est isolé. —
3) 891 πιστάκια : fruits de *Pistacia vera* L., les Pistaches. Dioscoride
(1. 124 [113.18] πιστάκια) dit seulement qu'elles sont originaires de
Syrie (cf. Pl. 13. 51 et les deux Quintilii *ap.* Athénée 649e) et qu'elles
ressemblent aux pignons de Pin (Pl. 23. 150, qu'elles ont les mêmes
usages). Description de l'arbre (semblable au Térébinthe) et du fruit
plus complète chez Théophraste *HP*. 4. 4. 7 qui en parle par ouï-dire

(φασί), dans une section relative aux arbres de l'Inde : cf. 890, où N. distingue de son homonyme de Susiane plus connu (Hdt. 1. 188, *al.*) le Choaspe de la région indo-bactrienne (sur ce fleuve important [πολυ-φλοίσβοιο, épithète hom. de la mer] voir Tomaschek, « Choaspes Nr. 2 », *RE* 3 [1899] 2355.4 ss.). Pour la comparaison avec les Amandes (ἀμυγδαλόεντα) cf. Th. *l.c.* : « fruit semblable aux amandes » pour la taille et l'aspect, mais « plus agréable et de goût meilleur ». Pour l'usage thériaque, D. p. 113.19 : « en aliment et en boisson, pilées dans du vin, elles sont efficaces contre les morsures de *Serpents* » ~ Pl. 13. 51 (= 23. 150) sans la mention du vin. — Iologues récents : seulement PAeg. 5. 13. 2 (16.25), pilées en boisson contre le venin des *Vipères*, cf. D. *eup.* 122. 3 (302.2).

112. 892-895. — 1) 892 καυκαλίδας : 843. S'agit-il d'une plante différente mais homonyme ? Pour la double mention d'une plante dans cette section cf. 861, 883 ῥάμνου. De même, θύμβρης apparaît deux fois dans la thérapie des Serpents (531, 628), mais ce n'est pas la même partie de la plante qui est utilisée. O. Schneider a p.-ê. eu raison de conjecturer κυκλαμίδας, ce qui suppose que N. a employé, avant [Orphée] *Arg.* 917, κυκλαμίς pour κυκλάμινος (*infra* 945). Toutefois, pour l'usage de la *Caucalis* contre les venins marins cf. Pétrichos (voir n. 102 §11). — 2) μύρτα : D. 1. 112 (105 s.) ~ Pl. 23. 159 s. ; les baies aux effets astringents (~ D. p. 105.8), de la μυρσίνη μέλαινα, *Myrtus communis* L., aux fruits d'un noir bleuâtre (μύρτα μέλανα, D. 5. 28 [22.9] ~ αἰθά : cf. n. *ad* 288). S. Amigues (*ad* Th. *HP* 2. 2. 6) rapprochant Virg. *Géorg.* 1. 306 *cruentaque myrta* pense qu'il s'agit ici d'une espèce hybride (p. 122 n. 12) ; mais la glose αἰθά· πυρρά n'est donnée que par une main récente du ms K. Dioscoride (105.12) conseille le jus des baies fraîches dans du vin contre les morsures de *Phalanges* et les piqûres de *Scorpions* (Pline 23. 160 : les baies en application dans du vin pur contre les *Scorpions*, en lotion contre les *Phalanges*) : cf. *eup.* 126. 3 (304.19), mêmes *indications* étendues aux *Guêpes* et aux *Abeilles*. — Iologues récents : O. *ecl.* 119 (294.6) = *eup.* l.c. ; Aét. 13. 36 (288.18), contre le *Chersydre*. Straton (*Annexe* §5b, fr. 5) employait le vin de Myrte contre le *Seps/Sépédon*, Promotus 58.29 la décoction de la plante en application contre la morsure de la *Musaraigne*. — 3) 893 ὁρμίνοιο : *Salvia horminum* L. ; voir D. 3. 129 (139 s.) ~ Pl. 22. 159, qui décrivent la graine, mais ne disent rien de son usage thériaque. Employée dans certains cas d'empoisonnement (Vif-Argent : D. *eup.* p.316.13 ~ O. *ecl.* p.297.25, PAeg. p. 40.16), elle figure dans l'antidote ἑκατονταμίγματος (Gal. *ant.* 156.17) et elle sert à la préparation des sels thériaques (*Pis.* 292.14 graines grillées). — 4) μαράθου : *Foeniculum vulgare* Miller ; voir D. 3. 70 (81), Pl. 20. 254-257. Selon Pline (§254), il doit sa célébrité comme remède à l'usage qu'en font les Serpents (cf. 33, 391 ; *supra* n. 6 et la n. au

v. 391). C'est l'espèce cultivée (appelée simplement μάραθον) que N.
a ici en vue (pour le Fenouil sauvage, *hippomarathum*, voir la n. 64 c).
Dioscoride p. 81.4 mentionne une décoction de ses *feuilles* contre les
Serpents (cf. *eup.* 122. 6 [302.20], la *graine* avec du vin contre les
Vipères) ; Pline (§256) la *graine* dans du vin contre *Serpents* et *Scorpions*, §257 le *suc* ou la *racine* contre les *Mille-pattes* (cf. *Th.* 811).
Βρυόεντος suggère que les graines doivent être prélevées quand la
plante *bourgeonne* : cf. Pline §254 (l'extraction du suc, de la tige ou
de la graine, doit avoir lieu au début du bourgeonnement). La graine du
Fenouil cultivé figure dans maint antidote, *Galénè* d'Andromachos
(v. 153), *Mithridatéios* (Gal. *ant.* 107.17, 109.2), ἑκατονταμίγματος
(156.13), thériaque d'Antiochos Philomètor (*Annexe* §9c), v. 7, et dans
une dizaine d'autres à *indication* antivenimeuse. — Chez les Iologues
récents, le Fenouil est recommandé dans la *thérapie commune* (Ph. 7.
11 [13.2, le suc avec du mélicrat] = PsD. 19 [78.16, avec du miel]) ;
contre le *Seps/Sépédon* (Ph. 23. 3 [30.4], fruit bouilli avec du vin) ;
contre *l'Hydre* (PAeg. 5. 17 [20.3], graine). — **5)** 894 *εἰρύσιμον :
pour ἐρύσιμον, une espèce du genre *Sisymbrium* L. impossible à préciser, p.-ê. *S. officinale*, l'Herbe-aux-chantres, ou *S. ceratium*. Dioscoride 2. 158 (224.6) ~ Pline 22. 158 notent seulement l'emploi des
graines en boisson comme contrepoison. La partie utilisée n'est en
général pas précisée, mais cf. Gal. *ant.* 156.1 (ἑκατονταμίγματος, la
graine). La littérature parallèle ignore presque totalement l'usage thériaque de cette plante. — **6)** ἐρεβίνθου : *Cicer arietinum* L. ; voir D.
2. 104 (178) ~ Pl. 22. 148-150. Ils décrivent l'espèce sauvage, recommandée par N., comme ayant une odeur âcre : 895 βαρυώδεα ~ D.
178.15 ὀσμῇ δριμύς ~ Pl. §148 *odore graui*. D'autre part, χλοεροῖς
n'est pas une touche pittoresque : le feuillage doit être *frais*, cf. (à propos de l'extraction du suc du Fenouil) D. 3. 70 (81.11) τὸ σπέρμα
χλωρὸν ἔτι σὺν τοῖς φύλλοις καὶ τοῖς ἀκρεμόσι. Pline est seul à
signaler l'efficacité du Pois chiche contre les piqûres de *Serpents*, là où
les Iologues récents indiquent, comme N., les autres Venimeux : Ph.
15. 12 (20.19) = PAeg. 5. 6. 2 (12.11) = PsD. 21 (81.7) ἐρέβινθος
ἄγριος en boisson dans du vin contre morsures des *Phalanges*.

113. 896-900. Les plantes mentionnées sont *coronaires* (cf. fr. 74.
57 ss. ; sur les plantes ainsi définies voir Pline 21. 51 ss.). — **1)** 896
σίσυμβρα (avec ῑ) : forme du phytonyme σισύμβριον (fr. 74. 57
ὀσμηρόν τε σισύμβριον) attestée seulement *ap.* Méléagre, *AP* 4. 1.
19 = 3944 G.-P. χλοερόν τε σίσυμβρον et Suid. ν 597 s.v. νυμφίου
βίον· ... οἱ γὰρ γαμοῦντες ἐστέφοντο σισύμβροις (cf. Σ Aristoph.
Ois. 160). Sous ce nom, Dioscoride a décrit deux plantes différentes :
— **a)** 2. 128 (201), une plante des lieux humides appelée aussi καρδαμίνη, *Nasturtium officinale* R. Br., le Cresson de fontaine ; c'est la
première des deux variétés de *sisymbrium siluestre* décrites par Pline

20. 247 (qui a confondu en une seule les deux plantes de Dioscoride) ;
— **b)** 3. 41 (54) une plante « coronaire » des « lieux secs », la
seconde variété de Pline, ressemblant à la Menthe et plus odorante
qu'elle, une Menthe sauvage inidentifiable ; ce pourrait être le σισύμβριον odorant du fr. 74 (à moins que l'habitat défini au v. 58, ναιο-
μένοισι τόποις, soit aussi le sien). — A laquelle de ces deux plantes
homonymes identifier celle des *Thériaques* ? En faveur de la seconde,
notons que D. p. 54.7 lui reconnaît un usage thériaque, « en application contre les blessures de Guêpes et d'Abeilles ». Mais, dans ses
Euporistes, il attribue cette propriété au σισύμβριον ἢ καρδαμίνη,
« en application avec du vinaigre » (2. 127. 2 [305.9]), quand il traite
des plaies des *Scorpions*, *Abeilles*, *Guêpes* et *Phalanges*, ce qui
s'accorde avec Pline, selon qui le *sisymbrium* des lieux humides est
« efficace, une fois pilé, contre les bêtes à aiguillon comme les Frelons » (cf. Philinos, *Annexe* §7, fr. 3). La seule autre occurrence du
σισύμβριον (indifférencié) dans la littérature iologique ne permet pas
de trancher : Ph. 33. 8 (37.23) ~ PAeg. 5. 12 (15.17) contre la *Musaraigne*. Mais il est intéressant de constater que toutes ces *indications*
s'accordent avec la place que N. lui a donnée dans cette section. Le
pluriel σίσυμβρα pourrait, comme ailleurs, s'appliquer aux graines
(cf. 899 s. et voir n. 102 §5), s'il ne s'agit pas d'une commodité
métrique, comme c'est le cas du ῑ. — **2)** 897 μελιλλώτοιο : D. 3. 40
(52 s.), Pl. 21. 53 et 151 (usage médical). -λλ- attesté seulement *ap.* D.
3. 40 RV p. 53.16, note l'allongement du ι (ailleurs, bref, cf. *Notice*
p. cxxiv n. 274) ; le mot est neutre (D. Pl.), masc. (Sappho, Th., Pl.),
ou fém. (Σ 897a). Plante coronaire (Σ, Pline §53 ; pour στέφος cf.
fr. 74.18) du genre *Melilotus* Adams (la même que 523 λωτῷ ?).
Usage thériaque inconnu de D., Pl. et des Iologues récents, mais voir
Gal. *ant.* 166.5 (dans l'antidote τυραννίς). — **3)** 898 οἰνάνθης : on y
reconnaît généralement *Spiraea filipendula* L. ; voir D. 3. 120 (130 s.)
~ Pl. 21. 65, 167. La comparaison de N. (et de ses Σ) avec les botanistes anciens ne laisse aucun doute : βρύα λευκά ~ D. p. 130.9 ἄνθη
λευκά, cf Th. *HP* 6. 8. 2 « la fleur en grappe est blanche » ; Σ 898a
βοτάνη ὁμοία σταφυλίνῳ ~ D. p. 130.8 τὰ φύλλα ἔχει ὥσπερ σταφυλῖνος. Aucun usage thériaque mentionné dans la littérature parallèle, si ce n'est Gal. *ant.* 166.13 (dans l'antidote τυραννίς, cf. *supra*
§2). L'illustration de T commentée n. 11 pourrait se rapporter à ce
vers. — **4)** 899 λυχνίς, θρυαλλίς : fr. 74. 36 λυχνὶς ἠδὲ θρυαλλίς.
— **a)** Σ 899a τὴν ἀγρίαν λυχνίδα φησίν : *Agrostemma Githago*, la
Nielle des champs, vulg. Lampette ; voir D. 3. 101 (112) ~ Pl. 21. 171.
On disait que les *Scorpions* sont paralysés si on la met à côté d'eux (D.
p. 112.5), ou si seulement ils la voient (Pline). Dioscoride 3. 100 (111
s.) en distingue λυχνὶς στεφανωματική (cf. Th. *HP* 6. 8. 3 ;
Méléagre, *AP* 4. 1.23 = 3948 G.-P.), *Lychnis coronaria* Desr., la
Coquelourde, dont « la *graine*, bue dans du vin, est bonne pour les

piqûres de *Scorpions* » (D. p. 112.2), une efficacité que Pline étend en
outre aux *Serpents* (cf. Σ), aux *Frelons* et aux animaux de ce genre ;
cf. D. *eup.* 2. 126. 1 (304.11) λυχνίδος σπέρμα, contre *Scorpions*,
Phalanges, *Guêpes* et *Abeilles*. On serait tenté de voir dans la plante
coronaire la λυχνίς de N. (cf. n. *ad* 899), mais le témoignage des Σ s'y
oppose. Il s'accorde en revanche avec la seule occurrence chez les
Iologues récents : selon Aétius (13. 11 [267.18 s.]), la λυχνὶς ἀγρία a
la propriété de chasser les *Scorpions*. — **b)** On connaît deux herbes du
nom de θρυαλλίς : 1° une herbe à épis (Th. *HP* 7. 11. 2 ~ Pl. 21. 101),
semblable au στελέφουρος appelé aussi ἀρνόγλωσσον ; on l'identifie à une espèce de Plantain, p.-ê. *Plantago crassifolia* (cf. LSJ) ;
2° une des trois variétés de φλομίδες, qui appartiennent au genre
Molène (856 φλόμου, voir n. 105 §2) et sont différentes de la précédente (*pace* André, Pl. *l.c.* n. 1) : voir D. 4. 103. 2 (259. 1) καὶ τρίτη
φλομίς, ἡ καλουμένη λυχνῖτις, ὑπὸ δέ τινων θρυαλλίς = Pl. 25.
121 *tertia lychnitis uocatur, ab aliis thryallis*. Pour la *phlomis/thryallis*
cf. aussi Gal. *simpl. med. fac.* 150.11. — LSJ s.v., suivi par G.-S., identifie la plante de N. à celle de Théophraste. C'est possible, quoique la
simple mention du nom chez N. ne permette pas de choisir. La ressemblance que le synonyme λυχνῖτις offre avec λυχνίς n'empêche
pas d'identifier la θρυαλλίς de N. à la plante homonyme de Dioscoride, deux plantes différentes pouvant porter le même nom ou un nom
voisin. Aucune mention d'usage thériaque pour la θρυαλλίς de l'une
ou l'autre espèce, à moins qu'elle ne se cache sous le nom d'ἀρνόγλωσσον : Aét. 13. 12 (269.15), *thérapie commune* ; D. *eup.* 2. 124
(303.20), contre l'*Hémorrhoïs* ~ PAeg. 5. 16. 3 (19.18), contre la *Dipsade*. — **5)** 900 ῥόδον : *Rosa gallica* L. Les roses, en particulier les
« roses sèches », entrent dans beaucoup d'antidotes (D. 1. 99 [90.13]),
notamment dans la *Galénè* (Androm. 123), la *Mithridatéios* (Gal. *ant.*
108.3, 109.8, 152.15) et autres remèdes célèbres telles que la thériaque
de Mithridate (154.17, 155.8), l'antidote « aux sangs » (151.16) et
l'ἑκατονταμίγματος (157.6). Les roses sont citées pour les *pétales*
(φύλλα : 116.18, 123.16, 125.2 ; πέτηλα : 101.14), la *fleur* (113.4),
le *suc* (110.3), mais jamais, semble-t-il, pour la *semence*. Promotus, le
seul Iologue récent à les mentionner (48.8, 49.10, antidotes thériaques ; 58.23 [φύλλα], contre la *Musaraigne*), ne les connaît pas
sous cette forme. Pour l'*essence de roses* (ῥόδινον μύρον, D. 1. 43)
en onguent cf. *supra* 103 et n. 12 §1a. — **6)** ἴα : dans son catalogue
des ἄνθη στεφανωτικά, Nicandre (*Géorgiques*) fr. 74 en cite trois
espèces : aux v. 60 s. notre Violette, *Viola odorata* (D. 4. 121 ~ Pl. 21.
27, 130, cf. Th. *HP* 6. 6. 7) ; au v. 2, la blanche et la dorée, dans lesquelles on peut voir deux variétés de λευκόϊον « Giroflée » (D. 3.
123 ~ Pl. 21. 27, 131, cf. Th. 6. 8. 1 et 7. 13. 9), *Matthiola incana* R.
Br. (ὠχρόν) et *Cheiranthus cheiri* L. (χρυσοειδές). Si les Scholies
sont muettes, Eutecnius (p. 50.2 λευκόϊον) nous oriente vers la Giro-

flée (cf. Gal. *ant.* 166.8 λευκοῖου σπέρματος, dans la τυραννίς),
mais Pline 21. 130 vers la Violette, dont il recommande la graine
contre les Scorpions.

114. 901-906. 1) 901 *πουλύγονον : *Al.* 264 ; voir D. 4. 4-6 (171-
173) ~ Pl. 27. 113-117, *Polygonum Convolvulus* et *P. aviculare* L. :
cf. 901 λασίων ἰάμνων ~ D. p.172.15 (à propos du πολύγονον θῆλυ)
φύεται παρὰ τοῖς ὕδασι. Les Σ 902 attribuent par erreur les synonymes καρκίνωθρον et κλῆμα au *psilothron*, ils appartiennent en fait
au πολύγονον ἄρρεν (D. 171.1 s. ~ Pl. §113), qui, selon Dioscoride
172.4 (mais non Pline), « est bon, dans du vin, pour les morsures venimeuses » ; *eup.* 2. 126. 3 (304.20) précise : contre les *Scorpions*, les
Phalanges, les *Guêpes*, les *Abeilles*. Les feuilles de la Renouée figurent dans l'ἑκατονταμίγματος (Gal. *ant.* 157.1). — Iologues récents :
(contre les *Phalanges*) Ph. 15. 11 (20.15, en lotion sur leurs plaies) =
Pr. p. 54.11 (cataplasmes) ~ Aét. 13. 20 (279.19). — 2) 902 ψίλωθρον : attesté seulement comme synonyme de ἄμπελος λευκή (=
Bryone) chez Dioscoride 4. 182 (329.11) et 182 RV *ib.* 13 ; or, N. a
mentionné celle-ci au v. 858 (cf. n. 105 §6). Plante homonyme inconnue ? Asclépiade Pharmakion (*ap.* Gal. *ant.* 142.1) connaît un poison
de ce nom. Cf. [Gal.], *lex.* 392.28 ψίλωθρον ἤτοι ὁ κονιζός (?). —
3) ὑακίνθου : cf. fr. 74. 31, 60 ; même nom en grec pour la plante et
pour le héros (cf. 484 ἀσκαλάβου, désignant à la fois le Gecko et le
fils de Métanire). D'après la légende, l'éphèbe Hyacinthe (905 πρωθήβην ~ Ov. *Mét.* 10. 196 *prima … iuuenta* [cf. Alex. Aetol. fr. 3. 7
P. en parlant d'Anthée]), fils d'Amyklas, héros éponyme d'Amyklai en
Laconie, et de la nymphe Diomédè (Σ 902 et 903a ~ [Apollod.] 3. 10.
3 ; de Piéros et de la Muse Clio, [Apd.] 1. 3. 3), éromène d'Apollon,
avait été blessé à mort par le disque du dieu qui l'avait atteint à la tête,
alors qu'ils se livraient à ce jeu dans la plaine de l'Eurotas (904). Selon
une version courante du mythe, auquel on trouve la première allusion
chez Euripide (*Hél.* 1472 ss.), et qui a été traité avec prédilection par
les poètes hellénistiques, entre autres, Simias, Euphorion, N. lui-même
dans un poème intitulé Ὑάκινθος (Σ 585a), et, à leur suite, par Ovide,
Mét. 10. 161-219, le jaloux Zéphyros, rival d'Apollon, déviait traîtreu-
sement la trajectoire du disque (cf. Paus. 3. 19. 5). Pour N., il s'agit
d'un simple accident : 903 s. ἀεκούσιος ἔκτα | παῖδα βαλών ~
[Apd.] 1. 3. 3 = 3. 10. 3 δίσκῳ βαλὼν ἄκων ἀπέκτεινε, cf. Paus.
l.c. ; sur le rebond fatal du disque : 905 s. ~ Ov. 184 s. Le dieu pleu-
rait amèrement la mort de l'adolescent, et, du sang de celui-ci naissait
une fleur appelée de son nom et marquée d'un signe de deuil (cf. Pl.
21. 66, qui cite concurremment la légende d'Ajax). Cf. Eitrem, *RE* 9
(1914) 9-12. — Sur le problème d'identification de la plante voir
André *ad* Pl. 21. 170 (sans doute différente de notre Jacinthe ; plutôt
variété de Lis, Martagon ou autre, p.-ê. *Hyacinthus orientalis* L.). Cf.

Stadler, « Ὑάκινθος », *RE* 9 (1914) 4-7. — Dioscoride 4. 62 (216.13)
et Pline *l.c.* recommandent sa *racine* contre les morsures des *Phalanges*, une *indication* étendue par D. *eup.* 2. 126. 2 (304.14) aux *Scorpions*, *Guêpes*, *Abeilles*. Pline (*ibid.*) recommande en outre sa *graine*
contre les piqûres des *Serpents* et des *Scorpions*. Elle figure dans
l'antidote τυραννίς (Gal. *ant.* 166.5). Plante ignorée des Iologues
récents.

115. 907-911. **1)** 907 τριπέτηλον : le mot semble avoir le même
sens ici qu'en 522 (cf. n. à ce vers), où il est synonyme de τρίφυλλον
« Psoralée bitumineuse ». Cette plante est à sa place dans les deux
sections, étant bonne à la fois contre les *Serpents* et les *Arachnides* (cf.
n. 57 b). — **2)** ὁποῖο : cf. *Al.* 202 ; d'ordinaire, ὁπὸς Κυρηναϊκός
(p.ex. Philouménos, 6 fois), plus rarement Λιβυκός (Gal. *ant.* 182.10
s., 16) : le suc extrait du Silphium (voir *infra* §7). Sur la récolte du suc
cf. D. 3. 80. 2 (94.12) et Pl. 19. 43 ; sur ses usages médicaux, D.
p. 95.10 ss. et Pl. 22. 101-106. Dioscoride p. 95.17 s. : il combat les
poisons des armes et les venins de tous les ἰοβόλα (Pline dit seulement : les *Serpents*), en boisson ainsi qu'en application. Dilué dans
l'huile, Dioscoride et Pline le recommandent sur les piqûres des *Scorpions* (D. 95.17-19 ~ Pl. 19. 103). Straton (*Annexe* §5b, fr. 7), le prescrivait en boisson dans du vin, contre la *Pastenague* et la *Murène*. Cf.
Gal. *ant.* (l.c., *supra*) une thériaque contre les *Phalanges* et toute morsure venimeuse. — Iologues récents : pour les *Serpents* voir, p. ex.,
Ph. 10. 3 (14.4), un antidote thériaque ; 18. 3 (25.22) contre le
Céraste, 22. 7 (29.15) contre l'*Ammodyte*. Autres Venimeux : *Scorpions*, cf. également Ph. 14. 5 (17.25, en application) ; *Scorpions* et
Phalanges, O. *ecl.* 119. 6 (294.21, en boisson). — **3)** 909 ἕρπυλλον :
67 (litières, cf. n. 10), 533 (comparé à la Sarriette, cf. n. 58 c 3).
Espèce du genre *Thymus*, p.-ê. *Thymus serpyllum* L. ou *T. incanus* Sib-
thorp, le Serpolet ou Pouillot ; voir D. 3. 38 (50 s.) ~ Pl. 20. 245 s. Les
Scholies (909a) rapportent κεροειδέα à la forme des feuilles. Dioscoride p. 51. 6 : « il est bon contre les *Serpents*, en boisson et en application » ; cf. *eup.* 2. 122. 4 contre les *Vipères* ; (contre *Scorpions*,
Phalanges, *Guêpes*, *Abeilles*) 126. 1 (304.10) en boisson, 127. 1
(305.3) en application ; 130 (306.10) contre la *Vive*, en application.
Pline (§245, Serpolet en boisson dans du vin) cite, parmi les Serpents,
la *Cenchris* (= *Cenchrinès* : cf. PAeg. p. 20.13, PsD. p.89.15), et il
ajoute à Dioscoride (*m.m.*) la *Scolopendre* terrestre et marine (cf. Pr.
p. 50.7, PAeg. p.14.18, PsD. p.82.3), ainsi que les animaux marins
(*Vive*, *Pastenague*, *Murène*) : cf. Ph. p. 40.18 (d'après Archigénès), O.
ecl. p. 294.34, PAeg. p. 22.4, 8. Le Serpolet est un ingrédient fréquent
des antidotes thériaques chez Galien (une dizaine de fois, en particulier
dans celui d'Antiochos Philomètor [*Annexe* §9c] v. 4). — Iologues
récents (outre les références ci-dessus) : antidotes thériaques, Pr.

p. 47.20, 31 ; *Musaraigne*, Ph. p. 37.1, PAeg. p. 15.18, PsD. p. 85.3.
— **4)** κρῆθμον : *Crithmum maritimum* L. ; voir D. 2. 129 (201 s.) ~
Pl. 26. 82 s. Les Scholies définissent cette plante, souvent recommandée par Hippocrate, comme un λάχανον (Σ 909a ~ D. p. 202.10 λαχα-
νεύεται, Hsch. κ 4060 κρῆθμον· λάχανον) : cf. Pl. §82 *est autem
inter eas quae eduntur siluestrium herbarum ; hanc certe apud Calli-
machum adponit rustica illa Hecale* (~ Σ *ib.* Καλλίμαχος ἐν τῇ
Ἑκάλῃ). Genre et accentuation : voir Pfeiffer *ad* Call. fr. 249 = 38 H.
Pline semble, avec N., le seul témoin de son usage thériaque, en boisson, mais contre les *Serpents* (§83). — **5)** 910 ποίην κυπάρισσον =
χαμαικυπάρισσον (Eut. 50.15 *recte !*), *Santolina chamaecyparissus*
L., la Santoline ou Petit-Cyprès. En dehors d'Eutecnius, ce phytonyme
nous a été conservé par le *carmen de herbis* (v. 106) et par Pline 24.
136. Dioscoride (3. 24 [33-35]) ne connaît la plante que sous le nom de
ἀβρότονον (τὸ θῆλυ), et c'est sous ce nom que N. lui-même la mentionne au v. 574. Selon Pline (*l.c.*), la *chamaecyparissos* « bue dans du
vin, est bonne contre tous les *Serpents* venimeux et les *Scorpions* », ce
que Diosc. p. 35.4-6 confirme ; l'efficacité particulière qu'il lui attribue contre *Phalanges* et *Scorpions* justifie une mention nouvelle de
l'Aurone dans cette section. Pour les parallèles des Iologues récents,
qui ignorent, comme Dioscoride, le phytonyme χαμαικυπάρισσος,
voir la n. 61 §1a. — **6)** 911 ἄννησον : cf. 650 et voir n. 70 §6. —
7) Λιβυκὰς ῥίζας : comme pour le *suc*, l'adj. Λιβυκός suffit à identifier ces *racines* comme étant celles du σίλφιον (lat. *laserpicium* ; sur
cette plante, p.-ê. aujourd'hui disparue, appartenant sans doute au
genre *Narthex*, une Férule de Cyrénaïque indéterminée (on a suggéré
Ferula Tingitana L.), voir D. 3. 80 (94-97), Pl. 19. 38-48, 22. 100-106
(usages médicaux), Steier, « Silphion » *RE* 3A (1927) 103-114, Suppl.
5 (1931) 972-974 ; A.C. Andrews, *Isis* 33 (1941) 232 ss. La littérature
iologique mentionne souvent la *racine* en concurrence avec le *suc* (lat.
laser), et pour les mêmes *indications*. C'est le cas ici (cf. 907) et *Al.*
368 s.… Λιβύηθε ποτῷ ἐγκνήθεο ῥίζας | σιλφίου, ἄλλοτ' ὁποῖο
νέμοις (*ego* : νέμοις δ' *codd.*) ἐν βάμματι τήξας « râpe dans sa
boisson les racines du Silphium de Libye, ou donne-lui de sa gomme
fondue dans du vinaigre ». Selon Dioscoride p. 94.10, la racine (Pl. 22.
103 le *laser*) est un antidote contre les poisons, et c'est bien à ce titre
qu'elle figure en *Al.* l.c., contre le lait : cf. Asclep. Pharm. *ap.* Gal. *ant.*
142.16 (οὖ σιλφίου = σιλφίου ῥίζης, voir Gal. *gloss.* 110.13 [~ 15.
877.13 s.]). Mais on l'utilise aussi comme ingrédient dans la préparation des sels thériaques (Gal. *Pis.* 292.18). Râpé, le σίλφιον, *i.e.* la
racine, est employé en topique sur les plaies de tous les Venimeux
(Aét. 13. 12 [269.14]), et surtout, en accord avec la place qu'elle
occupe ici chez N., c'est la racine qu'il faut voir dans le σίλφιον prescrit comme remède interne contre les piqûres de *Scorpions* et les morsures de *Phalanges* : Asclep. Pharm., *ap.* Gal. *ant.* 176.9, cf. Ph. 14. 7

(18.4) ~ PAeg. 5. 8. 2 (13.18) = PsD. 23 (83.6), préparations où le Sil-phium voisine avec le fruit du τρίφυλλον (cf. *supra* 907). Dans le remède de Straton (*Annexe* §5b, fr. 7) contre les *venins marins*, la racine (σίλφιον), en boisson dans du vin, est mentionnée, comme ici, en plus du suc. Pour l'emploi de la racine dans les συγχρίσματα voir le v. 84 et la n. 11.

116. 912-914 : ces prescriptions, formulées à propos de la dernière recette, s'appliquent non seulement aux substances des v. 907-911 mais à toutes celles qui figurent dans les compositions précédentes. Cf. 562 s. et la n. 59 §5.

117. 915-920 : εὐπόριστα permettant de répondre à la pression des circonstances, quand on est éloigné de tout secours. C'est ce qui peut arriver au laboureur, au bouvier et au bûcheron, pris au dépourvu par une piqûre (cf. n. 1). Il s'agit de remèdes végétaux d'autant plus effi-caces qu'ils sont plus frais (cf. 497 s.). Le mode d'emploi est celui qui est recommandé par le thériaque Polyeidès (*Annexe* §8), et qui a été suivi d'instinct par le vanneur Alkibios (541, 548 s.), ou par le chien du chasseur homonyme (666, 674 s.).

118. 921-933. Sur la raison artistique qui a conduit N. à rejeter ces thérapeutiques à la fin de son poème voir la *Notice* p. LXXIII. — Le but déclaré est d'évacuer la φθοροποιὸς δύναμις, autrement dit le venin véhiculé par le sang, comme N. l'affirme d'emblée à propos du σικυασμός : cf. 922 ἰόν τε καὶ ἀθρόον αἷμα κενώσεις ~ Ph. p. 11.21 ὅπως τὴν ὕλην ἐκ βάθους ἀναλαμβάνῃ = PsD. p.74.16, cf. O. p. 292.2 s. (PAeg. p. 6.12 s., Aét. p. 269.1 s.) ἀντισπᾶται γὰρ ἅμα τῇ τοῦ πνεύματος ὁλκῇ σὺν τῷ αἵματι ὁ ἰός. Selon la remarque du Ps.Dioscoride (praef. p. 49.3 ss.), la φθοροποιὸς δύναμις cause en se mélangeant au corps tous les accidents qu'on y constate, bien que, au départ, elle ne le touche que partiellement (ligne 7, lire : καθαπτο-μένης τῶν σωμάτων μόνον [*ego* : μόνων éd.] ἀπὸ μέρους ~ Prisc. IX p. 95.28 *putrefaciunt partim incisos cito* (= Th. π. δακετῶν, *Annexe* §3, fr. 1*, suite *infra* ; texte traduit n. 24 §2). Mais, si l'on n'y prend garde, elle étend ses ravages à l'ensemble du corps. Il faut donc à tout prix enrayer son action avant qu'elle n'atteigne les viscères (PsD. praef. p. 55.13 s. πρὶν εἰς τὸ βάθος ἀπελθεῖν καὶ σπλάγχνων ἅψασ-θαι). Théophraste (π. δακετῶν) s'en préoccupait déjà lorsqu'il notait (*Annexe* §3, fr. 1*) que le fait de « sucer » le venin arrête l'extension de la corruption : Prisc. IX p. 95.28-30 *at etiam uenenum exsugentes non moriuntur, si reliquum corpus non dolet, quasi non distributa putredine cumulatim* (suite du texte cité *supra*). — La *succion* de la plaie, avec avis sur les précautions à prendre, dûment conseillée par les traités iologiques, est absente chez N. (mais voir *infra* §1). Parmi les

divers procédés dont ils font état, en les graduant selon le degré de
virulence du venin, le plus radical est l'ἀκρωτηριασμός (voir déjà
Érasistrate, *Annexe* §5a, fr. 6), préconisé dans les cas les plus graves
(Cobra, Vipère, Céraste, etc.), si la partie atteinte s'y prête (cf. le
vigneron de Gal. *loc. aff.* 198.1-4 [*unde* PAeg. p. 6.16], sauvé pour
s'être tranché le doigt de sa serpette ; c'est de la même façon que le
soldat Murrus de Lucain (qui devait connaître par Macer cette théra-
peutique) échappe à une mort certaine en se tranchant la main (sur la
coloration stoïcienne de cet épisode cf. Morel[1] 368 ; voir *supra* n. 43
§5). Outre un *emplâtre* et des *liquides* à mettre au contact de la plaie,
N. ne mentionne que la pose d'une *ventouse*, la *cautérisation* et l'application de *sangsues*. — (**1**) Les *Sangsues*, ignorées des Iologues récents,
tiennent lieu, chez N., de la succion (ἐκμύζησις : Ph. Pr. PsD. ;
ἐκμυζησμός : Aét. PAeg. PsD. ; cf. Celse 5. 27. 3B [à défaut de ven-
touse] *homo adhibendus est qui id uulnus exsugat* [cf. 3D], et déjà Érasistrate, *Annexe* §5a, fr. 6 [ἀποθηλασμός]), qu'ils préconisent dans les
cas les moins graves (Aét. p. 268.10 κουφοτέρας μὲν γὰρ οὔσης τῆς
πληγῆς ~ Ph. p. 11.11 = Pr. p. 45.27 κούφου μὲν ὄντος τοῦ ἰοῦ
[μένοντος *codd.*]). H. Haeser (*Lehrbuch der Gesch. der Medicin*, I,
Iena 1875, 250) signale le v. 930 comme la plus ancienne mention de
l'usage médical de la sangsue (cf. Opp. *Hal.* 2. 597-604). — (**2**) Dans
les cas plus sérieux, c'est la *ventouse* qu'ils recommandent tous, y
compris Érasistrate (fr. 6 σικύας προσβολή), parfois en précisant :
σὺν πολλῇ φλογί *vel sim.* (Aét. PAeg. PsD.), et ils la nomment en
premier comme N. (921). Sur la ventouse des anciens, métallique et
plus grande que la nôtre, dont l'usage remonte fort haut, voir Haeser
(cité §1) 163, Meyer-Steineg 45 fig. 28, Phillips 136 pl. 8. Selon Celse,
qui prescrit de poser un garrot au préalable au-dessus de la blessure
(voir *infra*), c'est le moyen le plus efficace d'extraire le venin (5. 27.
3A *cucurbitula optume facit*). Pour rendre le procédé plus efficace,
tous les traités iologiques récents (sauf ThN.) le complètent par la sca-
rification (κατασχασμός). — (**3**) A l'exception de ThN., ils mentionnent tous également la *cautérisation* au fer rouge (923 s.) ; de même
Érasistrate (fr. 6 ἐκτομὴν). — (**4**) Le reste des βοηθήματα, solides ou
liquides, est destiné à maintenir la plaie à vif, εἰς τὸ ἀμύσσειν (Pr.
p. 45.39, cf. PAeg. p. 6.23 et voir Ph. p. 6.29, Scrib. L. 173 [82.30]
*locum morsum … diu tenere in exulceratione neque pati cicatricem
ducere*) : — **a**) L'*oignon* (*Allium cepa* L.), sinon sous forme de jus
instillé (931), du moins broyé ou brûlé, est recommandé en ἐπίθεμα
(Ph. Pr. Aét. PAeg. PsD. ThN.). — **b**) Les mêmes recommandent en
application la *cendre* du *Figuier* mêlée à du vinaigre. Pour l'instillation
du *suc* de *Figuier* (923) cf. D. 1. 128. 4 (118.22) : *Scorpions* et autres
Venimeux, Pline 23. 118 : *Frelons, Guêpes Scorpions*, Ph. p.15.26 s. :
contre *Guêpes* et *Abeilles*, p. 17.18 s. : *Scorpions*, Geop. 13. 9. 11
(Florentinus) : le suc instillé aussitôt après la piqûre du *Scorpion* arrête

la progression du venin. Cf. *loc. sim.* aux v. 806 ss. 811, 769-804. —
c) Tous, sauf Oribase (incomplet), mentionnent *l'emplâtre* de crottes
de chèvre (932) ; pour la forme du terme par lequel ils le désignent
voir n. *ad* 932. Cf. D. 2. 80. 2 (162.8 s.) ἐψηθεῖσαι (*sc.* σπύραθοι)
μετ' ὄξους ἢ οἴνου ἐπιτίθενται πρὸς ἑρπετῶν δήγματα ~ Pl. 28.
153 *fimo quoque caprarum in aceto decocto inlini ictis serpentium pla-
cet.* Celse le prescrit pour la morsure du *Chélydre* (5. 27. 8). Caton, *De
agri cultura* 102 préconisait le fumier de porc en application sur la
plaie, un remède qu'il jugeait aussi bon pour l'homme que pour les
animaux. — d) L'un des βοηθήματα est plus développé, le bain de vin
dans lequel on fait tremper le bras ou la jambe de l'homme blessé à la
main ou à la cheville (925-929). C'est une application du principe de la
μετάβασις ἀπὸ τόπων εἰς τόπους : cf. Wellmann, « Empirische
Schule », *RE* 5 (1905) 2523.30. Le vin, en effet, est bon pour soigner
les plaies, selon le témoignage de Mnésithée rapporté par un poète
comique anonyme (fr. com. adesp. 101. 8 = Mnesith. fr. 41 Bert.).
Sous forme de bain, on employait les vins vieux notamment pour les
ulcères malins, cancéreux et suintants. Il est intéressant, malgré les différences, de rapprocher le procédé adopté par les Égyptiens à la moisson, c'est-à-dire en une saison où les champs sont infestés de Venimeux, menace constante pour les travailleurs (cf. 121, 752 et *supra*
n. 15 et 83) : voir Philouménos (p. 12.10-20), *unde* Ps.Dioscoride
(p. 76.8-77.8), auquel on doit des détails supplémentaires empruntés à
une version de Philouménos plus complète. Les moissonneurs emportent sur leur lieu de travail une marmite de poix bouillante et une cordelette. Lorsqu'un homme a été mordu au pied ou à la main, ses compagnons lui font passer la cordelette une ou deux fois autour de la
jambe ou de l'avant-bras (πῆχυν ~ 927), « légèrement au-dessus de la
morsure » (à la différence de N. qui fait établir le garrot dans la partie
haute du membre atteint) ; de part et d'autre du blessé, deux hommes
« serrent fortement (la cordelette) » en tirant sur ses extrémités (comparer la sage mise en garde de Celse 5. 27. 3A : *membrum deligandum
est,* non *tamen* nimium uehementer, *ne torpeat*) ; et ils pratiquent incision et cautérisation dans la région garrottée. Après quoi, ils enlèvent
le garrot ; et, s'ils n'ont rien d'autre, ils appliquent sur la blessure des
cataplasmes de poix, en les renouvelant sans cesse pour que la poix
soit toujours bien chaude. — e) La variante d'Athénée σίνηπυ (cf.
Test. 921) se justifie sur le plan des réalités iologiques. Les traités
récents, pour empêcher la cicatrisation trop rapide de la plaie,
conseillent la moutarde en application avec d'autres ingrédients,
vinaigre, etc. : voir Ph. p. 12.24, PsD. p. 77.14, Aét. p. 269.20 ; cf.
Scrib. L. 174 (83.2), Pline 20. 236 *ad serpentium ictus et scorpionum
tritum cum aceto inlinitur* (sc. *sinapi*). Mais on peut soupçonner ici une
interpolation de médecin visant à combler une lacune de l'enseignement de Nicandre (cf. O. Schneider 159).

119. 934-956. **(a)** Cet antidote universel, qui forme un tout bien arrondi (voir *Notice* p. LXXVII 2), est le digne couronnement du poème. C'est de la même façon que Scribonius Largus termine sa section des antidotes avec un médicament appelé « parfait » (c. 177), dont l'efficacité s'étend à tous les maux traités par les antidotes précédents. Dans la riche collection d'antidotes offerte par Galien au livre II de son Περὶ ἀντιδότων, il serait facile d'en citer qui partagent des éléments avec celui de N., mais ce ne sont pas de vrais parallèles. Le seul parallèle véritable de la tradition iologique, mais il est absolu, se lit chez Philouménos et Promotus (cf. *loca similia*), après le chapitre relatif aux Araignées, sous le titre : « antidote efficace contre les morsures de Phalanges, et les plaies de la Pastenague, du Dragon marin, de la Murène et de tous les animaux de ce genre », une limitation de l'*indication* que ne connaît pas Nicandre. Les deux textes Ph. et Pr., dont les termes sont à peu près identiques, sont extraits de la même source (voir Jacques[1] 139 et 142-145). Il est aisé de la reconstruire en comblant les lacunes de l'un à l'aide de l'autre. — **(b)** Voici cette recette, que j'appellerai P. Je la cite dans la formulation de Philouménos, plus complète (les parenthèses indiquent l'apport de Promotus, les mots soulignés ses omissions) : ἀριστολοχίας, ἴρεως Ἰλλυρικῆς, ναρδοστάχυος, πυρέθρου, δαύκου σπέρματος, βρυωνίας ῥίζης, γλυκυσίδης ῥίζης, ἐλλεβόρου μέλανος, ἀφρονίτρου, κυμίνου, κονύζης, σταφίδος ἀγρίας, δαφνίδων, κυτίνων, πετροσελίνου σπέρματος, (ἄγνου σπέρματος), κιναμώμου, σπονδυλίου, ἁλῶν, πιτύας λαγωοῦ, καρκίνου ποταμίου, χαλβάνης, ὀποῦ μήκωνος, βαλσάμου· πάντων ἴσα βαλὼν εἰς ὅλμον, κόψας καὶ σήσας, ἀνάπλασσε μετὰ καππάρεως χυλοῦ δραχμιαίους τροχίσκους, καὶ δίδου πιεῖν μετὰ δύο κυάθων οἴνου. Hormis le regroupement final du Galbanum, du suc de Pavot et du Baume, et à de rares exceptions près, plus apparentes que réelles, nous sommes en présence des mêmes ingrédients que chez N., énumérés dans le même ordre. — **(c)** Sur les 26 ingrédients de N., pas moins de 16 sont mentionnés dans la thérapie des Serpents ou dans celle des Arachnides et autres Venimeux, parfois même dans les deux sections : ce sont l'Aristoloche (509), l'Iris (607), le Nard (604), l'Athamante et la Bryone (858), le Cumin (601, 710), l'Aunée (615, 875), le Laurier (574), la Luzerne-en-arbre (617), si κύτισον est sain au v. 944 (voir n. crit. et *infra* §e 1), le Pavot (851), le Gattilier (530), le Sel (693), la présure de Lièvre (577, 711), le Crabe fluviatile (606) et le Gratteron (850), à quoi il faut ajouter le Pyrèthre, si πυρῖτις (683) est bien synonyme de πύρεθρον (voir n. 73 §5). Sur chacun d'eux voir le commentaire *ad locc.* Pour les plantes, la partie à utiliser, quand elle est mentionnée, est d'abord la *racine* (937-940), ensuite le *fruit* ou la *graine* (941-947). Σ 938a rapporte le plur. πυρέθροις aux *feuilles* (cf. 683), qui seraient également considérées dans la suite, mais les gén. du v. 939 dépendent de 940 ῥίζεα (cf. P

[*supra* §b] : βρυωνίας ῥίζης). Il est donc plus naturel de rapporter
πυρέθροις, comme χαλβανίδες, aux racines avec Brenning. —
(d) Restent 10 ingrédients nouveaux, particuliers à l'antidote commenté. Si nous réservons pour l'instant le cas de ἵππειον λειχῆνα
(voir *infra* §e 2), sur les 9 autres, dont nous avons à examiner les parallèles iologiques, 8 se retrouvent en P. — 1) De la *Férule galbanifère*
(*F. galbanifera* Boiss.), N. est, à ma connaissance, le seul qui utilise
les racines (*χαλβανίδες, cf. Σ 938a) et non le suc ou *galbanum*
(χαλβάνη P). Celui-ci, employé dans les fumigations et les onguents
prophylactiques (voir n. 7), tue les *Serpents* à son contact, si la Berce
et de l'huile s'ajoutent à lui : D. 3. 83. 2 (100.4) ~ Aét. 13. 11
(267.17), cf. Pl. 24. 22. Le *galbanum* est un ingrédient des antidotes,
notamment de la *Galénè* (Androm. 164 a emprunté à N. χαλβανίς,
mais en lui donnant le sens de χαλβάνη). — 2), 3) Le *Baume* et le
Cinnamome (947) entrent eux aussi dans maint antidote, comme la
Galènè, dans laquelle ils figurent également côte à côte (Androm. 128
s.). — *βάλσαμον, *Commiphora opobalsamum* Engl. : sur le Baumier
cf. D. 1. 19 (24-26), Pl. 12. 111 s. Dioscoride mentionne l'usage thériaque de son suc (p. 25.23), de son fruit (26.4), de son bois (26.8), en
suivant l'ordre qui correspond à leur degré d'efficacité (cf. Th. *De odo-
ribus* 32). On en tirait aussi une huile « bonne contre tous les *Serpents* » (Pl. 23. 92). N. ne précisant pas la partie à utiliser, H. Estienne
l'a fait pour lui en écrivant βαλσάμου *sc*. σπέρματα. Selon Pline (13.
8, 15), sa graine servait à la fabrication de parfums, mais il ne dit rien
de sa vertu antivenimeuse. — *κινάμοιο, *Cinnamomum cassia*
Blume : *hapax* absolu pour κιννάμωμον, réc. κίνναμον ; voir D. 1.
14. 4 (20), Pl. 12. 85 ss. Dioscoride note son efficacité contre poisons
et venins (p. 20.8), notamment celui des *Vipères* (*eup*. 2. 122. 5
[302.16]). — 4), 5) L'Ellébore noir, *Helleborus niger* L. (941 ; cf. D.
4. 162, Pl. 25. 54 s. ; Dioclès, *Annexe* fr. 5 s., en parlait, ainsi que de
l'E. d'Anticyre, mais on ne sait à quel propos) et la Berce brancursine,
Heracleum sphondylium L. (948 *σφονδύλειον pour σφονδύλιον
avec υ bref [D.], ou σπονδ- [Soran. Gal. Pl.] ; cf. D. 3. 76, Pl. 12. 128
et 24. 25 s.) ne sont signalés comme ayant une vertu antivenimeuse ni
par Dioscoride ni par Pline dans les notices qu'ils leur consacrent (pour
la Berce voir toutefois *supra* §1). — 6), 7), 8), 9) En revanche, D. et/ou
Pl. mentionnent comme tels la *Pivoine*, l'*écume de Nitre* ou *mousse de
Natron*, la *Staphisaigre* et le *Cyclamen*. 6) 940 γλυκυσίδης, *Paeonia
officinalis* L. : cf. D. 3. 140 ; Pl. 25. 29, 27. 84-87 (Pl. §87 : les deux
espèces mâle et femelle bonnes contre les morsures de *Serpents*). —
7) 941 s. ἀφρὸς λίτρου (= ἀφρονίτρου ; voir Halleux[1] 209) : D. 5.
113 ; Pl. 31. 113 et 116 ss. (§118 : en application contre les morsures
de *Serpents*) ; dans la composition d'un antidote contre les *Scorpions* :
Promotus p. 53.14. — 8) 943 ἀγροτέρης σταφίδος : D. 4. 152 (296-
8), Pl. 23. 17 s., *Delphinium Stafisagria* L. (mais voir les réserves de

Steier, « Σταφὶς ἀγρία », *RE* 3A [1929] 2142 s.). Pline §18 : la fleur, plutôt que la graine, pilée dans du vin contre les *Serpents*, la plante en topique sur leurs morsures. Chez N., λέπος semble désigner les θυλά-κια (D. p. 297.1) ou *folliculi* (Pl. §17) servant de receptacles aux fruits. Dans un cataplasme contre les *Araignées* : Asclep. Pharm. *ap.* Aétius 13. 20 (279.24) ; ajoutée aux Crabes fluviatiles, contre les *Vipères* : PAeg. 5. 13. 2 (16.27). — **9**) 945 κυκλάμινον, *Cyclamen graecum* Link : D. 2. 164 (229.2 : en application contre les morsures de *Serpents*), Pl. 25. 114 (racine bonne contre tous les *Serpents*). Dans la thérapie commune aux Venimeux : Ps.Dioscoride 19 (78.14) ; additionné d'Oxymel, contre la *Musaraigne* : *ib.* 26 (85.5). — Le Cyclamen est absent de P, dont la *symmetria* compte un ingrédient de moins que celle de N. Mais la chute de κυκλαμίνου devant ἄγνου σπέρματος, dans l'extrait de Philouménos, est une hypothèse (Kind[1] 624) séduisante (saut du même au même). — **(e)** Les trois autres points sur lesquels P diffère de Nicandre sont peut-être dus aussi à des accidents de la tradition. **1**) Au lieu de κύτισον (944), P a (à la même place) κυτίνων, que Kind[1] 623 voulait remplacer par κυτίσου. Mais, si la divergence est due à une erreur, celle-ci peut aussi bien avoir affecté le texte de N. Deux corrections viennent à l'esprit : κυτίνους (cf. 869 ss. ; on a vu, n. 108 §3, que le bourgeon du Grenadier qui vient d'éclore, appelé *cytinus* au témoignage de Pline, était tenu pour un remède contre les *Scorpions*) ou κύτινον, *Cytinus hypocistis* L., le Cytinet, parasite du Ciste (D. 1. 97 [87.10] ~ Pl. 26. 49), dont le suc entre dans l'ἀντίδοτος θηριακή de Mithridate (Gal. *ant.* 165.4, *al.*) et dans la *Galénè* (Androm. 151). Kind a préféré corriger Philouménos sous prétexte que ces deux substances ne figurent pas ailleurs dans la thérapie, mais d'autres composants de la panacée sont dans ce cas. — **2**) L'ingrédient suivant de P est le πετροσέλινον, litt. « Céleri de rocher » ; voir D. 3. 66 (77.13 : « on le mélange aux antidotes ») ~ Pl. 20. 118. A la même place, Nicandre a au v. 945 ἵππειον λειχῆνα. La Σ 945a, 2e explication (p. 319.1 s.) = Eut. 52.1 s., y voit l' ἱππο-λειχήν (phytonyme inconnu), une plante (mousse ?) soignant le *lichen* (*i.e.* la « châtaigne ») des Chevaux, et « que l'on appelle ἱππο-σέλινον ». Cf. 599 et la n. 64 f ; il a été question de l' ἱπποσέλινον avec le Cumin (601 ~ 942), non loin du Nard (604 ~ 937), du Crabe fluviatile (605 ~ 950) et de l'Iris d'Illyrie (607 ~ 937). Nous aurions là, comme dans le πετροσέλινον, une variété du genre Maceron (σμύρ-νιον), dont la valeur thériaque est reconnue ; cf. les espèces voisines mentionnées par Pline, *heleoselinum* (20. 117, « particulièrement efficace contre les *Araignées* »), *buselinum* (20. 118, « excellent contre les *Serpents* en boisson et lotion »). Notons d'ailleurs que ἱπποσέλι-νον (Pl. 20. 117, « contraire aux *Scorpions* ») et πετροσέλινον sont des syn. du σμύρνιον (D. 3. 67 [78.1 et 15]). Brenning préfère voir dans ἵππειον λειχῆνα les λειχῆνες ἵππων (D. 2. 43) ; mais Σ 945a,

1re explication (p. 318.17), est seule à signaler leur usage thériaque,
Dioscoride connaît seulement leur emploi contre l'épilepsie (cf. Dioclès fr. 83 Wellm. = 99.17 vdE). — **3)** Enfin, le suc du Câprier, dont la
vertu thériaque est inconnue, remplace en P le jus du Gratteron (953,
voir n. 103 §5). Kind[1] 623 a suggéré de corriger καππάρεως en
ἀπαρίνης. — L'accord remarquable de Nicandre et de P autorise de
telles conjectures, d'autant plus que P a de fortes chances de n'être
qu'une paraphrase de N. Comme il en était pour certains parallèles
offerts par Pline ou Élien, cette hypothèse justifie mieux que celle
d'une source commune une identité poussée à ce point dans le détail,
surtout s'il faut admettre un intermédiaire entre P et le modèle commun. Plus que partout ailleurs, on a ici la preuve que N. n'a pas été
sans influence dans le domaine iologique.

120. 957 s. Sur la *sphragis* voir la *Notice* p. LXX s. Le fr. 110 (cité
ibid. n. 159) appartient probablement à une *sphragis* qui pouvait
conclure un autre poème didactique, p.-ê. les *Georgica* ou les *Melis-
sourgica*.

ANNEXE

FRAGMENTS IOLOGIQUES ANTÉRIEURS À NICANDRE

Sont considérés, les écrits iologiques de stricte définition, mais aussi les opinions ayant un lien avec le sujet, exprimées dans des œuvres plus compréhensives. Les fragments sont disposés dans l'ordre où les faits apparaissent chez Nicandre, sauf en ce qui est de Théophraste : pour la raison indiquée (*Notice* p. XXXI), les fragments s'y insèrent dans l'exposé de Priscien qui est reproduit intégralement et découpé de telle façon que chaque fragment se rapporte à un fait déterminé. S'il en concerne plusieurs, ils sont alors distingués par des lettres. Les flèches rétablissent la continuité des *Theophrastea* offerts par les sources. Les passages de Priscien qui ne se recoupent pas avec des fragments d'autres sources, ou les fragments d'autres sources qui n'ont pas d'équivalent chez Priscien, sont affectés d'un astérisque. Bien que leur date soit peut-être postérieure à Nicandre, j'ai fait figurer dans ces fragments Polyeidès (§8) et la thériaque dite d'Antiochos Philomètor (§9c), qui fournit un parallèle au remède universel des *Thériaques*. – Signes et abréviations : < = δραχμή, κ° = κοτύλη, κ^υ = κύαθος, γ° = οὐγκία.

1. Dioclès de Carystos

Ῥιζοτομικόν

1 = 149 Wellmann = 204 van der Eijk

Scholia in Nicandri *Theriaca* 647b (p. 241.19-22 Crugnola)
τὸν ἔρινον Διοκλῆς ἐν τῷ Ῥιζοτομικῷ φησιν εἶναι ὅμοιον ὠκίμῳ, βοηθεῖν δὲ πρὸς τὰ θηρία. φύεται δὲ πρὸς ποταμοὺς καὶ κρήνας καὶ τόπους εὐηλίους.

codd. GL, KBRW, Precc., V 1 ἔρινον L : ἐρῖνον KBRWrecc. ἐρινεὸν GP ; finxerunt τὸν δὲ ἐρῖνον τὸν καὶ ἐρινεὸν recc., ἐρινεὸν Ἀθηναῖοι ὀνομά-ζουσιν· ἔστι δὲ ἡ ἀγρία συκῆ V ‖ Διοκλῆς GLPrecc.V : Ἐτεοκλῆς KBRW ‖ 2 βοηθεῖν GLKBRW : βοηθεῖ Precc. βοηθεῖν – θηρία om. V

2 = 150 W = 205 vdE

Scholia in Nicandri *Theriaca* 626b (p. 235.9-11)

φησὶ δὲ Διοκλῆς τὴν κονίλην ὑφ' ὧν μὲν ἡράκλειον καλεῖσθαι [καὶ] ὀρίγανον, ὑφ' ὧν δὲ ἀγρίαν ὀρίγανον καὶ πάνακες. sequitur Petrichi fr. 3 (uide p. 307).

codd. GL, KBRW, Precc. 1 καὶ ante Διοκλῆς add. L ‖ κονίλην : κοτύλην KBRW ‖ 2 καὶ del. Wellmann ‖ ὑφ' ὧν : ὑπ' ἐνίων G ‖ ἀγρίαν ὀρίγανον : ὀρ. ἀγρ. G ‖ ἀγρίαν : ἄγριον GBW

Περὶ θανασίμων φαρμάκων

3 = 167 W = 206a vdE

Athenaeus, *Deipnosophistae* 15. 27, 681b

Διοκλῆς δ' ἐν τῷ Περὶ θανασίμων φαρμάκων **ἀμάρακόν** φησιν ὃν **σάμψουχόν τινες καλοῦσιν.**

σάμψουχον : -ψυχ- Wellmann, cf. Ath. 676d σαμψύχου

Ὑγιεινὰ πρὸς Πλείσταρχον

4 = 145 W = 177 vdE

Pseudo-Dioscorides, Περὶ ἰοβόλων, praefatio, p. 47.4-7, 47.10-49.5 Sprengel

ἐκεῖνο δὲ μᾶλλον παρασημειωτέον ὅτι καλεῖται μὲν ἀναιτιολόγητα τὰ ἀπὸ τῶν ἰοβόλων ζῴων καὶ τὰ ἀπὸ τῶν θανασίμων συμβαίνοντα φαρμάκων. (...) ἀεὶ τὸ παρέλκον καὶ μηδεμίαν χρείαν ἐπί τινα τῶν ἔργων παρεχόμενον δυστόχασ-
5 τον καὶ τελέως ἀναιτιολόγητον ὑπάρχει κατὰ τὰς ἰδιότητας, τοῦτο δὲ ἐπὶ τῶν θανασίμων φαρμάκων καὶ τῶν ἰοβόλων ζῴων εἰωθὸς ἀποβαίνειν. τὸ μέντοι εὔχρηστον εἰς τὰ ἔργα καὶ τὸ παρέχον τὰς τοῦ θεραπεύειν ἀφορμὰς οὔτ' ἀκατάληπτόν ἐστιν οὔτ' ἀναιτιολόγητον· καὶ μᾶλλόν τις ὁρμώμενος ἀπ' αὐτοῦ
10 πίστιν καὶ παρρησίαν ἔχειν διεβεβαιώσατο περὶ τῆς καταλή-ψεως τῶν ἀδήλων· διαφέρουσι μὲν γὰρ ταῖς αἰσθήσεσιν ἀπὸ τῶν ἰδίων διὰ τὴν σμικρότητα, καταλήψεως δὲ ἐναργοῦς ἐξ ἀλλήλων τυγχάνουσιν, ἱκανῶς δὲ ἐφώδευσε τὸν τρόπον Διοκλῆς ἐν τῷ Πρὸς Πλείσταρχον ὑπομνήματι γράφων ταῦτα
15 κατὰ λέξιν· **γνοίη δ' ἄν τις τοῦτο καὶ ἐπ' ἄλλων οὐκ ὀλίγων καὶ ἐπὶ τῶν ἐχιδνῶν ἢ σκορπίων καὶ ἑτέρων τοιούτων, ἀτενί-σας [δὲ] ὡς ἄδηλα καὶ μικρὰ τὸ γένος ὄντα μεγάλων αἴτια κινδύνων καὶ πόνων γίνεται· ὧν οὐδὲ ἰδεῖν ἔνια ῥᾴδιον παρά**

τινα σμικρότητα καὶ ἰσχὺν ἀπολειπομένην αὐτοῖς [ἀπὸ] τῶν
20 <ἄλλων> θηρίων. ὁπηλίκον γάρ τι<ς> νομίζοι <ἅ>ν τὸ μέγεθος
†ὅσον† ἀπὸ τῆς πληγῆς τοῦ σκορπίου καὶ τῶν ἄλλων τῶν
τοιούτων τῇ σαρκὶ λυμαινομένων, ὧν τὰ μέν ἐστι ποιοῦντα
πόνον ἰσχυρόν, τὰ δὲ σήποντα, τὰ δὲ κτείνοντα συντόμως ; ἢ τὸ
διὰ τοῦ φαλαγγίου δήγματος ἐνιέμενον καὶ ὅλον τὸ σῶμα δια-
25 πονούμενον ; οὐδὲ γὰρ ἂν διαγνῶναι τὸ μέγεθος αὐτῶν δύναιτό
τις διὰ τὸ παντάπασιν εἶναι μικρόν. ὅτι μὲν οὖν πρὸς τὰς δια-
θέσεις ταῦτά ἐστιν, ὡμολόγηται παρὰ πάντων· ὅτι δὲ καὶ
ἀκριβῶς κατείληπται τῷ τὴν δύναμιν αὐτῶν γενέσθαι τινὰ
φθοροποιόν, ἥτις καταμιγνυμένη τοῖς σώμασιν αἰτία τῶν συμ-
30 βαινόντων κακῶν γίνεσθαι συγκεχώρηται, καὶ τοῦτο πεπίσ-
τευται. Cf. Erasistr. fr. 6

17 δὲ, 19 ἀπὸ del. Wellmann ‖ 17 γένος : an μέγεθος ? ‖ 20 ἄλλων add.
Sprengel ‖ τις νομίζοι ἂν Wellmann : τι νομίζειν ‖ 21 ὅσον susp., μόνον
temptauerim

fragmenta incertae sedis

5 = 151 W = 207 vdE

Erotianus, *Vocum hippocraticarum collectio*, ε 72 (p. 41.5 s. Nachmanson)

ἐκτόμου· Διοκλῆς φησιν οὕτω καλεῖσθαι τὸν μέλανα ἐλλέβορον.

6 = 152 W = 208 vdE

Erotianus, *ibid.*, σ 50 (p. 81.16 s. N.)

σησαμοειδές· Διοκλῆς οὕτω φησὶ καλεῖσθαι τὸν ἐν Ἀντι-
κύρᾳ ἐλλέβορον· ἕτεροι δὲ πόαν τινὰ ἑτέραν.

σησαμοειδές Stephanus : σηκαμοειδές uel σκαμοειδές uel σαμοειδές codd. ‖
ἐναντικυριελλέβορον codd., corr. Steph.

fragmentum dubium

7 = 168 W = 240 vdE

Aelianus, *De natura animalium* 17. 15

Τίμαιος δὲ καὶ Ἡρακλείδης καὶ Νεοκλῆς ὁ ἰατρὸς λέγουσι
τοὺς φρύνους δύο ἥπατα ἔχειν, καὶ τὸ μὲν ἀποκτείνειν, τὸ δὲ
ἐκείνου πεφυκέναι ἀντίπαλον· σῴζειν γάρ.

Νεοκλῆς codd. : Διοκλῆς Wellmann

2. Praxagoras de Cos

Θεραπεῖαι

1 = 118 Steckerl

Scholia in Nicandri *Alexipharmaca* 312d (p. 123.5-13 Geymonat)
ταύρου αἷμα· τὸ ταύρειον αἷμά φησι Πραξαγόρας πινόμενον πήγνυσθαι ἐν τῷ στήθει καὶ θρομβοῦσθαι· ἔπειτα συνέχον
τὸ πνεῦμα θνήσκειν ποιεῖ. οὐ λανθάνει δὲ πινόμενον, ὥσπερ
4 καὶ τὰ ἄλλα δηλητήρια πολλάκις ἀγνοοῦνται· ἐστὶ γὰρ
εὐτονώτερον τοῦ τῶν ἄλλων ζῴων αἵματος, ὡς Ἀριστοτέλης
(*HA* 3. 6, 515b-516a et 19, 520b 26 ; *PA* 2. 4, 651a4)· διὸ καὶ
« ἀφροσύνῃ » εἶπε· τινὲς ἀποκαρτεροῦντες πίνουσιν αὐτὸ καὶ
τελευτῶσιν.

2 ἐν τῷ στήθει om. G ‖ 2 s. συνέχον τὸ πνεῦμα et L : συνεχομένων τῶν
πνοῶν G ‖ ποιεῖ om. G, add. G² : ποιεῖν W ‖ λανθάνει G² : -νειν G ‖ 3-4
ὥσπερ — ἀγνοοῦνται om. G, add. G² ‖ 6-8 διὸ – τελευτῶσιν : ἀφροσύνῃ·
παρόσον οὐ δύναται λαθεῖν τὸν πίνοντα G, (litt. aliquot euan.)νως εἶπε –
τελευτῶσιν add. G² ‖ 7 ἀφροσύνῃ G : ἀφρόνως et G² ‖ post εἶπε distinxerunt
LW

2 = 119 St.

Scholia in Nicandri *Alexipharmaca* 398a (p. 143 s. 1-4 Geymonat)
τὸ Φαρικὸν ὁμοίως τῶν θανασίμων ἐστίν, ἱστορεῖ δὲ Πραξαγόρας κληθῆναι αὐτὸ ἀπὸ Φαρικοῦ τινος Κρητὸς τοῦ
ἐξευρόντος αὐτό.

3 = 120 St.

Scholia in Nicandri *Alexipharmaca* 588a (p. 200 s. Geymonat)
αὐξηρῶν ἤτοι τῶν μεγάλων· γράφεται καὶ οὕτως· ἢ ξηρῶν,
τῶν αὐχμηρῶν. Πραξαγόρας δέ φησι τὸ χλωρὸν τῶν καλάμων
ἐσθιόμενον ὠφέλιμον ὑπάρχειν τοῖς τῷ φρύνῳ πεφαρμακευ-
μένοις.

3 φρύνῳ : οἴνῳ BRW

3. Théophraste

1*

Priscianus Lydus, *Solutiones ad Chosroem*, lib. ix p. 95.24-30
Bywater
... *itaque et de his ueteres quaerunt reptilibus utrum in morsibus
uenenum et quandam saniem proiciunt, an spiritum et uirtutem immit-*

tunt. morsus enim uiperarum et quorundam aliorum reptilium osten-
dunt saniem quandam atrociorem prodere ex qua putrefaciunt partim
incisos cito. at etiam uenenum exsugentes non moriuntur, si reliquum
corpus non dolet, quasi non distributa putredine cumulatim.

2 = 1 Rose

Priscianus Lydus, *Solutiones ad Chosroem*, lib. ix p. 95.30-96.5 B.
itaque et Scythicum uenenum quo tingunt sagittas ex uiperae
sanie et hominis compositionem habet ad interfectionem. accipitur
enim ex homine sanies de sanguine et ei quae est ex uipera compo-
nentes intingunt sagittas ad uelocitatem mortiferae plagae, sicque
putrefacit carnes adiectio illius ; itaque ut neque carnes eorum tan-
gant neque quid aliorum carnes comedentium, sed et ipsum fugiunt
odorem.

Aelianus *NA* 9. 15
(fr. 14 ←)... λέγονται δὲ
οἱ Σκύθαι πρὸς τῷ τοξικῷ,
ᾧ τοὺς ὀϊστοὺς ἐπιχρίουσι,
καὶ ἀνθρώπειον ἰχῶρα ἀνα-
5 μιγνύναι φαρμάττοντες, ἐπι-
πολάζοντά πως αἵματι < ... >
ὅνπερ ἴσασιν ἀπόκριμα
αὐτοῖς. τεκμηριῶσαι τοῦτο
καὶ Θεόφραστος ἱκανός (=
10 Exc. Const. B63, p. 52.8-11
Lambros)

6 lac. statuit Hercher

Plin. *NH* 11. 279 (fr. 3 ←)
Scythae sagittas tingunt uiperina
sanie et humano sanguine ; inre-
mediabile id scelus : mortem
ilico adfert leui tactu.
[Ar.] *HA* 8. 29, p. 607a 21
(fr. 11b ←)... ἥ τε γὰρ ἀσπὶς
(cf. fr. 10) ἐν Λιβύῃ γίνεται, ἐξ
οὗ ὄφεως ποιοῦσι τὸ σηπ-
τικόν, καὶ ἄλλως ἀνίατος. ...
(→ fr. 3, fr. 20*a). Cf. Aelian.
NA 1. 54.

[Aristoteles] *Mir.* 141.
845a1 φασὶ τὸ Σκυθικὸν
φάρμακον, ᾧ ἀποβάπτουσι
τοὺς ὀϊστούς, συντίθεσθαι
5 ἐξ ἐχίδνης. τηροῦσι δέ, ὡς
ἔοικεν, οἱ Σκύθαι τὰς ἤδη
ζῳοτοκούσας, καὶ λαβόντες
αὐτὰς τήκουσιν ἡμέρας τι-
νάς. ὅταν δὲ ἱκανῶς αὐτοῖς
10 δοκῇ σεσῆφθαι πᾶν, τὸ τοῦ
ἀνθρώπου αἷμα εἰς χυτρί-
διον ἐγχέοντες εἰς τὰς
κοπρίας κατορύττουσι πωμά-
σαντες. ὅταν δὲ καὶ τοῦτο
15 σαπῇ, τὸ ἐφιστάμενον
ἐπάνω τοῦ αἵματος, ὃ δή
ἐστιν ὑδατῶδες, μιγνύουσι
τῷ τῆς ἐχίδνης ἰχῶρι, καὶ
οὕτω ποιοῦσι θανάσιμον.

15 ἐφιστάμενον Rose : ὑφιστ- codd.

3 = 2 Rose

Priscianus Lydus, *Solutiones ad Chosroem*, lib. ix p. 96.5-9 B.

quaedam uero mordentium et nocentium uirtute quadam implent
et spiritu, sicut scorpius et apes et uespes et phalaggium.

itaque et uespes cum appa- *rent extra mortuum – amica* *enim eis caro –, fere ipsis* 4 *uiperis sunt saeuiores, dum* *feriunt.*	[Aristoteles] *Mir.* 140. 844b 32 τοὺς ἐν Νάξῳ σφῆκάς φασιν, ὅταν φάγωσι τοῦ ἔχεως – προσφιλὴς δ' αὐ- 4 τοῖς ἡ σάρξ ὡς ἔοικέν ἐστιν
2 post *mortuum* cecidisse *serpentem* ([*mortu*]am *uiperam* malim) suspica- tur Bywater	– ἐπειδάν τινας κεντήσωσι, περιωδύνους οὕτω ποιεῖν ὥστε χαλεπωτέραν φαίνεσ- θαι τῆς πληγῆς τῶν ἔχεων
Plin. *NH* 11. 279, 281	5 τινας Giannini : τινα codd.
279. (fr. 13 ←) *quasdam ser-* *pentes scorpio occidit* (→ fr. 2). 281.... *uespae serpente auide* *uescuntur, quo alimento mortife-* *ros ictus faciunt...*	[Aristoteles] *HA* 8. 29, p. 607a 27.
	(fr. 11a)... πάντων δὲ χα- 2 λεπώτερά ἐστι τὰ δήγματα τῶν ἰοβόλων, ἐὰν τύχῃ ἀλλήλων ἐδηδοκότα, οἷον σκορπίος ἔχιν ... (→ fr. 14)
	5 σκορπίος ἔχιν Rose : σκορπίον ἔχις codd. cf. Pl. 11. 279, Aelian. 9. 15

Aelianus, *De natura animalium* 9. 15

τὰ ζῷα οὔτε ἐν ταῖς πληγαῖς οὔτε ἐν τοῖς δήγμασιν ἀεὶ τὴν
αὐτὴν δύναμιν ἴσχει, ἀλλ' ἐπιτείνεται πολλάκις ἔκ τινος αἰτίας.
ὁ γοῦν σφὴξ γευσάμενος ἔχεως χαλεπώτερός ἐστι τὴν πληγήν,
καὶ ἡ μυῖα (cf. *Mir.*, fr. 11a) τοιούτῳ τινὶ προσελθοῦσα πικροτέρα
δακεῖν ἐστι καὶ ὀδύνας ἔδωκε, καὶ μέντοι καὶ τῆς ἀσπίδος (cf.
fr. 2, 10) τὸ δῆγμα γίνεται παντελῶς ἀνήκεστον, ἐὰν βατράχου
φάγῃ ... (→ fr. 5)

4 = 3 Rose

Priscian. Lyd. *Sol.* ix p. 96.9- 11 B.	[Antigonus Carystius] *Hist.* *mir.* 18
saeuae quoque et quarun- 2 *dam spinarum compunctiones* *et arborum, sicut acherdi in*	... ἐν δὲ <Κέῳ> τῇ νήσῳ 2 θανάσιμός ἐστιν ἡ ἄχερδος· κἂν εἰς ἄλλο δένδρον ἐμπή-

ciuitate quae dictur Coete :
tendit enim ea compunctum,
sicut et marina trugon.

4 in Coete uoces graecas Κέῳ τῇ suspicatur Bywater

ξης ἀφαυαίνει. ποιεῖ δὲ αὐτὸ τοῦτο καὶ τὸ τῆς τρυγόνος κέντρον τῆς θαλαττίας ...

1 add. Rose

[Aristoteles] Mir. 143. 845a 15

ἐν Κέῳ φασὶν εἶναί τι γένος ἀχέρδου, ὑφ᾽ ἧς ἐάν τις πληγῇ
τῇ ἀκάνθῃ ἀποθνήσκει.

5 = 2 Rose

Priscianus Lydus, Solutiones ad Chosroem, lib. ix p. 96.11-21 B.
declarant quoque et caninos morsus et luporum cum rabiant :
ab alio enim affectu et nimietate sunt nociui. dicunt autem et per
regionem Persarum a rabientibus morsos canibus in prima quidem
4 uel in secunda curatione constitutos posse sanari ; tertia uero occipiente iam superatos a passione : aquam enim nunquam implorant
neque eius gustum recipiunt omnino. in differentias autem speciales
melancholici affectus efferuntur. (...) quadragesimo uero die ins-
tante pereunt omnino.

2 affectu H : effectu CM ‖ 4 occipiente Rose : accipiente codd., defendit Bywater διαδεχομένης suspicatus ‖ 7 affectus M : effectus H

Aelianus NA 9. 15

(fr. 3 ←)... ὁ δὲ κύων
ὑγιαίνων μέν, ἐὰν δάκῃ,
τραῦμα εἰργάσατο καὶ ἀλγη-
δόνα ἐξῆψεν· ἐὰν δὲ λυττῶν,
διέφθειρεν· ὕδωρ τε δεδιέναι
κατηνάγκασε πρῶτον, καὶ ὁ
μετριάσαι δοκῶν πάλιν ἐξάπ-
τεται εἰς λύτταν, καὶ ὑλακτή-
σας ἀπέθανεν. ἀκέστρια δὲ
ἀκουμένη χιτώνιον ῥαγὲν ὑπὸ
λυττῶντος κυνός, δακοῦσά πως
τῷ στόματι τὸ χιτώνιον, ἵνα
ἀποτείνῃ αὐτό, ἐλύττησε καὶ
ἀπέθανεν... (→ fr. 14)

Caelius Aurelianus, A.M. 3. 9,
100 p. 362 Drabkin

    sartrix etiam quaedam cum
chlamidem scissam rubidis
morsibus sarciendam sumeret,
atque ore stamina componeret
4 lingua et artuum iuncturas
lamberet assuendo, quo tran-
situm acus faceret faciliorem,
tertia die in rabiem uenisse
memoratur.

5 assuendo codd. : assugendo Barth.

6 = 7, 9 Rose

Priscianus Lydus, Solutiones ad Chosroem, lib. ix p. 96.21-23 B.
    quia enim uirtutes sine corporalibus molibus multa possunt
facere, manifestum est et ex aliis et ex ceruis : educunt enim uiperas ex
sepibus.

Plin. *NH* 11. 277, 279

277. *animae leonis uirus graue,*
ursi pestilens. contacta halitu
eius nulla fera attingit, ociusque
putrescunt adflata... 279. *ele-*
phantorum anima serpentes
extrahit, ceruorum urit. diximus
hominum genera (i.e. Psyllos)...
(→ fr.12)
Cf. *NH* 8. 118 *et his* (sc. ceruis)
cum serpente pugna : uestigant
cauernas nariumque spiritu
extrahunt renitentes ~ Aelian. *NA*
2. 9 προσερείσας τῇ κατα-
δρομῇ τοῦ δακετοῦ τοὺς ἑαυ-
τοῦ μυκτῆρας βιαιότατα
ἐσπνεῖ, καὶ ἄκοντα προάγει
(cf. [Opp.] *C.* 2. 237)
Aelian. *NA* 3. 7
... κύνας δὲ ἀφώνους ἀποφαί-
νειν τὰς ὑαίνας, ὅταν αὐταῖς
τὴν σκιὰν ἐπιβάλῃ, ἡ αὐτὴ (sc.
ἡ φύσις) παρέσχεν.... (cf. *NA*
6. 14 [Ar. fr. 369 R³.])...

[Aristoteles] *Mir.* 144. 845a
17, 145. 845a 24

144. ἐν Μυσίᾳ φασὶν ἄρκ-
των τι γένος εἶναι λευκόν, αἳ
ὅταν κυνηγῶνται ἀφιᾶσι τοιαύτην πνοὴν ὥστε τῶν κυνῶν
τὰς σάρκας σήπειν, ὡσαύτως
δὲ καὶ τῶν λοιπῶν θηρίων,
ἀβρώτους τε ποιεῖν. ἐὰν δέ τις
καὶ βιάσηται καὶ ἐγγίσῃ,
ἀφιᾶσιν ἐκ τοῦ στόματος
φλέγμα πάμπολύ τι, ὡς ἔοικεν,
ὃ προσφυσᾷ πρὸς τὰ πρόσωπα
τῶν κυνῶν, ὡσαύτως δὲ καὶ
τῶν ἀνθρώπων, ὥστε καὶ
ἀποπνίγειν καὶ ἀποτυφλοῦν (=
Exc. Const. B342, p. 103 s. Lambros).

145. ἐν δὲ τῇ Ἀραβίᾳ
ὑαινῶν τι γένος φασὶν εἶναι, ὃ
ἐπειδὰν προΐδῃ τι θηρίον ἢ
ἀνθρώπου ἐπιβῇ ἐπὶ τὴν
σκιάν, ἀφωνίαν ἐργάζεται καὶ
πῆξιν τοιαύτην ὥστε μὴ δύνα-
σθαι κινεῖν τὸ σῶμα· τοῦτο δὲ
ποιεῖν καὶ ἐπὶ τῶν κυνῶν (=
Exc. Const. B325, p. 101.16
Lambros).

7 = 8 Rose

Priscianus Lydus, *Solutiones ad Chosroem,* lib. ix p. 96.23-97.3 B.
  quaedam quoque reptilium non solum mordendo sed sufflatione
  etiam utentes nocent et interimunt per media quaedam ligna aut
  lapides, ut hinc etiam interemptos occidant. tantam enim habent
  uirtutem, ita ut etiam per
5 *arma et ligna quibuscunque*
  quis nitatur, reptile infirmet
  illius uirtutem : et quaedam
  quidem putrefaciunt, quibus-
  dam uero labores praestant
10 *magnos. oportet uero hoc*

Athenaeus, *Deipnosoph.* 7. 95,
314c

ἐν δὲ τῷ Περὶ τῶν δακετῶν
καὶ βλητικῶν διαπέμπεσθαί
φησι (sc. Θεόφραστος) τὴν
νάρκην τὴν ἀφ᾽ αὐτῆς δύναμιν

simile esse emittentibus ex
12 *semet uirtutem per media*
ligna et funes, et faciunt tor-
pere continentes.

καὶ διὰ τῶν ξύλων καὶ διὰ τῶν
τριοδόντων, ποιοῦσαν ναρκᾶν
τοὺς ἐν χεροῖν ἔχοντας.

3 *interemptos* codd. : *interempti* correxerim ‖ 13 *faciunt* graece ποιοῦσι
i.e. *facientibus*

8*

Priscianus Lydus, *Solutiones ad Chosroem*, lib. ix p. 97.3-6 B.

quoniam et loca quaedam sunt et hiatus terrae ex quibus circum-
uolantia quaedam uolatilium et proximantium animalium unum
quodque uiolenter raptum euanescit per redhibitos spiritus.

3 *redibitos* H (*credibitos* CM) graece διὰ τὰ ἀποδιδόμενα suspicatus est Bywater

9 = 10 Rose

Priscianus Lydus, *Solutiones ad Chosroem*, lib. ix p. 97.6-13 B.

(a) *talis autem mordentium uirtus quia, et si arboris radicem*
2 *momorderit, proiciet folia omnis arbor ; et si quis inuentus fuerit*
refugiens homo, desuper pilos cumulatim deponit omni corpore ;
similiterque nocet tangentibus uirtute.

(b) *dicunt autem et serpen-*
6 *tem qui uocatur* ieros – *appa-*
ret raro circa Thessaliam –
non solum si mordeat sed
etiam in terra exiliter, inter-
10 *imit ueluti sola uoce utens. et*
quidem magnitudine non est
magnus sed mensuratus : dum
uero apparet, fugiunt uiperae
et serpentes et alia omnia.

9 *in terra* i.e. ἐν τῇ γῇ f.l. pro ἐὰν
θιγῇ (cf. [Ar.] *Mir.* l. 4 s.)

[Aristoteles] *Mir.* 151.
845a 17 ἐν Θεσσαλίᾳ φασὶ
τὸν ἱερὸν καλούμενον ὄφιν
πάντας ἀπολλύειν, οὐ μό-
4 νον ἐὰν δάκῃ, ἀλλὰ καὶ ἐὰν
θιγῇ. διὸ καὶ ὅταν φανῇ καὶ
τὴν φωνὴν ἀκούσωσι, φαί-
νεται δὲ σπανίως, φεύγουσι
καὶ οἱ ὄφεις καὶ οἱ ἔχεις
καὶ τἄλλα πάντα θηρία. τῷ
δὲ μεγέθει οὐκ ἔστι μέγας
ἀλλὰ μέτριος ...

[Ar.] *HA* 8. 29, 607a 30 (fr. 14 ←) ἔστι δέ τι ὀφείδιον μικρόν, ὃ
καλοῦσί τινες ἱερόν, ὃ οἱ πάνυ μεγάλοι ὄφεις φεύγουσιν· γίνεται
δὲ τὸ μέγιστον πηχυαῖον, καὶ δασὺ ἰδεῖν· ὅ τι δ᾽ ἂν δάκῃ, εὐθὺς
σήπεται τὸ κύκλῳ. (→ fr. 20*b)

10 = 11 Rose

Prisc. Lyd. *Sol.* lib. ix p. 97.
13-21 B.
(a) *sciendum quoque quo-
modo et loca et tempora et escae
differentem faciunt morsuum
uarietatem siue saeuam siue tem-
peratam. hieme enim cum foueas
intrant aut continuo post foueam,
infirmantur morsus et fere sunt
innocui.*

[Aristoteles] *Mir.* 142. 845a
10
ἐν Κουρίῳ τῆς Κύπρου
ὄφεων τι γένος εἶναί φασιν, ὃ
τὴν δύναμιν ὁμοίαν ἔχει τῇ ἐν
Αἰγύπτῳ ἀσπίδι (cf. fr. 2), πλὴν
ὅτι τοῦ χειμῶνος, ἐὰν δάκῃ,
οὐδὲν ἐργάζεται, εἴτε δι'
ἄλλην τινὰ αἰτίαν, εἴτε διότι
τὸ ζῷον δυσκίνητον γίνεται
ὑπὸ τοῦ ψύχους ἀποπηγνύμε-
νον καὶ τελέως ἀδύνατον, ἐὰν
μὴ θερμανθῇ.

(b) *in montanis uero et asperis locis, sicut in aridis et calidioribus,
omnes mordaciores eo quod magis fortes ; in altera uero parte humidi
sunt et dissoluti.*

(c) *per hoc etiam circa coitum plurimum saeui et erga escarum dif-
ferentiam : a qualicunque enim esca argumentari potest quis impetum
horum et fortitudinem.*

11a = 12 Rose, 11c = 13 R.

Priscianus Lydus, *Solutiones ad Chosroem*, lib. ix p. 97.21-23 B.
(a) *aiunt autem et galioti circa Siciliam et Italiam mortiferum esse
morsum, in aliis uero omnino innocuum.*

[Aristoteles] *Mir.* 148. 845b 4
καὶ ἐν Σικελίᾳ δέ φασι
καὶ ἐν Ἰταλίᾳ τοὺς γαλεώ-
τας θανάσιμον ἔχειν τὸ
δῆγμα, καὶ οὐχ ὥσπερ τοὺς
5 παρ' ἡμῖν ἀσθενὲς καὶ
μαλακόν. εἶναι δὲ καὶ μυῶν
γένος ἐφιπτάμενον, ὃ ὅταν
δάκῃ ἀποθνήσκειν ποιεῖ.
6 μυῶν codd. : μυιῶν Rose (cf. Ael.
supra fr. 3), μυγαλῶν Beckmann

Ar. *HA* 8. 29, 607a 26 (fr. 20*
←) τῆς δ' Ἰταλίας ἔν τισι τόποις καὶ τὰ τῶν ἀσκαλαβωτῶν
δήγματα θανάσιμά ἐστιν. (→
fr. 3, 9)

Ael. Pr. 14 p. 51.4 Ihm
χαλεπὸς δὲ ὁ (sc. ἀσκαλ.) περὶ
Βοιωτίαν καὶ Ἀθήνας καὶ
Ἰταλίαν.

Plin. *NH* 8. 111 *Theophrastus
auctor est* (...) *eosdem* (sc. stel-
liones) *innocui ferunt in Graecia
morsus, noxios esse in Sicilia.*

innocui, noxios Ian-Mayhoff : codd.
corrupti

(b) [Aristoteles] *HA* 8. 29, 607a 13

καὶ πρὸς τὰ δήγματα δὲ
τῶν θηρίων μεγάλην ἔχου-
σιν αἱ χῶραι διαφοράν,
οἷον περὶ μὲν Φάρον καὶ
5 ἄλλους τόπους οἱ σκορ-
πίοι οὐ χαλεποί, ἐν ἄλλοις
δὲ τόποις καὶ ἐν τῇ Σκυθίᾳ
πολλοὶ καὶ μεγάλοι καὶ
χαλεποὶ γίνονται· κἄν τινα
10 πατάξωσιν ἄνθρωπον ἤ τι
ἄλλο θηρίον, ἀποκτείνουσι,
καὶ τὰς ὗς, αἳ ἥκιστα αἰσθά-
νονται τῶν ἄλλων δηγμά-
των (cf. fr. 12), καὶ τούτων
15 τὰς μελαίνας μᾶλλον ἀπο-
κτείνουσιν· τάχιστα δ᾽ ἀπόλ-
λυνται αἱ ὗες πληγεῖσαι,
ἐὰν εἰς ὕδωρ ἔλθωσιν... (→
fr. 2)

Plin. *NH* 11. 89, 90

89. *saepe Psylli* (cf. fr. 6 et infra [Antig.])... *hos* (sc. scorpiones) *quoque importare conati sunt, sed uiuere intra Siculi caeli regionem non potuere. uisuntur tamen aliquando in Italia, sed innocui, multisque aliis in locis, ut circa Pharum in Aegypto.*

90. *in Scythia interemunt etiam sues, alioqui uiuaciores contra uenena talia, nigras quidem celerius, si in aquam se immerserint.*

7 Σκυθίᾳ : Καρίᾳ PE[a]

(c) Apollonius, *hist. mir.* 11 s.

11. Ἀριστοτέλης δὲ ἐν
Νομίμοις βαρβαρικοῖς (fr. 605
R³.) <ἐν Λάτμῳ> τῆς Καρίας
σκορπίοι γίνονται, οἳ τοὺς μὲν
ξένους πατάξαντες οὐ λίαν
ἀδικοῦσι, τοὺς δὲ ἐπιχωρίους
παραυτὰ ἀποκτείνουσιν. Cf.
Aelian. *NA* 5. 14.

12. περὶ Βαβυλῶνα δὲ
διαβάντι τὸν Εὐφράτην ποταμὸν ὀφίδια γίγνεται, καὶ τοὺς
μὲν ξένους τύπτει, τοὺς δ᾽
ἐντοπίους οὐκ ἀδικεῖ.

Plin. *NH* 8. 229

iam quaedam animalia indigenis innoxia aduenas interemunt, sicut serpentes
4 *parui in* †*Mirinthe*†, *quos*

[Antigon. Caryst.] *hist. mir.* 16

ἐν Λάτμῳ δὲ τῆς Καρίας
φησὶν Ἀριστοτέλης τοὺς σκορπίους, ἐὰν μὲν τῶν ξένων τινὰ
πατάξωσιν, μετρίως λυπεῖν,
ἐὰν δὲ τῶν ἐγχωρίων, ἕως
θανάτου κατατείνειν. τῶν δὲ
Λιβύων καλοῦνται Ψύλλοι
τινές, παρ᾽ οἷς ἀνάπαλίν τι
γίνεται τοιοῦτον (Guida : τούτου P). ὑπὸ γὰρ τῶν ἀσπίδων
οὗτοι μὲν οὐδὲν πάσχουσιν
τυπτόμενοι, τῶν δὲ λοιπῶν οὐκ
ἔστιν ὅστις διαφεύγει δηχθείς.

[Aristoteles] *Mir.* 149 s. 845b 8

149. ἐν δὲ τῇ Μεσοπο-
ταμίᾳ τῆς Συρίας φασὶ καὶ ἐν
†Ἰστροῦντι† ὀφείδιά τινα
γίγνεσθαι, ἃ τοὺς ἐγχωρίους

280 THÉOPHRASTE

terra nasci proditur. item in
Syria angues circa Euphratis
maxime ripas dormientes
Syros non attingunt aut,
etiamsi calcati momordere,
10 *non sentiuntur malefici, aliis*
cuiuscumque gentis infesti,
auide et cum cruciatu exani-
mantes. quam ob rem et Syri
non necant eos. Contra in
15 *Latmo Cariae monte Aristo-*
teles tradit a scorpionibus
hospites non laedi, indigenas
interemi.

4 *Mirinthe* codd. : alii alia coniciunt

οὐ δάκνει, τοὺς ξένους δὲ
ἀδικεῖ σφόδρα.
150. περὶ δὲ τὸν Εὐφρά-
την καὶ τελείως φασὶ τοῦτο
γίγνεσθαι. πολλοὺς γὰρ φαίνεσθαι περὶ τὰ χείλη τοῦ
ποταμοῦ καὶ διανέοντας ἐφ᾽
ἑκάτερα, ὥστε τῆς δείλης ἐνταῦθα θεωρουμένους ἅμα τῇ
ἡμέρᾳ ἐπὶ θατέρου μέρους
φαίνεσθαι, καὶ τοὺς ἀναπαυο-
μένους τῶν μὲν Σύρων μὴ δάκ-
νειν, τῶν δ᾽ Ἑλλήνων μὴ
ἀπέχεσθαι. Cf. Aelian. 9. 29.

12 = 14 Rose

Priscian. Lyd. *Sol.* ix p. 97.23-
25 B.
   non omnibus autem anima-
libus nociua sunt reptilia. etenim
cerui et sues comedunt serpentes,
et alii ab aliis innocue deuoran-
tur.

Plin. *NH* 11. 279 (fr. 6 ←)...
quin et subus serpentes in pabulo
sunt, et aliis uenenum est ... (→
fr. 13) *quasdam serpentes scor-*
pio occidit ... (→ fr. 2)
   [Ar.] *HA* 9. 1, 609b 30 ἢ δ᾽ ὗς
ἐσθίει τοὺς ὄφεις.

[Aristoteles] *De mirabilibus auscultationibus* 139. 844b 23

ἐν Ἄργει δέ φασι γίγνεσθαι ἀκρίδος τι γένος ὃ καλεῖται
σκορπιομάχον. ὅταν γὰρ ἴδῃ τάχιστα σκορπίον, ἀνθίσταται
αὐτῷ· ὡσαύτως δὲ καὶ ὁ σκορπίος ἐκείνη. καὶ κύκλῳ περιιοῦσα
τρίζει περὶ αὐτόν· τὸν δὲ τὸ κέντρον ἐπαίροντα ἀντιπεριάγειν ἐν
τῷ αὐτῷ τόπῳ, εἶτα κατὰ μικρὸν ἀνιέναι τὸ κέντρον, καὶ τέλος
ὅλον ἐκτείνεσθαι, τῆς ἀκρίδος κύκλῳ τρεχούσης. τὰ τελευταῖα
δὲ προσελθοῦσα κατεσθίει αὐτὸν ἡ ἀκρίς. ἀγαθὸν δέ φασιν εἶναι
καὶ πρὸς τὰς πληγὰς τοῦ σκορπίου ἐπιφαγεῖν αὐτήν.

13 = 15, 16 Rose

Priscianus Lydus, *Solutiones ad Chosroem*, lib. ix p. 97.25-98.5 B.
   (a) *causa uero quia corpora per mixturas differunt et, sicut*
escae multiformes, in eundem sunt modum nocentia et interimen-
tia ; secundum enim habitudines unius cuiusque eorum in alimenta
etiam suci et odores : et omnino multa eorum quae sunt inaniman-
tia hoc ipsum possunt agere ;

6 (b) *sicut quaedam animalium comedentia tales carnes aut herbas continuo interimuntur, et omne incisum ab oleo corrumpitur, et uultores ab unguentorum odore, scarabaei quoque a rosis, serpentesque et omnino haec per omnia ab odore ceruinorum cornuum : propterea etiam redolentia fugiunt.*

7 *interimuntur* H : *interimunt* CM || 8 *uultores* Rose : *tumores* CHM || *scarabaei* Rose : *scabies* CHM

Plin. *NH* 8. 136

leontophonon accipimus uocari paruom nec aliubi nascens quam ubi leo gignitur ; quo gustato tanta illa uis ut ceteris quadripedum imperitans ilico expiret. ergo corpus eius exustum aspergunt aliis carnibus polentae modo insidiantes ferae necantque etiam cinere : tam contraria est pestis. haud inmerito igitur odit leo, uisumque frangit, et citra morsum exanimat ; ille contra urinam spargit, prudens hanc quoque leoni exitialem...

ibid. 11. 279 (fr. 12 ←)...
quae insecta appellauimus, omnia olei aspersu necantur, uultures unguenti ..., scarabaei rosa
... (→ fr. 2, 3)

[Aristoteles] *Mir.* 146 s. 845a

28 κατὰ δὲ Συρίαν εἶναί τί φασι ζῷον ὃ καλεῖται λεοντοφόνον· ἀποθνήσκει γὰρ ὁ λέων, ὡς ἔοικεν, ὅταν αὐτὸν φάγῃ. ἑκὼν μὲν οὖν τοῦτο οὐ ποιεῖ, ἀλλὰ φεύγει τὸ ζῷον. ὅταν δὲ συλλαβόντες αὐτὸ οἱ κυνηγέται καὶ ὀπτήσαντες ὥσπερ ἄλφιτα λευκὰ περιπάσσωσιν ἄλλῳ ζῴῳ, γευσάμενον ἀπόλλυσθαί φασι παραχρῆμα. κακοῖ καὶ προσουροῦν τὸν λέοντα τοῦτο τὸ ζῷον. 147. λέγεται καὶ τοὺς γῦπας ὑπὸ τῆς τῶν μύρων ὀσμῆς ἀποθνήσκειν, ἐάν τις αὐτοὺς χρίσῃ ἢ δῷ τι μεμυρισμένον φαγεῖν· ὡσαύτως δὲ καὶ τοὺς κανθάρους ὑπὸ τῆς τῶν ῥόδων ὀσμῆς.

Aelianus, *De natura animalium* 4. 18

...λεοντοφόνου φαγὼν ὁ λέων ἀποτέθνηκε. τὰ δὲ ἔντομα φθείρεται, εἰ ἐλαίῳ τις ἐγχρίσειεν αὐτά. γυπῶν γε μὴν τὸ μύρον ὄλεθρός ἐστι. κάνθαρον δὲ ἀπολεῖς, εἰ ἐπιβάλοις τῶν ῥόδων αὐτῷ. ~ *ib.* 1. 38, 3. 7, 6. 46.

Cf. Hesychius λ 648 λεοντοφόνον· θηρίδιόν τι πλανώμενον ἐν Συρίᾳ. – [Ar.] *HA* 8. 27, 605b 19 πάντα δὲ τὰ ἔντομα ἀποθνήσκει ἐλαιούμενα· τάχιστα δ' ἄν τις τὴν κεφαλὴν ἀλείψας ἐν τῷ ἡλίῳ θῇ. – Th. *CP* 6. 5. 1 ἔχει δὲ καὶ κατὰ τὰς ὀσμὰς ὁμοίως· ἄλλαι γὰρ ἄλλοις ἐναντίαι καὶ οὐ πρόσφοροι, καὶ οὐ μόνον εἰς τὸ μὴ δεῖσθαι, μηδὲ ζητεῖν, ἀλλ' ὑπὸ τῶν ἡδίστων ἡμῖν ἀναιρεῖσθαι, καθάπερ οἱ γῦπες ὑπὸ τῶν μύρων καὶ οἱ κάνθαροι ὑπὸ τῶν ῥόδων. – Th. *Od.* 4 πονεῖν δ' ἔνια φαίνεται ταῖς ὀσμαῖς καὶ ταῖς εὐωδίαις,

εἴπερ ἀληθὲς τὸ ἐπὶ τῶν γυπῶν καὶ τῶν κανθάρων. – Ar. *HA* 4. 8,
534b 23 καὶ ἐλαφείου κέρατος θυμιωμένου τὰ πλεῖστα φεύγει τῶν
τοιούτων (i.e. τῶν ἐντόμων).

14

Priscianus Lydus, *Solutiones ad Chosroem*, lib. ix p. 98.5-11 B.

*et omnino si quis ingrediatur his per partes, multa inuenerit quo-
rundam quidem salutaria, quorundam uero nociua, et talem quandam
ad se inuicem habitudinem habentia et connaturalitatis et fugae ; quoniam et mortalium et germinum et herbarum et lapidum quaedam quidem animalibus quibusdam nociua, prodentia uero aliis, et hominum
morsus multi sunt nociui. superfluae igitur est approbationis horum
unius cuiusque recordatio.*

Aelianus, *De natura animalium* 9. 15
    (fr. 5 ←)... ἀνθρώπου δὲ ἀσίτου δῆγμα χαλεπὸν καὶ δυσία-
τον = Exc. Const. B63, p. 52.8... (→ fr. 2).
    Cf. [Ar.] *HA* 8. 29, 607a 29 (fr. 3 ←) ἐστὶ δὲ τοῖς πλείστοις
αὐτῶν (sc. τῶν ἰοβόλων) πολέμιον τὸ τοῦ ἀνθρώπου πτύελον. –
Aelian. *NA* 9. 4 = Apollod. fr. 19c.

15

Priscian. Lyd. *Sol.*, lib. ix p. 98.
12-16 B.

*et quaedam quidem per mor-
sum uenenum inserunt, quaedam
uero per punctionem uelociter
aut per solam exputionem aut
etiam per quandam occultam
relationem et uirtutem seu spiritum uocemue et aspectum, sicut
in quibusdam aliis animalibus et
fascinantibus hominibus accidit.*

Ael. Promotus 2 p. 43.14-18
Ihm

    εἴπωμεν τοίνυν πρότε-
ρον καθολικῶς διορίζοντες
τὰς τῶν ἰοβόλων ζῴων δια-
φοράς. τῶν ἰοβόλων ζῴων
5 τὰ μὲν ἐστι χερσαῖα, τὰ δὲ
ἔνυδρα, τὰ δὲ ἀμφίβια, τὰ
δὲ πτηνά. καὶ τὰ μὲν διὰ
δήγματος ἐνίησι τὸν ἰόν, τὰ
δὲ διὰ κέντρου νύξεως, τὰ
10 δὲ διὰ προσπτύσεως, τὰ δὲ
διὰ λεληθυίας ἀναφορᾶς.
(→ fr. 16)

10 προσπτύσεως ego : προπτήσ- V ‖
11 -θυίας ego : -θεί- V

Aelianus, *De natura animalium* 3. 32
    ... ἀκούω <δὲ> Θεοφράστου λέγοντος (...). διαφορότης δὲ
2 ἄρα τῶν ζῴων καὶ ἰδιότης εἴη ἂν καὶ ταύτῃ· τὰ μὲν γὰρ αὐτῶν

THÉOPHRASTE 283

ἐστι δακετὰ καὶ ἐνίησι ἀπὸ τοῦ ὀδόντος φάρμακον, βλητὰ δὲ
4 ὅσα παίσαντα εἶτα μέντοι καὶ ἐκεῖνά τι τοιοῦτον κακὸν ἐνίη-
σιν. Cf. ibid. 8. 8 τοὺς ὄφεις πάντας καὶ τὰ ἄλλα ζῷα ὅσα μὴ
δακόντα μὲν παίσαντα δὲ ἀναιρεῖ..

1 add. Hercher ‖ 3 βλητὰ : βλητικὰ O. Schneider ‖ 4 τι : τὸ Hercher

16

Priscian. Lyd. *Sol.* ix p. 98.16-
22 B.

*et quia quaedam quidem ex
natura sunt uenenosa, quaedam
uero ex translatione, et quaedam
quidem praecipitium inferunt,
quaedam passionem, quaedam
uero periculum ; et quaedam
quaecunque consuescunt facere
cito ferunt, quaedam uero postea
magisque et minus : talem itaque
superfluam moram dimittentes et
causas dicentes iam horum cor-
rumpentis et ad aliquid ferentis
substantiae et materiae, in deci-
mum transcendamus capitulum...*
(sequitur c. x)

Ael. Prom. 2 p. 43.18-24 Ihm
(fr. 15 ←) καὶ τὰ μὲν ἐκ
φύσεώς ἐστιν ἰοβόλα, τὰ δὲ
ἐκ μεταβολῆς. καὶ τὰ μὲν
εὐθέως πέφυκε δρᾶν, τὰ δὲ
5 ὕστερον μᾶλλόν τε καὶ
ἧττον. καὶ τὰ μὲν ἄρρενά
ἐστι, τὰ δὲ θήλεα, καὶ ἤτοι
νεογνὰ ἢ ἀκμάζοντα ἢ πα-
λαιά· καὶ τὰ μὲν μεγάλα, τὰ
10 δὲ μικρά, τὰ δὲ μέσα· καὶ
καθ᾽ ὅσας ἄλλας πλείστας
διαφορὰς αὐτῶν διαφέρει
τὰ ἰοβόλα ζῷα μακρόν ἐστι
διελθεῖν, καὶ εἰ χαλεπώ-
τερά ἐστι τὰ τούτων δήγ-
ματα ἢ πραότερα.

7 θήλεα ego : θήλεια V

Pseudo-Dioscorides, Περὶ ἰοβόλων, praefatio, p. 56.12-16 Sprengel

... ἐπειδήπερ τῶν δηλητηρίων καὶ τῶν ἰοβόλων τὰ μὲν διε-
γερτικὰ κινδύνων γίνεται, τὰ δὲ σηπεδόνων βαθυτέρων ἢ ἐπιπο-
λαιοτέρων, τὰ δὲ περιωδυνιῶν σφοδροτέρων ἢ ἀμυδροτέρων, τὰ
δὲ ἄλλων δυσεργημάτων ἧσσον ἢ μᾶλλον ὀχλούντων ~ p. 48.13 s.
ὧν τὰ μὲν ἐστι ποιοῦντα πόνον ἰσχυρόν, τὰ δὲ σήποντα, τὰ δὲ
κτείνοντα συντόμως ...

Ibid. p. 57.6-9 ὁ μὲν γὰρ ὀξέως καὶ παραχρῆμα καὶ τὰς
ὀχλήσεις καὶ τοὺς κινδύνους ἐπιφέρει, ὁ δὲ ἐξ ἀναβολῆς καὶ
χρόνου πλείονος ἢ ἐλάττονος ~ p. 43.10-12 ὀλίγα μὲν γὰρ καὶ
τῶν ἰοβόλων καὶ τῶν θανασίμων σχολαίους καὶ ἐξ ἀναβολῆς
φέρει τοὺς κινδύνους, τὰ πολλὰ δὲ εὐθέως.

17* = 4 Rose

Aelianus, *De natura animalium*, 4. 57

'Αριστοτέλης (i.e. Theophrastus) λέγει τὸν ὑπὸ ὕδρου πλη-
2 γέντα παραχρῆμα ὀσμὴν βαρυτάτην ἀπεργάζεσθαι, ὡς μὴ οἷόν
τε εἶναι προσπελάσαι αὐτῷ τινα· λήθην τε καταχεῖσθαι τῷ
4 πληγέντι ὁ αὐτὸς λέγει, καὶ μέντοι καὶ ἀχλὺν κατὰ τῶν
ὀμμάτων πολλήν, καὶ λύτταν ἐπιγίνεσθαι καὶ τρόμον εὖ μάλα
ἰσχυρόν, καὶ ἀπόλλυσθαι διὰ τρίτης αὐτόν.

1 'Αριστοτέλης codd. : 'Απολλόδωρος Wellmann ‖ 3 s. τῷ πληγέντι : τοῦ
πληγέντος Hercher dub. ‖ 5 εὖ Reiske : εὐθὺς codd.

18* = 5 Rose

Geoponica 15. 1. 20 ss.

Θεόφραστος καὶ 'Αριστοτέλης (*HA* 5. 1, 539a 21 ss.) φασὶ
τὰ ζῷα οὐ μόνον ἐξ ἀλλήλων γεννᾶσθαι, ἀλλὰ καὶ αὐτόματα
γίνεσθαι, καὶ ἀπὸ τῆς γῆς σηπομένης· αὐτῶν δὲ τῶν ζῴων καὶ
τῶν φυτῶν μεταβάλλεσθαί τινα εἰς ἕτερα. 21. καὶ γὰρ τὴν κάμπην
φασὶν (*ibid.* 551a 13) εἰς ζῷον ἕτερον πτερωτόν, τὴν καλουμένην
ψυχήν, καὶ τὰς ἀπὸ τῆς συκῆς κάμπας (552b 1) εἰς κανθαρίδας,
τόν τε ὕδρον εἰς ἔχιν ξηραινομένων τῶν λιμνῶν. 22. ἔνια δὲ καὶ
κατὰ τὰς ὥρας δοκεῖ μεταβάλλειν, ὥσπερ ὁ ἱέραξ καὶ ὁ ἔποψ ...

Theophrastus, *Historia plantarum*, 2. 4. 4

Ἄτοπον δ' ἂν δόξειε μᾶλλον εἰ ἐν τοῖς ζῴοις αἱ τοιαῦται
μεταβολαὶ φυσικαὶ καὶ πλείους· καὶ γὰρ κατὰ τὰς ὥρας ἔνια
δοκεῖ μεταβάλλειν, ὥσπερ ὁ ἱέραξ καὶ ἔποψ καὶ ἄλλα τῶν
ὁμοίων ὀρνέων. καὶ κατὰ τὰς τῶν τόπων ἀλλοιώσεις, ὥσπερ ὁ
ὕδρος εἰς ἔχιν ξηραινομένων τῶν λιβάδων.

Scholia in Theocritum 7. 22 p. 85.14 Wendel

σαῦρος : ἀρσενικόν, θηλυκὸν δὲ ἡ σαύρα. φησὶ δὲ 'Αριστοτέλης (fr. 328 R³) περὶ τοῦ ζῴου ὅτι ξηραινόμενον εἰς ἔχιν
μεταβάλλει.

19*

[Antigonus Carystius], *Hist. mir.* 19. 5 p. 42 Giannini

... ὁ δὲ 'Αριστοτέλης (i.e. Theophrastus) καὶ ἐκ τῶν σισυμ-
βρίων φησὶν σαπέντων σκορπίους γίνεσθαι.

20*

(a) [Aristoteles] *Historia animalium* 8. 29, 607a 23

(fr. 2 ←)... γίνεται δὲ καὶ ἐν τῷ σιλφίῳ τι ὀφείδιον, οὗ καὶ
λέγεται ἄκος εἶναι λίθος τις, ὃν λαμβάνουσιν ἀπὸ τάφου βασι-

λέως τῶν ἀρχαίων καὶ ἐν οἴνῳ ἀποβάψαντες πίνουσιν ... (→ fr. 11a).

(b) [Aristoteles] *HA* 8. 29, 607a 33

(fr. 9b ←)... ἔστι δὲ καὶ ἐν τῇ Ἰνδικῇ ὀφείδιόν τι, οὗ μόνου φάρμακον οὐκ ἔχουσιν.

4. Apollodore

Περὶ θηρίων

1 = vi O. Schneider

Aelianus, *De natura animalium* 8. 7

(...) τὸν δὲ χέρσυδρον πατήσας τις, καὶ εἰ μὴ δηχθείη, ὡς
2 Ἀπολλόδωρός φησιν ἐν τῷ θηριακῷ λόγῳ, ἀποθνήσκει
πάντως. ἔχειν γάρ τι σηπτικὸν καὶ τὴν μόνην τοῦ ζῴου ἐπί-
ψαυσιν λέγει. καὶ μέντοι καὶ τὸν πειρώμενον θεραπεύειν καὶ
ἐπικουρεῖν ἁμωσγέπως τῷ ἀποθνήσκοντι φλυκταίνας ἴσχειν
ἐν ταῖς χερσίν, ἐπεὶ μόνον τοῦ πατήσαντος προσέψαυσεν ...

1 χέρσυδρον codd. : χέλυδρον O. Schneider ‖ 2 ἀποθνήσκει Gesner : ἀποθνήσκειν codd.

2 = vii S.

Aelianus, *De natura animalium* 8. 12

ὁ παρείας ἢ παρούας – οὕτω γὰρ Ἀπολλόδωρος ἐθέλει –
2 πυρρὸς τὴν χρόαν, εὐωπὸς τὸ ὄμμα, πλατὺς τὸ στόμα, δακεῖν
οὐ σφαλερός, ἀλλὰ πρᾶος· ἔνθεν τοι καὶ τῷ θεῶν φιλανθρω-
ποτάτῳ ἱερὸν ἀνῆκαν αὐτόν, καὶ ἐπεφήμισαν Ἀσκληπιοῦ
θεράποντα εἶναι οἱ πρότεροί μου ταῦτα ἀνιχνεύσαντες.

5 πρότεροι ego : πρῶτοι codd. ‖ μου del. edd.

3 = viii S.

Σ Nic. *Ther.* 491/492 (p.
197.2-6 Crugnola)

ἀκοντίαι : (a) οὕτως δια-
τρέχοντες κατὰ τὰ ἀκόντια.
(b) ἄλλα δὲ ζῷά εἰσιν οἱ
4 ἀκοντίαι ὁρμῶντες ὥσπερ
τὰ ἀκόντια.
492. ἐπὶ τούτοις δὲ οἱ
τυφλῶπες, τουτέστιν οἱ κα-
8 λούμενοι τυφλῖνοι ἤ, ὡς

Aelianus, *De natura animalium*
8. 13

(...) τὸν τυφλῶπα δέ, ὃν
καὶ τυφλίνην καλοῦσι καὶ
κωφίαν προσέτι, κεφαλὴν
4 μὲν παραπλησίαν ἔχειν
μυραίνη λέγει τις λόγος,
ὀφθαλμοὺς δὲ ἄγαν βραχίσ-
τους· καὶ θάτερον μὲν τοῖν
8 ὀνομάτοιν ἐντεῦθεν εἴλη-

Ἀπολλόδωρος <καὶ> Ἀπολ-
λοφάνης (fr. 1), <κωφίαι>,
ὄφεις εἰσίν· οὗτοι δὲ καὶ
12 πατούμενοι ἠρεμοῦσι.

φε, τόν γε μὴν κωφίαν, ἐπεὶ
νωθής ἐστι τὴν ἀκοήν.
δορὰν δὲ ἰσχυρὰν ἔχει καὶ
διακοπτομένην βραδύτατα.
τὸν δὲ ἀκοντίαν ...

Σ Th. codd. : GL, KBRW, Precc. 4 s. ὁ. ὥ. τ. ἀ. GLP, recc. (διὰ τὸ ὁρμᾶν ὥ.
τ. ἀ.) : ὥ. τ. ἀ. ὁ. KBRW ‖ 7 τουτέστιν om. GL, τουτέστιν οἱ post καλούμε-
νοι transtulit R ‖ 9 Ἀπολλόδωρος καὶ Ἀπολλοφάνης ego (cl. Pl. 22. 59, infra
fr. 7) : Ἀπολλόδωρος GBRW Ἀπολλοφάνης LKP ‖ 10 κωφίαι addidi ex
Aeliano ‖ 11 ὄφεις om. P, unde 8-11 ἢ ... εἰσίν om. recc.

4 = IV, v S.

Scholia in Theriaca 715a (p. 262.6-12 Crugnola)

ἔργα δέ τοι σίνταο : <Ἰόβας> ὁ βασιλεὺς ἐν τῷ Θηριακῷ
2 (FGrHist 275 F102) δέκα γένη φησὶν εἶναι τῶν φαλαγγίων.
Ἀπολλόδωρος δὲ ἐν τῷ Περὶ θηρίων καὶ Ἀριστοτέλης (HA 5.
27, 555b 10-16) φασὶν ὅτι ἐν γυργαθοῖς γεννῶσι τὰ φαλάγγια,
τίκτει δὲ ὑπὲρ τὰ τριάκοντα. γεννηθέντα δὲ τὰ φαλάγγια
ἀναιρεῖ τὴν μητέρα, ἐνίοτε δὲ καὶ τὸν ἄρρενα.

codd. : GL, KPrecc., V, desunt RBW 1 Ἰόβας add. Bussemaker ‖ 2 δέκα : ἢ
(i.e. octo) suprascr. τ̄ K ‖ 4 φασὶν KPG² (om. G¹) : φησὶν LVrecc. ‖ γυργαθοῖς
(ad accentum uide Hdn. καθ. 145.24) : γαργάθοις (γεγάρθοις K) codd. ‖
5 τριάκοντα : an τριακόσια ? cf. Ar. l.c. ‖ 6 ἰδίαν ante μητέρα, ἤγουν τὸν
αὐτῶν ἴδιον πατέρα post ἄρρενα add. K

5 = II, III S.

Plinius, Naturalis historia 11. 87 s.

(a1) uenenum ab iis (i.e. scorpionibus) candidum fundi Apollodorus auctor est, (b) in nouem genera discriptis per colores
maxime superuacuos, quoniam non est scire quos minime exitiales
4 praedixerit. (c) geminos quibusdam aculeos esse, (d) maresque
saeuissimos – nam coitum iis tribuit, – intellegi autem gracilitate et
longitudine. 88. (a2) uenenum omnibus medio die, cum incanduere
solis ardoribus, itemque, cum sitiunt, inexplebiles potus. (e) constat
8 et septena caudae internodia saeuiora esse ; pluribus enim sena
sunt. (f) hoc malum Africae uolucre etiam austri faciunt pandenti-
bus brachia ut remigia subleuantes ; Apollodorus idem plane quibusdam inesse pinnas tradit.

3 superuacuos codd. : opere superuacuo coni. dub. Ian-Mayhoff ‖ 5 tribuit ER :
tribunt D tribuunt F

Aelianus, *De natura animalium* 6.
20

(d) σκορπίων μὲν ὁ ἄρρην
ἐστὶ χαλεπώτατος, ὁ δὲ θῆλυς δοκεῖ
πραότερος. (b) ἀκούω δὲ αὐτῶν
γένη ἐννέα· λευκὸν εἶναι, καὶ αὖ
πάλιν πυρρόν τινα, καπνοειδῆ ἄλλον, μέλανα ἐπὶ τούτοις· πέπυσμαι
δὲ καὶ χλωρὸν καὶ γαστρώδη τινὰ
καὶ καρκινοειδῆ ἄλλον· τόν γε μὴν
χαλεπώτατον φλογοειδῆ ᾄδουσι. (f)
παρείληφα δὲ ἄρα φήμῃ καὶ πτερωτοὺς (c) καὶ δικέντρους τινάς· καί
που ἑπτὰ ἔχων σφονδύλους ὤφθη
τις. (d) σκορπίος δὲ οὐκ ᾠά, ἀλλὰ
ζῷα ἀποτίκτει. χρὴ δὲ εἰδέναι ὅτι
καί φασί τινες οὐκ ἐκ τῆς πρὸς
ἀλλήλους ὁμιλίας γίνεσθαι τὴν ἐπι-
γονὴν τοῖς ζῴοις τοῖσδε ἀλλ'... εἰς
τὰ καύματα ἄγαν τίκτειν σκορπίους.
ἐγχρίσας δὲ ...

Ael. Prom. 15 (p. 51.
16-20) Ihm = Theoph.
Nonn. 269 (p. 312 Bernard)
τῶν σκορπίων ἓν
μὲν τὸ γένος, εἰς
πλείονας δὲ κατ' εἶδος
διαφορὰς παρέλκεται·
5 οἱ μὲν γὰρ αὐτῶν εἰσι
λευκοί, οἱ δὲ μέλανες,
οἱ δὲ χλωροί, οἱ δὲ
†πτερωτοί†, οἱ δὲ τού-
των μεταξὺ καθ' ὑφε-
10 σίν τε καὶ ἐπίτασιν
μετη<λλα>γμένοι τὴν
χροιάν. (f) ἔστι δὲ καὶ
πτερωτὸν σκορπίων
γένος ὑπὸ τοῦτο ἀνα-
γόμενον.
8 πυρωτοί ego : πετρωτοί
Bernard ‖ 11 corr. Rohde

Scholia in *Theriaca* 781b (p. 279.8-19 Crugnola)

ἐννεάδεσμοι : ἀντὶ τοῦ πολύδεσμοι· (e) οὐ γὰρ ὁρᾶται
πλείους ἔχων τῶν ἑπτά (et cod. V). ἢ ἐννεάδεσμοι, ἤτοι ἐννέα
ἁρμογαῖς ἤτοι δεσμοῖς καὶ ἁρμοῖς συνεχόμενοι (et G^g, K^g mg).
4 δεῖ δὲ ἀκούειν ἐννεάδεσμον οἶον πολύδεσμον, ἵνα δὴ ᾖ ἐπιρρ-
ηματικόν· τὸ γὰρ ἐννέα ἐπὶ πλήθους τέτακται, (c) ὥς ποτε ὁ
Νίκανδρος μέμνηται τοῦ δύο κέντρα ἔχοντος.

ἄλλως : ἐννεάδεσμοι· οὔτε διὰ τὸ ἐννέα δεσμοὺς ἔχειν, ὥς
8 φησιν Ἀντίγονος, οὔτε διὰ τὸ ἐννέα σφονδύλους, ὥς φησι
Δημήτριος· (e) τῶν γὰρ σφονδύλων ὁ σκορπίος περισσὸν
ἔχων ὁρᾶται, ἀλλὰ καὶ αὐτοὶ σπάνιοι, καθά φησιν ὁ
Ἀπολλόδωρος. (c) ἴσως δὲ λέγει τοὺς δύο κέντρα ἔχοντας
σκορπίους.

codd. : GL, KPrecc. 5 s. ὥς — ἔχοντος : ὡς καὶ ἄλλοθι ὁ Ν. μέμνηται τὸν
δύο κέντρα ἔχοντα ἐννεάκεντρον εἰπὼν recc. ‖ 9-12 τῶν γὰρ — σκορπίους :
τοὺς γὰρ σπονδύλους ὁ σκορπίος οὐ πλείους ἔχων τῶν ἑπτὰ ὁρᾶται, ἀλλὰ
καὶ αὐτοὺς σπανίους, καθὰ φησιν Ἀπολλόδωρος· ἴσως οὖν λέγει καὶ
ἐνταῦθα τοὺς δύο κέντρα ἔχοντας σκορπίους recc. ‖ 8 σφονδύλους GL :
σπονδ- KP ‖ 9 τῶν γὰρ σφονδύλων : τὸν γὰρ σφόνδυλον P (qui 10 αὐτὸν
σπ....ν habet) τοὺς γὰρ σπονδύλους recc.

6 = I S.

Asclepiades Pharmacion, τῶν ἐντὸς φαρμάκων έ Μνάσων, ap.
Gal. antid. 2. 14 (14. 184.1-12 Kühn)

τῶν δὲ συνθέτων ἡ μὲν παρ' Ἀπολλοδώρου τεθειμένη καὶ
ὑπὸ Σωστράτου ἐπαινουμένη, καὶ πάντων δὲ τῶν μετε-
νεγκόντων παρ' αὐτοῦ, ἡ διὰ τοῦ αἵματος τοῦ χελώνης ἐστὶν
4 ἥδε·

κυμίνου ἀγρίου σπέρματος ὀξύβαφον· χελώνης θαλασσίας
αἵματος ξηροῦ <δ' στατῆρας β'. πιτύας νεβροῦ <β' (εἰ δὲ μή,
λαγωοῦ <γ')· ἐριφείου αἵματος <δ'. πάντα μίξας καὶ οἴνῳ
βελτίστῳ ἀναλαβὼν ἀπόθου. ἐν δὲ τῇ χρήσει λαβὼν ἐλαίας τὸ
8 μέγεθος, τρίψας μετ' οἴνου ὡς βελτίστου, κυάθου ἥμισυ δίδου
πίνειν. ἐὰν δὲ ἀπεμέσῃ τὸ φάρμακον, πάλιν δίδου ἐλαίας τὸ
ἥμισυ, καθὰ προείρηται· καὶ πάλιν ἐὰν ἀποβάλλῃ, ἐκ τρίτου
δίδου κυάμου Αἰγυπτίου τὸ μέγεθος, καθὰ προείρηται.

Test. Oribas. ecl. med. 118 (p. 293.29-34 Raeder), unde Aetius 13.23 (Laur. gr.
75.21)
4 κυμίνου — ὀξύβαφον Gal. : ἀλεύρου σιτανίου (σιταρίου Aet.) Orib.
Aet. ‖ 5 <δ στατ. β' Gal. : ἀνὰ <ā Orib. ἀνὰ <ῆ Aet. ‖ πιτύας Gal. Aet. :
πυτίας Orib. ‖ νεβροῦ <β' ex Orib. restitui : νεβροῦ Gal. ‖ παρείη post μὴ
add. Orib. ‖ 6 λαγωοῦ <γ̄ Gal. : ἐρίφου πυτίας <δ Orib. ἐριφίου πιτύας <δ'
Aet. ‖ ἐριφείου αἵματος <δ' Gal. : κυμίνου ἀγρίου (om. σπέρματος) ὀξύβαφον (ἀγρίου ὀξύβαφον om. Aet.) Orib. Aet. ‖ 8 κυάθου ἥμισυ Gal. : κ^υ ᾱ
Orib. Aet.

7 = XII S.

Plinius, Naturalis historia 22. 59
... et serpentibus et scorpionibus resistit (sc. helioscopium)
ex uino aut aqua mulsa, ut Apollophanes (fr. 2) et Apollodorus tra-
dunt ...
1 Apollophanes et om. V

8 = IX S.

Scholia in Theriaca 858 (p. 299.5 s. Crugnola)
δαύκειον : ὅπερ Ἀπολλόδωρος ἐν τῷ Περὶ θηρίων φησὶ
βοηθεῖν πρὸς τὰ προειρημένα.
codd. : GL, KBRW, Precc. 1 φησὶν ante ἐν transtulerunt Precc. ‖ 2 προειρημένα GL : εἰρημένα cett.

9 = XIII S. = Heraclid. 209 Deichgräber = 6 Guardasole

Asclepiades Pharmacion, τῶν ἐντὸς φαρμάκων έ Μνάσων, ap.
Gal. antid. 2. 13 (14. 181.12-182.2 K.)

ἄλλη (sc. ἀντίδοτος) ἐκ τῶν Ἀπολλοδώρου, ἣν καὶ ὁ
Ταραντῖνος ἐν τῷ Πρὸς Ἀστυδάμαντα ἀναγράφει, πρὸς παντὸς
θηρίου πληγὴν καὶ τὰ σφοδρότατα τῶν ἀλγημάτων καὶ πνίγας
ὑστερικάς·
κωνείου χυλοῦ, ὑοσκυάμου ἀνὰ <δ΄· καστορίου, πεπέρεως
λευκοῦ, κόστου, σμύρνης, ὀπίου ἀνὰ <ā΄. ταῦτα λεάνας καὶ ἐπι-
βαλὼν κυάθους β΄ γλυκέος, τρῖβε ἡλιάζων ἕως συστραφῇ, καὶ
ἀνάπλαττε τροχίσκους κυάμου Ἑλληνικοῦ τὸ μέγεθος, καὶ δίδου
μετ᾿ οἴνου κυάθων β΄.

10 = x S.

Athenaeus, *Deipnosophistae* 15. 28, 681d
Ἀπολλόδωρος δὲ ἐν τῷ Περὶ θηρίων φησί· **χαμαίπιτυν, οἱ
δὲ ὁλόκυρον, οἱ δὲ Ἀθήνησιν ἰωνιάν, οἱ δὲ κατ᾿ Εὔβοιαν
σιδηρῖτιν.**

1 οἱ δὲ ὁλόκυρον : οἱ δ᾿ <ἐν Πόντῳ> ὁλ. Kaibel cl. Diosc.

Dioscorides, *De materia medica* 3. 158 (p. 164.5 Wellmann)
χαμαίπιτυς, ἣν ἔνιοι ἐν
Πόντῳ ὁλόκυρον καλοῦσιν, ἐν
δὲ Εὐβοίᾳ σιδηρῖτιν, Ἀθήν-
ησι δὲ ἰωνιάν.

Paulus Aegineta, 5. 46 p. 34.7
Heiberg
καλεῖται δὲ ἡ χαμαίπι-
τυς, ἡ ἰδίως ἐπ᾿ αὐτῶν (i.e. τῶν
ἀκόνιτον πεπωκότων) ἁρμό-
ζουσα, ἐν μὲν Ἡρακλείᾳ τῇ
Ποντικῇ, ᾗ καὶ τὸ ἀκόνιτον
γεννᾶται, ὁλόκληρον, Ἀθήν-
ησι δ᾿ ἰωνιά, ἐν δὲ Εὐβοίᾳ
σιδηρῖτις.

Scholia in *Alexipharmaca* 56b (p. 50 Geymonat)
νῦν δὲ τὰ τῆς χαμαιπιτυός φησιν, ἣ καὶ ὀνόγυρος καὶ
σιδηρῖτις λέγεται καὶ ἰωνιὰ ἀγρία.

<περὶ δηλητηρίων (uel θανασίμων) φαρμάκων>

11 = xviii S.

Plinius, *Naturalis historia*, 22. 18 s.
18. clara in primis aculeatarum erynge est siue eryngion contra
2 serpentes et uenena omnia nascens... omnibus uero contra toxica et
aconita efficaciorem Heraclides medicus (fr. 232 Deichgr. = 27
Guard.) in iure anseris decoctam arbitratur. 19. Apollodorus aduersus toxica cum rana decoquit, ceteri in aqua.

1 erynge Vd : eringe x erunt gae R ‖ eryngion R : erygion Vdx

12 = XVII S.

Plinius, *Naturalis historia* 20. 86
... *Apollodorus aduersus fungorum uenena semen aut sucum* (sc.
brassicae) *bibendum censet...*

13 = XV S.

Scholia in *Alexipharmaca* 570d, g (p. 196.7 s. 11-16 Geymonat)
... ἄγει δὲ χλόον ἤϋτε θάψου, δηλονότι τῷ φαρμακευο-
2 μένῳ· οἱ γὰρ φαρμακευθέντες, φησίν, ὠχροὶ γίνονται. ὅτι δὲ
οὐ πᾶς βάτραχος ἐπιτήδειος, ἀλλ' ὁ ἐν θερμοτέροις διατρίβων
4 τόποις, καὶ 'Απολλόδωρός φησι. τὴν αὐτὴν δὲ πίσσαν ἀπὸ
οἴνου δοτέον. ἡ δὲ θάψος εἶδος βοτάνης χλωρᾶς ἣ προσεικά-
ζει τὴν χροιὰν τοῦ κάμνοντος.
codd. : GL, RBW 4 δὲ ante φησι transtulerunt RBW ‖ πίσσαν : πόσιν W
(πίσσαν suprascr.) ‖ ἀπὸ seruandum, cf. Cels. 5. 27. 5B, Plin. 22. 59 *ex uino* ‖
5 ἐστιν post θάψος add. RBW

14 = XVI S.

Scholia in *Alexipharmaca* 594a (p. 203 Geymonat)
ἐχθομένη δέ σε : καὶ τῆς λιθαργύρου τὸ πόμα θανάσιμόν
2 ἐστι· μάλιστα δὲ οἱ περὶ 'Απολλόδωρόν φασιν αὐτὸ δίδοσθαι
μετὰ φακοῦ ἢ πισίου ἢ πλακοῦντος· διὰ τοῦτο γὰρ λανθάνει
ὁμόχρουν.
codd. : GRBW 1 ἐχθομένη GR : ἀχθομένη BW ‖ 2 φασιν αὐτὸ G : αὐτό
φασι RW φασὶ δὲ ante μάλιστα B ‖ δίδοσθαι G : δεδόσθαι RBW ‖ 3 πισίου
ego : πισσίου codd. πίσου uel πτισάνης I.G. Schneider

fragmenta incertae sedis

15 = V S.

Plinius, *Naturalis historia* 24.
167
   adiecit his Apollodorus ad-
sector eius (sc. Democriti) *her-*
bam aeschynomenen, quoniam
adpropinquante manu folia con-
traheret, aliam crocida, cuius
tactu phalangia morerentur ...
1 *Apollodorus* gX : *Apollodotus*
VdEa ‖ 2 *aeschynomenen* uett. : *aes-*
cin- V¹ *aescyn-* V²d *aescynomene* g
escyn- X *ex quo nomen* E *ex qua*
nomen a

Scholia in *Ther.* 676d (p. 250.
18, 251.8 Cr.)... τὴν λεγομένην
†ἰσχύουσάν† τε καὶ ἡλιο-
τρόπιον ... ἰσχύουσα δέ , ὅτι
τὸ ἐν Αἰγύπτῳ αὐτῆς φυτὸν
ἀκανθῶδες τοιαύτην ἔχει δύ-
ναμιν· ὅταν γὰρ αὐτῆς ἅψηταί
τις, μαραίνονται αὐτῆς τὰ φύλλα, ἐπειδὰν δὲ αὐτὴν ἐάσῃ,
πάλιν ἀναθάλλουσιν.
1 ἰσχύουσαν : an αἰσχυνομένην ?

16 = xi, xix, xx S.

Plinius, *Naturalis historia*, 22. 31

... *semen eius* (sc. urticae) *cicutae contrarium esse Nicander adfirmat, item fungis <et> argento uiuo, Apollodorus et salamandris cum iure coctae testudinis, item aduersari hyoscyamo et serpentibus et scorpionibus...*

2 *et* Verc. : *in* codd. *uel* Mayhoff ‖ 3 *serpentibus* uett. : *serpentium* codd.

17

Hesychius α 2959 Latte : ἀλθαία· εἶδος βοτάνης <ὡς Ἀπολλόδωρος> T.

Scholia in *Theriaca* 89a (p. 66. 15 s. Crugnola)
ἀγριάδος δὲ μαλάχης (...) ἦν καὶ ἀλθαίαν καλοῦσι.

Theophrastus, *HP* 9. 15. 5
... καὶ ἦν οἱ μὲν ἀλθαίαν, ἐκεῖνοι δὲ μαλάχην ἀγρίαν ...

Σ *Th.* codd. : GL, KBRW, Precc., V 2 ἀλθαίαν I.G. Schneider : ἀλωαίαν (ἀλο- Gᵃᶜ) GL ἀλωαίναν V ἀλωιαν P ἀλωίαν *recc.* ἀλωέα KR ἀλωέα BW

Dioscorides, *De mat. med.* 3. 146 (p. 154.13 Wellmann)
ἀλθαία, ἦν ἔνιοι ἰβίσκον καλοῦσι, μολόχης ἐστὶν ἀγρίας εἶδος.

Plinius, *NH* 20. 29
... *hibiscum, quod molochen agrian uocant et aliqui plistolochiam.* Cf. ibid. 222.

fragmenta dubia

18 = xxi S.

Plinius, *Naturalis historia* 21. 116

... *quod ad cypiron attinet, Apollodorum quidem sequar, qui negat bibendum, quamquam professus efficacissimum esse aduersus culculos. os eo fouet. feminis quidem abortus facere non dubitat ; mirumque, tradit barbaros suffitum huius herbae excipientes ore lienes consumere et non egredi domibus nisi ab hoc suffitu, uegetiores enim firmioresque sic etiam in die fieri ; intertriginum et alarum uitiis perfrictionibusque cum oleo inlitum non dubie mederi.*

19

Aelianus, *De natura animalium* 9.4
(a) ἀκούω δὲ τοὺς ὀδόντας τῆς ἀσπίδος, οὓς ἂν ἰοφό-

Scholia in *Theriaca* 184b, 788a (p. 99, 281 Cr.)
(a) p. 99.8 μύχατος δὲ χιτών : ὑποκάτω γὰρ τῆς

ρους τις εἴποι καλῶν ὀρθῶς,
ἔχειν οἰονεὶ χιτῶνας περικει-
μένους ἄγαν λεπτοὺς καὶ
ὑμέσι παραπλησίους, ὑφ' ὧν
περιαμπέχονται. ὅταν οὖν
ἐμφύσῃ τινὶ τὸ στόμα ἡ ἀσπίς,
διαστέλλεσθαι μέν φασι τὰ
ὑμένια, ἐκχεῖσθαι δὲ τὸν ἰόν,
καὶ πάλιν συντρέχειν ἐκεῖνα
καὶ ἐνοῦσθαι.

(b) τοῦ γε μὴν σκορπίου
τὸ κέντρον ἔχειν τινὰ κολ-
πώδη διπλόην ὑπὸ τῆς ἄγαν
λεπτότητος οὐ πάνυ τι σύνοπ-
τον. καὶ εἶναι μὲν τὸ φάρμακον καὶ τίκτεσθαι λέγουσιν
ἐνταῦθα, ἅμα δὲ τῇ κρούσει
προϊέναι διὰ τοῦ κέντρου καὶ
ἐκρεῖν. ὀπὴν δὲ εἶναι δι' ἧς
ἔξεισιν οὐδὲ ταύτην ὄψει θεω-
ρητήν.

(c) ἀνθρώπου δὲ σιάλῳ
καταπτύοντος ἀμβλύνεσθαι τὸ
κέντρον καὶ μαλκίειν καὶ ἐς
τὴν πληγὴν ἀδύνατον γίνεσθαι

γλώσσης τῆς ἀσπίδος χιτών
τίς ἐστιν, ὃς καλύπτει τοὺς
ὀδόντας αὐτῆς, καὶ ὑπο-
6 κάτω αὐτοῦ τοῦ χιτῶνος ὁ
ἰὸς ἔγκειται· ὑμενώδης δέ
ἐστιν ὁ χιτὼν καὶ τετρημέ-
νος πρὸς τὸ εἰσδέχεσθαι
διὰ τῶν τρήσεων τὴν τρο-
φὴν αὐτῆς. ἄλλως : χιτών
12 ἔστι σκέπασμα, ὥσπερ δὲ
χιτὼν ἐν τῷ στόματι τῆς
ἀσπίδος καλύπτει τοὺς ὀδόντας αὐτῆς.

(b) 281.15... παντὸς δὲ
σκορπίου τὸ κέντρον τετρη-
18 μένον ἐστίν, ἔχον διπλόην
τινὰ δυσόρατον διὰ λεπτότ-
ητα, δι' ἧς τὸν ἰοβόλον
ἰχῶρα προΐησιν, (c) ὃς σιάλῳ ἀνθρώπου ῥαινόμενος,
ἀσθενὴς καὶ ναρκώδης ὁρᾶ-
ται...

Σ 184. codd. : GLM, KBRW, Precc. 4
τίς M : om. cett. ‖ 6 ὁ GL : om. cett. ‖
11-15 (ἄλλως-) om. G ‖ 12 σκέπασμα
BRW : λέπασμα (λέπισμα L). – Σ
788. codd. : GL, KPrecc. 19 διαλεπ-
τοτάτην K ‖ 21 ὃς : οὗ Precc. ‖
σιάλῳ L : σιάλοις K σιέλοις P τοῖς
σιέλοις recc.

5. Érasistrate et les Érasistratéens

a) Erasistrate de Céos

Περὶ δυνάμεων καὶ θανασίμων

1 = 281 Garofalo

Philumenus *Ven.* 17. 12 p. 24.28 Wellmann (~ Ps.Dioscorides π.
ἰοβόλων 27 p. 87.1 Sprengel)
    Ἐρασίστρατος δὲ <ἐν τῷ Περὶ δυνάμεων> ἔγραψεν μὲν
πολλὰ πρὸς ἐχεοδήκτους, τὰ δὲ δοκιμώτατά φησι τάδε· (a)

τοὺς τῶν ὀρνίθων ἐγκεφάλους ἐν οἴνῳ πινομένους ἀρήγειν,
4 (b) καὶ τοῦ πάνακος τὴν ῥίζαν συγκαθεψομένην ἀκράτῳ, (c)
καὶ κράμβης ἡμέρο<υ τοῦ> σπέρματος ὀξύβαφον λεῖον πινόμενον μετ' οἴνου· (d) ἀγαθὸν δὲ καὶ τὸν δάκτυλον καταβάπ-
τοντα εἰς πίσσαν ὑγράν, εἶτα ἀποκλύζοντα εἰς οἶνον πίνειν.

1 addidi ex PsD ǁ 4 (b) om. PsD ǁ 5 corr. Wellmann ex PsD ǁ 7 πίσσαν PsD :
πίοσεν Ph ǁ ἀποκλύζοντα PsD : -τας Ph

2 = 280 G.

Philum. Ven. 22. 3 p. 28.25 Wellmann = Paul. Aegin. 5. 18 p. 20.9
Heiberg = PsD. 15 p. 72.9 Sprengel

Ἐρασίστρατος δέ φησι πεπονθέναι αὐτοῖς (sc. τοῖς ἀμ-
2 μοδύτῃ uel κεγχρίᾳ πεπληγμένοις) τὸ ἧπαρ καὶ τὴν κύστιν καὶ
τὸ κόλον· ἀνατμηθέντων γὰρ αὐτῶν διεφθαρμένα πως εὑρίσκεσθαι ταῦτα τὰ μέρη.

1 πεπονθέναι αὐτοῖς Ph : αὐτοῖς πεπ. PAeg PsD ǁ αὐτοῖς Ph : αὐτοὺς PsD ǁ
3 κόλον Ph PAeg : κῶλον PsD, PAeg (codd. DFR) ǁ εὑρίσκεσθαι PAeg (cod.
D) : -κονται PAeg (cod. F) -κεται Ph

3 (a) = 278b, 3 (b) = 278a G.

PsD. (a) 18 p. 74.1 (PAeg. 5. 20 p. 21.23), (b) PsD. 35 p. 90.15
(Ph. 31. 3 p. 35.11 ~ PAeg. 5. 20 p. 21.23)

(a) Ἐρασίστρατος, ἐν τῷ καλουμένῳ Περὶ δυνάμεων καὶ
2 θανασίμων, περὶ τοῦ καλουμένου βασιλίσκου ῥητῶς οὕτω
φησίν· Ὅταν δὲ ὁ βασιλίσκος δάκῃ, πληγὴ ὑπόχρυσος γίνεται.
(b) τοῖς δὲ ὑπὸ βασιλίσκου δηχθεῖσιν, ὡς Ἐρασίστρατός
φησι, καστορίου <γ̄ πινόμεναι σὺν οἴνῳ βοηθοῦσιν, ὡσαύτως
δὲ καὶ ὁ τῆς μήκωνος ὀπός.

1 (a) om. Ph ǁ 1 s. ἐν – θανασίμων om. PAeg ǁ 5 καστορίου <γ̄ πινόμεναι —
βοηθοῦσι correxi ex Ph PAeg : βοηθεῖ καστορίου <ᾱ πινομένη PsD ǁ 6 ὁ ...
ὀπός PsD : alia syntaxis ap. Ph PAeg

4 = 282 G.

Scholia in Nicandri Alexipharmaca 65a (p. 52 s. Geymonat)

θηλυτέρης πώλοιο· νέας γυναικός φησι, καὶ οὐ πώλου
ἵππου· ὅτι δὲ χρήσιμον τὸ γυναικεῖον γάλα, καὶ Ἐρασίστρατος
μαρτυρεῖ ἐν τῷ Περὶ θανασίμων.

5 = 279 G.

Pseudo-Dioscorides π. ἰοβόλων 19 p. 77.16 Sprengel

οὐκ ἀλόγως δὲ ὁ Ἐρασίστρατος ἐπιμέμφεται τοῖς ἀγνώσ-
τους δυνάμεις πρὸς τὴν χρείαν ἀναγεγραφόσιν, ὡς χολὴν ἐλέ-

φαντος καὶ κροκοδείλου, καὶ αἷμα χελώνης καὶ ᾠά, καὶ τὰ παρα-
πλήσια· δοκοῦσι μὲν γάρ τινα πεποιῆσθαι παράδοσιν ὠφε-
λούντων, ἐξηπατήκασι δὲ αὐτὰ μόνα τοὺς ἐντυγχάνοντας.

fragmentum incertae sedis

6 = 25 Deichgräber = 35 G.

Pseudo-Dioscorides, Περὶ ἰοβόλων, praefatio, p. 49.5-51.2 Sprengel

καὶ οὐδεὶς ἂν οὕτως εὑρεθείη φιλόνεικος ὡς ἄλλοθεν
φῆσαι τὰς ὀχλήσεις καὶ οὐχὶ δι' ὕλης φθοροποιοῦ καθαπτο-
μένης τῶν σωμάτων μόνον ἀπὸ μέρους συμπίπτειν. τοῦτο δὲ
ἦν τὸ πρὸς τὰ ἔργα τῆς τέχνης χρησιμεύοντα, κατὰ πᾶν ἔργον,
5 τὸ ἔργον τοῦτο ποιούμενον ὑπαγορεύειν, ὥστε ἡμᾶς μηδὲ
βλάπτεσθαί τι κατὰ πάντα ὑπὸ τῆς κατὰ τὴν ἰδιότητα ἀκατα-
ληψίας τῆς κοινῆς αἰτίας καὶ τότε ἐνδείκνυσθαι δυναμένης
βεβαίως κατειλημμένης. διὸ καὶ ὁ Ἐρασίστρατος ἐπισκώπ-
των τὴν αὐθάδειαν τῶν ἐμπειρικῶν αἰτίαν τοῖς ἀναιτιολογή-
10 τοις ἀνέθηκεν, οὐ συγχωρῶν αὐτοῖς τὴν αἰτίαν τὴν ἐπανα-
βεβηκυῖαν καὶ καθολικὴν ἄληπτον ἐπὶ τῇ νόσῳ ὑπάρχειν,
†τήν τε περὶ αἰτιῶν γράφει ταύτην τὴν λέξιν†· **τό τε μὴ λέγειν**
<εἰ> ἐπί τινων ἀρκούμεθα τῇ τετηρημένῃ θεραπείᾳ οἷον ἐπὶ
τῶν θηριοδήκτων καὶ θανασίμων καὶ ἐπὶ τῶν λοιπῶν ἀρκεσθ-
15 **ησόμεθα τῇ παρατηρήσει, τῆς τῶν αἰτιῶν προσλήψεως χωριζό-**
μενοι τελέως. πρῶτον μὲν κατὰ γένος οὐκ ἀκατάληπτά εἰσιν·
ὅτι μὲν γὰρ δύναμις ὑπάρχει φθαρτικὴ καὶ τῶν ὑποκειμένων
ἀλλοιωτικὴ ὥστε ἀναιρεῖν [καὶ] ἐκ τῶν κατὰ γένος, [οὐ κατ'
εἶδος] ὑπογράφει θεραπείαν, δι' ἧς ταῦτα ἀμβλυντέον καὶ
20 κατεργαστέον. ὅτι δέ φησιν· **ἦλθέ τις ἐφ' ὕδωρ γλυκὺ καὶ πότι-**
μον, καὶ πρὸ τῆς τοῦ ἀποβεβηκότος παρατηρήσεως ἐπ' ἔμετον,
διάτασιν τοῦ πεπληγότος ἢ δεδηγμένου μέρους ἀποθηλασμόν,
σικύας προσβολήν, ἐκτομήν, καυτηρίων φαρμάκων τὸ αὐτὸ
δυναμένων ἐπίθεσιν, τὸ τελευταῖον ἀποτομὴν τοῦ μέρους· ἀνε-
25 λογίσατο τῶν πεφυκότων φαρμάκων εἰς τὴν ἐπιφάνειαν φέρεσ-
θαί τινα καὶ τῇ ἐνιεμένῃ εἰς τὰ κατὰ βάθος ἐναντιοῦσθαι
φθορᾷ. ταῦτα μὲν οὖν, δι' ὧν εἴρηκεν Ἐρασίστρατος, πάντα
εἴρηκε καλῶς καὶ τοῖς ἔργοις ἀκολούθως. Cf. Diocl. fr. 4.

3 μόνον ego : μόνων ‖ 12 τῇ τε περὶ αἰτιῶν γραφῇ ταύτην διαλαμπρύνων
scr. Sprengel : malim περὶ δὲ αἰτιῶν γράφει οὕτω κατὰ λέξιν ‖ 13 add. Garofalo ‖ 18 post ἀλλοιωτική lac. suspicatur Deichgräber qui δυνατόν ἐστι
βεβαίως καταλαβεῖν suppleuerit ‖ καὶ, οὐ κ.ε. del. G.

b) Straton

1

Aétius 13. 9*

Στράτωνος θυμίαμα·
χαλβάνης, κάχρυος ῥί-
ζης, κέρατος ἐλαφείου,
μελανθίου ἀνὰ γ° α΄·
λεάνας πάντα ἀνάπλασ-
σε τροχίσκους μετ᾽ ὄ-
ξους· καὶ ὅταν βούλῃ
χρήσασθαι βρέξας ἐ-
λαίῳ θυμία κατὰ μέσον
τῆς οἰκίας ἢ διὰ χω-
νείου τῶν φωλεῶν.

5 ante μέσον add. Laur. gr.
18

Phil. 6. 1 s. (10.18) W.

σύνθετον θυμίαμα
†ὀλαου† θηριακοῦ· χαλ-
βάνης, κάχρυος τῆς
ῥίζης, κέρατος ἐλα-
5 φείου, μελανθίου ἀνὰ
γ° α΄· λεάνας πάντ᾽ ἀνα-
λάμβανε <ὄξει> ποιῶν
τροχίσκους· ἐπὶ δὲ τῆς
χρείας ἀποβρέξας εἰς
10 ἔλαιον θυμία κατὰ μέ-
σον τῆς οἰκίας, ἐὰν δὲ
ἐν ὑπαίθρῳ ᾖς, κατὰ
μέσον τῆς κοίτης.

2 Φιλίνου Wellmann ‖ 7 add.
W. ‖ 12 ὑπαίθρῳ W. : ὑπέρ-
θρῳ cod.

Ael. Prom. 5 p. 44.12
Ihm

... ἢ κάγχρυος ῥίζαν
σὺν καρδάμῳ μίξας ἴσα,
ἢ μελάνθην ἢ πρῖσμα
4 κέδρου ἢ θεῖον ἢ ἄσ-
φαλτον ἢ χαλβάνην, ἢ
δαφνίδας καὶ κάγχρυος
ῥίζας καὶ κέρας ἐλάφου
8 καὶ μελάνθην ἴσα μί-
ξας, ποίει τροχίσκους
καὶ ἔχε ἐπὶ τῆς χρείας,
καὶ θυμίασον ἀποβρέ-
12 ξας ἐλαίῳ κατὰ μέσον
τοῦ οἴκου, εἰ δὲ ὕπαιθ-
ρος ᾖ<ς> ἐν μέσῳ τῆς
κλίνης.

14 correxi

2

Phil. 5. 2 p. 9.17 W

ἐκ δὲ τοῦ Στράτω-
νος· ὀστέα μόσχεια
καύσας, ἕως λευκὰ γέ-
νηται, ἀναλάμβανε πίσ-
σῃ ὑγρᾷ ἢ μέλιτι ἢ
ἀμφοτέροις καὶ ἐντίθει.
ἄλλο· μάννην λεά-
νας μετ᾽ ἐλαίου καὶ οἴ-
νου κατάπλασσε.

ῦ : an τῶν ?

Aétius 13. 1 p. 264.14
Zervos

... ἢ ὀστέα καύσας
μόσχεια, ἕως λευκὰ γέ-
νηται, ἀναλάμβανε πίσ-
σῃ ὑγρᾷ ἢ μέλιτι ἐφθῷ
ἢ ἀμφοτέροις ἐπ᾽ ἴσης
καὶ ἐντίθει τῷ κόλπῳ· ἢ
μάννην ἢ αὐτὸν τὸν
λίβανον μετὰ σμύρνης
λεάνας σὺν οἴνῳ καὶ
ἐλαίῳ κατάπλασσε.

Ael. Prom. 34 p. 59.28
Ihm

...ἢ ὀστέα μόσχεια
καύσας ἕως λευκώ-
σεως, ἀναλαβὼν πίσσῃ
4 ὑγρᾷ ἐντίθει, ἢ μετὰ
μέλιτος, ἐμοὶ δὲ δοκεῖ
μετ᾽ ἀμφοτέρων· ἢ μάν-
ναν λείαν μετ᾽ ἐλαίου
8 κ<αὶ> οἴνου κατάπλα-
σον, ἢ λίβανον σὺν
ἐλαίῳ καὶ οἴνῳ.

8 correxit Ihm ‖ -πλασσον
codd., corr. Ihm

3

Philumenus, *Ven.* 21. 6 p. 28.12 Wellmann (*Hémorrhous* et *Hémorrhoïs*)

296 STRATON

ἐκ δὲ τῶν Στράτωνος· φοῦ τὸ λευκὸν μετ' οἰνομέλιτος
δίδου πιεῖν, ἢ ῥεφάνου σπέρμα μετ' οἴνου. κατάπλασσε δὲ ἁλὶ
λείῳ ἀναληφθέντι πίσσῃ ὑγρᾷ.

1 οἰνομέλιτος Wellmann : οἴνου μέλιτος cod.

4

Philumenus, *Ven.* 10. 3 p. 26.27-27.3 Wellmann (Dipsade)
βοηθοῦνται δὲ καὶ οὗτοι <τοῖς> ἐπ' ἐχεοδήκτων εἰρημέ-
νοις, ὡς ἱστορεῖ 'Απολλώνιος ἐν τοῖς Εὐπορίστοις· ἐν δὲ τοῖς
Στράτωνος οὐ κεῖται περὶ διψάδος. ὡς δὲ παρὰ τοῖς θηριακοῖς
ηὕρομεν, ἰδίως ἐπὶ τούτων φασὶν τοῖς διουρητικοῖς βοηθήμασι
χρῆσθαι ...

1 τοῖς add. Wellmann, cf. Aet. 13. 24 p. 285.20

5

Philum. *Ven.* 23. 4 p. 30.7 W.   Aetius 13. 26*
(Seps/Sépédon)   δίδου δὲ καὶ ἀνδρά-
ἐκ δὲ τῶν Στράτωνος· χυλὸν   χνην πλείστην ἐσθίειν,
ἀνδράχνης ὡς πλεῖστον δίδου πιεῖν,   καὶ οἶνον πίνειν μυρτίτην
ἢ μυρτίτην οἶνον ζωρότερον δίδου,   ἀκρατέστερον, ἢ ἀμπέ-
ἢ ἀμπέλου <ἕλικα>ς σὺν οἴνῳ   λου ἕλικας σὺν οἴνῳ ...
<καὶ> ὄξει λειώσας δίδου πίνειν.

4 s. add. Wellmann

6

Philum. 33. 1-3 p. 36.7-20 W = Ael. Prom. 30 p. 58.10 Ihm =
Aetius 13. 16 p. 271.7 Zervos
<ἡ> μυγαλῆ ἀπεικάζεται μὲν κατὰ τὴν χρόαν τῇ κατοικιδίῳ
γαλῇ, κατὰ δὲ τὸ μέγεθος μυῖ, ὅθεν καὶ σύνθετον ἔσχε τὸ
ὄνομα. <ἐστὶ δὲ> τῇ χρόᾳ τεφρώδης, στόμα δὲ ἔχει ἐπίμηκες
4 <καὶ> λεπτῇ καὶ κολοβῇ οὐρᾷ <κέχρηται>· ὀδόντας <δὲ> λεπτοὺς ἔχει, καὶ τούτους ἐν διστοιχίᾳ <ὄντας> καθ' ἑκατέραν
γένυν, ὡς εἶναι τετραστιχίαν ὀδόντων.
τοῖς οὖν ὑπ' αὐτῆς δηχθεῖσιν αἱ τρώσεις ἐμφανεῖς γίγνον-
8 ται (τεσσάρων γὰρ στίχων τρώσεις ὀραθήσονται) αἷμά τε
ἐκκρίνεται πρῶτον καθαρόν, μετ' ὀλίγον δὲ ἰχωρῶδες· τὸ γὰρ
ζῷον σήψει κτείνει. εἰώθασι δὲ καὶ φλύκταιναι ἐπανίστασθαι,
ἅς, εἴ τις ἀποσύροι, ὄψεται τὴν ὑποκειμένην σάρκα τρυγώδη
12 τε καὶ κατερρηγυῖαν· παρακολουθεῖ δὲ τοῖς πεπληγμένοις καὶ
ἐμπνευμάτωσις.

Στράτων δέ, προϊστορεῖ μὲν γὰρ τὰ προειρημένα περὶ τοῦ
ζῴου καὶ τῶν ὑπὸ τούτου πληγέντων, ἔφη δὲ ὡς μᾶλλον τὸ
16 ζῷον περὶ τοὺς διδύμους ἐφάλλεται οὐ μόνον ἀνθρώποις, ἀλλὰ
καὶ παντὶ ζῴῳ.

2 s. σύνθετον ἔσχε τὸ ὄνομα (σύνθ. om. Aet.) Pr. Aet. : σύνθ. τὸ ὄνομα ἔχει
Ph. ‖ 3 add. Wellmann ‖ τῇ χρόᾳ τεφρώδης om. Pr. Aet. ‖ ἐπίμηκες Ph. Pr. :
ὑπομ- Aet. ‖ 4 καὶ — κέχρηται Wellmann : καὶ λεπτὴν οὐράν Aet. κ. ο. λ.
Pr. (sc. ἔχει) Aet. Pr. ‖ 5 ἑκατέραν Aet. : ἑτέραν δὲ Ph., om. Pr. ‖ 9 πρῶτον
καθαρόν Aet. : om. Ph. Pr. ‖ 10 ἐπανίστασθαι ὡς ἀπὸ πυρὸς πυρῶδες
καταρρέον ἢ κυανοῦν παρακολουθεῖ habet Pr. ‖ 12 κατερρηγυῖαν Ph. :
κατερρωγ- Aet. ‖ 13 ἐμπνευμάτωσις Ph. Aet. : πνευμ- Pr. ‖ 14 nomen
Στράτων om. Aet. ‖ 14 s. προϊστορεῖ … ὡς Ph. : ἱστορεῖ ὅτι Pr., om. Aet. ‖
16 ἐφάλλεται Ph. Pr. : ἐπιπηδᾷ Aet. ‖ καὶ τοῦτο<υς> πλήττει post ἐφάλλεται add. Pr. (corr. Rohde)

7

Philumenus, Ven. 37. 3 p. 40.7 Wellmann (Pastenague et Murène)
κατ᾽ ἰδίαν δὲ <ὃ> παρα<δί>δωσιν ἡμῖν ὁ Στράτων ἐν τοῖς
2 αὐτοῦ συγγράμμασίν ἐστι τόδε·
**κατάπλασσε δέ, φησιν οὗτος, δάφνης φύλλοις λελεασμέ-
νοις, καὶ τὸ ἀφέψημα δὲ τῆς δάφνης μετ᾽ οἴνου δίδου πίνειν, ἢ
ὀπὸν Κυρηναϊκὸν μετ᾽ οἴνου κεκραμένου δίδου πίνειν, ἢ
6 σμύρνῃ ὁμοίως χρηστέον, ἢ πέπερι μετὰ πηγάνου καὶ σμύρνης
συλλεάνας δίδου μετ᾽ οἴνου ζωροτέρου, ἢ σίλφιον λεάνας μετ᾽
οἴνου ὁμοίως.**

1 ὃ add. Wellmann ‖ παραδίδωσιν Wellm. : παράδοσιν cod. ‖ 3 λελεασμέ-
νοις Oder : λελειασμ- cod. ‖ 6 σμύρνῃ Wellm. : -ναν cod.

8

Aelius Promotus, περὶ δηλητηρίων φαρμάκων, 56 p. 69.9 Ihm
(*Éphéméron*)
λέγεται δὲ τοῦτο (sc. τὸ ἐφήμερον) εὕρημα εἶναι Μηδείας,
ὃ καὶ ἐσκεύασεν ἐν Ἀθήναις βουλομένη <παρα>θεῖναι Θησεῖ.
τὴν δὲ προσωνυμίαν ἔσχεν
ἐκ τοῦ τῇ πρώτῃ ἡμέρᾳ | Aetius 13. 57 (Laur. gr. 75.21)
5 ἀναιρεῖν. ὁ μὲν οὖν Σωρα- | ἐστὶ δέ, ὥς φασίν τινες,
νός, ὡς προεῖπον ἐν τῷ περὶ | καὶ τόδε σύνθετον, οἱ δὲ
τοῦ τοξικοῦ λόγῳ, λέγει | ἁπλοῦν λέγουσιν τὸ φάρμα-
εἶναι αὐτὸ σύνθετον, ὁ δὲ | κον.
Στράτων λέγει εἶναι βοτά-
νην.

2 παρα addidi ‖ 6 προεῖπον A : -πεν V ‖ περὶ A m.rec. : πρὸ AV

c) Apollonios de Memphis

1

Asclepiades Pharmacion, τῶν ἐντὸς φαρμάκων ἔ Μνάσων, ap.
Gal. antid. 2. 14 (14. 188 s. Kühn)

Ἄλλη Ὑβριστοῦ Ὀξυρρυγχίτου, φάρμακον ἐπιτετευγμέ-
νον πρὸς παντὸς ἰοβόλου πληγήν· ἀνεγράφη ὑπὸ Ἀπολ-
λωνίου τοῦ Μεμφίτου. τὰ δὲ τῆς σκευασίας ἔχει οὕτως·
4 ἀριστολοχίας, πάνακος, ἄγνου σπέρματος ἀνὰ <δ΄, κάγχρυος καὶ σμύρνης, πεπέρεως, σεσέλεως Μασσαλεωτικοῦ,
νάρδου Ἰνδικῆς, καστορίου, κινναμώμου μέλανος ὡς λεπτοτάτου, πεπέρεως μακροῦ, Κυρηναϊκοῦ ὀποῦ, ἴριδος, πηγάνου
8 ἀγρίου σπέρματος ἀνὰ <β΄, ὑπερικοῦ <α΄. πάντα κόψας, καὶ
σήσας λεπτοτάτῳ κοσκίνῳ, ἀνάπλασσε τροχίσκους, ||189 οἴνῳ
ἀθαλάσσῳ φυράσας, ξήραινε ἐν σκιᾷ, καὶ δίδου <α΄ ἐν οἴνου
ἀκράτου κοτύλῃ α΄ καὶ ὕδατος δ΄. ἐπιτίθει δὲ καὶ ἐπὶ τὸ δῆγμα
12 θλάσας ἕνα τῶν τροχίσκων, καὶ οἴνῳ διαλύσας, καὶ προσ-
βαλὼν ἀριστολοχίας τῆς καλῆς λείας ὅσον <β΄ καὶ ἀλφίτου
πάλιν <δ΄. ταῦτα συλλεάνας καὶ τρίψας ἐπιμελῶς, ἐπιτίθει
ἔξωθεν σκεπάσας συκῆς φύλλῳ, καὶ ταινιδίῳ καταδήσας.

5 λευκοῦ post πεπέρεως exspectaueris ‖ 10 s. οἴνῳ ἀκράτῳ κοτύλης Kühn,
correxi

2

Scholia in *Theriaca* 52c (p. 54.11-16 Crugnola)

ἄκνηστις δὲ οἱονεὶ πολύκνηστις, ὥσπερ καὶ τὸ ἄξυλος ὕλη
(*Il.* 11. 155) ἡ πολύξυλος. τὴν δὲ ἄκνηστιν οἱ μὲν τὴν κνίδην ἢ
ἀκαλήφην, οἱ δὲ τὴν σκίλλαν φασίν· ὁ μὲν Τυραννίων τὴν
4 σκίλλαν, Ἀπολλώνιος δὲ ὁ Μεμφίτης τὸ κνέωρον ὃ δή τινες
κνῆστρον καλοῦσι.

codd. : GL, KBRW, Precc., V 1 ὥσπερ — πολύξυλος om. G ‖ 2 κνίδην G :
κνίδα (deest V) ‖ ἢ ἀκαλήφην post σκίλλαν habent codd. (aliter V qui
ἄλλοι δὲ τὴν ἀκαλ- post 5 καλοῦσι habet) : transposuit Bodaeus a Stapel ‖
3 ἀκαλήφην : ἡ ἀκαλήφη G τὴν ἀκαλίφην V (add. ἤγουν τὴν ἀγρίαν κνί-
ζαν), ἀκαλύφη scr. Theophr. *HP* 7. 7. 2 ‖ 3-4 ὃ … σκίλλαν om. G ‖ 4-5 (Ἀ. —)
om. G, add. G² mg. ‖ 4 κνέωρον Bodaeus (cf. Diosc. 4. 172 p. 321.1 W [θυμε-
λαία … οἱ δὲ …] κνῆστρον ἢ κνέωρον καλοῦσι ~ Plin. 13. 114 *thymelaean
… aliqui cnestorem, alii cneorum*) : κένωρον codd. ‖ 5 κνῆστρον Bodaeus
(cf. Diosc. *l.c.*, Hsch. κ 3120 Latte κνῆστρον· τὸ κνέωρον) : κνῆστραν
GLV μνήστραν K μνῆστραν BRW κενήτρην (supra ην scr. αν) Precc., Plin.
l.c. scr. *cnestorem*

3

Scholia in *Theriaca* 303/304 (p. 136 s. Crugnola)

(a) αἱ δ' ὑπὸ γυίοις· αἱ δὲ ὑπὸ τοῖς μέλεσιν ὠτειλαὶ ῥήγνυν-
2 ται· εἶπε γὰρ ὅτι ὅλον τὸ σῶμα πελιδνοῦται καὶ ὠτειλῶν πλη-
ροῦται.
4 (b) ὠτειλαὶ δὲ αἱ πληγαί εἰσι.
(c) καὶ Ἀπολλώνιος δέ φησι τῶν πληγέντων ὑπὸ αἱμορροῖδος ῥήγνυσθαι τὰς οὐλάς.

codd. : GL, KBRW, *Precc.* (scholion c habet et O) 2 καὶ : ἤτοι καὶ P ἤγουν
recc. ‖ 4-6 om. G, add. G² mg. ‖ 4 εἰσι om. GL ‖ 5 δέ om. GL ‖ 6 οὐλάς (et O
qui prius πληγάς scr.).

d) **Apollophane de Séleucie**

1

Scholia in *Theriaca* 492 (p. 197.4-6 Crugnola) = Apollodori fr.3

2

Plinius, *Naturalis historia*, 22. 59 = Apollodori fr. 7

6. Andréas

Περὶ δακετῶν

1

Athen. *Deipn.* 7. 90 p. 312de

Ἀνδρέας δ' ἐν τῷ Περὶ
δακετῶν τῶν μυραινῶν φησιν
δακούσας ἀναιρεῖν τὰς ἐξ
4 ἔχεως, εἶναι δ' αὐτὰς ἧττον
καὶ περιφερεῖς <καὶ> ποικί-
λας. Νίκανδρος δ' ἐν Θηριακῷ (823-827). Ἀνδρέας δ' ἐν
8 τῷ Περὶ τῶν ψευδῶς πεπιστευμένων ψευδός φησιν εἶναι
τὸ μύραιναν ἔχει μίγνυσθαι
προερχομένην ἐπὶ τὸ τενα-
12 γῶδες· οὐδὲ γὰρ ἐπὶ τενάγους
ἔχεις νέμεσθαι, φιληδοῦντας
ἀμμώδεσιν ἐρημίαις. Σώσ-

Scholia in *Ther.* 823a
p. 290.6 Crugnola

μυραίνης δ' ἔκπαγλον·
Ἀρχέλαός φησιν ἐν τοῖς
Ἰδιοφυέσι (F 9 p. 24 Giannini) προϊούσας τὰς μυραίνας
τοῖς ἔχεσι μίγνυσθαι, ἔχειν
δὲ ὀδόντας ὁμοίους ἔχεσι.
φησὶ δὲ ψευδὲς εἶναι ὁ
Ἀνδρέας καὶ μήτε τὴν μύ-
ραιναν προϊέναι, μήτε τὸν
ἔχιν πάραλον διατρίβειν.

codd. : GL, KBRW, *Precc.*, V 2
Ἀρχέλαός L*Precc.* : Ἀρχελ G
Ἀρχέλοχος G²KBW Ἀρχίλ- R ‖
3 Ἰδιοφυέσι Bussemaker : διφυέ-
σι GG²LBW¹*Precc.* -φυῆσι KW²

τρατος δὲ ἐν τοῖς Περὶ ζῴων
16 (ἐστὶ δὲ δύο ταῦτα βιβλία)
συγκατατίθεται τῇ μίξει.

5 add. Kaibel ‖ 14 ἀμμώδεσιν Scaliger : λιμώδεσιν AC ‖ 16 δύο AC : δ'
i.e. τέτταρα O. Schneider

-φυρῇσι R ἐν τῷ Περὶ διφυῶν V ‖
5 ἔχειν (et V) : ἔχει G²Precc. ‖
6 ὁμοίως L ‖ ἔχεσι : τοῖς ἔχεσι
RBW om. G² ‖ 7 ψευδὲς εἶναι om.
G, post Ἀνδρέας add. G², in hac
sede Vrecc., post φησὶ δὲ cett. ‖
ὁ : καὶ KRBW ‖ 9 προϊέναι :
προσιέναι B εἰσιέναι W ‖ 10 πάραλον B : παρέναλον cett.

2

Scholia in *Alexipharmaca* 537a (p. 186.8-12 Geymonat)
ἄλλως· ἡ σαλαμάνδρα δὲ εἶδος ἀσκαλαβώτου. Ἀνδρέας δέ
φησι· **κἂν τῷ αἵματι αὐτῆς ἢ τὴν χεῖρα ἢ ἐσθῆτα χρίσῃς, ἀβλαβὴς
ἔσται ἐκ πυρός.**

3

Caelius Aurelianus, *ac. morb.* 3. 9. 98 p. 360 Drabkin
item Andreas cynolysson uocauit (sc. hydrophobiam), *ueluti ex
rabie canina morbum conceptum.*

Ibid. 3. 12. 108 p. 368 Drabkin
*item Andreae sectatores memorant esse pantophobas, quos nos
omnipauos dicere poterimus, siquidem omnia timere dicantur, si uere
tamen haec esse poterit passio. discernitur autem quod non solius
potus sed omnium rerum timorem faciat.*

Νάρθηξ

4

Scholia in *Theriaca* 684 (p. 253.10 Crugnola)
ἢ σκολοπενδρείοιο· σκολοπένδρειος βοτάνη ἐστίν, ὡς ἐν
2 τῷ ἐπιγραφομένῳ Νάρθηκι ὁ Ἀνδρέας εἶπεν. ἔοικε δὲ τὸ μὲν
πέταλον σκολοπένδρᾳ τῷ θηρίῳ, στυπτικὸν δέ ἐστιν καὶ
βοηθεῖ τοῖς θηριοδήκτοις.

codd. : GL, KBRW, Precc., V 1 σκολοπένδρειος GL(hic σκολόπενδρ') P :
καὶ ἡ σκολοπένδρειος δὲ recc. om. KBRW ‖ 2 ἀνδρέας : ἀνδρ' L ‖ 2 μὲν
om. recc. ‖ 3 τῷ θηρίῳ : τὸ θηρίον P ‖ 3 s. (καὶ –) om. V qui ex scholio ad
683 uerba μνημονεύει δὲ τῆς βοτάνης ταύτης καὶ Ἰόλαος post 3 ἐστιν
transposuit

fragmenta incertae sedis

5

Asclepiades Pharmacion, τῶν ἐντὸς φαρμάκων έ Μνάσων = Gal.
antid. 2. 13 (14. 180.15 Kühn)

'Ανδρέου, πρὸς φαλαγγιοδήκτους·
ἀσταφίδος ἀγρίας, πυρέθρου, σμύρνης, ὀπίου, βρυωνίας,
χαλβάνης ἴσον ἑκάστου ἀνάπλασσε μετ' οἴνου εὐώδους καὶ
δίδου <α΄ μετὰ γλυκέος κοτύλης μίας.

4 διδοὺς Kühn, correxi

6

Scholia in *Alexipharmaca* 611/612 (p. 207 s. Geymonat)
611. μὴ μὲν δὴ σμῖλον· ἡ σμῖλος φυτόν ἐστιν ἐλάτη ὅμοιον·
2 διὸ καὶ ἐλατηῖδα εἶπεν. περὶ δὲ τῆς σμίλου φησὶν 'Ανδρέας
περὶ Αἰτωλίαν πληθύνειν, καὶ τοὺς ἐγκοιμηθέντας αὐτῇ ἀποθνήσκειν. ὁ δὲ Θεόφραστος (*HP* 3. 10. 2) περὶ μὲν τῶν
ἀνθρώπων οὐδὲν εἴρηκεν,
6 αὐτὸ δὲ μόνον ὅτι τὰ λό-   Aelianus, *De natura animalium*
φουρα τῶν ζῴων γευσάμενα   9. 27
τῆς σμίλου ἀποθνήσκει. λό-   Καλλίμαχος δὲ ἄρα ἐν τῇ
φουρα δέ εἰσι βόες, ἡμίο-   γῇ τῇ Τραχινίᾳ ᾄδει δένδρον τι
10 νοι. Καλλίμαχος δέ φησιν·   φύεσθαι καὶ καλεῖσθαι σμῖλον,
« ἑρπετὰ τῶν αἰεὶ τετρίφα-   ᾧ τὰ ἑρπετὰ γειτνιάσαντα καὶ
ται λοφιαί » (fr. 659 Pfeif-   παραψαύσαντα ἀρχὴν εἶτα ἀπο-
fer).   θνήσκει.
612. Οἰταίην δὲ τὴν οἴτου αἰτίαν γινομένην, ἢ τὴν ἐν Οἴτῃ
φυομένην ὄρει τῆς Αἰτωλίας.

codd. : GL(hic post 2 εἶπεν deest), ORBW, V(hic post 5 ἀποθνήσκει deest)
2 ἐλατοῖδα BW ‖ 2 de Andrea tacuit O ‖ 3 περὶ Αἰτωλίαν GR² : περὶ Αἰτωλῶν
R¹BW παρ' Αἰτωλοῖς O ‖ 6, 8 λόφουρα Bentley : κολόφουρα (κολουφ- G)
codd. ‖ 7 ζῴων : an φύλλων ? cf. Theophr. *l.c.* ἐὰν φάγῃ τῶν φύλλων ‖
γευσάμενα : ὀδμησάμενα V ‖ 8 τῆς σμίλου O : om. cett. ‖ ἀποθνήσκει G :
-ειν RBW, OV(hi duo φησι scr. pro αὐτὸ δὲ μόνον, ὅτι) ‖ 9 ὄνοι post βόες
add. V ‖ 11 τετρίφαται GBO² : τετρύφ- RO¹W ‖ 12 λοφιαί GO : λοφιὴν
cett. ‖ 14 οἴτου αἰτίαν GBOW : εἴτε μιτίαν R qui μιτίαν expunxit et ἴσως
αἰτίαν οἴτου scr. mg. ‖ γινομένην RBW : γεν- G om. O

7. Philinos de Cos

Θηριακά

1 = 140 Deichgräber (*Die griech. Empirikerschule* p. 164)

Ael. Prom. π. ἰοβόλων 6 p.
45.20-23 Ihm

Φιλῖνος δὲ ὁ θηριακός
2 <φησιν>· λαβὼν ἔχιν καὶ
αἱμόρρουν καὶ τῷ εἰρημένῳ
τρόπῳ συνεψήσας ὕδατι
μίγνυε τούτοις μυελοῦ ἐλα-
6 φείου <α΄, κηροῦ μνᾶς τὸ
ἥμισυ, ῥοδίνου κ° β, ἐλαίου
ὀμφακίνου κοχλιάρια δ΄.
οὕτω κέχρηται τῷ βοηθή-
10 ματι, καὶ πάνυ εὐδοκιμεῖ.

2 addidi, cf. Philum. p. 24.17
Πολυείδης δὲ ὁ θηριακός φησιν,
p. 22.24 Νουμήνιός φησιν ὁ θη-
ριακός ‖ 5 μίγνυε codd. : μιγνὺς
Rohde perperam ‖ 6 μνᾶς ego : μνὰς
A μνᾶν V ‖

ib. 45.14-19
ἄλλο· λαβὼν β΄ ὄφεις
2 νεωστὶ ὀχεύοντας χωρὶς
δρυϊνῶν (τούτων γὰρ τὰ σώματα σηπτικὴν ἔχει δύνα-
μιν) βάλε ἐν καινῇ χύτρᾳ
6 σὺν ὕδατι καὶ ἕψησον ἄχρις
ἂν διαλυθῶσιν αἱ σάρκες
αὐτῶν· καὶ ἀφελόμενος πάντα τὰ ὀστᾶ βάλε ἔλαιον ἢ
10 ῥόδινον μύρον καὶ κηρὸν
Τυρρηνικὸν καὶ στέαρ ἐλά-
φειον, καὶ συντήξας ἀπόθου
ἐν κασσιτερίνῳ σκεύει. ἐπὶ
14 δὲ τῆς χρείας τὸ ὅλον σῶμα
ἐπάλειψον.

11 Τυρρηνικὸν Ihm (cf. D. 1.70
(67.15), *al.*) : τηρηνικὸν AV ‖
13 κασσιτερίνῳ Ihm : -τηρίνῳ AV.

2 = 142 Deichgräber

Seruius, *Comm. in Vergilii* Georg. 2. 215 p. 239.17 Thilo
(*et tofus scaber et nigris exesa chelydris / creta negant alios
aeque serpentibus agros / dulcem ferre cibum et curuas praebere late-
bras*)
215. negant] *scilicet* † *Solinus et Nicander, qui de his rebus scripserunt.*

Solinus : *Philinus* correxit Knaack (*Hermes* 18, 1883, 33)

fragmenta incertae sedis

3 = 135 Deichgräber

Plinius, *Naturalis historia* 20. 247
sisymbrium siluestre, quibusdam thymbraeum appellatum,
2 *pedali non amplius altitudine. quod in riguis nascitur, simile nas-
turtio est, tritumque efficax aduersus aculeata animalia, ut cra-*

4 *brones et similia ; quod in sicco, odoratum est et inseritur coronis,*
angustiore folio. sedant utraque capitis dolorem, item epiphoras, ut
Philinus tradit.

6 *Philinus* Dalecampius (cf. libri xx indicem) : *Plinius* codd.

4 = 138 Deichgräber

Athenaeus, *Deipnosophistae* 15. 27, 681b

Φιλῖνος δὲ (sc. φησιν) τὸ κρίνον ὑφ' ὧν μὲν λείριον, ὑφ' ὧν
δὲ ἴον καλεῖσθαι. Κορίνθιοι δ' αὐτὸ ἀμβροσίαν καλοῦσιν, ὥς
φησι Νίκανδρος ἐν Γλώσσαις (fr. 126 S.).

5

Athenaeus, *Deipnosophistae* 15. 28, 681f

Φιλῖνος δέ φησιν αὐτὴν (sc. τὴν ἄγριον ἔρπυλλον) ζυγίδα
καλεῖσθαι.

6 = 139 Deichgräber

Athenaeus, *Deipnosophistae* 15. 28, 682a

Φιλῖνος δέ φησι τὰ ἄνθη τῆς ἴριδος λέγεσθαι λύκους διὰ τὸ
ἐμφερῆ εἶναι λύκου χείλεσι.

fragmentum dubium

7 = 141 Deichgräber

Philumenus, *Ven.* 6. 1 p. 10.19 Wellmann = Straton. fr. 1

pro Philumeni lectione corrupta ὀλαου coniecit Wellmann Φιλίνου dubie

8. Polyeidès

Philumenus, *Ven.* 17. 9 p. 24.17 Wellmann

Πολυείδης δὲ <ὁ> θηριακός φησιν· **ἀλκιβιάδιον βοτάνην**
διαμασάσθω ὁ δηχθεὶς καὶ τὸν χυλὸν καταπινέτω, τὸ δὲ μασηθὲν
ἐπιτιθέτω τῇ πληγῇ· κἂν ἐκπνέῃ τις καὶ χρῆται οὕτως, διασωθή-
σεται.

9. Poetae θηριακοί

a) Nouménios d'Héraclée

Θηριακά

1 = xxi Bussemaker = *SH* 590

Scholia in *Theriaca* 237a (p. 114 s. Crugnola)
πολλάκι μὲν χλοάουσα· ἀντὶ τοῦ χλωρά. γράφεται πολλάκι
μὲν κλώθουσα. μεταπεποίηκε δὲ ἐκ τῶν Νουμηνίου οὕτως·
      ὑπόχλωρόν <γε> μὲν ἕλκος
4   κυκλαίνει· τὸ δὲ πολλὸν ἀνέδραμεν αὐτόθεν οἶδος.
ἄλλως· Διογενιανὸς χλοάειν, καλῶς αὔξεσθαι καὶ βλαστάνειν. Θέων δ' ἐν ὑπομνήματι· χλοάουσα, οἰδοῦσα· κατὰ πλέον
δὲ τίθεται τὸ χλοάειν ἐπὶ τῆς αὐξήσεως.

codd. : GL, KBRW, P*recc*., V 1 χλοάουσα — χλωρά om. V ‖ χλοάουσα
GRP*recc*. : χλοάζουσα K χλιάζ- BW κλώθουσα L ‖ 1 s. γράφεται — κλώθουσα post χλοάουσα add. G ‖ 1 χλωρά *Grecc*. : χλωρή KBRWP χλοάουσα
L ‖ 2 μεταπεποίηκε (πεποίηκε L) : -πεποίηται *recc*. ‖ τῶν ego : τοῦ codd. ‖
ὅς φησιν ante οὕτως add. *recc*. ‖ 3 γε add. Meineke ‖ 4 κυκλαίνει P*recc*.V :
κοιλαίνει GLKBRW ‖ οἶδος Meineke : ἕλκος codd. ‖ 5-7 om. G, add. G² ‖
5 χλοάειν P*recc*.V : χλοάζειν KBRW κλώθειν GL ‖ 6 χλοάουσα R : κλώθουσα GL χλοάζουσα cett. ‖ 7 τὸ : τοῦ BRW ‖ χλοάειν P*recc*.V : κλώθειν
GL χλοάζειν cett. ‖ ἐπὶ τῆς αὐξήσεως GL : om. cett.

2 = xxii Bussemaker = *SH* 591

Scholia in *Theriaca* 257b (p. 121 s. Crugnola)
ἄνθεσι δὲ χαλκοῦ ἀντὶ τοῦ χαλκάνθῳ, ἣν νῦν φασι
καλακάνθην. ἄνθους δέ ἐστι χαλκοῦ γένος τι γινόμενον ἐν οἷς
ὁ χαλκὸς χωνεύεται καὶ καθίεται, πελιόν τε καὶ μᾶλλον ἔχον
4 ἔγκιρρον τὴν πελιότητα, μικρὸν δὲ καὶ στρογγύλον καὶ παραπλήσιον τῷ σπέρματι τοῦ νάπυος· καὶ ἴσως τούτου μέμνηται ὁ
Νίκανδρος.
γράφεται δὲ καὶ ἄνθεσι χάλκης· οὕτω καὶ παρὰ Νουμηνίῳ·
8   ῥέθεσίν γε μὲν εἶδετ' ἐπ' ἰχώρ
      ἠερόεις· τοτὲ δ' αὖ μολίβῳ ἐναλίγκιος εἶδος
      †ἀμφί ἑ κυδαίνει χάλκῃ ἴσον†
ἐστὶ δὲ ἡ χάλκη ἄνθος ἀφ' οὗ καὶ τὴν πορφύραν ὠνόμασαν.
12 ὁμοίως καὶ τὸ ἐμφερές, τὸ ἐν τῇ Ἡρακλείᾳ·
      φολὶς δ' ἀπέλαμπε φαεινή,
      ἄλλοτε μὲν κυανοῦ, τοτὲ δ' ἄνθεσιν εἴσατο χαλκοῦ.

codd. : GL, KBRW, P*recc*., V 1 s. (–καλακάνθην) om. V ‖ φησι KBW ‖
2 καλακάνθην (et R²) : χαλκάνθην R¹B ‖ 2-14 (ἄνθους –) om. G ‖ 2 ἄνθους

ego : ἄνθος Lrecc.V ἄνθεος cett. ‖ χαλκοῦ om. R ‖ γένος del. V ‖ γένος τι
(γ. τὸ RV) : τι γένος Precc. ‖ 2 γινόμενον : γεν- BRW ‖ 3 χωνεύεται :
χωνευόμενος recc. ‖ καθίεται om. V ‖ πελιόν : πολιόν V πελιδνόν recc.
παράλιον KBR ‖ 4 ἔγκιρρον (et W²) : ἔγκιρον BW¹ ἔγκυρον R ‖ πελιότητα
: πελιδνότητα Rrecc. ‖ 5 s. (καὶ ἴσως –) om. V ‖ νῦν post μέμνηται add.
recc. ‖ 7 ἄνθεσι om. V ‖ οὕτω — N. om. R ‖ 8 ῥέθεσίν V : -σί LKBWP
ῥόθοισι R ἄνθεσι recc. ‖ γε om. BRW ‖ εἴδεται BRW ‖ ἐπ᾽ ἰχώρ : ἐπιχώρ
RP ἐπὶ χώρ V ἐπὶ χρὼς O. Schneider ‖ 9 μολίβῳ LR : μολίβδῳ cett. ‖
ἐναλίγκιος (-λύγκ-B) : ἐναλίγγιος K ἐναλίγκιον recc. ‖ 10 δέ ante ἐ add.
LBRW ‖ ἴσον BW : ἴσον cett. ‖ 12 καὶ ante ὁμοίως L : om. cett. ‖ τὸ (ante
ἐν) : τῷ P unde τὸ δὲ ἐμφερὲς ὅμοιον τῷ ἐν τῇ Ἡ. recc. ‖ 14 τοτὲ recc. :
ἄλλοτε BRW τότε cett.

3 = SH 593

Ael. Prom., π. ἰοβόλων 14 p.
51.12 Ihm

Νουμήνιος δὲ ὁ θηρια-
2 κὸς παρῄνει παραχρῆμα
καταπλάττειν τὴν πληγὴν
κρομμύοις ἢ σκορόδοις ἢ
σησάμῳ λείῳ μεθ᾽ ὕδατος,
6 ἢ μελανθίῳ ὁμοίως, ἐσθίειν
δὲ κρόμμυα, σκόροδα, καὶ
οἶνον ἄκρατον ἐπιρροφεῖν.

1 θηριακὸς AV : συριακὸς A² ‖ 5
λείῳ Rohde : λείωσον AV ‖ 7 post
σκόροδα distinxi, ante σκόροδα
Rohde

Philum. Ven. 13 p. 16.23
Wellmann

... οἱ δὲ ὑπὸ τοῦ ἀσκα-
2 λαβώτου δηχθέντες (...)
βοηθοῦνται δὲ παραχρῆμα
καταπλασσόμενοι τὴν πλη-
γὴν κρομμύοις, σκορόδοις,
6 ἔτι <δὲ> καὶ ἐσθίοντες αὐτὰ
καὶ οἶνον ἄκρατον ἐπιρρο-
φοῦντες· ἢ σήσαμον λεάνας
μεθ᾽ ὕδατος κατάπλασσε ἢ
μελάνθιον ὁμοίως.

1 ὑπὸ ego cl. Aet. 13. 14* : ἀπὸ
codd. ‖ ἀσκαλαβώτου Wellmann ex
Pr. : καλαβώτου cod. ‖ 6 δὲ addidi
ex Aet. l.c.

4 = SH 592

Scholia in Theriaca 519 (p. 203.15 Crugnola)
κιρράδος οἴνης· ἀντὶ τοῦ μετὰ κιρροῦ οἴνου μισγομένη
2 ἀριστολόχεια ὠφελεῖ· μαρτυρεῖ Νουμήνιος.
ἄλλως· κιρράδος· τῆς μελαίνης ἀμπέλου τῷ ποτῷ.

codd. : GL, KBRW, Precc. 1s. om. recc. ‖ κιρροῦ L : κιρραίου (κιρρίου B
κυρραίου W) ‖ μισγομένη om. L ‖ μαρτυρεῖ Νουμήνιος om. LP ‖ 3 om. G,
add. G² ‖ κιρράδος G² : κιρράδα L om. cett. ‖ μελαίνης : μελίνης G²L

5 = SH 594

Philum. Ven. 16. 9 p. 22.24 Wellmann

Νουμήνιος δέ φησιν ὁ θη-
ριακός (sc. aduersus aspidem)· τὴν

Aetius 13. 22 p. 282.5
Zervos

Νουμήνιος δέ φησιν·
ὀρίγανον δίδου μετ᾽ οἴνου

Ἡρακλεωτικὴν ὀρίγανον, εἴτε ξηρὰν εἴτε χλωράν, λεάνας πρὸς δύναμιν δίδου μετ' οἴνου.

χλωρὰν ἢ ξηρὰν πρὸς δύνα-
μιν.

1 φησιν Wellm. : φασιν cod.

1 δίδου codd. Ph V W (et Laur.
gr. 75.18, 75.21) : διδόναι cett.

6 = *SH* 589

Scholia in *Theriaca* 637a (p. 238.13 Crugnola)

ἔνθα δύω ἐχίεια· ἤτοι δύο εἴδη ἐχίου. οὕτω δὲ ὠνομάσθη
διὰ τὴν ἐξ αὐτῶν ὠφέλειαν· τοὺς γὰρ ὑπὸ ἔχεως δηχθέντας
θεραπεύει. ὅτι δὲ δύο εἴδη βοτανῶν εἰσι, μαρτυρεῖ καὶ
4 Νουμήνιος ἐν τοῖς Θηριακοῖς καί φησι τὸ ἕτερον ὠφελεῖν.
ἄλλως· δύο εἴδη βοτανῶν εἰσι, ὧν τὸ ἕτερον τοὺς ὑπὸ
ἔχεως δηχθέντας ὠφελεῖ, διὸ καὶ οὕτως ἐκλήθη. ἐστὶ δὲ ὠκι-
μοειδές· ὠκίμῳ γὰρ παραπλήσια ἔχει τὰ φύλλα.

codd. : GL, KBRW, P*recc*. 1 ἐχίου : ἐχιείου GL ‖ οὕτω δὲ GL*recc*. : οὕτως
cett. ‖ ὠνομάσθη GL : ὠνόμασται cett. ‖ 3 δύο εἴδη βοτανῶν εἰσι L : δύο
εἰσὶν εἴδη G δύο εἴδη P*recc*. εἴδη εἰσὶ δύο B εἴδη δύο KRW ‖ 4 Νουμήνιος
G*Precc*. : Νουμη- (sic) L Νομήνιος KBRW ‖ τοῖς θηριακοῖς G : τῷ θηριακῷ cett. ‖ 5 τὸ ἕτερον om. RBW ‖ 5-7 in *recc*. ita se habent : κατὰ δὲ Νίκανδρον καὶ ἄμφω ὠφελεῖν τοὺς ὑπὸ ἔχεως δηχθέντας· διὸ καὶ οὕτως ἐκλήθ-
ησαν, ὧν τὸ ἕν, τὸ μικρόν, ὠκιμοειδές ἐστιν· ὠκίμῳ γὰρ ἔχει τὰ φύλλα
παραπλήσια

Ἁλιευτικά

7 = 4 Birt = *SH* 582

Athenaeus *Deipnosophistae* 9. 12, 371bc

Νουμήνιος δ' ἐν τῷ Ἁλιευτικῷ φησι·
φύλλων δ' ὅσσ' ἄσπαρτα τά τ' ἐρρίζωται ἀρούραις
χείματος ἠδ' ὁπόταν πολυάνθεμον εἶαρ ἵκηται,
4 αὐχμηρὴν σκόλυμόν τε καὶ ἀγριάδα σταφυλῖνον,
†ῥάφιν τ' ἔμπεδον† καὶ καυ<κα>λίδ' ἀγροιῶτιν.

2 ὄσσασπαρατα A, corr. Casaubon ‖ 5 ῥάφιν τ' A : καὶ ῥάφυν Dindorf ‖
ἔμπεδον A : ἐμπέδιον Casaubon ‖ καυλίδα A, corr. Casaubon

8 = 5 Birt = *SH* 583

Athenaeus *Deipnosophistae* 7. 70, 304f

Νουμήνιος δέ·
2 κεῖνο δὲ δὴ σκέπτοιο, τό κεν καὶ ἰουλίδα μάργον
πολλὸν ἀποτροπόῳτο καὶ ἰοβόρον σκολόπενδραν.

3 ἀποτροπῷτο A, corr. Kaibel ‖ ἰοβόρον A C^{ac} : ἰοβόλον C (λ suprascr.) ‖
σκολόπενδραν C : σκολοπένδρου A

b) Pétrichos

Ὀφιακά

1

Scholia in *Theriaca* 557a (p. 214.6 Crugnola)

ὅτι δὲ ὠφελεῖ ὁ ἐγκέφαλος τῆς ὄρνιθος εἰς τοὺς ὀφιοδήκτους, δῆλον· φησὶ γὰρ καὶ Πέτριχος ἐν Ὀφιακοῖς.

codd. : GL, KBRW, P*recc.* 1 ὠφελεῖ GLP*recc.* : om. cett. ‖ τοὺς ὀφιοδήκτους G : τοῖς ὀφιοδήκτεις (i.e. τοῖς ὀφιοδήκτοις) L εἰς τοὺς ὀφιοδήκτους cett. ‖ 2 δῆλον om. GL*recc.* ‖ γὰρ om. GL*recc.* ‖ καὶ om. L ‖ πέτριχος *recc.* : πετρίοχος L πετρίοχ P τρίοχος G πετρίοχον KRW πετρήοχον B ‖ ὀφιακοῖς (*recc.* p.c.) : ὀφικοῖς GP

2

Plinius, *Naturalis historia* 20. 258

... *Petrichus, qui* Ophiaca *scripsit, et* Micion, *qui* Rhizotomumena, *aduersus serpentes nihil efficacius hippomaratho putauere ; sane et Nicander non in nouissimis posuit.*

1 *Petrichus* Vd : *Petricus* Ep *Pethricus* T ‖ *ophiaca* uett. : *ophiacas* EpdT *iophacha* V ‖ *Micion* Brunn : *Miccion* Gel. ex indice *miccon* codd. ‖ *rhizotomumena* d, T (*rhizotomamena*) : *rhizatomumena* V *-menas* Epg

3

Scholia in *Theriaca* 626b (p. 235.6 Crugnola)

πανάκτειόν τε· τὴν ὁμοίαν πανάκτῳ. ἐστὶ δὲ εἶδος βοτάνης ὅμοιον ὀριγάνῳ, καὶ χρῶνται αὐτῷ πρὸς ἐψήματα· ἡ δὲ κονίλη ὁμοία ἐστὶ τῷ πανάκτῳ. φησὶ δὲ Διοκλῆς (supra fr. 2, p. 270). φησὶ Πέτριχος ἐν τῷ Ὀφιακῷ ὅτι Κόνιλος εὗρε τὴν βοτάνην.

codd. : GL, KBRW, P*recc.* 1 πανάκτῳ ego (cl. Hsch. π 308 πάνακτος· ἡ ὀρίγανος) : πανακτείῳ GL πεκτείῳ cett. ‖ 1-3 (ἐστὶ – παν.) GL : om. cett. ‖ καὶ — ἐψήματα L : χρῶνται δὲ πρὸς ἐψήματα αὐτοῖς ‖ 3 πανάκτῳ ego : πανακτείῳ ‖ 3 s. (φησὶ² –) om. L ‖ πέτριχος GP*recc.* : πετρίων KBRW

4

Plinius, *Naturalis historia* 22. 83
Chrysippus et conceptionibus eam
2 (sc. caucalida) *putat conferre multum : bibitur in uino ieiunis. inlinitur et contra uenena marinorum, sicut* Petrichus *in carmine suo significat.*

5 *Petrichus* Hardouin (cf. libri xxvii indicem) : *Petricus* codd.

Schol. in *Th.* 845 (p. 295.10 Crugnola)

... καὶ ἡ καυκαλὶς δὲ λάχανόν ἐστιν ἁλμυρόν· μνημονεύει δὲ αὐτοῦ Χρύσιππος ἐν τῷ Περὶ λαχάνων.

c) thériaque d'Antiochos VIII Philomètor

Asclepiades Pharmacion ap.
Gal. *ant.* 2. 14 (14. 185.3-186.2 K.)
= Heras Cappadox *ib.* 2. 17
(201.16-202.14) = *SH* 412A

Plinius *Naturalis hist.* 20.
264

Ἴησιν μάθε τήνδε πρὸς ἑρπετά, ἣν Φιλομήτωρ
νικῆσαι πείρᾳ κέκρικεν
Ἀντίοχος.
μήου ἀπὸ ῥίζης ὁλκὴν δί-
δραχμον ὀρύξας,
4 σὺν τῷ δ' ἑρπύλλου κλῶ-
νας ἰσορρεπέας,
σὺν δ' ὀπὸν ἐκ πάνακος στήσας ἴσον, ἠδὲ τριφύλλου
καρπὸν ὅσον δραχμῆς
σταθμὸν ἄγοντα δίδου,
ἀννήσου, μαράθου τε καὶ
ἄμμιος, ἠδὲ σελίνου
8 ἐξ ἑνὸς ἓν πληρῶν σπέρ-
ματος ὀξύβαφον,
σὺν δ' ὀρόβου λείου δύο
ὀξύβαφ' ἔμπασ' ἀλεύρου·
πάντα δ' ὁμοῦ Χίῳ νέκταρι
συγκεράσας
κυκλοτερεῖς ἀνάπλασσε τροχ-
ούς, ἰσότητι μερίζων
12 ἡμιδράχμοιο ῥοπήν, ὄφρ'
ἂν ἕκαστος ἔχῃ.
Χίῳ δ' ἐγκεράσας τάδε μίγ-
ματα πικρὸν ἐχίδνης
ἡμίσεως δραχμῆς ἰὸν ἀπο-
σκεδάσεις·
τῷ δὲ ποτῷ καὶ δεινὰ φαλάγγια καὶ σκολιοῖο
16 σκορπίου ἐκφεύξῃ κέντρα
φέροντ' ὀδύνας.

serpylli duum denario-
rum pondus,
3 opopanacis et mei tan-
tundem singulorum, trifolii
seminis pondus denarii,

anesi et feniculi seminis et
7 ami et apii denarium senum
e singulis generibus,
erui farinae denarium
XII.
11 haec tusa cribrataque
uino quam possit excellenti
digeruntur in pastillos uicto-
riati ponderum.
15 ex his singuli dantur ex
uini mixti cyathis ternis. hac
theriace Magnus Antiochus
rex aduersus omnia uene-
nata usus traditur aspide
excepta.

3 *mei* Dalecampius : *mi, mii, mili,
milii* codd. ‖ 6 *anesi* EpgdT : *a.si*
Q, om. V ‖ 19 *aspide excepta* Q :
om. cett.

2 νικῆσαι *SH* : νικήσας codd. ‖ 7 ἀννήσου Bussemaker : ἀνίσου Kühn ‖
μαράθου Bussemaker : -θρου Kühn ‖ 12 ῥοπήν *SH* : ῥοπῆς codd. ‖ 14 δραχμῆς *SH* : δραχμὴν codd.

explicatio :

Asclep. Pharm. ap. Gal. *ant*. 2. 14 (14. 186.3-9 Kühn), cf. Heram Cappad. *ibid*. 2. 17 (202.15-203.2)

τὰ δὲ κατὰ μέρος ἐστὶ ταῦτα· μήου ῥίζης, ἑρπύλλου, ὀποπά-νακος ἀνὰ <β΄, τριφύλλου σπέρματος <α΄, ἀνίσου, μαράθρου, ἄμμεως, σελίνου σπέρματος ἀνὰ ὀξύβαφον, ἀλεύρου ὀροβίνου λεπτοτάτου ὀξύβαφα β΄, οἴνου παλαιοῦ εἰς ἀνάληψιν ὅσον ἐξαρκεῖ. ἀνάπλασσε τροχίσκους καὶ ξήραινε ἐν σκιᾷ, καὶ δίδου τριώβολον μετ᾽ οἴνου κυάθων γ΄.

TABLE DES MATIÈRES

COLLECTION DES UNIVERSITÉS DE FRANCE

OUVRAGES PARUS

Série grecque

dirigée par Jacques Jouanna,
de l'Institut,
Professeur à l'Université de Paris Sorbonne

Règles et recommandations pour
les éditions critiques (grec).
(1 vol.).

ACHILLE TATIUS.
Le Roman de Leucippé et
Clitophon. (1 vol.).

AELIUS THÉON.
Progymnasmata. (1 vol.).

ALCÉE.
Fragments. (2 vol.).

LES ALCHIMISTES GRECS.
(3 vol. parus).

ALCINOOS.
Les doctrines de Platon.
(1 vol.).

ALEXANDRE D'APHRODISE.
Traité du destin. (1 vol.).

ANDOCIDE.
Discours. (1 vol.).

ANTHOLOGIE GRECQUE.
(12 vol. parus).

ANTIGONE DE CARYSTE.
Fragments. (1 vol.).

ANTIPHON.
Discours. (1 vol.).

ANTONINUS LIBERALIS.
Les Métamorphoses. (1 vol.).

APOLLONIOS DE RHODES.
Argonautiques. (3 vol.).

APPIEN.
Histoire romaine. (4 vol. parus).

APSINÈS.
Art rhétorique. (1 vol.).

ARATOS.
Phénomènes. (2 vol.).

ARCHILOQUE.
Fragments. (1 vol.).

ARCHIMÈDE. (4 vol.).

ARGONAUTIQUES
ORPHIQUES. (1 vol.).

ARISTÉNÈTE. (1 vol.).

ARISTOPHANE. (5 vol.).

ARISTOTE.
De l'âme. (1 vol.).
Catégories. (1 vol.).
Du ciel. (1 vol.).
Constitution d'Athènes. (1 vol.).
Économique. (1 vol.).
De la génération des animaux.
(1 vol.).
De la génération et de la cor-
ruption. (1 vol.).
Histoire des animaux. (3 vol.).
Marche des animaux - Mouve-
ment des animaux. (1 vol.).

Météorologiques. (2 vol.).
Les parties des animaux.
(1 vol.).
Petits traités d'histoire natu-
relle. (1 vol.).
Physique. (2 vol.).
Poétique. (1 vol.).
Politique. (5 vol.).
Problèmes. (3 vol.).
Rhétorique. (3 vol.).
Topiques. (1 vol. paru).

ARRIEN.
L'Inde. (1 vol.).
Périple du Pont-Euxin. (1 vol.).

ASCLÉPIODOTE.
Traité de tactique. (1 vol.).

ATHÉNÉE.
Les Deipnosophistes. (1 vol.
paru).

ATTICUS.
Fragments. (1 vol.).

AUTOLYCOS DE PITANE.
Levers et couchers héliaques. -
La sphère en mouvement. -
Testimonia. (1 vol.).

BACCHYLIDE.
Dithyrambes. - Epinicies. -
Fragments. (1 vol.).

BASILE (Saint).
Aux jeunes gens. Sur la
manière de tirer profit des
lettres helléniques. (1 vol.).
Correspondance. (3 vol.).

BUCOLIQUES GRECS.
Théocrite. (1 vol.).
Pseudo-Théocrite, Moschos,
Bion. (1 vol.).

CALLIMAQUE.
Hymnes. - Épigrammes. -
Fragments choisis. (1 vol.).

LES CATOPTRICIENS GRECS.
Les miroirs ardents. (1 vol.
paru).

CHARITON.
Le roman de Chaireas et
Callirhoé. (1 vol.).

COLLOUTHOS.
L'enlèvement d'Hélène. (1 vol.).

DAMASCIUS.
Traité des premiers principes.
(3 vol.).
Commentaire du Parménide
de Platon. (2 vol. parus).

DÉMÉTRIOS.
Du Style. (1 vol.).

DÉMOSTHÈNE.
Œuvres complètes. (13 vol.).

DENYS D'HALICARNASSE.
Opuscules rhétoriques.
(5 vol.).
Antiquités romaines.
(2 vol. parus).

DINARQUE.
Discours. (1 vol.).

DIODORE DE SICILE.
Bibliothèque historique.
(9 vol. parus).

DION CASSIUS.
Histoire romaine. (3 vol.
parus).

DIOPHANTE.
Arithmétique. (2 vol. parus).

DU SUBLIME. (1 vol.).

ÉNÉE LE TACTICIEN.
Poliorcétique. (1 vol.).

ÉPICTÈTE.
Entretiens. (4 vol.).

ESCHINE.
Discours. (2 vol.).

ESCHYLE.
Tragédies. (2 vol.).

ÉSOPE.
Fables. (1 vol.).

EURIPIDE.
Tragédies. (9 vol. parus).

GALIEN. (1 vol. paru).

GÉMINOS.
Introduction aux phénomènes.
(1 vol.).

GÉOGRAPHES GRECS.
(1 vol. paru).

GRÉGOIRE DE NAZIANZE (le
Théologien) (Saint).
Correspondance. (2 vol.).

HÉLIODORE.
Les Éthiopiques. (3 vol.).

HÉRACLITE.
Allégories d'Homère. (1 vol.).

HERMÈS TRISMÉGISTE.
(4 vol.).

HÉRODOTE.
Histoires. (11 vol.).

HÉRONDAS.
Mimes. (1 vol.).

HÉSIODE.
Théogonie. - Les Travaux et les
Jours. - Bouclier. (1 vol.).

HIPPOCRATE. (10 vol. parus).

HOMÈRE.
L'Iliade. (4 vol.).
L'Odyssée. (3 vol.).
Hymnes. (1 vol.).

HYPÉRIDE.
Discours. (1 vol.).

ISÉE.
Discours. (1 vol.).

ISOCRATE.
Discours. (4 vol.).

JAMBLIQUE.
Les mystères d'Égypte. (1 vol.).
Protreptique. (1 vol.).

JOSÈPHE (Flavius).
Autobiographie. (1 vol.).
Contre Apion. (1 vol.).
Guerre des Juifs. (3 vol. parus).

JULIEN (L'empereur).
Lettres. (2 vol.).
Discours. (2 vol.).

LAPIDAIRES GRECS.
Lapidaire orphique. - Keryg-
mes lapidaires d'Orphée. -
Socrate et Denys. - Lapidaire
nautique. - Damigéron. - Evax.
(1 vol.).

LIBANIOS.
Discours. (2 vol. parus).

LONGIN. RUFUS.
Fragments. Art rhétorique.
(1 vol.).

LONGUS.
Pastorales. (1 vol.).

LUCIEN. (2 vol. parus).

LYCURGUE.
Contre Léocrate. (1 vol.).

LYSIAS.
Discours. (2 vol.).

MARC AURÈLE.
Écrits pour lui-même. (1 vol.
paru).

MARINUS.
Proclus ou sur le bonheur.
(1 vol.).

MÉNANDRE. (3 vol. parus).

MUSÉE.
Héro et Léandre. (1 vol.).

NICANDRE.
Œuvres. (1 vol. paru).

NONNOS DE PANOPOLIS.
Les Dionysiaques. (13 vol.
parus).

NUMÉNIUS.
Fragments. (1 vol.).

ORACLES CHALDAÏQUES.
(1 vol.).

PAUSANIAS.
Description de la Grèce.
(5 vol. parus).

PHOCYLIDE (Pseudo-).
(1 vol.).

PHOTIUS.
Bibliothèque. (9 vol.).

PINDARE.
Œuvres complètes. (4 vol.).

PLATON.
Œuvres complètes. (26 vol.).

PLOTIN.
Ennéades. (7 vol.).

PLUTARQUE.
Œuvres morales. (18 vol. parus).
Vies parallèles. (16 vol.).

POLYBE.
Histoires. (11 vol. parus).

PORPHYRE.
De l'Abstinence. (3 vol.).
Vie de Pythagore. - Lettre à
Marcella. (1 vol.).

PROCLUS.
Commentaires de Platon. -
Alcibiade. (2 vol.).
Théologie platonicienne.
(6 vol.).
Trois études. (3 vol.).

PROLÉGOMÈNES À LA PHILO-
SOPHIE DE PLATON. (1 vol.).

QUINTUS DE SMYRNE.
La Suite d'Homère. (3 vol.).

SALOUSTIOS.
Des Dieux et du Monde.
(1 vol.).

SAPHO-ALCÉE.
Fragments. (1 vol.).

SCYMNOS (Pseudo-)
voir GÉOGRAPHES GRECS.

SIMPLICIUS.
Commentaire du Manuel
d'Épictète. (1 vol. paru).

SOPHOCLE.
Tragédies. (3 vol.).

SORANOS D'ÉPHÈSE.
Maladies des femmes.
(4 vol.).

STRABON.
Géographie. (10 vol. parus).

SYNÉSIOS DE CYRÈNE.
Hymnes. (1 vol.).
Lettres. (2 vol.).

THÉOGNIS.
Poèmes élégiaques. (1 vol.).

THÉOPHRASTE.
Caractères. (1 vol.).
Métaphysique. (1 vol.).
Recherches sur les plantes.
(3 vol. parus).

THUCYDIDE.
Histoire de la guerre du Péloponnèse. (6 vol.).

TRIPHIODORE.
La Prise de Troie. (1 vol.).

XÉNOPHON.
Anabase. (2 vol.).
L'Art de la Chasse. (1 vol.).
Banquet. - Apologie de
Socrate. (1 vol.).
Le Commandant de la Cavale-
rie. (1 vol.).
Cyropédie. (3 vol.).
De l'Art équestre. (1 vol.).
Économique. (1 vol.).
Helléniques. (2 vol.).
Mémorables. (1 vol. paru).

XÉNOPHON D'ÉPHÈSE.
Éphésiaques ou Le Roman
d'Habrocomès et d'Anthia.
(1 vol.).

ZOSIME.
Histoire nouvelle. (5 vol.).
Tome I. Nlle éd. (1 vol.).

Série latine

dirigée par Jean-Louis Ferrary,
Directeur d'Études à l'École Pratique des Hautes Études (IVᵉ section)

Règles et recommandations pour les éditions critiques (latin). (1 vol.).

ACCIUS.
Œuvres. Fragments. (1 vol.).

AMBROISE (Saint).
Les devoirs. (2 vol. parus).

AMMIEN MARCELLIN.
Histoires. (7 vol. parus).

L. AMPÉLIUS.
Aide-mémoire. (1 vol.).

ANONYME.
L'annalistique romaine. (2 vol. parus).

APICIUS.
Art culinaire. (1 vol.).

APULÉE.
Apologie. - Florides. (1 vol.).
Métamorphoses. (3 vol.).
Opuscules philosophiques. Fragments. (1 vol.).

ARNOBE.
Contre les Gentils. (1 vol.).

AUGUSTIN (Saint).
Confessions. (2 vol.).

AULU-GELLE.
Nuits attiques. (4 vol.).

AURÉLIUS VICTOR.
Livre des Césars. (1 vol.).

AURÉLIUS VICTOR (Pseudo-).
Origines du peuple romain. (1 vol.).
Abrégé des Césars. (1 vol.).

AVIANUS.
Fables. (1 vol.).

AVIÉNUS.
Aratea. (1 vol.).

BOÈCE.
Institution arithmétique. (1 vol.).

CALPURNIUS SICULUS.
Bucoliques. CALPURNIUS SICULUS (Pseudo-). Éloge de Pison. (1 vol.).

CATON.
De l'Agriculture. (1 vol.).
Les origines. (1 vol.).

CATULLE.
Poésies. (1 vol.).

CELSE.
De la médecine. (1 vol. paru).

CÉSAR.
Guerre civile. (2 vol.).
Guerre des Gaules. (2 vol.).

CÉSAR (Pseudo-).
Guerre d'Afrique. (1 vol.).
Guerre d'Alexandrie. (1 vol.).
Guerre d'Espagne. (1 vol.).

CETIUS FAVENTINUS.
Abrégé d'architecture privée. (1 vol.).

CICÉRON.
L'Amitié. (1 vol.).
Aratea. (1 vol.).
Brutus. (1 vol.).
Caton l'ancien. - De la vieillesse. (1 vol.).
Correspondance. (11 vol.).
De l'invention. (1 vol.).
De l'Orateur. (3 vol.).
Des termes extrêmes des Biens et des Maux. (2 vol.).
Discours. (22 vol.).
Divisions de l'Art oratoire. - Topiques. (1 vol.).
Les Devoirs. (2 vol.).

L'Orateur. (1 vol.).
Les Paradoxes des Stoïciens.
(1 vol.).
De la République. (2 vol.).
Traité des Lois. (1 vol.).
Traité du Destin. (1 vol.).
Tusculanes. (2 vol.).

CLAUDIEN.
Œuvres. (3 vol. parus).

COLUMELLE.
L'Agriculture. (4 vol. parus).
Les Arbres. (1 vol.).

COMŒDIA TOGATA.
Fragments. (1 vol.).

CONSOLATION À LIVIE,
ÉLÉGIES À MÉCÈNE,
BUCOLIQUES D'EINSIE-
DELN. (1 vol.).

CORIPPE.
Éloge de l'Empereur Justin II.
(1 vol.).

CORNÉLIUS NÉPOS.
Œuvres. (1 vol.).

CYPRIEN (Saint).
Correspondance. (2 vol.).

DRACONTIUS.
Œuvres. (4 vol.).

ÉLOGE FUNÈBRE D'UNE
MATRONE ROMAINE.
(1 vol.).

L'ETNA. (1 vol.).

EUTROPE.
Abrégé d'Histoire romaine.
(1 vol.).

FESTUS.
Abrégé des hauts faits du
peuple romain. (1 vol.).

FIRMICUS MATERNUS.
L'Erreur des religions
païennes. (1 vol.).
Mathesis. (3 vol.).

FLORUS.
Œuvres. (2 vol.).

FORTUNAT (Venance).
(3 vol. parus).

FRONTIN.
Les aqueducs de la ville de
Rome. (1 vol.).

GAIUS.
Institutes. (1 vol.).

GARGILIUS MARTIALIS.
Les remèdes tirés des légumes
et des fruits. (1 vol.).

GERMANICUS.
Les phénomènes d'Aratos.
(1 vol.).

HISTOIRE AUGUSTE.
(5 vol. parus).

HORACE.
Epîtres. (1 vol.).
Odes et Epodes. (1 vol.).
Satires. (1 vol.).

HYGIN.
L'Astronomie. (1 vol.).
Fables. (1 vol.).

HYGIN (Pseudo-).
Des Fortifications du camp.
(1 vol.).

JÉRÔME (Saint).
Correspondance. (8 vol.).

JUVÉNAL.
Satires. (1 vol.).

LUCAIN.
La Pharsale. (2 vol.).

LUCILIUS.
Satires. (3 vol.).

LUCRÈCE.
De la Nature. (2 vol.).

MACROBE.
Commentaire au Songe de
Scipion. (1 vol. paru).

MARTIAL.
Épigrammes. (3 vol.).

MINUCIUS FÉLIX.
Octavius. (1 vol.).

PREMIER MYTHOGRAPHE DU VATICAN. (1 vol.).

NÉMÉSIEN.
Œuvres. (1 vol.).

OROSE.
Histoires (Contre les Païens). (3 vol.).

OVIDE.
Les Amours. (1 vol.).
L'Art d'aimer. (1 vol.).
Contre Ibis. (1 vol.).
Les Fastes. (2 vol.).
Halieutiques. (1 vol.).
Héroïdes. (1 vol.).
Les Métamorphoses. (3 vol.).
Pontiques. (1 vol.).
Les Remèdes à l'Amour. (1 vol.).
Tristes. (1 vol.).

PALLADIUS.
Traité d'agriculture. (1 vol. paru).

PANÉGYRIQUES LATINS. (3 vol.).

PERSE.
Satires. (1 vol.).

PÉTRONE.
Le Satiricon. (1 vol.).

PHÈDRE.
Fables. (1 vol.).

PHYSIOGNOMONIE (Traité de). (1 vol.).

PLAUTE.
Théâtre complet. (7 vol.).

PLINE L'ANCIEN.
Histoire naturelle. (36 vol. parus).

PLINE LE JEUNE.
Lettres. (4 vol.).

POMPONIUS MELA.
Chorographie. (1 vol.).

PROPERCE.
Élégies. (1 vol.).

PRUDENCE. (4 vol.).

QUÉROLUS. (1 vol.).

QUINTE-CURCE.
Histoires. (2 vol.).

QUINTILIEN.
De l'Institution oratoire. (7 vol.).

RHÉTORIQUE À HÉRENNIUS. (1 vol.).

RUTILIUS NAMATIANUS.
Sur son retour. (1 vol.).

SALLUSTE.
La Conjuration de Catilina.
La Guerre de Jugurtha.
Fragments des Histoires. (1 vol.).

SALLUSTE (Pseudo-).
Lettres à César. - Invectives. (1 vol.).

SÉNÈQUE.
L'Apocoloquintose du divin Claude. (1 vol.).
Des Bienfaits. (2 vol.).
De la Clémence. (1 vol.).
Dialogues. (4 vol.).
Lettres à Lucilius. (5 vol.).
Questions naturelles. (2 vol.).
Théâtre. Nlle éd. (3 vol.).

SIDOINE APOLLINAIRE. (3 vol.).

SILIUS ITALICUS.
La Guerre punique. (4 vol.).

STACE.
Achilléide. (1 vol.).
Les Silves. (2 vol.).
Thébaïde. (3 vol.).

SUÉTONE.
Vie des douze Césars. (3 vol.).
Grammairiens et rhéteurs. (1 vol.).

SYMMAQUE.
Lettres. (3 vol. parus).

TACITE.
Annales. (4 vol.).
Dialogue des Orateurs. (1 vol.).
La Germanie. (1 vol.).
Histoires. (3 vol.).
Vie d'Agricola. (1 vol.).

TÉRENCE.
Comédies. (3 vol.).

TERTULLIEN.
Apologétique. (1 vol.).

TIBULLE.
Élégies. (1 vol.).

TITE-LIVE.
Histoire romaine. (27 vol. parus).

VALÈRE MAXIME.
Faits et dits mémorables. (2 vol.).

VALERIUS FLACCUS.
Argonautiques. (2 vol. parus).

VARRON.
L'Économie rurale. (3 vol.).
La Langue latine. (1 vol. paru).

LA VEILLÉE DE VÉNUS (Pervigilium Veneris). (1 vol.).

VELLEIUS PATERCULUS.
Histoire romaine. (2 vol.).

VICTOR DE VITA.
Histoire de la persécution vandale en Afrique *suivie de* La passion des septs martyrs. Registre des provinces et des cités d'Afrique. (1 vol.).

VIRGILE.
Bucoliques. (1 vol.).
Énéide. (3 vol.).
Géorgiques. (1 vol.).

VITRUVE.
De l'Architecture. (8 vol. parus).

Catalogue détaillé sur demande

Ce volume,
le quatre cent vingt et unième
de la série grecque
de la Collection des Universités de France,
publié aux Éditions Les Belles Lettres,
a été achevé d'imprimer
en juillet 2002
dans les ateliers
de l'imprimerie Peeters s. a.
à Louvain, B-3000

N° d'édition : 4073.
Dépôt légal : juillet 2002.

Imprimé en Belgique